MARTINI BUCERI AUSPICIIS OPERA ORDINIS THEOLOGORUM
EVANGELICORUM ARGENTINENSIS EDITA

MARTINI BUCERI OPERA LATINA

VOLUME II

ENARRATIO IN EVANGELION IOHANNIS
(1528, 1530, 1536)

PUBLIÉ PAR

IRENA BACKUS

E.J. BRILL
LEIDEN · NEW YORK · KØBENHAVN · KÖLN
1988

Publié avec l'aide du Fonds national suisse
de la recherche scientifique

Library of Congress Cataloging in Publication Data

Bucer, Martin, 1491–1551.
Enarratio in Evangelion Iohannis.

(Martini Buceri Opera omnia. Series II, Opera Latina; v. 2.
Studies in medieval and Reformation thought; v. 40)
Originally published: 1528. Revised: 1530 and 1536.
1. Bible. N.T. John—Commentaries—Early works to
1800. I. Backus, Irena Dorota, 1950–   . II. Title. III. Series:
Bucer, Martin, 1491–1551. Selections. 1982; v. 2. IV. Series:
Studies in medieval and Reformation thought; v. 40.
BR75.B6442 1982, vol. 2   [BS2615]   230'.4 s   87–14594
ISBN 90-04-07876-2   [226'.507]

ISSN 0585–6914

ISBN 90 04 07876 2

GULIELMO, VIRO DILECTISSIMO

CONTENTS

Preface IX

Introduction XI

Abbreviations LXV

Bibliography LXIX

Martin Bucer to the Bernese ministers *[Praefatio]* 1

Praefata in *cap.* 1 16

Caput 1 21

Caput 2 110

Caput 3 125

Caput 4 173

Caput 5 199

Caput 6 224

Caput 7 287

Caput 8 308

Caput 9 327

Caput 10 339

Caput 11 353

Caput 12 368

Caput 13 398

Caput 14 413

Caput 15 441

Caput 16 456

Caput 17 471

Capita 18-19 485

Capita 20-21 530

Original indexes to the editions of 1528, 1530 and 1536 549

Editor's indexes:
Scriptural passages 593
Proper names 612
Subjects 614

PREFACE

This work was begun at the Institut d'histoire de la Réformation in Geneva in 1976 and completed at the same Institute some eight years later. I should like to thank all my colleagues for their help and encouragement over the years. A special word of thanks to Pierre Fraenkel without whom the present edition would never have been thought of, let alone seen the light of day. Thanks also to the Theology Faculty of Geneva University, the Fonds national suisse de la recherche scientifique and the Société académique de Genève for their academic, material, and moral support.

Between 1976 and 1984 I profited greatly from the advice of several Strasbourg colleagues and associates, especially professors Marc Lienhard and Rodolphe Peter, and Dr. Jean Rott. Their generosity on occasions far exceeded the bounds of duty.

I should like to thank all the librarians who contributed information to the Survey of 16th century editions of Bucer's Commentary on the fourth Gospel, and particularly to Mademoiselle Hélène Piccard of the Bibliothèque cantonale et universitaire de Lausanne.

I should also like to express my warmest gratitude to Mademoiselle Carole Lehmann who not only typed practically the entire text of the commentary but also assisted the editor in proof-reading the typescript over a period of many months.

And finally, a word of appreciation to professor Heiko Oberman, chief editor of the series *Studies in Medieval and Reformation Thought*.

Institut d'histoire de la Réformation, Genève

INTRODUCTION

In his preface, addressed to the Bernese ministers, Bucer emphasised that his object was to comment on the entire Gospel systematically and not "tantum in quaedam annotare". He keeps to his promise fairly strictly although comments on individual verses do vary greatly in length. Moreover, they tend to constitute a mixture of philological, historical and theological observations. So far as theology goes, the work in the main serves to combat Anabaptist teaching on the one hand and Lutheran Christology and sacramental doctrine on the other. Attempts at an agreement with Luther in 1536 result in textual emendations which are, for the most part, only apparent. This introduction will contain the following main points: (1) a description of the circumstances which led to the composition of *John*, (2) a summary chapter-by-chapter account of the chief exegetical and theological issues raised in the entire commentary, (3) a listing of the main textual changes in chapters 1–21, (4) some remarks on Bucer's style and presentation, (5) an explanation of the editorial rules, (6) a survey of 16th century editions of *John* with a list of holding libraries, (7) a page synopsis of the original editions. We shall not undertake a separate discussion of the relationship between Bucer's *John* and his commentary on the *Synoptics*. Individual cases of "borrowing" shall be mentioned in our footnotes to the text where appropriate. For a more general account of this the reader is referred to A. Lang's study[1] which treats the two commentaries as one work.

COMPOSITION OF THE WORK

The first edition of *John* appeared over a year after the first edition of Bucer's commentary on the Gospels of Matthew, Mark and Luke[2]. Chronologically, *John* follows *Ephesians*, and Bucer's defence of his translation of Bugenhagen's *Psalter*, both published towards the end of 1527[3]. There is no doubt, however, that the most immediate inspiration for the composition of the commentary was provided by the Berne disputation. This is stated by Bucer himself in the preface[4]: the success of the

---

[1] A. Lang, *Der Evangelienkommentar Martin Butzers und die Grundzüge seiner Theologie*, Leipzig 1900, 49–93.
[2] Cf. Stupperich, *Bibl.* no. 14.
[3] Cf. *Mentz* nos. 16, 17; Stupperich, *Bibl.* nos. 17, 18.
[4] Reproduced *infra*; pp. 561–567 of 1536 ed. (C).

disputation moved him to write the commentary which, he hopes, will prove to be of use to those ministers who have not yet acquired complete mastery of the Scriptures[5]. Indeed, to return to the chronology of the reformer's publications, *John* follows directly upon the appearance in printed form of the sermon which Bucer preached during the disputation[6]. The acts of the disputation were printed on 22 March 1528, that is less than two months after it ended[7].

We do not know when Bucer began the composition of his commentary. However, he does say at the end of the excursus on typology and allegory in the Scripture [ad Io 3,14] that he cannot for the moment develop the subject as he has to finish the commentary in time for the Spring Frankfurt Bookfair which will be taking place in a month's time[8]. His preface to the Berne ministers is dated 17 March 1528. If he began the composition of the commentary with the preface, which seems rather unlikely, then the entire work would have been written in about a month[9]! If, as is more probable, he wrote the preface after completing the commentary, then the entire task would have taken two or three months assuming that Bucer started the work after the Berne disputation was over. On 15 April he sends a copy of *John*, most probably already in printed form, to Farel and asks for the latter's opinion[10]. Even if we take into account the fact that Bucer must have incorporated into the commentary at least some of the material he had used in his lectures on *John* in 1523[11], the composition itself was still accomplished with remarkable speed.

On 1 May 1528 Bucer again asks Farel's opinion[12]. He is particularly interested in the latter's view of the excursus on baptism[13] and on the Trinity[14] in the first chapter and in his assessment of the exposition of types and figures in the third chapter[15]. We do not know whether Farel

---

[5] Cf. *infra*, p. 566 of 1536 edition.

[6] Cf. *Mentz* no. 18; Stupperich, *Bibl.* no. 19; BDS 2, 279–294.

[7] Zürich, C. Froschouer. For detailed bibliographical description cf. BDS 4, 25ff. – The disputation lasted 6–26 Jan. 1528.

[8] Cf. *infra* ad Io 3,14 var. o⁶–o⁶. – This remark occurs on 86r. of 1528 ed. (A) but is naturally omitted from the 1530 (B) and the 1536 (C) eds.

[9] The colophon to (A) states April as month of publication but does not specify the date.

[10] Bucer, letter to Guil. Farel, Strasbourg, 15 April (1528): "Salve! Mitto *Iohannem*; indica si quid displicebit" in: *Herminjard* 2, no. 230, 127.

[11] The MS. is not extant. Bucer began to give these lectures privately on his arrival in Strasbourg in May 1523. In June of the same year the Strasbourg Council refused the request of several citizens for the lectures to be given publicly and in German. Cf. BDS 1, 291–292; *Adam* 50f.; *Lang* 15; Baum, *Capito und Butzer*, 242, 264, 326, 352ff.

[12] Bucer, letter to Guil. Farel, Strasbourg, 1 May (1528) in: *Herminjard* 2, no. 232, 131–133.

[13] Ad Io 1,29–34, pp. 592–604 in C.

[14] Ad Io 1,1–2, pp. 572–574 in C.

[15] Ad Io 3,14, pp. 626–634 in C.

ever replied. If he did, he might well have remarked that the style and presentation of the commentary bear the marks of Bucer's haste. Although the latter attempted to remove some of the most glaring solecisms[16] in the later versions, he never undertook a systematic, stylistic revision of the whole.

As can be seen from the bibliographical descriptions below, *John* became incorporated into the *Synoptics* in 1530 while retaining separate pagination. In the 1536 edition, the last one to be produced during Bucer's life-time, the pagination is continuous.

EXEGESIS AND THEOLOGY; SOURCES AND ADVERSARIES

In his preface to the Bernese ministers Bucer mentions in 1528 and 1530 the commentaries of Chrysostom, Augustine, Erasmus[17] and Melanchthon[18]. In 1536 Brenz's commentary is added to the list! It is true that in his own commentary he makes extensive and constant use of Chrysostom, Augustine, Erasmus and Brenz (the last-mentioned serving both as source and as adversary) but there is no evidence of him using Melanchthon's *Annotationes* in any systematic fashion. We shall here give a chapter-by-chapter summary of Bucer's other main sources, and of the chief exegetical and theological issues raised throughout the commentary.

It must, however, be stressed that, with the exception of the four names mentioned above, Bucer hardly ever refers to specific authors and even "quidam" allusions are scarce. Thus our reconstructions, in most cases, of both his models and his opponents are not firmly based. Our criteria for deciding that a particular work should be considered as a source have been dictated by the considerations of: (a) verbal similarity, (b) similarity of ideas, (c) our knowledge of Bucer's education and early reading. (There are, predictably, no traces in his work of authors such as Gabriel Biel or Gregory of Rimini who exercised a powerful influence on Luther's thought).

Cap. 1

Bucer in his prefatory remarks on the Gospel defines *evangelion,* after Theophylactus, as *renunciatio* as against Luther's definition *promissio*. He then adopts Chrysostom's and Cyril's account of John's motives for

---

[16] Cf. e.g. *infra* ad cap. 1 var. k³–m⁵.
[17] *Paraphrasis* 1524. Cf. our *Bibliography infra.*
[18] *Annotationes* 1523, CR 14, 1043–1216. Cf. our *Bibliography infra.*

writing the Gospel i.e. replies to heretics and proclamation of Christ's divinity as against Eusebius-Rufinus and Jerome who claim that John's chief motive was to supplement the information given by the Synoptics. It is the latter account which is adopted by Brenz in the brief preface to his own commentary.

In the first part of his commentary to chapter one where he expounds the divinity of Christ, Bucer, it seems, is concerned primarily with refuting contemporary denials of Christ's divinity which were made by Anabaptists such as Kautz, Denck or Thomas Saltzmann. His immediate source here is very often Brenz's commentary although, as our notes below try to show, the two authors tend to rely on the same patristic tradition, that is the commentaries of Chrysostom, Cyril and Augustine. Both authors here (and throughout) also cite Nonnus whose *Paraphrasis* was published in 1527 in an edition by Melanchthon. It is interesting to note Bucer's reliance on Iohannes Reuchlin's "cabalistic" proofs for the pre-existence of the λόγος, which seems to go hand in hand with his rejection of the more "ephemeral" interpretations of the term as put forward by Erasmus and Zwingli ("sermo" and דבר). In many cases, Bucer's ideas can be traced back to Aquinas' commentary on the fourth Gospel, notable examples in chapter 1 being the notion of Christ as the ultimate lawgiver who transmitted the truth also to Moses (at Io 1,16f.) and the mention at Io 1,20 of the Jewish belief in παλιγγενεσία which Bucer supplements with information drawn from Reuchlin.

As for the section of chapter 1 devoted to baptism, Bucer's immediate source for close connection between circumcision and baptism and for salvation being independent of any outer sacrament is Johann Bader's *Brüderliche Warnung* which is mentioned by Bucer in his *Getrewe Warnung (gegen Denk und Kautz)*. However, both theologians are seen to draw their baptismal doctrine ultimately from Augustine.

Bucer's catalogue of Anabaptist heresies is drawn, we have concluded, chiefly from the Nikolsburg articles. It cannot be said, however, to be drawn from there exclusively as Bucer had already listed some of the heresies (including the so-far unidentified doctrine which linked Christ with the Serpent) in his *Praefatio ad fratres Italiae* 1526. We have also noted that Bucer was familiar with the Schleitheim Confession of 1527 and often repeats the arguments of Zwingli's *Elenchus* in refuting it. As regards the doctrine of complete separation between the two Testaments and hence the optional nature of all ceremonies including infant baptism, it is Borrhaus (Cellarius) who is Bucer's main opponent. Without making any explicit acknowledgement Bucer frequently reproduces passages of *De operibus Dei* so as to refute them by arguments drawn principally from the works of Zwingli or from Bader's *Brüderliche Warnung*.

Cap. 2

In this chapter which is only briefly commented on, Bucer bases his definition of miracles as manifestations of divine power (ad Io 2,11) which strengthen the faith of the pious, on Aquinas's. His distinction between true and false miracles, however, is taken over from François Lambert's *De excaecatione*. Lambert, as we shall see, inspired particularly Bucer's doctrine of the Holy Spirit[19]. This would suggest that Bucer's harsh judgement of Lambert in the years 1526 and 1528 did not extend to all aspects of the latter's theology[20].

On commenting Io 2,14 Bucer follows Augustine, Ludulphus of Saxony and Aquinas in not attempting to harmonise John's account with that of the Synoptics. Ad Io 2,20 his chronology of the rebuilding of the Temple is based on that given by Galatinus in *De arcanis*. Already in this chapter (ad Io 2,21) Bucer protests against attempts made by some to establish too many close parallels between the Old and the New Testament. His most immediate adversary here is probably Bugenhagen. In order to refute the latter's system of exact correspondences Bucer uses Ficino, Ps.-Dionysius and Aquinas in order to show how corporeal things act as exemplars of things spiritual.

Cap. 3

In Bucer's exposition of the reality of Christ's flesh against the "new Marcionites" it is, not unnaturally, Tertullian who is drawn upon most extensively. As regards his account of Old Testament typology which he wanted Farel to comment on in 1528, a variety of authors are relied upon. We might single out here Theophylactus' and Luther's commentaries on *Galatians*, John Colet, and Augustine's *De doctrina christiana*. It is from the latter work that Bucer takes over his three-fold division of the Old Testament into five books of Moses, history and prophecies, although we might note that the same division occurs implicitly in Lambert's *De excaecatione*. It is also from *De doctrina* that Bucer adopts his distinction between prophecies that relate to historical events in the Old Testament and only then to the New Testament and prophecies that relate directly to the New Testament.

Bucer's conception of Old Testament Law and the division of the precepts into civil, ceremonial and moral as well as his definitions of them are drawn from Aquinas. It is quite likely that, in his discussion of them,

---

[19] On Lambert's years in Strasbourg and his collaboration with Bucer and Capito cf. Müller, *Lambert*, 1–29.
[20] Cf. Müller, *Lambert*, 24–25.

Bucer is attacking Melanchthon's conception of civil and ceremonial laws as "adumbrationes". For Bucer, as for Aquinas, the Law in its entirety remains in the New Testament, albeit in a perfected form.

The Strasbourger's basic principle of "passage from particular to the general" in interpreting the Old and the New Testament is no more than the fourth rule of Tichonius as put forward by Augustine in *De doctrina christiana*.

Bucer's remarks on election and his definitions of the elect and the reprobate (ad Io 3,19) appear to be direct paraphrases of Lambert's *De excaecatione*. His remarks (*ibid.*) on the Holy Spirit as power of God working in the elect are a very immediate echo of Lambert's *De prophetia*.

Cap. 4

On reading Bucer's commentary to this chapter we are struck by his (acknowledged) use of Josephus's *Antiquitates* to supplement the information given by the Evangelist about the Samaritans. Otherwise the chief source in that chapter seems to be Brenz's commentary especially as regards definition of *adoratio*, which Bucer, as is his wont, supplements with the Hebrew etymology. It is interesting to note that here (ad Io 4,18) as in the *Synoptics*, he postulates that the elect can be distinguished from the reprobate even when on earth. The former can commit sins of sensuous excess but can never *consciously* reject God. The notion of the sin of sensuous excess as something unpleasant but forgiveable is taken over by Bucer from Aquinas. The idea of distinction between the reprobate and the elect on earth figures in both Lambert's *De prophetia* (which Bucer paraphrases here) and in *Farrago*.

Bucer's definition of a prophet as primarily an expositor of things hidden (ad Io 4,19) has as its source both Aquinas' commentary and Jerome's *Apologia adv. Rufinum* as cited by Erasmus. Here as in *Ephesians* and *Synoptics* Bucer objects to calling *any* expositor of the Scripture a prophet.

A definite proof of Erasmus' influence on Bucer is seen in the latter's discussion of Io 4,38 where he claims that the pagan philosophers also foreshadowed the coming of the Gospel[21].

Cap. 5

The commentary to this chapter illustrates very well Bucer's preoccupation with Hebrew etymology and history. His definitions of "probatica

---

[21] For excellent discussion of Erasmus' views on this cf. *Chomarat* 1, 399–449.

piscina" are based on Münster's *Dictionarium chaldaicum* as against the etymologies of Jerome (ap: Erasmus) and Brenz. Furthermore, on commenting Io 5,39–43 Bucer refers not only, once again, to Josephus but also to the Jewish chronicle *Seder olam* as transmitted by Münster in his *Kalendarium hebraicum* and (tacitly) to Galatinus for the descriptions of the Bar Cochba rebellion.

As for the passage emphasising the connection between faith and good works which Bucer added as result of his controversy with the Bishop of Avranches (cf. our discussion of var t⁴–t⁴ infra) Bucer's chief source for the inseparability of faith and works is, as might be expected, Augustine's *De gratia et libero arbitrio* which he paraphrases. However, Bucer also adopts, in citing the example of the thief on the cross, Lambert's exegesis of Lc 23,40 that is, that the thief accomplished a good deed at the very moment of conversion. In *Contra Cenalem* 1534 Bucer argued that the thief was saved *solely* by his faith and that good works played no part in the matter at all. It would seem thus as if in 1536 Bucer draws closer to the Lutheran doctrine of the inseparability of faith and works, at least partly as result of his dispute with Ceneau.

Otherwise it is Augustine's commentary on *John* which predominates as source of this chapter although Bucer occasionally bases his exegesis on that of Cyril. The most interesting case of this is perhaps Bucer's enumeration of the order and number of testimonies ad Io 5,32 where Bucer follows Cyril as against Chrysostom and Brenz. Bucer's paraphrases are here, as throughout, influenced by the *Paraphrases* of Erasmus.

Cap. 6

Our account of the textual changes below also attempts to show Bucer's chief sources and adversaries in this chapter. Here we shall confine ourselves to remarking that, taking into account changes introduced by Bucer after the Wittenberg Concord, his eucharistic passages in this chapter are inspired by a curious mixture of sources. Thus ad Io 6,52 Bucer in all his versions follows Zwingli in emphasising that there will be two givings, the first, faith; the second, Christ's death leading to man's rebirth. In 1536 he inserts into the passage the Brenzian idea of faith as spiritual manducation to the extent of paraphrasing Brenz's commentary ad Io 6,64. He further elaborates this idea in 1536 by a paraphrase from Chrysostom ad loc. with reference to Eph 5,30, intended to show how faith joins us to Christ. He then emphasises the notion of spiritual union by a tacit "borrowing" from Paschasius Radbertus's *Libellus* which, we might note, Gast, the editor, dedicated to Brenz. Thus without disturbing the "Zwinglian framework"

of the 1528 version Bucer nonetheless modifies it by introducing "Lutheran" elements.

It is also interesting to see once again that Aquinas' commentary constitutes an intrinsic part of the background of Bucer's exegesis. An interesting case of this occurs at var v^{10}–v^{10} ad Io 6,53 which was added in
B and retained in C. There, Bucer makes an allusion to Io 6,62 f. which
he interprets, after Chrysostom and Aquinas, as referring to ascension. It
is interesting to note that Aquinas himself in his commentary points out
that this interpretation of Io 6,62 f. is aimed to render invalid Valentinus'
doctrine of the celestial flesh of Christ! It seems that once again standard,
not to say authorised, sources are used by Bucer so as to obfuscate his own
doctrinal position.

Cap. 7

Commenting v. 1 Bucer proposes a change of chronology in Io 5–7 as,
in his view, the Evangelist transposes the actual order of events. In fact
the healing of the paralysed man at Io 5,1ff. took place *after* the feeding
of the five thousand at Io 6,1ff. and the events related at Io 7,1ff., with
the Jews seeking to kill Jesus, logically follow from 5,1ff. Moreover, the
feast of the tabernacles in 7 follows the Pentecost in 5. In situating Io 5,1
at the time of the Pentecost Bucer follows Chrysostom and Cyril but he
opposes Chrysostom's chronology which maintains an interval of one year
between Io 5,1 and Io 6,4. This would mean, according to Bucer, either
that Jesus was absent from two legal holidays or that he would have visited
Jerusalem without the Jews attempting to persecute him. The latter
hypothesis he considers as extremely improbable given Io 7,23–26. The
former he considers inadmissible; he rejects out of hand Chrysostom's idea
that Christ in his human nature had to be present at only some Jewish
holidays as he was in the process of abolishing the Law according to his
divine nature. Bucer thus stresses, against Brenz, the importance of
Christ's humanity. His source for the reversal of chronology of chapters
5 and 6 is Ludulphus of Saxony's *Vita Christi*.

At 7,15 Bucer appears to be attacking the doctrine of the unlearned
preacher as put forward by Erasmus in the *Paraphrases*. There at 7,15
Erasmus emphasises Jesus' lack of human learning. At Mt 4,18 the Dutch
scholar stresses that Jesus did not choose learned men for his disciples and
at Acts 18,24–26 he points out that Apollo was given further instruction
not because of his learning but because of his innate piety. Bucer at Io 7,15
states that a man who despises learning cannot be moved by the true Spirit
of God. For this reason Paul chose men such as Apollo [Act 18,24] who

were eloquent and well-versed in the Scriptures. He then refers the reader to a full discussion of the subject in his commentary on the *Synoptics* ad Mt 4,18.

At 7,16 Bucer paraphrases Chrysostom who emphasises two points: (1) Christ is co-substantial with the Father, (2) true doctrine cannot belong to anyone but God, therefore it does not belong to Christ in his human form. He thus opposes Brenz's exegesis of the verse. The Lutheran refers *doctrina* to Christ's human nature which is endowed with special dignity by the Father.

7,19 is considered by Bucer to be an interjection. Drawing on the *Historia ecclesiastica* of Eusebius-Rufinus and on the prologue to Ludulphus' *Vita* he emphasises that the evangelists were concerned to transmit the main teaching and not all the speeches of Jesus in their exact order. Following Augustine, Bucer then identifies the Law which the Jews are violating with *dilectio proximi* and thus rejects Chrysostom's interpretation. According to the Greek Father, the Jews are violating the Law which forbids killing, wanting to kill Jesus. In the following verse Bucer appears to depart from the entire exegetical tradition in distinguishing between the Jewish leaders who wanted Jesus' death and the crowd who did not. A basis for this distinction is to be found in Chrysostom who makes the same distinction but *implies* that the crowd were also seeking Jesus' death.

At Io 7,25–27 Bucer goes explicitly against the majority of the commentators who base the Jews' view of the origins of Christ on Is 53,8. Following Galatinus' *De arcanis* he attributes the Jewish opinion to Micah 5,2 that speaks of the Messiah who, although *born* in Bethlehem, had existed since before the beginning of time. Bucer thus tacitly criticises Chrysostom for suggesting that the Jews at Io 7 were simply contradicting themselves in a random manner. He also openly criticises the opinion of *recentiores Iudaei* (i.e. David Kimhi) for interpreting *a diebus seculi* as "of ancient lineage" and affirms that the Jews in Christ's own time had a more correct opinion of him.

At 7,28 Bucer's interpretation of Christ's reply as ironic (i.e. meaning the contrary) is unusual although it does have some basis in the exegetical tradition. Augustine, Aquinas, Lyra and the Gloss all interpret 28 as referring to the Jews' knowledge of Christ's human nature and their total ignorance of his divinity but no commentator takes the entire statement to mean the contrary of what it says. Indeed Bucer's use of *ironia* here is criticised by Melanchthon in the *Annotationes* who takes Jesus' reply as a simple statement.

At 7,32–33 Bucer follows Erasmus and Brenz in referring Jesus' words to the impending destruction of Jerusalem. All three exegetes specify that the Jews will repent at the time of destruction but that it will be too late.

In the *observationes* to the final section of the chapter (vv. 37–44) Bucer
follows Chrysostom ad 7,42 and explains that Jesus did not correct the
Jews' misapprehension about his birthplace because they were reprobate
and their questions were not motivated by search for truth. Both Chrysostom and Bucer here contrast the Jews with Nathanael at Io 1,45 f., whose
question, although apparently more malicious, was nonetheless motivated
by a genuine wish for knowledge.

Cap. 8

At 8,3 Bucer mentions that the story of the woman taken in adultery
is omitted by Nonnus, Chrysostom and Theophylactus and adopts the
explanation given by Erasmus in the *Annotationes*. There, Erasmus, referring to book 3 of the *Historia ecclesiastica*, explains that the story is a late
addition to the fourth Gospel from the apocryphal Hebrews Gospel. The
same explanation is adopted by Brenz ad loc. who shares Bucer's lack of
interest in its authenticity and, like the Strasbourger, considers that it
contains nothing unworthy of Christ.

In his *observationes* on the first section (vv. 1–11) Bucer emphasises,
against the sixth article of the Schleitheim Confession, that adultery can
and should be punished and that this aspect of the Law has not given place
to judgement based on solely spiritual criteria. Moreover, in attacking the
Anabaptist viewpoint, Bucer, referring obliquely to the Decree of Gratian,
maintains that judges who are also sinners do not have to be deprived of
their office.

Bucer's interpretation of 8,12–19 with its emphasis on Christ's divinity
is in fact little more than a paraphrase of Brenz's exegesis of this passage.
At 8,20 Bucer stresses that the evangelists wanted to act as witnesses and
preachers among those who already had faith, not as orators among those
who had not yet been converted. Although the *Historia ecclesiastica* also
states that, in the Gospels, the Holy Spirit is more important than style,
it makes no mention of the narratives being intended primarily for those
already converted.

Cap. 9

In his *annotationes* to the first section of this chapter (vv. 1–7) Bucer
maintains, following Chrysostom and Ludulphus, that the story of the
blind man has nothing to do with original sin. The man was born blind
so as to give occasion for a full manifestation of the glory of God. The
latter point is made by Brenz who, however, does interpret the story as

illustrating also the transmission of the original sin. At 9,4 Bucer, unusually, interprets *donec dies est* as period of time during which Christ is present to the Jews. Brenz also takes the phrase to refer to Christ's presence on earth but does not confine it to the Jews. Other exegetes tend to follow Chrysostom who interprets the verse as meaning: while men believe in Christ.

At 9,6 Bucer implicitly rejects Augustine's allegorical exegesis of *sputum* as *Verbum Dei* mixed with earth i.e. mankind, and, following Brenz, comments simply that God can work miracles with or without intermediaries. At 9,7 Bucer, as is his wont, gives a careful etymological analysis of *Siloam* based partly on Jerome's commentary on Isaiah and partly on Münster's Hebrew and Aramaic dictionaries. He rejects any "mystical" (i.e. allegorical) interpretations of the name *Missus*. At 9,24 Bucer paraphrases Erasmus and interprets *peccator* as *is qui citra pudorem peccat... nebulo et sceleratus*. At 9,29–31 Bucer follows both Aquinas and Albert the Great. Like Aquinas he says that the Jews' assertion of ignorance of Jesus' origins at 29 is an admission of his divine dignity and a partial fulfilment of the OT prophecy. Like Albert, he then draws a parallel between 9,29 and 7,27 to show that the Jews knew that Jesus was the son of Joseph and Mary [at 7,27] but did not know the origins of his teaching. Bucer's exegesis here shows that he accepted Augustine's interpretation of Io 7,28 as showing the Jews' knowledge of Christ's humanity but preferred to refer that verse entirely to their ignorance of his divine nature. At 9,39 Bucer, following Augustine, Aquinas, Albert and Brenz, takes *iudicium* to mean *iudicium discretionis* and does not adopt Chrysostom's interpretation of "the last judgement".

Cap. 10

Bucer interprets the parable at 10,1 as being intended partly against the Pharisees and partly against impostors *preceding* Christ such as Judas of Galilee who raised a rebellion "in the days of taxing" (ca. 6 A.D.). The reader is referred to Josephus' *Antiquitates* and *De bello* for corroborating evidence. Bucer in fact adopts Chrysostom's exegesis of this verse but only partially. Although the Greek Father mentions Judas of Galilee and Theudas, he emphasises that Christ here is referring to all impostors past and present. Augustine, on the other hand, interprets Christ's words as referring to Pharisees and pagan philosophers. At 10,8 Bucer specifies that he is following Chrysostom in interpreting this verse as referring solely to the impostors who came before Christ. Chrysostom ad loc. mentions only Judas of Galilee and Theudas. Aquinas takes the impostors as belonging to OT times but does not mention anyone specifically. Bucer's exegesis here is intended against Brenz who takes the *venerunt* at 10,8 to indicate "omnes humanarum traditionum doctores" including the Roman Catholic bishops and the Pope. At 10,9, however, both Bucer and Brenz follow Augustine's interpretation of *ostium* as Christ as against Chrysostom who identifies *ostium* with the Scriptures.

At 10,10 Bucer underlines the "antithesis" between the thief and the shepherd. A good shepherd, in contradistinction to the thief, never acts in his own interest and never deserts his sheep. He knows his sheep, as they have been elected and they in turn cannot fail to recognise him even if they occasionally stray. This distinction is made by Chrysostom ad loc. but without any explicit reference to election. Brenz, on the other hand, who, like Bucer, uses the term "antithesis", sees it as the difference between the word of God and impious teaching.

At 10,15 Bucer follows Aquinas in reading the verse as establishing a parallel: just as Christ knows the Father, so his sheep, i.e. the elect, know Christ. Brenz, on the other hand, interprets the sentence as a syllogism: Christ knows the Father, the sheep know Christ, the sheep know the Father. At 10,16, however, Bucer follows Brenz in taking *alias oves habeo* as referring to the *vocatio gentium*. He then stresses expressly against the *novi Origenistae* (probably Hans Denck) that the founding of this new church will not mean universal salvation.

At 10,17 Bucer interprets *propterea* as "this shows" (Christ is loved by the Father) but also admits "for this reason" as a possible meaning. Brenz adopts the latter exegesis and both possibilities are allowed in Aquinas' commentary on this verse. At 10,22 Bucer introduces an etymological explanation of *encaenia* for the first time in 1530, making a parallel between the Hebrew and the Greek word both of which mean *festum initiationis*. This parallel is found already in Ludulphus' *Vita Christi*.

At 10,27 Bucer in 1536 omits a passage of anti-Lutheran polemic in which he inveighed against those who claim that men can be saved by their own faith alone without being predestined to salvation. His target here in 1528 and 1530 was Brenz who interpreted the verse as advocating faith *simpliciter*. Although the polemic disappears after the Wittenberg Concord, Bucer's exegesis of the verse undergoes no change in that he emphasises that all things depend on divine election. We might point out here that mention of election at 10,27 is made by Augustine who also stresses the importance of faith. Aquinas, however, in his commentary equates *oves meae* with those predestined to salvation and the non-believers with the reprobate.

At 10,34 Bucer's exegesis again follows that of Aquinas. Objecting very probably to the Lutheran doctrine of "iustitia civilis", as well as to the Anabaptist doctrine of separation from all civil institutions, as outlined in the Schleitheim Confession, Bucer stresses that princes and magistrates, regardless of their moral qualities, receive their power from God. They are thus made to participate in divinity but their own divinity is *fiduciaria*, they abuse their power and so die like other men.

Cap. 11

At 11,1 Bucer repeats, after his own preface, that John mentions only a few miracles and only those that emphasise Christ's divinity. He also mentions again (having stressed it already in *cap.* 7) that the events in *caps*. 5–21 all took place within the last year of Jesus' ministry in the following order: (1) feeding of the five thousand [Io 6,4] during a Passover, (2) healing of the paralysed man [Io 5,1] at Pentecost of the same year, (3) events of *cap.* 7 during the feast of the tabernacles in the same year, (4) the questioning of Jesus at encaenia [Io 10], (5) last Passover [Io 12,3]. This chronology was, as we have seen, put forward by Ludulphus and does not alter the traditionally accepted duration of Jesus' ministry which still extends over three Passovers [Io 2,23; Io 6,4; Io 12,3].

At 11,9 Bucer follows Erasmus' *Annotationes* and (in part) Theophylactus, and Aquinas and Brenz in taking the twelve hours to mean Jesus' ministry which covers a set period of time. He disregards Augustine who interprets the day as referring to Christ himself, the twelve hours being his disciples. At 11,11, however, Bucer follows Augustine (and, again partly, Brenz) in his explanation of *dormit*. Lazarus cannot be called "dead" while there is hope of resurrection. It is interesting to note that at 11,16 Brenz takes Thomas' words to be "verba temeritatis" while Bucer takes them as *verba desperationis*. Bucer's exegesis here takes its origin from Chrysostom (paraphrased by Erasmus) who points out that Thomas was weaker and more prone to doubt than the other disciples.

At 11,25 Bucer follows Aquinas in making a distinction between *author resurrectionis* i.e. the one who will resurrect all those that believe in him and *author vitae* i.e. the one who will give the Spirit in this life. The same idea but expressed causally (life therefore resurrection) is expressed by Augustine in his exegesis of this verse.

In the *observationes* to the second section (vv. 17–27) Bucer emphasises that the dead should be mourned albeit with discretion. He mentions the Anabaptists (in fact Karlstadt) as his adversary, identifying them with the Stoics. At 11,33, however, Bucer makes it plain, even in 1536, that he is interpreting the verse not only against the Anabaptists but also against the *novi Marcionitae* or Lutherans. Indeed, whereas Bucer takes *infremuit spiritu* to refer to Jesus' human compassion and thus follows Aquinas (who also attacks the "Stoics" in his commentary ad loc.), Brenz follows

Nonnus and takes *spiritus* here to mean *spiritus Patris*. He thus interprets the verse as describing divine anger at all adversity.

At 11,44 Bucer omits in C an attack against those who interpret this verse allegorically. According to him, all it means is that the Lord is the resurrection and the life. Bucer's adversary here in 1528 and 1530 is once again Brenz who interprets the *fasciae sepulchrales* as the remnants of death, i.e. the original sin, that cling to man even after he has been reborn through faith in the Gospel. Interestingly enough Bucer, although he suppresses the polemic in 1536, does not alter his own exegesis of the verse. This, taken together with his exegesis of Io 9,1–7, would suggest that Bucer's position on the original sin is somewhat ambivalent and closer to that of Zwingli than he himself admits in his Preface to the Bernese ministers.

At 11,49 it is also Brenz's exegesis that Bucer opposes. According to the Lutheran the Pharisees' meeting is nothing more than "impia prudentia" and Caiaphas' prophecy shows him to be an instrument of God's anger as it will lead to the destruction of the entire race. Bucer, however, maintains his Thomist conception of the Law and emphasises that God spoke through Caiaphas because the latter held public office. He did not understand his own prophecy, being reprobate. Bucer then refers the reader to his extended discussion of prophecy at Mt 11.

Cap. 12

At 12,2 Bucer reproduces Lefèvre d'Etaples and Augustine's *De consensu Evangelistarum* in identifying the supper here with the supper at Mt 26 and Mc 14. He departs from Augustine, however, and follows Lefèvre d'Etaples in maintaining that Mary here is Lazarus' sister and should not be identified with Mary Magdalen at Lc 7,36ff. and Lc 8,2. He criticises Origen's exegesis according to which two different events and (women) are described at Mt/Mc and Io, the event here preceding the one in Mt/Mc. At 12,4 Bucer again follows Augustine's *De consensu*. According to the latter, the reaction of all the disciples, with the exception of Judas, was motivated by *cura pauperum*. Bucer adds that there is no reason why Judas himself should not have been shocked by such extravagance even though he may have had other, more insidious, reasons for voicing displeasure.

12,7–8, Jesus' defence of Mary, is reduced by Bucer to three arguments: (1) she has performed a good deed, (2) God is so pleased by this that her praises will be sung throughout the world, (3) the anointing is to represent the anointing of Christ's dead body. None of the other commentaries available to Bucer lists all three arguments here although (1) and (3) are to be found in Albert's commentary ad 12,7 and (2) is given by Brenz.

Bucer then appends an excursus on charitable works and *dilectio proximi* which stresses, partly against Lukas Hackfurt and partly against Karlstadt and the Anabaptists, that charitable works should not be performed indiscriminately. Neither should the rich, contrary to the demands made by Hackfurt to the Strasbourg Council on 25 Dec. 1527, be forbidden from using either unearned income or articles of luxury even though there are the poor who lack basic necessities.

At 12,14 Bucer specifies (against the Lutherans) that the *asellus* here interpreted literally refers to Christ's humility in his human nature. Like all other exegetes, Bucer also sees the verse as an illustration of *mystica facta*. Referring to the parallel accounts in Mt and Mc Bucer interprets the *pullus* here and in Mc as representing those who are rejected by the world and have no master. They are the ones who wholeheartedly accept Christ. The *iugalis asina* in Mt (which Christ does not ride) are those who follow him up to a point only to ultimately embrace the world. This account is drawn by Bucer from Chrysostom's commentary on Mt 21 but it is interesting to note that Bucer does not follow the Greek Father in identifying the *pullus* explicitly with the gentiles and the *asina* with the Jews. This is quite consistent with Bucer's repeated assertion elsewhere in *John* that the elect were to be found also among the Jews.

At 12,27 he follows Chrysostom and Erasmus in interpreting the *turbata anima* as the genuine fear Christ feels in his human nature. He follows Albert and Erasmus taking *propter hoc* as referring to the greater glory of the Father which Christ will bring about through his death. Augustine also refers the *turbata anima* to Christ's human nature but interprets *propter* as his acceptance of death. Brenz, on the other hand, stresses that Christ's fear here is not real but due to his adopting all the sins of the world and becoming *like* a man ("hominem agere").

At 12,31 as at 9,39 Bucer follows Augustine (who is also cited in the *Catena*) in taking *iudicium* to mean a process of change and improvement ("iudicium discretionis" in Augustine).

At 12,32 Bucer follows Albert, Aquinas and Brenz in referring the *exaltatio* to both the crucifixion and the glorification of Christ that will follow from it. Augustine also refers the *exaltatio* to the crucifixion but merely alludes to the resulting glorification. Brenz interprets the verse exactly like Bucer and Aquinas.

At 12,34 Bucer follows Augustine, Aquinas and Brenz in interpreting the Jews' question as indicating a genuine lack of understanding. Chrysostom's exegesis which takes the question to be motivated solely by malice, is disregarded.

In the *observationes* to this section (vv. 28–36) Bucer omits in C a passage urging unity and observance of NT ceremonies among the Christian brethren but retains a defence of the reality of Christ's human nature *contra eos qui Marcionis dogma ... revocant.* He also reiterates the Thomist doctrine of the three ages of the people of God arguing that all Law cannot be abolished yet. Here, as in *cap.* 1, this exhortation is intended specifically against Capito whose commentary on *Hosea* was obviously known to Bucer before its publication in April 1528.

12,39 is interpreted by Bucer in favour of election; man cannot have faith *ex libero arbitrio.* The reprobate will deny the truth, the more it is preached to them. Bucer's direct source here is the Hebrew text of Isaiah. Augustine's commentary here treats of the problem of divine prescience and it is interesting to note that Brenz in commenting this verse explains divine prescience and the inscrutability of God's counsel without mentioning election while suggesting that predestination should not be speculated on. Bucer also emphasises, against Capito, that Isaiah's prophecy assumes its full meaning only when related to Christ.

Cap. 13

At 13,1 Bucer omits in C a long passage about the commemoration of Christ's sacrifice and the reality of his body and replaces it by a short statement on *communicatio corporis et sanguinis Christi.* As usual, however, Bucer does not alter his exegesis and takes *ut transiret* to mean Christ's physical departure thus denying that his flesh is anything other than human and that it can be present in several places at once.

At 13,6 Bucer paraphrases Chrysostom's exegesis (also cited in the *Catena*) in interpreting Peter's objection as due to the special love he had for the Lord. Brenz, on the other hand, attributes the objection to Peter's imperfect understanding of the ritual.

At 13,8, however, Bucer adapts Augustine's exegesis in taking the *lotio* to imply baptism. No-one can have anything in common with the Lord unless he is reborn or washed by the Spirit. The washing of the feet as standing for mortification of the flesh in general is also taken from Augustine's commentary by Brenz as well as by Bucer.

At 13,14 Bucer again adapts Augustine. Whereas the latter takes the washing of feet here to mean praying for one another, Bucer extends it to *verae dilectionis officia.* He criticises strongly the custom of washing of feet by bishops and considers it a mere superstition. It is interesting to note that the same problem is raised in the *Catena* ad loc. where Origen is cited who wonders whether Jesus' words mean that the faithful should wash one another's feet. He concludes: "sed hic mos vel non fit, vel admodum raro".

In his exegesis of 13,18 (which is not discussed by Brenz) Bucer follows Augustine, Aquinas and Albert. Christ here is talking about spiritual election i.e. those elect to salvation. Thus there is no contradiction between his words here and his words at Io 6,71 where he is referring to election in the sense of: selection of disciples.

At 13,27 Bucer emphasises that Judas was possessed by Satan from birth. Just as the elect are moved by the Holy Spirit to do good, so the reprobate are compelled by Satan to perform evil deeds. His most immediate source is Brenz who makes the same distinction without, however, referring explicitly to election and preferring the term "impii" to "reprobi". The continued presence of Satan in Judas had already been emphasised by Aquinas and especially by Albert, the latter distinguishing between his presence "quantum ad voluntatem" and his presence actualised or "quantum ad voluntatem confirmatam".

At 13,31 Bucer opposes Brenz's exegesis and follows Augustine in interpreting *glorificatus* as the glorification of Christ in his human nature. The same point is strongly emphasised by Aquinas. Brenz in his commentary, however, avoids any reference to Christ's humanity and emphasises the paradoxical nature of the glorification which comes at the very moment of Christ's greatest humiliation.

At 13,34 there is also a marked opposition between Bucer and Brenz. The former stresses that the precept *ut diligatis vos mutuo* is not new in the sense of never having been heard before. It is new, however, in that the *dilectio proximi*, which is the fulfilment of the Law, finds its fullest expression in Christ. This emphasis on continuity is found, to some extent, in Augustine but is much more evident in Aquinas who is obviously Bucer's source here. Brenz, by contrast, emphasises the antithesis between the old and the new.

In the *observationes* to the last section (vv. 31–38) Bucer omits in C all scurrilous remarks about the Christology of the "Artocreatistae" without in any way altering his own conception of the two natures of Christ.

Cap. 14

Bucer follows Chrysostom and Brenz in his exegesis of 14,12. The disciples should persevere with their evangelical duty. They cannot perform greater deeds *natura* but, aided by the Spirit, they can perform deeds which are greater *numero et efficacia*. As their function is to glorify Christ's name, he has to exercise greater power through his apostles than he did in his own right. As against this interpretation we might set that of Augustine who, while he also emphasises that Christ works through the faithful, accords less importance to the apostles' evangelical mission. In opposing this interpretation, Bucer is implicitly attacking the use of Io 14,12 (notably by Schatzgeyer) in support of salvation by good works.

Having stressed that Christ's words at 14,12 are words of comfort, Bucer then interprets vv. 13–20 as offering four reasons why faith in the Lord should give comfort. Firstly (v. 13), he will accomplish whatever is asked for in his name. However, Bucer specifies (after Augustine) that only prayers sanctifying God's name are meant here. The Lord will not grant *anything* the disciples ask. Secondly (v. 16) they will receive the Holy Spirit as guide. Thirdly (v. 18–19) Christ will appear to the disciples (and not to the rest of the world) after his resurrection. We might note that Bucer's comments on this verse throw an interesting light on his use of sources. He points out that there are two readings possible: (1) *venio ad vos adhuc pusillum*, (2) *Adhuc pusillum mundus amplius...* He is the sole exegete of this passage to mention that "quaedam exemplaria" adopt reading (1). In fact, the only NT containing that reading in Bucer's time was the Aldine edition of 1518 which he obviously consulted. He then mentions that Nonnus' *Paraphrasis* is ambivalent, and concludes that, however we read the verse, it refers to Christ's postresurrection appearance to his disciples. This exegesis (which is also found in the commentaries of Chrysostom and Theophylactus even though both use a text with reading (2)) is intended against Brenz who does not mention the existence of reading (1) and who interprets *videtis me* as signifying Christ's eternal, i.e. spiritual, presence among the faithful. Fourthly (v. 20), Bucer continues, the disciples will be comforted because they will finally recognise Christ's divinity.

At 14,25–26 Bucer in 1528 attacks those (e.g. Schatzgeyer, *De missae sacrificio*) who take Christ's words to mean that the Spirit will dictate certain ceremonies such as the sacrifice of the mass. In 1530, however, he adds an extended critique of those of his contemporaries who think that the Scripture contains particular mysteries that are gradually revealed to the believers. Bucer asserts that the truth contained in the Scripture is a general one: *vitam vivere Deiformam*. Bucer's tone here is serious rather than aggressive and it is difficult to see which (if any) of his contemporaries are his principal target here. It is true that Capito in his commentary on *Hosea* 1528 ad 1,1ff. does suggest that the faithful will be able to see the Scripture more clearly at the second coming. He thus implies that interpretations of certain passages in the Bible are subject to revision according to the degree of revelation. Moreover, from 1528 onwards Capito considers the allegorical method as an acceptable way of interpreting the Scripture.

Another clue as to the probable opponent is provided by Bucer's MS treatise written ca. 1531 and addressed to the vaudois pastor, Fortunatus Andronicus (cf. RHPR 26 : 1 (1946), 32–75). There, as here, Bucer emphasises that the object of theology is practical and moral rather than theoretical. The Scripture should be interpreted so as to assist the faithful in leading a godly life. All allegories are thus to be avoided and particularly the tendency to interpret each detail of the Scripture as referring to a detail in the life of the church. The allegorical method that Bucer is criticising is best exemplified by Johannes von Paltz's work *Supplementum coelifodinae* (first published 1505) where the Augustinian puts up a scriptural defence of indulgencies. Bucer himself remarks in the treatise to Andronicus that, although the allegorical method itself is far from new, he finds its popularity among his contemporaries distressing. No contemporary (or indeed older) printed commentary on *John* is sufficiently allegorical to warrant Bucer's attack here. We must therefore presume that he is combatting the general tendency rather than necessarily a particular person.

Cap. 15

At 15,1 Bucer in C removes a polemical passage against the "Artocreatistae" who claim that Christ *is* a *vitis* in the spiritual sense and not that he *represents* ["significat"] or *is like* a *vitis*. In 1528 and 1530 Bucer is following Zwingli who in the *Commentarius* cites Io 15,1 as an instance of *est* being used to mean *significat*. His adversary here is Brenz who interprets the phrase as *ego sum vitis spiritualis*. Although the polemic disappears by 1536, Bucer's exegesis emphasises that Christ is using a figure of speech and that he likens himself to a vine. He avoids, however, the use of the term *significat* and confines himself to the less controversial *allegoria*.

At 15,18 Bucer follows the *Annotationes* of Erasmus in admitting that πρῶτον can be translated either as "the first" chronologically or as "the chief among you". Unlike Erasmus, Bucer prefers the latter translation as it coheres better with the phrase which follows: *Non est servus maior domino suo*. He also points out that he translated πρῶτος in this sense at 1,15 and sees no reason to be inconsistent. It is interesting to note that Erasmus who prefers the qualitative interpretation at 1,15 adopts the chronological rendering here. Brenz includes both ideas in his commentary at 15,18 translating πρῶτος as *prius* but linking the notion of "the first" with that of "the chief".

It is at 15,26 that Bucer undertakes a detailed discussion of the Paraclete having referred to it only briefly in the preceding chapter. Referring to Budé's *Annotationes in Pandectas* and, implicitly, to the *Commentarii* he points out that ὁ παράκλητος normally means "advocate" and should be translated in this way here as the Spirit is not so much a comforter as an advocate (or guide) to salvation. The exegetical tradition varies here. Chrysostom and Theophylactus incline towards the interpretation "advo-

cate" (without referring to the etymology), the *Catena* favours Didymus'
rendering *Spiritus consolator*. Erasmus in the *Annotationes* translates *consolator* and Brenz adopts both interpretations.

Cap. 16

At 16,7 Bucer removes in C a long excursus against the Lutherans, and
more specifically Brenz, in which he identifies them expressly with Marcion. Indeed Brenz, on commenting this verse, asserts that Christ never
went away physically; his body is in several places at once and is distributed by the Holy Spirit in the eucharist. In 1536 Bucer follows his usual
practice; the controversy disappears but he still maintains that Christ went
away physically so that only his Spirit remains present with us.

At 16,8 Bucer follows Chrysostom and Brenz in interpreting *arguet* as
palam convincet. It will become clear that the world lacks justice when the
true justice of God is revealed through Christ and the Gospel. Before
Christ's advent Jews and gentiles sought justice in the Law and in philosophy, but the more they relied on human resources, the more they fell into
injustice. Bucer thus partly opposes Augustine's exegesis of the verse
which takes *arguet* to refer not to a conviction but to the *diffusio caritatis*.
On the other hand, he follows Agustine in emphasising that it is the Holy
Spirit that will give the disciples the courage to preach the Gospel openly
and throughout the world.

At 16,12 Bucer, like Brenz before him, opposes the Roman Catholic
interpretation of this passage. Jesus cannot possibly be referring to ceremonies here; the disciples had been used to legal ceremonies from birth
and would have no difficulty understanding any other type of ceremony.
What Jesus means are rather *vis peccati, discrimen electorum et reproborum*
mentioned by Paul particularly in Eph 3 and Col 2. The interpretation of
adhuc multa as church ceremonies is found in the works of several Roman
Catholic controversialists, notably Schatzgeyer, *Scrutinium* and Clichtove,
Antilutherus.

Cap. 17

At 17,1 Bucer follows Chrysostom and Aquinas in maintaining a clear
distinction between the two natures of Christ. Thus the Father glorified
the Son in his human nature by putting him on his right hand, making him
Lord and Saviour of all and making him known through the Gospel.
Brenz here emphasises that the Father glorified the Son by *revealing* his
divinity and thus obscures the distinction between the two natures.

At 17,5 Bucer adopts Hilary's and Augustine's exegesis: Christ has always had glory as God, he is now praying that this glory be conferred upon him also as man, *primogenitus omnis creaturae* [Col 1,15]. As against this, Brenz interprets Christ to be praying for the restoration of his divine glory which he had to conceal ("dissimulare") for a certain period. Again, it is interesting to note that Bucer does not alter his exegesis here after the Wittenberg Concord.

The same can be said of his exegesis of 17,6 where Bucer emphasises election. It is God who, after electing those who are to be saved, gave them over to Christ, the Mediator. Brenz, on the other hand, identifies the elect with the faithful and criticises those who refer this verse to election by God. According to him, there is no point in asking whether anyone is elect if election means faith in Christ.

The *observationes* to the final section of this chapter (vv. 20–26) constitute a plea for the unity of the church, directed particularly against the Anabaptist doctrines of separation and excommunication, as outlined in the Schleitheim Confession.

Caps. 18 and 19

These chapters are commented on together. Bucer changes his exegetical method and recounts Christ's Passion according to all the four Gospels. It is evident that he draws on several Gospel harmonies, although his order in places departs from all his models. His principal sources here are Augustine, *De consensu Evangelistarum*; Ludulphus, *Vita Christi*; Bugenhagen, *Passio secundum quatuor Evangelistas* published together with his commentary on *Deuteronomy* in 1524. Bucer also makes use of commentaries on the Synoptic Gospels, notably of Erasmus' *Paraphrases*, Chrysostom's commentary on *Matthew* and of Theophylactus. The language of this harmony is almost entirely Biblical. The account of the Passion itself is followed by a series of annotations and observations. Bucer specifies that he is limiting himself to only the most essential annotations as he had already commented on the Passion extensively in his commentary on the *Synoptics*. Several of his remarks here are polemical. He thus explains, after Erasmus, that Jesus in Lc 22,32 prayed especially for Peter knowing that he would fall first; the prayer has nothing to do with special dignity being conferred upon the apostle.

Commenting on Christ's torments in the Garden of Gethsemani Bucer, predictably, emphasises the reality of his fear and therefore of his human nature. He follows Lefèvre d'Etaples in saying that Christ might not have withstood his fear if the Father had not sent an angel.

Following Bugenhagen against much of the exegetical tradition, Bucer insists that Christ at Io 18,13 was sent first to Annas who *immediately* sent him on to Caiaphas. It was at the latter's house that Peter denied Christ.

At Io 18,15 Bucer goes against Augustine, Brenz and Lefèvre and follows Lyra in claiming that the disciple in question was *not* John. He opposes even more strongly the interpretation of Mc 14,51 by Gregory the Great and the latter's contention that the "adulescens" is John. Bucer's source here is Lefèvre d'Etaples' commentary on Mark. The Strasbourg reformer, moreover, opposes the entire mediaeval tradition in considering Pontius Pilate as the instrument of God attempting to save Jesus so as to show up in its true colours the impiety of the Pharisees. Most mediaeval commentators, including Ludulphus, consider Pilate as the instrument of the Devil.

Bucer comments extensively on the question of Christ's descent into hell which had also been discussed during the Berne disputation. Here as there Bucer is in agreement with Zwingli who in turn follows Rufinus' interpretation of *infernus* as "sepulchrum". In AB Bucer also criticises the Lutheran identification of *infernus* with "despair". As is usual with Bucer, he suppresses the polemical passages in 1536 while leaving his own exegesis unchanged.

A reading of Bucer's annotations on those chapters together with the accompanying harmony reveals the Reformer's concern with modifying the ancient and mediaeval tradition without, however, abolishing it altogether. Bugenhagen's harmony which Bucer uses as one of his models, shows a similar tendency.

Caps. 20–21

Christ's resurrection receives a similar treatment at least in versions A and B which reproduce practically *verbatim* the closing chapters of Bucer's commentary on the *Synoptics*. In C almost the entire section is suppressed to be replaced by only a few brief annotations. Bucer refers the reader to his *Synoptics* commentary for the full account. A closer study of this account, as we shall see below, shows that Bucer still relies to a large extent on Ludulphus and Bugenhagen (*Resurrectio* printed together with his *Passio*) while also using Augustine and, unusually, Petrus Comestor's *Historia scholastica*.

In his account of the women at the sepulchre Bucer shows himself familiar with Lefèvre's accounts in *De Maria Magdalena Disceptatio* and in the latter's own commentaries. However, Bucer follows Lefèvre's account only partly. As regards Christ's appearances after the resurrection, Bucer like Bugenhagen before him, is fairly casual about their exact

number and does not adhere to Augustine's and Comestor's strict numbering of ten. His identification of the various appearances, however, is
closer to Comestor's than to Augustine's.

Bucer's commentary on the Resurrection includes several anti-Lutheran
remarks especially à propos of Io 20,19 where he condemns the interpretation of Christ coming *through* closed doors. These remarks, together with
most of the commentary, disappear from the 1536 version, which does,
however, retain remarks against the apostolic succession addressed chiefly
against Cochlaeus. It is also interesting to note that in 1536 (probably as
a concession to the Wittenberg Concord) Bucer adopts Luther's interpretation of Io 21,15–19 relating those verses to Gal 2,8. Christ's injunction to Peter is thus taken to refer to "those sheep which come out of
Israel".

Text

a) Major alterations in 1530 (B)

Indeed the second version of *John* (and of the *Synoptics*) was also
accomplished with remarkable speed. On 4 March 1530 Bucer, writing to
Ambrosius Blaurer, explains that he is fully occupied with the revision of
his commentaries on the four Gospels[22]. Yet the volume appeared in that
very month from the press of Georg Ulricher.

So far as the fourth Gospel is concerned, as has already been pointed
out by Lang[23], there are very few fundamental alterations to the text. By
far the most striking one (which, since it occurs throughout, has not been
marked with a variant sign in the text we reproduce below) is the reproduc-
tion of Erasmus' Latin translation (1527) of the fourth Gospel, chapter
by chapter. We have indicated such departures from Erasmus' text as were
made by Bucer; by and large, they are remarkably few in number and tend
to constitute errors rather than emendations.

In 1528 Bucer obviously intended to write a separate work on the
significance of types and figures in the NT. This he states in A ad Io 1,45;
3,14; 5,39. By 1530 although he had already published his commentaries
on *Sophoniah* and on the *Psalms*[24], the work had not yet appeared and all
references to it in the text of *John* are suppressed[25]. By 1536 Bucer
incorporated a discussion of typology into his commentary on *Romans*[26].

---

[22] Cf. *Schiess* 1, no. 159, 206–207.
[23] *Lang* 68–69.
[24] Cf. *Mentz* nos. 21, 23; Stupperich, *Bibl.* nos. 22, 25.
[25] Cf. *infra cap.* 1 ad n. (319), *cap.* 3 ad nn. (111), (127); *cap.* 5 ad nn. (121)–(121),
(122)–(122).
[26] Cf. *infra cap.* 5 ad nn. (121)–(121), (122)–(122). – *Mentz* no. 40; Stupperich, *Bibl.* no. 55.

We shall here give a list and brief descriptions of additions and suppressions in B which represent a change of content. The reader is referred to the body of our edition for the numerous stylistic emendations that Bucer made between 1528 and 1530.

Cap. 1, *sect.* 1 var s–s ad nn. (22)–(28) is a discussion of translations of λόγος against Erasmus' preference for *sermo* and against Zwingli's identification of λόγος with the Hebrew דבר i.e. "res aeterna". As result of this identification Zwingli paraphrases "Verbum aeternum" as "res aeterna". Bucer himself emphasises the importance of the translation *verbum* in the sense of *virtus* or *potentia Dei*.

Cap. 1, *sect.* 3 var b³–b³ ad n. (59) is an attack against Melchior Hofmann's interpretation of Io 1,9 as supporting the doctrine of universal salvation. Hofmann, as Bucer's correspondence with Zwingli suggests[27], was in Strasbourg by 30 June 1529.

Cap. 1, *sect.* 5 var v⁵–v⁵ ad nn. (99)–(100) is again an addition in B where Bucer takes some pains to stress that, although divine *dilectio* applied also to the O.T. Fathers and was instrumental in their salvation, it was nonetheless weaker than the *dilectio* as revealed through Christ. The addition of this passage can probably be best explained by the Anabaptists such as Hans Denck postulating a complete disjunction between the Old and the New Testament. Although Denck himself was dead by 1527, his ideas continued to spread[28].

Cap. 1, *sect.* 7 var l¹³–l¹³ ad n. (248) constitutes an elaboration of Bucer's attack against Martin Borrhaus' doctrine of disjunction between circumcision and baptism. Where in 1528 he confined himself to condemning Borrhaus' interpretation of *pueri* as *pueri malitia*, in 1530 Bucer embarks on a more detailed and reasoned argument.

Cap. 1, *sect.* 7 var p¹⁴–p¹⁴ ad n. (265) constitutes an addition by Bucer of a defence of New Testament ceremonies. The debate on the significance of Old Testament and New Testament ceremonies was revived in 1529 by Kautz and Reublin. Moreover, Capito in his commentary on *Hosea* which was published at the same time as A, had understated, perhaps under Anabaptist influence, the importance of sacraments in the New Testament.

Cap. 1, *sect.* 7 var s¹⁴ ad n. (267) which occurs within p¹⁴–p¹⁴ is a more personal and explicit attack against Kautz and Reublin introduced in B but then suppressed in C presumably as no longer relevant.

No alterations of content were made by Bucer in 1530 in chapters 2, 3, 4 or 5.

---

[27] Bucer, letter to Zwingli, Strasbourg, 30 June 1529, CR 97 no. 867, 182–184.
[28] Cf. further *Keller, passim.*

Cap. 6, *sect.* 4 var c⁶–c⁶ ad nn. (108)–(108) – (147)–(147) is the most substantial addition in B, at least within the first six chapters of the commentary. It is in this addition that Bucer elaborates his doctrine of the "liberum arbitrium" against Luther's notion of "iustitia civilis". And it is interesting to note that while a particularly controversial part of this excursus (var v⁶) ad nn. (126)–(126) – (130)–(130) is removed by Bucer from version C, the basic points of this disagreement with Luther are nonetheless retained. Already in 1528, on commenting Io 6,44, Bucer adopts Erasmus' concept of free-will and affirms that man can reach God by his own powers after being instructed by the Father in such a way that he cannot but choose the Good. To illustrate this notion Bucer, like Erasmus in his *De libero arbitrio* 1524[29], cites Augustine *In Ioh.* ad 6,44 who compares the "tractio Patris" to the way a lamb might be drawn by a green branch. This very simile is criticised by Luther in *De servo arbitrio* 1525[30] as leaving too much to human power. The addition of c⁶–c⁶ in B thus represents no more than an elaboration of Bucer's doctrine. It is quite likely, however, that Bucer felt compelled to expound and clarify his position in 1530 as result of a more careful reading of Melanchthon's *Loci*, the Strasbourg edition of which contained a list of *Themata de duplici iustitia*[31].

As part of this undertaking he introduces two striking similes; firstly, from the *Dialogi* of Lucian of Samosata, the figure of Hercules Gallicus who attracts his listeners effortlessly by the sheer power of his rhetoric; secondly, from a hitherto undiscovered source, the image of the clock. Just as a clock, says Bucer, appears to function autonomously but is, in fact, set in motion by man, so man himself has been "set in motion", in other words, predetermined, by God. Quite possibly, Bucer got his inspiration for this image simply by watching the Strasbourg Cathedral clock.

Cap. 6, *sect.* 4 var s⁸–s⁸ ad nn. (158) – (161)–(161) is a passage inserted ad Io 6,52 in B and retained by C with some additions, notably var e⁹–e⁹ ad n. (164), var h⁹–h⁹ ad n. (166)–(166). Already in the passage as it stands in B, Bucer is seen to distance himself from Zwingli by identifying *caro* with *panis*. The addition of terms such as *communicatio* and increased emphasis on spiritual manducation in C make the passage in its final version explicitly pro-Lutheran.

Cap. 6, *sect.* 5 var v¹⁰–v¹⁰ ad n. (188)–(188). This long passage of anti-Lutheran polemic, introduced in B is retained by C, although in apparent contradiction with the "officially" (and indeed sometimes effec-

---

[29] LB 9, 1238. Cf. also Backus, *Hercules Gallicus*.
[30] WA 18, 782.
[31] Appeared already in 1525! Cf. CR 21, 70, 227–230.

tively!) pro-Lutheran tone of C. In that passage Bucer emphasises the crucial function of Christ's divine nature as distinct from his humanity and thus establishes firmer ground for agreement with Zwingli and Oecolampadius as against Luther's theology of the eucharist. Yet in C on commenting Io 6,64 (cf. below our discussion of var o^{13}–o^{13} introduced in that version) Bucer replaces a long passage of anti-Lutheran polemic by a shorter pro-Lutheran excursus in which he emphasises that he now adopts Chrysostom's exegesis of 6,64 (as against that of Augustine); exegesis which is also followed by Luther. Now, according to Chrysostom, *caro* ad 6,64 is human flesh incapable of understanding things spiritual. Luther, adopting that exegesis in *Bekenntnis* 1528, WA 25, 367, then takes the further step of saying that just because (as in the case of the disciples) human flesh cannot understand the notion of spiritual eating, it does *not* follow that Christ's flesh "als ein unvergenglich geistlich fleisch nicht muge mit dem glauben ym abendmal leiblich zu essen sein". Bucer in var o^{13}–o^{13} in C does not take the same step and merely affirms that human flesh is of no avail in the sense that it cannot understand the Spirit which Christ will give to the elect after his ascension. It would thus seem that Bucer accepts Luther's exegesis of Io 6,64 while by-passing the entire problem of the doctrine of ubiquity. This is interesting when we compare this "post-Concord" view to the view expressed by Bucer in *Vergleychung* 1528, BDS 2, 382. There as here Bucer states that what is essential is faith in Christ as Saviour. Moreover, there can be no real confessional divisions as long as no-one believes that Christ's flesh is "locally" present in the eucharist. Unlike here, however, Bucer in *Vergleychung* does overtly criticise the doctrine of ubiquity and takes *caro* ad 6,64 to refer to the flesh of Christ.

Cap. 6, *sect.* 6 var c^{13}–c^{13} ad nn. (297)–(297) – (303)–(303) appears at first sight to represent a suppression of a long passage of anti-Lutheran polemic. On closer inspection, however, we see that what has taken place is no more than a slight "restructuring" of the commentary and that the same contents figure in other sections (cf. infra nn. (297)–(297) – (303)–(303)).

Cap. 10, *sect.* 4 var p^1–p^1 ad nn. (45)–(45) – (48)–(48). Bucer introduces an etymological explanation of the word *encaenia* which is already to be found in Augustine and, more explicitly, in Ludulphus' *Vita Christi.* Here, however, Bucer's immediate source is probably Münster's *Kalendarium hebraicum.*

Cap. 14, *sect.* 5 var h^3–h^3. This is a long excursus against allegorical interpretations of the Scripture. It seems that Bucer's criticisms here are aimed at a general tendency among Strasbourg (and other) preachers rather than at a particular opponent.

Our brief survey of substantial textual alterations in B shows the following tendencies in Bucer's development between 1528–30. Firstly, all the *major* alterations are motivated by polemic rather than by an evolution of theological thought or exegetical method. Secondly, while the polemic against the Anabaptists is accentuated, that against the Lutherans, already in 1530, is characterised by its ambivalence.

b) Major alterations in 1536 (C)

These are not only more numerous but also further reaching as result of the Wittenberg Concord concluded on 29 May 1536[32]. The revised version of the commentary came out in September of the same year from the press of J. Herwagen at Basel. On 6 September Bucer sent a copy to Luther asking for his opinion. By 1542, however, if the *Tischrede* no. 5730 is to be so dated, Luther felt grave doubts about Bucer as ally in sacramental matters[33].

Preface to Bernese ministers var m⁴–m⁴ *retractatio* ad nn. (84)–(84) – (98) is an addition in C. It does not represent a statement of total agreement with Luther or the Lutherans or a total revocation of Bucer's former position. What he wants to emphasise above all is that, in the course of disputing about the eucharist at Berne (fourth thesis), neither Zwingli nor Oecolampadius denied the sacramental communication of Christ's body. This is an exaggeration judging by Zwingli's and Oecolampadius' arguments as they are reproduced in the *Handlung*. He further stresses that following the Marburg colloquy the eucharist remained the sole point of contention between Zwinglians and Lutherans. This is contrary to his preface in Ev 1530 *Ad Academiam* where he emphasises the differences between the two parties[34], while admitting the necessity of agreement as a general rule.

It is thus very interesting to see that Bucer in the body of the preface which precedes the *retractatio*, does not in any way modify his report of the debate on the fourth thesis and it remains strongly anti-Lutheran in tone.

Cap. 1, *sect.* 4 var w⁴–w⁴, x⁴–x⁴ ad n. (79)–(79) represents an insertion by Bucer of his own translation of Ps 44,5 and 88,25.

Cap. 1, *sect.* 5 var b⁶ ad. n. (103). A criticism of Brenz's exegesis of Io 1,18 is suppressed.

---

[32] Cf. *Eells* 190–224.

[33] WA Tr 5 no. 5730, 333. Cf. *Eells* 210–211 for brief but remarkably accurate account of Bucer's apparent change of position in 1536.

[34] Cf. BEv 1530 esp. A2v., A5v., A6r.–A8v.

Cap. 1, *sect.* 7 var i^8–i^8 ad n. (170)–(170) constitutes an addition apparently pro-Lutheran in tone with Bucer implying that the Spirit is given at the moment of baptism. Although he distances himself here from the Zwinglian doctrine of complete separation between external rite and the giving of the Spirit, he does not state as clearly as Luther or Brenz that the Spirit is imparted at the moment of baptism through the minister's words.

Cap. 1, *sect.* 7 var v^8–v^8 ad n. (176) constitutes a suppression of a passage on the spiritual nature of the kingdom of Christ. This passage was, we presume, originally inserted to combat the millenaristic view of the kingdom put forward by Capito as well as by Borrhaus and Hofmann. The suppression of the passage in C would suggest either Capito or Borrhaus as the original target. At the time of the Strasbourg Synod in 1532–33 the former was considered as completely orthodox and by 1536 any polemic against him would have been out of place. The latter, although he remained in Strasbourg until 1536, ceased to attract attention after 1531[35].

Cap. 1, *sect.* 7 var j^9–j^9 ad n. (185) represents a substitution of a more "Lutheran" passage for one which emphasised the purely external function of baptism as practised by pagans and Old Testament Fathers.

Cap. 1, *sect.* 7 var l^{11}–l^{11} ad nn. (219), (220) is a straightforward addition to the "catalogue of Anabaptist horrors" of a condemnation of the Münster Anabaptists.

Cap. 1, *sect.* 7 var h^{14} ad nn. (259), (260), var p^{15}–p^{15} ad nn. (276)–(280) both represent a suppression of controversial passages, the first against Borrhaus' doctrine of disjunction between circumcision and baptism, the second, more general, against those who are opposed to infant baptism without adhering to the worst heresies of Anabaptism, in other words, also Borrhaus and, possibly, Capito.

Chapter two contains no major alterations.

Cap. 3, *sect.* 1 var x^1–x^1 ad n. (27)–(27) – (28)–(28) represents a curious addition of a passage on the importance of the minister in baptism. It is interesting to see that Bucer illustrates this importance by using the "princeps" metaphor which had already been used in the baptismal context by St. Thomas Aquinas. Coming as it does immediately after a minor insertion by Bucer of the "Wittenberg Concord" term *exhibitio* in relation to baptism, the passage may seem at first sight to constitute a "Lutheran" insertion. It is certain that Bucer's emphasis here on the minister's function is greater here than it would have been in 1528 or 1530. On the other hand, it is also important to bear in mind that the *princeps* metaphor had already

---

[35] Cf. further Backus, *Borrhaus*, 20–22.

been used by Bucer in his *Bericht* against Melchior Hofmann in 1534. There Bucer employs it to stress that baptism is a public sign and should thus include children. Hofmann, on the other hand, maintained that, in all cases, instruction should precede baptism.

Cap. 3, *sect.* 2 var m^3–m^3 ad n. (66) represents a suppression of an anti-ubiquitarian passage which in A and B was aimed chiefly against Luther's *Wider die himmlischen Propheten.* It is interesting to note that Bucer, while suppressing all overtly anti-ubiquitarian pronouncements in C, makes it quite plain that he has not adopted the doctrine of ubiquity himself and on p. 626 stresses the humility of Christ in his human nature. Again we might wonder to what extent this emphasis has been influenced by Hofmann's doctrine of the celestial flesh of Christ which Bucer combatted in his *Handlung gegen Hofmann* in 1533.

Cap. 3, *sect.* 2 var n^7–n^7 ad n. (139) is a short addition which points up Bucer's ambivalent position towards the sacraments. While, on the one hand, he consciously adopts Brenz's terminology of the sacramental symbol as *instrumentum salutis*, he specifies in the following sentence that neither the symbol nor the minister giving it can contribute anything towards salvation unless God has decreed that these signs and symbols are to have saving power. Thus Bucer understresses the power of the minister and diminishes the notion of symbols as *canales gratiae*.

Cap. 4, *sect.* 1 var g–g ad n. (8)–(8) is a replacement of a passage emphasising the value of external baptism as a symbol that marks out the *societas sanctorum* by a passage stressing the importance of the minister's function in administering baptism, this function having been instituted by Christ. It might be worth pointing out that Bucer's early view has as its source Zwingli's *Von der Taufe* while his later view is drawn largely from Brenz's commentary on the fourth Gospel. It is even more noteworthy, however, that the passage, as it appears in C, is a Latin paraphrase of an argument Bucer had already used against Hofmann in his *Bericht.* There Bucer answering Hofmann's argument that paedobaptism is unnecessary as Christ did not baptise children, counters by saying that Christ baptised no one; he merely instituted the sacrament to be administered through his apostles or ministers.

Cap. 4, *sect.* 1 var r ad n. (36)–(36) represents a suppression of a polemical passage addressed chiefly against Brenz. Ad Io 4,6 Bucer had previously commented that Jesus could not have been tired if his body were really ubiquitous. Brenz, interpreting the same passage, takes Christ to be afflicted by apparent tiredness in order to convince us of the reality of his Mediatorship.

Cap. 5, *sect.* 2 var t^4–t^4 ad n. (103)–(103) represents an insertion of a passage on the inseparability of faith and works. The latter, affirms Bucer, citing the example of the thief on the cross, must necessarily issue from the former. This passage was inserted as a result of Bucer's controversy with Robert Ceneau in 1534. The Bishop of Avranches had, it seems, accused Bucer of dispensing with good works *altogether*. In order to counter the attack Bucer now stresses that faith includes good works and so approaches the Lutheran doctrine.

The sixth chapter naturally contains a far greater number of substantial alterations than the preceding ones.

Cap. 6, *sect.* 4 var v[6] ad nn. (126)–(126) – (130)–(130) occurs within the addition c[6]–c[6] introduced in 1530 and discussed above. This passage is in fact a piece of very forceful anti-Lutheran polemic and Bucer naturally eliminates it from C while remaining in disagreement with Luther and Melanchthon over the notion of "iustitia civilis". On examining the passage it becomes plain that what is suppressed is the aggression and not the controversy.

Cap. 6, *sect.* 4 var s[9] ad nn. (170) – (180)–(180) is a long passage of polemic against Luther and Brenz which was accentuated in B and which is now suppressed. It is interesting to note here that what Bucer attacked particularly in 1530, probably as a reaction to Luther's *Bekenntnis* of 1528, was the notion which Luther had put forward in *De Captivitate*, namely that Io 6 had nothing whatsoever to do with the eucharist[36]. By 1528, however, Luther had changed his mind and postulated a eucharistic exegesis of that chapter[37]. Bucer's "attack" in 1530 thus constitutes an echo of the position Luther himself had adopted independently.

Cap. 6, *sect.* 5 var x[11]–x[11] ad nn. (208)–(272) is a very long passage of anti-Lutheran, or more precisely, anti-Brenzian polemic, with various references to the Marburg colloquy inserted by Bucer in 1530. The entire excursus is removed in 1536 and replaced by a shorter paragraph which emphasises spiritual manducation. In the original passage Bucer takes up several of the issues which were raised during the Berne disputation, notably the question of κοινωνία. He also attacks the notion of synecdoche as put forward by Brenz to explain the question of real presence. Passages of Brenz's commentary on the fourth Gospel are frequently cited only to be refuted.

Cap. 6, *sect.* 6 var f[13] ad nn. (306)–(306) – (308)–(308) represents the suppression of an overt condemnation of the doctrine of ubiquity.

Cap. 6, *sect.* 6 var o[13]–o[13] ad nn. (318)–(334). Here a passage concerning "sitting on God's right hand" is replaced by a shorter passage where Bucer

---

[36] Cf. further I. Hazlett, *Zur Auslegung von Johannes 6 bei Bucer während der Abendmahlskontroverse* in *Bucer und seine Zeit*, hgb. v. M. de Kroon u. Friedhelm Krüger, Wiesbaden 1976, 74–88.

[37] WA 26, 367–372.

explains that he is now following Chrysostom's and not Augustine's exegesis of Io 6,64. As has been seen above in our discussion of the variant v^{10}–v^{10} ad 1530, Bucer's theology does not alter as his exegesis does. The *retractatio* that follows immediately upon Bucer's account of his exegetical models is no more than a lengthy repetition of the Wittenberg Concord articles. No mention is made of the doctrine of ubiquity.

As in 1530 so in 1536 the most substantial alterations to the text can be attributed to polemical (in fact political!) motives rather than to any evolution of exegetical method or theology. While his attitude to the Anabaptists hardens, Bucer's attitude towards the Lutheran doctrine of the sacraments remains ambivalent. It is true that he removes all the passages which could be considered controversial or insulting. It is equally true that he adopts the terminology of the Wittenberg Concord in the context of both baptism and the eucharist. Yet at no point does Bucer touch upon the issue of ubiquity or any of the ontological issues that made Luther apply the doctrine of "praedicatio identica" to Christ's words "This is my body"[38].

Cap. 10, *sect.* 4 var c^2 ad n. (59). A passage attacking the Lutheran doctrine of salvation by faith (with no reference to election) is suppressed.

Cap. 12, *sect.* 4 *observationes* var z^2 ad nn. (115)–(115) – (117)–(117). An "anti-Spiritualist" passage addressed principally against Capito is suppressed.

Cap. 13, *sect.* 1 var g–g ad n. (7); m–m ad nn. (11)–(11) – (12)–(12). In the first of the passages omitted in 1536 Bucer emphasises that the account of the last supper (omitted by John at this juncture because of his earlier discussion of it) serves to remind the disciples that they will be saved because of Christ's sacrifice. The second passage is an attack on the doctrine of ubiquity.

Cap. 15, *sect.* 1 var n ad nn. (18), (19). Bucer here suppresses his acerbic remarks on Lutheran interpretation of *ego sum vitis* as *ego sum vitis spiritualis*.

Cap. 16, *sect.* 1 var n–n ad nn. (23)–(23) – (38)–(38). Again a long passage of anti-Lutheran polemic on the question of Christ's physical departure is suppressed in 1536.

Caps. 20 and 21. The suppression in C of the major part of the commentary on these chapters represents, apart from the eucharistic passages in chapter 6, the largest textual change in the commentary. Bucer's reason for this alteration would have been twofold. Firstly, the commentary in its 1528–30 version was copied word for word from the final section of the *Synoptics* commentary. Secondly the suppression of pratically the entire

---

[38] *Bekenntnis* 1528, WA 26, 439.

text here meant also that Bucer did not have to worry about striking out isolated passages of anti-Lutheran polemic within these final chapters.

STYLE AND PRESENTATION

As Lang pointed out[39], *John* is the first commentary in which Bucer undertook not only a division into *sectiones*, but also a further division within each *sectio* into *paraphrasis*, *annotationes* and *observationes*. The Erasmian model is obvious and it is perhaps typical of Bucer's eclecticism that he not only incorporates both types of Erasmian commentary into his own but also adds a further section of general moral injunctions to the reader (*observationes*) which occasionally, as with the passage on baptism in *cap.* 1, *sect.* 7, provides the framework for a dogmatic rather than merely moral excursus.

Stylistically Bucer is seen to adhere throughout to the principle he postulated against Treger during the Berne disputation and in his preface to the Bernese ministers: Scripture is to be interpreted by the Scripture. Perhaps it was his original dispute with Treger that moved Bucer to expound his doctrine of O.T. types in chapter three where he attacks allegory much more vehemently than Erasmus ever did. Yet Bucer's basic principle has quite clearly been formulated under the influence of Erasmus who postulates throughout his work[40] that the chief key to understanding the Biblical text is the text itself. Hence for Erasmus the importance of the *veritas graeca*. Bucer, as we have mentioned, is quite content to give Erasmus' *Latin* text as his basis here (although he will insist, in his commentary on the *Psalms* on approaching the *veritas hebraica* as closely as possible through his own translation!) but he is by no means unaware of the Greek and the Greek with Aramaic ("Chaldaic") admixtures which he considers to have been spoken in Jesus time. This is shown notably by his prefatory remarks on the exact meaning of *evangelion*, as well as by his discussion of the meaning of λόγος at Io 1, *sect.* 1 (pp. 573–574 in C).

His awareness of the underlying Greek is also shown by the very language Bucer uses in his commentary. A glance at any page of this edition is enough to show that the Strasbourger's vocabulary is very largely Biblical, and that he uses Scriptural passages to explain other Scriptural passages.

Although he does not say so explicitly, Bucer, on examination, turns out to apply *ad literam* another Erasmian principle according to which the text, having once been studied as such, should then be illuminated by

---

[39] *Lang* 61.
[40] Cf. *Chomarat* 1, 526ff.

different commentaries. This we have seen above in our brief exposition of Bucer's sources and shall see in greater detail on studying the text of the commentary as presented here.

Yet Bucer makes a departure from the Erasmian method by adding to his *paraphrases* and *annotationes* the *observationes* section. We see there an interesting case of a Biblical commentary being used as a vehicle for dogmatics, as well as providing a paraphrase and an elucidation of difficult notions in the Biblical text.

EDITORIAL RULES

Text and Variants

Text as given here is that of the third edition (C) i.e. the last published during Bucer's lifetime. Variant readings of the previous editions (A [1528] and B [1530]) have been incorporated into the apparatus. Emendations made by Estienne in his 1553 edition of Bucer's *Enarrationes* (D) also figure in the variants apparatus. This procedure has meant that here, as in other volumes of *Buceri Opera Latina*, the variants apparatus refers to the earlier versions A and B as *omitting* passages or words which in fact were only *inserted* in the later version, C. On the other hand, our procedure has the advantage of avoiding a lengthy and cumbersome apparatus as, even if we take into account the substantial cuts and omissions made by Bucer in 1536, that version of the commentary is still the longest. Variants are indicated by letters of the alphabet, each alphabetical sequence being numbered from 0 $\longrightarrow$ within the chapter. Thus e.g.

TEXT: sed^{s11}

^{w11}id ipsum in nobis re ipsa^{w11}

APPARATUS: ^{s11}*add.* ederit A.- $^{w11-w11}$ita AB.-

In case of long variants, over ca. 60 words, the indication of version precedes the text of the variant in the apparatus, e.g. s^{11} *add.* B... The alphabetical sequence is taken anew (i.e. with no numbers) at the beginning of each chapter.

All variants have been included with the exception of obvious printing errors – e.g. rerum subsequently corrected to verum – and spelling variants – e.g. eque subsequently corrected to: aeque.

For variants within variants (e.g. var x^{11}–x^{11} in cap. 6) no separate apparatus has been established. Additions are indicated by square brackets with the abbreviation *add.* at the beginning of each bracket followed by an indication of version (e.g. A) where the addition occurs. In cases of short additions i.e. under ca. 60 words, the version is indicated at the end of the text of the addition. Omissions and modifications are indicated by

* or *...* with the version in which they occur marked in square brackets, e.g. [* * *om*. B].

Spelling, punctuation and syntax

These have been standardised so as to facilitate the reader's task. While this reduces the "authenticity" of Bucer's Latin, it also renders more accessible to the modern reader a Latin which is sometimes complicated to the point of incoherence! Modernisation has been kept within the minimum. Thus e = ae; j = i throughout; u = u when vowel-sound; u = v when consonant.

Capital letters have been removed whenever possible, (thus Evangelion = the text; evangelion = good news) and a consistent attempt has been made to shorten the notoriously lengthy Bucerian sentences by making one sentence into two or even three.

Annotations

In order to make clear to the reader which part of the frequently obscure text is being commented on in the editor's notes, we have followed a system analogous in form to our system of indicating variants. Thus a footnote number normally appears only at the beginning of the section of the text to be annotated, if that section is sufficiently brief and self-contained. In case of longer sections, consisting of one or more sentences, a footnote number appears at the beginning and end of each section. (Thus e.g. [69]..............[69]). Footnotes are numbered from 1 ⟶ consecutively within each chapter. A new sequence of numbers begins each chapter. There is only one series of footnotes and in those footnotes which refer to lengthy variants (e.g. var x^{11}–x^{11} in cap. 6) we have maintained the chronological sequence of numbering.

Biblical references

As has been pointed out above, the text of Bucer's commentary consists very largely of Biblical references and allusions. He himself indicates them only rarely and, where he does, we have retained in their original form his abbreviations of Biblical books, while indicating the text of the reference in italics. The editor's task has been more complicated in the numerous cases where Bucer either refers to the Bible without indicating it or cannibalises Biblical text for his own commentary. In so far as possible we have indicated every instance of a Biblical term or phrase, be it from the Erasmus translation or from the Vulgate, by italics and have inserted the reference in square brackets *within* the text following Weber's abbreviation system. While this procedure has the inconvenience of making the text appear more cumbersome, it avoids countless footnotes consisting exclusively of Biblical references and spares the reader the trouble of having to read the commentary in two places at once. Mere Biblical allusions have been left in Roman type, but references to them occur also in square brackets within the text, preceded by: cf. Thus e.g.: [cf. Rm 8,4].

Marginalia

As these tend to constitute subtitles, they have been incorporated into the text between ⟨ ⟩ normally at the beginning of a new paragraph. Marginalia which occur in one or two of the three versions only have been indicated in the apparatus of variants as follows: *add.* □ [+ text], with □ representing a margin.

Indications of Bucer's use of sources in the footnotes

In order to avoid lengthy quotations each source has been indicated by Ap: (= Apud) in the footnotes. A reference to author and short-title of work is followed by a letter or combination of letters in parentheses which serve as a code for explaining how Bucer uses a particular source. The full code is as follows:

(*a*) = abridgement
(*e*) = extract
(*i*) = idea
(*p*) = paraphrase
(*r*) = reference
(*t*) = text (i.e. same text cited by source – author).

In cases of a polemic, the opponent has been indicated in the footnote by Adv: (= Adversus) followed by author and short-title of work or, in some cases, merely by a name. For cases where Bucer cites, paraphrases or alludes to an opponent's text in order to refute it, the indication: Ap and adv: has been adopted.

Survey of sixteenth century editions

Abbreviations used in the Survey of sixteenth century editions

ǂ	= copy described
BCas	= Biblioteca Casanatense
BCU	= Bibliothèque cantonale et universitaire
BDoc	= Biblioteca Documentară
BGU	= Biblioteka Główna Uniwersytetu
BH	= Bibliothèque humaniste
BJ	= Biblioteka Jagiellońska
BKU	= Biblioteka Katolickiego Uniwersytetu
BM	= Bibliothèque municipale
BN	= Biblioteka narodowa / Bibliothèque nationale
BNU	= Bibliothèque nationale et universitaire
BoL	= Bodleian Library
BPast	= Bibliothèque des Pasteurs
BPU	= Bibliothèque publique et universitaire
BR	= Bibliothèque royale
BRK	= Bibliothek des Reformierten Kirchendistriktes
BU	= Biblioteca Universitaria / Biblioteka Uniwersytetu
CCC	= Corpus Christi College
CL	= Cathedral Library
CW	= Collegium Wilhelmitanum
DB	= Domkyrkobibliotek
DL	= Diocesan Library
HAB	= Herzog August Bibliothek
HEH	= Henry E. Huntington Library
KB	= Kongelige Bibliotek
KsM	= Książnica Miejska
L	= Library
MHR	= Musée historique de la Réformation
NB	= Nationalbibliothek
PB	= Provinciale Bibliotheek van Friesland
SB	= Staatsbibliothek
StB	= Stadtbibliothek
StK	= Státní Knihovna
StUB	= Stadt- und Universitätsbibliothek
StVK	= Státní vědecká Knihovna
SUB	= Staats- und Universitätsbibliothek
TCD	= Trinity College Dublin
ThH	= Theologische Hogeschool
ThS	= Theological Seminary
UB	= Universitätsbibliothek
ULB	= Universitäts- und Landesbibliothek
WMBP	= Wojewódzka i Miejska Biblioteka Publiczna
ZB	= Zentralbibliothek

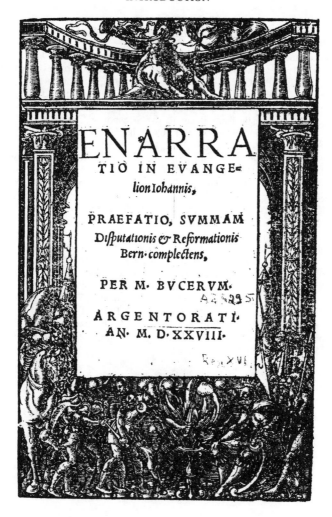

A. *In Ioh.* 1528

Argentorati (apud Io. Hervagium) 1528. 8°. ca. 100 : 160. Leaves numbered 1–280 with mistakes. Gatherings: A–Z⁸, Aa–Mm⁸. Catchwords, running heads; text and marginalia in ital. Contents: title-page (A1r.), list of "loci communes" (A1v.), prefatory epistle from Bucer to the ministers at Berne 1528 (A2r.–A8v.), text of commentary (B1r.–Mm4r.), index (Mm4v.–Mm8r.), errata (Mm8r.), colophon: ARGENTORATI APVD IOANNEM // HERVAGIVM MENSE APRILI. // ANNO M:D.XXVIII. // (Mm8r.), (Mm8v. blank).

Basel: UB. Bern: StUB. Brunswick, Maine: Bowdoin Coll. L. Düsseldorf: UB. Erlangen: UB. Göttingen: Niedersächsische SUB. Halle: ULB. ‡ Lausanne: BCU (2 copies, 1 ex libr. ‡ Herminjard). Leipzig: UB. Lublin: BKU. München: Bayerische SB. Olomouc: StVK. Paris: BN. St. Gallen: Vadiana. Schaffhausen: StB. Sélestat: BH. Strasbourg: BNU (2 copies). Tîrgu-Mureş: BDoc. Ulm: StB (ex libris Konrad Sam). Wien: Österreichische NB. Wolfenbüttel: HAB (3 copies + 1 incompl. copy). Zürich: ZB (2 copies). – Cf. *Mentz* no. 19; Bibl. no. 20.

B. *Enarrationes perpetuae* 1530

(Argentorati apud Georgium Ulricherum, 1530) Fol.° ca. 200 : 305. 10 unn. leaves + 236 numbered leaves + 102 numbered leaves + 2 unn. leaves with several mistakes. Gatherings: A¹⁰, B⁶, C⁴, a–z⁶, A–P⁶, Q⁸, Aa–Qq⁶, Rr⁸. Catchwords, running heads, text in rom., marginalia in ital., indexes in ital., orn. initials. Contents: title-page (A1r.), poem: liber ad lectorem, Ioh. Sapidus (A1v.), prefatory epistle from Bucer to the Marburg Academy 1530 (A2r.–A9r.), prefatory epistle from Bucer to the Strasbourg Council 1527 (A9r.–A10v.), index to *Mt.* (B1r.–C1r.), index to *Ioh.* (C1r.–C4r.), list of "loci communes" ad *Mt.* (C4v.), text of commentary to *Mt., Mc., Lc.* (a1r.–Q8v.), prefatory epistle from Bucer to Berne ministers (Aa1r.–Aa3r.), text of commentary to *Ioh.* (Aa3r.–Rr7r.), colophon: ARGEN-TORATI APVD GEORGIVM // VLRICHERVM ANDLANVM, // MENSE MARTIO, ANNO // M.D.XXX. // (Rr7r.), errata (Rr7v.), (Rr8r.) blank, (Rr8v.) printer's mark (*Heitz-Barack*, plate 22 no. 1).

Basel: UB (no indexes or "loci communes"). Bologna: BU. Bonn: UB. Bruxelles: BR. Cambridge: CCC; Emmanuel Coll. Durham: Chapter L. Freiburg i. Br.: UB. Genève: MHR (no indexes or "loci communes"). Göttingen: Niedersächsische SUB. Graz: UB. Greifswald: UB (incompl. copy). Halle: UB (no indexes or "loci communes"). Isny: StB. Ithaca, N.Y.: Cornell Univ. L. Jena: UB. Kiel: UB. Kraków: BJ. ≠ Lausanne: BCU. Leipzig: UB. London: Sion Coll. Lüneburg: Ratsbücherei. Olomouc: StVK. Oxford: BoL. Praha: StK (2 copies). Princeton, N.J.: ThSL. St. Louis, Missouri: Concordia ThSL. Sárospatak: BRK (2 copies). Schaffhausen: StB (no indexes or "loci communes"). Strasbourg: CW (no indexes or "loci communes"). Szczecin: WMBP. Tîrgu-Mureş: BDoc. Toruń: BGU. Tübingen: UB (no indexes or "loci communes"). Warszawa: BN. Wien: Österreichische NB. Wolfenbüttel: HAB (2 copies, one without indexes and "loci communes"). Zürich ZB (2 copies). – Cf. *Mentz* no. 24; Bibl. no. 28.

ENARRATIONES PER
PETVAE, IN SACRA QVATVOR EVAN-
gelia, recognitæ nuper & locis compluribus auctæ. In quibus præ-
terea habes synceriotis Theologiæ locos communes supra
centum, ad scripturarum fidem simpliciter &
nullius cum infectatione tractatos, per
MARTINVM BV-
CERVM.

CORNV COPIAE

EPISTOLA EIVSDEM NVNCVPATORIA
ad Academiam Marpurgensem de seruanda unitate Ecclesiæ, in
qua excutiuntur & articuli conuentus
Marpurgi Hessorum
celebrati.

IN SACRA QVATVOR EVANGELIA,

ENARRATIONES

PERPETVAE, SECVNDVM RECOGNITAE,

IN QVIBVS PRAETEREA HABES SYNCERIO/
ris Theologiæ locos communes supra centum, ad scriptu/
rarum fidem simpliciter, & nullius cum insecta/
tione tractatos, adiectis etiam aliquot lo/
corum retractationibus.

PER MARTINVM BVCERVM⸙

BASILEAE APVD IOAN. HERVAGIVM, ANNO
M. D. XXXVI. MENSE SEPTEMBRI.

C. *Enarrationes perpetuae ... secundum recognitae* 1536

Basileae apud Io. Hervagium, 1536. Fol.° ca. 200 : 305. 8 unn. leaves + [806] pages instead of 788 + 2 unn. pages + 14 unn. leaves. Following main numbering errors: nos. 551–554, 557–560 designate leaves not pages; no. 788 doubly false: should be 798 and in fact 806 if other pages were numbered correctly. Gatherings: ς^{*8}, A^6, B^8 (B^5 signed wrongly b^5), a–z^6, A–V^6, X^4, Y–Z^6, &^{6}, aa^4, bb–dd^6, ee^4, ff–uu^6, xx^8. Catchwords, running heads, text in rom., marginalia in ital., orn. initials. Contents: title-page (ς^*1r.), (ς^*1v. blank), dedicatory epistle to Edward Fox (ς^*2r.–ς^*7v.), list of "loci communes" (ς^*8r.–ς^*8v.), general index [inserted separately] (A1r.–B7v.), (B8r.–v.) blank, commentary to *Mt.*, *Mc.* and *Lc.* (a1r.–aa4v.), dedicatory epistle to Berne ministers (bb1r.–bb4r.), commentary to *Ioh.* (bb4v.–xx7v.), colophon: BASILEAE APVD IOAN. HERVAGIVM, ANNO // M.D.XXXVI. MENSE SEPTEMBRI. // (xx7v.), (xx8r.) blank, printer's mark [as title-page] (xx8v.).

Basel: UB. Bern: StUB. Brno: StVK. Cambridge: CCC; Peterhouse. Dublin: TCD. Freiburg i. Br.: UB. Grenoble: BM. København: KB. ✝ Lausanne: BCU. Leiden: Univ L. Leipzig: UB. London: London L. Manchester: John Rylands Univ L. Neuchâtel: BPast. Oxford: BoL; Pusey House. Paris: BN. Roma: Gregoriana. St. Gallen: Vadiana. Strängnäs: DB (copy damaged in fire 1864). Strasbourg: CW (2 copies). Tîrgu-Mureş: BDoc. Toruń: BGU. Chicago: Univ L. Uppsala: Univ L. Utrecht: Univ L. Warszawa: BU. – Cf. *Mentz* no. 24a; Bibl. no. 28a.

D. *Enarrationes perpetuae secundum et postremum recognitae ...* [Geneva], R. Estienne 1553

As this version constitutes a part of Estienne's edition of Bucer's Biblical commentaries (published two years after the Reformer's death) the reader is referred to *Mentz* no. 24b and Bibl. no. 28b for bibliographical descriptions.

We give here a summary list of holding libraries.

Avignon: BCalvet. Bologna: BU. Bordeaux: BM. Bruxelles: BR. Cambridge: Emmanuel Coll.; Gonville Col.; Magdalene Coll.; Pembroke Coll.; Queen's Coll.; Trinity Coll.; Univ L (2 copies). Cashel: DL. Dublin: Marsh's L.; TCD. Durham: Univ L. Edinburgh: New Coll.; Univ L. Exeter: CL. Genève: BPU; MHR. Glasgow: Univ L. Groningen: UB. Haarlem: SB. Kampen: ThH. København: KB. Kraków: BJ. Lausanne: BCU. Leeuwarden: PB. London: Lambeth Palace L. Lyon: BM. Madrid: BN.˙ Neuchâtel: BPast. Nîmes: BM. Oxford: BoL; Codrington L. Paris: BN (2 copies); Ste. Geneviève. Poitiers: BM. Praha: StK. Roma: BCas. St. Andrews: Univ L. San Marino Ca.: HEH. Sárospatak: BRK. Strasbourg: BNU. Toruń: KsM. Warszawa: BU. Wien: Österreichische NB. Wrocław: BU.

Bucer, *In Ioh.* page synopsis

1528 fol.	1530 fol.	1536 p.
Preface to Bernese ministers		
2r.	1r.	561
2v.	1r.	561
3r.	1r.	561–562
3v.	1r.–v.	562
4r.	1v.	562
4v.	1v.	562–563
5r.	1v.–2r.	563
5v.	2r.	563–564
6r.	2r.	564
6v.	2r.	564
7r.	2r.–v.	564–565
7v.	2v.	565
8r.	2v.–3r.	565–566
8v.	3r.	566–567
Preface: Quid Evang.		
9r.	3r.	568
9v.	3r.	568
10r.	3r.–v.	568–569
10v.	3v.	569
11r.	3v.	569
11v.	3v.–4r.	569–570
12r.–v.	4r.	570
Cap. 1		
12v.	4r.–5r.	570–572
13r.	5r.	572
13v.	5r.	572–573
14r.	5r.	573
14v.	5r.–v.	573–574
15r.	5v.–6r.	574–575
15v.	6r.	575
16r.	6r.	575–576
16v.–18r.	6r.–6v.	576–577
18v.	6v.–7r.	577
19r.	7r.	577–578
19v.	7r.	578
20r.	7r.–7v.	578–579
20v.	7v.	579
21r.	7v.	579
21v.	7v.–8r.	579–580
22r.	8r.	580
22v.	8r.	580
23r.	8r.–8v.	580–581
23v.	8v.	581
24r.	8v.	581–582
24v.	8v.–9r.	582
25r.	9r.	582
25v.	9r.	582–583
26r.	9r.	583
26v.	9r.–9v.	583

Bucer, *In Ioh.* page synopsis

1528 fol.	1530 fol.	1536 p.
27r.	9v.	583–584
27v.	9v.	584
28r.	9v.–10r.	584–585
28v.	10r.	585
29r.	10r.	585–586
29v.	10r.–10v.	586
30r.	10v.	586
30v.	10v.	586–587
31r.	10v.	587
31v.	10v.–11r.	587
32r.	11r.	587–588
32v.	11r.	588
33r.	11r.–11v.	588
33v.	11v.	588–589
34r.	11v.	589
34v.	11v.	589–590
35r.	11v.–12r.	590
35v.	12r.	590
36r.	12r.	590–591
36v.	12r.–12v.	591
37r.	12v.	591
37v.	12v.	591–592
38r.	12v.–13r.	592
38v.	13r.	592–593
39r.	13r.	593
39v.	13r.	593
40r.	13r.–13v.	593–594
40v.	13v.	594
41r.	13v.	594–595
41v.	13v.–14r.	595
42r.	14r.	595
42v.	14r.	595–596
43r.	14r.	596
43v.	14r.–14v.	596
44r.	14v.	596–597
44v.	14v.	597
45r.	14v.–15r.	597–598
45v.	15r.	598
46r.	15r.	598–599
46v.	15r.	599
47r.	15r.–15v.	599
47v.	15v.	599–600
48r.	15v.	600
48v.	15v.–16r.	600–601
49r.	16r.	601
49v.	16r.	601
50r.	16r.–16v.	601–602
50v.	16v.	602
51r.	16v.	602
51v.	16v.	602
52r.	16v.–17r.	602–603

Bucer, *In Ioh.* page synopsis

1528 fol.	1530 fol.	1536 p.
52v.–53r.	17r.–17v.	603–604
53v.	17v.–18r.	604–605
54r.	18r.	605
54v.	18r.	605
55r.	18r.	606
55v.	18r.–18v.	606
56r.	18v.	606–607
56v.	18v.	607
57r.	18v.–19r.	607
57v.	19r.	607–608
58r.	19r.	608
58v.	19r.–19v.	608–609
59r.	19v.	609
59v.	19v.	609
60r.	19v.	609–610
60v.	19v.–20r.	610
61r.	20r.	610
61v.	20r.	610–611
Cap. 2		
61v.	20v.–21r.	611–612
62r.	21r.	612
62v.	21r.	612
63r.	21r.	612–613
63v.	21r.–21v.	613
64r.	21v.	613–614
64v.	21v.	614
65r.	21v.–22r.	614
65v.	22r.	614–615
66r.	22r.	615
66v.	22r.–22v.	615–616
67r.	22v.	616
67v.	22v.	616–617
68r.	22v.–23r.	617
68v.	23r.	617
69r.	23r.	617–618
69v.	23r.	618
Cap. 3		
69v.	23v.–24r.	618–619
70r.	24r.	619–620
70v.	24r.	620
71r.	24r.–24v.	620–621
71v.	24v.	621
72r.	24v.	621
72v.	24v.–25r.	621–622
73r.	25r.	622–623
73v.	25r.	623
74r.	25r.	623
74v.	25r.–25v.	623–624
75r.	25v.	624
75v.	25v.	624–625
76r.	25v.–26r.	625

Bucer, *In Ioh.* page synopsis

1528 fol.	1530 fol.	1536 p.
76v.	26r.	625
77r.	26r.	625–626
77v.	26r.	626
78r.	26r.–26v.	626
78v.	26v.	626–627
79r.	26v.	627
79v.	26v.–27r.	627
80r.	27r.	627–628
80v.	27r.	628
81r.	27r.–27v.	628–629
81v.	27v.	629
82r.	27v.	629
82v.	27v.	629–630
83r.	27v.–28r.	630
83v.	28r.	630
84r.	28r.	630–631
84v.	28r.–28v.	631
85r.	28v.	631–632
85v.	28v.	632
86r.	28v.–29r.	632
86v.	29r.	632–633
87r.	29r.	633
87v.	29r.–29v.	633–634
88r.	29v.	634
88v.	29v.	634–635
89r.	29v.–30r.	635
89v.	30r.	635
90r.	30r.	635–636
90v.	30r.	636
91r.	30r.–30v.	636–637
91v.	30v.	637
92r.	30v.	637
92v.	30v.–31r.	637–638
93r.	31r.	638
93v.	31r.	638–639
94r.	31r.–31v.	639
94v.	31v.	639
95r.	31v.	639–640
95v.	31v.	640
96r.	31v.–32r.	640–641
Cap. 4		
96v.	32r.–33r.	641–643
97r.	33r.	643
97v.	33r.	643–644
98r.	33r.–33v.	644
98v.	33v.	644
99r.	33v.	644–645
99v.	33v.	645
100r.	33v.–34r.	645–646
100v.	34r.	646
101r.	34r.	646

Bucer, *In Ioh.* page synopsis

1528 fol.	1530 fol.	1536 p.
101v.	34r.–34v.	646–647
102r.	34v.	647
102v.	34v.	647
103r.	34v.	647–648
103v.	34v.–35r.	648
104r.	35r.	648–649
104v.	35r.	649
105r.	35r.–35v.	649
105v.	35v.	649–650
106r.	35v.	650
106v.	35v.–36r.	650–651
107r.	36r.	651
107v.	36r.	651
108r.	36r.–36v.	651–652
108v.	36v.	652
109r.	36v.	652–653
Cap. 5		
109v.	36v.–37v.	653–655
110r.	37v.	655
110v.	37v.–38r.	655
111r.	38r.	655–656
111v.	38r.	656
112r.	38r.–38v.	656–657
112v.	38v.	657
113r.	38v.	657
113v.	38v.	657–658
114r.	38v.–39r.	658
114v.	39r.	658
115r.	39r.	658–659
115v.	39r.–39v.	659
116r.	39v.	659–660
116v.	39v.	660
117r.	39v.	660
117v.	39v.–40r.	660–661
118r.	40r.	661
118v.	40r.	661–662
119r.	40r.–40v.	662
119v.	40v.	662–663
120r.	40v.	663
120v.	40v.–41r.	663
121r.	41r.	663–664
121v.	41r.	664
Cap. 6		
121v.	41r.–42v.	664–667
122r.	42v.	667
122v.	42v.	667
123r.	42v.	667–668
123v.	42v.–43r.	668
124r.	43r.	668
124v.	43r.	668–669
125r.	43r.–43v.	669

Bucer, *In Ioh.* page synopsis

1528 fol.	1530 fol.	1536 p.
125v.	43v.	669–670
126r.	43v.	670
126v.	43v.–44r.	670–671
127r.	44r.	671
127v.	44r.	671
128r.	44r.	671–672
128v.	44r.–44v.	672
129r.	44v.	672
129v.	44v.	672–673
130r.	44v.–45r.	673
130v.	45r.	673–674
–	45r.–46v.	674–677
131r.	46v.	677
131v.	46v.–47r.	677–678
132r.	47r.	678
132v.	47r.	–
133r.	47v.	–
133v.	47v.	679
134r.	47v.–48r.	679–680
134v.	48r.	680
–	48r.–48v.	680–681
134v.	48v.	681–682
135r.	48v.	–
135v.	48v.–49r.	–
136r.	49r.	–
136v.	49r.	–
137r.	49r.	–
137v.	49r.–49v.	–
138r.	49v.	–
138v.	49v.	–
139r.	49v.–50r.	–
139v.	50r.	–
140r.	50r.	–
140v.	50r.–50v.	–
141r.	50v.	–
141v.	50v.	–
142r.	50v.–51r.	–
142v.	51r.	–
143r.	51r.	–
143v.	51r.–51v.	–
–	–	682–683
143v.–144r.	51v.	683
144v.	51v.	683–684
145r.	51v.–52r.	684
145v.–146v.	–	–
146v.	52r.	684–685
147r.	52r.–52v.	685
147v.	52v.	685
148r.	52v.	–
148v.	52v.	–
149r.	52v.–53r.	–
149v.	53r.	–

Bucer, *In Ioh.* page synopsis

1528 fol.	1530 fol.	1536 p.
–	–	685–686
150r.	53r.	686–687
150v.	53r.–v.	687
Cap. 7		
151r.	53v.–54v.	687–689
151v.	54v.	689
152r.	54v.	689–690
152v.	54v.–55r.	690
153r.	55r.	690
153v.	55r.	690–691
154r.	55r.–55v.	691
154v.	55v.	691–692
155r.	55v.	692
155v.	55v.	692
156r.	55v.–56r.	692–693
156v.	56r.	693
157r.	56r.	693
157v.	56v.	694
158r.	56v.	694–695
158v.	56v.	695
159r.	56v.–57r.	695
159v.	57r.	695–696
160r.	57r.	696
160v.	57r.	696
161r.–161v.	57r.–57v.	696–697
Cap. 8		
161v.	57v.–58v.	697–699
162r.	58v.	699–700
162v.	58v.–59r.	700
163r.	59r.	700
163v.	59r.	700–701
164r.	59r.–59v.	701
164v.	59v.	701–702
165r.	59v.	702
165v.	59v.	702
166r.	59v.–60r.	702–703
166v.	60r.	703
167r.	60r.	703
167v.	60r.–60v.	703–704
168r.	60v.	704
168v.	60v.	704–705
169r.	60v.	705
169v.	60v.–61r.	705
170r.	61r.	705–706
170v.–171r.	61r.	706
Cap. 9		
171r.	61v.–62r.	706–708
171v.	62r.	708
172r.	62r.–62v.	708–709
172v.	62v.	709

Bucer, *In Ioh.* page synopsis

1528 fol.	1530 fol.	1536 p.
173r.	62v.	709–710
173v.	62v.–63r.	710
174r.	63r.	710
174v.	63r.	710–711
175r.	63r.	711
175v.	63r.–63v.	711–712
176r.	63v.	712
Cap. 10		
176v.	63v.–64v.	712–714
177r.	64v.	714
177v.	64v.	714–715
178r.	64v.–65r.	715
178v.	65r.	715
179r.	65r.	715–716
179v.	65r.–65v.	716
180r.	65v.	716–717
180v.	65v.	717
181r.	65v.–66r.	717
181v.	66r.	717–718
182r.–182v.	66r.	718
Cap. 11		
182v.	66v.–67v.	718–720
183r.	67v.	720
183v.	67v.	720–721
184r.	67v.–68r.	721
184v.	68r.	721–722
185r.	68r.	722
185v.	68r.	722
186r.	68r.–68v.	722–723
186v.	68v.	723
187r.	68v.	723
187v.	68v.	723–724
188r.	68v.–69r.	724
188v.	69r.	724
189r.–189v.	69r.	725
Cap. 12		
189v.	69v.–70v.	725–727
190r.	70v.	727
190v.	70v.	727–728
191r.	70v.–71r.	728
191v.	71r.	728
192r.	71r.	728–729
192v.	71r.	729
193r.	71r.–71v.	729–730
193v.	71v.	730
194r.	71v.	730
194v.	71v.–72r.	730–731
195r.	72r.	731
195v.	72r.	731–732
196r.	72r.–72v.	732

Bucer, *In Ioh.* page synopsis

1528 fol.	1530 fol.	1536 p.
196v.	72v.	732
197r.	72v.	732–733
197v.	72v.	733
198r.	72v.–73r.	733
198v.	73r.	733–734
199r.	73r.	734
199r.–199v.	73r.–73v.	–
199v.–200r.	73v.	734
200r.	73v.	735
200v.	73v.	735
201r.	73v.–74r.	735
201v.	74r.	735–736
202r.	74r.	736
202v.	74r.	736–737
203r.	74r.–74v.	737
203v.–204r.	74v.	737
Cap. 13		
204r.	74v.–75r.	738–739
204v.	75v.	739
205r.	75v.	739
205v.	75v.	739–740
206r.	75v.–76r.	740
206v.	76r.	740–741
207r.	76r.	741
207v.	76r.–76v.	741
208r.	76v.	741–742
208v.	76v.	742
209r.	76v.	742
209v.	76v.–77r.	742–743
210r.	77r.	743
210v.	77r.	743
211r.–211v.	77r.–77v.	743–744
Cap. 14		
211v.	77v.–78r.	744–745
212r.	78r.	745–746
212v.	78r.	746
213r.	78r.–78v.	746
213v.	78v.	746–747
214r.	78v.	747
214v.	78v.–79r.	747–748
215r.	79r.	748
215v.	79r.	748
216r.	79r.	748–749
216v.	79r.–79v.	749
217r.	79v.	749–750
217v.	79v.	750
218r.	79v.–80r.	750
218v.	80r.	750–751
219r.	80r.	751
219v.	80r.–80v.	751
220r.	80v.	751–752

Bucer, *In Ioh.* page synopsis

1528 fol.	1530 fol.	1536 p.
220v.	80v.	752
221r.	80v.	752
–	80v.–81v.	752–755
221r.	81v.	755
221v.	81v.–82r.	755
222r.	82r.	755–756
222v.	82r.	756
Cap. 15		
222v.	82v.–83r.	756–757
223r.	83r.	757–758
223v.–224r.	83r.	–
224r.	83r.–83v.	758
224v.	83v.	758–759
225r.	83v.	759
225v.	83v.	759
226r.	83v.–84r.	759–760
226v.	84r.	760
227r.	84r.	760–761
227v.	84r.–84v.	761
228r.	84v.	761
228v.	84v.	761–762
229r.	84v.	762
229v.–230r.	84v.–85r.	762–763
Cap. 16		
230r.	85r.–85v.	763–764
230v.	85v.–86r.	764
231r.	86r.	764–765
231v.–232r.	86r.	–
232r.	86r.–86v.	765
232v.	86v.	765
233r.	86v.	765–766
233v.	86v.	766
234r.	86v.–87r.	766–767
234v.	87r.	767
235r.	87r.	767
235v.	87r.–87v.	767–768
236r.	87v.	768
236v.–237r.	87v.	768–769
Cap. 17		
237r.	87v.–88r.	769–770
237v.	88r.–88v.	770
238r.	88v.	770
238v.	88v.	770–771
239r.	88v.	771
239v.	88v.–89r.	771–772
240r.	89r.	772
240v.	89r.	772
241r.	89r.–89v.	772–773
241v.	89v.	773
242r.	89v.	773

Bucer, *In Ioh.* page synopsis

1528 fol.	1530 fol.	1536 p.
242v.	89v.	773–774
243r.	90r.	774
243v.–244r.	90r.	774–775
Cap. 18–19		
244r.	90r.–92r.	775–778
244v.	92r.	778
245r.	92r.	778–779
245v.	92r.–92v.	779
246r.	92v.	779–780
246v.	92v.	780
247r.	92v.	780
247v.	92v.–93r.	780–781
248r.	93r.	781
248v.	93r.	781
249r.	93r.–93v.	781–782
249v.	93v.	782
250r.	93v.	782–783
250v.	93v.	783
251r.	93v.–94r.	783
251v.	94r.	783–784
252r.	94r.	784
252v.	94r.–94v.	784
253r.	94v.	784–785
253v.	94v.	785
254r.	94v.	785
254v.	94v.–95r.	785–786
255r.	95r.	786
255v.	95r.	786
256r.	95r.–95v.	786–787
256v.	95v.	787
257r.	95v.	787–788
257v.	95v.	788
258r.	95v.–96r.	788
258v.	96r.	788–789
259r.	96r.	789
259v.	96r.–96v.	789
260r.	96v.	789–790
260v.	96v.	790
261r.	96v.–97r.	790–791
261v.	97r.	791
262r.	97r.	791
262v.	97r.–97v.	791–792
263r.	97v.	792
263v.	97v.	792
264r.	97v.	792–793
264v.	97v.–98r.	793
265r.	98r.	793–794
265v.	98r.	794
266r.	98r.–98v.	794
266v.	98v.	794

Bucer, *In Ioh.* page synopsis

1528 fol.	1530 fol.	1536 p.
Cap. 20–21		
266v.	98v.–99v.	795–797
267r.	99v.	–
267v.	99v.–100r.	–
268r.	100r.	–
268v.	100r.	–
269r.	100r.–100v.	–
269v.	100v.	–
270r.	100v.	–
270v.	100v.–101r.	–
271r.	101r.	–
271v.	101r.	–
272r.	101r.	–
272v.	101v.	–
–	101v.–102r.	–
273r.	102r.	–
273v.	102r.	–
274r.	102r.–102v.	–
274v.	102v.	–
275r.	102v.	–
275v.	102v.–103r.	–
276r.	103r.	–
–	–	797–798

ABBREVIATIONS

N.B. Cf. Bibliography for full details of certain works, indicated below by a short title only.

Allen	= *Opus Epistolarum Des. Erasmi Roterodami...*
An / *ann.*	= Annotationes
ARG	= *Archiv für Reformationsgeschichte*, Gütersloh 1903–
BCor	= *Correspondance de Martin Bucer*, Tome 1 jusqu'en 1524, publiée par Jean Rott, Leiden 1979
BDS	= *Martini Buceri Opera omnia*, Series I: *Deutsche Schriften* hgb. Robert Stupperich, Gütersloh/Paris 1960–
BEph	= Bucer, *Ad Ephesios... Commentarius*
BEv	= Bucer, *Enarrationes in Matthaeum...* 1527 Bucer, *Enarrationes in quatuor Evangelia*
BHR	= *Bibliothèque d'humanisme et Renaissance*, Paris/Genève 1941–
BPs	= Bucer, *Sacrorum Psalmorum libri quinque...*
BRN	= *Bibliotheca Reformatoria Neerlandica*, 10 vols., The Hague 1903–14
BRom	= Bucer, *Metaphrasis et Enarratio in Epistolam D. Pauli apostoli ad Romanos...*
BSoph	= Bucer, *Tzephaniah quem Sophoniam vulgo vocant... commentario explanatus*
BiAld	= v. [*Biblia*] πάντα τὰ... [Biblia graeca Aldi]
BiComplut	= *Biblia sacra hebraice* etc. 1514–17
BiPag	= *Biblia sacra ex Santis Pagnini tralatione...*
BiRab	= *Biblia cum Rabinorum commentariis*
Bibl.	= Robert Stupperich, *Bibliographia bucerana* in: *Schriften des Vereins für Reformationsgeschichte* 169, 58 : 2 (1952), 39–96
BrFrSchr	= Iohannes Brenz, *Frühschriften* hgb. Martin Brecht, E. Willy Goltenboth, Gerhard Schäfer, Frieda Wolf, Tübingen 1970–
Brenz, *In Ioh.* 1528	= *In D. Iohannis Evangelion Iohannis Brentii Exegesis, per autorem diligenter revisa...* Hagenau, Iohan. Secer 1528.
BSLK	= *Bekenntnisschriften der evangelisch-lutherischen Kirche*
BugPs	= [*Biblia*] Bugenhagen: *In librum Psalmorum interpretatio*
CA	= *Confessio Augustana*
CC	= *Corpus Catholicorum*, begr. v. J. Greving, Münster 1919 –
CCL	= *Corpus Christianorum. Series latina*, Turnhout 1954 –
CCM	= *Corpus Christianorum. Continuatio medievalis*, Turnhout 1966 –
CH	= *Church History*, Berne, Ind. 1932–

Chald interp.	= *Thargum*
Contra Cenalem	= Bucer, *Defensio adversus axioma Catholicum*
CR	= *Corpus Reformatorum*, vol. 1–28: *Philippi Melanchthonis opera quae supersunt omnia*, ed. C.G. Bretschneider, H.E. Bindseil, Halle 1834–60. Vol. 88 – *Huldreich Zwinglis sämtliche Werke*, Berlin, Zürich 1905 –
CSEL	= *Corpus Scriptorum ecclesiasticorum Latinorum*, Wien 1866 –
CT	= *Confessio Tetrapolitana*
DHBS	= *Dictionnaire historique et biographique de la Suisse* (8 vols.), Neuchâtel 1921–33
ER	= Erasmus, *Novum Testamentum*
ErAdagia	= Erasmus, *Adagia*
ErDeconscr.	= Erasmus, *De conscribendis epistolis opus*
ErDelibarb.	= Erasmus, *De libero arbitrio*
ErDepueris	= Erasmus, *De pueris liberaliter instituendis libellus*
ErEnch	= Erasmus, *Enchiridion*
ErHyp	= Erasmus, *Hyperaspistes*
ErLingua	= Erasmus, *Lingua*
ErP	= Erasmus, *Paraphrases in NT*
ErPhilev	= Erasmus, *Epistola de philosophia evangelica*
ErRatio	= Erasmus, *Ratio seu Methodus*
FexPs	= [*Biblia*] Felix Pratensis: *Psalterium*
GCS	= *Die griechischen Christlichen Schriftsteller der ersten drei Jahrhunderte*, Leipzig 1897 –; Berlin/Leipzig 1953; Berlin 1954 –
Glossa ord.	= *v.* [*Biblia*]: *Biblie iampridem renovate*
Köhler, Bibl.	= W. Köhler, *Bibliographia Brentiana*, Berlin 1904 (repr. Nieuwkoop, de Graaf 1963)
LB	= *Erasmi Des. Roterodami Opera omnia*, ed. Ioh. Clericus, 11 vols., Lugduni Batavorum 1703–06
Leonina	= *Sancti Thomae Aquinatis... Opera omnia iussu impensaque Leonis XIII... edita*, Rome 1882 –
Loeb	= *The Loeb Classical Library*, London, Cambridge (Mass.) etc. 1912 –
Lyra	= *v.* [*Biblia*]: *Biblie iampridem renovate*
MPG	= *Patrologiae cursus completus*, ed. J.-P. Migne. Series graeca, Paris 1857–66. 162 vols.
MPL	= *Patrologiae cursus completus*, ed. J.-P. Migne. Series latina, Paris 1844–64. 221 vols.
MQR	= *Mennonite Quarterly Review*, Goshen, Ind. 1927–
MVG	= *Mittheilungen zur vaterländischen Geschichte*, hgb. Hist. Verein St. Gallen 1862 –
Nikolsburg Art.	= *Artickel der newen secten oder gartenpredigern...* in: Täuferakten 7
obs.	= *Observationes*
par.	= *Paraphrasis*

PelPs	= [*Biblia*] Pelican, Conrad: *Psalterium*
Piana	= Thomas Aquinas, *Opera*, Rome 1570–71
Pollet 1,2	= J.V. Pollet, *Martin Bucer: Etudes sur la correspondance...*
QFRG	= *Quellen und Forschungen zur Reformationsgeschichte*, Leipzig 1911 –
RHPR	= *Revue d'histoire et de philosophie religieuses*, Strasbourg 1921 –
RSR	= *Revue des sciences religieuses*, Paris 1921–40, 1947 –
RThPh	= *Revue de théologie et de philosophie*, Genève/Lausanne 1868–
SBVG	= *Schaffhauser Beiträge zur vaterländischen Geschichte*, Schaffhausen 1863 –
Schleith. Conf.	= *Das Schleitheimer Täuferbekenntnis 1527*
Schuler/Schulthess	= *Huldreich Zwinglis Werke...* hgb. M. Schuler, J. Schulthess, 10 Bde., Zürich 1828–42
Scr. ang.	= *Scripta anglicana*
Sect.	= sectio
Täuferakten	= *Quellen zur Geschichte der Täufer (Wiedertäufer)*, Gütersloh 1934 –
Täuferakten 6:1–3	= *Hans Denck: Schriften. 1. Teil, Bibliographie. 2. Teil, Religiöse Schriften. 3. Teil, Exegetische Schriften, Gedichte und Briefe*, hgb. Georg Baring, Walter Fellmann, Gütersloh 1955, 1956, 1960.
Täuferakten 7,8	= *Elsass, 1. Teil: Stadt Strassburg 1522–1532. Elsass, 2. Teil: Stadt Strassburg 1533–1535.* 2 Bde., bearb. M. Krebs, H.G. Rott, Gütersloh 1959, 1960.
Täuferakten 9	= *Balthasar Hubmaier: Schriften*, hgb. G. Westin, T. Bergsten, Gütersloh 1962.
Vg.	= Biblia Vulgata
WA	= *D. Martin Luthers Werke, kritische Gesammtausgabe*, Abt. 1: *Werke*, Bd. 1–58, Weimar 1883 –
WABi	= *Deutsche Bibel*, Bd. 1–12.
WABr	= Abt. 4: *Briefwechsel*, Bd. 1–6, 9–15.
WATr	= Abt. 2: *Tischreden*, Bd. 1–7.
Wordsworth & White	= [*Biblia*]: *Novum Testamentum...* Oxford 1889–1898.
Z	= *Zwinglis Werke* i.e. CR 88 –
ZhistTh	= *Zeitschrift für die historische Theologie*, Leipzig etc. 1836–75

BUCER, In Ioh.: BIBLIOGRAPHY

Source Literature

N.B. For works published in modern series e.g. CR we have indicated the date and place of either the first edition or the edition known or supposed to have been used by Bucer. This does not apply to patristic literature as the text of the commentary, in the main, gives no indication of which 16th century editions of the Fathers Bucer had at his disposal. Exceptions have been noted in the bibliography and in the apparatus. Detailed references to editions of classical texts have been given only for texts (e.g. Josephus) frequently used by Bucer. Otherwise standard abbreviations and divisions are used.

Abgeschrifft eyner Missiven so die acht ôrter eyner lôblichen Eydtgnoschafft ir Botschafft uff Mitwoch nach Lucie zu Lucern in dem iar M.D.XXVij versamlet jrenn lieben Eydtgnossenn der frommen Herschafft von Bern zûgesandt, (18. Dec. 1527) s.l.

Accursius: *Glossa* v. *Corpus Iuris civilis.*

Aktensammlung zur Geschichte der Berner-Reformation v. Steck, R.

Albert the Great: *Opera omnia,* Paris 1890–1899: vol. 24: *Enarrationes in Ioannem,* ed. Aug. Borgnet, 1899.

Altenstaig, Ioannes: *Lexicon Theologicum 1517,* Antwerp, Petrus Bellerus 1576.

Ambrose: *De mysteriis* MPL 16, CSEL 73.
—: *De sacramentis* MPL 16, CSEL 73.
—: *De Spiritu sancto* MPL 16, CSEL 79.

"Ambrosiaster": *In 1 Cor.* MPL 17.
—: *In Epistolam ad Romanos,* MPL 17, CSEL 81.

Appellation und beruoff der hochgelôrten herren und doctores Johannis Ecken, Johannis Fabri und Thome Murner für die XII ort einer loblichen Eydtgnosschafft wider die vermeinte disputation, zu Bern gehalten, beschehen vor den kleinen rädten und hunderten einer loblichen stadt Lutzern und durch doctor Thomas Murner exequiert, montag nach Nicolai in dem jar Christi MDXXVII. Ursach und verantwurtung, worumm doctor Thomas Murner nit is vff der disputation zu Baden [!] gehalten, erschinen., Luzern 1528. (*Schottenloher* no. 41299).

Aquinas, Thomas: *Catena Aurea in Quatuor Evangelia,* ed. A. Guarienti, 2 vols, Marietti, Turin/Rome 1953.
—: *In Iohannem Evangelistam Expositio* in: *Piana* 14:2.
—: *In Matthaeum Evangelistam Expositio* in: *Piana* 14:1.
—: *In octo libros Physicorum Aristotelis Expositio,* ed. P.M. Maggiolo, Marietti, Turin/Rome 1965.
—: *Summa contra gentes* 1–4 in: *Leonina,* 13–15, Rome 1918–30.
—: *Summa Theologiae* cura et studio Petri Caramello... *cum textu ex recensione Leonina,* 3 vols., Marietti, Turin/Rome 1952, 1956, 1962.
—: *Super Epistolas S. Pauli Lectura,* ed. R. Cai, 2 vols., Marietti, Turin/Rome 1953.

Aristotle: *Physics* 1–8 in: *Loeb,* ed. P. Wicksteed, F.M. Cornford, 2 vols. 1929, 1934.

Augustine: *Confessiones* MPL 32, CSEL 33.
—: *Contra Adimantum* MPL 42, CSEL 25.
—: *Contra adversarium Legis et Prophetarum* MPL 42.
—: *Contra Cresconium* MPL 43.
—: *Contra epist. Parmeniani* MPL 43, CSEL 51.
—: *Contra Faustum* MPL 42, CSEL 25.
—: *Contra Iulianum* MPL 44.
—: *Contra sermonem Arianorum* MPL 42.
—: *[De baptismo] contra Donatistas* MPL 43, CSEL 51.
—: *De catechizandis rudibus* MPL 40.
—: *De civitate Dei* MPL 41, CCL 47–48.
—: *De consensu Evangelistarum* MPL 34, CSEL 43.
—: *De diversis quaestionibus* MPL 40.
—: *De doctrina Christiana* MPL 34, CCL 32.
—: *Epistolae* MPL 33, CSEL 57.
—: *De fide et symbolo* MPL 40.
—: *De Genesi liber imperfectus* MPL 34, CSEL 28:1.
—: *De gratia et libero arbitrio* MPL 44.
—: *De incarnatione* MPL 42.
—: *De peccatorum meritis* MPL 44, CSEL 60.
—: *De praedestinatione sanctorum* MPL 44.
—: *De Spiritu et littera* MPL 44, CSEL 60.
—: *De Trinitate* MPL 42, CCL 50.
—: *Tractatus in Evangelium Iohannis* MPL 35, CCL 36.

[Ps.-] Augustine: *Questiones Veteris et Novi Testamenti* MPL 35, CSEL 50.
—: *Sermones* 240, 241 MPL 39.

Bader, Iohannes: *Brüderliche Warnung für dem newen Abgöttlichen orden der Widertäuffer...* s.l. 1527.

Baldung, Hans: *Hans Baldung Grien Ausstellung; Staatliche Kunsthalle*, Karlsruhe 1959.

Basil: *De Spiritu sancto* MPG 31.

Beda Venerabilis: *Homiliae* MPL 94.
—: *In Lucam* MPL 92, CCL 120.

Beda, Noel: *Scholastica declaratio sententiae et ritus ecclesiae de unica Magdalena... contra magistrorum Iacobi Fabri et Iudoci Clichtovei contheologi scripta...* Paris, Ascensius 1519.

Bede: *v.* Beda Venerabilis.

Die Bekenntnisschriften der evangelisch-lutherischen Kirche hgb. in Gedenkjahr der Augsburgischen Konfession 1930, Göttingen 1967.

Bernard of Clairvaux: *De gratia et libero arbitrio* MPL 182.

Bernard of Luxemburg: *Catalogus Haereticorum omnium pene...* Köln 1523.

Berthold, Chiemsee, von: *Tewtsche Theologey* (1528), hgb. Wolfgang Reithmeier, München 1852.

Biblia: Biblie iampridem renovate pars prima [–sexta] una cum Glosa ordinaria et litterali moralique expositione Nicolai de Lyra necnon additionibus Burgensis ac replicis Thoringi novisque distinctionibus et marginalibus summarisque, (Basel, J. Froben 1501–1502).
—: *Biblia sacra hebraice, graece et latine de mandato et sumptibus Fr. Ximenii...* In Complutensi universitate 1514–17, 6 vols.
—: Πάντα τὰ κατ' ἐξοχὴν καλούμενα Βιβλία θείας ... *Sacrae Scripturae Veteris Novaeque omnia.* (Venice, Aldus & Andreas Socer 1518).
—: *Biblia hebraica cum Rabinorum commentariis...* Venice, Dan. Bomberg 1525.
—: *Biblia sacra ex Santis Pagnini tralatione...* Lyon, Hugo à Porta 1542 [1st ed. Lyon, Ant. du Ry 1527–28].

—: *Biblia. Breves in eadem annotationes ex doctiss. interpretationibus et Hebraeorum commentariis....* Paris, R. Estienne 1532.

—: *Biblia. Hebraea, Chaldea, Graeca et Latina nomina... restituta, cum Latina interpretatione...* R. Estienne, Paris 1538–40.

—: *Bibliorum sacrorum iuxta Vulgatam Clementinam nova editio, curavit Aloisius Gramatica,* Rome 1959.

—: *Biblia sacra iuxta Vulgatam versionem...* recensuit... Robertus Weber, 2 vols, Stuttgart 1969.

—: [The Pentateuch with Aramaic version attributed to Onkᵉlōs] Venice, Dan. Bomberg 1527.

—: [Bugenhagen, Iohannes]. *Ioannis Pomerani Bugenhagii in librum Psalmorum interpretatio Wittembergae publice lecta,* Basel, A. Petri 1526.

—: *Psalter wol verteutscht auss der heyligen sprach. Verklerung des Psalters... durch Johann Bugenhagen... Mit etlichen vorreden...* Basel, A. Petri 1526.

—: [Felix Pratensis] *Psalterium ex hebreo diligentissime ad Verbum fere tralatum, fratre Felice... interprete...* Venice, P. Liechtenstein 1515.

—: [Pelican, Conrad] *Psalterium Davidis, Cunradi Pelicani opera elaboratum,* Strasbourg, V. Cephaleus 1527.

—: *En Novum Testamentum ex Erasmi Roterodami recognitione iam quartum damus...* Basel, Ioh. Froben 1527 (LB6).

—: *Novum Testamentum secundum editionem S. Hieronymi, Pars 1 (Evangelia), recensuerunt Iohannes Wordsworth adsumto Henrico Iuliano White,* Oxford 1889–1898.

—: *Novum Testamentum Graece et Latine... curavit Eberhard Nestle... novis curis elaboraverunt Erwin Nestle et Kurt Aland.* Editio 22, London 1963.

—: *Novum Testamentum graece ad antiquissimos testes denuo recensuit... praetexuit Constantinus Tischendorf.* –Editio octava.– (reprint, Graz 1965).

Biel, Gabriel: *Inventarium seu repertorium generale... super quatuor libros sententiarum,* Lyon, J. Cleyn 1514.

—: *Sermo seu potius tractatus latissimus de historia dominice passionis...* Basel, A. Petri 1519.

Blaurer: *v.* Schiess.

Borrhaus: *v.* Cellarius.

Bovelles, Charles: *In hoc opere contenta: Commentarius in primordiale Evangelium divi Ioannis...* Paris, Ascensius 1514.

Brenz, Iohannes: *Drei Adventspredigten vom Jahr 1524: Dritte Predigt,* in: BrFrSchr 1.

—: *In D. Iohannis Evangelion I'is B'ii Exegesis per autorem diligenter revisa ac multis in locis locupletata,* Hagenau, Ioh. Secer 1528.

[Brenz, Iohannes]: *Syngramma clarissimorum qui Halae Suevorum convenerunt virorum... ad Iohannem Oecolampadion,* 1526 in: BrFrSchr 1.

Brenz, Iohannes: *Wie man sich in mittelmessigen stucken (der Cerimonien) halten sol* [1527 – cf. Köhler, Bibl. 663–665] in: BrFrSchr 1.

Brussels, Peter of: *v.* Croka(e)rt

Bruxellensis: *v.* Croka(e)rt

Bucer, Martin: *v.* also *Wittenberg Concord*

—: *Der evangelischen Predicanten anruphen umb ein offenlich verhor,* MS., 27 Feb. 1524 in: BDS 1.

—: *Bericht auss der heyligen Geschrift...* Strasbourg, Matth. Apiarius 1534 in: BDS 5. Bibl. 43.

—: *Ein kurtzer... bericht von Disputationen und gantzem handel, so zwischen Cůnrat Treger, Provincial der Augustiner, und den predigen des Evangelii zů Strassburg sich begeben hat. Sein, des Tregers Sendtbrieff an den Bischoff zů Losan. Und hundert Paradoxa oder Wunderreden... widerlegung derselbigen. Durch Martin Butzer.* (Strasbourg 1524) in: BDS 2. Bibl. 7.

—: *Contra Cenalem, v. Defensio.*

—: *Das ym selbs niemant, sonder anderen leben soll...* (Strasbourg 1523) in: BDS 1.
Bibl. 1.

—: *Defensio adversus axioma Catholicum id est criminationem R.P. Roberti Episcopi Abrincensis...* (Strasbourg, Matth. Apiarius 1534).
Bibl. 45.

—: *Enarrationum in evangelia Matthaei, Marci et Lucae libri duo...* Strasbourg [Ioh. Herwagen] 1527.
Bibl. 14.

—: *Enarrationum in Evangelion Matthaei... Liber secundus...* Strasbourg 1527.
Bibl. 14a.

—: *Epistola D. Pauli ad Ephesios... In eandem Commentarius* [Strasbourg, Ioh. Herwagen?, 1527]
Bibl. 17.

—: *Getrewe Warnung der Prediger des Evangelii zů Strassburg uber die Artickel, so Jacob Kautz... kürtzlich hat lassen aussgohn* (Strasbourg 1527) in: BDS 2.
Bibl. 16.

—: *Grund und Ursach auss gotlicher Schrifft der Neüwerungen an dem Nachtmal des Herren...* Strasbourg, W. Köpfel 1524, in: BDS 1.
Bibl. 8.

—: *Handlung inn dem offentlichen gesprech zu Strassburg iüngst im Synodo gehalten, gegen Melchior Hoffman...* (Strasbourg, M. Apiarius 1533) in: BDS 5.
Bibl. 40.

—: *Metaphrasis et Enarratio in Epistolam D. Pauli Apostoli ad Romanos... per D.M'um B'um,* Basel, P. Perna 1562. 1st ed. 1536.
Bibl. 55.

—: *Praefatio M. Buceri in quartum tomum Postillae Lutheranae... Epistola [ad fratres Italiae] ...* Strasbourg 1526. Cf. infra: Luther, Martin; *Primus [–quartus] tomus.*
Bibl. 10.

—: *Predicanten Bericht der messen halb* [17 May 1526]. MS copy printed in: BDS 2.

—: *S. Psalmorum libri quinque ad Ebraicam veritatem versi... per Aretium Felinum Theologum,* Strasbourg, Georg. Ulricher Andlanus 1529.

—: *Psalmorum libri quinque ad Hebraicam veritatem traducti et summa fide, parique diligentia a Martino Bucero enarrati,* [Geneva], R. Estienne 1554.

—: *Quid de baptismate infantium iuxta Scripturas Dei sentiendum; excussis quaecunque vel pro hac observatione, vel contra eam adferri solent. Epistola ad quendam hac in re impulsum M'i B'i,* Strasbourg (Matth. Apiarius) 1533.
Bibl. 42.

—: *Quomodo S. Literae pro Concionibus tractandae sint Instructio. M'us B'us Fortunato Andronico,* s.a. [ca. 1531] in: RHPR 26 (1946), 32–75.

—: *M'i B'i Scripta anglicana fere omnia... Adiuncta est historia de obitu Buceri: quaeque illi et Paulo Fagio post mortem et indigna et digna contigere,* Basel, Petr. Perna 1577.
Bibl. 115.

—: *Tzephaniah quem Sophoniam vulgo vocant... commentario explanatus,* Strasbourg, Ioh. Herwagen 1528.
Bibl. 22.

In prophetam Sophoniam explanatio in: *Psalmorum libri quinque,* Geneva, R. Estienne 1554.
Bibl. 25d.

—: *Vergleichung D. Luthers vnnd seins gegentheyls von Abentmal Christi.* (Strasbourg, Wolff Köpphel 1528) in: BDS 2.
Bibl. 21a.

—: *M. B's an ein christlichen Rath und Gemeyn der statt Weissenburg Summary seiner Predig daselbst gethon...* Strasbourg, Ioh. Schott 1523 in: BDS 1.
Bibl. 2.

—: *Widmung an Berner Räte und Pfarrer.* Autograph MS. extract (pre-dates *Praefatio* in *In Ioh.* 1528) Zürich SA E II 446, fol. 132r.–133v. Published in: BDS 4.

Budé, Guillaume: *Annotationes G'i B'i Parisiensis secretarii regii in 24 Pandectarum libros*, Paris, Ascensius 1512.
—: *De asse et partibus eius libri quinque G'i B'i Parisiensis a secretis Regis Franciae*, [Paris] Ascensius 1527.
—: *Commentarii linguae graecae* [1st ed. 1520] Basel (Ioh. Bebel) 1530.
—: *Omnia opera G'i Budaei Parisiensis...* Basel, Nicholas Episcopius jun. 1557.

Budelius, Renerus: *De monetis et re numaria libri duo...* Köln, Ioh. Gymnicus 1591.

Bugenhagen, Iohannes: *v. Biblia*
—: *I'is B'ii Pomerani Annotationes in Deuteronomium, In Samuëlem prophetam, id est, duos libros Regum. Ab eodem praeterea conciliata ex Evangelistis historia, passi Christi et glorificati cum annotationibus, Indice adiecto*, Basel, A. Petri 1524.
—: *Annotationes in Epistolas Pauli...* Basel, A. Petri 1525.
—: *In Regum duos ultimos Libros Annotationes Iohannis Bugenhagii Pomerani, post Samuelem iam primum emissae* [1523], Basel, A. Petri 1525.
—: *Von dem Christlichen Glauben und rechten gůten wercken wider den falschen glauben und erdichte gůte werck*, Wittenberg 1527.
—: *Contra novum errorem de sacramento corporis et sanguinis Domini nostri Iesu Christi epistola...* s.l., 1525.
—: *Passio v. I'is B'ii Pomerani Annotationes in Deuteronomium...*
—: *Resurrectio v. I'is B'ii Pomerani Annotationes in Deuteronomium...*

Capito, Wolfgang: *In Habakuk Prophetam V. Fabritij C'is enarrationes*, Strasbourg, W. Cephalaeus 1526.
—: *In Hoseam Prophetam commentarius*, Strasbourg, Ioh. Herwagen 1528.

Carensis, Hugo: *Postilla seu divina Expositio in altos quatuor Evangeliorum Apices; Quinta pars*, Paris, Jehan Petit (1537) ·

Cassiodorus-Epiphanius: *Historia ecclesiastica tripartita* MPL 69, CSEL 71.

Cellarius, Martin (Borrhaus): *De operibus Dei*, Strasbourg 1527.

Champier, Symphorien: *Evangelistarum symphonia de Lazaro, Martha et Maria a Favergie domino... composita...* (Venice, Ioh. Froben 1519).

Chrysostom, Ioh.: *De Chananea* MPG 52.
—: *Homiliae in Genesim* MPG 53.
—: *In Corinthios* MPG 61.
—: *In Galatas* MPG 61.
—: *In Hebraeos* MPG 63.
—: *In Iohannem hom.* MPG 59.
—: *In Matthaeum hom.* MPG 57–58.
—: *Opera*, Basel, A. Cratander 1522.

Clichtove, Iodocus: *Antilutherus Iu'i C'i Neoportuensis doctoris theologi, tres libros complectens*, Paris, S. Colinaeus 1524.
—: *Compendium veritatum ad fidem pertinentium contra erroneas Lutheranorum assertiones...* Paris, S. Colinaeus 1529.
—: *Disceptationis de Magdalena defensio. Apologiae Marci Grandivallis... respondens*, Paris, H. Estienne 1519.
—: *De Maria Magdalena, triduo Christi et una ex tribus Maria disceptatio...* Paris, H. Estienne 1519.
—: *De sacramento eucharistiae contra Oecolampadium, opusculum... duos libros complectens*, Paris, S. Colinaeus 1526.
—: *De veneratione sanctorum opusculum duos libros complectens...* Paris, S. Colinaeus 1523.

Cochlaeus, Iohannes: *An die Herrenn Schultheis unnd Radt zu Bern...* s.l., 1528.
—: *De authoritate ecclesiae et Scripturae libri duo adversus Lutheranos*, [Strasbourg] 1524.
—: *De gratia sacramentorum liber unus...* (Strasbourg, Ioh. Grieninger 1522) Repr. in: *Iohannis Cochlaei Opuscula* 1, Farnborough 1968.

Columna, Petrus: *v.* Galatinus.

Conciliorum Oecumenicorum Decreta: *v.* Jedin.

Confessio Tetrapolitana, Strasbourg, Georg Ulricher 1531 in: BDS 3.

Corpus iuris canonici: pars prior: Decretum Magistri Gratiani; pars secunda: Decretalium collectiones, ed. A. Friedberg, Leipzig, 1879.

[*Corpus iuris canonici*] *Decretum Gratiani. Cum glossis domini Iohannis Theutonici... et annotationibus Bartholomei Brixiensis...* [ed. Beatus Rhenanus], Basel, J. Amorbach, J. Peter & J. Froben 1512.

Corpus iuris civilis: Institutiones, Digesta, Codex Iustinianus, Novellae, ed. P. Krueger, T. Mommsen, 3 vols., Dublin, Zürich 1967–1973.
—: *Institutiones cum glosis*, Paris, Ioh. Barbier 1508.
—: *Institutiones iuris civilis... Fr. Accursii glossis illustratae*, Geneva, G.S. a Bosco et G. Gueroult 1555.

Cortese: *v.* Cortesius.

Cortesius, Paulus: (*Quattuor libri Sententiarum...* Rome, Euch. Silber 1504).

Croka(e)rt, Peter: *Summularium artis dialectice utilis admodum interpretatio Fratris Petri de Bruxellis...* Paris, de Marnef 1508.

[Ps.-] Cyprian: *Epistolae* MPL4, CSEL 3 : 2.

Cyril of Alexandria: *D'i C'i... in evangelium Iohannis Commentaria... Opus insigne quod Thesaurus inscribitur... Georgio Trapezontio interprete... Insuper in Leviticum libri 16...* (Basel, A. Cratander 1524).
In Ioh. also in: MPG 73.

David Kimhi: *Comment.* שַׁעְיָה *Isaias propheta*, Basel, s.a.

Denck, Iohann: *Vom Gesetz Gottes* [Augsburg, Ph. Ulhart 1526] in: Täuferakten 6:2.
—: *Von der wahren Liebe*, Worms, Peter Schöffer 1527 in: Täuferakten 6:2.
—: *Was geredt sey, dass die Schrift sagt, Gott tue und mache Gutes und Böses* [Augsburg, Silvan Ottmar] 1526 in: Täuferakten 6:2.

[Ps.-] Dionysius: *De coelesti hierarchia* MPG 3.
—: *De divinis nominibus* MPG 3.
—: *De ecclesiastica hierarchia* MPG 3.

Eck, Iohannes: *v.* Luther, Martin: *Disputatio.*
—: *Enchiridion locorum communium adversus Lutherum et alios hostes ecclesiae* (1525–1543), in: CC 34.
—: *De primatu Petri adversus Ludderum I'is E'ii libri tres*, Paris, Petr. Vidovaeus 1521.

Emser, Hieronymus: *De disputatione lipsicensi quantum ad Boemos obiter deflexa est* (1519) in: CC 4.

Erasmus, Des. Roterodamus: cf. also *Biblia.*
—: *Adagiorum opus* (1500→) in: LB 2.
—: *De conscribendis epistolis opus* (1521→) in: LB 1.
—: *De libero arbitrio* διατριβή *sive collatio* (1524→) in: LB 9.
—: *Enchiridion militis christiani* (1503→) in: LB 5.
—: *Epistola de philosophia evangelica* (a preface to Er 1527) in: LB 6.
—: *Hyperaspistes diatribae adversus servum arbitrium M'i Lutheri*, 1526 in: LB 10.
—: *De pueris liberaliter instituendis libellus* (1529→) in: LB 1.
—: *Lingua*, Basel, Ioh. Froben 1525 in: LB 4.
—: *Opus Epistolarum Des. Erasmi Roterodami* ed. P.S. Allen, H.M. Allen, 11 vols., Oxford 1906–58 (vol. 12 *Indices* comp. by B. Flower, E. Rosenbaum).
—: *Paraphrases in: ...Matthaeum... Marcum... Lucam... Acta... Epistolas* in: LB 7.
—: *D. E'i R'i Paraphrasis in Evangelium secundum Ioannem...* Basel, Ioh. Froben 1524. (LB 7).

—: Preface to: Cicero *De officiis: E'us R'us ... Iacobo Tutori...* Louvain, 10 Sept. 1519 in: *Allen* 4, no. 1013.

—: *Ratio seu methodus compendio perveniendi ad veram theologiam*, 1523 in: LB 5.

Estienne, H.: (ed. J.W. Thompson), *The Frankfurt Book Fair*, Chicago 1911.

Estienne R.: *v. Biblia*.

Eusebius – [Rufinus]: *Historia ecclesiastica* MPG 20, GCS 9:1–3.

Eusebius: *Praeparatio evangelica* MPG 21, GCS 8.

Faber Stapulensis, Iacobus: *v.* Lefèvre d'Etaples, Jacques.

Fabri, Iohannes: *Malleus in haeresim Lutheranam*, [Köln, P. Quentel] 1524, in: CC 23–26.

Ficino, Marsilio: *Commentarius in De nominibus divinis*, 1501 in: *Opera*, 1641.
—: *Opera omnia*, 2 vols., Paris 1641.

Fisher, John: *R.D.D. I'is Fischerii Roffensis in Anglia Episcopi Opera quae hactenus inveniri potuerunt omnia...* Würzburg, G. Fleischmann 1597. Reprint, Farnborough 1967.

Franck, Sebastian: *Sprichwörter, schöne Weise, Herzliche Clugreden unnd Hoffsprüch...* Frankfurt a/M, Chr. Egenolph (1541).

Galatinus, Petrus (Columna): *Opus toti christianae Reipublicae maxime utile de arcanis catholicae veritatis contra obstinatissimam nostrae tempestatis perfidiam ex Talmud aliisque hebraicis libris nuper excerptum...* Ortona, Hier. Suncinus 1518.

Galen: *Methodus medendi*, Paris, S. Colinaeus, 1530.

Gast, Hiob.: *v.* Paschasius Radbertus.

Gerson, Jean: *Ioannis Gersonii opera omnia novo ordine digesta et in 5 tomos distributa opera et studio M. Ludovici Ellies du Pin...* Antwerp 1706.

Glaubenszeugnisse oberdeutscher Taufgesinnter v. Müller.

Gratian: *Decretum v. Corpus iuris canonici*.

Gregory the Great: *Homiliae 40 in Evangelia* MPL 76.
—: *Moralia* MPL 75.

Handlung oder Acta gehaltner Disputation zů Berñ in ůchtland. (Zürich, Ch. Froschouer, 23 April 1528). Summary in: *Schuler/Schulthess* 2:1, 63–201.

Hedio Caspar: *Itinerarium ab Argentina Marpurgum super negotio eucharistiae* (MS. 1529) in: BDS 4.

Herborn, Nicolaus: *Locorum communium adversus huius temporis haereses enchiridion* (1528) in: CC 12.

Hoffman, Melchior: *v.* Hofman[n].

Hofman[n], M.: *Das XII Capitel des propheten Danielis ausgelegt*, 1526 in: Krohn: *Geschichte...* Leipzig 1758.
—: *Die Ordonnantie Godts*, 1530 in: BRN 5.
—: *Die... sendebrief to den Romeren... verclaert* [1533] in: BRN 5.

Hostiensis, Henricus de Suso: *Summa aurea*, Venice 1574. Reprint, Turin 1963.

Hubmaier, Balthasar: *Das andere Büchlein von der Freiwilligkeit des Menschen*, Nikolsburg 1527 in: Täuferakten 9.
—: *Von der brüderlichen Strafe...* Nikolsburg 1527 in: Täuferakten 9.
—: *Ein Gespräch auf Zwinglis Taufbüchlein*. [Nikolsburg, Simprecht Sorg 1526] in: Täuferakten 9.
—: *Von dem christlichen Bann*, Nikolsburg 1527 in: Täuferakten 9.
—: *Von der christlichen Taufe...* s.l., 1525 in: Täuferakten 9.
—: *Von der Kindertaufe...* Nikolsburg 1527 in: Täuferakten 9.

Hugh of St. Cher: *v.* Carensis.

Hyssopaeus: *v.* Reuchlin.

Innocent 3: *De mysterio* MPL 217.

Iohannes von Paltz: *v.* Paltz.

Ionas, Iustus: *Annotationes Iusti Ionae in Acta Apostolorum* [Strasbourg, Ioh. Knoblauch] 1524.

Ireneus: *Adversus haereses* MPG 7.

Jedin, H. et alii ed.: *Conciliorum Oecumenicorum Decreta*, Basel etc. 1962.

Jerome: *Apologia adversus Rufinum* MPL 23.
—: *Contra Helvidium* MPL 23.
—: *De hebraicis nominibus* MPL 23, CCL 72.
—: *De locis hebraicis* MPL 23.
—: *Commentarius in Esaiam* MPL 24, CCL 73.
—: *Commentarius in Matthaeum* MPL 26, CCL 77.
—: *Epist. ad Rufinum* in: *Epistolae* MPL 22, CSEL 55.
—: *Epitaphium sanctae Paulae: Epist.* 108 in: MPL 22, CSEL 55.
—: *De viris illustribus* MPL 23.
—: *S'i H'i lucubrationes omnes una cum pseudoepigraphis… multo quam ante vigilantius per Des. Erasmum R'um emendatae*, Basel, Ioh. Froben 1524–26.

Josephus Flavius: *Fl'ii I'i… opera quaedam Ruffino presbytero interprete…* Basel, Ioh. Froben 1524.

Josephus Flavius: *Opera*, 9 vols. in: *Loeb* ed. H.St.J. Thackeray, R. Marcus, A. Wikgren, I.H. Feldman, 1926–65.

Karlstadt, Andreas: *Karlstadts Schriften aus den Jahren 1523–25.* hgb. Erich Hertzsch, Halle 1956–57 (Neudrucke deutscher Literaturwerke des 16. u. 17. Jahrhunderts nr. 325).
—: *Von Abtuhung der Bilder und das keyn Bedtler unther den Christen seyn sollen, 1522. Und die Wittenberger Beutelordnung*, hgb. H. Lietzmann, Bonn 1911.
—: *Von dem neuen und Alten Testament. Antwurt auff disen spruch: Der Kelch das New Testament in meynem blut…* (1525) in: J.G. Walch, hgb. *D. Martin Luthers… Sämtliche Schriften. 20. Theil welcher die Schriften wider die Sacramentirer, Fanaticos, Juden und Türken enthält…* Halle 1747.
—: *Missive von der allerhöchsten tugent gelassenhait…* [Augsburg, H. Schönsperger 1521].
—: *Ein Sermon vom Stand der Christglaubigen seelen und fegfeur…* Nürnberg, J. Gutkneckt [152?].
—: *Was gesagt ist: Sich gelassen. Unnd was das wort gelassenhait bedeüt…* s.l., 1523.

Kerssenbroeck, Hermann v.: *Geschichte der Wiedertäufer zu Münster* hgb. Heinrich Detmer, Münster 1889 (Geschichtsquellen des Bisthums Münster 6:2).

Kessler, Johannes: *Sabbata: Chronik der Jahre 1523–1539*, hgb. E. Goetzinger, 2 Teile, St. Gallen 1866, 1868 (MVG 5–10).

Kimhi, David: *v.* David.

Lactantius: *De divinis institutionibus* MPL 6, CSEL 19.

Lambert, François: *In Cantica canticorum Salomonis… F'i L'i Avenionensis commentarij Wittembergae praelecti*, Strasbourg (Ioh. Herwagen) 1524.
—: *F'i L'i A'is theologi commentarii de causis excaecationis multorum saeculorum ac veritate denuo et novissime Dei misericordia revelata*, Strasbourg, s.a.
—: *In Iohelem prophetam qui e duodecim secundus est F'i L'i A'is commentarii*, s.a., s.l.
—: *F'i L'i theologi in divi Lucae Evangelium Commentarii*, Nürnberg, Ioh. Petreius 1524.
—: *Christianissimi D. M'i Lutheri et Annemundi Cocti equitis Galli pro sequentibus commentariis epistolae. Evangelici in Minoritarum regulam commentarii…* s.l. (1523).
—: *F'i L'i A'is commentarii de prophetia, eruditione et linguis deque litera et Spiritu. Eiusdem libellus de differentia stimuli carnis Satanae nuncii et ustionis* (Strasbourg, Ioh. Herwagen 1526).

—: *F'i L'i A'is commentarii in quatuor ultimos prophetas nempe Sophoniam, Aggeum, Zachariam et Malachiam*, Strasbourg 1526.
—: *Farrago omnium fere rerum theologicarum, quarum catalogum sequenti pagella reperies...* s.l., s.a.

Lefèvre d'Etaples, Jacques: *Commentarii initiatorii in quatuor Evangelia*, Basel, A. Cratander 1523.
—: *S. Pauli epistolae XIV ex Vulgata adiecta intelligentia ex graeco, cum commentariis*, Paris 1512. Repr. Frommann-Holzboog, Stuttgart 1978.
—: *I'i F'i St'is de Maria Magdalena et triduo Christi disceptatio...* Hagenau, ex acad. Anselmiana (1518).
—: *De tribus et unica Magdalena disceptatio secunda...* Paris, H. Estienne 1519.

[Loy, Eligius]: *Summa doctrinae quorundam hominum qui nunc Antwerpiae et passim in aliquibus Brabantiae et Flandriae locis permulti reperiuntur ac nunc Loistae ab auctore Eligio... Nunc Libertini a carnis libertate... appellantur.* Written ca. 1525, in: I. Döllinger, *Beiträge zur Sektengeschichte des Mittelalters* 2, München 1890.

Leo I: *Sermones* MPL 54.

Lucian of Samosata: ΠΡΟΛΑΛΙΑ... 1–8, Loeb: *Lucian*, vol. 1, ed. A.M. Harmon, 1913.

Ludulphus of Saxony: *Vita Iesu Christi, ex Evangelio et approbatis ab ecclesia Catholica doctoribus sedule collecta*, ed. L.M. Rigollot, 4 vols., Paris/Bruxelles 1878.

Luther, Martin: *Dass diese Wort Christi "Das ist mein Leib" noch fest stehen, wider die Schwarmgeister*, Wittenberg, M. Lotther 1527 in: WA 23.
—: *De captivitate Babylonica ecclesiae praeludium*, Wittenberg 1520 in: WA 6.
—: *De servo arbitrio... ad D. Erasmum Roterodamum* (Wittenberg, Ioh. Lufft) 1525 in: WA 18.
—: *In Genesin Declamationes...* Hagenau, Ioh. Secer 1527 / *Über das Erst buch Mose...* Wittenberg, G. Rhawen 1527 in: WA 24.
—: *Dictata super Psalterium 1513–16* in: WA 3, WA 4.
—: *Epistel S. Petri gepredigt und ausgelegt...* Wittenberg 1523 in: WA 12.
—: *Epistola Lutheriana ad Leonem Decimum summum pontificem. Tractatus de libertate christiana*, [Wittenberg, Ioh. Grünenberg] 1520 in: WA 7.
—: *In Epistolam Pauli ad Galatas... Commentarius...* (Leipzig, M. Lotther 1519) in: WA 2.
—: *In Esaiam Prophetam scholia ex D. M'i L'i praelectionibus collecta*, Wittenberg, Ioh. Lufft 1532 in: WA 25.
—: *Der Prophet Jona ausgelegt*, Wittenberg, M. Lotther 1526 in: WA 19.
—: *Operationes in Psalmos* (Wittenberg 1519–20), in: WA 5.
—: *Predigten über 2. Buch Mose 1524–27* in: WA 16.
—: *Primus [–quartus] tomus enarrationum in Epistolas et Evangelia...* [ed. M. Bucer] Strasbourg, I. Herwagen 1525–26. For: *In Dominica tertia ex Matthaeo II* [2–10] cf. WA 10:1:2, 158. Cf. also supra: Bucer, *Praefatio*.
—: *Resolutio lutheriana super propositione sua decima tertia de potestate papae* [Basel, Ioh. Froben 1519] in: WA 2.
—: *Sendschreiben an die Christen zu Antwerpen*, Wittenberg 1525 in: WA 18.
—: *Ein Sermon auf das Evangeli Johannis 6. Mein Fleisch ist die rechte Speise...* 1524 in: WA 12.
—: *Sermon von dem guten Hirten*, Wittenberg, M. Lotther 1523 in: WA 12.
—: *Sermon von den Heiltumen*, Wittenberg 1522 in: WA 10:3.
—: *Sermon von dem Sakrament des Leibes und Blutes Christi wider die Schwarmgeister*, Wittenberg 1526 in: WA 19.
—: *Von abendmal Christi, Bekendnis...* Wittenberg, M. Lotther 1528 in: WA 26.
—: *Von den guten Werken*, Wittenberg, M. Lotther 1520 in: WA 6.
—: *Von der Freiheit eines Christenmenschen*, Wittenberg 1520 in: WA 7.
—: *Vorrede auff das Alte Testament* 1523 in: WA Bi 8.
—: *Wider den neuen Abgott*, Wittenberg, Hans Lufft 1524 in: WA 15.

—: *Wider die himmlischen Propheten von den Bildern und Sacrament*, [Wittenberg 1525] in: WA 18.

[Luther, Martin and Eck, Iohannes]: *Disputatio I. Eccii et M. Lutheri Lipsiae habita*, 1519 in: WA 2.

Marbeck, Pilgram: *Glaubensbekenntnis* 1531–32 in: Täuferakten 7.

Melanchthon, Phillip: *Annotationes in Evangelium Ioannis*, Hagenau, Ioh. Secer 1523 in: CR 14.

—: *Loci communes theologici recens collecti...* (Wittenberg, Ios. Clug 1535) in: CR 21 (*Loci: secunda aetas*).

—: *Loci theologici*, 1521–25 (*prima aetas*) in: CR 21.

—: *Nomina mensurarum et vocabula rei numariae, auctore Philippo Melanchthone*, Wittenberg, N. Schirlentz 1529 in: CR 20.

Müller, Lydia hgb.: *Glaubenszeugnisse oberdeutscher Taufgesinnter*, Leipzig 1938 (Quellen und Forschungen zur Reformationsgeschichte, 20).

Münster Geschichtsquellen v. Kerssenbroeck.

Münster, Sebastian: *Dictionarium chaldaicum non tam ad Chaldaicos interpretes quam Rabbinorum intelligenda commentaria necessarium...*, Basel, Ioh. Froben 1527.

—: *Dictionarium hebraicum nunc primum aeditum et typis excusum. Adiectis Chaldaicis vocabulis non parum multis*, Basel, Ioh. Froben 1523.

—: *Dictionarium trilingue* (Basel, Henr. Petrus 1530).

—: *Kalendarium hebraicum, opera S'i M'i ex Hebraeorum penetralibus iam recens in lucem aeditum...* Basel, Ioh. Froben 1527.

Müntzer, Thomas: *Schriften und Briefe*, hgb. v. Günther Franz u. Paul Kirn, Gütersloh 1968 (QFRG 33).

Münzer, Thomas: *v.* Müntzer.

Munster, Sebastian: *v.* Münster.

Murner, Thomas: *Hie würt angezeigt das unchristlich freuel, ungelört und unrechtlich ussrieffen und fürnemen einer loblichen herrschafft von Bern*, s.l., 1528 in: CC 22.

Nauclerus, Iohannes: *Memorabilium omnis aetatis et omnium gentium chronici commentarii... Adiecta Germanorum rebus Historia de Suevorum ortu, institutis ac imperio*. Complevit opus F. Nicolaus Basellius... annis XIIII ad M.D. additis, Tübingen (1516).

Neüwe Zeitung von der Disputation zu Bern yetzt gehalten. Anno MDXXViij. Eyn Sendtbrieff, eynem Erbarn Man zu geschriben, in yhm begreiffende die handlung der Disputation zu Bern gehalten. in: E. Bloesch, *Eine neue Quelle zur Geschichte der Berner Disputation* in: *Theologische Zeitschrift aus der Schweiz* 8 (1891), 157–163.

Nonnus: *Metaphrasis v.* Paraphrasis.

—: *Paraphrasis [Metaphrasis] in Evangelium Iohannis* MPG 43.

Oecolampadius, Iohannes: *Annotationes piae ac doctae in Evangelium Ioannis*, Basel, A. Cratander 1533 [written 1530 – Cf. Staehelin, *Briefe* 2, 740 n. 7].

—: *Apologetica I'is O'ii. De dignitate eucharistiae sermones duo. Ad Theobaldum Billicanum quinam in verbis caenae alienum sensum inferant. Ad Ecclesiastas Svevos antisyngramma*, (Zürich, C. Froschouer) 1526.

—: *De non habendo pauperum delectu I'is O'ii epistola utilissima*, Basel, A. Cratander 1523.

—: *De genuina verborum Domini, Hoc est corpus meum, iuxta vetustissimos authores, expositione liber* (Basel 1525).

—: *In Epistolam Ioannis Apostoli catholicam primam I'is Oe'ii demegoriae, hoc est homiliae una et XX*, Basel, A. Cratander 1524.

—: *In Iesaiam Prophetam Hypomnematon, hoc est Commentariorum I'is Oe'ii Libri 6*, Basel, A. Cratander 1525.

Origen: Περὶ ἀρχῶν MPG 11, GCS 22.

—: *Contra Celsum* MPG 11, GCS 2.

—: *In Iohannem* MPG 14, GCS 10.
—: *In Iosuam* MPG 12, GCS 30.
—: *In Leviticum* MPG 12, GCS 29.
—: *In Matthaeum* MPG 13, GCS 40.
—: *In Romanos* MPG 14.

Pagninus, Santes: *Thesaurus linguae hebraicae*, Lyon, Seb. Gryphius 1529.

Paltz, Iohannes von: *Werke 1: Coelifodina*, hgb. C. Burger u. F. Stasch. 2: *Supplementum Coelifodinae*, hgb. B. Hamm, Berlin 1983 (Spätmittelalter und Reformation: Texte und Untersuchungen 2→).

Paschasius Radbertus: (ed. H. Gast) *Ex vetustissimo orthodoxorum patrum... de genuino Eucharistiae negocii intellectu et usu libellus...* Hagenau, Ioh. Secer 1528 (= *Liber de corpore et sanguine Domini* MPL 120).

Persius, Flaccus: *Satyrae cum quinque commentariis Iod. Badii, I.B. Plautii, I. Britannici, A. Nebrissensis, I. Murmelli,* Paris, Ascensius, 1523.
—: *A. P'ii F'i et D. Iuni Iuvenalis Saturae.* Ed. W.V. Clausen, Oxford 1968 (Scriptorum classicorum bibliotheca Oxoniensis).

Peter Lombard: *Magistri L'i Sententiae in 4 libris distinctae...* ed. Collegii s. Bonaventurae ad Claras Aquas, 3 vols., 1971–81.

Petrus Comestor: *Historia scholastica* MPL 198.

Petrus de Palude: *Sermones sive Enarrationes in Evangelia et Epistolas quadragesimales,* Lyon, G. Rovillius 1576.

Picinellus, Philippus: *Mundus symbolicus, in emblematum universitate formatus,* explicatus etc., Köln 1695.

Pico Mirandola, Giovanni: *Omnia opera cum vita auctoris a Ioanne Francisco scripta...* Venice, Bernardino of Venice 1498.

Pirckheimer, Willibald: *B'i P'i De vera Christi carne et vero eius sanguine adversus convicia Ioannis qui sibi Oecolampadii nomen indidit, responsio secunda,* Nürnberg 1527.

Pliny the Elder: *Historia naturalis,* 10 vols. in: *Loeb,* ed. H. Rackham, W.H.S. Jones, D.E. Eichholz, 1938–62.

Plutarch: *Praecepta gerendae reipublicae* in: *Moralia* lib. 10, *Loeb: Plutarch's Moralia* vol. 6, ed. W.C. Helmbold, 1939.

Politische Correspondenz der Stadt Strassburg v. Virck, H.

Pollet, J.V.: *Martin Bucer: Etudes sur la correspondance,* 2 vols., Paris 1958, 1962.

Pomeranus, Iohannes; *v.* Bugenhagen.

Porchetus de Selvaticis: *v.* Selvaticis.

Pruystinck, Eligius Loy: *v.* Loy.

Quintilian: *Institutiones oratoriae* in: *Loeb,* 4 vols., ed. H.E. Butler, 1920–22.

Reuchlin, Iohannes: *De arte cabalistica,* 1494 in: *Artis cabalisticae hoc est reconditae theologiae et Philosophiae Scriptorum tomus 1,* Basel, Seb. Henricpetri (1587).
—: *Rabi Ioseph Hyssopaeus Perpinianensis Iudaeorum poeta dulcissimus ex hebraica lingua in Latinam traductus...* Tübingen, Thos. Anshelm 1512.
—: *De rudimentis hebraicis,* Pforzheim, Thos. Anshelm 1506.
—: *De verbo mirifico,* 1494 in: *Artis cabalistiticae hoc est reconditae theologiae et Philosophiae Scriptorum tomus 1,* Basel, Seb. Henricpetri (1587).

Rhegius, Urbanus: *Notwendige warnung wider den newen Taufforden,* 1527 in: *Urbani Regii... Deutsche Bücher unnd Schrifften,* 4 Teile, Nürnberg, Ioh. Vom Berg 1562.

Roffensis: *v.* Fisher.

Rufinus of Aquileia: *Commentarius in symbolum apostolorum* MPL 21.

Rupert von Deutz (Tuitiensis): *Commentaria in Evangelium Sancti Iohannis*, Köln, F. Birkmann 1526, in: CCM 9.

Schatzgeyer, Kaspar: *Omnia opera reverendi ac perdevoti Patris F. G'is Sch'i...* Ingolstadt, in off. A. Waeissenhorn 1543.

—: *Scrutinium divinae Scripturae pro conciliatione dissidentium dogmatum*, Basel, A. Petri 1522 in: CC 5.

Schiess, Traugott hgb.: *Briefwechsel der Brüder Ambrosius und Thomas Blaurer*, 3 Bde., Freiburg i. Br. 1908–12.

Das Schleitheimer Täuferbekenntnis 1527 hgb. Beatrice Jenny in: Schaffhauser Beiträge zur vaterländischen Geschichte 28 (1951), 5–81.

Selvaticis, Porchetus de: *Victoria P'i adversus impios Hebraeos, in qua tum ex sacris literis tum ex dictis Talmud ac Cabalistarum et aliorum omnium authorum quos recipiunt, monstratur veritas catholicae fidei* (Paris 1520).

Spina, Alfonso de: *Fortalicium Fidei* s.l. (1487).

Staehelin, Ernst hgb.: *Briefe und Akten zum Leben Oekolampads*, 2 Bde. Leipzig 1927, 1934 (Quellen und Forschungen zur Reformationsgeschichte 10,19).

Steck, R. und Tobler, G. hgb.: *Aktensammlung zur Geschichte der Berner-Reformation 1521–1532*. 2 Bde. Bern 1918, 1923.

Stephanus: *v.* Estienne.

Tertullian: *Adversus Marcionem* MPL 2, CCL 1.
—: *Adversus Praxean* MPL 2, CCL 2.
—: *De baptismo* MPL 1, CCL 1.
—: *De carne Christi* MPL 2, CCL 2.
—: *De fuga* MPL 2, CCL 2.
—: *De resurrectione mortuorum* MPL 2, CCL 2.

Theophylactus: *In Galatas* MPG 124.
—: *In Iohannem* MPG 123–124.
—: *In Lucam* MPG 123.
—: *In Marcum* MPG 123.
—: *In Matthaeum* MPG 123.
—: *Th'i Archiepiscopi Bulgariae in omnes Divi Pauli Epistolas Enarrationes... 1529, Christophoro Porsena Romano interprete*, s.l.
—: *Th'i Archiepiscopi Bulgariae in quatuor Evangelia Enarrationes...* (Iohanne Oecolampadio interprete. Köln, P. Quentel 1531).

Thomas of Strasbourg: *Mare magnum v.* Ypma.

Vadian, Joachim (von Watt): *Deutsche historische Schriften: Chronik, Diarium*, hgb. E. Götzinger, 3 vols., St. Gallen 1875–79.

Valla, Lorenzo: *L'ii V'sis in latinam Novi Testamenti interpretationem ex collatione graecorum exemplarium adnotationes apprime utiles*, Paris 1505.

Vergil: *Eclogues, Loeb: Virgil*, vol. 1 ed. H. Rushton Fairclough, 1965.

Virck, Hans hgb.: *Politische Correspondenz der Stadt Strassburg im Zeitalter der Reformation*, 1. Band 1517–1530, Strasbourg 1882.

Watt, Joachim von: *v.* Vadian.

Westerburg, Gerhard: *Vom fegefeuer und standt der verscheyden selen, eyn christliche meynung...* s.l. 1523.

Wittenberg Concord: Bucer, Martin: *Articulorum Concordiae praecedentis de praesentia corporis et sanguinis Domini in sacra coena declaratio...* 1536 in: CR 3.
—: Bucer, Martin: *Exhortatio ad Collegas* 1536 in: CR 3.
—: *Concordia inter doctores Wittebergenses et Doctores civitatum Imperii in Germania superiori... Anno Christi 1536 [29 Maii]* in: CR 3.

Xenophon: *Memorabilia*, ed. E.C. Marchant in *Loeb Classical Library*, London, Cambridge, Mass. 1959 (1923).

Ypma, Eelcko: *Le "Mare magnum". Un code médiéval du couvent augustinien de Paris* in: *Augustiniana* 6 (1956), 275–321.

Zwingli, Huldr.: *Amica exegesis, id est, expositio eucharistiae negocii ad M'um Lutherum*, (Zürich, C. Froschouer 1527) in: CR 92.

—: *Adversus Hieronymum Emserum antibolon*, Zürich 1524 in: CR 90.

—: *Antwort über Balthasar Hubmaiers Taufbüchlein*, Zürich, C. Froschouer 1525 in: CR 91.

—: *Antwort über Straussens Büchlein, das Nachtmal Christi betreffend* (Zürich, Chr. Froschouer 1527) in: CR 92.

—: *Artickel. so Herr Ulrich Zwingly auff Dornstag vor Liechtmess Anno 1523... disputiert...*, Zürich, in: CR 88 (*Die 67 Artikel*).

—: *Auslegen und Gründe der Schlussreden...* (Zürich, C. Froschouer 1523) in: CR 89.

—: *De vera et falsa religione commentarius*, Zürich, C. Froschouer 1525 in: CR 90.

—: *De peccato originali declaratio ad Urbanum Rhegium*, Zürich, C. Froschouer 1526 in: CR 92.

—: *Eine kurze christliche Einleitung...* (Zürich 1523) in: CR 89.

—: *In catabaptistarum strophas Elenchus*, Zürich, C. Froschouer 1527 in: CR 93 (Z 6:1).

—: *De canone missae epichiresis*, (Zürich, C. Froschouer 1523) in: CR 89.

—: *In Exodum alia Farraginis annotationum particula per Leonem Iudae et Gasparem Megandrum ex ore Zwinglii... comportata*, Zürich, C. Froschouer 1527 in: CR 100.

—: *Farrago annotationum in Genesim ex ore H'i Z'ii per Leonem Iudae et Casparem Megandrum exceptarum...* Zürich, C. Froschouer 1527 in: CR 100.

—: *Handlung der Versammlung in Zürich* (Zürich) [C. Froschouer] 1523 in: CR 88.

—: *Der Hirt. Wie man die wahren Christlichen Hirten... erkennen soll...* Zürich, C. Froschouer, 1524 in: CR 90.

—: *Quo pacto ingenui adolescentes formandi sint...* Zürich 1525 in: CR 89.

—: *Responsio ad epistolam Ioannis Bugenhagii* [Zürich, C. Froschouer 1525] in: CR 91.

—: *Subsidium sive coronis de eucharistia* (Zürich, C. Froschouer 1525) in: CR 91.

—: *Über D. Martin Luthers Buch, Bekenntnis genannt*, Zürich, C. Froschouer 1528 in: CR 93 (Z 6:2).

—: *Von göttlicher und menschlicher Gerechtigkeit* (Zürich, C. Froschouer) 1523 in: CR 89.

—: *Von dem Predigtamt* (Zürich, C. Froschouer 1525) in: CR 91.

—: *Von der Taufe, von der Wiedertaufe und von der Kindertaufe*, Zürich (1525) in: CR 91.

—: *Eine klare Unterrichtung vom Nachtmahl Christi*, Zürich, Ioh. Hager 1526 in: CR 91.

Secondary and Reference Literature – works mentioned in the introduction and notes. For a general secondary bibliography concerning Bucer, the reader is referred to *Bucer und seine Zeit: Forschungsbeiträge und Bibliographie* hgb. M. de Kroon u. F. Krüger, Wiesbaden 1976, 138–165.

Adam, Johann: *Evangelische Kirchengeschichte der Stadt Strassburg bis zur Französischen Revolution*, Strasbourg 1922.

Alberti, Hans Joachim von: *Mass und Gewicht: Geschichtliche und tabellarische Darstellungen von den Anfängen bis zur Gegenwart*, Berlin 1957.

Althaus, Paul: *Die Theologie Martin Luthers*, Gütersloh 1962.

Armour, R.S: *Anabaptist Baptism: A representative Study*, Scottdale (Pa) 1966.

Backus, Irena: *Martin Borrhaus (Cellarius)*, Baden-Baden 1981 (Bibliothecà dissidentium vol. 2).

—: *La chronologie de Io 5–7: Le commentaire de Martin Bucer et la tradition exégétique* in: *Bucer apocryphe et authentique: études de bibliographie et d'exégèse, Cahier de la RThPh no. 8*, Genève-Lausanne-Neuchâtel 1983, 41–50.

—: *"Hercules Gallicus" et la conception du libre arbitre dans le Commentaire sur le quatrième Evangile de Martin Bucer, ibid.* 51–55.

—: *Some patristic notions of "substantia" and "essentia" in the Trinitarian theology of Brenz and Bucer* in: *Theologische Zeitschrift* 37:2 (1981), 65–70.

Balke, W.: *Calvijn en de doperse Radikalen*, Amsterdam 1973.

Baum, Adolf: *Magistrat und Reformation in Strassburg bis 1529*, Strasbourg 1887.

Baum, Johann Wilhelm: *Capito und Butzer: Strassburgs Reformatoren*, Elberfeld 1860 (Leben u. ausgewählte Schriften der Väter und Begründer der reformirten Kirche, 3. Theil).

Béné, Charles: *Erasme et saint Augustin ou Influence de saint Augustin sur l'humanisme d'Erasme*, Genève 1969 (Travaux d'Humanisme et Renaissance 103).

Brecht, Martin: *Die frühe Theologie des Johannes Brenz*, Tübingen 1966 (Beiträge zur historischen Theologie, Bd. 36).

—: *Die gemeinsame Politik der Reichsstädte und die Reformation* in: *Zeitschrift der Savigny-Stiftung für Rechtsgeschichte* 107, Weimar 1977.

Chomarat, Jacques: *Grammaire et Rhétorique chez Erasme* (2 vols), Paris 1981.

Comeau, M.: *Saint Augustin, exégète du quatrième Evangile*, Paris 1930.

Corbin, Michel: *Le pain de la vie. La lecture de Jean 6 par S. Thomas d'Aquin* in: *Revue des Sciences religieuses* 65 (1977), 107–138.

Daniel, Hermann Adalbert: *Thesaurus hymnologicus*, vols. 1–5, Halle/Leipzig 1841–56.

Döllinger, Ignaz v. hgb.: *Beiträge zur Sektengeschichte des Mittelalters* (2 Bde.), München 1890.

Eells, Hastings: *Martin Bucer*, New Haven 1931.

Egli, Emil: *Die St. Galler Täufer. Geschildert im Rahmen der städtischen Reformations-geschichte*, Zürich 1887.

Encyclopaedia Iudaica (16 vols.), Jerusalem 1971–72.

Febvre, Lucien: *A New Kind of History*, ed. P. Burke, trsl. K. Folia, New York 1973.

Feller, Richard: *Geschichte Berns. II: Von der Reformation bis zum Bauernkrieg, 1516 bis 1563*, Bern 1954 (= Archiv des historischen Vereins des Kantons Bern 42:2).

Fischer, Samuel: *Geschichte der Disputation und Reformation in Bern*, Bern 1828.

Franz, Günther: *Der Deutsche Bauernkrieg*, München/Berlin 1933.

Friedmann, Robert: *The Nicolsburg Articles. A problem of early Anabaptist history* in: *Church History* 36:4 (1967), 391–409.

Gollwitzer, Helmut: *Coena Domini: Die altlutherische Abendmahlslehre in ihrer Auseinander-setzung mit dem Calvinismus, dargestellt an der lutherischen Frühorthodoxie*, München 1937.

—: *Zur Auslegung von Joh. 6 bei Luther und Zwingli* in: *In Memoriam Ernst Lohmeyer* hgb. W. Schmauch, Stuttgart 1951, 143–168.

Guggisberg, Kurt: *Bernische Kirchengeschichte*, Bern 1958.

Grimm, Jakob und Wilhelm: *Deutsches Wörterbuch* (16 Bde.), Leipzig 1854–1954.

Hahn, A. und G.L.: *Bibliothek der Symbole und Glaubensregeln der Alten Kirche*, Breslau 1897 (Repr. Hildesheim 1962).

Hazlett, Ian: *The Development of Martin Bucer's Thinking on the Sacrament of the Lord's Supper in its historical and theological Context 1523–1534*. Unpubl. doctoral thesis, Münster i.W. 1975.

—: *Zur Auslegung von Johannes 6 bei Bucer während der Abendmahlskontroverse* in: *Bucer und seine Zeit* hgb. M. de Kroon, F. Krüger, Wiesbaden 1976, 74–87 (Veröffentlichungen des Instituts für Europäische Geschichte Mainz, Bd. 80).

Heberle, J.: *Capitos Verhältnis zum Anabaptismus* in: *Zeitschrift für die historische Theologie* 1857, 285–310.

Heine, Rolf: *Zur patristischen Auslegung von Joh. 2,1–12* in: *Wiener Studien* NF4 (1970), 189–295.

Heitz, Paul u. Barack, K.A.: hgb. *Elsässische Büchermarken bis Anfang des 18. Jahrhunderts*, Strasbourg 1892.

Hering, Hermann: *Doktor Pomeranus, Johannes Bugenhagen, ein Lebensbild aus der Zeit der Reformation*, 1888 (Schriften des Vereins für Reformationsgeschichte 22).

Herminjard, Aimé Louis: *Correspondance des Réformateurs dans les pays de langue française, recueillie et publiée...* par A.L. Herminjard, (9 vols.), Genève 1866–97.

Hobbs, R. Gerald: *An Introduction to the "Psalms" Commentary of Martin Bucer*, unpubl. thesis, Strasbourg 1971.

—: *Monitio amica. Pellican à Capiton sur le danger des lectures rabbiniques* in: *Horizons européens de la Réforme en Alsace. Mélanges offerts à Jean Rott pour son 65ᵉ anniversaire*, publiés par M. de Kroon et M. Lienhard, Strasbourg 1980, 81–94.

Hoffmann, Georg: *Die Lehre von der Fides implicita innerhalb der Katholischen Kirche*, 3 Bde, Leipzig 1906.

Hopf, Constantin: *Martin Bucer and the English Reformation*, Oxford 1946.

Horsch, John: *An Inquiry into the truth of the accusation of fanaticism and crime* in: *Mennonite Quarterly Review* 8 (1934), 18ff.

—: *The Rise and Fall of the Anabaptists of Münster* in: *Mennonite Quarterly Review* 9 (1935), 92ff.

Hubert, Friedrich: hgb. *Die Strassburger liturgischen Ordnungen im Zeitalter der Reformation*, Göttingen 1900.

Hufstader, Anselm: *Lefèvre d'Etaples and the Magdalen* in: *Studies in the Renaissance* 16 (1969), 31–60.

Jones, Rufus M.: *Spiritual Reformers in the sixteenth and seventeenth centuries*, New York 1914.

Keller, Ludwig: *Ein Apostel der Wiedertäufer (Hans Denck)*, Leipzig 1882.

Kirchhofer, Melchior: *Berthold Haller oder die Reformation von Bern*, Bern 1828.

Klaiber, W.: hgb. *Katholische Kontroverstheologen und Reformer des 16. Jhdts.*, Münster 1978 (Reformationsgeschichtliche Studien und Texte, Bd. 116).

Koch, Karl: *Studium Pietatis: Martin Bucer als Ethiker*, Neukirchen 1962 (Beiträge zur Geschichte und Lehre der Reformierten Kirche, Bd. 14).

Köhler, Wilhelm: *Bibliographia Brentiana*, Berlin 1904 (repr. Nieuwkoop 1963).

—: *Zwingli und Luther. Ihr Streit über das Abendmahl nach seinen politischen und religiösen Beziehungen*, (2 vols.) Leipzig 1924, Gütersloh 1954.

Kolbe, Theodor: *Zum Prozess des Johann Denck und der drei gottlosen Maler in Nürnberg* in: *Kirchengeschichtliche Studien H. Reuter zum 70. Geburtstag gewidmet*, Leipzig 1888, 228–250.

Krohn, Barthold Nicolaus: *Geschichte der Fanatischen und Enthusiastischen Wiedertäufer vornehmlich in Niederdeutschland. Melchior Hofmann und die Secte der Hofmannianer...* Leipzig 1758.

Kuhn, G.J.: *Die Reformatoren Berns im 16. Jahrhundert*, Bern 1828.

Lang, August: *Der Evangelienkommentar Martin Butzers und die Grundzüge seiner Theologie*, Leipzig 1900.

Lausberg, Heinrich: *Handbuch der literarischen Rhetorik: Eine Grundlage der Literaturwissenschaft*, 2 vols., München 1960.

Lienhard, Marc: *Les épicuriens à Strasbourg entre 1530 et 1550 et le problème de l'incroyance au 16ᵉ siècle* in: *Croyants et Sceptiques au 16ᵉ siècle: Actes du colloque organisé par le GRENEP, Strasbourg 9–10 juin 1978*, éd. M. Lienhard, Strasbourg 1981, 2–45.
—: *Luther témoin de Jésus Christ*, Paris 1973.

Linden, Friedrich Otto, zur: *Melchior Hofmann: ein Prophet der Wiedertäufer*, Haarlem 1885.

Locher, Gottfried W.: *Die Zwinglische Reformation im Rahmen der europäischen Kirchengeschichte*, Göttingen u. Zürich 1979.

Lovejoy, Arthur O.: *The Great Chain of Being: A study of the History of an Idea*, Cambridge (Mass) 1936.

The Mennonite Encyclopedia, vols. 1–4, Hillsboro, Kansas 1955–59.

Mentz, F.: *Bibliographische Zusammenstellung der gedruckten Schriften Butzer's* in: *Zur 400jährigen Geburtsfeier Martin Butzer's*, Strasbourg 1891.

Müller, Ernst: *Geschichte der Bernischen Täufer nach den Urkunden dargestellt*, Frauenfeld 1895 (repr. Nieuwkoop 1972).

Müller, Gerhard: *Franz Lambert von Avignon und die Reformation in Hessen*, Marburg 1958 (Veröffentlichungen der Historischen Kommission für Hessen und Waldeck 24:4).

Muralt, Leonhard von: *Die Badener Disputation 1526*, Leipzig 1926 (Quellen u. Abhandlungen zur Schweizerischen Reformationsgeschichte, 2. Serie, 3. Band).

Näf, W.: *Vadian und seine Stadt St. Gallen*, 2 Bde., St. Gallen 1944, 1957.

Oberman, Heiko Augustinus: *The Harvest of Medieval Theology: Gabriel Biel and Late Medieval Nominalism*, Cambridge (Mass) 1963.

Old, Hughes Oliphant: *The Patristic Roots of Reformed Worship*, Zürich 1975.

Orbis Latinus: *Lexikon lateinischer geographischer Namen* hgb. H. Plechl/G. Spitzbart, Braunschweig 1971.

Otto, A.: *Die Sprichwörter und sprichwörtlichen Redensarten der Römer*, Leipzig 1890.

Pestalozzi, Carl: *Heinrich Bullinger. Leben und ausgewählte Schriften: Nach handschriftlichen und gleichzeitigen Quellen*, Elberfeld 1858 (Leben und ausgewählte Schriften der Väter und Begründer der reformirten Kirche 5).
—: *Bertold Haller. Nach handschriftlichen und gleichzeitigen Quellen*, Elberfeld 1861 (Leben und ausgewählte Schriften der Väter und Begründer der reformirten Kirche 9 [Supplement-Theil]).

Prenter, Regin: *Spiritus Creator: Studien zur Luthers Theologie*, München 1954.

Preus, James Samuel: *From Shadow to Promise*, Cambridge (Mass) 1969.

Raeder, Siegfried: *Das Hebräische bei Luther untersucht bis zum Ende der ersten Psalmenvorlesung*, Tübingen 1961 (Beiträge zur Historischen Theologie 31).

Reu, J.M.: *Quellen zur Geschichte der Kirchlichen Unterrichts. 1:1 Süddeutsche Katechismen.* Gütersloh 1904 (reprint Hildesheim, N. York 1976).

Röhrich, T.W.: *Geschichte der Reformation im Elsass und besonders in Strasburg, nach gleichzeitigen Quellen bearbeitet von T' W' R'*, 3 vols., Strasbourg 1830–32.

Rott, Jean: *Bucer et les débuts de la querelle sacramentaire* in: RHPR 34 (1954), 234–254.

Roussel, Bernard: *Martin Bucer, lecteur de l'Epître aux Romains*, unpubl. thesis, Strasbourg 1970.

Sachsse, Carl: *Balthasar Hubmaier als Theologe*, Berlin 1914.

Scholem, G.G.: *Major Trends in Jewish Mysticism*, Jerusalem 1941.

Schottenloher, K.: *Bibliographie zur Deutschen Geschichte im Zeitalter der Glaubensspaltung 1517–1585*, 7 Bde., 7. Bd. bearb. von Ulrich Thürauf, Leipzig 1933–40, Stuttgart 1966.

Schubert, Hans von: *Bündnis und Bekenntnis 1529/1530*, Leipzig 1908 (Schriften des Vereins für Reformationsgeschichte 26).

Schürer, E.: *Geschichte des jüdischen Volkes im Zeitalter Jesu Christi*. 3. Aufl., 4 Bde., Leipzig 1898–1902.

Secret, François: *Les Kabbalistes chrétiens de la Renaissance*, Paris 1964.

Smalley, Beryl: *The study of the Bible in the Middle Ages*, Oxford 1952.

Steiff, Karl: *Der erste Buchdruck in Tübingen (1498–1534): Ein Beitrag zur Geschichte der Universität*, Tübingen 1881 (repr. Nieuwkoop 1963).

Stephens, Peter: *The Holy Spirit in the Theology of Martin Bucer*, Cambridge 1970.

Strack, Hermann L., und Billerbeck, Paul: *Kommentar zum Neuen Testament aus Talmud und Midrasch... mit Rabbinischer Index hgb. v. J. Jeremias, bearb. v. K. Adolph*, 6 vols. München 1954–56.

Strasbourg au cœur religieux du 16ᵉ siècle: Actes du colloque international de Strasbourg (25–29 mai 1975), éd. G. Livet, F. Rapp, J. Rott, Strasbourg 1977.

Stürler, M. von: hgb. *Urkunden der Bernischen Kirchenreform 1520–15. März 1528*, 1. Band, Bern 1862.

Tuker, M.A.R. and Malleson, Hope: *Handbook to Christian and Ecclesiastical Rome*, 3 vols., London 1897–1900.

Van de Poll, G.J.: *Martin Bucer's Liturgical ideas: The Strasburg Reformer and his connection with the Liturgies of the sixteenth century*, Assen 1954.

Vander Haeghen, Ferdinand: *Bibliotheca Erasmiana: Répertoire des œuvres d'Erasme*, Gent 1893 (reprint, Nieuwkoop 1972).

Van't Spijker, W.: *De Ambten bij Martin Bucer*, Kampen 1970.
—: *Prädestination bei Bucer und Calvin* in: *Calvinus Theologus: Die Referate des Europäischen Kongress für Calvinforschung vom 16. bis 19. September 1974*, hgb. W.H. Neuser, Amsterdam 1976, 85–109.

Vercruysse, Joseph: *Fidelis Populus*, Wiesbaden 1968 (Veröffentlichungen des Instituts für Europäische Geschichte Mainz, Bd. 48).

Verpoortenn, Albrecht Meno: *A. Alberti Menonis Verpoortenns Commentatio historica de Martino Bucero eiusque de coena Domini... sententia... Accessit Buceri ad Urbanum Regium epistola...* Coburg 1709.

Vogelsang, Erich: *Weltbild und Kreuztheologie in den Höllenfahrtsstreitigkeiten der Reformationszeit* in: *Archiv für Reformationsgeschichte* 38 (1941), 90–132.

Weis, Frederick L.: *Life, Teachings and Works of Ludwig Hetzer*, Lancaster 1930.

Wendel, François: *L'église de Strasbourg, sa constitution et son organisation 1532–1535*, Paris 1942.
—: *Le mariage à Strasbourg à l'époque de la Réforme 1520–1692*, Strasbourg 1928.

Wilbur, Earl Morse: *A History of Unitarianism: Socinianism and its antedecents*, Cambridge (Mass) 1946.

Wiles, Maurice: *The Spiritual Gospel*, Cambridge 1960.

Williams, George Huntston: *The Radical Reformation*, Philadelphia 1962.

Winckelmann, Otto: *Das Fürsorgewesen der Stadt Strassburg vor und nach der Reformation bis zum Ausgang des 16. Jahrhunderts: ein Beitrag zur deutschen Kultur- und Wirtschaftsgeschichte*, Leipzig 1922 (QFRG 5).

Wolbrett, Alphonse: ed. *La Guerre des Paysans 1525, Etudes Alsatiques,* Saverne 1975.

[561] PRUDENTIA ET PIETATE ORNATISSIMIS MAGISTRATIBUS, STUDIO CHRISTI FLAGRANTIBUS ECCLESIARUM MINISTRIS PER CIVITATEM & DITIONEM BERNATIUM, MARTINUS BUCERUS INCREMENTA PRECATUR AGNITIONIS DEI.

Tam egit vobiscum et cum plaebibus vestris benigne et magnifice Pater noster coelestis, viri pientissimi; adeo opulente *in vos effudit Spiritum suum* [Tit 3,5–6] ut bonitati eius gratiae agi*a* iure debeant a Christi studiosis universis. Sitque ex officio omnium (quibus quanta vobis divinae dignationis lux affulsit, cognitum est) id, quantum possunt*b*, invulgare et praedicare. Hinc cum bonam eorum partem, quae in vobis praeclare Spiritus Dei praestitit, coram viderim et *c*meas esse partes*c* duxi dare operam ut ea*d* vel aliquatenus fratribus*e* innotescant. Nam pro dignitate illa praedicare Paulini, non mei, spiritus fuerit. Quantulumcunque tamen erit quod potero, scio me*f* ingentem eo gratiam a sanctis qui haec legerint*g*, initurum. Cum enim ardentissimis illi votis continuo orent sanctificari ubique nomen Patris coelestis et obtinere passim regnum Christi, perpaucos tamen vident tam inter ecclesiarum ministros quam principes et magistratus qui evangelion regni non pro viribus oppugnent; paucissimos qui *h*in provehendo eo*h* munus suum digne obeant. Quare cum legent utrosque vos, tam verbi quam gladii ministros, ita gloriae illustrandae Christi esse studiosos [cf. Rm 10,2] ut, una cum plebibus vestris, totos vos ipsius Spiritui commiseritis et semel in tam lata ditione omnem superstitionem atque idololatriam eliminaveritis, dici non potest quantum hinc in Domino *i*gavisuri sint*i* quantumque, cum ad agendas illi gratias tum ad aemulandum tam praeclarum exemplum, *j*sese effusuri*j*.

⟨Ut evangelio Bernae Satan restitit⟩ Sciant hi ergo *k l*vos pridem*l* evangelio Christi Servatoris nostri fuisse donatos*k*, sed tantis conatibus, ut solet, et artibus semper principem tenebrarum [cf. Col 1,13] illi restitisse ut diu admodum apud multos in dubio fuerit utri essetis toti cessuri. Sed vicit tandem Satanam Christus cessitque ira gratiae. Quoque maiore gloria de hoste suo apud vos Dominus triumpharet, indicata est publica de religione *m*collatio et*m* disputatio *1*non ut ea primum disceretis quae sequeremini, sed ut palam omnibus fieret quam certa et invicta essent, quae sequi iam coeperatis*1*; indeque et Satanae satellites confunderentur

---

a *add.* pro vobis A. – *b* *add.* spargere AB. – *c–c* mei officii esse A. – *d* *om.* AB. – *e* *add.* ea AB. – *f* *om.* A. – *g* *add.* me A. – *h–h* *om.* AB. – *i–i* gaudebunt AB. – *j–j* extimulabuntur AB. – *k–k* pridem vobis evangelion suum Servatorem nostrum donasse A. – *l–l* pridem vos B. – *m–m* *om.* AB. –

1–1 Cf. *Handlung: Radtschlag* iir.–v. (*Steck/Tobler* 1, no. 1371, 518–519).

et *infirmiores* [n]ex fratribus et membris Christi[n] *apud vos corroborarentur*
[Rm 15,1]. [o]Quemadmodum [2]olim Antiocheni, cum pertinacioribus Iudaeis quibusdam Pauli et Barnabae autoritas satis non esset, miserunt
consultum apostolos primores [cf. Act 15,2], non sane ut ab illis veritatem
primum discerent quam ex verbo Dei iam tenebant, sed ut Iudaei illi
apostolorum testimonio compescerentur et, qui erant [p]fide *imbecilliores,
solidarentur*[p] [Rm 15,1][2].

Huic disputationi, initio, Satan, ut saepe ei Dominus quamlibet ver-
sipelli imponere solet, non parum favebat, sperans se[q] per suos, si nihil
aliud, saltem [r]hac disputatione[r] evangelico cursui [cf. Phil 1,12] remoram[s]
iniecturum. Ubi autem sensit in eo consilio praesentius sese exerere numen
Christi, facile coniecit secus atque cogitarat eventurum. Omnia igitur in
diversum vertit et primum avertere disputationem summa vi conatus est.
Hinc illico [3]habentur comitia a Confoederatis[t], [4]captantur varia consilia,
[5]scribuntur ad vos literae quibus acriores ab Helvetiis non legistis et
invulgantur[5], [6]negatur [u]fides tuti itineris[u] praeconibus Christi, scribunt
episcopi et, ab incepto, vos modis omnibus dehortantur; neque desunt
minae[6]. Scribunt et episcopis [7]formidabiliores. Et ne quid a parte magistrorum nostrorum cessaretur, [v]scripsit ad vos ex horum numero [8]Ioannes
Cochleus, homo contra Christum impudentia et audacia ubique irrisa
quidem et frustrata, invicta tamen et nusquam se non ingerente[v].

[n-n] *om.* AB. – [o] *add.* □ Act. 15 A. – [p-p] infirmiores, erigerentur A. – [q] *om.* A. – [r-r] *om.* AB. –
[s] *add.* se A. hinc B. – [t] Confoedustis AB. – [u-u] tutum iter A. – [v-v] interim et Cochlea,
quamlibet tardum animal AB. –

[2-2] Ap: *Handlung*, 81r., *Schuler/Schulthess* 2:1, 103 (*ap* there adv: J. Edlibach ad
Schlussr. 1).
[3] Meetings in Luzern, Dec. 1527. Cf. *Steck/Tobler* 1, no. 1411, 545, letter: "acht Orte" to
Bern, 18 Dec. 1527; no. 1414, 548, letter: Bern to Fribourg and Solothurn, 20 Dec. 1527; no.
1430, 560–561, letter: Solothurn to Bern, 29 Dec. 1527. Cf. also *Feller* 157.
[4] Cf. *Steck/Tobler* 1, no. 1430, 560–561, letter: Solothurn to Bern, 29 Dec. 1527: decision
to abstain from further meetings at Luzern; no. 1444, 574–576: instructions to messengers
from Fribourg against Bern, 4 Jan. 1528. Cf. *Feller* 157.
[5-5] *Abgeschrifft eyner Missiven*, 18 Dec. 1527. (*Steck/Tobler* 1, no. 1411, 543–547; cf. *ibid.*
no. 1424, 552–556 (esp. 556) letter: Bern to "acht Orte", reply to preceding, complaining i.a.
about publication). Cf. *Handlung: Der Disputierenden Ordnung*, xr. (*Steck/Tobler* 1, no. 1494,
619); *Feller* 156.
[6-6] Cf. *Steck/Tobler* 1, no. 1385, 529, no. 1416, 548–549, letters of threats: Bern to Bishop
of Lausanne, 27 Nov., 23 Dec. 1527; no. 1432, 562–567, letter: Bishop of Constanz to Bern,
31 Dec. 1527 (esp. 566: authority of Church as against Scriptures; 567: warning against
holding of religious disputations); no. 1436, 570–571, letter: Bishop of Basel to Bern, 1 Jan.
1528. Cf. *Handlung: Der Disputierenden Ordnung*, viii v. (*Steck/Tobler* 1, no. 1494, 618);
Feller 157; CR 96, no. 677, 335–337 nn., letter: B. Haller to Zwingli, 20 Dec. 1527.
[7] Cf. *Steck/Tobler* 1, no. 1428, 558–560, letter: Charles 5 to Bern, 28 Dec. 1527 (condemns
disputation); no. 1453, 584, letter: Bern to Charles 5 (reply to preceding). Cf. *Feller* 158.
[8] Cf. *Handlung: Der Disputierenden Ordnung*, xr. (*Steck/Tobler* 1, no. 1494, 619): Cochlaeus has written adv: disputation (= *An die Herrenn*. Cf. *Schottenloher*, no. 3008 and
Schuler/Schulthess 2:1, 76 Anm. a).

⟨Conatus Satanae ut disputationem redderet desertam⟩ Cum vero hac via non succederet, confortante vos Spiritu Domini, alia rem aggressus est. Quumque avertere disputationem [562] non posset, reddere ingloriam enixe laboravit. Hac caussa eundem omnibus suis [9]celebrioribus satrapis ac ducibus animum dedit ut infandum facinus clamarent vos ausos de religione [w]disputationem instituere. Summumque piaculum[w] voce et literis testarentur, si quispiam[x] hanc disputationem adiret[9], nihil memores, quam paulo ante, ipsi magna caterva et maiore pompa ad disputationem venissent [10]Badensem ubi victores habendos se priusquam, non dico vicissent sed pugnassent, sciebant[10].

[11]Episcopum quoque quem facturum maiorem iacturam timebat, equo deiecit quo laeso crure ad sua negotia reduceret. Tum [12]impetravit ille[y] edictum, idque ab eo Iove a quo non multa antea acceperat, ut et doctos suos colore aliquo a disputatione revocaret. Spes siquidem[z] erat Satanae[a1], si nulli ex triariis suis devincerentur, nullius fore nominis victoriam Christi.

Ut autem id apud suos quibus nihil non offendiculo est obtinuerit, utique *filii Dei* [Rm 8,14] quos ille hactenus in suis castris detinuit, de quibus Dominus noster tantum solicitus est, aliud cogitabunt, nempe: nihil penitus in Scripturis praesidii habere omnes evangelii nostri hostes eoque indubitato mendacia sectari, quando ad tam libera comitia, sed in quibus [13]Scripturis agendum erat[b1], venire non fuerint ausi. Eo certe nos et evangelion Christi odio insectantur ut, si victoriae aliquid sperare potuissent, nulla eos impedimenta detinuissent quo minus cominus nobiscum decertassent. Nequicquam igitur tentante omnia Satana, [14]coepta sancta disputatio est eo die in quem indicta erat. Quanquam autem ab hoste veritatis [cf. Io 8,44] nihil praeteritum sit quo [c1]desertam illam[c1]

[w–w] disputare et summum esse A. – [x] quisquam AB. – [y] illi AB. – [z] *add.* ei AB. – [a1] *om.* AB. – [b1] fuit A. – [c1–c1] deserta haec comitia A. –

[9–9] Adv: religious disputations = Bishop of Constanz. Cf. supra n. (6)–(6). Refusal of permission to attend in: letter: "acht Orte" to Bern, 18 Dec. 1527, *Steck/Tobler* 1, no. 1411, 547.

[10–10] Ap and adv: *Neüwe Zeitung. Bloesch* 163 (*p*; there adv: Bern). – For account of Baden disputation cf. *von Muralt* esp. 44–90 for the role of "die Eidgenossen", 132f. for "Verdikt von Baden".

[11] Sebastian de Montfaucon, Bishop of Lausanne – cf. DHBS 4, 792–. Cf. *Steck/Tobler* 1, no. 1446, 578, letter: Montfaucon to Bern reporting the accident, 4 Jan. 1528. Cf. also *Neüwe Zeitung, Bloesch* 159.

[12] Cf. *Steck/Tobler* 1, no. 1449, 582, letter: Bern to Montfaucon requesting envoys as he is unable to attend in person due to accident, 5 Jan. 1528; no. 1462, 589, letter: Bern to Montfaucon, reporting precipitate and unexplained departure of envoys, 12 Jan. 1528. Cf. also *Neüwe Zeitung, Bloesch* 159–160.

[13] Ap: *Handlung: Radtschlag* iii v. (*Steck/Tobler* 1, no. 1371, 519–520) (*ip*).

[14] Monday, 6 Jan. 1528. Cf. *Handlung: Ordnung* vii v. (*Steck/Tobler* 1, no. 1494, 616).

redderet, aderat tamen [15]ingens numerus, omne genus hominum, multi docti et pii; quicquid [16]nugivendus$^{d^1}$ ille scribat qui plenam mendaciis Epistolam de hac disputatione nuper invulgavit. Tam gravis testis ut adscribere nomen suum non sit ausus[16]! Ordinatis igitur [17]praesidibus, viris doctissimis iuxta ac gravissimis, [18]quorum partes erant leges disputationis tueri ut ex Scripturis tantum et, ut par erat, graviter atque religiose ab omnibus $^{e^1}$proposita axiomata excuterentur$^{e^1}$ [18]; constitutis item [19]quatuor iuratis scribis$^{f^1}$ qui singula ultro citroque dicta summa fide exciperent[19], $^{g^1}$disputandi facultas omnibus oblata est$^{g^1}$.

⟨Bechtoldus Haller ecclesiastes Bernensis⟩ [20]Primum itaque$^{h^1}$ axioma quod, inter caetera, Christum unicum esse ecclesiae caput[20], adserit [21]Bechtoldus Hallerus vir pie doctus simul et prudens, quo ministro, evangelion Bernae foeliciter *plantatum est* diuque *rigatum* [1 Cor 3,6], Scripturis communitum, adversariis per Scripturas, si possent, impugnandum exposuit. $^{i^1}$Contra hoc, [22]inter caeteros, prodiit$^{i^1}$ Alexius Grad Dominicalis, tum nonnarum illic a confessionibus, et quicquid uspiam Scripturae de dignitate vel Petri, vel apostolorum habent, in hoc produxit ut probaret et pontificem Romanum caput ecclesiae habendum[22]. Quam vero dextre haec et fortiter, vel hinc licet lector coniicias. [23]Cephas dicebat se in vocabulariis legisse caput significare; igitur Petrum caput fuisse ecclesiae quem *Cephas* Dominus cognominasset [Io 1,42]. Non viderat enim quod ipse Evangelista *Cephas*$^{j^1}$ petram significare testatus est[23]. Eandem,

---

$^{d^1}$ nebulo AB. – $^{e^1-e^1}$ disputaretur A. – $^{f^1}$ notariis A. – $^{g^1-g^1}$ *om.* AB. – $^{h^1}$ *om.* A. – $^{i^1-i^1}$ Prodiit ergo tandem, cum ab omnibus fere illi ut nihil verius est, assensum esset AB. – $^{j^1}$ id AB. –

[15] Ca. 250 participants from Bern, 100 participants from elsewhere. Cf. *Feller* 159; *Pollet* 2, 407; *Steck/Tobler* 1, no. 1465, 590–599 (lists of those who signed the theses), no. 1466, 599–600 (list of members of Zürich delegation); *Handlung: Der Disputierenden Ordnung*, viii v.–xr.; *Schuler/Schulthess* 2:1, 73–75 Anm.

[16-16] Adv: prob. *Neüwe Zeitung, Bloesch* 159–160. For author's (undiscovered) identity cf. CR 96, no. 694, 377 nn., letter: Haller to Zwingli, 8 March (1528); no. 695, 380, letter: Haller to Zwingli, 10 March (1528). Cf. also *Pollet* 2, 405–406, n. 7.

[17] Joachim Vadian – cf. DHBS 7, 233; *Näf* – and Oswald Bär from Basel – cf. DHBS 1, 509 –. Cf. *Handlung: Ordnung*, vii r. (*Steck/Tobler* 1, no. 1405, 540); *Feller* 156.

[18-18] Ap: *Handlung: Ordnung*, vii r. (*Steck/Tobler* 1, no. 1494, 616); *Radtschlag* iii v. (*ibid.* no. 1371, 519–520) (*ip*).

[19-19] Peter Cyro – cf. DHBS 2, 622; Georg Schöni (Bern) – cf. DHBS 6, 68; Eberhard v. Rümlang (Thun) – cf. DHBS 5, 600; Georg Hertwig (Solothurn) – cf. DHBS 4, 84. Cf. *Handlung: Ordnung*, vii r. (*Steck/Tobler* 1, no. 1494, 616); *Schuler/Schulthess* 2:1, 72 Anm.; *Feller* 159. (*ip* of *Ordnung*, vii r.).

[20-20] *Handlung: Schlussreden* no. 1, v r. (*Steck/Tobler* 1, no. 1371, 521). Here ap: *Handlung*: 1. *Schlussrede*, 2v. (*Schuler/Schulthess* 2:1, 78) (*pe*). On Haller cf. *Kuhn, Kirchhofer, Pestalozzi*.

[21] Cf. further *Kirchhofer, Fischer, Pestalozzi, Pollet* 2, 401ff.

[22-22] On Alexius Grat cf. CR 93, 249 Anm. 2; *Pollet* 2, 411, 429–430. – Ap: *Handlung*: 1. *Schlussrede*, 6v.–10r. (*Schuler/Schulthess* 2:1, 80–82) (*a*).

[23-23] Objection and reply ap: *Handlung*: 1. *Schlussrede*, 8v.–11r. (cf. *Schuler/Schulthess* 2:1, 80–81) (*a*). Cf. *Pollet* 2, 411, 429–430.

post hunc, cantionem cecinerunt [24]parochus Cellae Abbatis, admodum vocalis et cedere vero nescius, ac alii quidam[24].

⟨1. Corinth. 5 [!]⟩ Sed dum [25]Scriptura aperte adeo *summos* etiam in *ecclesia et* nominatim *Cepham, nostros esse* [1 Cor 3,22] adfirmat, *nos vero Christi* [1 Cor 3,23], non illorum (*plantantem* quoque et *rigantem nihil esse* [1 Cor 3,7]) facile tueri fuit unum *Christum ecclesiae* suae *caput* [Eph 1,22] esse a quo solo nimirum regeneratur et gubernatur [cf. Col 1,18], nulla creatura quicquam potestatis in animos sanctorum, quae sola vere spiritualis dicitur, habente[25]. [k1]Interim [26]sacro ecclesiae ministerio nihil detractum est, et agnitum est qui eo recte funguntur eos esse et dici debere *episcopos, pastores, salutis administros* [Eph 4,11], agente per eos Spiritu Christi salutem omnem nostram perficiente. At *caput esse ecclesiae* [Eph 1,22; 5,23] divum Paulum merito uni Domino Iesu tribuere, quum unus sit qui illam suo Spiritu movet, vivificat et perpetuo animat atque regit [cf. Eph 1,23]. Cuius ministri sunt quicunque haec mysteria [cf. 1 Cor 4,1] eius dispensant[k1] [26]. [l]Dum vero ista tractantur, advenit [27]Tregarius, provincialis Augustinianorum, [28]vetus noster antagonista, [29]neque excitus convitiis, ut nugator[m1] ille cuius memini, in Epistola sua vanissima sparsit[29]. Nam [30]cum V. Capito et ego, pridie [563] quam disputari coeptum esset, a clarissimo Bernatium senatu orassemus ut denuo [n1]hunc et Murnerum[30] vocarent[n1], [o1]miserant [31]illi tabellarium[o1] continuo[p1] ad senatum Friburgensem et Lucernanum secundo evocatum illos quibus, praeter summam securitatem, etiam sumptus promiserunt, si forte [q1]illos essent caussaturi[q1] [31].

[r1]Nihil enim [32]senatus et populus Bernatium prius habebat quam advocare ad hanc disputationem, quicunque erant inter hostes evangelii ipsis

---

[k1]–[k1] *om.* AB. – [l] *add.* □ Tregarii conatus A. – [m1] nugivendus AB. – [n1]–[n1] ipse et Murnerus vocarentur A. – [o1]–[o1] miserunt illi A. miserant hi B. – [p1] *add.* quod nihil prius haberent quam disputationi suae accersere quoslibet nominatissimos praedicati sibi evangelii hostes, nuncium AB. – [q1]–[q1] eos caussarentur A. – [r1]–[r1] *om.* AB. –

[24-24] Theobald Huter. Cf. DHBS 4, 195; CR 95, 606 Anm. 5. Ap: *Handlung*: 1. *Schlussrede*, 21v.–25r. (cf. *Schuler/Schulthess* 2:1, 82–83) (*a*) – "Alii" *om.* from *Handlung*. Cf. *Handlung*: *Ordnung*, vii r.–v. (*Steck/Tobler* 1, no. 1494, 617).

[25-25] Ap: *Handlung*: 1. *Schlussrede*, 10r.–v. (cf. *Schuler/Schulthess* 2:1, 80) (*ipa* here; there: Bucer adv: Grat).

[26-26] Cf. infra *cap.* 6 var. x[11]–x[11] ad nn. (217)–(217), (219) – (221)–(221); var. o[13]–o[13] ad n. (334); *retractatio* ad 6, 64 ad n. (342)–(342).

[27] Conrad Treger. Cf. DHBS 6, 667. Ap: *Widmung* BDS 4, 155 (*ip*). For Treger's arrival on stage cf. *Handlung*: 1. *Schlussrede*, 29r. (cf. *Schuler/Schulthess* 2:1, 85).

[28] Cf. *Pollet* 2, 409; BDS 2, 15–175.

[29-29] Ap and adv: *Neüwe Zeitung, Bloesch* 161 (*ip*).

[30-30] Cf. *Steck/Tobler* 1, no. 1448, 582; *Pollet* 2, 406.

[31-31] Cf. *Steck/Tobler* 1, no. 1450, 1451, 582–583, letters: Bern to Luzern and Fribourg, 5 Jan. 1528; *Pollet* 2, 406.

[32-32] Cf. *Handlung*: *Radtschlag*, ii r.–iiii r. (*Steck/Tobler* 1, no. 1374, 518–520).

praedicati, celeberrimi, et habebantur ad oppugnandum illud instruc-
tissimi$^{r^1}$ [32]. $^{s^1}$ [33]Nos quoque eodem tabellario Tregario et Murnero scrip-
seramus$^{s^1}$ modisque omnibus ut advenirent, flagitaveramus$^{t^1}$ [33]. [34]Lucer-
nanus vero$^{u^1}$ senatus rescripserat$^{v^1}$ Murnerum quidem paratum fuisse ut
veniret, sed se prohibuisse eum[34]. Idem [35]respondit Murnerus nobis.

[36]Tregarius autem advenit, tandemque prodiens praefatus est$^{w^1}$ se neque
episcopi, neque magistratus sui nomine, sed suo disputaturum[36]. Velleque
ut [37]quicquid disputaret, catholicae ecclesiae suae nequaquam fraudi esset[37]. Quae vero disputando adduxit, omnia huc torsit ut [38]persuaderet
non esse Bernatium quicque de religione et dogmatis ab ecclesia receptis
statuere[38], sed [39]conciliorum responsa ipsis et omnibus expectanda. Id
autem nequaquam certis$^{x^1}$ Scripturis, ut acta testantur, sed ex eo conatus
fuit probare $^{y^1}$quod Evangelia essent iudicio ecclesiae recepta[39]. Ex quo
volebat [40]consequi *ecclesiam* unam fidei omnis iudicem *esse audiendam*
[Mt 18,17]. Ecclesiae autem nomine concilium intelligebat. Caeteros omnes aiebat$^{z^1}$ posse errare, ideoque$^{a^2}$ doctrinae arbitrium nullis aliis permit-
tendum[40] esse$^{b^2}$. Tum adducebat$^{y^1}$ quod [41]Boëmi in multas essent sectas
scissi et quod nobis in quibusdam cum Luthero non conveniret[41].

$^{c^2}$Haec hominis commenta, et antea nota nobis, facile fuit reiicere, cum
satis piis constet [42]*iustum sua*, non conciliorum et pontificum, *fide vivere*
[Hab 2,4]. Eoque oportere non solum singulas ecclesias, sed singulos
quoque homines per se scire quae Deus iubeat quaeque promittat, praesertim ut vel haec$^{d^2}$ cognoscant: a Christo sibi omnia expectanda omneque
pietatis studium *in dilectione proximi* [Rm 13,8] consummandum[42]. Iam
cum his ex diametro pugnent dogmata et instituta Romanensium $^{e^2}$ea
quidem cuncta quae nos verbo Dei arguimus et convellimus – id quod$^{e^2}$
vel puero liqueat Sacras tantum literas legenti – $^{f^2}$quae ratio sit$^{f^2}$ in his

---

$^{s^1-s^1}$ Nos vero ipsis scripsimus A. Nos quoque eodem nuncio ipsis scripseramus B. –
$^{t^1}$ flagitavimus A. – $^{u^1}$ *om.* A. – $^{v^1}$ rescripsit A. – $^{w^1}$ fuit AB. – $^{x^1}$ *om.* A. – $^{y^1-y^1}$ *om.* A. – $^{z^1}$ *om.*
B. – $^{a^2}$ ideo B. – $^{b^2}$ *om.* B. – $^{c^2}$ *add.* □ Habac. 2 A. – $^{d^2}$ hoc A. – $^{e^2-e^2}$ universa idque tam aperte
ut AB. – $^{f^2-f^2}$ Quare nulla est ratio A. nulla est ratio B. –

[33-33] Letter to Treger apparently not extant. Letter to Murner in: *Appellation*, B2r.–B3v.
[34-34] *Appellation*, B4v.–B5r., letter: Luzern to Capito and Bucer, 6 Jan. 1528.
[35] *Appellation*, B3v.–B4v., letter: Murner to Capito and Bucer, 6 Jan. 1528.
[36-36] Ap: *Widmung*, BDS 4, 155 (*ip*); *Handlung*: 1. *Schlussrede*, 29r.–v. (Treger, *ip* here).
Cf. *Steck/Tobler* 1, no. 1454, 584, letter: Fribourg to Bern, 6 Jan. 1528 announcing Treger.
[37-37] Ap: *Handlung*: 1. *Schlussrede*, 29v. (Treger, *ip* here).
[38-38] Ap: *Widmung*, BDS 4, 155 (*p*).
[39-39] Ap: *Handlung*: 1. *Schlussrede*, 32r., 33r.–v., 42v. (Treger adv: Capito, Bucer adv:
Treger, *ipe* here).
[40-40] Ap: *Handlung*: 1. *Schlussrede*, 34r. (Treger adv: Capito, *ipa* here).
[41-41] Ap: *Widmung*, BDS 4, 155 (*p*). Cf. *Handlung*: 1. *Schlussrede*, 38r., 39v., 40v. (Treger
adv: Bucer, *e* only here!).
[42-42] Ap: *Widmung*, BDS 4, 155 (*ip*). Cf. *Handlung*: 1. *Schlussrede*, 34v., 35v. (Bucer adv:
Treger, *ip* here).

consulta expectare conciliorum quae tam raro coeunt, [43]et eiusmodi iam
aliquod seculis coierunt, ut minus insanum sit e pumice aquam quam ab
illis doctrinam petere pietatis[43]? [44]Passim extant Scripturae, neque desunt
qui eas fideliter populis proponant[44]. [45]Reliquum, ut fide percipiantur, non
modo conciliorum, sed nullius omnino creaturae est. Solus siquidem Pater
per Christum Spiritum donat qui$^{g^2}$ omnem veritatem inducit [cf. Io 16,13]
et donat iis *quos ad id ante conditum mundum delegit* [Eph 1,4][45], non $^{h^2}$iis
modo$^{h^2}$ qui audierint concilia.

Quod interim Scripturas non ad eundem modum omnes in omnibus
accipiunt$^{i^2}$, in caussa est [46]quod non pariter omnibus Spiritus donatur
quod multi etiam hypocritae filiis Dei semper admixti sunt [cf. Mt 25,32],
quod denique soli Christo suo hunc honorem Pater dedit ut sit infallibilis
sanctorum Magister [cf. Eph 1,4][46]. Alios quamlibet sanctos et doctos
oportet ut se esse homines alicubi prodant, quo electi discant ab uno
Christo in omnibus pendere. Denique ubi [47]*filii Dei* [Rm 8,14] sunt, ubi
regnum Christi [Eph 5,5], ibi ut omnia turbet, Satanas unice laborat. $^{j^2}$De
iis enim$^{j^2}$ quos iam in sua potestate habet, quid$^{k^2}$ esset solicitus? Ad haec,
visum est Patri coelesti suos per sectas probare[47]. Proinde, tam non evincit
[48]apud pontificios esse veritatem, apud nos vero errores quod illis multis
in dogmatis convenit, apud nos paucos $^{l^2}$doctrina variet$^{l^2}$ et cooriantur
scismata, quam non probat veritatem habere Machometanos, et apostolos
sectatos fuisse mendacia, quod illi multo plures quam pontificii in Al-
corano multis iam seculis consentiunt; hi autem tam raris ecclesiis eandem
de caerimoniis Mosaicis sententiam non potuerunt approbare [cf. Act
15,1]. Evangelion thesaurus est vitae aeternae [cf. Mt 6,20], pauci electi
quibus ille donetur [cf. Mt 20,16]. Hos ergo paucos ut turbet, Satan totis
viribus laborat[48]. Reliquae multitudini non est curae religio, fucum tantum volunt. Qualiscunque igitur eis obtigerit, in eo facile consentiunt.

Contra haec cum nihil posset Scripturis Tregarius, et lex disputationis
non permitteret alia ingerere [564], quia ad inquirendum quid doceret
Scriptura Dei, non quid ferrent$^{m^2}$ commenta hominum, instituta erat
disputatio, [49]iactabat ille$^{n^2}$ non satis sibi esse ad disputandum libertatis,
esseque venenum praesentissimum velle Scripturis tantum Scripturas

---

$^{g^2}$ *add. in* AB. – $^{h^2-h^2}$ *om.* AB. – $^{i^2}$ accipiant A. – $^{j^2-j^2}$ *om.* A. – $^{k^2}$ *add.* de iis A. – $^{l^2-l^2}$ varietur
A. variet B. – $^{m^2}$ *om.* AB. – $^{n^2}$ *om.* AB. –

[43-43] Ap: *Handlung*: 1. *Schlussrede*, 42v.–43r. (Bucer adv: Treger, *i* here). Proverb ap: Er
Adagia chil. 1., cent. 4, prov. 75, LB2, 174–175 (*p*).
[44-44] Ap: *Handlung*: 1. *Schlussrede*, 43v. (Bucer adv: Treger, *i* here).
[45-45] Ap: *Handlung*: 1. *Schlussrede*, 43v. (Bucer adv: Treger, *ipe*), 49r. (Bucer adv: Treger, *ip*).
[46-46] Ap: *Handlung*: 1. *Schlussrede*, 46r.–v. (Bucer adv: Treger, *ipe*).
[47-47] Ap: *Handlung*: 1. *Schlussrede*, 46v. (Bucer adv: Treger, *ip*).
[48-48] Ap: *Handlung*: 1. *Schlussrede*, 46r.–v. (Bucer adv: Treger, *ip*).
[49-49] Ap: *Handlung*: 1. *Schlussrede*, 52r. (Treger, *ip*); *Widmung*, BDS 4, 156 (*p*); *Pollet* 2,
406.

explicare[49]. Quasi [50]vero id non in omnium Scripturarum explicatione observetur, et ipse laturus esset, si quis$^{o^2}$ in suo [51]Mari magno, aut alia quapiam Bulla, $^{p^2}$vellet suo$^{p^2}$ arbitratu quippiam$^{q^2}$ interpretari quod non ex ipsius Bullae verbis posset$^{r^2}$ evincere? Quae igitur impudentia, postulare ut, in Scripturis Dei, alia quam quae ex ipsis Scripturae verbis proferatur$^{s^2}$ interpretatio, admittatur, cum *quae Dei sunt, nemo noscat nisi Spiritus Dei* [1 Cor 2,11]? Sed quia quaerebatur illi occasio e pugna dilabendi, [52]neque praesides disputationis, neque clarissimus senatus hominem exorare potuerunt ut ex Scripturis disputaret[52]. $^{t^2}$Ibi vero nos$^{t^2}$, [53]V. Capito et ego, a praesidibus obnixe oravimus ut permitteretur ei obiicere quidvis. Nos tantum responsuros ad ea quae e Scripturis visus fuisset contra nos iaculari. Sed obstabat lex disputationis et senatus, videns quaeri ansam extrahendi tempus, id permittere nolebat[53].

⟨Quid oratum a Tregario⟩ Tum [54]autem$^{u^2}$ oravimus Tregarium multis, et duos ex praesidibus intercessores adhibuimus ut si nostra aliis quam ex Scriptura ductis rationibus se confutaturum speraret (quanquam ex Scriptura docente *quicquid* bonum et *verum est* [Phil 4,8], abunde possit confutari quicquid malum et falsum est) ut illas conscriberet. Nos daturos operam ut excluderentur; tantum in praesens vellet axiomata proposita, ex Scripturis si posset, oppugnare.

Nam in primis duobus axiomatis continebatur quicquid contra eum nos quidem$^{v^2}$ habebamus, nempe de autoritate ecclesiae et conciliorum[54]. Sed cum Scripturis valeret, quantum [55]sua Paradoxa et quae disputata ab ipso acta referent, testantur[55], frustra hominem oravimus, quo satis testatus est id se non potuisse eoque nostra vera et iuxta Scripturas esse, [56]quicquid glorietur, vel ipse, vel alii[56], et [57]quicquid mentiatur ille cuius memini ἀνώνυμος scriptor Epistolae[57].

Post haec ergo propositum secundum axioma fuit, continens [58]ecclesiam nulla dare praecepta quae non ex verbo Dei manent[58]. Contra hoc, cum

---

$^{o^2}$ quid A. – $^{p^2–p^2}$ vellem meo A. – $^{q^2}$ *om.* A. – $^{r^2}$ possem A. – $^{s^2}$ petita AB. – $^{t^2–t^2}$ *om.* AB. – $^{u^2}$ *om.* A. – $^{v^2}$*om.* A. –

[50] Cf. infra *cap.* 3 ad n. (98)–(98) – (126).

[51] A collection of statutes governing the education of the Augustinian order, compiled by Thomas of Strasbourg 1351–54. Cf. *Ypma.*

[52–52] Ap: *Handlung*: 1. *Schlussrede*, 51v., (*i*).

[53–53] Ap: *Handlung*: 1. *Schlussrede*, 52r. (*i*: ruling by Konrad Schmid – cf. DHBS 6, 45), 53r. (*i*: ruling by Niklaus Briefer – cf. DHBS 2, 298).

[54–54] Ap: *Handlung*: 1. *Schlussrede*, 53r.–v. (Bucer's and Capito's protest, *ipa*).

[55–55] *Paradoxa/Wunderreden*, BDS 2, 19–173. Cf. *Handlung*: 1. *Schlussrede*, 37v.–41r. (Treger adv: Bucer).

[56–56] No record of Treger saying anything. But cf. Murner, *Hie würt angezeigt*, CC 22, 51 (there: *r* Treger).

[57–57] Adv: *Neüwe Zeitung*, *Bloesch* 162.

[58–58] Ap: *Widmung*, BDS 4, 157 (*i*); *Handlung: Schlussreden*, v r. (*Steck/Tobler* 1, no. 1371, 521) (*p*).

iis quos novimus[w2], quidam cognomento [59]Litera, ludimagister Zofingensis, [x2]homo, ut apparet, minime malus[x2], et [60]Aegidius quidam sacrificus[y2], et [61]alii nonnulli, quaecunque Scripturae memorant de [62]traditionibus apostolorum, de ieiuniis, precibus [cf. Act 13,2], coelibatu [cf. 1 Cor 7,25ff.], et id genus, fortiter obiecerunt[62]. Sed [63]quia ex iis omnibus non potuerunt probare ius unquam hominibus factum ut haec ad certa loca, tempora et personas adstringerent, tum ex iis institutis conscientiam ligarent, concedereque coacti fuerunt esse doctrinam daemoniorum cibis aliquibus interdicere, a connubio arcere [cf. 1 Tim 4,1–3]; axioma nihil moverunt[63].

Et [64]nos enim ieiunandum esse, precandum et caste vivendum docemus. Sed, quia *Spiritum* dare, sine quo nihil horum recte fit, *nemo nisi Christus* potest [Rm 8,9], non possunt de iis alia quam ipsa Scriptura habet, ab ecclesia quidem Christi, praecepta dari. Vivit enim illa et agit omnia Spiritu *sponsi sui*[64] [cf. Eph 5,23]. [z2]Certa [65]suplicandi publice et ieiunandi tempora statuere, et sanctis hortationibus ad haec plebem invitare ministri possunt. Praeceptis autem animos religione obstringentibus indicere[65] non debent[z2].

[a3]Ad eum modum et contra [66]tertium quod omnem peccatorum expiationem totumque salutis meritum Christo uni tribuit[66], iidem [67]produxerunt quicquid scriptum est de bonis operibus et promissa illis mercede[67]. Sed dum evincere nequiverunt aliquid huius a nobis esse, [68]sed fateri eos oportuit omnia esse opera Spiritus Dei in nobis [cf. 1 Cor 12,11], nobis gratuito donati [cf. Rm 8,15]; [b3]tum etiam agnoscere nulla quamlibet sanctorum bona opera eo conferre ut Legi Dei satisfaciant, peccatum expient, sed spem cunctam salutis una misericordia Dei [cf. Tit 3,5] ex solo merito Christi niti oportere[b3], neque hoc ab eis axioma labefactari potuit[68].

[w2] nominavimus AB. – [x2–x2] impudentior nescias an indoctior utrumque certe insignite, quanquam alias homo appareret minime malus AB. – [y2] *add.* ad contentionem natus AB. – [z2–z2] *om.* AB. – [a3] *add.* □ Tertium axioma A. – [b3–b3] *om.* AB. –

[59] Johannes Buchstab – cf. DHBS 2, 331.

[60] Gilg Murer – cf. DHBS 5, 59. No record of him speaking during 2. *Schlussrede*; perhaps omitted from minutes?

[61] Notably Theobald Huter – cf. supra n. (24)–(24) – and Alexius Grat – cf. supra n. (22)–(22). Ap: *Handlung*: 2. *Schlussrede*, 82r.–104v. (cf. *Schuler/Schulthess* 2:1, 104–109) (*i*).

[62–62] Ap: *Handlung*: 2. *Schlussrede* (there: traditions, Buchstab adv: Bucer 84v.; fasting, prayers, celibacy, Grat adv: Bucer, 99r.–v., 100r.) (*ia*).

[63–63] Ap: *Handlung*: 2. *Schlussrede*, 102v.–104v. (exchange Grat/Bucer, *iap* here).

[64–64] Ap: *Handlung*: 2. *Schlussrede*, 102r. (Bucer adv: Grat, *ipe* here).

[65–65] Added after Wittenberg Concord. Ap: CA zu Art. 26, BSLK, 106 (*i*).

[66–66] Ap: *Widmung*, BDS 4, 157 (*i*); *Handlung*: *Schlussreden*, v r. (*Steck/Tobler* 1, no. 1371, 521) (*p*).

[67–67] Ap: *Handlung*: 3. *Schlussrede* e.g., 109v. (Buchstab, good works), 112v.–113v. (Huter, reward) (*i*).

[68–68] Ap: *Handlung*: 3. *Schlussrede*, 114v.–115v. (Haller, conclusion) (*iap*).

*c³*Quartum axioma*ᵈ³* quod negat posse Scripturis probari in pane eucharistiae*ᵉ³* [69]corpus Christi *f³*sumi substantialiter et corporaliter*f³*, oppug-
narunt saniores qui caetera nobiscum faciunt. *ᵍ³* *ʰ³*Hi [70]primum obiecerunt
illud Ioan. 6*ʰ³*: *Panis quem ego dabo, caro mea est pro mundi vita* [Io 6,52].
Cum autem [71]ostenderetur eo loci Christum de eo pane loqui *quem qui*
edit, habet vitam aeternam [Io 6,55], non de pane eucharistiae quem multi
edunt, qui in aeternum vitae Dei ex[565]pertes[71] sunt, obiecerunt*ⁱ³* illud:
[72]*Hoc est corpus meum* [Mt 26,26]. Sed dum ipsi quoque faterentur panem
non idem fieri quod corpus Domini, eoque non simpliciter, sed tropicōs
haec verba accipienda esse*ʲ³* ut intelligas in pane corpus Christi esse (nec
tamen hunc suum tropum possent Scripturis evincere; non enim dixit
Dominus: in hoc, sed: *Hoc est corpus meum* [Mt 26,26][72]) relicto nobis hoc
loco adduxerunt [73]illud: *ᵏ³Panis quem frangimus, nunquid communicatio*
corporis Christi est [1 Cor 10,16]. *ˡ³*Ad quem locum*ˡ³* responsum fuit: fide
et cultu constare κοινωνίαν, id est *societatem* veram *corporis et sanguinis*
Domini [1 Cor 10,16], sicut κοινωνοὺς *daemoniorum* [1 Cor 10,20] Paulus
ibidem vocat qui in cultu aderant idolorum, vescentes idolothytis [cf. 1 Cor
10,19] in quibus tamen non erant daemones corporaliter*ᵐ³*. Ipsi κοινωνίαν
vertebant: *distributionem*, eo quod Paulus alicubi hoc nomine vocat
societatem quam sancti inibant, *contribuendo quod egentibus mitteretur*
Ierusalem [Rm 15,26]; sed satis constat*ⁿ³* ne in his quidem locis κοινωνίαν*ᵒ³*
pro *distributione* accipi. *ᵖ³*Societatem inierant communionis collationis in
subsidium sanctorum qui in Iudaea egestate laborabant [cf. Rm 15,26].
Hanc *collationem* vel *societatem* collationis Paulus κοινωνίαν[73] vocat*ᵖ³*.

*q³*Multo [74]imbecillius pugnatum est contra axioma quintum quod mis-
sam negat esse sacrificium et affirmat esse blasphemiam[74]. *r³*In hac enim
vulgo iam aliquot seculis tantum venditur applicatio meriti Christi vivis

---

c³ add. □ Quartum axioma A. – *ᵈ³ om.* AB. – *ᵉ³ add.* esse realiter AB. –*f³–f³ om.* AB. – *ᵍ³ add.*
□ Iohan. 6 AB. – *ʰ³–ʰ³* Protulerunt autem primum id Dominum promisisse cum dixit AB. –
ⁱ³ add. vulgatum AB. – *ʲ³ om.* AB. – *ᵏ³ add.* □ 1 Cor. 10 AB. – *ˡ³–ˡ³* et eo valde fidebant sed
cum AB. – *ᵐ³ add.* nihil habuerunt quod obiicerent contra AB. – *ⁿ³ add.* id AB. – *ᵒ³ om.* AB. –
ᵖ³–ᵖ³ Haec potissima eorum tela erant, sed quibus axiomatis nostri veritatem nihil com-
moverunt AB. – *q³ add.* □ Quintum axioma A. Axio. 5 B. – *r³–r³* quia aperte adeo illa cum
omni Scriptura pugnat ut nullus queat illi praetextus excogitari AB. –

[69] Cf. *Widmung, BDS* 4, 157–158 (there: "realiter"). Var. f³–f³ ap: *Handlung: Schlussreden,*
v r. (*Steck/Tobler* 1, no. 1371, 521) (there: wäsenlich unnd lyblich).
[70] Ap and adv: *Handlung:* 4. *Schlussrede,* 117r. (Benedictus Burgauer (Lutheran) – cf.
DHBS 2, 350 –, *ir*). Cf. infra *cap.* 6 var. x¹¹–x¹¹ ad nn. (208) – (218)–(218).
[71-71] Ap: *Handlung:* 4. *Schlussrede,* 117r.–v. (Zwingli adv: Burgauer, *ip*).
[72-72] Ap and adv: *Handlung:* 4. *Schlussrede,* 132v.–135r., 138v.–141v. (exchange: Zwingli/
Oecolampadius/Burgauer, *ipe*). Cf. infra *cap.* 6 var. x¹¹–x¹¹ ad nn. (224)–(224) – (227).
[73-73] Ap and adv: *Handlung:* 4. *Schlussrede,* 137v., 141v.–144v. (exchange: Oecolam-
padius/Althamer, *ipe*). Cf. infra *cap.* 6 var. x¹¹–x¹¹ ad nn. (223)–(223), (265)–(265), (267).
[74-74] Cf. *Widmung, BDS* 4, 158. Ap. *Handlung: Schlussreden* v r.–v. (*Steck/Tobler* 1, no.
1371, 521) (*pa*).

et defunctis, sine ulla fida praedicatione poenitentiae et fidei, sine communione, sine omni mente et studio eorum quae in tanto sacro agi et
administrari Dominus voluit, ad augendam modo ipsis quidem missantibus insolentiam et luxum, plebi vero superstitionem missantibus quaes-
tuosam. Quis haec tam abominanda illo praetextu tueri queat?^{r3}

Nihilo foelicius et ^{75}reliqua axiomata^{s3} impugnata sunt quae prioribus,
scilicet, nituntur. Id legent et agnoscent ex actis, quicunque possunt
cognoscere verum. Neque morabuntur quod modo ^{76}quidam evangelii
hostes iactant facile nobis fuisse vincere antagonistas tam inermes^{76}. Primum illi ^{77}nihil minus quam inermes se agnoscunt. Deinde, si inermes
fuerunt, stupa, non arma erunt quicquid primi illi θεόμαχοι, ^{78}Eccius,
Faber ^{t3}aliique huius monetae^{t3}, hactenus contra nos scripserunt. Nam
nihil eorum, quae isti ^{u3}in magnifica eorum disputatione^{u3} Baden, et alias,
hactenus produxerunt, illi praeterierunt^{78}. Ad haec satis fortiter, hoc est
confidenter^{v3}, horum tela torserunt. Plerique enim Eccium Baden audierant. Postremo cur non venerunt armatiores? In tempore ^{79}Eccius et alii^{w3}
ad hanc disputationem vocati sunt^{79}. Sed quid facerent in luce sutores
mendaciorum? Ubi Scripturis et non vi res agitur, sciunt isti nihil sibi
victoriae sperandum.

^{x3}Pietatis ^{80}caussam, praeter Bechtoldum Bernatium ecclesiastem,
praecipue defenderunt Hulderychus Zvinglius (qui sic Tigurinam ecclesiam *per evangelion* et *genuit* [1 Cor 4,15] et educat Domino ut plurimum sane illi debeant, quotquot sunt ecclesiae per omnem ditionem
Helvetiorum, quanquam et alias non parum sanctis scriptis iuverit) et
Ioannes Oecolampadius, pastor ecclesiae Basiliensis qui et ipse de omnibus Christianis sacratissimis suis lucubrationibus perquam egregie
meritus est. Quod enim Capito et ego contulimus, praecipue contra

---

^{s3} *om*. AB. – $^{t3-t3}$ $^{78-78}$ Roffensis et huius monetae alii A. – $^{u3-u3}$ contra nos AB. – ^{v3} clamose
et impudenter AB. – ^{w3} *add*. etiam ii, qui circa eucharistiam dissentiunt AB. – $^{x3-x3}$ $^{80-80}$ Id
sic, gratia Christo, agnovit ecclesia et magistratus Bernensis ut mox postridie A. –

^{75} Nos. 6–10, 21–26 Jan. 1528. Cf. *Handlung*: *Schlussreden* v v. (*Steck/Tobler* 1, no. 1371,
521); 6.–10. *Schlussrede*, 218r.–268v.
$^{76-76}$ Adv: Cochlaeus, *An die Herrenn*, a2r.-v. (too little effort expended by Bernese to
obtain Catholic opponents).
^{77} Adv: *Appellation*, A3r.–B1r.
$^{78-78}$ Adv: *Appellation*, A1v.–B1v. – Name of Fisher a mistake. Perhaps confusion with
Fisher's *Assertionis Lutheranae Confutatio* (1523) or *De veritate* 1527 (adv: Oecolampadius)
– cf. Staehelin, *Briefe*, no. 426.
$^{79-79}$ Adv: Cochlaeus, *An die Herrenn*, a2r.–v. (there: invitation to Eck from Zwingli only.
No invitation from Bern to either Eck or himself). – Zwingli's original letter to Eck lost, but
cf. CR 96, no. 674a, 325–326, letter: Eck to Zwingli refusing invitation, 15 Dec. 1527. Cf.
also *ibid.* no. 675, 327–331, letters: W. v. Zell to Zwingli, 16 Dec. 1527 (concerning other
invitations by Zwingli); Eck to W. v. Zell, 15 Dec. 1527.
$^{80-80}$ Var. x³–x³ *add*. B as result of accusations that Bucer gave insufficient credit to the
other participants. Cf. CR 96, no. 705, 406–407, letter: Capito to Zwingli, 29 March 1528.

Tregarium et Alexium cuius memini fuit, quanquam illi quos dixi, citra nostram operam, et his satis facere potuissent. Ne asymboli essemus, videbatur fratribus et nos aliquas defendendae pietatis partes agere. Quam autem Dominus caussae nostrae, imo suae, faverit, quamque eam probarit, vel hinc piis liquere poterit quod mox$^{y^3x^3}$ ^{80}quam finita esset disputatio (id quod factum est xxvi Ianuarii, cum incoepta fuisset vi eius mensis), unanimi senatusconsulto, a senatu et diacosiis quos maiorem senatum vocant, ^{81}decretum sit omnes missas, aras, statuas et quicquid superstitionis contra verbum Dei invectum est, simul tollendum$^{z^3}$ in urbe Bernensi et tota eorum quae admodum ampla est, ditione, ubi modo ecclesiae $^{a^4}$veritatem de his doctae$^{b^4}$ sint$^{a^4}$. Iam interea certiores facti sumus tam sanctae reformationi prope omnes consensisse.

$^{c^4}$Cui autem ^{82}dubium esse possit in tanta urbe, tam lata ditione, plurimos esse *filios Dei* [Rm 8,14] quos coelestis Pater, post tam sedulas preces, post diligentem adeo Scripturarum pervestigationem et collationem haudquaquam subscribere errori $^{d^4}$passus sit$^{d^4}$. Sunt [566] urbes magis augustae, regna multo spatii maioris qui [!] diversam doctrinam mordicus tenent. At his de doctrina Christi quam nos profitemur, nunquid contigit nisi horrenda audire mendacia? Nulla autem regio est quae, si edoceri se de Christi negotio quod gerimus passa sit, quae non evestigio illud etiam receperit. Non quidem consentientibus omnibus (sunt enim ubique *vasa irae* [Rm 9,22]) at nemine contradicente cui et religio et innocentia cordi esset. Alios qui, vel ita persuasi sunt, vel vi huc adiguntur ut$^{e^4}$ piaculum putent, aut$^{f^4}$ ut capitale periculum metuant verbum de iis quae ex Scripturis docemus audisse – quid mirum si nostris parum aequi vel sint, vel esse se simulent, praesertim cum superstitio vetus tot modis blandiatur sceleratis, totque polliceatur contra viam Dei praesidia, eaque citra hoc ut vita immutetur. Nostra autem, quae Christi doctrina est, totum innovari hominem [cf. Io 3,3; Eph 4,24] requirat, nec quicquam pro Dei cultu, bonove opere agnoscat, nisi adsit solida vitae puritas [cf. Rm 6,4]^{82} et in quoslibet ardens officiositas$^{c^4}$.

O amplissimam igitur$^{g^4}$ in vos Bernates, et nunquam satis praedicandam Dei bonitatem! O nimis rarum non nostris solum seculis exemplum! Nam et apud Iudaeos, soli Chizkiiah et Ioschiiah penitus abominationes omnes sustulerunt [cf. Sir 49,5]. Ingentes profecto gratias optimo Patri nostro

---

$^{y^3}$ *add.* postridie B. – $^{z^3}$ tollerentur A. – $^{a^4-a^4}$ verbo edoctae essent ita placere Deo A. – $^{b^4}$ edoctae B. – $^{c^4-c^4}$ $^{82-82}$ *om.* A. – $^{d^4-d^4}$ passurus fuerit B. – $^{e^4}$ *add.* vel B. –$^{f^4}$ vel B. – $^{g^4}$*om.* A. –

^{81} Cf. *Steck/Tobler* 1, no. 1513, 629–634; Bern Reformation edict, 7 Feb. 1528. Cf. *Fischer* 376–392; *Feller* 161–166; *Guggisberg* 115–132.
$^{82-82}$ Probably a reference to France, occasioned by the first edition of BPs Sept. 1529. Cf. CR 97, no 871, letter: Bucer to Zwingli, Jul. 1529; *Hobbs* 101–128. – Could also be a reference to any of the cities e.g. Augsburg that, in 1529, were still refusing to accept the Reformation.

agere pro vobis debent, quicunque nomen eius serio orant sanctificari et
dare operam ut tam praeclarum et imitabile exemplum pluribus commen-
detur; fundere denique preces ad Deum ardentes ut, *quod* tam magnifice
in vobis coepit [Phil 1,6], magnificentius perducat, quo in gloriam ipsius
plurimos exemplo vestro ad similia provocetis.

Equidem ut testarer quanti mihi sit, viri fratres observantissimi, vestra
ad Deum tam plena conversio, nuncupare vobis decrevi quam hisce diebus
in Evangelion Ioannis Enarrationem scripsi, sperans non omnino absque
fructu legendam a plaerisque ecclesiarum vestrarum ministris qui in Scripturis nondum adeo sunt exerciti. Non quod mea haec cupiam praeferri iis
quae tam veteres, praecipue [83]Chrysostomus et Augustinus, quam recentes
quidam, praecipue Erasmus Roterodamus, [h4]Philippus Melanchthon et
Ioannes Brentius[h4 83] in hunc Evangelistam praeclare scripserunt, sed quod
fortasse et in his insunt quae, in praesenti tempestate, frugem aliquam
lecta rudioribus adferant. Dedi nanque operam omnia Evangelistae suo
ordine synceriter[i4] enarrare, non tantum in quaedam annotare et contra
eos quos modo Satan immittit[j4] errores, diligenter[k4] fratres munire. Iudicium sit penes sanctos. Boni[l4] quicquid hoc est officioli, viri cordatissimi
consulite et in adserenda gloria Christi Dei nostri strenue pergite. Argentorati XV Calend. Aprilis, anno nati Servatoris M.D.XXVIII.

Retractatio

[m4]Ne cui offendiculo sit haec mea praefatio, monendos lectores putavi
de [84]quarto axiomate in disputatione Bernensi excusso quod erat: "sumi
et manducari corpus et sanguinem Domini in pane et vino realiter et
corporaliter, probari per Scripturam non potest." De hoc axiomate non
convenit in disputatione cum iis qui illud impugnabant, etsi illi Christum
nobiscum vere praedicarent[84]. Hoc autem omnino inde factum est quod
illud: "edi in pane corpus Domini realiter et corporaliter" non eodem
modo intelleximus, id quod tum quidem non animadvertimus, postea
autem indubitato cognovimus.

Illis siquidem qui axioma oppugnabant, ea locutio perinde accipiebatur
atque ipsum verum Domini corpus vere et re ipsa in eucharistia percipi
cum pane qui corpore sumitur et editur. [85]Sacramentalem modo unionem
inter panem et corpus Domini statuere[85] voluerunt ut [86]non sint in sacra

---

[h4-h4] et Philippus Melanchthon AB. – [i4] quam syncerissime AB. – [j4] mittit A. – [k4] quam
diligentissime AB. – [l4] *add.* igitur A. – [m4-m4] *om.* AB.

83-83 Cf. our *Bibl.* supra.
84-84 Cf. supra ad nn. (71)–(71) – (74)–(74).
85-85 Ap: *Wittenberg Concord,* art. 2, CR 3, 75 (*p*).
86-86 Ap: Bucer, *Declaratio,* CR 3, 79 (*ip*).

Domini mensa inania rerum symbola, panis et vinum, sed simul res ipsae, corpus et sanguis Domini, id est Dominus ipse[86]. Nobis autem intelligebatur: "edere corpus Domini realiter et corporaliter" pro eo quod est: manducationem oris in ipsum pertingere corpus Domini quod [87]circumscriptum et inclusum sit in pane physica ratione[87]. Id, quia nulla Scriptura affirmatur, aut evincitur, videbatur autem istis verbis "edi corpus Domini in pane rea[567]liter et corporaliter" statui, et propositum axioma illud est et defensum. Nihil enim [88]amplius reiicere voluimus quam corpus Domini non misceri cum pane, aut includi in pane physicõs et localiter[88]. Inde a [89]nostris ea potissimum loca adducta fuere quae sunt de veritate humanae naturae in Christo et adscensione in coelos[89]. Nam agnoscimus nos, [90]agnovit id plane et Oecolampadius, Zvinglius non repugnavit hisce verbis Domini: *Accipite, hoc est corpus meum* [Mt 26,26] etc. et verbis Apostoli: *Panis quem frangimus nunquid est communicatio corporis Domini* [1 Cor 10,16] etc. omnino veram veri corporis et sanguinis Domini praesentiam et exhibitionem evinci[90].

Quare, quaecunque in actis huius disputationis edita sunt de hoc loco, ea, oro te pie lector, sic accipias ut scias a nobis non omnem Domini in sacra coena, cum symbolis pane et vino, praesentiam, sed circumscriptivam modo et quae naturali unione corpus Domini pani misceat, negari. Quam, scilicet, ab iis qui tum adversabantur nostro axiomati statui persuadebamur. Id sic habere ipsa acta testantur. [91]Supra quoque, in retractatione de sacra eucharistia, Enarrationi capitis xxvi Matthaei inserta, id ex ipsis scriptis Oecolampadii manifestum feci.

Testimonium praeterea praebui hac praefatione pietati et doctrinae Zvinglii et Oecolampadii qui viri tracti sunt in magnam et publicam Christiani orbis invidiam, tanquam de [92]sacramentis (Zvinglius etiam de [93]peccato originali) et aliis quibusdam Scripturae locis non recte sensissent et scripsissent. Hanc itaque laudem optime lector quam istis hoc loco tribui, scito me eis nulla conscientia errorum detulisse et deferre hodie.

[87-87] Ap: Bucer, *Exhortatio*, CR 3, 78 (*p*).

[88-88] Ap: *Wittenberg Concord*, art. 2, CR 3, 75; Bucer, *Exhortatio*, CR 3, 78 (*ip*).

[89-89] Cf. e.g. *Handlung*: 4. *Schlussrede* 120v.–123v. (Zwingli), 175v.–177r. (Oecolampadius). Here reply to Luther, *Bekenntnis*, WA 26, 431–435 (there: attack adv: emphasis on Christ's body).

[90-90] Reply to: Luther, *Bekenntnis*, WA 26, 447–449 (there adv: Zwingli/Oecolampadius ad Mt 26,26), 470, 492 (there adv: eosdem ad 1 Cor 10,16). Cf. CA art. 10, BSLK 64–65. For Zwingli/Oec. on presence ad Mt 26,26 cf. *Handlung*: 4. *Schlussrede*, 123v. (Zwingli); *Hedios Itinerar* BDS 4, 342, 345 (Zwingli/Oec.); ad 1 Cor 10,16 cf. *Handlung*: 4. *Schlussrede*, 141v.–142v. (Oec.).

[91] Cf. BEv 1536 ad Mt 26 [26], 483–492.

[92] Cf. supra nn. (88)–(88), (89)–(89).

[93] Luther, *Bekenntnis*, WA 26, 503 adv: Zwingli, *De peccato originali*, CR 92, 372. – Cf. CA art. 2, BSLK, 53–54.

Equidem utrunque non semel de primis capitibus religionis nostrae disserentem audivi. Nec potui aliud percipere quam eos sentire et docere omnino consone iis quae [94]Marpurgi cum M. Luthero et aliis subscripserunt de sacra Trinitate, Christo Domino vero Deo et vero homine, naturis inpermixtis in eadem autem persona unitis, de peccato originali, de iustificatione, de sacramentis et reliquis omnibus.

Marpurgi enim de omnibus religionis nostrae dogmatis convenit, excepta [95]sola praesentia Domini in coena corporali. De quo tamen loco ideo tum non convenit (ut equidem iudicare possum, qui ibi adfui) [96]quod non possent tum verba inveniri quibus sic praesentia Domini vera in coena exprimeretur ut non videretur aliquid inferri commixtionis physicae corporis Christi cum pane, vel localis in pane inclusionis; et quibus rursus ista commenta sic excluderentur ut tamen, in confessione verae praesentiae Christi in coena, nihil desideraretur. Postea autem Dominus ea verba dedit, ut supra in retractatione de sacra coena exposuimus. Proinde quas laudes his viris tribuo, vel hinc, vel alibi, tribuo et orthodoxis qui crediderunt et docuerunt in caeteris dogmatis religionis nostrae, ut habent articuli Marpurgi subscripti, in dogmate sacrae eucharistiae secundum ea quae supra ex ipsorum verbis adduxi.

Meam vero fidem atque doctrinam aestimari peto ex hisce Enarrationibus, nunc retractatis [97]nostrisque in Epistolam ad Romanos Commentariis. Quaecunque in contentione scripta sunt, tam a me ipso, quam ab illis, quae cum veritate Christi, ut ea in articulis illis Marpurgicis, deinde confessione Caesari oblata Augustae in comitiis eiusque Apologia, exposita est, non plene consonare, aut fidis huius veritatis administris detrahere aliquid ulla ratione videntur, ea non modo non laudare, sed nec agnoscere volo. Quid vero agnoscam quid minus de iis quae in contentione sunt impacta nobis ab antagonistis, exposui in retractationibus de [98]baptismate et eucharistia. Et ab illis pleraque scripta sunt humanitus. Dominus condonet nobis quicquid peccavimus, et in puritate doctrinae suae omnes uniat, unitosque conservet. Amen[m+].

---

[94] Cf. *Marburger Artikel* 4 Oct., 1529, BDS 4, 360–364.

[95] Cf. *Marburger Artikel*: *Vom Sacrament*, BDS 4, 363 (*p*) and BEv 1530, *Ad Academiam*, A5r.–v.

[96] Cf. *Hedios Itinerar*, BDS 4, 330–351, esp. 334–350. – Cf. CA art. 10, BSLK, 64–65.

[97] Cf. Bibl. no. 55.

[98] BEv 1536 ad Mt 3 [6], 42–50; ad Mt 26 [26], 483–492.

Enarratio Martini Buceri in Evangelion secundum Ioannem

[PRAEFATA]

⟨Quid evangelion⟩ Quid ¹evangelion secundum Scripturas proprie significet fusius et communitius in Enarratione Matthaei diximus. Igitur satis sit monuisse evangelion*a* esse publicam, pridem adeo ac multoties promissae electisque diu ac multum expectatae, demum vero per Christum Iesum partae et exhibitae salutis renuntiationem atque praedicationem.

⟨Ἐπαγγελίαι et εὐαγγέλια differunt⟩ ²Promissiones divini favoris et multiplicium beneficiorum quas Scripturae ἐπαγγελίας, non εὐαγγέλια vocant, ut nonnihil in se evangelii, quandoquidem benignitatem Dei renuntiant, continent, ita evangelia nonnisi ³καταχρηστικῶς dici possunt, iis praesertim qui Scripturarum nomenclaturam sequi volunt. Eae nanque evangelii nomen, tam apud prophetas quam apostolos, praeconio regni Christi quod patribus quidem promissum et per prophetas praedictum fuit, sed per apostolos demum in orbe publicitus sonuit vulgarique coepit, peculiariter tribuunt. Ebraice dicitur בשׂרה. Reliqua de his ⁴in Matthaeo.

⟨Ioannis historia Evangelii nomine prae aliis digna⟩ ⁵Ioannes igitur qui historia hac quam enarrandam suscepimus, unum id agit ut hoc ipsum Christi Regis et Servatoris nostri praeconium explicet et quantam ille suis salutem, vitam et foelicitatem, homo factus, pro nostris peccatis mortuus et in immortalem ac beatam vitam a mortuis revocatus, paraverit, orbi renuntiet et exponat, apposite hanc historiam Evangelion vocavit⁵. Quae sane Evangelii titulo tanto quam reliquorum Evangelistarum historiae dignior habetur, quanto ea luculentius et plenius, quod diu et anxie sancti desiderarunt expectaruntque Christi regnum, adnuntiat et invulgat. *b*Siquidem divinitatem Domini redemptionisque mysterium, multo tum di-

---

a om. AB. – *b* add. □ In quo haec historia εὐαγγελικωτέρα A. –

¹ BEv 1527 ad Mt. 1[1], 2r.: εὐαγγέλιον there defined as: magis impletae promissionis renuntiatio quam promissio. Cf. Theophylactus, *In Mt.* prf., MPG 123, 145–146.
² Cf. BEv 1527 ad Mt. 1[1ff.], 1v. There adv: Luther's assertion of εὐαγγέλιον as "promissio" (elaborated for the first time in *Dictata* 1513–16, WA 4, 261–262). Cf. Luther, *Enarr. in Epist. et Evang.* ed. Bucer 1525, 1, 133v. (WA 10:1:2, 158) and *In Gal.* 1516 ad 1, 11–15, WA 57, 9.
³ A grammatical term meaning inappropriate use of a word. Cf. *Lausberg* 1, par. 577.
⁴ BEv 1527 ad Mt. 1[1ff.], 1v.–2r.
⁵⁻⁵ Ap: Aquinas, *In Ioh.*: Prologus, *Piana* 14:2, 1v. col. A (*i*) and Aquinas, *Catena*, preface to *Ioh.* (Alcuin), *Guarienti* 2, 323 (*i*).

ligentius tum explanatius quam Evangelistae reliqui, exponit et depraedicat, narratione nimirum et [6]altius petita, et plura quae vim ac naturam regni Christi exprimant, commemorante, ut profecto digna sit quae ad verbum a Christianis edisceretur[6].

⟨Ioannes *filius tonitrui*⟩ Hoc futurum prospiciens Dominus, hunc nostrum[c] Evangelistam *filium tonitrui* cum fratre appellavit, id est ut Marcus [3,17] habet: Βοανεργές, sed voce nonnihil immutata. Nam Chaldaice בניא רגש Bnaia regesch, ebraice בני רגש, id est Bne regesch dicendum erat. Immutantur enim ebrea nomina dum a Graecis et Latinis usurpantur, pleraque omnia. Caeterum iusta caussa Dominus filiis Zebedaei, vel ob unum Ioannem, hoc cognomenti indidit. Qui, veri Iovis tonitru, Verbum quo [7]universa mundi machina ut condita est et gubernatur, ita instauratur ac renovatur[7], tam clare ac magnifice in orbe sonuit, ut nemo unquam vel clarius vel magnificentius. [d]Hinc vero et eius ratio apparet quo[d] se a Domino peculiariter dilectum gloriatur.

[e]Vere enim peculiaris atque eximiae dilectionis est quod Christus se illi familiariter adeo insinuavit cognoscendumque tam sublimiter et praedicandum tam luculenter donavit. Istud nanque[f] certum dilectionis suae esse argumentum ipse pronuntiavit cum apud hunc nostrum Evangelistam infra capite 15[15–16] ait: *Vos dixi amicos, quia quaecunque audivi a Patre meo, nota feci vobis. Non vos me elegistis sed ego elegi vos et constitui vos ut eatis et fructum afferatis* etc. Plura de laudibus huius Evangelistae non videtur hic esse memorandi locus, ubi[g] de laudibus agitur Christi. Neque potest ille praedicari ab homine cumulatius quam eum haec ipsius praedicet historia, coelesti sapientia, ut nullus alius liber, foecunda. Nam quae, praeter ista, vel [8]Ecclesiastica Historia vel autores alii de eo narrant, quoniam inter se non consentiunt, incertiora sunt quam ut hic loci de [569] iis verba [h]facere conveniat[h].

⟨Quae fuerit scribendae huius historiae caussa⟩ [9]Caussam autem cur Ioannes Evangelion scripserit fuisse existimo ut divinitatem Christi, iam

---

[c] *om.* A. – [d–d] Unde et eius ratio apparet quod A. – [e] *add.* □ Cur dilectus discipulus A. – [f] enim A. – [g] quo AB. – [h–h] faciamus AB. –

[6–6] Ap: Augustine, *De cons. Evang.* 1, 5, MPL 34, 1046, CSEL 43, 8–9 (in: Aquinas, *Catena*, preface to *Ioh.*, Guarienti 2, 323) (*ip*).

[7–7] Cf. hymn: *Aeterne Rex Altissime* in: Daniel, *Thesaurus* 1, no. 162, 196–197 (*pe*).

[8] Eusebius-Rufinus, *Hist. eccl.* 1,13, GCS 9:1, 88–97; 3, 36, GCS 9:1, 278–279 (also refers to accounts of Irenaeus).

[9–9] Probably adv: Brenz, *In Ioh.* 1528 ad 1,1,1r. – Two principal accounts of John's motives for writing of Gospel available to Bucer: (a) Chrysostom, *In Ioh.* hom. 1, MPG 59, 23ff. and Cyril of Alexandria, *In Ioh.* prol., MPG 73, 12–13: John's intentions were to reply to heretics and to proclaim Christ's divinity. (b) Eusebius-Rufinus, *Hist. eccl.* 3, 24, GCS 9:1, 247–251 and Jerome, *De viris illustribus* 9, MPL 23, 654–658: John's aim was to provide information supplementary to that given by Synoptics, particularly concerning period before imprison-

tum a [10]Carpocrate, [11]Corintho (Cerinthum alii vocant) et [12]Ebione haereticis labefactari coeptam, plenius adsereret et, indicatam ab aliis Evangelistis magis quam praedicatam, clarius ecclesiis exponeret. Nam quod quidam scriptum reliquerunt: Ioannem ut adiiceret quae Dominus primo praedicationis suae tempore antequam Ioannes Baptista esset in vincula coniectus, gessit, hanc historiam composuisse, infirmius mihi videtur quam ut ipsum ausim affirmare. Non enim quicquam huius generis, praeter unum nuptiarum miraculum [Io 2,1–10] ostendi poterit, de quo constet ante Baptistae vincula esse factum[9].

⟨Quo consilio Ioannes miracula pauca conscripserit⟩ Deinde non tantum [13]παραλειπόμενα, hoc est ab aliis relicta, Ioannes conscripsit, quandoquidem non pauca et memorata aliis ipse quoque narret, quanquam illa sic fere narret[i] ut occasionem ex eis sibi sumat narrandi sermones Domini et dialogismos coelesti doctrina foecundiores. Id quod in sexto capite [9–14] satis liquet ubi memorato ut ex *quinque hordeaceis panibus* Dominus *quinque hominum millia paverit*, quod factum et apud alios Evangelistas legitur, continuo divinum illum de cibo coelesti sermonem[j], miraculi occasione habitum, subtexit. Idem et narrata sanatione eius qui *triginta et octo annos ad probaticam piscinam iacuerat* [Io 5,5–9] observavit. Subiunxit enim praeclaram admodum, quam de divinitate sua Dominus et cum Patre aequa virtute, eius facti occasione, orationem ad Iudaeos habuit. Sic et resuscitati Lazari historiam [Io 11,1–44] magis adeo retulisse videtur ut saluberrimam Domini de fide et resurrectione doctrinam quae in responsis eius ad Lazari sorores legitur exponeret[k], quam ut miraculum memoraret.

---

[i] *om.* AB. – [j] *add.* eius AB. – [k] *om.* AB. –

ment of John the Baptist. (Replies to heretics also ap: Jerome. Christ's divinity also ap: Eusebius-Rufinus.) The two accounts combined ap: Augustine, *In Ioh.*, prf., MPL 35, 1378ff., CCL 36, xiv (prf. attributed at the time to Augustine himself), but Jerome/Eusebius account more influential and thus ap: *Glossa ord.* [*marg.*]; ErP 1524 prf., LB 7, 495–496; Brenz, *In Ioh.* (as supra). Bucer in the Chrysostom/Cyril tradition probably under influence of: Aquinas, *In Ioh.* prol., *Piana* 14:2, 1v. col. A (*ip*) (but cf. also Theophylactus, *In Mt.* prf. MPG 123, 145–146).

[10] Bucer's careful enumeration of ancient heretics (Jerome tradition: at most, only Corinthus and the Ebionites) ap: either Irenaeus, *Adv. haereses* 1526 or ap: Eusebus-Rufinus, *Hist. eccl.* 1523 via ErP as in n. (9)–(9). Here as at the end of *sect.* 1 implicit comparison between the ancient heresies and (1) Anabaptist dissensions (2) eucharistic controversy with the Lutherans. – Carpocrates – 2nd cent. Gnostic teacher. Cf. Irenaeus, *Adv. haer.* 1,25, MPG 7, 680; Eusebius-Rufinus, *Hist. eccl.* 4,7, GCS 9:1, 310–313.

[11] Gnostic – fl. *c* 100 AD. Cf. Irenaeus, *Adv. haer.* 1,26, MPG 7, 686; Eusebius-Rufinus, *Hist. eccl.* 3, 27–28, GCS 9:1, 256–259. Cf. Brenz, *In Ioh.* 1528 ad 1,1,3r.

[12] The Ebionites held that Jesus was the human son of Joseph and Mary. Cf. Irenaeus, *Adv. haer.* 1,26, MPG 7, 686; Eusebius-Rufinus, *Hist. eccl.* 3,27, GCS 9:1, 254–257.

[13] Adv: Brenz, *In Ioh.* 1528 ad 1,1,2r. (there: this John's chief motive for writing Gospel).

⟨Quinque tantum signa Domini ante resurrectionem facta Ioannes narrat⟩ [14]Quinque enim duntaxat ex iis quae Dominus in mortali corpore miracula fecit, tota historia sua memorat[l]. In recensendis autem Domini sermonibus et eiusmodi quidem qui divinitatem eius luculentissime testantur reparationisque nostrae arcanum demum et germanae pietatis rationem apertissime explicant, nihil non abunde et copiose exponit.

Proinde vero simile mihi quidem est Ioannem multo graviore consilio quam ut praeterita ab aliis gesta Domini sublegeret (quorum in totum pauca adeo commemorat) Evangelion hoc suum conscripsisse, nimirum ut, sicut dixi, periclitantem iam tum fidem Servatoris hoc suo scripto suffulciret, mysterio Christi paulo clarius quam ab aliis factum, exposito. Coeperat siquidem iam tum fides in Dominum nostrum Iesum Christum per eos quos Ioannes in Epistola sua [1 Io 2,18] *antichristos* vocat haudquaquam leviter oppugnari, aliis eum Filium esse Dei negantibus ut Cerintho et Ebione, aliis blasphemantibus eum non vere in carnem venisse, quam blasphemiam postea et [15]Marcion Ponticus prosecutus est. Nam quotiescunque veritas in orbe lucet, Pater mendacii [cf. Io 8,44] innumera illico contra eam errorum figmenta excitat. Hinc ergo sanctum Dei Apostolum compulsum ad scribendum arbitror ut praedicati a se evangelii monumentum ecclesiis relinqueret, quo freti electi in fidei synceritate persistere et ab irruentibus omne genus erroribus animos servare intemeratos[m] possent. Quare ea quoque potissimum commemoravit quae quid Christus sit [n]et possit, quid esse denique nobis velit[n], clarissime [o]ob oculos ponunt[o]. Haec nanque qui recte tenuerit, ut vitam tenet aeternam, ita contra quamlibet tentationem abunde communitus fuerit.

⟨Quis scopus et status huius historiae⟩ Hic ergo [16]status et scopus in hac sacra historia est: Dominum nostrum Iesum non hominem tantum, quanquam et hominem caussa tollendi nostra peccata, sed et Deum esse ac Salvatorem omnium in se credentium; hoc est eorum quos illi Pater ab aeterno in hanc sortem destinatos donavit [cf. Eph 1,4], quorum peccata[p] morte sua expiavit [cf. Mt 1,21]. Ita Spiritu suo sit penitus repurgaturus, donec divinitatis, per omnia iusti et beati, plene participes [cf. Hbr 3,1]

---

[l] narrat A. – [m] *om.* A. – [n-n] quid esse denique nobis velit et possit D. – [o-o] exponunt A. – [p] *add.* ut A. –

[14] The fifth miracle: Io 4,47–51.
[15] Docetist – d. *c* 160 A.D. Cf. Irenaeus, *Adv. haer.* 1,27, MPG 7, 687; Tertullian, *Adv. Marcionem*, MPL 2, 239–525, CCL 1, 437–726.
[16] Status (constitutio) = essential point. Cf. Cicero, *Rhet.* 2,25 and *Lausberg* 1, par. 79–138. = Scopus (σκόπος) = target. Cf. Cicero, *Att.* 8,11,2. In Biblical exegesis = central meaning. Cf. ErAn 1527 ad Phil 3,24, LB 6, 874. For Bucer only one such central meaning; subjective interpretations not admissible. Thus also ap: Bader, *Brüderliche Warnung*, B4 r.–v. (there: without use of Latin term, adv: Anabaptist exegesis. Cf. Lambert, *De prophetia* tract. 4, cap. 23, 73r. (there scopus = Holy Spirit). Cf. further Roussel, *Bucer*, 134.

evadant. Quos interim suo Spiritu ad hoc praecipue agit ut bonitatem Dei in mundo depraedicent eamque beneficiis in proximos exprimere [570] studeant. Pro quibus saluberrimis officiis *a mundo odio haberi* [Io 17,14] eos et persecutionem sustinere oporteat; in quibus autem*q* ipse eos tamen servat superioresque reddit dum, ereptos ex hac vita, ad se transferat in mansiones coelestes. Natos autem esse ex Diabolo quosdam [cf. Io 8,44], id est a Deo reiectos; eos Christi verbum audire non posse *r*eisque Christum venisse in iudicium et scandalum*r* [cf. 1 Pt 2,8].

Cum vero in modum historiae haec de Christo narrare Evangelista instituerit, non est quaerenda [17]propositio quam postea argumentis probet.

⟨Quae propositio⟩[17] Propositio haec est: Evangelion Iesu Christi, id est praeconium quo eius ortus, vita et virtutes explicantur.

⟨Cur Evangelista citra prooemium et simpliciter narrat⟩ Citra prooemium historiam orditur quia solis electis *Christi ovibus quae* pastoris sui *vocem* per Spiritum satis *agnoscunt* [Io 10,27], testificari de suo pastore voluit; id quod praecipuum erat apostolorum officium iuxta illud: *Eritis mihi testes Hierosolymis, in Iudaea* etc. Actorum primo [8]. Item in hoc Evangelio decimoquinto [27]: *Quia et vos testes estis.* Hoc enim*s* simplicius apostoli de Domino nostro testimonium, cum sermone tum scripto, tulerunt quo de virtute *Spiritus* cooperantis et testimonium ipsorum in electorum cordibus *confirmantis et obsignantis* [Eph 1,13], erant certiores.

⟨2 Corinth. 3⟩ Sentiebant siquidem et experiebantur se *idoneos ut ministri essent Novi Testamenti, non literae sed Spiritus* [2 Cor 3,6], divinitus factos, *plantationi eorum et rigationi Domino incrementum* [1 Cor 3,7] ubique adiiciente ne inanis et mortua doctrina qualem literae continent, sermo eorum esset.

Hac itaque spe freti, ut libere et confidenter ita simpliciter et citra artificium rationis, evangelion et annuntiarunt et scripserunt. Quare nemo hic aliud quam simplex et apertum sed divinum et certum de Domino nostro Iesu Christo testimonium expectet. Id, qui spirituales fuerint quosque vocare Dominus dignatus fuerit, agnoscent. Qui Spiritu vacant quod vel reprobi sint, vel nondum tempus a Patre definitum quo vocentur appetierit, iis, ut animalibus hominibus [cf. 1 Cor 2,14], nullis etiam, quamlibet artificiose adductis tam scripturis quam rationibus, hoc coeleste testimonium persuaseris. Quibus igitur mens Domini contigit, coelestem hunc praeconem et testem pronis animis exaudiamus renuntiantem et testantem quibus vita constat beata et aeterna.

---

q om. AB. – *r–r* quibus ille in iudicium, scandalum et ruinam venerit AB. – *s* igitur A. –

[17] Propositio = statement requiring syllogistic proof. Cf. *Lausberg* 1, par. 371. Propositio = brief summary of contents. Cf. *Lausberg* 1, par. 289.

¹CAPUT 1

⟨Sectio 1 [1–2]⟩ *In principio erat ²Verbum et Verbum erat apud Deum et Deus erat illud Verbum. Hoc erat in principio apud Deum.*

⟨Sectio 2 [3–5]⟩ *Omnia per ipsum facta sunt et sine eo factum est nihil quod factum est; in ipso vita erat et vita erat lux hominum et lux in tenebris lucet et tenebrae eam non apprehenderunt.*

⟨Sectio 3 [6–13]⟩ *Erat homo missus a Deo cui nomen Ioannes. Hic venit ad testificandum ut testaretur de luce, ut omnes crederent per ipsum. Non erat ille lux illa, sed missus erat ut testaretur de luce. Erat lux illa, lux vera quae illuminat omnem hominem venientem in mundum. In mundo erat et mundus per ipsum factus est et mundus eum non cognovit. In sua venit et sui eum non receperunt. Quotquot autem receperunt eum, dedit eis ut liceret filios Dei fieri, videlicet his qui credidissent in nomen ipsius. Qui non ex sanguinibus, neque ex voluntate carnis, neque ex voluntate viri, sed ex Deo nati sunt.*

⟨Sectio 4 [14]⟩ *Et Verbum illud caro factum est et habitavit in nobis et conspeximus [571] gloriam eius, gloriam velut unigeniti a Patre, plenus [!] gratia et veritate.*

⟨Sectio 5 [15–18]⟩ *Ioannes testificatur de ipso et clamat dicens: hic erat de quo dicebam: qui cum me sequeretur antecessit me quia prior me erat. Et de plenitudine eius nos omnes accepimus et gratiam pro gratia. Quia Lex per Mosen data est, gratia et veritas per Iesum Christum exorta est. Deum nemo vidit unquam, unigenitus Filius qui est in sinu Patris ipse enarravit.*

⟨Sectio 6 [19–28]⟩ *Et hoc est testimonium Ioannis quando miserant Iudaei ab Hierosolymis sacerdotes et Levitas ut interrogarent eum: tu quis es? Et confessus est et non negavit. Et confessus est inquiens: non sum ego Christus. Et interrogaverunt eum: quid ergo? Helias es tu? Et dicit: non sum. Es tu propheta ille? Et respondit: non. Dixerunt ergo ei: quis es ut responsum demus iis qui miserunt nos? Quid dicis de te ipso? Ait: ego vox clamantis in deserto, dirigite viam Domini sicut dixit Esaias Propheta. Et qui missi fuerant, erant ex Pharisaeis. Et interrogaverunt eum ac dixerunt ei: cur ergo*

---

¹ In A, although he also introduces the division of the Biblical text into *sectiones*, Bucer quotes only the first phrase of each section, without reproducing the full text of the Gospel. The method of citing the text in full chapter by chapter he adopts for the first time in B. In spite of a few variants, including deliberate departures, (see n. 2 infra) Bucer is using Er 1527.

² Adv: Er (translates λόγος by *sermo* from 1519). Cf. infra ad nn. (12) – (15)–(15), (22)–(27).

baptizas si tu non es Christus neque Helias neque propheta[3]*? Respondit eis*
Ioannes dicens: ego baptizo aqua sed in medio vestrum stat quem vos nescitis.
Ipse est qui cum me sequeretur, antecessit me, [4]*cui ego non sum dignus ut*
solvam corrigiam calceamenti. Haec in Bethabara facta sunt trans Ior-
danem, ubi Ioannes baptizabat.

⟨Sectio 7 [29–34]⟩ *Postero die videt Ioannes Iesum venientem ad se et ait:*
ecce agnus ille Dei qui tollit peccatum mundi. Hic est de quo dicebam: post
me venit vir qui me antecessit quia prior me erat. Et ego nesciebam eum, sed
ut manifestus fiat Israëli, propterea veni ego aqua baptizans. Et testificatus
est Ioannes dicens: vidi Spiritum descendentem specie columbae de coelo et
mansit super eum et ego non noveram eum, sed qui misit me ut baptizarem
aqua, is mihi dixit: super quem videris Spiritum descendentem ac manentem
super eum, hic est qui baptizat Spiritu sancto. Et ego vidi et testificatus sum
hunc esse Filium Dei.

⟨Sectio 8 [35–42]⟩ *Postero die iterum stabat Ioannes et ex discipulis eius*
duo et intuitus Iesum ambulantem, dicit: ecce agnus ille Dei. Et audierunt
eum duo discipuli loquentem et secuti sunt Iesum. Conversus autem Iesus et
conspicatus eos sequentes se, dicit eis: quid quaeritis? Qui dixerunt ei: rabbi,
quod dicitur si interpreteris, magister, ubi habitas? [5]*Venite et videte.*
Venerunt videruntque ubi maneret. Et apud eum manserunt die illo, hora
autem erat ferme decima. Erat Andreas, frater Simonis Petri, unus ex
duobus qui audierant a Ioanne et secuti fuerant eum. Repperit hic prior
fratrem suum Simonem et dicit ei: invenimus Messiam, quod est si inter-
preteris, Unctus. Et adduxit eum ad Iesum. Intuitus eum Iesus, dixit: tu es
Simon filius Iona, tu vocaberis Cephas, quod sonat si interpreteris, lapis.

⟨Sectio 9 [43–51]⟩ *Postero die voluit Iesus exire in Galilaeam et repperit*
Philippum et dicit ei: sequere me. Erat autem Philippus a Bethsaida civitate
Andreae et Petri. Repperit Philippus Nathanaël et dicit ei: de quo scripsit
Moses in Lege et Prophetae, invenimus Iesum filium Ioseph Nazaraenum.
Et dixit ei Natha[572]naël: a Nazareth potest aliquid boni esse? Dicit ei
Philippus: veni et vide. Vidit Iesus Nathanaël venientem ad se et dicit de eo:
ecce vere Israëlita in quo dolus non est. Dicit ei Nathanaël: unde me nosti?
Respondit Iesus et dixit ei: priusquam te Philippus vocaret, cum esses sub
ficu, videbam te. Respondit Nathanaël et ait ei: rabbi, tu es ille Filius Dei,
tu es ille rex Israël. Respondit Iesus et dixit ei: quia dixi tibi: videbam te sub
ficu, credis, maiora his videbis. Et dicit ei: amen amen dico vobis, posthac
videbitis coelum apertum et angelos Dei ascendentes ac descendentes super
Filium hominis.

---

[3] Er 1527: *add.* ille.
[4] Er 1527: cuius.
[5] Er 1527: *add.* dicit eis.

[6]ENARRATIO SECTIONIS I [1–2]

[7]P a r a p h r a s i s

In principio erat Verbum [Io 1,1]. De Domino nostro Iesu Christo narraturus et testificaturus, primum omnium affirmo non nuper eum e Ioseph, quod impii quidam impie dicunt, ortum [8](quanquam verus sit e Maria virgine homo natus). Sed aio[a] initio eum[b], antequam quicquam esset[c], [9]*Verbum*, [d]oraculum, virtutem et gloriam[9] Dei fuisse, et *apud Deum* fuisse[d] ne quis [e]eum, nihil dum esset praeter Deum, quaerat ubinam fuerit[e], quin *Deus* ipse *erat* hoc *Verbum*, ne quis existimet nos duos deos facere. *Verbum* nanque, sapientia et virtus omnium effectrix, nullum [10]substantiae a Deo discrimen habet. Ut iterum ergo dicam: Verbum quod in carne nobiscum conversatum est et morte sua electos redemit, Dominus noster Iesus Christus quem praedicamus, nequaquam nuper coepit[f] sed [11]initio ante omnia fuit et *apud Deum* fuit. Nihil enim dum in quo apparuisset, praeter Deum qui substantia idem *Verbum* est, erat.

A n n o t a t i o n e s

⟨Cur Christus *Verbum* appelletur⟩ [12]Quo divinitatem Domini Iesu Ioannes exprimeret et in Epistola sua [1 Io 1,1–2] *Verbum vitae, quod ab*

---

[a] *om.* AB. – [b] *om.* B. – [c] *add.* ille B. – [d-d] virtus et gloria Dei erat et apud Deum erat AB. – [e-e] quaerat ubi fuerit, cum nihildum esset praeter Deum A. – [f] *add.* etsi homo esse coeperit A. –

[6] In A a division of the Gospel into *loci communes* [!] is introduced. It is presented separately before the preface (A 1v.). The section ad Io 1,1 thus constitutes the locus *De divinitate Christi* (fol. 13 in A) largely adv: Anabaptists. The division into *loci* abandoned by B and C and not reintroduced by D.

[7] Each *sectio* of Gospel commented by (a) *paraphrasis* (cf. *Lausberg* 1, par. 1099–1106), (b) *annotationes* on selected verses, (c) *observationes* which comprise general polemical and theological remarks as well as moral injunctions to the reader.

[8] For ancient heresies cf. [Prf] ad nn. (10)–(12), (15) supra. For contemporary denials of divinity of Christ cf. e.g. Bucer, *Getrewe Warnung*, BDS 2, 235 (there: Denck: Christ as example); Täuferakten 7, 134–136 (there: Thomas Saltzmann, c 20 Nov.–20 Dec. 1527: Christ was merely a man).

[9-9] Ap: Brenz, *In Ioh.* 1528 ad loc., 2v.: Nam Verbum est Patris sapientia, character, virtus, splendor et imago.

[10] For Bucer's preference for the use of the Latin *substantia* in the sense of the Greek οὐσία cf. Backus, *Some patristic notions*, ThZ 37 (1981), 65–70. This preference could also be due, at least partly, to the influence of St. Thomas. (Cf. *S. Th.* 1a q. 29 a.2, *Caramello* 1, 157), or of the Athanasian Creed. Here perhaps also ap: Bovelles, *In Ioh.* ad loc., 4r. (i: there: principium substantiae Verbi = Father).

[11] Ap: Brenz, *In Ioh.* 1528 ad loc., 2r.–v.: Adeoque Verbum iam tum eo principio erat, quo Deus dixit: *Fiat lux* ... quanquam nunquam non fuerit; Aquinas, *Catena* ad loc. (Augustine, *De Trin.*), *Guarienti* 2,327 col. B (i: there: same interpretation: initio = ante omnia).

[12] This section adv: Er 1527 (there: translation: *sermo*).

initio fuit, eum vocavit. Verbo *g*Scriptura testatur*g* Deum omnia condidisse et gubernare [cf. Hbr 1,3] quo nimirum immensam eius potentiam nobis commendat, quandoquidem eorum duntaxat qui summa potestate pollent, sit verbo quae volunt, efficere. Deus autem, non paucula aliqua et incerta, ut quamlibet summi reges, sed cuncta et *de nihilo* Verbo suo *creavit* [2 Mcc 7,28] et eodem servat, agit, immutat, instaurat, perficit; hoc est *omnia*, ut Apostolus ad Ephes. 1[23] scribit, *in omnibus implet*. Iam Dominus noster Iesus Christus *is est per quem creata sunt omnia, quae in coelis sunt et quae in terra, visibilia et invisibilia, sive throni, sive dominationes, sive principatus, sive potestates – omnia per illum et in illum creata sunt et ipse est ante omnia et omnia per illum consistunt* etc. Haec Paulus Coloss. 1[15–17]. Epistola ad Heb. [1,2] item testatur *condita esse per eum secula*.

⟨*Splendor gloriae et imago Dei*⟩ Hinc et *splendorem gloriae Dei et expressam imaginem, id est* χαρακτὴρ *substantiae illius qui moderatur omnia Verbo potentiae suae*, id est sua virtute, eum appellat [Hebr 1,3]. Etenim dum Verbo hoc suo Deus, sua ineffabili virtute, omnia condidit pulcherrimoque indito rebus ordine sapientissime iuxta administrat, coepit gloria bonitatis Dei relucere [cf. Io 1,5] et imago Dei apparere *h*mundo tam mirabiliter fabrefacto*h*.

⟨*Primogenitus omnis creaturae*⟩ Paulus ad Coloss. [1,15] ex eo quod omnia per Christum facta sunt et reguntur, eum *primogenitum omnis creaturae* vocat. [13]Nam ut primogenito ex Lege Dei imperium est in reliquos fratres, ita Verbum Patris verbo potentiae suae, hoc est sua virtute et plenissimo imperio, cuncta moderatur atque gubernat [cf. Col. 1,17], existens ipsa Dei virtus et potentia.

⟨[14]*Verbum* et *Spiritus oris* Dei idem⟩ De quo et Psal. [32,6]: *Per Verbum Domini coeli facti sunt et per Spiritum oris*[i] *omnis ornatus eorum*. Ubi Psalmographus pro eodem accipit *Verbum* et *Spiritum oris Domini* – nimirum pro virtute, potentia et efficacia Dei qua creata omnia sunt et consistunt.

---

g–g Scripturae testantur D. – *h–h* in sola autem illa inestimabili virtute et Verbo quo sese prodidit tam mirabiliter fabrefacto mundo perfecta A. – *i add.* eius AB. –

[13] Similar emphasis on the Word governing all things eternally ap: Brenz, *In Ioh.* 1528 ad loc., 4v.–5r. (*i* only; no ref. to Col 1,15, no analogy with eldest son).
[14] Identification elaborated in: BPs 1529 ad 33,6. Ap: Brenz, *In Ioh.* 1528 ad loc., 4r.–v. (*i* and ref. to Ps 33,6); Augustine, *De Incarnatione* 1,10 ad Sap 7,25–26, MPL 42, 1179 (*i*); Reuchlin, *De verbo* lib. 3 in: *Scriptores Artis*, 955 (*i*: explicit link between Son and Spirit but no ref. to Ps 33,6).

[573] ⟨*Sapientia Dei*⟩ Schlomoh [j]eandem hanc Dei virtutem[j] [15]sapientiae nomine [cf. 1 Cor 1,24] significat et per [16]prosopopoeiam inducit de se praedicantem per ipsam omnia condita et ipsam ante omnia formatam apud Deum, iugemque ei fuisse oblectationem, tum et in orbe terrarum bonitatis suae lusum deprompsisse et apud homines quoque beatam oblectationem exhibuisse. Lege caput octavum Proverbiorum [22–26][15].

⟨Lex quoque per Christum data⟩ Ut vero eodem loci sapientia de se praedicat: *Meum est consilium et aequitas, intelligentia et fortitudo, per me reges regnant et consiliarii iusta statuunt* [Prv 8,14–16], ita recte affirmavero incomparabilem illam sapientiam quam ministro Moscheh accepimus, eidem Verbo Patris acceptam ferendam, ipsumque esse Mediatorem illum per quem latam Paulus Gal. 3[19] Legem meminit, tametsi ex [17]recentioribus quidam Moscheh illum intelligant. Certe quicquid unquam boni mundus accepit, quandoquidem Dominus Iesus is est qui sua virtute portat [cf. Hbr 1,3] et moderatur universa *impletque omnia[k] omnibus* [Eph 1,23], ab eo id donatum esse et depromptum, confitendum est.

⟨Christus ille adorandus יהוה⟩ Quare equidem Christum nostrum illum [18] יהוה fuisse nihil dubito qui patribus locutus fuit tantaque illis beneficia partim exhibuit, partim promisit. *Nam Deum nemo unquam vidit; unigenitus Filius qui est in sinu Patris ipse enarravit nobis,* infra [Io 1,18]. *Patrem nemo novit nisi Filius et cui Filius voluerit revelare,* Matth. 11[27]. Unde, quicquid divinitus hominibus dictum factumve est, opus fuit Verbi quod erat initio, per quod sunt facta omnia [cf. Io 1,3]. Id quod et Ioannes in sequentibus [1,3–18] testificatur. Quapropter cum יהוה essentiam vel autorem essendi significet idque vere sit aeternum Verbum Patris, hoc ipso [19]ineffabili illum nomine designatum fuisse credo. Certe Iirmiah [10,16] praedixit eum hoc nomine vocandum. Qui ubi homo natus fuit, nomen accepit[20] יהושוה, in quo nomine insunt omnes ineffabilis illius nominis[l]

[j-j] *om.* A. – [k] *add. in* ABD. – [l] *om.* AB. –

[15-15] Ap: Bovelles, *In Ioh.* ad loc., 5v. (*ipr*); Brenz, *In Ioh.* 1528 ad 1,1,2v. (*i* and ref. to Prv. 8). – For doctrine of eternal Word by explicit association: *Verbum = sapientia* cf. esp. Augustine, *De Trinitate* 7,2–3, MPL 42, 936–937, CCL 50, 249–251; Aquinas, *Catena* ad loc. (Augustine), *Guarienti* 2, 328 col. A; Aquinas, *In Ioh.* ad loc., *Piana* 14:2, 4v. col. A.

[16] Personification. Cf. *Lausberg* 1, par. 826.

[17] Luther, *In Gal.* 1519 ad 3,19, WA 2, 524.

[18] Same identification in: BPs 1529 ad 22,31.32, 130v.–131r. Here ap: Reuchlin, *De verbo* lib. 3 in: *Scriptores Artis*, 965 (*ip*); Brenz, *In Ioh.* 1528 ad Io 1,4, 5v.–6r. (*i,* no ref. to Hebrew etymology).

[19] Ap: Reuchlin, *De verbo* lib. 2 in: *Scriptores Artis*, 933 (*p*).

[20-20] Ap: Reuchlin, *De verbo* lib. 3 in: *Scriptores Artis*, 965 (*i:* addition of ש on incarnation made the name effable and thus Christ's human, as well as divine nature was demonstrated), 969: Hebraeorum vero grammatici a salvando, ut idem esse Ihsuh putent quod Salvator. Atqui Salvator commune nomen est, Ihsuh autem maxime proprium, ita quod nulli alteri nisi Filio Dei incarnato conveniat.

literae et adiectum praeterea est שׁ ex verbo יֵשׁע, quod: salvavit significat, quo indicaretur advenisse demum qui esset instauraturus omnia[20] et populum suum, id est electos, salvaturus, sicut *per eum condita omnia sunt* [Col 1,16] *et subsistunt* [Col 1,17] ut idem reparationis[m] qui et essendi autor, agnosceretur.

[21]Si quis autem motus ex eo, quod angelus iubens puerum Iesum vocare quod *esset suum populum a peccatis salvaturus* [cf. Mt 1,21], putet idem nomen Domino fuisse quod sucessori Moscheh יְהוֹשֻׁעַ, quod proprie salvatorem significat, certiora videtur sequi quam ii qui יְשׁוּה vocatum existimant, ex eo solum[n] quod Vates praedixerit novo nomine vocandum [cf. Is 62,2]. Sunt etiam in nomine יְהוֹשֻׁעַ omnia elementa nominis sacri יְהוֹה nisi quod ו non repetitur[21]. [o]Tum vere novum hoc ipsum nomen Domino inditum est cum nullus alius ita ut ipse Servator unquam vocari potuerit. *A peccatis* enim eoque et a morte ac omni malo suos liberat et *servat*[o] [Mt 1,21].

Ex his liquere iam existimo cur Ioannes, divinitatem Domini volens praedicare, *Verbum* [Io 1,1] eum vocaverit, nimirum quod *Verbum Dei* virtutem et potentiam *Dei* [1 Cor 1,24] *per quam facta sunt* [Col 1,16] *et consistunt omnia* [Col 1,17], significat.

⟨Cur *apud Deum* [Io 1,1]⟩ Hoc vero *initio* fuisse quod idem est atque: ante res conditas, propter negantes divinitatem Christi adseruit. Cui consequens erat ut [p]iuxta adsereret[p] et *apud Deum* illud fuisse, cum praeterea nihil dum esset et *Deum ipsum*[q] *Verbum fuisse* [Io 1,1], ne scilicet duos docere deos videretur[r].

[s] [22]Quod graece Evangelista λόγος habet, orationem vel sermonem potius quam verbum significat, licet et alia significata habeat. Ideo veteribus quibusdam et recentibus [23]*Sermonem* hic legere magis quam [24]*Verbum*, placuit.

---

[m] salutis A. – [n] om. A. – [o–o] om. A. – [p–p] om. AB. – [q] om. A. – [r] add. iuxta adsereret AB. – [s–s 22] om. A. –

[21–21] *Iosua* = Jesus ap: Origen, *In Ios.* hom. 1, MPG 12, 825–826. (Cf. BEv 1527 ad Mt 1[21], 15r.–v.). – Here adv: Reuchlin, *De verbo* lib. 3 in: *Scriptores Artis*, 970 ad Is. 62,2 (there: name *Jesus* could not be new if etymologically linked with *Iosua* which was invented by Moses not by God).

[22] Addition of this passage (s–s) adv: interpretations of by Erasmus and Zwingli. Cf. foll. notes.

[23] Ap: Tertullian, *Adv. Praxean* 7,8, MPL 2,162, 165 *et passim*. Translation *sermo* also known to Augustine, *In Ioh.* tract. 108, MPL 35, 1915–1916, CCL 36, 617. Er prefers *sermo* as being a more adequate rendering of λόγος (cf. LB 6, 335–337). This more theologically neutral translation weapon for various non–orthodox interpretations of Trinity. Cf. Williams, *Radical Reformation*, 10f.

[24] This translation of λόγος notably ap: Augustine, *De Trinitate* 15,14, MPL 42, 1077–1078, CCL 50A, 496–497. For discussion of this cf. Aquinas, *In Ioh.* ad 1,1, *Piana* 14:2, 2v. col A: defence of translation *Verbum* as denoting the Son's "operativa potentia" (i of Bucer's emphasis on the Son as "virtus et vis" infra p. 574).

Multa quoque disputata sunt de interno verbo, hoc est mentis conceptu, dictove ut illud dicentem referat. Quae omnia dum nihil impium docent, nullus quidem damnavero. Id tamen inficiari nemo potest Evangelistas sic usos fuisse lingua graeca ut, multis in locis, eum qui velit germanum sensum assequi, oporteat ebraeam potius phrasim et proprietatem quam graecam in consilium adhibere. Ita indubie quod hic noster λόγος dixit, pro eo usurpavit quod Ebraei דבר dicunt. [25]Ubicunque enim in sacris Voluminibus legitur הוה דבר יהוה , id est: *Et factum est Verbum Domini*, ibi Graeci habent: ἐγένετο λόγος κυρίου, quan[574]quam invenias alicubi et [26]ῥῆμα. Qui itaque certo volet cognoscere quid hic Ioannes dicere voluerit per λόγος, ei certe non tam considerandum erit quid λόγος Graecis quam[l] דבר significet Ebraeis. Hoc autem usurpatur Ebraeis pro re, negotio, iussu, ut[u] Ieschaia tricesimonono [2] legimus: *Non erat* דבר, id est res ulla *quam Chizkiah rex legatis Babyloniis non ostenderit*. Et [1] Reg. 21[8]: *Nam erat verbum regis urgens*, id est negotium vel mandatum. Pro iusso aut praecepto passim accipitur; cum custodire aut transgredi verbum Domini pro: observare vel negligere iussa Dei ponitur. Hinc autem quod דבר Ebraeis idem pollet quod nobis: res, sunt [27]qui putent illud: *In principio erat Verbum* [Io 1,1] idem esse atque: res illa, id Numinis quod praedicamus, *initio ante omnia fuit* etc.

Sed mihi videtur altius quid et reconditius esse quod Evangelista hic dicere voluit. Id sane abunde liquet hoc Evangelii sui prooemio voluisse praedicare Servatorem nostrum esse *illam virtutem Dei* [cf. Act 10,38; Rm 1,4; 1 Cor 1,18.24] per quam facta sunt omnia, quaeque se in rerum creatione, subsistentia atque gubernatione [cf. Col 1,16–17] tam praeclare prodidit atque ostentat; adeoque ipsum Deum esse non hominem tantum, quod [28]haeretici illi blasphemabant, contra quos praecipue haec scribere in animum induxerat.

Iam cum Verbo, hoc est iussu, imperio imo nutu suo, exerta scilicet virtute sua, Deus omnia condidisse atque servare [cf. Col 1,16–17] et cum doctrina Legis et Prophetarum, tum Spiritu intus omnia docente et viva reddente, perficere, in Scripturis praedicetur [cf. Hbr 1,1–3], omnino in hac sum sententia: Evangelistam ideo Domino nostro Verbi Dei appella-

---

[l] *add* quid B. – [u] *om.* B. –

[25] Cf. e.g. Gn 15,1; 1 Sm 15,10; 3 Rg 17,2; 18,1; Is 38,4; Ier 1,2–4; Ez 1,3; 3,16; Zach 1,7; 4,8; 6,9.

[26] In four of the passages mentioned above n. (25) LXX translates דבר by ῥῆμα and not by λόγος: Gn 15,1; 1 Sm 15,10; 3 Rg 17,2; 18,1. This also attested by BiComplut, Bucer's principal source for the LXX.

[27] Adv: Zwingli, *Amica exegesis* 1527, CR 92, 591, 592: (there res aeterna = verbum aeternum).

[28] Cf. supra [Prf.] ad nn. (10)–(12), (15).

tionem tribuisse ut indicaret hunc ipsum esse *virtutem illam* qua se Deus exeruit suamque tam mirifice potentiam et bonitatem declaravit et cum hunc mundum, machinam adeo stupendam, praecipue autem *hominem ad suam imaginem formatum condidit* [Gn 1,27] et cum Spiritu suo eadem tam praeclare conservat ac perficit, tum esse eum qui omnia divina nobis revelarit. *Deum enim nemo vidit unquam, qui est in sinu Patris revelavit nobis* [Io 1,18].

Nam perpulchre videtur allusisse ad id quod identidem legimus *factum est* דבר, id est *Verbum*, ad hunc aut illum. Quicquid enim unquam Dei sese prodidit[v], vel Verbo, id Christus noster fuit, *virtus illa Patris* sempiterna. Magis itaque arridet ut sic Ioannem hoc nomine *Verbum*[w] usum dicamus ut illud oraculum iussumque ac inde virtutem et imperium significet[x] *omnia regentis et vivificantis Dei* [cf. 2 Esd 9,6]. Et si meo arbitrio reddere deberem istuc ἐν ἀρχῇ ἦν ὁ λόγος, mallem reddere: *In principio erat Oraculum* vel, si a *Verbo* permitteretur recedere longius: *Vis illa, Numenve*. Omnino enim Numen Dei rebus creatis et vita donatis actuque eorum, maxime aut beneficiis Iisraeli collatis, exertum, prolatum et humano captui, intercedente tamen lumine Spiritus superni, visendum exhibitum [y]est. Tum autem[y] multo plenius cognosci coepit quando hominem induit in eoque regnum Dei administrare coepit[s]. [z]

Observationes

[a1]Observandum primum ut paucis, circunspecte tamen et religiose, de divinitatis mysterio Evangelista disseruerit. Quod, si imitari olim Christiani voluissent, non tam misere et periculose dissectae ecclesiae fuissent, neque praebita caussa sophistis impuris suis figmentis divinam Maiestatem contaminandi.

⟨Quomodo in cognitionem Dei rite perveniemus⟩ In cognitionem divinitatis salutarem, nonnisi per Mediatorem, hominem Christum Iesum perveniemus. Quare operaepretium est ut, cum Paulo [cf. 2 Cor 4,10], ante probe discamus *Iesum Christum et hunc crucifixum* [1 Cor 2,2], quo nobis ipsis displiceamus [cf. Ez 20,43] carnisque nostrae quam professi sumus mortificationem gnaviter prosequamur. Sic et exaltati Christi [cf. Io 3,14] gloria nobis conspicietur, indeque et divinitas, *in novam* scilicet et coelestem iam *creaturam* [Gal 6,15] renovatis [cf. Eph 4,23–24]. Principio satis nobis fuerit agnovisse Dominum nostrum Deum esse eundem natura cum

---

[v] *add.* vel facto B. – [w] *om.* B. – [x] representat B. – [y–y] quod tum demum B. – [z] *add.* B: Evangelista hic appellatione Verbi dicere voluit ac ita testificari hunc ipsum esse per quem, ut caetera omnia, ita et Legem ac reliqua universae divinae benevolentiae miracula populus Dei accepisset. Christiani iudicent. – [a1] *add.* ☐ Errores occasionem dederunt doctrinae salutaris A. –

Patre et rerum omnium opificem [cf. Io 1,1–3]; quandoquidem *maledictus sit qui confidit in homine* [Ier 17,5]. Reliqua eo cotidie percipiemus plenius quo *in novitate mentis* [Eph 4,23] plus promoverimus. *Mundi enim corde Deum videbunt* [Mt 5,8].

Observandum item quemadmodum dicitur [29]ex malis moribus bonas leges provenire, ita Dei bonitate fieri ut, pestilentium occasione errorum, saluberrimas ecclesia [575] doctrinas recipiat. [b1]Nam quod[b1] Cerinthus et Ebion et similes [30]divinitatem Domini nostri Iesu Christi impie negarunt[c1], Ioanni tam magnifice de ea testificandi [d1]data occasio est[d1]. Ita electis et mala bono sunt. Monemur denique hinc non esse despondendum animum quod et nostra tempestate magnum impiorum dogmatum videmus proventum. Iacula sunt Satanae contra salvificam veritatem evangelii quae si non et contra nos ille iacularetur, neque illa vere apud nos vigeret. Aequo igitur animo ferendum si iisdem nos vetus hostis quibus primam illam Christi ecclesiam, machinis petat, dum id argumento est indubitato eodem nos quo illi Verbo vitae esse donatos.

⟨Hodie multa insana fingi dogmata excitare debet ad vigilandum non deiicere ad desperandum⟩ Proinde excitent ista nos ut vigilemus et caute contra versipellem hostem stemus in abnegatione nostri Christique admiratione continuo proficientes; non vero deiiciant ut fiduciam spemque ponamus meliorem, promovendi Christianismi alacritatem remittentes.

ENARRATIO SECTIONIS II [3–5]

Paraphrasis

Omnia per ipsum facta [Io 1,3]. [31]Aeternitatem igitur divinitatemque Domini Iesu qui *Verbum* Patris est, testatus, iam ut sese orbi insinuarit, testabor. Primum [32]creatione id fecit: nam *per ipsum facta sunt omnia* ut nihil omnino sit quod ipse non ediderit. Deinde et conservatione actuque: nam ipsius beneficio vivunt omnia et quo sublimiore ac praestantiore vita homines, eo praesentius vim Verbi experiuntur. Estque plane vita ipsa illis

---

[b1–b1] Nisi enim AB. – [c1] negassent AB. – [d1–d1] nulla fuisset occasio AB. –

[29] Macrobius, *Sat.* 3, 17, 10. Cf. Otto, *Sprichwörter*, par. 944.

[30] Ap: Aquinas, *Catena* ad Io 1,1 (Basil), *Guarienti* 2, 327 col. B (*i*: there: rise of heresies foreseen by Holy Spirit; hence John's testimony).

[31] Ap: Aquinas, *In Ioh.* ad loc., *Piana* 14:2, 4r. col. B (*i*).

[32–32] Same three points: Word as instrument of creation, Word as giver of all life subsequent to creation, Word as spiritual light notably ap: Theophylactus, *In Ioh.* ad loc. [3–5], MPG 123, 1145–1146.

lucerna [cf. Io 1,4] qua autorem vitae *Verbum* et in illo Patrem agnoscere debebant esseque inde beati. Ut enim *invisibilia Dei*, hoc est eius aeterna potentia et divinitas [cf. Rm 1,20] ex condito orbe, iis scilicet rebus omnibus quae factae sunt, intellectu pervidentur, ita peculariter ac certius hoc fit ex nunquam satis admirato hominis opificio; maxime autem omnium ex consideratione vitae intellectualis, quae, tanquam clarior quidam quam in ulla visibili creatura reluceat divinitatis radius, nobis affulsit[32]. *Vita ergo omnium, praecipue autem hominum, lux* ipsis a condito iam orbe *luxit* [Io 1,4.5] Deumque omnium opificem visendum exhibuit. Verum illi, privati pridem Spiritu divinitatis scrutatore, nihil eius viderunt. *Lucet nanque lux haec in tenebris* [Io 1,5] excaecatis mortalibus ad unum omnibus. Ideo licet *Verbum* [Io 1,1] Dei et potentia clarius meridiana luce [e1]in omnium oculos usque incurrat[e1], tamen tam non comprehenditur ab humanis mentibus quam [33]sol ab oculis caecorum. *Tenebrae* [Io 1,5] etenim sunt mentes mortalium omnium [cf. Eph 4,18].

A n n o t a t i o n e s

⟨*Sine ipso factum est nihil* [Io 1,3]⟩ Πλεονασμός iste: *Omnia per ipsum facta sunt et sine ipso factum est nihil quod factum est* [Io 1,3] [34]ebraismus est qualibus Scriptura abundat. Facit vero ad expressionem eius quod de Verbo praedicare instituit, nempe: ipsum [35]autorem esse omnium. Malo autem sic legere quam, ut quidam, illud *quod factum est* iungentes sequentibus. Videtur siquidem Evangelista, si hoc voluisset, fuisse dicturus [36]*quod factum est*, in ipso vivit; non: *est vita*. Non enim facile similis loquendi modus ex Scripturis proferetur. Ad haec [37]Nonnus, vetustissimus huius Evangelii Paraphrastes, ut nos, locum hunc legit.

[e1]–[e1] omnium oculos usque feriat A. –

[33] Common metaphor. Ap: e.g. Augustine, *In Ioh.* tract. 1 ad loc., MPL 35, 1388, CCL 36, 11; ErP 1524 ad loc., LB 7, 500 (*i*).

[34] *Nestle and Aland* and *Wordsworth and White* ad loc. show *Quod factum est in ipso vita erat* to be better supported. Followed by: Augustine, *In Ioh.* tract. 1 ad loc., MPL 35, 1387, CCL 36, 9–10; Cyril, *In Ioh.* ad loc., MPG 73, 85–86; Aquinas, *In Ioh.* ad loc. Bucer's reading ap: Chrysostom, *In Ioh.* hom. 5 ad loc., MPG 59, 53 (there *Quod factum est in ipso vita erat* taken as corruption by heretics who claim Spirit a creature); Bovelles, *In Ioh.* ad loc., 10v.; ErP 1524 ad loc., LB 7, 499–500; Er 1527; but cf. ErAn 1527, LB 6, 337–339 (there: extensive Patristic support for other reading). For πλεονασμός *per adiectionem* cf. *Lausberg* 1, par. 462. Bucer treats phrase as asymmetrical parallelism.

[35] Cf. Brenz, *In Ioh.* 1528 ad loc., 5r.: Iam si omnia per Verbum facta sunt, Verbum igitur non est factum.

[36] Thus paraphrased by Aquinas, *In Ioh.* ad loc., *Piana* 14:2, 5r. col. A. But here adv: ErAn 1527 ad loc., LB6, 339–340.

[37] *Paraphrasis* ad loc., MPG 43, 750.

⟨*In ipso vita erat* [Io 1,4]⟩ Illud *in ipso vita erat* idem pollet[f1] quod: [38]*per ipsum* vel: *ab ipso*, vita est. Hoc[g1] vel parum ebraismis assueti non ignorant. Certe quem locum Psal. [32,6] paulo [39]ante adduxi, si quis verbo verbum reddere velit, legendus erat: *In Verbo Domini coeli firmati sunt* etc. Nam בדבר יהוה ebraice legitur. Quis autem dubitet id: *In Verbo* interpretari: *per Verbum*? Simile vero est illud Pauli in Actis [17,28]: *In ipso vivimus, movemur et sumus.* Quod Psal. [103,29–30] his verbis canit: *Absconctes faciem tuam, turbabuntur: auferes Spiritum eorum, peribunt et in pulverem suum revertentur. Emittes Spiritum tuum, creabuntur et renovabis faciem terrae.* A Spiritu enim, hoc est virtute Dei, esse omnem vitam adfirmat. Haec autem et *Verbum* est et a Verbo *per quod facta sunt* [Io 1,3] *et* servata *consistunt omnia* [Col 1,17], suppeditatur.

⟨*Vita erat lux* [Io 1,4]⟩ *Vitam* vocat *lucem hominum*, nihil enim est quod praesentius Deum exhibeat [h1]quam [576] vita[h1], praesertim vita hominum. Hac enim praesentem adeo et familiarem sese Deus nobis adiunxit, ut tangere eum, ut Pauli verbo utar, debuerimus [cf. Act 17,27]. Sed quid? Nulli erant hominibus oculi; non tenebrosae sed *tenebrae* ipsae erant mentes illorum. Satis igitur *splenduit lux sed tenebrae* humanarum mentium *eam comprehendere nequiverunt* [Io 1,5].

Observationes

Observandum [40]nihil penitus esse quod non, ut opus est[i1], ita et in plena potestate sit Domini nostri Iesu Christi. Hic igitur cum frater noster esse voluerit et eam dilectionem exhibere qua nequeat cogitari maior, quid a creaturis metuamus,[j1]aut cur defuturum aliquid nobis timeamus[j1] ? [k1]Quin admoneat nos Servatoris nostri quicquid omnino in mundo aspexerimus: lux bonitatis eius in omnibus egregie relucet [cf. Eph 5,9]; quod utique nos monere quoque debeat ut summa temperantia animique gratitudine rebus omnibus utamur. [l1]Animadvertendum quoque mentes hominum Spiritu

---

[f1] pollere AB. – [g1] *om.* AB. – [h1–h1] *om.* AB. – [i1] *om.* AB. – [j1–j1] *om.* D. – [k1] *add.* □ Omnia Christi opera sunt, eius ergo admonent A. – [l1] *add.* □ Hominum mentes non tenebrosae, sed *tenebrae* ipsae A. –

[38] Ap: Bovelles, *In Ioh.* ad loc., 11v. (*i*). For identification *in ipso/per ipsum* cf. Aquinas, *In Ioh.* ad loc., 5r. col. A (*i*: virtue of God transmitted to all living things). Adv: Brenz, *In Ioh.* 1528 ad loc., 5v.–6r. (there: in *Verbo vita* = *ex Verbo vita* i.e. salvation of believers).
[39] Cf. supra ad n. (14).
[40] Statement on sin against Holy Spirit whereby reprobate (= those who set themselves deliberately against the truth) distinguished from the elect (= those who can be genuinely ignorant of the truth and thus redeemable). Cf. esp. BEv 1527 ad Mt 12[22], 130r.–132v. and generally Stephens, *Holy Spirit*, 31–36. Same distinction ap: Lambert, *De excaecatione*, tract. 1, cap. 5,12v.–14r. (*i*) Cf. also Brenz, *In Ioh.* 1528 ad 1,4, 6r. (but there: emphasis on faith rather than predestination).

nondum renatorum [cf. Io 3,5] non tenebrosas, sed per [41]auxesim, vel nimis plenam similitudinem *tenebras* [Io 1,5] ipsas vocari. Et cur non, quando ψυχικῷ *homini, quae Dei sunt* et quibus ideo aeterna vita constat, apertissime atque certissime (nempe oraculis Dei) proposita, *stulticia sunt neque potest ea agnoscere[m1]* [1 Cor 2,14]. Et quis non, siquid tenebris obscurius sit, vocet in Deo ac Verbo eius vivere, moveri, esse et portari et bonitatem eius ubique praesentissimam sentire, nec tamen illum videre?

⟨Quantum de Deo ex creaturis cognoscitur⟩ His nequaquam adversatur quod Paulus Romanis [1,21] scribit *homines cognovisse Deum sed non ut Deum glorificasse.* Ipsum nanque mundi tam mirabile opificium autorem suum satis praedicat. Unde potuerunt Dei beneficio, ex conditis ab ipso rebus, aeternam potentiam atque divinitatem eius intellectu satis videre ut plane viderunt, quod et commune illud omnibus mortalibus religionis studium excitavit. Suffecitque haec cognitio ut inexcusabiles redderentur, cum quem optimum agnovissent, eoque non nisi solida bonitate delectari dubitare nequivissent, cultu innocentiae et bonitatis venerari negligerent[n1]. At nihilominus bis caeci ac merae *tenebrae* fuerunt, quod tam manifesto sese insinuantem Deum non ita videre potuerunt ut ex animo eum amassent veroque et grato illum[o1] cultu fuissent venerati; id quod indubie fecissent si eum recte planeque[p1] agnovissent. Quis enim famelicus cibum praesentem opiparum et salutarem non avidissime arripiat[q1]? Ita cor hominis boni semper cupientissimum[r1] in Deum, omnis boni fontem, qui non raperetur totum, si plane eum agnosceret?

⟨Quatenus impii Deum cognoscunt⟩ Adest igitur aliquis etiam in deploratis Dei sensus qui satis ad id sit ut olim se ipsos condemnent [s1]qui ei quem agnoverunt, non etiam eum quem[s1] solum gratum illi sciverunt, cultum exhibuerint. At tantus illis Dei sensus non[t1] adest ut vere diligere ac suspicere Deum possent. Rapit enim transversum eos vis Satanae cui obnoxii sunt ut *in corde dicant: non est Deus* [Ps 13,1]; non quod hoc ipsorum conscientia dictum ratum habeat (nam secus esse arguit vel illa qua trepidant ubi non est caussa, formido), verum ita torquet eos malitia cui addicti sunt ut Deum, reclamante corde, contemnant tamen secum et negent apud alios. Neque mihi quisquam facile persuadebit vel [42]Epicureos, aut quoscunque alios qui deos esse et futurum iudicium negarunt,

---

[m1] cognoscere D. – [n1] neglexerint AB. – [o1] illi AB. – [p1] pleneque A. – [q1] corripiat AB. – [r1] cupidissime AB. – [s1]–[s1] qui quem agnoverunt ei non etiam eum quem AB. – [t1] *om.* [!] BCD. –

[41] For *auxesis* cf. *Lausberg* 1, par. 259. – *Tenebrae* = "mentes hominum" esp. ap: Augustine, *In Ioh.* tract. 3 ad loc., MPL 35, 1398, CCL 36, 22 (*i*); ErP 1524 ad loc., LB 7, 500 (*i*); Brenz, *In Ioh.* 1528 ad loc., 6v.: Tenebrae hoc loco sunt impii homines et increduli.
[42] On Epicureanism and different reactions to it ca. 1525–50 cf. Lienhard, *Les Epicuriens* in: *Croyants et Sceptiques*, 2–45.

non sensisse in animo sententiae suae contradictionem magisque optasse nullos esse deos, quam ita penitus credidisse utcunque ore contrarium affirmarent. Proinde impii videntes caeci sunt. Neque enim possunt plane videre et inde amare quod bonum est$^{u^1}$. Eousque$^{v^1}$ vident, ut licet velint, acti scilicet a Satana, animo tamen non possint aversari. Id quod satis erit ut contra seipsos olim sint pronuntiaturi, excusaturi minime.

Ut igitur magis miserandus$^{w^1}$ esset qui videns et sentiens cibum salutarem, malitia tamen abstractus cuperet sentire eum esse noxium, idque mentiens pronuntiaret atque hinc nolens gustare eum, fame interiret quam qui, errore tantum abductus, simpliciter toxicum fuisset arbitratus, atque ita abominatus illum gustareque non ausus, periisset; ita longe peius est videndo caecum esse, id est cognitam aliquantisper veritatem aversari tamen (idque indubie quia$^{x^1}$ plane non penitus sit cognita) quam prorsus nihil eius adhuc [577] agnoscere.

Hi simpliciter *caeci* vocantur, illi *videntes caeci. Hi peccatum non habent, illorum peccatum manet*, infra 9[39–41]. Hi cum Paulo misericordiam consequuntur [cf. Act 9,1–9] quod peccent ex sola ignorantia. Illi neque hic, neque in futuro sperare veniam possunt quod peccent prudentes et ideo in Spiritum sanctum.

Ita siquidem res hominum comparatae sunt: [43]primum ex aequo caeci sunt quotquot homines nascuntur, deinde illuminantur; alii plene ut Deum et agnoscant et colant; alii eo usque ut quid Deus sit ac velit sentiant quidem aliquatenus. At captivos cum illos Satanas detineat [cf. 2 Tim 2,26], efficit ut quem cognoscunt, glorificare ut Deum nequeant[43]. $^{y^1}$Universi itaque mortales tenebrae [cf. Io 1,5] et caeci sunt. Qui in totum *innovantur* [Eph 4,23] ut *lux* fiant, ii veritatem vere suscipiunt. Qui non innovantur, etsi quae Dei sunt intellecta pervideant, sive docti ab operibus Dei, sive a verbo Dei administrato per homines, lucem vident quidem, at non comprehendunt; hoc est non vident penitus. *Filii* alioqui *lucis* [Io 12,36] evaderent ac raperentur in id quod vere optimum agnoscerent. De his et [44]infra aliquoties dicendi occasio dabitur.

$^{u^1}$ *om.* AB. – $^{v^1}$ *add.* tamen AB. – $^{w^1}$ *add.* is A. – $^{x^1}$ *add.* non [!] AB. – $^{y^1}$ *add.* □ *Tenebrae eum non comprehenderunt* A. –

[43-43] Ap: Lambert, *De excaecatione* tract. 1, cap. 5,13r.: Ad solam ergo carnis imaginem universi nascimur, nempe filii irae ... 13v.: Electi igitur ad Dei imaginem fide reparantur ... [reprobi] tametsi multam saepe habent veritatis cognitionem, nunquam tamen ipsi toto corde intendunt et cohaerent, neque Dei gratiam habent, id est nunquam illi grati et adcepti sunt. Cf. also infra *cap.* 6, *sect.* 4 ad nn. (103), (139)–(139), (140).

[44] Cf. our subject index ad: election.

ENARRATIO SECTIONIS III [6–13]

Paraphrasis

Fuit homo missus a Deo [Io 1,6]. Ubi itaque homines *Verbum* [Io 1,1] Dei (licet radii eius ex admirando mundi hominisque tum opificio, tum conservatione, relucentes omnia clarissime perlustrarent) agnoscere non possent, nam quod lux in illis est, tenebrae erant [cf. Io 1,5] mens scilicet et ratio, advenisset vero tandem tempus quo illud orbi revelandum erat. Primum eius praeconem Deus misit Ioannem Baptistam qui suo illud orbi testimonio ita commendaret ut *per eum* homines[z1] persuasi *crederent* [Io 1,7] et *Verbum* hoc, divinam virtutem, amplecterentur; non Iudaei solum, quanquam his [45]peculiariter Verbi revelatio fuisset promissa [Is 9,2] sed omnes[a2] mortales[b2] quare ille et militibus et publicanis evangelion annuntiabat [cf. Mt 11,19].

Ex hac vero nova et ad quoslibet, citra discrimen habita, de regno coelorum praedicatione non pauci hunc [46]Ioannem esse illam *mundi lucem* [Io 8,12] quae vulgo appellabatur et *Verbum per quod omnia facta sunt* [Io 1,3], arbitrabantur [cf. Lc 3,15]; at *non erat is illa lux* sed missus in hoc duntaxat *ut testis illius lucis esset* [Io 1,8].

[c2]*Lux illa* [d2]*vera erat*[d2] *quae omnem hominem venientem in hunc mundum,* id est quicunque omnino in hanc vitam eduntur, *illuminat* [Io 1,9] cum[e2] luce quae vita est, tum [47]lampade intelligentiae qua aeternam potentiam Dei et divinitatem agnoscere queant. Licet autem Deus[f2] [48]electis duntaxat donet illam lucem[g2] plene agnoscere, habet tamen [h2]electos suos[h2] non solum inter Iudaeos sed etiam inter omnes qui in hunc mundum veniunt [cf. Io 1,9]. Caussa vero quare Ioannes [49]praeco Verbi praemissus a Patre

---

[z1] *om.* AB. – [a2] *add.* quicunque demum secundum carnem essent AB. – [b2] *om.* AB. – [c2] □ *add.* Erat lux vera A. – [d2–d2] erat vera D. – [e2] tum AB. –[f2] *om.* AB. – [g2] *om.* AB. – [h2–h2] eiusmodi AB. –

[45] Ap: Chrysostom, *In Ioh.* hom. 9 ad Io 1,11, MPG 59, 69 (*ip*) in: Aquinas, *Catena* ad loc., *Guarienti* 2, 337 col. B.; ErP 1524 ad loc., LB 7, 501 (*i*).

[46] Ap: Brenz, *In Ioh.* 1528 ad loc., 8r. (*i* but there: explicit comment adv: confusion between Christ and the saints). Cf. also ErP 1524 ad loc., LB 7, 501 (there: confusion attributed to Jews). Here perhaps adv: Zwingli, *Von der Taufe*, CR 91, 225; Bader, *Brüderliche Warnung*, D4r.–D5r. (there: no distinction between John's and Christ's baptism). Distinction between the two already in: *Grund und Ursach*, BDS 1, 254–255 (there: John also "zeuge Christi"). Cf. infra ad nn. (170)–(170), (190)–(190).

[47] For "lux mentium" cf. Augustine, *In Ioh.* tract 3 ad loc., MPL 35, 1398, CCL 36, 22.

[48] Ap: Brenz, *In Ioh.* 1528, ad loc., 8v. (*i*: but emphasis on faith, not predestination). Cf. also supra ad n. (43)–(43).

[49] Ap: Augustine, *In Ioh.* tract 2. ad loc., MPL 35, 1392, CCL 36, 15–16 (*i*); Brenz, *In Ioh.* 1528 ad loc., 9v.: Mundus per Christum factus est et per Christum semper administratur, nunquam tamen a mundo cognitus est.

fuit, erat quod hic Dei Filius, hoc vitae Verbum, haec salvifica lux, in mundo iam inde *ab initio* [Io 1,1] lucebat [50]portans, vivificans et moderans cuncta verbo virtutis suae [cf. Eph 1,11], nec tamen a mundo cognoscebatur[i2] [cf. Io 1,10]; imo ne Iudaei quidem, cum ad eos *peculiari* [Dt 7,6] et in Prophetis praedicta ratione venisset, ipsum suscipere sustinebant[j2] [cf. Io 1,11].

Cum ergo mundus, per collatam sibi sapientiam vimque intelligendi, *Deum ex eius sapientia*[k2] in rebus omnibus mirifice relucente *cognoscere* rite *non potuit, visum Deo est per stultam humanae rationi praedicationem homines salvos facere* [1 Cor 1,21]. Quid enim vulgi hominum iudicio stultius[l2] fide in eum qui[m2] tam humilis in carne apparuit ac tandem ignominiose adeo cruci suffixus interiit, iustitiam expectare et foelicitatem omni cognitatione consummatiorem? Hanc igitur praedicationem Ioannes apud Iudaeos auspicatus est[n2] effecitque ut aliqui tamen Verbum reciperent, hoc est *in nomen eius crederent* [Io 1,12], certa fide illum uti Meschiah Domini et Salvatorem, quo nomine veniebat, amplectentes seseque illi totos consecrantes. Atque his demum a Verbo *potestas contigit ut filii Dei vere essent* [Io 1,12], mente Dei et vita praediti. Idque nequaquam ideo quod carne ex Abraham genus ducerent – non enim hic *sanguinis* et *carnis* aut parentum ulla ratio habetur – sed quod *nati essent ex Deo* [Io 1,13], hoc est *ante conditum mundum* in id *electi* [Eph 1,4] ut *filii et haeredes Dei* [Rm 8,17] evaderent.

Annotationes

⟨Quibus modis Verbi facta sit revelatio et cur praeterita quae facta per Legem est et Prophetas⟩ Quibus rationibus Verbum orbi penitus demum revelatum sit Evangelista narraturus[o2], narrato ut illud se ex orbis et hominis opificio a mundi creatione luculentissime visendum exhibuit, licet caeci homines videre id nequive[578]rint, continuo subiecit [p2]testimonium Ioannis[p2], praetermissa ea Verbi revelatione quae facta est per Patres, Legem et Prophetas. Caussa huius mihi quidem videtur fuisse quod [q2]Evangelista statuisset[q2] de ea Verbi revelatione potissimum loqui, qua illud non Iudaeis tantum sed et toti orbi revelatum est. [51]Quae prima certe

---

[i2] cognosceretur AB. – [j2] sustinuerunt A. – [k2] *add.* et AB. – [l2] *om.* AB. – [m2] *add.* qui ABD *omitted in C surely through a printing error.* – [n2] fuit AB. – [o2] *add.* Iohannis testimonium AB. – [p2–p2] *om.* AB. – [q2–q2] statuerit AB. –

[50] Ap: ErP 1524 ad loc., LB 7, 502 (*pa*).

[51–51] Necessity of distinguishing between OT promises and their realisation in Gospel ap: Augustine, *In Ioh.* tract. 3 ad 1,15, MPL 35, 1396–1397; CCL 36, 20–21 (*i*). Cf. also Chrysostom, *In Ioh.* hom. 5 ad loc., MPG 59, 58 (in: Aquinas, *Catena* ad loc., Guarienti 2, 334 col. A.) and ErP 1524 ad 1,7–9, LB 7, 501–502. – Cf. hymn: *Aeterne Rex Altissime* in: Daniel, *Thesaurus* 1, no. 162, 196–197 (*ep*).

ex nunquam satis admirata machina gubernationeque mundi vitaque omnium gentium oculis exposita, facta fuit[51] *r²et fit perpetuo*[r²]; multo potentissima autem ex *evangelio cunctis creaturis praedicato* [Mc 16,15]. Ad haec videmus ut properarit ad praecipue institutam sibi Verbi, ex propriis eius dictis et factis, renuntiationem atque praeconium. Vix enim uno et altero verbo et[s²] aeternitatem et divinitatem eius testatus, mox indicavit ut illud[t²] se rerum et conditione et actu prodiderit [cf. Io 1,14], quod et ipsum perpaucis fecit, ac continuo ad testimonium Ioannis transitum facit[u²] [cf. Io 1,15].

In quo narrando[v²], quod propius ad institutum suum, nempe praedicationem Verbi iam incarnati, faceret, paulisper immoratus quidem est, longissime autem haesit in recensendis[w²] Verbi, iam hominis, gestis et sermonibus, quod nimirum haudquaquam aliunde clarius virtus eius voluntasque salvifica pernosci queat. Postremo, Verbum in Lege magis adumbratum quam revelatum fuit. Prophetae etiam suis vaticiniis tectius locuti fuere quam ut paucis potuissent explicari. Contentus ergo Evangelista narrasse ex quibus clarissima Verbi vis cognosci potest, umbras Legis una cum Prophetarum oraculis praeteriit. Quae vero nato et adhuc puero Christo mira acciderunt eumque esse orbis Salvatorem clare admodum indicarunt, ideo videtur Ioannes praeteriisse quod fuse [x²]a Matthaeo et Luca[x²] narrata erant. Instituisse etiam apparet [52]ea potissimum narrare quae divinitatem et proprium Christi officium proxime exprimunt.

De missione et officio Ioannis, simul et eo quod ipse lux habitus est[y²], contra quod per occupationem initio statim Evangelista testatus est, [53]infra dicet plura.

⟨*Credere in nomen Iesu*⟩ *Credere in nomen*, vel *nomine Iesu* [Io 1,12] idiotismo ebraeo idem significat atque: [54]credere in Iesum vel Iesu, hoc est: certum de eo esse persuasumque habere quod is sit quem Prophetae illum et ipse quoque semet esse dixit, nimirum filiorum Dei caput et Servatorem. Hoc ipsum igitur ut electis Ioannes persuaderet, in virtute et spiritu Eliiah fuit Domino praemissus.

⟨*Verbum illuminat omnem hominem* [Io 1,9]⟩ Illud ἐρχόμενον id est: *venientem* [Io 1,9] [z²]malo cum *homine*[z²] [55]coniungere quam cum *luce* eo

---

[r²–r²] *om.* AB. – [s²] *om.* AB. – [t²] *om.* AB. – [u²] fecit AB. – [v²] *add.* eo A. – [w²] *add.* ipsius AB. – [x²–x²] ab aliis A. – [y²] fuit AB. – [z²–z²] cum *homine* malo A. –

[52] Cf. supra [Prf.] ad n. (9) and infra ad n. (290)–(290).
[53] Cf. infra *sect.* 5 [ad Io 1,15–18], 6 [ad Io 1,19–28] pp. 45–47, 53–60.
[54] Cf. BPs ad Ps 20,8: יהוה בטח and ErAn 1527 ad loc., LB 6, 340 (*i*: admits of interchange of cases without ref. to Hebrew).
[55] Ap: ErAn 1527 ad loc., LB 6, 340 (refers ἐρχόμενον to ἄνθρωπον and comments: Ambiguitatem sustulisset additus articulus τὸν ἐρχόμενον). Ref. to Nonnus add. support for Er reading.

quod lux haec, non solum cum venit amicta carne in mundum, sed antea quoque et semper illuminat homines quoslibet. Sic etiam legit [56]Nonnus: Καὶ γὰρ ἑοῦ μετὰ Πατρὸς ἐτήτυμον ἀρχέγονον φῶς μουνογενὴς Λόγος ἦεν, ὅς ἀνέρα πάντα καθαίρει. Πνευματικαῖς ἀκτῖσι καταυγάζων φύσιν ἀνδρῶν ἐρχομένων ἐπὶ γαῖαν, id est: "Erat enim verum cum Patre suo et aeternum lumen, unigenitus sermo, qui omnem hominem lustrat. Spiritualibus radiis illuminans naturam hominum venientium in terram". Testificari enim Evangelista de Verbo collato Ioanni voluit [a3]et praedicare illud non esse parvae tantum regionis, per externam praedicationem[a3] lucernam, uti Ioannes erat; sed eam lucem qua non modo externe sed et [57]interne; neque Iudaei solum sed [58]*quicunque* omnino in *hunc nascerentur mundum illuminarentur* [Io 1,9]: reprobi, ut tandem a veritate ipsa coacti Deo dare gloriam et contra seipsos pronuntiare cogantur: electi ut in filios Dei renovati [cf. Io 1,12] aeternum beatae lucis consortium consequantur [cf. 2 Pt 1,4].

[b3]Hunc locum Catabaptistae illi qui contendunt tandem omnes homines salvandos in erroris sui confirmationem adducunt. [59]Verbum, inquiunt, illuminat omnes [cf. Io 1,9]: omnes igitur servantur. Non attendunt autem miseri: quamvis dixerit *omnem hominem qui in hunc mundum nascatur* per Verbum illuminari [Io 1,9], simul tamen dixisse *mundum illud non agnoscere* [Io 1,10], imo ipsum a suis quoque reiici [cf. Io 1,11]; denique aperte declarasse qui lucis huius participes reddantur, nempe: *Qui nati sunt ex Deo, non qui ex sanguinibus* etc. [Io 1,13]. Sed quid haec ad contentiosos? Satis sciunt ut in Scripturis universitatis voces identidem accipiantur. Praedixit suis Christus *eos odio futuros omnibus hominibus* [Mt 10,22] et in eadem [!] oratione testatus est: si quid *quisquam pro nomine ipsius relinqueret eum id centuplum etiam in hac vita recepturum, suos parentes, fratres, liberos* etc. [Mt 19,29]. Si hic iam ni[579]hil possit excipi quum dixit Servator: *Eritis odio omnibus* [Mt 10,22], ubi erunt illi qui parentum et fratrum vice sunt iis qui suos pro Christo parentes et fratres deseruerunt[b3]?

[a3–a3] non esse illud tantum externo praedicationis verbo parvae regionis A. non esse illud parvae tantum regionis, per externam praedicationem B. – [b3–b3] [59] *om.* A. –

[56] *Paraphrasis* ad loc., MPG 43, 752.

[57] Ap: Bovelles, *In Ioh.* ad loc., 19r. (*i*); Aquinas, *In Ioh.* ad loc., *Piana* 14:2, 7r. col. A (there: "illuminatio ab intrinseco" = "illuminatio secundum intellectum" (cf. Augustine, *In Ioh.* ad loc., MPL 35, 1398, CCL 36, 22). This contrasted with corporeal illumination which brings about only physical life) (*i*).

[58] Same distinction acceptance/rejection ap: Aquinas, *In Ioh.* ad loc., *Piana* 14:2, 7r. col. A (*i*). – Adv: Brenz, *In Ioh.* 1528 ad loc. 8v. (there: light illuminates only believers).

[59] Perhaps adv: Hofmann. Cf. *Ordonnantie* 1530, BRN 5, 164. Cf. Täuferakten 7, no. 188, 240 for Hofmann's arrival in Strasbourg 30 June 1529 and Bucer, *Handlung* 1533, BDS 5, 82 (there: same Bibl. ref. and same argument).

⟨Quid *mundus* [Io 1,10]⟩ *Mundum* hic pro universitate hominum, ut et *propria* [Io 1,11] Verbi pro [60]Iudaeis, Evangelistam usurpasse[c3], satis in aperto est. Neque tamen hoc dicto affirmare voluit neminem omnino mortalium credidisse quare illico subiecit: *Quotquot receperunt eum* [Io 1,12]. Mundus enim dicitur *non cognovisse* quum[d3] [61]maior mundi pars non cognovit. Ita: *sui eum non receperunt* [Io 1,11], id est ex suis plurimi. De mundo siquidem in universum loquutum indicio est quod adiecit: *Et mundus per ipsum factus est* [Io 1,10]. Alibi accipitur *mundus*[e3] pro reprobis tantum, ut [f3]cum ait Dominus[f3] ad discipulos: *Ego elegi vos de mundo, mundus me odio habuit* etc. [Io 15,19]. Iudaei vero *propria* [Io 1,11] Verbo dicti[g3], non tam[h3] ob [62]carnalem cognationem[i3] (quantula enim carnis, hoc est personae, apud Deum ratio !) quam propter electos ex Iudaeis[62] quorum gratia totus populus סְגֻלָּה, id est *peculium* [Ex 19,5] Dei, vocatus est. Quemadmodum et apud nos nomine regni coelorum gaudent qui olim, quod scandala sunt et zizania, de regno tollentur [cf. Mt 13,29].

⟨*Non ex sanguinibus* [Io 1,13]⟩ Illa vero congeries verborum[j3]: *Non ex sanguinibus* etc. nihil aliud significat quam [63]nativitatem carnalem. [64]'Αντίθεσιν enim Evangelista facit generationis carnis et Spiritus, illam reiiciens, hanc statuens. Quare idem est *ex voluntate carnis et viri nasci* atque *ex sanguinibus*. Qui enim ex sanguine (*sanguinibus* ebraismus est) hoc est naturali semine nascitur, idem ex *voluntate*, hoc est desiderio *carnis*, id est naturae et *viri* [Io 1,13] nasci recte dicitur. Adsuescendum[k3]

[c3] scripsisse A. – [d3] quem A. – [e3] *om.* AB. – [f3]–[f3] cum Dominus ait A. – [g3] *add.* sunt AB. – [h3] *add.* autem AB. – [i3] cogitationem AB. – [j3] *add.* et πλεονασμός quidam AB. – [k3] *add.* vero AB. –

[60] Adv: Brenz, *In Ioh.* 1528 ad loc., 9r.–v. (there: illumination ref. to believers only, cf. n. 58 and thus *mundus* = non-believers; all those acting acc. their own free-will. Thus also ap: Augustine, *In Ioh.* tract 2 ad loc., MPL 35, 1393, CCL 36, 16–17 and ErP 1524 ad loc., LB 7, 502). – *Propria* = Jews ap: Augustine, *In Ioh.* tract. 2 ad loc., MPL 35, 1394, CCL 36, 17 (*i*); Bovelles, *In Ioh.,* 20v.–21r. (*i*).

[61] Ap: Aquinas, *In Ioh.* ad loc., *Piana* 14:2, 7r. col. B (*i*); ErHyp ad loc., LB 10, 1505–1506 (*ip*). Cf. also infra *cap.* 6, *sect.* 3 ad n. (72)–(72).

[62-62] Carnalis cognatio ap: Bovelles, *In Ioh.* ad loc., 21r. (*i*). Election ap: ErHyp ad loc., LB 10, 1505–1506 (*ip*) and cf. Lambert, *De excaecatione* tract. 4, cap. 6–8, 67r.–69v. on there being elect and reprobate among Jews.

[63] Ap: Augustine, *In Ioh.* tract. 2 ad loc., MPL 35, 1395, CCL 36, 18–19 (*i*) taken up by: Aquinas, *In Ioh.* ad loc., *Piana* 14:2, 8r. col. A. Also ap: Bovelles, *In Ioh.* ad loc., 24r.–v. (*i*); ErHyp, LB 10, 1505–1506 adv: Luther, *De servo arbitrio*, WA 18, 776–777 (there: *sanguines* = Jews glorying in their descent from Abraham); Bader, *Brüderliche Warnung*, E6r. (there: showing children as well as adults to be elect adv: Anabaptists). Cf. also Brenz, *In Ioh.* 1528 ad loc., 11r. (there: both interpretations: *sanguis* = "carnalis generatio" but passage referred esp. to Jews' pride in descent from Abraham).

[64] Same term in the same sense ap: Brenz, *In Ioh.* 1528 ad loc., 11r.–v. (*ip*). Cf. also infra n. (127).

est istiusmodi et idiotismis et redundantibus verborum acervationibus$^{l^3}$, quibus, ut Ebraeorum lingua, ita Ioannes qui Ebraeus fuit, admodum abundat.

⟨*Sed ex Deo nati* [Io 1,13]⟩ Postremo illud: *Sed ex Deo nati sunt* in paraphrasi interpretatus sum $^{m^3}$idem esse quod$^{m^3}$: ante secula ut *filii* sint et *haeredes Dei* [Rm 8,17], electi sunt [cf. Eph 1,4]. [65]Huic forsan quis putet pugnare quod Ioannes ante hoc scriptum reliquit: *Iis qui credunt in nomine eius dedit potestatem filios Dei fieri* [Io 1,12]. Si nanque hi *ante creatum mundum electi* [Eph 1,4] et destinati sunt ut *Dei filii* [Rm 8,17] sint, qui quadrat quod *credentibus* demum $^{n^3}$*fiat potestas*$^{n^3}$ *ut filii Dei evadant*$^{o^3}$? Sed animadvertendum: tametsi nemo unquam crediturus ac filius Dei futurus sit, nisi quem in hoc Deus ab initio elegerit (*vocat enim et sanctificat quos praedestinavit* [Rm 8,30] et dat Filius aeternam vitam iis duntaxat quos ei dedit Pater; pro mundo reliquo ne orat quidem), hanc tamen gratuitam adoptionem tum demum $^{p^3}$sentire electos$^{p^3}$ cum Christum fide agnoverint[65], donati$^{q^3}$ Spiritu sancto in quo Deum Patrem [cf. Rm 8,15–16] per Christum invocent$^{r^3}$. Ioannes igitur his verbis voluit significare sortem filiorum Dei iis qui crederent in Christum, quocunque de sanguine essent nati [cf. Io 1,13], contingere; neque referre quos homines parentes haberent, ut falso Iudaei arbitrabantur, sed ut *ex Deo nati*, hoc est electi essent. Sed de nativitate ex Deo qua Ioannes electionem significat et non infrequenter verba facit, [66]infra suis locis plura.

ENARRATIO SECTIONIS IIII [14]

Paraphrasis

Et Verbum caro factum est [Io 1,14]. Dixit *Ioannem missum ut* de Verbo *testificaretur*$^{s^3}$ [Io 1,7] quod neque *mundus*, licet per *illud factus* et vivens, neque Iudaei, licet illi *peculiaris* [Dt 7,6] populus, *agnoscebant* [Io 1,10–11], $^{t^3}$etiam cum$^{t^3}$ nova iam et familiari quadam ratione praesens illis esset$^{u^3}$. Si quis iam et meo testimonio scire cupiat quaenam ista nova ratio praesentiae qua *Verbum in propria* [Io 1,11], id est ad Iudaeos, peculiariter

---

$^{l^3}$ *add.* quas πλεονασμούς quidam vocant AB. – $^{m^3-m^3}$ *om.* A. – $^{n^3-n^3}$ fieri potestatem AB. – $^{o^3}$ *add.* hic Iohannes testatur? AB. – $^{p^3-p^3}$ sentiunt electi A. – $^{q^3}$ *om.* AB. – $^{r^3}$ *add.* donati AB. – $^{s^3}$ *om.* AB. – $^{t^3-t^3}$ cum etiam AB. – $^{u^3}$ *add.* testificaretur AB. –

[65-65] Ap: ErHyp, LB 10, 1507 (*i*: but there no proviso that only the elect can exercise free-will in the appropriate way). Adv: Brenz, *In Ioh.* 1528 ad loc., 11r. (there: no ref. to Io 1,12 but Io 1,13 used to support predestination).

[66] Cf. our subject index ad: election.

venit, fuerit; quanquam[v3] qui ante me Evangelia scripserunt, Matthaeus et Lucas abunde explicarint, paucis tamen quod res est et ipse memorare non gravabor. *Verbum caro factum est* [Io 1,14] et iam verus homo sicut et verus Deus *habitavit* [67]versatusque est inter nos [cf. Io 1,14] reliquis hominibus similis. Et quanquam omnino humanam et servilem vivendi rationem exhiberet, simul tamen eis[w3] de se divinitatis radios identidem emisit ut *gloriam* et magnificentiam *eius* tanquam gloriam et magnificentiam *Unigeniti* aeterni Patris qua ab eodem Patre ornatus fuit, *spectaverimus* contemplatique simus, [x3]non tantum [580] semel atque iterum aspeximus[x3]. *Plenus* nanque erat *gratia et veritate* [Io 1,14], hoc est in omnibus incomparabiliter gratiosus atque amabilis, tum verá, omnigena absolutaque virtute ornatus et conspicuus. Haec vidimus et experimento [y3]multiplici et cotidiano[y3] cognovimus, ideo et testari audemus.

Annotationes

⟨Ratio ordinis⟩ *Verbum caro factum* [Io 1,14]. Per parenthesin quandam haec oratio[z3] ab Evangelista historiae hoc loco inserta videtur qua exponere voluit [68]quonam pacto *Verbum* ad suos peculiariter venerit [cf. Io 1,11]. [69]Erasmus tamen Roterodamus per quem eam nobis lucernam ad videndum quae Scripturae docent, Deus accendit, ut is sanctis,et intelligentibus quanta veritatis lux illius lucubrationibus illata orbi sit, summo sane in pretio iure habeatur[a4], haec, in Paraphrasi sua, proximae praecedenti sententiae [1,12] qua Evangelista testificatus est *dari* credentibus Christo *filiis Dei* esse, tanquam rationem caussamque connectit. Neque ab re quidem: omnino enim quod *credentes Christo filii Dei* [Io 1,12] evadant, hinc est quod in Verbo suo Deus sustinuit fieri homo. Attamen puto non obscurum esse; etiam historiae rationem poposcisse ut sententia haec insereretur. Dixerat enim Evangelista[b4] Ioannem missum ut testaretur[c4] de aeterno Verbo [cf. Io 1,15] quod iam pridem *in mundo esset* nec cognosceretur, atque nuper ad suos peculiariter venisset [cf. Io 1,10–11] neque fuisset tamen susceptum[d4] [cf. Io 1,12], et nondum dixerat [70]quonam

---

[v3] *add.* illam AB. – [w3] eos AB. – [x3–x3] *om.* AB. – [y3–y3] *om.* AB. – [z3] *om.* A. – [a4] *add.* hic ut alias ita et in Scripturis oculatissimis A. – [b4] *om.* A. – [c4] *om.* AB. – [d4] *add.* testaretur AB. –

[67] Ap: Brenz, *In Ioh.* 1528 ad loc., 12 (*ip:* but there: emphasis on "carne indutus").

[68] Ap: Aquinas, *In Ioh.* ad loc., *Piana* 14:2, 8r. col. B: Posita necessitate adventus Verbi ... consequenter Evangelista modum veniendi manifestet.

[69] ErP 1524 ad loc., LB 7, 503–504 based on: Chrysostom, *In Ioh.* hom. 11, MPG 59, 79 (in: Aquinas, *Catena*, ad loc., *Guarienti* 2, 338 col. B). Cf. also Brenz, *In Ioh.* 1528 ad lcc., 11v.: Rationem enim dat Evangelista quare homo fiat per fidem filius Dei.

[70] Cf. supra n. (68) and ap: Augustine, *De Trinitate* 15,11, MPL 42, 1072; CCL 50A, 487 (*i:* there: Word made flesh so as to be apprehended by human senses).

modo illud advenisset. Idipsum igitur cum ante illud: *Fuit homo missus* [Io 1,6] non memorasset, hic narrationi testimonii Ioannis immisit, facta transpositione quae, ut Scripturae, ita et huic Evangelistae, haudquaquam insolens est. Certe mox post hanc interiectam sententiam testimonium Ioannis prosequitur.

⟨*Caro* [Io, 14]⟩ *Carnem* pro: [71]homine positam hic, ut in Scripturis passim solet [cf. Ps 64,3], notius est quam ut eius lector admoneri debeat. Est autem in ea appellatione admonitio humilitatis nostrae, ut et apud Latinos in voce: mortales, et Graecos in nomine: θνητοί; quare commodum ea hic Evangelista usus est, ubi quousque se Verbum nostrae salutis caussa demiserit, narrare instituit.

⟨*Habitavit in nobis*⟩ Sic et illud: *Habitavit in nobis*, id est versatus est inter nos in *similitudine hominum factus*, ut Paulus loquitur [Phil 2,7], et figura repertus ut homo, Christi humilitatem exprimit[e4] in qua inter discipulos, in servili forma [cf. Phil 2,7] et ad modum aliorum hominum vixit[f4]. [g4]*Habitavit in nobis* est ἐσκήνωσε quod quidem prope ad verbum significat: habuit suum [72]apud nos tabernaculum, fuit in contubernio nobiscum[g4].

⟨*Gloria Unigeniti* [Io 1,14]⟩ Illud vero: *Vidimus gloriam eius* etc. Evangelista[h4] divinitatem nunquam non relucentem ex dictis et factis Domini[i4] testatur. Quae, ut praecipue in monte [73]Thabor a tribus discipulis spectata est [cf. Mt 17,1–9; Mc 9,1–8; Lc 9,28–36], tum[j4] reliqua vita totque praeclaris gestis et miraculis qualia ante eum nemo vidit, ita[k4] [74]gloriosa resurrectione atque ascensione[l4], plusquam magnifice sane resplenduit visendaque omnibus discipulis patentissime exhibita est. Nam[m4] quod sequitur: *Plenus gratia et veritate* (subaudi: *erat*) praecedentis ratio [n4]videri potest[n4]. Quasi Evangelista dixisset: spectasse nos dixi et plane contemplatos fuisse gloriam Verbi, non semel duntaxat atque iterum aspexisse quia *plenus* erat *gratia et veritate*. Omnia in eo adeo erant divina quadam elegantia suspicienda ut nihil possit fingi eo gratiosius. Omnia quoque eius

---

[e4] *om.* AB. – [f4] *add.* exprimit AB. – [g4-g4] *om.* AB. – [h4] *om.* AB. – [i4] eius AB. – [j4] *add.* et AB. – [k4] tum AB. – [l4] *add.* eadem AB. – [m4] Mihi profecto AB. – [n4-n4] videtur AB. –

[71] Thus ap: Augustine, *Contra sermonem Arianorum* 9, MPL 42, 690; Aquinas, *In Ioh.* ad loc., *Piana* 14:2, 8r. col. B; Lyra ad loc., *Glossa ord.* [*int.*]; Bovelles, *In Ioh.* ad loc., 24v.–25r.; ErAn 1527 ad loc.; ErP 1524 ad loc. Here adv: Brenz, *In Ioh.* 1528 ad loc. 11v.–12r. (there: Christ merely "carne indutus" – cf. n. (67) supra).

[72] Ap: Bovelles, *In Ioh.* ad loc., 27v.–28r. (*ip*: there: one of three interpretations). Cf. Münster, *Dictionarium trilingue* 1530, 50 ad: contubernium, 212 ad: tabernaculum.

[73] Thus identified by: Jerome, *Epitaphium sanctae Paulae: Epist.* 108,13, MPL 22, 889, CSEL 55, 323. Ap: ErP 1524 ad Io 1,14, LB 7, 504. Cf. Brenz, *In Ioh.* 1528 ad loc., 12v. (there: mention of transfiguration but not of Mount Thabor).

[74] Ap: Brenz, *In Ioh.* 1528 ad loc., 12v.: Potissimum autem declarata est gloria divinitatis Christi resurrectione, ascensione et Spiritus sancti missione.

absolutam adeo et inimitabilem virtutem prae se ferebant ut nemo posset illum homine esse maiorem dubitare. Nunquam igitur non *Unigeniti Dei et ante omnia*[o4] dilecti in illo gloria refulsit.

⟨*Gratia* [Io 1,14] quid⟩ [75]*Gratiae* nomine Evangelistam existimo voluisse exprimere quod Ebraei חֵן, id est chen, vocant, quae omnino apposite Latinis *gratia*; qua nimirum quis favorabilis et gratiosus existit, cui facile quivis bene velit, dicitur. Sic multoties sane in Scripturis legimus: *Si inveni gratiam in oculis tuis* [cf. Gn 18,3; Ex 33,13; Nm 32,5; Idc 6,17; 1 Sm 20,29; 2 Sm 15,25 etc.] pro eo quod dicimus: si mihi est apud te aliqua gratia, si mihi faves, si me amas. Hinc [p4]in ultimo[p4] Proverb. [31,30]: *Fallax est gratia et vana res forma, mulier timens Deum, illa laudabitur.* [q4]Quibus verbis[q4] apparet significari incertam fallacemque esse rem, si quae amabilis sit et [r4]gratiosa ob formam duntaxat[r4], certum autem bonum esse timorem Domini. Proinde[s4] quod Christum Evangelista praedicat *plenum gratia*, eo[t4] significat ipsum[u4] per omnia divinum adeo apparuisse, ut et Dei erga eum favor [581] egregie declararetur et [76]omnium bonorum favore simul iudicaretur dignissimus.

[v4]*Veritas* vero qua item *plenum* Christum Ioannes testatur [Io 1,14], opponitur vanitati et mendacio cuiusmodi est [77]*omnis homo* [Rm 3,4]. Nam nemo est qui boni ex se ac solidi aliquid habeat [cf. Rm 7,18]. Christus autem veritas erat et *veritate plenus* quia ipsa [78]Dei sapientia et Dei iustitia firma, certa, plena et aeterna. Haec veritatis in Christo plenitudo passim a Prophetis praedicta est. Psal. 44 [5]: [w4] [79]*Magnifico splendore tuo feliciter ingreditor, inequitans ita ut veritas et modesta ac mansueta iustitia tua emineat*[w4]. [x4]*Quocunque vertes dexteram tuam edet admiranda stupendaque facinora, ipsa se dirigens et docens*[x4] [79]. Psal. 88 [25]: *Fides mea et benignitas mea cum ipso.* Ieschaiah 16 [5] sub typo Chizkijah regis: *Firmabitur thronus benignitate sedebitque super eum in veritate, in tabernaculo David qui iudicet et inquirat iudicium et persequatur iustitiam.*

[o4] omnes AB. – [p4-p4] *om.* D. – [q4-q4] In quo satis AB. – [r4-r4] gratia atque forma polleat A. – [s4] Iam ergo eo AB. – [t4] *om.* AB. – [u4] eum AB. – [v4] *add.* □ Quid *veritas* AB. – [w4-w4] In decore tuo prospere age et in quiete, ornatus inquam veritate et humili expertaque molestiam iustitia AB. – [x4-x4] *om.* AB. –

[75] For definition of חֵן as *gratia* see Münster, *Dict. hebr.* 1523, 126. Ap: BEph 1527 ad 1[2], 21v.–22r. (*ia*: equivalence of חֵן – χάρις – gratia: same definition as here).
[76] Ap: Brenz, *In Ioh.* 1528 ad loc., 12v.: Christus plenus est gratia, hoc est omnibus Dei donis est impletus (*pi*).
[77] Ap: Augustine, *In Ioh.* tract. 69 ad 14,6, MPL 35, 1817, CCL 36, 501 (*ip*); Bovelles, *In Ioh.* ad loc., 33r.–v. (*ir*). – Here perhaps: reaffirmation that no man ever without sin (cf. Stephens, *Holy Spirit*, 82–83) adv: Anabaptists. Cf. Rhegius, *Notwendige Warnung* 1527 ad art. 4 in: *Deutsche Schriften* 4, 132r.
[78] Ap: Aquinas, *In Ioh.* ad loc., *Piana* 14:2, 9v. col. A (*i*).
[79-79] Bucer's own translation. Cf. BPs 1529 ad Ps 45[5], [44,5].

⟨Quae significet אמת id est veritas, Iescha. 36 [!] [38,3]⟩ Caeterum ex variis Scripturae locis colligitur[80] אמת Ebraeis significare nunc synceritatem et integritatem, nunc certam et plenam beneficentiam, nunc certitudinem et firmitatem. In primo significatu usus ea voce est Chizkiiah rex cum orabat [Is 38,3]: *Recordare Domine quod versatus coram te fuerim in veritate et corde perfecto egerimque quod tibi probatur.* Hic veritas quid aliud est quam synceritas et integritas? In altero creberrime usurpatur[y⁴] et iungitur fere חסד, quod benignitatem significat. Sic dicebat ad familiam Bethuelis servus Abraham [Gn 24,49]: *Si libet facere cum hero meo benignitatem et veritatem,* quod idem pollet acsi dixisset: si libet hero meo iustam et plenam benignitatem exhibere. Germanice: vuolt ir an meinem herren, freuntlich und getreulich thun. In hac significatione coniunctum חסד Deo identidem tribuitur cuius solius bonitas plena et certa existit. In tertio significato usus illa voce fuit idem Abrahae servus cum gratias ageret Domino [Gn 24,48] quod iter suum secundum et prosperum fecisset: *Deduxit me,* inquiebat, *per viam veritatis,* id est viam veram et optatam. Sic et Chizkijah gratulabatur sibi [Is 39,8] quod *suis diebus futura pax esset et veritas,* ubi veritatis nomine intellexit certum ac firmum regni statum: quemadmodum pacis nomine, secundum et prosperum.

Hoc iam significato Evangelista Christo *veritatis* plenitudinem tribuit significareque voluit quod viderunt eum *plenum gratia* [Io 1,14] qui apud Deum et homines gratiosissimus et amabilissimus fuerit, ut quem ne hostes quidem ullius peccati arguere possent; tum *et veritate,* ut cuius omnia sicut optima, ita etiam certissima et firmissima essent, cum in aliis hominibus nihil firmum, nihil stabile, nihil verum, nihil proprium, nihil certum existat [cf. Rm 7,18]. Qui, si boni quid cupiant ac proponant etiam, vires tamen non habent ut id perficiant, quare in Scriptura vanitas et mendacium [cf. Ps 61,10] non immerito appellantur.

Observationes

In primis observanda hic et semper animo cogitanda est[z⁴] ineffabilis Dei erga nos dignatio quod *Verbum* suum *per quod sunt facta omnia* [Io 1,3], nostri caussa voluerit *carnem,* hoc est mortalem et miserum hominem *fieri* [Io 1,14]. Quis miser adeo et calamitosus, quem haec effusissima Dei erga nos dilectio in spem optimam non erigat? Certe angelorum naturam Deus hoc modo non assumpsit [cf. Hbr 1,4]. Qui ergo *de carne et ossibus* [Eph 5,30] sumus Domini, dubitare non possumus quin omnia ille nostri caussa

---

[y⁴] *in usu est* AB. – [z⁴] *om.* AB. –

[80] Cf. Münster, *Dictionarium hebr.* 1523, 22–23 for the basic three meanings of אם and its compounds. Cf. BEv 1527 ad Mt 8[10], 16r.–18r.

sit facturus[a5]. Sumus autem vere *caro et os* [Eph 5,30] eius, quotquot, ipsius Spiritu docti, agnoscimus haec illum gratia nostrae redemptionis factum. Destinata huc a Deo erat ingens hominum multitudo ut in eis ipse esset omnia [cf. Col 1,17], ideo tota de integro reparanda erat. Tota enim prolapsa in peccatum fuerat adeo ut nullus esset in eis virtutis sensus reliquus. Reparari autem non potuit, nisi vetustate extincta et Deo ultroneo animo sacrificata. Id cum nemo alius posset, quod sui amor in omnibus radices altissime egisset, advenit Verbum Patris, humana carne vestitum, *Unigenitus Dei* in quem sacrum Volumen respexit, quoties sacrificiorum suaveolentium meminit [cf. Eph 5,2].

Id est qui Patri dixit [Ps 39,7–11]: *Sacrificium et munus noluisti, aures perforasti mihi ut essem tibi in aeternum servus, holocaustum et sacrificium expiationis non postulasti. Tunc dixi: ecce veni, in volumine libri scriptum est de me ut facerem gratum tibi quod* neque brutae illae [582] hostiae, *neque offerentes illas potuerunt. Nam lex et doctrina tua in intimis meis est, cum intimum aliorum mortalium obtineat lex peccati. Evangelizabo iustitiam in concione magna, en labia mea non continebo. Domine tu nosti, iustitiam tuam non abscondam in corde meo. Idem et salutem tuam annuntiabo, non dissimulabo benignitatem et veritatem tuam in concione magna.* [81]Voluit nanque Pater ex hominibus deos facere [cf. Io 10,34], sed id per hominem qui Deus iam esset; ideo *Verbum* eius Deum *hominem fieri* [Io 1,14] oportuit. Cum iam arcanae literae [82]ἀποθέωσιν, id est deificationem electorum ubique vel promittant vel doceant et illa nullis nisi per Verbum incarnatum contingat, nihil omnino in Scripturis legitur quod non suo modo ad Verbum[b5] respiciat, *finem* et perfectionem *Legis* [Rm 10,4]. Hoc siquidem autore et Mediatore divinitatis omnia ad nos perveniunt et perficiuntur [cf. Col 1,17]. Huius ergo admonere nos et in spem sortis divinae, penitus olim consequendae, erigere debet quod *Verbum caro factum est* [Io 1,14] quod in hoc ipsum assidue sane recogitandum pieque expendendum nobis fuerit. Indubie enim diligenter perpensum in quavis tentatione animum facile confirmabit et fiduciam in Dei bonitatem mirifice augebit. Tum monebit quid et nos *proximis* [cf. Rm 15,2] facere[c5] deceat, quando propter nos Deus homo factus est [cf. Io 1,14]. Certe, quem haec Verbi humiliatio, rite considerata, non lubentem reddiderit ut ad quaevis se officia erga proximum demittat [cf. Rm 15,2–3], quamlibet ipse sublimi loco constitutus, [d5]is per se[d5] nihil prorsus officiosum efficiet.

[a5] posthabiturus AB. – [b5] illud AB. – [c5] fieri AB. – [d5]–[d5] hunc A. –

[81] Ap: Chrysostom, *In Ioh.* hom. 11 ad loc., MPG 59, 79 (*i*); ErP 1524 ad loc., LB 7, 503–504 (*ap*).
[82] Ap: Reuchlin, *De verbo* lib. 2, cap. 6 in: *Scriptores Artis*, 913 (*i*: apotheosis through the λόγος). Cf. also BEph 1527 ad 1[4], 25r.

⟨Inter quos *Verbum habitavit* [Io 1,14]⟩ Considerandum et illud: *Habitavit in nobis*. Quid enim [83]humilius et abiectius coram mundo iis inter quos *Verbum homo factum, habitavit* [Io 1,14] vixitque? Cur igitur nobis adeo seculi fulgur oculos perstringit et non malumus versari apud eos quibus nos consulere possumus et debemus atque eos a quibus nobis emolumenta speramus? Profecto fides in Verbum naturam et indolem Verbi resipit. Sed ne hoc praetereundum: *Et vidimus gloriam eius* [Io 1,14]. Viderunt hanc abunde et hostes Christi Iudaei, sed ut odio eius inflammarentur ad sui perniciem, non ut digne susciperent illum ad sui salutem. Et hinc ergo animadvertendum ut [84]humilia Deo placeant, displiceant celsa.

⟨Qui, ad salutem, Verbi *gloriam viderunt*⟩ Libeat itaque tandem [e5]et nobis[e5] mundo nihil esse ut Deo simus, inter quos habitare suamque gloriam ad salutem revelare, dignetur. Hic locus cum alias, tum in priore ad Corinth. capite primo [4–8] et secundo [7–10] a Paulo tractatur fusius.

Notandum denique et quae *gloria Unigeniti* fuerit quam discipuli in Verbo contemplati sunt. [85]Splendor enim erat divinae bonitatis quae in omnibus dictis[f5] eius iugiter emicabat. Quam et in nobis pro nostra portione, si *filii* sumus *Dei* [Rm 8,16], relucere oportet. Etenim quod in monte [86]transformatus fuit [cf. Mt 17,1–9], ut gloriae eius clarior quaedam extitit revelatio, ipsa tamen gloria natura erat bonitatis sese ubique depromentis, id est exerens se in singulis eius verbis et gestis, divinitas[86].

ENARRATIO SECTIONIS V [15–18]

Paraphrasis

Testificabatur autem Ioannes de ipso et clamabat [Io 1,15]. Sed redeo ad institutum de Ioannis testimonio narraturus. Cum ergo revelandi Verbi tempus adesset, testificabatur ille atque libere de Domino nostro proclamabat: *Hic ille est de quo dicebam quod* praedicatione *esset me secuturus cum tamen ante me sit* genitus utique ante secula: *prior enim[g5] est* [Io 1,15], princeps meus et caput, sicut et omnium cum sanctorum tum prophetarum. Is etenim est fons omnis boni [cf. Io 4,14] de *cuius* plenitudine

---

[e5–e5] nobis et A. – [f5] *add.* et factis AB. – [g5] *add.* me AB. –

[83] Ap: Chrysostom, *In Ioh.* hom. 11, ad loc., MPG 59, 79; ErP 1524 ad loc., LB 7, 504 (*i*).

[84] Ap: Augustine, *In Ioh.* tract. 2, ad loc., MPL 35, 1395, CCL 36, 19 (*i*).

[85] Ap: Augustine, *In Ioh.* tract. 100 ad 16,13–14, MPL 35, 1891, CCL 36, 588 (*i*: there δόξα defined as "gloria" and "claritas").

[86–86] Ap: *Glossa ord.* [*marg.*] ad loc. (*ip*: gloria applies to *both* Christ's life and transfiguration; there: also to resurrection). Adv: Brenz, *In Ioh.* 1528 ad loc., 12r.–v. (there: *gloria* applies to transfiguration and resurrection only).

et inexhausta abundantia *accepimus* [Io 1,16], quotquot unquam sanctum aliquid aut salubre, vel ipsi possedimus, vel aliis attulimus. *Gratia* siquidem *super gratiam* [Io 1,16] ab ipso nobis derivata est. Primum, ab ipso nobis datus est *spiritus timoris* [2 Tim 1,7] quo, instar puerorum quos cohercet adhuc paedagogi metus, [cf. Gal 3,24] ad qualemcunque pietatem agebamur; deinde et spiritus libertatis [cf. 2 Cor 3,17] quo iam excluso omni metu liberi et lubentes iis quae probantur Patri studemus. Quid dicam? Quicquid omnino gratiae et apud Deum et homines recte iudicantes, et ideo verae [583] quoque virtutis, ulli unquam habuerunt, Christi Iesu habuerunt beneficio. Nam etsi *per Mosen Lex data sit*, nihil tamen per eum hominibus contigit iustitiae qua vere gratia apud Deum et divinos homines polluissent. Haec [87]*gratia, ut et veritas*, hoc est syncera solidaque iustitia, *per Iesum* hunc, indubitatum *Christum* Regemque Salvatorem *confertur* [Io 1,17]. [88]Per quem et Moscheh ipse didicit et accepit quicquid sancti, quicquid divini (quo vel ipse ornatus fuit vel erudiit alios) unquam habuit[88]. *Deum siquidem nemo unquam vidit*, nemo cum immenso, infinito, inaccesso numine congredi potuit, mortalium. *Unigenitus Dei hic Iesus qui* in abdito *Patris sinu* agit, aeternum eius Verbum, *enarravit* [Io 1,18] Moscheh, prophetis reliquis ac nobis omnibus quicquid[h5] de Deo didicimus. *Lux enim est illa vera quae illuminat omnem hominem* [Io 1,9].

Annotationes

Illud: *Qui venit post me* [Io 1,15] concorditer [89]omnes de praedicatione intelligunt. De eo autem: [90]*Qui ante me factus est* variatur. Sua quisque

---

[h5] *add.* unquam A. –

[87] Ap: Brenz, *In Ioh.* 1528 ad loc., 15r. (*i*). Cf. Augustine, *In Ioh.* tract. 3 ad loc., MPL 35, 1397, CCL 36, 20: (there: contrast between Law given vicariously and grace given directly) and *ibid.* MPL 35, 1402–1403, CCL 36, 27.

[88–88] Ap: Augustine, *In Ioh.* tract 3 ad loc., MPL 35, 1402, CCL 36, 26–27; Aquinas, *In Ioh.* ad loc., Piana 14:2, 10r. col. B. (*i*). For giving and function of *gratia* generally in OT times cf. also Augustine, *De peccatorum meritis* 1,11, MPL 44, 116; 2, 24, MPL 44, 166.

[89] A curious statement most probably adv: ErAn 1527 ad loc., LB 6, 341. There Cyril [*In Ioh.* ad loc., MPG 73, 165–169] and Theophylactus [*In Ioh.* ad loc., MPG 123, 1161–1162] cited in support of the notion that ὁ ὀπίσω μου ἐρχόμενος refers also to the chronology of the births of Jesus and John the Baptist and should be read together with ἔμπροσθέν μου γέγονεν. The whole sentence thus becomes a paradox: "he came before me since he came after me" i.e. his glory was greater than mine because he was born after me. Er cites Chrysostom *In Ioh.* [hom. 13, MPG 59, 89] as taking ὁ ὀπίσω μου ἐρχόμενος to refer to the chronology of preaching only and not of birth. Some emphasis on the chronology of preaching placed by ErP 1524 ad loc., LB 7, 505. Chrysostom's interpretation notably ap: *Glossa ord.* [*marg.*]; Lyra ad loc.; Aquinas, *In Ioh.* ad loc., *Piana* 14:2, 9v. col. B.; Brenz, *In Ioh.* 1528 ad loc., 13r. Question of chronology not raised ap: Augustine, *In Ioh.* tract. 3 ad loc., MPL 35, 1399, CCL 36, 23.

[90] Ἔμπροσθέν μου γέγονεν referred here to Christ's greater glory due to eternal pre-existence of the λόγος. Thus ap: Augustine, *In Ioh.* tract. 3 ad loc., MPL 35, 1399, CCL 36, 23;

probet; quid ego secutus sim pio lectori, penes quem iudicium sit, paucis indicabo. *i5*Constat ut*i5* multa alia nostrum Evangelistam quae tamen ad Verbi revelationem momentum haudquaquam vulgare habuerunt, praeteriisse, ita et ex testimoniis Ioannis*j5* duntaxat memorasse quae praecipue et luculentissime Verbi divinitatem exprimunt. Hinc in hoc ipso *k5*Ioannis testimonio*k5* (quod hic adduxit) quaeque divinissima inesse libenter agnosco. Quae enim Evangelista de Verbi divinitate testatus est, *l5*voluit eo*l5* comprobare. Inducit ergo Evangelista*m5* Ioannem memorantem ut praedixerit post se venturum, id est praedicaturum, qui tamen ipso esset infinito maior. Dixerat enim, ut reliqui Evangelistae omnes memorant: *91*Ego baptizo vos aqua, venit post me potentior cuius non sum dignus corrigiam solvere calceamenti, is baptizabit vos Spiritu* [Mt 3,11]. Idipsum igitur significabunt et ista: *Ante me factus est, prior me est* [Io 1,15] etc. et hoc *92*quidem ordine.

⟨*Ante me factus est, prior me erat* [Io 1,15]⟩ Dixi alium *venturum post me* [Mt 3,11] cuius*n5* dicto audire vos oporteat. Qui et illustris futurus sit me obscurato, magnus me imminuto. Huius caussa est quod is longe *ante me factus est, initio* enim *fuit* [Io 1,1] et *sunt omnia per ipsum facta* [Io 1,3]. Etenim licet post me praedicaturus sit, tamen multo *me prior est,* *93*imo primus meus et princeps est – ipse fons omnis veritatis, gratiae et salutis [cf. Io 4,14].

Haec exponit deinceps per ea quae subiicit: *De plenitudine eius accepimus omnes* etc. [Io 1,16]. Neque enim inepte ut caussa huius *ante me factus est,* illud *quia prior me erat* [Io 1,15] etiam hoc sensu subiectum erit *o5*quo intelligimus per illud: *prior me erat* vel *primus meus:* maior me erat et Deus meus*o5*. Utique quia prior Ioanne *p5*Verbum erat, ipso maior et praestantior*p5* (equidem non illubens: *primus* vel *princeps* legerem quando comparatio duorum sit, Evangelista autem habeat πρῶτος)*q5* necesse fuit ut et

---

i5–i5 Ut constat D. – *j5* add. ea AB. – *k5–k5* om. AB. – *l5–l5* eo voluit A. – *m5* om. AB. – *n5* cui AB. – *o5–o5* om. AB. – *p5–p5* om. AB. – *q5* add. Verbum erat AB. –

Brenz, *In Ioh.* 1528 ad loc., 13r. Chrysostom, *In Ioh.* hom. 13, MPG 59, 88–89 refers it to Christ's greater glory in human nature. Thus also ap: Lyra ad loc.; ErAn 1527 ad loc., LB 6, 341 (there: also refers it to miracles announcing Christ's birth); ErP 1524 ad loc., LB 7, 505 (there: Christ's greater glory in human nature; not clear whether pre-existence of the λόγος also meant).

[91] This cited as parallel ap: Chrysostom, *In Ioh.* hom. 13 ad loc., MPG 59, 88–89 (there: Christ's glory in human nature only); Brenz, *In Ioh.* 1528 ad loc., 13r. (*i*).

[92] Adv: Chrysostom, *In Ioh.* hom. 13 ad loc., MPG 59, 88–89 (there: this order can only refer to Christ's glory in human nature not to pre-existence of λόγος). Cf. ErAn 1527 ad loc., LB 6, 341.

[93] Pre-existence of λόγος ap: Augustine, *In Ioh.* tract. 3 ad loc., MPL 35, 1399, CCL 36, 23–24 (*ip* here adv: Chrysostom/ErAn 1527: cf. supra nn. (90)–(92)).

ante Ioannem *esset factus*. Neque offendit quod [94]*factus est* potius quam: genitus Evangelista scripsit; utrunque enim non nisi metaphoricõs[r5] Verbo tribuitur. Et Schlomoh formatam atque constitutam Dei sapientiam dixit Proverbiorum 8 [23–29][s5].

Utcunque autem haec accipiamus, eandem Domini dignitatem huic nostro significant quam apud reliquos Evangelistas illud: *Fortior* vel potentior *me est cuius non sum dignus* [Mt 3,11] etc. Et quod illi per baptismum ignis et Spiritus [cf. Mt 3,11] exprimere voluerunt, hic noster exposuit hic per ista: *De cuius plenitudine* etc. [Io 1,16]. Spiritus utique Dei est quo solo et *gratia et veritate* [Io 1,14] pollere nobis datur. Hic noster quo haec magis explicaret, adiecit [95]collationem cum Moscheh et quod ab ipso *Unigenito omnis* de Deo *veritas* [Io 1,14] tradita sit quam vel Moscheh vel alii Dei homines unquam perceperunt. Plenitudo Christi utique est quod Spiritum absque mensura [cf. Io 3,34] accepit[95] et *dedit ei Pater omnia in manus* – infra 3 [35]. *Gratiam pro gratia* [1,16] intelligo: [96]*gratiam super gratiam*. Gratia est qua Deo placemus gratique sumus; id non sit nisi per Spiritum eius: hunc donat Filius [cf. Gal 4,6].

⟨Gratia prior: *spiritus timoris*⟩ Prior ergo *gratia quam* a Verbo *accipimus* [Io 1,16] *spiritus* fuit [97]*timoris* [Rm 8,15; 2 Tim 1,7] quo veteres qualicunque pietate vixerunt sub legis paedagogia [cf. Gal 3,24]. Ab homine enim nihil nisi peccatum [cf. Gn 8,21] et ignoratio Dei est [584] quibus homo[t5] *coram Deo* necessario *abominatio* quaedam *est* [Lc 16,15]. Hac igitur ceu puerili iustitia per Christum donati fuimus cum adhuc pueri essemus [cf. Gal 4,3].

[r5] metaphoricos AB. – [s5] *add.* AB: Denique si prorsus idem utrumque et *ante me factus est* et *prior me* vel primus meus erat, significarent, neque hoc quicquam prae illo haberet evidentiae maioris ut posset ipsius esse probatio, non esset tamen πλεονασμός ἤ περισσολογία id est redundans sermo, Evangelistae hoc nostro insolens. – [t5] *om.* AB. –

[94] Adv: ErAn 1527 ad loc., LB 6, 342 (there: cannot refer to λόγος; Christ never said to be *factus* but *factus homo*).
[95–95] Christ as ultimate lawgiver transmitting truth to Moses esp. ap: Aquinas, *In Ioh.* ad loc., *Piana* 14:2, 10v. col. B. and cf. supra n. (88)–(88). Link: *plenitudo/Spiritus absque mensura* ap: Brenz, *In Ioh.* 1528 ad loc., 14v. (*i*).
[96] New *gratia* complements the old rather than replacing it outright ap: Chrysostom, *In Ioh.* hom. 13, MPG 59, 89 (cited in: Aquinas, *Catena* ad loc., *Guarienti* 2,341 col. B); Augustine, *In Ioh.* tract. 3 ad loc., MPL 35, 1401–1403; CCL 36, 25–27 (partly cited in: Aquinas, *Catena ibid.*); Aquinas, *In Ioh.* ad loc., *Piana* 14:2, 10r. col A; Lyra ad loc.; ErP 1524 ad loc., LB 7, 505. – Here perhaps adv: Brenz, *In Ioh.* 1528, 14v. (there: we received grace because grace imparted to Jesus).
[97] Ap: Luther, *In Gal.* 1519 ad 3,24, WA 2, 528–529 and ad 4,3, WA 2, 533–534 (*i*: link between *Lex, timor* and *gratia*). Cf. also *Altenstaig*, 327r. ad: *timor servilis*.

⟨Gratia posterior: *spiritus libertatis*⟩ Altera gratia spiritus est ille liberior [cf. 2 Cor 3,17] cui [98]ius filiorum conceditur [cf. Rm 8,15]. Per quem sancta fiducia Deum Patrem invocamus qui *timoris spiritum* in servitutem eliminat quia *dilectio foras pellit timorem* [1 Io 4,18]. Profecto gratia et quidem ingens erat quod vel timore utcunque Deum colere et metu eius in litera Legis, id est praescriptis eius, citra plenius[u5] Spiritus arbitrium et impulsum ultroneum atque lubentem, vivere populo veteri datum fuit. Ad Christum enim sic concludebantur et ab impietate cohercebantur. Atqui multo maior gratia fuit cum libertatis spiritum [cf. 2 Cor 3,17] suis Pater dedit. Quo iam ad ipsius voluntatem animati, sancti libere sponteque sua ad ea quae *iusta, sancta* [Phil 4,8] et salutifera sunt, feruntur[98].

[v5]Ex his autem nemo putet me sentire veteres vel externa duntaxat Legis observatione Deo placuisse, vel, solo Spiritu agente, in servitutem fuisse ductos. Ut nanque et illis praeceptum fuit ut Deum *ex toto corde totaque anima diligerent* [Mc 12,33], ita, sine hac dilectione, [99]nemo illorum unquam probatus Deo fuit. Caeterum tanta divinae bonitatis cognitione, ac inde ad vivendum illi tanta[w5] pronitate atque lubentia, donati non fuere [100]quanta donantur qui Christo sese dederunt iam revelato [cf. Gal 3,23]. Unde Paulus priscos illos non plane servos, sed *filios* facit; verum qui adhuc agant[x5] *sub paedagogo* [Gal 3,25–26] nondum eo spiritu instructi ut suo ipsorum relinquere eos arbitrio, ita ut veros Christi discipulos, convenerit[v5].

⟨Collatio Mosche et Christi [cf. Io 1,17]⟩ Quod vero *Moscheh* per collationem meminit, occupatio quaedam est. Moschen enim perpetuo Iudaei iactabant, quanquam ne illi quidem crederent, ut infra [Io 5,46] Dominus eis opprobrat. Tribuit ergo Ioannes Mosche quod eius erat: nempe [101]*Legem per illum datam esse* [Io 1,17]; stetit enim inter Dominum et filios Israël ut annuntiaret eis verbum Domini. Ex hac autem Lege quibus per Christum nihil adiectum praeterea fuit, tam abest ut gratiam in oculis Domini invenissent, quod tantum rei impietatis facti sint et

---

[u5] proprium AB. – [v5–v5] *om.* A. – [w5] *om.* B. – [x5] egerunt B. –

[98–98] Ap: Luther, *In Gal.* 1519 *ibid.* (*i*: spontaneous acceptance of Law after grace given). Cf. *Altenstaig,* 170v. ad: *Lex evangelica.* Cf. also infra ad nn. (177)–(181); BSoph 1528 (1554) ad 3,11, 569–570; BEv 1527 ad Mt 5[19], 147v.–159r.

[99] Ap: Augustine, *Contra Faustum* 19,18.27, MPL 42, 359, 365–366, CSEL 25, 517, 529–530 (*i*: same commandments OT and NT; fulfilment of Law through love fully accomplished by Christ); Luther, *In Gal.* 1519 ad 3,23, WA 2, 528 (*i*: limitations of faith in OT). Cf. also Zwingli, *Elenchus,* CR 93, 163–172. Here also poss. adv: Anabaptists esp. Denck, *Von der wahren Liebe,* Täuferakten 6:2, 78–79.

[100] Cf. n. (99) and ap: ErP 1524 ad loc., LB 7, 505: uberior gratia (*i*).

[101] Ap: Brenz, *In Ioh.* 1528 ad loc., 15r.–v. (*i*: there also emphasis on distinction as well as continuity between Moses and Christ, Law and Gospel).

execrabiles. Execratur enim Lex, quotquot non observaverint quae praecipit singula. Hinc est quod Paulus Legem *administrationem* mortis et
condemnationis vocat *literamque occidentem* [2 Cor 3,6–7]. Quid enim
mihi nisi mortem et condemnationem afferret, si quis ita imperaret: nu-
mera omnes stellas [cf. Gn 15,5] et edic nomina earum, aut morieris? Sic
Petrus testatur quod onus Legis *neque ipsi, neque patres* eorum *potuerunt[y⁵]*
portare [Act 15,10]. Ideo in omnes etiam pios ipsa quidem, quamlibet
sancte doceret et moneret ac esset omnino utilis et sancta, *administratio*
tamen *mortis* [2 Cor 3,7] extitit, ut sane et nobis existit.

⟨Lex erudit monetque ad pietatem, sed semper simul condemnat⟩ Ut
enim per Legem ad pietatem erudior, ita simul semper peccati condemnor.
Nunquam enim me qualem Lex requirit, deprehendo: eoque ex Lege mors
perpetuo mihi intentatur [cf. Rm 8,2]. Quod vero et Legi vel in parte
obtempero et condonandum mihi spero quod eam transgredior, imo quod
omnino Legem mihi observandam agnosco – omnia haec Spiritus Christi
sunt qui vivificat [cf. Rm 8,2]. Huius tam sementem [cf. Ez 36,9] illam[z⁵]
qua donata fuit ecclesia veterum, quam primitias quibus nostra ornatur,
uni Christo acceptas referre oportet. Hoc iam est quod Ioannes testabatur:
Gratia et veritas per Iesum Christum facta est [Io 1,17]. Nam sine numine
Christi nihil grati Deo, nihilque veri boni in ullo unquam esse potuit [cf.
Rm 7,18].

Illud: *Deum nemo vidit unquam* [Io 1,18], cum non dubitem cum
praecedentibus quibus annexum est, suam habere consequentiam et videam satis aperte Ioannem in hoc suo testimonio voluisse persuadere ut
Christum Iudaei quemadmodum se[a⁶], ita et Moscheh, maiorem agnoscerent, videtur occupationem in se habere eius quod contra Christum
Iudaei obiicere solebant [cf. Io 9,29]: nempe Moscheh vidisse Dominum
atque cum eo *facie ad faciem* [Ex 33,11; Dt 34,10], *ore ad os fuisse locutum*
[Nm 12,8]. Hoc ergo voluit istis verbis: *Deum nemo vidit unquam* reiicere
et affirmare Christum eum esse qui solus non solum Deum viderit, sed *in
sinu* [Io 1,18] quoque eius sit, id est in abditissimis et intimo Dei: nimirum
virtus, sapientia et aeternum Verbum *Dei* [1 Cor 1,24]. Quanquam enim
Iacob vidisse Deum *facie ad faciem*, [1] Mosch. 32[30] et filiis Israël locutus
Dominus *facie ad faciem*, 5 [585] Mose [Dt 5,24], peculiariter autem ipsi
Moscheh servo *quo fidum et certum magis non habebat in omni domo sua,
ore ad os et in visione verba* fecisse 4 Mos. 12 [7–8] legatur, nihilominus
eidem Moscheh petenti videre Domini gloriam, Dominus respondit: *Non
poteris videre faciem meam quia non videbit me homo et vivet* [Ex 33,20].

[y⁵] potuerint AB. – [z⁵] quandam A. – [a⁶] *add.* ipso A. –

[102]Quibus enim Deus se apertiore vel visu, vel allocutione revelavit, eos dicit Scriptura Deum *facie ad faciem* [Ex 33,11] vidisse et *ore ad os* [Nm 12,8] loquentem audivisse, cum tamen ipsam Dei faciem propriam videre, hoc est plenam divinitatis cognitionem assequi, nemo potuerit mortalium unquam. *Inhabitat* enim *lucem inaccessam* [1 Tim 6,16]. Non potest homo suam ipsius, qua est et vivit, mentem pervidere; quomodo igitur videret Deum? Cum maximum igitur Moscheh Deus vellet beneficium praestare, *posteriora* gloriae suae *videre eum* fecit [Ex 33,23]. *Faciem*, inquiebat, *meam non videbis* [Ex 33,20].

Haec *posteriora*, hoc gloriae Dei tergum magna utique fuit divinitatis cognitio at non plena, ut visio faciei, dici meruisset[b6]. Quemadmodum itaque Dominus iactantibus Moscheh dedisse man, dicebat: *Non dedit Moscheh vobis panem de coelo,* [c6]*sed Pater meus dat vobis panem de coelo*[c6] *illum verum* etc. [Io 6,32], ita Ioannes hic tacite apud se iactantibus se velle discipulos esse Moscheh, cum quo Dominus *ore ad os* [Nm 12,8] locutus fuisset quique Dominum *facie ad faciem* [Ex 33,11] vidisset, dixit: Moscheh non vidit Deum etsi plenius eum multis aliis cognoverit; ipse enim testatur dixisse Dominum: *Non videbit me homo et vivet* [Ex 33,20].

Hic Christus autem, quem annuntio, in coelo est et apud Deum, *in* ipso *sinu Patris* [Io 1,18], is Patrem Deum videt et cognoscit plenissime. Ab hoc et Moscheh ipse ac quicunque divini aliquid unquam viderunt, perceperunt[102]. *Patrem siquidem nemo novit nisi Filius et cui voluerit Filius revelare* [Mt 11,27]. [104]Quin hunc unicum igitur et coelestem Magistrum qui unus divina enarrat [cf. Io 1,18] agitque iam inter vos homo, auditis, misso Moscheh, me et prophetis quibuslibet? Nam si eos et quicunque ex Dei spiritu unquam locuti sunt sancti, audieritis, ad illum communem nostrum Doctorem et Mediatorem uno ore vos ablegant. Ne ergo offendat

---

b6 *add.* [103] Demiror autem quid sibi velint qui hoc loco *posteriora*, vel tergam gloriae Dei, posteriora tempora intelligunt in quibus facies Dei tecta humanitate hominum oculis exhibita est AB. – *c6–c6* *om.* A. –

[102-102] Ap: Augustine, *In Ioh.* tract. 3 ad loc., MPL 35, 1403–1404; CCL 36, 27–28 (*ip*: neither Moses nor any other mortal could ever see God clearly; what Moses saw imperfectly due solely to Christ's mediatorship); ErP 1524 ad loc., LB 7, 505–506 (*i*: only Christ can see God clearly). Cf. Chrysostom, *In Ioh.* hom. 15 ad loc., MPG 59, 97–98 (there: all sightings of God made by mortals = feeble glimpses) and Brenz, *In Ioh.* 1528 ad loc., 16r.–17r. (*i*: God recognized imperfectly by some mortals only through Christ's mediatorship).

[103] Adv: Brenz, *In Ioh.* 1528 ad loc., 16v.

[104] Perhaps adv: Anabaptists. Cf. *Getrewe Warnung*, BDS 2, 235 (there acc. Denck: Christ a model; man can reach God by own efforts); Rhegius, *Notwendige Warnung* adv: art. 11 (Christ a mere prophet); adv: art. 12 (man can reach God by own efforts) in: *Deutsche Schriften* 4, 139v.–141r. and *Nikolsburg Art.*, Täuferakten 7, no. 116: B1, 140 (there: Christ a mere prophet).

vos [105]hominis in eo humilitas, ne a Deo qui in ipso habitat corporaliter plenissimo quodam modo, excidatis. Ut ab Unigenito omnia semper sancti acceperint et in sectione I[!] [106]huius capitis quedam diximus.

Caeterum quantum ad significantiam verborum attinet, quod ait: *Nemo vidit unquam Deum* [Io 1,18] perinde est acsi dixisset: nemo audivit, quare *enarrasse Unigenitum Dei* mox subiicit. Sic infra 6 [45-46] cum dixisset Christus: *Omnis qui audivit a Patre et discit, venit ad me,* continuo adiicit: *Non quod quisquam Patrem viderit, nisi qui est a Deo, is vidit Patrem.* Ita et 1 Mosch. 20[!]: *Et populus videbat voces* [Ex 20,18].

Observationes

⟨Evangelizatio per homines non contemnenda⟩ [107]Observandum: licet Deus unus omnia doceat, quantopere tamen velit homines hominibus ad veritatis cognitionem percipiendam ministrare. Super tot prophetarum oracula et ipsam Christi de se, cum verbis tum operibus, testificationem et ante et postquam semetipse proderet, Ioannem quoque eum suo commendare testimonio oportuit. Cum itaque *vita aeterna sit Christum vere agnovisse* [Io 17,3], relucet mirifice hic divina dignatio quae adeo nihil omisit quo ille revelari cognoscique potuit. Deum Patrem ergo hic imitemur et cooperarii eius esse studeamus [cf. 1 Cor 3,9], omnia nostra huc referentes ut Christum Dominum quam plurimi agnoscant et in ipso aeternum vivant [cf. 1 Io 5,20]. Denique cum unus sit, *de cuius plenitudine* certam *gratiam* [Io 1,16] solidamque iustitiam omnes electi percipiant, summopere caveamus ne, vel nosipsi vel alii, ad alia deflectant[107].

⟨Sine Christo nihil Deo probatur. Unus doctor veritatis Christus⟩ Animadvertendum iuxta cum *per* unum *Christum gratia et veritas fiat* [Io 1,17], omnes eos [108]invisos Deo et nihil nisi fucos esse, quicunque Christum non habent, quantalibet sapientia et iustitia videantur pollere. Neque praetereundum demum: quum divina unius Dei Unigenitus narrat [cf. Io 1,18], Christianorum esse ut nulli mortalium sese addicant magistro, sed hunc in omnibus orent ut, quae salutifera sunt, enarret. *Deum* enim aliorum *nemo vidit* [Io 1,18], nemo audivit. Unde incerta esse oportet, imo falsa sunt[d6], quaecunque sine numine Christi de Deo affirmaverint. Conveniebat igitur ut longe modestius [586] in asseverando et aliis praecipien-

---

[d6] *om.* AB. –

[105] Perhaps adv: Denck, *Was geredt sey,* Täuferakten 6:2, 37 (there: Christ's humanity imposes a limit on his perfection).

[106] Cf. infra ad nn. (174)-(180).

[107-107] This argument adv: Kautz and Denck. Cf. *Getrewe Warnung* ad art. 1-2, BDS 2, 238-241 (*ia* and use of 1 Cor. 3,9). Also ap: Bader, *Brüderliche Warnung,* E6v., F2v. (*i*).

[108] Cf. supra ad nn. (40)-(41).

do quidam agerent, praesertim cum homo, quamlibet sanctus, non queat nisi *plantare* et *rigare*. Sit autem utrunque, nisi *Deus incrementum donet* [1 Cor 3,7], inane et frustra*e6*.

ENARRATIO SECTIONIS VI [19–28]

Paraphrasis

Hoc vero est testimonium Ioannis, quando [Io 1,19]. Ne cui [109]vero suspectum sit hoc Ioannis testimonium, tulit illud Domino nostro non in angulo aliquo, aut coram paucis iisque humilibus arbitris, neque tantum coram credulo vulgo, sed respondit id gravi quoque et verendae legationi *Hierosolymitarum* quae constabat *ex Levitis et Sacerdotibus* [Io 1,19] iisque ex laudatissima inter Iudaeos secta Pharisaeorum. Quae legatio*f6* percontatum quisnam ipse esset, peculiariter ad eum fuerat destinata[109]. His ergo rogantibus *quis* ipse *esset: an Christus, Helias, vel* alius quispiam *propheta* [Io 1,21], nihil dissimulans et ingenue ac libere quod res erat *confessus est*g6 [Io 1,20]. Negavit se quidem *Christum, Heliam vel prophetam* esse. Affirmavit autem *vocem esse se clamantem in deserto* [Io 1,23] ut Domino, iam ingressuro, via muniretur *cuius Ieschaiah* [40,3] *meminit*. Rursus vero rogatus ab eis: *Cur igitur baptizaret* [Io 1,25], testatus est *aqua se* duntaxat *baptizare*, sed *inter eos stetisse quem ignorarent* [Io 1,26], qui praedicando post ipsum *venturus* esset, *ante* ipsum *autem*h6 *factus* eo quod prior ipso esset, *cuius non esset* ipse *dignus solvere corigiam calceamenti* [Io 1,27], *et hunc baptizaturum Spiritu sancto* [Io 1,33]. *Haec in Bethabora facta sunt, circa Iordanem, ubi Ioannes baptizabat* [Io 1,28] aderatque ideo, ex omni populi Israëlitici regione, turba hominum frequentissima.

Annotationes

De illo: *Confessus est et non negavit et confessus est* [Io 1,20] [110]quidam disputant et ad diversa referre volunt sed *i6*consueta est ista verborum

---

e6 *add.* utrunque A. – *f6 om.* AB. – *g6 om.* AB. – *h6* tamen AB. – *i6–i6* praeter rationem, consueta enim est nostro Evangelistae περισσολογία vel πλεονασμός, ita et [111] Nonnus intellexit AB. –

[109–109] Cf. infra nn. (136)–(136), (137).

[110] Adv: ErP 1524 ad loc., LB 7, 506 (there: John firstly refuted suspicion that he was Christ then admitted who he was); Brenz, *In Ioh.* 1528 ad loc., 18v. (there: confessed = the truth and did not deny = previous testimony Io 1,15). Cf. infra ad n. (111) and BEv 1527 ad Mt 11[25–30], 210r.

[111] *Paraphrasis* ad loc., MPG 43, 753.

congeries nostro Evangelistae[i6]. [j6]Quod vero [112]negavit se Ioannes *Heliam et prophetam* [Io 1,21] esse, sermoni Christi qui utrunque esse illum affirmavit [Mt 11,9], nihil pugnat. Credita est nanque iam olim Iudaeis, sicut et hodie, παλιγγενεσία, id est [113]iterata generatio quam et [114]Pythagoras docuit. Ex qua opinione [115]Herodes putabat Ioannem quem decollaverat, in vitam rediisse et Iesum iam vocari [cf. Mt 14,2]. Ex eodem errore et vulgi *pars* Dominum *Heliam, pars Ieremiam aut alium quempiam ex prophetis* putabat [Mt 16,14].

Obtinuerat simul apud Iudaeos qui pridem et apud nos [116]error obtinuit: non esse prophetas et sanctos nisi superioris seculi [cf. Mt 11,13]. Cum ergo negasset Ioannes se Christum esse, rogabant eum legati illi num Helias esset ille Thesbites vel alius quispiam ex prophetis [cf. Io 1,21] in vitam hanc rursum reversus. Suam enim aetatem non credebant dare prophetam. Utrunque igitur recte negavit. Etsi enim *plusquam propheta* [Mt 11,9] esset, nempe clarius Christum praedicans quam quisquam retro prophetarum, licet etiam [117]spiritu et virtute vere Helias[k6], non tamen erat ille ipse Helias qui *raptus fuit in coelum* [4 Rg 2,1] redivivus, aut unusquispiam ex prophetis reliquis qui vixerant antea – secundum quam opinionem erat interrogatus. Alii haec aliter interpretantur; sit cuiusque interpretationis fides apud autorem suum, iudicium penes ecclesiam.

Quod vero se *vocem* Ioannes *clamantem* [1,23] adseruit esse, apposite ad Prophetae vaticinium fecit. Vaticinatur enim [118]Propheta Ieschaeiah 40 [3], unde hic versiculus desumptus est, de restitutione et salute populi Iudaici ab exilio Babylonico. Quae salus, cum umbra fuerit salutis per

---

[j6] *add.* □ Qua ratione negaverit Iohannes se esse Heliam et Prophetam esse A. – [k6] *add.* sed alter esset AB. –

[112] Same problem and same solution (i.e. spiritual Elijah) ap: Augustine, *In Ioh.* tract. 4 ad loc., MPL 35, 1407–1408, CCL 36, 33 (*i*) and Aquinas, *In Ioh.* ad loc., *Piana* 14:2, 11r. col. B. (*ip*).

[113] Ap: Aquinas, *In Ioh.* ad loc., *Piana* 14:2, 11r. col. B (*ip*). Cf. BEv 1527 ad Mt 11[25–30], 210r. Cf. *Scholem*, 266 on the notion of transmigration of souls as elaborated by 16th cent. Jewish Cabbalists.

[114] Basic affinity between Pythagorean and Jewish, esp. Jewish Cabbalistic, systems ap: Reuchlin, *De arte* lib. 2 in: *Scriptores Artis*, 641, 683 (perhaps *i*; but for Reuchlin *ibid.*, 660 Pythagorean metempsychosis = transference of certain spiritual characteristics from one man to another).

[115] Ap: Aquinas, *In Ioh.* ad loc., *Piana* 14:2, 11r. col. B (*ia*). Cf. also BEv 1527 ad Mt 14[1], 150r.–v.

[116] Cf. BEph 1527 ad 1[1], 18v.–19v. Here adv: Denck, *Was geredt sey*, Täuferakten 6:2, 28 and *Vom Gesetz Gottes, ibid.* 54–55 (there: NT = higher level of divine revelation because no longer any need to reveal God by spoken word). Cf. also *Getrewe Warnung*, BDS 2, 240.

[117] Cf. supra n. (112). Adv: Chrysostom, *In Ioh.* hom. 16 ad loc., MPG 59, 104; Lyra ad loc. (there: John not Elijah in any sense).

[118] Ap: Brenz, *In Ioh.* 1528 ad loc., 19v. (*i*: emphasis on spiritual preparation foreshadowed by the prophecy. There: comparison not as elaborate as here).

Christum partae, sicut semper minus Dei beneficium admonet maioris, recte ad suam praedicationem Ioannes transtulit quod dictum est apud Vatem de voce annuntiante libertatem a servitute Babylonis et habitaturam rursum Dei gloriam in terra Iehudah quae *[r6]*tempore exilii Babylonici*[r6]* desertam*[m6]* erat et vasta solitudo. Id quo certius cognoscatur, volo initium vaticinii cum sequentibus aliquot versibus hic subscribere. Postquam*[n6]* Vates Chizkiah regi exilium Babylonicum capite 39[9] praedixisset, ita 40[1] rursus ad praedicendum bona revertitur.

⟨Verba Ieschiaiah [40,1–6]⟩ *Consolamini* inquit, *consolamini populum meum. Loquimini ad animum Ieruschalaim, renuntiate illi quod finitum sit tempus vastitatis eius, condonata iniquitas eius iamque satis compensata peccata eius. Vox clare sonans, sternite viam in de*[587]*serto Domino, complanate semitam in solitudine Deo nostro. Omnis certe vallis elevanda, omnis mons et editior collis humiliandus est rectumque quod tortuosum et planum quod erat saltuosum* *[o6]facere convenit[o6]. [p6]Revelabitur enim[q6] gloria Domini et omnes pariter mortales videbunt quod os Domini locutum sit. Vox dicens clama* etc.

⟨Sensus vaticinii Ieschaiah⟩ His et sequentibus aliquot non paucis versibus Propheta [119]praedixit *consolandum esse[r6]* iterum *populum* [Is 40,1] Domini et Ieruschalaim laeta nuntianda, quia *condonatum* esset illi *peccatum* [Is 40,2] eius et finita quam sumere de illa Dominus decreverat, poena. Audiendam iam optatam vocem, tum a Coresch rege [Is 45,1] tum a sanctis quibusdam viris Iudaeorum ad repetendam regionem Iehuda hortantibus ut *in deserto* et *solitudine*, nempe Ieruschalaim et Iudaea tam diu desolata, *Domino via paretur* [Is 40,3] gloriose iterum in medio populi sui habitaturo, *[s6]eoque* docere ut in occursum illius et*[t6]* ad recipiendum eum quam honorificentissime omnia parent, sicut solent qui expectatum diu charumque principem excipere volunt. Viam ei hi modis omnibus expediunt commodamque reddunt; quicquid editum est deducunt, quod depressum attollunt, flexuosa dirigunt salebrasque omnes submovent [cf. Is 40,4]. Talis iam animus, tale studium debet se suo modo in deserta hactenus Iudaea exerere. *Vere enim* iamiam *Servator aderit* etc.*[s6]* [Is 62,11; Za 9,9]. Audiendam praeterea vocem quae, ut vanitatem hominum, ita

---

[r6]–[r6] *om.* AB. – *[m6]* *add.* iam AB. – *[n6]* *add.* ergo AB. – *[o6]–[o6]* futurum est A. – *[p6]* *add.* et A. – *[q6]* *om.* A. – *[r6]* *om.* AB. – *[s6]–[s6]* Cuius sane adventui nihil prorsus iam queat obsistere omnibus in gratam planitiem coaequatis A. – *[t6]* *om.* D. –

[119]–[119] Link between John and Isaiah elaborated most fully ap: Jerome, *In Is.* 11, MPL 24, 401, CCL 73, 455–456 summarised in: *Glossa ord.* [*marg.*] ad Is. 40,1–3. Acc. Jerome: Isaiah's voice a mere foreshadowing of John's; John's reply to the Pharisees implies imminent revelation of the full glory of God; preparing of the way linked with mental preparation. Cf. Oecolampadius, *In Is.* ad loc., 211r.; BEv 1527 ad Mt 3[3], 46v.–47r.

aeternitatem Verbi Dei clarissime praedicet evangelizandumque in edito monte Dominum cum robore adfuturum et suos curaturum benignissime.

⟨Ut in adventum Christi vaticinium hoc quadret⟩ Quando ergo infinıto verior et praestantior populi liberatio et gloriae Dei apud electos per totum orbem restitutio facta per Christum est, appositissime se Ioannes hanc *vocem* esse dixit [Io 1,23] qui iamiam adfore, gloriose et potenter, illum pastorem et reparatorem salvificum omnium filiorum Dei annuntiabat. Hoc nanque unum ille pro*^{u6}* perpetuo et ardentissimo studio omnium auribus insonabat. Ebraea habent: *Parate viam in deserto* [120][Is 40,3]. Evangelistae autem [Mt 3,3; Mc 1,3; Lc 3,3–6; Io 1,23] locum hunc citant ut *vocem in deserto clamantem* significent; sed in sensu nihil variatur. Quem enim in *deserto clamasse* memorant, utique hortatum significant ut et *in deserto via Domino pararetur* [Io 1,23]. Desertum autem hoc et vasta solitudo in quam venturam gloriam Dei Ioannes praedicabat, non Iudaea sola*^{v6}*, sed et totus orbis fuit; nusquam enim sub Christi adventum gloriae Dei erat locus[119].

Ad hunc autem modum pleraque omnia in Christi regno perfecta suos in populo veteri [121]typos habent. Quos*^{w6}* Scriptura*^{x6}* augustioribus fere verbis quam in illis re expressum sit, describit*^{y6}* ut mentem Spiritu Dei praeditam [cf. Eph 4,23] semper ad sublimiora et in Christi regno completa pulchre et certo subducat. Verum ubi deest Spiritus Dei, ut et reliqua Dei stultitia habentur [cf. 1 Cor 2,14], ita mirum non est huiusmodi quoque a typis veteris populi ad regnum Christi transitiones tanquam incertas et ridiculas repudiari. Imo ut hos fastidiosos et carnaliter sapientes [cf. 1 Cor 1,25] a mysteriis suis arceret Deus, pauca certe de Christo et regno eius sine involucris typorum in Scriptura sua commemoravit*^{z6}*. Haec velim fratres perpenderent quo certius et gravius possent de citatis ab apostolis Scripturis loqui. Si quis enim hoc loco contenderet nullam aliam unquam fuisse *clamantem vocem* [Io 1,23] de qua sit Ieschaeiah locutus, praeter hunc Ioannem, is Iudaeis seipsum propinaret ridendum et praeterea nihil.

⟨Quomodo eruenda oracula de Christo⟩ Ubi autem concesserit vocem eam de qua Propheta hic loquitur et ante hac auditam, quod sit omnino

---

^{u6} om. AB. – *^{v6}* solum A. – *^{w6} add.* ita tum A. ita tamen B. – *^{x6} add.* proponit AB. – *^{y6}* eos describens AB. – *^{z6} commemorat* A. –

[120] Incomplete parallelism: genitive יהוה in first member and dative לָאלֹהֵינוּ in the second. Bucer treats it as complete parallelism (cf. BEv 1527 ad Mt 3[3], 47v.) making במדבר a part of the actual utterance. Cf. Oecolampadius, *In Is.* ad loc., 211r. LXX, BiComplut, BiPag 1528 all treat במדבר as modifier of קרא. For early 16th cent. treatment of parallelism cf. Raeder, *Das Hebräische* 1, 287, 288, 302.

[121] O.T./N.T. parallel here adv: Denck and Kautz (cf. supra ad n. 116) and adv: Borrhaus, *De operibus Dei,* esp. 56r.ff. (There: disjunction between OT prophecies and NT – the former no more than shadow of the latter). For Bucer's doctrine of degrees of revelation of the Spirit in OT and NT cf. Stephens, *Holy Spirit,* 109–110.

magna populi Dei facta per Cyrum liberatio et salus, [cf. Is 56–60] tum expendat excutiatque quae hic de populi liberatione a Vate praedicta sunt singula. Facile evincet probabitque iis qui non ultro contendere voluerint, omnia rectius et plenius quadrare in liberationem factam per Christum, cuius illa per Cyrum facta typus et umbra quaedam fuit. Eoque tum demum plene et perfecte vocem, advenientis salutis adnuntiatricem, sonuisse quando Ioannes eam edere coepit [cf. Io 1,15–23]. Idem si et in aliis locis [cf. Act 13,23–25], per apostolos adductis, feceris, et certiora et planiora multa tibi erunt quam fuerint hactenus, longeque instructior et adversus Iudaeos nostra tueri poteris.

⟨*Parate viam Domino* figurate dictum⟩ Caeterum dictum hoc: *Rectam facite viam* [588] *Domino* [Is 40,3; Io 1,23] [122]metalepsis est. Nihil enim[a7] eo voluit vel Vates, vel Ioannes significare quam: scitote iamiam adfore Salvatorem quem diu expectastis; mox videbitis qui desertum vestrum sit reparaturus, modo adventat. Per [123]prosopopoeiam enim et imitationem ita loquitur acsi instar regis terreni ad eos esset venturus. Sicut enim [b7]is rex [124]mox ingressurus[b7] certo expectatur cui via iam sterni iubetur, ita fuit populo illud: *Parate Domino viam* [Is 40,3] [125]mox adfuturi Domini potentior[c7] et efficacior quaedam adnuntiatio quam si citra figuram dixisset: Dominus iam aderit. [d7]Nec aliud sibi volunt et quae sequuntur: *Omnis collis elevetur* [Is 40,4] etc., id est: *complanata reddite omnia[d7]*. Gloriose et magnifice aderit adeo ut universi mortales, ex tam praeclara et liberali beneficentia eius, visuri sint *os Domini locutum* [Is 40,5] salutemque eam pollicitum esse. Veruntamen quia frustra hic adventus gloriae Domini annuntiatur iis qui nullo eius desiderio tenentur, apud eiusmodi nihilominus recte *viae[e7] Domino praeparari* [Is 40,3] dicetur qui [f7]illis fiduciam sui[f7] compresserit suaque sentire peccata docuerit[g7].

[a7] *add.* aliud D. – [b7–b7] mox ingressurus rex A. – [c7] movens A. – [d7–d7] Hinc quo certiores redderet eum ilico adfore, neque obstiturum quicquam, subiicit item figurate *omnis collis elevabitur* etc., id est complanata erunt omnia, nihil eum remorabitur A. – [e7] viam AB. – [f7–f7] fiduciam sui in illis AB. – [g7] *add.* AB: in quem modum et ipse in [126] Matthaeum locum hunc enarravi, sed germanior et purior est eius enarratio [*add.* quam hic posui A. praesens B]. –

[122] Use of a semantically unsuitable synonym. Cf. *Lausberg* 1, par. 571.

[123] Personification. Cf. *Lausberg* 1, par. 826.

[124] Cf. BEv 1527 ad Mt 21[5], 249v.ff. (but there: ref. only to Zachariah's prophecy).

[125] Ap: Oecolampadius, *In Is.* ad loc., 211r. (*i*). There as here adv: allegorical interpretations of Is. 40,3, e.g. Lyra ad loc., Luther, *Vorlesung* 1527–29 ad loc., WA 25, 252; Hubmaier, *Von der christl. Taufe*, Täuferakten 9, 124; Brenz, *In Ioh.* 1528 ad loc., 19v. (there: straightening of way = repentance but *spiritual preparation* also implied here. Cf. n. (118) supra and n. (126) infra).

[126] Cf. BEv 1527 ad Mt 3[3], 46v.ff. (there: greater emphasis on spiritual preparation).

Ego baptizo aqua [Io 1,26] inabsoluta [127]antithesis est. Subiiciendum enim fuerat: *In medio vestrum stetit quem nescitis* [Io 1,26] *qui baptizat igni et Spiritu sancto* [Mt 3,11; Lc 3,16]. [h7]Id vero in[h7] sequentibus [128]memorat[i7] [Io 1,33–34].

Ille post me venit [Io 1,27]: haec in praecedenti [129]sectione explicata sunt.

Haec in [130]*Bethabara* etc. [Io 1,28]. Hoc quo certius esset testimonium adiectum est. Et dignum sane fuit hoc Ioannis testimonium tam constanter et magnifice primoribus Iudaeorum in maxima populi frequentia (qui eo loci turmatim accurrebat) responsum, ut diligenter conscriberetur. Pharisaei, autore [131]Capnione פורשי, id est Phorschai, tanquam investigatores Legis dicebantur quod[j7] excutiendae Legi[k7] prae aliis Iudaeis studerent. Saniora etiam habebant dogmata: credebant resurrectionem et angelos esse, quod utrunque Tzadicai (quos Saducaeos vocant) negant, Act. 23[8]. Errabant autem statuentes [l7]hominem suis viribus valere se ad iustitiam attollere[l7]. De iis latius in Matthaeum dixi capite 3[7] in illud: *Cum vidisset autem multos ex* [132]*Pharisaeis* et 5 capite [20] in illud: [133]*Nisi abundaverit iustitia vestra*. De [134]baptismo in sequentem sectionem dicam.

Observationes

⟨Insidiose Iudei Ioannem quis esset [cf. Io 1,19] interrogarunt⟩ Animadvertendum ut personati religiosi verae religioni semper adversantur. Nam malitioso[m7] Iudaeos misisse animo suos ad Ioannem non est dubium. Qui enim eum[n7] quem ob vitam saeveriorem [135]*daemonium habere* [Mt 11,18] calumniati sunt[o7], pro Christo suscipere voluissent? Populus quidem

---

[h7-h7] In vero A. – [i7] testatur AB. – [j7] *add.* illi AB. – [k7] *om.* AB. – [l7-l7] libertatem arbitrii AB. – [m7] maligno A. – [n7] *om.* AB. – [o7] fuerunt A. –

[127] Oposition of ideas. Cf. Aristotle, *Rhet.* 3,9,9 and *Lausberg* 1, par. 791–792. Antithesis between John's and Christ's baptism elaborated ap: Brenz, *In Ioh.* 1528, ad loc., 20v. Cf. also supra n. (64). Adv: Bader, *Brüderliche Warnung*, D6r. (there: same words in John's and Christ's baptism [Act. 19,4–5] therefore no difference between them).

[128] Io 1,33: mentions only *Spiritus sanctus* not *ignis*.

[129] Cf. ad nn. (89)–(95) supra.

[130] Ap: Er 1527 ad loc.; ErP 1524 ad loc., LB 7, 508; Brenz, *In Ioh.* 1528 ad loc., 21r. (*t*).

[131] Reuchlin, *Hyssopaeus*: Prf. 1512, a1v.–a2r.: Ita ergo tria erant omnino genera Iudaeorum. Sadducaei nanque sola post Legem ducebantur natura. Morales autem fuerunt Essaei. Sed Logici hoc est rationales seu orationales qui scripturis inluabant dicti sunt Pharisaei. – Reuchlin mentions that these are Greek corruptions of: Zadikai, Ossai and Phorsai (= expositores quia exponendo scripturis et cathedrae prae-erant).

[132] BEv 1527 ad Mt 3[7], 70r.ff. (there: cites Reuchlin as n. (131) and Josephus, *Antiq.* [18.2], esp. for Pharisees' belief in free will).

[133] BEv 1527 ad Mt 5[20], 259v.–260r. (there p of Reuchlin. *Hyssopaeus Prf* as in n. (131) supra).

[134] Cf. infra sect. 7, *passim*.

[135] Cf. BEv 1527 ad Mt 11[18], 100r.–v. (there: Pharisees = reprobate).

cogitabat: *Num forte Christus esset*, ut Lucas testatur [3,15]. At sacerdotes et primi Hierosolymis qui *clavem scientiae tulerant* [Lc 11,52] et non solum ipsi regnum coelorum aversabantur, sed et arcere eo alios quoque conabantur, eiusmodi cogitationem tam non admittebant quam dominari plebi ipsi et soli cupiebant. [136]Neque potuerunt quidem isti Ioanni non adversari qui Christo tam infensi erant.

Ex eodem nanque Spiritu Ioannes et synceram pietatem docebat et illorum hypocrisim graviter admodum incessebat[p7]. Ad voluntatem Satanae tenebantur capitivi [cf. 2 Tim 2,26] eoque turbabantur cum de nato Christo tantum levis rumor allatus esset per magos [Mt 2,9]. Qui igitur nunc tam apertum et simul adeo saeverum Christi – et talis qualem ipsi minime volebant – praeconem Ioannem aequo animo sustinuissent? Proinde equidem non dubitarim misisse istos ad Ioannem interrogatum num *Christus* [Io 1,20], vel *Helias* aut *propheta* [Io 1,21] esset, non ut tale aliquid esse eum sentirent, multo minus ut horum aliquo nomine eum susciperent tanti nimirum evangelii hostes et durissime ab illo increpiti, *viperae* [Mt 3,7; Lc 3,7] et serpentes appellati[136] – sed potius ut occasionem ex responsis eius venarentur ipsum [137]oppugnandi et persequendi.

Id et inde colligi potest quod cum audissent eum vocem illam desideratam instantis iam magnae redemptionis populi Dei afferre [cf. Io 1,23], de redemptione illa nulla cum eo verba – quod oportebat salutis huius avidos – communicarunt. Sed illico conversi ad expostulationem cum eo obiurgationemque rogabant[q7] cur et qua autoritate baptizaret discipulosque colligeret, cum non esset *Christus* [Io 1,20], *He*[589]*lias* aut *propheta* [Io 1,21]. Eo nanque quod infra quinto [35] Christus Iudaeis opprobrat quod *ad horam in luce Ioannis voluerint exultare*, non plus significatur quam quod Ioannes ad tempus apud multos Iudaeorum in pretio fuerit; non autem quod unquam primoribus charus; multo minus quod *Christus* [Io 1,20] eis, *Helias* vel *propheta* [Io 1,21] fuerit existimatus.

⟨Etiam coram reprobis adserenda veritas⟩ [138]Praeterea in Ioanne considerandum est exemplum gravitatis et constantiae qui constanter adeo et

---

[p7] detegebat AB. – [q7] *add.* enim A. –

[136-136] Ap: *Glossa ord.* [*marg.*] ad loc. (*i*); Brenz, *In Ioh.* 1528 ad loc., 18r.–v. (*ip*). Adv: Chrysostom, *In Ioh.* hom. 16 ad loc., MPG 59, 101–103; Aquinas, *In Ioh.* ad loc., *Piana* 14:2, 11r. col. B (there: Jews really thought John to be Christ).

[137] Ap: Lambert, *In Lucam* ad 3,7; 11,52, I5v., Y2r. (*i*: there: Pharisees = reprobate who can only persecute and hunt).

[138-138] Cf. BEv 1527 ad Mt 7[6], 232v.–233r.; ad Mt 10[32], 86v.–87r. (there: two reasons: (a) reprobate confirmed in their wickedness (b) there may always be some elect among the ostensibly reprobate). Ap: Augustine, *Contra Cresconium* 1,5, MPL 43, 450 (*i*: reason (b)); *De praed. sanct.* 6, MPL 44, 968–969 (*i*: reasons (a) and (b)). Cf. also Zwingli, *Der Hirt*, CR 90, 38 (*i*: reason (a), there: ad Mt 10,7, less explicit than here).

ingenue Iudaeis respondit quod non tam verum quam ingratum illis noverat. Quo responso, tametsi illi peiores evaserint – quia tamen gloriae Christi et salutis electorum, non eorum tantum qui tum praesentes aderant sed et omnium qui ista legerunt hactenus et legent deinceps, id intererat – incunctanter et aperte de evangelio, quod rogantibus *odor mortis ad mortem* erat [2 Cor 2,16], testificatus est. Referebat etiam adimi illis *excusationem* [Io 15,22], de quo supra in [139]sectione secunda. Et nos igitur licet *canibus sanctum* et *porcis margaritas* [Mt 7,6] (si id nec gloriae Christi adserendae – ut vel reprobis adimatur *excusationis* [Io 15,22] occasio – intersit, nec ad salutem audientium omnium Christi faciat) nequaquam obiicere debeamus[138], attamen ubi Spiritus monuerit, qui solus fundendi verbi Dei tempus novit, ex evangelii confessione alterum vel utrumque expectari, non morabimur qui sint qui eius confessionem requirunt, sed quid Christi nomen queat illustrare, tum proximos aedificare. Orandum autem diligenter, quando pretiosissimum margaritum [cf. Mt 7,6] verbi summa cum observatione et cautione dispensandum sit ut ita nos Pater suo Spirutu doceat et agat [cf. Rm 8,14; 1 Cor 2,13] ne unquam carnis affectum [cf. Rm 13,14] pro impulsione Spiritus sequamur.

ENARRATIO SECTIONIS VII [29–34]

Paraphrasis

Postero die vidit Ioannes Iesum venientem ad se [Io 1,29]. Adiiciam et alterum Ioannis de *Verbo* incarnato testimonium; non quidem illud responsum principibus Iudaeorum, sed apud promiscuam plebem et charissimos discipulos suos, non tam dictum quam oblatum, obtrusum, inculcatum. Cupiebat enim electos omnes eo permovere ut [140]Iesum aeternae vitae Magistrum, non[r7] se tantum praeconem eius, sectarentur[s7]. Cum igitur, *postridie quam Iudaeis de Domino Iesu fuisset testificatus, videret eum ad se venire*, voluntarius testis, imo praeco, dĩxit: *En hic ille agnus Dei est qui tollit peccata mundi* [Io 1,29] suo omnia sacrificio expiaturus. *Hic ille est de quo dicebam: post me veniet* praedicaturus *sed ante me factus est,* [141]genitus ante secula [cf. Io 1,1] quia alius quam ego et *prior me* [Io 1,30]. Ac princeps cum meus est, tum omnium, aeternum *Verbum* [Io 1,1] Patris. Nemo vero hoc elogium vel charitati cognationis datum, vel ab humano

---

[r7] quam AB. – [s7] sectari mallent AB. –

[139] Cf. supra: *sect.* 2, *obs.* and ad nn. (40)–(44).
[140] Ap: ErP 1524 ad loc., LB 7, 509 (*ip*).
[141] Cf. supra nn. (90)–(94). Here adv. ErP 1524 ad loc., LB 7, 509 (there: divinis dotibus prior (i.e.: "potentior")).

corde confictum putet. Quanquam enim cognatus meus sit, haudquaquam tamen antehac eum de facie novi [cf. Io 1,31]. Quod utique nemini poterit creditu videri difficile qui noverit me in *desertis Iudaeae* [Mt 3,1] inter feras et, feris non multum dissimiles, rudes homines, a puero versatum; illum in Galilaea [Mt 3,13] inter fabros [Mt 13,55] operantem hactenus delituisse.

Cum ergo tam abesset quo gratiae eius, vel necessitudini deferre aliquid possem – ut mihi etiam plane incognitus esset – Dominus excivit me et in publicum protrusum voluit ut aquae baptismo poenitentium colligerem ecclesiam quae continuo huic Filio suo in sponsam [cf. Eph 5,23–25] per me adduceretur; atque ita *ut Iisraeli hic manifestaretur*[t7] et unicus Salvator agnosceretur. [142]*Ego veni aquae baptismate* [Io 1,31] ipsi, non mihi discipulos conscripturus. Hoc autem pacto ipse eum quem antea *nesciebam* (sic testificabatur Iohannes) agnovi. *Vidi Spiritum tanquam columbam a caelo descendentem et manere super eum* [Io 1,32]. Quod signum agnoscendi eius a Patre *qui misit me ad baptizandum aqua* acceperam. Is enim mihi dixerat: *Super quem vidissem Spiritum descendentem et manentem, eum esse qui baptizaret Spiritu sancto* [Io 1,33]. *Hoc* ergo *cum viderim, testimonium* illi, non domesticum sed coeleste et Patris authoritate nixum, *perhibeo* et *Filium* illum *Dei* unigenitum omniumque Servatorem esse palam *praedico* [Io 1,34].

Annotationes

Quia Filium suum Pater in mundum, hominem factum, miserat ut reposita [590] in se omnis peccati expertem, omnium semel electorum peccata morte sua expiaret – hoc enim piaculum divina iustitia requisivit – Iohannes *agnum Dei* [Io 1,29] illum, id est [143]purissimam simul et gratissimam hostiam appellavit, alludens, ut videtur, ad vaticinium Ieschaiah 53[7] quo de sacrificio huius *agni* [u7]ille Vates[u7] copiose et luculenter praedixit.

⟨*Agnus Dei tollens peccata* [Io 1,29]⟩ Hunc vero *agnum* affirmat *peccata tollere*, id est in se translata [144]abolere et mundi, non Iudaeorum tantum [cf. Is 53,11–12]. Mors enim eius omnium semel, ut dixi, electorum redemptio fuit [cf. 1 Tim 2,6]. Id mox a morte eius vel eo declaratum est quod evangelium vitae sparsum est[v7] in universum mundum congregari-

---

[t7] *add.* ut AB. – [u7–u7] *om.* AB. – [v7] fuit AB. –

[142] Ap: ErP 1524 ad loc., LB 7, 509 (*pa*).

[143] Ap: Chrysostom, *In Ioh.* hom. 17 ad loc., MPG 59, 108–109 in: ErP 1524 ad loc., LB 7, 509 (*p* of ErP here).

[144] Ap: Aquinas, *In Ioh.* ad loc., *Piana* 14:2, 12v. col. B. (*i: all* sins of the *entire* world).

que, *qui dispersi* per orbem *erant filii Dei* [Io 11,52], illico coeptum. Quam caussam oblationis Christi et Evangelista noster infra 11[52] assignat.

[145]Id vero probe notandum est ut sciamus quid sanctis Christi litatio proprie attulerit ne [146]vel veteribus quod Christi habuerunt adimamus, ut quidam, vel quod etiam nobis per eam allatum est, ignoremus[w7] [146]. Nunquam enim suis vel aliorum hominum [147]operibus satisfacere pro peccatis conati fuissent, si una Christi morte pro omnium peccatis satisfactum agnovissent. Etenim ut *facta sunt* et vivunt *per Verbum omnia* [Io 1,3], ita illuminavit quoque ipsum et iustificavit quotquot, de Dei bonitate confidentes, peccatorum unquam remissionem consecuti sunt, etiam antequam *esset factum caro* [Io 1,14]. *Illuminat enim omnem hominem venientem in hunc mundum* [Io 1,9].

⟨Quae attulerit orbi incarnatio Christi⟩ At semel tamen erat, per innocentem et libere in gratiam Dei susceptam mortem, divinae severitati[x7] satisfaciendum [cf. Hbr 9,12]. Eam cum nemo filiorum Adam praestare posset, *Verbum* hoc, [y7]id est[y7] ipsum Deum, hominem fieri et mori pro nobis [148]necessum fuit [cf. Rm 5,8]. Hoc ergo [149]primum est eorum quae nova orbi attulit incarnatio Verbi. Alterum est invulgatio evangelii ad gentes, cum antea apud Ebraeos duntaxat publica esset pietatis doctrina. Tertium donum est *Paracleti*[149] [Io 14,26], hoc est vis [150]Spiritus potentioris liberiorisque quam ecclesia veterum, in universum quidem, habuit; per quem credentibus et caerimoniarum Legis facta libertas est. Consummatiore enim doctore corda formante filiorum Dei, facessere debuit pae-

---

[w7] *add.* quod non paucis multis [*om.* B] retro saeculis contigisse videmus AB. – [x7] iustitiae AB. – [y7–y7] *om.* A. –

[145] Inc: locus communis [!]: Quae populo Dei attulerit incarnatio Christi, fol. 35r.–39r. in A.

[146–146] Adv: Borrhaus, *De operibus*, 56r.ff.; perhaps also Capito, *In Hoseam*, 155r. (there: basic dichotomy; OT = umbrae, NT = veritas); Grüningen Anabaptists (their denial of OT ap: Zwingli, *Elenchus*, CR 93, 57f.). – Ap: *Decreti* 3a pars, dist. 4, can. 5 (Gregory), can. 6 (Augustine), *Friedberg* 1, 1362–1363; Bader, *Brüderliche Warnung*, 17v. (*i*: there both circumcision and baptism spiritual).

[147] Adv: e.g. Eck, *Enchiridion* 1525, cap. 5: De fide et operibus, CC 34, 84–103. Also perhaps adv: Kautz and Denck. Cf. *Getrewe Warnung* ad art. 6, BDS 2, 248–254 (esp. 251: acc. Denck and Kautz good works necessary because Christ's redemptive work not once and for all). – Cf. BEv 1527 ad Mt 6[19], 219r.–220v. (there: good works can show man to be elect but cannot make him elect. Thus ap: Lambert, *Farrago*, cap. 4,22v.–23v.).

[148] Adv: Denck and Kautz. Cf. *Getrewe Warnung* ad art. 6, BDS 2, 250–251 (there: Christ sole Redeemer not mere model adv: Denck).

[149–149] Ap: Luther, *In Gal.* 1519 ad 3,13–14, WA 2, 516–518 (*ip*: there: same three elements: redemption, spreading of Gospel to Gentiles, imparting of Holy Spirit in accordance with promise given to Abraham [but also abrogation of Law; cf. n. (151)–(151)]); Zwingli, *Antwort*, CR 91, 637 (*i*: conversion of Gentiles).

[150] Cf. supra ad nn. (97)–(101).

dagogia externa illa [cf. Gal 3,24–25] in *elementis mundi* [Gal 4,3] sita. Et obtinente iam in mentibus sanctorum Lege Spiritus [cf. Rm 8,2] magistra pietatis plenioris, non fuit necesse ut ad literas et praecepta externi hominis alligarentur. *Legis consummatio dilectio est* [Rm 13,10] quia huc tota Scripturae doctrina spectat ut bonitate Deo Patri reddat nos quam simillimos. Quando igitur perfectiorem multo dilectionem Christi Spiritus in cordibus accendit electorum [cf. Rm 5,5] quam possint universae Legis institutiones, libertas harum credentibus iure facta est. Satisque habetur ut moneantur necubi carnis affectus, pro impulsu huius Spiritus, sequantur [cf. Rm 13,14] et quo huius gnaviter imperata faciant illam ut studeant mortificare.

⟨5 Moscheh 12 [!]⟩ Haec Paulus paucis quidem verbis, sed luculenter admodum scribens, Galatis [3,13–14] docuit: *Christus,* inquit, *nos redemit ab execratione Legis, dum pro nobis factus execratio est. Scriptum est enim: Execrabilis omnis qui pendet in ligno* [Dt 21,23], *ut in gentes benedictio Abrahae veniret per Christum Iesum, ut promissionem Spiritus acciperemus per fidem.* Vide hic, primum, satisfactionem: nam ab *execratione Legis* cui ex se omnes sancti obnoxii sunt – quod nemo unquam fuerit qui Legis omnia praestitisset – *Christus nos redemit.* Deinde: evangelii lucem gentibus communicatam, qua utique *benedictio Abrahae* [Gal 3,14] promissa, iustitia scilicet et salus, ad eas pervenit. Postremo: et promissionem Spiritus utique exhibitam locupletius quam veteribus. Nam neque illi sine Christi [151]Spiritu fuerunt, quando eius fuerunt et per eum salvi facti sunt. Quapropter confitebimur eundem habuisse veteres et Deum et Christum et Spiritum sanctum, sed non tam revelate, non tam opulente. [z7]Id vero[z7] de universa eorum ecclesia loquor, non de singulis. Habuerunt nanque [152]aliquot – sed paucos – Spiritu multis nostrum incomparabiliter ditiores. Ergo quod ampliore Spiritu et ideo maiore quoque libertate sancti donantur, quod *evangelion omni creaturae* [Mc 16,15] annuntiatur; ea sunt quae, super benignitatem Dei antea orbi perspectam, a Christo exaltato electi perceperunt: fructum et argumentum reconciliationis hominum cum Deo [cf. Rm 5,11] morte eius perfectae[151]. De hac et supra nonnihil in sectione quarta, in [153]observatione prima.

[z7-z7] *om.* AB. –

[151-151] Adv: Borrhaus. Cf. supra n. (146)–(146) and here perhaps adv: Luther, *In Gal.* 1519 ad 3,13–14, WA 2, 516–518 (there: emphasis on abrogation of Law).

[152] Ap: Zwingli, *Elenchus,* CR 93, 164–170 (*i*: unus populus Dei); Lambert, *Farrago* cap. 2,18v.–19r.; *De excaecatione* tract. 4, cap. 2,61r.–v. (*i*: saints predestined once and for all; OT saints = true Christians).

[153] Cf. supra ad nn. (81)–(82).

[591] ⟨Quomodo Christus fuerit Iohanni incognitus⟩ *Ego non cognoscebam eum* [Io 1,31] etc. His adversari [154]videtur quod apud Matthaeum [3,14] legimus agnitum Iohanni Christum, antequam super baptizatum vidisset Spiritum sanctum. Confitebatur enim sibi opus esse ut ab illo baptizaretur [cf. Mt 3,14]. Perpendendum igitur quod Iohannes hic non dixit sibi ignotum Christum fuisse donec columbae indicio illum agnoverit, sed tantum hoc se signum divinitus accepisse quo certus de eo redderetur. Id vidit et ideo certus factus aliis eandem veritatem testificatus fuit[154]. [155]Cui non pugnat quod Spiritu, quo plenus erat, illum nihilominus agnoverit cum baptismum peteret, antequam ei Spiritus in columbae specie super eum visus esset [cf. Mt 3,14]. Quo nanque suum elogium certum esse persuaderet, memorat quam evidenti et infallibili signo ipse de Domino certus evaserit, tacens secretiorem revelationem quae haudquaquam tantopere fidem testimonio suo apud populum fecisset[155]. Porro [156]facie tantum ignotum Christum Ioanni fuisse antequam ad baptismum veniret, crediderim. Nam cuius praeco extitit, antequam vidisset eum, et aliquatenus cognovisse verisimile est, praesertim Spiritu tam plenum. De his fusius[a8] Matth. capite 3[14] in illud: [157]*At Iohannes prohibebat illum.*

⟨*Columbae species* [Io 1,32]⟩ Post quae et de eo quod [158]Spiritus sanctus in *columbae* specie super Christum sedit [cf. Io 1,32], aliquid annotavi. Summam enim simplicitatem atque charitatem venerat Christus non tam docturus quam largiturus suis. Id *columbae* simulacrum indicavit quo animali nihil et simplicius est et erga pullos suos affectus ardentioris[158]. Indicatum praeterea eo fuit Iesum hunc, illum esse in cuius persona apud Iesch. 61[1] legitur: *Spiritus Dominatoris Domini super me, hac caussa unxit me, ad evangelizandum afflictis misit me, ad curendos qui sunt corde contrito, ad renuntiandum captivis liberationem* etc. Citra modum enim Spiritu Dei bono plenus fuit homo Christus.

[a8] *add.* in A. –

[154-154] Adv: Augustine, *In Ioh.* tract. 4–5 ad loc., MPL 35, 1406–1420 esp. 1419, CCL 36, 31–47 esp. 46 (there: John in Mt 3,14 had not yet realised that the power to baptise, although it could be relegated, was exclusively Christ's); Brenz, *In Ioh.* 1528 ad loc., 22r. (there: John did not recognise Christ as Messiah until final revelation by Holy Spirit).

[155-155] Ap: Cyril, *In Ioh.* ad loc., MPG 73, 193 (*iep* Latin ed. 1524, 24v.).

[156] Ap: Lyra ad loc.; ErAn 1527 ad loc., LB 6, 346; ErP 1524 ad loc., LB 7, 510 (*i*).

[157] BEv 1527 ad Mt 3[14], 85r.–88r.

[158-158] Ap: Augustine, *In Ioh.* tract. 5 ad loc., MPL 35, 1419–1420, CCL 36, 46–47; Aquinas, *In Ioh.* ad loc., *Piana* 14:2, 13r. col. A–B (*i*). Cf. Aquinas, *Catena* ad Mt 3,16, *Guarienti* 1,54 (Rabanus Maurus) and BEv 1527 ad Mt 3[16], 89r.–v.

⟨Quid Spiritus sanctus⟩ Porro de [159]Spiritu sancto quo baptizat Christus [cf. Io 1,33] multis item disserui[b8] in tertium caput Matthaei in illud: *Ego quidem baptizo vos aqua*[c8] [Mt 3,11]. Est enim [160]virtus Dei, omnium vivificatrix, altrix, fotrix et consummatrix cuius solius afflatu fit ut Deum et cognoscamus et amemus similesque tandem illi evadamus. Hanc exercere virtutem eamque administrare quibus vult, Christi est; Verbi nimirum per quod omnia ut condita sunt [cf. Col 1,16], ita et moderantur atque feruntur, sicut habet Epistola ad Heb. [cf. Hbr 1,2–3][15o]. Quique is est *qui gratiam Patris*, a qua hoc *donum* venit, morte sua nobis *comparavit* [Rm 5,15].

Hinc baptizare Spiritu [cf. Io 1,33], hoc est immutare Spiritu ad regnum caelorum hominemque Dei constituere, peculiariter Christo tribuitur, sicut et [161]infra [14,16] *Paracletum* suis *se missurum* sed *a Patre* pollicetur. Patrem tamen simul missurum illum ibidem adserit ut quam *unum sit cum Patre* [Io 10,30] declararet[161]. Unde et Actor. 1[4] eum Spiritum[d8] *promissionem Patris* vocat, Lucae ultimo *virtutem* [Lc 24,49]. Est enim hic Spiritus virtus ipsissima Dei. Unde simpliciter eum *virtutem* vocat, cum *sedere* suos Ierusalem iubebat donec *virtute induerentur ex alto* [Lc 24,49]. [162]Deus etenim unus est, neque esse potest inter ipsum, Verbum eius[e8] et Spiritum sanctum, hanc salvificam et omnium vivificatricem virtutem de qua hic agimus, ullum substantiae discrimen[162].

[f8]Qui iam agnoverit quicquid sapientiae, virtutis et omnino spiritalis foecunditatis hominibus contingit, id nonnisi hoc ipso coelesti afflatu (quem sanctum Spiritum Scriptura propter secretam, sed invictam omniaque superantem vim, appellat) contingere, ei non erit obscura ratio et aliorum quae illi Scriptura tribuit nominum. Ea enim hanc vim divinam nunc [163]*ignem* vocat [Act 2,3] quia purgat, accendit et vigorem suppeditat; nunc [164]*aquam* [Io 3,5] quia lavat, recreat, rigat et foecundat; nunc [165]*di-*

[b8] om. A. – [c8] add. disserui A. – [d8] om. AB. – [e8] suum AB. – [f8] add. □ Nomina Spiritus sancti: *spiritus, ignis, aqua, digitus Dei, unctio, obsignatio, arra* A. –

[159–159] BEv 1527 ad Mt 3[11], 76v.–80v. Here perhaps ap: Aquinas, *In Ioh.* ad loc., *Piana* 14:2, 13v. col. A (*i*: Christ can give out Holy Spirit either through sacrament of baptism or independently). Adv: Brenz, *In Ioh.* 1528 ad loc., 23v. (there: Holy Spirit given out through sacrament of baptism, "verbo adfixum").

[160] Ap: Ambrose, *De Spiritu sancto* 2,1, MPL 16, 746–747, CSEL 79, 93–95 (*i*).

[161–161] Ap: Augustine, *In Ioh.* tract. 6 ad loc., MPL 35, 1426, CCL 36, 54 (*i*: there: no reference to unity of essence).

[162–162] Ap: Ambrose, *De Spiritu sancto* 2,1, MPL 16, 746–747, CSEL 79, 93–95; Cyril, *In Ioh.* ad loc., MPG 73, 193ff. (*i*).

[163] Ap: Ambrose, *De Spiritu sancto* 1,14, MPL 16, 737, CSEL 79, 76–77 (*i*: there illumination and power only, not "purgatio").

[164] Ap: Ambrose, *De Spiritu sancto* 1,16, MPL 16, 739–740, CSEL 79, 81 (*i*).

[165] Ap: Ambrose, *De Spiritu sancto* 3,3, MPL 16, 779, CSEL 79, 157 (*ip*: there: also identification *digitus* = virtus).

gitum Dei [Dt 9,10] quia ipsa virtus Dei est; nunc [166]*unctionem* [1 Io 2,27] quia divinis consecrat et adoptat officiis; nunc [167]σφραγῖδα et obsignationem [cf. 2 Tim 2,19] quia eo discernuntur *filii Dei* [Rm 8,16] a filiis Diaboli [cf. Io 8,44], quique eum habuerint, in aeternum Domini sunt; nunc *arram* [cf. Eph 1,14] quia de plena iustitia ac felicitate olim consequenda certificat[167].

Haec cognoscenti[g8] obscurum esse haud poterit et quid sit hoc sancto Spiritu baptizari. Baptismata [168]Ebraeis, sicut et gentibus, fuerunt quaedam quasi lustrationes et ad rem [592] divinam faciendam initiationes [cf. Nm 8,7]. Iam cum ut nati sumus, toti impuri, toti [169]prophani sumus, *omni mente nostra ad malum propensa* [Gn 8,21], non iniuria dixit Christus [Io 3,3] *non visurum* hominem *regnum Dei* quod situm est in solidà *iustitia*, certo *gaudio et* aeterna *pace* [Rm 14,17], id est foelicitate, *nisi renasceretur* aliusque et coelestis fieret. Huius initium in animo fieri oportet, quem cum afflat numen Dei cognitioneque divinitatis illustrat et amore eius accendit, ad vitam Deo dignam coelorumque municipatum [cf. Eph 2,19] veluti lustratur et initiatur.

Quamobrem baptizari Spiritu [cf. Io 1,33] est Spiritu sancto ampliter[h8] donari [cf. Dn 6,3] quo Christi iam simus, Deum Patrem invocemus et ad gratiam eius vitam comparare nostram satagamus. [i8] [170]Est enim in translatione baptismatis significata amplitudo et vis effusior Spiritus sancti [cf. Act 1,8] qua quasi iunguntur atque immerguntur qui Christo credunt. Et propter hanc ampliorem vim atque largitatem Spiritus sancti quae baptis-

---

[g8] iam agnoscenti AB. – [h8] *om.* AB. – [i8]–[i8] 170–170 *om.* AB. –

[166] Ap: Ambrose, *De Spiritu sancto* 1,9, MPL 16, 728, CSEL 79, 59 (*i*).

[167-167] Ap: Ambrose, *De Spiritu sancto* 1,6, MPL 16, 722–723, CSEL 79, 48–50 (*i*). Cf. also BEph 1527 ad 1,14, 27r.–v. (there: taken as synonymous with *arrhabo* or *pignus*). – Bucer's insistence on presence of Holy Spirit in the Scriptures adv: Denck and Kautz. Cf. *Getrewe Warnung*, BDS 2, 238 and Denck, *Vom Gesetz Gottes*, Täuferakten 6:2, 59, 63 (there: acc. Denck Spirit given to the faithful independently of the Scriptures).

[168] Ap: Aquinas, *S. Th.* 1a 2ae q. 102 a. 5, *Caramello* 1:2, 482 col. B, 487 col. A; Bader, *Brüderliche Warnung*, D4v. (*i*). Cf. infra n. (184).

[169] Ap: Bader, *Brüderliche Warnung*, F8r.–G1v. (*i* here; there Io 3,3 adv: Anabaptists). Cf. *Wittenberg Concord* 1536: *De Baptismo*, CR3, 77 and Wendel, *Eglise*, 146–147.

[170-170] Ap: Augustine in: Lombard, *In Sent.* lib. 4, dist. 4, cap. 3 ed. Clar. Aqu. 2, 254 (*i*: baptised given over to Christ at moment of baptism). – Passage add. after Wittenberg Concord. Cf. BEv 1536 (1553) ad Mt 3[6] for *retractatio* rel. baptism. There as here not clear to what extent Bucer believes with Luther that Spirit given at moment of external rite through minister's words. For clear expression of this cf. Brenz, *In Ioh.* 1528 ad loc., 23v. (ap: Luther, *Von dem Sakrament*, WA 19, 497 and Biel, *In Sent.* 1514 lib. 4, dist. 3, q. unica αα 2v. col. B: lotio cui assunt verba). Cf. *Wittenberg Concord: De Baptismo* Cr 3, 77 (there: only children's faith discussed). But Bucer here adv: Zwingli, *Von der Taufe*, CR 91, 220–221; Bader, *Brüderliche Warnung*, D5r.–E2r. (in both: strict separation between rite and giving of Spirit). Also adv: Zwingli, *ibid.*, 220; Bader, *ibid.*, D5r.ff. (in both: John's baptism = Christ's baptism). Cf. ad nn. (46), (190)–(190).

matis similitudine significatur, Dominus ipse *baptisma Spiritus sancti* de quo hic Ioannes loquitur, peculiariter de largissima illa effusione eius ipse interpretatus est quae facta est in die Pentecostes. Sic nanque discipulis loquebatur Act. 1[4–5], cum iuberet *eos expectare Ierusalem promissionem Patris: Ioannes baptizavit aqua, vos autem baptizabimini Spiritu sancto non post multos hosce dies.* Sed quod tum visibili signo factum est, fit vere, etiamsi nullo visibili signo, in ecclesia quotidie, ut vi largissima Spiritus sancti tingantur et uberrime perfundantur credentes; non solum ut Christo sese tradant totos, sed etiam ut quisque munus suum in ecclesia obeat foelicissime*ⁱ⁸* [170].

Observationes

⟨Quid baptizari Spiritu [cf. Io 1,33]⟩ In primis considerandum ut cupide Ioannes Dominum Iesum populo, ut unicum Salvatorem, commendarit imminuique ipse quaesierit ut ille magnus fieret. Similem ardorem in Paulo [Rm 9,3] legimus, qui se non solum obscuratum, sed*ʲ⁸ anathema esse a Christo optavit* quo Christum tantum plurimi agnoscerent. Hoc animo si omnes praediti essemus, plus synceri evangelii coruscaret et minus multo contentionum perstreperet. *Fundamentum ante omnia, si sapientes architecti* esse volumus, nobis *ponendum est – id Christus est* [1 Cor 3,10] – ut animus persuasus sit hunc se iustum et beatum redditurum qui et mori pro nostris peccatis dignatus est [cf. Rm 5,8]. *Hoc ubi fundamentum collocatum fuerit, etiamsi lignum, foenum et stipula super aedificetur* [1 Cor 3,11–12], *salvus tamen homo erit, licet per ignem* [1 Cor 3,15].

Quid igitur plus de [171]superstructione [cf. 1 Cor 3,14] quam de *fundamenti* collocatione plerique soliciti sumus? Et cur, quos tenere *fundamentum* videmus, etiamsi super illud videantur aedificasse non convenientia, non ut fratres amplectimur? *ᵏ⁸*Quis autem dubitet *fundamentum* probe tenere eos qui Christo omnia sua commiserunt, qui ab ipso omnia expectant, verbis eius in omnibus fidem habent etsi forte non in omnibus illa intelligant? Quid demum *lignum, foenum et stipula* [1 Cor 3,12] erit, si non [172]falsae fuerint opiniones quas tamen homines putent ad *fundamentum*

ʲ⁸ add. et A. – *ᵏ⁸ add.* □ Qui Christum suum agnoverit Salvatorem, illi multa condonanda sunt A. –

[171] Bucer's conciliatory position rel. sacramental quarrel 1525–36 never changed; claimed that since Lutherans and Zwinglians agreed on the essential: justification by faith in Christ's death, there was no need to enquire into details. Cf. *Köhler* 1,354–383; Rott, *Bucer et les débuts,* RHPR 34 (1954) 238–239, 244–254; von Schubert, *Bündnis,* 12–29.

[172] Ap: ErAn 1527 ad 1 Cor 3,10–15, LB 6, 671–672 (*ia:* there: Ambrose (i.e. Ambrosiaster) *In 1 Cor. 3,* MPL 17, 200: *lignum, foenum et stipula* = false doctrine; *aurum, argentum et gemmae* = true doctrine).

Christum pertinere? Iam fit ut non pauci, eo quod *lignum, foenum et stipulam* in fratribus esse credant quae sunt *aurum, argentum et gemmae* [1 Cor 3,12], *fundamentum* illos tenere nimis temere negent qui sanguine tamen suo Christo inaedificatos [cf. 1 Cor 3,12] sese comprobant. His indubie, si quod Ioanni fuit, studium esset: ut omnes nos imminueremur, regnaret vero Christus solus – longe moderatius agerent.

Deinde observandum quod Christus unus is est qui *[8peccata tollit[8 mundi* [Io 1,29]. [173]Qui huic enim testimonio fidem habuerit, omnem errati veniam, missis semel omnibus creaturis, ab uno hoc nostro summo Pontifice [cf. Hbr 4,14] petet qui unica quoque *pro peccatis propitiatio est* [1 Io 2, 2] eoque et *unicus Mediator* [1 Tim 2, 5]; quod unus scilicet possit quae nos deliquimus, compensare. Homines sancti ad fidendum Christo sperandamque ab ipso *peccatorum remissionem* [Mt 26, 28] atque *purgationem* [Hbr 1, 3] hortari possunt credentibusque peccata vere remissa esse testari; *[m8nec id tamen nisi acti impulsique Christi Spiritu[m8]*. Peccata autem ipsi *[n8sua virtute[n8]* remittere, purgareve [cf. Hbr 1, 3], aut etiam fidem in Christum dare vel augere non possunt. Hoc Spiritus sancti opus est; eo baptizat unus Christus[173]. Ita, in*[o8]* nomine Iesu, sancti fidem hanc atque, per eam, peccatorum liberationem possunt orare *[p8]et verbo eius* [593] adnuntiare atque vice Domini etiam exhibere. At nec orabunt pueri, nec impetrabunt, non adnuntiabunt, nec exhibebunt, nisi Spiritus Christi (volentis quod orant, impetrant, adnuntiant, exhibent praestare) ad orandum illos impetrandum, adnuntiandum, exhibendum, instigarit*[p8]*.

⟨Quomodo Christus *peccata tollit* [Io 1, 29], quomodo sancti⟩ Adeo est omnis *peccatorum* satisfactio, expiatio, *purgatio* [Hbr 1, 3], liberatio unius huius *agni Dei*, Iesu Christi, unici nostri *Mediatoris* [1 Tim 2, 5], *Redemptoris* [Is 54, 8] et *Sanctificatoris* [Ez 37, 28]. [174]Sancti, sive angeli, sive homines et hi sive coelites sive adhuc terrigenae *[q8ad hanc[q8]* fidem in*[r8]* Dominum nostrum, peccatis liberantem, *[s8]ministri esse possunt* [cf. Apc 14,12]; [175]autores et largitores fidei huius esse non possunt*[s8]*. Neque enim

---

[8–I8] tollit peccata D. – *[m8–m8]* *om.* AB. – *[n8–n8]* *om.* AB. – *[o8]* *om.* D. – *[p8–p8]* impetrabunt autem nunquam, nisi Spiritus Christi volentis quod orant, prestare ad orandum illos instigarit AB. – *[q8–q8]* *om.* AB. – *[r8]* *add.* hunc AB. – *[s8–s8]* [175] suadere possunt et orare, tum habentibus eam, remissa esse peccata testari et praeterea nihil AB. –

[173–173] Ap: Brenz, *In Ioh.* 1528 ad loc., 21v. (*i*) and cf. Aquinas, *In Ioh.* ad loc., *Piana* 14:2, 12v. col. B (*i*: no human institution can remove sin in the same way). – But here also adv: Brenz, *In Ioh.* 1528 ad Io 1,33, 23r.–v. (there: minister's function crucial in administration of sacrament). Cf. also Bader, *Brüderliche Warnung*, M4r.–v. (there adv: Denck's affirmation that man can work own salvation by asking God).

[174] Saints = elect ap: Lambert, *Farrago*, cap. 2, 18v.; Zwingli, *De canone missae*, CR 89, 575; *Altenstaig*, 289v. (*i*).

[175] Jesus sole Mediator; saints not advocates ap: Lambert, *Farrago* cap. 2,19v. (*ip*);

potestatem aliam remittendi peccata ecclesia habet quam Spiritum sanctum. Is autem credentes in Christum duntaxat peccatis solvit liberosque pronuntiat. Quare et ecclesia peccata aliter remittere non poterit quam quod credentibus in Christum remissa esse agnoscit et testatur.

Animadvertendum praeterea ex eo quod Ioannes de se dixit: *Sed ut manifestaretur Israëli, propter hoc ego veni baptizans in aqua* [Io 1, 31]. *[t8]*Ad quod namque in ecclesia Christi omnis doctrina et sacrae caerimoniae institutae sint? Nimirum in hoc solum ut Christi notitia apud homines promoveatur, quoniam hac vita aeterna constat*[t8]*. In Christum*[u8]* Ioannes baptizabat quia *hortabatur ut crederent in eum qui post ipsum venturus erat*, id est Christum Iesum, Act. 19[4]. *[v8]*In hoc unum ita referam cunctam actionem cum doctrinae tum caerimoniarum in ecclesia: ut Christum homines amplectantur [176]regnique eius cives fiant [cf. Eph 2, 19] et placitis eius sese quotidie magisque addicant*[v8]*.

[177]⟨Quid inter sanctos Veteris Testamenti et Novi intersit⟩ Huius regni filii et cives [178]veteres quoque fuerunt, sed vulgus sanctorum haec non tam revelate atque potenter sensit quam sancti*[w8]* qui post mortem Christi fuerunt. [179]*Spiritus timoris* [2 Tim 1, 7] qui qualicunque metu Dei illos

---

[t8–t8] ad quid nam in ecclesia Christi baptismus institutus sit, nimirum in hoc solum ut Christus notus fieret AB. – *[u8]* *add.* enim AB. – *[v8–v8]* [176] Etenim regnum Christi quod ipsum regnum Dei et caelorum est, proprie situm est in *iustitia* [Rm 14,17] qua mens se Deo dedidit, eiusque Spiritu tota eo rapitur ut illum bonitate erga proximos exprimat; in *gaudio* [Rm 14,17] quo, certus de Dei erga se bonitate animus, in ipso semper laetatur; in *pace* [Rm 14,17], hoc est successu rerum quo Deus omnia in salutem electis suis facit cooperari [cf. Rm 8,28], ut cor boni omnia consulat et cum omnibus hilari lubentique et benevolo animo agat. Haec *virtus* illa est *in qua regnum Dei* suum esse Paulus praedicat [1 Cor 4,20], quae in nulla re externa, sed intra nos, in corde, suam sedem habet AB. – *[w8]* *add.* recentiores AB. –

Zwingli, *De canone missae*, CR 89, 579 *(i)*. Here perhaps adv: Clichtove, *De veneratione*, 57v. (there: saints = "mediatores"; cannot obtain grace for us but can pray to God that it be given). Cf. also BEv 1527 ad Mt 15[22], 171v. (there: adv: Clichtove) and Eck, *Enchiridion* 1525, cap. 15, CC 34, 184–190.

[176] Cf. BEv 1527 ad Mt 6[10], 195r.–v. for Bucer's definition of the Kingdom. Here chiefly adv: Borrhaus, *De operibus* (preface by Capito) *sect.*: *Reconciliatio Israel*, 86r. (there: Kingdom = return of Israel i.e. all the elect to its original territories). Also perhaps adv: Hofmann, *Das XII Capitel Danielis* (there: Kingdom will come after literal end of the world 1533 – cf. Williams, *Reformation*, 261) and adv: *Nikolsburg Art.*, Täuferakten 7, 139 (there: literal advent of Kingdom expected 1529–30). – Removal of polemical passage in 1536 suggests Capito as target. The latter considered fully orthodox at time of the Strasbourg Synod 1532–33. Cf. Wendel, *Eglise*, 53–84.

[177] Exc. locus: incarnatio. Cf. supra n. (145). Inc. locus: Defensio paedobaptisimi et verum populi veteris et novi discrimen fol. 39r.–fol. 54r. in A.

[178] Cf. supra ad nn. (88)–(88), (98)–(98) – (101), (151)–(151).

[179] On distinction between *spiritus timoris* and *spiritus filiationis* cf. supra ad nn. (87) – (88)–(88), (97)–(99).

continebat, primas apud illos obtinebat eoque multis etiam externis legi-bus ut Dei voci esse morigeri assuescerent, constringebantur. Post glorifi-catum autem Christum *non accepimus spiritum servitutis iterum in ti-morem*, Rom. 8[15]. Hoc est: non accepimus Spiritum quo tantum timeamus Deum, quemadmodum fiebat cum sensu pietatis etiamnum pueri *sub paedagogo* [Gal 3, 25] ad honesta agebamur magis quam ducebamur et ita servili animo imperata eius faciebamus, ignorantes quo fine quaeque praeciperentur, neque liberam ad ea propensionem sentientes. Sed ac-cepimus *Spiritum adoptionis* quo vere *filii Dei* constituimur, *quo* freti *invocamus Deum nomine Patris* [Rm 8, 15–16]. Et, impulsi eius amore, libero spiritus arbitrio omnia nostra eo ordinamus ut inde utilitatem proximi sentiant [cf. Rm 15, 2]; in primis autem ut ad eandem filiorum Dei [cf. Rm 8, 16] sortem perveniant quotquot ad eam destinati sunt; qui minus: ut ii nihilominus externa illa a nobis, dum opus habent et spiritalia respuunt, beneficia percipiant, sicut et Patris bonitas solem suum illis et imbrem largitur. Sic [180]animatos esse decebat, quotquot Christo dederunt nomen. *Qui enim Spiritu Dei aguntur, ii demum filii Dei sunt* et non est Christi qui *Spiritum Christi non habet*, Rom. 8[14]. *Iam ubi Spiritus ibi libertas*, 2 Cor. 3[17] et *fructus Spiritus*, quorum aliqui Gal. 5[22] en-umerantur.

⟨[181]*Spiritus filiorum* [Rm 8,15] hic imperfectus⟩ Hunc autem Spiritum alii aliis habent opulentius, nulli tamen consummatum. Dum namque haec caro, haec, inquam, natura nostra vivit, Spiritui adversatur efficitque ut quae Spiritu detestamur, nihilominus faciamus. Hinc fit ut, cum Paulo, nemo sanctorum *se apprehendisse putet*, eorum autem *quae a tergo iam sunt*, quae puerilia fuere elementa [cf. Gal 4,3], hoc est rudimenta et institutiones scilicet in extremis rebus sitae, quae remote, non proxime ad pietatem momentum aliquod adferebant, obliviscuntur et ad *ea quae a fronte sunt* contendunt *ut apprehendant, in quo et apprehensi sunt in Christo Iesu*, plenam nimirum Dei dilectionem, qua penitus Deo evadant similes, Philip. 3[12–14].

Hic vero conatus, hoc studium opus quidem est Spiritus Christi qui donum est Patris. Attamen visum Deo est ut ipsi huic verbo doctrinae et monitionis [x8] [182]administrationeque sacramentorum[x8] cooperarii [cf. 1 Cor 3,9] simus. Voluitque[y8] ut *sermo Christi inhabitet in nobis opulente in omni*

[x8]–[x8] 182 *om.* AB. – [y8] Et voluit AB. –

[180] Ap: Lambert, *Farrago*, cap. 3,21v. (*i*: Spirit essential feature of all those who belong to the true church).
[181] Cf. supra ad n. (98)–(98).
[182] Cf. BEv 1536 (1553) ad Mt 3[6]: *Retractatio* 17v. (there: denies that minister's words and external signs are merely symbolic in administration of sacraments and refers to 1 Cor 3,6–9).

sapientia ut $^{z^8}$*doceamus et instituamus*$^{z^8}$ *nos invicem psalmis, hymnis* etc., Colos. 3[16]. Quo itaque hoc commode fieret, voluit arctissimam vitae inter suos [594] societatem esse ut *alii aliorum membra,* universi ecclesiam velut *corpus unum* [Rm 12,5] constituerent. Hanc *regnum coelorum* [Mt 3,2] in evangelicis Literis vocavit, quia vere spiritualem vereque coelestem vitam ii meditantur qui coram Deo in hoc suum regnum pervenerunt. Coram hominibus nanque et sati a Diabolo, mala *zizania* [Mt 13,25], sese admiscent qui in fine mundi demum omnes eiicientur.

⟨Propter ^{183}ecclesiae societatem conservandam instituta sunt symbola⟩ Quo ergo huiusmodi in Domino vitae societas ac communio astrictior$^{a^9}$ inter sanctos haberetur $^{b^9}$ipsaque huius communionis exhibitio per ministerium ecclesiae gravior atque efficacior esset$^{b^9}$, duo symbola, ac velut sacras tesseras, dedit. Quorum altero $^{c^9}$in hanc Christi communionem inauguremur$^{c^9}$; altero $^{d^9}$in ea instauremur$^{d^9}$ ac velut renovemur$^{e^9}$. Illud baptismus est, hoc eucharistia: utrunque$^{f^9}$ex sacris ritibus, tam per Mosen Iudaeis quam per primos sanctos patres traditis gentibus, desumptum$^{f^9}$. Multus sane usus baptismatum Iudaeis fuit, non ex Lege tantum, sed etiam ex traditionibus patrum, ut Mar. 7[3] legimus. Quotiescunque *immundus quis censebatur,* ecclesia populi Dei, nisi baptizato, non patebat, ut 3 Mosch. capite 13[6] et 15[6] legimus. Sed et totum populum, antequam Dei Legem reciperet, *lavare oportuit vestes,* 2 Mosch. 19[10]. *Aharonisque et filiorum corpora tingi* oportebat cum consecrarentur, 2 Mosch. 29[4] et 40[12]. Et in sanctuarium quod $^{g^9}$velum intra$^{g^9}$ erat, non licebat sacerdotibus nisi baptizatis ingredi, 3 Mosch. 16[24]. $^{h^9}$Non minus frequentem usum baptismatis fuisse ^{184}gentibus testantur $^{i^9}$patres historia$^{i^9\ h^9}$.

⟨Quae baptismatis significatio⟩ Ex quibus $^{j^9}$videmus baptismatum usum ex prisca, cum Iudaeorum tum gentium, religione mutuatum esse. Omnes enim baptismatis ^{185}lustrationem quandam et peccatorum ablutionem cum initiatione ad sacras actiones quaesierunt$^{j^9}$. Sic ergo cum

---

$^{z^8-z^8}$ doceremus et institueremus AB. – $^{a^9}$ oportunius AB. – $^{b^9-b^9}$ *om.* AB. – $^{c^9-c^9}$ eam auspicaremus AB. – $^{d^9-d^9}$ subinde instauraremus AB. – $^{e^9}$ renovaremus AB. – $^{f^9-f^9}$ Moscheh ritibus desumptum quia et ipsa *elementa mundi* [Gal 4,9] sunt, id est externa instituta quaedam, in quibus pietas sita non est, qualibus Moscheh doctrina fuit referta AB. – $^{g^9-g^9}$ intra velum A. – $^{h^9-h^9}$ *om.* AB. – $^{i^9-i^9}$ passim historiae D. – $^{j^9-j^9}$ locis videmus baptismatum usum ex Lege fuisse ut, illis velut lustrati, Israelitae in ecclesiam Dei admitterentur et sacerdotes ad faciendam rem divinam idonei haberentur AB. –

^{183} Ap: *Decreti* 3a pars, dist. 4, can. 49, *Friedberg* 1, 1381: Augustine, *De baptismo* (Est unitas ecclesiae que late patet in sacramentorum videlicet societate et communione ...).

^{184} For Jewish prototypes cf. supra n. (168). Gentile prototypes ap: Eusebius, *Praeparatio* 3,4, MPG 21, 173–174, GCS 8:1, 119; Er Lingua 1525, LB4, 747 (*i*). Cf. also Cortese, *In Sent.* 1504, lib. 4 ad: De Baptismate, 62r. (there: "gentium sacra" but considered as vastly inferior).

^{185} Cf. Cortese, *In Sent.* 1504 lib. 4 ad: De Baptismate, 63f.: lustratio, aspersio lustratis etc.

regnum Dei non pateat nisi renatis [cf. Io 3,3] et lustratis, non [186]aqua tantum[k9] visibili quae [l9]per se[l9] mentem non contingit, sed aqua et igni coelesti, hoc est Spiritu sancto [cf. Mt 3,11] – prophani enim et impii nascimur omnes quia *filii irae* [Eph 2,3] – et Christianismi susceptio sit novae et coelestis vitae perceptio[m9], voluit Dominus ut, qui in suam ecclesiam externe reciperentur, antea baptizarentur. Eoque significaretur: quicunque ab ipso alieni sunt, eos impuros et prophanos esse neque regni eius municipatum [cf. Eph 2,19] posse consequi, nisi per Spiritum sanctum quem nunc *aquam* [Io 3,5] nunc *ignem* [Mt 3,11] Scriptura vocat, lustrentur[186] et mundentur, hoc est ea mente donentur ut toti iam velint in hoc incumbere ut [187]vetus homo [cf. Eph 4,22], natura ista ad malum tantum prona [cf. Gn 8,21], intereat; novus [cf. Eph 4,24] autem, id est illa ipsa mens Dei studiosa quam Spiritus Dei in suis format, quotidie *incrementum* [cf. 1 Cor 3,7] accipiat et pietate augeatur, donec totus homo innovatus imagini Christi per omnia respondeat [cf. Rm 8,29][187].

⟨Unde baptismus Christi⟩ Hinc baptizatos Paulus ait [Rm 6,3–4] *in mortem Christi baptizatos et cum eo sepultos, item ipsum induisse.* Baptismo enim in Christi ecclesiam recipimur, hoc est in eorum gregem pro quibus Christus est mortuus ut et ipsi [n9]nobis moriamur. *Vivamus*[n9] *autem ei qui pro omnibus mortuus est et resurrexit* [2 Cor 5,15]. *Moriantur*[o9] *peccato, vivant*[p9] *Deo* [Rm 6,10–11] *in novitate vitae ambulantes* [Rm 6,4]. Quod totum opus Spiritus Christi est cui consecrantur qui baptizantur. Qui etiam quos apprehenderit, non deserit donec conformes reddat imagini Christi, uti is nequaquam solus, sed *inter multos fratres primogenitus sit* [Rm 8,29]. Proinde cum Christi esse et ideo hoc Spiritu eius innovandos speremus qui per baptismum in ecclesiam recipiuntur, recte dixit Paulus *in mortem Christi eos baptizari et cum illo per baptismum sepeliri illumque denique induere* [Rm 6,3–4]. Qui enim electi sunt, haec omnino olim consequentur. De reprobis *hoedis* qui, dum hic peregrinamur, *ovibus* [Mt 25,32] semper admisti sunt, non fuit ratio ut Apostolus mentionem faceret, cum scriberet iis quos, ut esse filios Dei credebat, ita ut *digne* sua *vocatione ambularent* [Eph 4,1] voluit monere.

[k9] illa AB. – [l9–l9] *om.* AB. – [m9] professio AB. – [n9–n9] sibi moriantur, vivant A. – [o9] moriamur D. – [p9] vivamus D. –

[186–186] Ap: *Decreti* 3a pars, dist. 4, can. 9, *Friedberg* 1, 1363–1364: Ambrose, *De sacramentis* (*ip*: removal of original sin, necessity of Holy Spirit, passage from the earthly to the celestial); Augustine, *In Ioh.* tract. 6 ad 1,32–33, MPL 35, 1428–1437, CCL 36, 57–67 (*i*: distinction between the inner and the outer, Holy Spirit essential). Cf. also Aquinas, *S. Th.* 3a q. 66 a. 3, *Caramello* 3,376–377; Bucer, *Prf. ad fratres Italiae* 1526 in: *4us tomus enarr.*, A8v.–B2v. (there adv: Anabaptists). Here perhaps adv: Denck, *Von der wahren Liebe*, Täuferakten 6:2, 80ff. (there: outer baptism = "Bundzeychen" i.e. constitutional sign of each believer's covenant with God).
[187–187] Ap: BEph 1527 ad 4,22–24, 88r.ff. (*pa*).

Quemadmodum igitur qui Christo a Patre donati sunt, ante iacta mundi fundamenta [cf. 1 Pt 1,20], in hoc ut Christo olim similes evadant [cf. Rm 8,29], electi et a reliquo mundo segregati sunt, ita prae se ferre hoc ipsum eos agentes, etiamnum in hoc seculo, addecet. Eaque caussa arctissimae vitae inter se communionem, tanquam membra unius corporis [cf. Rm 12,5] habere et quodlibet membrum iuxta sibi admensuratum actum, hoc est Spiritus facultatem, *incrementum* [cf. 1 Cor 3,7] corporis facere [595] ipsumque aedificare, id est conferre in medium quo meliores fratres reddi queant [cf. 1 Io 3,10], oportet. Hinc itaque est [188]*quod caput huius corporis* [Eph 1,22], Christus, dat *alios apostolos, alios prophetas, alios evangelistas, alios doctores et pastores* [Eph 4,11] aliisve Spiritus dotibus instructos. Nam quicquid huius donat, ad communem [189]ecclesiae suae utilitatem donat ut per assiduam doctrinam et admonitionem sancti instaurentur et illa, *quae corpus suum est* [Eph 1,23], *incrementum* [cf. 1 Cor 3,7] sumat, *donec perveniamus omnes in unitatem fidei et agnitionis* ipsius *Filii Dei et demum virum adultae aetatis Christi referamus, adolescentes in eum ipsum per omnia qui est caput*, Ephes. 4[11–15].

⟨Baptismo aquae in [190]externam Dei ecclesiam, baptismo Spiritus in internam, recipimur⟩ Hanc itaque vitae aeternae societatem municipatumque colestem [cf. Eph 2,19] ritu aliquo solenni auspicari et, velut in regnum suum$^{q^9}$ inaugurari nos, Domino placuit. $^{r^9}$Tam voluit redemptionem suam nobis commendare quam id fert ingenium nostrum efficacissime$^{r^9}$. Desumpsit ergo ex innumeris symbolis et ritibus, $^{s^9}$cum veteris populi Iudaeorum tum omnium gentium religiosarum$^{s^9}$, baptisma, ritum qui et minimi negotii et maxime vulgaris esset; haberet autem ἀντίτυπον et admonitoriam similitudinem eius quo vere et coram Deo societas illa et municipatus consistit, id est: Spiritus sancti. Hic enim unctio [cf. 1 Io 2,20] est et vera in regnum coelorum inauguratio, tessera et σφραγίς [2 Tim 2,19] atque obsignatio qua filiis Dei adnumeramur. Quae a mundo subducit [cf. 1 Io 2,15], lustrat, purgat et novos [cf. Eph 4,24] ac coelo dignos efficit. Unde Paulus [1 Cor 12,13]: *In uno Spiritu, in unum corpus baptizati sumus, sive Iudaei, sive Graeci, sive servi, sive liberi et omnes unum Spiritum hausimus* quod more suo de iis qui vere Christiani, non hypocritae erant, scripsit. Ex his iam abunde liquere potest quidnam baptismus aquae sit: solennis nimirum in regnum coelorum, id est ecclesiam hic

---

q^9 Dei AB. – r^9–r^9 *om.* AB. – s^9–s^9 veteris populi AB. –

[188] Cf. BEph 1527 ad 4,11ff., 84v.ff.
[189] Cf. BEph 1527 ad 1,23, 45v.ff. (there: Christ real head of the Church as opposed to the Pope).
[190]–[190] Cf. supra ad n. (186)–(186). Here also distinction between John's and Christ's baptism adv: Zwingli, *Von der Taufe*, CR 91, 225; Bader, *Brüderliche Warnung*, D4r.–D5r. Cf. ad nn. (46), (170)–(170).

etiamnum peregrinantem, inauguratio. Qua significatur ^{t9}et exhibetur, virtute quidem et opere Domini, ministerio vero ecclesiae, *remissio peccatorum* [Mt 26,28] et Spiritus Christi quo nobis moriamur, vivamus Deo [cf. 2 Cor 5,15], veri iam cives regni coelorum [cf. Eph 2,19], *filii et haeredes Dei* [Rm 8,17] *et membra Christi*^{t9} [1 Cor 6,15].

⟨Baptismus per Ioannem coepit⟩ Per Ioannem hunc ritum Dominus introduci primum voluit [cf. Mt 3,11] quia, primus, cives huic regno [cf. Eph 2,19] Christi evangelio conscripsit. Christus ipse non baptizabat aqua quod Spiritus baptismus ei proprius sit; et inauguratio per baptismum aquae ad eam societatem proprie faciat quam sancti inter se in hac vita habent externam. Unde decebat ut ipsi se mutuo in eam reciperent. Coepit itaque hic ritus, baptismo in ecclesiam Christi homines recipiendi, per Ioannem; deductus est per apostolos et apostolicos viros usque ad nos[190].

⟨Infantes ab apostolis baptizantur⟩ Neque adultos solum qui fidem Christi palam confiterentur, sed et horum infantes ac pueros etiam apostoli baptismo in Christi ecclesiam receperunt, [cf. Act 16,15.32–33]. Nam [191]Origenes testatur hanc traditionem ab apostolis ecclesiae commendatam. Et [192]iure quidem. Non enim potest homo, vel haec vel alia, prudentius Deo disponere. Is autem mox natos infantes sibi consecrari et in [193]externam ecclesiam cooptari suam veteri populo sanctissime praecepit. Eoque declaravit quanta cura et solicitudine velit nos dare operam ut in ecclesiam suam, ubi pietas docetur et ipsius bonitas praedicatur, plurimi veniant. Unde ^{u9}veteri populo praeceperat circumcidere^{u9} non solum ex semine Israëlitico natos, sed quorumcunque potestatem haberent, etiam alienigenarum, sive nati eis domi essent, sive nuper argento comparati^{v9}, 1 Mos. 17[12]. Quod igitur tantopere Deus olim exegit, non modo nunc ipsi non displicebit, sed erit longe gratissimum quia utilissimum. Qui enim non utilissimum esset, a cunabulis, in populo Dei versari Deoque dicatum esse?

⟨*Sinite parvulos venire ad me* [Mt 19,14]⟩ Certe Christo id adeo probabatur ut arcentibus a se pueros discipulis serio indignaretur [cf. Mt 19,13].

---

^{t9–t9} ut quis vere civis fit caelorum [cf. Eph 2,19], opus esse ut Spiritu sancto per Christum lustretur et initietur, quo sibi totus moriatur, vivat autem Deo [cf. 2 Cor 5,15] AB. – ^{u9–u9} *om.* AB. – ^{v9} *add.* mandaverat circumcidi AB. –

[191] Origen, *In Rom.* ad 5,9, MPG 14, 1047; *In Lev.* 8,4, MPG 12, 497.

[192] Argument from tradition ap: Bader, *Brüderliche Warnung*, K2v.–K3r. (there: Augustine, Cyprian, Origen adv: Anabaptists). Cf. also Zwingli, *Von der Taufe*, CR 91, 292–294. Here adv: e.g. Eck, *Enchiridion* 1526, cap. 30: De baptismo puerorum, CC 34, 306–309 (there: accuses reformers of relying on tradition to defend infant baptism. Here: ref. to Origen coupled with ref. to Gn 17,12 thus linking tradition with Scriptures). Also adv: Hubmaier, *Von der Kindertaufe*, Täuferakten 9, 261 (there: Origen's testimony discredited).

[193] Ap: Augustine, *Contra Donatistas* 4,23–24, MPL 43, 174, CSEL 51, 258–259 (*ie*). Cf. also supra ad nn. (189), (190)–(190).

Existimabant enim illi, cum infantes qui apportabantur percipere vitae doctrinam non possent, sine caussa Domino eos offerri. Sed quid sapientia Dei, Christus? *Sinite parvulos venire ad me et nolite eos prohibere; talium enim est regnum coelorum* [Mt 19,14] a quo pueri tam non debent arceri ut nemo possit in illud recipi qui non evaserit puero similis, nihil sibi vel sapientiae vel iustitiae arrogans, [w9]et percipiat salutem a me, nulla sua opera et mero meo dono[w9]. [194]Etenim ut declararet Dominus[x9] se non de similibus tantum pueris, sed de ipsis pueris quoque locutum[y9], oblatos puellos accepit in ulnas, [596] *amplexatus fuit atque, impositis manibus, benedixit* [Mc 10,16]. Vide, indignatus fuit quod discipuli pueros repulissent, tanquam doctrinae eius[z9] non capaces: iussit eos sibi adduci et prohiberi vetuit. Rationem vero cur hoc vellet, subiecit: *Talium est regnum coelorum* [Mt 19,14]. Si iam haec ratio quadrat, necesse est ut fateamur regnum coelorum ipsis pueris assignatum[194]. Si nanque regi alicui offerrentur eruditi et satellites repellerent eos, rex autem indignatus diceret: sinite eruditos venire ad me; talium est enim regnum meum et qui non fuerit ut eruditus, non erit particeps regni mei, quis auderet hic dicere: rex non voluit eruditis suum regnum assignare, sed tantum eruditis similibus?

Sicut Pater ergo, ita et Christus in regnum suum pueros recipi voluit. *Salvator enim omnium est* [1 Tim 4,10], etiam puerorum. Imo pueri eo ad ipsius regnum [195]magis idonei sunt quod tantum ab ipso fingi, non etiam ipsi per se esse aut sapere aliquid possunt. Nisi igitur iram et indignationem Domini in nos provocare volumus, pueros ipsi et adducere et adductos in regnum ipsius recipere, debemus. Sunt quidem saepe inter pueros [196]reprobi. Id autem dum nobis non constat, nihilominus populo Dei accensere illos debemus, satis tempestive rursum eiecturi eos cum malis fructibus suis qui sint et nobis palam fecerint. Regnum enim coelorum simile est *agro in quo zizania cum tritico* nascuntur [Mt 13,25–30] et *sagenae inactae in mare ac malos cum bonis pisces concludenti* [Mt 13,47],

---

[w9]–[w9] *om.* AB. – [x9] *om.* AB. – [y9] *add.* qui C. – [z9] Christi A. –

[194]–[194] Ap: Zwingli, *Von der Taufe*, CR 91, 300–301 (*i*); Bader, *Brüderliche Warnung*, K2v. (*i* but there "talium" argument not considered). Cf. *Grund und Ursach*, BDS 1, 260; BEv 1527 ad Mt 19[14], 233r.–235r. Adv: Hubmaier, *Gespräch*, Täuferakten 9, 211 (cf. Hubmaier, letter to Oecolampadius, 16 Jan. 1525, Staehelin, *Briefe* 1 no. 238); Borrhaus, *De operibus*, 63v.

[195] Ap: Augustine, *De peccatorum meritis* 3,5, MPL 44, 191, CSEL 60, 135: [Ps –] Cyprian, *Epist*. [64 *ad Fidum*, MPL 4, 359, CSEL 3:2, 717] (*i*); Zwingli, *Von der Taufe*, CR 91, 300 (*p* but there: children without original sin!). Here perhaps adv: Denck. Cf. Bader, *Brüderliche Warnung*, M4r.–v. (there: acc. Denck children not to be baptised because cannot believe or ask for themselves).

[196] Ap: Bader, *Brüderliche Warnung*, E5v.–E6r. (*i*: only children who count among the elect will be saved regardless of outer sacrament); *Decreti* 3a pars, dist. 4, can. 49, *Friedberg* 1, 1381 (*i*: general: sacraments to be administered to the good and the wicked).

nuptiis denique in quibus et carentes ornatu nuptiis digno recumbunt [cf. Mt 22,11–13]. Postremo*[a10]* sunt in regno coelorum qui Legem Dei solvunt et solvere docent [cf. Mt 5,17], sed minimi in eo habentur.

⟨Baptizatio parvulorum reiici ex eo non potest quod contingat baptizari haedos [cf. Mt 25,33]⟩ Quid? Si etiam solos adultos baptizemus, multos nihilominus [197]*hoedos* in *ovile* [Mt 25,33] Christi admittemus*[b10]*. Non minus olim atque nunc Deus e medio ecclesiae suae malos eiici voluit, praesertim cum id pluribus quam tempore evangelii praeceperit. Nihilominus voluit Dominus Iudaeos, fretos eo quod cum ipsis et semine eorum foedus pepigisset, singulos infantes, non tantum ex ipsis natos, sed et quomodolibet in potestate ipsorum constitutos, sibi initiari [198]symbolo [cf. Gn 17,12] quod nihilo minoris fuit quam sit baptismus. Aeque enim *[c10]*circuncisio et baptisma remissionem peccatorum et consortium vitae beatae [cf. 2 Pt 1,4] exhibebat, etiamsi non adeo clare atque efficaciter*[c10]*.

⟨Utilitas paedobaptismi⟩ *[d10]*Ex eo *[e10]*vero quod et infantibus nostris [199]foedus gratiae baptismate confertur, ad ecclesiam [200]triplex fructus pervenit*[e10]*. Primus*[f10]*pertinet ad totum populum Christi*[f10]*. Admonetur*[g10]* enim eo Deum etiam puerorum suorum*[h10]* Salvatorem esse. Quot enim infra eam aetatem moriuntur qua agnoscere et confiteri Dei gratiam queant, quos tamen Deus ob sanguinem Filii sui, multo ad salvandum quam fuerit noxa Adae ad perdendum potentiorem*[i10]* [cf. Rm 5,9], indubie salvat! Hanc igitur suam bonitatem commendari populo eo voluit quod in foedus suum iuberet recipi etiam recens natos.

[a10] denique A. – *[b10]* admitteremus AB. – *[c10]–[c10]* ut hic mortificationem carnis vitaeque novitatem significabat AB. – *[d10]* add. □ Quos fructus infantes in ecclesiam recipere, adferat A. – *[e10]–[e10]* autem triplex fructus perveniebat AB. – *[f10]–[f10]* perveniebat ad omnes AB. – *[g10]* admonebantur AB. – *[h10]* om. AB. – *[i10]* potentioris A. –

[197] Ap: Bader, *Brüderliche Warnung*, E6r. (*i*: true faith not linked to age or reason; there: adv: Anabaptists); Augustine, *De peccatorum meritis* 3,5, MPL 44, 191, CSEL 60, 136: [Ps–] Cyprian, *Epist.* [64 ad Fidum, MPL 4, 360, CSEL 3 : 2, 720] (*i*).

[198] Here direct source ap: Bader, *Brüderliche Warnung*, E2v.f., I 7v. (*ip*). Close links between circumcision and baptism/circumcision and grace ap: Augustine as n. (195) supra; *De Spiritu et littera* 29,50, MPL 44, 251, CSEL 60, 205; *Contra Donatistas* 4,23–24, MPL 43, 174 (in: Zwingli, *Von der Taufe*, CR 91, 321); *Decreti* 3a pars, dist. 4 can. 6, Friedberg 1, 1363 (Augustine); Aquinas, *S. Th.* 3a q. 70 a. 2, Caramello 3,413 col. B. – 414 col. A; Zwingli, *Von der Taufe*, CR 91, 292ff. (*i*). Cf. *Grund und Ursach*, BDS 1, 259 (there: less emphasis. On incr. emphasis after 1527 cf. *Van de Poll*, 97).

[199] Ap: Augustine, *De peccatorum meritis* 1,39, MPL 44, 150, CSEL 60, 70 (*i*: grace for children and adults); Zwingli, *Antwort*, CR 91, 622ff. (*i*: grace for children part of covenant). Cf. *Van de Poll*, 94–95 (for Bucer on paedobaptism as covenant of grace, pre 1528); Strasbourg liturgy 1530, *Hubert*, 57; *Quid de baptismate*, 4r.–v., 14r.ff.

[200–200] Ap: Zwingli, *Antwort*, CR 91, 629, 631 (*i*: entire Christian people); letter to Lambert 16 Dec. 1524, CR 95, no. 355, 274, BCor 1, no. 84, 311 (*i*: parents and children).

Alter fructus [j10]pertinet peculiariter ad parentes[j10] ac quoslibet puerorum propinquos. Invitantur[k10] enim illi ea observatione ut tanto diligentius ad pietatem educent[l10] quos Deo consecraverunt[m10] meritoque iam non ut suos, sed *Dei filios* [Rm 8,14], agnoscant[n10]. Quos etiam considerata haec Dei erga pueros quos suo foedere dignatur[o10] misericordia, faciles, alacres et studiosos reddit[p10], quibuslibet officiis sanctos iam pueros demereri.

Tertius fructus [q10]proprie ad pueros pervenit[q10] [r10] quibus multam ad Dei cognitionem pietatemque occasionem praebet[s10], ei populo accensis esse et inter eos a puero versari inter quos verbi Dei praedicatio cultusque viget[t10]. Cum lacte enim reverentiam Dei imbibunt[u10]. Quo fit[v10] ut, quanquam non raro principes et populi maior pars ad idololatriam deficiant[w10], qualiscunque tamen metus Dei verbique eius observatio in populo manet[x10] reliqua. [y10]Hinc olim[y10] non paulo facilius prophetae ad resipiscentiam populum revocabant quam si metus ille qualiscunque et reverentia verbi in populo exolevisset: exolevisset autem, si non ab infantia foedus Dei illis fuisset inculcatum[200].

Et nobis quoque insigniter utile fuit quod in qualemcunque ecclesiam a cunis omnis populus noster cooptatus est[z10]. Sic vel aliqua de Christo opinio et sacrorum [597] Librorum haesit existimatio. Quibus factum est ut redeunti nuper evangelii puritati ampla satis fenestra patuerit. Quae patere haud potuisset, si nulla sacrae Scripturae ratio a populo fuisset habita. Idque[a11] indubie esset factum, si Christiani nomen sibi vulgo vendicare non fuissent ausi. Sensim[b11] – ut per Syriam, Asiam, Graeciam et alias regiones quibus principes dominantur lue mahometana infecti, factum videmus – [c11]etiam apud nos, cum nomine[c11] [d11] et doctrinae Christi aestimatio evanuisset et fuisset pridem Evangeliorum et eorum quae Apostoli scripta reliquerunt, ea apud nostros autoritas quae et apud Turcos.

⟨Quales hostes paedobaptismi⟩ Porro ritum hunc, iam inde ab eo quod populum Deus in terris habere coepit, ex Dei praecepto observatum et a Christo tam graviter confirmatum, tam[e11] totque nominibus utilem[f11] (sicut omnia quae Deus instituit certum fructum afferunt) convellere conati sunt homines quidam, perniciose errantes: id quod pleraque non tam absurda quam pestilentia eorum dogmata abunde probarunt. Mitto enim quae pauciores inter eos confinxerunt et dogmatizant.

[j10-j10] ad parentes redibat AB. – [k10] invitabantur AB. – [l10] educerent AB. – [m10] consecrassent AB. – [n10] agnoscerent AB. – [o10] dignabatur AB. – [p10] reddebat AB. – [q10-q10] ad pueros redibat A. – [r10] perveniebat B. – [s10] praebebat AB. – [t10] vigebat AB. – [u10] imbibebant AB. – [v10] factum quoque fuit AB. – [w10] deficerent AB. – [x10] maneret AB. – [y10-y10] Unde AB. – [z10] fuit AB. – [a11] id quod AB. – [b11] *add.* cum nomine ita AB. – [c11-c11] *om.* AB. – [d11] *corr.* nominis D. – [e11] *add.* utilem AB. – [f11] *om.* AB. –

Spiritum Dei et *Legem illam quam Deus suis promisit in corda se inscripturum* [Ier 31,33] esse [201]lumen naturae in universum omnibus mortalibus commune.

[202]Peccatum falsam duntaxat et in omnibus spiritibus olim evanituram opinionem.

Scripturam [203]impiis duntaxat, piis visiones quibus doceantur, destinatas.

[204]Nullos esse daemones et Christum fuisse [205]illum qui primis parentibus imposuit serpentem.

Christum in [206]carne sua habuisse peccatum.

Diem extremum post [207]sex, alii post [208]duos annos futurum.

Et idgenus alia[g11] quae [209]editis libris communi omnium sententia professi sunt, facile indicant quo agantur spiritu.

[g11] *add.* vel ea AB. –

[201] Ap: Rhegius, *Notwendige Warnung* ad art. 7–8, *Deutsche Schriften* 4, 135r.–137r. (*ie*). Here perhaps explicitly adv: Denck, *Vom Gesetz Gottes*, Täuferakten 6:2, 60 (there: also ref. to Ier 31,33 to prove Law inner and accessible to all). Cf. also Luther adv: Eligius Loy, letter to G. Spalatin, 27 March 1525, WABr 3, 464 (there: Loy said to assert: "Spiritus sanctus" = "ingenium et ratio naturalis". Cf. Williams, *Reformation*, 351ff. on Luther's disputation with Loy, Wittenberg 1525).

[202] Cf. BEph 1527: dedication to Friedrich von Liegnitz, A3r.–v. – Perhaps ap: Luther, *Sendschreiben*, WA 18, 549 (*i*: there: Loy's doctrine of sin: cannot be committed except with full intention; whoever does not have Holy Spirit does not have reason, cannot truly intend, so cannot sin). Cf. Loy, *Summa doctrinae* (unpublished at the time) in: Döllinger, *Beiträge* 2, 667.

[203] Adv: *Nikolsburg Art.*, Täuferakten 7, no. 116: A4, 139. – For description of Strasbourg MS. of *Nikolsburg Art.* see *ibid.*, 142–144. For detailed account and their connexion with Hubmaier see also Sachsse, *Hubmaier*, 233–273; Friedmann, *Nicolsburg Articles* in: CH 36:4 (1967), 391–409.

[204] Cf. *Praef. ad fratres Italiae* 1526, B3r.; BEph 1527: dedication, A3 (there: this accusation not made but Bucer raises question of salvation of devils, as in: *Nikolsburg Art.*, Täuferakten 7, no. 116: A3, 138). Here perhaps ap: Luther, *Sendschreiben*, WA 18, 549 (there: acc. Loy no hell or damnation; only flesh damned). Cf. Loy, *Summa doctrinae* in: Döllinger, *Beiträge* 2, 667–668 (there: existence of hell or daemons not explicitly denied).

[205] Cf. *Praef. ad fratres Italiae* 1526, B3r. No 16th cent. sect that specifically linked Christ with Serpent identified. But cf. Irenaeus, *Contra haer.* 1,30, MPG 7, 699: De Ophitis (there: Eve listened to serpent believing his words to come from the Son of God). – Perhaps here: confusion of ancient and contemporary heresy. In *Praef.*, B3v. Anabaptists = with several ancient heretical sects incl. Ophites.

[206] Adv: *Nikolsburg Art.*, Täuferakten 7, no 116: B2, 139 (*ip*). Cf. Zwingli, *Elenchus* 1527, CR 93, 27 (there: more general accusation that Denck, Hetzer and Kautz deny Christ was the Son of God).

[207] Adv: Hofmann, *Das XII. Capitel Danielis* in: Krohn, *Geschichte*, 83, 99 (end of the world expected in 1533 or in the seventh year after 1526).

[208] Adv: *Nikolsburg Art.*, Täuferakten 7, no. 116: A5, 139.

[209] Either *Nikolsburg Art.* (cf. supra nn. (203) ff.) or *Schleitheim Conf.* (cf. infra nn. (210)–(214)).

Christianum non posse gerere [210]magistratum neque imperanti [211]arma quamlibet licita, parere, aut [212]iusiurandum facere.

Non posse verbum Dei doceri in templis [h11]in quibus sint [213]imagines[h11].

Eos qui [214]rebaptismum illorum cum enumeratis dogmatis non recipiunt, esse vitandos cum interim quamlibet sceleratis, modo eorum dogmata non impugnent, amicis utantur. [215]Munzerique[i11] cruentam seditionem, item quod quidam in oppido S. Galli [216]fratri suo caput amputavit cum dixisset ita Patrem – sic enim de Deo loquuntur – voluisse, pauci inter eos damnent.

Nuper [217]Bernae, [j11]deinde hic quoque, aliquot[j11] audivi qui adsererent se absque peccato esse.

Quam insaniam sibi persuaserunt alii et testari volentes se in statum innocentiae restitutos, [218]nudi in domibus consederunt viri et mulieres, nudi de domo in domum transierunt. Quidam etiam eo prolapsi sunt ut sororum carnes peterent concumbentesque cum eis adsererent id[k11] nihil esse peccati: carnis tantum esse opus, non spiritus. Horum facinorum oculati vivunt testes apud S. Gallum et in vicis regionis Helvetiorum quam Cellam Abbatis vocant.

[h11–h11] idolis conspurcatis AB. – [i11] Munzeri AB. – [j11–j11] om. AB. – [k11] om. AB. –

[210] Cf. *Praef.* 1526, B2v. – Adv: *Nikolsburg Art.*, Täuferakten 7, no. 116: B6, 140; *Schleith. Conf.*, art. 6, Jenny, *Täuferbekenntnis*, SBVG 28, 14–15, 66–74 refuted by: Zwingli, *Elenchus*, CR 93, 136–141.

[211] Cf. *Praef.* 1526, B2v. – Adv: *Schleith. Conf.*, art. 6, Jenny, *Täuferbekenntnis*, SBVG 28, 15, 66–74 refuted by: Zwingli, *Elenchus*, CR 93, 129–136.

[212] Adv: *Schleith. Conf.*, art. 7, Jenny, *Täuferbekenntnis*, SBVG 28, 16–17, 75–79 refuted by: Zwingli, *Elenchus*, CR 93, 142–155.

[213] Adv: *Nikolsburg Art.*, Täuferakten 7, no. 116: B1, 139.

[214] Adv: *Schleith. Conf.*, art. 2 (excommunication), Jenny, *Täuferbekenntnis*, SBVG 28, 11, 51–65 refuted by: Zwingli, *Elenchus*, CR 93, 111–113 and art. 4 (separation from institutions of Belial), *ibid.* 12, 66–74 refuted by: Zwingli, *Elenchus*, CR 93, 120–126.

[215] Adv: Thomas Münzer's (c 1490–1525) attempt to link up his religious movement with the Peasants' Revolt 1524–25. Cf. gen. Williams, *Reformation*, 75–78 and Münzer, *Schriften*, QFRG 33, 447–448, 459–460 for corresp. with Mühlhausen and Frankenhausen peasants, 1524–25.

[216] Thomas Schugger's (Schuker) murder of his brother, Leonhard, in St. Gallen 1525–26. Cf. Zwingli, *Elenchus*, CR 93, 25, 89, 95. For contemporary accounts cf. Kessler, *Sabbata*, bk. 3, MVG 4, 295–300; Vadian, *Chronik*, *Deutsche Historische Schriften* 2, 407–408. No proof that the murder religiously motivated but traditionally associated with Anabaptist excesses.

[217] Cf. BSoph 1528, 76r.–77v. – Bucer and Capito took part in talks with Anabaptists at the end of Berne disputation, Jan. 1528. Cf. Müller, *Bernische Täufer*, 28ff.

[218] Ap: Zwingli, letter to Capito 1 Jan. 1526, CR 95, 487–488; letter to Vadian 17 Jan. 1526, *ibid.*, 506–507 (lists same excesses: nudism, promiscuity and incest). – For general accounts of the St. Gallen and Appenzell brethren see further Egli, *St. Galler Täufer*, 44ff.; Horsch, *Inquiry*, MQR 8 (1934), 18ff.

[l¹]Post haec ex eiusdem damnatoribus paedobaptismi orti sunt [219]Hofmannici a quodam Melchiore Hofmanno, pertinacissimi et perditissimi spiritus homine, qui restituere conati sunt regnum Israël, occupata urbe Monasterien in Vuestphalia. Dogmatizarunt Verbum sic [220]carnem factum [cf. Io 1,14] ut una modo humana natura in Christo sit et ea nequaquam de divina virgine Maria sumpta. Non doctrina modo, sed et reipsa invexerunt polygamiam. Repudiarunt coniuges, ipsorum furori non consentientes. Regem crearunt qui minabatur totum orbem se invasurum. Vocabant urbem suam, novam Hierusalem. Infandas ediderunt caedes in dissentientes cives, donec, supra quam annua obsidione ad extremam famem redacti quae multos urbe expulit (ut se trucidandos hostibus obiicere mallent quam in urbe perire fame), ad extremum per proditionem capta urbe, omnes exterminarentur cum uxoribus et liberis. Huiusmodi furoribus acti sunt qui paedobaptismum impugnarunt: nec quisquam in hunc errorem prolapsus est qui non secessionem ab ecclesia fecerit et aliis quoque erroribus implicitus fuerit, ut vel ex eo videri possit quo autore ista opinio excitata sit[l¹].

⟨Quae argumenta Catabaptistarum⟩ Praecipuae autem rationes quibus paedobaptismum reiicere conantur, sunt: [221]Chri[598]stum misisse *apostolos* suos *docere et inde baptizare* [Mt 28,19] idque[m¹] observasse eos. Deinde: baptismum esse [222]symbolum mortificationis [cf. Rm 6,4] cuius sint pueri expertes. Postremo: non posse [223]excommunicationem in ecclesiam reduci, nisi baptizentur qui, scientes, iugo Christi collum submittant [cf. Mt 11,29–30]. Ad haec saepe illis responsum est [224]Matthaei ultimo [28,19] quem locum unice urgent, nihil de [n¹]eo ut docti modo baptizentur[n¹] praeceptum esse, aut ne pueri baptizarentur vetitum, sed datum apostolis mandatum ut et gentibus[o¹] evangelion praedicarent [cf.

[l¹–l¹] Huiusmodi sunt qui paedobaptismum execrabilem docuerunt et sic rebaptismum multis persuaserunt, quos eo sibi, ad multa impia, reddiderunt obnoxios AB. – [m¹] sic et AB. – [n¹–n¹] tempore baptismi AB. – [o¹] add. iam AB. –

[219] For attempts 1531–35 to establish Münster as a "Melchiorite" city-state with common property and polygamy see further *von Kerssenbroeck* and Horsch, *Rise and Fall of the Anabaptists of Münster*, MQR 9 (1935), 92ff.
[220] Ap: Bucer, *Handlung* 1533, BDS 5, 54 (*p*). Cf. zur Linden, *Hofmann*, 329 and *sect.* 1, ad n. (8) supra.
[221] Ap: Bader, *Brüderliche Warnung*, M3v.–M4r. (*i*: there: adv: Denck). Here adv: e.g. Denck, *Von der wahren Liebe*, Täuferakten 6:2, 83; Hubmaier, *Von der christlichen Taufe*, Täuferakten 9, 14 (there ad: Mc 16,15). – Cf. Zwingli, *Antwort*, CR 91, 602, 637.
[222] Adv: e.g. Jacob Gross (rebaptised by Hubmaier). Cf. "Verhör der Wiedertäufer, Jörg Tucher, Jacob Gross … 1526", Täuferakten 7, no. 67, 65.
[223] Adv: e.g. Hubmaier, *Von dem christlichen Bann*, Täuferakten 9, 369, 374. Cf. also *Schleith. Conf.*, art. 2, Jenny, *Täuferbekenntnis*, SBVG 28, 11, 55ff.
[224] Ap: Bader, *Brüderliche Warnung*, M3v.–M4r. (*iep*: there: ad Mt 28,19 adv: Denck, objection and reply); *Getrewe Warnung* ad art. 3, BDS 2, 242.

Mc 16,15] easque baptismo in ecclesiam Christi reciperent, quod in prima legatione eos Christus prohibuerat [cf. Mt 10,5]. Tum et circuncisionem fuisse symbolum [225]mortificationis carnis, ex Dei tamen instituto datam pueris$^{p^{11}}$ nondum potentibus meditari $^{q^{11}}$mortificationem carnis$^{q^{11}}$, sic dandum et baptismum esse. Hanc enim mortificationem opus esse, non adulti hominis sed Spiritus Dei [cf. Rm 8,11–13]; $^{r^{11}}$eumque Spiritum donare Patrem quibus velit [cf. Io 3,8]. Cum itaque hunc Spiritum promiserit et infantibus [cf. Mt 19,14], debere nos$^{r^{11}}$ infantium Salvatori infantes$^{s^{11}}$ per baptismum offerre, quos ille aliter nequit reddere salvos quam si baptizet Spiritu et renovet [cf. Tit 3,5]; id quod aquae $^{t^{11}}$baptismate significatur et exhibetur$^{t^{11}}$. Denique excommunicationem [226]spiritu ferventi studii Dei et dilectionis fratrum [cf. 2 Th 3,15] restitui posse, non autem $^{u^{11}}$negando baptisma infantibus$^{u^{11}}$: neque enim esse hominis proponentis, aut promittentis, *sed Dei miserentis* [Rm 9,16]. Sed hominibus istis tantum sua placent.

Ad nostra respondent: [227]nihil ad nos attinere ritum circuncisionis, nos perfectiorem et aliam legem a Christo accepisse. Verum eo declarant se nescire Christi Legem esse Spiritum sanctum immissum cordibus [cf. Tit 3,6] quo sancti ad quaeque iusta et honesta ultronei ducuntur. $^{v^{11}}$Et eundem esse Spiritum atque Christum veteris et novi populi, etiamsi, in novo, Spiritus Christi amplior sit$^{v^{11}}$.

Sunt autem qui erroribus atrocioribus$^{w^{11}}$ quos $^{x^{11}}$paulo ante$^{x^{11}}$ memoravi, Catabaptistarum non consentiunt et summam fidei $^{y^{11}}$tenere videntur$^{y^{11}}$, attamen [228]paedobaptismum aversantur. $^{z^{11}}$Ii dicunt quod Deus eo quod [229]infantes ad Ebraeos quomodolibet pertinentes recipi per circuncisionem in suum foedus voluerit [cf. Gn 17,12], significarit et portenderit omnes electos et spirituales pueros in foedus suum admittendos, circun-

---

p^{11} *add.* illam AB. – $^{q^{11}-q^{11}}$ *om.* AB. – $^{r^{11}-r^{11}}$ quem Christus [*om.* [!] B.], quibus Pater destinavit donat, nulla advocat oris confessio. Hinc igitur et AB. – s^{11} *add.* nos AB. – $^{t^{11}-t^{11}}$ baptismus significat AB. – $^{u^{11}-u^{11}}$ baptismo adultorum AB. – $^{v^{11}-v^{11}}$ et baptismi usum, ut *elementum mundi* [Gal 4,3] est, non aliunde rectius peti quam a Moscheh, huiusmodi externorum proprio doctore, ac velut elementario quodam praeceptore AB. – $^{w^{11}}$ *om.* AB. – $^{x^{11}-x^{11}}$ *om.* AB. – $^{y^{11}-y^{11}}$ recte tenent AB. – $^{z^{11}}$ *add.* □ Saniorum paedopaptismi [!] adversariorum rationes A. –

[225] Ap: Zwingli, *Von der Taufe*, CR 91, 327–330; Bader, *Brüderliche Warnung*, E2v.ff. (*i*: circumcision = baptism). Circumcision as sign of mortification ap: Lombard, *Sent.* lib. 4, dist. 1, cap. 9, ed. Clar. Aqu. 2, 238; *Decreti* 3a pars, dist. 4, can. 6 (Augustine), *Friedberg* 1, 1363; *Altenstaig*, 48 (*i*).

[226] Ap: *Getrewe Warnung*, BDS 2, 247 (*ip*). Cf. BEv 1527 ad Mt 18[15], 213v.–215v. (there: ref. to: Augustine, *Contra epist. Parmeniani* 3,1, [MPL 43, 81–83, CSEL 51, 98–100]: *p* here).

[227] Adv: e.g. Hubmaier, *Gespräch*, Täuferakten 9, 181–182.

[228] Adv: Borrhaus, *De operibus*, 58r.–59v. On Borrhaus and reactions to *De operibus* cf. Backus, *Borrhaus*, *Bibl. diss.* 2, 12–13, 19–21.

[229] Adv: Borrhaus, *De operibus*, 58v.–59r., 62v. (*e* here).

cisos Spiritu quia unica sit divini foederis tessera. Nos non debere in nostram ecclesiam recipere, nisi qui fructibus hoc se Spiritu praeditos declararint ne hoedos admisceamus ovibus [Mt 25,32] et regnum Christi quod regnum revelationis, cognitionis et confessionis Dei est, dehonestemus, cooptando illi qui nihil dum Spiritus prae se ferant.

Addunt sententiae suae hanc confirmationem: quaecunque Israëli veteri acciderunt, *accidisse in figuram* [1 Cor 10,6.11]. Sic [230]sabbathum illorum spiritualis sabbathi umbram fuisse: [231]*regnum David* [Mc 11,10], regni Christi: [232]*sacerdotium Aharonis* [Lv 7,34], sacerdotii Christi [cf. Hbr 7,11–12]. Ita et circuncisionem carnis [a12]figuram fuisse[a12] circuncisionis Spiritus. Ut igitur sabbathum externum, carnale regnum et sacerdotium abolita sunt et carnalibus spiritualia successerunt, ita et circuncisionem abolitam esse eique successisse spiritualem ac denique, in locum circuncisorum infantium, infantes venisse aetatis Christi. Hinc vero fortissime probasse se putant nobis ritum illum, infantes in nostra potestate constitutos exemplo veteris Israëlis promiscue in ecclesiam recipiendi, haudquaquam imitabilem esse.

Hos ego et quibuscunque huius commenti sui isti[b12] fidem fecerunt, moneo et hortor ut carnis mentem a motu Spiritus probe discernant attendantque ne, supra quam par sit, sibi fidant. Suum cuique natura pulchrum est [c12]cui, cum alii adversantur[c12], redditur pulchrius. Novitatis gratia etiam valde insidiosa est. Excutiam simpliciter quibus [d12]hic argumentis[d12] nituntur. Dominus det suis videre quae sua quaeque sunt[e12] carnis [cf. 1 Cor 2,5].

⟨*Omnia in figura illis contigerunt* [1 Cor 10,11] explicatur⟩ [233]Quod ἀξίωμα fundamenti loco ponunt Israëli *in figura omnia contigisse* et videri volunt ex Paulo 1 Cor. 10[11] mutuatum, velim rectis intueantur oculis. Memorat illic Paulus Ebraeos olim usu beneficiorum Dei externo omnes aequatos, postea nihilominus punitos esse[f12] qui illis extiterant ingrati. Haec tum inquit [1 Cor 10,6] *nobis typi facta sunt, ne essemus concupiscentes malorum* etc. Narratisque aliquot in populum transgressorem divinis

---

[a12]–[a12] om. AB. – [b12] illi A. – [c12]–[c12] ubi quis adversatur AB. – [d12]–[d12] om. AB. – [e12] sint AB. – [f12] om. AB. –

[230] Adv: Borrhaus, *De operibus*, 58r.: Sicut de Sabbato et reliquis loquimur, quae omnia non habuere in veritate et re ipsa, quod habuere in figura et umbra; externus enim Israel nihil est sed qui in corde Israel est, is vere Israel est.

[231] Adv: Borrhaus, *De operibus*, 58v.: Externum regnum David ... nihil est ... sed regnum Spiritus et verbi Christi Iesu ... vere regnum existit.

[232] Adv: Borrhaus, *De operibus*, 58v.: Externum sacerdotium quamlibet sanctum in Scriptura vocetur, nihil est, sacerdotium quod inocculto est, unctum unctione illa omnia docente et priore sacerdotio repraesentatum, aliquid est.

[233] Although 1 Cor 10,11 obviously provides a basis for Borrhaus' *figura* as applied to O.T. (see esp. *De operibus*, 58v.–59r.) he does not discuss 1 Cor 10,11 *in extenso*.

animad[599]versionibus, iterum subiicit: *Haec omnia acciderunt illis typi,* hoc est: sic ut sint nobis typi et exempla *in quos fines seculorum pervenerunt.* Unde *scripta* affirmat *propter nostram correctionem* [1 Cor 10,11].

Hunc iam perpende locum, qui nondum satur es sapientiae et discere aliquid sustines, videbisque plane pro nobis eum facere et nequaquam pro adversariis^{g12}. [234]Illi istud: *omnia in figura contigerunt* [1 Cor 10,11] eo rapiunt quasi moneat^{h12} Paulus: quaecunque priscis^{i12} externa acciderunt, spiritalium fuisse antitypa et exemplaria quaedam; sicut sacerdotium illorum corporale figura fuit nostri spiritualis; regnum illorum terrenum, nostri coelestis. Haec enim ipsi exempla adducunt[234]. At, si volumus ad hunc modum et ea quae citato loco Paulus memorat, exponere, argumentationem Pauli reddemus ineptam^{j12}. [235]Neque enim Apostolus eo loci Corinthios conatur a spirituali idololatria, sed a nimio ethnicorum et externae idolatriae commercio, revocare. Commodum igitur obiicit [1 Cor 10,7–8] intuendum Iisraëlem carnalem qui – licet in *mari rubro per columnam nubis* [Ex 13,18.21] in^{k12} Moschen fuisset baptizatus, *panem ederet de coelo deplutum* [Ex 16,4], *aquam* biberet *de petra* miraculo *excussam* [Ex 17,6] – attamen ubi ingrati *cibos Aegyptiorum* [Ex 16,3] concupiscerent, ubi *erecto vitulo* [Ex 32,4] idololatriam admitterent, ubi *cum Midianitarum* [Nm 25,1; Ex 34,15–16] *mulieribus* fornicarentur, ubi *Dominum tentarent* [Ex 17,7], ubi *murmurarent* [Nm 16,41], senserunt *ultionem Dei* [Ex 32,34] *et prostrati fuere in deserto* [1 Cor 10,5; Nm 14,37].

Et monet haec nobis exempla in illis edita quo terruit Corinthios ne peccatis illorum vellent affines esse, ne et ultioni quam illi experti sunt, affines redderentur. Non facit autem ex idololatria [cf. 1 Cor 10,7] illorum, fornicatione [cf. 1 Cor 10,8], tentatione [cf. 1 Cor 10,9] et murmure [cf. 1 Cor 10,10] mala^{l12} spiritualia; sicut neque ex ultionibus. Simpliciter monet quae acciderint illis peccantibus ^{m12}et [236]terrere^{m12} nos debeant ut quorum ultionis exempla expavescimus et transgressionum exempla abominemur. Delegit nanque sibi hunc populum Deus in quo, omnibus gentibus et seculis, gratiae et irae suae mirabiliumque iudiciorum suorum formam deliniaret et exempla ederet; e quibus electi, ipsius super se mirificam bonitatem cognoscere et ad omnem pietatem formari commodissime possent.

---

^{g12} *add.* illis nostris sanioribus AB. – ^{h12} *add.* illo AB. – ^{i12} illis AB. – ^{j12} *add.* et per se quoque absurdum erit AB. – ^{k12} *om.* [!] A. – ^{l12} *om.* AB. – ^{m12}–^{m12} quae deterere AB. –

[234–234] Cf. Borrhaus, *De operibus*, 58v.–59v. and ad nn. (230)–(232) supra.

[235] Ap: Aquinas (Nicolaus de Gorham), *Super Epist. Pauli*, lect. 2 ad loc., *Cai* 1, 332 no. 523, (*i*).

[236] Ap: Aquinas (Nicolaus de Gorham), *Super Epist. Pauli*, lect. 2 ad loc., *Cai* 1, 333 no. 530 (*i*: past punishment relevant in NT times).

Nos igitur Paulum hic sequentes – cum sciamus in illo populo typos edidisse Deum [cf. 1 Cor 10,6] quibus quid sibi placeret, quid secus, declararit – oculos in [237]typos illos [n12]coniicimus videmusque[n12] ipsi placuisse ut, a puero, quotquot in populi tum[o12] potestate erant, [p12]in ecclesiam[p12] eius[q12] scholam[r12] reciperentur; displicuisse autem summe, si id fuisset praeteritum. Atque ideo et nos, cum Dei populus simus, quoscunque in nostra potestate habemus ut offeramus ei per nostrum initiale signum, praeterire tam nolumus quam ipsius institutum contemnere et ei displicere minitatamque ultionem expectare.

Si quis hic obiiciat: [238]videtis etiam placuisse illi ut multas ferias, sacrificia et id genus alia populus vetus[s12] observaret, num iam et vos illa observabitis? – respondeo: [239]libertas vobis[t12] Spiritus [cf. 2 Cor 3,17] omnia ad ecclesiae utilitatem admoderantis facta est. Ideo quid in unaquaque cerimonia aedificationis et nobis esse queat, id amplectimur, tanquam rerum illarum nucleum. Reliqua quae suo tantum tempore, ob maiorem populi ruditatem utilia fuere, missa facimus, tanquam testam[239].

⟨Quatenus exempla veterum imitabilia⟩ Sic utile veteribus fuit ut festa, sacrificia, singulas cerimonias Legis ad unguem, ut praescriptae fuere, observarent; quo, si nihil aliud, saltem discerent iuxta vocem Domini in omnibus vivere et humana minime sectari. Id vero nobis non esset utile. Obscuraret enim gratiam Christi qua nobis contigit amplior et virilior Spiritus, quam ut paedagogia huiusmodi *elementorum mundi* [Gal 4,9] indigeamus [cf. Gal 3,25]. At, ut subinde conveniamus tamen et verbi Dei tractatione in pietatis studio confirmemur, tum [240]communicatione [u12]corporis et sanguinis [cf. 1 Cor 10,16] Domini[u12], sacrificii Christi – quod cum absolverit omnia, cunctam [241]sacrificandi occasionem ademit [cf. Hbr 9,12] – memoriam celebremus atque religionis foedus cum

---

[n12–n12] coniiciamus videbimusque D. – [o12] sui AB. – [p12–p12] ecclesiae D. – [q12] suam AB. – [r12] *add.* verbi sui AB. – [s12] suus AB. – [t12] nobis ABD. – [u12–u12] panis atque calicis AB. –

[237] Ap: *ibid.* (*i*: OT types retain meaning in NT).
[238] Adv: e.g. Cochlaeus, *De authoritate*, 1,11, F4v. (there: adv: Luther: if authority of Church removed and Scripture only followed, then legal ceremonies to be maintained). Perhaps also adv: the Anabaptists – cf. Bader, *Brüderliche Warnung*, E2v. (there: acc. Anabaptists: if baptism = circumcision then it should be administered in identical conditions; boys only etc. Cf. n. (242) infra).
[239–239] Ap: Aquinas (Nicolaus de Gorham), *Super Epist. Pauli*, lect. 2 ad loc., Cai 1, 333 no. 531 (*i*: difference of time); Bader, *Brüderliche Warnung*, E2v. (*i*: OT = Law, NT = freedom).
[240–240] Ap: Augustine, *De Civ. Dei* 10,20, MPL 41, 298, CCL 47, 294 (*i*: but there eucharist = "sacrificium") paraphrased in: Zwingli, *Subsidium*, CR 91, 468 (there: "sacrificium" becomes "commemoratio"; *ip* here).
[241] Ap: Augustine, *Contra advers. Legis* 1,18, MPL 42, 623–624 (*ip*); Aquinas, *S. Th.* 1a 2ae q. 101 a. 4, *Caramello* 1:2, 470 (*i*).

^{v12}Christo et^{v12} fratribus velut renovemus[240], momentum ad profectum pietatis haud modicum habet. Non id ex se quidem (illa enim opus solius Spiritus sancti est) sed quia Deus hunc observari ordinem et ad opus suum et nos, sed suo actos Spiritu, adhibere cooperarios [cf. 1 Cor 3,9] hactenus decrevit. [600]

Quatenus itaque inter nos et veteres similitudo et paritas quaedam est – quod, ut illi, nos in fide vivimus et admonitione externi verbi in cognitione Dei crescimus – hactenus typum et exemplum conveniendi ad verbi Dei doctrinam in illis exhibitum, nobis imitabile ducimus. Sic in ²⁴²*circuncisione* quod *octavo die* [Lv 12,3] et maribus tantum adhibebatur, missum facimus. Illud: quia indignum esset libero^{w12} Spiritu [cf. 2 Cor 3,17] alligari certo tempori; hoc: quia convenit signo initiativo testari in Christo neque marem neque foeminam [cf. Gal 3,28], sed tantum novam creaturam aestimari [cf. Gal 6,15]. Quia autem experti sumus ut utile sit^{x12} ad pietatem, ita et Deo gratum, ab incunabilis ipsi nostros liberos offerre, hoc tanquam nucleum in observatione circuncisionis nobis desumimus. Reliqua, cum serviliora sint quam ut^{y12} deceant regnum Christi maxime liberum, tanquam testam abiicimus. Verum^{z12} hoc delectu non nostram rationem, sed verbum Christi sequimur qui ideo iussit ²⁴³*infantes* – τὰ βρέφη enim habet Lucas [18,15–16] – *sibi adferri quod talium sit regnum coelorum*, id est ecclesia eius. In quam magnifice admodum amplexando, manus ponendo^{a13} et benedicendo [cf. Mc 10,16], oblatos sibi pueros ipse recepit, eo edens exemplum ut nemo qui nolit eum sibi indignari, repellere ab eius ecclesia pueros debeat.

His convicti, ²⁴⁴Catabaptistae quidam concedunt nobis ut in ecclesiam pueros recipiamus, sed non per baptismum eo quod Christus oblatos pueros neque baptizarit ipse, neque iusserit baptizari ab aliis. Sed ista obiectione ostendunt neque tenere se quam late pateat libertas Christi, neque quis sit baptismi usus. Cum Paulus dicat *in unum corpus nos baptizari* [1 Cor 12,13], certe ²⁴⁵quibus conceditur de corpore Christi esse, ut

---

^{v12}–^{v12} *om.* AB. – ^{w12} *add.* nostro AB. – ^{x12} *om.* AB. – ^{y12} *om.* AB. – ^{z12} *add.* in AB. – ^{a13} imponendo AB. –

²⁴² Ap: Zwingli, *Von der Taufe*, CR 91, 330–331 (*ia*: there: objection and answer); Bader, *Brüderliche Warnung*, E2v.–E3r. (*ia*: there: objection and answer). Cf. also n. (238) supra.

²⁴³ Adv: ErAn 1527 ad Mc 10,13, LB 6, 190 (there and ad Mt 19,14: παιδία taken to mean "parvuli" = male children). Lc 18,15: βρέφη cited here to show that both male and female children meant.

²⁴⁴ Cf. Hubmaier, letter to Oecolampadius, ca 18 Jan. 1525 in: Staehelin, *Briefe* 1, no. 238, 343.

²⁴⁵ Ap: Chrysostom, *In Cor* hom. 30 ad loc., MPG 61, 21; Aquinas, *Super Epist. Pauli* ad loc., lect. 3, Cai 1, 374 no. 734; *Decreti* 3a pars, *De cons.*, dist. 4, can 8, *Friedberg* 1, 1363 (*i*) – Argument here a valid syllogism: No-one of those who are of Christ's body can be denied baptism; All children are of Christ's body; No children can be denied baptism. (Celarent – see e.g. Crockaert, *Summularium* tract. 4, n3r.).

isti infantibus concedunt, illis ^{b13}negari baptismus non potest^{b13}. Quos itaque^{c13} Christus benedicit et amplexu inter suos agnoscit [cf. Mc 10,16], iis donabit quoque et *peccatis mori, vivere iustitiae* [1 Pt 2,24]. Huiusmodi *sepulti cum Christo iam sunt*; ideo, *cum signatum baptismi habeant* [Rm 6,3–4], signum quis sanae mentis illis neget^{d13}?

⟨Falsa loci huius: *Sinite parvulos* etc. interpretatio confutatur⟩ ^{e13}Itaque paedobaptismi impugnatores, ut videri volunt, saniores,^{e13} hunc locum evangelicum extorquere nobis contendunt, negantes in ecclesiam pueros recipiendos. Eoque dicunt: quicquid Christus cum oblatis pueris gessit, non in hoc gessisse quod vel^{f13} alios carne pueros tanti fecerit, aut quicquam eis per ea tribuere voluerit; sed in illis, tanquam typo, voluisse^{g13} declarare ²⁴⁶quam charos habeat spiritales, id est *malitia pueros* [1 Cor 14,20]. Verum isti non perpendunt quam indignum sit Christo^{h13} commentum. *Qui pueros benedicendos Christo offerebant* [Lc 18,15], admitti in gregem eius eosⁱ¹³ petebant et scilicet fefellisset hos summa Veritas [cf. Io 14,6], simulans in hos affectum quem haberet tantum ad pueros spiritu? Ergo non potuit indicare quam charos habeat pueris simplicitate similes, nisi falso prae se ferendo charitatem erga pueros oblatos? Iusta certe fuisset caussa succensendi discipulis qui pueros repulerant [cf. Lc 18,15], tanquam indignos regno eius quod regnum est revelationis et cognitionis, si vere pueri ad regnum eius non pertinerent. Utique pueros innocentia illi a Christo nolebant repellere, cum aetate infantes repellebant.

Pro commenti huius sui confirmatione afferunt ²⁴⁷quod Christus subiecit [Lc 18,17]: *Amen dico vobis, quicunque non acceperit regnum Dei tanquam puer, haudquaquam ingredietur in illud.* Quo tamen Christus quam charos haberet infantes declaravit: – Quid? Vos arcendos putatis a me infantes? Tam non sunt a meo regno arcendi^{j13} ut *nemo* vere *in regnum Dei*, hoc est gregem meum, *recipi possit qui in illud non ut puer fuerit ingressus* [Lc 18,17], nihil sibi ipsi arrogans atque a mea dignatione penitus pendens, ut isti sunt infantes. Hinc disce, Christiane lector, quam nocens sit res suo niti spiritu. Vertant se isti in omnia!

Quid possunt tamen ex hoc dicto plus^{k13} colligere quam: accipere aliquos regnum Dei non sicut pueros (id est: dare quosdam nomen Christo sine

---

^{b13–b13} negare baptismum non possunt AB. – ^{c13} utique AB. – ^{d13} negabit AB. – ^{e13–e13} Saniores ergo illi AB. –^{f13} *add.* eos vel AB. – ^{g13} voluerit AB. – ^{h13} *add.* hoc AB. – ⁱ¹³ illos AB. –^{j13} *add.* pueri AB. – ^{k13} *om.* [!] A. –

²⁴⁶ Adv: Borrhaus, *De operibus*, 63r. (ad 1 Cor 14,20): Ut per haec efficeremini consortes divinae naturae, qui non sunt sensu pueri, ut secundum carnem parvuli, sed malitia infantes ...
²⁴⁷ Adv: Borrhaus, *De operibus*, 63v.

plena sui abnegatione) et hos non ingredi in regnum Dei, id est: non esse
vere atque coram Deo Christianos; quosdam autem sicut pueros, penitus
sese abnegantes, et eos [601] vere in illud et coram Deo ingredi? Dixit:
Talium est regnum coelorum [Mt 19,14] ut ostenderet oblatos pueros a se
non arcendos. Utque id magis testaretur, etiam amplexatus eos fuit atque
benedixit [cf. Mc 10,16]. Et scilicet, quia vere *filii Dei* [Rm 8,14] non sunt,
nisi qui se, simplicitate et abnegatione sui, pueris fecerint adsimiles, alio
illud *talium* [Mt 19,14] referemus? Vide quid valeat inventi sui amor.

l13 [248]Ex his, qui ea synceriter et puris animi oculis considerare volet,
facile videbit nos verbo et placito Dei niti dum, ad exemplum circuncisionis, baptismum nostrum administrandum censemus et ita nostros infantes
per illum Deo consecramus ut [249]prisci suos per circuncisionem. Tum et
hoc liquebit nos dictum illud Pauli: *Omnia contingebant illis typi* [1 Cor
10,11], non adversarios, hac quidem in disputatione, rite accipere et sequi
eoque nullius roboris esse quod tantopere [250]axioma iactant. Praecepta
veteribus *nobis figurae sunt* [1 Cor 10,6] quas veritatis corpore praesente
facessere oporteat*m13*, praesertim in hac qua ipsi eo utuntur generalitate.
Omnino enim ex eo sequeretur etiam [251]externum usum [252]docendi atque
magistratum sublatum esse.

⟨Recte consuli Moscheh ubi agitur de caerimoniis⟩ Multa enim de his
per Moscheh praecepta legimus quae utique spirituales et internae doctrinae, tum regni Christi in cordibus typi sunt et figurae [cf. 1 Cor 10,6]. Non
igitur, quicquid externum in Mosche praeceptum est ac ideo rerum
spiritualium in regno Christi figura et adumbratio [cf. Col 2,17], in regno
Christi, quatenus id quod hic fide vivit et a Domino adhuc peregrinatur,
abolitum est. Nam etiam nos in carne adhuc vivimus [cf. Rm 8,12],

---

l13–l13 A: Nihilo firmius est et [248] alterum quo, vel solo, victoriam sibi pollicentur. Quae
praecepta fuere veteribus, figurae fuerunt. Hae evanescunt praesente corpore, ergo nihil ad
nos adoptio puerorum in ecclesiam Dei per circuncisionem. Figuravit enim illa adoptionem
puerorum malitia et ii, apud nos, pueris carnis, apud Iudaeos, successerunt. Colliga enim,
eodem modo, quae de bonitate Dei et pietate praedicavit Moschech populo, figura fuit
doctrinae Spiritus in cordibus. Iam est regnum Christi, missus Spiritus est, facessat igitur
omnis externa doctrina. Si possent isti doceri, monerem eos ut animadverterent ex Paulo. –
m13 oportet B. –

[248] Adv: Borrhaus, *De operibus*, 63v. (there: disjunction between circumcision and baptism).
[249] Cf. supra ad nn. (229), (238), (242).
[250] Cf. supra ad nn. (230) – (234)–(234).
[251] Borrhaus did not deny either. Cf. letter to Zwingli, 31 Aug. 1527, CR 96, no. 649, 207.
[252] For denial of teaching cf. *Getrewe Warnung*, ad art. 2, BDS 2, 240. For denial of
magistracy cf. *Schleith. Conf.*, art. 6, Jenny, *Täuferbekenntnis*, SBVG 28, 14–15, 66–74. Cf.
also supra ad nn. (107)–(107), (116), (210).

quamlibet Spiritu, si modo nomen nostrum impleverimus, [253]adultiores quam fuerint veteres: eoque et nobis aliquis caerimoniarum usus est.

⟨Triplex aetas populi Dei⟩ Id sane Paulus ad Corinthios [1 Cor 13,10–12] et alibi [Eph 4,13–15] docet apertius, quam ut quicquam qui modo illum cura aliqua legerit, inficiari possit[n13]: triplicem esse populi Dei aetatem: [n13]pueritiam [cf. 1 Cor 13,11; Eph 4,14], aetatem adultiorem [cf. 1 Cor 13,12] pleneque virilem[n13] [cf. 1 Cor 13,12; Eph 4,13]. Pueritia formata est, ut par erat, multis caerimoniis [o13]externo verbo adiectis[o13]. Plene virilis aetas ista omnia missa faciet: tum enim *cum advenerit quod perfectum est, evacuabitur quod ex parte est* [1 Cor 13,10]. At media aetas quae evangelii verbo regitur, ut spiritualior est quam pueritia, ita non est tota spiritualis, ut erit aetas plene virilis, vita coelestis. Igitur verbo externo utitur et, huius caussa, externa quoque societate et propter hanc signis potissimum duobus, altero quo eam societatem suspicamur, altero quo renovamus et confirmamus[253].

Quia itaque – quantum ad usum attinet externi verbi[p13], externae societatis et[q13] vel duarum caerimoniarum quae et ex ritibus Legis desumptae sunt – veteribus pares sumus, haud iniuria spectamus quid in his illos observare Dominus voluerit. Quantulum enim interest inter coenas sacrificatorias et nostram? Admonebantur [254]illi [r13]Christi in carne[r13] exhibendi, nos exhibiti. Gratias illi agebant Deo et ad officia pietatis constringebant sese; idem facimus et nos. De similitudine baptismatis nostri cum baptismatibus veterum dixi [255]supra. Haud [s13]ergo indigna[s13] res erit, si consideremus quid placuerit Deo et quam utilitatem suis attulerit[t13] ea caerimonia cui nos similem habemus. Mirum autem quod fatentur isti[u13] [256]circuncisionem et baptismum similes significatione et negant similes usu. Quis enim alius est caerimoniarum usus quam qui est ex significatione? Si significant idem circuncisio et baptismus, ut significant: nempe *mortificationem carnis et vivificationem Spiritus* [1 Pt 3,18], et Dominus non minus vanitatem detestatus est apud veteres atque apud nos, et tamen[v13] circun-

---

[n13]–[n13] *om.* A. – [o13]–[o13] adiectis externo verbo A. – [p13] *add. et* D. – [q13] *om.* D. – [r13]–[r13] beneficii AB. – [s13]–[s13] indigna ergo A. – [t13] *add. in* A. – [u13] *om.* A. – [v13] *om.* A. –

[253–253] Cf. BEph 1527 ad 4,13–15, 85v.–86v. (there: linked with necessity of having ministers). – "Triplex aetas populi" ad 1 Cor 13,10–12 ap: Aquinas, *In Ioh.* ad 3,5, *Piana* 14:2, 19v. col. B. (*ip*); Same idea without reference to 1 Cor 13,10–12 ap: Aquinas, *S. Th.* 1a 2ae, q. 103, a.4, *Caramello* 1 : 2, 497 (there based on: Augustine).
[254] Cf. Ambrose, *De sacr.* 5,1, MPL 16, 445–446, CSEL 73, 58–61.
[255] Cf. supra ad nn. (168), (184).
[256] Cf. BEv 1527 ad Mt 3[5–6], 60v. (emphasis as here on "idem usus"). Here adv: Borrhaus, *De operibus*, 59v.–62v. (there: the same sacraments for the "external" and the "internal" Israel, but the former only used as prefiguration of the latter).

cisionem, signum eorum qui mori sibi et *vivere* debent *iustitiae* [1 Pt 2,24], pueris[w13] dari voluit, cur non et nos nostrum illis daremus baptismum?

Non licet, inquiunt, [257]respicere ad Moscheh in his, praeterito Iohanne, baptismi institutore. Atque hoc dicunt nonnulla cum indignatione. Fratres sustinete et nos loqui et[x13] non pro nobis, sed instituto Dei respondere. [y13]Ministerio Iohannis[y13] accepimus baptismum, signum quo colligatur Christo ecclesia in qua Christus[z13] cognoscatur. Postea Christus et pueros declaravit ecclesiae suae inferendos [cf. Mt 19,14]; baptizamus ergo et[a14] illos[b14]. Dumque [602] multarum, vere spiritualium rerum typi in populo veteri [cf. 1 Cor 10,6] nobis sint deliniati, quibus de Dei voluntate [c14]etiam nostris in rebus[c14] monemur, quis dubitet in Lege illorum et formas extare caerimoniarum quibus illi[d14] tantum non adobruti fuerant[e14]? Paulus volens [258]docere [1 Cor 10,7] *commercium* externum *idololatrarum* vitandum, communionis (quam sacrarii habeant edentes simul victimas) tanquam exempli meminit, cum ex dictis Christi satis de puritate communionis disserere potuisset. Sic, cum de mercede ageret evangelizantium, non est veritus, super verbum Christi, exemplum adducere [cf. 1 Cor 9,13–16] [f14]eorum qui[f14] eo quod operarentur ex sacrificiis, [g14]inde quoque vivebant[g14]. [h14]Moscheh dicebat Iisraelitis [Dt 4,8]: *Quae gens adeo insignis, cui sint caerimoniae et leges iustae, qualis est haec doctrina quam coram vobis hodie explico. Et paulo ante [Dt 4,6]: Haec sapientia et prudentia vestra coram populis censebitur, cum audierint de caerimoniis istis omnibus,*

[w13] *add.* nihilominus A. – [x13] ac A. – [y13–y13] A Iohanne A. – [z13] ille AB. – [a14] *om.* AB. – [b14] eos A. – [c14–c14] *om.* A. – [d14] *om.* A. – [e14] fuerunt AB. –[f14–f14] viventium ex sacrificio A. – [g14–g14] *om.* A. – [h14] *add.* AB: Perinde est quod hic obiiciunt, ac si quis diceret apud grammaticum non esse requirenda praecepta de literis. Paulus facit Moscheh paedagogum, *elementis mundi* [Gal 4,3] addictum, hoc est, externis institutionibus, quae pietatis elementa et rudimenta sunt [259]et *mundi elementa* [Gal 4,3] dicuntur, eo quod de mundi rebus praecipiant et de visu ac ratione elementorum consulere Moscheh tam erit absurdum. Sed, ut [260]Aristoteles inquit, dato uno inconvenienti, plura sequuntur. Cum enim vidissent isti se urgeri instituto Dei qui, prorsus eiusdem rationis cuius baptismus est, cerimoniam pueris voluit exhiberi, confinxerunt cerimonias veterum nullum nisi portendi futura habuisse usum et nihil praeterea suo tempore conduxisse utentibus, ut [ita B.] circumcisionem puerorum significasse olim populum Dei per *Spiritum circumcidendum corde* [Rm 2,29], ac praeterea nihil utilitatis attulisse circuncisis carne. Cuius si dicti spectes absurditatem, mireris id eos ausos affirmare. Si autem perpendas quo prolabantur alii quidam, sibi nihil non arrogantes, nihil agnoscas istis accidisse insolens. Quanquam, si considerassent quid Scripturae consonaret magis quam quid ad inventum suum quadraret, vidissent sane hoc suum dictum non vulgariter gloriae Dei derogare. –

[257] Ap: Zwingli, *Antwort*, CR 91, 639 (*i*: there adv: Hubmaier); *Elenchus*, CR 93, 110 (there: adv: *Schleith. Conf.*). Here adv: Borrhaus, *De operibus*, 43v.–49r.

[258] Ap: Zwingli, *Antwort*, CR 91, 639 (*i*: there: same argument, different Scriptural examples adv: Hubmaier).

[259] Adv: Borrhaus, *De operibus* 1527, 31v.–33r., 40r.–41r., 43v.–46r.

[260] Φα 2. 185ᵃ 11; 3. 186ᵃ9. Here *t* ap: Aquinas, *In Phys.* 1517 (*p*). Cf. *Maggiolo* 1, 2. 8.

dicent, sapiens sane et prudens est populus iste atque insignis. Mira vero sapientia et prudentia ac etiam praestantia habuisse caerimonias nullius usus, quam quod portenderent[i14] futura quaedam bona in nobis demum completa [cf. Hbr 10,1], [j14]quae tum a paucissimis sane vel obscure habebantur cognita[j14].

⟨Cerimoniae veterum non tantum significatione futurorum fuere utiles⟩ [261]Sed quid verba prodigo confutando tam humaniter dicta? *Regnum David* [Mc 11,10] regni Christi umbra fuit. Num igitur non fuit illud per se quoque utile Iudaeis nobisque imitabile, quibus principibus in hac vita et externo regno opus est? *Sacerdotium Aharonis* [Lv 7,34] figura fuit sacerdotii Christi [cf. Hbr 7,11–12]. Nunquid simul tamen utile fuit populo quod sacerdotes habuerunt Legis interpretes et vitae formatores; in quo imitari illos, ut seligamus qui in religione nos erudiant et invicem a nobis alantur, et nobis operaepretium sit? Sabbathum illorum typus fuit spiritualis sabbathi. Ergo nihil contulit eis ut ad audiendum verbum Dei publiceque gratias agendas Deo diem unum in septimana ab operibus corporis vacabant [cf. Dt 5,14]? Et peccabimus qui, loco eius, dominicum diem ad habendos sacros conventus feriamur?

Sic quae consequentia: *adoptio* [Rm 9,4] puerorum in ecclesiam Dei per circuncisionem typus [cf. Col 2,17] fuit adoptionis in regnum coelorum per Spiritum; ergo nihil utilitatis attulit Ebraeis ita liberos eorum in ecclesiam recipi, nisi quod spiritualis adoptionis olim revelandae plenius admoneret? Fac enim esse ut ista typi ratio constet (quam nulla tamen expressa Scriptura docet), nihilominus tam non sequitur: propterea non iuxta fuisse conducibilem ritum Ebraeis ita a puero in ecclesiam Dei recipi, quam non sequitur: *regnum David* [Mc 11,10], externa sua administratione, nihil bonae frugis attulisse Iudaeis eo quod umbra fuit regni Christi. Opera Dei vana non sunt. Sol iste solem coelestem, vita haec vitam aeternam, cibus corporis cibum mentis aliquo modo repraesentat. [k14]Interim tamen[k14] et per se suam adferunt[l14] commoditatem[261].

⟨Omnia Legis et suo tempore utilia fuere⟩ [262]Non est quicquam tam minutum [cf. Mt 5,18] in omni Lege quod non suam et suo tempore utilitatem attulerit. Quam, si adferat et nobis, plane observatu nobis non solum licitum, sed et dignum et debitum est. Dilectio [cf. Rm 13,10] quamlibet libera sit omnium, omnibus tamen servit ad aedificationem. Quid minutius eo quod praeceptum populo erat: onus ventris extra castra deponere et defodere, quod ut admoneat peccata tegenda ne fratres offen-

---

[i14] portenderint AB. – [j14]–[j14] *om.* A. – [k14]–[k14] propterea non A. – [l14] adferrent A. –

[261]–[261] Adv: Borrhaus, *De operibus*, 58r.–59v. Cf. nn. (229)–(232) supra. Ap: Zwingli, *Antwort*, CR 91, 638–639 (*i*).

[262] Ap: Aquinas, *S. Th.* 1a 2ae q. 102 a. 5, *Caramello* 1:2, 482 col. B. – 488 col. A. (*ia*).

dant [cf. Lv 15,31]? An non et hodie charitas *sordes* [Lv 15,31] corporis*^{m14}* ab oculis fratrum submovebit? Si autem singulas caerimonias ad praescriptum Legis hodie vellem observare, non possem eius observantiae certum ostendere aedificationis fructum quia obscurarem eo gloriam Christi qui nos ab *elementis* liberavit [cf. Gal 4,3–5], et fratribus nihil adferrem commodi. Satis fuerit si baptismo pueros*^{n14}* ecclesiae faciam inseri: nulla igitur caussa erit eos circuncidendi. Satis possum *^{o14}*percipere communionem Christi et*^{o14}* mortis Christi meminisse et gratias pro ea agere ad mensam eucharistiae: non igitur opus erit tam variis sacrificiis Legis. Satis studuero mundiciei, si nihil feram sordium quod honestam vivendi rationem perturbet: non igitur opus erit tam multiplicibus baptismatibus Legis. [603]

Sed de his ^{263}infra sepius dicendi erit occasio. De typis sive figuris, ut accipiendae sunt, dicam plura infra capite 3, in illud: *Sicut Moscheh exaltavit serpentem in deserto* [Io 3,14] etc. Nam et his fratribus quibus paedobaptismus displicet et multis etiam ^{264}aliis, in plerisque locis, hallucinandi occasionem dedit quod typorum rationem certam et a Scriptura traditam nondum recte tenent.

^{p14} ^{265}Alterum quo praecipue nituntur illi*^{q14}* saniores, *^{r14}*ut sibi videntur*^{r14}*, nostri de paedobaptismo contradictores, est quod regnum Christi sit ^{266}regnum cognitionis atque revelationis, regnum Spiritus, in quo tantum cum iis nobis negotium esse debeat qui iam Christum revelatum sibi per Spiritum habeant eoque fructibus Spiritus [cf. Gal 5,22] polleant. *^{s14}*Porro si isti Pauli ^{268}scripta [1 Cor 13,9–12] quibus istos aetatis populi Dei gradus ac inde quaenam sit ecclesiae Christi propria conditio quidque

---

^{m14} om. AB. – *^{n14} add.* meae AB. – *^{o14}–^{o14} om.* AB. – *^{p14}–^{p14}* 265 *om.* A. – *^{q14}* hi B. – *^{r14}–^{r14} om.* B. – *^{s14} add.* B: Et istud sic urget ^{267}quosdam, bonos profecto, viros, et quos videas Christo nihil non posthabere, si modo Christum tam popularem quam illum praedicant scripta Evangelistarum et Apostolorum, permitterent, nec in dogmatum suorum angustias ita includerent ut omnem eius familiam, paedobaptismo utentem, sic adversarentur ut nequaquam illam Christi ecclesiam agnoscant, quod vel solum ipsis suum errorem indicare debuerat, sicque fastidirent nos ut interim sibi fere solis vivant, ut reliqua quae illis accidunt humanitus sileam. –

^{263} Cf. infra *cap.* 3, *sect.* 2 ad nn. (112)–(118).
^{264} Adv: Capito, *Praef.* ad Borrhaus, *De operibus*, 3v.–5v.; *In Hoseam*, 28r.–32v. (mentioned already in *Praef.* as a work that is in agreement with *De operibus*). But cf. also infra cap. 3 ad nn. (89)–(118).
^{265} Addition of this passage probably adv: Capito, *In Hoseam* published April 1528 and adv: Reublin and Kautz who revived the debate on OT and NT ceremonies 1529. – cf. Täuferakten 7, no. 171, 207–208.
^{266} Adv: Borrhaus, *De operibus*, 40r.–43r.; Capito, *In Hoseam*, 31r.–34r.
^{267} Adv: Kautz and Reublin. See letter, die Strassburger Prädikanten an den Rat, 23 Jan., 1529, Täuferakten 7, no. 171, 213–215.
^{268} See supra ad n. (253)–(253).

praestet ecclesiae veterum, quove sit infra futuram, apertissime docet, perspicere aut vellent aut possent, hic illos nodus haudquaquam$^{t^{14}}$ teneret.

Est sane ^{269}Christi regnum Spiritu quam fuerit ecclesia prisca, opulentius. Maior in eo est Dei revelatio et cognitio: at sic tamen, ut etiam usum requirat verbi extrinsecus per ministros administrati et, propter hunc, societatem aliquam in Domino externam; denique$^{u^{14}}$ usum$^{v^{14}}$ sacramentorum. Quibus rebus nihil nos prae veteribus accepimus quam quod doctrina sit aliquanto clarior, societas latior et ^{270}sacramenta pauciora $^{w^{14}}$tanquam augustiora$^{w^{14}}$. Quantum autem ad veritatem attinet religionemque cordis, aeque hanc Dominus a veteribus exegit atque a nobis^{269}. Quoties enim et per Moscheh inculcat illud [Dt 6,5]: *Diliges*$^{x^{14}}$ *timeasque Deum tuum ex toto corde totaque anima*? Eoque non minus indigne apud veteres tulit, si quid caeremoniarum, absque cultu cordis et vero Spiritu [cf. Rm 5,5], adhiberetur quam si id admittatur a nobis. Id abunde testatur ^{271}caput primum Ieschaeiah [Is 1,20–31] locique similes. Nec uspiam in literis Novi Testamenti habetur illico blasphemari nomen Dei verbumque eius indigne tractari, si $^{y^{14}}$qui, sua impietate, non admittant operationem Spiritus$^{y^{14}}$ in usu doctrinae et sacramentorum.

Quam multos Christus ipse docuit qui inde tamen facti meliores non sunt? Quam multos baptizarunt apostoli qui tamen Spiritus baptisma senserunt nunquam? *Sunt ministri Spiritus, ministri novi testamenti* [2 Cor 3,6], $^{z^{14}}$utcunque haec nulli percipiant nisi quibus ea donarit Dominus$^{z^{14}}$. Proinde cum Deus qui fucum apud priscos, non minus quam apud nos, detestatus est, tamen insigniri signo mortificationis veraeque sanctificationis voluit pueros sibique consecrari [cf. Gn 17,10–11], cunque Christus, ipsa veritas, infantes suo ipse regno adscripsit [cf. Mt 19,14], indubie$^{a^{15}}$ piis et verum hac in re videre potentibus satis iam probavi (dum$^{b^{15}}$ in familiam Christi$^{c^{15}}$ infantes$^{d^{15}}$ per baptismum recipimus) nos$^{e^{15}}$ nihil novo testamento indignum facere$^{f^{15}}$, Spiritui sancto non praecurrere$^{g^{15}}$, verbo simbolove Dei non abuti$^{h^{15}}$, nihil mendacii, nihil fuci admittere$^{i^{15}}$, sed voci Domini parere$^{j^{15}}$ qui vult verriculo in mare iacto attrahi putres iuxta et bonos pisces [cf. Mt 13,47–48], qui iussit quoslibet ad suam coenam, ad filii sui nuptias, adduci [cf. Mt 22,2–10], imo ut ingrediantur compelli.

$^{t^{14}}$ om. [!] B. – $^{u^{14}}$ add. ad commode conservandam hanc B. – $^{v^{14}}$ add. quoque B. – $^{w^{14}-w^{14}}$ om. B. – $^{x^{14}}$ Dilige D. – $^{y^{14}-y^{14}}$ quid absque cooperatione Spiritus eoque frustraneum a ministris geratur B. – $^{z^{14}-z^{14}}$ quos et erga quos id esse dederit Dominus. Gloriatur talem se fuisse Corinthiis [1 Cor 1,1] Paulus, at non omnibus B. – $^{a^{15}}$ uti B. – $^{b^{15}}$ add. illos B. – $^{c^{15}}$ eius B. – $^{d^{15}}$ om. B. – $^{e^{15}}$ om. B. – $^{f^{15}}$ facimus B. – $^{g^{15}}$ praecurrimus B. – $^{h^{15}}$ abutimur B. – $^{i^{15}}$ admittimus B. – $^{j^{15}}$ paremus B. –

$^{269-269}$ Ap: Augustine, *Contra adv. Legis* 1,17, MPL 42, 622–623 (*i*).
^{270} Ap: Zwingli, *Von der Taufe*, CR 91, 217; *Elenchus*, CR 93, 182 (*i*).
^{271} Ap: Oecolampadius, *In Is.* ad loc., 17v., 21v.–22r. (*i*).

Dum [272]enim ad baptizandum puerum ecclesia convenit, praedicatur Dei bonitas [cf. Eph 2,7] qui quod Abrahae [cf. Gn 17,2] promisit et nobis praestare dignatur, ut sit et seminis nostri Deus. Commendatur bonitas Christi [cf. Eph 2,7] cui libuit *allatos sibi infantes accipere* in ulnas atque *benedicere* quique dixit *talium esse regnum coelorum* [Mt 19,13–14]. Baptismi denique mysterium explicamus eique ut respondeant vita, singulos admonemus. Tum, praeter parentes et compatres atque commatres, totam praesentium ecclesiam ut Deo educent et instituant quos illi consecrarunt pueros, obstringimus damusque, quo ad id nostrum est, operam ut, ab incunabulis, Christum pueri, velut cum lacte matris, imbibant[272]. Nusquam [273]praecepit Christus ne verbum, vel symbola eius iis exhiberemus [k15]qui nulla adhuc Spiritus Christi apud se agentis documenta ederent. Christus vult nos homines sibi cooperari [cf. 1 Cor 3,9], nitentes ipsius promissione.

Istis qui [274]in omni actione sacri ministerii volunt manifesta Spiritus sancti in hominibus argumenta cernere, Satan oculos sic defigit[k15] in perfectissima [604] Christi ut eo Christum eis eripiat, nempe qui regnet in infirmis [cf. 1 Cor 1,27]. Cunque videntur sibi toti in eo esse ut adveniat et fortunetur regnum Christi, toti illud negligant[n15] quantumque in ipsis est, impugnent[m15]. Habent in Evangeliis, habent in Paulinis Literis manifestissime regni Christi latitudinem descriptam[274]. Sed sic summa huius contemplantur ut infima atque media, non in aliis solum, sed et in seipsis miserum in modum transiliant et nec summam assequantur. Sed sine caussa [n15]tam multis[n15] de his memoro. Video enim eiusmodi esse ten-

---

[k15–k15] B: de quibus certi non essemus, apud eos, ipsum similiter Spiritu suo cooperari. Nos homines voluit sibi cooperari [cf. 1 Cor 3,9] more nostro, qui quae patent tantum cernimus, propriumque Spiritus domicilium, cor, videre nequimus. Sic profecto, ut [273]quidam conantur, operam nostram operationi praesenti Spiritus connectere, nihil aliud efficiet quam vel aperiet fenestram errori illi, qui diu nimis obtinuit et nunc rursus a multis defenditur; dari per nos Spiritum sanctum; vel ministerium verbi et sacramentorum penitus tollet eoque omnem ecclesiam, id est externam in Christo societatem evertet. Id quod iam effecit apud minime paucos qui ideo quod non totum et consummatum Christum apud Christianos quoslibet vident, neque se, neque alios Christianos aut fratres vocare audent. Sic nimis astute Satan dum figit horum oculos. – [l15] negligunt B. – [m15] impugnant B. – [n15–n15] tot B. –

[272–272] Cf. Strasbourg liturgy 1530 characterised by a stronger emphasis on intercession. See further *Hubert* 41ff. and *Van de Poll.* 93–99. Injunction to post-baptismal education already ap: Bader, *Brüderliche Warnung*, K4r.–v.

[273] Variant (k[15]–k[15]) in B adv: Luther in: *Hedios Itinerar* 1529, BDS 4, 336–337. – Argument about the word and sacraments being given to those who show no evidence of having the Spirit ap: Zwingli, *Von dem Predigtamt*, CR 91, 428ff. (*i*). Argument about ministers collaborating as men ap: Augustine, *In Ioh.* tract. 5 ad Io 1,33, MPL 35, 1422, CCL 36, 49–50 (*i*). Here adv: Kautz and Reublin. Cf. n. (274)–(274) infra.

[274–274] Ap: letter, die Strassburger Prädikanten an den Rat, 23 Jan., 1529, Täuferakten 7 no. 171, 202, 204–205 (*ip*).

tationem qua suo voluit tempore Christus illos teneri, ut in presenti nihil non frustra moneatur. Dominus et istos et nos doceat tandem agnoscere quid nostrum, quid ipsius sit: ut hoc sedula prece flagitemus, illud assidua diligentia curemus^{p14}.

De baptismi vero usu et ratione ideo tam copiose hic disserere volui^{o15} quod Catabaptistae, ista ignorantes, ubi sibi persuaserunt paedobaptismum Deo abominabilem esse caerimoniam, ^{275}perniciosam sectam excitarunt et, ut fit, a veritate verbi Dei recedentes, pestilentissima dogmata non pauca excogitarunt. Excussi et aliorum quorundam sententiam atque argumenta, qui, ^{p15}etiamsi illis atrocioribus commentis non sint obnoxii, eo tamen sunt in errore ut ecclesiam Dei negligant et impugnent etiam; neque pauca dogmata sectentur omnino perniciosa. Videmus in his *studium Christi*, sed adeo *praeter scientiam* [Rm 10,2], imo contra Christi regnum, ut dum soli istuc promovere videri volunt, illud gravissime oppugnent^{p15}.

---

^{o15} *add.* eo A. – $^{p15-p15}$ AB: *fratres sunt ac de religionis nostrae capitibus pie sentiunt, tum nihil minus quam haeretici, hoc est sectarum studiosi, multo minus defectionis ab ecclesiae unitate authores esse student, attamen cum aeditis scriptis paedobaptismum rem vanam, et ^{276}abusum caerimoniae Christi affirmare, quanquam omni observata modestia, ausi sunt*, [**B: quos nos quidem fratres habemus, etsi ipsi nos occupati ab errore, hoc nomine non agnoscant. Videmus in eis studium Christi non vulgare, quanquam id ne fructus suos ferat, crassi sane errores et nimis aperta philautia impediat. Verum cum non cessent paedobaptismum rem vanam, et abusum caerimoniae Christi affirmare et ob id in totum ecclesiam Domini fastidire] studium Christi et ecclesiarum eius me iure compellere debuit, ut errorem eorum hic confutarem. Utcunque enim in reliquis [multis B.] recte sentiant eoque [et B.] sit per se hic error eorum quo paedobaptismum aversantur, non adeo pernitiosus, solet tamen, iuxta proverbium, ^{277} "error initio viae exiguus, ubi perrexeris tandem evadere magnus". [*add.* Id quod ipsis usu venisse certe ex animo dolemus B.] Certe si rationibus quas adducunt obtinerent infantium initiationem, veteribus praeceptam, nobis non esse imitabilem [*add.* eo B.] quod futuri tantum figura fuerit eoque cessarit, eadem opera alius [*add.* ut dixi B.] poterit omne externum, tam verbi quam gubernationis, ministerium damnare, quod ^{278}nonnulli fecerunt. Nunquid Catabaptistae volentes nos ^{279}iurisiurandi et magistratus usum, ex institutione Dei in Lege tradita probare, eadem clava repellunt? Hic iam error quam facile gigneret alium; nempe cum nostra adeo ^{280} alia et perfectiora sunt quam veterum, fuisse eis et alium quam nobis Deum. [*add.* B: Sic nihil debeat in ecclesia geri de quo non certus sis Spiritum sanctum simul cooperari. Aliud consequi non poterit quam ut vel falso de praesentia Spiritus sancti praesumatur, vel quod ministerium verbi et sacramentorum in totum omittatur.] Profecto is deus mundi qui istiusmodi insanis dogmatis ecclesiam olim exercuit, adhuc vivit et artes huiusmodi nequaquam obscure hac nostra tempestate exerit. –

^{275} Cf. supra ad nn. (201)–(220).
^{276} Ap: *Getrewe Warnung*, art. 3, BDS 2, 241 (*p*).
^{277} A popular proverb? Cf. Franck, *Sprichwörter*, pt. 2, 161r.: Male parta male dilapidantur.
^{278} Cf. *Getrewe Warnung*, art. 2, BDS 2, 240.
^{279} Cf. supra ad nn. (210)–(212).
^{280} Adv: Borrhaus. Cf. supra ad nn. (246)–(264).

⟨Errores libere confutandi⟩ Quamobrem nostrum fuerit, ut amicitiam in Domino, cum omnibus confitentibus ipsum esse Salvatorem nostrum, studiose colere et infirmos fide candide blandeque suscipere [cf. 1 Th 5,14], ita etiam dare operam ut Christi veritas quam luculentissime omnibus innotescat [cf. Eph 3,10] et errores detegantur. Perversus is candor fuerit, ubi unius et alterius gratia veritas Christi et recta multorum fides post-habetur. Amabat atque observabat et Petrum Paulus, at ubi ex incon-siderata illius simulatione periculum imminebat recte credentibus, *palam illum coram omnibus reprehendit* [Gal 2,11–14]. Atque utinam hic candor apud evangelii professores obtineret; [281]ut quisque libere, sed modeste ecclesiis indicaret quae secundum quaeque contra Scripturas esse putaret, iudicio delato sedentibus [cf. Act 23,3], illaesa interim amicitia Christi, quanto plus haberemus veritatis et minus contentionum!

Quantum equidem assequi possum (natura enim errorum est, ut difficile agnoscantur), isti nulla alia ratione paedobaptismum aversantur quam quod finxerunt sibi puriorem fore ecclesiam, si adultos et notas Spiritus prae se ferentes, duntaxat baptizaremus[q15]. Sed hoc pacto indubie fieret ut *multae oves Christi pro hoedis* [Mt 25,32] negligerentur. Neque enim omnes parentes eam curam ad pietatem educandi suos quam illi sibi pollicentur, adhibituri essent. Haec tamen humana cogitatio quaeque resipit nimium operum nostrorum et elementi huius aestimationem [cf. Col 2,8], ita occupavit illos ut huc [282]cuncta rapiant omniaque quae contra obiiciuntur, dissolvere conentur; eoque sese in errores profecto graves praecipitent. Humanam dixi hanc esse cogitationem quia nulla Scriptura iubet curiose adeo dispicere ne *hoedi* in ecclesiam recipiantur [cf. Mt 25,32]. Baptizarunt apostoli saepe quibus vix horam de Christo fuerant locuti, quia iuxta parabolam evangelicam *quoslibet Christi nuptiis adducere* volebant [Mt 22,2–10]. Baptismo enim recipiebant tantum in scholam pietatis et Chris-tianismi tyrocinium. Eiicere rursum tum solebant, cum evidenter satis deprehensum esset ludi docendi operam.

Culpant [283]nos illi quod libertate Christi abutamur, praeter verbum et exemplum Scripturae nobis paedobaptismum permittentes, cum ipsi tamen omnino nullum habeant verbum vel exemplum quo sententiam suam stabiliant aut nostram reiiciant. Iussit Christus *praedicare gentibus*

[q15] *add.* Sic enim paucissimis hodie fore locum in ecclesiis arbitrantur AB. –

[281] Failed mission of George Caselius, professor of Hebrew at Strasbourg, 1525, intended to reconcile Lutherans and Zwinglians. (See further Rott, *Bucer et les débuts*, RHPR 34 (1954), 238–254). Mission mentioned also in: *Praef.* 1526, D7v., E2v. (*iep* here).

[282] Ap: Zwingli, *Elenchus*, CR 93, 45–46 (*ip*).

[283] Adv: Hubmaier, *Von der christl. Taufe* 1525, Täuferakten 9, 138. Cf. Zwingli's reply in *Antwort*, CR 91, 604. Accusation also ap: Zwingli, *Elenchus*, CR 93, 49 and see *ibid.* for Zwingli's assertion that infant baptism neither ordered nor forbidden by the Scripture.

eoque baptismo in ecclesiam recipere [cf. Mc 16,15–16]. Ubi autem vetuit et pueros recipere? Leguntur baptizasse adultos apostoli [Act 2,41; 8,12]: factum est hoc ut ostenderetur quantum evangelion fructificarit. Non negantur autem et pueros baptizasse, imo [605] cum leguntur *totas domos baptizasse* [Act 16,15.32–33; 1 Cor 1,16] et Paulus [284][1 Cor 7,14] eorum liberos, sanctos, id est ad ecclesiam Dei attinentes, quorum alter esset Christianus, pronuntiat. Denique usus offerendi Domino pueros per initiativum simbolum ex Lege pridem obtinuisset, non contentiosis satis est coniecturae eos pueros quoque tinxisse.

Hunc vero locum Pauli [285][1 Cor 7,14] conantur eludere, ubi *sanctos pueros fidelium* fecit, dicentes sanctos hactenus a Paulo pronuntiatos quod usum coniugii non impedirent *cum infideli.* Et tamen Paulus ex eo quod *sancti haberentur eorum liberi* quorum alter esset Christianus, probare vult *infidelitatem* alterius coniugis, non impedire usum coniugii. Ideo aliam et notam ac confessam *sanctitatem pueris* eiusmodi, ex impari coniugio natis, tribuit, ut ex qua sanctificationem probaret *infidelis coniugis*, id est fas esse[r15] cum eo in matrimonio vivendi. Quae iam illa *sanctitas puerorum* alia quam qualem Scriptura memorare solet, qua ad Dei cultum dicati habentur?

Atque ita omnibus nudatam Scripturis hanc eorum opinionem, si quis propius contempletur, figmentum esse humanum luce clarius apparet. Cum ergo omnia huiusmodi, quando pro Dei oraculis obtruduntur, luculenta[s15] soleant dare veritatis damna, qualia sane multa iam hoc dogma (abusum esse instituti divini paedobaptismum) dedit, nemo mihi pius vitio vertet quod studiosius illud confuto. Quibus sane hoc persuasum fuit, arbitrati fuere se nondum baptizatos, tum indignum putarunt se non baptizari. Sic invectus est anabaptismus, vel potius catabaptismus.

⟨Quae mala contemptus paedobaptismi dederit⟩ Huic addicti, mox ab ecclesia agnoscente paedobaptismum secesserunt[t15], evangelion quod in ea praedicatur, contempserunt. Quem postea contemptum saeve nimis ultus Dominus est, propinando eis calicem tam multiplicium et pestilentium errorum ut horror sit eorum tantum meminisse. Haec cum ita habeant,

---

[r15] *om.* A. – [s15] luculentia AB. – [t15] desciscentes D. secesserunt AB. *om. in* C *no doubt due to printing error.* –

[284] Ap: Aquinas, *Super Epist.* ad loc., Cai 1 no. 346, 300–301; *Grund und Ursach*, BDS 1, 259; Capito, letter to Zwingli, 20 Nov. 1525, Täuferakten 7, no. 38, 49; Zwingli, *Antwort*, CR 91, 633 (*ir*).

[285] Adv: Borrhaus, *De operibus*, 68r.: Quod si etiam Apostolus accuratius expendatur, ubi de liberorum sanctitate verba facit, facile erit deprehendere, de qua sanctitate puerorum potissimum loquatur, nimirum de ea quae usum matrimonii non impedit, sicut virum infidelem per uxorem fidelem sanctificatum et uxorem infidelem per virum fidelem sanctificatam testatur.

[286]vae ei qui principiis mali huius neglexerit obsistere, si tamen charitatem simul exhibeat in eos quos videt studio aliquo teneri Dei [cf. Rm 10,2], etiamsi id cum errore coniunctum sit. Quae ergo credo, hic professus sum. Quas sequor Scripturas, indicavi. Iudicent fratres.

ENARRATIO SECTIONIS VIII [35–39]

Paraphrasis

⟨Ratio historiae⟩ *Postero die iterum stetit Ioannes et duo ex discipulis eius* [Io 1,35]. Quia in hoc *missus Ioannes* [Io 1,6] erat ut Israëli Dominum Iesum manifestaret, [287]nihil omisit quod illum commendabilem reddere posset, occasioni praedicandi eius nunquam non imminebat[287]. Inde cum eum postridie quam coram populo *agnum et filium Dei esse* [Io 1,29] fuisset testificatus, iterum vidisset, *praesentibus duobus ex discipulis suis*, rursus dixit: *En agnum Dei* [Io 1,36]. Cumque iam [288]tempus adesset ut Christus agnosceretur, incrementum huic Ioannis elogio Deus in cordibus illorum *duorum discipulorum* dedit ut, eo *audito, illico Iesum sectarentur rogatique ab eo quid sibi vellent*, sciscitarentur ubi nam diverteret, *Rabbi*, id est *praeceptorem* [Io 1,37–38] vocantes, scilicet avidi iam doctrinae eius paratique se illi in discipulos tradere[288]. Unde cum eos invitasset *ut venirent et viderent ubi maneret*, illico *iverunt et viderunt* [289]*diemque illum* (prope vesperam enim erat, nempe *hora diei decima*) *apud eum permanserunt* [Io 1,39], indubie multifaria vitae doctrina ab eo refecti[289].

Annotationes

Transit sensim Evangelista narratione a testimoniis Ioannis ad testimonia quae Domino ipsa sua dicta factaque perhibuerunt. Cumque officium Ioannis fuerit Christum Israëli manifestare et ei praedicationis lampada tradere [cf. Io 1,8], commodum huc historiam Evangelista deducit,

---

[286] Perhaps adv: Capito. Cf. *In Hoseam* 1528, 177v. in: Täuferakten 7, no. 126, 152–153. – End of this par. exc. locus: Defensio paedobaptismi.

[287-287] Ap: Augustine, *In Ioh.* tract. 7 ad loc., MPL 35, 1441, CCL 36, 71; Chrysostom, *In Ioh.* hom. 18 ad loc., MPG 59, 115–116 (*i*).

[288-288] Ap: ErP 1524 ad loc., LB 7, 510–511 (*i*).

[289-289] Ap: Chrysostom, *In Ioh.* hom. 18 ad loc., MPG 59, 115 (in: Aquinas, *Catena* ad loc., *Guarienti* 2, 353 col. A); Theophylactus, *In Ioh.* ad loc., MPG 123, 1179–1180 (in: *ibid.*); Aquinas, *In Ioh.* ad loc., *Piana* 14:2, 14r. col. B; ErP 1524 ad loc., LB 7, 511; Brenz, *In Ioh.* 1528 ad loc., 24v. (*i*). Adv: Augustine, *In Ioh.* tract. 7, ad loc., MPL 35, 1441, CCL 36, 71 and Cyril, *In Ioh.* ad loc., MPG 73, 217–218 (there: allegorical interpretation).

[290]praeteriens proculdubio multa quae Ioannes de Domino praedicavit atque egregie pro manifestatione eius gessit. Ista enim satis faciunt piis et pleraque etiam alii Evangelistae narrarunt[290].

⟨Rabbi⟩ *Rabbi* [Io 1,38] Ebraice רבי significat *magister mi.* Unde coniectura aperta est initio statim ut [291]vitae doctorem Christum habitum. Talem sane eum et Samaritis illa de qua infra [4,25], expectabat. Dicebat nanque: *Cum Christus venerit nuntiabit nobis omnia* [Io 4,25]. [606]

Observationes

Perpendendum primo ut nullam Ioannes occasionem praeterierit Christi praedicandi. Sic sane faciunt quibus Christus recte cognitus est quique illius veri existunt praecones. Idem studii atque ardoris et in Paulo viguisse videmus.

Observandum deinde ut suo omnia tempore Deus perficiat [cf. Ecl 3,1]. *Multis* et ante, cum populo, tum discipulis suis *Ioannes fuerat de Iesu testificatus* [Io 1,32]. In hunc tamen temporis articulum servatum fuit ut *Christus* vitae *magister agnosceretur* [Mt 23,10] *testimonioque Ioannis* [Io 1,7] sui discipuli fidem haberent. Dum ergo [292]verbum evangelii non vel foede a *porcis contemnitur* [Mt 7,6], vel insane *a canibus repellitur* [Mt 7,6], constanter et spe bona annuntiandum est Patrique optimo committendum ut illud efficax reddat, quando et in quibus ipsi fuerit visum.

Denique neque id praetereundum quod Christus *praeceptoris* [Io 1,38; Lc 8,24] nomine statim a recte de eo persuasis salutari coepit. Sic sane eum habent [293]quicunque ipsum agnoscunt atque ad praescriptum verbi eius instinctumque Spiritus eius omnia sua instituunt[293]. Neque enim extra modo, sermonibus in literas relatis, verum intus multo magis per Spiritum de omnibus suos docet et instruit.

⟨Christus unus vitae magister⟩ Memorabilis quoque Domini erga hos duos discipulos facilitas probe consideranda est. Prior *rogat quid velint* [Io 1,38] et ultro *invitat eos* [Io 1,39] ad diversorium suum quanquam tempore minus opportuno, indubie ut *apud eum pernoctarent* [Io 1,39] plurimaque ab ipso audirent. Simus ita et nos [294]expositi omnibus, cum dubitare haud possimus, sitientibus doctrinam vitae nobis, Servatorem esse expositissimum.

[290–290] Ap: Eusebius-Rufinus, *Hist. eccl.* 3, 24, MPG 20, 265–268, GCS 9:1, 247–249 (*i*).

[291] Ap: Aquinas, *In Ioh.* ad loc., *Piana* 14:2, 14r. col. A. (*i*).

[292] Ap: Brenz, *In Ioh.* 1528 ad loc., 24v. (*i*). Adv: Denck and Kautz. Cf. *Getrewe Warnung* art. 1 BDS 2, 238–240.

[293–293] Ap: Aquinas, *In Ioh.* ad loc., *Piana* 14:2, 14r. col. A–B (*i*).

[294] Cf. supra ad nn. (273), (274)–(274).

ENNARATIO SECTIONIS ²⁹⁵IX [40–42]

Paraphrasis

Erat Andreas frater Simonis Petri [Io 1,40]. Ut pergam vero narrare quomodo sensim divinae benignitatis sese lumen explicuerit et evangelii fermentum conspersionem invaserit, memorandum est quemadmodum Christus paulatim innotuerit et alius alium ad cognitionem eius per-duxerit. *Alter ex duobus illis qui, Ioannis praeceptoris sui voce exciti, Christum fuerant secuti, Andreas erat frater Simonis qui a Domino postea Petrus est cognominatus* [Io 1,40.42]. *Hic primus hunc suum germanum fratrem invenit dixitque illi se invenisse Messiam, id est Unctum et duxit eum ad Iesum* [Io 1,41]. *Is, conspecto illo*, ut indicaret ei ad quantam dignitatem vocaretur, *dixit ei*ᵘ¹⁵: *Tu es Simon, filius Iona, iam vocaberis Cephas, hoc est Petrus* [Io 1,42], ²⁹⁶divina scilicet firmitudine praeditus.

Annotationes

Quod Andreas ᵛ¹⁵*suum fratrem*ᵛ¹⁵ Simonem in Iudaea vel reperit vel invenit [Io 1,41], argumentum est et ²⁹⁷eum religionis caussa Ioannis baptisma adiisse, etiam si forte non fuerit perpetuus illius discipulus. Certe coniuncte inter se vixisse illos indicio est quod *simul piscabantur*, cum secundo ad perpetuum scilicet Domini comitatum vocarentur – quam vocationem Matthaeus [4,18] et Marcus [1,16] memorant²⁹⁷. Illud vero: *invenimus Messiam* [Io 1,41] videtur cum ²⁹⁸emphasi dictum atque notare ²⁹⁹Christi desiderio mire Simonem flagrasse, ut ita haec Andreae fratris renuntiatio non sine gestiente animo facta videatur acsi dixisset: gaude frater, quem uterque tam anxie expectamus, Servatorem, invenimus. De ³⁰⁰nomine Christi in Matthaeum dixi fusius. ³⁰¹Ebraei eum *Meschiah*

ᵘ¹⁵ illi A. – ᵛ¹⁵⁻ᵛ¹⁵ fratrem suum A. –

²⁹⁵ Division into *sectiones* within the commentary does not correspond here to the division of the Biblical text supra. There: only 9 *sectiones*, *sect.* 8 = vv. 35–42, *sect.* 9 = vv. 43–51.

²⁹⁶ Ap: Brenz, *In Ioh.* 1528 ad loc., 25r.–v. (*i: firmitas* only. Cf. n. (308) infra), Bede, *Hom in natal. S. Andreae*, MPL 94, 260 (in: Aquinas, *Catena* ad loc., Guarienti 2, 353 col. B) (*i*).

²⁹⁷⁻²⁹⁷ Ap: Augustine, *De cons. Evang.* 2,17 MPL 34, 1094, CSEL 43, 134–135 (in: Aquinas, *Catena* ad loc., Guarienti 2, 354 col. A.) (*i*).

²⁹⁸ Ap: Chrysostom, *In Ioh.* hom. 19, MPG 59, 121 (in: Aquinas, *Catena* ad loc., Guarienti 2, 353, col. B) (*i*).

²⁹⁹ Ap: Chrysostom, *In Ioh.* hom. 19, MPG 59, 121 (in: Aquinas, *Catena* ad loc., Guarienti 2, 353, col. A–B (*i*)); Brenz, *In Ioh.* 1528 ad loc., 25r. (*ipa*).

³⁰⁰ Ap: BEv 1527 ad Mt 1[16], 9v.–11r. (*p*).

³⁰¹ Cf. Münster, *Dictionarium hebr.* 1523, 252: משיח Chaldaice, משיחא meschiah, unctus. Graece χριστός Christus. Here adv: ErP 1524 ad loc., LB 7, 512 (there: Messias given as Hebrew form of the name) and adv: Brenz, *In Ioh.* 1528, 24v.–25r. (claims that John is using the *original*, i.e. not hellenised, form of the name).

vocant. Evangelista autem usum vulgi secutus *Meschian* scripsit. Nam Chaldaei מְשִׁיחָא dicunt ex quo nomine si ח , Ebraeis notam aspirationis[w15] durioris, vel demas, vel levius ut quidam proferas, שׁ vero per duplex ss – quod item multi faciunt – exprimas, resultabit Messiah cui Graeci pro natura suae linguae, extrita aspirationis nota et adiicientes: s reddiderunt *Messias*.

⟨Quare Iesus *Unctus* dictus⟩ Cur autem orbis Salvatorem absolute [302]*Unctum* populus Iudaeorum vocarit cum, praeter quam apud unum Danielem [9,25–26], vix in omni Scriptura eo nomine vocatus sit, caussam (quam pluribus tamen tractavi [303]in Matthaeo) fuisse puto quod *Unctum* nova et divina unctione idque ad regnum coelorum salvandumque omneş in se credentes, illum expectarent. De qua unctione Psal. 45[44,8]: *Dilexisti iustitiam et odisti impietatem,* [607] *propterea unxit te Deus, Deus tuus oleo laetitiae prae consortibus tuis.* Quid enim [304]*oleum laetitiae* quam Spiritus sanctus qui, ut divinitatis ita et sempiterni gaudii, compotes facit? Item Iescah 61[1]: *Spiritus Dominatoris Domini super me quia unxit me, ad evangelizandum afflictis misit me* etc. [305]Ungebantur olim reges, sacerdotes et prophetae [cf. 2 Sm 5,3; 3 Rg 1,45] ac ita ad officia sua initiabantur.

Iam *Rex regum* [1 Tim 6,15] Christus est, summus sacerdos [cf. Ps 109,4] et prophetarum caput [cf. Mt 11,9][305] qui non imperio externo modo regit, non brutis pecudibus sacrificat, non externa voce tantum docet et monet, sed Spiritu sancto[x15] mentes, sed spontaneas, [y15]regit ad salutem[y15] sempiternam. *Eo*[z15] *seipsum pro nobis sacrificium perfectae expiationis obtulit effecitque ut et nos gratae Deo hostiae evadamus*[a16] [Hbr 9,14]. Eodem etiam docet et monet ut, quos suo regno donaverit[b16], reddat tandem per omnia iustos, sanctos et beatos [cf. 2 Tim 4,18]. Cum igitur ad tam eximiam functionem Iesus esset destinatus divina hac *unctione Spiritus sancti* [Is 61,1; Lc 4,18; Act 10,38], iure debuit *prae omnibus filiis Dei inungi* [Ps 44,8] atque eo in regnum suum, sacerdotium prophetaeque munus, inaugurari. Et hac caussa merito *Unctus*, sine adiectione aliqua, per antonomasiam vocatus est; idemque id pollet, acsi Rex diceretur.

⟨*Vocaberis Cephas*⟩ In eo vero quod Iesus Simoni, ut primum adductum sibi per Andream vidit, dixit: *Tu es Simon filius Iona* [Io 1,42] videtur vim

---

[w15] *add.* sed A. – [x15] *add.* quo A. – [y15–y15] ad salutem regit A. – [z15] quo A. – [a16] *add.* denique A. – [b16] *add.* ita A. –

[302] This order of exposition: etymology of *Messias*, explanation of *Unctus*, quotation from Ps. 44,18 ap: Augustine, *In Ioh.* tract. 7 ad loc., MPL 35, 1444, CCL 36, 74 (in: Aquinas, *Catena* ad loc., *Guarienti* 2, 353 col. B) and ap: Aquinas, *In Ioh.* ad loc., *Piana* 14:2, 14v. col. A. (*i*).

[303] Cf. BEv 1527 ad Mt 1[16], 9v.–11r.

[304] For detailed account of *Unctus* cf. also BEv 1527 as n. (303) supra.

[305–305] Ap: Brenz, *In Ioh.* 1528 ad loc., 25r. (*ip*). Cf. also ErP 1524 ad loc., LB 7, 512.

[306]prophetiae prodidisse – uti et Nathanaëli paulo post per Philippum advocato [Io 1,48] fecisse Evangelista memorat. Nisi quis malit: [307]scientem iam nomen eius, voluisse tantum per antithesin appellationi appellationem conferre, ac si dixisset: audio *te vocari Simonem Iona* [Io 1,42], verum alius per me eris, ideo et aliud tibi indam nomen. *Vocaberis posthac non Simon Iona, sed Petrus* [Io 1,42], [308]divina enim virtute ita duraberis ut plane saxeus futurus sis. Caetaerum [!] [309]*Cephas* chaldaicum ab eruditis sacrae linguae censetur qua lingua vulgo, tempore Christi, usos Iudaeos creditur. Et alia enim ebraea libris Novi Testamenti leguntur interspersa quae huius linguae magis quam bibliacae [!] quae purior et syncerior est Ebraeorum lingua, habentur. A qua quam chaldaicam vocant, id differt quod italica a pure latina. Ita bibliaca [!] Ebraeorum lingua כֵף Ceph petra dicitur; illa autem quae chaldaica dici coepit, כֵּפָא Cepha cui, a Graecis adiecta[c16] eorum more litera[d16] s, constituit: Cephas[309].

⟨*Simon filius Iona*⟩ Minutulum [310]hoc est quod infra, capite ultimo [Io 21,15], *Simonem: Ioanna*, hic et Matthaei 16[17]: *Iona* vocatum a Domino legimus. Verisimile vero est patrem Simonis יֹחָנָן[e16] Iochanan, vel chaldaice: Iohanna nomen habuisse, unde, extrita aspiratione ח et in fine adiecto s, factum sit Graecis *Ioannes* quod idem postea contrahentes, *Ionas* dixerint. Significat autem *Iochanan* vel *Iochanna* quod nos Ioannes dicimus: gratiosum, quia a verbo חָנַן derivatum est. Nequaquam autem absurda videtur [311]eorum observatio qui istud: *Tu es Simon filius Iona* [Io 1,42] emphaticôs dictum a Domino putant, in hunc scilicet sensum: novi te qui sis quo et gratior mihi advenisti. Simon Iona, id est Ioanna, non tam vocaris quam es [cf. Io 1,42], audiens scilicet, id quod Ebraeis haec vox sonat, et filius Ioanna, id est gratiosi, cui Deus favet. Vere enim tibi aspiravit favor Dei et audivit tuas preces, unde et audire te fecit vocem

---

[c16] adiectum AB. – [d16] *om.* AB. – [e16] *add.* id est A. –

[306] Ap: Chrysostom, *In Ioh.* hom. 19, MPG 59, 122 (*i*). Cf. also ErP 1524 ad loc., LB 7, 512.

[307] Ap: Augustine, *In Ioh.* ad loc., MPL 35, 1444, CCL 36, 74–75 (*i*).

[308] Cf. supra n. (296). Ap: ErP 1524 ad loc., LB 7, 514 (*i*); Aquinas, *Catena* ad loc. (Bede), Guarienti 2, 353 col. B. Here perhaps adv: Brenz, *In Ioh.* 1528 ad loc., 25v. (there: name not due to his own constancy since he denies Christ, but given so as to serve as example of constancy to others).

[309–309] Ap: Münster, *Dictionarium hebr.* 1523, 194–195 (*iep*: there also ref. ad Io 1,42).

[310] This distinction ap: most mediaeval and contemporary commentators. See e.g. Aquinas, *In Ioh.* ad loc., Piana 14:2, 14v. col. A; *Glossa ord.* [marg.]; Lyra ad loc.; ErP 1524 ad loc., LB 7, 512 (all take יחן = gratiosus – cf. Münster, *Dictionarium*, 1523, 137– יונה = columba and adopt allegorical interpretations). Acc. Bucer both words from same Aramaic root חנן (gratificavit – cf. Münster, *ibid.*, 137), *Iona* merely a contracted form of the Greek *Ioannes* which in turn can be traced back directly to the Aramaic root.

[311] Notably Aquinas, *In Ioh.* ad loc., Piana 14:2, 14v. col. B; ErAn 1523 ad loc., LB 6, 347.

fratris tui ad me vocantis. Gratulare tibi quod ad me veneris, faciam te rupem quandam pietatis et salutis, ideo *posthac petrae cognomentum habebis* [Io 1,42].

Observationes

Observandum primum est ut se habeat vera Christi [312]cognitio: continuo serpit. Quique eam nacti sunt, illico eam[f16], tanquam vitae thesaurum, quibusque charissimis impertire summopere student. Qui credit, loquitur. Proinde tenuem ii Christi cognitionem consecuti sunt quibus tam nullum, aut certe tepidum studium est illam promovendi.

⟨Domini vocatio aequanimiter expectanda iis qui evangelium praedicant⟩ Notanda deinde est vocationis Dei efficacia: simul atque enim *Simon a fratre ad Iesum vocatus fuit, secutus est* [Io 1,41–42]. Sic recipiunt evangelion quotquot electi divini[608]tus vocantur et a Patre ad Filium trahuntur [cf. Io 6,44]. Nos ergo, cum nesciamus quando Deo visum sit in corde suos vocare et attrahere, usque ministrare Deo per verbum evangelii debemus erga eos qui nondum *porcos se aut canes esse* [Mt 7,6] declararunt. Amplissima est Dei misericordia et latissime patent tempora vocationis eius ne conemur nos vel illam astringere, vel haec contrahere [cf. Rm 11,29–30].

Mirandum vero quod Dominus eum discipulum cognomine[g16] *petrae* vel saxi [Io 1,42], ob fidei rarum robur et immotam virtutem[h16], prae aliis – cum omnes hac ratione petrae et saxa fuerint – ornaverit, quem sciebat [313]prae aliis fidei infirmitate flectendum, imo tantum non commovendum. Quid enim saxeae fidei reliquum ubi ad vocem mulierculae Christum ille negaret [cf. Io 18,17], a quo ne morte quidem avellendum se, paulo ante, persancte iuraverat [cf. Io 13,37]? Discamus ergo et hinc temere neminem prorsus condemnare, agnoscentes longe aliter iudicare Deum atque nos. Indubie ut peculiariter hoc nomine insignitus hic Simon fuit, ita et peculiari fidei robore fuit prae aliis donatus. Sicut et Ioannem [314]Evangelistam experti sumus, prae aliis, voce evangelii tonuisse quemadmodum [i16]illum Iesus[i16] *Ben regesch*, id est *filium tonitrui* [Mc 3,17], prae aliis[j16], vocaverat. Sed ut demum videremus eam fidei in Simone virtutem Dei fuisse, item *Deum donorum suorum*, etiam si ingrati sint quibus ea donavit, *non poeni-*

[f16] *om.* AB. – [g16] *om.* AB. – [h16] *add.* cognomine AB. – [i16]–[i16] *om.* AB. – [j16] *add.* illum Iesus AB. –

[312] Ap: Brenz, *In Ioh.* 1528 ad loc., 25r. (*i*). Cf. n. (292) supra.
[313] Cf. supra ad nn. (296), (308).
[314] Ap: Chrysostom, *In Ioh.* hom. 19, MPG 59, 122 (*ip*).

tere [Rm 11,29], sed [315]perennem esse eius in electos suos favorem, tantopere emolliri passus fuit hoc saxum, nulli alioqui ferro, nulli igni aut vi cuicunque, cessurum.

ENARRATIO SECTIONIS X [43–51]

Paraphrasis

Postridie voluit Iesus exire in Galilaeam [Io 1,43]. Quum in eo sim ut exponam quemadmodum Iesus coeperit innotescere et discipulos colligere, adiiciam et [316]vocationem Philippi atque Nathanaëlis. Vocando enim hunc, ut divinitatem suam Iesus paulo clarius exeruit, ita etiam perfectius fuit agnitus atque insigniori confessione celebratus. *E Iudaea revertebatur in Galilaeam. Ibi repertum Philippum, municipem Andreae et Petri, iussit se sequi* [Io 1,43–44]. Quod cum is continuo fecisset, *reperit*[k16] *mox Nathanaëlem nuntiavitque ei*, non absque gestiente gaudio, *invenisse se de quo Moscheh et Prophetae scripsissent*[l16]: *Iesum filium Ioseph a Nazareth* [Io 1,45]. [m16]*Nathanaël* [317]miratus quod *Philippus*[m16] dixisset a *Nazareth*, quando ex vaticinio Micah [Mi 5,2] constaret nasciturum Christum *Bethleem*, discendi, non calumniandi animo *dicebat: potest aliquid eximium ex Nazareth esse* [Io 1,46][317]?

Philippus autem non habens quid ad hoc responderet, animo tamen persuasus Iesum, Christum esse, *hortabatur illum ut veniret ac ipse videret* [Io 1,46] quid de Domino esset sentiendum. Paruit ille, incitatus tam laeto nuntio, tametsi cum Scripturis [cf. Mi 5,2] prima facie pugnare videretur. *Iesus itaque*[n16] conspecto Nathanaële[o16] *dicebat* ad praesentes demonstrato Nathanaële: *Ecce vere Israelita in quo nihil*[p16] *insynceri* [Io 1,47]. Cumque ille, stupefactus ex hac sui laude, *rogasset unde se* nosset, clarius Dominus divinitatem suam prodidit *dixitque illi: cum sub ficu esses, priusquam te Philippus vocaret, vidi te* [Io 1,48]. Istud ita animum huius[q16] perculleit quod absenti sibi praesens, id quod Dei est, adfuisset, ut oblitus iam scrupi de loco natali Christi, continuo diceret: *Tu es ille Filius Dei, ille Rex Israël,*

[k16] *add.* idem AB. – [l16] scripserunt AB. – [m16–m16] Ille admiratus quod AB. – [n16] *add.* eo AB. – [o16] *om.* AB. – [p16] *add.* fraudis, nihil AB. – [q16] eius A. –

[315] Cf. BEv 1527 ad Mt 20[16], 244r. (perhaps *i* here) and, for general account, Stephens, *Holy Spirit*, 42–47.
[316] Ap: Chrysostom, *In Ioh.* hom. 20, MPG 59, 124 (in: Aquinas, *Catena* ad loc., Guarienti 2, 354 col. A–B) (*i*).
[317–317] Ap: Chrysostom, *In Ioh.* hom. 20 ad loc., MPG 59, 125 (in: Aquinas, *Catena* ad loc., Guarienti 2, 355 col. A) (*ip*). Cf. also Aquinas, *In Ioh.* ad loc., *Piana* 14:2, 15r. col. B. Here adv: Brenz, *In Ioh.* 1528 ad loc., 26r.–v.

indubitatus Messias quem hactenus expectavimus [Io 1,49]. Dominus vero, volens confirmare huius et aliorum discipulorum fidem, adiiciebat ad Nathanaëlem: *Te adeo permovit quod dixi tibi te mihi absenti corpore sub ficu visum: maiora his videbis. Praedico vobis omnibus meis discipulis, visuri estis apertum coelum et angelos ascendentes atque descendentes*, ut mihi, licet *filio hominis* ministrent, Domino et instauratori suo [Io 1,50–51].

Annotationes

Ex eo quod Philippus Nathanaëli dixit: [318]*De quo scripsit Moses in Lege et Prophetis, invenimus* etc. [Io 1,45], coniectura est Nathanaëlem Scripturarum studiosum fuisse atque in eis de adventu et regno Christi diligenter vestigasse. Unde Philippi renuntiatio hunc sensum videtur habere: Legem et Prophetas, optime Nathanaël, [609] diligenter excutis ut de Christi regno quod universi expectamus, certior fias[318]. En invenimus illum quem Scriptura promittit et tu tam anxie quaeris.

Quo autem pacto Lex, Moscheh et Prophetae de Christo praedixerint, [r16]dixi nonnihil supra in historiam Lucae [24,13] de *duobus discipulis qui petierant Emauntem*. Dicam item infra aliquid in illud: [319]*Quemadmodum exaltavit Moscheh serpentem*[r16] [Io 3,14].

⟨*Vere Israëlita*⟩ Quod Dominus [320]vere *Israëlitam et sine dolo Nathanaëlem* [Io 1,47] laudavit, ad spiritus synceritatem respexit. Carne enim universi mortales *mendacium sunt* [Rm 3,4] quia, cum Paulo, nemo quicquam boni *in carne*, id est natura sua, deprehendit [cf. Rm 7,18]. De hac synceritate et integritate spiritus Psalmo [321]tricesimo secundo canitur[s16]: *Foelix homo cui Dominus non imputabit iniquitatem et in spiritu eius non est dolus* [Ps 31,2]. Ab eodem nanque est ut iniquitatem Dominus non imputet et ut spiritus *dolo* vacet [Io 1,47], fide nimirum qua recte et pie de Deo animus sentit, persuasus a Spiritu Dei. Hinc, quemadmodum homo[t16] sperat sibi omnia [u16]a Domino[u16] peccata condonanda esse, ita nulla ei Dominus imputat. Utque synceriter Deum amat, ita, procul omni dolo et

---

[r16–r16] quia verbosiorem paulo disputationem postulat, et Enarratio huius capitis, alias verbis vel propter ea quae de baptismo disserui, satis onerata est, in [319] quinto capite, in sectione ultima exponere decrevi A. – [s16] *om.* AB. – [t16] *om.* AB. – [u16–u16] *om.* AB. –

[318–318] Ap: Chrysostom, *In Ioh.* hom. 20 ad loc., MPG 59, 125 (in: Aquinas, *Catena* ad loc., Guarienti 2, 354 col. B –355 col. A) (*i*). Cf. also Aquinas, *In Ioh.* ad loc., *Piana* 14:2, 15r. col. B.

[319] See infra *cap.* 3 ad v.14, nn. (78)–(78)ff. and *cap.* 5, *sect.* 2 var. (v[5]–v[5]) and ad n. (122)–(122). Question finally discussed in B Rom 1536.

[320] Ap: Aquinas, *In Ioh.* ad loc., *Piana* 14:2, 15v. col. A (*ip*). Cf. also ErP 1524 ad loc., LB 7, 513; Brenz, *In Ioh.* 1528 ad loc., 26v.

[321] Ap: BugPs 1524 ad Ps 31,2, 175 (*i*).

hypocrisi, gloriae Dei[v16] studet atque in veritate et Spiritu *Deum veracem* [Rm 3,4] colit. Huiusmodi אמנים illi sunt, id est *fideles quos raros factos in terra* [322]Psalmo 12 [Ps 11,2] queritur et eosdem חסידים id est *beneficos*, vocat [Ps 29,5]. Eiusdem enim Spiritus Dei est ut homines veri evadant bonique, sine quo nihil quam *mendacium sunt* [Rm 3,4] et *vanitas* [Ecl 1,2]. Hunc Spiritum cum citra mensuram Christus habeat [cf. Io 3,34] totusque purus labis humanae natus sit, haec laus: *esse absque dolo* [Io 1,47] Christo[w16] propria est, uti illi a Vate Ieschaiah quinquagesimo tertio [Is 53,9] peculiariter tribuitur.

Caeterum quod dixit: *vere Israëlita* [Io 1,47] [323]idem pollet ac si quis dicat: iste vere Christianus est. Israeli enim, id est populo Dei, accensebantur ex humilibus plurimi qui nihil minus quam Israëlitae, id est de populo Dei, erant, fide scilicet principis Dei et germani Iaacob posteri.

⟨*Filius Dei*⟩ *Tu es ille Filius Dei, tu es ille Rex Israël* [Io 1,49]. Haec flagrantis iam [324]fidei et exultantis inde cordis confessio fuit. Quanquam enim omnes [325]*sancti filii Dei* sint [Io 1,12; Rm 8,17] ad cuius scilicet imaginem per Spiritum eius formantur – unde et *Israelem filium suum* Deus vocat Hoschiah undecimo [Os 11,1] – Dominus Iesus tamen peculiariter et *unigenitus Filius Dei*[325] [Io 1,18] in Scripturis praedicatur eo quod in eo solo expressa *sit* Patris *imago* [Col 1,15; Hbr 1,3], hoc est plena [326]sapientia, iustitia atque potestas [cf. Sap 7,24–26]. Hoc de [x16]Christo Domino[x16] sub typo Schlomoh promissum fuit, 2 Schmuel 7[14] et 1 Chro. 17[13]. Item [327]Psalmo 89: *Ego ero ei in Patrem et ipse erit mihi in Filium. Et: Ipse invocabit me, Pater meus es tu et petra mihi salutis. Ego vero primogenitum constituam eum, supremum regibus terrae* [Ps 88,27–28]. Item [328]Psalmo secundo: *Dominus dixit ad me, Filius meus es tu, ego hodie genui te* [Ps 2,7].

Horum ergo et [329]similium vaticiniorum Nathanaël doctus, augustiore appellatione Dominum Iesum salutavit, *Filium Dei et Regem Israël*[y16] [Io 1,49] vocans, cum vulgo Messiach *Davidis filium* vocare solerent. Indeque[z16] qui Iesum esse *Unctum Domini* agnoscebant, *filium Davidis* [Mt 1,1;

[v16] eius AB. – [w16] ei AB. – [x16–x16] eo AB. – [y16] *add.* illum AB. – [z16] quare AB. –

[322] Ap: BugPs 1524 ad Ps 12,2, 68 (*i*).

[323] Ap: Augustine, *In Ioh.* tract. 7 ad loc., MPL 35, 1448, CCL 36, 79 (*i*); Aquinas, *In Ioh.* ad loc., *Piana* 14:2, 15r. col. B – 15v. col. A (*i*: there: *Israelita* either: rectissimus or: vir videns Deum); Brenz, *In Ioh.* 1528 ad loc., 26v. (*i*).

[324] Ap: Brenz, *In Ioh.* 1528 ad loc., 27r. (*ip*).

[325–325] Ap: Aquinas, *In Ioh.* ad loc., *Piana* 14:2, 15v. col. A (*i*).

[326] Cf. supra *sect.* 1 ad nn. (15)–(15), (28).

[327] Cf. BugPs 1524 ad Ps 89,27–28, 502.

[328] Cf. BugPs 1524 ad Ps 2,7, 12. Reference also ap: Lefèvre d'Etaples, *In Ioh.* ad loc., 290r.–v.

[329] Ap: Lefèvre d'Etaples, *In Ioh.* ad loc., 290r.–v. (*ip*).

Io 7,42] eum salutabant. De his infra [330]decimo pluribus. Caeterum *Filius Dei* [Io 1,49] Ebraeis idem pollet quod: Deus; sicut *filius hominis* [Mt 9,6] idem quod: homo. Sic et primo Moscheh sexto [4] *filii Dei* pro: diis positum est [Gn 6,4]. Unde constat quod [331]maiorem homine Nathanaël Dominum agnoverit, confessus eum *Filium Dei*. Denique videtur per antithesin ad nuntium Philippi, Iesum *Filium Dei* vocasse, quasi diceret: nequaquam tu *filius Ioseph* es [a17]*ex Nazareth*[a17], ut te nominavit Philippus [Io 1,45], sed *Dei* [b17]*Filius e coelo*[b17].

Posthac videbitis coelum apertum [Io 1,51]. Quid *coelorum* nomine significetur et quomodo *aperiantur*, nonnihil dixi in [332]illud Matthaei tertio: *Aperti sunt coeli* [Mt 3,16]. Quoniam enim coeli omnibus creaturis praestant, Deo sedes assignati sunt, Scriptura sese ad intelligentiae nostrae – qui omnia cogitatione locis affigimus – tenuitatem demittente. [c17]Sic est affixus animus corpori ut illud vertere eo soleat, quoad eius fieri potest, quo fertur ipse. Iam quia Deus nulli loco affigi potest, nec videri corporis oculis, agit animus [610] excitatus in Deum corpus eo unde maiestas Dei ex operibus ipsius oculis carnis apparet luculentius. Id vero fit maxime e coelis. Nihil enim corporeum Deum tam clare et potenter repraesentat et exhibet atque coeli. Ne autem ex eo quod coeli sedes Deo dicuntur, putaremus loco, aut ulla sua creatura, Deum comprehendi, Scriptura Deum immensum et incomprehensibilem [cf. Ier 32,19] passim docet[c17]. Hinc ergo[d17] quod coeli, velut peculiaris Dei locus eo quod, licet omnia in omnibus compleat [cf. 1 Cor 12,6], in his maiore virtute divinitatisque suae explicatione sese ostentet, dici coeperunt, consequenter *coeli aperiri* [Mt 3,16] dicuntur cum [333]manifestius se lux divinitatis aperit et *in coelum recipi* [1 Mcc 2,58] qui ad praesentiorem divinitatis[e17] perfruitionem admittuntur et: de coelo venire, aut mitti, quaecunque diviniora habentur.

⟨Ministrantes angeli⟩ Caeterum quod discipuli viderunt[f17] *angelos ascendentes et descendentes super Christum* [Io 1,51], declaratio fuit divinitatis Iesu et significatio eum, licet *filius hominis* [Mt 9,6] esset, [334]*super omnem principatum et potestatem* [Eph 1,21] tamen regnaturum *omniaque pedibus eius subiicienda* [Eph 1,22] et cum Patre universa habere communia. Quan-

---

[a17]–[a17] *om.* AB. – [b17]–[b17] *om.* AB. – [c17]–[c17] Nec autem putaremus loco aut ulla sua creatura Deum comprehendi, immensum et incomprehensibilem eum esse iuxta satis docet AB. – [d17] autem AB. – [e17] eius AB. – [f17] viderint AB. –

[330] Cf. infra *cap.* 10, *sect.* 4 ad nn. (70)–(70) – (79).

[331] Ap: Lefèvre d'Etaples, *In Ioh.* ad loc., 290v. (*ip*). Here perhaps adv: Kautz and Denck. Cf. *Getrewe Warnung*, BDS 2, 235 and Denck, *Vom Gesetz Gottes*, Täuferakten 6:2, 59.

[332] Cf. BEv 1527 ad Mt 3[16], 87r.–89r.

[333] Ap: Lyra ad loc.; Brenz, *In Ioh.* 1528 ad loc., 27r. (*i*).

[334] Cf. BEph 1527 ad 1,21–22, 43v. Ap: Aquinas, *In Ioh.* ad loc., Piana 14:2, 15v. col. B. (*i*: there after: Chrysostom).

quam autem nusquam [335]nominatim sacrae historiae huiusmodi aliquid memorent, uti [g17]memorant super Dominum cum baptizatus oraret[g17], *apertos coelos, Spiritum in specie columbae descendisse, vocem Patris delapsam* [Mt 3,16–17], item cum *transfiguraretur Mosen et Heliam illi collocutos*[h17] [Mt 17,2], indubie tamen quod hic visuros Christus promisit, discipuli viderunt, [i17]etiamsi id[i17], ut multa alia, nominatim[j17] nusquam descripserunt. Electi enim satis superque habent ad cognoscendum Christum [k17]in iis[k17] quae illi in literas retulerunt. Reprobis nihil satis esse potest, etiam si singula[l17] ordine conscripta haberemus.

Observationes

Primum considerandum hic quod [m17] [336]*Dominus discedens*[m17] *ex Iudaea, Galileam*[n17] *repetierit* [Io 1,43], ex celebri regione, obscuram. Ex ea in qua tam magnifice a Ioanne fuerat praedicatus [cf. Io 1,27] [o17]*Filius Dei*[o17], in eam ubi ut *filius Ioseph* [cf. Io 1,45; 6,42] contemnebatur. Sic erat voluntas Patris, ea erat Christi[p17] vocatio, illi inserviit[336]. Idem studeamus et nos, non dubitantes ibi nos optime esse et cumulatissime fructum facturos, ubi nos constituerit Pater.

Quod tertium Christus ex Bethsaida discipulum vocat [cf. Io 1,44] iterum monet quam delectetur humilibus. Quod vero ille continuo vocat Nathanaëlem, exemplum est [q17]fidei in salutem aliorum continuo [r17]sese explicantis[q17] [r17]. Animadvertenda deinde [337]et utilitas Scripturae est in qua *Israëlita sine dolo* [Io 1,47] versatus, expectatione Christi ad omnem pietatem fuit apparatus.

⟨Non temere reiiciendum quod doctrinae Dei nomine offertur⟩ Circa illud vero quod inter se Philippus et Nathanaël collocuti sunt, diligenter observandum ut se habeant, ad incognitam adhuc veritatem, veritatis synceriter studiosi. Scriptura habebat Nathanaël *Christum Filium Dei prodiUturum ex Bethlehem* [Mi 5,2]. Philippus autem nuntiaverat eum *filium Ioseph ex Nazareth* [Io 1,45]. Quod ergo evangelio Philippi adversari videbatur, Nathanaël simpliciter obiecit. Cumque Philippus[s17] nodum dissolvere non posset et *invitaret ad videndum* [Io 1,46], tantum valuit apud Nathanaëlem veritatis studium ut illico Philippum[t17] ad Iesum sequeretur, quamlibet cum Scriptura pugnare viderétur quod Philippus nuntiaverat.

[g17]–[g17] super baptizatum AB. – [h17] *add.* legimus AB. – [i17]–[i17] tametsi AB. – [j17] *add.* illud AB. – [k17]–[k17] *om.* AB. – [l17] cuncta AB. – [m17]–[m17] *om.* AB. – [n17] *add.* Dominus AB. – [o17]–[o17] *om.* AB. – [p17] eius AB. – [q17]–[q17] serpentis in salutem aliorum fidei A. – [r17]–[r17] serpentis B. – [s17] ille AB. – [t17] eum AB. –

[335] Adv: ErP 1524 ad loc., LB 7, 514 (there: examples of prediction being borne out).
[336]–[336] Ap: ErP 1524 ad loc., LB 7, 512 (*i*).
[337] Cf. supra ad n. (329).

Hinc datum illi fuit ut [338]mox ita Dominum agnosceret, ut omnis semel dubitatio evanesceret. Sic et nos faciamus: si quid nuntiatur salutare, si quid doctrinae Dei nomine offertur, etiamsi id cum Scriptura prima facie pugnare videtur, non illico resiliamus.

Pugnat saepe in speciem quod in re non pugnat. Proponitur etiam plerumque veritas alieno velata ornatu, uti hic *Philippus Iesum filium Ioseph praedicabat* qui erat Dei et *natum Nazareth* [Io 1,45] qui editus erat Bethlehem. [u17]Quod si perseveres veritatem inquirere, illa tandem sese offeret intuendam ornatu suo. Itaque, si quando nostris non queat illico obiectionibus satisfieri, ne sic tamen damnemus quod oblatum est ut ampliorem veritatis vestigationem repudiemus[u17], veniamus et nos et videamus [cf. Io 1,46], hoc est oblatam veritatem interius consideremus, invocato Spiritu Christi. Quid indignius enim homine Christiano quam reiicere doctrinam Christi? At citius quam quisquam putet hoc feceris, si non omnia diligentissime excusseris. Diligentes et *meditantes in Lege* sua die noctuque [Ps 1,2] requirit Deus. *Veni* ergo *et vide* [Io 1,46] et vide attente ne pro [339]*filio Ioseph* [Io 1,45] reiicias, qui est *Filius Dei* [Io 1,40] et Salvator tuus. [611] Et perpende quantam obiectionem contra Philippum hic Nathanaël habuerit et quam mutus ille ad eum fuerit. Adhuc tamen nequaquam tam laetum hic nuntium contempsit.

[v17]Praeterea mirari quis possit cur Dominus tam eximie laudatum a se Nathanaëlem et tam egregie confitentem, non fecerit unum ex duodecim. In hoc discendum [340]ut non sit vel pietas, vel foelicitas metienda ab officiis. Vita iusti fides est. Quam qui consummatiorem habet, is beatior est, etiam si ad nihil eximium illo Deus in ecclesia utatur. Manus operosior est in externis quam cor sit, nihilominus praestat tamen manui cor. Sic invenias qui in enarrandis Scripturis, in exhortandis fratribus, minimum valeant, *fide* tamen *et dilectione* [1 Tim 2,15], hoc est ipsa pietate, omnes antecel-

---

[u17]–[u17] Si etiam unus et alter obiectionibus nostris nequeant satisfacere, ne sic tamen damnemus quod oblatum est A. Sic si et nostris non queat ilico obiectionibus satisfieri, ne sic tamen damnemus quod oblatum est B. – [v17] *add.* □ Ex fide, non officiis metienda Christianorum dignitas AB. –

[338] Ap: Aquinas, *In Ioh.* ad loc., *Piana* 14:2, 15r. col. B. (*i*).
[339] Adv: Denck and Kautz. Cf. *Getrewe Warnung* ad art. 6, BDS 2, 248–249 (there: Bucer objects to Anabaptists' appellation of Christ "Jesus Christus von Nazareth").
[340]–[340] Nathanael not chosen as disciple because he was learned ap: Augustine, *In Ioh.* tract. 7 ad loc., MPL 35, 1445–1446, CCL 36, 76–77 (taken up by: Aquinas, *In Ioh.* ad loc., *Piana* 14:2, 15v. col. B; *Catena* ad loc., *Guarienti* 2, 356 col. B). – Nathanael as exemplifying faith ap: ErP 1524 ad loc., LB 7, 513 (*i*: but there: problem of discipleship not raised) – Bucer's exegesis here adv: e.g. Eck, *Enchiridion*, cap. 2, CC 34, 46–47 (there: priestly office endowed with particular dignity). For priesthood of all believers cf. Luther, *Freiheit* 1520, WA 7, 28; Bucer, *Summary* 1523, BDS 1, 83–86; *Evang. Predicanten anr.* 1524, BDS 1, 364. Cf. further Van't Spijker, *Ambten*, 28–32, 76–82.

lant. Quid eiuscemodi obest quod non sunt prophetae, aut apostoli, cum beati sint *filii Dei* [Rm 8,14]? Satis igitur sit cuique in corpore Christi esse, Spiritu eius vivere [cf. Rm 8,14], quemcumque demum locum obtineat, quemcumque actum habeat[340]. Postremo notandum ministerium angelorum [cf. Io 1,51] omnibus qui in Domino confidunt, cum Christo esse commune, iuxta Psalmum nonagesimum primum [11]: *Angelis suis mandavit de te* [Ps 90,11] etc. [w17]et Psal. 34[8]: *Angeli ceu vallo circundant eos qui timent Dominum*[w17] [Ps 33,8].

[w17–w17] *om.* AB. –

CAPUT 2

⟨Sectio 1 [1–11]⟩ *Et die tertia nuptiae* *ᵃ* *¹factae suntᵃ in Cana Galilaeae et erat mater Iesu ibi. Vocatus est autem et Iesus ac discipuli eius ad nuptias. Et ubi defecisset vinum, dicit mater Iesu ad eum: vinum non habent. Dicit ei Iesus: quid mihi tecum est mulier? Nondum venit hora mea. Dicit mater eius ministris: quodcunque dixerit vobis, facite. Erant autem ibi lapideae hidriae sex positae secundum purificationem Iudaeorum, capientes singulae metretas binas aut ternas. Dicit eis Iesus: implete hydrias aqua. Et impleverunt eas usque ad summum. Et dicit eis: infundite nuc et ²date architriclino, et tulerunt. Postquam autem gustasset architriclinus aquam in vinum ³factamᵇ, neque sciret unde esset, sed ministri sciebant qui hauserant aquam, vocat sponsumᶜ et dicit ei: omnis homo primo loco bonum vinum ponit et cum inebriati fuerint, tunc id quod deterius est. Tu servasti bonum vinum usque ad hoc tempus. Hoc edidit initium signorum Iesus in Cana Galilaeae et manifestavit gloriam suam, et crediderunt in eum discipuli eius.*

⟨Sectio 2 [12–22]⟩ *Post haec descendit Capernaum ipse et mater eius et fratres eius et discipuli eius et ibi manserunt non multis diebus. Et in propinquo erat Pascha Iudaeorum et ascendit Iesus Hierosolymam et reperit in templo eos qui vendebant boves et oves et columbas, et numularios sedentes. Et cum fecisset flagellum e funiculis, omnes eiecit templo, oves simul ac boves, et numulariorum effudit aes mensasque subvertit. Et his qui columbas vendebant, dixit: auferte ista hinc, nec facite domum Patris mei domum mercatus. Recordati vero sunt discipuli eius quod scriptum est: zelus domus tuae exedit me. Responderunt ergo Iudaei et dixerunt ei: quod signum ostendis nobis quod ista facias? Respondit Iesus et dixit eis: destruite templum hoc et in tribus diebus erigam illud. Dixerunt ergo Iudaei: quadraginta et sex annis extructum est templum hoc et tu tribus diebus eriges illud? At ille dicebat de templo corporis sui. Cum ergo resurrexisset e mortuis, recordati sunt discipuli eius quod hoc dixisset eis et crediderunt Scripturae et sermoni quem dixerat Iesus.*

⟨Sectio 3 [23–25]⟩ *Cum autem esset Hierosolymis in Pascha in die festo, multi crediderunt in* [612] *nomen eius, videntes signa eius quae edebat. Ipse autem Iesus non credebat semetipsum eis eo quod nosset omnes, nec opus haberet ut quisquam testaretur de homine. Ipse enim sciebat quid esset in homine.*

ᵃ⁻ᵃ ¹fiebant B. – *ᵇ* ³versam BD. – *ᶜ add.* architriclinus D. –

¹ Er 1527: fiebant. Here ap: Vg (*t*).
² Er 1527: ferte.
³ Er 1527: versam.

ENARRATIO SECTIONIS I [1–11]

Tertia die nuptiae factae sunt etc. [Io 2,1]. Apertior historia est quam ut paraphrasin requirat.

Annotationes

Tertia die intellige: [4]postquam in Galilaeam Christus venerat. *Mater Iesu erat illic* [Io 2,1]. Id coniecturam facit non fuisse cum Domino matrem in Iudaea, deinde et [5]familiarem fuisse iis quorum erant nuptiae. [6]Ioannem tamen affirmare fuisse hunc sponsum frivolum est. Quod mater filium monuit deesse vinum [Io 2,3], [7]dilectioni et humanitati eius tribuere malo quam[d] [8]inanis studio gloriae, quasi cupiverit intempestive ex filii miraculis clarescere. Quod autem Christus hic et alibi [cf. Io 19,26] matrem suam, non matrem, sed *mulierem* [Io 2,4] appellavit et hic nihil voluit sibi et illi commune agnoscere, dicens: *Quid mihi et tibi mulier* [Io 2,4], ab [9]omnibus pridem receptum est ideo fecisse eum ut declararet se alium et maiorem esse quam [e]filium Mariae qui esse credebatur[e]. In hoc enim venerat, in hoc omnia dicebat et gerebat ut, quem nemo filium Mariae et hominem dubitabat, electi etiam Filium Dei agnoscerent a quo salutem sperarent. Talem igitur se gessit et ideo matrem carnis hactenus non agnovit; ceterum tamen nihil quod filii esset erga illam omisit.

Quod dixerit vobis facite [Io 2,5]. [10]Fidei hoc erat quae non dubitabat Dominum[f] inopiae indicatae[g] succursurum. Sic sane sentire solet fides [h]adfore opem Domini[h] quando exoravit, [i]etiam si nondum ea appareat[i] [cf. Hbr 11,1][10]. Motus siquidem est Spiritus Dei oratio[j], unde mentem Dei [k]in ea homo[k] praesentiscere facile potest.

---

[d] *add.* ut quidam AB. – [e-e] credebatur filius Mariae AB. – [f] *om.* AB. – [g] *add.* Dominum AB. – [h-h] *om.* AB. – [i-i] *om.* AB. – [j] *om.* AB. – [k-k] *om.* AB. –

[4] Ap: ErP 1524 ad loc., LB 7, 514 (*ip*).

[5] Ap: Aquinas, *In Ioh.* ad loc., *Piana* 14 : 2, 16r. col. A; ErP 1524 ad loc., LB 7, 514 (*i*).

[6] Adv: Jerome, *Prologus in Ioh.* Cf. Albert, *In Ioh.* ad loc., *Opera* 24,13; Lyra ad loc.

[7] Ap: Cyril, *In Ioh.* ad loc., MPG 73, 225; Aquinas, *In Ioh.* ad loc., *Piana* 14 : 2, 16r. col. B (*i*).

[8] Adv: Chrysostom, *In Ioh.* hom. 21, MPG 59, 130 cited ap: Brenz, *In Ioh.* 1528 ad loc., 29v.

[9] Ap: e.g. Augustine, *In Ioh.* tract. 8, MPL 35, 1455, CCL 36, 89; *De fide et symbolo* 4,9, MPL 40, 186 (in: Aquinas, *Catena* ad loc., *Guarienti* 2, 358); *Glossa ord.* [*int.*]; Lyra ad loc.; Chrysostom, *In Ioh.* hom. 21, MPG 59, 130–131 (in: Aquinas, *Catena, ibid.*); Aquinas, *In Ioh.* ad loc., *Piana* 14 : 2, 16v. col. A; ErP 1524 ad loc., LB 7, 514–515; Brenz, *In Ioh.* 1528 ad loc., 30v. (*i*).

[10-10] Ap: Brenz, *In Ioh.* 1528 ad loc., 32r.–v. (*ipe*). Cf. also Aquinas, *In Ioh.* ad loc., *Piana* 14 : 2, 16v. col. A.

Erant vero illic hydriae lapideae sex [Io 2,6] etc. [11]Marci 5 [!] [7,3f.] legimus Iudaeis morem fuisse[l], nisi ante manibus fonte ablutis, non capere cibum et reversos a foro solitos antea tingi crebro et vasa abluere[11]. In hunc ergo usum aderant *sex* istae *hydriae, capientes duas aut tres* [12]*metretas* [Io 2,6]. *Metreta* et cadus eadem mensura est, capiens [13]congios decem et [14]sextarios saxaginta. Quae mensura superat fere congio eam quae Argentorati [15]eyn om vulgo dicitur, quarum vigintiquatuor conficiunt plaustrum quod vocant, id est: quantum plaustro commode vehitur[15], quanquam modo soleant fere supra triginta omas[m] plaustro vehi. De *metreta*, si libet, lege [16]Budaeum libro 5 De asse. Volui hoc annotare ut videremus [17]quam largum fuerit Domini beneficium. Ostenduntur enim, variis in delubris, portabiles hydriae, quasi ex his sex fuerint quae vix congium capiunt, taceo metretam unam. Ubi enim e medio cesserat veritas evangelii, nihil fuit tam absurdum quod non sit vulgo persuasum. Cum [n]enim tantum aquae[n] quantum *sex* istae *hydriae* [Io 2,6] *ad summum plene* [Io 2,7] capere potuerunt, in vinum Domini virtute mutatum[o] fuerit, constat [p]supra dimidiatum[p] plaustrum vini his nuptiis Dominum donasse.

Quod vero hydrias implere aqua Dominus ministros iussit, inde haurire et ferre praefecto nuptiarum, quod voluit [q]*architriclinum, miraculi*[q] *ignorantem*[r]*, sponsum vocare et de vino tam bono cum eo disputare* [Io 2,7–10], omnia haec huc instituta fuere [18]ut virtus sua commodum innotesceret et sibi, ut Servatori, fides haberetur [Io 2,11]. In omnibus enim salutem hominum et non suam *gloriam* [cf. Io 2,11] spectavit.

---

[l] *add.* ut AB. – [m] omen A. omae B. – [n-n] aqua A. – [o] mutata A. – [p-p] paulo minus quam AB. – [q-q] *om.* AB. – [r] *add.* hunc AB. –

[11-11] Ap: Aquinas, *In Ioh.* ad loc., *Piana* 14 : 2, 16v. col. A (*ip*: there also ref. to Mc 7). Cf. Aquinas, *Catena* ad loc., *Guarienti* 2, 359 (Alcuin) and ErP 1524 ad loc., LB 7, 515.

[12] Μετρητης: Athenian liquid measure = approx. 39.4–39.9 litres. Cf. *von Alberti*, 41 and Melanchthon, *Nomina mensurarum* 1529, CR 20, 419.

[13] Congius: Roman liquid measure = approx. 3.28 litres. Cf. *von Alberti*, 46 and Melanchthon, *Nomina mensurarum* 1529, CR 20, 419.

[14] Sextarius: Roman liquid measure, approx. one sixth of a congius i.e. ca. 0.547 litres. Cf. *von Alberti*, 46 and Melanchthon, *Nomina mensurarum* 1529, CR 20, 419.

[15-15] Ohm (Eim): German liquid measure. For etymology cf. Grimm, *Wörterbuch* ad loc. Amount of liquid represented by an ohm varied acc. region. Cf. *von Alberti*, 56, 318–319 and Melanchthon, *Nomina mensurarum* 1529, CR 20, 419 (there: one "eym" = approx. one metreta). – A Strasbourg ohm, acc. Bucer, = slightly less than one metreta, viz. approx. 36 litres. Cf. Brenz, *In Ioh.* 1528 ad loc., 32v. (*ip* and cf. infra n. (16): there: defines metreta as here but specifies it has no exact contemp. equivalent; thinks it probably = one "omma"). – For plaustrum (Wagen = approx. 10 m[3]) cf. *von Alberti*, 308.

[16] Budé, *De asse* 1527, lib. 5, 137v. (there: metreta = cadus = 10 congii = 60 sextarii; *ip* here). – Also cited ap: Brenz, *In Ioh.* 1528 ad loc., 32v.

[17] Ap: ErP 1524 ad loc., LB 7, 515 (*i*).

[18] Ap: Augustine, *In Ioh.* tract. 9 ad loc., MPL 35, 1458, CCL 36, 91 (*i*). Cf. also ErP 1524 ad loc., LB 7, 515.

Observationes

Perpendendum probe [19]quam alia*s* mens Domino ac matri eius sanctissimae fuerit*t* quam*u* hodie Anabaptistis et, paulo ante, fuerit monachis. Honestas et praeclaras nuptias habuerunt, ut sunt. *Et cubile eorum* qui in Domino conveniunt, agnoverunt *immaculatum*, Heb. 13[4]. Modestam etiam hilaritatem et frugale convivium non fuere aversati. Et, quod mireris, sobrietatis autor tantum vini convivis – inter quos indubie fuere qui largius quam necessitas posceret, biberunt – donavit – et quidem optimum quale ante in eo quidem convivio non gustaverant. Biberant enim*v* convivae; reliquam sitim facile iam*w* aqua extinxissent, et si omnino vinum illis voluisset donare, potuisset donare et minus et vilius. Gloriam suam alia*x* graviori in re *y*aeque potuit*y* declarare. Multis aliis ad necessitatem [613] vinum deerat et his suppeditavit ut*z* superesset. Catabaptistae indubie, si tum adfuissent*a1*, graviter Dominum increpuissent, si non etiam excommunicassent.

⟨Hilaritatem moderatam non damnandam⟩ Sed qui Deum vere times et absque fuco Christum amplexus es, mitte istos superciliosos beneficiorum Dei contemptores, scito omnem Dei creaturam bonam, modo cum gratiarum actione illa utaris. Luxum vita, temperatam hilaritatem ne damnato, condi autem illam, ubi adfueris, sermonibus ad fidei aedificationem facientibus. *Laetari olim populum suum et epulari coram se Dominus*b1 *voluit* 5 Mosch. 16[10–11]. Idem Deus et nobis est et sui similis est; tantum quod tum praecepit ut *Levitarum, *c1*hoc est eorum*c1 qui spiritualia disseminant, *peregrinorum, pupillorum et viduarum*, hoc est omnium gentium*d1*, ratio haberetur ne praetereas [Dt 14,29]. Erit, cum Dominus et *ieiunandi* et *lugendi* occasionem dabit [cf. Mt 9,15] tum et in iis *ministrum Dei te exhibeas* [2 Cor 6,4]. Lege 5 Mosch. 14[29] et 16[10–11], Luc. 14[12–13], 2 Corinth. 6[4], Ephesiis 5[18][19].

Caeterum in *matre indicante vini inopiam* [Io 2,3] exemplum est, cum officiosae dilectionis aliena incommoda sua ducentis, tum fidei multa spe, sed verbis paucis orantis. Noverat mater nihil minus ferre posse filium quam suorum inopiam, etiam corporalem. Quare satis habuit, tantum verbo inopiae convivarum admonuisse. Sic se habet omnis animus ex fide orans.

---

s add. fuerit AB. – *t om.* AB. – *u add.* sit AB. – *v* iam A. – *w om.* A. – *x add.* et AB. – *y-y* nihilominus potuisset AB. – *z* quod AB. – *a1* fuissent A. – *b1 om.* AB. – *c1-c1 om.* A. – *d1* egentium A. –

[19-19] Adv: e.g. Sattler, 1526–27. See Täuferakten 7, no. 70, 69. Cf. *Schleith. Conf.* art. 4 in: Jenny, *Täuferbekenntnis*, SBVG 28, 12–13 and Zwingli, *Elenchus*, CR 93, 120–121.

In Christo vero matri durius respondente et *nondum venisse horam suam* [Io 2,4] caussante, exemplum est, in negotio Dei, [20]carnis affectus [cf. 2 Cor 1,12] ablegandi et diligenter in omnibus opportunitatem a Patre decretam observandi [cf. Ecl 8,6].

Vini inopia, tanta copia et quidem praestantioris commutata [Io 2,3–9], monet adeo [21]nihil posse deesse habentibus penes se Christum [cf. Ps 33,10], ut si quid etiam ad tempus videatur deesse, mox benignitate eius redundet. Quid enim boni desiderent possidentes$^{e^1}$ fontem bonorum$^{f^1}$ [cf. Is 12,3]?

Ex eo, quod hoc miraculo quo Christus *gloriam suam*, id est divinam potentiam, salutem hominum ubique curantem, *manifestavit, discipuli* adducti sunt ut *crederent in eum* [Io 2,11] – in sententia, scilicet, quam de eo conceperant confirmati$^{g^1}$, Christum esse eum credentes – apparet ad quid [22]vera miracula faciant. Ut enim miracula$^{h^1}$ rarae quaedam divinae virtutis declarationes sunt, ita [23]animos electorum attrahunt [cf. Io 6,44] ut illam agnoscant eique sese dedant. Reprobis vero excusationem adimunt[23] [cf. Io 15,22] et *fulgore suo penitus excaecant* [2 Cor 4,4] ac etiam in furorem agunt; id quod Pharisaeis usu venisse ex miraculis Christi Evangelistarum literae testantur. [24]Falsa miracula ad suspicienda commenta Satanae abducunt, qualia fuere quae de divis et eorum reliquiis et statuis, impostores iam multis annis apud vulgum iactarunt.

⟨Contra allegorias⟩ $^{i^1}$Texuntur ex his [25]allegoriae$^{i^1}$, sed nihil, tam Christus quam Evangelista allegoricōs in his dixit. Historia aperta est qua memoratur ut Christus potentiam suam exercuit$^{j^1}$ et *credere sibi discipulos suos* [Io 2,11] fecit$^{k^1}$. Utinam haec et nos ita legere et capere possimus ut, agnoscentes Christi gloriam, Servatorem nostrum ipsum agnoscamus qui, ut his convivis non est passus deesse vinum, ita et nobis nihil patietur

---

$^{e^1}$ *om.* AB. – $^{f^1}$ *add.* possidentes AB. – $^{g^1}$ *add.* et A. – $^{h^1}$ *om.* AB. – $^{i^1-i^1}$ Texunt ex his alii miras allegorias AB. – $^{j^1}$ exercuerit AB. – $^{k^1}$ fecerit AB. –

[20] Ap: Melanchthon, *In Ioh.* 1523 ad loc., CR 14, 1077 (*ip*); Brenz, *In Ioh.* 1528 ad loc., 30v. (*i*).

[21] Ap: Cyril, *In Ioh.* ad loc., MPG 73, 229 (*i*). Here perhaps adv: Brenz, *In Ioh.* 1528 ad loc., 32r. (there: Christ helps the poor and needy above anyone else).

[22] Ap: Aquinas, *S. Th.* 3a q. 43 a. 3, *Caramello* 3, 242 (*i*: miracles as manifestations of divine power).

[23–23] Ap: Aquinas, *S. Th.* 3a q. 43 a. 1 (Chrysostom), *Caramello* 3, 241 (*i*).

[24] The same distinction between true and false miracles ap: Lambert, *De excaecatione*, tract. 5, cap. 12, 90r.–92v. (*ipa*). As against this extreme view cf. Luther, *Sermon von den Heiltumen*, WA 10 : 3, 334 (relics etc. merely a "seductio populi"); Zwingli, *Handlung der Versammlung*, CR 88, 539–540 (cult of saints detracts from faith in Christ as sole Saviour).

[25] Most commentators. Cf. notably Cyril, *In Ioh.* ad loc., MPG 73, 228–229; Augustine, *In Ioh.* tract. 9 ad loc., MPL 35, 1458–1466, CCL 36, 90–100; Aquinas, *In Ioh.* ad loc., *Piana* 14 : 2, 16v. col. B; *Glossa ord.* [*marg.*]; Melanchthon, *In Ioh.* 1523, CR 14, 1078–1079. Literal interpretation ap: Chrysostom, *In Ioh.* hom. 21–22 ad loc., MPG 59, 129–133; Lyra ad loc.; ErP 1524 ad loc., LB 7, 514–516; Brenz, *In Ioh.* 1528 ad loc., 27v.–33v.

deesse quod saluti sit; praecipue autem bona spiritualia! Haec certa sunt et a Spiritu Dei nobis tradita. Allegorica illa commenta incerta sunt et conficta ab hominibus.

Solet hic tractari locus communis, [26]coniugium: quid sit, quibus competat, quo pacto denique dissolvatur. De his fuse disserui in 19 Matth. [1–15]. Summa est: *Non est bonum homini esse soli* [!] [Gn 2,18]. Quem ergo alio non vocaverit Dominus, illi in coniugio vivendum est et *ita ut unum vivat cum coniuge* [Gn 2,24] hominem, idque perpetuo [cf. Mt 19,6], *nisi aliud vel immitat Dominus, vel culpa requirat coniugis* [Mt 19,9][26].

ENARRATIO SECTIONIS II [12–22]

Posthaec descendit Capernaum [Io 2,12]. Et haec historia clara est, neque paraphrasi habet opus.

Annotationes

Ut prophetae, ita et Christus in celebrioribus urbibus fere docuit ut commodius doctrina Dei spargeretur et ibi potissimum virtus Dei declaretur[n] ad salvan[614]dum [cf. Rm 1,16], ubi praecipue viguisset vis Satanae ad perdendum. Caeterum de habitatione Domini [27]Capernaum – quod oppidum inter Galilaeae oppida, praesertim eius quae Iesu patria erat, in qua in praesens versari ex Patris voluntate volebat, frequentius et insignius erat – Matth. 4[13] et Luc. 4[31] plura legimus.

[28]*Et prope erat Pascha* [Io 2,13]. Lex in omnibus adhuc vigebat[28]: ad locum igitur tabernaculi ex Lege Dominus concessit, *alibi enim non licebat celebrari Pascha*, 5 Mos. 16[5–7].

Reperit in templo vendentes boves et oves etc. [Io 2,14]. Hunc mercatum ex avaritia quidem Iudaei instituerant, praetextum tamen aliquem ex Lege habebant. Nam 5 Mos. 14[24–25] legimus mandatum ut *qui longius a templo habitarent sua dona domi venderent, alia ea pecunia empturi in loco Domini*. His ergo inservire, quo commodius invenirent quod offerrent, videri volebant isti quos Dominus templo eiecit *venditores et numularii* [Io 2,15].

---

[n] declararetur D. –

[26–26] Esp. Brenz, *In Ioh.* 1528 ad loc., 27v.–29v. Cf. BEv 1527 ad Mt 19[1–15], 217r.–231r. For general account of Bucer's views on marriage cf. Wendel, *Mariage*, 45–51. For details of Strasbourg marriage service after 1525 cf. *Van de Poll* 50–52, *Hubert* 1–10.

[27] Cf. BEv 1527 ad Mt 4[13], 104v.–105v. Size and importance of Capernaum also ap: Lyra ad loc.; Ludulphus, *Vita* lib. 1, cap. 26, *Rigollot* 1, 227.

[28–28] Ap: Aquinas, *In Ioh.* ad loc., *Piana* 14 : 2, 17v. col. A (*i*); Lyra ad loc. (*i*).

Cum fecisset flagellum ex funiculis [Io 2,15]. Matt. 21[12], Mar. 11[15] et Lucae 19[45] simile legitur Dominum designasse *postridie* quam *insidens asino Hierosolyma fuisset cum ingenti populi applausu ingressus* [Mt 21,5–8. 12]. In Matthaeum [21,12] quaedam in hoc [29]annotavi et locum ex Iesa. 56[7] adductum, exposui. Hic caussam cur expelleret eos hanc reddidit [30](simile enim et non idem factum a Ioanne hic narrari existimo) quod *dedeceret Patris domum facere domum mercatus* [Io 2,16]. Patri enim dicata erat ut in [31]ea populus conveniret, percepturus Legem eius, *[m1]confirmationem fidei in promissiones eius* [cf. Gal 3,14] *et gratias ei pro beneficiis[m1]* [cf. 1 Tim 4,4], denique necessaria ab eo oraturus. Illi autem quos eiiciebat, ad lucrum et quaestum abuti ea coeperant, licet praetexerent sacrificiorum commoditatem quam mercatu suo videri volebant peregrinis adferre.

⟨*Zelus domus tuae*⟩ *Recordati vero sunt discipuli eius* etc. [Io 2,17]. *Post resurrectionem* scilicet, cum, accepto Spiritu, *Scripturas intelligerent*, ut ipse Evangelista in sequentibus [Io 2,22] exponit. Locus vero hic Psal. 69[68,10] legitur. Queritur illic Vates *se propter Dominum tulisse opprobrium et obductam ignominia faciem suam, alienum factum se fratribus suis et extraneum filiis matris suae* [Ps 68,8–9]. His caussam unde ista sibi acciderint, hanc subiicit: [32]*Quoniam zelus domus tuae exedit[n1] me et opprobria eorum qui tibi opprobrati sunt, ceciderunt super me et flevi* [Ps 68,10]. Significare enim Propheta vult ex *studio Dei* [Rm 10,2] et *domus eius* [Io 2,17], id est cultus eius qui in domo Domini institutus erat, evenisse ut omnium etiam *domesticorum suorum* [Eph 2,19] odio flagraret et perferret quaecunque hostes Dei, acti a Satana contra verbum et institutum eius, ausi fuissent. Iam constat, ubi furere perditi istiusmodi contra Dominum coeperint, nihil esse opprobrii, nihil contumeliae, nihil violentiae quod zelantibus Dominum non inferant[32].

[m1]-[m1] et gratias ei pro beneficiis acturus AB. – [n1] commedit AB. –

[29] BEv 1527 ad Mt 21[12], 256r.–257v.

[30] Ap: BEv 1527 ad Mt 21[12], 256r.: An Iohannes autem cap. 2. idem vel simile memoret, non ausim pronuntiare; adeo incuriosos ordinis rerum a Domino gestarum Evangelistas video. Cf. Augustine, *De cons. Evang.* 2, 67, MPL 34, 1139–1140, CSEL 43, 231–232 (there: event related by John precedes that related by the other three); Ludulphus, *Vita* lib. 1, cap. 26, *Rigollot* 1, 228; Aquinas, *In Ioh.* ad loc., 18r. col. A (refers to Synoptic accounts but does not attempt to harmonise).

[31] Cf. BEv 1527 ad Mt 21[12], 257r. (there: explicit connexion between the Temple and the Church adv: Anabaptists. – Cf. e.g. *Nikolsburg Art.* Täuferakten 7, no. 116, 139). – Ap: Brenz, *In Ioh.* 1528 ad loc., 35v. (*i*) and cf. Lambert, *In Lc.* ad 19[45], Eelv: Fuit in Lege illud templum lapideum, post quod nullum invenimus institutum praeter et ipsam fidelium ecclesiam.

[32]-[32] Ap: Augustine, *In Ioh.* tract. 10 ad loc., MPL 35, 1468–1469, 1472, CCL 36, 102–103, 106 (*i*) and ap: Brenz, *In Ioh.* 1528 ad loc., 36r.–v. (*i*: but there also a justification of Christ's severity offered).

Id non solum hostes Christi Pharisaei et sacerdotes, sed et qui [33]hodie evangelio adversantur, satis declarant[o¹]. Cum itaque sicut nemo [34]ardentius pro gloria Patris zelatus unquam fuit quam Christus, ita nemo peius quoque acceptus est ab hostibus eius, iure *recordati discipuli* [Io 2,17] huius dicti fuere. Quod et nemo alius de se rectius dicere potuit, imo in quem unquam [p¹]plenius quadrarit[p¹] id: Spiritu Christi factum est. Huius enim quanto plus quisque accepit, tanto ferventius gloriae Dei studet malorumque invidia sese onerat et dicti huius ius sibi vendicat. Christus caput sanctorum [cf. Eph 1,22] est et *agit omnia in omnibus* [1 Cor 12,6]. Quare quicquid sanctis competit, ipsi in primis competit. Quaecunque denique laudes[q¹] in Scripturis tribuuntur, in Christo recte dicuntur completae. De his [r¹]supra in [35]Matthaeum [28,18] circa finem et[r¹] [36]infra in capite quinto [Io 5,17–47] plura.

⟨Quomodo *respondere* accipiatur apud Evangelistas⟩ *Responderunt ergo Iudaei* [Io 2,18]. Nota Evangelistas responsionem vocare quemlibet ad alios factum sermonem, etiam si nullus ab illis praecessit, ad quem referatur. Sic Luc. 14[3], cum Dominus, viso *hydropico, Legis peritos et Pharisaeos rogaret: num liceret sabbatho curare*, Evangelista praemisit: *Et respondens Iesus dixit* etc. [Lc 14,3]. Sic et in praesenti scribit Ioannes *Iudaeos respondisse*, cum nihil adhuc verborum ad eos fecisset Dominus et ipsi [Io 2,18] dialogismum inciperent. Unde videntur Evangelistae *respondendi* verbo pro ebraeo [37]עֲנָה[s¹] abusi [t¹]quod fere *respondere* significat, sed accipitur tamen plerunque pro: loqui, [615] sermonemve ordiri ad aliquem. Sic Iescha 14[10] וְיֹאמְרוּ יַעֲנוּ כֻלָּם hoc est: *Omnes incipient loqui et dicent,* Graeci ita reddiderunt [Is 14,10]: πάντες ἀποκριθήσονται καὶ ἐροῦσι, id est: *Omnes respondebunt et dicent.* Sic iam et Evangelistae verbo ἀποκρίνειν usi sunt interdum, etiam pro initio sermonis, non tantum pro eo quod ad alterius verba regeritur. Istuc observatum liberabit frustraneis quaestionibus quibus torquentur quidam, dum apud Evangelistas verbum *respondere* reperiunt, ubi tamen nihil praecessit ad quod responsio daretur, sicut in loco Lucae citato [Lc 14,3] ac aliis plerisque[t¹] [37].

[o¹] probant AB. – [p¹–p¹] quadravit AB. – [q¹] *add.* sanctis A. – [r¹–r¹] *om.* A. – [s¹] *add.* id est dixit A. – [t¹–t¹] *om.* A. –

[33] Ap: Lambert, *In Lc.* ad 19[45], Ee 2r.–v.; Brenz, *In Ioh.* 1528 ad loc., 35r.–v. (*i*).

[34] Ap: Augustine, *In Ioh.* tract. 10 ad loc., MPL 35, 1469, CCL 36, 102 (*i*).

[35] BEv 1527 ad Mt 28[18], 371r.–373v.

[36] Cf. infra *cap.* 5, *sect.* 2 ad nn. (56) – (65)–(65), (117)–(117) – (122)–(122).

[37–37] Cf. Münster, *Dict. hebr.* 1523, 338: עָנָה Chald. עֲנָא : respondit, exaudivit, testificatus est, asseruit. Taken in the sense of "dixerunt" by all commentators ad loc. – Here adv: Lyra ad Lc 14,3 and Aquinas, *Catena* ad Lc 14,3 (Bede), *Guarienti* 2, 204 (there: Jesus answering a question which was in *the minds* of the Pharisees).

⟨*Quod signum*⟩ *Quod signum ostendis nobis* [Io 2,18]. [38]*Signis* legationem suam Moscheh Israëlitis approbavit, 2 Moscheh 4[30]. Poscebant ergo et hi *signum* quo agnoscerent id [39]quod Dominus sibi arrogabat autoritatis, a Deo esse ei demandatum. Nec videbant miseri id ipsum quod tam humilis in oculis eorum tantam exerceret potestatem, [40]*signum* et miraculum esse plane stupendum. Nemo enim, quamlibet contempto ei *fabro et fabri filio* [Mt 13,55], ut illis habebatur, audebat obsistere, Matth. 22[46]. Cum secundo et[u1] hoc facinus designasset quod describunt [41]Matth. [21,23], Mar. [11,27] et Luc. [20,2]: *Interrogaverunt eum principes sacerdotum et scribae et seniores qua autoritate id faceret?* Quam quaestionem alia repulit de baptismo Ioannis[v1], [Mt 21,24–25]. Hic autem [w1]obiecit quod alibi[41] *signum Ionae* [Mt 12,39] vocat[w1], signum resurrectionis suae – signum sane quo electi agnoscunt *omnem potestatem Domino a Patre traditam* [Io 5,27]; quoque[x1] idem tandem agnoscent cum videbunt eum *sedentem a dextris virtutis et venientem in nubibus coeli* [Mt 26,64]. [42]*A mortuis* enim *in vitam* sua virtute *redire*[y1] [Mt 17,9] [z1]utique Deum esse[z1] convincit et eum cui parere debeant omnia[42].

[43]Haec autem non plane et apertis verbis, sed aenigmaticõs, obscuriore scilicet allegoria, Iudaeis respondit, dicens: *Solvite templum hoc* etc. [Io 2,19] *corpus suum intelligens.* Non enim rogaverant illi ut discerent, sed ut calumniarentur[43]. [44]Quare, cum obiicerent *templum quadraginta et sex annis aedificatum* [Io 2,20], nihil eis respondit. Poscebat enim gloria Dei ut facto et verbo viderent se a Domino contemni. [45]Cui, cum nihil possent contra mali inferre, quod maxime cupiebant, [a2]eo ipso[a2] signi satis habuerunt ad cognoscendam[b2] Dei in eo virtutem, sed alio acti a Satana, quod sentiebant sentire nolebant, quodque videbant non potuerunt agnoscere.

[u1] *om.* A. – [v1] Iohannis ABD. Ioannes [!] C. – [w1–w1] quod alibi signum Jonae vocat, eis obiecit AB. – [x1] sed et reprobi AB. – [y1] *add.* et vitam beatam AB. – [z1–z1] Deum esse utique AB. – [a2–a2] *om.* AB. – [b2] agnoscendam A. –

[38] Ap: Brenz, *In Ioh.* 1528 ad loc., 36v.: Zelatus est et Mose sed sui zeli signa habuit. Cf. also Aquinas, *In Ioh.* ad loc., *Piana* 14 : 2, 18r. col. B (*i*).

[39] Ap: ErP 1524 ad loc., LB 7, 517 (*ip*).

[40] Ap: Chrysostom, *In Ioh.* hom. 24 ad loc., MPG 59, 143–144 (in: Aquinas, *Catena* ad loc., *Guarienti* 2, 364) (*i*).

[41–41] Ap: Aquinas, *In Ioh.* ad loc., *Piana* 14 : 2, 18r. col. B (*i*: there also reference to Mt 21,23 and idea that Christ would not give an obvious sign).

[42–42] Ap: ErP 1524 ad loc., LB 7, 518 (*i*).

[43–43] Cf. supra n. (41)–(41). Also ap: ErP 1524 ad loc., LB 7, 517–518 (*ip*).

[44] Ap: ErP 1524 ad loc., LB 7, 518: Ad eam obiectionem [Io 2,20] non respondit Dominus Iesus.

[45] Ap: Galatinus, *De arc. cath. ver.*, lib. 9, cap. 9, 256r. (*i*: Jews predestined to be reprobate); Porchetus, *Victorie*, lib. 1, cap. 11,30r.–v. (*i*: Jews' very insistence on visible signs a sign of their damnation). Cf. also Spina, *Fortalicium*, lib. 3, iv B.: *De Iudaeorum caecitate.* Cf. infra ad nn. (54), (56).

Praeterea [46]dictum Domini, etsi in praesens neque a discipulis quidem intelligeretur, *fructum* tamen *suum*, sed suo tempore *attulit* [Ioel 2,22], cum, scilicet dato Spiritu, intellectum fuit [cf. Io 2,22]. Et ex eo enim quod resurrectionem suam hic Christus praedixit [Io 2,20] et [c2]tam gloriose resurrexit ut praedixerit[c2], fides in eum ut unicum omnium Dominum et Salvatorem non solum discipulis qui haec audierunt, roborata fuit[46], sed[d2] omnibus qui postea eadem legerunt et audierunt.

[e2]Quanquam et hic et dum *signi Ionae* [Mt 12,39] meminisset, ad id virtutis suae miraculum respexerit quod Spiritu suo, cum mortuus fuisset et a mortuis resurrexisset, ad se omnia *traxit* [cf. Io 6,44]. Vere enim stupendum portentum erat [f2]et est hodie[f2]. Nulla vi impediri posse, quin homines certatim salutem ab eo petendam sibi ducant[g2] quem Iudaei[h2] dederant neci; regnumque eius quotidie invalescere quem Iudaei[i2] crucifixerant, [j2]nec uspiam[j2] videbant. Tum sane, si ullo pacto de Servatoris divinitate persuaderi Iudaei[k2] potuissent, abunde satis argumenti signorumque habuissent[e2]. [47]Caeterum quod Iudaei dixerunt: *Quadraginta sex annis templum fuisse aedificatum* [Io 2,20] convenit cum vaticinio Daniel 9[25] qui praedixit *septem hebdomadibus annorum*, id est 49, *plateam* et fossam Ierusalem *aedificandam*. Neque obstat quod Ezra et Nehemiah [1 Esr 6,15–16] brevius tempus videntur memorare[l2]. De consummata enim hac aedificatione Iudaei responderunt quae[m2] urbis quidem quadragesimo anno ab edicto Artaxersis Longimani (de reaedificanda Ierusalem et templo) cuius meminit Nehemiah, facta est, templi vero 46 [1 Esr 4,5]. His utique non pugnant historiae Ezra et Nehemiah, etiam si *dedicationem templi* [1 Esr 6,16] antea factam memorent: dedicarunt enim templum, quo cultus Dei institueretur, quam primum sacrificia in eo fieri potuerunt. In Matth. 24[14–15] plura de his[47].

[c2]-[c2] ex eo quod eam tam gloriose praestitit AB. – [d2] *add.* etiam AB. – [e2]-[e2] *om.* A. – [f2]-[f2] *om.* B. – [g2] ducerent B. – [h2] illi B. – [i2] ut B. – [j2]-[j2] ita esse nusquam B. – [k2] *om.* B. – [l2] describere A. – [m2] *add.* templi et A. –

[46]-[46] Ap: ErP 1524 ad loc., LB 7, 518 (*ip*) and cf. Aquinas, *Catena* ad loc. (Alcuin), *Guarienti* 2, 365.

[47]-[47] Cf. BEv 1527 ad Mt 24[14–15], 300r.ff. (there: the chronology ap: Galatinus, *De arc. cath. ver.* 1518). There, lib. 4, cap. 15, 125v.: *septem hebdomades* Dan. 9,25 should be counted from the day when Artaxerxes allows Nehemiah to rebuild the city of Jerusalem [2 Esr 2,1]. At that time the rebuilding of the Temple had already begun under Cyrus [1 Esr 1,3] but had been interrupted. The Temple acc. *De arc.* lib. 4, cap. 15, 126r.–v. was finally completed in the sixth year of Darius 2[1 Esr 6,15], that is 26 years after the edict of Artaxerxes – cf. *De arc.* lib. 4, cap. 16, 126v.–127v. This date Bucer takes to be that of the consecration of the Temple which would have taken place before the completion of rebuilding.

Ille vero dixit de templo corporis sui [Io 2,21]. [48]Nota hic quam incerta doceant qui singulis rebus populi veteris certa in regno Christi respondere, tanquam veritatem typis [616], contendunt et inde ex iis quae typis acciderunt, vaticinari volunt quae debeant accidere iis quae typi illi portenderunt. Templum Solomonicum figura illis est ecclesiae. Inde ex eo quod templo illi acciderunt[n2] [!], praedicunt quae debeant accidere ecclesiae. Hic autem videmus *Dominum* etiam *suum corpus*, in quo nimirum divinitas corporaliter habitat, *templum vocasse* [Io 2,21]. Similitudinem enim aliquam cum templo illo habet et similitudo spectanda est in omni translatione. Libenter tamen fateor: quae in cultu Dei praecepta sunt veteribus, fuisse ὑποδείγματα καὶ ἀντίτυπα, id est *exemplaria coelestium et verorum* (ut Epistola ad Heb. 9 [23–24] affirmat) *Legemque umbram habuisse futurorum bonorum*, ut 10 capite eadem Epistola adserit [Hbr 10,1]. Hinc tamen non sequitur ut singulis *caerimoniis et institutis* [Dt 6,1] populi veteris, apud nos singula respondeant sintque in illis deliniata quaecunque accidere debent nobis[48]. Sicut etiam non sequitur illa veteribus nihil aliud commodasse quam quod futura portenderint, de quo [49]supra in caput primum in sectione 7 in ἐκβάσει de baptismo.

[50]Sic res omnes habent, ut imperfectiora perfectorum[o2] sui generis umbram quandam contineant et significationem. Sic domus umbram habet civitatis et civitas regni. Sic herba fruticis, frutex arboris. Sed et spiritualium rerum significationem habent nonnullam corporalia. Notiora enim nos manuducunt in cognitionem eorum quae non ita nota sunt et cum notis tamen affinitatem aliquam habent[50]. Sic ergo imperfectus et corporalis cultus Dei, veteribus praeceptus, [p2]*umbram* [Hbr 10,1] et significationem habuit[p2] perfectioris et spiritualis qualem nos habemus, [q2]sed quo nec illi pro sua portione destituti fuerunt[q2]. [r2]Ita vero[r2] et noster, cum[s2] nondum plene perfectus et spiritualis sit[t2], umbram obtinet plene perfecti et spiritualis, nempe coelestis quem expectamus. Interim tamen non oportet in singulis observationibus, tam veterum quam nostris, singulas signifi-

---

[n2] *corr.* accidit D. – [o2] *corr.* perfectiorum D. – [p2–p2] umbram habuit et significationem D. – [q2–q2] *om.* AB. – [r2–r2] Sicut AB. Idcirco D. – [s2] *om.* AB. – [t2] *om.* AB. –

[48–48] Probably adv: Bugenhagen, *Annotationes*, 306 ad Hb 9,23ff.: Iccirco quae illic erant visibilia, significabant invisibilia; lucernae, lumen verbi Dei; mensa, sacra Scriptura; panes, cibus verbi … Cf. also Lefèvre d'Etaples, *Pauli epist.* 1512 ad Hb 9,23ff., 247r.–248r. and cap. 3, ad n. (119)–(119), (141).

[49] Cf. supra *cap.* 1, *sect.* 7 ad nn. (229)–(251) (there: adv: Borrhaus, *De operibus*).

[50–50] Ap: Ficino, *Comment. in De div. nom.* in: *Opera* 1641, 2, 73A: [Clemens Philosophus] secretiores Hebraeos et Platonicos imitatus existimavisse videtur ita inferiora superiorum quasi quaedam exemplaria esse … (*i*). (For 1501 ed. of Ficino in Bucer's hands in 1518 cf. B Cor 1, nos. 2–4, 45, 50); Aquinas, *Contra Gentes* 2, 68, Leonina 13, 440 col. B – 441 col. A (*i* here for corporeal things as foreshadowing things spiritual) – Cf. Ps.-Dionysius, *De div. nom.* 7, MPG 3, 869–871 and generally *Lovejoy*, 62–81.

cationes requirere *u2*vitae insequentis et perfectioris*u2*. [51]Habet quilibet status etiam sua propria, et veteribus multa praecepta fuere in hoc maxime ut, quandoquidem caro caerimoniis carere non potest*v2*, occuparentur iis quae Deus praecepisset ne vel sibiipsis fingerent proprias, vel a gentibus mutuarentur [cf. Dt 12,30] inventas a daemonibus [cf. 1 Tim 4,1]. Sic enim adsuefiebant voci parere Domini et in timore eius [cf. Rm 8,15] versari[51].

⟨Ordo operum Dei⟩ *Cum ergo resurrexisset a mortuis* [Io 2,22]. Nota ut certis temporibus omnia dispenset Deus. Regnum et gloria Christi est Spiritu suo electos illuminare et coelesti sapientia donare. *Quia ergo pati Christum ante oportuit* quam regnum et gloriam suam ingredi, Lucae 24[46], *Spiritus* etiam tam opulente *dari non potuit eo nondum glorificato*, infra [Io] 7 [39]. Rudiores igitur manserunt discipuli donec, mortuo et inde glorificato Christo, *Paracletus ipsis adveniret* [Io 16,7]; nihilominus *vitam aeternam iam fide possidebant* [Io 5,14]. Ita citra iacturam salutis est, si interdum quaedam ad tempus ignoremus, si modo *obsignati sumus Spiritu filiorum Dei* [Rm 8,15] et obtinet apud nos timor et fiducia Dei.

Et crediderunt Scripturae [Io 2,22] etc.: scilicet, iam intellectae. Et antea enim veram Scripturam non dubitabant, sed in Domino vere demum completam non ita agnoscebant.

Observationes

Primum circa id quod *Dominus Capernaum cum suis habitavit* [Io 2,12] observandum ut Dominus inter suos et in patria, donec alio a Patre extruderetur, humilis et obscurus degit. Sic et nobis nostrae vocationes non sordeant, neque nostros deseramus donec ab eis nos abstrahat Pater.

Quod *ad festum ascendit* [Io 2,13] monet ut nihil praeceptorum Dei, quamlibet minutum id sit [cf. Mt 5,18], nullumve morem publicum qui aliis conducat, etiam si nos eo non indigeamus, praetereamus. Contra faciunt [52]Catabaptistae qui, quod putant sibi non esse opus publicis concionibus, nullas invisunt et contemptas reddere conantur, *w2*quanquam etiam*w2* ipsis, *x2*non solum*x2* ecclesiae*y2* reliquae*z2*, *a3*pernecessariae sint*a3*.

In expulsione vendentium [Io 2,14] exemplum est [53]*zeli pro gloria Dei* [Io 2,17] quem tamen moderari oportet a Spiritu Dei. Sic enim succedit

---

u2–u2 om. AB. – *v2* add. ut AB. – *w2–w2* quae tamen si non A. – *x2–x2* om. A. – *y2* add. certe A. – *z2* add. etiam A. – *a3–a3* necessariae sunt A. –

[51–51] Ap: Aquinas, *S. Th.* 1a 2ae q. 101 a3, *Caramello* 1 : 2, 469 (*i*).
[52] Adv: e.g. *Nikolsburg Art.*, Täuferakten 7 no. 116, B1, 139.
[53–53] Ap: *Getrewe Warnung* ad art. 1–2, BDS 2, 238–240 (there adv: Denck and Kautz; *i* here); Brenz, *In Ioh.* 1528 ad loc., 36v. (*i*: there: stress on zeal "non cuiusvis spiritus" and "iuxta scientiam"). On Bucer's link between the ministry and the Holy Spirit cf. Van't Spijker, *Ambten*, 90–106.

quicquid tentaveris quanquam insolens [617] sit, quale erat praesens Domini facinus. Sine Spiritu nihil recte feceris, si etiam nihil insolens sit. *Agi oportet Spiritu Dei qui filii Dei sunt* [Rm 8,14], non sua duci ratione. Is, si in nobis obtinuerit et uret nos quod gloriam Dei obscurat, et commodum contra id, quicquid sit, incitabimur, ac ita armabimur ut omnia nobis cedere oporteat. Animadvertendum etiam in hoc facto quam invisa res Deo sit, sub praetextu cultus eius, nostra quaerere[53].

In eo quod Iudaei sentientes vim divinam et signum plusquam admirandum, [54]*signum* adhuc *postulant* [1 Cor 1,22], stupor et *caecitas* [Io 12,40] reproborum observari debet quibus nihil satis veritatem probare potest, etiam si tangant eam manibus. [55]Nati enim ex Diabolo [cf. Io 8,44], non possunt rebus Dei non adversari.

Quod responso suo Dominus magis stupentes illos reddidit [Io 2,20], animadvertendum est iustum *iudicium Domini* sic poscere *ut videntes non videant* [Io 9,39][55]. De quo [56]infra 9[39] plura. Unde, si in sermone sanctorum tales offendantur, animadvertendum ita semper solere Spiritum Domini *[b³]sua administrare[b³]*. *Excaecat et indurat reprobos* [Io 12,40] quicquid *[c³]hic Spiritus[c³]* agat aut dicat, ut in *capite* sanctorum *Christo* [Eph 1,22], ita et in *omnibus membris eius* [1 Cor 12,20]. Unde mittendi nobis sunt, neque cruciare*[d³]* nos debet, si quando veritate rite dispensata eos offenderimus. [57]*Plantatio* sunt *quam Pater coelestis non plantavit*, quare *eradicari* eos*[e³] oportet* [Mt 15,13], utcunque tractentur. Nobis tamen danda semper opera est ne nostra culpa illi ansam arripiant veritatem blasphemandi. Id cavebimus, si *in timore et tremore* [2 Cor 7,15] semper vocationi nostrae attendamus, sedulis precibus ducatum Spiritus perpetuo orantes.

Postremo circa id quod et verba Domini discipuli *a resurrectione eius* [Io 2,22] primum recte cognoverunt, observandum quam non sit nostrum veritatem agnoscere, sed tantum Spiritus Dei qui nobis, licet discipulis Domini, tum datur cum Patri visum est. Nihil igitur sibi caro arroget [cf. Io 6,64], sed *Spiritum* illum oremus qui *docet suggeritque omnia* [Io 14,26] et in omnem inducit veritatem.

ENARRATIO SECTIONIS III [23–25]

Cum autem esset Hierosolymis [Io 2,23]. Neque haec paraphrasim requirunt.

[b³]–[b³] *om.* AB. – [c³]–[c³] *om.* A. – [d³] cruciari AB. – [e³] nos AB. –

[54] Cf. supra ad n. (45); infra ad n. (56).
[55]–[55] Ap: Lambert, *De excaecatione* tract. 2, cap. 13, 36v. (*ipa*).
[56] Cf. infra *cap.* 9, *sect.* 5 ad nn. (61) – (66)–(66) and supra ad n. (45).
[57] Cf. BEv 1527 ad Mt 15[13], 168r.–169r.

Annotationes

⟨Duplex fides⟩ Notandum hic duplicem esse fidem. Veram enim habentibus ac, per eam, filiis Dei [cf. Rm 8,14] constitutis, utique *f³*his qui credere
in Dominum videbantur, *ipse se*f³ *credidisset* [Io 2,24]. Sed erant [58]quos
*signas*g³ in*h³* admirationem eius adduxerant [cf. Io 2,23] ut esse eum aliquid
persuasi essent *ac ita in nomen eius crederent* [Io 2,23][58], hoc est: eum
[59]prophetam et Filium Dei qui nominabatur, agnoscerent – sed id citra
animi innovationem [60]citraque certam salutis ab eo expectationem [cf. Phil
1,20]. Ut enim eiusmodi Deum ignorant neque nosse possunt, ita neque
vere *in nomen Christi* [Io 1,12; Io 2,23] possunt credere. Alioqui haberent
vitam aeternam. Ratio igitur istorum in praesens miraculis convicta erat
Iesum aliquid magni esse. Quae ratio, quam in praesens illum admirabatur
credens in nomen eius [Io 2,23], tam postea fuit eum*i³* aversata et detestata,
dum sensit illum suis cupiditatibus adversarium. [61]Sic credunt et illi qui
semini in petrosam terram iacto assimilantur [cf. Lc 8,6.13]: *ad tempus*
scilicet, *et in tempore tentationis recedunt,* Lucae octavo [Lc 8,13]. Nam
sicut, dum ratio in Domino agnoscit quod sibi conducturum arbitraba-
tur*j³*, ipsum amplectitur, quemadmodum faciebant turbae a Domino
pastae [cf. Io 6,1–15] et alias quoque adiutae [cf. Mt 15,30–31], ita dum
rursus in eo offendit quod aversatur, *k³*rursus eum*k³* reiicit atque damnat.

[62]Sic hodie videmus multos qui, paulo ante, mire evangelio Christi
videbantur addicti, quia in eo deprehenderant quod faciebat ad cupiditates suas[62]. [63]Alius carnis sperabat libertatem, alius opes sibi promiserat
sacrificiorum[63]. Ubi autem *l³*evangelii professio*l³* neutrum illis, sed crucem

---

f³–f³ Christus semetipsum A. – *g³ add.* eius A. eosque B. – *h³ add.* eam A. – *i³ om.* A. –
j³ arbitratur A. – *k³–k³* et ipsum AB. – *l³–l³ om.* AB. –

[58–58] Ap: Chrysostom, *In Ioh.* hom. 24 ad loc., MPG 59, 143 (*i*) cited by: Aquinas, *In Ioh.*
ad loc., *Piana* 14 : 2, 19r. col. A. Cf. n. (61) infra.
[59] Cf. *Getrewe Warnung*, BDS 1, 235 (there adv: Denck). Here perhaps also adv: *Nikolsburg Art.,* Täuferakten 7, no. 116, 140: Christus sy nit Gott, aber allein ein prophet, welchem
die red Gottes ist zuglouben.
[60] Perhaps adv: *Nikolsburg Art.,* Täuferakten 7, no. 116, 140: [Christus] hab nit gnug
gethan für alle sind der welt.
[61] Cf. supra n. (58)–(58). Chrysostom *ibid.* also refers to Lc. 8,6.13. Cf. BEv 1527 ad Mt
13[20], 242r.–v.
[62–62] Link between Io 2,22–23 and contemporary situation also ap: Chrysostom, *In Ioh.*
hom. 24 ad loc., MPG 59, 143–144 (*i*).
[63–63] Cf. Rott, *Guerre des Paysans* in: *Wolbrett* 28 for letter from Bucer, Capito and Zell
to Andreas Prunulus, April 1525, asserting that it is impious to use the Gospel for pursuit
of selfish ends. Cf. *Schwabian Art.* no. 3 in: *Franz* 198 (there: "libertas carnis" = personal
freedom). – "Opes sacrificiorum" here concerns the peasants' demands for ecclesiastical
property which were by and large refused. Cf. Rott, *Guerre des Paysans* in: *Wolbrett*, 26 and
Strasbourg et la Guerre in: *Strasbourg au Cœur religieux*, 78–79. On the peasants war in
Alsace generally cf. Adam, *Strassburg*, 99–109 and *Franz*, 228–244.

potius coepit adferre, tam modo detestantur *[m³]*evangelium, quam*[m³]* ante probabant. Isti sunt qui *credunt in nomen Christi* [Io 2,23] et *ipse tamen se eis non credit* [Io 2,24]. Novit enim quid sit in homine, novit eos nihil minus habere quam veram solidamque in se fidem [cf. Io 2,24]. Hanc enim qui habent, Spiritum Dei habent, novi homines [cf. Eph 4,24] sunt. Dominum ut vere [618] cognoscunt, ita ab eo divelli nunquam possunt, sese credunt Domino et *Dominus se illis* [Io 2,24]. Unum nanque cum*[n³]* ipso sunt, Dominus in illis et illi in Domino [cf. Gal 2,20]. Hac fide iusti vivunt [cf. Rm 1,17] et *habent vitam aeternam* [Mt 25,46]. Ad haec faciunt et quae supra in [64]primum caput, in sectione secunda, de cognitione Dei disserui.

Notandum etiam ex eo quod Iohannes narrat *multos videntes signa quae Dominus faciebat, in nomen eius credidisse* [Io 2,22] quod [65]multa ille signa fecerit quae tamen Evangelista memorare non duxit operaepretium[65]. Qui enim Christum non agnoverit [66]ex his paucis quae conscripta sunt, neque agnoscet eum, si ad unum omnia in literas essent relata.

Observationes

Hierosolymis, dum suae vocationi Dominus inseruit, inclarescit. Ita tum demum apparebit qui simus et quid a Domino acceperimus, dum locus et tempus fuerit divinitus destinatum et nos vocationem Domini diligenter fuerimus secuti [cf. Phil 3,14]. Interim libenter lateamus quia non nobis sed *Domino vivimus et morimur* [Rm 14,8].

Quod multi fucati Domino credunt moneat ut non multitudine, sed syncera fide auditorum oblectemur. Denique quod *novit Dominus quid in homine sit* [Io 2,25] deterreat nos ab hypocrisi et confidere faciat si a Domino pendemus, [67]Spiritum eius nos servaturum ne quis et nobis periculose imponat. Si enim illi vivimus [cf. Rm 14,8], eius in nobis Spiritus quem nihil latet, in tempore omnia praesentiscet.

[m³–m³] illud quam AB. – *[n³]* om. A. –

[64] Cf. supra *cap.* 1, *sect.* 2 ad nn. (40)–(43).

[65–65] Ap: Aquinas, *In Ioh.* ad loc., *Piana* 14 : 2, 19r. col. A (*i*: there cites Origen [*In Ioh.* ad loc., MPG 14, 397]). Cf. also Aquinas, *Catena* ad loc., (Origen), *Guarienti* 2, 365.

[66] Cf. supra ad nn. (45), (54), (56).

[67] Ap: Augustine, *Conf.* 1, 20, MPL 32, 675–676, CSEL 33, 28–29 (*i*: protection by God for all those who live in and for him). Cf. BEph 1527 ad 1[13], 40r.–v. (there: protection by Holy Spirit chief feature distinguishing elect from reprobate).

CAPUT 3

[Sectio 1,1–8] *Erat autem homo ex Pharisaeis, Nicodemus nomine, princeps Iudaeorum. Hic venit ad Iesum nocte et dixit ei: Rabbi, scimus quod a Deo veneris magister. Nemo enim potest haec facere quae tu facis, nisi fuerit Deus cum eo. Respondit Iesus et dixit ei: amen, amen dico tibi, nisi quis natus fuerit ᵃ¹de integroᵃ, non potest videre regnum Dei. Dicit ad eum Nicodemus: quomodo potest homo nasci cum sit senex? Num potest in ventrem matris suae iterum introire ac nasci? Respondit Iesus: amen, amen dico tibi, nisi quis natus fuerit ex aqua et Spiritu, non potest introire in regnum Dei. Quod natum est ex carne, caro est et quod natum est ex Spiritu, spiritus est. Ne mireris quod dixi tibi: oportet vos nasci ᵇ²e supernisᵇ. Spiritus ubi vult spirat et vocem eius audis, sed nescis unde veniat et quo vadat. Sic est omnis qui natus est e Spiritu.*

[Sectio 2,9–21] *Respondit Nicodemus et dixit ei: quomodo possunt haec fieri? Respondit Iesus et dixit ei: tu es ille magister Israëlis et haec ignoras? Amen, amen dico tibi, quod scimus, loquimur et quod vidimus, testamur et testimonium nostrum non accipitis. Si terrena dixi vobis et non creditis, quomodo, si dixero vobis coelestia, credituri sitis? Et nemo ascendit in coelum, nisi qui descendit e coelo, filius hominis qui est in coelo. Et sicut Moses exaltavit serpentem in deserto, ita exaltari oportet filium hominis ut omnis qui credit in eum, non pereat, sed habeat vitam aeternam.* ᶜ⟨1 Iohannis 4⟩ᶜ. *Sic enim Deus dilexit mundum ut Filium suum unigenitum daret, ut omnis qui credit in eum non pereat, sed habeat vitam aeternam. Non enim misit Deus Filium suum in mundum ut condemnet mundum, sed ut servetur mundus per eum. Qui credit in eum, non condemnatur.* [619] *Qui vero non credit, iam condemnatus est quia non* ³crediditᵈ *in nomen unigeniti Filii Dei. Haec est autem condemnatio quod lux venit in mundum et dilexerunt homines magis tenebras quam lucem. Erant enim eorum mala opera. Omnis enim qui mala agit, odit lucem, nec venit ad lucem ne arguantur opera ipsius. Qui autem operatur veritatem, venit ad lucem ut conspicua fiant facta ipsius quod per Deum sint facta.*

[Sectio 3,22–36] *Post haec venit Iesus et discipuli eius in terram Iudaeam et illic morabatur cum eis ac baptizabat. Baptizabat autem et Iohannes in Aennon iuxta Salim quia aquae multae erant illic et veniebant ac baptizaban-*

ᵃ⁻ᵃ ¹ e supernis B. – ᵇ⁻ᵇ ² de integro D. – ᶜ⁻ᶜ *om.* D. – ᵈ ³ credit D. –

¹ Er 1527: e supernis.
² Er 1527: e supernis. Cf. infra ad n. (18)–(18) Bucer's expl. of his rendering of ἄνωθεν.
³ Gk: πεπίστευκεν. Credit: common variant in Latin MSS; also in Estienne's Bible 1538. Cf. *Wordsworth & White* 1, xxviii and ad loc.

tur. Nondum enim coniectus fuerat Iohannes in carcerem. Orta est autem quaestio ex discipulis Iohannis cum Iudaeis de purificatione. Et venerunt ad Iohannem et dixerunt ei: Rabbi, qui erat tecum trans Iordanem cui tu testimonium perhibuisti, ecce, is baptizat et omnes veniunt ad eum. Respondit Iohannes et dixit: non potest homo accipere quicquam, nisi fuerit ei datum e coelo; ipsi vos testes estis quod dixerim, non sum ego Christus, sed missus sum ante illum. Qui habet sponsam, sponsus est: amicus autem sponsi qui stat et audit eum, gaudio gaudet propter vocem sponsi, hoc ergo gaudium meum impletum est. Illum oportet crescere, me vero minui. Qui e supernis venit, supra omnes est. Qui e terra profectus est, terrenus est et [4]*e[e] terra loquitur. Qui e coelo venit, supra omnes est et quod vidit et audivit, hoc testatur et testimonium eius nemo accipit. Qui accepit eius testimonium, is obsignavit quod Deus verax sit. Nam is quem misit Deus, verba Dei loquitur. Non enim huic ad mensuram dat Deus Spiritum. Pater diligit Filium et omnia dedit illi in manum. Qui credit Filio, habet vitam aeternam: qui vero non credit Filio, non videbit vitam, sed ira Dei manet super eum.*

ENARRATIO SECTIONIS I [1–8]

Paraphrasis

Erat autem homo ex Pharisaeis Nicodemus [Io 3,1] etc. Institutum meum est quaedam Domini Iesu dicta factaque narrare ut ex iis Servator orbis [f]*aeterna Dei virtus* [Rm 1,20], Deus ipse[f] agnosci queat. Cum igitur capite superiore duo insignia et mira facta eius [Io 2,9.19] ex quibus divinitas eius clare dignosci potest, memoravi, commodum visum est nunc sermonem[g] quem cum *Nicodemo homine Pharisaeo et inter Iudaeos principe* [Io 3,1] habuit, adiungere. In quo, dilucide, [h]et quid ut regni eius *cives* [Eph 2,19] simus, ipse praestare venerit et quid a nobis requirat[h], suis ipse[i] verbis explicat. *Venerat enim* [j]*hic Nicodemus[j] ad eum* [Io 3,2], ut de doctrina [5]vitae certior fieret, uti ex omnibus gentibus et ordinibus hominum Deus aliquos sibi selegit et Filio suo donavit.

Tenebatur ergo aliquo *studio Dei* [Rm 10,2] hic Nicodemus[5], licet inter Pharisaeos, hoc est[k] graviores Christi hostes[l], ageret; ad haec [6]*princeps*

---

[e] [4] de D. – [f-f] *om.* A. – [g] *add.* eius A. – [h-h] et quid a nobis requirat ut regni eius cives [Eph 2,19] simus et quid ipse praestare venerit AB. – [i] *om.* A. – [j-j] ille AB. – [k] *om.* A. – [l] *add.* quo sibi plus aequo placebant A. –

[4] Gk: ἐκ. Most Latin MSS: de; ex: E only. Cf. *Wordsworth & White* 1 ad loc. (here perhaps only stylistic variant?).

[5-5] Ap: Bede, *Hom.* 18 ad loc., MPL 94, 197, CCL 122, 311 in: Aquinas, *Catena* ad loc., Guarienti 2, 368 (*ip*); Lyra ad loc. (*i*).

[6] Position among Jews emphasised ad loc. ap: Cyril, *In Ioh.*, MPG 73, 241; Chrysostom, *In Ioh.* hom. 24, MPG 59, 144; ErP 1524, LB 7, 519; Brenz, *In Ioh.* 1528, 38v. (*i*).

esset inter Iudaeos [Io 3,1]. Haec sane mundi celsitudo multos alios Christo reddebat infensos, dum [7]suam, divinae gloriae cedere nequirent. Sed *semen Dei* [Lc 8,11] quod in hoc Nicodemo erat, vincebat omnes has tricas[7] et remoras effeceratque ut, [8]*ex signis quae Dominus faciebat,* persuasus iam esset *quod [m]Dominus a[m] Deo venisset* [Io 3,2], Doctor et Magister omnibus audiendus. Unde dicebat: *Rabbi scimus quod a Deo veneris Magister, nemo enim ista signa facere potest quae tu facis, nisi fuerit Deus cum eo* [Io 3,2]. Ut autem simul videas magni apud mundum haberi[n] obstaculo fere esse ad regnum Dei, *nocte venit*[8] [Io 3,2] hic *Iudaeorum princeps* [Io 3,1], indubie quod sibi a [9]Pharisaeis metueret et nondum posset quae car[620]nis sunt, coelesti doctrinae penitus[o] posthabere, quam indubitato tamen talem[p] agnoscebat.

Iesus autem qui precipue propter aegros [10]*medicus* [Mt 9,12] venit, imbecillitatem [cf. Rm 15,1] viri minime aversatus, continuo summam doctrinae suae illi proponit[10]. *Amen amen,* inquit[q], *nisi quis de integro natus fuerit, non potest regni Dei particeps fieri* [Io 3,4]. Natus ex homine coelestia ex se nosse et amare, ac ita immortalitatis particeps [cf. Eph 3,6] fieri, nequit. Quare penitus *innovari* [Io 3,4] oportet eos et alios fieri qui in regnum Dei admittentur.

Id Nicodemus non intelligens, dicebat: *Quomodo potest homo nasci, iam senex* [Io 3,4] etc.? Iesus igitur explicatius eadem illi respondebat: *Amen, inquit, amen dico: nisi quis nascatur ex aqua et Spiritu,* hoc est [r] [11]abluatur peccatis et innovetur sacro baptismate Spiritu meo efficaci[r] (externum enim lavacrum per se nullius momenti est)[11], *in regnum Dei* [12]ut Deum rite cognoscat [cf. Gal 4,9] et Deo[s] Patre fruatur, *ingredi haud poterit* [Io 3,5].

[m–m] *om.* AB. – [n] esse A. – [o] *om.* AB. – [p] *om.* A. – [q] *add.* dico tibi D. – [r–r] consecretur mihi sacro baptismate et simul Spiritu AB. – [s] eo A. –

[7–7] Ap: Brenz, *In Ioh.* 1528, 38v. (*i:* faith emphasised). Adv: Cyril, *In Ioh.* ad loc., MPG 73, 241; Chrysostom, *In Ioh.* hom. 24 ad loc., MPG 59, 144; Aquinas, *In Ioh.* ad loc., *Piana* 14 : 2, 19r. col. B; ErP 1524 ad loc., LB 7, 519 (there: emphasis on weakness in coming at night).

[8–8] Ap: Theophylactus, *In Ioh.* ad loc., MPG 123, 1201–1202 (*i*). Cf. Augustine, *In Ioh.* tract. 10 ad loc. (*i:* faith from signs, but there: considered deficient); Brenz, *In Ioh.* 1528 ad loc. 38v. (*i:* faith complete but hidden).

[9] Ap: Aquinas, *In Ioh.* ad loc., *Piana* 14 : 2, 19r. col. B; Brenz, *In Ioh.* 1528 ad loc., 38v. (*i*).

[10–10] Ap: ErP 1524 ad loc., LB 7, 519 (*ip*).

[11–11] Ap: Zwingli, *Von der Taufe,* CR 91, 224, 249 (*i:* there: Nicodemus baptised by Holy Spirit only). Cf. Aquinas, *In Ioh.* ad loc., *Piana* 14 : 2, 19v. col. A (there: hypothetical syllogism linking Spirit to water but giving it priority). Adv: Augustine, *In Ioh.* tract. 12 ad loc., MPL 35, 1486, CCL 36, 123 (there: water and Spirit of equal importance).

[12] Ap: Zwingli, *Von der Taufe,* CR 91, 249 (*ip:* entry into kingdom = recognition of God through Christ).

Quod enim ex carne natum est, caro est [Io 3,6], nihil nisi homo. [13]Unde[l]
quae Dei sunt, percipere non potest [u]qui nihil quam caro est [cf. 1 Cor
2,14]. *Carnalia* is tantum *sapit* [Rm 8,5] et spirat[u]. *At quod ex Spiritu natum
est, Spiritus est* [Io 3,6], coelestia sapit et spirat, unde *consors est divinae
naturae* [2 Pt 1,4] et particeps regni Dei [cf. Eph 2,19]. [v]Quicunque Spiritu
fuerit innovatus, eoque iam ipse quoque Spiritus, non caro, esse
coeperit[v] [13]. *Ne mireris igitur quod dixi oportet vos nasci de integro* [Io 3,7]
planeque novos fieri, cum [14]*caro et sanguis regnum Dei haereditare
nequeant* [1 Cor 15,50]. Porro ut cognoscas cuiusmodi sit ex *Spiritu renatus*
[Io 3,5] homo *novaque* ex coelesti semine facta [cf. 1 Pt 1,23] *creatura* [Gal
6,15], considera [15]*ventum. Is fertur quolibet, nulla re obstante. Strepitum
eius audis. Verum unde veniat aut quo feratur, scire non potes.* Sic habet se
Spiritus Dei et qui *nati sunt ex Spiritu* [Io 3,8].

Spiritus afflat quos vult [Io 3,8] et [16]vim eius in omnibus quos [w]hic
Spiritus[w] afflarit, probe sentis. Quis enim non vidit in Moscheh, in Eliah
aliisque sanctis innumeris virtutem divinam et Spiritum coelestem? Quis
non sensit eos alios esse[x] quam vulgo homines sunt et nascuntur et ipsi
quoque a parentibus suis nati [cf. Io 1,13] erant? Sed unde istis vis illa
divinior adesset, quove eos ageret, qui eodem Spiritu non erant praediti,
haudquaquam potuerunt cognoscere. Eoque stupori his erant viri illi Dei
[y]et *odio* [Io 17,14] quia carnalibus eorum studiis adversabantur[y].

Ad hunc modum sunt quicunque *ex Spiritu* Dei *nati* sunt [Io 3,8]. Quos
enim in hoc ab aeterno delectos virtus ista Dei [cf. Eph 3,16] renovatrix
afflaverit, ita innovat [cf. Eph 4,24], ita transformat, sic contemptores
rerum carnalium et admiratores reddit coelestium [cf. Gal 5,16–17], ita

---

[l] qui A. – [u-u] *carnalia* tantum *sapit* [Rm 8,5] et spirat AB. – [v-v] *om.* AB. – [w-w] *om.* AB. – [x] *om.*
AB. – [y-y] *om.* AB. –

[13-13] He who is regenerated becomes the Spirit ap: Brenz, *In Ioh.* 1528 ad loc., 42v. (*ip*
here); Chrysostom, *In Ioh.* hom. 26 ad loc., MPG 59, 153 in: Aquinas, *Catena* ad loc.,
Guarienti 2, 369 (*i* here).
[14] Ap: Aquinas, *In Ioh.* ad loc., *Piana* 14 : 2, 19v. col. A (*i*: there: *r* to 1 Cor 2,14). Cf. also
Theophylactus, *In Ioh.* ad loc., MPG 123, 1203–1204 (there: *i* only).
[15] Spiritus = ventus ap: Chrysostom, *In Ioh.* hom. 26 ad loc., MPG 59, 154–155 (in:
Aquinas, *Catena* ad loc., Guarienti 2, 370); Cyril, *In Ioh.* ad loc., MPG 73, 245–246;
Theophylactus, *In Ioh.* ad loc., MPG 123, 1205–1206; Lyra ad loc.; ErP 1524 ad loc., LB 7,
520; Brenz, *In Ioh.* 1528 ad loc., 42v.–43r. Adv: Spiritus = ventus: Augustine, *In Ioh.* tract.
12 ad loc., MPL 35, 1487–1488, CCL 36, 124 (in: Aquinas, *Catena, ibid.*); *Glossa ord.* [marg.].
Cf. Aquinas, *In Ioh.* ad loc., *Piana* 14 : 2, 20r. col. B; Lyra ad loc. (there: both interpretations
discussed). Cf. infra ad nn. (34) – (35)–(35), (38).
[16-16] Same emphasis: caro = reprobi: spiritus = electi ap: Lambert, *De excaecatione* tract.
1, cap. 5, 13r.–v. (there also ref. to Io 3,1ff.; Io 1,13; 1 Cor 15,47–49). – Ap: Lambert, *Farrago*,
cap. 1, 17v. (*i*: elect in OT times), cap. 3, 21v. (*i*: elect characterised by the Spirit). Perhaps
also ap: Brenz, *In Ioh.* 1528 ad loc., 43v.–44r. (*i*: spiritual regeneration but there: no explicit
ref. to election).

exuit amore sui et accendit amore proximi [cf. Rm 13,10] ut stupori sint
ᶻet portenta quaedam hominibus seculi¹⁶, ᵃ¹cunque hos ad coelestia vocare
secum instituunt, odium eorum et persecutionem referunt. Vident hi seculi
homines sanctos iam esse alios et novos, sentiunt totos renatosᶻ ᵃ¹, at unde
haec illis immutatio contigerit, aut quo tandem sit eos actura, prorsus
ignorant, uti et Deum ignorant cuius Spiritus est haec vis et energia
immutatrix. Proinde cum tamᵇ¹ manifestum sit regenitorum *ex Spiritu* [Io
3,5] ab aliis discrimen, non debebat tibi Nicodeme esse adeo insolens hic
sermo meus de innovatione eorum qui in hoc electi sunt ut regni *Dei cives*
[Eph 2,19] evadant.

Annotationes

Nicodemus *princeps Iudaeorum* [Io 3,1] dicitur quod esset inter Iudaeos
primarius et eximius. Ex principum enim numero et concilio fuisse eum
et infra ¹⁷⁷ legimus, sectione ultima [cf. Io 7,50–51].

⟨*Denuo, de integro*⟩ Quod verti ¹⁸*de integro* [Io 3,3], considerans hoc
quod totos innovari nos oportet, alii quidam legunt *e supernis*¹⁸. Utroque
enim modo ἄνωθεν verti potest et ¹⁹Nonnus posteriorem sensum videtur
amplexus, cum in Paraphrasi sua loco ἄνωθεν posuerit αἰθέρος αὐλῆς, id
est: ex aetherea aula. Vulgo legitur: *denuo*, vel *iterum*. Certum autem est
Dominum voluisse significare requiri ut *iterum nascamur* ac *toti innovemur*
[Io 3,3]. Id cum *Spiritu Dei* [Io 3,8] fiat, *e supernis* nos *renasci* non inepte
dicitur. Infra sane sectione tertia ἄνωθεν pro *e supernis* ponitur, ubi
Ioannes ait: *Qui e supernis venit, super omnes est* [Io 3,31].

⟨*Videre regnum Dei*⟩ *Videre regnum Dei* [Io 3,3] ²⁰ebraismus est et idem
pollet quod *participem esse regni Dei*, unde ²¹Nonnus pro eo reddidit:
habere aeternum principatum et Dominus ipse paulo post: *ingredi in*

ᶻ⁻ᶻ hominibus saeculi. Vident alios et novos, sentiunt totos renatos A. – ᵃ¹⁻ᵃ¹ Vident alios et
novos, sentiunt totos renatos B. – ᵇ¹ iam A. –

¹⁷ Cf. infra *cap. 7, sect. 7* ad nn. (84)–(84), (87)–(89)–(89).
¹⁸⁻¹⁸ Cf. supra nn. (1)–(2) and var. (a–a) (there B: e supernis ad loc. [!]; infra ad Io 3,7: e
supernis. Ἄνωθεν = de integro *or* de coelo ap: Chrysostom, *In Ioh.* hom. 24 ad loc., MPG
59, 146 in: Aquinas, *Catena* ad loc., *Guarienti* 2, 368 (*i* here). Ἄνωθεν = de supernis ap: Cyril,
In Ioh. ad loc., MPG 73, 245–246; Theophylactus, *In Ioh.* ad loc., MPG 123, 1203–1204
(there: *denuo* considered Nicodemus' error of interpretation); Brenz, *In Ioh.* 1528 ad loc., 40r.
Ἄνωθεν = denuo/de integro ap: Augustine, *In Ioh.* tract. 11 ad loc., MPL 35, 1478, CCL
36, 113–114; ErP 1524 ad loc., LB 7, 520.
¹⁹ *Paraphrasis* ad loc., MPG 43, 765.
²⁰ Perhaps שׁעה = vertit se ad, inclinatus est. Cf. Reuchlin, *Rudimenta* 1506, 527;
Münster, *Dict. hebr.* 1523, 497. But videre = intrare ad loc. ap: *Glossa ord.* [int.]; Aquinas,
In Ioh., Piana 14 : 2, 20r. col. A; Zwingli, *Von der Taufe*, CR 91, 249. Cf. infra *cap. 5, sect*
2 ad n. (89).
²¹ *Paraphrasis* ad loc., MPG 43, 765.

regnum Dei [Io 3,5]. *Regnum Dei est iustitia, gaudium et pax in Spi*[621]*ritu sancto*, Roma. 14[17], certa perceptio salutis quae sita est in iusta Dei cognitione [cf. 2 Pt 1,2] et obsignatione Spiritus sancti. Quibus haec [c1]contigerunt, ii Deo dicere possunt[c1]: *Rex meus et Deus meus* [Ps 5,3]. Ii[d1] regni eius veris bonis: sapientia, iustitia et felicitate hic partim fruuntur[e1] et in futuro plene perfruentur[f1]. Cum igitur haec omnia ab eo pendent quod *suo* nos Deus [22]Spiritu afflet [cf. Io 3,8], illustret, accendat et ad se rapiat, recte dixit[22] Dominus *neminem nisi renatum totumque innovatum posse regnum Dei videre* [Io 3,4], hoc est *ingredi* [Io 3,5] et verorum bonorum participem fieri [cf. Eph 2,19]. Hoc ipsum alias aliis verbis dixit: *Neminem posse suum discipulum esse, nisi qui abnegaverit semetipsum et renuntiaverit omnibus* [Mt 16,24]. Hinc Paulus *novum hominem* [Eph 4,24] et *novam in Christo* requirit *creaturam* [2 Cor 5,17] quae in nobis coepit simul atque *datum* nobis *est credere in nomen* Christi atque ita esse *filii Dei* [Io 1,12] supra 1. Perficitur autem cotidie a Spiritu Dei qui ad imaginem Christi [g1]*nos indies*[g1] *magis ac magis reformat* [2 Cor 4,16]. De quibus legis 2 Corinth. 3[6], 4[16] et 5[18] capitibus et[h1] sub finem Gala. tertio [Gal 3,27] et sexto [Gal 6,15], Ephes. secundo [Eph 2,15] et quarto [Eph 4,24], Colos. tertio [Col 3,10]. Sed quid opus citare[i1] Pauli loca cum hoc ipsum, ut caput doctrinae Christi, nusquam non tractet?

⟨*Ex aqua et Spiritu*⟩ *Ex aqua et Spiritu* [Io 3,5]. Per *aquam* hic libenter baptismum cum [23]Chrysostomo intelligo. Non quod externa lotio per se necessaria sit ad salutem, sed cum symbola vanae res sint quando sine Spiritu Dei adhibentur, apostoli non solent de eis loqui, nisi ut [24]vere et cum Spiritu Dei adhibitis. Hinc Paulus Roman. 6[3]: *An ignoratis quod quicunque baptizati sumus*[j1]? etc. Et ad Galatas 3[27]: *Quicunque enim baptizati estis, Christum induistis.* Cui iam dubium multos baptizari qui nihil minus quam mortem Domini amplectuntur[k1] et ipsam[l1] nunquam induunt? [25]Sic Ephe. 5[26] scribit *Christum sanctificare ecclesiam, cum*

[c1–c1] contigerint, is Deo dicere potest [!] A. contigerint, ii Deo dicere possunt B. – [d1] is A. – [e1] fruitur A. – [f1] perfruetur A. – [g1–g1] cottidie nos A. – [h1] *add.* in omnibus AB. – [i1] *add.* certa AB. – [j1] *add. in Christum Iesum, in mortem eius baptizati sumus* A. – [k1] amplectantur A. – [l1] ipsum A. –

[22–22] Spiritual regeneration = regeneration through the Spirit ad loc. ap: Aquinas, *In Ioh.*, *Piana* 14 : 2, 20r. col. A (*i*).

[23] *In Ioh.* hom. 25 ad loc., MPG 59, 150–151. Here adv: Zwingli, *Von der Taufe*, CR 91, 248 (there: water = Christ himself) paraphrased by: Bader, *Brüderliche Warnung*, F8r.– Glv. (both adv: Anabaptists).

[24] Ap: *Decreti* 3a pars, dist. 4, can. 1, *Friedberg* 1, 1361 (*i*: sign meaningless without Holy Spirit); Ambrose, *De Spiritu sancto* 6, MPL 16, 723 (*i*: Spirit more important than water).

[25–25] Adv: *Syngramma*, BrFrSchrf 1, 251–252 (there: accusation adv: Oecolampadius of twisting Scriptural language ad Eph 5,26; Tit 3,5 so as to introduce distinction between Spirit and element). Cf. BEph 1527 ad 5[26], 99r. Cf. var (x1–x1).

mundat^{m^1} lavacro aquae in verbo. Et ad Tit. tertio [Tit 3,5] scribit quod *nos Dominus salvaverit per lavacrum regenerationis et renovationis Spiritus sancti.* Quis autem nesciat externo lavacro, ^{n^1}secluso Spiritu Christi^{n^1}, neque *ecclesiam mundari* [Eph 5,26], neque *nos salvari* [Tit 3,5]^{25}? Apostolus autem de baptismo rite exhibito loquitur. Sic enim ^{o^1}est exhibitio remissionis peccatorum, benevolentiae Dei suscipientis nos in filios^{o^1}, consecratio^{p^1} hominis in gregem [cf. 1 Pt 5,2] Christi, cooptatio in eorum numerum qui, Spiritu Dei donati, *peccatis* cum Domino *vere moriuntur* et *iustitiae vivunt* [Rm 6,10–13]. Eoque vere *mundantur* [Eph 5,26], *salvantur, regenerantur* et *renovantur* [Tit 3,5] – non id quidem per externam ablutionem aquae et *depositionem sordium in carne*, ut Petrus [1 Pt 3,21] inquit, sed per Spiritum Dei ^{q^1}vivificantem [cf. Io 6,64] et foventem nos *nostroque spiritui testificantem^{q^1}* [Rm 8,16] de Dei erga nos benevolentia. Unde^{r^1} *bona erga ipsum sumus conscientia*, 1 Petri 3[21], et *ad imaginem Dei transformamur a gloria in gloriam, tanquam ab eodem Spiritu Domini*, 2 Corinthiis 3[18]. ^{s^1}Hunc vero Spiritum Dominus dignatur suis ministerio ecclesiae in baptismate exhibere atque largiri^{s^1}.

Mos Scripturae est ut symbolis tribuat quae symbolis repraesentantur ^{t^1}et ^{26}exhibentur^{t^1}. Hinc Ananias dicebat Paulo: *Surge baptizare et ablue peccata tua*, Acto. 22[16] cum iam antea peccatis esset fide purgatus. Baptismo autem quo ecclesiae publicitus inserebatur et Christo consecrabatur, initiatio eius in Christum quae veram peccatorum adfert ablutionem repraesentabatur ^{u^1}et publice praestabatur^{u^1}. Igitur ^{v^1}dicebatur tum Paulus peccatis ablui quibus tamen coram Deo^{v^1} tum ablutus fuit, cum dicebat: *Domine quid faciam* [Act 9,6]? Nihil aliud est et solutio et remissio peccatorum ecclesiae promissa. Neminem utique illa solvit peccatis, nulli commissa condonat, nisi Christo credenti. ^{w^1}At cui ^{26a}datum est credere, illius iam^{w^1} peccata fide purgata sunt priusquam ecclesia ipsum absolutum pronuntiet.

^{x^1} ^{27}Adeo tamen vult dona sua Dominus omnemque salutem ecclesiae ministerio exhibere ut tum demum plene et solide hominibus peccata

---

^{m^1} mundaverit A. – ^{n^1–n^1} om. AB. – ^{o^1–o^1} om. AB. – ^{p^1} add. est AB. – ^{q^1–q^1} quo *testificante nostro spiritui* [Rm 8,16] AB. – ^{r^1} om. AB. – ^{s^1–s^1} 26 om. AB. – ^{t^1–t^1} 26 om. AB. – ^{u^1–u^1} om. AB. – ^{v^1–v^1} tum dicebatur illa fieri et ipse peccatis ablui quibus [*add.* tamen B.] AB. – ^{w^1–w^1} Iam huius A. – ^{x^1–x^1} 27–27 Fieri ergo et in eo dicitur, quod factum ecclesia testatur et pronunciatione iuxta verbum Dei omnibus palam facit. Hunc si loquendi morem Scripturae observassent, et veteres et recentes, purius et minori cum contentione de sacramentis et Spiritu Dei vulgo cum sentiretur, tum disputaretur AB. –

^{26} Add. after Wittenberg Concord, 1536. Exhibitio/exhibere ap: *Formula*, CR 3, 75 (*p* here but there: rel. to eucharist).

^{26a} Ap: Aquinas, *S. Th.* 3a q. 68 a. 2, *Caramello* 3, 395 col. B (*i*).

^{27–27} Adv: Hofmann. Cf. *Bericht*, BDS 5, 196 (*p* here; there: princeps metaphor, to emphasise baptism = public sign (thus should include children) adv: Hofmann in Mc

remissa sint, quando ecclesia nomine et verbo Domini hominibus peccata remittit. Sic nanque etiam tum plene ipse suos peccatis abluit et regenerat, cum ecclesia illos baptizat. Ita si princeps quispiam dicat: qui volet mihi ministrare, eum ditabo, quicunque huic [28]promissioni [622] credit et vult ei ministrare, is, iam promissionis divitiarum a principe factae, ex ipsa *eius promissione particeps* est [Eph 3,6] et iam est in ministerio principis. Cumque princeps promissi servans sit, vere ab eo ditabitur. At si ille princeps eum morem habeat ut iis, qui suae promissioni habentes fidem, ministrare ipsi velint, ea promissio solenniter symbolo aliquo fiat et confirmetur ipsique eodem symbolo ceu publice in ministerium principis inaugurentur, dicentur, qui promissionem huiusmodi principis amplectuntur et in ministros se principi addicunt, tum demum principalis *promissionis* vere *participes* [Eph 3,6] et ministri principis esse quando – publice symbolo principis ad id instituto – promissionem eius amplexi fuerint et ministerium principis professi[28].

Ita apud Deum peccata hominibus remissa sunt et regeneratio collata, simul atque illos Deus in vitam elegerit. Ut autem homo haec apud se etiam vere percipiat et sentiat, eadem ecclesiae ministerio percipiat oportet, postquam Deus in hoc ipsum ecclesiae ministerium instituit. Id enim quod huius doni novae et aeternae vitae concipitur [cf. Io 10,28], audito evangelio, non aliter adigit hominem ut idipsum solenni exhibitione sacramentorum percipere studeat, quam is cui princeps praedium aliquod, vel ius ditionis alicuius promisit, eo ipse impellitur ut praedium illud aut ius ditionis solenni etiam collatione, dum ea ex more requiritur, a principe percipere quaerat. Remissa peccata erant divino Paulo et id ipse sensit renatusque hactenus fuit, cum diceret: *Domine quid me vis facere* [Act 9,6]? Sic erant et illi qui audito evangelio a Petro, indeque compunctis cordibus, apostolis dicebant: *Viri fratres quid faciamus* [Act 2,37]? Item Zachaeus cum diceret: *Domine, ecce dimidium bonorum meorum do pauperibus* etc. [Lc 19,8]. At sicut isti initium hoc regenerationis acceperant, adflati Spiritu Christi, ita eodem Spiritu acti sunt ut summo studio hanc ipsam peccatorum remissionem et regenerationem [cf. Tit 3,5] etiam baptismate solenniter, per ministrum ecclesiae, percipere vellent. Ita plena solidaque remissio, solutio et *ablutio peccatorum* [Act 22,16] quae, ut nobis, ita etiam sanctis quibuscum vivimus rata sit, ecclesiae ministerio et per verba et

---

16,15–16: instruction first then baptism). Princeps metaphor in baptismal context already ap: Aquinas, *S. Th.* 3a q. 67 a. 2, *Caramello* 3, 389 col. A (*i*: delegation of function; there: minores principes = presbyteri).

[28–28] "Promissio" in context of baptism with Spirit ap: Basil, *De Spiritu sancto* 15, MPG 31, 41 (*i*: but there not linked to ministry); Melanchthon, *Loci* 1535 ad: *De sacramentis*, CR 21, 467 (*ip*: there sacrament also a sign of divine promise).

sacramenta perficitur, quemadmodum in hunc ipsum usum hoc ministerium divinitus institutum est$^{x^1}$ 27.

⟨Quid *nasci ex aqua*⟩ Proinde quod Christus hic dixit: *Nisi quis natus fuerit ex aqua et Spiritu, non potest introire in regnum Dei* [Io 3,5] sic intelligo: nisi quis $^{y^1}$*ablutionem peccatorum* [Act 22,16] verumque Spiritum percipiat et$^{y^1}$ ita in meum ^{29}gregem [cf. 1 Pt 5,2] recipiatur, quod ordinavi baptismo fieri$^{z^1}$, non poterit Deum vere cognoscere [cf. Gal 4,9] et *iustitiae* eius, *gaudii et pacis in Spiritu sancto in quibus regnum Dei* [Rm 14,17] situm est, fieri particeps^{29}. Id enim est *ingredi in*$^{a^2}$ *regnum Dei* [Io 3,5].

^{30}Neque vero ex hac expositione sequitur aquae baptismum ad salutem per se necessarium esse $^{b^2}$adeo ut nemo sine eo salvari possit$^{b^2}$, contra id quod Dominus dixit Marci ultimo: *Qui non crediderit condemnabitur* [Mc 16,16], omittens baptismum, cum antea dixisset: *Qui crediderit et baptizatus fuerit salvus erit* [Mc 16,16]. Dominus enim spectavit hic quod habet publicum institutum suum, quod nemo piorum volens praeteribit^{30}. Aquae vero his non plus salutem affixit quam Paulus [Eph 5,26] et Petrus [1 Pt 3,21] dum per *lavacrum aquae nos salvos factos* affirmant. *A Spiritu est* tota *regeneratio* [Tit 3,5]. Eum qui habuerit, etiam si aquae baptismum non perceperit, *nova* nihilominus *in Domino creatura est* [2 Cor 5,17] et civis regni Dei [cf. Eph 2,19]. Unde et hic Dominus in sequentibus tantum de Spiritu, omissa aqua, verba facit. Aquae tamen baptismum externamque in ecclesiam Dei receptionem nemo temere negliget pius. $^{c^2}$Cunque hoc symbolum Christus instituerit ut eo nobis *peccata abluantur* [Act 22,16] novaque et divina vita conferantur [!], haec in eo percipiunt quicunque eo iuxta Domini institutionem utuntur$^{c^2}$.

Quod natum est ex carne [Io 3,6]. Hoc ^{31}prosapodosis est, caussae reditio eius quod praemisit. Nam ideo *in regnum Dei nemo nisi renatus ingredi potest* [Io 3,5] quod omnis *natus ex carne*, prima illa et naturali nativitate, *nihil sit nisi caro* [Io 3,6], *caro autem* [623] *nequeat regnum Dei consequi* [1 Cor 15,50]. Cognitione siquidem Dei regni eius participes [cf. Eph 3,6] reddimur: haec enim vita aeterna est. Iam ^{32}*animalis homo* qui caro est, *ea quae Dei sunt, cognoscere prorsus nequit*, priore Corinth. secundo

---

$^{y^1-y^1}$ *om.* AB. – $^{z^1}$ *add.* et Spiritu Dei afflatus fuerit, qui mentem innovat AB. – $^{a^2}$ *om.* A. – $^{b^2-b^2}$ *om.* AB. – $^{c^2-c^2}$ *om.* AB. –

$^{29-29}$ Baptism = initiation into heavenly peace ap: Aquinas, *S. Th.* 3a q. 66 a. 1, *Caramello* 3, 375 col. A–B. (Ps– Dionysius; *i* here).

$^{30-30}$ Adv: e.g. Cochlaeus, *De gratia sacr.*, 69r. (there: Mc 16,16 cited in support of water baptism necessary to salvation); Hubmaier, *Gespräch*, Täuferakten 9, 185 (there: Theophylactus ad Mc 16,16 [MPG 123, 1680] cited to show that Zwingli rejects water baptism).

^{31} Προσαπόδοσις – repetition of a word at the beginning and end of sentence (here: in two different sentences). Cf. *Lausberg* 1, par. 625.

^{32} Ap: Aquinas, *In Ioh.* ad loc., *Piana* 14 : 2, 19v. col. A (*ir* – cf. n. (14) supra).

[1 Cor 2,14]. Igitur *necesse est* alios et *spiritales fieri, quicunque in regnum Dei ingredientur* [Io 3,5].

Ne mireris [Io 3,7]. Hoc iam ex superiori infertur, quasi diceret Dominus: [33]habes Nicodeme caussam et necessariam quidem cur dixerim *non posse in regnum Dei quenquam nisi denuo vel de integro natum ingredi* [Io 3,5]. *Noli* ergo *id mirari* [Io 3,7].

⟨*Spiritus ubi vult spirat*⟩ *Spiritus ubi vult spirat* [Io 3,8]. Haec superiorum explanatio est. [34]Sunt autem qui non de vento, sed Spiritu Dei haec intelligant. *Spirat* utique ille *ubi vult* [35]nulloque creaturae arbitrio moderari potest, nihil illum prohibere, nihil assciscere[35]. Electos suos afflat *novosque* reddit [cf. Eph 4,24] [d2]cum ipsi visum fuerit[d2]. Huius *vocem* homines *audiunt* [Io 3,8], nam in sanctis loquitur; verum unde [e2]ille sanctis[e2] adveniat[f2], quove iterum abeat, ignorant. Prophetas utique audiebat populus divina disserere in quo vocem Spiritus clare percipiebat: at unde ille Spiritus eis adveniret, aut quo abiret, ignorabant. [36]Schaul regem, antea Spiritu vacuum, Spiritus prophetiae invaserat [1 Sm 10,10]. Prophetabat ergo et vox Spiritus ex eo audiebatur. Verum *unde veniret* ille Spiritus *et quo abiret* [Io 3,8] vulgo nesciebatur. Cumque considero Spiritus nomine sine additione non adeo crebro ventum, sed fere [37]*virtutem Dei* [Sap 11,21] in Scripturis significari et quod docto Legis Nicodemo non minus idonea manuductio esse potuerit ad cognoscendum quid *sit homo renatus ex Spiritu* [Io 3,6] exemplum de *Spiritu Dei afflante quos vult* [Io 3,8] et forte familiarior quam de vento[37], hanc sane expositionem priori nequaquam postposuero, imo, ut verum fatear, haec videtur mihi germanior. [38]Utramvis autem sequaris.

Hoc disci ex adducto exemplo Dominus voluit: *natum ex Spiritu* [Io 3,6] eum esse quem afflaverit et transformaverit *virtus Dei* [Sap 11,21] quae afflat et immutat coelestesque reddit, quos destinaverit [g2]in numerum sanctorum[g2] Deus [cf. Eph 1,4–5]. Unde subiecit: *Sic est omnis qui natus est ex Spiritu* [Io 3,8], id est: [39]arcana *Dei virtute* [Sap 11,21] afflatur et ad coelestia rapitur [cf. 1 Th 4,17][39] ut sit omni carni admirationi quae

---

[d2]–[d2] *om.* AB. – [e2]–[e2] *om.* AB. – [f2] *add.* illis AB. – [g2]–[g2] *om.* AB. –

[33] Ap: ErP 1524 ad loc., LB 7, 520 (*i*). Adv: Brenz, *In Ioh.* 1528 ad loc., 43r. (there: connected to Io 3,8).
[34] Cf. n. (15) supra.
[35]–[35] Ap: *Glossa ord.* [*marg.*] (*ip*).
[36] Ap: Brenz, *In Ioh.* 1528 ad loc., 43v. (*i*: ref. only, there used to illustrate: Spiritus = libertas).
[37]–[37] Adv: Brenz, *In Ioh.* 1528 ad loc., 43r., ad Io 3,9, 44r. (there: emphasis on wind as analogy of spiritual regeneration).
[38] Cf. n. (15) supra.
[39]–[39] Ap: ErP 1524 ad loc., LB 7, 520 (*ip*).

*h²*eiusmodi hominem videt sentitque alium et divinum factum*h²*, neque tamen agnoscere potest unde id illi*i²* contigerit et quem demum finem cum eo facturum sit.

Observationes

Observa primum: Deum ex omnibus hominum ordinibus habere suos. Deinde: electos non posse non tandem ad Dominum venire. Praeterea: mundi dignitates fere*j²* impedimento esse. Observa vero in Domino [40]imbecillem [cf. Rm 15,1] adeo Nicodemum non aspernante sed blande et familiariter docente quomodo et tu *infirmos fide* [Rm 14,1] debeas tractare: neminem certe qui de veritate inquirat abiicere, sed cum omni mansuetudine et longanimitate eiusmodi erudire[40]. Denique animadvertendum in his quam [41]stupeant ad divina etiam in Scripturis doctissimi, ubi non docet Spiritus Dei[41]. Protritam enim in omni Scriptura de innovatione nostri doctrinam *magister in Iisraël* [Io 3,10] Nicodemus capere non potuit, quamlibet familiariter a Domino traditam.

ENARRATIO SECTIONIS II [9–21]

Paraphrasis

Respondit Nicodemus et dixit ei: Quomodo [Io 3,9]. Nondum hora erat ut Spiritu plene Nicodemus omnia edoceretur: stupebat ergo etiamnum dicebatque Domino: *Quomodo possunt haec fieri* [Io 3,9]? Cui Dominus: *Tu magister es Iisraëlis* et doctor aliorum et *ista* tam cantata in Scripturis *ignoras* [Io 3,9]? Quid enim aliud est *cordis circuncisio* [Rm 2,29], vobis diligenter adeo a Moscheh ipso commendata [cf. Dt 30,6]? Quid toties inculcata populi sanctificatio [cf. Is 8,14] quam ista, de qua loquor, animorum innovatio et spiritualis nativitas? Satis utique omnis Scriptura testatur omnem carnem tantum ad malum propensam esse [cf. Gn 6,5]. Qui *igitur*, nisi *renata* [Io 3,5] et sanctificata, regnum Dei quod iustitiae regnum est [cf. Mt 6,33], possideret? Quid apertius quam quod de *regignente* [624] et *innovante Spiritu* Iirmeiah 32[39], item Iechezkel 11[19] et

---

h²-h² alium et divinum videt sentitque AB. – *i²* sibi AB. – *j²* *add.* pietati AB. –

[40-40] Ap: ErP 1524 ad Io 3,3, LB 7, 519 (*ip*). Adv: Anabaptist doctrine of excommunication. Cf. supra *cap.* 1 ad n. (226) and Zwingli, letter to Haller and Kolb, 28 April 1527, CR 96, 111. Perhaps here also adv: Brenz, *In Ioh.* 1528 ad Io 3,9, 44r. (there: Christ's words considered as "obiurgatio" of Nicodemus as typical representative of Pharisees).

[41-41] Ap: Augustine, *In Ioh.* tract. 12 ad loc., MPL 35, 1487, CCL 36, 124 (*ip*); ErP 1524 ad Io 3,10, LB 7, 520–521 (*ipe*).

36[26] et Ieschaeiah [cf. Is 32,14–15] passim vaticinati sunt? Id ipsum et
Psalmi [cf. Ps 50,12] plusquam dilucide canunt. Mirandum igitur quod tibi
sermo meus tam insolens videtur [cf. Io 3,10]. Sed haec tibi nequaquam
ideo opprobro quod desperare de coelesti sapientia debeas. Coepisti mihi
credere, in eo persta. Quae modo capere non potes, capies postea, *cum
Paracletus* tibi, me per mortem glorificato, *advenerit* [Io 14,26].

Interim tamen quae tibi dixi vera ne dubites, affirmo enim tibi verissima
esse. Nam qui vobis evangelion regni adnuntiamus et ad innovationem
vestri vos hortamur, ⁴²Iohannes et ego⁴², nequaquam incerta*ᵏ²*, sed *quae
scimus loquimur* et *quae vidimus,* hoc est certo cognovimus, *testamur. Vos
autem testimonium nostrum non recipitis* [Io 3,11]. Vos, inquam, Iudaei,
quibus ⁴³*peculiariter* [Dt 7,6] illud missum est [cf. Io 1,11]. Agnoscite hinc
quam stupidi ad doctrinam Dei sitis. ⁴⁴*Terrena* [Io 3,12] sunt*ˡ²*, quae
Iohannes et ego de resipiscentia et vitae innovatione necessariaque Spiritus
regeneratione hactenus docuimus, *ᵐ²*maxime si conferas sublimibus illis
misteriis filiis Dei [cf. Rm 8,14] revelandis, dum Spiritus sancti vitaeque
futurae in illis opes proferentur*ᵐ²*. Quis enim non sentiat omnes sensus et
cogitationes suas *a puero ad mala propendere* [Gn 8,21]⁴⁴? Quis nesciat
autem non nisi iustis et sanctis posse coeli municipatum contingere
[cf. Eph 2,19]? Denique quis non videat, *nisi Spiritu Dei, non posse novos
et sanctos renasci* [Io 3,5]? Quid igitur tam abstrusum, quid adeo coeleste
adhuc vobis dixi? Si autem cum dixi tantum *terrena*ⁿ² [Io 3,12] quaeque
sint rudimenta filiorum Dei [cf. Rm 8,19] *et non creditis* [Io 3,12], neque
potestis illa vera agnoscere, *quomodo credituri sitis, si dixero* plane *coelestia* [Io 3,12], sublimiora illa regni Dei arcana? Vel hinc itaque agnoscite
quam verum dixerim oportere *vos renasci* [Io 3,3] et alios fieri.

Sic sane res habet: *Quod ex carne natum est*ᵒ² [Io 3,6], *carnalia* tantum
sapit [Rm 8,5] et in terram semper pronum incumbit [cf. Iob 34,15]. ⁴⁵*In
coelum,* in divina, *nemo unquam ascendit, nisi qui e coelo descendit: Filius
hominis* ille, *qui in coelo* semper est [Io 3,13] et divinitate nunquam non
fruitur. Verbum enim Patris est et*ᵖ²* Deus verus et homo item verus in

---

ᵏ² *add.* vobis A. – *ˡ²* *add.* si conferas sublimibus illis mysteriis, filiis Dei adhuc revelandis A.
– *ᵐ²-ᵐ²* *om.* A. – *ⁿ²* *add.* quaedam AB. – *ᵒ²* *add.* caro est [Io 3,6] AB. – *ᵖ²* *om.* AB. –

⁴²⁻⁴² Ap: Brenz, *In Ioh.* 1528 ad loc., 44v. (*ip*).
⁴³ Cf. supra *cap.* 1, n. (45).
⁴⁴⁻⁴⁴ Ap: Chrysostom, *In Ioh.* hom. 27 ad loc., MPG 59, 157 (*i* and *p* of Cratander ed.
1522, hom. 26, 70). – Ap: Lambert, *De excaecatione* tract. 1, cap. 5, 13r., 14r. (*i*: all men
corrupt; only the elect will be reconciled to God).
⁴⁵⁻⁴⁵ In A inc. locus communis [!]: De veritate carnis Christi contra novos Marcionitas [i.e.
Brenz] fol. 77. – Emphasis on two natures, human on earth only; divine in heaven/every-
where, ad loc. ap: Augustine, *In Ioh.* tract. 12, MPL 35, 1488, CCL 36, 125 (*i*); ErP 1524 ad
loc., LB 7, 521 (*ip*). Here adv: Brenz, *In Ioh.* 1528 ad loc., 46r.–v. (there: no ref. to distinction
of natures).

posterioribus his temporibus [cf. Hbr 1,2] factus[45]. Hic [46]solus Patrem novit [cf. Io 1,18] et notum facere, id est in coelum secum subvehere potest [cf. Io 6,44]. Ipsum enim Pater electis omnibus unicum Salvatorem proposuit ut quicunque illi fidem habuerint Salvatoremque suum agnoverint, ita ab omni malo liberentur [cf. 2 Tim 4,18] et aeternam vitam consequantur, [47]*quemadmodum olim a morte servabantur icti a serpentibus dum*[q2] *serpentem aeneum a Moscheh in deserto suspensum adspicerent* [Io 3,14; Nm 21,9]. *Nam ut exaltatus omni populo conspicuus*[r2] *pendebat, ita oportebit et filium hominis* [Io 3,14], postquam morte infra infimos quosque deiectus fuerit factusque אִישִׁים חֲדַל, id est *minimus virorum* [Is 53,3] [s2]*hominumque reiectamentum*[s2] [t2], *exaltari* per evangelion visendumque toti orbi proponi, non quidem oculis corporis, sed fide mentis[47].

Tanta siquidem dilectio Dei erga mundum, hoc est erga omne genus hominum, fuit *ut Filium suum unigenitum dederit* atque in hoc omnibus mortalibus proposuerit *ut omnis qui credit in eum* et eum Servatorem suum agnoscit, *non pereat,* quanquam in se nihil nisi peccatum unde iure perire debebat, deprehendat [cf. Rm 7,18], *sed habeat vitam aeternam* [Io 3,16] et bonorum omnium satietatem, hic spe certa, in futuro vero possessione plena et revelata. Nam licet plurimis sit *positus in ruinam* [Lc 2,34], [48]reprobis scilicet et *natis ex Diabolo* [Io 8,44] qui, offensi eo, impietatem suam consummabunt et, *impingentes in* eum, *confringentur* et tandem, *cadente* illo[u2] *super eos, comminuentur* [Lc 20,18], attamen *non hac caussa hunc Filium suum Deus in mundum misit,* hominem factum, *sed multo magis et praecipue ut mundus,* omne scilicet genus hominum, per eum *salvetur* [Io 3,17], liberatum omni iniquitate et donatum plena iustitia [cf. Rm 6,18]. Id consequentur quicunque in ipsum crediderint. *Etenim qui illo fidit* quique certa fiducia ab eo pendet, is quamlibet peccator *non condemnabitur* [Io 3,18], sed olim peccatis omnibus plene per Spiritum illius liberabitur veraque iustitia [cf. Rm 6,18] donabitur[48].

Qui autem in eum *non crediderit, iam condemnatus est,* vel eo solo *quod non credit in nomen unigeniti Filii Dei* [Io 3,18], hoc est non recipit eum, qui solus potest peccatis liberare [cf. Io 8,36] [625] et iustitia atque vita donare [cf. Rm 6,18]. Porro condemnatio hoc ipsum est et in eo praecipue declaratur quod *lumen venit in mundum* [Io 1,9–10], [v2]*hoc est*[v2] veritas et

---

[q2] quum AB. – [r2] *add.* ille AB. – [s2–s2] *om.* A. – [t2] revelamentum B. – [u2] ipso A. – [v2–v2] *om.* A. –

[46] Emphasis on Christ as sole Mediator ad loc. ap: Brenz, *In Ioh.* 1528, 46r. (*i*).

[47–47] Ap: Chrysostom, *In Ioh.* hom. 27, MPG 59, 158–159 (*i*: antithesis physical/spiritual death. Here *p* of Cratander ed. 1522, hom. 26, 71).

[48–48] Election ad loc. ap: Augustine, *In Ioh.* tract. 12 ad loc., MPL 35, 1490, CCL 36, 127 (*i*); Brenz, *In Ioh.* 1528 ad loc., 49r. (*ip* but there also emphasis on faith). Cf. also n. (52)–(52). Adv: e.g. Chrysostom, *In Ioh.* hom. 28 ad loc., MPG 59, 162 in: Aquinas, *Catena* ad loc., Guarienti 2, 373 (there: judgement only at second coming).

salus per evangelion adnuntiatur et omnibus palam ostenditur unde[w2] salus et iustitia petenda sit; et homines tamen, *ii qui* non *sunt nati ex Deo* [Io 1,13], *magis* [49]*tenebras*, ignorantiam scilicet omnis boni, *dilexerunt* quam *lucem*[49]: *mala enim erant opera eorum* [Io 3,19]. Omnia nanque studia omnesque conatus eorum qui *ex Spiritu* non sunt *renati* [Io 3,5], prava sunt. Idque, quanto plus veritatis vulgo cognoscitur, tanto magis fit manifestum. Ideo eiusmodi mali homines mallent cunctos mortales stipites esse et ignorantiae tenebris omnia tecta [cf. Io 1,8] quam *veritatis scientia* [2 Tim 3,7] multos pollere. [50]Imo sibi ipsi invident recti scientiam. Graveque est, ubi illa ultro sese illis insinuat, quod eos, si illam admittant, tanto plus torqueat mali conscientia.

Quae autem iam possit maior impietas excogitari quam execrari pietatis doctrinam, neque [x2]solum quod rectum est facere nolle[x2], sed ne nosse quidem sustinere[y2] exitialique odio persequi eum qui, quod rectum est, velit indicare[50]? Quis enim[z2] dubitet actum de eo [51]aegroto qui vel meminisse medelae exhorreat? Ita quis non agnoscat iam [52]iudicatos et condemnatos eos, apud quos Satan tantum valet ut audire non sustineant et ad necem usque persequantur eum qui non modo vitam et felicitatem indicat, sed et largitur, *Unigenitum Dei* [Io 1,18][52]? Proinde, quod coepisti Nicodeme[a3], mihi adhaereto.

Lux mundi sum [Io 8,12] et *Salvator omnium* in me *fidentium* [1 Tim 4,10]. Peccata quidem hominum detego, sed ut [b3]illos ipsis[b3] liberem. Quanquam nunc quaedam capere non possis, si [c3]a me non defeceris[c3], olim cognosces et possidebis quicquid bonum est *vitam*que *aeternam* plene *percipies* [Mc 10,17].

Annotationes

[53]*Quod scimus* etc. [Io 3,11]. Nisi hoc velis [54]enallagen numeri esse ut idem sit acsi dixisset: quod scio[54], non videtur Domino rectius quisquam

---

[w2] ubi AB. – [x2–x2] solum nolle quod rectum est facere A. – [y2] velle A. – [z2] *om.* A. – [a3] *add.* mihi crede AB. – [b3–b3] illis eos AB. – [c3–c3] mihi non remiseris nuncium AB. –

[49–49] Same opposition: lux = veritas; tenebrae = ignorantia ap: ErP 1524 ad loc., LB 7, 523 (*i*). But cf. infra ad n. (158)–(158).

[50–50] Ap: ErP 1524 ad loc., LB 7, 522 (*i*: but there: condemnation of truth attributed to "liberum arbitrium"); Brenz, *In Ioh.* 1528 ad loc., 50r. (*i*).

[51] Ap: ErP 1524 ad loc., LB 7, 523 (*ip*); Brenz, *In Ioh.* 1528 ad loc., 50v. (*i*). Cf. infra ad n. (154).

[52–52] Ap: Lambert, *De excaecatione* tract. 1, cap. 3, 10r. (there: reprobi = Satanae synagoga [Apc 2,9]), tract. 2, cap. 13, 35r.–v. (there: reprobate judged in advance by being made to constantly violate divine will and Law). Cf. infra ad n. (155)–(155).

[53] Ap: Aquinas, *Catena* ad loc., *Guarienti* 2, 371 (*i*: problem raised, there: various solutions).

[54–54] Ap: Chrysostom, *In Ioh.* hom. 26, MPG 59, 156 (*it*: there: alternative exegesis to: "ego et Pater"); Theophylactus, *In Ioh.* ad loc., MPG 123, 1207–1208 (*it*).

[55]quam Iohannes coniungendus, quum Iohannes eadem omnino de innovatione hominum docuerit. [56]Chrysostomus putat hoc intelligi posse [d3]tanquam[e3] Dominus [f3]id de se[f3] et Patre dixerit[d3].

Testimonium nostrum non recipitis [Io 3,11] idem[g3] est quod[h3]: [57]pauci vestrum recipiunt, aliquot enim illud receperunt. Simile [58]supra habuimus: *In propria venit et sui eum non receperunt* [Io 1,11].

⟨*Quomodo terrena*⟩ *Si terrena dixi vobis* [Io 3,12]. [59]Coelestis magister omnia coelestia dixit. Ut certe *renasci ex Spiritu* [Io 3,5] nihil minus quam *terrena* [Io 3,12] res est[59], attamen [60]*terrenum* et crassum dici potuit, si id conferas cum eo quod nos per omnia *conformes fieri oportet imagini* [Rm 8,29] *Unigeniti* [Io 1,18] et prorsus *esse deos* [Io 10,34][60]. Quis enim non sentiat cum Paulo *in carne sua nihil esse boni* [Rm 7,18] eoque immutatione sibi opus esse, eaque quam nemo nisi Spiritus Dei possit praestare?

⟨*Nemo in coelum*⟩ *Nemo ascendit in coelum* [Io 3,13]. Haec et [61]rationem in se continent quare homines ita stupeant ad divina [i3]et contra hoc malum [62]consolationem. [63]Rationem[i3]: si enim *nemo in coelum ascendit* [Io 3,13] non est mirum quod capere homines coelestia nequeunt [cf. 1 Cor 2,14], et consolationem[i3]: quod per Christum queant in coelum subduci et coelestia omnia consequi[63]. Caeterum coelum, ut [64]supra dixi, significat *lucem inaccessam quam Deus inhabitat* [1 Tim 6,16], revelatum divinae maiestatis splendorem. Hunc tam *nemo potuit ascendere, praeter Unigenitum Dei* [Io 3,13; 1,18], quam nemo, praeter eum, Patrem cognoscere [cf. Io 1,18].

E coelo hic venit dum [65]*homo factus est* [cf. Io 1,14] qui antea tantum Deus erat. In coelo semper est quia semper Deus est. Ut[k3] *filius hominis* [Io 3,13] definitum a Patre tempus in terris egit, postea et homo in coelum,

---

[d3–d3] quod de se Dominus et Patre dixerit nos etc. A. – [e3] *add.* de se B. – [f3–f3] *om.* B. – [g3] id A. – [h3] *om.* A. – [i3–i3] *om.* AB. – [j3] *add.* ne tamen desperent AB. – [k3] *add.* vero AB. –

[55] Cf. supra n. (42)–(42).
[56] Chrysostom, *In Ioh.* hom. 26, MPG 59, 156.
[57] Ap: Lyra ad loc. only (*i*). Cf. Lambert, *De excaecatione* tract. 1, cap. 10, 18v. (*i*: elect among the Jews). Here perhaps esp. adv: Brenz, *In Ioh.* 1528 ad loc., 44r.–v. (there: conc. *all* rabbis and Pharisees).
[58] Cf. supra *cap.* 1 ad n. (61), (62)–(62).
[59–59] Adv: Brenz, *In Ioh.* 1528 ad loc., 44v.–45r. (there: refers to baptism but paraphrases as: puerilia doceo).
[60–60] Ap: Chrysostom, *In Ioh.* hom. 27 ad loc., MPG 59, 157 (*i*: there one of two alternative explanations) in: Lyra ad loc.
[61] Ratio = sentence which demonstrates why a particular proposition is true. Cf. *Lausberg* 1, par. 861–870.
[62] Consolatio – cf. *Lausberg* 1, par. 1058.
[63–63] Ap: Brenz, *In Ioh.* 1528 ad loc., 45v.–46v. (*ia*).
[64] Cf. supra *cap.* 1 ad n. (102)–(102).
[65–65] Ap: Augustine, *In Ioh.* tract. 12 ad loc., MPL 35, 1488–1489, CCL 36, 125 (*iap*).

in *inaccessam* divinitatis *lucem* [1 Tim 6,16] subvectus et *ad dexteram Patris* [Mc 16,19], hoc est in supremam potestatem, collocatus est[65].

⟨*Filius hominis*⟩ Notandum autem diligentissime quod Christus *filium hominis*, id est hominem (ebraismus enim est) sese ubique appellat. *Verbum nanque caro*, id est verus homo, *factum est* [Io 1,14], *semen Abrahae assumpsit* [Hbr 2,16]. Verus filius David est salutatus [cf. Mt 12,23]. Vere Maria eum hominem peperit. Solum peccatum quod neque naturae hominum, sed morbi est, ille non habuit; caetera in similitudine hominum. Hoc est: verus et aliis similis homo factus est, de *ossibus et carne* nostra [Eph 5,30]. *[l³] [m³] [66]Verbum carnem factum* [Io 1,14] [626] credimus, credere oportet Christum haudquaquam alium hominem fuisse et esse quam nos sumus, peccato solo, quod non est naturae, sed morbi, excepto [cf. 1 Pt 2,22]. *Carnem* enim pro homine et quidem mortali in Scripturis poni [cf. Mt 24,22], nemo ignorat Scripturae consultus[m³]. [67]Evangelista certe *Verbum* ideo [68]*carnem* quam hominem factum [Io 1,14] dicere maluit ut nobis commendaret summam illam Domini [n³]nostra[o³] caussam susceptam humilitatem[n³]. Caro hominem nequaquam *immortalem, invisibilem* [1 Tim 1,17] et impassibilem, sed mortalem, visibilem et passibilem in Scripturis significat[68]. Hoc, ut nos immortales et beatos redderet, *Verbum factum est* [Io 1,14]. Quod [69]*ex Spiritu sancto conceptus Dominus est* [Mt 1,20] ex eo [p³]inferendum est[p³] quod angelus [Mt 1,20; Lc 1,28], qui id primus renun-

---

[l³] add. □ Contra novos negatores carnis Christi AB. – [m³–m³] AB: [66] Sunt hodie quos infelix contentio, alioqui minime malos homines, eo torsit ut, ob adamatum nimium dogma praesentiae corporalis Christi in pane eucharistiae, affirment Christum nequaquam hominem esse, ut nos sumus, neque eius rationis, cuius nos, corpus habere, sed quod simulatque a Verbo assumpta humanitas fuit, facta sit divinitas coeperitque esse ubique. Eoque visibiliter quidem uno in loco Christum ante resurrectionem egisse et passum esse, at invisibiliter fuisse ubique et impassibilem.

⟨*Verbum vere caro factum*⟩ Quod vero mireris hoc perniciosum commentum suum probaturi, id adducunt quo ipsum maxime destruitur. *Verbum*, inquiunt, *caro factum est* [Io 1,14]. Christi caro Verbi caro est et a Spiritu sancto concepta, non igitur potest loco circumscribi et alia cum nostra carne habere communia. Si quis o fratres vobis φιλαυτίαν καὶ φιλονικίαν eximere posset atque persuadere et vos homines esse atque labi posse, quam facile ad haec vobis responderetur! Si creditis *Verbum carnem factum* [Io 1,14], cur alium quam nos sumus hominem, peccato solo quod non est naturae sed morbi excepto, Christum fingitis? An nescitis carnem pro homine et quidem mortali in Scripturis poni? [n³–n³] susceptam nostri causa humilitatem D. – [o³] nostri AB. – [p³–p³] inferte AB. –

[66] Variant (m³–m³) adv: Luther, *Wider die himml. Propheten*, WA 18, 211 (there: Christ's body cannot be circumscribed); Brenz, *In Ioh.* 1528 ad 14, 2–3, 237v.–238r. (there: Christ's body = velamentum), ad 14,6 (there: *Verbum caro factum est* = Verbum est via ad Patrem), ad 14,12 (there: Christ's body = dissimulatio).

[67–67] Passage retained in C adv: Hofmann. Cf. nn. (68)–(68) – (74) infra.

[68–68] Ap: Tertullian, *De resurr. mort.* 5, 5, MPL 2, 802, CCL 2, 927 (*i*). Cf. *Handlung*, BDS 5, 54 (there: summary of Hofmann's doctrine of "celestial flesh").

[69–69] Ap: Tertullian, *De carne Christi* 18, 1, MPL 2, 783, CCL 2, 905 (*ip*). Cf. *Handlung*, BDS 5, 59 (there: same argument adv: Hofmann on "celestial flesh").

tiavit, q^3ex eo intulitq^3 sanctum Dominum et Filium Dei esse, non *immortalem, impassibilem* [1 Tim 1,17], non omnibus r^3secundum hominemr^3 praesentem et Deo aequalem. Homo et Mariae atque Davidis filius ab eodem angelo nominatur [cf. Lc 1,32]. Id esse non poterit, nisi natus sit verus homo, qualis David secundum naturam qualisque Maria fuit. Deus et homo Christus est, non mixtum ex utroque[69].

⟨Subvertitur hac opinione spes resurrectionis. 1 Cor 15[12]⟩ [70]Quae ergo hominis sunt, nequaquam Christo adimenda sunt, sicut neque ea quae Dei sunt, sed suum utrique naturae tribuendum. Alioqui omnis spes nobis resurrectionis et tota Christo gratia incarnationis tollitur [cf. 1 Cor 15,14]. Qui enim, nostri caussa, nostram carnem assumpsisse illum agnoscamus, sis^3 carnem assumpsit quae semper fuerit ubique ac vere impassibilis, et tantum visibiliter (quod quid aliud est quam: in speciem passibilis)? Quomodo stabit argumentum Pauli: *Si Christus resurrexit et nos resurgemus* [1 Cor 15,12], si ille non habuit carnem nostrae parem? Quid enim mirum a morte resurgere carnem quae nunquam mori potuit invisibiliter et mortua est tantum visibiliter? Si vero et nos spiritualia corpora nanciscemur quae aeque ubique erunt, frustra carnis resurrectionem speramus. Non enim caro sed spiritus, imo Deus resurget[70]. Non sic Paulus [71]Christum *coelestem Adam et spiritalem* [1 Cor 15,45–47] esse praedicavit, sed qui Spiritu Dei perfunderet in se credentes, sicut primus Adam genuit ex se qui vitam haberent corporalem [cf. 1 Cor 15,45]. Certe dum nos *tales* futuros pronunciat *qualis est coelestis* Adam [1 Cor 15,48] et *imaginem eius gestaturos, sicut gestavimus terreni* [1 Cor 15,49], omnino eandem Christo, peccato dumtaxat excepto [cf. 1 Pt 2,22], quam nos habemus carnem tribuit[71]. Ea autem, cum in praesenti conditione immortalitatis capax non sit, [72]*oportebit corruptibile hoc induere incorruptionem et mortale*t^3 *hoc immortalitatem* [1 Cor 15,53]. Idque non aliunde speramus quam quod *Christus* [73]corruptibilem et mortalem carnem, nempe nostram, assumpsit estque in ea vereu^3 *mortuus*, vere emisit e corpore spiritumv^3 vitae corporalis et *tamen in triduo in vitam rediit*[73] [1 Cor 15,3–4]: w^3igitur et nos in vitam a mortew^3 redibimus, sed nostro tempore. *Christus enim primitiae*

---

q^3–q^3 nimirum ideo A. ideo B. – r^3–r^3 *om.* AB. – s^3 *add.* qui AB. *om.* qui [!] C. *add.* si D. – t^3 immortale [!] A. – u^3 *add.* quo ad visibilia et invisibilia naturae AB. – v^3 spiritum AB. spiritus [!] CD. – w^3–w^3 quare et nos AB. –

[70–70] Ap: Tertullian, *Adv. Marcionem* 3, 8, MPL 2, 332–333, CCL 1, 519 (*ipa*). Cf. *Handlung*, BDS 5, 60 adv: Hofmann.

[71–71] Ap: Tertullian, *Adv. Marcionem* 5, 10, MPL 2, 496, CCL 1, 693–694 (*ip*). Cf. *Handlung*, BDS 5, 60–61 (there: same argument adv: Hofmann).

[72] Ap: Tertullian, *Adv. Marcionem* 5, 10, MPL 2, 497, CCL 2, 694–695 (*i*).

[73–73] Ap: *Nicene Creed*, Hahn, *Symbole*, 162 (*p*).

resurgentium fuit qui ceu signum huius spei in se nobis sustulit. Lege diligenter quae Paulus 1 Cor. 15[20] scripsit*ˣ³*.

Non minus vero evertit errorem illorum et quod ad [74]Ephes. 5[30] Paulus scripsit: *Quia membra sumus corporis eius, ex carne eius et ossibus eius,* Ephes. 5[30]. Qui enim *ex carne et ossibus eius* erimus, si *ipsius caro* et *ossa fuerunt* semper ubique, et impatibilia? Rediviva ista Marcionis commenta, qui gloriae Christi studetis, fugite, sacram *anchoram spei nostrae* [Hbr 6,19] ne subvertite et incomparabilem Dei erga nos dilectionem qui, nostri caussa, nostram carnem Verbum suum (et *ne angelos* quidem) *assumere* [Hbr 2,16] voluit, nolite imminuere. Frater noster [cf. Hbr 2,17] factus est Filius Dei et eorum quos redimere venit carnem vere habuit, in ea *vere mortuus est et resurrexit* [1 Cor 15,3–4] immortalemque gloriam introivit. Cuius et nos credentes ei, quanlibet miseri et mortales, participes [cf. Hbr 3,1] erimus. A fermento igitur hoc pestilenti nimium, summo studio cavete quotquot Christum synceriter colitis. Qui plura pro veritate carnis Christi legere volet, legat [75]librum Tertulliani De carne Christi et quae scripsit contra Marcionem[67].

⟨[76]*Omnia* aliquo modo *Verbum per quod condita sunt* [Io 1,3] referunt⟩ *Quemadmodum Moses exaltavit serpentem* [Io 3,14]. Hic discendum quomodo figurae et typi, in Lege deliniati, in Christum adaptandi sint. *Verbum est, per quod sunt omnia* [Io 1,3] [627] *condita* [Col 1,16] et restaurabuntur [cf. Eph 1,10]. Ideo quicquid omnino*ʸ³* in orbe est et geritur, suo modo Verbum refert et habet in se unde pia mens, excita Spiritu, in cognitionem Verbi queat assurgere. Multo certiorem itaque Verbi imaginem continent quae cum populo Dei, caussa*ᶻ³* erudiendi eius in salutem*ᵃ⁴*, per ipsum gesta sunt. *ᵇ⁴*Plus enim quam ullis creaturis populo Israëli divinitatem suam exhibuit, cumulato tam raris, tam coelestibus, tam divinis donis et beneficiis*ᵇ⁴*. Praeterea natura hominum ita comparatum est ut, in omni rerum genere, [77]quae vulgatiora sunt, per similitudinem et analogiam in cognitionem perducant eorum quae sunt abstrusiora. [78]Sic ex corporalibus, spiritualia intelliguntur et ex parvis Dei operibus atque visibilibus, maiora atque invisibilia cognoscuntur[78]. Sic sol iste visibilis

---

ˣ³ add. et stupebis qui possint illi fratres (tales enim eos adhuc habeo) in tam manifesta veritatis luce misere adeo palpitare AB. – *ʸ³ om.* D. – *ᶻ³ om.* AB. – *ᵃ⁴ add.* caussa AB. – *ᵇ⁴–ᵇ⁴ om.* A. –

[74] Ap: Aquinas, *Lectura* ad Eph 5,30, *Cai* 2,76, 330 (*i*). Cf. BEph 1527 ad loc., 102 v. and *Handlung*, BDS 5, 72 (there: same argument adv: Hofmann).

[75] Cf. supra nn. (69)–(69) – (72).

[76] Exc. locus: De veritate carnis Christi, 78v. in A. Inc. locus: De typicis expositionibus Scripturae ac certis allegoriis vel anagogis, 79r.–87r. in A.

[77] Cf. supra *cap.* 2 ad nn. (48)–(48) – (50)–(50). Also ap: Ficino, *Comm. in De nom. div.*, *Opera* 2, 31 col. B (*i*).

[78–78] Ap: Augustine, *De catech. rudibus*, MPL 40, 335 (*ip*).

Verbi pios admonet quod [79]sol est invisibilis, illuminans atque vivificans [cf. Io 1,9] mentes. Atque inde dies ille corporalis a sole visibili factus, sanctos significat qui lux et dies facti sunt a sole invisibili, Verbo [cf. Io 1,5]. Ex hac certe analogia Scriptura accepit ut Christum *solem* [Mt 17,2] et *mundi lucem* [Io 8,12], *sanctos filios lucis et diei* [1 Th 5,5], *luminaria* [Phil 2,15] et id genus alia vocet[c4]. Ad eundem modum formatis metaphoris Scriptura plena est.

⟨Adam typus Christi⟩ Iam ergo[d4], sicut praesentius sese Verbum populo sanctorum semper exhibuit, ita necesse est certius eius admoneant quae, per Verbum facta, illis Scriptura commemorat. Hinc, cum Scriptura [80]Adam commemoret humani generis autorem et ita Christus autor sanctorum sit[e4] vitaque[f4] Spiritu donatorum, quemadmodum primus Adam [g4]autor et initium fuit[g4] vitam viventium corporis [cf. 1 Cor 15,45], Paulus Christum *Adam* [1 Cor 15,45], sed *alterum* atque *coelestem* [1 Cor 15,47] vocavit, vitaeque spiritualis et coelestis ipsi originem tribuit, sicut Scriptura vitae corporalis originem Adam primo. Haec iam translatio, ex proportione et similitudine sumpta, non solum venustior est, sed et significandi monendique vim habet maiorem quam si simpliciter de Domino praedicasset quod caput et autor esset vitae [cf. 1 Io 5,12] coelestis[80].

⟨Noah typus Christi⟩ [81]Sic per Noah *servatum est* genus humanum a diluvio, sed *in paucis, hoc est octo animabus* [1 Pt 3,20]. Quatenus tamen aliquid salutis per ipsum factum est, admonet eius qui plene salvat mortales omnes: Christi [cf. Mt 24,37]. Quique servati per illum fuere, umbram habuerunt [82]omnium electorum qui salvantur per Christum. Utque[h4] nequaquam servati fuissent, si se non commisissent fidei et arcae Noah, ita nemo potest salutis vere compos fieri, nisi qui sese commiserit Christo ecclesiaeque eius nomen dederit[82]. Hac subductione usus est Petrus in priore Epistola sua, capite 3[20][81].

Ita *Malcitzedeck rex Salem fuit sacerdos Altissimi* et *benedixit Abrahae* [Hbr 7,1]. Longe verius autem *rex iustitiae* et *pacis* [Hbr 7,2] est Christus, [83]verior *sacerdos* [cf. Hbr 7,15] qui *solus sacrificio suo* placare Deum potuit [Hbr 7,27], veriusque *Abrahamum* cum omni posteritate sua, id est electos,

---

[c4] vocat A. – [d4] *om.* A. – [e4] est A. – [f4] et vita A. – [g4]–[g4] *om.* AB. – [h4] *add.* illi AB. –

[79] Ap: Ficino, *Comm. in De nom. div.*, *Opera* 2, 38 col. A (*ipa*); ErEnch, can. 5, LB 5, 28 (*ip*).
[80]–[80] Ap: Aquinas, *Lectura* ad 1 Cor 15,45, Cai 1, 423–424, 989–994 (*ipa*).
[81]–[81] Ap: Luther, *Epistel S. Petri* ad 1 Pt 3,20, WA 12, 370 (*i*: OT/NT parallels ad Io 3,14; Gal 4,22; 1 Peter 3,20).
[82]–[82] Ap: Luther, *Epistel S. Petri* ad 3,20, WA 12, 370 (*i*: adherence to the ark = adherence to the Church through faith); Lambert, *De excaecatione* tract. 4, cap. 5, 64v. (*i*: those saved with Noah = the elect).
[83]–[83] Ap: Lyra ad loc. (*i*); Bugenhagen, *Annotationes* ad Hbr 7,1, 301 (*i*).

benedicit [Hbr 7,1], dum solus is est qui Spiritum donat iustitiae[83]. Haec ad Heb. 7[1ff.].

[i⁴]Abraham duos filios habuit [Gal 4,22], alter fuit reiectus, alter electus. In eo ostensum est omnia a libera Dei electione pendere nihilque referre a quo quis *secundum carnem nascatur* [Gal 4,23]. Hinc electi subinde *per translationem* Itzchak, reprobi Ischmaël, in Scriptura vocantur [cf. Gal 4,22–24]. Similitudo enim est illis cum Itzchak, his cum Ischmaële. [84]Sic, cum huius mater Hagar fuerit domo Abrahae tandem cum filio pulsa [cf. Gn 16,6–16], umbram retulit Legis Dei secundum literam, citra Spiritum, intellectae. Ut enim, quem illa genuit non potuit haeres esse Abrahae et molestus erat fratri nato ex libera, ita quos Lex sine Spiritu intellecta gignit, id est discipulos instituit, quia sine filiali fiducia amoreque erga Deum sunt, *in domo Dei non consistent, servi enim sunt* [Io 8,35], non germani filii, quare et veros filios persequuntur[84]. Hinc divus Paulus*[j⁴]* Gal. 4[22] adducens Scripturam memorantem quod *Abraham duos filios habuerit, alterum ex ancilla et alterum ex libera* etc. addit ea esse ἀλληγορούμενα [Gal 4,24], id est *[k⁴]per translationem* exponit*[k⁴ [!]l⁴]*. Quam *translationem* faciens illico ait: *Sunt enim ipsa duo testamenta* [Gal 4,24].

⟨Sarah ecclesia libertorum Spiritus et superna Ierusalem⟩ Nam consideravit similitudinem quae est inter servos literae Legis et filium Hagar ancillae, tum [628] inter Legem sine Spiritu intellectam et ipsam Hagar, servam et matrem eius cui filii ius negabatur. Deinde: inter Spiritu libertatis [cf. 2 Cor 3,17] praeditos eoque germanos *filios et haeredes Dei* [Rm 8,17] et Iitzchak, filium Sarah liberae, qui, *ex promissione natus* [Gal 4,23], solus Abrahae haeres factus est. Tum: inter [85]Ierusalem supernam, veram ecclesiam sanctorum, aut certe testamentum et *foedus novum* [Ier 31,31] *quod* Spiritu Dei *in cordibus* electorum *percutitur* [Ier 31,33] et Sarah liberam, veri haeredis matrem[85]. Praeterea notavit et hoc, quod *mons Sina* in quo Lex data est [cf. Lv 26,45], *Hagar* [86]coeperit *vocari, sed et quod ad*

[i⁴] *add.* □ Iitzchak electi Iischmael reprobi AB. – [j⁴] *add.* ad AB. – [k⁴–k⁴] quae per translationem exponantur AB. – [l⁴] exponi D. –

[84–84] Ap: Luther, *In Gal.* 1519 ad loc., WA 2, 552 (*i*: but there: contrast between Law and grace); Bugenhagen, *Annotationes* ad Gal 4,22, 39 (*i*: contrast between servants and true sons); Lambert, *De excaecatione* tract. 1, cap. 1 (*i*: haeredes in Gal. 4 = the elect); Theophylactus, *In Gal.* ad loc., MPG 124, 1007–1008 (*i*: persecution).

[85–85] Hierosolyma coelestis = ecclesia ap: Chrysostom, *In Gal.* ad loc., MPG 61, 602 (*i*); Theophylactus, *In Gal.* ad loc., MPG 124, 1005–1006 (*i*: there strict link as here: Sarah = heavenly Jerusalem = community of the faithful free from the Law); ErAn 1527 ad Gal 4,22ff., LB 6, 821 (*i*).

[86] Cf. Theophylactus, *In Gal.* ad loc., MPG 124, 1005–1006 (there: Agar in Arabia = Sina in Arabic; thus also ap: ErAn 1527 ad Gal 4,22ff., LB 6, 820).

[87]*Hierosolyma mons ille pertingeret* [Gal 4,24–25]. Et eo enim significare voluit Legem sine Spiritu Christi intellectam non nisi servos et, cum filio Hagar, domo Dei pellendos [cf. Io 8,35] gignere. Tales autem esse et [88]Iudaeos sacra sua Hierosolymis habentes, quamlibet carne Sarah matrem iactarent [cf. Is 51,2]. Ut enim vicini essent Hagar [cf. Gal 4,25], id est monti Sina, Hagar cognominato in quo Lex lata fuit [cf. Lv 26, 45], ita et servilitatem Hagar referrent. Neque plus essent de Lege consecuti quam corticem literae, unde animis essent nequaquam renovatis [cf. Eph 4,23] eoque libertatis verae expertes; atque inde fieret quoque ut vera Spiritus libertate [cf. 2 Cor 3,17] donatos *persequerentur* [cf. Gal 4,29][87].

[m⁴] [89]Vel hinc ergo clare videmus quomodo *quae populo veteri* divinitus *contigerunt* [1 Cor 10,11] Christi et corporis eius typi *figuraeque* et umbrae sint quaque ratione debeant explicari. Omnia utique quae suis Deus fecit, opera fuere benevolentiae eius. Ut ergo iam in Christo summam erga suos benevolentiam declaravit [cf. Eph 1,9] eiusque – postquam illum glorificavit – sancti, plenius quam veteres, participes [cf. Hbr 3,14] redduntur, eorum profecto quae in Christo nobis donata sunt, in beneficiis quae priscis sanctis exhibita sunt, similitudinem aliquam atque umbram licet videre et ita *per translationem* [Gal 4,24] quae scripta de illis sunt, nostris cum proportione adaptare, hoc est ἀλληγορεῖν καὶ τροπολογεῖν ut alia quam prima facie illa significant, in eis consideranda doceamus. In his autem observandum ut similitudo et proportio pateat, ut certa sit, ut sensum fidei feriat [cf. Rm 12,6]. Nam in hoc istiusmodi ἀλληγορούμενα [Gal 4,24] adhibentur ut, quae docentur, clarius et significantius animis hominum commendentur. Peccatur in his igitur dum aut obscurior similitudo, aut nulla est, aut incerta quam fidei (quae indubitatis tantum capitur) sensus non agnoscit[89].

[m⁴] *add.* □ Ratio explicandi typos A. –

[87–87] Ap: Theophylactus, *In Gal.* ad loc., MPG 124, 1005–1006 (*ip:* Hagar (Sina) near Jerusalem = Jewish enthralment to the Law = their descent from the slave mother of Ismael, Hagar). Thus also ap: Chrysostom, *In Gal.* ad loc., MPG 61, 661 (there: proximity of place more explicitly stated; probably *i* here); and Luther, *In Gal.* 1516 ad loc., WA 57, 97 (*i*). Here adv: ErAn 1527 ad loc., LB 6, 820 (there: mount Sina far away from Jerusalem; Paul speaking allegorically taking συστοιχεῖ = similis).

[88] Adv: ErAn 1527 ad loc., LB 6, 821 (there: Paul here is equating Jews, Arabs and inhabitants of Jerusalem).

[89–89] Cf. BEv 1527 ad Mt 1–8, *Epist. nunc.*, 5r.–8r. (there: John Colet cited to support maintaining only such allegory as already in Scripture). Insistence on typology here ap: Aquinas, *S. Th.* 1a q. 1 a 10, *Caramello* 1 : 1, 9 col. A (*i:* O.T. → N.T. → participation in glory of Christ) adv: Luther, *In Gal.* ad 4,24, WA 2, 550–551 (there: adv: allegory but typology also discounted). Also adv: Capito, *In Hoseam* ad 2,23.24, 65v.–66r. (there: Jews only blinded temporarily: will eventually return to Israel). Cf. infra *cap.* 12 ad nn. (128)–(128) – (130)–(130).

⟨Intempestiva allegoria Hieronymi⟩ Sic, dum [90]Hieronymus ad Rufinum in epistola quae incipit: "Multum in utranque partem crebro fama mentitur" per *duas meretrices* quibus Schlomoh iudicavit 3 Regum 3[16], [91]synagogam et ecclesiam intelligendas docet, [n4]quum sit admodum longe petita et tantum non extorta similitudo, haud potest adeo illa fides vel pasci, vel oblectari[n4]. Satis habebit enim[o4] pius in eo facto Domini agnovisse erga Schlomoh, adhuc [92]puerum, miram adeo dignationem. Et tum a minori transibit ad id quod maius est agnoscetque, cum tantum dederit Schlomoh Spiritum Deus, veriori Schlomoh et filio David, restauratori omnium, datum longe praestantiorem, qui iudex constitutus orbis [cf. Act 10,42] est quique, ut Vates habet, non *iudicabit iuxta id quod oculis viderit* et *auribus audierit, sed* adeo *valebit timore*, id est pietate *erga Dominum*, ut odoraturus sit quod res sit et *per iustitiam iudicaturus pauperibus* et *per aequitatem arguiturus pro afflictis terrae* etc. Iesch. 11[3–4]. Sic in meretrice pueri sui tam amante ut alienae vivum concedere mallet, quam videre ut scinderetur[p4] [3 Rg 3,26], animadverte: si haec mala mulier suum infantem tantopere dilexit, Deum solum bonum nos, iuxta suam promissionem Iescha. 49[15], infinito ardentius diligere. Haec et his similia certa sunt, quia patentem Spiritui similitudinem atque proportionem habent eoque fidem possunt alere [cf. Rm 12,6]. Quae autem finxit Hieronymus, ut ingenii acumen referunt et tanquam ingeniose dicta carnem oblectant, ita fidei [q4]non adeo[q4] prosunt quia nihil in eis certi, nihil firmi. Talibus autem typicis, quas vocarunt, et allegoricis interpretationibus veteres plerique adeo indulserunt ut et planissima evangelica dicta ad allegorias eiusmodi traxerint, sed nihilo firmiores quam quilibet ingeniosior ex Homero et Vergilio quoque contingere possit. At in ecclesia, ut sermones Dei quibus nihil [629] indubitatius, omnia nos loqui et scribere addecet. Et dolendum esse et [93]hodie, qui istam allegorizandi sibi licentiam nimis temere permittunt[93].

[94]Apostolos igitur libeat magis[r4] quam veterum quosdam – [95]Origenem, Hieronymum ac alios – in typorum explicationibus et eorum *quae veteri-*

[n4-n4] quid simile, unde fides pasci, aut oblectari queat? AB. – [o4] itaque AB. – [p4] discinderetur AB. – [q4-q4] nihil AB. – [r4] *add.* magis D. –

[90] Jerome, *ad Rufinum, Epist.* no. 74, MPL 22, 682–683, CSEL 55, 23–29.
[91] Ap: Jerome, *ad Rufinum, Epist.* no. 74, MPL 22, 683, CSEL 55, 24 (*p*).
[92] Ap: Jerome, *ad Rufinum, Epist.* no. 74, MPL 22, 682, CSEL 55, 24 (*i*).
[93-93] Adv: esp. Bugenhagen, *In primum lib. Regum* ad 1 [3] Rg. 3,16, 20–21 (there: Jerome's allegory repeated). Cf. also nn. (94)–(104) infra.
[94] Ap: Augustine, *De doctr. christiana* 3, 34, MPL 34, 84–85, CCL 32, 107–108 (*i*: there: same parallels between O.T. prophecies and apostolic writings rel. discussion of "Israel carnalis" and "Israel spiritualis").
[95-95] Ap: Luther, *In Gal.* ad 4,24, WA 2, 550–551 (*ip*: there: also criticism of Origen and Jerome; anagogy within Scripture itself); *Vorrede in AT* 1523, WA 8, 10 (*i*: OT/NT parallels

bus contigerunt [1 Cor 10,11] ad nos *translationibus* imitari. Manifestam enim et certam habent illorum *translationes* [Gal 4,24] et [96]anagogae similitudinem; Patrum vero pleraeque, *s*maxime Origenis*s*, aut nullam aut valde obscuram[95]. Ne igitur idem et nobis contingat, discernenda diligenter sunt quae Scriptura habet. Inde vestigandum quid primum et praecipue Spiritus, quaque in re voluerit, qui in omnibus id quidem studet ut Dei bonitas a nobis agnoscatur [cf. Rm 11,22] nosque in illam transformemur, sed variis id docet et commendat rationibus.

⟨Scriptura habet historias, vaticinia, praecepta⟩ [97]Habet siquidem Scriptura primum manifestas historias operum Dei, praecipue autem eorum quae Deus*t* pro suis operatus est. Habet inde vaticinia eorum quae pro suis operaturum promisit. Habet denique praecepta quibus docuit quae a suis requirat. [98]Ea autem duplicia sunt. Quaedam enim praecipiunt quae Deus ab omnibus et semper requirit, ut quae cum *dilectione* ipsius et *proximi* necessario connexa sunt, ut *ne adoremus idola* [Lv 26,1], *ne furemur* [Ex 20,15] et huius generis alia. Quaedam rationes et formas tantum habent quibus ad tempus populum suum ad *dilectionem* ipsius et *proximi* [Rm 13,10] utcunque voluit promoveri, qualia sunt quae de formis iudiciorum atque caerimoniis praecepit[98].

In historiis itaque operum Dei quae omnia valde bona sunt, praesertim *diligentibus Deum* quibus in *bonum universa cooperantur* [Rm 8,28], observandum est, uti paulo ante dixi, ut*u* [!] [99]similibus ad similia transeamus et a minoribus beneficiis, qualia sunt illa externa, ad maiora, qualia sunt interna, observata [100]analogia, ascendamus[99]. Sic terra Chanaan admonebit regni coelorum; *man quo in deserto populus Dei pascebatur*, Christi [cf. Io 6,31] qui solus ita mentem pascit *ne amplius esuriat* [Io 6,35].

---

s-s om. AB. – *t om.* AB. – *u add.* ex AB. *add.* a D. –

within Scripture; criticism of Origen and Jerome). Here perhaps adv: ErRatio 1518, LB 5, 80 (there: Fathers esp. Origen recommended for interp. of allegories and OT types).

[96] Anagoge: an expression which refers to a terrestrial object but has an eschatological meaning. Cf. *Lausberg* 1, par. 900 no. 4.

[97] This division ap: Augustine, *De doctr. christiana* 2, 13, MPL 34, 41, CCL 32, 39–40 (*i*: there: quinque Moysei, historia, prophetae); Lambert, *De excaecatione* tract. 6, cap. 1, 93r. (*i*: there: division implicit).

[98-98] Ap: Aquinas, *S. Th.* 1a 2ae q. 100 a. 11, *Caramello* 1 : 2, 465 col. A (*ip*: there: praecepta moralia = eternal, part of natural Law; praecepta caeremonialia et iudicialia = instituted on basis of praecepta moralia). Cf. n. (113) infra.

[99-99] Ap: Aquinas, *S. Th.* 1a q. 1 a. 9, *Caramello* 1, 8 col. A (*i*: there: passage from the corporeal to the spiritual = from external to internal here). Perhaps adv: ErRatio, LB 5, 91 (there: exact correspondence OT/NT).

[100] Ap: Aquinas, *S. Th.* 1a q. 1 a. 10, *Caramello* 1, 9 col. B; Lambert, *De excaecatione* tract. 6, cap. 1, 93r. (*i*: correspondence of passages within Scripture; no external criteria required); Augustine, *De Gen. impf.* 3, 2, MPL 34, 222, CSEL 28 : 1, 461 (*i*: correspondence rel. esp. to OT = NT). On *analogia* generally cf. *Lausberg* 1, par. 466.

Omnes vero ministri bonitatis Dei Christum, primum Mediatorem, per quem cuncta Dei beneficia impetrantur[v4] nobis et dispensantur, adumbrant. Hinc in Moscheh [Io 3,14], in Aharone [Hbr 5,4], Iehoschua, Davide [Hbr 4,7], Schlomoh [Mt 12,42] et omnibus per quos unquam egregium aliquod Dei beneficium hominibus administratum est, typi Christi deliniati sunt. Quia autem in his celebrioribus viris[w4] typi Christi maxime eminent, sunt etiam ab apostolis peculariter notati. Ne ergo in his in dissimilitudinem, aut obscuram et extortam (quam fidei sensus respuit) similitudinem incidamus, probe perpendendum quatenus [101]beneficia minutiora et corporalia cum maioribus et spiritualibus[101], item ministri illi[x4] divinae bonitatis cum Christo similitudinem, aut analogiam, habeant.

Semper enim cogitandum quod eiusmodi translationes ἀναγωγαί, id est subductiones sunt, quibus a minoribus ad maiora animi subducuntur. Quapropter necesse est in absurda, nedum incerta illos[y4] sese inducere qui [102]volunt omnia in typis Christo et ecclesiae adaptare. [103]Itzchak typus Christi fuit, ut enim ille *filius promissionis* [Gal 4,28], ita et Christus, imo perfectius Christus. Ut *per illum benedictio* multis *nationibus* allata fuit [Sir 44,25] dum per se et suos posteros Dei cognitionem[z4] docuit, ita multo verius benedictio Dei orbi allata est per Christum, per quem non solum doctrina, sed et Spiritu pietatis donati homines sunt [cf. 1 Tim 6,3][103]. Secundum haec igitur, si ab Itzchak anagogen ad Christum feceris, certa erit et idonea aedificationi. Sin voles et [104]reliqua omnia quae de Itzchak legis, nempe: quod caecutienti ab uxore et filio impostum fuit [cf. Gn 27,1ff.], quod contra oraculum Dei maiorem filium[a5] minori voluerit *dominum constituere* [cf. Gn 27,37] et alia id genus in Christum transferre, dices non infirma solum, sed et inepta multa. Utque ingenium in eo ostentare poteris, ita fidem aedificare non poteris.

Sic populus Israël quod a Deo in *peculium* [Ex 19,5] electus mirabiliterque ductus fuit, ecclesiae umbram quandam retulit, at, si in[b5] singulis quae illis acciderunt [cf. 1 Cor 10,11], [c5]quaerere voles quod in ecclesia respondeat[c5], nugae erunt multa quae te fingere oportebit. Idem tibi usu veniet, si ideo quod quaedam in Moscheh, in Aharone[d5], Davide, in Schlomoh ac aliis, [630] in Christum per analogiam quadrant, velis omnia illorum Christo adaptare.

[v4] promerentur AB. – [w4] *om.* AB. – [x4] *add.* alii AB. – [y4] illos AB. illo [!] CD. – [z4] *add.* illos AB. – [a5] *om.* AB. – [b5] *om.* AB. – [c5–c5] in ecclesia voles quaerere quod respondeat AB. – [d5] *add.* in AB. –

[101–101] Ap: Aquinas, *S. Th.* 1a q. 1 a. 9, *Caramello* 1, 8 col. A (*ipa*).
[102] Cf. n. (104) infra.
[103–103] Ap: Zwingli, *In Gn.* ad 22,2, CR 100, 144, ad 22,5, CR 100, 148 (*ip*).
[104] Adv: Zwingli, *In Gn.* ad 22,5, CR 100, 148 (there: detailed parallels between Christ and Isaac – based on Origen, *In Gn.* hom. 8–14, MPG 12, 207–240 – but no mention of events in Gn 27 as anagogical).

⟨Cavendum ne quid torqueatur⟩ Proinde diligenter observandum ne quid ad Christum aut *ecclesiam, corpus eius* [Col 1,24], ex gestis veterum transferamus quod non certo ac manifesto quadret. Ad quid enim facta priscorum in Christum et ecclesiam contorquebimus, cum ille ex suis ipsius factis quae*ᵉ⁵* Evangelistae memorarunt, praedicaverunt apostoli, clare adeo sanctis innotuerit et ecclesia*ᶠ⁵* ex amplissimis, quae a sponso suo [cf. Eph 5,25] accepit donis, sic agnoscatur ut qui velit his ex gestis figurisque veterum [cf. 1 Cor 10,11] lucem adferre, id faciat quod qui ¹⁰⁴ᵃlucernam adhibeat soli?

Vehementer *varia sapientia Dei nota fit principatibus coelestibus per ecclesiam* [Eph 3,10] et scilicet ex factis Abraham, Itzchak, aliorumve patrum et regum opus erit eruere cognitionem Christi ecclesiaeque divitias? Nihilo prudentius hoc fuerit quam si quis, ex factis puerilibus, de ingenio velit disserere viri. ¹⁰⁵Iam pueri instar [cf. 1 Cor 13,11; Gal 4,3] fuit populus Legis. Quare quae etiam magnifica illi acciderunt, collata iis quae donata sunt ecclesiae, puerilia sunt et admonere possunt horum¹⁰⁵. Illustrare ea, *ᵍ⁵*nisi ¹⁰⁶collatione minoris cum maiore*ᵍ⁵* ¹⁰⁶, non possunt; imo ex his illa lucem accipiunt. Tantum est gratum ac etiam utile videre ut Dei bonitas in illis praeluserit sibi ad gratiam Christi. Deinde habet et ipsa adhibitio paradigmatum atque similitudo suam gratiam docendique momentum non contemnendum.

⟨De typicis interpretationibus vaticiniorum⟩ Porro de vaticiniis sic habet. ¹⁰⁷Quaedam aperte et sine medio typo de Christo et ecclesia praedicunt. In iis nullus est *translationis* [Gal 4,24], vel anagogiae locus. Ita ut sese offerunt, consideranda sunt. Sed sunt minime pauca quae de Christo quidem et ecclesia praedicunt, sed mediantibus iis qui typum aliquem Christi et ecclesiae gesserunt¹⁰⁷. ¹⁰⁸Sic sane illud quod de filio Davidis vaticinium 2 Schmuel 7*ʰ⁵* [12], 1 Chronico. 17[11] et Psal. 88[27] legimus,

---

ᵉ⁵ *add.* vel AB. – *ᶠ⁵* illa quoque AB. – *ᵍ⁵⁻ᵍ⁵* *om.* AB. – *ʰ⁵* *add.* et D. –

¹⁰⁴ᵃ Ap: ErAdagia, chil. 2, centur. 5, prov. 6, LB2, 556 (*p*).

¹⁰⁵⁻¹⁰⁵ Ap: Aquinas, *S. Th.* 1a 2ae q. 98 a. 2, *Caramello* 1 : 2, 445 col. A (*ip*); Luther, *In Gal.* 1516 ad 4,3, WA 57, 86 (*i*). Cf. also *cap.* 1 supra ad nn. (230)–(237) (there: adv: Borrhaus).

¹⁰⁶⁻¹⁰⁶ Cf. supra ad n. (99)–(99). Here also perhaps ap: Augustine, *De doctr. christiana* 3, 34, MPL 34, 84–85, CCL 32, 107–108 (*i*: there: fourth rule of Tichonius: de specie et genere = passage from part to whole/smaller to larger).

¹⁰⁷⁻¹⁰⁷ Ap: Augustine, *De doctr. christiana* 3, 34, MPL 34, 84–85, CCL 32, 107–108 (*i*: distinction between prophecies rel. to OT and NT and those rel. directly to NT). Here perhaps adv: Borrhaus, *De operibus*, 75r. (there: complete disjunction between external and internal Israel).

¹⁰⁸⁻¹⁰⁸ Cf. BEph 1527 ad 5,25ff., 101v.ff. Ap: Augustine, *De doctr. christiana* 3, 34, MPL 34, 84, CCL 32, 107 (*i*); Bugenhagen, *In 2. Sam.* ad 7,12, 317 (*ipa*); Bugenhagen, *In primum lib. Regum* ad 2: allegoria, 17 (*i*: rel. between kingdoms of David, Solomon and Christ).

ubi Deus promittit se illi *Patrem fore* [1 Par 17,13] *et regnum eius in perpetuum firmaturum* [2 Sm 7,12], in Christum quidem competit, at non sine medio typo quem Schlomoh gessit. Unde et quaedam in eo vaticinio proprie Schlomoh competunt, quaedam vero augustiora sunt *[i5]*quam ut in Schlomonem quadrent et ea Christo proprie tribuuntur*[i5]*. De quo nonnihil disserui in Epistolam ad Ephes. capite 5[108]. Simile est [109]vaticinium Iescha*[j5]* de *voce clamante* [Is 40,3], de quo supra capite 1, sectione 6[109]. Innumera vero sunt huius generis vaticinia quae primum typis Christi, inde Christo ipsi conveniunt. In his id observandum erit quod et in historia gestorum. Perpendendum enim quatenus quae dicta de iis sunt qui umbram aliquam Christi vel ecclesiae retulerunt, Christo et ecclesiae competant, ne quid illis praeter apertam et certam similitudinem adaptetur. Simul observandum quae in vaticiniis illis typis propria, quaeve typos excedunt et ecclesiae, vel Christo peculiaria*[k5]* sunt, ut in [110]vaticinio 2 Schmuel 7[16] quod de perpetuitate regni praedictum est, in solo Christo (et nequaquam in Salomone aliisve Davidis posteris) completum est[110]. Haec merito pluribus explicarem, *[l5]*sed cum fere requirant [111]librum proprium, non est visum in praesenti ab enarrando Evangelista expatiari longius*[l5]*.

⟨Quomodo tractanda sunt praecepta quanque varia ea sint⟩ Praeceptorum vero quibus ea praecipiuntur in*[m5]* quibus per se pietas constat, eadem quae et vaticiniorum quae Christo proprie competunt, ratio est. [112]Nullam enim anagogen admittunt. At vero quae [113]accessoria pietati sunt, quaeque pro tempore illam apud populum veterum utcunque iuverunt, non unius generis sunt. [114]Quaedam formas iudiciorum civilium praescribunt in quibus potissimum discenda aequitas est[114] et, quanquam ea sola exigatur a nobis, [115]neque velit ad rationes illas iudicandi Deus nos

---

[i5-i5] ut propria sint Christo A. – *[j5]* add. □ Esa. 40 D. – *[k5]* propria A. – [l5-l5] sed angustia temporis negat id in hoc libro facere. In alio, volente Domino, et forte [111] Psalmorum, vel aliquo Prophetarum, fusius illa atque confirmatius tradam A. – *[m5]* om. A. –

[109-109] Cf. supra *cap.* 1 ad nn. (118)–(126) and index ad Io 3,14. – Ap: Oecolampadius, *In Is.* ad 40,1ff., 210r. (*i:* prophecy refers to Cyrus and to Christ).

[110-110] Ap: Bugenhagen, *In 2. Sam.* ad 7,16, 312–315 (*ia*).

[111] This was never done. Cf. infra ad n. (127), *cap.* 5 ad nn. (121)–(121) – (122)–(122); also supra *cap.* 1 ad n. (319).

[112] Adv: Borrhaus, *De operibus*, 75r. (there: only ceremonial Law considered; not to be interpreted literally).

[113] Cf. n. (98)–(98) supra. Here only civil and ceremonial Law discussed. Cf. BPs 1529 ad Ps 1,6, 11r.ff. for detailed exposition of the Law.

[114-114] Ap: Aquinas, *S. Th.* 1a 2ae q. 104 a. 1, *Caramello* 1 : 2, 499 col. A (*i:* praecepta iudicialia govern men's conduct towards one another).

[115-115] Ap: Aquinas, *S. Th.* 1a 2ae q. 104 a. 3, *Caramello* 1 : 2, 500 col. B – 501 col. A (*i*). Adv: Melanchthon, *Loci* 1521, CR 21, 128–129 (there: OT leges iudiciales not relevant to NT).

adstrictos esse secundum literam, paucos tamen casus esse arbitror in quibus non praestaret illas Dei leges, quam diversas, sequi[115]. Potuit enim et Deus salubribus legibus rem publicam instituere, idque non paulo prudentius Draconibus, Solonibus, Platonibus, Aristotelibus, Ciceronibus et id genus sapientibus huius seculi. Sunt deinde [116]varia de ritibus purificationum praecepta quae et ipsa primum nos docent, quam decenter[ns] sine sordibus [cf. Lv 15,31] versari cum proximis nostris oporteat[os 116]. Hic nucleus earum le[631]gum est, caetera testa sunt. [117]Deinde est a corporali purificatione in his ad purgationem transeundum animorum, sed cum ultro offerente se similitudine et proportione ut nihil contorqueas, nihil adferas quod sensum fidei non feriat[ps]. In quibus omnibus nobis primum discenda in Deum pietas est ut illi nos ipsos et nostra omnia offeramus[117]. Et inde, quia [118]unus Christus est qui suo sacrificio Patrem[qs] placavit [cf. Hbr 9,14] nosque expiavit, a sacrificiis tam multiplicibus anagoge facienda est ad unicum Christi [cf. Hbr 8,27][118], a multis sacerdotibus ad unum summum sacerdotem Christum [cf. Hbr 8,23], a *tabernaculo manufacto ad coelestia* quorum [rs]tabernaculum Mose[rs] figuram, umbram, typum, et exemplum praetulit [cf. Hbr 9,11.5].

[ss]Haec [119]Epistola ad Ebraeos capite 8, 9 et 10 egregie tractat et vel sola docere poterat quomodo *Lex umbram futurorum bonorum, non ipsam imaginem rerum contineat* [Hbr 10,1] et quomodo rebus in Christo completis umbrae Legis sint[ts] aptandae. Meminit siquidem illa capite 9 totius fere apparatus et supellectilis tabernaculi et satis tamen habet, ex eo quod

---

[ns] decentissime et AB. – [os] om. AB. – [ps] add. Postremo extant et praecepta sane plurima de ritibus colendi Deum et sacrificandi AB. – [qs] add. demum vere AB. – [rs-rs] illud AB. – [ss] add. □ Exemplum Epistolae ad Heb. A. – [ts] essent AB. –

[116-116] Ap: Aquinas, *S. Th.* 1a 2ae q. 102 a. 6, Caramello 1 : 2, 489 col. A (*i*). Cf. supra *cap.* 1 ad nn. (262)–(264) and index ad Io 1,33. Adv: Melanchthon, *Loci* 1521, CR 21, 129 (there: ceremonial laws = "adumbratio" only); Bugenhagen, *In Dt.* ad cap. 12, 63 (there: only Decalogue remains).

[117-117] Ap: Augustine, *Contra Adimantum* 15, MPL 42, 152–155, CSEL 25, 154–159 (*i*: corporeal → spiritual purification); Aquinas, *S. Th.* 1a 2ae q. 103 a. 3, Caramello 1 : 2, 496 col. A (*i*: rel. between degree of faith/quality and quantity of ceremonies. Cf. BEv 1527 ad Mt 5[17ff.], 149v.); Melanchthon, *Loci* 1521, CR 21, 129 (*i*: interpretation of types acc. reasonable criteria).

[118-118] Ap: Aquinas, *S. Th.* 1a 2ae q. 102 a. 3, 474, col. A (*ip*). Cf. Augustine, *De doctr. christiana* 3, 34, MPL 34, 84–85, CCL 32, 107–108 (there: fourth rule of Tichonius: the particular leads to the general; does not provide exact // s; perhaps also *i* here).

[119-119] Cf. BEv 1527 ad Mt 5[17ff.], 151v. (there: Hb 8–10 used to show unity of OT and NT!). Multiplicity of sacrifices etc. → one single act ap: Chrysostom (Mutianus), *In Hbr.* hom. 15 ad cap. 9, MPG 63, 337–338; hom. 17 ad cap. 10, MPG 63, 347–350; ErP 1524 ad Hb 9,5ff., LB 7, 1181–1182 (*i*). Adv esp.: *Glossa ord.* [*marg.*]; Aquinas, *S. Th.* 1a 2ae q. 102 a. 4, Caramello 1 : 2, 478–481; Bugenhagen, *Annotationes* ad Hb 9,23ff., 306–309 (there: detailed // s between tabernacle and NT). Cf. supra *cap.* 2, n. (48)–(48) and Lefèvre d'Etaples, *S. Pauli epist.* ad Hb 9,23ff., 247r.–248r.

in sanctum sanctorum *pontifex semel duntaxat in anno non sine sanguine* [Hbr 9,7] ingrederetur, monuisse per id a *Spiritu sancto significatum viam sanctorum nondum* ^{u⁵}fuisse, ante Christum exaltatum^{u⁵} [cf. Io 3,14], *revelatam* [Hbr 9,8], quia nondum esset ea *hostia* immolata [cf. Eph 5,2] et is *sanguis aspersus* [Hbr 12,24] ^{v⁵}quibus sancti^{v⁵} vere peccatis mundantur^{w⁵}. Memorato quidem ornatu interioris sacri, negat nunc sibi *de illis rebus sigillatim dicendum* [Hbr 9,5], quo, etsi significarit singula illa^{x⁵}: *aureum thuribulum, arcam*^{y⁵} *testamenti* etc. [Hbr 9,4] habere^{z⁵} quorum admoneant, attamen cum, multiplici religione et variis observationibus, oporteret summum sacerdotem sacrificium illud in sancto sanctorum *semel in anno perficere* [Hbr 9,7], ex omnibus nihil aliud quam unum Christi sacrificium considerandum monet. Sic quanquam miris et multis caerimoniis alia quoque facere sacrificia oportebat, praecipue *rufae vaccae*[Nm 19,2], attamen satis habet monuisse illis omnibus unum Christi sanguinem significatum.

⟨Quare non omnia typorum rebus ipsis aptanda⟩ Cum enim tam gesta veterum quam caerimoniae [120]*umbras duntaxat rerum* [Hbr 10,1] quae in Christo et ecclesia completae sunt, contineant et nequaquam *ipsas imagines*, multa habent quae nequaquam Christo adaptari possunt[120]. Sancti homines peccatores fuere, inde dissimilia multa, imo pugnantia Christo, in se habuerunt. Qui igitur non absurda fingeret, is qui velit illorum omnia^{a⁶} Christo tribuere[119]? Sic in ritibus, tam purificationum quam sacrificiorum, plurima praecepta sunt nequaquam ut singula aliquid in Christo et corpore eius adumbrarent, sed ut [121]rudior ille populus pro ruditate sua – ut natura omnia^{b⁶} solemus ad caerimonias et certos ritus in sacris propendere – in obedientia Dei servaretur et ita divinitus praeceptis observationibus occuparetur ut non vel sibi fingeret proprias, vel a gentibus mutuaretur alienas^{c⁶} [121].

⟨Quare tot caerimoniae praescriptae veteribus⟩ Videmus enim ita ingenium hominum caerimoniis et superstitiosis quibusdam ritibus deditum ut nulla unquam gens fuerit, aut hodie sit, quae non innumeras, nisi evangelio ab illis ad Christum revocetur, sibi excogitarit et statuerit. [122]Legatur liber caerimoniarum pontificis, legantur libri caerimoniarum collegiorum et coenobiorum et stupebis plane^{d⁶} otium et incredibilem curiositatem eorum qui tot, tamque varias tantoque ordine, potuerint

---

$^{u⁵-u⁵}$ *om.* AB. – $^{v⁵-v⁵}$ qui AB. – ^{w⁵} mundaret AB. – ^{x⁵} *add.* ut AB. – ^{y⁵} arca AB. – ^{z⁵} *add.* quoque AB. – ^{a⁶} *add.* et AB. – ^{b⁶} omnes AB. – ^{c⁶} *om.* AB. – ^{d⁶} *add.* ad D. –

[120-120] Ap: Chrysostom (Mutianus), *In Hb*.hom. 18 ad Hb. 10, MPG 63, 351–352 (*i*).
[121-121] Ap: Aquinas, *S. Th.* 1a 2ae q. 102 a. 3, *Caramello* 1 : 2, 473 col. B (*ip*).
[122-122] Ap: Lambert, *De excaecatione* tract. 5, cap. 3–5, 66v.–92r., tract. 6, cap. 1, 93r. (*i*: link between OT and Roman Catholic ceremonies).

caerimonias*^{e⁶}* comminisci[122]. Ut ergo saltem adsuesceret populus ille in tam multiplicibus caerimoniis voci parere Domini, tantam caerimoniarum farraginem illis Deus*^{f⁶}* praescripsit ut *onus* esset *importabile*, etiam*^{g⁶}* Petro teste Act. 15[10]. Spiritu *pueri* [Gal 4,3] etiamnum erant, [123]eo plus erat illis caerimoniarum indulgendum*^{h⁶}*; nos Spiritu ditiores sumus [cf. 1 Cor 13,10], accepimus paucissimas, aliquas tamen, quia nondum toti spirituales [cf. 1 Cor 2,15] sumus*^{i⁶}* [123].

Hinc factum ut neque prophetae, neque apostoli singulorum rituum significationes mysticas unquam tradiderint, neque tradentur in posterum. Expectamus enim ut nequaquam in *aenigmatis* tam perplexis et *speculo adeo obscuro*, sed *facie ad faciem* [1 Cor 13,12] et sicut est, Dominum videamus. Quare, sicut vidimus apostolos de ipso Christo ex revelatione Spiritus potissimum praedicasse et nequaquam ex typis, vel gestorum vel caeri[632]moniarum veterum, nisi quando rem habuerunt cum iis qui illis *^{j⁶}*gestis atque caerimoniis*^{j⁶}* plus aequo addicti erant, ita et nos quae de Christo ex evangelio tenemus in primis doceamus. Iis probe cognitis poterunt cum fructu et typi proponi, modo religiose, ita ut apostoli, illos tractemus. Certe [124]Paulus typos perparce adhibuit, nisi quando pugnandum ei*^{k⁶}* fuit cum *pseudoapostolis* [2 Cor 11,13] qui necessitatem caerimoniarum Legis conabantur inducere et de carne Abraham, in praeiudicium gratiae Christi, gloriabantur [cf. Gal 3,1–4][124]. Alias, satis ipse et alii apostoli habuerunt exempla ex Scripturis et aperta cum praecepta, tum vaticinia adduxisse.

⟨Quae potissime in Scripturis spectanda⟩ Proinde, qui apostolos volet imitari et salubria ex Scripturis in ecclesia docere, expendat quam mirifice in omnibus quae Deus cum suis egit, bonitatem suam declaraverit; eam et sibiipsi et aliis probe commendet. Hinc roborabitur fides [cf. Rm 15,1], accendetur Dei amor. Is tum impellet ad honesta omnia et ab inhonestis revocabit potentissime. Simul expendat Deum unum hoc in omnibus quae suis unquam praecepit – sive de moribus civilibus, sive de caerimoniis praeceperit – requisivisse: ut ipsum timeremus et amaremus totique ab ipso penderemus [cf. Dt 6,1–2], tum, cum proximis viveremus summa cum honestate et officiosa dilectione [cf. Rm 13,10]. Haec aperte satis omnia Scripturae docent, cumque omnia, non nisi per Christum, nobis possunt*^{l⁶}* contingere [cf. 1 Cor 10,4.11], illum quoque omnes*^{m⁶}* Scripturae praedicant. Si typicos praeterea intellectus voles adhibere, vide quod saepius iam

---

^{e⁶} om. AB. – *^{f⁶}* om. AB. – *^{g⁶}* et AB. – *^{h⁶}* add. quare cum AB. – *^{i⁶}* om. AB. – *^{j⁶–j⁶}* om. AB. – *^{k⁶}* sibi AB. et [!] C. ei D. – *^{l⁶}* possint D. – *^{m⁶}* omnia AB. –

[123–123] Cf. *cap.* 1 ad n. (253)–(253).
[124–124] Adv: Lefèvre d'Etaples, *S. Pauli epist.* ad Gal 4[24], 159r. (there: allegory essential to bring out spiritual meaning).

monui et diligenter adeo [125]agnoscis observatum ab apostolis: ut probe constet et pateat similitudo atque proportio inter typos illos et Christum, vel ecclesiam. Ad quod opus est te ante ex evangelicis literis, adeoque et Spiritu Christi tenere, quid Christo, quid ecclesiae, tribuas[125]. Nam si ex [126]typo voles colligere quod Christo et corpori eius tribuas, idque apostolicae Literae non docent, neque ipse Spiritus certo sanctis revelavit, nihil sane docebis et audies illud vulgatum: figura nihil probat[126].

Haec sane omnia copiosius et pluribus exemplis fuissent explicanda: adeo pauci adhuc id *n⁶in animum inducuntn⁶* ut certa doceant, licentiaque allegoriarum, quas vocant, minime paucos et hodie nugatores reddit ex solidis ecclesiae doctoribus. Sed, *o⁶ut dixi*, [127]proprium haec librum requirunt*o⁶*. Revertor igitur ad anagogen quam Christus hic a *serpente aeneo* [Io 3,14] ad seipsum fecit, in qua vides ut similitudo et analogia pateat ut certa sensum fidei feriat, ut adducta sit, non attracta [cf. Io 6,44]. *Victusp⁶ impatientia vitae q⁶duriusculae qualem agebat in desertoq⁶, populus Israëlr⁶ contra Dominum atque Moscheh s⁶murmurare coeperat* [Nm 21,4–5]. Eo offensus *Deuss⁶ immisit⁶* in eos serpentes a quibus plurimi icti peribant [Nm 21,6].

⟨*Aeneus serpens*⟩ *Verum cum veniam orarent, iussit Deusu⁶ Mosen aeneum serpentem in signum erigere* promisitque ut, quicunque a serpente morsus illum aspexisset, servaretur, 4 Moscheh 21[4–9]. Iam considera ut [128]appositissime haec omnia in Christum et *v⁶credentes Christov⁶* quadrent. Omnes enim mortales, quod Domino et verbo eius adversati sunt, a [129]serpente veteri homicida [cf. Apc 12,9; 1 Cor 10,10] ita icti sunt ut nequeant non perire, nisi aliunde a morte serventur. Sustulit igitur signum salutis [cf. Nm 21,9] Dominus, dum Christum fecit per evangelion predica-

---

n⁶–n⁶ volunt observare AB. – *o⁶–o⁶* [127] breviusculum adeo tempus, quod hinc ad mercatum est Francfordien non amplius mense, cum modum his Enarrationibus praescripsit, ut plura hic adiicere non liceat A. – *p⁶* add. nanque AB. – *q⁶–q⁶* per desertum AB. – *r⁶* Iisrael AB. – *s⁶–s⁶* fuerat locutus AB. – *t⁶* add. ergo AB. – *u⁶* om. AB. – *v⁶–v⁶* illi credentes AB. –

[125–125] Ap: Melanchthon, *Loci* 1521, CR 21, 129 (*i*: proportion; knowledge of Scripture. Cf. n. (117)–(117) supra); Lambert, *De excaecatione* tract. 6, cap. 1, 92v.–93r. (*i*: knowledge of Scripture, Holy Spirit as guide for exegete); Zwingli, *Auslegen u. Gründe*, CR 98, 398–400 (*i*: allegory within Scripture only. Cf. n. (89)–(89) supra).
[126–126] The fourth rule of Tichonius. Cf. n. (106)–(106) supra. – For "figura" cf. Aquinas, *S. Th.* 1a q. 1 a. 10, *Caramello* 1, 9 col. A.
[127] Cf. supra ad n. (111). Spring bookfair at Frankfurt prob. in March. Cf. Lang, *Evangelienkommentar*, 60 and gen. *Estienne/Thompson*.
[128] Emphasis on appositeness ad loc. ap e.g.: Chrysostom, *In Ioh.*, MPG 59, 158 (*i*); Augustine, *In Ioh.*, MPL 35, 1490, CCL 36, 127 (*i*); Cyril, *In Ioh.*, MPG 73, 250–251; Theophylactus, *In Ioh.*, MPG 123, 1210 (*i*); Luther, *Epistel S. Petri* ad 1 Pt 3,20, WA 12, 370 (*i* and cf. supra ad n. (81)–(81)).
[129–129] Explicit identification: serpent = sin ap: Cyril, *In Ioh.* ad loc., MPG 73, 250–251 (*ip* Latin ed. 1524, 32v.).

ri eum in quem, quicunque crediderit, certo *aeternam salutem* [Hbr 5,9] consequatur [cf. Io 3,15]; qua sola fide denique servantur [cf. Eph 2,8] quicunque a morte servantur[129], [130]reliquis ad unum omnibus pereuntibus, ut omnibus venenum peccati a Satana immissum est [cf. 1 Cor 10,9].

⟨Vaticinium Iescha. 11[10]⟩ [131]Tale vero signum Christum fore prae-dixit et Iescha. 11[10] cum ait: *et erit*[w6] *die illo ut gentes inquirant radicem Ischai quae stabit*[x6] *signum populis eritque gloriosa* quae dabit ad se con-fugientibus a labore dimissionem atque quietem [cf. Mt 11,28][131]. Ut sane [132]militibus, cum ad signa sua redierint, salus et quies est, ita apud unum Christum certam salutem et quietem inveniunt electi[132]. Malo autem [133]*exaltationem* [Io 3,14] Christi eam intelligere quae facta per evangelium est[133], quam quae per crucem, quod haec in Scripturis *Christi humiliatio* [Phil 2,8], uti et est, non *exaltatio*, dicitur. Et aspectus fidei non est nisi in *exaltatum* Christum per evangelion. [y6]Eodemque spectavit infra 12[32] ubi[y6] ait: *Cum exaltatus fuero a terra, traham omnes* [633] *ad me ipsum.* [z6] [a7]Hic tum simul innuit[a7] quo genere mortis esset perimendus, quod ita populus quoque intellexit, ipse tamen, ut ex eo quod sequitur *traham ad me omnia* [Io 12,32] intelligi datur, crucifixionem suam exaltationem voc-avit, [134]non tam ideo quod esset corpore in sublimi appendendus, quam quod hac via erat *ad dexteram Patris* [Mc 16,19] exaltandus. Ad hanc enim cum evectus esset, *traxit* Spiritu *ad se omnia*[z6] [Io 12,32][134].

⟨De factis mysticis⟩ [135]Notandum denique hic ad lucem maiorem eorum quae de ratione rite ducendi in Scripturis anagogas disserui, narrari in Scripturis et mystica quaedam facta quale ista, cuius hic Christus meminit,

---

[w6] *add.* in AB. – [x6] *add.* in AB. – [y6–y6] *Neque alio sensu infra quoque* 12 A. – [z6–z6] *om.* A. – [a7–a7] *quanquam simul innuerit* B. –

[130] Double predestination ap: Brenz, *In Ioh.* 1528 ad loc., 49r. (*i*).

[131–131] LXX/Hb. (*p*) adv: Vg (there: *sepulchrum* for *requies*). Thus also ap: Oecolampadius, *In Is.* ad 11[10], 99r. (perhaps *i* here. Cf. n. (132)–(132) infra). – Parallel between Is 11,10 and Io 3,14 ap: Lyra ad Is 11[10] (*i*).

[132–132] Adv: Oecolampadius, *In Is.* ad 11[10], 99r. (there: signum = military standard = something that leads).

[133–133] Ap: Cyril, *In Ioh.* ad loc., MPG 73, 250–251 (*i*); Brenz, *In Ioh.* 1528 ad loc., 47r. (*i*: but there also sacraments).

[134–134] Ap: Brenz, *In Ioh.* 1528 ad 12[32], 215r.–v. (*ip*, there *r* to Io 3,14. But here insistence on elevation to God's right hand adv: Brenz).

[135–135] Ap: Zwingli, *Subsidium*, CR 91, 493–494 (*i*: OT miracles no proof of real presence but there: different examples). Here esp. adv: *Syngramma*, BrFrSchrf 1, 239 (there: ad Nm 21,8–9: word transforms serpent into sign so that both remain = word transforms bread into body so that both remain). More generally adv e.g.: Ambrose, *De mysteriis* cap. 3, MPL 16, 393–394, CSEL 73, 95–96 (4 Rg 5,14 to support automatic efficacy of baptism), cap. 9, MPL 16, 405–406, CSEL 73, 110–111 (Ex 14,16; Ex 17,6 in support of transsubstantiation). Perhaps also adv: Oecolampadius, *De genuina*, A5r.–v. (there: no analogy between O.T. miracles and sacraments).

serpentis aenei confectio atque *in signum erectio* [Nm 21,9; Io 3,14]. Talia
fuerunt et quibus iussus Moscheh fuit miracula perficere, nempe *percussio
per virgam maris rubri ut scinderetur* [Ex 14,16], *percussio petrae ut daret
aquam* [Ex 17,6], *trina expansio super mortuum puerum Eliiah* [3 Rg 17,21],
septena lotio in Iordane Naaeman principis Syri [4 Rg 5,14] et similia. In
his, quantum ad typicos intellectus attinet, idem observandum est quod
et in typicis gestis atque caerimoniis: nimirum ut similitudo eorum cum
iis quibus aptantur, atque analogia, dilucida sit et a sensu fidei agnoscatur[135].

[136]Caeterum videtur mihi Dominum haec adhibuisse ut videremus quantum ipsi *[b7]creaturae omnes[b7]* nostraque ipsorum*[c7]* opera inserviant; sic
sane ut per se nihil queant efficere et sit totum opus ipsius*[d7]* meraque
bonitatis eius dignatio quod nostra suis operibus adhibet. Quis non agnoscat non fuisse *virgae,* neque *percussionis Moscheh, ut mare divideretur*
[Ex 14,16]? Quis dubitet [137]*aspersionem luti super oculos et ablutionem in
aquis Siloë* [Io 9,11] caeco nequaquam visum restituisse, sed *[e7]nihil etiam[e7]*
momenti ad id per se contulisse[137]? Cur igitur voluit Dominus*[f7]* ista
adhiberi? [138]Ut equidem sentio, hac potissimum caussa ut doceret non
aliter et aliis in rebus se solum omnia perficere [cf. Phil 2,13] et, quod nos
et alias creaturas operibus suis adhibet, tanquam *cooperarios* [3 Io 8; 1 Cor
3,9], id nequaquam facere quo commodius opera sua perficiat, sed quo nos
aliasque creaturas quibus ita utitur, honoret, suaeque tanto plenius bonitatis faciat participes [cf. 1 Tim 6,2][138].

⟨*Omnia solus operatur Deus* [1 Cor 12,6]⟩ Quod ergo nos cibo pascit,
vestimento tegit*[g7]*, calore fovet, frigore recreat, armis defendit, rebus
medicis sanat, favore hominum attollit, doctrina eorum docet; in his et
omnibus aliis quae nobis facit nihilo plus momenti adferunt adhibitae
creaturae, quam attulerit ad *revocandum [h7]puerum mortuum[h7] in vitam trina
Eliiah super eum[i7] expansio* [3 Rg 17,21] *et quinque panes duoque[j7] pisces
ad hoc ut satientur[k7] quinque hominum millia* [Mt 14,17.20.21]. Constat
autem quod haec et similia per se nihil ad illa opera Dei quibus sunt
adhibita, contulerunt*[l7]*, tantundem iam ex se conferunt et alia quaecunque.

[b7–b7] et reliquae creaturae AB. – [c7] *om.* AB. – [d7] *add.* solius AB. – [e7–e7] nec quicquam AB. –
[f7] *add.* et AB. – [g7] *add.* tegit AB. *om.* tegit [!] CD. – [h7–h7] *om.* AB. – [i7] puerum AB. – [j7] duosque
AB. – [k7] satiarentur AB. – [l7] contulerint AB. –

[136] Exc. locus De typicis expositionibus, 87r. in A.
[137–137] Ap: Brenz, *In Ioh.* 1528 ad 9[11], 174r.–175r. (*ir:* 4 Rg 5,14 cited as //: both miracles
due entirely to God; but there: human intervention *chosen* by God as "instrumentum"!).
[138–138] Adv: Brenz, *In Ioh.* 1528 ad 9[11], 174v.–175r. (there: God's convenience directs his
use of "instrumenta"). Ap: Augustine, *In Ioh.* tract. 3 ad Io 1,15–17, MPL 35, 1401, CCL
36, 25 (*i:* God rewards his own merits in us). Cf. also Zwingli, *Die 67 Artikel,* art. 22, CR
88, 460–461.

Tantum quod semper fere cibus ad pascendum, vestis ad tegendum et alia ad suos usus adhibentur, huiusmodi rebus plus quam par sit inesse virtutis arbitramur nobisque cum absunt, timemus. Cum per se ne pilo quidem*[m7]* plus conferre possint ad ea ad quae illis utimur, quam contulerit ad id quod e *petra flueret aqua, quod virga illam Moscheh percuteret* [Ex 17,6], aut *unctio apostolorum ad sanitatem quam* Spiritus *aegrotis restituebat* [Mc 6,13], aut denique *aspectus aenei serpentis ad id ut sanarentur icti a serpentibus* [Nm 21,9]. *Percute* siquidem et tu *virga petram* [Ex 17,6] *inungeque oleo aegrotos* [Mc 6,13], aspice denique *ictus a serpente simulachrum serpentis aeneum* [Nm 21,9] et vide quid effeceris. Discendum ergo hinc ut ab uno Domino in omnibus pendeamus, agnoscentes *omnia* eum *in omnibus* [Eph 1,23] et solum agere atque perficere [cf. Phil 2,13]. *[n7]*Hinc vero et illud discendum est: qui symbola sacramentorum [139]instrumenta sint salutis, qui baptisma sit *lavacrum regenerationis* [Tit 3,5], panis vinumque eucharistiae contractio corporis et sanguinis Domini. Certe ex se ne aquae quidem tinctio, nec *panis fractio* [Lc 24,35] vinique distributio aliquid huius habet, sed nec minister illa administrans. At Domino cum visum sit haec sua dona hisce symbolis suis conferre, tum sancti vere adeo ea dona istis signis percipiunt, quam vere *sanabantur isti a serpentibus*, cum freti verbo *Domini serpentem aeneum aspexissent* [Nm 21,9], quamque vere *aquam dedit petra virga percussa* [Ex 17,6] iubente Domino*[n7]*.

[634] Locum illum 1 Corinthios 10[11]: *Omnia in figura contingebant illis* quem allegoriis ludentes praetexunt, [140]explicavi supra, capite primo, in digressione de paedobaptismo*[o7]*. De tota autem ratione typorum [141]dixi quaedam et supra, capite 2, sectione 2*[p7]*.

*[q7]*Adducunt pro se [142]alligorizantes isti et quod Dominus, a resurrectione, discipulis *scripta de se in Moscheh, in Prophetis et Psalmis* [Lc 24,27] exposuit. Verum quam certa id ratione fecerit, quae et nobis observanda est, dixi in Matthaeo sub finem, ubi hunc locum tractavi. [143]Adferunt et illud quod infra 5 habebimus: *Scrutamini Scripturas* [Io 5,39]. Item: *Moses de me scripsit* [Io 5,46]. De his ergo loco suo[143] dicam*[q7]*.

[m7] om. AB. – *[n7–n7]* [139] om. AB. – *[o7]* add. fol. 46 A. fol. 15 B. – *[p7]* add. fol. 66 A. fol. 22 B. – *[q7–q7]* om. A. –

[139] Var (n[7]–n[7]) add. after Wittenberg Concord. Symbola sacramentorum = instrumenta ap: Brenz, as n. (137)–(137) supra (but *ip* here!).
[140] Cf. supra *cap*. 1 ad nn. (233)–(237) (there adv: Borrhaus, here more likely adv: Lefèvre d'Etaples, *S. Pauli epistolae* ad 1 Cor 10[11], 121r.).
[141] Cf. supra *cap*. 2 ad nn. (48)–(48) – (51)–(51) (there adv: Bugenhagen, Lefèvre d'Etaples).
[142] Adv: ErP 1524 ad Lc 24,27, LB 7, 469–484 (there: detailed OT/NT // s). Cf. BEv 1527 ad Mt 28[1ff.], 370r.–371r.
[143–143] Adv: Lefèvre, *Commentarii* ad Ioh 5,39.46, 310r.–311r. (there: most details of OT prefigure Christ). Cf. infra *cap*. 5, *sect*. 2 ad nn. (121)–(121) – (122)–(122).

Ut omnis credens in eum [Io 3,15]. Credit in eum qui certo Salvatorem illum orbis et suum agnoscit, de quo et [144]supra[r7]. *Is habet vitam aeternam* [Io 3,15], sed fide. [145]Sensus nanque ille de Deo bonus quo habet eum sibi Patrem et Christum Propitiatorem Patris [cf. Io 17,3; Rm 3,25], *aeterna vita* [Io 3,15] est, sed inchoata, nondum perfecta. Unde et *gaudium atque pax* [Rm 14,17] pro fidei portione [cf. Rm 12,6] inchoata in credentibus sunt, nondum perfecta. Ubi plena erit Dei et Christi cognitio, perfecta et ista erunt consummataque vita aeterna et beata. Foetum hominis iam animatum dicimus habere vitam humanam et vere habet, quanquam admodum imperfectam. Sic quibus certa Dei contigit cognitio, etiam imperfecta, modo tanta ut amorem Dei accendat, vitam utique aeternam et beatam habent: ea enim nihil aliud est quam vita aeterna, infra 17[3]. Quo autem imperfectior ista cognitio fuerit, eo et vita aeterna, id est *gaudium et pax* [Rm 14,17], imperfectiora habentur. Utque dum hic a Domino peregrinamur, ista tantum in spiritu, *interiore* scilicet *homine* [Eph 3,16], percipimus, ita expers manet illorum hoc corpusculum *quod caro est et sanguis quae regnum Dei*, nondum renovata, *haereditare non possunt*, 1 Corinth. 15[50]; renovata autem illud haereditabunt. Id cum speramus [cf. Tit 3,7], nondum possidemus, quare fide et *spe salvos nos esse* Paulus pronuntiat, Roman. 8[24], [146]Ephes. 2[12]. Certa est autem et infallibilis horum expectatio, quia *arram accepimus Spiritus* qui irrefragabile *dat nostro spiritui testimonium nos filios* esse et *haeredes Dei*, 2 Corinth. 1[22], Roman. 8[16][145].

⟨*Unigenitus Dei*⟩ *Ut Filium suum unigenitum dederit* [Io 3,16]. Quia de [147]propitiatione hic sermo est, per Iesum ut hominem, facta (*nam unus Deus,* inquit Paulus, *et unus Mediator Dei et hominum, homo Christus Iesus* [1 Tim 2,5]) *Unigenitus Dei* [Io 3,16] hic etiam ut homo praedicatur, sic et datus in mortem est[147] et inde adorandus omnibus *finibus terrae* [Rm 10,18] quod placuerit Patri [148]*per eum summatim instaurare omnia*, Ephes. 1[10]. *Unigenitus* [Io 3,16] autem etiam sic dicitur quia caput filiorum Dei est [cf. Eph 4,15] et *de cuius plenitudine accepimus omnes* [Io 1,16] ut et nos *filii Dei* essemus [cf. Io 1,12; Rm 8,17]. Adhaec, nemo praeter eum homo *absque peccato* [Hbr 4,15] unquam fuit et *Dei imaginem* [Col 1,15] plene

---

[r7] [144] *add.* fol. 19 AB. [!] *In fact fol.* 19 *A. fol.* 7 *B.* –

[144] Cf. supra *cap.* 1, *sect.* 3: *Par.* and ad n. (65)–(65).
[145–145] Ap: ErP 1527 ad loc., LB 7, 522 (*i:* imperfect recognition and faith), Augustine, *De div. quaest.* 83, ad 67, MPL 40, 69 (*ip;* there ad: Rm 8,18–24).
[146] Cf. BEph 1527 ad 2[5]. 52v.–53r.
[147–147] Emphasis on human nature ad loc. ap: Theophylactus, *In Ioh.*, MPG 123, 1211–1214 (in: Aquinas, *Catena* ad loc., Guarienti 2, 373 col. B) (*ip*).
[148] Cf. BEph 1527 ad 1[10], 35v.

obtinuit: de quo nonnihil et [149]supra, caput 1[49] in illud Nathanaëlis: *Tu es Filius Dei.*

⟨*Non in iudicium*⟩ *Non enim misit Deus Filium suum* [Io 3,17]. His non pugnat quod [150]infra 9[39] dicit: *Ad iudicium veni in mundum ut non videntes videant et videntes caeci fiant.* His enim significat quid multis advenerit, hic autem ad quid praecipue orbi[150]. Sic accipiendum est et quod [151]infra 12[47] ait: *Non enim veni ut iudicem mundum. Iudicare* hic pro: *condemnare* accipitur[151]. Ut ergo *peccare non potest* ad condemnationem *qui natus ex Deo est* [1 Io 3,9], Romanos 8[33] et 1 Ioannes[s7] 3[9], Domino per Spiritum suum tandem omne peccatum expurgante et veniam admissorum certo pollicente atque praestante, ita neque *iudicari* huiusmodi potest, id est *condemnari. Transivit enim,* ut infra 5[24] Dominus ait, *de morte in vitam* per Christum et in Christo certus benevolentiae Dei *habet* iam *vitam aeternam,* de quo [152]iam dictum. Exolescere igitur tandem oportet, quicquid peccati est et mortis [cf. Rm 6,13]. [153]Alii qui in nomen Unigeniti non credunt, non habent, neque unquam habere possunt qui peccatis eos liberet[153] [cf. Rm 6,22]; moriuntur igitur miseri in [t7]*peccatis suis*[t7]. Proinde eo ipso quod non est datum eis credere in Christum, [635] iam iudicati et condemnati sunt, non minus quam devotus morti est cui [154]letali morbo correpto, negetur *medicus* [Mt 9,12] et cui adiudicato poenae capitis, non est redemptor. Sic sane illis, a morte aeterna in quam omnes nati sumus, Redemptor in aeternum negatus est, quibus negatum est ut credant in Christum. Unus enim a morte liberat [cf. Rm 8,2] et sola [u7]*in ipsum*[u7] fide id ab eo percipitur[v7].

⟨*Hoc est iudicium*⟩ *Hoc vero iudicium est* [Io 3,19]. [155]Incertum videri possit an intelligi debeat: iudicium et condemnatio non credentium Christo ipsa est Christi reiectio. Neque enim alia est impiorum pernicies, quam quod oblatam vitae *lucem respuunt et malunt* consueta sectari, hoc est, *in tenebris perseverare* [Io 3,19]. Quem sensum in paraphrasi reddere sum conatus. Vel: haec est *caussa iudicii* atque condemnationis eorum quod

---

[s7] Iohannis D. – [t7–t7] illis AB. – [u7–u7] *om.* A. – [v7] impetratur AB. –

[149] Cf. supra *cap.* 1 ad nn. (324)–(328).
[150–150] Ap: Augustine, *In Ioh.* tract. 44 ad 9,39, MPL 35, 1719, CCL 36, 387–388 (*ipa*; there: *r* to Io 3,17); Brenz, *In Ioh.* 1528 ad loc., 49r. (*i, r* to Io 9,39). Cf. infra *cap.* 9, *sect.* 5 ad nn. (61) – (66)–(66).
[151–151] Ap: Augustine, *In Ioh.* tract. 53 ad 12,47, MPL 35, 1782, CCL 36, 461 (*i*). Cf. infra *cap.* 12, *sect.* 6 ad nn. (155)–(155) – (158).
[152] Cf. supra ad n. (145)–(145).
[153–153] Ap: Brenz, *In Ioh.* 1528 ad loc., 49r. (*ip*). Cf. ad n. (48)–(48) supra.
[154] Ap: ErP 1524 ad Io 3,19, LB 7, 523; Brenz, *In Ioh.* 1528 ad Io 3,19, 50v. (*i:* same metaphor but there: choice!). Cf. also ad n. (51) supra [!].
[155–155] Cf. supra ad n. (48)–(48) – (52)–(52).

respuunt lucem [Io 3,19] salvificam. Dilucidior tamen et superioribus[w7] magis respondens videtur sensus prior, licet et hic quoque verus sit[155]. [156]Nam ut id ipsum[x7] quod homines malunt[y7] sua sectari quam amplecti Christum [z7]*iudicium* eorum[z7] et condemnatio est, [a8]ita *iudicium* [Io 3,19] et condemnationem eorum, tanquam caussa, idem perficit eo quod, ubi Christi contemptum homines consummaverint, tum demum, bonis omnibus exuti, poenis addicantur geennae[156]. Caeterum totius perditionis caput et substantia est non posse Christum propriis cupiditatibus praeferre[a8], qua [157]antequam nati[b8] iudicati sunt et condemnati quotquot damnantur, sicut et apud Deum *ante secula condita* [Eph 1,4] salvati quicunque salvantur. Sicut[c8] enim hi *electi sunt ante conditum mundum*, Ephes. 1[4], ita[d8] reiecti alii sunt item ante conditum mundum[157]. Haec autem reiectio tum apparet, cum oblatum gratiae evangelion reiiciunt maluntque ignorare Christum, id est luce vitae carere [cf. Io 3,19], quam illum recipere et ad vitam illustrari. Quo ipso evangelii contemptu impietatem quoque suam complent, id est caussam praebent ut et *iudicium* [Io 3,19] atque condemnatio eorum compleatur. Sic[e8] Christi reiectio simul et ipsa est condemnatio poenaque impiorum, et caussa condemnationis poenaeque [f8]quae tandem de eis sumitur[f8].

⟨*Quid tenebrae*⟩ [158]*Tenebrae* [Io 3,19] hic vocantur Christi ignoratio et quicquid prae Christo homines seculi amant. Qui nanque non *sunt ex Deo nati* [Io 1,13], ii quemadmodum non possunt audire verbum Dei, ita necesse est eos ignorantiam Christi cognitioni eius praeferre atque ita *tenebras prae luce amare* [Io 3,19][158]. Hinc est quod vides hodie multos adeo nihil omnium rerum audire molestius, quam de Christo et evangelio eius. An non videntur isti tibi iam condemnati et aeterna morte multati [159]qui non possunt non aversari Christi cognitionem quae est vita aeterna[159]? Cumque tantum bonum ultro oblatum respuunt, an non videntur etiam caussam tibi dare multo iustissimam ut etiam ea vitae umbra quam habere videntur, priventur? *Non* [g8]*habenti* enim[g8] *aufertur et id quod videtur habere* [Mt 13,12].

[w7] superiori A. – [x7] *om.* A. – [y7] maluerunt A. – [z7-z7] ipsum iudicium A. – [a8-a8] *om.* A. – [b8] *add.* sint A. – [c8] Si A. – [d8] *om.* A. – [e8] Proinde A. – [f8-f8] illorum A. – [g8-g8] enim habenti A. –

[156-156] Ap: Lambert, *In Lc.* ad 12[10], Y4r. (*i*: rejection of Christ by reprobate = judgement and reason for judgement).
[157-157] Ap: Lambert, *De excaecatione* tract. 1, cap. 2, 8v. (*i*: predestination to election ad Eph 1,10); tract. 1, cap. 3, 9v. (*i*: symmetry, predestination to election and salvation). Cf. BEph 1527 ad 1[4], 25r.–26v. and gen. Van't Spijker, *Prädestination*, 90–92.
[158-158] Cf. supra ad n. (49)–(49). Here more likely ap: Lambert, *De excaecatione* tract. 2, cap. 5, 25v. (*ip*).
[159-159] Ap: Lambert, *De excaecatione* tract. 1, cap. 3, 10r. (*ip*).

⟨*Erant mala opera eorum*⟩ *Erant enim mala eorum opera* [Io 3,19]. Haec caussa est cur impii Christum, *lucem* vitae, *aversentur*. Christus *lux Dei est* [Io 3,19] qua *arguitur* [Io 3,20] quicquid malum est. Qui enim non appareret iniustitia, *[h8]*cum ea summae adhibetur*[h8]* iustitiae? Qui non videretur stultitia, *[i8]*cum illa*[i8]* primae confertur*[j8]* sapientiae? [160]Iam *caro in qua nihil boni est* [Rm 7,18] nihil minus potest ferre, quam id detegi; ideo Christum omnia illustrantem et revelantem [cf. Mt 11,27] non potest non odisse[160]. *[k8]*Et ideo*[k8]* novos eos fieri et *renasci oportet* [Io 3,5] qui Christum suscipiunt*[l8]*. In iis ergo cum sit *novus homo* et quidem *secundum Deum conditus* [Eph 4,24], is non potest autorem suum non diligere, *Verbum* [Io 1,1]. Exultat igitur hic *novus homo* [Eph 4,24] ad lucem hanc et evangelii revelationem simulatque illuxerit: sui enim inde sperat instaurationem [cf. Eph 1,10] et consummationem.

Caeterum illud: *Omnis male operans* etc. [Io 3,20] gnome est vulgata per quam probat [161]ex innata malitia reproborum fieri ut Christum sustinere nequeant et est sensus: vulgo dicitur eum *odisse lucem* [Io 3,20] qui perperam agit; cum igitur impii Christum, lucem Dei, ferre nequeant, certum est eos malos esse *[m8]*et mala*[m8]* *opera eorum* [Io 3,19][161]. Probare [636] nanque voluit Dominus iam condemnatos qui ipsi non crederent, quod tamen de iis intelligit qui etiam nunquam credituri sunt: reprobi scilicet.

⟨*Ordo probationis*⟩ Adiecit ergo *eos luci praeferre tenebras* [Io 3,19], vitae mortem, quae ipsa est eorum condemnatio. Liquet igitur iam condemnatos quos vĭdemus huic condemnationi qua nihil potest fingi horribilius, obnoxios. Ut tamen hoc magis declararet et caussam simul daret cur reprobi se aversarentur, addidit *opera eorum mala esse* [Io 3,19], id est eos nihil posse operari boni. Id vero infertur ex superiori, quod *lucem contemnunt et tenebras amplectuntur* [Io 3,19]. Qui enim non essent perdite mali qui summam iustitiam et salutem, ultro sese offerentem, reiiciunt *maluntque in* suis sordibus et *tenebris* letiferis perire, *quam lucem amplecti* [Io 3,19] qua iusti fierent et salvi?

Quoniam in Deo sunt facta [Io 3,21], id est [162]per Deum, *qui operatur in nobis velle et operari* [Phil 2,13]. Sine eius enim Spiritu nihil boni a nobis fieri [cf. Rm 7,18] potest[162].

[h8]–[h8] id quod est summae adhibita A. – [i8]–[i8] esse quod audit A. – [j8] collata A. – [k8]–[k8] Quare A. – [l8] debent suscipere AB. suscipit [!] C. suscipiunt D. – [m8]–[m8] eoque et AB. –

[160]–[160] Cf. supra ad n. (145)–(145) and ap: Lambert, *De excaecatione* tract. 1, cap. 5, 13v. (*ip*).
[161]–[161] Ap: Lambert, *De excaecatione* tract. 1, cap. 5, 13v. (*ip*).
[162]–[162] Ap: Lambert, *De prophetia* tract. 4, cap. 2, [44] v. (*i*: God = Spirit works in the elect); cap. 3, [45]r. (*ip*: anything good in man due to the Spirit).

Observationes

Observanda primum Domini mixta [163]lenitate admonendi libertas.
Monet *indignum esse magistro* in populo Dei *ignorare* [Io 3,10] mysterium
regenerationis ex Spiritu, neque tamen abiicit tam ignorantem magistrum[163]. Sic et nos, eos in quibus vel aliquod veritatis studium deprehen-
derimus, libere quidem moneamus quo seipsos agnoscant, [164]nequaquam
tamen abiiciamus.

Observandum deinde [165]satis esse ad salutem, si non possis illico omnia
Dei mysteria pernoscere [cf. Mt 13,11], ut animo tamen pendeas a Christo
fidasque eo ut Salvatore[165]. Vides enim hic, ut huc hortatus sit Dominus
Nicodemum postquam ille, quamlibet luculenter arcanum renovationis
explicatum, non $^{n^8}$posset tamen$^{n^8}$ agnoscere. Quam multa enim et [166]di-
scipuli, licet$^{o^8}$ familiarissime exposita, capere nequibant! Christo Domino
tamen usque adhaerebant, animis persuasi *eum verba habere vitae aeternae*
[Io 6,69] et esse$^{p^8}$ ab eo expectanda omnia. Suo itaque tempore, *Spiritu
illustrati* [Act 2,4], didicerunt quaecunque oportebat et ad salutem ipsorum faciebant. Idem usu veniet aliis, si discipuli modo Domini esse
perseverent. Eos igitur quos videmus non posse continuo capere fidei
nostrae mysteria [cf. 1 Tim 3,9] omnia, hortemur ut saltem hoc agnoscant:
Christum esse orbis et ipsorum Salvatorem [cf. Io 4,42] et unicum coelestis
doctrinae magistrum [cf. Mt 23,10]. Neque errare posse qui verba eius –
etsi ea nequeant plane omnia intelligere – vera crediderint. Neque posse
plenam tandem salutem non consequi, qui illam ab eo expectaverint. Certe
qui vel hactenus crediderint Dominumque unicum nostrum doctorem et
Salvatorem agnoverint, vitam habent aeternam [cf. Io 3,36], utcunque$^{q^8}$
eam$^{r^8}$ [167]nondum perfectam$^{s^8}$ $^{t^8}$possideant. Sic possident tamen ut auferri

---

$^{n^8-n^8}$ tamen posset A. – $^{o^8}$ *om.* AB. – $^{p^8}$ *om.* AB. – $^{q^8}$ si A. et utcunque B. – $^{r^8}$ enim B. – $^{s^8}$ *add.*
illam B. – $^{t^8-t^8}$ aeternam tamen quae auferri eis nunquam possit A. –

[163-163] Ap: Chrysostom, *In Ioh.* hom. 26 ad loc., MPG 59, 156–157 in: Aquinas, *Catena*
ad loc., *Guarienti* 2, 370 (*i*: gentleness); Augustine, *In Ioh.* tract. 12 ad loc., MPL 35, 1487,
CCL 36, 123 (*i*: severity, N's ignorance). Adv: Brenz, *In Ioh.* 1528 ad loc., 44r.–v. (there:
general condemnation of Jews, cf. supra n. (57). – Cf. also Capito, letter to Bucer [Jan. 1522],
BCor 1, no. 41, 183 (in favour of gentleness in preaching).
[164] Ap: Zwingli, letter to Strasbourg preachers, 16 Dec. 1524, BCor 1, no. 84, 300–301,
CR 95 no. 355, 264. (*i*: there: conc. magistrates deficient in faith; here perhaps conc.
Strasbourg (or Berne?) magistrates' hesitation to abolish the mass. Cf. *Adam*, 137–138; *A.
Baum*, 167–172; *Eells*, 52–53; Bucer, letter to A. Blaurer, 13 Sept. 1528, *Schiess* 1, no 124,
165); Borrhaus, *De operibus*, 18v.–19r. (*i* ?: kindness to those deficient in faith).
[165-165] Ap: Zwingli, *Einleitung*, CR 89, 642–646 (*ipa*: but there no ref. to Io 3,10); Augustine, *In Ioh.* tract. 48 ad 10, 19–24, MPL 35, 1741, CCL 36, 413 (*i*: no obligation to
understand *all* mysteries). On Luther's view cf. *Hoffmann* 2, 4ff.
[166] Ap: Zwingli, letter to Strasbourg preachers, 16 Dec. 1524, BCor 1, no. 84, 300, CR 95
no. 355, 264 (*i*: Apostles not understanding).
[167] Cf. supra ad nn. (145)–(145), (152).

[cf. Mt 13,12] eis nunquam possit*ᵗ⁸*. Sicut itaque hinc vere sunt *filii Dei* [Rm 8,16], ita nequaquam ob ruditatem qua praepediti pleraque Dei cognoscere nequeunt, regno Dei illos proscribamus, quin exemplo Domini demus*ᵘ⁸* operam ut quam ¹⁶⁸familiarissime illos*ᵛ⁸* doceamus*ʷ⁸* quae scire eos*ˣ⁸* refert. Sique*ʸ⁸* capere*ᶻ⁸* illa nondum possunt, hortemur*ᵃ⁹* ut nihilominus de Domino bene sentiant, non dubitent vera quae is*ᵇ⁹* docet, neque diffidant daturum illum ut olim vera omnia cognoscant [cf. 2 Pt 3,18] et, quaecunque salutaria sunt, percipiant.

Circa illud: *Quod scimus loquimur* [Io 3,11] animadvertendum ¹⁶⁹nihil *ᶜ⁹*quenquam docere debere*ᶜ⁹* cuius non sit apud se ipse*ᵈ⁹* certissimus*ᵉ⁹* ¹⁶⁹. Tanquam sermones Dei, siquidem, quae in ecclesia loquimur, esse debent omnia. Caeterum existimo Dominum hoc dictum ut gnomen vulgatam quibus libenter utebatur, hic usurpasse. In ¹⁷⁰sequenti sectione idem Iohannes*ᶠ⁹* de Domino: quod *ᵍ⁹*non sit locutus nisi quae *vidisset* et *audisset*ᵍ⁹, *testatur* [Io 3,32].

In reliquis diligenter observandum est quid de Christo sentiendum sit: solus *in coelum ascendit*, solus divinitatem et immortalitatem *ʰ⁹*propriam*ⁱ⁹* habet*ʰ⁹* quia unus est *qui de coelo descendit* [Io 3,13], id est: verus cum Deus esset, homo factus est. Unus igitur quoque est per quem vitam et salutem et*ʲ⁹* nos accipiemus [cf. 1 Io 5,12]. Si iam, non nisi per illum quae vere bona sunt, percipere possumus, agnoscamus quam nihil sit ¹⁷¹liberum arbitrium aliaeque vires hominis, quam nihil omnis nostra iustitia et virtus! *Nemo in coelum ascendit, nisi* [637] *Christus* [Io 3,13]. Qui igitur illi non fuerit per fidem insitus et membrum [1 Cor 6,15] eius factus, in coelum, id est in consortium divinitatis [cf. 2 Pt 1,4] participationemque eorum quae vere bona sunt, nunquam perveniet.

Observandum praeterea circa illud: *Sic dilexit Deus mundum* [Io 3,16] omnia salutis nostrae divinae dignationi tribuenda. Non nisi per Christum renasci in vitam Deo dignam et coelestem possumus; at quod Christum accepimus, merae est dilectionis Dei. ¹⁷²Fidere nos bonitate dilectioneque Dei ista probe pensata facient*ᵏ⁹*: siquidem donabit omnia nobis Deus,

---

ᵘ⁸ damus A. – *ᵛ⁸* om. A. – *ʷ⁸* add. eos A. – *ˣ⁸* om. AB. – *ʸ⁸* si A. – *ᶻ⁸* add. vero A. – *ᵃ⁹* hortamur A. – *ᵇ⁹* om. A. – *ᶜ⁹–ᶜ⁹* a quoquam docendum AB. – *ᵈ⁹* om. AB. – *ᵉ⁹* certissimum [!] AB. (certiss. A. certissimū B: *perhaps only a printing error?*) – *ᶠ⁹* om. A. – *ᵍ⁹–ᵍ⁹* locutus sit, quae *viderat* et *audiverat* et Iohannes A. – *ʰ⁹–ʰ⁹* potest consequi A. – *ⁱ⁹* proprium [!] B. – *ʲ⁹* om. A. – *ᵏ⁹* faciant A. –

¹⁶⁸ Ap: Cyril, *In Ioh.* ad loc., MPG 73, 248 (*i*). Cf. Lambert, *De prophetia* tract. 5, cap. 11, 95r.–96r. on necessity of preaching simply.
¹⁶⁹⁻¹⁶⁹ Ap: Lambert, *De prophetia* tract. 5, cap. 11, 95r.–v. (*ip*).
¹⁷⁰ Cf. infra ad nn. (185)–(185).
¹⁷¹ Ap: Brenz, *In Ioh.* 1528 ad 3,13, 46r.–v. (*i*).
¹⁷²⁻¹⁷² Ap: Brenz, *In Ioh.* 1528 ad 3,16–18, 47v.–48r. (*ip* and *r* to 1 Io 4,11).

postquam *Filium suum donavit unigenitum* [Io 3,16] quo nihil habuit charius [cf. Mc 9,6]. Sed iuxta et nos ad redamandum tantopere nostri amantem Patrem [cf. Mt 22,37] id ipsum accendet[p]. Quod si fiet, [173]*diligemus synceriter et proximos* [Mt 22,39], hanc Dei erga nos dilectionem sedulo aemulaturi [cf. 1 Io 4,11][172].

Singulari quoque consideratione dignum quam magnifice hic Dominus ipse fidem praedicarit [cf. Io 3,16–18] qua nimirum *aeternam vitam* percipimus [Io 3,16] et in iudicium nunquam venimus [cf. Io 3,18]. Imo ipsa vita aeterna est quia cognitio vera Dei [cf. 2 Pt 3,18] est, quamlibet etiam rudis, si modo vera. Quis iam dubitet sola nos *fide iustificari* [Rm 3,28], cum hic Christus pronuntiet qui illam habuerit, *eum habere vitam aeternam* [Io 3,16]; qui vero illam non habuerit, in aeternum perire [cf. Io 3,16.18]? Certe iustum esse [cf. Mt 25,46] *veraque vita* [1 Tim 6,19] vivere, idem in Scripturis pollet. [174]Mira vero caecitas est plerisque tam absurdum videri, fidei tantum tribui. Quid enim quisquam operetur si nondum vivat? Iam sola fide in Christum [cf. Rm 3,28], dum animus de eo, ut Salvatore suo, persuasus est, homo vitam Dei vivit, divina sentit et amat[174].

Quis igitur dubitare potest nihil posse sine fide boni a nobis fieri, qui quod[m] bonum sit, nisi per fidem cognoscimus [cf. Eph 2,8–10]? [n] [175]Quis item huc iustitiae unquam pervenit ut, ea fretus, securus iudicii Dei vivere possit? Quis tam sui ignarus, qui se Legi Dei unquam satisfecisse existimet? Non est ergo ut homo [o]aut se [!] a[o] suis operibus salutem speret, sed videt quisque sola sibi nitendum esse satisfactione Christi et misericordia Dei. Iam autem diserte adeo Christus: *Qui credit in me, habet vitam aeternam* [Io 3,16], id est: qui non dubitat se per me restitui in gratiam Patris, et Spiritu verae vitae donandum – id quod omnibus polliceor – is certe iam in gratiam Patris restitutus est et meo Spiritu vivit *vitam aeternam* [Io 3,16]. Id sic esse et geri experimento norunt sancti, dubitare igitur non possunt sola se *fide iustificari*, hoc est *credendo in Christum*, nullo merito *operum* [Gal 2,16] se compotes fieri misericordiae Dei peccata non imputantis et Spiritu Christi *novam vitam* [Hbr 10,20] inspirantis quae sit bonorum operum foecundissima[n] [175]. [p]Nam [176]qui fidem hanc[p] habuerint, non

---

[p] accendat A. – [m] quid D. – [n]–[n] 175–175 *om.* AB. – [o]–[o] *corr.* a se aut a D. – [p]–[p] Quis item non videat eos qui fidem AB. –

[173] Ap: Oecolampadius, *In epist. Ioh.* ad 1.4,11, 78r. (*i*: parallel: divine/human dilectio); Zwingli, *Quo pacto ingenui*, CR 89, 547 (*i* only). Cf. also Bucer, *Das ym selbs*, BDS 1, 64–65. Here adv: Brenz as n. (172)–(172) supra (there: dilectio divina only).

[174–174] Adv esp.: Hubmaier, *Das andere Büchlein*, Täuferakten 9, 403, 415, 416 (there: Io 3,16 in support of free will). Perhaps also adv: Lefèvre d'Etaples, *In Ioh.* ad 3,19, 297v.–298r. (there: good works determine salvation).

[175–175] Ap: *Bericht* 1534, BDS 5, 162 (*ip*; there Io 3,16 cited adv: Münster theologians).

[176–176] Ap: Lambert, *Farrago*, cap. 2, 18v.–19r. (*i*).

possunt*q9* non operari quae bona sunt[176]. Vitam hominis quis vivat et non habeat opera humana? Ita Dei vitam quis possit habere ut non et Dei opera operetur*r9*? Sed sicut vides etiam infantem hominis vitam habere, eoque et opera, sed non omnia, tantum imperfectiora, [177]sic habemus et fide pueros [cf. 1 Cor 3,1], a quibus si grandium opera requiras alias negaturus eos esse Christianos, idem feceris, quod qui neget infantem hominem esse eo quod nequeat, ut adulti et grandes homines, ingredi, loqui aliaque hominum opera praestare*s9* [177].

ENARRATIO SECTIONIS III [22–36]

Paraphrasis

Posthaec venit Iesus et discipuli eius [Io 3,22]. [178]Cum festum Paschae egisset Dominus Ierusalem [cf. Io 2,13] munerique sic pro ratione temporis, praedicans evangelion regni, inservisset, in Iudaeam tum*t9* discessit ut et illic se Salvatorem exhiberet[178]. Nam agens illic, baptismo per discipulos administrato, cives regno Dei [cf. Eph 2,19] plurimos conscripsit. *Cum vero et Ioannes*u9* – nondum enim*v9* erat in carcerem coniectus* [Io 3,24] – eidem regno baptismate cives colligeret (*baptizabat siquidem in Aenon prope Salim propter opportunitatem aquarum quae multae illic erant* [Io 3,23]; plurimis nanque in locis Iudaeae aquarum inopia est) *orta de purificatione quaestio est*w9* a discipulis Ioannis cum Iudaeis* [Io 3,25] qui iam forte Christo incipiebant, praeterito Ioanne, adhaerere, *baptizati* a discipulis Christi*x9* *in nomen eius* [Act 8,16]. [179]Cumque id *y9*discipulos Ioannis*y9*, zelantes pro magistro suo, ureret[179], *z9*ad Ioannem*z9* retulerunt *baptizare et Iesum venireque ad eum omnes* [Io 3,26]. Respondit ille: *Nemo quicquam istiusmodi sibi usurpabit, nisi datum fuerit ei coelitus* [Io 3,27]. Ne igitur offendat [638] vos quod ille baptismo discipulos colligit plurimique ad eum veniunt. Utinam et vos et cuncti mortales illum Magistrum agnoscerent! *Vos ipsi mihi testes estis quod* plane *dixi*a10* me non esse Christum, sed missum ante illum* [Io 3,28] ut meo nimirum testimonio illum electis commendarem.

---

q9 posse AB. – *r9* operaretur A. – *s9* facere A. – *t9* *add.* discipulis AB. – *u9* *add.* adhuc AB. – *v9* *om.* B. – *w9* fuit A. – *x9* *om.* AB. – *y9*–*y9* illos AB. – *z9*–*z9* Iohanni A. – *a10* dixerim AB. –

177–177 Ap: Zwingli, *Einleitung*, CR 89, 644 (*i:* there: those who are merely "klein in glouben" will necessarily improve). Adv: Er *De conscr. epist.* 10, LB 1, 357 (there: child not fully human until educated).
178–178 Ap: ErP 1524 ad loc., LB 7, 523 (*ip*).
179–179 Ap: ErP 1524 ad loc., LB 7, 523 (*i*).

b10Qui sponsam habet, is sponsus est. Amico sponsi satis est sponsum audire [Io 3,29] eiusque praesentia perfrui. *Hoc ipsum meum gaudium impletum est* [Io 3,29]. 180Advenit enim tandem desideratus sanctis ̣omnibus sponsus, hic Iesus verus et indubitatus Christus, huius est sponsa ecclesia sanctorum [cf. Eph 5,25]. Advenit iam homo factus ut eam, *de carne et ossibus suis* [Eph 5,30] assumptam, sibi uniat*c10 180. Praedicabitur enim* mox 181*evangelion eius in universo orbe* [Mt 24,14] adducenturque *prope qui longe erant* [Eph 2,13], quaeque non erat dilecta, dilecta erit [cf. Mt 24,41].

O beatum me, cui datum est tantum vocem eius audire agnoscereque*d10* [cf. Io 3,29]. Iam 182officio meo perfunctus sum: me obscurari, *illum vero oportebit illustrari* [Io 3,30]. *Qui nanque e supernis venit, super omnes est* [Io 3,31]. Neque enim iste, ut putatis, 183tantum homo, sed etiam Deus est183. *E supernis venit* [Io 3,31] *qui fuit*e10 *initio* [Io 1,1] et *per quem sunt omnia facta* [Io 1,3]; ideo *coelestia et divina docebit* [Io 3,12]. Cur non venirent ad eum omnes? 184*Qui e terra est,* ut mortales universi, *terrena tantum loquitur* [Io 3,31] et si cui detur coelestia loqui, necesse est ut huius coelestis in eo Spiritus, et non ipse*f10*, loquatur184. *Qui e coelo venit* – o discipuli, iterum dico – *is super omnes est* [Io 3,31]: omnes illi sese tradere in discipulos debent. 185Nihil incertum ille, nihil quod non habeat exploratissimum, poterit loqui. *Quae ipse vidit et audivit* certoque cognovit, *ea testatur*185, sed – o infelicitatem mortalium – *nemo,* hoc est 186*paucissimi, testimonium eius recipiunt* [Io 3,32]. At quibus datur illud recipere, ii indubitato agnoscunt, tamque habent exploratum quam, quae *consignare*

---

b10 add. □ Qui sponsus est AB. – *c10* uniret AB. – *d10 add.* praesentem AB. – *e10 add.* in AB. – *f10* ipse AB. ipsi [!] CD. –

180–180 Ap: Brenz, *In Ioh.* 1528 ad loc., 54r.–v.(*ipa*; there: also ref. to Eph 5,30); Chrysostom, *In Ioh.* hom. 29 ad loc., MPG 59, 170; Lyra ad loc. (*i*). – Cf. BEph 1527 ad 5,30, 102r.–v. – Here perhaps adv: ErP 1524 ad loc., LB 7, 524 (there: *sponsus/amicus sponsi* = rel. between Christ and John only).

181 Ap: Brenz, *In Ioh.* 1528 ad loc., 54r.; Melanchthon, *In Ioh.* 1523 ad loc., CR 14, 1083 (*i: vox sponsi = evangelium*).

182 Ap: Brenz, *In Ioh.* 1528 ad loc., 54v. (*ip*). Same *i* ad loc. ap: Chrysostom, *In Ioh.* hom. 29, MPG 59, 170 (in: Aquinas, *Catena, Guarienti* 2, 377); Aquinas, *In Ioh., Piana* 14 : 2, 23r. col. A; ErP 1524, LB 7, 524.

183–183 Ap: Aquinas, *In Ioh.* ad loc., *Piana* 14 : 2, 23r. col. A; Lyra ad loc. (*i*: man *and* God). Perhaps adv: Brenz, *In Ioh.* 1528 ad loc., 55r. (there: emphasis on divinity only).

184–184 Ap: Augustine, *In Ioh.* tract. 14 ad loc., MPL 35, 1505, CCL 36, 144 in: Aquinas, *Catena* ad loc., *Guarienti* 2, 378 (*i*); Aquinas, *In Ioh.* ad loc., *Piana* 14 : 2, 23r. col. B (*ip*).

185–185 Ap: Lyra ad loc. (*ip*); Chrysostom, *In Ioh.* hom. 30 ad loc., MPG 59, 173 in: Aquinas, *Catena* ad loc., *Guarienti* 2, 378 (*i*).

186 Thus ap: Chrysostom, *In Ioh.* hom. 30 ad loc., MPG 59, 173; Lyra ad loc.; ErP 1524 ad loc., LB 7, 524; Brenz, *In Ioh.* 1528 ad loc., 55r. (*i*). ·

solent *quod* [187]*Deus verax est* [Io 3,33]; et in hoc Iesu iamiam praestat quae unquam sanctis suis promisit[187].

g[10]Misit hunc legatum ad mortales Deus*g[10]*. Nihil igitur*h[10] nisi Dei verba loquitur* [Io 3,34] in quibus nimirum Deus, summum bonum et Pater noster, plenissime cognoscitur indeque vita aeterna percipitur. [188]*Neque enim ad certam mensuram dat Deus Spiritum* [Io 3,34] quam transgredi postea non possit. Dedit mihi sane cumulate suum Spiritum quo baptizavi et docui multa profecto cum luce et efficacia maiore*i[10]*, quam omnes qui ante me docuerunt; adhuc tamen nihil sum collatus huic Iesu. *Ipse enim Filius Dei est et a Patre ita diligitur ut in manus illius posuerit omnia* [Io 3,35]. Hucque*j[10]* illum evexerit*k[10] ut vitam aeternam habeat quisquis in eum crediderit* discipulusque eius esse voluerit*l[10]* [188]. *Qui vero respuerit eum, vitam nunquam visurus sit*, in aeternum *premente eum ira Dei* [Io 3,36]. Tale nihil unquam de me praedicavi. Mittite igitur istum vestrum pro me praeposterum*m[10]* zelum et aequo animo ferte ut ego obscurer: *n[10]*praestiterit Filio Dei*n[10]*, quam mihi auscultetis. Et vos itaque ad illum concedite et quoscunque poteritis simul illi vobiscum adducite quo, audientes illum, vitam accipiatis aeternam, quam frustra a me expectabitis.

Annotationes

⟨Cur a Ierusalem *in Iudaeam* [Io 3,22]⟩ [189]Non perstitit diu Ierusalem Dominus [cf. Io 2,13]. Non enim *erat hora ut* prorsus ad huc *inclaresceret* [Io 17,1]. Sub finem vero functionis suae frequentius illic egit et plura designavit, quia appetebat tempus quo debebat glorificari [cf. Io 7,39]. In humilioribus igitur regionibus, qualis*o[10]* Galilaea [cf. Io 2,1ff.] erat, antea effulgere divinitatis suae lucem [cf. Sap 7,26] fecit. In praesenti tamen in Iudaeam [cf. Io 3,22] et hac ratione secessisse moramque in ea egisse videtur ut [190]occasio discipulis Ioannis fieret de eo – in vicino adeo sibi loco discipulos per baptismum colligente – quaerendi atque inde tam praeclarum, quod hic Evangelista memorat, magistri sui de Domino testimonium audiendi[189].

---

g[10]-*g[10]* Etenim cum ille missus a Deo sit A. – *h[10] om.* A. – *i[10] add.* plane AB. – *j[10]* eumque A.– *k[10]* constituerit A. – *l[10]* volet A. – *m[10]* stultum AB. – *n[10]*-*n[10]* Filio Dei praestat AB. – *o[10] add.* et AB. –

[187-187] Ap: Brenz, *In Ioh.* 1528 ad loc., 55r. (*ip*); Lyra ad loc. (*i*).

[188-188] Ap: Albert, *In Ioh.* ad loc., *Opera* 24, 149 col. B (*i*: contrast between John and Christ). Here: interpretation adv: Er 1527 ad loc. (there: *add.* huic). Cf. ad n. (204)–(204) infra.

[189-189] Chronology ap: Ludulphus, *Vita*, pars 1, cap. 24–27, *Rigollot* 1, 212–237 (*i*). Here adv: Bede in: Aquinas, *Catena* ad loc., *Guarienti* 2, 375. – For Galilee as "locus humilis" cf. infra *cap.* 4 ad n. (10)–(10).

[190] Ap: Chrysostom, *In Ioh.* hom. 29 ad loc., MPG 59, 167–168 (*i*).

⟨Nemo nisi divinitus missus recte docebit⟩ *Non potest homo accipere quicquam* [Io 3,27]. Simile est: [191]*Quomodo praedicabunt, si non mittantur*, Rom. 10[15]. *Cum enim non simus sufficientes ut vel cogitemus aliquid ex nobis* (quod Paulus 2 Cor. 3[5] de praedicatione evangelii proprie scripsit) certum est neminem quicquam rectum et sanctum vel docere, vel facere posse quod non acceperit coelitus, hoc est, ad quod non fuerit impulsus divinitus[191]. [192]*Non missi igitur et per se currentes* [Ier 23,21] non sunt qui Deo homines colligunt et eius verbum annuntiant[p10], sed *qui sua* vel aliorum [639] *somnia adferunt* [Ier 23,27] et a Deo homines abducunt sibique ipsis obnoxios facere conantur[192]. Unde Iirmiah 23[16]: *Visionem cordis sui loquuntur, non de ore Domini*. Quapropter dixit Dominus infra 10[10] furari illos et perdere oves. Iam verbum Domini cibus vitae est. Quare [q10]qui *fures sunt et latrones* [Io 10,8], eos[q10] necesse est[r10] nequaquam loqui verba Dei, sed commenta hominum.

⟨Contra Catabaptistas de vocatione ad praedicandum⟩ [193]Hinc vides quantum absint a vero Catabaptistae qui negant audiendos etiam qui docent quae ipsi quoque vera fatentur, si accipiant salarium unde vivant, si non sint electi[s10] ab ipsis. [t10]Se enim[t10] solos ecclesiam faciunt[u10] [193]. Nam si [v10]constet etiam huiusmodi[v10] sua quaerere, dum verba Dei praedicant, contemnent[w10] nihilominus Deum, qui illos contempserint[x10]. Ideo [194]*Paulus gaudebat* [Phil 1,18] Christum praedicari etiam ab iis qui id mala conscientia[y10] faciebant, Philip. 1[15–19][194]. Missio vera rite evangelizantium est ad praedicandum gratiam factam per Christum impulsio. Huc iam nemo nisi unus Deus impellere potest quia vel *cogitare aliquid tale ex nobis non sufficimus*, ut Paulus inquit [2 Cor 3,5]. Multo minus dare id possunt homines alii [195]*cum, plantans et rigans, nihil sint* [1 Cor 3,7]. [196]Quisquis igitur vera unquam loquetur, missum ad id esse eum divinitus

---

[p10] *add.* etiam si sua quaerentes id faciant A. – [q10–q10] *om.* AB. – [r10] *add.* eiusmodi AB. – [s10] *om.* A. – [t10–t10] nam se A. – [u10] *add.* electi A. – [v10–v10] etiam constaret illos A. etiam constet et huiusmodi B. – [w10] contemnerent A. – [x10] contemnerent A. – [y10] occasione AB. –

[191–191] Ap: Chrysostom, *In Ioh.* hom. 29 ad loc., MPG 59, 169. Cf. Zwingli, *Vom Predigtamt*, CR 91, 423 (*i* ?: there Io 3,27 and Rm 10,15 cited to show that preachers sent by God). Cf. infra ad n. (196)–(196).

[192–192] Ap: BEv 1527 ad Mt 9[37], 66r. (*ipa*). Cf. CT 1530, art. 15(13), BDS 3, 101.

[193–193] Adv: *Schleith. Conf.* art. 5, Jenny, *Täuferbekenntnis*, SBVG 28, 13–14, 62–64 (there: pastor to be elected by particular congregation); art. 4, *ibid.*, 12–13, 60–62 (there: separation of the rebaptised community). Bucer's accusation ap: Zwingli, *Elenchus*, CR 93, 127 (*i*).

[194–194] Ap: Augustine, *In Ioh.* tract. 46 ad 10, 11–12, MPL 35, 1731, CCL 36, 401–402 (*ir*: Phil 1,15f. in context of ministry).

[195] Ap: Augustine, *In Ioh.* tract. 5 ad 1,33, MPL 35, 1422, CCL 36, 49–50 (*ir*: 1 Cor 3,7 in context of ministry). Cf. CT, art. 15(13), BDS 3, 99.

[196–196] Cf. supra ad n. (191)–(191). Also ap: Lambert, *De prophetia*, tract. 4, cap. 24, 76v. (*i* only).

oportet (quacunque demum id occasione quave mente loquatur) stabitque praesens dictum Ioannis: *Non potest homo accipere quicquam, nisi fuerit ei datum e coelo* [Io 3,27][196]. Unde cum [197]Caiaphas imprudens verum de litatione Christi dixisset, *ex Spiritu loquutum et prophetasse eum* Evangelista adserit [Io 11,51]. De his [198]plura in Matth. 9[37] sub finem.

Habens sponsam [Io 3,29]. [199]Parabola est qua significare voluit [200]ecclesiam Christi sponsam esse [cf. Eph 5,25] et se solidum *gaudium gaudere quod* [201]*audire sponsum*[z10] [Io 3,29], id est praesentem habere, sibi datum esset[201].

Qui de terra [Io 3,31]. *Animalis enim homo non percipit quae Dei sunt* [1 Cor 2,14], quare neque loqui de illis potest. [202]Cum itaque Christus a Patre omnia [cf. Io 8,28] accipit[a11], etiam facultatem dispensandi *Spiritum sanctum*, eum Doctorem *qui omnia docet* [Io 14,26] et ad vitam aeternam innovat, audiendus utique prae omnibus est. *De coelo venit* [Io 3,31] quia Deus homo factus est [cf. Io 1,14]. Ipsum iam audire Deum quanto optabilius, quam audire servum Dei? Iure ergo ad eum omnes veniebant, qui *erat super omnes* [Io 3,31] et solus omnes erudire ad salutem poterat[202].

⟨Quod *verax Deus*⟩ *Qui recipit testimonium eius signavit* [Io 3,33]. Id est: iam certo agnovit, [b11]uti ea cognita habemus[b11] quae in testimonium, quod ita se habeant, obsignamus. [203]Qui enim Christi sermonem recte percepit, *ipsum et in ipso Patrem* [Io 10,38], verum Deum in vero Deo [cf. 1 Io 5,20], agnoscit *certoque videt quod verax sit Deus* [Io 3,33] quaeque unquam sanctis promisit, prolixissime eum[c11] in Servatore nostro Iesu Christo praestitisse[d11 203]. *In ipso siquidem sunt, etiam et per ipsum sunt, amen, quotquot sunt promissiones Dei*, 2 Cor. 1[20]. Etenim *cum verba Dei loquatur* [Io 3,34] qui ea pernoverit [cf. Io 3,32], ipsam veritatem ipsumque Deum, certam denique bonitatem eius, omnia promissa ipsius implentem, agnovit, percepit, possidet.

Non ex mensura dat Deus Spiritum [Io 3,34]. Bifariam hoc intellegi potest. [204]Uno modo: Christo *non dari Spiritum ex mensura*, sed praeter mensuram, id est effusissime idque homini. Ut enim Deus est[e11], idem

---

[z10] eum AB. – [a11] accoepit AB. – [b11]–[b11] quam solemus ea A. – [c11] *om.* A. – [d11] praestat A. – [e11] *om.* AB. –

[197] Ap: Augustine, *In Ioh.* tract. 49 ad 11, 51, MPL 35, 1757, CCL 36, 432 (*i*). Cf. index ad Io 3,27.
[198] Cf. BEv 1527 ad Mt 9[37], 65r.ff., and ad n. (192)–(192) supra.
[199] Example. Cf. *Lausberg* 1, par. 422.
[200] Cf. supra ad n. (180)–(180).
[201]–[201] Ap: Cyril, *In Ioh.* ad loc., MPG 73, 263–264 (*p* of 1524 ed., 34v.).
[202]–[202] Ap: Brenz, *In Ioh.* 1528 ad loc., 55r. (*ip*).
[203]–[203] Cf. supra ad n. (187)–(187).
[204]–[204] Cf. supra ad n. (188)–(188).

substantia est quod Spiritus Dei. Altero, ut idem sit acsi dixisset: non solet certa aliqua et *definita mensura Deus Spiritum largiri,* f^1ut si cui multum de illo largitus sit, non possit alteri largiri amplius; sed pro arbitrio suo unicuique illum dispensat, nec ulli tantum contulerit, quum^{g11} multo plus queat impendere aliis. Infinita est haec Spiritus opulentia. Nolite igitur existimare Deum, propterea quod mihi plurimum Spiritus sui impertivit, non posse huic longe plus donaref^1. Hic Iesus ipse *Dei Filius est quem* prae omnibus *Pater diligit tradiditque ei in manus omnia* [Io 3,35]. Spiritum Dei ipse dispensabit, vitam aeternam electis largietur, mundum denique iudicabit [cf. Io 3,36] et, ut^{h11} *per eum condita sunt* [Col 1,16], ita et restaurabuntur omnia^{i11} [cf. Col 1,17]. Videte quanto sit me maior [cf. Io 1,15] quantumcunque praestet illum vos, quam me audire. Hic posterior sensus^{j11} germanior mihi videtur loci huius intellectus; non enim adiecit Evangelista *ei* aut quid simile. Prior tamen quoque verus est[204].

[640] *Sed ira Dei manet* [Io 3,36]. Quia in peccatis ille manet, omni cogitatione et conatu Deo adversarius [cf. Eph 2,3]. Sic enim nati sumus [cf. Io 3,6] indeque non nisi per Christum possumus liberari [cf. Gal 4,31].

Observationes

⟨Christus mala vertit in bonum⟩ Circa id quod *in Iudaeam* Christus *abiit* [Io 3,22] baptismo discipulos collecturus et non, ut alias fere solebat, in Galilaeam, idque in loco, ut verisimile est, vicino ei in quo baptizabat Iohannes etc. [cf. Io 3,23], observandum ut [205]commodas operum suorum Deus occasiones iniiciat, inter quas et incidere solent in quibus nonnihil peccatur. Spiritu tamen suo tandem ad optatum sanctis suis finem omnia deducit [cf. Gal 5,18]. Peccatum utique erat praeposterus ille discipulorum Ioannis pro ipso magistro suo zelus [cf. Io 3,26]. Interim tamen occasio ^{k11}hic zelus fuit^{k11} ut illis Ioannes Christum tam praeclare praedicaret. Sic et peccatum illorum bono eis fuit[205].

⟨Satan bona in malum⟩ Animadvertendum praeterea hic quam in proclivi sit etiam sanctis ut autores, vel inviti, fiant sectarum. Adeo proni sumus ut^{l11} homines pluris aequo faciamus ^{m11}proque eis^{m11} contra veritatem aemulemur. [206]Solet nanque Satanas non minus conari ut malo sanctis omnia sint etiam quae per se optima sunt, quam Christus suis faciat bono esse quae per se mala sunt[206]. Aemulatio discipulorum pro magistro suo

---

f^1–f^1 sed pro arbitrio suo unicuique illum dispensat. Neque ideo quod mihi plurimum Spiritus sui largitus est, non potest alii plus largiri A. – ^{g11} quia B. – ^{h11} *add.* omnia A. – ^{i11} *om.* A. – ^{j11} *om.* AB. – ^{k11}–^{k11} factus est AB. – ^{l11} *add.* stulti AB. – ^{m11}–^{m11} ac tum stultius pro eis AB. –

[205–205] Ap: Lambert, *De excaecatione* tract. 2, cap. 16, 40v. (*i*: God uses sinfulness to reveal truth).

[206–206] Ap: Lambert, *De excaecatione* tract. 2, cap. 5, 26r. (*i*).

contra Christum [cf. Io 3,26] mala erat. Vertit tamen eam in bonum illorum Dominus, dum occasionem fecit ut veritatem plenius edocerentur. Sic optima res erat quod hi discipuli Ioannem colerent; verba enim Dei docebat. Hoc autem studii Satan conatus fuit in rem pessimam vertere ut, quem propter Deum coeperant colere, colerent contra Deum, dum eius praepostero studio Christo invidere inciperent atque contra eum incitare cuperent et magistrum suum.

[207]Caveamus igitur ne plus aequo homines admiremur, *neve in quoquam mortalium gloriemur. Omnia nostra sunt, sive Paulus, sive Apollo, sive Cephas* [1 Cor 3,21–22] etc. Alioqui citius opinione, aemulatio, contentio [cf. 1 Cor 3,3] et factiones cooriuntur[207], ut – proh dolor – hodie $^{n^{11}}$plus nimio$^{n^{11}}$ experimur. *Christo dedit in manus Pater omnia* [Io 3,35], is dare potest vitam aeternam [cf. Io 3,36]. Cur non huius igitur discipuli, quam hominum, esse malumus? Atque utinam tanto studio singuli Christo adducere et consecrare suos studeant discipulos, quanto videmus id fecisse hic Ioannem! Gloriam suam nemini potest cedere Deus [cf. Io 5,44] et non est eius maior apud nos gloria, quam cum$^{o^{11}}$ ipsum solum eum agnoscimus qui nos vere sapientes et iustos reddat [cf. 1 Cor 1,30]. [208]Apud quos igitur unquam vel iustitiae vel sapientiae aliquid nos$^{p^{11}}$ quaesivimus, $^{q^{11}}$praeterito Deo$^{q^{11}}$, illos ita iniustos et stultos fecit Deus (et quidem aequissimo iudicio!) ut nemo non videret nihil minus quam iustitiam et sapientiam apud illos quaerendam[208]. Quid enim hodie omnium scelerum notis magis foedum quam illi ipsi a quibus paulo ante remissionem peccatorum, Spiritum sanctum, regnum coelorum et nihil non petivimus? [209]Ita quid stultius et pestilentius unquam in orbe scriptum est, quam a summis illis theologis, id quod tot plaustra testantur librorum quos vel in solas Sententias scripserunt[209]? At hi in omnibus quaestionibus ad religionem pertinentibus non aliter consulebantur, quam olim oraculum Dei [cf. 2 Sm 21,1], vel prophetae Spiritu Dei pleni [cf. Mi 3,8].

Et hac nostra tempestate habemus huius luculentia sane, nec minus damnosa exempla $^{r^{11}}$in perniciosis sectis$^{r^{11}}$. Unum habemus in coelis Magistrum; utinam unum hunc agnoscamus, nullum tamen ministrum eius

---

$^{n^{11}-n^{11}}$ *om.* A. – $^{o^{11}}$ *om.* A. – $^{p^{11}}$ *om.* AB. – $^{q^{11}-q^{11}}$ *om.* AB. – $^{r^{11}-r^{11}}$ quae tamen cogitationibus piorum relinquo consideranda, ne quid dare affectibus videar AB. –

[207–207] Ap: Lambert, *De excaecatione* tract. 5, cap. 5, 81v. (*i:* over-concern with human affairs leads to disagreements and formation of sects, but there: Thomists and Scotists singled out).
[208–208] Ap: Lambert, *De excaecatione* tract. 6, cap. 5, 96r. (*i*).
[209–209] Ap: Lambert, *De excaecatione* tract. 5, cap. 5, 81r. (*i:* there: "canonistae et summistae" singled out).

contempturi! s^{11} ^{210}Nam etiam in hanc partem gravissime quidam peccant. Iactant se solum Christum Magistrum sequi velle, interim sequuntur se ipsos vel erraticos impostores, Christo in suis ministris superbissime contempto, qui non solo Spiritu per revelationes, sed per ministros suos externe quoque suos docere [cf. Mc 16,15] et instituere statuit$^{s^{11}}$ ^{210}.

⟨Ioannes Baptista clarissime evangelion praedicavit⟩ Notandum quoque hic est quam ^{211}foede errent qui Ioannem negant evangelion ipsamque Christi doctrinam tradidisse^{211}. Quid enim apud ullum Apostolum legas quo praedicetur Christus, quam hic, clarius et magnificentius? *Lex et prophetae usque ad*$^{t^{11}}$ *Ioannem* [Mt 11,13]: a diebus Ioannis, hoc est ab eo quod ipse coepit praedicare, regnum Dei vim patitur, adeo cupide in illud multis irruentibus. Et praedicari igitur illud oportuit, etiam [641] ab ipso Iohanne in quo doctrina Legis et prophetarum, tanquam obscurior, finem accipit$^{u^{11}}$ [cf. Mt 11,13] coeptaque est evangelica, multo evidentior et clarior. Id factum, cum praesens Christi praeconium, tum quae supra habuimus, luculentissime testantur. Neque enim potuit praeclarius de Christo evangelion annuntiari, ut et a nemine unquam annuntiatum est, quam hic et alibi a Iohanne factum legimus.

$^{s^{11}–s^{11}}$ 210–210 *om.* AB. – $^{t^{11}}$ *om.* A. – $^{u^{11}}$ accepit ABD. –

210–210 Adv: Schwenckfeld and Wacker. Cf. Wendel, *Eglise*, 137–143. Ap: *16 Articles* 1533, art. 6, Wendel, *Eglise*, 245–246 (*i*).

211–211 Adv: Denck, *Von der wahren Liebe*, Täuferakten 6 : 2, 85 (there: Mt 11,13 = up to and including the time of John the Baptist). Cf. BEv 1527 ad Mt 11[13], 98v.–100r.

CAPUT 4

⟨Sectio prima [1–14]⟩ *Ut ergo cognovit Dominus audisse Pharisaeos quod Ihesus plures discipulos faceret et baptizaret quam Iohannes – quanquam Iesus ipse non baptizaret, sed discipuli eius – reliquit Iudaeam et abiit iterum in Galilaeam. Oportebat autem eum transire per Samariam. Venit ergo in civitatem Samariae quae dicitur Sychar, iuxta praedium quod dedit Iacob Ioseph filio suo. Erat autem ibi fons Iacob. Iesus ergo, fatigatus ex itinere, sedebat sic super fontem. Hora erat ferme sexta. Venit mulier Samaritana ut hauriret aquam. Dicit ei Iesus: da mihi quod bibam. Nam discipuli eius abierant in civitatem ut cibos emerent. Dicit ergo ei mulier illa Samaritana: quomodo tu, Iudaeus cum sis, potum a me poscis quae sum mulier Samaritana? Non enim commercium habent Iudaei cum Samaritanis. Respondit Iesus et dixit ei: si scires donum Dei et quis sit qui dicit tibi: da mihi quod bibam, tu petisses ab eo et dedisset tibi aquam vivam. Dicit ei mulier: Domine, neque quo haurias habes et puteus profundus est, unde ergo habes aquam illam vivam? Num tu maior es patre nostro Iacob qui dedit nobis puteum et ipse ex eo bibit et filii eius et pecora eius? Respondit Iesus et dixit ei: omnis qui bibit ex aqua hac, sitiet iterum. Quisquis autem biberit ex aqua quam ego dabo ei, non sitierit in aeternum, sed aqua quam ego dabo ei, fiet in eo fons aquae salientis in vitam aeternam.*

⟨Sectio 2 [15–30]⟩ *Dicit illi mulier: Domine, da mihi istam aquam ut non sitiam, neque veniam huc ad hauriendum. Dicit ei Iesus: vade, voca virum tuum et veni huc. Respondit mulier et dixit ei: non habeo virum. Dicit ei Iesus: bene dixisti, non habeo virum. Quinque enim viros habuisti et nunc quem habes, non est tuus vir. Hoc vere dixisti. Dicit ei mulier: Domine, video quod propheta es tu. Patres nostri in monte hoc adoraverunt et vos dicitis quod Hierosolymis est locus ubi oporteat adorare. Dicit ei Iesus: mulier, crede mihi, venit hora quando neque in monte hoc, neque Hierosolymis adorabitis Patrem. Vos adoratis quod nescitis, nos adoramus quod scimus, quia salus ex Iudaeis est. Sed venit hora, et nunc est, quando veri adoratores adorabunt Patrem spiritu ac veritate. Nam et Pater tales quaerit qui adorent ipsum. Spiritus est Deus et eos qui adorant eum, spiritu ac veritate oportet adorare. Dicit ei mulier: scio quod Messias venturus est qui dicitur Christus. Cum ergo venerit ille, nobis nuntiabit omnia. Dicit ei Iesus: ego sum qui loquor tibi. Et continuo venerunt discipuli eius et mirabantur quod cum muliere loqueretur. Nemo tamen dixit: [642] quid quaeris, aut cur loqueris cum ea? Reliquit ergo hydriam suam mulier et abiit in civitatem et dicit illis hominibus: venite, videte hominem qui dixit mihi omnia quaecunque feci. Num hic est ille Christus? Exierunt ergo e civitate et veniebant ad eum.*

⟨Sectio 3 [31–38]⟩ *Interea rogabant eum discipuli, dicentes: rabbi, comede. Ille autem dixit eis: ego cibum habeo comedendum quem vos nescitis. Dicebant ergo discipuli inter se: nunquis attulit ei quod ederet? Dicit eis Iesus: meus cibus est ut faciam quod vult is qui misit me, et perficiam opus eius. Nonne vos dicitis: adhuc quatuor menses sunt et messis veniet? Ecce dico vobis, attollite oculos vestros et videte regiones, quoniam albae *¹iam sunt¹ ad messem. Et qui metit, mercedem accipit et congregat fructum in vitam aeternam ut et qui seminat simul gaudeat, et qui metit. In hoc enim est sermo verus quod alius est qui seminat et alius est qui metit. Ego missi vos ad metendum quod vos non laborastis. Alii laboraverunt et vos in labores eorum introistis.*

⟨Sectio 4 [39–46]⟩ *Ex civitate autem illa multi crediderunt in eum Samaritanorum, propter sermonem mulieris testificantis quod dixisset sibi omnia quaecunque fecisset. Cum venissent ergo ad illum Samaritani, rogaverunt eum ut apud se maneret et mansit ibi duos dies. Ac multo plures crediderunt propter sermonem ipsius, et mulieri dicebant: iam non propter tuam orationem credimus, ipsi enim audivimus et scimus quod hic est vere Servator mundi, Christus. Post duos autem dies exiit inde et abiit in Galilaeam. Ipse enim Iesus testatus est quod propheta in sua patria honorem non haberet. Cum ergo venisset in Galilaeam, exceperunt eum Galilaei, cum omnia vidissent quae fecerat Hierosolymis in die festo et ipsi enim venerant ad diem festum. ᵃVenit ergo Iesus ²iterumᵇ in Cana Galilaeae ubi fecerat ex aqua vinumᵃ.*

⟨Sectio 5 [46–54]⟩ *Et erat quidam regulus cuius filius infirmabatur Capernaum. Hic, cum audisset quod Iesus advenisset a Iudaea in Galilaeam, abiit ad eum et rogabat eum ut descenderet ac sanaret ipsius filium, siquidem is agebat animam. Dixit ergo Iesus ad eum: nisi signa et prodigia videritis, non ³credetisᶜ. Dicit ad eum ⁴regiusᵈ: Domine descende priusquam moriatur filius meus. Dicit ei Iesus: vade, filius tuus vivit. Credidit homo sermoni quem dixerat ei Iesus et ibat. Iam autem eo descendente, servi occurrerunt ei et nuntiaverunt, dicentes: filius tuus vivit. Sciscitatus est ergo horam ab eis in qua melius habuisset. Et dixerunt ei: heri hora septima reliquit eum febris. Cognovit ergo pater quod illa hora erat, in qua dixisset sibi Iesus: filius tuus vivit, et credidit ipse et domus eius tota. Hoc iterum secundum signum edidit Iesus cum venisset a Iudaea in Galilaeam.*

ᵃ⁻ᵃ *In sect.* 5 D. – ᵇ² *om.* D. – ᶜ³ creditis D. – ᵈ⁴regulus B. –

¹⁻¹ Er 1527: sunt iam.
² Most likely printing error; *iterum* in Estienne's Bible 1532 ad loc.
³ Er 1527: creditis. For credetis as var. cf. *Wordsworth and White* 1 ad loc.
⁴ Er 1527: regulus.

ENARRATIO SECTIONIS I [1–14]

[643] *Ut ergo cognovit Dominus quod Pharisaei audivissent* [Io 4,1]. Apertas satis historias et sermones habet totum hoc caput, quare nullas paraphrases requirit.

Annotationes

Ut ergo cognovit Dominus [Io 4,1]. Quia [5]nondum tempus erat, vel ut periclitaretur, vel ut miraculo ab hostibus servaretur, declinavit furorem Pharisaeorum, etiam fugiendi humilitatem nostri caussa non aspernatus[5].

Quod Iesus plures discipulos facit et baptizat [Io 4,1]. [e]Baptismus purificatio quaedam erat [f]et in vitam meliorem initiatio. [6]Cum ergo Iesus baptizaret per discipulos, videbant Iudaei illum se profiteri novum administrum gratiae Dei et vitae Doctorem[f]. Id ergo illos urebat, cum omnia sancta et praeclara a se peti cuperent[6]. [7]Augebat vero aemulationem illis quo *plures, quam Iohannes, discipulos adscisceret* [Io 4,1][7]. Iohannes [7a]intolerabilis eis fuerat. Qui potuissent igitur ferre Iohanne illustriorem? Iam enim *minuebatur ille et crescebat hic* [Io 3,30][7a].

Iesus ipse non baptizabat, baptizabat autem ministerio discipulorum [cf. Io 4,2]. [g]Hoc symbolum [9]ministerio ecclesiae deputatum erat; ad id

---

[e]*add.* Quod enim AB. – [f-f]agnoscebant Iudaei Iesum suam doctrinam, ut eximiam, velle haberi ad quam non quivis, sed purificati tantum admittendi essent *cum et ipse baptismate discipulos suos initiaret* [**nam videbant baptismate discipulos suos initiare B] AB. – [g-g]
[8-8] Christo enim proprius est baptismus Spiritus. Cumque externus baptismus ad hoc adhibeatur ut societas externa auspicetur sanctorum, commodum est ut ipsi se invicem in illam recipiant, de quo et [9]supra primo capite in digressione de baptismate AB. –

[5-5] Ap: Augustine, *In Ioh.* tract. 15 ad loc., MPL 35, 1511, CCL 36, 151 (*iap*); Brenz, *In Ioh.* 1528 ad loc., 75r.–v. (*i*).
[6-6] Ap: Albert, *In Ioh.* ad loc., *Opera* 24, 155 (*i*).
[7-7] Ap: ErP 1524 ad loc., LB 7, 525 (*i*).
[7a-7a] Ap: Aquinas, *In Ioh.* ad loc., *Piana* 14:2, 24r. col. B (*i* and ref. to Io 3,30); Lyra ad loc. (*i*).
[8-8] Var (g–g) in AB ap: Zwingli, *Von der Taufe*, CR 91, 221–223 (*i*: sharp distinction between external and internal). Also ap: Augustine, *In Ioh.* tract. 15 ad loc., MPL 35, 1511, CCL 36, 151 (*ip*: Christ baptises by the Spirit). – Version C ap: Brenz, *In Ioh.* 1528 ad loc., 56v. (*i*: apostoli = ministri; cf. Augustine, *In Ioh.* tract. 15 ad loc., MPL 35, 1511, CCL 36, 151). Spirit not yet given ad loc. ap: Chrysostom, in: Aquinas, *In Ioh.* ad loc., *Piana* 14:2, 24v. col. A; *Catena* ad loc., *Guarienti* 2, 381 (*i* here: but *not* in: Chrysostom, *In Ioh.* hom. 30 ad loc., MPG 59, 177 or Latin ed. 1522, 79–80!). Also ap: Brenz, *In Ioh.* 1528 ad loc., 56v. (*i*). Version C also ap: *Bericht* 1534, BDS 5, 171 (*ip* esp. inst. of Church by Christ = preparation. There adv: Hofmann: paedobaptism unnecessary as Christ did not baptise children. Answer there: Christ baptised no-one, cf. Io 4,2).
[9] Cf. supra *cap.* 1 ad nn. (181)–(183). In C perhaps also ap: *Decreti* 3a pars, dist. 4, c. 36 (Augustine, *Ad Fortunatum*), *Friedberg* 1, 1374 (*i*: baptism handed over by Christ to the Church).

ministerium elegerat apostolos. Ut ergo per hoc ecclesia debuerat constitui et administrari, ita eos eam tum voluit huic suo muneri praeparare et sacrum ministerium quodammodo auspicari. Ipse *minister circuncisionis erat* [Rm 15,8]: nolebat ante glorificari quam passus esset [cf. Io 7,39], eoque ecclesiae politiam a morte primum et apostolorum ministerio instituit. Contentus itaque ipse fuit docere et signo *impositionis manuum Spiritum* [Act 8,18] Dei et alia dona largiri. Baptismi administrationem initio statim apostolis permisit[g].

Abiit rursus in Galilaeam [Io 4,3]. Patriam coluit, quandocunque vocatio Patris non alio extrudebat. Et ut videremus [10]humilia primo loco haberi apud Deum, hanc aliis Iudaeorum regionibus obscuriorem [cf. Is 9,1–2] primum illustrari oportuit. De quo Matthaei quarto [16][10].

Oportebat eum transire per Samariam [Io 4,4]. Ex Galilaea petentibus Iudaeam, transeundam Samariae regionem indicant et alia Evangeliorum loca, ut Lucae 9[53] ubi narratur quod *Samaritae noluerunt Iesum* cum suis *admittere eo quod peteret Ierosolyma*. Aegre enim ferebant, suo praeterito, illorum templum et festa frequentari.

Dictam Sychar [Io 4,5]. [11]Sichimam adiacentem monti Garizin, qui montibus Samariae celsior est, scribit Iosephus fuisse Samaritis, tempore Alexandri Magni, metropolim[11]. Hinc[h] verisimile est ab Evangelista vocatam Sychar. [12]Certe nomen Sichimae a Schecem quam alias Sichem vocant, ubi habitasse Iaacob legimus 1 Mosch. 33[18], deductum crediderim[12]. Cum igitur hic Evangelista *praedii* meminerit *quod Iaacob filio suo Ioseph dedit* (de quo videtur loqui quod 1 Mosch. 48[22] legimus) item et fontis Iaacob [Io 4,5], *Sychar* eandem quae Sichim a [13]Iosepho dicitur, fuisse existimo. Ad quod et haec coniectura accedit quod Samaritis muliercula Domino dixerit: *Patres nostri adoraverunt in monte hoc* [Io 4, 20], quasi demonstrans montem, id quod sane arguit montem vicinum Sychar fuisse. Iam scribit Iosephus [14]Sichimam «positam iuxta montem Garizin». Eadem igitur est quae Sychar.

---

[h] Hanc AB. –

[10-10] Cf. BEv 1527 ad Mt 4 [16], 106r.–107v. (there: most humble = most persecuted and first to be taken into Assyrian captivity) and supra *cap.* 3 ad n. (189)–(189). – Ap: Aquinas, *In Mt.* ad 4, 15–16, *Piana* 14:1, 13v. col. A (*ip* here); Jerome, *In Mt.* 1 ad 4, 15–16, MPL 26, 33, CCL 77, 23 (*i* here). See also Aquinas, *Catena* ad Mt. 4, 15–16, *Guarienti* 1, 63; *Glossa ord.* [*marg.*].

[11-11] Josephus, *Antiq. Iud.* 11, 340, *Loeb* 6, 479; here ap: Rufinus, *Ioseph. Antiq.* 1524, 11, cap. 8, 328 (*p*).

[12-12] Ap: Brenz, *In Ioh.* 1528 ad loc., 57v.–58r. (*i* and ref. Gn 33,18; etymology Sichen-Sichima implied).

[13] Josephus as n. (11)–(11) supra. But *Sychar = Sichem* also ap: Jerome, *De hebr. nom.*: *In Ioh.*, MPL 23, 846, CCL 72, 142; Lyra ad loc.

[14] Josephus as n. (11)–(11) supra.

Hora erat quasi sexta [Io 4,6]. More suo [15]diligenter omnia Evangelista describit, quanquam in hoc caussam quoque indicarit cur pro cibo miserit Dominus [cf. Io 4,8]: meridies enim erat. Simul ex eo apparet fuisse Domino occasionem ut potum a muliercula peteret [cf. Io 4,7][15].

⟨Unde dissidium inter Iudaeos et Samaritas⟩ *Quomodo tu qui Iudaeus es* [Io 4,9]. Chutaei erant Samariae regionem inhabitantes, translati a Perside, a flumine Chuta, ut scribit [16]Iosephus libro Antiquitatum 9 sub finem. Eorum meminit et [i]17 capite 2 Regum[i] [4 Rg 17,24]: hi, ut primum *deducti in Samariam erant, neque Deum colerent, immisit in eos leones* [4 Rg 17,25], unde compulsi religionem quidem Dei partim amplexi fuere, partim autem colebant et deos suos [cf. 4 Rg 17,33]. Hinc abominabiles semper Iudaeis fuere neque inter illos et Iudaeos unquam convenit. [17]Hoc vero dissidium auxerat factum Sanabalath [cf. 2 Esr 13,28] qui a Dario, rege Persarum, praefectus constitutus, regionem [644] Samariae administrabat[17]. [18]Dederat is uxorem filiam suam Isacham Manassae, fratri Iaddi summi sacerdotis, ob quam ille, a fratre et populo, sacerdotio fuit deiectus. Quod cum ei plurimum doleret et cogitaret uxorem ethnicam repudiare, Senabalath promisit templum se ei instar Ierosolymitani aedificaturum in monte Garisin qui super alios Samariae montes eminebat, in quo posset sacerdotio fungi, adiecitque se illi omnem ditionem et potestatem suam cessurum. Senio enim [j] gravabatur. His ergo adductus Manasses uxorem, filiam Senabalath, retinuit[18] cui [19]socer paulo post, cum ad Alexandrum a Dario defecisset atque condendi templi facultatem ab eo impetrasset iuxta quod promiserat, templum in praedicto monte extruxit[19]. [20]Qua occasione multi quoque alii Iudaei qui ob ethnicas uxores et alias Legis transgressiones Hierosolymis non poterant commode agere, ad Manassem transfugiebant, quibus Senabalath pecuniam ministrabat et terram colen-

---

[i–i] 2 Regum, cap. 17 D. – [j] *add.* iam AB. –

[15–15] Ap: Brenz, *In Ioh.* 1528 ad loc., 58r. (*ip*).

[16] Josephus, *Antiq. Iud.* 9, 288, *Loeb*, 461; here ap: Rufinus, *Ioseph. Antiq.* 1524, 9, cap. 15, 280 (*p*).

[17–17] Josephus, *Antiq. Iud.* 11, 304–308, *Loeb* 460–462; here ap: Rufinus, *Ioseph. Antiq.* 1524, 11, cap. 7, 326 (*ip*).

[18–18] Josephus, *Antiq. Iud.* 11, 310–312, *Loeb* 464; here ap: Rufinus, *Ioseph. Antiq.* 1524, 11, cap. 7, 326 (*ipa*).

[19–19] Josephus, *Antiq. Iud.* 11, 321, *Loeb*, 468–470; here ap: Rufinus, *Ioseph. Antiq.* 1524, 11, cap. 8, 327 (*ipa*).

[20–20] Josephus, *Antiq. Iud.* 11, 311–312, *Loeb*, 464; here ap: Rufinus, *Ioseph. Antiq.* 1524, 11, cap. 7, 326 (*ip*).

dam deputabat, omnia haec^k concedens gratiae generi[20]. [21]Hinc factum est
ut mons et templum hoc Samaritanorum (qui et [22]Sichimitae dicebantur,
a metropoli Sichima) vocarentur mons et templum transgressorum. Ex his
ergo caussis Iudaei non communicabant cum Samaritis[21] cumque Domino
vellent insigniter conviciari, *Samaritanum vocarunt* [Io 8,48], transgressorem Legis ^{l}profanum et impium^l eo nomine criminantes. Haec legimus [23]libro Antiquitatum 11, capite 7 et 8.

⟨Anagoge ab aqua ad Spiritum⟩ *Si scires donum Dei* [Io 4,10]. Nempe
[24]quod tibi contigerit Christum ipsum audire et videre et quid ille orbi
advenerit[24]. Quod autem nihil ad mulieris obiectionem [cf. Io 4,9] respondit, fecisse puto quod non probaret institutum in hoc Iudaeorum. ^{m}Neque
enim [25]religionis studium et animus aversans impietatem, sed superci-
lium et *propriae gloriae* [Io 7,18] cura ita eos a communione sacramento-
rum^n [!] [cf. Act 2, 42] abstrahebat^m[25]. Praeterea notandum ut, a potu,
anagogen fecerit Christus ad Spiritum sanctum quem metaphoricõs
aquam vocat *viventem* [Io 4,10]. Ut enim viva et fontalis aqua ad sedandam
hominum sitim semper scaturit, ita [26]*Spiritus sanctus, nostro spiritui testi-*
monium perhibens quod filii Dei sumus [Rm 8, 16], in aeternum arcet sitim
bonorum, dum plane beatos tandem reddit et hic fide certa perpetuo
recreat. Is est fons nunquam deficiens [cf. Io 4,14] quia nunquam, quos
adflarit, deserit. [27]Ad hunc ergo modum, si anagogas feceris et metaphoras
atque allegorias formaveris, firmae erunt et ad docendum in ecclesia
idoneae[27].

---

^{k} *om.* A. – $^{l–l}$*om.* AB. – $^{m–m}$ A: [25–25] Peccatis enim et Legis transgressione, non cibo et potu
necessario debuerant a communione Samaritanorum abhorrere. Illud Lex Dei, hoc homines
tantum praeceperant. B: A peccatis enim et Legis transgressione, non cibo et potu Samaritanorum, necessario duntaxat, et qui in Lege non fuisset prohibitus, abhorrere debuerant. Illud
Lex Dei, hoc homines tantum praeceperant. – ^{n} Samaritanorum D. *Here most likely a*
misprint. –

[21–21] Josephus, *Antiq. Iud.* 11, 346–347, *Loeb,* 482; here ap: Rufinus, *Ioseph. Antiq.* 1524,
11, cap. 8, 329 (*ip*).

[22] Josephus, *Antiq. Iud.* 11, 340, *Loeb,* 478; 346–347, *Loeb,* 482; here ap: Rufinus, *Ioseph.*
Antiq. 1524, 11, cap. 8, 328–329. Cf. also supra ad nn. (11)–(11), (14).

[23] Cf. supra ad nn. (16)–(22). – Josephus on origins of Samaritans cited here adv: Brenz,
In Ioh. 1528 ad loc., 59r.–v. (There: Samaritans = gentes; thus also ap: Augustine, *In Ioh.*
tract. 15 ad loc., MPL 35, 1513–1514, CCL 36, 154).

[24–24] Ap: Brenz, *In Ioh.* 1528 ad loc., 59v. (*i*).

[25–25] Ap: Brenz, *In Ioh.* 1528 ad loc., 59r. (*ip* of AB; *i* of C).

[26] Aqua viva = Holy Spirit ad loc ap: Augustine, *In Ioh.* tract. 15, MPL 35, 1514, CCL
36, 155 (*i*); Albert, *In Ioh.*, *Opera* 24, 161 col. A–B (*i*); Aquinas, *In Ioh.*, *Piana* 14:2, 25r. col.
B (*ip*). Also ap: Bader, *Brüderliche Warnung* ad Io 4,10ff., F8v.–G1v. (there adv: covenantal
baptism of adults). Here adv. Brenz, *In Ioh.* 1528 ad loc., 59v. (there: aqua = Christ, but
also there: *i* of «fides» here!).

[27–27] Cf. supra *cap.* 3, esp. ad nn. (89)–(89) – (136). – Appositeness of allegory ad loc., also
ap: Brenz, *In Ioh.* 1528, 60r. (*i*).

⟨*Nunquid tu maior es*⟩ *Nunquid tu maior es* [Io 4,12]. [28]Putabat Dominum sibi arrogasse facultatem fontis educendi, uti *Moscheh e petra aquam excussit* [Nm 20,11], unde illi autoritatem obiecit Iaacob. Quasi diceret: non est tibi satis hic puteus quo usus est Iaacob et filii eius? Quam tu aliam, vivam aquam promittis? Nunquid exemplo *Moscheh virga*, id est *petra aliqua, vivam aquam elicies* [Nm 20,8]? Quem te facis? Num *maior* vis haberi *patre nostro Iaacob* [Io 4,12][28]? [29]Quanquam enim alienigenae essent, subinde tamen, praesertim ubi res Iudaeorum bene habebant, natos se ex Ioseph gloriabantur, uti Iosephus testatur libro Antiquitatum 9, capite ultimo[29]. Hinc illa *patrem* suum *Iaacob* dicebat.

oOmnis qui bibit ex aqua ista [Io 4,13]. Allegoriam suam intendit quo magis mulierculam ad querendum incitet. Diligenter autem notandum quod ait: *Qui biberit ex aqua quam ego dabo, non sitiet in aeternum* [Io 4,13]. Certum est hanc aquam Spiritum sanctum esse. Si iam ergo hoc Spiritu potus nunquam potest sitire, in aperto est eum cui semel hic Spiritus contigerit, cui semel credere fuerit datum, eum nunquam posse gratia Dei excidere. [30]Sicut nanque is sitire nunquam posset qui *fontem in visceribus haberet* [Io 7,38] continuo scaturientem atque potantem, ita saturum esse oportet bonorum omnium et praesentem semper et in omnibus habere consolationem, cui adest Spiritus [cf. Act 9,31] Domini sanctus, *Spiritus filiorum* [Rm 8,15]. Hic *fons est qui in vitam aeternam salit* [Io 4,14], id est, qui vitam aeternam suppeditat[30]. Nam cognoscere Deum eiusque iugiter et in aeternum frui bonitate donat. *p*Hinc [31]gloriatur Paulus*p nihil apud superos vel inferos esse quod a dilectione Dei possit dimovere*, Roma.8 [39][31].

---

o add. ☐ Cui semel contigit haurire Spiritum Christi, nunquam sitiet A. –*p–p* [31] Videant nunc quid doceant, qui posse fieri *novissimos* scribunt eos qui fuerunt *primi* [Mt 20,16], idque in veritate et apud Deum. Aliud docet omnis Scriptura, aliud gloriatur Paulus cum affirmat AB. –

[28–28] Ap: Chrysostom, *In Ioh.* hom. 31 ad loc., MPG 59, 181–182 (cited in: Aquinas, *Catena* ad loc., *Guarienti* 2, 384) (*i*).

[29–29] Josephus, *Antiq. Iud.* 9, 290–291, *Loeb* 152–154; here ap: Rufinus, *Ioseph. Antiq.* 1524, 9, cap. 15, 280 (*ip*). Question of descendency ad loc. also ap: Chrysostom, *In Ioh.* hom. 31, MPG 59, 181 (cited in: Aquinas, *Catena* ad loc., *Guarienti* 2, 384) (*i*); Albert *In Ioh.*, *Opera* 24, 162 col. B – 163 col. A (*i*).

[30–30] Cf. also supra ad n. (26). Parallel with Io 7,38 ad loc. ap: Chrysostom, *In Ioh.* hom. 32, MPG 59, 183 (*i*) taken up by: Aquinas, *In Ioh.*, *Piana* 14:2, 25v. col. A (*i*); Brenz, *In Ioh.* 1528 ad loc., 61v. (*i*).

[31–31] Cf. BEv 1527 ad Mt 20,1, 243v.–244v. (there: changeover apparent; all fixed by predestination). Var (p–p) here perhaps adv: ErP 1524, ad Mt 19,30–20, 1, LB 7, 106–107.

Observationes

[645] [32]Circa fugam Domini [cf. Io 4,3] observandum et nobis licere ut fugiamus, si id sit e gloria Domini et non contra eam[32]. [q]Quando autem fuga nostra pro gloria Dei, vel contra[q], solus docebit [33]Spiritus Dei qui et in tempore periculum faciet rescire, uti suum hic in tempore Christus rescivit. Semper igitur pro Spiritus consilio et ducatu orandum.

Deinde animadvertendum [34]Pharisaeos [cf. Io 4,1], id est opinione hominum sanctissimos, praecipuos esse hostes Christi[34]. Idem et hodie usu venit.

Circa *transitum Samariae* [Io 4,4] observandum [35]quam pulchre omnia divina providentia gloriae suae promovendae occasiones faciat[35]. Id in hoc quoque perpendere debemus ut agnoscamus Deum in omnibus laudandum et nihil metuendum iis, qui ab ipso pendent.

Fatigatum Iesum [Io 4,6] Evangelista testatur. [36]Vide ergo verum hominem fuisse nihilque humani a se fecisse alienum[r][36]. Nomina haec: [37]*praedium Iaacob* [Io 4,5] et *fons Iaacob* [Io 4,6] post tot populi Dei exilia et calamitates alias perseverasse, idque apud tam prophanam gentem[37], id confirmat quod canit Psalm. 112: *In memoria aeterna erit iustus* [Ps 111,7].

⟨*Contemptiora* vocat *Deus* [1 Cor 1,28]⟩ [38]Mulierculam hanc male probam, idoneam tamen habitam Domino ex omni Sichimitarum civitate, cui primum evangelion communicaretur quaeque apostola illius ad Samaritas fieret, monet nunquam satis perpensae et admiratae dignationis Christi qui, cum *venisset in* hunc *mundum ut peccatores salvos faceret* [1 Tim 1,15], id omnibus suis cum sermonibus tum factis prae se tulit[38]. [39]*Quos* enim *salvaret*, nisi *perditos* [Mt 18,11]? Qui enim salvus est, salvari non potest, neque iustus iustificari [cf. Rm 5,7][39]. Perpende ergo hoc

---

[q-q] Quod AB. – [r] *add.* Non fuisset utique [36]fatigatus, si corpore vere ubique fuisset, et tantum visibiliter de loco in locum transisset. Quid enim aliorum visus eum fatigasset[36]? AB. –

[32-32] Ap: Tertullian, *De fuga* 12, MPL 2, 116, CCL 2, 1152 (*i*).

[33] Ap: Tertullian, *De fuga* 14, MPL 2, 120, CCL 2, 1155 (*i*: Holy Spirit, but there: more as source of courage in resisting flight).

[34-34] Ap: Carensis, *In Ioh.* ad loc., 275v. col. B (*ip*); Brenz, *In Ioh.* 1528 ad loc., 58v. (*i*).

[35-35] Ap: Lyra ad loc. (*i*: opportunity of spreading the Gospel).

[36-36] Ap: Augustine, *In Ioh.* tract. 15 ad loc., MPL 35, 1513, CCL 36, 153; Aquinas, *In Ioh.* ad loc., *Piana* 14:2, 24v. col. B; Lyra ad loc., ErP 1524 ad loc., LB 7, 526 (*i*). Var (r) esp. adv: Brenz, *In Ioh.* 1528 ad loc., 58r. (there: Christ only apparently afflicted by weakness of flesh to convince us of the reality of his Mediatorship). – Proverb ap: Ter. *Heaut.* 77 (*p*). Cf. Otto, *Sprichwörter*, 165.

[37-37] Ap: ErP 1524 ad loc., LB 7, 526 (*i*: memory only); Theophylactus, *In Ioh.* ad loc., MPG 123, 1229–1232 (*i*: transfer of things divine from Jews to Gentiles).

[38-38] Ap: Brenz, *In Ioh.* 1528 ad loc., 58v. (*i*).

[39-39] Ap: Zwingli, *De canone missae*, CR 89, 576–577 (*ip*).

arcanum diligenter: Pharisaeos fugit Iesus, evangelion nimirum perse-
quentes et ad Samaritidem, eamque perparum castam mulierculam, illud
defert. Cui non solum hoc dedit *ut* evangelio*s* *crederet vitamque aeternam
haberet* [Io 3,15], sed etiam ut aliis haec*t* annuntiaret. [40]Praelusum praeterea in hoc fuit vocationi gentium et *excaecationi* [Io 12,40] Iudaeorum,
atque ostensum ut ex *primis novissimi* [Mt 19,30] fierent et contra[40].
Discamus igitur hinc et nos [41]humiliare et alios non condemnare
temere [cf. Iac 4,10–11]. Quos minime putaveris, vocare solet Deus [cf. 1
Cor 1,28][41].

Quod vero *discipuli cibos emerunt* [Io 4,8] indicat [42]Dominum nequaquam mendicasse, sed pecuniam habuisse quibus emeret necessaria *u*eamque secum ministerio Iudae circumtulisse, quare temporarium modo et
primae illi legationi apostolorum proprium fuit quod praecepit Dominus
illos nullam pecuniam, nullam peram secum ferre [Mt 10,9–10], cum irent
evangelisatum*u*. Non igitur peccatum est habere *v*et circumferre*v* pecunias,
*w*etiam evangelistas*w*, sed pecunia male uti[42].

Quod *Iudaei cum Samaritis non communicabant* [Io 4,9] admonet prae-
posterae hypocritarum religionis, imo superstitionis. Peccatis oportebat
nihil cum gentibus communicare, non in necessariis vitae. Sed hoc
ingenium est hypocritarum ut in omnibus rebus testam arripiant*x*, id est
speciem pietatis [2 Tim 3,5]; nucleum, id est quod vere pietatis est, negligant.

In eo quod Iesus ad binas obiectiones mulieris, alteram*y* [!] *an maior esset
patre Iaacob* [Io 4,12], nihil respondit, sed ansam tantum quaesivit de
evangelio regni docendi illam, moneat ut et nos omnia missa in colloquiis
et de veritate disputationibus faciamus, praesertim quibus nos impetimur,
ut occasionem arripiamus *fratres lucrandi* [Mt 18,15], synceriter praedicato eis evangelio, sicut hic videmus fecisse Dominum.

⟨Praeposterus cultus sanctorum⟩ In eo denique quod *fontem* sanctiorem
arbitrabantur eo quod *ex illo bibisset Iaacob et filii eius* [Io 4,12], ex eo vitio
humani ingenii manaverat*z* quo virtutem praesentem odimus, remotam ex
oculis requirimus, non autem imitamur; tametsi venerari nos illam rebus
nihili, simulare magis quam vere honorare, soleamus. [43]Sic hodie aposto-

---

s illi AB. – *t* ipsum AB. – *u–u* om. AB. – *v–v* om. AB. – *w–w* om. AB. – *x* arripiant ABD. arripiat
[!] C: *most probably just a printing error.* – *y* add. de eo quod Iudaei Samaritis non communicarent, alteram AB. *Printing error in C and D.* – *z* manavit A. –

[40–40] Ap: Chrysostom, *In Ioh.* hom. 31 ad 4, 6, MPG 59, 180 (*i*).
[41–41] Ap: Lambert, *In Lc.* ad 13, 30, Z6v. (*ip*).
[42–42] Ap: Zwingli, *Vom Predigtamt*, CR 91, 402–406, 428–433 (*i*: here as there adv:
Anabaptists. Cf. further Jenny, *Täuferbekenntnis*, SBVG 29, 62–63).
[43–43] Ap: Luther, *Wider den neuen Abgott*, WA 15, 192; Lambert, *De excaecatione*
tract. 5, cap. 9, 86v. (*i*).

los et priscos patres audias laudari ab iis qui nihil peius odiunt, neque atrocius persequuntur, quam qui illorum vestigiis quorum videri volunt cultores, quam studiosissime insistunt, multo adhuc crudelius saevituri in eos ipsos quorum cultum iactant, si adessent et sui similes esse pergerent[43]. Unde et cultum illorum quem mentiuntur, nugis metiuntur. Tantum enim nomina eorum magnifice iactant, reliquias eorum religiose servant, si qua re illi usi sunt, si quid tantum contigerint, [646] id sanctum habent, [44]auro et argento ornant[44] et attrectari laicis manibus vetant. Sic Samaritae placebant sibi quod *praedium et fontem Iaacob haberent* [Io 4,5–6], dumque inane sancti patris nomen iactarent, filios et cultores se illius arbitrabantur, nihil soliciti ut pietatem eius aemularentur. Non autem *praedium* vel *fontem*, sed mentem *Iaacob habere* [Io 4,5–6]; non ossa sanctorum servare, [45]sed mores illorum imitari *[a1]*est pietatis quae tum rite etiam externa sanctorum magni facit, inque illis sanctos rite colit*[a1]* [45].

ENARRATIO SECTIONIS II [15–30]

Annotationes

Dicit illi mulier: Da mihi istam aquam [Io 4,15]. Dicacula videtur fuisse haec muliercula, utcunque ad vitam aeternam esset [46]electa semenque Dei haberet. [47]Nam *[b1]*ironice ista loquebatur*[b1]*. [48]Petulantiam ergo eius volens reprimere, iussit *vocare virum suum* [Io 4,16], inde venans occasionem eius admonendi vitae suae corruptioris[48]. Illa vero admonita eius, sive pudore, sive studio pietatis mota, ad alia sermonem deflectit; nempe ad disputationem de religione. Mihi quidem [49]videtur, quandoquidem sequentia satis probant *filiam Abrahae* [Lc 13,16] illam et electam ad vitam fuisse, eam studio religionis Dominum de adoratione rogasse [cf. Io 4,21]. *Prophetam* enim *esse Dominum* [Io 4,19] confessa, de cultu Dei continuo sciscitari coepit[49].

⟨Adoratio in montibus⟩ *Patres nostri in monte hoc* [Io 4,20]. In montibus non solum patres, sed et Iesus ipse orare solitus fuit [cf. Mt 14,23].

[a1]–[a1] verae laudi est A. solida laus est B. – *[b1]–[b1]* irridentis verba locuta fuit AB. –

[44–44] Ap: Luther, *Wider den neuen Abgott*, WA 15, 193 (*ip*).
[45–45] Ap: Luther, *Wider den neuen Abgott*, WA 15, 192–193 (*i*: there: geystliche erhebung und ehre der heyligen).
[46] Ap: ErP 1524 ad loc., LB 7, 527 (*i*: there: animus ad credulitatem pronus).
[47] Ap: Brenz, *In Ioh.* 1528 ad loc., 62r. (*ip*).
[48–48] Ap: Brenz, *In Ioh.* 1528 ad loc., 62v.–63r. (*i*).
[49–49] Ap: ErP 1524 ad loc., LB 7, 528 (*ip*: but there: fundamental piety; no question of election). Adv: Brenz, *In Ioh.* 1528 ad loc., 63v. (there: question due only to fear of punishment for sins).

Patres praeterea rem sacram in montibus fecerunt [cf. Ex 3,12; Dt 11,29]. Christus denique[c1] in monte Hierosolymitano semetipsum obtulit[d1] hostiam Patri [cf. Eph 5,2]. [50]Extructo templo, vetitum fuit in montibus rem sacram facere [cf. Dt 12,5][50], quare excelsa in Scripturis reprehenduntur [cf. 4 Rg 23,5]. [51]Orare autem in montibus sancti cum Christo saepe soliti fuere, sed non alia, [e1]quam [f1]causa[e1] secessus[f1] et excitandi se in Deum contemplatione coelorum et omnium operum Dei [cf. Ps 8,4] in montibus praeclarius apparentium. Serio enim loquentem cum Domino, quod fit in oratione, necesse est procul esse a turbis hominum [g1]et admiratione Dei flagrare[g1], de quo plura in Matthaeo 14[23] in illud: *Ac dimissis turbis ascendit in montem solus ad adorandum*[51].

Mulier crede mihi [Io 4,21]. *Adorationis* nomine cultum Dei intelligit. [52]Caeterum שחה ebraeum et graecum προσκυνεῖν significat: incurvatione, vel prostratione corporis, reverentiam animi testari[52]. Id [53]quoniam fieri solet in publicis precationibus et suppliciis, totus Dei cultus *adoratio* dici coepit[53]. Unde cum hic Dominus ait: *Appropinquat hora cum neque in monte hoc, neque Hierosolymis adorabitis Patrem* [Io 4,21], significare voluit [54]omnem illum externum cultum Dei, certum locum requirentem situmque in extremis[h1] [!] istis sacrificiis aliisque caerimoniis, abolendum[54]. Caeterum [55]de adoratione plura in Matth. in illud, capite[i1] 2 [11]: *Et prostrati adoraverunt illum.*

Vos adoratis quod nescitis [Io 4,22]. Quia [56]eo temporis[j1] cultus Hierosolymitanus verbo Dei nitebatur [cf. Ex 34,27], Samaritanorum autem falsa patrum imitatione, sine Dei verbo, repressit vanam hic Samaritarum iactantiam, testatus eos *adorare quod nescirent* [Io 4,22], hoc est: cultum observare Dei de quo non essent certi quod Deo probaretur, imo qui apertis Dei oraculis esset[k1] reiectus[56]. Cum enim vastarentur initio suae

---

[c1] expectavit donec A. – [d1] offerret A. – [e1–e1] causa quam D. – [f1–f1] secessus causa AB. – [g1–g1] *om.* AB. – [h1]externis AD. *Probably a misprint in B and C.* – [i1] capitis D. – [j1] *add.* tamen A. – [k1] erat A. –

[50–50] Ap: Brenz, *In Ioh.* 1528 ad loc., 65 r.–v. (*ip*).

[51–51] Cf. BEv 1527 ad Mt 14[23], 158r.–159v. Ap: Ludulphus, *Vita*, pars 1, cap. 67, *Rigollot* 2, 172–173 (*ip*).

[52–52] Ap: Münster, *Dict. hebr.* 1523, 476 ad: שחה (*i*: but there: adoravit = השתחוה as in BEv 1527 ad Mt 2[11]. Cf also Münster, *Dict. trilingue* 1530, 9 (there: adoro = προσκυνέω = השתחוה). Cf. BEv 1527 ad Mt 2[11], 29r.–31r. (there: Io 4,21 cited as parallel (30v.)).

[53–53] Ap: Brenz, *In Ioh.* 1528 ad loc., 65v. (*ip*). Here adv: Clichtove, *De veneratione* tract. 2, cap. 4, 55r.–v. (there: ad Io 4,21, distinction between «adoratio» (= «latria»), worship due solely to God and «dulia», worship owed to the saints. Objection more explicit in BEv 1527 ad Mt 2[11], 31r.).

[54–54] Ap: Brenz, *In Ioh.* 1528 ad loc., 66v.–67v. (*i*).

[55] Cf. supra n. (52)–(52).

[56–56] Ap: Brenz, *In Ioh.* 1528 ad loc., 66r. (*ip*).

transmigrationis a leonibus [cf. 4 Rg 17,25], depellendi tantum mali huius caussa [57]ritus aliquot in Lege Dei traditos susceperant, reliqua perseverantes qui erant idololatrae [cf. 4 Rg 17,33][57]. Monuit igitur mulierculam indignum esse quod Samaritae[l] se[m] Dei religione contra Iudaeos iactarent.

⟨*Ex Iudaeis salus* [Io 4,22]⟩ Cum scirent Iudaei quid, hoc est quibus rationibus, Deum adorarent, verbo siquidem Dei cultum suum docti [cf. Ex 34,27], addidit: *Quia salus ex Iudaeis est* [Io 4,22], hoc est: [58]omnis vera Dei cognitio ortum a Iudaeis habuit, sicut et ipsum mundi Redemptorem, quantum ad carnem [cf. Rm 9,5] attinet, a Iudaeis accepimus[58]. *E Tziion utique egressa Lex et doctrina vitae est et e Ierusalem verbum*, Iescha 2[3]. [59]A Iudaeis evangelion in totum orbem derivatum est, sed et ante evangelion, in nulla alia gente publicitus doctrina Dei pure viguit. Verique simile est, quicquid sani de Deo sapientes gentium unquam docuerunt, id a Iudaeis fuisse mutuatos[59]. Iure igitur optimo dixit: *Salus ex Iudaeis est* [Io 4,22].

Sed venit hora et nunc est [Io 4,23]. Vel hic unus locus satis est ut omnes pii certo videant nunc[n] Deum in sui cultu [o]haudquaquam probare tam multas caerimonias[o]. [p]Si enim [647] [60]non probat[p] quas patres, olim docti Spiritu, observarunt qui in monte Garizin et alibi sua sacra habuerunt, neque eas quas postea per Moschen[q] tradidit[60]: quanto [61]minus probabit[r] illas quas homines postea sine oraculo Spiritus, sine verbo ipsius, pro affectibus suis in irreparabile damnum fidei libertatisque a Christo nobis partae [cf. Gal 4,31], adinvenerunt[61]. Et *nunc*, inquit, *est hora cum veri adoratores adorabunt Patrem in Spiritu et veritate* [Io 4,23]. Si iam ergo *Spiritu* [Io 4,23] colendus Deus, nihil gratum exhibueris rebus corporeis [s][62]nisi illae inserviant Spiritui, excitando[s]. Si *veritate* [Io 4,23],

---

[l] *om.* A. – [m] *add.* de D. – [n] *add.* nullas AB. – [o]–[o] cerimonias probare AB. – [p]–[p] si non A. – [q] Moscheh AB. – [r] *om.* A. – [s]–[s] [62] *om.* AB. –

[57–57] Ap: Chrysostom, *In Ioh.* hom. 33 ad loc., MPG 59, 189 (cited in: Aquinas, *Catena* ad loc., *Guarienti* 2, 386); Aquinas, *In Ioh.* ad loc., *Piana* 14:2, 26r. col. B – 26v. col. A (*i*).

[58–58] Ap: Chrysostom, *In Ioh.* hom. 33 ad loc., MPG 59, 189 (cited in: Aquinas, *Catena*, ad loc., *Guarienti* 2, 386–387) (*ip*); Aquinas, *In Ioh.* ad loc., *Piana* 14:2, 26v. col. A (*i*); Brenz, *In Ioh.* 1528 ad loc., 66r. (*ip*).

[59–59] Ap: Aquinas, *In Ioh.* ad loc., *Piana* 14:2, 26v. col. A (*ip*). Adv. Brenz, *In Ioh.* 1528 ad loc., 66v.–67r. (there: emphasis on OT ceremonies as «umbrae»).

[60–60] Ap: Aquinas, *S. Th.* 1a 2ae, q. 103 a. 4, *Caramello* 1:2, 497 col. A–B (*i*: OT ceremonies = protestationes fidei).

[61–61] Ap: Lambert, *De excaecatione* tract. 5, cap. 3, 66v. (*i*: ceremonies independent of faith); *Predicanten Bericht*, BDS 2, 487 (*ipr*: there Io 4,23 cited adv: mass, a purely human ceremony).

[62] Ap: Bucer, *Declaratio* 1536, CR 3, 79 (*i*). Cf. Bucer, letter to N. N., Strasbourg, 29 Dec. 1530, *Pollet* 1, 38 (there: Lutheran eucharist an obstacle to «vera pietas» i.e. abolition of all external ceremonies). Var (s[1]–s[1]) here perhaps also adv: Marbeck, *Glaubensbekenntnis* 1531–32,

id est, certa fide solidaque vitae innocentia et integritate, nihil morabitur Deus *t*externa ista quae*t* et impii hypocritae praestare possunt, *u*nisi ea valeant ad promovendam in nobis et aliis pietatem [cf. I Tim 2,2] et iuvent proximos in rebus vitae huius. Attamen cum certum sit Dominum dicto hoc voluisse reiicere simul [63]cultum et caerimonias tam Iudaeorum, quam Samaritanorum et opposuit illi caerimonioso cultui adorationem et cultum *in Spiritu et veritate* [Io 4,23][63], omnino inde colligitur quod [64]divus Augustinus docet: Christianam religionem accepisse, pro multis signis quibus verus cultus constabat, «pauca eademque factu facillima et intellectu augustissima et observatione castissima», De doctrina christiana libro 3, capite 9*u*.

⟨Omnes caerimoniae reiectae⟩ Neque locum habet, quod [65]quidam dicunt caerimonias neminem probare, ubi absit verus Dei adorator spiritus pietatisque solida veritas; utiles autem et Deo gratas nunc quoque esse quibus adsit *Spiritus et veritas*[65]. Nam et veterum caerimonias, sine *Spiritu et veritate* [Io 4,23], semper abominatus est Deus, neque potuisset de illis dicere Dominus: *Nos adoramus quod scimus* [Io 4,22], id est quibus scimus Deo gratum esse, *v*si de solis externis ritibus, sine cordis religione observatis, fuisset locutus*v*. Quamlibet enim verbo Dei caerimoniae illae institutae fuerunt, si quando sine fide syncera adhibebantur, offendebatur illis Deus, non colebatur. Hic ergo Dominus de caerimoniis fide exhibitis loquutus est [66]atque illas quoque negavit posthac adhibendas[66], id quod probant haec verba: *Neque in monte isto, neque Hierosolymis* [Io 4,21]. Item ista: *Nunc hora est, cum veri adoratores adorabunt Patrem in Spiritu et veritate* [Io 4,23]. Quis non videat et probatum olim Dei cultum Christum voluisse hic significare abolendum, praesertim cum opposuerit ei, qui futurus erat apud sanctos, cultum *in Spiritu et veritate* [Io 4,23] quem prorsus nullis caerimoniis et externis rebus (quae et impiis possunt esse

---

t–t quaecunque A. externa ista B. – *u–u* Quale est, quicquid externum est A. *om.* B. – *v–v* *om.* A. –

Täuferakten 7, no. 302, 472 (there: *all* ceremonies abolished) or adv: Rothmann. Cf. *Quid de bapt.* 1533, A6v.–A7r. (there: sacraments signs of Messiah who has already come, thus of our renewal in Christ. This ap: Aquinas, *S. Th.* 1a 2ae, q. 103 a. 3, Caramello 1:2, 496 col. A–B (perhaps also *i* here)).

[63–63] Ap: Aquinas, *Catena ad loc*; Guarienti 2, 387 (*i*: Chrysostom, Origen); Brenz *In Ioh.* 1528 ad loc., 67v. (*i*).

[64] *De doctr. chr.* 3, 9, MPL 34, 71, CCL 32, 86.

[65–65] Adv: Lambert, *De excaecatione,* tract. 5, cap. 3, 66v.; Brenz, *Wie man sich in mittelmessigen stucken,* BrFrSchr 1, 114–119 (acc. both: ceremonies bad or good according to whether Spirit present or not. On Brenz cf. further Brecht, *Frühe Theologie,* 52ff.).

[66–66] Ap: Aquinas, *S. Th.* 1a 2ae q. 103 a. 4, Caramello 1:2, 497 col. A–B (*i*); Zwingli, *Einleitung,* CR 89, 646–649 (*i*).

communes) addictum esse oporteat? Id confirmat et quod sequitur: *Spiritus est Deus et eos qui adorant eum, Spiritu et veritate oportet adorare eum* [Io 4,24]. Significatur enim hoc dicto: sicut Deus [67]mens est, mente quoque coli ipsum oportere [cf. Mt 22,37][67], hoc est: syncera fide studioque sedulo gloriae ipsius ubique et in omnibus promovendae. Quae cui mens adest, ei adest etiam omnis vitae honestas solidaque integritas, neque quicquam is prudens dicet aut aget quod non *ad gloriam Dei facit*[w1], ut Paulus hortatur [1 Cor 10,31]; is demum cultus est Deo gratus. Id et [68]Persius agnovit cum scribit:

«Quin damus superis, de magna quod dare lance

Non possit magni Messalae lippa propago:

Compositum ius fasque animi sanctosque recessus

Mentis et incoctum generoso pectus honesto?

Hoc cedo ut admoveam templis et farre litabo».

Sed dices: cur igitur, si *Deus Spiritus est* eoque non nisi eos vult cultores qui *in Spiritu eum et veritate colunt* [Io 4,23], ipse veteribus tot caerimonias tradidit? [69]Utique et tum Spiritus erat. Erat Spiritus, neque etiam tum, nisi cultum Spiritus, Deus[x1] agnovit. Sed quia [70]populus rudior erat ac puero similis [cf. 1 Cor 13,11; Gal 4,3] visumque esset ei, etiam in rudi sic et puerili populo, suam gloriam declarare cultumque aliquem habere, in primis exegit sui timorem verbique sui obedientiam [cf. Rm 8,15] et eam *ex toto corde* [Dt 6,5][70]. En *cultum Spiritus et veritatis* [Io 4,23]. Iam ad hunc cultum ut eos perduceret atque servaret perductos, caerimonias multas illis dedit quibus ad cogitanda ipsius erga se beneficia provocarentur [cf. Ps 1,2] atque, si nihil aliud, occupati tamen perpetuo in legibus eius, et cohiberentur ne vel suam, vel aliorum rationem sequerentur, et maiestatis ipsius continuo admonerentur ne timor eius apud eos exolesceret. Nunc autem cum longe *amplior Spiritus* [Dn 6,3] a Christi glorificatione datus sit [cf. Io 7,39], volueritque iam Deus ubique, non in Iudaea solum, notus et magnus haberi, transieritque [648] aetas puerilis [cf. Gal 4,3], admonitio denique [y1]et exhibitio[y1] omnis divinae bonitatis satis superque fieri possit per praedicationem evangelii [z1]et sacramenta, baptismum et eucharistiam[z1], nulla nunc est ratio multas[a2] caerimonias in cultum Dei adhibendi.

[w1] faciat AB. – [x1] *om.* A. – [y1–y1] *om.* AB. – [z1–z1] et societas sanctorum externa duobus sacramentis, baptismo et eucharistia, contineri AB. – [a2] *om.* AB. –

[67–67] Ap: Chrysostom, *In Ioh.* hom. 33 ad loc., MPG 59, 190 (cited in: Aquinas, *Catena* ad loc., *Guarienti* 2, 387 (*ip*)); Cyril, *In Ioh.* ad loc., MPG 73, 313 (*i*); Lyra ad loc. (*i*).

[68] Persius Flaccus, *Sat.* 2, 72–73. Cf. *Satyrae* 1523, 69v. (there: gloss by Ioh. Murmellius applies moral of *Sat.* 2 to God, not just to heathen gods).

[69] Ap: Augustine, *De doctr. chr.* 3, 9, MPL 34, 70–71, CCL 32, 85 (*i*).

[70–70] Ap: Augustine, *De doctr. chr.* 3, 6, MPL 34, 69, CCL 32, 83 (*ip*). Cf. also supra *cap.* 1, *sect.* 7 ad nn. (238)–(241).

Postremo cum omnis ille veterum caerimoniarum usus Hierosolymis ex [71]verbo Dei, 5 Moscheh 12[1–7], addictus fuerit et hic Dominus dixerit *venire horam ac* tum, *cum ipse doceret,* esse [Io 4,23] *quando neque Hierosolymis adoraretur* [Io 4,21], vel hoc uno verbo omnis caerimoniarum usus sublatus est[71]. Nam vetus ille cultus, in caerimoniis situs, negatus est fore Ierusalem [cf. Io 4,21] praesenti Domini responsione. Iam nusquam alibi unquam fas fuit eum exhibere. Novas autem fingere caerimonias, [b2]nisi quantum ipsa requirit [72]vera administratio doctrinae Christi et sacramentorum[b2], aeque prohibitum est. *Fide* igitur *et dilectione* [2 Tim 1,13] colendus Deus. Quae cum syncerae fuerint, Spiritus Dei et in externis sic dabit vivere ut omnia gloriae Dei inserviant [cf. 1 Cor 10,31]. *Translatum est sacerdotium,* igitur et *Lex* [Hbr 7,12] et locus et ritus adorationis. *Nova omnia facta sunt, vetera transierunt* [2 Cor 5,17].

Scio quod Messias venit [Io 4,25]. [73]Vulgo non apud Iudaeos solum, sed et Samaritas obtinuerat Christi et per eum futurae omnium instaurationis [cf. Eph 1,10] expectatio[73]. Ad hunc ergo muliercula provocabat, dum quod Domini verbis responderet, non haberet. [74]Quoniam autem mentes omnium in sua manu ille habet [cf. Io 3,35], ubi tantum dixisset: *Ego qui tibi loquor sum* ille Christus [Io 4,26], credidit muliercula et, *relicta hydria sua, confestim abiit nuntiatum civibus suis adesse Christum* [Io 4,28–29][74]. Haec [75]enim natura est verae Christi cognitionis ut qui eam nactus fuerit, nihil habeat prius, quam plurimis illam communicare[75]. De quo, uti et de nomine Messiah, supra in [76]primo capite, sectione nona et decima.

Admirati sunt quod cum muliere loquebatur [Io 4,27]. Nunquam enim, nisi gravia et de regno Dei, loqui Dominus solebat. Ad haec videbatur discipulis muliercula ista, praesertim Samaritis, [77]minime idonea. [78]Id erat

---

[b2–b2] [72] *om.* AB. –

[71–71] Ap: Bugenhagen, *In Dt.* ad 12,1ff., 63 (*i*: there: «loci praescriptio» means ceasing of all external sacrifices once Jerusalem no longer centre of worship).

[72] Cf. supra ad n. (62).

[73–73] Ap: Chrysostom, *In Ioh.* hom. 33 ad loc., MPG 59, 190 (*i*); Aquinas, *Catena* ad loc., *Guarienti* 2, 388 (*i*: Chrysostom, Augustine, Origen); Aquinas, *In Ioh.* ad loc., *Piana* 14:2, 26v. col. B (*i*); Lyra ad loc. (*i*); ErP 1524 ad loc., LB 7, 529 (*i*). Here adv: Brenz, *In Ioh.* 1528 ad loc., 67v. (there: Messiah expected first and foremost by Jews).

[74–74] Ap: Brenz, *In Ioh.* 1528 ad loc., 68r. (*ipa*).

[75–75] Ap: Chrysostom, *In Ioh.* hom. 34 ad 4, 28–29, MPG 59, 193 (cited in: Aquinas, *Catena* ad 4, 28–29, *Guarienti* 2, 388 and in: Aquinas, *In Ioh.* ad 4, 28–29, *Piana* 14:2, 27r. col. B) (*i*); Brenz, *In Ioh.* 1528 ad 4, 28–29, 68v. (*ip*).

[76] Cf. supra *cap.* 1, *sect.* 9, 10 ad nn. (298) – (305)–(305), (324)–(329).

[77] Ap: Chrysostom, *In Ioh.* hom. 33 ad. loc., MPG 59, 191 (*i*); Augustine, *In Ioh.* tract. 15 ad loc., MPL 35, 1520, CCL 36, 162 (*i*). (Both cited in: Aquinas, *Catena* ad loc., *Guarienti* 2, 388); *Glossa ord.* [*marg.*] (*i*); Lyra ad loc. (*i*).

[78–78] Ap: Chrysostom, *In Ioh.* hom. 33 ad loc., MPG 59, 191 (cited in: Aquinas, *Catena* ad loc., *Guarienti* 2, 388 (*ip* here)). Adv: Brenz, *In Ioh.* 1528 ad loc., 68v. (there: reason for silence = awareness that Gospel would be spread to all gentiles).

igitur quod *mirabantur loqui eum cum muliere* [Io 4,27], quamquam interrogare eum non auderent, tanta erat eius apud illos reverentia[78].

Num hic est ille Christus [Io 4,29]. Hoc nequaquam ut [79]dubitantem, sed ex indicato miraculo inferentem Iesum verum Christum esse, dixisse arbitror.

Observationes

In eo quod tam petulanter respondentem hanc mulierem [cf. Io 4,15] Dominus tamen evangelio vitae dignatus est, discamus ut neminem temere abiiciamus, etiam si initio doctrinam veritatis non satis religiose accipiat. Vide simul quam vanae nonnunquam sint etiam mentes electorum. Caro in omnibus Spiritum praecedit, neque innovari possunt, nisi qui vetustatem habent. Hinc Paulus, et nomine suo et eorum qui praecipui in Christianismo erant, vetustatem carnis multam *Spiritus renovationem* [Eph 4,23] in se et illis praecessisse, [80]Ephesiis tertio [!] [Eph 4,22–23] et Tit. tertio [cf. Tit 3,3–5], ingenue agnoscit et fatetur.

⟨Quibus potissimum peccatis obnoxii electi⟩ Circa id quod haec mulier, licet libidini plane serviisse videatur [cf. Io 4,18], tam praeclare evangelio donata fuit, observandum ita fere solere ut quos destinavit Deus regenerare [cf. 1 Pt 1,3], eos[c²] [81]crassioribus quidem[d²] in peccatis ante sui illuminationem vivere[e²], [f²]eiusmodi tamen, ut foediora sint, quam hominibus nocentiora[f² 81]. Ea enim facilius pudorem incutiunt occasionique[g²] sunt ad resipiscendum [h²]et non dant tamen multum adeo damni, ut tectiora illa quaeque vulgi iudicio non tam foeda sunt[h²]. [82]Deo enim nihil aeque invisum est atque ii qui, sine ipso, iustitiae aliquid sibi arrogant [cf. Phil 3,9]; deos enim sese facere conantur[82]. [83]Sinit igitur suos in ea potissimum labi in quibus sibi [i²]et aliis maxime[i²] displiceant et peccatores sese agnoscant, [j²]utcunque in eis suae imaginis scintillulam [cf. Rm 8,29] quan-

---

[c²] ii A. – [d²] *om.* A. – [e²] vivant A. *add.* sinat D. – [f²-f²] *om.* A. – [g²] et occasioni A. – [h²-h²] *om.* A. – [i²-i²] *om.* AB. – [j²-j²] *om.* A. –

[79] Cf. nn. (74)–(74), (75)–(75) supra. Adv: ErP 1524 ad loc., LB 7, 530 (there: notion of doubt).

[80] Cf. BEph 1527 ad 4,22–23, 88r.–9r.

[81–81] Ap: Aquinas, *S. Th.* 1a 2ae q. 72 a. 4, Caramello 1:2, 324 (*i*: there: sin of sensual excess (= peccatum in seipsum) less serious than peccatum in proximum; most serious of all: peccatum in Deum (= rejection of God)). Var (f²–f²) adv: Eck, *Enchiridion*, 1532, cap. 5, CC 34, 90.

[82–82] Ap: Lambert, *In 4 ult. Proph: In Soph.* ad 2 [12–15], 25r. (*ip*). Cf. also n. (81)–(81) supra.

[83–83] Ap: Lambert, *De prophetia* tract 4, cap. 5, 45r.–v. (*aip*); *Farrago*, 17v.–18r. (*i*). Cf. *Handel mit Treger* 1524, BDS 2, 114–115 (there: nothing distinguishes elect from reprobate on earth). Idea of distinction first stated in BEv 1527 ad Mt 4[18], 115v.

dam in eo praelucere faciat, quod huiusmodi sint fere singulari aliqua humanitate studioque iuvandi alios praediti$^{j^2}$[83]. Sic enim et ipsum, ut Salvatorem, facile recipiunt $^{k^2}$et imitantur studiosius$^{k^2}$. Equidem quos Evangelistae *peccatores* [Lc 15,1] vocant, Domino subinde appropinquasse (quorum sane caussam praeclare agit Lucae 15 [1,ff.]) haud dubito quin hoc cognomenti a crassioribus illis peccatis, ut est scortatio, consectatio delitiarum, ebrietas et id genus alia, acceperint.

Nam animi fastu, fratrum contemptu, avaritia tectiore et hoc genus secretioribus malis laborabant ii potissimum qui sibi et vulgo habebantur iusti. [84]Certe *pec*[649]*catricem* [Lc 7,39] illam, apud Lucam septimo, a male custodita pudicitia id cognominis consecutam nemo facile dubitabit[84]. $^{l^2}$Ex eodem est [85]illud: *Meretrices et publicani praecedent vos in regnum Dei, egerunt enim penitentiam ad praedicationem Ioannis*$^{l^2}$ [Mt 21,31–32].

Id: *Video quod propheta es* [Io 4,19] monet $^{m^2}$eo temporis$^{m^2}$ [86]prophetam dictum$^{n^2}$ qui, ex revelatione Spiritus, abscondita vulgo posset renuntiare; quare quemlibet simplicem enarratorem Scripturae prophetam vocare praeter usum Scripturae est[86]. [87]De his plura in Matth. sub finem capitis 11.

Ex eo quod mulier haec *patrum* iactat exemplum [cf. Io 4,20] quod tamen Samaritae minime sequebantur, vide ut [88]perniciosum sit homines $^{o^2}$suspicere non ex Deo$^{o^2}$, utque facile simiae sanctorum, pro iustis sectatoribus [cf. 1 Pt 3,13], reddamur. Ad Deum igitur primum$^{p^2}$, non homines, respiciamus[88]. A [89]propheta illico rogat de rebus divinis, non suis. Id indicat in ea semen Dei latuisse. Quos igitur de Deo sciscitari audimus, de iis bene sperandum est. Quod a *Christo renuntiaturo omnia* expectat certior fieri [Io 4,25] argumento est eo ipso tempore Christum adfore

---

$^{k^2-k^2}$ *om.* A. – $^{l^2-l^2}$ *om.* AB. – $^{m^2-m^2}$ *om.* A. – $^{n^2}$ *add.* tum A. – $^{o^2-o^2}$ respicere AB. – $^{p^2}$ *om.* AB. –

[84-84] Ap: Carensis, *In Lc.* ad 7, 39, *Postilla*, 160v. col. A (*i: a* woman who sinned publicly). Adv: *Glossa ord.* [*marg.*] (there peccatrix = the Magdalen. Cf. further *Hufstuder*, 31–60 and infra *cap.* 12, *sect.* 1 ad nn. (2)–(18)–(18). Also adv: Clichtove, *Antilutherus* lib. 3, cap. 16, 142v. (there: adulterers etc. will not inherit Kingdom because of their works).

[85] Cf. BEv 1527 ad Mt 21[31–32], 259r.–v.

[86-86] Ap: Aquinas, *In Ioh.* ad loc., *Piana* 14:2, 26r. col. A (*i:* propheta occulta dicit); Jerome, *Apol. adv. Ruf.* 2, MPL 23, 470 cited by Er prf An Valla, *Allen* 1, no. 182, 410 (*i*). Ap and adv: Lambert, *De prophetia* tract. 5, cap. 1, 80v.– 81v. (there: prophet principally expositor of things hidden but also any expositor of Scripture). Also adv: Zwingli, *Vom Predigtamt*, CR 91, 397ff. (there: prophet = preacher). On Zürich practice of «Prophezei» begun July 1525 cf. Locher, *Zwinglische Reformation*, 161–163.

[87] Cf. BEv 1527 ad Mt 11[9], 106r.–111v.; BEph 1527 ad 4[11], 24v.–25r. (there: definition of *propheta* as here).

[88-88] Ap: Brenz, *In Ioh.* 1528 ad loc., 65r. (*ip*).

[89] Ap: Chrysostom, *In Ioh.* hom. 32 ad loc., MPG 59, 186 (cited in: Aquinas, *Catena* ad loc., *Guarienti* 2, 386) (*i*).

vulgo fuisse creditum. [90]In quo vides ut soleat excitare hominum corda Deus, ubi visum ei est cognitione sui ampliore orbem donare[90]. Ita, paulo ante haec tempora, multorum audisses corda praesagire fore brevi ut multa Dei arcana revelarentur [cf. Is 40,5]. Doceat autem haec ipsa responsio mulieris ut et ipsi a Christo omnia discere velimus [cf. Io 4,25], qui unus Magister noster est solusque docere divina potest, qui solus Spiritum donat [cf. 1 Io 3,24].

In eo, quod ad unicum verbum: [91]*Ego sum* [Io 4,26] Christum esse eum illa credidit, notatur vis verbi Christi*q²* cum statuit veritatem persuadere[91]. Quae eadem notatur et in eo quod *cives urbis* ad mulieris (et talis!) testimonium illico *ad Dominum fuere egressi* [Io 4,30]. Quos [92]nanque ipse vocare statuit [cf. Rm 8,30], eos nihil potest detinere quominus, *relictis omnibus* [Lc 5,11], ad eum sese conferant quem Salvatorem agnoverunt[92].

ENARRATIO SECTIONIS III [31–38]

A n n o t a t i o n e s

Interea rogabant eum discipuli, dicentes: rabbi comede[r²] [Io 4,31]. *Ego cibum habeo comedendum* [Io 4,32]. Adeo ardebat evangelion[s²] et venturis civibus annuntiare ut, licet defatigatus, corpori tamen cibum indulgere non posset. Et id demum verum et Deo probatum [93]ieiunium est quod efficit desiderium gloriae Dei, ita alio rapiens animum ut cibum sumere non libeat[93]. Notandum etiam ut commodum a cibo corporis ad id quod tum esuriebat, profectum gloriae Patris et salutis hominum, discipulorum animos [94]ἀνάγειν, id est subducere, studuerit. Huius siquidem [95]successus longe magis ipsum pascebat atque oblectabat, quam ullus cibus corporis, quamlibet famelicum. Id quod, cum allegoriam non intelligerent, mox eis aperuit, dicens: *Cibus meus est*, id est: hoc ante omnia desidero *ut voluntas Patris compleatur* [Io 4,34], quae est ut ipsius, in me et per me [cf. Io 10,38], bonitatem quam plurimi agnoscant. Id ipsum et opus eius erat nempe quod eum Pater operari voluit [cf. Io 5,17].

---

q² eius AB. – *r²* *add.* etc. D. – *s²* evangelium D. –

[90–90] Ap: Chrysostom, *In Ioh.* hom. 32 ad loc., MPG 59, 186 (*i*).

[91–91] Ap: Brenz, *In Ioh.* 1528 ad loc., 68r. (*i*).

[92–92] Ap: Brenz, *In Ioh.* 1528 ad 4, 28, 68v. (*ip*).

[93–93] Ap: Cyril, *In Ioh.* ad loc., MPG 73, 321 (*i*: example; giving up of earthly food for the sake of salvation of men; but there: fasting = deliberate action); Brenz, *In Ioh.* 1528 ad loc., 69r.–v. (*i* = fasting as natural consequence of concern with things divine). Cf. BEv 1527 ad Mt 6[18], 209r.–218r. (there: adv: Aquinas).

[94] Cf. supra *cap.* 3 ad nn. (89)–(89) – (125)–(125). Cf. also *Lausberg* 1, par. 900.

[95] Preoccupation with salvation of men ad loc. esp. ap: Chrysostom, *In Ioh.* hom. 34, MPG 59, 194 (*i*); Aquinas *In Ioh.*, *Piana* 14:2, 27r. col. B (*i*).

*t²Nunquid vos dicitis*t² [Io 4,35]. Iterum usus [96]anagogica allegoria est. Id vero quod dicit hoc est: *Vos dicitis post quatuor menses futuram messem.* Ego autem *dico vobis iamiam messem instare* [Io 4,35] evangelicam. Nunc undique canas esse segetes maturasque ut demetantur; omnes enim desiderio doctrinae Dei tenentur. Magnum itaque operaepretium fecerit *qui demetere* has segetes studuerit*u²* [Io 4,36], hoc est: [97]paratos evangelio animos illo imbuere atque ita, ex agro mundi demessos, *in horreum* regni coelorum *colligere* [Mt 3,12] in quo, ut cognitio Dei habetur, ita vita aeterna illi perfruentur*v²*. Id quod et satoribus, id est: omnibus qui unquam doctrinae aliquid salutaris populis impertierunt eoque evangelio regni illos praeparaverunt, gaudio erit, cum scilicet fructum illic provenire videbunt, ubi laboraverunt[97]. Quod nanque [98]vulgo dici solet: evenire nonnunquam *ut alius seminet alius metat* [Io 4,37], id est *w²alius fructum percipiat, alius laboret*w², id in hac evangelica messe maxime verum apparet. *Ego siquidem misi vos ad metendum quod vos non laborastis, alii laboraverunt et vos in labores illorum introistis* [Io 4,38], fructum percepturi[98].

⟨Quid *messis* [Io 4,35]⟩ Porro ideo conversionem hominum per evangelion demessionem vocat quod [650] ita essent animi hominum evangelio praeparati*x²* ut, minimo negotio, saepe ad unam duntaxat annuntiationem, plurimi illud reciperent, quod cum alias, tum in Samaritis istis clare apparuit.

⟨Qui *laborarunt* [Io 4,38]⟩ Per eos vero quos dicit *laborasse* [Io 4,38] intelligo: [99]quicunque docendis hominibus operam suam impenderunt – aeque ethnicos atque Iudaeos[99]. *Laborem* autem vocat eorum doctrinam quod multa et laboriosa diligentia parum tamen promoverint. [100]Sacrae nanque et prophanae historiae testantur sub adventum Christi plurimum ubique philosophiae desudatum esse*y²*: de religione, de officiis deque finibus bonorum et malorum plurimos libros scriptos. Quae omnia a

---

t²–t² Nonne vos etc. D. – *u²* om. A. – *v²* add. studuerit A. operam dederit B. – *w²–w²* alius laboret [laborat B.] alius fructum percipiat AB. – *x²* add. atque maturi AB. – *y²* om. AB. –

[96] Passage from corporeal to spiritual ad loc. ap: Chrysostom, *In Ioh.* hom. 34, MPG 59, 194 (cited in: Aquinas, *Catena* ad loc., *Guarienti* 2, 390 (*i*); Cyril, *In Ioh.*, MPG 73, 325 (*i*); Aquinas, *In Ioh.*, *Piana* 14:2, 27v. col. B (*i*).

[97–97] Ap: Cyril, *In Ioh.* ad loc., MPG 73, 325 (*ip* of Latin ed. 1524, 43r.–v.).

[98–98] Ap: Chrysostom, *In Ioh.* hom. 34 ad loc., MPG 59, 195; Lyra ad loc.; ErP 1524 ad loc., LB 7, 530 (*i*: all cite as common proverb with same explanation as here).

[99–99] Ap: Origen, *In Ioh.* tom. 13 ad loc., MPG 14, 480–481 (cited in: Aquinas, *Catena* ad loc., *Guarienti* 2, 391); Aquinas, *In Ioh.* ad loc., *Piana* 14:2, 28r. col. B (*i*: there same definition as here but applied to O.T. prophets only). Bucer here adv: Chrysostom, Augustine, *Glossa ord.*, Aquinas, Lyra, ErP, Brenz (there: O.T. prophets only).

[100] Eusebius-Rufinus, *Hist. eccl.* 1, 2, GCS 9:2:1, 24, 25; Nauclerus, *Commentarii* 1, 73, 191r.–v. (but there: connexion not made explicit).

[101]Iudaeis ad gentes dimanasse, lubens crediderim[101], [z2]quanquam [102]semina horum a primis illis sanctis patribus generis humani (a quibus et gentes procreatae sunt) superfuisse ubique gentium, verisimile sit[z2][102].

[103]Iam quantum et prophetae atque scribae apud Iudaeos et philosophi apud gentes, plurimo studio suo et vigiliis [cf. 2 Cor 6,5], quibus ad qualemcunque metum Dei honestique amorem homines adducere laborabant, profecerint, Paulus ad Rom. 1 et 2 manifesto testatur: minimum, sane[103]. Visum nanque Deo fuit ut tam *Iudaei,* quam *Graeci* palam *peccato obnoxii esse* [Rm 3,9] apparerent atque ita tum manifestum fieret *omnem iustitiam per fidem Iesu Christi* dari, de quo ad Romanos tertio [Rm 3,22]. [104]*Laborarunt* [Io 4,38] ergo, quicunque sive apud Iudaeos, sive apud gentes vera docuerunt quia, multis vigiliis [cf. 2 Cor 6,5], vel nihil vel parum profecerunt[104]. Cum autem Deo visum est, per Filium suum, vera iustitia mundum donare [cf. Rm 3,22], ita evangelio cooperari per Spiritum suum coepit [cf. Hbr 2,4] ut, brevissimo tempore, ubique solida iustitia vigeret [cf. Hbr 5,13–14] veraque pietate [cf. Tit 1,1] homines innumeri tam ethnici quam Iudaei florerent. Cui [105]evangelio, quia praecedentibus doctrinis scribarum et philosophorum conscientiae exagitatae desyderioque iustitiae accensae fuerant, recte dixit Dominus *apostolos in laborem eorum qui ante populos docuerunt, introisse* [Io 4,38][105].

⟨Et philosophi evangelio homines praepararunt⟩ [106]Neminem vero offendat quod et philosophorum laborem profuisse ad evangelion puto[106]. [107]Omnis enim veritas a Deo est et veritas sane plurima in scriptis philosophorum et poetarum legitur. Iam quantulumcunque id fuerit quod de veritate philosophi tradiderunt, ad Deum certe animos hominum attraxerunt [cf. Io 6,44] eoque et evangelio illos praepararunt[107]. Dominus *et gentium Deus* [Rm 3,29] *est quibus in corda opus Legis inscripsit,* Rom.[a3] 2[15]. Hinc sane illae [b3]tam preclarae de virtutibus[b3] doctrinae, quarum profecto multas apud illos legimus, manarunt. Sed quid opus verbis? [108]Qui non vel in Cicerone miram Dei solidaeque pietatis cognitionem

---

[z2–z2] *om.* AB. – [a3] Roma. AB. – [b3–b3] *om.* A. –

[101–101] Ap: Eusebius-Rufinus, *Hist. eccl.* 1, 2, GCS 9:2:1, 24, 25; Reuchlin, *De arte* 2, *Scriptores* 1, 643 (*i*); Albert, *In Ioh.* ad loc., *Opera* 24, 183 col. B (*i*).

[102–102] Ap: Augustine, *De civ. Dei* 18, 47, MPL 41, 609, CCL 48, 645 (*i*).

[103–103] Ap: ErP 1527 ad Rm 1,16, LB 7, 781 (*ip*).

[104–104] Laborarunt = worked hard without reward ap: Origen, as supra n. (99)–(99); Rupert von Deutz, *In Ioh.* ad 4,38, CCM 9, 224 (*i*: but both apply to O.T. prophets only).

[105–105] Ap: Origen, as supra n. (99)–(99) (*i*: but there: O.T. prophets only).

[106–106] Cf. supra n. (99)–(99) and Lambert, *De excaecatione* tract. 6, cap. 1, 92v.–93r. (there: truth of Gospel announced more purely by O.T. prophets than by any philosopher).

[107–107] Ap: Er Phil ev, LB 6, *5r. (*ipa*).

[108–108] Ap: Er, preface to *De Officiis* 1520, *Allen* 4, no. 1013, 66 (*ipe*). Perhaps adv: Lambert, *De prophetia* tract. 1, cap. 10, 13r. (there: Cicero condemned).

agnoscit [cf. Tit 1,1], eum necesse est et*c³* ignorare quid sit et Deus et pietas[108]. Si iam ergo constat opera etiam philosophorum cognitionem aliquam Dei et verae iustitiae mundo invectam, quis inficietur eorum laborem evangelio serviisse? *d³*[109]Nam quicunque*d³* semen Dei habent [cf. 1 Pt 1,23], quanto ii*e³* maiorem pietatis Deique cognitionem [cf. Tit 1,1] nacti fuerint, tanto magis sibiipsis displicent *f³*eo quod se deprehendant*f³* Deo dissimillimos et vera pietate vacuos[109]; cumque postea Christus illis annuntiatur, Dei iustitia verusque a peccatis Redemptor [cf. Is 45,8], dici non potest quam avide illum excipiant. Hinc sane evangelicae segetes maturuerunt olim [cf. Io 4,34] et maturescunt hodie. Hinc certe factum est ut ipsi Christo cupide adeo peccatores [cf. Lc 15,1] appropinquarunt*g³* [!] et, postea, turmatim evangelio ab apostolis praedicato ubique gentium nomen dederint [cf. Act 15,7]. Hi sunt [110]*violenti* illi *qui regnum caelorum vi* quodammodo *invadunt* [Mt 11,12]. Hoc denique quod multa adeo*h³* per universum fere orbem esset iustitiae cognitio et paucissimi tamen qui illam vere colerent, Christi gratiam non parum illustravit. Nam*i³* ita palam factum est nullas leges, nullam omnino sapientiam iustificare hominem posse et unam esse in *Christum fidem qua* solida *iustitia* hominibus *contingat* [Rm 3,22].

Observationes

Observandum [111]allegoriis atque parabolis Dominum singulariter delectatum. Caussa fuit quod, similitudine quam in se continent, aptae erant ad docendum rudiores; *j³*tum quod*j³* reconditum aliquid atque aenigmaticum fere habent, appositae erant cum ad excitandum auditorum animos, tum ad infingendum*k³* quae illis doceban[651]tur*l³* [111]. Haerent enim diutius quae quis quasi ipse invenerit. *m³*Adeo sane accomodae translationes sunt agenti cum populo, ut [112]Plutarchus, inter caetera praecepta quibus format moderatorem reipublicae, et hoc censuerit: «Suscipiat», inquit, «oratio quae instituitur ad moderandum animos multitudinis, forense dicendi genus, sententias, historias, fabulas, metaphoras, quae maxime movent, si modice et in tempore adhibeantur»*m³*.

---

c³ *om.* AD. – *d³–d³* In iis enim qui A. – *e³* *om.* A. – *f³–f³* quos deprehendunt A. – *g³* appropinquarent A. appropinquarint D. – *h³* *om.* A. – *i³* cum A. – *j³–j³* quod vero A. quod tum B. – *k³* *add.* eis A. – *l³* docentur A. – *m³–m³* praesertim si commoda cum similitudine sint proposita A. –

[109-109] Ap: Lambert, *De prophetia* tract. 4, cap. 5, 45v. (*ip*). Cf. supra ad n. (83)–(83).
[110] Cf. BEv 1527 ad Mt 11[12], 98r.–v. (there: same exegesis ap: ErP 1524 ad Mt 11,12, LB 7, 67).
[111-111] Ap: Er Ratio, LB 5, 117 (*ip*).
[112] *Praecepta gerendae reipublicae* in: *Moralia* lib. 10, *Loeb* 6, 182.

Quod *metentem* ait Dominus *accipere mercedem atque in vitam aeternam congregare fructum* [Io 4,36] debet excitare nos ut evangelium, quanta possumus diligentia, adnuntiemus [113]operamque demus ut quam plurimos Christo adducamus, hoc est *in [n3]vitam aeternam[n3] fructum colligamus* [Io 4,36][113]. *In hoc certe constituit nos Dominus ut eamus et fructum adferamus et fructus noster maneat*, infra[Io]15[16]. Porro μισθὸν, id est *mercedem*, Dominus hic accipit, ut et Paulus 1 Corinth. 9 [17]: *Si enim libens hoc facio* (id est *evangelizo* [1 Cor 9,16]) *mercedem habeo*, de qua et 1 Corin. 3[8] loquitur. [114]Nihil enim est quod quis benefecerit quod non sit et[o3] ipsum sibi[p3] merces atque optata quaedam retributio, [q3]quanquam idem[q3] etiam largissime a Domino remuneretur, qui *retribuit* cuique *secundum opera sua* [Prv 12,14]. Verum *quia Deus est qui in nobis operatur et velle et operari* [Phil 2,13], imo *omnia in omnibus* [Eph 1,23] et *Spiritus Dei* est, non nos, *qui loquitur[r3]* [Mt 10,20], [s3]abunde manifestum est[114], [115]sicut[s3] in praedicatione evangelica nostris viribus[t3] ipsum opus, cui merces promittitur, [u3]attribui non potest[u3], ita multo minus mercedem[v3] quae opus sequitur quidem – et inde merces vocatur, [w3]etsi opere minime adaequetur – tribui posse[w3][115]. Excedit nanque remunerando omnia opera quae etiam ipse[x3] *in nobis operatur[y3]* [Phil 2,13].

Quod simul *gavisurum* ait et *eum qui seminasset* [Io 4,36], [z3]ex eo[z3] vides vivere sanctos qui corpore obdormierunt, et nobis etiamnum ita coniunctos esse[a4] ut nostris commodis congaudeant, praecipue autem Dei in nobis gloriae. [116]Cum Christo siquidem sunt, [b4]quare vivere quoque eos cum illo [cf. Rm 6,8] oportet[b4][116].

[n3–n3] aeternam vitam A. – [o3] *om.* A. – [p3] *om.* A. – [q3–q3] deinde A. – [r3] loquimur A. – [s3–s3] *om.* A. – [t3] *add.* sicut non A. – [u3–u3] *om.* A. – [v3] merces ipsa A. – [w3–w3] non vero opere adaequatur, tribui potest A. – [x3] ipsa A. – [y3] *add.* bonitas Dei A. – [z3–z3] *om.* A. – [a4] *om.* AB. – [b4–b4] et in eo vivunt A. –

[113-113] Ap: Brenz, *In Ioh.* 1528 ad loc., 71 r. (*ip*).

[114-114] Ap: Zwingli, *De canone missae*, CR 89, 580–581 (*it*: Phil 2,13); *De vera et falsa religione*, CR 90, 848 (*i*); Lambert, *De prophetia* tract. 5, cap. 3, 83r. (*i*: there as here in context of preaching).

[115-115] Ap: Augustine, *In Ioh.* tract. 3 ad Io 1,15–17, MPL 35, 1400–1401, CCL 36, 24–25 (*i*). Adv e.g.: Fabri, *Malleus* tract. 11, CC 25–26, 559; Eck, *Enchiridion* cap. 5, CC 34, 86 (in both Io 4,35–36 used to prove good works rewarded by God).

[116-116] Ap: Augustine, *In Ioh.* tract. 15 ad loc., MPL 35, 1522, CCL 36, 164 (*i*); Brenz, *In Ioh.* 1528 ad loc., 71r. (*i* but there: difference also stressed).

ENARRATIO SECTIONIS IIII [39–42]

Annotationes

Ex civitate autem illa multi crediderunt [Io 4,39]. Haec subita Samaritanorum conversio [117]praeludium fuit vocationis gentium. Ideo voluit *c*[4]eam
Dominus*c*[4] magnificam esse, uti plane fuit, cum ad unius mulierculae, et
non satis probae, verbum [cf. Io 4,18], multi illicò – et quidem Samaritani
– evangelio crederent Christumque amplecterentur, qui primis Iudaeorum
nihil minus prae se ferre videbatur.

Et mansit ibi duos dies [Io 4,40]. [118]Discipulis *praeceperat* ne ingrederen-
tur civitatem Samaritanorum, Mat. 10[5] quod nondum advenisset tempus
ut plene glorificaretur [cf. Io 7,39]. Verum ut vocationi gentium praelusit
in magis [cf. Mt 2,11] et postea in centurione [cf. Mt 8,5ff.] ac aliis, sic in
praesenti edere voluit specimen vocationis Samaritanorum qui, [119]medium
quoddam genus inter ethnicos et Iudaeos, primi, post Iudaeos, evangelium
receperunt, ut legimus Act. 8*d*[4] [5]. Unde *duos* tantum *dies apud illos mansit*
[Io 4,40], cum apud Iudaeos perpetuo egerit evangelizans. *Minister* siquidem *erat circuncisionis*, Rom. 15[8] et *peculiariter missus ad perditas oves
Iisraëlis*, Matthaei decimoquinto*e*[4] [24][118].

Observationes

In muliercula tam cupide suos cives advocante [cf. Io 4,28–29] et, quo
permoveret eos, [120]confitente sibi Dominum peccata sua indicasse
[cf. Io 4,29], exemplum est animi iusta Christi cognitione donati. Is susque
deque omnia habet et sua quoque errata libenter confitetur, modo Christum possit multis commendare[120]. Idem certe et Paulus, 1 Cor. 15[9],
Ephesiis*f*[4] [2,3], 1 Timot.*g*[4] 1[13], Tit.*h*[4] 3[3] et alibi fecit. Etenim, quo Dei
erga se misericordiam magnificentius praedicaret, ignorantiam suam ac
etiam blasphemiam atque Christianorum persecutionem ingenue et multis
verbis confessus est.

Quod *Samaritae orant Dominum ut apud se*[i][4] *maneat* [Io 4,40] indicat
quam cupidi doctrinae salutaris reddantur, qui vel tenuiter eam gustarint.
In Domino autem qui passus est se exorari *j*[4]ut maneret*j*[4] biduum apud

---

c[4]–*c*[4] *om.* A. – *d*[4] octavo A. – *e*[4] 15. A. – *f*[4] Ephes. AD. – *g*[4] Tim. A. Timoth. B. – *h*[4] Titum B. –
i[4] eos A. – *j*[4]–*j*[4] manere A. –

[117] Ap: Albert, *In Ioh.* ad loc., *Opera* 24, 183–184 (*ip*); Brenz, *In Ioh.* 1528 ad 4,
32, 69v. (*i*).
[118]–[118] Ap: Brenz, *In Ioh.* 1528 ad 4, 32, 69v. (*it*).
[119] Adv: Brenz, *In Ioh.* 1528 ad 4, 32, 69v. (there: Samaritani = gentes).
[120]–[120] Ap: Chrysostom, *In Ioh.* hom. 34 ad loc., MPG 59, 196–198 (*i*).

illos [cf. Io 4,40], exemplum est [121]facilitatis et humanitatis *k4*quae nimirum effecerunt ut, quamlibet invisos Iudaeis, Samaritas praesentia et doctrina sua dignaretur*k+121*. Moneat hoc et nos *l4*eum posse*l4* omnia quae ad gloriam Dei faciunt, exorare, quamlibet indignos, doceatque eandem facilitatem exhibere proximis.

[652] In eo quod Samaritae audito Christo dicebant: [122]*Ipsi audivimus et scimus quod hic est vere Salvator mundi* [Io 4,42] observandum quam benigne cum abiectis alioqui et impuris Samaritis egerit. Qui enim Iudaei uspiam leguntur tam plene cognitionem Christi esse confessi[122]? Sed nec [123]Dominum legimus Iudaeis aperte adeo se Christum esse, ut huic mulierculae, affirmasse[123]. *Sic vocat Deus ea quae non sunt et reiicit quae prima esse videntur*, 1 Cor. 1[28]. [124]Notandum etiam quod aiebant: *Scimus quod hic est vere* etc. [Io 4,42]. Ad hanc enim πληροφορίαν [Col 2,2], id est plenam certamque Christi cognitionem, venire unum quenlibet oportet ut, si angeli quoque contrarium affirmarent, nihil tamen in sententia fidei vacillaret. Sed huc certitudinis nemo, nisi Spiritus Christi, adducet[124].

ENNARATIO SECTIONIS IIII [!] [43–46]

Annotationes

m4Post duos autem dies exiit inde [Io 4,43]. Tantum [125]biduum apud Samaritas mansit quia nondum venerat hora [cf. Io 2,4] ut regnum Dei magnificentius apud illos revelaretur. Antea Iudaeis evangelion regni erat offerendum Christique morte *medius paries*, qui a Iudaeis reliquas gentes dividebat, *diruendus* [Eph 2,14].

Ipse enim Iesus testatus est [Io 4,44]. Si consideramus qua occasione hoc testatum alii Evangelistae memorant – Matthaei 13[57], Marci 6[4], Lucae 4[24] – videtur quod Evangelista praemisit: *et abiit in Galilaeam* [Io 4,43] per [126]anthithesin intelligendum, quasi diceret: non adiit patriam suam,

---

k4–k4 qui, quamlibet invisos Iudaeis, Samaritas non est praesentia et doctrina sua dedignatus A. – *l4–l4* posse eum A. – *m4* add. □   Sect. 5 A. Sectio 5 B. –

[121–121] Ap: ErP 1524 ad loc., LB 7, 531 (*ip*).
[122–122] Ap: ErP 1524 ad loc., LB 7, 531 (*ip*).
[123–123] Ap: Chrysostom, *In Ioh.* hom. 33 ad 4, 26, MPG 59, 191 (cited in: Aquinas, *Catena* ad loc., *Guarienti* 2, 388) (*i*).
[124–124] Ap: Chrysostom, *In Ioh.* hom. 35 ad loc., MPG 59, 199 (cited in: Aquinas, *Catena* ad loc., *Guarienti* 2, 392) (*i*: faith = absolute conviction); Aquinas, *In Ioh.* ad loc., *Piana* 14:2, 28v. col. A (*i*: certitude divinely given); Brenz, *In Ioh.* 1528 ad loc., 72r. (*i*: certitude given by Holy Spirit).
[125] Cf. supra ad n. (118)–(118).
[126–126] Ap: Nonnus, *Paraphrasis* ad loc., MPG 43, 781; Cyril, *In Ioh.* ad loc., MPG 73, 329; Lyra ad loc. (*i*).

sed in reliquam concessit Galilaeam[126]. *Ipse enim testatus est prophetam in patria sua nullum honorem habere* [Io 4,44]. [127]Iam ubi verbum Dei contemnitur, illic non est annuntiandum[127]. Quantopere autem illud contempserint Domini municipes: adeo *ut de monte eum vellent praecipitare,* Lucas fuse narrat [Lc 4,28–29]. Huc si nolis hoc dictum referre, considera an forte id*n* hoc sensu*o* Evangelista adscripserit: [128]magni erat Samaritis Iesus, sed quia nondum tempus erat [cf. Io 2,4] ut prorsum*p* glorificaretur [cf. Io 7,39], in Galilaeam, ubi tanquam *Ioseph filius* [Lc 4,22] contemnebatur, abiit[128]. *Ipse enim testatus erat prophetam nullum habere in patria sua honorem* [Io 4,44]. Atqui prior sensus mihi firmior videtur quia narrationi aliorum Evangelistarum magis consonat [129]favetque*q* ei*r* quod sequitur: et *exceperunt eum Galilaei* [Io 4,45]. Id nanque non erat contemnentium[129].

Observationes

Animadvertendum quam nocens res sit externam dignitatem considerare et oculis carnis iudicare. Quod fabrum, *fabri filium* [Mt 13,55], Dominum Nazareni putabant, *verbum vitae* [Phil 2,16] quod afferebat, contempserunt. Ne ergo [130]personam moremur*s*, ad ipsum potius, quod adfertur verbum Dei, animum advertamus. Humilia enim secundum carnem Deus eligit ut superba reiiciat et confundat [cf. 1 Cor 1,27][130].

ENARRATIO SECTIONIS V [46–54]

Annotationes

*r*Et erat quidam regius cuius filius* [Io 4,46]. βασιλικὸς id est *regius,* hic dicitur. Fuit enim, ut verisimile est, quispiam ex [131]ministris Herodis regis. [132]Nonnus habet ἰθύνων στρατιὴν, id est regens exercitum. Equidem [133]Iudaeum religione fuisse illum existimo, vel ex eo quod Dominus ei

---

n *om.* A. – *o* *add.* illud A. – *p* prorsus A. – *q* favet A. – *r* *add.* et AB. – *s* miremur D. – *t* *add.*
□ Sect. 6 A. Sectio 6 B. –

127–127 Ap: Cyril, *In Ioh.* ad loc., MPG 73, 329 (*ip* of Latin ed. 1524, 44r.). Cf. BEv 1527 ad Mt 9[36], 64v.; Stephens, *Holy Spirit,* 30–31.
128–128 Ap: Chrysostom, *In Ioh.* hom. 35 ad loc., MPG 59, 200 (*i*): Brenz, *In Ioh.* 1528 ad loc., 72r.–v. (*i*).
129–129 Adv: Brenz, *In Ioh.* 1528 ad loc., 72v. (there: *peregrini Galilaei*).
130–130 Ap: Lambert, *In Lc.* ad 4[22–24], L4v. (*ip*).
131 Ap: Aquinas, *In Ioh.* ad loc., *Piana* 14:2, 29r. col. B (*i*).
132 *Paraphrasis* ad loc., MPG 43, 781.
133–133 Ap: Aquinas, *In Ioh.* ad loc., *Piana* 14:2, 29v. col. A (*ip*). Adv: e.g. ErP 1524 ad loc., LB 7, 532 (there: *regulus a pagan*).

fide*u4* infirmitatem opprobravit: *Nisi signa et prodigia videritis* [Io 4,48]. Nullis sane ethnicis id opprobrii obiectum legimus, *v4*quin iis*v4* quos suscepisse Dominum Evangelistae memorant, tantam simul fidem adfuisse narrant ut Iudaeis in exemplum proponerentur[133]. Certe *centurionis fidei*, de quo [134]Matthaei octavo [Mt 8,10], nullam adfirmabat Dominus similem haberi in toto populo Dei.

Observationes

Domini hic benignitas observanda est qui*w4*, quamlibet parum credenti *x4*huic regio*x4*, quod orabat, praestitit. [135]Admonuit tamen antea imbecillae fidei [cf. Io 4,48] quod hic eius morbus, quam filii, gravior et periculosior esset. Postea et filium ei restituit [cf. Io 4,50], sed *verbo* [Mt 8,8]. Neque descendere ad illum, ut ad [136] filium centurionis, voluit [cf. Mt 8,7], quanquam pater secundo id petiisset [cf. Io 4,49] et centurio ultro volentem ad se venire per nuntios prohibuisset [cf. Mt 8,8]. Sic enim*y4* ad fidei utrunque*z4* confirmationem conducebat. Si ergo et nos subinde non exoramus, quae Deum oramus, non dubitemus e re nostra esse ut nos non exaudiat. [653] Caeterum discamus hinc et nos sic in proximos benefici esse ut animis eorum, priusquam corporibus, consulere studeamus.

*a5*Circa id quod ex hoc miraculo ad fidem in Christum hic regius cum tota domo adductus est, animadvertendum qualia sint et quae soleant efficere vera Domini miracula. [137]De quo et supra. Ad fidem in Christum promovent, non ad suspiciendas creaturas.

---

u4 fidei ABD. – *v4–v4* iis quoque A. – *w4* add. huic regio D. – *x4–x4* om. D. – *y4* add. utrunque D. – *z4* huius AB. om. D. – *a5* add. Et credidit ipse [Io 4,53] D. –

[134] Cf. BEv 1527 ad Mt 8[5ff.], 13v.–25v.

[135] Ap: Brenz, *In Ioh.* 1528 ad loc., 73v. (*ipa*).

[136] Parallel with Mt 8,5ff. ap: Chrysostom, *In Ioh.* hom. 35 ad loc., MPG 59, 201 (cited in: Aquinas, *In Ioh.* ad loc., *Piana* 14:2, 29v. col. B) (*i*)

[137] Cf. supra *cap.* 2, *sect.* 2 ad nn. (22)–(24).

CAPUT 5

⟨Sectio 1 [1–16]⟩ *Post haec erat dies festus Iudaeorum et ascendit Iesus Hierosolymam. Est autem Hierosolymis ad probaticam piscina quae nominatur hebraice Bethesda, quinque porticus habens. In iis^a iacebat multitudo magna languentium, caecorum, claudorum^b, expectantium aquae motum. Angelus enim descendebat certo tempore in piscinam et turbabat aquam: itaque, qui primus descendisset post turbationem aquae, sanus fiebat a quocunque detinebatur morbo. Erat autem quidam homo illic qui triginta et octo annos morbo tenebatur. Hunc cum vidisset Iesus decumbentem et cognovisset quod iam multum temporis morbo teneretur, dicit^c: vis sanus fieri? Respondit ei languidus: Domine, hominem non habeo ut, cum turbata fuerit aqua, mittat me in piscinam. Sed interim dum ego venio, iam alius ante me descendit. Dicit ei Iesus: surge, tolle grabbatum tuum et ambula. Et statim sanus factus est homo ille et sustulit grabbatum suum et ambulabat. Erat autem sabbathum in die illo. Dicebant ergo Iudaei ei qui sanatus fuerat: sabbathum est, non licet tibi tollere grabbatum. Respondit eis: qui me sanum fecit, is mihi dixit: tolle grabbatum tuum et ambula. Interrogaverunt ergo eum: quis est ille homo qui dixit tibi: tolle grabbatum tuum et ambula? Is autem qui sanus fuerat effectus, nesciebat quis esset. Iesus enim subduxit se quod turba esset eo in loco. Postea reperit eum Iesus in templo et dixit illi: ecce sanus factus es, ne post hac pecces ne quid deterius tibi contingat. Abiit ille homo et nuntiavit Iudaeis quod Iesus esset a quo sanatus fuisset. Ac propterea persequebantur Iudaei Iesum et quaerebant illum occidere quod ista fecisset in sabbatho.*

⟨Sectio 2 [17–47]⟩ *Iesus autem respondit eis: Pater meus ad hoc usque temporis operatur et ego operor. Propterea ergo magis quaerebant eum Iudaei interficere quia non solum solvisset sabbathum, sed et patrem suum dixisset Deum, aequalem se faciens Deo. Respondit itaque Iesus et dixit eis: amen amen dico vobis, non potest Filius a se facere quicquam, nisi quid^d viderit Patrem facientem. Quaecunque enim ille fecerit, haec itidem et Filius facit. Pater enim diligit Filium et⁵ omnia demonstrat ei quae ipse facit et*

---

^a ¹his D. – ^b ²*add.* aridorum BD. (*here probably just a printing error*). – ^c ³*add.* ei BD. – ^d ⁴quod D. –

¹ Er 1522: iis. Er 1527: his. Cf. *Wordsworth and White* 1 ad loc.
² Er 1527: *add.* aridorum. Cf. *Nestle and Aland* ad loc., *Wordsworth and White* 1 ad loc.
³ Er 1527: *add.* ei.
⁴ Er 1527: quid. Vg.: quod. Cf. *Wordsworth and White* 1 ad loc.
⁵ Er 1527: *add.* haec.

maiora ⁶iis demonstrabit ei opera, ut vos miremini. Sicut enim Pater suscitat mortuos et vivificat, sic et Filius quos vult vivificat. Neque enim Pater iudicat quenquam, sed omne iudicium dedit Filio ut omnes honorent Filium, sicut honorant Patrem. Qui non honorat Filium, non honorat Patrem qui misit illum. Amen amen dico vobis, qui sermonem meum audit et credit ei qui misit me, habet vitam aeternam et in condemnatio[654]nem non veniet, sed transivit a morte in vitam. Amen amen dico vobis quod veniet hora et nunc est, quando mortui audient vocem Filii Dei et qui audierint, vivent. Sicut enim Pater habet vitam in semetipso, sic dedit ᵉ Filio habere vitam in semetipso et potestatem dedit ei iudicandi quoque, quia filius hominis est. Nolite mirari hoc, quia veniet hora in qua omnes qui in monumentis sunt audient vocem eius et prodibunt, qui bona fecerunt, in resurrectionem vitae, qui vero mala egerunt, in resurrectionem condemnationis. Non possum ego ex meipso facere quicquam. Sicut audio, iudico et iudicium meum iustum est quia non quaero voluntatem meam, sed voluntatem eius qui misit me, Patris. Si ego testimonium perhiberem de meipso, testimonium meum non esset verum. Alius est qui testimonium perhibet de me et scio verum esse testimonium quod testificatur de me. Vos misistis ad Ioannem et is testimonium reddidit veritati. Ego autem non ab homine testimonium accipio, sed haec dico ut vos salvi sitis. Ille erat lucerna ardens et lucens, vos autem voluistis ad tempus exultareᶠ[!] in luce eius. At ego testimonium habeo maius testimonio Ioannis. Opera enim quae dedit mihi Pater ut perficiam, ea ipsa, inquam, opera quae ego facio, testificantur de me quod Pater miserit me. Et qui misit me Pater, ipse testificatus est de me. Neque vocem eius unquam audistis, neque speciem eius vidistis et sermonem eius non habetis in vobis manentem quia, quem misit ille, huic vos non creditis. Scrutamini Scripturas quia vos videmini vobis in ipsis vitam aeternam habere et illae sunt quae testificantur de me, nec vultis venire ad me ut vitam habeatis. Gloriam ab hominibus non accipio, sed cognovi vos quod dilectionem Dei non habeatis in vobis. Ego veni nomine Patris mei, nec recipitis me. Si alius venerit nomine suo, illum recipietis. Quomodo vos potestis credere, qui gloriam a vobis invicem accipitis et gloriam quae a solo Deo proficiscitur, non quaeritis? Nolite putare quod ego accusaturus sim vos apud Patrem. Est qui accusat vos Moses, in quo vos speratis. Si enim credidissetis Mosi, credidissetis utique mihi; de me enim

---

ᵉ ⁷add. et D. – ᶠ ⁸exultare D. –

⁶ Er 1527 and Vg.: his. Cf. *Nestle and Aland* ad loc., *Wordsworth and White* 1 ad loc.
⁷ Er 1527 and Vg.: *add.* et.
⁸ All Latin versions: exultare for ἀγαλλιαθῆναι. Here: printing error? Cf. supra *cap.* 1, *sect.* 6, p. [589] orig. where Io 5,35 cited with: *exultare*.

ille scripsit. Si autem illius scriptis non creditis, quomodo verbis meis creditis[g]?

ENARRATIO SECTIONIS I [1–16]

Post haec festum erat Iudaeorum et ascendit Iesus Hierosolymam [Io 5,1]. Prima haec sectiuncula apertam historiam habet, omittam igitur paraphrasin.

Annotationes

[10]Graeca habent: *Est[h] Hierosolymis in probatica natatorium* [Io 5,2]. Ut intelligas Hierosolymis fuisse [11]locum sive regionem aut aream, quae προβατικὴ, id est *ovilla*, fuerit dicta[11] forte quod illic [12]statio, vel forum ovium esset[12] et, in hac, *piscina[i]* et [13]natabulum illud quod *Bethseda* [Io 5,2] sit dictum sermone ebraico, id est quo tum vulgo Ebraei loquebantur. Qui non erat – ut [14]supra capite 1 quoque monui – pure ille quo sacra Biblia scripta sunt, quanquam plurima cum eo communia habeat. Docti huius et ebraeae linguae, chaldaicum aut [15]syriacum esse putant. Porro cum [16]graece scriptum sit βηθσεδὰ et incertum sit an σ, elementum graecum, pro ס vel שׁ positum sit, non ita liquet quae germana sit nominis huius interpretatio[16]. [17]סדרחaldaice ratem significat. Unde, si nomen piscinae fuit ביתסדרה, interpretatio eius erit: domus, hoc est locus vel statio

---

[g] [9]credetis D. – [h] *add.* vero AB. – [i] piscinam [!] AB. –

[9] Er 1527: credetis. For creditis (πιστεύετε) as var. cf. *Wordsworth and White* 1 ad loc., *Nestle and Aland* ad loc. Here stylistic variant; parallelism of two indicatives with two subjunctives in prec. sentence?

[10] Er 1527 ad loc.: ἐπὶ τῇ προβατικῇ κολυμβήθρα. Ap: ErAn 1527 ad loc., LB 6, 357; Brenz, *In Ioh.* 1528 ad loc., 75r. ἐπὶ = super/ad. Adv: e.g. Vg. 1501–02 (there: probatica piscina). Here *in* from: Nonnus, *Paraphrasis* ad loc., MPG 43, 783–784 (*t*: there: ἐν προβατικῇ).

[11–11] Ap: ErAn 1527, LB 6, 357 (*i*); Brenz, *In Ioh.* 1528 ad loc. (*ip*).

[12–12] Adv: Jerome, *De loc. hebr.*; *De evangeliis B*, MPL 23, 931 (there: "pecualis" because of sacrifices) and hence adv: *all* commentaries ad loc.! Perhaps ap: Nonnus, *Paraphrasis* ad loc., MPG 43, 783–784 (*i* ?: there: no mention of sacrifices, but no explanation of προβατικῇ given).

[13] Ap: ErAn 1527 ad loc., LB 6, 357 (*ip*).

[14] Cf. supra *cap.* 1, *sect.* 9 ad n. (309)–(309).

[15] Ap: Brenz, *In Ioh.* 1528 ad loc., 75v. (*ip*).

[16–16] Adv: ErAn 1527 ad loc., LB 6, 358 (there: "Jerome's" classical Hebrew etymology: בית עדר = domus pecudis); Brenz, *In Ioh.* 1528 ad loc., 75v. (there: "Syriac" etymology: ביתליצא [!] i.e. ביתצידא = domus piscationis). Cf. infra nn. (21)–(21), (26).

[17] Ap: Münster, *Dict. chald.* 1527, 267 (*t*).

ratium. [18]Nam idiotismus chaldaicae [655] linguae est loca fere domos vocare. Sic agrum vocant בית זרע, id est domum seminis[18]. Si autem σ sit positum pro שׁ quod mihi magis arridet – nam minor lacus ille fuit quam ut rates haberet – significabit βηθσεδὰ [19]chaldaice בית שׁידא id est Bescheda, domum vel locum effusionis[19]. Etenim memorat [20]Hieronymus ostendi Hierosolymis geminos lacus quorum unus hybernis pluviis adimpleri soleat, unde forte nonnunquam inundat et effunditur; aut certe ita dictus est quod pluvialis aqua e tectis et aliis editioribus locis effunderetur[j] in illum. Nam [21]durius videtur quod quidam arbitrantur: dictum hunc lacum בית צידא, id est Bethsaieda quod domum piscationis significat[21]. Movit forte eos quod vulgata Latinorum exemplaria habent: [22]Bethsaida [Io 5,2], quod nomen patriae Petri est [cf. Io 1,44] et commode sane illi impositum quia illic in lacu Genezareth piscatio[22] erat [cf. Lc 5,2–3]. At nomen huius laci Bethseda fuisse Evangelista scribit; ad haec nulla erat in eo piscatio. [23]Ἡ κολυμβήθρα nanque, id est natatio, erat, non vivarium[23]. Piscinam [Io 5,2] enim[k] et [24]Latini pro natatorio accipiunt. Imo et vasa lignea ampliora [25]Plinio piscinae vocatae sunt, tametsi initio piscinae a piscibus qui vivi in illis servabantur, fuerint dictae. Durior adhuc [26]Hieronymi deductio est qui בית עדר id est domum gregis, dictum hunc locum autumat. Atqui non probaticam, sed κολυμβήθραν – quae in probatica erat – Bethseda vocatam, Evangelista scripsit [Io 5,2]. Ad haec quae consonantia Bethaeder cum Bethseda?

⟨Angelus descendit⟩ Angelus enim descendebat certo tempore [Io 5,4]. [27]Peculium [Ex 19,5] erat Deo hic populus. Promiserat [l]se habiturum[l] in medio eius [Ex 25,8]. Hinc, quamlibet graviter identidem ipsum offenderent, ut tamen declararet quam firma esset sua electio, semper mira illi

---

[j] effunditur AB. – [k] nanque A. – [l-l] habitare A. –

[18–18] Ap: Münster, *Dict. chald.* 1527, 59–60 ad: בית (*ipe*: there בית זרע given in list of examples but not ביתסדה).

[19–19] Ap: Münster, *Dict. chald.* 1527, 596 ad: שׁד and בית (*i*). This interpretation also ap: Lefèvre d'Etaples, *In Ioh.* ad loc., 306r. (perhaps *i* ? but there no etymology).

[20] *De loc. hebr.*: *De evangeliis B*, MPL 23, 931.

[21–21] Adv: Brenz. Cf. supra n. (16)–(16).

[22–22] Ap: ErAn 1527 ad loc., LB 6, 357 (*ie*: there adv: Jerome, *De loc. hebr.*, MPL 23, 930–931; accuses Jerome of analogy with Io 1,44; Lc 5,1f. Cf. *De loc. hebr.* in *Opera 1524–26* ed. Erasmus, 4:3,9 where spelling: Bethesda ad loc.).

[23–23] Ap: ErAn 1527 ad loc., LB 6, 357 (*ip*).

[24] Adv: ErAn 1527 ad loc., LB 6, 357 (there: Greek etymology only). Cf. supra n. (23)–(23).

[25] Pliny the Elder, *Nat.* 34, 12, 32, par. 123, *Loeb* 9, 218.

[26] Adv: Jerome, *De loc. hebr.*: *De evangeliis B*, MPL 23, 931 ap: ErAn 1527, LB 6, 358 (there: Jerome's *Hebrew* etymology extrapolated by Er). Cf. supra n. (16)–(16).

[27–27] Ap: Augustine, *In Ioh.* tract. 17 ad loc., MPL 35, 1528, CCL 36, 170–171 (*i*: but there: allegorical interp.); Brenz, *In Ioh.* 1528 ad loc., 75v.–76r. (*ip* but there: no ref. to Ex.).

beneficia praestitit prae aliis populis. Talis iam fuit et haec[27], quam hic Evangelista memorat, salutaris laci commotio [cf. Io 5,3].

Vis sanus fieri [Io 5,6]? Hac interrogatione volebat Dominus [28]sanitatis desiderium in morbido illo excitare quo gratius *[m]beneficium* [1 Tim 6,2] eius et maiore cum admiratione susciperet*[m]* [28].

Erat autem sabbathum die illo [Io 5,9]. [29]Dominum *[n]esse se sabbathi[n]* [Mt 12,8] et omnium hoc miraculo voluit declarare, proinde in sabbatho illud fecit. Quoque magis invulgaretur, iussit eum pariter qui tam diu a grabbato suo portatus iverat*[o]*, *illud sublatum in humeros vicissim portare et ambulare* [Io 5,8]. *[p]*Quod cum non solum [30]insolentissimum, sed etiam inauditae habebatur impietatis, animos multitudinis plurimum permovit ut de caussa tantae audaciae sciscitarentur ac ita Domini virtutem et autoritatem discerent[30] *[q]*qui, cum eo [31]miraculo gloriam Patris maxime illustraverat, proprium sabbatho opus fecerat*[p] [q]* [31].

Qui me sanum fecit [Io 5,11]. [32]Significare voluit se iure parere illi, portando etiam sabbatho *suum grabbatum* [cf. Io 5,9] qui divina se virtute sanasset, neque enim posse contra Deum aliquid praecipere qui tantam Dei *[r]in se virtutem ostendisset[r]* [32]. *Iesus autem subduxit se* [Io 5,13], [33]nimirum ut ante *beneficium* [1 Tim 6,2] quam ipse, innotesceret et non divinum opus invidia, qua ipse laborabat, gravaretur[33], sed – ut par erat – receptum [34]piis probaret ipsum Filium Dei esse. Impiis enim omnia in malum cedunt [cf. Rm 8,28][34].

Ne post hac pecces [Io 5,14]. Ob peccata [35]immitti morbos non solum Lex et Prophetae, sed et Apostolus testatur, 1 Corinth. 11[30]: *Propter hoc multi inter vos imbecilles* etc. *[s]*Etsi enim [36]quidam cum morbis nascantur

---

[m–m] tum esset beneficium A. – [n–n] sabbathi se esse D. – [o] fuerat AB. – [p–p] om. A. – [q–q] om. B. – [r–r] esse in se virtutem declarasset AB. in se virtutem ostendisset D. in se virtute sanasset [!] C (*probably transposed from prec. line*). – [s–s] om. A. –

[28–28] Ap: Aquinas, *In Ioh.* ad loc., *Piana* 14:2, 30v. col. B (*ip*); Lyra ad loc. (*ip*); *Glossa ord.* [*int.*] (*i*); Cyril, *In Ioh.* ad loc., MPG 73, 337–338; Brenz, *In Ioh.* 1528 ad loc., 78r.–v. (*i*: but both also raise question of prayers).

[29] Ap: Aquinas, *In Ioh.* ad loc., *Piana* 14:2, 31r. col. A–B (*i* only). Cf. BEv 1527 ad Mt 12[3ff.], 112v.–115r. esp. 114r.–v. (there: Io 5,8ff. adv: Anabaptists and "others devoted to external ceremonies").

[30–30] Ap: Cyril, *In Ioh.* ad loc., MPG 73, 339–340 (*ipe* of Latin ed. 1524, 45v.); Brenz, *In Ioh.* 1528 ad loc., 79r. (*ip*).

[31–31] Ap: Brenz, *In Ioh.* 1528 ad loc., 79v. (*ip*).

[32–32] Ap: Aquinas, *In Ioh.* ad loc., *Piana* 14:2, 31r. col. B (*ip*); ErP 1524 ad loc., LB 7, 535 (*i*).

[33–33] Ap: Chrysostom, *In Ioh.* hom. 37 ad loc., MPG 59, 210, cited in: Aquinas, *Catena* ad loc., *Guarienti* 2, 398 (*i*).

[34–34] Ap: Brenz, *In Ioh.* 1528 ad loc., 80r. (*ip*).

[35] Ref. to 1 Cor 11,30 ad loc. ap: Cyril, *In Ioh.*, MPG 73, 343–344; Aquinas, *In Ioh.*, *Piana* 14:2, 31v. col. A (*i*).

[36–36] Ap: Brenz, *In Ioh.* 1528 ad loc., 80r.–v. (*ia*).

quos nondum videantur meruisse, proveniunt tamen illi[t] ex peccato ad-
nato. Quos enim suis Deus morbos immittit, non solum in hoc immittit
ut eos sic castigatos *in viam reducat* [Is 37,29], sed etiam saepe in hoc ut
in officio contineat atque flagitiis, ad quae natura propendent [cf. Gn
8,21], arceat[36]. Caeterum, ut in omnibus simul praecipua caussa sit illu-
stratio nominis Dei, dicetur [37]infra[u] nono[s].

Abiit ille homo et nuntiavit Iudaeis [Io 5,13]. Indubie ut Iesum, tanquam
divinum hominem, et omnibus colendum prophetam commendaret.
Verum illi, ut *nati* solent *ex Diabolo* [Io 8,44], quo magis divinitatem
Domini sentiebant, eo magis contra eum effere[656]bantur, agente eos
hoste Dei, Satana. *Hinc occidere eum quaerebant, tanquam sabbathi viola-
torem* [Io 5,18], qui tamen in sabbatho quod maxime oportebat fecerat,
utpote qui[v] gloriam Patris illustrasset[w] et hominum salutem promovisset[x].
De [38]sabbatho et feriis in Matth. dixi fuse capite 12.

Observationes

Observandum ut [39]Evangelista noster pauca, sed insignia miracula narret[39] eaque mira diligentia conscripta. Religiosissime enim veritatem coluit
eoque peranxie operam dedit ut sua gravia et non vera modo, sed et
verisimilia essent, praesertim piis. Hoc Evangelistae [40]studium nos doceat
ut, quanta possumus cum gravitate, negotium evangelicum geramus ne
unquam[y] nostra culpa fides illi derogetur[40].

Quod per angelum aqua laci movebatur [Io 5,4] ut salutaris esset, docet
angelorum opera nostram salutem procurari[z]. [41]Plagae Dei immissiones
sunt angelorum malorum: beneficia, operationes et ministeria bonorum
quibus utique *timentes se Dominus circumvallat*, Psal. 34 [Ps 33,8]. *Ii
quoque portant in manibus* eos qui Domino fidunt, Psal. 91 [Ps 90,12][41].
[42]Proinde quicquid uspiam salutare est, opus angelorum est[42], quanquam,
[43]dum non est insolens, non ita agnoscatur[43]. Miram pleraeque aquae et
res aliae ad sanandum corpora virtutem habent, sed dum perpetua illis ea

---

[t] ulli B. – [u] *add.* capite D. – [v] nempe A. – [w] illustraverat A. – [x] promoverat A. – [y] *om.* A. –
[z] curari A. –

[37] Cf. infra *cap.* 9, *sect.* 1 ad nn. (7)–(7) – (10).
[38] Cf. BEv 1527 ad Mt 12[3ff.], 112v.–123v.
[39–39] Cf. supra *cap.*1, [Prf] ad nn. (13), (14).
[40–40] Ap: Zwingli, *Von dem Predigtamt*, CR 91, 389 (*ip*).
[41–41] Ap: Aquinas, *S. Th.* 1a q. 114 a. 1, *Caramello* 1, 535 (*ie*); Lambert, *De excaecatione*
tract. 2, cap. 15, 38v.–39r. (*i* and ref. to Ps. 90,12). – Cf. BPs 1529 ad 34, 8, 174r.–v.; ad 91,
12, 306v.–307r.
[42–42] Ap: Aquinas, *S. Th.* 1a q. 111 a. 1, *Caramello* 1, 523 (*i*).
[43–43] Ap: Aquinas, *S. Th.* 1a q. 113 a. 1, *Caramello* 1, 530 (*i*). Adv: Brenz, *In Ioh.* 1528
ad 5,4, 76v. (there: sending of the angel special event "sub Christi tempus").

virtus*a¹* adest dumque*b¹* percipitur a multis et perpetuo*c¹*, desiit esse admirationi. ⁴⁴Sed pii eiusmodi omnia dona agnoscunt optimi Patris motusque esse sanctorum angelorum⁴⁴, non minus quam erat praesentis laci*d¹* commotio*e¹* [cf. Io 5,4].

Quod *triginta annos hic morbo obnoxius fuit* [Io 5,5] servivit ad *gloriam Dei*, quanquam sero in eo *revelatam* [Is 40,5]. ⁴⁵Id moneat: etiamsi non illico adsit auxiliatrix manus Dei, omnia nihilominus tandem, ut in gloriam Dei, ita et in nostram tandem*f¹* salutem cessura [cf. Rm 8,28]⁴⁵. Praeterea docet hoc ⁴⁶factum Christi ut et nos iis potissimum opem feramus, quos maiore videmus necessitate premi [cf. Iac 2,16]⁴⁶.

⁴⁷Furor Iudaeorum [cf. Io 5,16] qui tanto miraculo augebatur, cum extingui debuerat, indicat quid sit esse Satanae captivum⁴⁷. Id nobis admirationem eximat, si quando et nos, propter benefacta, mundus persequatur [cf. Io 15,19]. Satan hostis Dei est; ubi ergo plus Dei sentit, ibi plus furit.

ENARRATIO SECTIONIS II [17–47]

Paraphrasis

g¹Iesus autem respondit eisg¹ [Io 5,17]. Cum meas partes esse agnoscam ea de Domino nostro Iesu narrare e quibus Filius Dei et indubitatus Christus agnoscatur, visum fuit praemittere historiam ⁴⁸stupendi miraculi sanationis eius qui gravi adeo *morbo detentush¹ fuerat annos octo supra triginta* [Io 5,5]. Nunc subiiciam quam, huius occasione, Christus*i¹* ad Iudaeos apologiam *j¹*facti sui*j¹* habuit⁴⁸. Ut enim ad hoc ipse sua miracula fecit ut ex illis agnoscendi eius occasio esset*k¹*, equidem libenter ea potissimum narro quae ansam dederunt ⁴⁹non solum populo de eo inquirendi, sed ipsi etiam de seipso *l¹*clarius et fusius*l¹* testificandi⁴⁹. Nemo enim melius ipso divinitatem suam exposuerit. ⁵⁰Commodum itaque erat – cum supra memoraverim quomodo evangelion de se Nicodemo magistro in Israël [cf.

a¹ om. AB. – *b¹* dum AB. – *c¹* continuo AB. – *d¹* loci AB. – *e¹* add. non dubitant A. – *f¹* om. A. – *g¹–g¹* om. D. – *h¹* tantus [!] A. – *i¹* om. AB. – *j¹–j¹* om. AB. – *k¹* add. ita AB. – *l¹–l¹* om. A. –

⁴⁴⁻⁴⁴ Ap: Lambert, *De excaecatione* tract. 2, cap. 15, 39r. (*i*: angels intended particularly for the elect).
⁴⁵⁻⁴⁵ Ap: Brenz, *In Ioh.* 1528 ad loc., 77v. (*ip*).
⁴⁶⁻⁴⁶ Ap: Augustine, *In Ioh.* tract. 17 ad 5,5–8, MPL 35, 1531–1532, CCL 36, 174–175 (*ie*).
⁴⁷⁻⁴⁷ Ap: Lambert, *De excaecatione* tract. 2, cap. 8, 28v. (*i*: relationship between Satan and Jews).
⁴⁸⁻⁴⁸ Ap: Aquinas, *In Ioh.* ad loc., *Piana* 14:2, 31r. col. A (*i*: visible miracle ⇒ explanation).
⁴⁹⁻⁴⁹ Ap: ErP 1524 ad Io 5,1, LB 7, 533 (*i*).
⁵⁰⁻⁵⁰ Ap: ErP 1524 ad loc., LB 7, 535 (*ipe*).

Io 3,1ff.], inde Samaritidi mulierculae [cf. Io 4,7ff.] annuntiavit – ut nunc narrem quomodo illud praedicarit et hostibus suis Iudaeis[50], adductus eo illorum calumniis quibus inauditum *beneficium* [1 Tim 6,2] eius infamabant. Nam ne relinqueretur illis *excusatio* et ipsis fuit evangelion praedicandum [cf. Io 15,22]. Cum igitur eo quo ad adorandum Dominum excitari debuerant, efferati illi magis essent ut *quaererent eum interficere* [Io 5,18], qui antea *subduxerat se* [cf. Io 5,13] – quo opus suum gratius innotesceret et sua [51]invidia non [m1]ante gravatum supprimeretur, quam multitudini innotuisset[m1] [51] – nunc in conspectum eorum prodiit et in hunc modum defendere coepit quod fecerat, quodque ab illis invidiae et odii[n1] caussa praetexebatur.

⟨Propositio: Dominum sabbathum non violasse⟩ Memorat, inquit, Scriptura [52]*die septimo Deum cessasse ab omnibus quae fecerat operibus eoque diem septimum benedixisse atque sanctificasse* [Gn 2,2–3] et postea praeceptum dedisse *ne quid operis eo die populus* [657] *suus[o1] faceret* [Ex 20,10]. Hinc forte [53]nefas ducitis et morte dignum – quemadmodum et *ille qui die sabbatho ligna collegerat, iussu Dei lapidatus fuit* [Nm 15,32–36] – quod iusserim *sabbatho portare grabbatum eum[p1]* [Io 5,11] quem sanavi. [q1]*Ego vero aio[q1]* me sabbathum hoc meo facto nequaquam violasse.

⟨Quae semper *Pater operetur*⟩ Quod nanque feci, ex iis operibus est quae *Pater usque operatur* [Io 5,17] et a quibus, ab eo quod mundum condit[r1] [!], nunquam feriatus est. A condendis quidem coelo, terra et novis rerum naturis Pater *die septimo cessavit* [Gn 2,2], non autem a moderandis illis quae condiderat iugique successione servandis. In his *Pater* meus ad hoc *usque* temporis *operatur* et *ego operor* [Io 5,17][53]. Nam ut [54]*per me condidit omnia* [Col 1,16], ita per me quoque moderatur, servat et vivificat omnia [cf. Io 5,21][54]. Iam huius generis est et quod in sanatione huius *triginta et octo annorum morbido* [Io 5,5] declaravi. Quo utique tam non potuit a me sabbathum violari, quam Pater[s1], iugi vivificatione rerum et gubernatione[t1], suam non interrumpit, in Scripturis memoratam, *quietem* [Gn 2,2].

[m1–m1] gravaretur A. – [n1] odii D. *Faulty* odio *in* ABC *either a misprint or due to Bucer's intention of writing*: invidiae caussa et odio. – [o1] eius A. – [p1] *om.* AB. – [q1–q1] Scitote vero AB. – [r1] condidit D. – [s1] *om.* AB. – [t1] *add.* Pater AB. –

[51–51] Cf. supra ad n. (33)–(33).

[52] This cited ap: Augustine, *In Ioh.* tract. 17 ad loc., MPL 35, 1534, CCL 36, 177; ErP 1524 ad loc., LB 7, 536 (*ip*).

[53–53] Ap: Augustine, *In Ioh.* tract. 17 ad loc., MPL 35, 1534–1535, CCL 36, 177–178 (*i*); Aquinas, *In Ioh.* ad loc., *Piana* 14:2, 31v. col. B–32r. col. A (*i*: there: ref. to Nm 13,32–36 and to Augustine); ErP 1524 ad loc., LB 7, 536 (*i*); Brenz, *In Ioh.* 1528 ad loc., 81r. (*ip*).

[54–54] Ap: Augustine, *In Ioh.* tract. 17 ad loc., MPL 35, 1534–1535, CCL 36, 178 (*ipe*).

Hac vero responsione Domini[u1] tam abfuit ut placarentur Iudaei[v1] ut *multo magis contra eum*[w1] *furerent et*[x1] *quod iam*[y1] *non solum solvere sabbathum* eum iudicarent, sed [z1]audirent *eum*[z1] *etiam Deum*[a2] *suum proprium patrem facere*[b2] *eique sese aequalem* [Io 5,18], ut cum quo semper eadem *operaretur* [Io 5,17], *magis igitur* quam antea *quaerebant ut ipsum occiderent* [Io 5,18]. Iesus autem furore illorum nihil deterritus, more suo, quae dixerat et asseveratione magis confirmabat, et explicatione reddebat dilucidiora. [55]Nam erat eis, praedicata semel veritate, omnis *excusandi* occasio [Io 15,22] amputanda[55].

Amen amen, inquit, *dico vobis: non potest Filius a se facere quicquam* quod non ipsum et Patris opus sit, id est *Patrem facere videat* [Io 5,19]. Communia enim et eadem sunt Patris et Filii opera omnia [cf. Io 14,10]; *per Filium condita sunt* secula *et gubernantur* [Col 1,16–17]. *Nihil* in orbe *est quod non sit factum* et servetur *per Filium* [Io 1,3]. *Verbum* [Io 1,1] et *virtus* [Sap 6,4] Patris est, *omnia in omnibus perficiens* [Eph 1,23]. Alius est Filius hic, quam putatis aut vobis appareat. Sic *diligit eum Pater* ut *omnia quae ipse facit, demonstret ei* [Io 5,20], hoc est: [c2] [d2]exhiberet donaretque[d2] ei una facere, hoc est[c2]: [56]per eum facit[e2] – id quod post hac clarius agnoscetis, cum his, quae vos modo offendunt, [57]*ille maiora ei monstrabit,* perque[f2] eum perficiet *quae* certe vos in summam adducent *admirationem* [Io 5,20][57].

⟨Christus *vivificat* [Io 5,21]; *Dominus omnium Christus* [Act 10,36]⟩ *Quemadmodum enim Pater mortuos suscitat et vivificat, ita et Filius vivificat quos vult* [Io 5,21]; imo per Filium vivificantur, quicunque vivificantur. *Neque enim Pater iudicat quenquam, sed omne iudicium,* hoc est [58]omnem omnium rerum gubernationem [g2]et administrationem[g2] *Filio tradidit* [Io 5,22][58] *Dominum*que eum *omnium* [Act 10,36] constituit *ut omnes honorent Filium,* etiam hominem factum, *sicut honorant Patrem* [Io 5,23] et *omne genu illi flectatur omnisque lingua confiteatur quod ipse Dominus est* [Phil 2,10–11; cf. Is 45,23]. In eo vero alteri gloriam suam nequaquam cedit: *unum* [h2]idemque *sumus*[h2] Filius et *Pater* [Io 10,30]. Unde qui *Filium honorat, honorat et Patrem qui Filium misit* [Io 5,23], hoc est hominem fieri voluit et *Salvatorem mundo* dedit [1 Io 4,14]. *Quique Filium non honorat,*

[u1] om. AB. – [v1] om. AB. – [w1] Dominum AB. – [x1] om. AB. – [y1] om. AB. – [z1–z1] om. AB. – [a2] add. ipse AB. – [b2] faceret AB. – [c2–c2] om. AB. – [d2–d2] exhibeat donetque D. – [e2] faciat AB. – [f2] et per AB. – [g2–g2] om. AB. – [h2–h2] sunt A. –

[55–55] Ap: Carensis, *Postilla* ad Io 5,1ff., 283v. col. A (*ipr*).

[56] Ap: Cyril, *In Ioh.* ad loc., MPG 73, 361–362 (*i*); Augustine, *In Ioh.* tract. 19 ad loc., MPL 35, 1544, CCL 36, 189 (*i*); Brenz, *In Ioh.* 1528 ad loc., 82v. (*i*: there: ref. to Cyril).

[57–57] Ap: Augustine, *In Ioh.* tract. 19 ad loc., MPL 35, 1544–1545, CCL 36, 189–190 (*i*: demonstrabit = handing over of last judgement).

[58–58] Ap: ErP 1524 ad loc., LB 7, 537 (*ip*).

is neque Patrem honorat [Io 5,23]. [59]Unus siquidem honor est Patris et Filii, ut et ipsi *unum sunt* [Io 10,30]. [i²]Proinde *qui meum sermonem* fide *audit ac ita credit* [j²]non tam mihi, quam[j²] *ei qui me misit*[k²] – cuius, quem loquor sermo aeque est atque meus – *vitam aeternam habet, nunquam conde-mnabitur, evasit enim a morte in vitam* [Io 5,24]. Ut nanque ex eo sermone Patrem et Filium unicum et verum Deum agnoscit [l²]sibique inde a nobis bonum omne petit et expectat[l²], ita[m²] amabit et in nos[n²] transmutabitur. Vitaeque aeternae iam vere *particeps* est [cf. Hbr 3,1] quae olim revela-bitur, cum voce mea[o²], Filii, a mortuis *in resurrectionem vitae* [Io 5,29] revocabitur[59].

⟨*Vivificat mortuos* [Io 5,21]⟩ Etenim affirmo vobis iterum atque [p²]etiam vobis[q²] iterum[p²] *amen* dico: quamlibet nihil tale in me videre vos putetis, *advenit hora et iam est, cum et mortui audient vocem Filii Dei, quique audierint eam, vivent* [Io 5,25]. Videbitis siquidem inter alios et [60]qua-driduanum mortuum mea voce excitum in hanc vitam redire [cf. Io 11,39–43]. Videbitis etiam, cum et ipse a morte quam vos inferetis resur-rexero, *multa corpora sanctorum reviviscere*. Idque nequaquam occultum erit: *egressi e monumentis* non paucis sese visendos exhibebunt [Mt 27,52–53].

⟨A se vivit⟩ *Quemadmodum enim Pater vitam habet in semetipso*[r²], non mutuatam aliunde, non in aliena potestate constitutam, ac ita autor est et [61]*fons vitae, sic dedit et Filio vitam in se* [Io 5,26] et ex semetipso habere *fontemque* et autorem *vitae* [Ps 35,10] esse quibuscunque voluerit. [658] Nam etsi homo *factus* sit, *Verbum* [Io 1,14] tamen Patris simul est [62]idem-que substantia cum Patre.

⟨*Omnia iudicat quia filius hominis* [Io 5,27]⟩ [63]Hinc et *facultatem iudicii* [Io 5,27] (plenae scilicet gubernationis omnium regni totius mundi) Filio Pater dedisse agnoscitur pauloque post *a dexteris suis* eum collocabit [Mt 26,64], hoc est proxima a se, imo eadem, potestate in omnia donabit [cf.

[i²] add. □ Quo vivificat A. – [j²–j²] non minus A. – [k²] add. quam mihi A. – [l²–l²] om. AB. – [m²] add. et AB. – [n²] eum AB. – [o²] om. AB. – [p²–p²] iterum AB. – [q²] vobis D. nos *in* C *error for* vobis? – [r²] add. in sua manu A. totam in sua ipsius manu B. –

[59–59] Ap: Augustine, *In Ioh.* tract. 22 ad loc., MPL 35, 1577–1578, CCL 36, 226–227 (*ipa*); ErP 1524 ad loc., LB 7, 537 (*i*).

[60] Ap: Augustine, *In Ioh.* tract 21 ad loc., MPL 35, 1569, CCL 36, 217 (*i*: Lazarus).

[61] Ap: ErP 1524 ad loc., LB 7, 538 (*t*). Cf. BPs 1529 ad 36,10, 183v.

[62] *Nicene Creed.* Cf. Hahn, par. 143, 162.

[63–63] Ap: Augustine, *In Ioh.* tract. 22 ad loc., MPL 35, 1580, CCL 36, 229–230 (*i*: power of judgement bestowed on Jesus as man); Aquinas, *In Ioh.* ad loc., *Piana* 14:2, 34r. col. B (*i*: there: *r* to Augustine and Mt 28,18). Same *i* ad loc. ap: Lyra; *Glossa ord.* [*int.*]; ErP 1524, LB 7, 538; Brenz, *In Ioh.* 1528, 86v. (there also ref. to Phil 2,8–9. Cf. infra ad n. (64)–(64)).

Mt 28,18][63]. Tantum vero [64]abest ut huic tanto honori obstet assumptae carnis humilitas, ut hoc ipso quod huc humilitatis sese demisit, eo honore eum Pater sit dignaturus [cf. Phil 2,8–9], imo iam eum illi dederit[64]. *Placuit^{s2} ei per Christum* hominem^{t2} *instaurare omnia quae in coelis sunt et in terra* [Eph 1,9–10].

⟨Voce Christi omnes resurgent⟩ [65]*Ne vero miramini^{u2}* [Io 5,28], neve insolens ducite quod tanta mihi arrogo et *mortuos audita voce mea victuros* [Io 5,25] affirmo. Futurum est enim ut non tantum aliqui *mea voce in vitam revocentur*, sed universi mortales qui unquam fuerunt et modo corpore in terra dormiunt [cf. Dn 12,2], quique sunt et erunt, ^{v2}meo iussu^{v2} *in vitam reducentur* [cf. Io 5,29], licet^{w2} non parem. *Resurgent* enim mea virtute exciti alii^{x2} *ad resurrectionem vitae* [Io 5,29] ut aeternam et beatam mecum vitam [cf. Dn 12,2] vivant, alii^{y2} resurgent ut condemnentur [cf. Io 5,29] plenamque in corpore et animo *operum suorum mercedem recipiant* [cf. 1 Cor 3,8][65]. Ut enim quisque vixerit et bona aut mala fecerit, ita erit et sors eius in resurrectione [cf. Io 5,29]. Haec autem tanta tamque divina non dico me mea, quae alia sit a potestate Patris, virtute perfecturum [cf. Io 5,30]. Equidem nihil a me ipso facere possum, si me a Patre dividatis. *Pater in me est et ego in Patre* [Io 10,38], imo idem cum Patre sum [cf. Io 10,30], *Verbum* et virtus Patris, cui nihil potuit decedere ex eo quod sum *factus homo* [Io 1,14].

⟨Conclusio⟩ ^{z2}Scitote ergo me *ita iudicare, ut* a Patre *audio,* id est, non nisi Patris sententiam in omnes et pronuntiare et exequi, ideo *iudicium meum iustum est* [Io 5,30]. *Neque enim quaero meam voluntatem* [Io 5,30] quae sit alia, ut vos putatis, a voluntate Patris, cum eadem sit mea et Patris voluntas. Ipse misit me, ipse me hominem fieri hominesque docere et regere iussit. Omnia igitur ex sententia ipsius sum, facio et iudico. Quare [66]tam absurdum est de me suspicari quasi aliquid dicam aut faciam quod culpandum sit, aut gloriae Patris deroget, quam id suspicari de ipso Patre[66]. Nullam itaque contra me caussam ita furendi habetis: [67]neque quod sabbathum violarim [cf. Io 5,18] qui nihil aliud feci, quam quod^{a3} Pater per omne sanctum sabbathum suum – quo a novis rerum naturis

---

^{s2} *add.* quoque AB. – ^{t2} *add.* summatim AB. – ^{u2} miremini AB. – $^{v2–v2}$ ea A. – ^{w2} sed AB. – ^{x2} quidam AB. – ^{y2} multi etiam AB. – ^{z2} *add.* □ Idem Christi et Patris iuditium A. – ^{a3} *om.* AB. –

[64–64] Adv: Chrysostom, *In Ioh.* hom. 39 ad loc., MPG 59, 223–224. Cf. Latin ed. 1522, 101 (punctuates: κρίσιν ποιεῖν Ὅτι υἱός..μὴ θαυμάζετε τοῦτο adv: Paul of Samosata and refers *facultas iudicii* to Christ as Son of God).

[65–65] Ap: Nonnus, *Paraphrasis* ad loc., MPG 43, 789 (*i*: syntax).

[66–66] Ap: Chrysostom, *In Ioh.* hom. 39 ad loc., MPG 59, 226 (*ip* of Latin ed. 1522, 102); Brenz, *In Ioh.* 1528 ad loc., 87v. (*i* only).

[67–67] Ap: Brenz, *In Ioh.* 1528 ad loc., 88r.–v. (*ipa*).

condendis feriatur – facere solet; neque quod Filium me Dei, *eadem cum ipso operantem* [Io 5,17] *ipsique*$^{b^3}$ *aequalem* [Io 5,18] me professus sum^{67}. Ita enim res habet et ipsi olim sic habere, constituti ante tribunal meum, agnoscetis.

⟨^{68}Testimonia⟩ ^{69}Sed dicetis: *Tu tibi ipsi testimonium perhibes, ideo testimonium tuum nullius est momenti*$^{c^3}$ [Io 8,13; cf. Io 5,31]. Ego vero dico *alium*, quam vos in me agnoscitis, *mihi testimonium* horum *perhibere et scio verum esse testimonium eius* [Io 5,32].

⟨Patris internum testimonium⟩ Pater ipse mihi testimonium perhibet, sed mitto hoc quia huius testimonium cognoscere non potestis. Nunquid eadem et Ioannes de me testificatus est et ex$^{d^3}$ veritate quidem, quando$^{e^3}$ per legatos vestros eum rogastis [cf. Io 5,33]. *Hoc vero non dico quod hominis testimonium morer* [Io 5,34] vobisque illud $^{f^3}$obtrudere velim$^{f^3}$, cum longe maius habeam, nimirum Patris. Verum haec commemoro ut vos, fidem habentes mihi, *consequamini salutem* [Io 5,34]. Alioqui quid mihi vel illius testimonium, vel vestra existimatio contulerit?

⟨Testimonium Ioannis⟩ Certe erga Ioannem $^{g^3}$vos ita$^{g^3}$ habuistis ut nemo prudens vestram aestimationem magno emerit. *Erat ille*$^{h^3}$ *lucerna ardens* ^{70}igni coelesti *et lucens* [Io 5,35] doctrina salvifica^{70}, sed quanti ob haec vobis fuit? *Ad horam in luce eius voluistis exultare* [Io 5,35], doctrinam eius cum gaudio percipientes, ^{71}sed simulatque ille vos vobis ipsis auferre et mihi innovandos consecrare voluit, quem prius ut angelum suscipere videbamini, coepistis ut insanum hominem et *habentem daemonium* [Mt 11,18] aversari et criminari^{71}. Sed mittamus etiam huius testimonium quod tamen nequaquam reiiciendum pio est, cum *lucerna fuerit* in aeternam vitam *lucens*, sicut et Spiritu Dei *ardebat* [Io 5,35]. *Habeo* multo *maius* et *certius*$^{i^3}$, quam sit $^{j^3}$*Ioannis, testimonium*$^{j^3}$, nimirum operum meorum quae sane eiusmodi sunt ut nemo queat inficiari ea *Patrem mihi dedisse*, hoc est in me *perficere* [Io 5,36]. *Hominem triginta et octo annos morbo addictum*

$^{b^3}$ illi A. – $^{c^3}$ *add.* verum haberi non debet AB. – $^{d^3}$ cum AB. – $^{e^3}$ cum A. –$^{f^3-f^3}$ libenter cessero AB. – $^{g^3-g^3}$ ita vos D. – $^{h^3}$ *add.* profecto A. – $^{i^3}$ *add.* testimonium A. – $^{j^3-j^3}$ testimonium Ioannis A. –

^{68} This order and number of testimonies (Father, John, works, Scripture) ap: Cyril, *In Ioh.* ad loc., MPG 73, 393ff. (*i*). Adv: Chrysostom, *In Ioh.* hom. 40 ad loc., MPG 59, 230–234 (there: John, Christ's own works, Scripture in that order); Brenz, *In Ioh.* 1528 ad loc., 89v.–91r. (there: John, Christ's own works, the Father, Scripture).

^{69} Io 5,31 taken as reply to (impending) accusation ad Io 8,13 ap: Chrysostom, *In Ioh.* hom. 40 ad loc., MPG 59, 229 (*ip* of Latin ed. 1522, 104) cited in: Aquinas, *In Ioh.* ad loc., *Piana* 14:2, 35r. col. A; Cyril, *In Ioh.* ad loc., MPG 73, 393 (*i*). Cf. Brenz, *In Ioh.* 1528 ad loc., 89r.

$^{70-70}$ Ap: Aquinas, *In Ioh.* ad loc., *Piana* 14:2, 35r. col. B (*ipe*).

$^{71-71}$ Ap: Aquinas, *In Ioh.* ad loc., *Piana* 14:2, 35v. col. A (*ip*); Brenz, *In Ioh.* 1528 ad loc., 89v.–90r. (*i*).

[Io 5,5] verbo sanare [cf. Mt 8,8] et id genus alia $^{k^3}$multa perficere$^{k^3}$, cui non fidem faciat$^{l^3}$ (qui modo possit $^{m^3}$aliquid divinae rei intelligere$^{m^3}$) me a Patre missum nihilque nisi Patris voluntatem administrare$^{n^3}$? His$^{o^3}$ sane *Pater* [659] *qui misit me, de me* aperte satis *testatur* [Io 5,37], cuius si testimonium in huiusmodi operibus non agnoscitis, neque id$^{p^3}$ ulla alia ratione agnoscetis. *Patrem* nanque *nunquam audistis, neque vidistis* [Io 5,37] et, quod omnium deterius est, *Verbum eius* et Virtus *non manet apud vos* [Io 5,38].῎Αθεοι [Eph 2,12] estis et sensu Dei [cf. 1 Cor 2,16] in totum caretis. ^{72}Id indubie probat$^{q^3}$ quod *me neque* ex Ioannis, neque ex operum testimonio *agnoscitis, quem ita misit* Pater [Io 5,38] ut omnia in me Patris sint ipsumque clarissime referant. Sed non est mirum stupescere ad haec *animales* [Iud 19]. Porro ut nulla vobis fiat reliqua ^{73}*excusationis occasio* [Io 15,22], agite quando nihil vos movet testimonium Ioannis [cf. Io 5,35] et contemnitur testimonium operum meorum [cf. Io 5,36] quae vel caeco me Deum esse natura hominis tectum ostendunt$^{r^3}$!

⟨Testimonium Scripturae⟩ Agite: *Scripturas scrutamini*, quandoquidem magnifice adeo de eis sentitis *ut vitam aeternam in eis habere vos putetis*, id quod recte putaretis, si eas recte$^{s^3}$ intelligeretis^{73}. Nunc autem nihil inde nisi vestram damnationem referetis^{72}. *Testificantur enim illae de me* [Io 5,39], *vos autem*$^{t^3}$ *renuitis* $^{u^3}$*mihi accedere*$^{u^3}$ meque Salvatorem vestrum agnoscere *ut* $^{v^3}$*mea virtute vitam* aeternam *haberetis*$^{v^3}$ [Io 5,40]. Id vero nequaquam dico, quod cupiam apud vos in pretio haberi – *gloriam* enim *ab hominibus* $^{w^3}$*nullius facio*$^{w^3}$ [Io 5,41] – sed haec dico ut vobis indicem quales vos cognoscam. ^{74}*Novi* siquidem et exploratum habeo quod *dilectionem Dei in vobismetipsis non habetis* [Io 5,42], obvii alioqui me ulnis exciperetis^{74}. Nunc autem *me qui* tamen *in nomine Patris veni*, virtutem eius ad salvandum in omnibus exerens, *non recipitis*. Paulo post *veniet alius in nomine suo*, sua quaerens ad vestram perniciem: *illum excipietis* [Io 5,43]. Sed ita fieri necesse est.

⟨Cur non potuerint$^{x^3}$ credere⟩ ^{75}*Qui enim possetis* mihi *credere* – cui nemo credet nisi *se ipsum abnegaverit* [Mt 16,24] et a me omnia petierit – quando *gloriam* a vobis *invicem*, $^{y^3}$ut *accipitis*, ita alicuius aestimatis *eoque*$^{y^3}$

$^{k^3-k^3}$ *om.* A. – $^{l^3}$ faciunt A. – $^{m^3-m^3}$ credere AB. – $^{n^3}$ perficere A. – $^{o^3}$ Is D. – $^{p^3}$ *om.* A. – $^{q^3}$ probatur A. – $^{r^3}$ ostendant A. – $^{s^3}$ rite B. – $^{t^3}$ tamen AB. – $^{u^3-u^3}$ venire ad me A. – $^{v^3-v^3}$ vitam aeternam haberetis per me A. – $^{w^3-w^3}$ nihil moror A. – $^{x^3}$ poterant AB. – $^{y^3-y^3}$ moramini quare et A. –

$^{72-72}$ Ap: ErP 1524 ad loc., LB 7, 539 (*i*).

$^{73-73}$ Ap: Cyril, *In Ioh.* ad loc., MPG 73, 419–421 (*i*: injunction about Scripture already a judgement; here also *p* of Latin ed. 1524, 55r.–v.).

$^{74-74}$ Ap: Brenz, *In Ioh.* 1528 ad loc., 91v. (*i*: hostile reception of Christ shows them to be reprobate).

$^{75-75}$ Ap: Cyril, *In Ioh.* ad loc., MPG 73, 421–422 (*i*); Brenz, *In Ioh.* 1528 ad loc., 92r. (*ip*).

Dei gloriam posthabetis *quaerere* [Io 5,44][75]? Huius vero contemptus *nolite putare quod ego vos apud Patrem accusaturus sim* [Io 5,45].

⟨*Moses accusabit*⟩ Habetis *Mosen de quo videmini confidere: is vos accusabit* [Io 5,45]. Scriptis enim eius, ut recepistis vos facturos et facere simulatis, non creditis [cf. Io 5,46]. *Nam de me ille scripsit* [Io 5,46] ubicunque de Dei bonitate, virtute et gloria, ubi de vera solidaque *sapientia, iustitia et sanctitate* [1 Cor 1,30] scripsit. *Cum igitur verbis eius nullam habetis fidem*, alieni a Deo [cf. Eph 2,12] veraque pietate quam ille docuit, quamlibet iactetis vos illius discipulos et gloriemini de Lege eius, *qui fieret ut mihi crederetis* [Io 5,47] quem ut filium hominis [cf. Io 6,42], *fabrum* [Mc 6,3] et *filium fabri* [Mt 13,55] contemnitis, ad haec criminantes Legum Dei transgressorem ipsiusque blasphematorem [cf. Io 5,18]?

Annotationes

Pater meus usque hoc temporis [Io 5,17]. [76]Occupatio est eius quod Iudaei fuerant Domino obiecturi [cf. Io 5,16]. In Lege siquidem ita scriptum est: [77]*Dies septimus requies Domino Deo tuo sit, nihil in eo operis feceris, tu, filius tuus, filia tua, servus tuus, ancilla tua, peregrinus tuus qui intra portas tuas est. Quoniam sex diebus fecit Dominus coelos et terram, mare et quae in illis sunt omnia. Die vero septimo quievit, propterea benedixit Dominus diem septimum et sanctificavit eum*, 2 Moscheh 20 [10–11]. Omnia siquidem condidit Deus ut bonitas eius agnosceretur. Cum ergo ex perfectis eius ac valde bonis operibus, *per sex dies conditis* [Ex 20,11], amplissima bonitas et sapientia eius clarissime reluceret affatimque omnia suppeditaret, iure ipse quidem *septimo die* a novis rebus condendis *cessavit* [Ex 20,11] [78]dignumque erat ut in consideratione huius ubique presentis bonitatis Dei homines toti ac perpetuo essent[z3]. Cum autem necessariis vitae huius rudior populus hinc distraheretur, selegit Dominus diem septimum ut eo potissimum beneficia sua illi memorarent eoque et ad pietatem formarentur[78]. Haec fuit *diei septimi benedictio et sanctificatio* [Gn 2,3].

Nam quod 1 Moscheh 2 [3] legitur *Dominus benedixisse et sanctificasse diem septimum*, per [79]anticipationem scriptum est. Tum enim eum *diem*

[z3] fuissent A. –

[76] Πρόληψις i.e. reply to an anticipated objection. Cf. *Lausberg* 1 par. 855.

[77–77] Ap: Aquinas, *In Ioh.* ad loc., *Piana* 14:2, 31v. col. B (*ip*: there ref. to Gn 2,2ff. as prefiguration of Ex 20,10–11 and emphasis on sabbath as denoting spiritual peace; there, unlike here, as reward for good works).

[78–78] Ap: Albert, *In Ioh.* ad loc., *Opera* 24, 210 col. A (*ip*); Zwingli, *In Ex.* ad 20,10–11, CR 100, 394 (*ip*).

[79] Πρόληψις i.e. prediction. Cf. *Lausberg* 1 par. 855. Thus also ap: Aquinas (cf. n. (77)–(77) supra) and ap: Zwingli, *In Gn.* ad 2,2ff., CR 100, 16 (*i*). Adv: e.g. Cochlaeus, *De authoritate*, lib. 1, cap. 13, G3r.–G4r. (there: Gn 2,2 to prove sabbath Holy Day *per se*

benedixit et sanctificavit [Gn 2,3], cum populo praecepit ut sanctum eum haberent, id est bonitati suae considerandae et colendae dicarent [cf. Ex 20,10][77], ^{a⁴}quanquam verisimile sit hanc [80]observationem non a Mose primum introductam [660] sed iterum sancitam esse, cum et priscis patribus ea in usu fuerit^{a⁴}.

[81]Haec Iudaei impii^{b⁴} ignorantes, sabbatho nihil aliud exigi putabant^{c⁴} quam ut nihil fieret operis[81], cum [82]multo magis Deus requireret se^{d⁴} ex conditis rebus ^{e⁴}agnosci eum^{e⁴} qui perpetuo nostri curam gerat^{f⁴} [cf. 1 Pt 5,7], sicut in usum nostrum omnia condidit^{g⁴} [cf. Gn 2,15]; et ab operibus corporis vacationem nulla alia caussa persancte adeo praecepit [cf. Ex 20,10–11], quam ut liberi essent homines ad vacandum suis beneficiis recolendis ^{h⁴}et, cum gratiarum^{h⁴} actione [cf. 1 Tim 4,4], ad incrementum [cf. 1 Cor 3,6] pietatis celebrandis[82]. Ex hac igitur ignorantia ita contra Dominum apud se colligebant: *Deus die septimo ab omni opere quod fecerat cessavit* [Gn 2,2], ita cessandum et huic erat. Iam et sanavit ipse hominem hunc [cf. Io 5,9] die sabbathi et *iussit illum portare suum grabbatum* [Io 5,8]. Hoc itaque volens dissolvere, dicebat: *Pater meus usque ad hoc temporis operatur et ego operor* [Io 5,17], *unum enim sumus* [Io 10,30]. Neque enim, ut vos putatis, nihil facit etsi nullas novas rerum naturas condat. Vivificat tamen, servat et moderatur interim quae *condidit*, idque per me, ut et creavit [cf. Col 1,16–17]. Qui ergo in hoc ipso opere sanationis quod vos offendit, eandem virtutem qua *omnia condita sunt et servantur* [Col 1,16–17] declaravi, ut non tam meum, quam Patris opus sit, et eiusmodi qualia continuo *ille operatur* [cf. Io 5,17], non potuit sabbathum eo violari.

⟨Quo sabbathum violetur⟩ Violatur illud operibus quibus a consideratione et glorificatione bonitatis Dei homines avocantur. Hoc vero meum opus tale est ut nihil aeque possit electos ad cognoscendum et glorificandum illum incitare. Ad idem inserviit et quod qui tam diu cum *morbo conflictatus est* [Io 5,5], *lectum* suum omnibus videntibus *portavit* [Io 5,9], a quo tot iam annis portatus fuerat viribus corporis destitutus.

Forte et hoc sensu cum [83]illatione accipi haec non incommode poterunt: [84]vos, quia *Deus die septimo ab operibus suis quievit* [Gn 2,2], indignum

---

^{a⁴–a⁴} *om.* AB. – ^{b⁴} *om.* AB. – ^{c⁴} putantes A. – ^{d⁴} ut A. – ^{e⁴–e⁴} agnosceretur is A. – ^{f⁴} gereret A. gerat D. geret [!] BC *probably a misprint.* – ^{g⁴} condiderat A. – ^{h⁴–h⁴} gratiarumque A. et cum gratiarumque [!] B. –

ordained by God after: Augustine – cf. *Glossa ord.* [*marg.*]). Cf. *Grund und Ursach*, BDS 1, 266 (there: Ex 20,10–11 to prove Scripture recommends *any* seventh day as day of rest).
[80] Ap: Zwingli, *In Gn.* ad 2,2ff., CR 100, 16 (*i*).
[81–81] Ap: Aquinas, *In Ioh.* ad loc., *Piana* 14:2, 31v. col. B (*ip*). Cf. supra ad n. (53)–(53).
[82–82] Ap: Zwingli, *In Gn.* ad 2,2ff., 16 (*pt*).
[83] Insertion of anticipated objection from Gn 2,2ff. Cf. supra ad n. (76).
[84–84] Ap: ErP 1524 ad loc., LB 7, 536 (*ipa*).

ducitis quod ego die sabbathi sum operatus. Ego vero aio*i* *Patrem usque ad hoc temporis semper operari, ideo et me operari* [Io 5,17] oportuit, maxime cum idem quod ipse operatus sum*j*, salutem conferens ei qui graviter adeo laboraverat [cf. Io 5,4]. *Ego enim et Pater unum sumus* [Io 10,30] eademque operamur[84].

Sed et Patrem suum [Io 5,18]. [85]Graece habetur ἴδιον, id est proprium. Sic enim *fecerat Deum Patrem suum* [Io 5,18] ut eadem quae Pater operari [cf. Io 5,17] se affirmaret ac ita se *illi aequalem esse* [Io 5,18] pronuntiaret[85]. Id ergo Iudaeos penitus in furorem contra Dominum egerat*k* [cf. Io 5,18].

Ista: *Non potest Filius a se facere quicquam* [Io 5,19]: *Non quaero voluntatem meam* [Io 5,30]: *Si ego testimonium perhibeo de meipso* [Io 5,31] etc. per [86]imitationem dicta sunt. Imitatus hactenus Dominus Iudaeos fuit qui alium eum a Patre putabant, [87]cum divinitate idem esset substantia quod Pater et humanitate item totus ad voluntatem Dei formatus ut nihil cogitaret, diceret, aut faceret quod non Dei et Patris voluntas et opus esset[87]. Unde ait: *Quaecunque enim ille facit, haec et Filius similiter facit* atque hoc est: *facere quae videt Patrem facere* [Io 5,19].

⟨*Omnia* Filio *demonstrat*⟩ *Omnia demonstrat ei quae ipse facit* [Io 5,20]. Id est, [88]eadem facere donat[88]. [89]Videre enim pro: habere vel accipere et [90]demonstrare vel ostendere pro: dare, et alias Scriptura usurpat. Sic Dominus Moscheh: *Ostendam tibi omne bonum* pro: dabo, dixit, 2 Mosch. 33 [19][90]. Et supra, tertio Christus negavit *visurum regnum Dei non renatum* [Io 3,3] pro: non ingressurum vel possessurum.

Et maiora iis demonstrabit [Io 5,20]. *Maiora* haec intellexit *revocatos a se in vitam mortuos* [Io 5,21], id quod specimen fuit et futurae *in die novissimo* [Io 6,39] [91]generalisque*l* omnium*m* resurrectionis et internae quoque electorum*n* per fidem iustificationis[91], *o*quam utranque sua vir-

---

i scio AB. – *j* sim D. – *k* egit A. – *l* generalis A. – *m* add. virtute eius A. – *n* om. A. – *o*–*o* om. A. –

[85–85] Ap: ErP 1524 ad loc., LB 7, 536 (*ip*).

[86] Μίμησις here = repetition of the orator's words or of a particular style. Cf. Quintilian, *Inst.* 10,2 and gen. *Lausberg* 1, 1162. – Same *i* ad Io 5,19 ap: Cyril, *In Ioh.*, MPG 73, 349–352; Augustine, *In Ioh.* tract. 18, MPL 35, 1537, CCL 36, 181 (cited in Aquinas, *Catena* ad loc., *Guarienti* 2, 401); ad Io 5,30–31 ap: Augustine, *In Ioh.* tract. 19, MPL 35, 1555, CCL 36, 201 (cited in: Aquinas, *Catena* ad loc., *Guarienti* 2, 407).

[87–87] Ap: Aquinas, *In Ioh.* ad 5,19–20, *Piana* 14:2, 32r. col. A (*i*: there: same distinction).

[88–88] Ap: Augustine, *In Ioh.* tract. 21 ad loc., MPL 35, 1565, CCL 36, 212–213 (*i*).

[89] Cf. supra *cap.* 3, *sect.* 1 ad n. (20).

[90–90] Cf. Ex 33,19: אעביר (lit. *faciam transire*). – Münster, *Dict. hebr.* 1523, 316, ad: עבר = transivit, hence in Hiphil *ibid.* = traduxit. Is Bucer referring to Vg. *ostendam* for Hbr. אעביר ? – Ap: Augustine, *In Ioh.* tract. 21 ad loc., MPL 35, 1564–1565, CCL 36, 212; Brenz, *In Ioh.* 1528 ad loc., 82v., *demonstrare* = full communication of substance. Here: philological backing for this interpretation?

[91–91] Ap: Brenz, *In Ioh.* 1528 ad loc., 83v. (*ipa*).

tute perfruendam huic praemonstravit*o4*. His quid possit maius Pater? Hinc ergo probavit Patrem sibi *demonstrare*, id est faciendi ea facultatem conferre, quaecunque ipse facit.

Neque enim Pater iudicat quenquam [Io 5,22]. Probatio est eius quod dixerat: *se vivificare quos velit* [Io 5,21]. Si enim hoc potest, supremam necesse est in omnes potestatem habeat [cf. Dn 7,14]. Nulla est*p4* enim potestate vitae necisque [cf. Sap 16,13] maior. Commodum est autem ut, sicut per Verbum suum *condidit omnia* Deus [Col 1,15], ita per idem iudicet quoque, regat ac mode[661]retur omnia*q4*. In eo autem nunquam satis admiranda erga nos Dei dignatio apparet, quod hoc Verbum suum hominem fieri voluit [cf. Io 1,14] divinaque hinc omnia per hominem exercere *ut Filium*, iam hominem factum, *sicut Patrem ipsum, omnes honorarent* [Io 5,23].

Qui sermonem meum audit [Io 5,24]. Haec illationem in se habent, quasi dicat: [92]*igitur mihi credere debeatis*r4*, qui *vivificare* possum quos *volo* [Io 5,21] quique *omne* Dei *iudicium* exerceo [Io 5,22], omni in omnes potestate fungor [cf. Dn 7,14]. Hinc enim est ut, *qui me audierit atque* in eo non minus *ei qui me misit*, quam mihi *crediderit*, iam salvus sit [Io 5,24][92]. [93]Neque enim possum mihi fidentem non salvare, quando in mea manu est salvare quos volo [cf. Io 5,21; Rm 9,18].

Quando mortui audient vocem Filii [Io 5,25]. Advenisse hanc horam postea [94]fidem fecit dum *filiam principis synagogae* [cf. Lc 8,41–56], filium viduae [Lc 7,14], denique et Lazarum [Io 11,43] in vitam solo verbo revocavit[94]. Hi ergo *audierunt vocem Filii et revixerunt* [Io 5,25].

Sicut enim Pater habet vitam in semetipso [Io 5,26]. [95]Id est, a nullo alio pendentem pleneque in sua manu constitutam. Sic autem, qui vitam habet, eum autorem *fontemque vitae* [Ps 35,10] esse oportet, poterit igitur eam communicare cui libuerit[95].

Quia filius hominis [Io 5,27]. Id est: quia ita [96]humilis modo apparet, ideo in illam gloriam ut iudicaturus sit omnia, exaltabitur. De hoc Philip. 2[8–11][96]. Visum etiam Deo est in assumpto homine *omnia*s4* instaurare*, Ephes. primo [10]. Ad hoc *semen Abrahae et ne angelos quidem assumpsit*, Eb. primo [!] [Hb 2,16].

---

p4 om. A. – *q4* universa B. – *r4* debebatis A. debetis D. – *s4* add. summatim AB. –

[92-92] Cf. *par.* supra ad n. (59)–(59).
[93] Ap: Brenz, *In Ioh.* 1528 ad loc., 85v. (*i*).
[94-94] Ap: Augustine, *In Ioh.* tract. 19 ad loc., MPL 35, 1547, CCL 36, 192 (*ip*, same refs.). Cf. ad n. (97)–(97) infra.
[95-95] Ap: ErP 1524 ad loc., LB 7, 538 (*ip*). Cf. *par.* supra ad n. (61).
[96,-96] Ap: Brenz, *In Ioh.* 1528 ad loc., 86v. (*ip*: there: ref. to Phil 2,9 only). Cf. *par.* supra ad nn. (63)–(63), (64)–(64).

Nolite mirari hoc [Io 5,28]. Magnum erat et stupendum quod sibi ar-
rogaverat; cuius, ut admirationem imminueret fidemque eius faceret, adfirmavit se facturum quod [97]longe maius et multo plus stupendum sit, nempe
voce sua, id est virtute (nam verbi et vocis qua imperatur nomine Scriptura
virtutem intelligit, ut et supra primo [cf. Io 1,1]) olim *in novissimo die* [Io
6,39] mortuos universos in vitam se revocaturum [cf. Io 5,28][97].

⟨Secundum opera iudicamur⟩ *Qui bona fecerunt* [Io 5,28]. [98]Quisque ut
est, ita et operatur. Opera de animo testantur. Secundum opera igitur,
tanquam testimonia [cf. 1 Tim 5,10], sententia iudicis fertur[98]. [99]Hoc
autem nihil derogat vel ei quod *fide* sola *iustificamur* [Gal 2,16], id est
Christo, iustitiae Dei, inserimur Spirituque eius, verae iustitiae doctore,
donamur [cf. Gal 5,5][99], vel ei etiam [100]quod Deus est qui et *velle et
perficere in nobis operatur* [Phil 2,13][100]. [101]Sua enim in nobis opera re-
munerat Deus[101] et [102]nostra, si sua desint, iure optimo ut mala punit[102].
[t4]Neque [103]desunt bona opera in credentibus [cf. Tit 3,8]. [104]Latro confitens
Christum ea tum bona opera habebat quod peccatum suum fateretur,
moneret proximum, praedicaret Christum [cf. Lc 23,40–43]. Nihil enim,
praeter usum linguae, illi reliquum erat[104]. At haec bona opera erant et
secundum ea latro iudicatus est et vitam accepit [cf. Rm 2,7], non quidem
quod haec opera ex se tanti essent, aut quod ea sua virtute latro edidisset,
aut quod ille huiusmodi operibus ullo modo niti in spe salutis potuisset,
sed quia Deus eum, ex sola sua misericordia et propter Christum suum,
susceperat [cf. Tit 3,5], eique hac sua misericordia Christique sui satisfactione fidere donasset et, ex hac ipsa demum fiducia, bona illa opera
produxisset [cf. Iac 2,18]. Hinc sane factum est ut Deus etiam haec ipsa
latronis bona opera respexerit vitaque aeterna et[u4] [!] compensarit, abolitis
prorsus operibus malis quibus ille, ante fidem, vitam suam perdiderat[t4] [103].

[t4–t4] 103–103*om.* AB. – [u4] *om.* D. –

[97–97] Ap: Augustine, *In Ioh.* tract. 19 ad 5,25 – cf. ad n. (94)–(94) supra – MPL 35,
1547–1548, CCL 36, 192–193 (*i:* "second resurrection"). Cf. also *par.* supra ad n. (65)–(65).
[98–98] Ap: Augustine, *De gratia et lib. arb.* 7, MPL 44, 892 (*ipe*). Cf. *Contra Cenalem,* D3v.
[99–99] Ap: Augustine, *De gratia et lib. arb.* 7, MPL 44, 891–892 (*i*). Cf. *Contra Cenalem,*
D3v.
[100–100] Ap: Augustine, *De gratia et lib. arb.* 9, MPL 44, 893 (*ip*). Cf. *Contra Cenalem,* B8v.
[101–101] Ap: Augustine, *De gratia et lib. arb.* 6, MPL 44, 891 (*ip*); *In Ioh.* tract. 3 ad 3,9–12,
MPL 35, 1401, CCL 36, 25 (*i*); *Epist.[ad Sixtum]* 194, 5, MPL 33, 880, CSEL 57, 190 in:
Lombard, *Sent.* 2, dist. 27, cap. 6, ed. ad Claras Aquas 1:2, 484. Cf. *Contra Cenalem,*
B8v.–C1r.
[102–102] Ap: Augustine, *De gratia et lib. arb.* 8, MPL 44, 893 (*i*). Cf. *Contra Cenalem,* B8v.
[103–103] Cf. *Contra Cenalem,* D4r.–v. (there: thief saved *solely* by faith). Ap: Lambert, *In
Lc.* ad 23,40ff., Iiv. (*i:* good works accomplished at the very moment of conversion).
[104–104] Ap: Gregory, *Moralia* 18, 50, MPL 75, 74 cited in: Aquinas, *Catena* ad Lc 23,40,
Guarienti 2, 305 (*ip* but there also: heart left free to receive faith).

Non possum ego ex me ipso facere [Io 5,30]. [105]Probatio est eius quod sibi sumpserat[v⁴] – sua voce olim *omnes resurrecturos* [Io 5,25] – [w⁴]simulque eius quod hinc offendere poterat Iudaeos – quasi sibi plus nimio arrogaret – [106]occupatio[w⁴] [105]. Cum enim nihil a se facit, sed virtute Patris omnia, facile videre erat[x⁴] quod, quaecunque Pater facit, et ipse facere possit [cf. Io 5,20] ac etiam in vitam nullo negotio mortuos revocare [cf. Io 5,28–29], sicut et *e nihilo omnia* antea *condidit* [2 Mcc 7,28]. [y⁴]Haec autem nequaquam a se ipso homine, sed a Patre in ipso et per ipsum cuncta perficiente [cf. Io 5,26–27]. Sic vero et ad probationem[y⁴] principalis propositionis accipiatur hoc sensu: [z⁴]exposui vobis quis Patri sim, quaeque ab ipso acceperim ut eadem cum Patre omnia operer et cum ipso mortuos redivivos reddam [cf. Io 5,19–21]; ex his facile videtis me longe ab eo esse ut contra ipsum aliquid designem, sive sabbathi violatione, sive mihi arrogando quod ipsi deroget [cf. Io 5,18]. [a⁵]Nam ingenue fateor[a⁵] quod *a me ipso*, [107]homine quem videtis, *ni*[662]*hil facere possum* [Io 5,30]; [b⁵]a Patre mihi haec collata sunt[c⁵]. Ille in me omnia perficit[b⁵]. *Ut* [d⁵]ab ipso[d⁵] *audio, ut* exploratum habeo, *ita iudico* [Io 5,30] in omnibus. Nihil in me est, nihil dico, nihil facio quod non sit Patris. Meam voluntatem quae non sit et Patris voluntas, ignoro [cf. Io 5,30]. Nihil volo, nihil molior quod non sit et Patris beneplacitum. Tam multum abest ut *sabbathum* Domini *prophanaverim* [Io 5,18], plus, quod ipsum blasphemaverim, quae falso vos mihi impingitis [cf. Io 5,18].

Si ego testimonium de me ipso perhibeo [Io 5,31]. [108]Mimesis est: [109]imitatur enim adversarios qui ita censebant[109]. Neque enim poterat ipsius de se ipso testimonium non esse verissimum, qui cum Patre idem est [cf. Io 10,30]. [e⁵]Id quod et [110]infra 8 [16] ipse de se testatur[e⁵].

Alius est qui testatur de me [Io 5,32]. [111]Emphaticõs legendum est. Quasi dicat: longe alius est quam me videre vos existimatis. [112]Deus est, non hic contemptus vobis *faber* [Mc 6,3], qui de me testificatur *Filiumque uni-*

[v⁴] sumpsit A. – [w⁴–w⁴] *om.* A. – [x⁴] est A. – [y⁴–y⁴] Ad hunc modum in Paraphrasi hunc locum enarravi. Verum haud scio, an non hoc dictum rectius ut ratio A. – [z⁴] *add.* □ *Non possum facere a me quicquam* A. – [a⁵–a⁵] Utcunque autem ista acceperitis, affirmo vobis A. – [b⁵–b⁵] quod non operetur in me et per me Pater A. – [c⁵] sint B. – [d⁵–d⁵] *om.* A. – [e⁵–e⁵] *om.* A. –

[105–105] Ap: Brenz, *In Ioh.* 1528 ad loc., 88r.–v. (*ia*).
[106] Cf. *Lausberg* 1, par. 855 and supra ad nn. (76), (83).
[107] Ap: Chrysostom, *In Ioh.* hom. 39 ad loc., MPG 59, 226 (*i*); Aquinas, *In Ioh.* ad loc., *Piana* 14:2, 34v. col. B (*i*). Adv: Brenz, *In Ioh.* 1528 ad loc., 88v. (there: same distinction but followed by blending of two natures into "homo Deus").
[108] Cf. supra n. (86) for definition.
[109–109] Cf. supra *par.* ad loc., ad n. (68).
[110] Cf. infra *cap.* 8, *sect.* 2 ad nn. (16)–(16) – (20).
[111] Cf. *Lausberg* 1, par. 905.
[112–112] Cf. supra *par.* ad loc., n. (69). Here ap: Cyril, *In Ioh.* ad loc., MPG 73, 393f. (*ip* of Latin ed. 1524, 52v.).

genitum [Io 1,18] et *dilectum* [Mt 3,17] agnoscit. Id testimonii novi verum esse et id*ᶠˢ* abunde satis mihi est. Unde, mea quidem caussa, nihil moror quid homines de me sentiant[112]. Testificatus tamen*ᵍˢ* est de me et Ioannes ad quem legatos vestros misistis [cf. Io 5,33; 1,19ff.], cuius testimonio, vestrae quidem salutis causa, velim fidem haberetis; mea*ʰˢ* autem neque huius, neque cuiusquam *hominis testimonium* moror [Io 5,34]. *Maius* siquidem *habeo* etiam erga homines, *quam sit et Ioannis testimonium*: nimirum *opera mea* [Io 5,36].

*ⁱˢ*Divus [113]Chrysostomus hunc *alium* [Io 5,32] Ioannem intelligit, ut hoc sensu dictum accipias: vobis videtur, *si de me ipso testimonium perhibeam, id non esse verum* [Io 5,31]. Iam *alius est qui de me testimonium perhibuit quod* equidem *verum esse scio* [Io 5,32]. *Vos* autem, etsi*ʲˢ* vobis ipsis illud, *cum* honorificam *ad Ioannem* legationem *misissetis* [Io 5,33], dictum sit, fidem habere ei negatis*ⁱˢ*.

ᵏˢIlle erat lucerna ardens et lucens [Io 5,35]. Hoc est, quanquam vere [114]Spiritu Dei ille arderet et doctrina salutis luceret, *vos* tamen vix *ad horam*, ad minimum tempus, *in luce eius voluistis exultare* [Io 5,35], id est doctrinam illius amplecti. Nam licet initio turmatim ad baptismum eius advolassent, ut Matth. 3[5] et Luc. 3[7] legimus, simul atque tamen*ˡˢ* illos pro meritis corripuit et omnem iustitiam a sequente se Christo expectare hortatus fuit [cf. Mt 3,11], adversari ei coeperunt adeo ut *daemonium habere eum*, dum aliud nihil possent, calumniarentur, Matth. 11*ᵐˢ* [18][114].

⟨Triplex Patris de Filio testimonium⟩ *Et qui misit me Pater*ⁿˢ [Io 5,36]. Patris de Christo [115]testimonium triplex est. Testatur ipsi homini Christo ut sciat se esse quod est, id est unice *dilectum*ᵒˢ [Mt 3,17] Dei. De hoc videtur proprie esse quod dixit: *Alius est qui testatur de me et scio quod verum est testimonium* eius [Io 5,32]. Alterum probatum*ᵖˢ voce est de coelo* delapsa, primum cum baptisma susceperat [cf. Mt 3,17], postea cum in monte discipulis suam ostenderat gloriam [cf. Mt 17,5]. Tertium perhibet Spiritu suo in cordibus electorum [cf. Gal 4,6]. Nam *Filium nemo novit, nisi Pater*, Matth. 11[27] et *nemo venit ad eum, nisi quem Pater attraxerit* [Io 6,44], ut in sequenti capite[115]. Hoc testimonio carent omnes reprobi,

---

ᶠˢ om. AB. – *ᵍˢ om.* A. – *ʰˢ better* ego D. – *ⁱˢ⁻ⁱˢ om.* A. –*ʲˢ* etsi BD. si [!] C. – *ᵏˢ add.* □ *Lucerna ardens* AB. – *ˡˢ* tum A. – *ᵐˢ add.* De hoc et supra fol. 33. A. – *ⁿˢ add.* Hic ille alius est, de quo supra. *Alius est qui testatur de me.* Porro A. – *ᵒˢ add.* Filium AB. – *ᵖˢ* perhibitum AB. probitum [!] C. *corr.* probatum D. –

[113] *In Ioh.* hom. 40 ad loc., MPG 59, 230–232. Cf. supra n. (69).
[114-114] Cf. supra *par.* ad loc., ad nn. (70)–(70), (71)–(71).
[115-115] Ap: Aquinas, *In Ioh.* ad loc., *Piana* 14:2, 35v. col. A–B (*i*: there: threefold testimony (1) per opera = given to Christ the man on his conception, (2) per seipsum = spoken testimony of the Father either to Christ or to the faithful, (3) per Scripturam. Here (2) divided into two sorts of testimony).

quales et hi Iudaei erant quibus dixit: *Neque vocem eius audistis, neque speciem eius vidistis*$^{q^5}$ [Io 5,37] *et Verbum eius*, id est virtus et energia qua sola Pater$^{r^5}$ ipse et Filius cognoscuntur, *non manet*, non habet locum *in vobis* [Io 5,38]. Vacui estis Spiritu$^{s^5}$, toti caro et sanguis [cf. 1 Cor 15,50].

⟨Quibus Scriptura de Christo testetur⟩ *Scrutamini Scripturas* [Io 5,39]. [116]Tertium [!] testimonium, et Iudaeis satis apertum et expositum, [117]Scripturae reddunt quae de Christo testantur, ubicunque de Dei bonitate, sapientia, virtute et iustitia praedicant. Id, qui pie illas scrutatur, facile animadvertit; qui absque Spiritu est, nihil minus[117]. Praeter id enim quod *animalis homo quae Dei sunt, non percipit* [1 Cor 2,14], sunt etiam pleraque de Christo [118]vaticinia admodum tecta, praesertim cum fere ex parte aliqua in alios quoque quadrent, qui tantum Christi typum gesserunt[118]. Quicunque enim bonitatis Dei insigniores ministri fuere, Christi figuram retulerunt. De quibus saepe Scriptura ea $^{t^5}$testata est et$^{t^5}$ praedixit quae in ipsis quidem partim apparuere, in Christo autem solo demum completa sunt, de quo $^{u^5}$in [119]Mattheum circa finem$^{u^5}$ et supra, capite 3, in illud: [120]*Quemadmodum Moses exaltavit serpentem* [Io 3,14] nonnihil dixi. $^{v^5}$Res haec tam late patet ut omnino [121]proprium librum requirat, quod et supra dixi. Si Dominus adspiraverit studiis meis et tantum vitae otiique suppeditaverit, dabo operam, peculiari huic rei libro [663] instituto, ostendere quanam ratione Scripturae Christum praedicent[121], percursis et in hoc tractatis cunctis sanctorum Bibliorum locis qui coelitus aliquod ad testificandum de Christo momentum habere videntur. $^{w^5}$Nuper [122]partem aliquam huius argumenti delibavi in Enarrationibus nostris in Epistolam ad Roman. capite 3, in quaestione 2, adiecta Enarrationi sectionis 4$^{v^5\ w^5\ 122}$.

$^{q^5}$ audistis [!] A. – $^{r^5}$ *om.* AB. – $^{s^5}$ *add.* eius AB. – $^{t^5-t^5}$ *om.* AB. – $^{u^5-u^5}$ *om.* A. – $^{v^5-v^5}$ A: [121-121]Recoepi primo capite fusius hic dicturum quomodo Scripturae de Christo testificentur, sed cum id non possit praestari nisi plurimis Scripturae locis adductis et excussis, ad quod in praesenti tempus negatum est, cogor ipsum alii libro reservare, tam late siquidem haec res patet et tam multa complectitur ut vix proprio libro satis digne et perspicue tractari possit. – $^{w^5-w^5}$ [122-122]*om.* B. –

[116] In fact: "quartum" the other three being the Father, John, Christ's works! Cf. supra ad n. (69).

[117-117] Cf. *par.* supra ad n. (72)–(72). Here also ap: Chrysostom, *In Ioh.* hom. 40 ad loc., MPG 59, 233 (*i*); Aquinas, *In Ioh.* ad loc., *Piana* 14:2, 35v. col. B (*ip*).

[118-118] Ap: Brenz, *In Ioh.* 1528 ad loc., 90v.–91r. (*i* ?: there: OT Law spiritual; impossible to fulfil without faith in Christ).

[119] Cf. BEv 1527 ad Mt 28[18], 370r.–v; BEv 1530 ad Mt 28[18], 202r.–203v.

[120] Cf. supra *cap.* 3 ad 3,14 ad nn. (76)–(136).

[121-121] Cf. supra *cap.* 3 ad 3,14 ad nn. (111), (127).

[122-122] Cf. BRom 1536 [1562] ad 3,21ff., 201–211 and supra *cap.* 1, *sect.* 10, var (r^{16}–r^{16}) and n. (319).

Quia vos videmini vobis [Io 5,39]. Notavit [123]praeposterum studium literae Legis quo, sine Spiritu, Iudaei sibiipsis placebant [cf. Rm 2,29]. [x5]Alioqui, qui ex fide Christi Scripturas legunt, *erudiuntur* illis *ad salutem* [2 Tim 3,15] et revera vitam aeternam in eis inveniunt, 2 Timoth. 3 [15–16]; cum nihil in eis quam literam reperiant ii qui eas legunt absque fide Christi[123], Roman. 7 [6]; 2 Corinth. 3[x5] [6].

Gloriam ab hominibus non accipio [Io 5,41]. [124]Occupatio est qua praevenit Iudaeorum calumniam qua ambitiosum calumniari potuissent, eo quod sui, tam manifesto in Scripturis commendati, contemptum illis opprobrasset. Testatur igitur se illis sui contemptum, non desiderio *gloriae quam ab ipsis cupiat*[y5] [Io 5,41], sed quod certo *sciret dilectione Dei eos vacare* [Io 5,42] eoque quicquid Deum resipit aversari, opprobrasse[124]. Quicunque enim vel aliquem Dei amorem et sensum habent, quaecunque Deum referunt suspiciunt etiam; tam abest ut Filium Dei qui in omnibus Patrem luculentissime refert, sic praesertim sese insinuantem, ut se insinuavit his Iudaeis, possent non cupidissime[z5] excipere.

⟨*Alius veniet nomine suo*⟩ *Si alius venerit* [a6]*in nomine*[a6] [Io 5,43]. Sic venit [125]Aegyptius ille magus, quem Ben Cuziba vocarunt, qui triginta hominum millia sibi congregarat, se Christum esse mentitus[b6] [125], de quo [126]Iosephus secundo libro de Bello Iudaico. Item [127]alter Ben Cuziba sub Hadriano [128]qui innumerabilem turbam seduxit, ut Iudaei ipsi scribunt in libro Seder olam[128]. Hos et multos alios Christi nomine Iudaei receperunt, quo poenam dederunt contemptus Christi. [129]Sic et nos – proh dolor – nimis graves diu, deserti veri Christi, poenas dedimus, dum apud *ligna et lapides* [Dn

---

[x5]–[x5] *om.* AB. – [y5] cuperet A. – [z5] *add.* etiam A. – [a6]–[a6] nomine suo A. – [b6] mentiens A. –

[123]–[123] Ap: Chrysostom, *In Ioh.* hom. 41 ad loc., MPG 59, 235 (cited in: Aquinas, *Catena* ad loc., *Guarienti* 2, 410) (*i*).

[124]–[124] Cf. *Lausberg* 1, par. 855 and supra ad nn. (76), (83), (106). – Here ap: Cyril, *In Ioh.* ad loc., MPG 73, 421 (*ip* of Latin ed. 1524, 55v.).

[125]–[125] Ap: Galatinus, *De arc. cath. ver.* 1518, lib. 4, cap. 21, 139v.–141r. (*iep*: there: appearance of first Bar (Ben) Cochba, a Jew, soon after passion of Christ so that Io 5,43 could be fulfilled, but no mention of 30,000 followers).

[126] *De Bello Iud.* 2, 261–263, *Loeb* 2, 424 and cf. *Antiq. Iud.* 20, 169–172, *Loeb* 9, 480 (*i*: there rising ca. AD 53 led by nameless Egyptian [cf. Act 21,38] with 30,000 followers).

[127] Bar Cochba rebellion in the reign of Hadrian AD 132–135. Cf. Schürer, *Geschichte* 1, 682–685, 695. Here ap: Galatinus, *De arc. cath. ver.* 1518, lib. 4, cap. 21, 140v. (*i*) – cf. n. (128)–(128) infra.

[128]–[128] סדר עולם 1516 [1580], 124 (there: Bar Cochba rebellion AD 132–135 but no mention of large numbers of followers). Cf. also Galatinus, *De arc. cath. ver.* 1518, lib. 4, cap. 21, 140v. (there: great multitude of Jews in the city of Bitter during Hadrian's siege against Bar Cochba). Here more prob. ap: Münster, *Kalendarium* 1527, 40–41 (*i*: there: great multitude of Bar Cochba's followers mentioned on authority of סדר עולם).

[129]–[129] Ap: Brenz, *In Ioh.* 1528 ad loc., 92r. (*ipa*).

5,23] *c⁶*perditosque homines*c⁶* salutem frustra, sed magno quaesivimus, quam ultro offerebat, et gratis, Christus, Salvator verus[129].

Quomodo vos potestis credere [Io 5,44]. [130]Qui credunt, Deo omnem gloriam tribuunt, omnia enim ab ipso petunt. Id non *possunt qui gloriam accipiunt,* id est alicuius faciunt, *ab hominibus* [Io 5,44]. *d⁶*Nam ii etiam sibiipsis*d⁶* aliquid videntur et tribuunt[130].

Si enim credidissetis Mose [Io 5,46]. Solo [131]Spiritu verbo Dei creditur. *Si* igitur *Mose credidissent* [Io 5,46], *Spiritum, scrutatorem profundorum Dei* [1 Cor 2,10] habuissent. *e⁶*Quo freti, Deum*e⁶* in Christo multo, quam in Mose, luculentius sese cognoscendum exhibentem, non potuissent non agnoscere[131].

⟨*Moscheh scripsit de Christo*⟩ *De me enim ille scripsit* [Io 5,46]. [132]Apertissime sane *f⁶*libro suo primo, capite quadragesimo*f⁶ g⁶* [!] [Gn 49,1–28], quia nemo alius unquam *ex tribu Iudae* [Gn 49,8–9] extitit cui populi ita auscultassent, ut indubitato nostro שִׁילֹה [Gn 49,10] vere foelici principi et Christo[132]. *h⁶*Tum [133]clare satis in celebri illa promissione facta Abrahae: *i⁶In semine tuo benedicentur omnes nationes*h⁶ [Gn 22,18][133]. Deinde [134]piis, aperte satis, in iis omnibus quae de יהוה id est *j⁶existenti* [Ex 3,14] sempiternoque Deo*j⁶* per quem omnia acceperunt ut sint et serventur [cf. Col 1,16–17], Christum*k⁶* per omnes quinque libros suos praedicavit[134]. Huius certe facies in*l⁶ populo praeivit* [cf. Ex 33,14], huius [135]*posteriora Moscheh m⁶ipse vidit*m⁶, 2 Moscheh 33 [23]. Hic populum duxit, pavit, defendit ac etiam punivit, de quo et [136]supra *n⁶*in caput primum nonnihil dixi*n⁶*. Denique cum hic unus sit sanctorum magister [cf. Col 1,18], etiam ibi a Moscheh indicatus est, cum praedixit e populo Deum [137]*excitaturum prophetam o⁶ex ipso populo*o⁶, *in cuius os sua verba poneret,* quem omnes audire deberent, 5 Mos. 18 [18]. [138]Hoc enim, ut in Iehosua et in alios veros prophetas quadravit, ita praecipue convenit Christo, omnium pro-

---

c⁶-c⁶ perditoque [!] hominum A. perditoque *here probably a misprint for* perditosque. preditosque [!] hominum B. preditosque *probably a misprint for* perditosque. – *d⁶-d⁶* Sibi etiam ipsis A. – *e⁶-e⁶* Deumque A. –*f⁶-f⁶* 49. A. – *g⁶* 49 b.10 D. – *h⁶-h⁶ om.* A. – *i⁶ add.* ☐ Gene. 12.[!] d.18 D. –*j⁶-j⁶* Domino A. – *k⁶ om.* AB. – *l⁶ om.* AB. – *m⁶-m⁶* videt A. vidit B. – *n⁶-n⁶* primo fol. 14 A. – *o⁶-o⁶ om.* AB. –

[130-130] Ap: Chrysostom, *In Ioh.* hom. 41 ad loc., MPG 59, 236 (*i*); Brenz, *In Ioh.* 1528 ad loc., 92r. (*ip*).

[131-131] Ap: Brenz, *In Ioh.* 1528 ad loc., 93r. (*ipa*).

[132-132] Ap: Zwingli, *In Gn.* ad 49,8–10, CR 100, 279 (*iep*).

[133-133] Ap: Zwingli, *In Gn.* ad 22,17ff., CR 100, 152 (*i*).

[134-134] Ap: Reuchlin, *De verbo* lib. 3, cap. 13, *Scriptores,* 967–969 (*i*).

[135] Ap: Cyril, *In Ioh.* ad loc., MPG 73, 429 (*r*).

[136] Cf. supra *cap.* 1, *sect.* 1 ad nn. (17) – (21)–(21).

[137] Ap: Cyril, *In Ioh.* ad loc., MPG 73, 427; Aquinas, *In Ioh.* ad loc., *Piana* 14:2, 36v. col. A (*ir*). Cf. Bugenhagen, *In Dt.* ad 18,18, 103–104.

[138-138] Ap: Reuchlin, *De verbo* lib. 3, cap. 14, *Scriptores,* 969–970 (*i*).

phetarum capiti[138]. Hinc satis liquet, *si Iudaei Moscheh vere credidissent* [Io 5,46], nunquam eos fuisse Christum reiecturos, praesertim cum se ita exhiberet ut non posset a timentibus Deum non Filius Dei agnosci.

⟨Cur Iudaei ex Moscheh Christum non discunt⟩ Quod enim hodie forte Iudaei sunt[p6], qui nequeant in Moscheh Christum agnoscere et tamen *filii Dei* [Rm 8,16] sunt[q6] vereque Moscheh credant, in caussa est quod de Domino Iesu longe aliter persuasi sunt[r6], quam sese his Iudaeis ipse exhibuerit. Ut nanque caesaris faciem is [664] non agnoscet, quamlibet graphice pictam, qui caesarem nunquam vidit, ita isti, quia Domini Iesu faciem ignorant, non possunt credere eius faciem[s6] esse illam quam Moscheh depinxit. [139]Magnifica de Christo legunt et credunt, sed ea nostro Domino Iesu competere – quia eum qui sit, quaeve operatus sit, ignorant et praeterea pessima quaeque de ipso persuasi sunt – credere non possunt[139]. Quanquam huius eorum ignorantiae sit et alia caussa, nempe quod visum sit Domino, in praesenti, Iudaeam gentem *caecitatem perferre donec gentium plenitudo introierit*, [140]de qua[t6] Roman. undecimo [25]. Qui[u6] electi ex illis sunt[v6] [w6]et aliquid fidei verae Mose habent, ii indubie[w6] tandem agnoscent Dominum, remoto velo quo nunc mentes eorum contectae sunt[140]. [x6]Nam stat certum eos Mose non credere, qui Christo non credunt[x6].

Observationes

In hac Domini apologia observandum primum ut[y6] clare suam divinitatem tantis suis hostibus praedicarit. Sic adimi *illis omnem excusationem* [Io 15,22] oportuit, deinde probe perpendendum quid de se Dominus illis testatus est: nempe omnia se cum Patre habere munia[z6] [cf. Io 5,19], omnia simul operari, unum esse omnium iudicem et vivificatorem [cf. Io 5,21–22], *nosque Patrem honorare cum ipsum honoramus* [Io 5,23], Deum et Servatorem esse omnium cui, cum credimus, vitam nacti sumus aeternam et laeti *ante tribunal eius* [Rm 14,10] in resurrectione stabimus [cf. Io 5,29]. Haec itaque, diligenter et religiose pensata, nos in fide Domini nostri atque ita aeterna vita mire confirmabunt atque promovebunt avocabuntque a rebus istis caducis, quibus nostra cum pernicie alias addicimur.

[p6] sint AB. – [q6] sint AB. – [r6] sint A. – [s6] *om.* AB. – [t6] quo A. – [u6] *add.* tum AB. – [v6] fuerint AB. – [w6]–[w6] *om.* AB. – [x6]–[x6] *om.* AB. – [y6] *add.* dilucide, ut AB. – [z6] communia AB. –

[139-139] Ap: Galatinus, *De arc. cath. ver.* 1518, lib. 3, cap. 1–2, 61r.–64r. (*ipe*).
[140-140] Cf. BRom 1536 ad 11[25], 516. Ap: Ambrosiaster ("Ambrose"), *In Rm.* ad loc., MPL 17, 153–154, CSEL 81, 380–384 (*i*).

Demum observanda sunt et quae tribuit Iudaeis: *quod ad horam tantum doctrina Ioannis delectati sint* [Io 5,35]; *quod verbum Dei in se non habeant* [Io 5,38]; quod *in Scripturis* sine Spiritu *vitam aeternam sibi polliceantur* [Io 5,39]; quod gloriam humanam quaerant [cf. Io 5,44]; *quod dilectionem Dei in se non habeant* [Io 5,42]; quod Moscheh minime credant, quantumvis hoc simulent [cf. Io 5,47]. Sic nanque habet natura impiorum ut *verbum Dei in se* [Io 5,38] et *dilectionem nequaquam habeant* [Io 5,42], vacui Spiritu eius. Ideo, quamlibet luculentis testimoniis convincuntur*a7*, nunquam tamen possunt veritati accedere et Christum agnoscere, licet nonnunquam *ad tempus* [Io 5,35] se favere illi simulent et in pretio habere se verbum Dei fingant. [141]Et cum in Scripturis versantur [cf. Io 5,39], mortem ex eis referunt, cum vitam putent se inde relaturos[141].

---

a7 convicti AB. –

[141-141] Ap: Lambert, *De prophetia* tract. 5, cap. 33, 123r. (*ip*).

CAPUT 6

⟨Sectio 1 [1–15]⟩ *Post haec abiit Iesus trans mare Galilaeae quod est Tyberiadis et sequebatur eum turba multa quia videbant eius signa quae faciebat super his qui infirmabantur. Subiit autem in montem Iesus et ibi sedebat cum discipulis suis. Instabat autem Pascha, dies festus Iudaeorum. Cum sustulisset ergo oculos Iesus et vidisset quod multa turba veniret ad se, dicit ad Philippum: unde ememus panes ut edant isti? Hoc autem dicebat tentans eum, ipse enim sciebat quid esset facturus. Respondit ei Philippus: ducentorum denariorum panes non sufficiunt eis ut unusquisque pusillum quippiam accipiat. Dicit ei unus ex discipulis ipsius, Andreas frater Simonis Petri: est puer unus hic qui habet quinque panes ordeaceos et duos pisces, sed haec quid sunt inter tam multos? Dixit autem Iesus: facite ut homines discumbant. Erat autem gramen multum in eo loco. Discubuerunt ergo viri numero ferme quinquies mille. Accepit autem panes Iesus cunque gratias egisset, distribuit discipulis, discipuli vero discumbentibus. Similiter et ex piscibus quantum volebant. Ut autem impleti sunt, dicit discipulis suis: colligite quae superfuerunt fragmenta ne quid pereat. Collegerunt ergo et imple[665]verunt duodecim cophinos fragmentorum ex quinque panibus ordeaceis, quae superfuerant his qui comederant. Illi ergo homines, cum vidissent quod Iesus fecerat signum, dicebant: hic est vere propheta ille qui venturus est in mundum. Iesus ergo cum cognovisset quod venturi essent ac rapturi ipsum ut facerent ipsum regem, secessit iterum in montem ipse solus.*

⟨Sectio 2 [16–24]⟩ *At ubi iam vespera esset, descenderunt discipuli eius ad mare et conscensa navi, venerunt traiecto mari ad oppidum Capernaum. Iamque tenebrae erant, nec venerat ad eos Iesus. Mare autem vento magno flante intumescebat. Cum remigassent ergo ferme stadia vigintiquinque, aut triginta, vident Iesum ambulantem super mare et appropinquantem navi ac timuerunt. Ille autem dicit eis: ego sum, nolite timere. Voluerunt ergo recipere eum in navim et illico navis appulerat terrae ad quam ibant. Postero die turba quae stabat trans mare, ut vidit quod navicula alia non esset ibi, nisi una illa in quam ingressi fuerant discipuli eius et quod non introisset cum discipulis suis Iesus in naviculam, sed soli discipuli eius abissent, aliae vero [1]superveniunt[a] naviculae a Tyberiade iuxta locum ubi comederant panem, posteaquam gratias egisset Dominus. Cum ergo vidisset turba quod Iesus non*

---

[a] [1]supervenerunt D. –

[1] Er 1527: supervenerunt.

esset ibi, neque discipuli eius, ascenderunt et ipsi in naviculas et venerunt Capernaum, quaerentes Iesum.

⟨Sectio 3 [25–40]⟩ *Et cum invenissent eum trans mare, dixerunt ei: rabbi, quando huc venisti? Respondit eis Iesus et dixit: amen amen dico vobis, quaeritis me, non quia vidistis signa, sed quia comedistis de panibus et saturati estis. Operemini non cibum qui perit, sed qui permanet in vitam aeternam, quem filius hominis dabit vobis. Hunc enim Pater consignavit Deus. Dixerunt ergo ad eum: quid ²facimusᵇ ut operemur opera Dei? Respondit Iesus et dixit eis: hoc est opus Dei ut credatis in eum quem misit ille. Dixerunt ergo ei: quod ergo tu facis signum ut videamus et credamus tibi? Quid operaris? Patres nostri manducaverunt manna in deserto, sicut scriptum est: panem de coelo dedit eis ad edendum. Dixit ergo eis Iesus: amen amen dico vobis, non Moses dedit vobis illum panem de coelo, sed Pater meus dat vobis panem de coelo verum. Panis enim Dei est qui de coelo descendit et dat vitam mundo. Dixerunt ergo ad eum: Domine, semper da nobis panem istum. Dixit autem eis Iesus: ego sum ³panisᶜ vitae. Qui venit ad me, non esuriet et qui credit in me, non sitiet unquam. Sed dixi vobis quod etiam vidistis me, nec creditis. Omne quod dat mihi Pater, ad me veniet et eum qui venerit ad me, non eiicio foras. Quia descendi de coelo ut faciam non quod ego volo, sed quod vult is qui misit me. Haec est autem voluntas eius qui misit me Patris ne quid perdam ex omnibus quae dedit mihi, sed resuscitem illa in novissimo die. Haec est autem voluntas eius qui misit me ut omnis qui videt Filium et credit in eum, habeat vitam aeternam et ego suscitabo eum in novissimo die.*

[666] ⟨Sectio 4 [41–52]⟩ *Murmurabant ergo Iudaei de illo quod dixisset: ego sum panis ille qui de coelo ⁴descenditᵈ. Et dicebant: nonne hic est Iesus, filius Ioseph cuius nos novimus patrem et matrem? Quomodo ergo dicit hic: de coelo descendi? Respondit ergo Iesus et dixit eis: nolite murmurare inter vos. Nemo potest venire ad me nisi Pater, qui misit me, traxerit eum et ego suscitabo eum in novissimo die. Est scriptum in Prophetis: et erunt omnes docti a Deo. Omnis ergo qui audivit a Patre et didicit, venit ad me, non quod Patrem viderit quisquam nisi is qui ⁵a Deo est⁵, hic vidit Patrem. Amen amen dico vobis: qui confidit mihi, habet vitam aeternam. Ego sum panis ille vitae. Patres vestri comederunt manna in deserto et mortui sunt. Hic est panis ille de coelo descendens ut ex ipso edat aliquis et non moriatur. Ego sum panis*

ᵇ ²faciemus D. – ᶜ ³*add.* ille D. – ᵈ ⁴descendi D. –

² Er 1527: facimus. No var. for ποιῶμεν or for Vg. faciemus.
³ Er 1527: *add.* ille. Translation of ὁ?
⁴ Er 1527: descendi. No var. for ὁ καταβὰς or for Vg.: descendi.
⁵⁻⁵ Er 1527: est a Deo. Vg.: est a Deo.

vivus qui de coelo [6]*descendi*[e]: *si quis ederit ex hoc pane, vivet in aeternum. Et panis quem ego dabo, caro mea est quam ego dabo pro mundi vita.*

⟨Sectio 5 [53–60]⟩ *Decertabant ergo Iudaei inter se, dicentes: quomodo potest hic nobis* [7]*carnem*[f] *suam*[g] *dare ad edendum? Dixit ergo eis Iesus: amen amen dico vobis, nisi ederitis carnem filii hominis et biberitis eius sanguinem, non habetis vitam in vobis. Qui edit meam carnem et bibit meum sanguinem, habet vitam aeternam et ego suscitabo eum in novissimo die. Caro enim mea vere est cibus et sanguis meus vere est potus. Qui edit meam carnem et bibit meum sanguinem, in me manet et ego in illo. Sicut misit me vivens Pater et ego vivo propter Patrem, ita et qui ederit me, vivet ipse quoque propter me. Hic est panis ille qui de coelo descendit, non sicut comederunt patres vestri manna et mortui sunt, qui ederit hunc panem, vivet in aeternum. Haec dixit in synagoga docens in Capernaum.*

⟨Sectio 6 [61–72]⟩ *Multi ergo,* [h]*his* [8]*auditis, ex discipulis eius*[h], *dixerunt: durus est hic sermo, quis potest eum audire? Sciens autem Iesus apud semetipsum quod murmurarent de hoc discipuli ipsius, dixit eis: hoc vos offendit? Quid igitur, si videritis filium hominis ascendentem eo ubi erat prius? Spiritus est qui vivificat, caro non prodest quicquam. Verba quae ego loquor vobis, Spiritus et vita sunt. Sed sunt quidam ex vobis qui non credunt. Noverat enim ab initio Iesus qui essent non credentes et quis proditurus esset ipsum. Et dicebat: propterea dixi vobis quod nemo potest venire ad me, nisi fuerit ei datum a Patre meo. Ex eo tempore multi discipulorum eius desciverunt* [i]*ab* [9]*eo*[i], *nec amplius cum illo ambulabant. Dixit ergo Iesus ad duodecim: num et vos vultis abire? Respondit* [10]*ei*[j] *Simon Petrus: Domine, ad quem ibimus? Verba vitae aeternae habes et nos credimus et cognovimus quod tu es Christus, Filius Dei vivi. Respondit* [11]*ei Iesus: nonne ego vos duodecim elegi et ex vobis unus diabolus est? Dicebat autem de Iuda Simonis Iscariota. Hic enim erat proditurus eum, cum esset unus ex duodecim.*

---

[e] [6]descendit B. – [f] [7]add. illam B. – [g] om. D. – [h-h] [8]ex discipulis eius his auditis D. – [i-i] [9]eo relicto B. – [j] [10]add. ergo B. –

[6] Er 1527: descendi.

[7] Er 1527: *add.* illam. No Gk var. for τὴν σάρκα. Vg.: carnem suam.

[8] Er 1527: his auditis ex discipulis eius. Estienne's word order only in d (known to him from 1550). Cf. *Wordsworth and White* ad loc.

[9] Er 1527: eo relicto. Gk. εἰς τὰ ὀπίσω. Vg.: [abierunt] retro.

[10] Er 1527: *add.* ergo. Vg.: *add.* ergo.

[11] Er 1527: eis. Gk. αὐτοῖς. For vars. with αὐτῷ cf. *Nestle and Aland* ad loc. Vg.: eis. For vars. with ei cf. *Wordsworth and White* ad loc.

[667]   ENARRATIO SECTIONIS I [1–15]

Post haec abiit Iesus trans mare Galilaeae [Io 6,1]. Apertior historia est
quam ut paraphrasim requirat.

Annotationes

Haec historia et a Matthaeo 14 [13–21], a Marc. 6 [30–44] et Luc. 9
[10–17] conscripta est. [12]*Mare Galilaeae* [Io 6,1] lacus is est qui in Scriptura
כנרת [cf. Dt 3,17], id est mare Cinnereth quod dulce mare quidam interpretantur, vocatur[12]. A [13]Graecis Genesar vel Genesareth dictus est.
Tyberiadis [Io 6,1] mare eum[k] Ioannes vocat quod Tyberias urbs, ab
Herode tetrarcha in honorem Tyberii caesaris ita vocata, huic lacui ad
partem occidentalem adiacet[l] [13]. Caussa vero praesentis traiectionis Domini fuit, [14]partim ut Herodem declinaret [cf. Lc 9,9], partim ut quiesceret
[cf. Mc 6,31][14]. Nimium enim premebatur a turbis, ut Mar. [6,31]
memorat, quanquam non diu illae quietem ei permiserint. Mox enim
secutae fuerunt, idque non tam verbi Dei, quam *signorum* caussa, ut hic
Ioannes testatur [cf. Io 6,2].

Ducentorum denariorum panes [Io 6,7]. [15]Tantum pecuniae videntur
habuisse. Fuit autem supputatore Budaeo, quantum sunt viginti coronati
francici[15]. Marcus [6,37] narrat eos dixisse: *Euntes emamus ducentis denariis panes.* Huc dilectionis pervenerant ut, quaecunque haberent, in
usum populi parati essent exponere.

Dicit ei unus ex discipulis [Io 6,8]. Disputatio haec de pascendis turbis
mota videtur a Domino tantum ut ad [16]futurum miraculum suorum
mentes excitaret[16].

---

[k] hic illum AB. – [l] adiaceret AB. –

[12–12] Ap: Münster, *Dict. hebr.* 1523, 201 (*ipr*); Bugenhagen, *In Dt.* ad 3,17, p. 14 (*i*:
identification: mare Cenereth = mare Galilaeae).
    [13–13] Ap: Aquinas, *In Ioh.* ad loc., *Piana* 14:2, 36v. col. A (*i*: Genesareth in Greek, Tyberias
named after Tiberius by Herod); Lyra ad loc. (*i*).
    [14–14] Cf. BEv 1527 ad Mt 14,13ff., 155v. Ap: Albert, *In Ioh.* ad loc., *Opera* 24, 238 col.
A–B (*i*). Adv: e.g. Chrysostom, *In Ioh.* hom. 42 ad loc., MPG 59, 239 (there: Jewish
persecutions given as sole reason).
    [15–15] Cf. BEv 1527 ad Mt 14,15, 156v. – *De asse* 1514, 150v. (there: 1000 denarii = 100
aurei [i.e. francici coronati]). Cf. Brenz, *In Ioh.* 1528 ad loc., 96r. (there: 200 denarii = 20
aurei gallici [Bucer's francici coronati] i.e. 35 francici). Cf. Mameranus, *Prisca moneta*, 1550
in: Budelius, *De monetis*, 663 col. A (there: 10 denarii = 1 coronatus aureus).
    [16–16] Ap: ErP 1524 ad loc., LB 7, 543 (*ip*).

Erat multum gramen [Io 6,10]. [17]More suo Evangelista tempus, locum et circunstantias alias diligenter conscribit. Studebat enim veritatem graviter et verisimiliter narrare[17].

Discipuli apposuerunt turbis [Io 6,11]. [18]Sentire et tangere illos volebat virtutem suam Dominus, ideo in ipsorum manibus miraculum voluit perficere[18].

Abiit rursus in montem solus [Io 6,15]. Noluit enim ne [19]suspicionem quidem admittere affectati regni[19].

Observationes

Observandum Christum ubique sui similem, id est benefactorem sese exhibere idque etiam indignis, uti erant hae turbae quae fere [20]tantum carnalia ab ipso petebant. Hanc beneficentiae propensionem et studium imitemur. Animadvertendum deinde nihil posse etiam in deserto vastissimo deesse sequentibus Christum. Id corroboret nos, dum veritatis hostes omnia nobis loca deserta plenaque periculis faciunt. Qui ex tam paucis panibus et pisciculis tam ingentem turbam saturare potuit [cf. Io 6,1–15] ut tantum etiam superesset, adhuc vivit et nobiscum est usque ad finem seculi [cf. 1 Cor 1,8].

Id quod [21]*gratias sumptis panibus egit* [Io 6,11], ut semper solebat, moneat ut et nos – quoties Dei beneficia attingimus, id quod semper fit – gratias ipsi ex animo agamus[21] deque bonitate ipsius, potius quam rebus aliis, in conviviis nostris sermones misceamus. Reliqua in [22]Matth. require.

ENARRATIO SECTIONIS II [16–24]

At ubi iam vespera esset, descenderant discipuli [Io 6,16]. Neque his paraphrasi opus.

[17–17] Cf. BEv 1527 ad Mt 14,15ff., 157v. (there: all allegorical interpretations explicitly rejected). Here literal interpretation ap: Cyril, *In Ioh.* ad loc., MPG 73, 452 (*i*); Theophylactus, *In Ioh.* ad loc., MPG 123, 1287–1288 (*i*); Lyra ad loc. (*i*); ErP 1524 ad loc., LB 7, 543 (*i*). Adv: Augustine, *In Ioh.* tract. 24 ad loc., MPL 35, 1595, CCL 36, 246–247; Aquinas, *In Ioh.* ad loc., *Piana* 14:2, 37r. col. A. (All interpret allegorically).

[18–18] Ap: ErP 1524 ad loc., LB 7, 543 (*ip*).

[19–19] Ap: ErP 1524 ad loc., LB 7, 543–544 (*ipa*); Brenz, *In Ioh.* 1528 ad loc., 100r. (*ip*).

[20] Ap: Theophylactus, *In Ioh.* ad 6,2, MPG 123, 1283–1284; ErP 1524 ad 6,2, LB 7, 541; Brenz, *In Ioh.* 1528 ad 6,2, 95r. (*i*).

[21–21] Ap: Chrysostom, *In Ioh.* hom. 42 ad loc., MPG 59, 241–242 (cited in: Aquinas, *Catena* ad loc., *Guarienti* 2, 415) (*i*). Adv: Augustine, *In Ioh.* tract. 24 ad loc., MPL 35, 1594–1595, CCL 36, 246–247 (there: benediction special); Brenz, *In Ioh.* 1528 ad loc., 97v. (there: bread nourishes only if blessed by God's word). Cf. BEv 1527 ad Mt 14,15ff., 157r.

[22] BEv 1527 ad Mt 14,15ff., 157v.

Annotationes

Ubi iam vespera esset [Io 6,16], id est [23]propior nox[m]. Nam vespera iam fuerat, cum turbas vellet pascere. Divisit[n] autem a se discipulos, imo abire compulit, ut Matth. [14,22] habet: id enim conducibile erat ad dimittendas turbas.

[o]*Venerunt traiecto mari* [Io 6,17]. [p]*Ibant* [24]*trans[p] mare Capernaum[q]* legere malim. Neque enim adhuc eo venerant. [25]Marcus [6,45] memorat *Dominum iussisse Bethsaidam traiicere discipulos*, quod ideo fecisse puto quod forte facilior illo esset traiectio et[r] nihilominus voluisse[s] ut [26]Capernaum peterent, ubi [t]erat solita[t] Domini habitatio[26], uti Ioannes scribit[u] [cf. Io 6,24]. *Ibant* igitur, id est petebant *Capernaum* [Io 6,17], quanquam prius Bethsaidam [cf. Mc 6,45], ut propiorem et commodiorem locum, appulsuri[v] [25].

Mare autem vento magno [Io 6,18]. Non satis [27]potentiam Domini ex miraculo panum discipuli agnoverant [cf. Mt 16,9; Mc 6,52]: exercendi igitur erant et hoc periculo maris[27].

Voluerunt ergo recipere eum [Io 6,21]. Alii Evangelistae memorant eum etiam ab illis fuisse receptum [cf. Mt 14,32]. Id noster quidem non negat, sed memorat *simul* vel *illico navim ap*[668] *pulisse terrae ad quam ibant* [Io 6,21] ut aliis et hoc miraculum adiiceret. [28]Miraculum siquidem fuit quod super mare ambulaverat [cf. Io 6,19] sic et quod mare reddiderat tranquillum [cf. Mt 14,32; Mc 6,51]. Iam tertium fuit quod *illico navis* virtute Domini *terrae appulerat* [Io 6,21]. Matthaeus quartum de Petro adiecit [cf. Mt 14,28–31][28].

Ut vidit quod navicula alia non esset [Io 6,22]. Viderat turba pridie unam tantum naviculam adesse[w] eaque discipulos traiecisse sine Domino. [29]Mirabantur igitur quorsum abiisset Dominus quem sciebant neque cum

[m] *add.* esset A. – [n] Dimisit D. – [o] *add.* ☐ Lectio clarior AB. – [p–p] Veniebant ultra A. – [q] *om.* A. – [r] *om.* A. – [s] et ipsius voluntatem esse A. – [t–t] solita erat AB. – [u] *add.* non dubito A. – [v] appellerent A. – [w] adfuisse A. –

[23] Ap: Vg. (*i*: there: sero). Adv: Er 1527. Cf. ErAn 1527 ad loc., LB 6, 364 (there: sero = vespere).
[24] Ap: Vg. (*t*). Adv: Er 1527.
[25–25] Ap: Albert, *In Ioh.* ad loc., *Opera* 24, 249 col. B – 250 col. A (*i*); Ludulphus, *Vita* pars 1, cap. 69, *Rigollot* 2, 187 (*i*). Adv: Chrysostom, *In Ioh.* hom. 43 ad loc., MPG 59, 245 (there: miracle in Mt. not the same).
[26–26] Ap: ErP 1524 ad loc., LB 7, 544 (*p*).
[27–27] Ap: BEv 1527 ad Mt 14,15ff., 159v. (*ipa*). There ap: Ludulphus, *Vita* pars 1, cap. 69, *Rigollot* 2, 186 (*i*).
[28–28] Ap: Albert, *In Ioh.* ad loc., *Opera* 24, 250–252 (*i*); Ludulphus, *Vita* pars 1, cap. 69, *Rigollot* 2, 186–187 (*i*); [Ps]-Gerson, *Monotessaron* cap. 51, *Opera* 4, 133 (*i*).
[29–29] This paraphrase and exegesis ap e.g.: Chrysostom, *In Ioh.* hom. 43 ad loc., MPG 59, 246; Augustine, *In Ioh.* tract. 25 ad loc., MPL 35, 1600, CCL 36, 252; Aquinas, *In Ioh.* ad loc., *Piana* 14:2, 38v. col. A; *Glossa ord.* [*marg.*] (*ip*).

discipulis abiisse, neque alia navi dilabi potuisse, cum nulla praeter illam, qua avecti fuerant discipuli, in eo littore adfuisset [cf. Io 6,22]. Suspicantes igitur quod erat: novo miraculo ad discipulos suos illum se recepisse[29], *cum naves a Tyberiade ad lacum illum ubi pasti erant a Domino venissent* [Io 6,23], *in illis traiecerunt et ipsi Capernaum, quaesituri Dominum* [Io 6,24] *quem et invenerunt* [Io 6,25].

Observationes

Praeter potentiam Domini in hoc ab Evangelista tot miraculis praedicatam ut fidere nos illi[x] doceret, observandum[y] est nos[z], uti et discipulis usu venit[a1], [30]beneficia Dei sine tentationibus non satis erudire [cf. Iac 1,12] Dominumque[b1] nobis satis[c1] commendare[d1]. Quapropter nequaquam despondendus animus est cum adversa et periculosa inciderint. Domini sumus, [e1]is adversae[e1] in bonum nostrum[f1], ut nostri amantissimus, immittit [cf. 2 Mcc 6,12]. Stupet alioqui ad divina caro, neque prosperis, ita ut adversis, excitatur[30]. Demum [31]recte Dei quoque beneficia agnoscimus, ubi tentationibus desyderium eorum in nobis exacuatum est[31]. Reliqua in [32]Enarrationibus in Matthaeum require. Quae de turbis Ioannes narrat, ostendunt quomodo hoc miraculum innotuerit.

ENARRATIO SECTIONIS III [25–40]

Paraphrasis

Cum invenissent eum trans mare, dixerunt ei: rabbi [Io 6,25]. Visis tot miraculis, cupiebant turbae semper Domino adesse; hinc sedulo adeo ipsum quaerebant et sequebantur. Cumque – id quod res erat – putarent non sine novo miraculo trans lacum venisse, cupientes de hoc certiores fieri, cum eum invenissent [g1]in synagoga suo iam muneri evangelizandi incumbentem[g1], rogabant quonam pacto lacum traiecisset [cf. Io 6,25]. Verum Dominus, qui sciebat [33]vana illos curiositate ista[h1] inquirere, nihil ad hoc[i1] respondit, [34]sed sumpta a panibus [cf. Io 6,26] – quibus pridie ab

---

[x] Domino A. – [y] *add.* simul AB. – [z] quod A. – [a1] *add.* nos A. – [b1] et Dominum AB. – [c1] *om.* AB. – [d1] *add.* possunt A. – [e1–e1] *om.* AB. – [f1] *add.* illa AB. – [g1–g1] *om.* AB. – [h1] *om.* D. – [i1] *add.* eis A. ea illis B. –

[30–30] Ap: Augustine, *In Ioh.* tract. 25 ad loc., MPL 35, 1599, CCL 36, 251 (*ip*).
[31–31] Ap: Brenz, *In Ioh.* 1528 ad loc., 100r. (*ip*). Cf. BEv 1527 ad Mt 14,32ff., 160r.–v.
[32] BEv 1527 ad Mt 14,32ff., 160r.–v.
[33] Ap: ErP 1524 ad Io 6,25–26, LB 7, 545 (*i*).
[34–34] Ap: ErP 1524 ad loc., LB 7, 545 (*ip*: emphasis on faith). Ap and adv: Brenz, *In Ioh.* 1528 ad loc., 101v. (*i*: but there: passage from corporal to spiritual *nourishment* i.e. the sacrament).

ipso inaudito miraculo saturati fuerant – occasione, ad fidem in se, qua in aeternum bonorum omnium saturi esse possent [cf. Io 6,35], coepit$^{j^1}$ exhortari $^{k^1}$omnes qui in synagoga aderant[34], usus ad id suo more ^{35}anagoge et translatione$^{k^1}$.

Dicebat ergo illis, sermonem primum dirigens ad eos quos paverat quinque panibus [cf. Io 6,9–12]: *Amen amen dico vobis, vos$^{l^1}$ me non ideo quaeritis quod signa vidistis*, iisque persuasi me homine maiorem creditis a cuius verbis et doctrina vobis pendendum credatis$^{m^1}$. *Sed quod pasti a me estis* [Io 6,26], id$^{n^1}$ spem fecit ut et deinceps me cibum vobis suppeditaturum speretis atque ita ventris duntaxat caussa [cf. Phil 3,19] me sectamini.

⟨*Operamini cibum* [Io 6,27]⟩ Hortor igitur vos ut *non operemini* et satagatis *pro cibo* corporis *qui perit, sed qui manet in vitam aeternam*, perpetuo satians. *Hunc dare vobis filius hominis* mavult, quam illum corporis. $^{o^1}$*Signavit enim Deus* ^{36}*hunc* [Io 6,27], ex omnibus mortalibus selectum, atque Spiritu$^{p^1}$ unxit [cf. Ps 44,8] atque in hoc ipsum constituit ut hoc cibo homines pascat$^{q^1}$ ^{36}. $^{r^1}$Ex his quod Dominus ^{37}hortaretur *cibum operari*, id est *quaerere*$^{r^1}$, *qui in vitam aeternam manet* [Io 6,27], facile intellexerunt $^{s^1}$isti homines$^{s^1}$ eum de cibo spirituali loqui$^{t^1}$. Eum autem cibum$^{u^1}$ putabant operibus suis comparandum: rogabant igitur *quidnam facerent ut operarentur opera Dei* [Io 6,28] quae Deo scilicet probarentur et cibum illum emerentur[37]. Communis enim omnium seculorum error est ut$^{v^1}$ homines suis operibus sibi parandam salutem putent$^{w^1}$.

⟨*Hoc opus Dei* [Io 6,29]⟩ Respondit ergo illis Christus: *Hoc est opus Dei,* quo solo Deo probari et cibum vitae nancisci poteritis, *ut credatis in eum quem ille misit* [Io 6,29], eum magistrum et Salvatorem vestrum agnoscatis, cui in omnibus auscultetis, sicut Moscheh olim populus credebat et auscultabat [cf. Ex 12,35], non dubitans Dei illum verba et praecepta proponere.

$^{j^1}$ add. eos A. – $^{k^1-k^1}$ suo more anagoge usus et translatione AB. – $^{l^1}$ quod AB. – $^{m^1}$ sit AB. – $^{n^1}$ om. AB. – $^{o^1}$ add. □ *Hunc signavit Deus* [Io 6,27] A. – $^{p^1}$ add. ita A. – $^{q^1}$ pasceret A. – $^{r^1-r^1}$ Quia ergo Dominus hortatus fuerat illos homines ut *cibum operarentur*, id est quaererent AB. – $^{s^1-s^1}$ om. AB. – $^{t^1}$ locutum AB. – $^{u^1}$ om. AB. – $^{v^1}$ quod A. quo B. – $^{w^1}$ putant AB. –

^{35} Cf. supra *cap.* 3 ad nn. (84)–(84) – (136).

$^{36-36}$ Ap: Augustine, *In Ioh.* tract. 25 ad loc., MPL 35, 1601, CCL 36, 253 (*ipa*); Brenz, *In Ioh.* 1528 ad loc., 102r. (*ip*).

$^{37-37}$ Ap: Augustine, *In Ioh.* tract. 25 ad loc., MPL 35, 1602, CCL 36, 254 (cited in: Aquinas, *Catena* ad loc., Guarienti 2, 420) (*i*). Ap and adv: Brenz, *In Ioh.* 1528 ad loc., 102v.–103r. (there *i*: salvation not accomplished by good works. But question motivated solely by ill-will).

⟨*Quod signum facis* [Io 6,30]⟩ Illi [38]intelligentes quod posceret sibi credi *x¹*seque ut*x¹* magistrum in omnibus audiri et rati hoc indignum ipso esse ut, qui nondum ea signa fecisset, ut talis merito*y¹* haberetur, dicebant ei: *Quod signum facis tu*, quid ita prae[669]clarum operaris ut, *videntes* tibi *adesse Deum, omnibus verbis tuis fidem habeamus* [Io 6,30]? Semel pavisti nostrum quinque millia e quinque panibus et duobus piscibus [cf. Io 6,9–12]. A Moscheh autem patrum nostrorum *circiter sexies centena millia* [Ex 12,37] *pane de coelo depluto* [Ex 16,4], quem ideo Scriptura *coeli et angelorum panem* [Ps 77,24–25] vocat, *aliti sunt totis quadraginta annis* [Ex 16,35]. Tale nihil adhuc tu designasti[38]. Praestat igitur nos Moscheh, quam tuos, discipulos esse et a verbis illius, quam tuis pendere.

Respondit Iesus et cum solita adseveratione, [39]ut in re gravi atque probe animadvertenda[39]: *Amen amen*, inquit, *dico vobis, Moscheh non dedit vobis panem e coelo*, hoc est spiritualem et vivificum qui coelestis dici iure*z¹* possit, *sed Pater meus is dat panem e coelo vobis et verum panem* vereque *coelestem* [Io 6,32] quo nimirum, *a²*quicunque fuerint*a²* pasti, coelestem et beatam vitam *vivunt in aeternum* [Io 6,52]. *b²Nam panis Dei est c²et* dici meretur *qui descendit de coelo*, qui e divinitate prodit, qui vere Deus est*c²* • *eoque dat vitam mundo* [Io 6,33], hoc est omnibus hominibus, quod utique solius Dei est. [40]*Man* [Ex 16,31] certe hoc non potuit, sicut nec ulla alia creatura. *d²*Et quod *man* [Ex 16,31] *panis coelestis et angelicus* [Ps 77,24–25] dictus est, magis ex eo est quod fuerit populo sacramentum et exhibitio quaedam mei. Meam enim virtutem salvificam illo discere ac percipere debuerunt patres [cf. 1 Cor 10,3–4]. At in se *man* esca fuit ventris, fluxa et evanida[40]. Haec cum Iudaei [41]tam*d²* magnifica*e²* de *vere coelesti pane* audissent neque crederent Dominum talem posse dare, ut muliercula illa Samaritis vivam aquam [cf. Io 4,15], ita isti *panem* hunc *vere coelestem* [Io 6,32], insultando Domino, petebant, dicentes: *Domine, semper da nobis panem hunc* [Io 6,34] qui nos aeternum alat et vivificet[41]. Dominus autem,

---

x¹–x¹ et ut A. utque B. – *y¹* om. A. – *z¹* om. A. – *a²–a²* om. A. – *b²* add. □ Qui vere caelestis panis A. – *c²–c²* om. AB. – *d²–d²* Illi cum AB. – *e²* add. haec AB. –

[38–38] Ap: Augustine, *In Ioh.* tract. 25 ad loc., MPL 35, 1602, CCL 36, 254–255 (cited in: Aquinas, *Catena* ad loc., Guarienti 2, 420) (*ip* no *r*). *R* ad loc. to Ex 16,35 and Ps 77,24–25 esp. ap: Brenz, *In Ioh.* 1528 ad loc., 104r.; Aquinas, *In Ioh.* ad loc., *Piana* 14:2, 39r. col. A–B.

[39–39] Ap: Albert, *In Ioh.* ad loc., *Opera* 24, 258 col. A–B; Carensis, *Postilla* ad loc., 297v. col. A (*i*). Adv: ErP 1524 ad loc., LB 7, 546; Brenz, *In Ioh.* 1528 ad loc., 104v. (there: kindness of answer emphasised).

[40–40] Manna as symbol or prefiguration ap: all commentators ad loc. Manna in itself as mortal and evanescent food esp. ap: Aquinas, *In Ioh.* ad loc., *Piana* 14:2, 39r. col. B; ErP 1524 ad loc., LB 7, 547 (*i*).

[41–41] Ap: Brenz, *In Ioh.* 1528 ad loc., 105r. (*i*: insult here and ad Io 4,15). Adv: most commentators ad loc. (there: Jews' request due to desire for things material and misunderstanding of Christ's words).

qui sciebat in hac turba quoque [42]electos esse qui cum fructu se audirent, tum et aliis quo inexcusabiles redderentur [cf. Io 15,22], evangelium aperte praedicandum, indignitate[f2] et non minus stulta quam ingrata temeritate atque petulantia [g2]eorum qui ipsum ridebant[g2], minime absterritus, [43]coepit eis aperte dicere et quis hic *panis vere caelestis* [Io 6,32] sit[h2] et quo pacto eius possent fieri compotes[43].

⟨*Ego sum panis* [Io 6,35]⟩ *Ego*, inquit, [44]*sum* ille *panis vitam* veram suppeditans. Et me edit [i2]meque coelesti et in aeternum vivifico cibo alitur [cf. Io 6,52], ita[i2] ut *nunquam esuriat, qui ad me venerit*, qui mihi sese fide certa dediderit. Et *nunquam sitiet*, nihil unquam bonorum desyderabit, *qui in me crediderit* [Io 6,35], Salvatorem suum agnoscens. *Sed* et alias [cf. Io 5,19ff.] *dixi vobis: vidistis me*, et ut Filium Dei. Nihil enim[j2] quod culpare possetis, imo nihil quod non divinum sit, in me animadvertistis; adhuc tamen *non creditis* mihi [Io 6,36][44]. Huius si vultis scire caussam, dicam vobis.

[45]*Pater non dedit vos mihi* [cf. Io 6,37], non destinavit in hoc ut per me salutem perciperetis, hoc est: *vere coelesti pane* [Io 6,32] frueremini ad aeternam vitam [cf. Io 6,52]. [k2]Hinc nanque est quod[k2] mihi *non creditis* [Io 6,36] et, quanquam visis tot inauditis miraculis, *venire* [Io 6,37] tamen ad me, id est Servatorem vestrum me agnoscere, dedignamini[45].

Etenim *omne quod mihi dat Pater* – quod ad hoc a se electum Spiritu suo mihi adducit [cf. Io 6,44] – *veniet* certo *ad me* et *ego neminem qui ad me venerit* Redemptoremque suum agnoverit, *eiicio foras* [Io 6,37] [l2]meave cura destituo[l2]. *Nam in hoc e coelo descendi*, hoc est hominem assumpsi, *ut non meam* hominis, quae alia sit quam Patris, *sed* tantum *Patris qui me misit*, quae et mea est, *voluntatem perficiam* [Io 6,38.39]. *Ea* vero *est ut*, quicunque *Filium viderit* et recte consyderarit atque cognoverit indeque ei *crediderit, aeternam vitam habeat* et ego illum mea virtute ita servem, [m2]sustentem et vegetem – cum in hac vita, tum[m2] post hanc vitam – *ut in novissimo die illum* [n2]*restituturus sim*[n2] [Io 6,39.40] omni bono perfectum ac plane beatum.

[f2] *add.* illorum A. illorum qui ipsum ridebant B. – [g2–g2] *om.* AB. – [h2] esset A. – [i2–i2] *om.* AB. – [j2] *om.* A. – [k2–k2] ideo A. – [l2–l2] non possum huiusmodi negligere A. – [m2–m2] in hac et AB. – [n2–n2] restituam AB. –

[42] A (very small) number of elect among the Jews in Christ's time ap: Galatinus, *De arc. cath. ver.* 1518, lib. 9, cap. 2, 262r.–264r., lib. 9, cap. 7, 266r.–v. (perhaps *i* here); Lambert, *De excaecatione* tract. 1, cap. 10, 18v. (*i*?). Cf. supra *cap.* 3 ad n. (57).

[43–43] Ap: ErP 1524 ad loc., LB 7, 547 (*ip*).

[44–44] Ap: ErP 1524 ad loc., LB 7, 547 (*i*).

[45–45] Ap: Galatinus, *De arc. cath. ver.* 1518, lib. 9, cap. 2, 262r.–264r. (*i*).

Annotationes

⟨Varii Dominum secuti sunt et variis de causis⟩ *Quaeritis me, non quod videretis signa* [Io 6,26]. Indubie in hac hominum turba, ut semper fieri solet, fuerunt boni et mali. [46]Fuerunt, quos desyderium Iesu, ut prophetae et divinae voluntatis praeconis, post ipsum$^{o^2}$ traheret [cf. Ct 1,3]. [47]Fuerunt etiam$^{p^2}$ qui ob signa sequebantur – ut supra Evangelista sectione 1 testatus est [Io 6,2] – quae super aegrotos faciebat, magis attracti cum $^{q^2}$portentorum quae Dominus edebat$^{q^2}$ curiositate, tum carnis utilitate, quam $^{r^2}$studio religionis quo digne ipsum venerarentur et colerent, adducti$^{r^2}$. Fuerunt denique, quos solus venter impellebat ad sequendum Christum, qui semel satiati ab eo sine commeatu, idem et postea fore sperabant. $^{s^2}$Et his$^{s^2}$ exemplum Moscheh$^{t^2}$ Domino obiecerunt [cf. Io 6,31] qui *perpetuos quadraginta annos* [Ex 16,35] populum ingentem in deserto [cf. Ex 12,37], absque omni eorum labore, paverat[47]. Horum verisimile est plurimos in hac hominum turba fuisse[46], ideo [670] potissimum ad illos sermonem vertit aque cibo quem ipsi quaerebant, [48]anagogen fecit ad [49]cibum coelestem, seipsum scilicet fide receptum [cf. Io 6,35.40] et ut Servatorem agnitum[49].

Operamini cibum [Io 6,27]. Id est: [50]quaerite, date operam ut alio cibo pascamini[50]. $^{u^2}$Videtur enim Evangelista [51]verbum עבד hic per ἐργάζεσθε reddidisse. Id autem fere significat: operari unde operaeprecium aliquod et fructus proveniat[51]. Unde עבד אדמה [Gn 4,2]: colere et operari terram dicunt. [52]Ergo quod Dominus dixit: *Operamini cibum* idem est atque: operam vestram et laborem culturamque huc impendite ut pane semper perennante et vivificante $^{v^2}$potiamini et$^{v^2}$ fruamini$^{u^2}$ [52].

Quem filius hominis [Io 6,27]. Ut filius hominis, id est ut *homo, Christus Mediator* noster est, 1 Timot. 2 [5], qui omnia nobis cum meruit, tum praestat, cui Pater *omne iudicium*, id est omnium gubernationem et re-

---

$^{o^2}$ eum A. – $^{p^2}$ *om.* A. – $^{q^2-q^2}$ *om.* A. – $^{r^2-r^2}$ quod digne venerarentur et colerent Dominum A. – $^{s^2-s^2}$ Unde A. – $^{t^2}$ *add.* postea A. – $^{u^2-u^2}$ *om.* A. – $^{v^2-v^2}$ *om.* B. –

[46–46] Ap: Augustine, *In Ioh.* tract. 25 ad loc., MPL 35, 1600, CCL 36, 252 (*i:* variety of motives; very few sought Jesus for himself).
[47–47] Ap: Albert, *In Ioh.* ad loc., *Opera* 24, 254 col. A (*i:* curiosity and gluttony).
[48] Cf. ad n. (35) supra.
[49–49] Ap: Augustine, *In Ioh.* tract 25 ad loc., MPL 35, 1600, CCL 36, 252 (*ip*).
[50–50] Ap: Augustine, *In Ioh.* tract. 25 ad loc., MPL 35, 1600, CCL 36, 252 (*i*); Brenz, *In Ioh.* 1528 ad loc., 102r. (*ip*).
[51–51] Ap: Münster, *Dict. hebr.* 1523, 315 (*i:* עבד = fecit, operatus est); Budé, *Commentarii*, col. 341–345 (*ip*).
[52–52] Cf. n. (50)–(50) supra. This exegesis and etymology (cf. n. (51)–(51)) adv: e.g. Eck, *Enchiridion*, cap. 5: *De fide*, CC 34, 94 (there ad: Io 6,28: fides = opus).

gnum dedit, [53]supra[w2] 5 [22]. [54]*Signavit eum Pater* [Io 6,27], hoc est: *Spiritu sancto prae omnibus participibus* donavit et *unxit* [Ps 44,8; cf. Hbr 1,9] ut esset *omnium Salvator* [1 Tim 4,10] et Dominus, etiam angelorum [cf. Hbr 1,6]. Hic est qui solus Patrem novit et nosse donat [cf. Io 1,18], *misso Paracleto, doctore omnis* [Io 14,26] veri, in corda suorum. Haec omnia et Pater facit, divinae enim haec virtutis sunt[54]. Quia autem Patri visum est per Filium haec perficere[x2] *per quem omnia quoque condidit* [Col 1,16] – et Filium quidem hominem factum *per quem instaurare vult omnia*, Ephe. 1 [10] – recte dixit hic: *Quem* cibum *dabit vobis filius hominis* [Io 6,27]. Reliqua [55]supra, primo, tertio et quinto capitibus.

Ut operemur opera Dei [Io 6,28]. Sic solet [56]caro semper quaerere quo seipsam salvet, id est sibiipsi Deus sit. [y2]Nec de solida totaque iustitia inquirit, huius enim plus habet inscriptum animo quam unquam praestare opere libeat. Id quaerit ut certis aliquibus, iisque[z2] non vere bonis, operibus a Deo paciscatur, [a3]id est[a3] vitam hic longaevam et prosperam vivat[b3] pro sua libidine, non Dei voluntate[c3], impuneque possit vere bona opera negligere[56]. [d3]Ex hac autem interrogatione luce clarius est Iudaeos istos intellexisse hic Dominum per [57]*panem*, hoc est *cibum* [Io 6,27] quem Hebraei omnem panis nomine vocant, [58]intellexisse id quo apud Deum liceat consequi vitam aeternam. Nam, cum ista putarent esse *opera Dei*, quae scilicet Deus probat et divina sunt, id est vere bona opera, rogabant quaenam ista opera Dei essent, *quid faciendum* sibi *esset ut* vere *opera Dei facerent* et ita cibum illum perciperent non pereuntem [Io 6,28.27][58]. Proinde cum Dominus se *suamque carnem et sanguinem edendum et bibendum* postea dixit [Io 6,55], non dubitarunt hi Iudaei eum hoc dicere, se esse eum qui nobis *vitam aeternam* largiri [Io 6,55] et in nobis vivere velit [cf. Io 6,57]. Hoc igitur cum [59]scirent solius opus Dei esse, ipsum autem agnoscerent tantum *ut filium Ioseph* [Io 6,42], carnem et sanguinem, hominem solum[59], offensi adeo fuerunt eius isto sermone – quem et discipuli eius quidam ut *durum* [Io 6,61] aversabantur – ut Dominum ideo desererent[y2 d3] [cf. Io 6,67].

[w2] *add.* capite D. – [x2] facere A. – [y2-y2] *om.* A. – [z2] iis B. – [a3-a3] *om.* B. – [b3] quam B. – [c3] *add.* transigat B. – [d3-d3] *om.* B. –

[53] Cf. supra *cap.* 5 ad n. (58)–(58).
[54-54] Cf. supra *par.* ad n. (36)–(36).
[55] Cf. supra *cap.* 1 ad nn. (9)–(9) – (20)–(20), *cap.* 3 ad nn. (1)–(76), *cap.* 5 ad nn. (92)–(92) – (122)–(122).
[56-56] Adv: e.g. Eck, *Enchiridion* cap. 5: *De fide*, CC 34, 94 (there ad: Io 6,28: fides = opus).
[57] Ap: Reuchlin, *De rud. hebr.* 1506, 268; Münster, *Dict. hebr.* 1523, 219 (*i*).
[58-58] Ap: Aquinas, *In Ioh.* ad loc., *Piana* 14:2, 39 r. col. A (*i*). Adv: Brenz, *In Ioh.* 1528 ad loc., 102v. (there: question motivated by malice only).
[59-59] Ap: Aquinas, *In Ioh.* ad 6,42, *Piana* 14:2, 40r. col. B. (*i*).

⟨Quid fides et cur *opus Dei*⟩ *Hoc est opus Dei* [Io 6,29]. [60]Mimesis est: quia enim illi de *operibus* rogarunt [Io 6,28] et *[e³]*nulla opera possint id*[e³]* praestare quod quaerebant: *[f³]cibum aeternae vitae[f³]* [Io 6,27], imitatus eos *[g³]*Dominus est*[g³]*. Opus vocavit fidem quae *[h³]* est certa de bonitate Dei persuasio confidensque salutis ab ipso expectatio [cf. Phil 1,19–20], quam efficit in animis electorum afflatus Spiritus sancti [cf. Gal 4,6], qui paulo infra *tractus Patris* [Io 6,44] vocatur, item *doctrina Dei* [Io 7,17], alibi *illuminatio* [2 Cor 4,6]. Istam ergo animi [61]persuasionem et expectationem, hunc sensum et fiduciam bonitatis divinae, *opus Dei* vocat, id est divinum, vere sanctum quodque Deo probatur, quo demum salvi et *filii Dei* [Rm 8,16] sumus*[i³]* [61]. *[j³]*Hanc [62]etiam fidem*[k³]* hinc recte *opus Dei* vocavit quod sit fons omnium bonorum operum [cf. Iac 2,22], id est vitae probatae Deo, complectaturque in se quicquid omnino Deo in nobis probari nobisque saluti[62] esse queat*[j³]*. Hac enim nova mente Dei *filii Dei* [Rm 8,16] vere sumus, ut cognoscentes Deum, ita et amantes atque in omnibus ad eius voluntatem propendentes. *[l³]*Hac etiam Christum ut *cibum aeternae vitae* [Io 6,27] vere edimus eoque alimur*[l³]*.

Quod igitur tu signum facis [Io 6,30]? Satis apparet*[m³]* hos non fuisse ex [63]illis qui paulo ante, viso miraculo panum, dixerant: *Hic est vere propheta ille qui venturus est in mundum* [Io 6,14] volebantque hinc eum regem constituere [cf. Io 6,15]. Nam prophetam illum Messiam sciebant, promissum populo ut rex eius esset [cf. Is 33,22]. Neque intelligebant enim in Spiritu eum regnaturum [cf. Rm 14,17].

Ut videamus et credamus tibi [Io 6,30]. Intellexerunt *credere* pro eo quod est: sese penitus dedere et ab eo pendere cui credis. Sic et Moscheh populus crediderat. Hinc ergo manifestum est hos nequaquam fuisse illos qui Dominum voluerant regem constituere [cf. Io 6,15].

[671] *Patres nostri* [Io 6,31]. Hinc apparet quid isti quaesierint: [64]utique ociose cum Domino vagari et ab ipso sine labore pasci, uti populus olim in deserto 40*[n³]* annis alitus fuit per man [cf. Ex 16,35][64].

[e³]–*[e³]* nihil operum id posset A. nulla certa possint B. – *[f³]*–*[f³]* *om.* AB. – *[g³]*–*[g³]* *om.* AB. – *[h³]* *add.* tamen non est *opus quod nos* quidem *operamur* sed A. – *[i³]* evadimus AB. – *[j³]*–*[j³]* *om.* A. – *[k³]* *om.* B. – *[l³]*–*[l³]* Hinc ea aeternum pasci nos et vivere [*add.* merito B.] dicimur, imo ut supra 5 diximus: ipsa aeterna vita est, licet inchoata, nondum perfecta AB. – *[m³]* aperet [= *aperte?*] A. – *[n³]* quadraginta AB. –

[60] Cf. *Lausberg* 1, par. 1143–1144 and infra ad n. (77).
[61]–[61] Ap: Augustine, *In Ioh.* tract. 25 ad loc., MPL 35, 1602, CCL 36, 254 (*i*). Here adv: Eck. Cf. supra n. (56)–(56).
[62]–[62] Ap: Luther, *Von den guten Werken* 1520, WA 6, 205 (*ip*).
[63] Ap: Augustine, *De cons. Evang.* 2, 47–48, MPL 34, 1128–1129, CSEL 43, 208–211 (*i*; but there merely not specified that the same crowd).
[64]–[64] Ap: Cyril, *In Ioh.* ad loc., MPG 73, 497–498 (*ip* of 1524 Latin ed., 64v.).

Quemadmodum scriptum [Io 6,31]. Psal.*o³* scilicet 78 [Ps 77,25]. Dicitur vero illic ⁶⁵man *panis coelorum* et nubium⁶⁵. Alii legunt: ⁶⁶*angelorum* quia de coelo, id est nubibus, opera angelorum depluebat⁶⁶. *p³*At cum Apostolus scribat istos *eundem cibum spiritualem manducasse* [1 Cor 10,3], divus Augustinus ex eo infert man et panem Domini paria fuisse sacramenta. Nam sic scribit in illud Ioan. 6 [50], *hic est panis qui de coelo descendit*: ⁶⁷"hunc panem significavit manna, hunc panem significavit altare Dei. Sacramenta illa fuerunt. In signis diversa sunt, sed in re quae significatur *q³* paria sunt. Apostolum audi: *Nolo enim vos*, inquit, *ignorare fratres quia patres nostri omnes sub nube fuerunt et omnes mare transierunt et omnes per Mosen baptisati sunt in nube et in mari et omnes eandem escam spiritualem manducaverunt* [1 Cor 10,1–3]. Spiritalem utique eandem, nam corporalem alteram, quia illi manna, nos aliud; spiritalem vero, quam nos. Sed patres nostri, non patres illorum; quibus nos similes sumus, non quibus illi similes fuerunt*p³*."

Non Moses^*r³* [Io 6,32]. Id est: ⁶⁸man quod dedit, non fuit vere coelestis, id est divinus panis ad aeternam vitam *s³*ex seipso*s³* satians [cf. Io 6,51–52]. *t³*Nam ut sacramentum fuit. Qui eo rite utebantur, in eo eundem quem nos cibum vere, etsi non tam clare et efficaciter, perceperunt⁶⁸. Caeterum*t³* ⁶⁹coelum*u³* nunc pro nubibus et superioribus orbibus accipitur, nunc autem pro secreto divinitatis, ut supra 3, sectione 2: *Nemo ascendit in coelum* [Io 3,13]⁶⁹. Inde *panem e coelo verum* [Io 6,32], id est vere coelestem seipsum dixit. ⁷⁰*E coelo*^*v³* est quia Deus est. *Panis* est quia solus suo Spiritu suique et Patris cognitione satiat ad vitam [cf. Io 6,35], id est aeternum dat vivere et beate⁷⁰.

---

o³ Psalmo AB. – *p³–p³* om. AB. – *q³* significantur [!] C. *corr.* significatur D. – *r³* *add. dedit vobis panem e coelo* AB. – *s³–s³* om. AB. – *t³–t³* om. AB. – *u³* *add.* siquidem AB. – *v³* *add.* enim AB. –

⁶⁵⁻⁶⁵ Ap: BiRab. ad loc. (*t*).

⁶⁶⁻⁶⁶ Ap: Chald. interp. (*t*). Here adv: e.g. *Glossa ord.* [*marg.*] (there: bread as eaten by the angels). Cf. BPs 1529 ad Ps 78,24, 283r.–v.

⁶⁷ *In Ioh.* tract. 26 ad Io 6,50, MPL 35, 1612, CCL 36, 265–266. Cited ap: Zwingli, *Unterrichtung*, CR 91, 826–827 (*i*!). Here adv: Brenz, *In Ioh.* 1528 ad loc., 105r. Cf. Luther, *Predigten über 2. Buch Mose* 1525, WA 16, 304–305 (there: manna shadow of sacrament only). This *add.* unexpected after Wittenberg Concord. Cf. BRom 1536 [1561], 147ff. and infra n. (68)–(68).

⁶⁸⁻⁶⁸ Cf. n. (67) supra. Here: adv: Brenz, *In Ioh.* 1528 ad loc., 105r. (there: disjunction between manna and sacrament). Ap: Zwingli, *Unterrichtung*, CR 91, 825–826 (*i*: there esp. ad 1 Cor 10,1–4).

⁶⁹⁻⁶⁹ Ap: Aquinas, *In Ioh.* ad loc., *Piana* 14:2, 39r. col. B (*i*: but there: "bona spiritualia" rather than "secretum divinitatis"). Cf. also BPs 1529 ad 78, 24, 283v.

⁷⁰⁻⁷⁰ Ap: Zwingli, *Unterrichtung*, CR 91, 818 (*i*); Aquinas, *In Ioh.* ad loc., *Piana* 14:2, 39r. col. B – 39v. col. A (*i*: divine *and* human nature emphasised).

⟨*Mundus*⟩ *Et dat vitam mundo* [Io 6,33]. Id est, [71]omnibus electis, ubicunque gentium agant[71]. Solet enim [72]mundus saepe accipi pro promiscua hominum universitate: aliquando autem tantum pro iis qui nondum renati sunt et facti coelestes. Sic est illud: *Mundus me odit* [Io 7,7][72]. Item: *Non rogo pro mundo* [Io 17,9]. [73]Secus est quod supra dixit: *Sic dilexit Deus mundum ut Filium suum dederit* etc. [Io 3,16].

⟨*Venire ad Iesum*⟩ *Qui venit ad me* [Io 6,35]. Hac locutione et supra 5 [40] pro eo usus est quod est: [w3]qui me ut Servatorem recipit et se mihi[x3] consecrat[w3] totum. Cui hoc facere fuerit datum, *is non esuriet* [Io 6,35], id est nihil bonorum desyderabit. Idem iam dicit per aliam allegoriam: *Qui credit in me non sitiet* [Io 6,35]. [74]*Credere* siquidem in Christum est ad eum venire et eum[y3] Salvatorem agnoscere[74]. *Non sitire* vero est nihil desyderare boni, sed per omnia beatum esse; quod in iis qui se Christo dediderunt fide, hic incipit; perficitur autem ubi corpusculum hoc, in *die novissimo* [Io 6,39] restitutum virtute Christi, imaginem ipsius qui coelestis Adam est, gestabit [cf. 1 Cor 15,45.47.49].

Sed dixi vobis[z3] [Io 6,36]. [a4]Notavit id[b4] quod ad eos [75]paulo ante dixerat: *Quaeritis me non quia vidistis signa* [Io 6,26]. [c4]Ex signis siquidem viderant quis esset, scilicet vere Filius Dei. Adhuc tamen non credebant ei quia [d4]a Patre ei non[d4] donati[75].

Omne quod[e4] [Io 6,37]. Nota quod [76]verum dixerit Paulus: *Quos praedestinavit, eos et vocavit et quos vocavit, hos et iustificavit. Quos vero iustificavit, hos et glorificavit*, Rom. 8 [30]. Caeterum cum unus sit Servator Christus, ipsi dari oportet, quicunque ordinati in vitam sunt.

Venientem ad me[f4] [Io 6,37]. Id est, *non abiicio*, non negligo mihi credentem. Igitur aeternum salvi sunt quibus semel datum est ad Christum venire. Ubi enim Pater eiusmodi Filio donat salvandos et Filius voluntatem Patris perficit, neque aliter potest et *nemo denique de manu Filii*

[w3–w3] ipsum ut Servatorem recipere et se illi consecrare A. – [x3] illi [!] B. – [y3] *om.* AB. – [z3] *add. quod vidistis me* AB. – [a4] *add.* Vel hoc quod supra 5 [39–40] ad eos dixit: *Scripturae testantur de me et non vultis venire ad me ut vitam habeatis*, significavit hic, vel certe quod alias eis dixerit, neque est ab Evangelista memoratum. Aut certe hoc A. – [b4] *om.* A. – [c4] *add.* □ Non credunt quia donati [!] A. – [d4–d4] non erant ei a Patre AB. – [e4] *add. dat mihi Pater* AB. – [f4] *add. non eiicio foras* AB. –

[71–71] Ap: Brenz, *In Ioh.* 1528 ad 6,37 (*i*).
[72–72] Ap: Augustine, *Contra Iulianum* 6, 2, MPL 44, 823–824 (*ir*). Cf. supra *cap.* 1, *sect.* 3 ad nn. (60), (61).
[73] Ap: Augustine, *In Ioh.* tract. 12 ad 3,16, MPL 35, 1490, CCL 36, 127 (*i*). Adv: ErP 1524 ad Io 3,16, LB 7, 522.
[74–74] Ap: Augustine, *In Ioh.* tract. 25 ad loc., MPL 35, 1603, CCL 36, 255 (*i*); Aquinas, *In Ioh.* ad loc., *Piana* 14:2, 39v. col. A (*ip*); Brenz, *In Ioh.* 1528 ad loc., 105v. (*i*).
[75–75] Ap: Brenz, *In Ioh.* 1528 ad loc., 106r. (*ipa*).
[76–76] Ap: Brenz, *In Ioh.* 1528 ad loc., 106v.–107r. (*ipar*).

quenquam rapit$^{g^*}$, ut infra$^{h^*}$ 10 [28] ipse testatur, necesse est ut aeternum apud ipsum maneant et salventur, quicunque semel ad ipsum venerint[76].

Ut non faciam$^{i^*}$ [Io 6,38]. Iterum [77]imitatio est, [78]re enim ipsa non habet Filius suam voluntatem quae non sit eadem$^{j^*}$ Patris. *Unum sunt* et idem volunt$^{k^*}$ *Pater et Filius* [Io 10,30][78].

$^{l^*}$*Sed resuscitem*$^{m^*}$ [Io 6,39]. Quia in *novissimo* demum *die* et fine seculi nostri consummatio expectatur [cf 1 Cor 10,11], recte de ultima resuscitatione hoc dictum Domini intelligitur. Sic enim habet in se responsionem ad eiusmodi cogitationem: promittis o Iesu vitam aeternam in te credentibus, illi autem nihilominus moriuntur. Nam licet [79]moriantur corpore, vel potius dormiant [cf. 1 Cor 15,20] etiam ipsi credentes, quia tamen *signati sunt Spiritu sancto in diem redemptionis* [Eph 4,30] et novissimae resuscitationis [cf. Io 6,39], *spe salvi sunt* [Rm 8,24] et saturi, contenti qualicunque gustu vitae coelestis [cf. Hbr 6,4] qui simul eis interim contingit donec, corpore et animo plene innovati, plene *item regnum Dei in haereditatem* percipiant [Iac 2,5][79].

⟨*Qui videt Filium*⟩ *Ut omnis*$^{n^*}$ [Io 6,40].ʽΟ θεωρῶν habetur quod non simpliciter: videre, sed: $^{o^*}$consyderare [672] potius$^{o^*}$ significat, unde pro: [80]plane cognoscere, accipitur. Qui enim plane cognoscit Filium, non potest non in eum credere. Agnoscit enim unicum esse Servatorem, Deum, *vitam* [Io 11,25] et omnia. Impii vident eum et cognoscunt, sed non pervident et non plane cognoscunt [cf. Io 6,36], ideo inexcusabiles$^{p^*}$ [cf. Io 15,22] redduntur, sed non possunt Domino vel credere, vel eum amare.

Quomodo *credentes* in Christum *vitam aeternam habeant*$^{q^*}$ [Io 6,40] [81]supra$^{r^*}$ quaedam dixi.

Observationes

In eo quod iterum frustranea interrogantibus [cf. Io 6,28.30] Dominus nihil respondit, sed ad salubria subduxit, discamus et nos omnia posthabere quo proxime Christum docere possimus. Quod vero tam variis ac etiam indignis hominibus Christus adeo sancte et clare de se annunciavit,

---

$^{g^*}$ *rapere* potest A. – $^{h^*}$ *add. capite* D. – $^{i^*}$ *add. voluntatem meam* AB. – $^{j^*}$ *add. et* AB. – $^{k^*}$ *om.* AB. – $^{l^*}$ *add.* Voluntatem autem pro beneplacito et eo quod volunt Evangelista accipit AB. – $^{m^*}$ *add. illa* AB. – $^{n^*}$ *add. qui videt Filium* AB. – $^{o^*-o^*}$ cum consideratione et quodammodo pervidere AB. – $^{p^*}$ *add. quidem* AB. – $^{q^*}$ *add. et* AB. – $^{r^*}$ *add. fol.* 88 A. –

[77] Cf. *Lausberg* 1, par. 1143–1144 and supra ad n. (60).
[78-78] Ap: Brenz, *In Ioh.* 1528 ad loc., 107v. (*i*).
[79-79] Ap: Augustine, *In Ioh.* tract. 25 ad loc., MPL 35, 1606, CCL 36, 259 (*i*: double resurrection; spiritual and carnal).
[80] Ap: ErP 1524 ad loc., LB 7, 548 (*i*).
[81] Cf. supra *cap.* 3, *sect.* 2 ad nn. (145)–(145) – (162)–(162).

moneat ne, ita ut [82]Catabaptistae, promiscuum populum docere quae Dei sunt, aversemur[82]. Reliqua commendant nobis iterum Christi incomparabilem dignitatem, fidei praestantiam et electionis Dei immutabilem virtutem. [83]Nemo siquidem Christo unquam credet, non electus, non a Patre Filio donatus [cf. Io 6,36–37]. Sic nemo quoque illi *donatus*, non *veniet ad eum* [Io 6,37]; cumque venerit, nunquam poterit ab ipso avelli[83]. Fortior nanque is est qui *in filiis Dei agit* [Rm 8,14], quam qui in mundo [cf. Io 12,31]. *Non glorificantur nisi iustificati, non iustificantur nisi vocati, non vocantur nisi praedestinati* [Rm 8,30].

⟨Nihil utilius quam praedicare credentibus impossibile esse ut unquam excidant⟩ Hi autem cum a Deo, qui mutari nequit [cf. Mal 3,6], praedestinati ad vitam sint et eam[s⁴] aeternam, impium est cogitare vitam horum, quam semel fide perceperunt, non esse aeternam et eos perire posse contra [84]decretum Dei. [85]Haec cum nullis persuaderi possint nisi electis, id est Spiritu Dei donatis [cf. Rm 8,14] ac ita ex Deo renatis – his autem tam absit ut ignaviam praedicata pariant ut nihil aeque illos ad amorem Dei atque inde ad omne opus bonum queat excitare – satis constat illos nescire quid dicant, qui negant ista palam praedicanda. Utique quo maiorem quisque Dei erga se amorem agnoscit, eo ardentius illum redamabit. Reprobi si istis offendantur mirum non est, illi nulla re non offenduntur. Sacra sanctis et electis scripta sunt, iis debent lucide et clare impertiri, quicquid inde veneni more araneorum reprobi hauriant[85].

ENARRATIO SECTIONIS IIII [41–52]

Paraphrasis

Murmurabant [Io 6,41]. Signum petierant Iudaei a Domino [cf. Io 6,30] quibus probaret sibi credendum, quemadmodum et Moscheh multis adeo signis et portentis a Deo missum se, cui populus credere deberet, probasset. Dominus autem non solum nullum eis novum[t⁴] signum dedit praeter ea quae viderant[u⁴] – abunde enim illa satis erant – sed praeterea se Moscheh infinito praestantiorem affirmavit et Deum esse pronunciavit,

---

[s⁴] *om.* AB. – [t⁴] *om.* A. – [u⁴] viderunt A. –

[82–82] Adv: *Schleith. Conf.* art. 4 (Absünderung), SBVG 28, 12; Denck and Kautz. Cf. *Getrewe Warnung* ad art. 2, BDS 2, 240 (there: external word cannot reassure the "inner man").

[83–83] Ap: Brenz, *In Ioh.* 1528 ad 6,44–45, 110r.–v. (*i*: only the *elect* taught by external word).

[84] Ap: ErP 1517 ad Rm 8,30, LB 7, 804 (*i*: there also "decretum" in context of predestination).

[85–85] Cf. supra *cap.* 1, ad nn. (43)–(43), (44), (57), (58), (138)–(138).

quia iterum atque iterum de se praedicavit quod *in se credentibus vitam det aeternam*, servet a morte atque *in die novissimo restituat* [Io 6,40] in vitam beatam, per omnia consummatos: hoc est *sit panis qui e coelo descendit* [Io 6,50].

⟨Unde *murmur*⟩ Haec cum in Domino nostro illi minime agnoscerent, consyderantes scilicet carnis in eo humilitatem, *murmur* inter illos ortum fuit, [86]aliis, electis scilicet, haec cum fide suscipientibus eumque a calumniis malorum[v4] defendentibus, aliis vero, reprobis nimirum, cum ipsius, tum parentum eius quos putabant, obscuritatem atque vilitatem obiectantibus. Hi ergo[w4] dicebant: quid iste audet se *dicere* panem *qui e coelo descenderit* [Io 6,42], qui e divinitate nobis prodeat ad vitam aeternam sibi addictos satiaturus [cf. Io 6,35.40][86]? Quasi vero ignoremus qui[x4] [!] sit, nempe *Iesus* ille faber, *Ioseph* fabri et Mariae *filius* [Io 6,42]! Iste igitur persuadebit se prodisse e coelo [cf. Io 6,42] quem dedit nobis abiectum oppidulum Nazareth? Respondit Iesus et dixit: *Ne murmuretis de me inter vos* [Io 6,43] ob id quod *dixi e coelo me descendisse* [Io 6,41]. Vos quibus datum est huic meo vero testimonio fidem habere, [y4]in eo[y4] persistite: quod alii illud impugnant, inde est quod [z4]natura sua perditi sunt[z4]. Vos ergo quibus[a5] absurdum videtur [b5]quod *praedico* me *panem esse qui e coelis venio*[b5] [Io 6,41], sinite interim me absurda locutum esse, [c5]scio enim vobis[c5] veritatem hanc persuaderi non posse. [87]*Nemo enim potest venire ad me* meque Salvatorem suum recipere, *nisi quem attraxerit Pater*, suo illi Spiritu indicans quis sim et quid dem meis [d5]*quos in die novissima* Patri *sistam* [Io 6,44], per omnia innovatos et iustos[d5]. *Etenim in Prophetis legimus*: *erunt omnes discipuli Dei, Deus omnes docebit* [Io 6,45; Is 54,13]. Proinde *qui a Patre audiverit et* ita audiverit ut *perdiscat, is venit ad me* [Io 6,45] quia ita a Patre *attrahitur* [Io 6,44] [e5]ut non venire nequeat[87]. Qui enim non ad me adcurreret etiam, certo doctus aeternam se apud me vitam inventurum? Porro [673] quod aio *docendos a Patre* [Io 6,45] quicunque mihi credituri sunt, *non* sic accipiendum est [88]quasi *Patrem quisquam viderit* [Io 6,46], aut videre possit, hoc est plane cognoscere[e5]. *Nemo enim unquam illum vidit* [Io 1,18], nisi qui est a Patre *consors divinitatis* [2 Pt 1,4]: ego ipse qui a Patre [cf. Io 6,46] veni in hunc mundum[88], id est Deus[f5]cum

---

[v4] aliorum A. – [w4] *om.* A. – [x4] *corr.* quis D. – [y4]–[y4] in ea A. sic B. – [z4]–[z4] aliter non possunt A. secus non possunt B. – [a5] *add.* illud AB. – [b5]–[b5] *om.* AB. – [c5]–[c5] vobis scio AB. – [d5]–[d5] Huiusmodi sartos tectos *in die novissima* Patri sistam AB. – [e5]–[e5] *Non* quod *Patrem* quis *videre* et illum in seipso cognoscere possit A. – [f5]–[f5] *om.* AB. –

[86]–[86] Ap: Chrysostom, *In Ioh.* hom. 46 ad loc., MPG 59, 257 (*i*: not open dissension); Brenz, *In Ioh.* 1528 ad 6,32, 104v. (*i*: elect in the crowd).
[87]–[87] Ap: ErP 1524 ad loc., LB 7, 548–549 (*ip*).
[88]–[88] Ap: Augustine, *In Ioh.* tract. 26 ad loc., MPL 35, 1610, CCL 36, 264 (*i*).

sim aeternus, [89]etiam*[f5]* "homo factus" sum. Spiritu Dei haec doctrina Patris et *attractio* [Io 6,44] perficitur quo, dum vos reprobi vacui estis, nihil mirum quod vos offendunt quae de me vera praedico. Vera sunt et certa*[g5]*, utcunque vobis videantur insana.

Iterum ergo ea vobis cum asseveratione affirmo et *amen atque amen dico[h5]*: *qui credit in me, iam habet vitam aeternam* [Io 6,47]. *Ego sum* enim *panis vitae* [Io 6,48], [90]veram edentibus me, id est mihi credentibus, vitam adferens et servans [cf. Io 6,35][90]. *[i5]Patres vestri in deserto comederunt manna,* fateor, *sed mortui sunt* [Io 6,49]. Non igitur erat ille [91]verus e coelo panis [cf. Io 6,32] et vivificans [cf. Io 6,35] *[j5]*quod quidem in externum sumebatur*[j5]*. Iste autem de quo ego loquor *[k5]*panis, qui ipse sum*[k5]*, vere *e coelo descendit* [Io 6,41] ut homines ex eo *edant*, hoc est *[l5]*eo in se vivente seque vivificante perfruantur ut *mori nunquam* [Io 6,50] possint*[l5]* [91]. Iure igitur optimo dixi quod panis sim ille *vivens* et vivificans [Io 6,51; cf. Io 6,35], *qui e coelo descendit* [Io 6,51; Io 6,41]. *Si quis edat ex hoc pane, vivet in aeternum* [Io 6,52].

*[m5]*His adeo non obstat quod [92]homo sum, caro et sanguis [cf. Io 6,54], *[n5]*ut vobis videor*[n5]* *filius Ioseph* [Io 6,42], ut me pane vivifico non aliter frui quisquam poterit quam per me hominem, *per me carnem et sanguinem verumque hominis filium* [Io 6,54]. Ut [93]homo nanque *Deum inter et homines unicus Mediator sum* [1 Tim 2,5]. Quare ut hominem etiam amplecti me oportet eos*[o5]* qui [94]volent cum Deo in gratiam redire, ab eoque vitam percipere.

Hinc affirmo vobis*[m5]*: *Panem [!] quem ego dabo* [Io 6,52], quo ego reficiam eos quos *mihi[p5]* *Pater dederit* [Io 6,37], *attraxerit* [Io 6,44] et *docuerit* [cf. Io 6,45], *caro mea est*, hoc meum corpus quod impendam *pro vita mundi* [Io 6,52] immolandum. [95]Satisfieri enim divinae iustitiae oportet, idque morte mea. Hoc ergo*[q5]* *qui crediderit* [Io 6,40] et per me crucifixum salutem speravit [cf. Gal 6,14], is *[r5]*vere demum assumit me in se et*[r5]*

[g5] amen A. – *[h5]* add. vobis A. – *[i5]* add. □ *Patres manna comederunt* AB. – *[j5]–[j5]* om. AB. – *[k5]–[k5]* qui ipse sum panis A. – *[l5]–[l5]* in me credant et non moriantur AB. – *[m5]–[m5]* Ut vero exponam et quo pacto in aeternam vitam ego alam mihi credentes, quaque ratione edendus sim, accipite si potestis A. – *[n5]–[n5]* nempe vobis videtur B. – *[o5]* om. B. – *[p5]* om. A. – *[q5]* om. A. – *[r5]–[r5]* om. AB. –

[89] *Nicene Creed*, Hahn par. 143, 162.
[90]–[90] Ap: Brenz, *In Ioh.* 1528 ad loc., 111r. (*ip*).
[91]–[91] Ap: ErP 1524 ad loc., LB 7, 549 (*ip*). Adv: Brenz, *In Ioh.* 1528 ad loc., 111v. (there explicitly refers to the eucharist and mentions Christ's flesh "verbo adnexa").
[92] Emphasis on two natures ap: Aquinas, *In Ioh.* ad 6,43, *Piana* 14:2, 40v. col. A (*i*). Adv: Brenz, *In Ioh.* 1528 ad 6,35, 105v. (emphasises divine nature of the bread).
[93] Ap: Augustine, *De civ. Dei* 9, 15, MPL 41, 269, CCL 47, 263 (*ip*) cited in: Aquinas, *S. Th.* 3a q. 26 a. 2, *Caramello* 3, 151.
[94] Ap: Bernard of Clairvaux, *De gratia et lib. arb.* 11, MPL 182, 1020 (*i*).
[95]–[95] Ap: Zwingli, *Auslegen u. Gründe*, CR 89, 142 (*i*: there: ad Io 6,51–53).

me, uno et vivifico *pane,* $^{s^5}$*pascitur vivetque*$^{s^5}$ *in aeternum* [Io 6,52]^{95}.
$^{t^5}$Proinde et in me homine, in me *carne et sanguine* [Io 6,54], in me
contempto adeo ac humili *Ioseph filio* [Io 6,42], scitote salutem et aeternam
vobis vitam esse repositam quam a nemine alio, nec alia ratione percipie-
tis, quam si fide me Servatorem vestrum agnoveritis $^{u^5}$et assumpseritis$^{u^5}$,
quamlibet homo sum, *caro et sanguis*$^{t^5}$ [Io 6,54].

Annotationes

⟨Quae causa *murmuris*⟩ *Murmurabant ergo Iudaei de illo* [Io 6,41]. Id
est: Domino eo quod dixisset: *Ego sum panis qui de coelo descendi* [Io 6,41].
Hinc quod Evangelista: ^{96}de Domino, non: contra Dominum *murmuratos*
scribit, mihi fit verisimile fuisse inter illos qui a partibus Domini steterint,
ii praesertim qui eum$^{v^5}$ ex ^{97}signo panum Messiam agnoverant *regemque*
voluerant constituere [Io 6,15]. Sic sane et infra scribit quod pugnaverint
inter se [cf. Io 6,53]: aliis ergo alios adversarios fuisse oportet. Hoc qua
alia ratione esset factum, quam aliis pro Domino, aliis contra eum loquen-
tibus? Hoc primum fiebat ^{98}submissius, inde *murmur* illud Evangelista
vocat. Postea incaluit contentio, eam vocavit ^{99}*certamen* [!].

⟨Qualis *Patris tractus*⟩ *Nisi Pater qui misit me, traxerit eum* [Io 6,44].
Quid *trahere* sit Dominus$^{w^5}$ ipse mox exponit, cum ait: *Omnis ergo qui*
audivit a Patre et didicit, venit ad me [Io 6,45]. ^{100}*Audire* enim *a Patre et*
ita *audire ut perdiscat*$^{x^5}$ est *trahi* a Patre. Eiusmodi enim vere agnoscunt
quid Christus sit, nempe *vita* [Io 11,25], salus et omne bonum; igitur non
possunt non venire ad eum^{100}. Unde haud inepta similitudine ^{101}Augus-
tinus usus est, dum ait: "ostendis ovi viridem ramum et trahis eam".
Neque non quadrat illud ^{102}Poetae quod adducit: "trahit $^{y^5}$sua quenque$^{y^5}$
voluptas". Haud enim potest animus non persequi quod sibi salutare
fore$^{z^5}$ certo iudicavit. Qui ergo posset contari ad Christum venire eique
se totum tradere, qui *doctus a Patre* [Io 6,45] certo didicit illum *panem esse*

$^{s^5-s^5}$ *pascetur et vivet* AB. – $^{t^5-t^5}$ *om.* A. – $^{u^5-u^5}$ *om.* B. – $^{v^5}$ *om.* A. – $^{w^5}$ *om.* AB. – $^{x^5}$ perdiscas
A. – $^{y^5-y^5}$ unumquenque sua A. – $^{z^5}$ et AB. –

^{96} Cf. supra n. (86)–(86).
^{97} Cf. supra ad n. (63).
^{98} Cf. supra n. (86)–(86).
^{99} Er 1527: decertabant (ἐμάχοντο).
$^{100-100}$ Ap: Augustine, *In Ioh.* tract. 26 ad loc., MPL 35, 1609–1610, CCL 36, 262–263 (*ip*).
^{101} *In Ioh.* tract. 26 ad loc., MPL 35, 1609, CCL 36, 262. Paraphrased in: ErDelibarb, LB
9, 1238. Here adv: Luther, *De serv. arb.,* WA 18, 781–782 (there: simile attributes too much
to human powers).
^{102} Vergil, *Ecl.* 2,65 ap: Augustine, *In Ioh.* tract. 26 ad loc., MPL 35, 1609, CCL 36, 262.
Also cited in: *Glossa ord.* [*marg.*] ad loc.; Aquinas, *In Ioh.* ad loc., *Piana* 14:2, 40v. col. A.

vitae [Io 6,48] et suis donare *vitam aeternam* [Io 6,47]? Unde quicunque ad ipsum non veniunt, ideo non veniunt quod vel *a Patre* nihil de eo *audierunt*, id est Spiritu Dei ˙nihil de eo docti sunt [cf. Io 14,26], aut non sunt *docti* [Io 6,45] ita ut perdidicerint. Discunt enim aliquantulum divina et impii, sed non perdiscunt, non plane illa agnoscunt. De quo iam paulo supra quaedam dixi, [103]fusius vero *ᵃ⁶*in observatione prima, sectione 2*ᵃ⁶*.

Est scriptum in Prophetis [Io 6,45]. [104]E Iesa. 54 [13] adductum hoc quidam putant[104] ubi Ierusalem, id est ecclesiae sanctorum, promissum legimus fore ut *omnes filii* eius sint *docti Domi*[674]*ni*, id est discipuli Domini quos ipse suo Spiritu erudiat [cf. Io 14,26]. Et si [105]verba perpendamus, non facile invenias locum unde rectius dicas hanc sententiam mutuatam: at si sensum solum consyderes, vix aliquis prophetarum est qui non multis hanc Patris doctrinam Christi tempore potissimum sese exerturam praedixerit. Nam licet hac et veteres docti sint, multo tamen cumulatior et plenior impertiri coepit electis a glorificato Christo [cf. Io 7,39][105]. Certe [106]Iirmeiah [Ier 31,33] cum praedixit fore ut *scriberet Deus Legem suam in cordibus suorum*, 31 idem testatus est. Sic Iechezkel ac alii, quoties de amplissimo dono Spiritus vaticinati sunt [cf. Ez 11,19]. *ᵇ⁶*Inde videtur hoc dictum non uni prophetarum, sed omnibus attribuendum esse*ᵇ⁶*.

⟨*ᶜ⁶*Quatenus homini liberum arbitrium⟩ Hic locus: *Nemo potest venire ad me, nisi Pater traxerit eum* [Io 6,44] praecipuus inter [107]eos est quibus *ᵈ⁶*pugnatur contra vires humanas*ᵈ⁶*: sed idem, probe expensus, [108]omnem litem apud veri studiosos duntaxat, non contentiosos, dirimere potuerat[108]. Etenim quid per [109]*trahere* Dominus intellexerit, ipse satis explicavit cum subiecit: *Omnis igitur qui audierit a Patre et didicerit, venit ad me* [Io 6,45]. [110]Etenim si venit *ᵉ⁶*homo ad Christum*ᵉ⁶* et tum *venit* quando *a Patre audierit et didicerit* [Io 6,45] veniendum esse[110], certe suo libero arbitrio

---

ᵃ⁶–ᵃ⁶ fol. 17 A. in observatione prima sectiunculae secundae B. – *ᵇ⁶–ᵇ⁶ om.* AB. – *ᶜ⁶–ᶜ⁶ om.* A. – *ᵈ⁶–ᵈ⁶* contra liberum arbitrium pugnatur B. –*ᵉ⁶–ᵉ⁶ om.* B. –

[103] Cf. supra *cap.* 1, *sect.* 2 ad nn. (42), (43)–(43).
[104–104] E.g. Aquinas, *In Ioh.* ad loc., *Piana* 14:2, 40v. col. B.
[105–105] Ap: *Glossa ord.* [*marg.*]; Bede in: *Catena* ad loc., Guarienti 2, 424 (*ip*: but in both Ioel 2,33 considered closest verbally); Chrysostom, *In Ioh.* hom. 46 ad loc., MPG 59, 258 (*i*: all prophets; there: no-one singled out).
[106] Ap: Brenz, *In Ioh.* 1528 ad loc., 110r. (*r*).
[107] Locus classicus of the "liberum arbitrium polemic". Cf. ErDelibarb, LB 9, 1238; Luther, *De serv. arb.*, WA 18, 781; Hubmaier, *Freiwilligkeit* 2, Täuferakten 9, 420; Clichtove, *Compendium*, 132v.
[108–108] Adv: ErDelibarb, LB 9, 1238; Luther, *De serv. arb.*, WA 18, 781.
[109] Adv: Luther, *De serv. arb.*, WA 18, 782 (there: tractus = internal process); ErDelibarb, LB 9, 1238 (there tractus as ap: Augustine). Cf. supra n. (101).
[110–110] Ap: Ps.-Augustine, *Quaest. Vet. et Nov. Test.* no. 75 [79] ad loc., MPL 35, 2272, CSEL 50, 128 (*ip*).

suaque sponte venit, non minus atque aliud quippiam amplectitur de quo audivit et didicit, id est certo cognovit id e re sua esse.

Non *trahit* igitur *Pater* [Io 6,44] ad Filium homines, velut homo saxum aut lignum post se trahit, sed ita ut de [111]Hercule Gallico fabulae memorant *f⁶*eum homines attraxisse catenis ab ore eius pendentibus et auriculis hominum infixis, sed iis laxis. Quo significabatur illos attrahi solitos fuisse oratione Herculis persuasos, ac ita persuasos ut iam ultro adcurrerent*f⁶* [111].

Ut igitur Deo nemo [112]persuadet certius omnemque de eo quod commendat dubitationem plenius submovet, nemo verius item dici debet homines *attrahere* et *attrahere* simul tum liberiores ac lubentiores. Quo enim certius pleniusque hominibus utilitas ingens in re aliqua ostenditur, eo redduntur item animo in eam rem proniores et cupidiores. Quare cum Christo Pater *aeternam vitam* [Io 6,47] et felicitatem [113]Spiritu suo sic hominum animis monstrat ut non possint non cupidissime illi sese dedere[113], *trahit* quidem eos et potenter adeo ut non sequi nequeant, at*g⁶* iuxta tam libere tamen ut in nullam rem suo arbitratu ferantur ardentius.

Hactenus igitur est hominibus [114]arbitrii libertas quod divina non amplectuntur, nisi ante didicerint cognoverintque [cf. Io 6,45] amplectenda, tamque ultro in ea totis animis ruerint ut iam nihil aliud omnino libeat[114]. Sic nec [115]peccant nisi volentes suoque libero arbitratu Dei iussa negligentes. Rursus cum [116]Christum et vera in hoc bona nemo potest cognoscere, nisi Patre docente [cf. Io 6,45], hominibus certe deest ad bonum quidem voluntatis libertas, quamdiu hac Patris doctrina, hoc est Spiritu monstrante [cf. Rm 8,16] quae in Christo sunt, destituuntur. Neque enim quisquam suo arbitrio amplecti potest de quo nihil novit*h⁶* [116], quare philosophi [117]voluntatem 'caecam' dixerunt. *i⁶*Hinc*j⁶* aperte affirmat

---

f⁶–f⁶ fixis eum in auribus cathenis, ore post se homines traxisse, hoc est a se persuasos quo libuisset adduxisse B. – *g⁶* et B. – *h⁶* noverit B. – *i⁶* add. □ Supra cap. 3 a. 3 D. –*j⁶* Atqui B. –

[111–111] Cf. Lucian of Samosata, *Praefatio: Hercules*, 1–8. On the significance of this image as illustrating powers of persuasion cf. further Backus, *Hercules Gallicus* in: RThPh *Cahier* no. 8, 51–55.

[112] Theme of persuasion here already ap: Aquinas, *In Ioh.* ad loc., Piana 14:2, 40r. col. B–40v. col. A (*ip*).

[113–113] Ap: Augustine, *De Spiritu et littera* 3, MPL 44, 203, CSEL 60, 157 (*ip*). Cf. BPs 1529 ad 1,6, 14r.

[114–114] Ap: Aquinas, *In Ioh.* ad loc., Piana 14:2, 40v. col. A (*i*). Cf. BPs 1529 ad 1, 6, 13v. (there: Bucer praises Aquinas' doctrine of "liberum arbitrium").

[115] Ap: Aquinas, *In Ioh.* ad loc., Piana 14:2, 40v. col. A (*i*).

[116–116] Perhaps adv: Hubmaier, *Freiwilligkeit* 2, Täuferakten 9, 420 or: Clichtove, *Compendium*, 132v. (in both: up to man to see to it that he is drawn by the Father).

[117] Cf. e.g. Xenophon, *Mem.* 4, 5.6 (there *i* only: passions blind unless informed by knowledge and reason); Luther, *De serv. arb.*, WA 18, 673 (there: caeca ratio!).

Christus, *nisi renatum, neminem posse videre regnum Dei* [Io 3,3]. [k6]Et Paulus negat *animalem hominem*[l6] *posse percipere quae Dei sunt esseque haec illi stultitiam* [1 Cor 2,14]. Quod ergo non potest iudicare quale sit, neque poterit arbitrari amplectendum arbitratumque lubens amplecti.

Hinc dixerunt quidam [118]homini esse voluntatis libertatem ad mala, non autem ad bona. Id hactenus verum est quod [119]adnatus ille nobis error est quo bona ducimus ad quae fertur corruptus animus[119]. Ut enim deest cognitio verorum bonorum, falsa probari nostrae rationi oportet indeque in mala tantum voluntatem nostram, iuxta caecum mentis obscuratae arbitrium [cf. Eph 4,18] propendere. [m6]Et id est quod Scriptura dicit: *Cogitatio cordis humani a puero mala est* [Gn 8,21]. Item quod Paulus: *Scio quod non habitat in me, hoc est carne mea, bonum* [Rm 7,18] et caetera multa quae de eo scribit, quod homo *mala quae detestetur faciat, bona vero quae velit non faciat,* [n6]Rom. 7[n6] [15]. Caeterum si mali huius radicem inquirimus, nec est plena etiam ad mâlum libertas. Nam qui Christi Spiritu, verae libertatis authore [cf. 2 Cor 3,17], donati non sunt, [o6]*eos captivos teneri* a Satana *ad suam voluntatem* [2 Tim 2,26] alibi Paulus scribit. Hic sane oculos iis quos Christus eius tyrannide nondum vindicavit, sic praestringit ut, licet nonnihil lucis habeant ex *scripta in cordibus ipsorum Lege* [Rm 2,15] Dei, illa ta[675]men potiora iudicent quae ingenitis morbis, pravis illis cupiditatibus, quarum ille *vetus serpens* [Apc 12,9] inventor est, accommoda sunt. Hinc recte videtur dici volentes quidem hos, et nequaquam coactos, mala admittere, at non arbitrio per omnia libero. Qui enim arbitrium istuc dicetur plane liberum quod tantopere obnoxium est imposturae vique Satanae, ut violentissimas naturae cupiditates sileam? Profecto, si quis stulto et imprudenti homini persuadeat [120]frigida lavare, dum is ex febre aestuans id vehementissime cupit[120], etsi hic non nisi volens lavabit, at nemo dicet tamen eum rei huius iudicium habuisse prorsus liberum. Tantum tamen malis omnibus iudicii adest libertas ut nullam suae culpae partem Deo, cum eos conscientia inceperit reos peragere, tribuere possint; sicque impietatis cuius se sua sponte, scientes et prudentes, obligaverint, suis ipsorum tandem cogitationibus convincuntur ut ipsi contra seipsos pronunciare compellantur.

[k6] *add.* □ 1 Corint. 2. d. 14 D. – [l6] *add.* non [!] B. – [m6] *add.* □ Gen. 6. b. 5 [!] D. – [n6-n6] Romanorum septimo B. – [o6] *add.* □ 2 Timoth. 2 d. 26 D. –

[118] E.g. Augustine, *De civ. Dei* 2, 4, MPL 41, 49–50, CCL 47, 37; *In Ioh.* tract. 22 ad 5,26, MPL 35, 1579, CCL 36, 228; *De Spiritu et littera* 3, MPL 44, 203, CSEL 60, 157 (cited by Luther, *De serv. arb.*, WA 18, 670 as model of his own doctrine); Aquinas, *In Ioh.* ad loc., *Piana* 14:2, 40v. col. A.

[119-119] Ap: Augustine, *In Ioh.* tract. 42 ad 8, 43–44, MPL 35, 1703, CCL 36, 369 (*i*).

[120-120] Cf. Galen, *Methodus medendi* 1530, lib. 8, 148 (there: "lavatio frigida" one of the things which are absolutely forbidden if patient suffering from fever).

⟨De eorum opinione qui liberum arbitrium homini in rebus suis tribuunt, negant in divinis⟩ Sunt ^{121}alii qui$^{p^6}$ scribunt ad solidam iustitiam
quae opus sit Spiritus sancti, homini deesse libertatem: adesse autem ad
iustitiam quam vocant civilem^{121}, cui tribuunt continere manum a caede
[cf. Dt 5,17], *a furto* [Dt 5,19], abstinere *ab uxore aliena* [Dt 5,21] et hoc
genus alia$^{q^6}$; tum$^{r^6}$ et in deligendis his quae ^{122}ψυχικά [1 Cor 15,44] sunt
ut: hoc aut illud cibi genus eligere, hoc aut illo genere vestitus uti, huc et
illuc ire^{122}. $^{s^6}$Hi vero non tam de libertate arbitrii, quam de facultate libera
loquuntur agendi. Dominus enim passim hominibus tantum lucis largitur
ut videre quae praestant in iustitia civili et vita corporis, possint. Quae
autem sunt verae iustitiae, nullis dat pervidere, quam selectis ad vitam
aeternam. Vulgo igitur homines in his nihil eligere recte possunt quia nihil
recte vident. ^{123}Caeterum tamen non$^{s^6}$ minus in his, libera electione et
ultronea voluntate, amplectitur homo quae cognovit Deo grata, quam
ullum genus cibi, vestitus, aut actionis, $^{t^6}$cum Dei ea cognovit$^{t^6}$. Imo cum
in haec saepe naturae impetu, sine multa deliberatione feramur, iis autem
quae tanquam iussa Dei proponuntur, non assentiamur nisi probe excussis
et exploratis – praesertim cum propter *repugnantem* his *in membris* nostris
legem [Rm 7,23], nihil tale amplecti possimus, nisi id multa expensione ut
divinum et salutare agnoverimus – multo plus et arbitrii et liberae voluntatis in rebus solidae pietatis, quam vitae carnalis adesse nobis ex-
perimur^{123}. $^{124\,u^6}$*Thessalonicenses illi* qui, iudicaturi de annunciato ipsis
evangelio, *Scripturas excutiebant* [Act 17,11], nunquid maxima et iudicii
et animi libertate illud receperunt?

$^{p^6}$ *add.* suam huic nodo bipennem invenisse magnifice hodie praedicantur, ii B. – $^{q^6}$ *add.*
Putant siquidem opera Legis vocari a Paulo quae efficiunt homines sine Spiritu sancto
imitantes Legem B. – $^{r^6}$ tamen B. – $^{s^6-s^6}$ item suo hominem agere arbitrio affirmant. Equidem
autem non video quare adsit in his maior nobis libertas arbitrii, quam in iis quae verae
pietatis sunt. Neque enim B. – $^{t^6-t^6}$ *om.* B. – $^{u^6}$ *add.* □ Act 17. c. 11 D. –

$^{121-121}$ Ap and adv: Luther, *De serv. arb.*, WA 18, 767–768 (*ip*). Cf. Althaus, *Theologie*,
129–130.
$^{122-122}$ Ap: ErP 1523 ad 1 Cor 15,44f., LB 7, 910 (*ip*: definition of ψυχικά). Distinction
between "iustitia civilis" and conventions not ap: Luther, *De serv. arb.*
$^{123-123}$ Ap: ErRatio, LB 5, 103–104 (*i*).
^{124} Adv: Luther, *De serv. arb.*, WA 18, 653, 655 (there: same *r* but clarity of Scripture given
priority over all human judgement).

125 *v⁶*Id sane*ʷ⁶* in nobis experimur*ˣ⁶*: nos nihil prorsus, sive internum, sive externum, sive iustitiae sit fidei, sive civilis – dum ut homines agimus – sine rationis arbitrio et ultronea voluntate vel amplecti, vel respuere. Et rursus*ʸ⁶* ¹³¹confitendum est *agere Deum omnia in omnibus* [1 Cor 12,6] nosque in ipso Deo moveri, vivere [cf. Rm 6,11] et esse [cf. 1 Io 2,5]; denique sine peculiari eius *afflatu* [Io 20,22] nihil nobis verae iustitiae venire unquam in mentem. Videtur ergo res sic habere: ratione praeditos nos Deus condidit electioneque agere dedit. Tales itaque servat et agit nos, non ut inanimata et rationis expertia, quod et paulo ante dixi. Sive igitur nos pravis nostris cupiditatibus Satanaeque suggestionibus permittat rapiendos ad mala, ¹³²sive, monstrato seipso suaque optima in nos voluntate,

---

v⁶ ¹²⁵*add.* B: ⟨Quid iustitia Dei et civilis⟩ Miror autem de his. Cur civilem iustitiam vocent cum Legi Dei studetur quam *animalis homo nequaquam agnoscere*, nedum vereri *potest* [1 Cor 2,14]? Iustitia civilis quae est absque *Spiritu filiorum Dei* [Rm 8,15], ea est vitae aequabilitas qua cum hominibus commode vivitur absque studio Dei. Ad hanc vero non Lex Dei, sed utilitas nominisve cupiditas impellit. Una est *vera iustitia quae ex fide* [Rm 10,6] qua, ut Deus agnoscitur [cf. Rm 1,17], ita ipsi in primis vivitur. Quae sine hac est, umbra iustitiae, non iustitia vere dicitur. Paulus ¹²⁶vocat *hominum iustitiam*, scribens de Iudaeis *qui nolentes iustitiae Dei sese dedere* – hoc est se Christi Spiritui qui solus vere iustos reddit [cf. Rm 14,17], credere – *suam constituere quaerebant* [Rm 10,3]¹²⁶. ¹²⁷*Iustitia* siquidem *Dei* [Rm 1,17] quid aliud fuerit quam Legi eius parere? Iam *Lex impletur* ¹²⁸*dilectione proximi* [Rm 13,10] quae, ut illi nihil facit mali, ita nullo non officiorum genere demereri studet quae et vera *opera Legis* [Rm 3,20] sunt. Horum autem omnium radix fides est [cf. Rm 11,17–19] qua, ut Deo se homo penitus committit et addicit¹²⁸, ita in eum quo transformatur ¹²⁹eiusque adflatus Spiritu [cf. Io 20,22], Deum in omnibus refert. Et hinc est quod nostri iustificatio fidei tribuitur. *Iustificamur* siquidem, hoc est iusti *per nulla opera* – quae bona, ipsi nondum boni, nulla praestare possumus – sed *per fidem* [Rm 3,28] reddimur. Tum autem iusti sumus, cum iusta operamur et ex iustitia vivimus [cf. 1 Io 3,7], addicti iuxta Legem usibus proximorum [cf. Rm 13,8]. Sed haec in praesenti loco parerga sunt.
¹³⁰Viderunt isti Scripturam tribuere homini circa officia iustitiae electionem liberamque voluntatem [cf. 1 Io 3,7] et simul negare eum sine adflatu Spiritus [cf. Io 20,22] superni *posse quae Dei sunt percipere* [1 Cor 2,14]. Putaverunt igitur haec sic conciliari posse si ad diversa referantur: electio libera sine *adflatu Spiritus* [Io 20,22] ad opera naturae et iustitiam quam vocant "civilem" (per quam tamen intelligunt omnia fere externa solidae iustitiae officia, nempe quae Lex Dei docet); afflatus Spiritus [cf. Io 20,22], sine electione rationis, iustitiae fidei quam solis internis videntur metiri¹³⁰. At nisi negare libeat. – *ʷ⁶* quod B. – *ˣ⁶ add.* fatendum est B. – *ʸ⁶ add.* nisi inficiari velimus quae aperte Scriptura praedicat, iuxta B. –

¹²⁵ This overtly anti-Luther passage var. (v⁶) *om.* after Wittenberg Concord.
¹²⁶⁻¹²⁶ Adv and ap: Luther, *De serv. arb.*, WA 18, 768 (*ip*).
¹²⁷ Adv: Luther, *De serv. arb.*, WA 18, 768 (there: "iustitia Dei" divorced from works and the Law).
¹²⁸⁻¹²⁸ Ap: Aquinas, *S. Th.* 1a 2ae q. 99 a. 1, *Caramello* 1:2, 449 (*ir*). Cf. also Bucer, *Das ym selbs*, BDS 1, 61, 64.
¹²⁹ Ap: Lambert, *De prophetia* tract. 4, cap. 10, 54r.–55r. (*ipa*); Aquinas, *S. Th.* 1a 2ae q. 93 a. 6, *Caramello* 1:2, 425 (*i*: Holy Spirit transforming man's will).
¹³⁰⁻¹³⁰ Adv: Luther, *De serv. arb.*, WA 18, 765–768 (but there: different *r*); Melanchthon, *Loci* 1521: *De gratia*, CR 21, 158 (there *r* Io 20,22).
¹³¹ Ap and adv: Luther, *De serv. arb.*, WA 18, 732 (there same *r* adv: Er but Luther separates "civil" from divine justice).
¹³²⁻¹³² Ap: ErDelibarb, LB 9, 1238 (*ipa*).

trahat per Spiritum suum *ad Christum* [Io 6,44] Servatorem, hoc est omnimodam iustitiam et salutem, agere nos sinit ex nostra sententia nostroque iudicio ut, si susceptam actionem consyderemus, haud unquam inficiari possimus liberum nobis arbitrium deesse, etsi, ut recte illo utamur quaeque vera bona sunt amplectenda nobis censeamus, opus sit horum certo monstratore, Spiritu Dei [cf. Io 14,26][132]. Nam*z6* ut dixi, sine hoc [133]Spiritu*a7*, quae Dei ac ideo vera bona sunt, cognoscere prorsus nequimus*b7* [cf. 1 Cor 2,14], tam abest ut statuere quicquam de eis possimus[133]. Sic et ad malum libertati hoc deesse sentimus quod ad illa innatae cupiditates suggestioque Satanae sic impellit ut non sit arbitrium nostrum plane liberum. Liberum tantum hactenus est ut iuste – tanquam qui scientes et volentes Deum contempsimus – divinae ultioni nos obnoxios esse ipsis fatendum sit. Media *c7*licet illa sint in se*c7* natu[676]ralis hominis opera, ut sunt: ire, stare, hoc vel illo ciborum aut vestium genere uti, nihil *d7*tamen in his*d7* tam minutum est [cf. Mt 10,29] quod in gloriam Dei ordinari eoque certa deligi ratione*e7* debeat [!]. In *gloriam siquidem Dei* [134]omnia nostra, *sive edamus, sive bibamus, sive quid aliud faciamus,* instituenda sunt et *in nomen Christi* suscipienda, ut Paulus docuit 1 Corinth. 10 [31] et Coloss. 3 [17]. Et in his ergo *aguntur Spiritu Dei filii Dei* [Rm 8,14], hoc est: ipso freti vident, iudicant, deligunt, agunt quod ipsis dignum, hoc est: quod momentum aliquod habeat, ut ad utilitates proximorum, ita ad sanctificandum nomen Dei [cf. Rm 13,8–10][134] – omnia [135]et liberius et lubentius, quam quicquam agit homo *carnalis* [Rm 7,14]. Utcunque nihil huius possit vel cogitare quisquam necesseque sit omnia, quaecunque etiam in hisce rebus tentaverit, peccata esse, si hic Domini Spiritus actus defuerit[135].

⟨[136]Ad quid praecepta homini data⟩ Et hinc quod Deus hominem statuit, non nisi suoipsius arbitrio et voluntate, ad *se attrahere* [Io 6,44] et ad quaevis bona impellere, tantum nobis*f7* adhiberi voluit doctrinae, hortamentorum ac etiam minarum, quae [137]omnia tamen inutilis sunt *plantatio et rigatio, ipso non administrante incrementum* [1 Cor 3,6–7], hoc

---

z6 quod B. – *a7* *om.* B. – *b7* nequeamus B. – *c7–c7* nulla agnoscimus, qualia videntur quibusdam illa B. – *d7–d7* enim B. – *e7* *add. corr.* non D. – *f7* illi B. –

[133–133] Cf. nn. (129), (132)–(132) and BPs 1529 ad 1,6, 15r. Here also ap: Augustine, *De Spiritu et littera* 16, MPL 44, 218, CSEL 60, 181–182 (*i*).
[134–134] Ap: Aquinas, *S. Th.* 1a 2ae q. 93 a. 6, *Caramello* 1:2, 424–425 (*i*).
[135–135] Ap: Aquinas, *S. Th.* 1a 2ae q. 93 a. 6, *Caramello* 1:2, 424; Zwingli, *Von göttl. und menschl. Gerechtigkeit*, CR 89, 522 (*i*).
[136–136] Question raised ap: Eck, *Enchiridion* 1527, cap. 31, CC 34, 317; Clichtove, *Compendium*, cap. 23, 130r. (both: in defence of "liberum arbitrium"). Here more likely adv: Luther, *De serv. arb.*, WA 18, 766–767 (there: sole function of precepts = bringing about of recognition of sins).
[137–137] Ap: Augustine, *De Spiritu et littera* 25, MPL 44, 226, CSEL 60, 196 (*ipr*).

est: non suo Spiritu plene de iussis promissisque suis persuadente [cf. Io 14,26][137]. Nec sequitur ex eo quod Scriptura homini voluntatem tribuit totque praecepta tradit, eum ex se ullum habere conatum ad bonum quo mereri quicquam a Deo [cf. Io 4,36] vel qualicunque ratione possit[136]. Donat [138]quidem ille omnibus lucis aliquid quo, quae recta sunt, utcunque videant[138] et, cum ea neglexerint, seipsos damnent. Sed est istuc inefficax adeo in omnibus [139]quibus *Spiritus filiorum* [Rm 8,15] Dei non adspirarit [cf. Io 20,22] ut eos vis cupiditatum Satanaeque impulsio a recto nihilominus semper detorqueat, ac sic detineat ut nunquam sese penitus Deo committere et proximos amore digno prosequi valeant [cf. Mt 22,37.39][139]. De quo iam [140]supra et in capite primo in illud: *Et lux in tenebris lucet* [Io 1,5].

E nihilo Deus hominem condidit [2 Mcc 7,28], ideo homo[g7] cum omnia, tum optima maxime ex Deo, non ex sese habet. Quid iam praestabilius, quam ratum de rebus iudicium, quam conatus innocenter probeque vivendi? [h7]Hinc divus Paulus plane *agi* sanctos *Christi Spiritu* [Rm 8,14] affirmat, etsi non diffiteatur sic illos agi ut liberrime tamen omnia [i7]ipsi quoque[i7] et censeant et velint. Mihi non dissimile esse videtur homini sic divinitus acto id quod in [141]machinulis illis quibus horae indicantur, videre est. Moventur horum rotae pondere appenso[j7] agitque alia aliam ut, suo tempore, absente moderatoris manu, horam indice et pulsato tintinnabulo notent. Ut enim hae machinulae huiusmodi in se motum nunquam haberent – utcunque in hoc fabrefactae, suisque rotulis et ventilabro instructae sunt[k7] – nisi moderator homo certa ratione pondus illis appenderet, ita[l7] homo, quamlibet ratione – quae, indicatura boni, voluntatem movet, ipsa mota a sensilium speciebus – praeditus sit eoque seipsum ad agendum impellat[m7], nisi tamen[n7] simul [o7]Deus perpetuo suo adflatu adsit[o7] [cf. Io 20,22], omni prorsus actione destituitur, non aliter atque cursus sistitur horologii, si deponas trahens illud pondus. Id cum se ad hunc modum in quibuslibet actionibus habeat (movemur enim, vivimus [cf. Rm 6,11], imo sumus in Deo [cf. 1 Io 2,5], etsi nostrum tamen sit, non Dei, quicquid peccamus eo quod certum bonumque in finem ille cuncta quae per nos

---

[g7] *om.* B. – [h7] *add.* □ Rom. 8. c. 14 D. – [i7–i7] *om.* B. – [j7] tractae B. – [k7] *om.* B. – [l7] sic B. – [m7] impellens B. – [n7] *om.* B. – [o7–o7] perpetuo suo adflatu adsit Deus B. –

[138-138] Ap: Aquinas, *S. Th.* 1a 2ae q. 93 a. 6, *Caramello* 1:2, 425 (*i*).

[139-139] Cf. supra *cap.* 1, *sect.* 2, n. (43)–(43). Here also ap: Lambert, *De excaecatione* tract. 1, cap. 3, 10r. (*ip*).

[140] Cf. supra *cap.* 1, *sect.* 2 ad nn. (40) – (44).

[141] Although the *idea* bears considerable resemblance to man = God's instrument as elaborated in the context of "liberum arbitrium" in: Berthold von Chiemsee, *Tewtsche Theologey* cap. 39, *Rietheimer* 273, the source for the clock-image used here has not, so far, been found.

etiam peccantes efficit, deducat) maxime tamen ita usu venit in actionibus vitae novae ac coelestis, propterea quod iis Deum iam [cf. Gal 2,20], non hominem, vivere incipiamus.

Hinc vel aliqua ratione puto perspicuum fieri ut *Deus operetur omnia in omnibus* [1 Cor 12,6] et ipsi tamen simul agamus libero iudicio et spiritus voluntate praediti. Penitus res haec tam non potest in hac vita cognosci, quam nequit plane cognosci Deus. Dicemus ergo homini arbitrii libertatem, ut in rebus aliis, ita praecipue in [142]rebus pietatis adesse. Etenim in his, ut plenius docetur [cf. Io 14,26] et *agitur a Spiritu Dei* [Rm 8,14], ita et iudicat omnia certius et amplectitur ardentius. Iuxta tamen ut reliqua, ita et haec ut iudicet et velit, maxime autem ut iudicet velitque recta, dono illi contingere Dei fatebimur, non illo semel collato et homine postea sibi permisso, sed afflante [cf. Io 20,22] iugiter[p7] impul[677]suque[q7] perpetuo [r7]*Spiritus* illius, peculiaris nostri doctoris [cf. Io 14,26] et monitoris[r7], cuius apud *nos* semper *habitantis sumus* domicilium et sacrum *templum* [1 Cor 3,16]. Est nanque Deus [143]vis aeterna, intima, praesens, diffusa in omnibus cunctaque permeans, servans, agens et perficiens [cf. Col 1,16–17][143]. Et id est quod Epistola ad Eb. testatur, cum dicit *Dominum Verbo*, hoc est numine *suo, portare omnia* [Hbr 1,3]. [s7]*Hic* [144]*operatur in nobis et velle et operari* [Phil 2,13]. Velle ergo habemus. Idque cum non possit non liberum esse, libero agimus arbitrio omnia[s7] [144]. Hinc ergo sciat pius lector, dum liberum arbitrium in hisce Enarrationibus convello eiusve adsertores noto, me eorum[t7] duntaxat sententiam velle oppugnare [145]qui eam facultatem homini tribuunt qua homo[u7], nondum adflatus [cf. Io 20,22] *Spiritu filiorum Dei* [Rm 8,14], possit divina et cognoscere [cf. 1 Cor 2,14] et amare[145]. Ingens etenim est [146]electorum et reproborum discrimen, sicque docet ducitque Deus electos[v7] ut pro quibus ipsi moriuntur, omnem suam in eis foelicitatem ponentes, reprobi[w7] rideant atque detestentur, quamlibet et ipsi suum liberum arbitrium habeant, verum, sicut dixi, obnoxium et Satanae et suis ipsorum cupiditatibus ut nihil omnino recte iudicare queant; finem enim bonorum[x7] [cf. Hbr 10,1] ignorant[146].

[p7] *add.* et B. – [q7] impulsu agente B. – [r7–r7] Spiritu illo peculiari nostri monitore B. – [s7–s7] *om.* B. – [t7] earum [!] ABC. *corr.* eorum D. – [u7] *add.* etiam B. – [v7] illos B. – [w7] hi B. – [x7] *add.* denique B. –

[142] Adv: Luther, *De serv. arb.*, WA 18, 767–768.

[143–143] Ap: Aquinas, *S. Th.* 1a q. 8 a. 1, *Caramello* 1:1, 36 (*i*); *In Hbr.* ad 1,3, *Cai* 2, 342–343 (*ip*).

[144–144] Ap: Aquinas, *In Phil.* ad 2,13, *Cai* 2, 105 (*i*).

[145–145] Adv and ap: ErDelibarb, LB 9, 1235–1236 (*ip*). Also adv: Hubmaier, *Freiwilligkeit*, Täuferakten 9, 420; Clichtove, *Compendium*, 132v.

[146–146] Cf. supra ad nn. (138)–(138), (139)–(139).

[147]Divus Augustinus et alii sancti patres adserunt liberum adfuisse homini arbitrium ad bonum antequam lapsus esset peccato, quod postea sauciatum sit et infirmatum ut iam non queat homo id quod potuisset, si peccato non cessisset. His puto voluisse dicere illos ampliore adflatu Dei initio hominem fuisse donatum qui postea etiam in electis sit tenuior factus, invecta illi adversatrice Spiritui, *lege peccati in membris nostris* [Rm 7,23][147]. Reprobi tamen, ut non in Adam, sed in Diabolo perierunt (Diaboli enim filios Christus pronuntiat [cf. Io 8,44]), ita omni illo Spiritu, pleno divinorum doctore [cf. Io 14,26] et instauratore, carent. *Vasa* enim *irae* [Rm 9,22] sunt, etsi sua tamen sponte pereant, ut suo proprio iudicio in flagitia ruunt Deumque aversantur. De horum conditione dicetur infra aliquoties. Christiani iudicent de omnibus*c6*.

Non quod Patrem [y7]*viderit quisquam*[y7] [Io 6,46]. Hoc [148]ἀναπόδοτον videtur, id est oratio altera sui parte mutila. Nam negavit sic *doceri a Patre* homines [Io 6,45] *quod Patrem quisquam viderit* [Io 6,46], non reddidit autem quo ergo pacto ab eo doceantur, quod reddendum fuisse videtur[148]. Absolvitur igitur haec sententia sic: [149]*Omnes a Patre doceantur* oportet, sed id *non* ita fiet *quod quisquam viderit* unquam, aut visurus sit *Patrem* [Io 6,45–46] in hac quidem carne; sed per Spiritum [z7]*arcana ratione docentur sancti*[z7] [149]. Eo enim quos *afflaverit* [Io 20,22], ii *profunda Dei scrutabuntur*, 1 Corh*a8*. [!] 2 [10]. Huc pertinet et illud [150]Matthaei 1*b8* [!]: *Nemo novit Filium nisi Pater* [Mt 11,27] etc. et illud supra primo*c8*: *Deum nemo vidit unquam. Unigenitus qui est in sinu* eius, *enarravit* nobis [Io 1,18].

⟨*Panis vivens*⟩ *Ego sum panis* [d8]*ille vivens*[d8] [Io 6,51]. Quia hoc ad alteram partem propositae [151]antitheseos pertinet, huius scilicet: [152]*Patres manducaverunt et mortui sunt* [Io 6,49] [e8]idemque hoc est quod[e8]: *Qui me edit non morietur* [Io 6,50] – unde istuc colligebat: non fuit igitur *man panis e coelo* [cf. Io 6,31] et *vitae*, [f8]sed ego[f8] *ille sum* [Io 6,48] – apparet satis Dominum*g8* inde *se viventem panem* [Io 6,51] dixisse quod vivificet[152]. Ergo

---

[y7]–[y7] etc. D. – [z7]–[z7] eius id fiet AB. – *a8* corr. Cor. AB. Corin. D. – *b8* 1 [!] AB. 11, d. 27 D. – *c8* 1 c. 18 D. – *d8*–*d8* etc. D. – *e8*–*e8* *om.* A. idemque est B. – *f8*–*f8* ego autem A. – *g8* *om.* AB. –

[147-147] *De lib. arb.* 3, 18, MPL 32, 1296. Cf. also Chrysostom, *In Gn.* hom. 15, MPG 53, 117; hom. 17, MPG 53, 134.
[148-148] Cf. *Lausberg* 1, par. 924 (here lit. without apodosis i.e. second half of period). Cf. also Budé, *Commentarii*, 999.
[149-149] Ap: Brenz, *In Ioh.* 1528 ad 6, 65–66, 127r.: Pater trahit Spiritu, datur autem Spiritus per Christum.
[150] Cf. Aquinas, *In Ioh.* ad loc., *Piana* 14:2, 41r. col. A (*r:* Mt 11,27).
[151] Cf. *Lausberg* 1, par. 791. Ap: Brenz, *In Ioh.* 1528 ad loc., 111r. (*i:* there term antithesis also used but ad: *manna* and *Christus* after Chrysostom, *In Ioh.* hom. 46 ad loc., MPG 59, 259).
[152-152] Argument and antithesis (there: contrarium) between *mors* and *vita* ap: Aquinas, *In Ioh.* ad loc., *Piana* 14:2, 41r. col. A–B (*ip*).

hoc [153]ζῶν, id est *vivens*, idem pollet quod ζωοποιῶν [!], id est vivificans[153]. Unde [154]supra, sectione 3, ubi eandem antithesin posuit, id quod hic *panem viventem*, dixit *panem qui dat vitam mundo* [Io 6,33]. Sic et [155]supra, quarto, *aquam vitae* [Io 4,10] quam dare se Dominus mulierculae Samaritidi promittebat, vocavit ὕδωρ ζῶν: *aquam viventem* et significare tamen indubie voluit *aquam vivificantem*.

⟨*Panis quem ego dabo*⟩ Et panis quem [h8]ego dabo[h8] [Io 6,52]. Dixit nunc saepe Christus per translationem *se ipsum panem* [i8]*illum esse*[i8] *coelestem* [cf. Io 6,50] qui solus satiat [cf. Io 6,35] mentes hominum, dum eum Servatorem agnoscunt. [j8]At quia[j8] non potuit salus sanctorum perfici, nisi ipse [156]carnem suam pro nobis daret in mortem [cf. Io 6,52], sicut ergo per mortem salutem nostram perfecit vereque Redemptor noster factus est, non potest fides Christi constare, nisi credamus in crucifixum[156], unde Paulus testatus est *se noluisse videri aliud scire, quam Iesum et eum crucifixum* [1 Cor 2,2]. In cruce siquidem eius est peccatorum nostrorum expiatio, est iustitiae Dei satisfactio, est Patris placatio, est ianua immortalitatis.

Hinc ut significaret quo[678]modo esset nostram salutem perfecturus et cuiusmodi fide [k8]edi [cf. Io 6,50] ipsum a nobis oporteat, dicit *panem illum*[k8] *quem daturus* sit suis, [l8]*esse carnem suam*[l8] [Io 6,52]. Omnibus siquidem quibus unquam Salvatorem sese exhibuit[m8], per Spiritum persuasit ut in se crucifixum sperarent certique essent, carnis suae imolatione [cf. 1 Cor 5,7], salutem ipsorum partam. [157]Sic *dat* ergo[n8] *suam carnem* [Io 6,52] in cibum dum, fide in carnis suae immolationem [cf. 1 Cor 5,7], de aeterna salute reddit certos. Et tum[o8] ad aeternam vitam illa reficimur[p8] [cf. Io 6,52] dum, ea freti, non [q8]dubitamus nos[q8] propitium habere Deum [cf. 1 Mcc 2,21] et Patrem, atque hinc fore ut olim, omnibus peccatis puri et vera iustitia pleni, aeternam beatam vitam cum ipso et Patre vivamus[r8] [157]. [s8][t8]Quam vitam Dei simul ipse in suis vivit [cf. Gal 2,20] et

---

[h8]–[h8] etc. D. – [i8]–[i8] *om.* AB. –[j8]–[j8] Atqui D. – [k8]–[k8] eam a nobis edi oporteat, carnem suam illum vocat panem A. – [l8]–[l8] *om.* A. – [m8] *add.* illis A. – [n8] *add.* eis A. – [o8] ipsi A. – [p8] reficiuntur A. – [q8]–[q8] dubitant se A. – [r8] vivant A. – [s8]–[s8] [158]*om.* A. – [t8]–[t8] *om.* B. –

[153]–[153] Ap: Aquinas, *In Ioh.* ad loc., *Piana* 14:2, 41r. col. B (*ip*; there: "dans vitam"). Interpreted in the same sense ad loc. by Chrysostom, Cyril, Lyra, Brenz. Bucer's part. emphasis on *vivificans* here perhaps adv: Eck, *Enchiridion*, cap. 36, CC 34, 371 (there: Io 6,48–52 in support of transsubstantiation).

[154] Cf. supra *sect.* 3 *par.* ad n. (44)–(44).

[155] Cf. supra *cap.* 4 ad n. (25)–(25) – (26).

[156]–[156] Referred primarily to crucifixion ap: Cyril, *In Ioh.* ad loc., MPG 73, 564–565 (*i*); Aquinas, *In Ioh.* ad loc., *Piana* 14:2, 41v. col. B (*i*: but there also transsubstantiation); Brenz, *In Ioh.* 1528 ad loc., 112v. (*ip*: there also emphasis on faith in crucifixion).

[157]–[157] Ap: Zwingli, *Commentarius*, CR 90, 779–780 (*i*). Adv: Brenz, *In Ioh.* 1528 ad loc., 112r.–v. (there: emphasis on caro = panis (spiritualis)).

[158] Passage (s8–s8) *add.* in B together with changes introduced in C places greater stress on caro = panis and on spiritual manducation.

explicat simul atque eum fide complexi fuerint*t8*. Praeterea auxit more suo *u8*bonis admirationem, malis absurditatem et abhorentiam hoc dicto, cum *panem illum vivificum* quem tantopere commendaverat, hoc est seipsum*u8*, *dixit esse carnem suam* [Io 6,51–52].

*v8*Existimaverant enim *Iudaei* illi maxime mali*v8* indignissimum ut se *panem coelestem* [Io 6,41] ac *donantem vitam aeternam* [Io 6,52] diceret, *quem scirent esse filium Ioseph,* natum a*w8* Nazareth [Io 6,42]. Hoc enim apparet*x8* superioribus a Domino subiectum esse *y8*in hunc sensum*y8*: videtur vobis plus quam ¹⁵⁹absurdum quod dixi me *venisse e coelo* [Io 6,41] et *vitam* largiri *sempiternam in me credentibus* [Io 6,40] eo quod sim, ut vos putatis, *filius Ioseph* [Io 6,42], homo, caro et sanguis. *z8*Dicam vobis id quod res est, utcunque acceperitis: hic ille de quo disputo ¹⁶⁰*vivificus panis* [Io 6,51] haec *mea caro est* [Io 6,52], nec percipere vitam alia ratione unquam poteritis nisi *a9*communicatione carnis meae¹⁶⁰ huius*a9*, quam tantopere despicitis¹⁵⁹. Etenim *b9*Dominus, *ut* ¹⁶¹*homo* est, id est ut caro est*b9*, *Mediator est Dei et hominum* [1 Tim 2,5]. Ideo cum eius adeo humilitate offenderentur Iudaei*c9*, coepit ipse adhuc humilius de se loqui et *carnem suam* (quae appellatio mortalitatem omnemque hominum fragilitatem in se complectitur, ut in illud: *Verbum caro factum est* [Io 1,14] dixi) dicere *cibum* illum, pascentem in vitam aeternam [cf. Io 6,56.54]. Sic nanque merebatur retundi eorum arrogantia superbusque ille Domini contemptus, a quo tantum dudum miraculum viderant*s8*.

⟨*d9*Bis dixit *dabod9*⟩ ¹⁶²Bis dixit δώσω, id est *dabo* [Io 6,52]. *Panis,* inquit, *quem ego dabo, caro mea est quam dabo pro mundi vita.* Primo ergo (*dabo*) significat Christus se daturum *carnem suam* electis, *cibum* [Io 6,56] vitae aeternae. Id facit cum per ¹⁶³Spiritum docet [cf. Io 14,26] se nos immolatione carnis suae [cf. 1 Cor 5,7] redemisse. Ipse nanque *panis vitae et vivificans* [Io 6,48.51] est qui aeternum satiat ubi editur, id est cognoscitur

---

u8–u8 hoc dicto cum panem illum vivificum quem tantopere commendaverat B. – *v8–v8* absurditatem quam increduli obiecerant, rati B. – *w8* e B. – *x8* *add.* id B. – *y8–y8* *om.* B. – *z8* *add.* Ut B. – *a9–a9* per fidem in hanc meam carnem B. – *b9–b9* ut homo id est caro B. – *c9* *om.* B. – *d9–d9* Bis *dabo* dixit A. –

^{159–159} Ap and adv: Zwingli, *Commentarius,* CR 90, 780 (*i:* Jews cannot believe that Christ's body saves but there: their fault lies in assuming that it is the *eaten* body not the *crucified* body that is meant).

^{160–160} Ap: Brenz, *In Ioh.* 1528 ad 6,63, 120r. (*ip*).

¹⁶¹ Ap: Paschasius Radbertus, *Libellus* 1528 ed. Gast, F3v.–F4r. = *Liber de corp. et sang.* 9, MPL 120, 1296 (*ip* there: ad Io 6,57). Cf. *Vergleichung,* BDS 2, 366–367.

¹⁶² Er 1527 ad loc., LB 6, 366. Already ap: Theophylactus, *In Ioh.* ad loc., MPG 123, 1307–1308 (*t*).

^{163–163} Ap: Zwingli, *Commentarius,* CR 90, 779–780 (*i:* first giving = faith, second giving = death leading to man's rebirth). Adv: Fisher, *Contra capt.* 4, *Opera,* 172–173 (there: first giving = eucharist, second giving = sacrifice). Emphasis on Christ's sacrifice as against eucharist already ap: Cyril, *In Ioh.* ad loc., MPG 73, 563–567 (*i* also here?).

e^9et in ^{164}os vera fide sumitur$^{e^9}$. Iam non potest Salvator agnosci, nisi agnoscatur pro nobis satisfecisse. Ipse ergo *panis* [Io 6,48] *dat* nobis *panem* [Io 6,52], id est ipse Christus$^{f^9}$, reficiens et satians mentem in aeternam vitam, hoc nos ordine reficit et satiat quod primum ^{165}*dat suam carnem* [Io 6,52] dum$^{g^9}$ donat fidem, qua scimus pro nobis morte eius satisfactum^{165}, pro nostris peccatis carnem eius immolatam [cf. 1 Cor 5,7]. Deinde dat nobis se secundum gloriam resurrectionis [cf. Phil 3,10] ut certi simus eum regnare in hoc ut nos plane iustificet et immortales ac beatos reddat [cf. Ps 105,3].

⟨Quo ordine pascamur Christo⟩ Sic pascimur eo homine et per eum hominem, *qui pro peccatis nostris mortuus est* [1 Cor 15,3] *et resurrexit propter iustitiam nostram*, Rom. 4 [25]. Hinc eo perducimur ut et ipso Deo, hoc est divinitate eius qua idem est cum Patre [cf. Io 10,30], pascamur, hoc est laeti in omnibus et alacres, freti bonitate Dei, agamus. $^{h^9}$ ^{166}Ista omnia ipse nobis efficit seque ita nobis impertit, ita se nobis immittit, ita vivit agitque in nobis [cf. Gal 2,20] ut simus item caro *de carne eius* et os *de ossibus eius* [Eph 5,30] et vivamus in illo$^{h^9}$ [cf. Rm 6,11]^{166}. Haec autem $^{i^9}$Christi ^{167}communio et$^{i^9}$ perfruitio$^{j^9}$ hic nondum plena est. Tum vero plena erit quando, extincto per Spiritum Christi omni in nobis peccato, *erit in* nobis *Deus omnia*, 1 Cor. 15 [28]^{167}.

Altero autem (*dabo*) significat mortem suam, in quam, cum corpus suum dedit, vitam mundo restituit [cf. Io 6,52]^{163}. Quod ergo Dominus ait: *Panis quem ego dabo* [Io 6,52] etc. perinde est acsi dixisset: refectio qua reficiam meos, id est$^{k^9}$ quo $^{l^9}$vivam in eis [cf. Gal 2,20] vitam aeternam$^{l^9}$, primum *caro mea est*, corpus hoc *quod dabo pro mundi vita* [Io 6,52] in mortem crucis.

⟨Cur non dixit: *quem do*⟩ Neminem vero offendat quod dixit: *Panis quem* ^{168}*dabo* [Io 6,52] et non *do*. Id enim ideo [679] fecit quia fides in mortem eius $^{m^9}$illa amplior et Christi communio plenior$^{m^9}$ a resurrectione

e^9–e^9 ^{164}*om.* AB. – $^{f^9}$ *om.* AB. – $^{g^9}$ id est AB. – $^{h^9}$–$^{h^9}$ $^{166-166}$*om.* AB. – $^{i^9}$–$^{i^9}$ *om.* AB. – $^{j^9}$ *add.* deitatis AB. – $^{k^9}$ *om.* A. – $^{l^9}$–$^{l^9}$ fidere mihi ad vitam aeternam faciam AB. – $^{m^9}$–$^{m^9}$ *om.* AB. –

^{164} Ap: Brenz, *In Ioh.* 1528 ad 6,64, 122r. (*ip*); ad loc., 112v. (*i*: there: "spiritualis comestio quae est fides").
$^{165-165}$ Cf. n. (163)–(163) supra. Here also ap: Brenz, *In Ioh.* 1528 ad loc., 112v. (*i*: giving of faith, but there: only one giving and explicit identification: caro Christi = panis).
$^{166-166}$ Ap: Chrysostom, *In Ioh.* hom. 46 ad loc., MPG 59, 260 (*irp* of Latin ed. 1522, p. 118).
$^{167-167}$ Ap: Paschasius Radbertus, *Libellus* 1528 ed. Gast, F4r.–v. = *Liber de corp. et sang.* 9, MPL 120, 1297 (*i*).
^{168} Ap: Chrysostom, *In Ioh.* hom. 46 ad loc., MPG 59, 259–260; ErP 1524 ad loc., LB 7, 549; Zwingli, *Commentarius*, CR 90, 779–780 (*i*). Cf. nn. (159)–(159), (163)–(163) supra. Here adv: e.g. Bugenhagen, *Epistola*, 3v. (there: future taken to refer to future presence of Christ's body in eucharist); *Decreti* 3a pars, dist. 2, c. 57.72, *Friedberg* 1, 1336, 1442 (Augustine). More generally adv: Aquinas, *In Ioh.* ad loc., *Piana* 14:2, 41v. col. A–B.

eius primum revelari debuit. Dare siquidem hunc cibum tum vere$^{n^9}$ coepit, cum *Spiritum Paracletum dedit qui docuit* [Io 14,26] quemadmodum necesse fuerit ipsum *mori pro nobis* [Rm 5,8] ut *vita Dei* [Eph 4,18] donaremur. Et [169]antea quidem$^{o^9}$ sancti hoc cibo pasti sunt$^{p^9}$, quotquot *ab initio orbis* fuere *electi* [Eph 1,4], sed non ita ut post glorificationem: revelate[169]. Expectarunt omnes miram quandam sui redemptionem eamque morte Christi$^{q^9}$ perficiendam [cf. 1 Tim 2,6]. Id tot sacrificia haud obscure indicabant, adhuc tamen certa redemptionis huius ratio sanctis tecta manebat$^{r^9}$, exceptis sane paucissimis [cf. Lc 2,38].

Observationes

$^{s^9}$Quod Dominus de dilectione$^{t^9}$ et vocatione Patris sermonem repetiit, debet nobis occasio esse ut ista nobis diligentissime expendantur. Accen-

---

$^{n^9}$ *om.* A. – $^{o^9}$ *add.* ut A. – $^{p^9}$ *add.* ita et dedit illis eum A. – $^{q^9}$ *om.* AB. – $^{r^9}$ extitit A. – $^{s^9}$ [170]*add.* AB: Haec paulo verbosius [171]disserui propter quosdam qui hinc probare conantur edi carnem Christi corporaliter in caena. Aiunt enim hic Dominum id promisisse, cum dixit: *Panis quem ego dabo* [Io 6,52]; iam nefas esse vel cogitare quod non praestitisset quae promiserit[171]. Istos oportet autem valde caecutire qui non vident hic [172]panem metaphoricos a Domino cibum vocari et refectionem animae quo [*add.* illa B.] *aeternum vivat* [Io 6,52][172]. Unde [173]semetipsum toties dixit *panem qui de coelo descenderit* [descendit . B.], [Io 6,33.50.51.59], hoc est *Deus sit* [**cum Deus esset, homo factus est [cf. Io 1,14] eo B.] quod alioqui neque ipse ut homo, sicut neque ulla alia creatura, mentem nostram satiare posset[173]. [174]Iam quot, bone Deus, edunt panem eucharistiae qui nihil prorsus Christi in omni vita sua sentiunt et in *aeternum vitae* [Io 6,52] huius, de qua hic Christus loquitur, nihil gustant[174]? Toties in hoc cum Iudaeis sermone dixit seipsum *panem vitae qui de caelo descenderit* et exposuit *eum quod edere bis* [**bis quod edere eum B.] sit credere in eum, et cum ait: *Qui venit ad me non esuriet et qui credit in me non sitiet* [Io 6,35], sectione 3; et cum ait: *Amen amen dico vobis quod qui credit in me habet vitam aeternam* [Io 6,47]. Ad haec quarto dixit *illum aeternum victurum qui edat ipsum* [Io 6,52] ut vel puero liqueat: credere in eum et: edere eum idem esse, nisi quod hoc allegoricos, illud simpliciter dicitur.

[169–169] Ap: Chrysostom, *In Ioh.* hom. 46 ad loc., MPG 59, 259–260; Brenz, *In Ioh.* 1528 ad loc., 113r.–v.; ad 6,64, 122r.–v. (*i*). Adv: as n. (168) supra. Argument here: bread always available to the elect, therefore = faith in redemption, therefore here no reference to Institution or transsubstantiation.

[170] Var. (s^9) *om.* C after Wittenberg Concord.

[171–171] Cf. supra ad nn. (168), (169)–(169). Here also more explicitly adv: Fisher, *Contra capt.* 4, *Opera*, 172–173.

[172–172] Ap: Luther, *De capt. Babyl.*, WA 6, 502 (*i*); Zwingli, *Commentarius*, CR 90, 779 (*ipr*).

[173–173] Ap: Zwingli, *Commentarius*, CR 90, 779–780 (*iap*).

[174–174] Ap: Luther, *De capt. Babyl.*, WA 6, 502 (*i*: there also ad Io 6,52). Here adv: Bugenhagen, *Epistola*, 3v. and esp. Brenz, *In Ioh.* 1528 ad 6,64, 119v. (there: explicit connexion between Io 6,52 and giving of Christ's body and blood in the eucharist. Ad Io 6,52, 112v. Brenz asserts after Luther: nullus est hic sermo de sacramento corporis et sanguinis coenae dominicae [!]).

detur hinc in nobis^{u9} amor Dei, dum consideramus quanta sit nos gratia dignatus, qui nos e tam multis mortalibus elegit ut Filium suum nobis revelaret in vitam aeternam. Deinde monebimur pariter ut erga consortes huius gratiae [cf. 2 Pt 1,4], etiam si viderimus eos parum vocationi suae respondere, ampliorem dilectionem exhibeamus. Denique minus consternabit^{v9} furor impiorum, cum perpendemus^{w9} quod aliter nequeunt, reiecti nimirum a Domino. Reliqua monent ut in fide Christi ^{x9}esse nobis^{x9} sita omnia agnoscamus.

ENARRATIO SECTIONIS V [53–60]

Paraphrasis

Decertabant igitur inter se Iudaei [Io 6,53]. Quo magis Dominus quid mundo advenisset quidque expectandum suis a se esset, explicabat, hoc magis, qui audiebant reprobi, contra eum movebantur: ^{y9}maxime ^{z9}tum

---

⟨Contra eos qui in his verbis dicunt promissum panem eucharistiae⟩ Et ^{175}isti audent hoc: *Panis quem ego dabo* [Io 6,52] exponere de pane eucharistiae quem promiserit se daturum in caena^{175}. Mirum autem est ^{176}Lutheranos quosdam hoc commento uti, cum ^{177}Lutherus et ingenue fateatur 'ne verbum quidem in hoc capite de pane caenae dictum'. [*add.* B: Quod quidem verum est quatenus ille panis est. Caeterum ^{178}hic et illic [cf. Mt 26,26] Christus de eadem re disseruit, nempe de manducatione carnis suae sub nomine panis, nisi quod in caena panis praesentis simulque ad plenius repraesentandum quod disserebat, manibus discipulorum exhibiti^{178}, ^{179}hic autem eius quod dudum miraculo esitarant [cf. Io 6,10–14], symbolo usus est^{179}.] Sequitur praeterea: *Nisi manducaveritis carnem filii hominis et biberitis sanguinem eius, non habebitis vitam in vobis* [Io 6,54]. Secundum istos igitur non vivent, qui non ederint panem et biberint calicem eucharistiae. Et toties tamen dicit Christus: *Qui credit in me, habet vitam aeternam* [Io 6,35.47.52]. Ergo falsum promisisse oportebit Christum ut isti commentum suum tueantur de pane eucharistiae? Credere enim in Christum satis est ad vitam aeternam. Vel secus: si satis, qui audent isti dicere panem eucharistiae hic promissum, ubi agitur de pane quem, qui semel ederit [cf. Io 6,59], *esuriet nunquam* [Io 6,35]. Si non satis, iam falsa est toties repetita promissio: *Qui credit in me, habet vitam aeternam* [Io 6,35.47.52]. Denique ^{180}iuxta horum sententiam, *qui* semel *panem ederit* eucharistiae, cum in illo vere caro Christi sit vereque edatur, *is in aeternum vivet* [Io 6,59], quisquis sit et quicquid credat. Sic enim habent verba Christi: *Qui edit carnem meam et bibit sanguinem meum, habet vitam aeternam* [Io 6,55]^{180}. Si aeterna est quam habet vitam [!], finem ignorabit. Vide quid faciat philonicia. – ^{t9} electione A. – ^{u9} *add.* et A. – ^{v9} *add.* et AB. – ^{w9} perpendimus A. – $^{x9–x9}$ *om.* AB. – $^{y9–y9}$ *om.* A. – $^{z9–z9}$ cum offensis B. –

$^{175–175}$ Cf. supra nn. (168), (169)–(169). Inc. "locus communis": De vera manducatione Christi, fol. 135–150 in A.

^{176} Brenz, *In Ioh.* 1528 ad 6,64, 119v. Cf. supra n. (174)–(174).

^{177} *De capt. Babyl.*, WA 6, 502.

$^{178–178}$ Adv: Luther, *De capt. Babyl.*, WA 6, 502 (there: Io 6 and Mt 26 considered to treat two completely different questions).

$^{179–179}$ Ap: Zwingli, *Commentarius*, CR 90, 776 (*i*).

$^{180–180}$ Adv: Brenz, *In Ioh.* 1528 ad 6,55, 113v. (there: simply no mention of "manducatio indigna"; no assertion that it does not matter. Attack here deliberately tendentious?).

offensi[z9] quod sibi, *Ioseph*, ut putabant, *filio* [Io 6,42] tanta sumeret; insuper dixisset *carnem* suam illam mortalem, humilem, contemptam – quae sola illis obstare credebatur iis quae sibi tribuebat – *esse vivificum illum panem[a10]* [Io 6,51] quem tantopere praedicaverat [b10]*in synagoga*[b10] [y9]. Cum autem adessent [181]et pii qui a partibus starent Domini, certamen verborum inoriebatur[c10], cum antea tantum *murmur* [Io 6,41] quoddam, sedatior scilicet contentio, fuisset[181]. Dicebant igitur illi reprobi: [182]*iste filius Ioseph* [Io 6,42] quem nobis Nazareth vile oppidulum dedit [cf. Io 1,45], paulo ante dixit [d10]*se e coelo*[d10] *venire* [Io 6,51]. Nunc, quasi hoc non satis insane dictum esset, [e10]dicit *carnem suam*, istam vermium escam et instar graminis caducam [cf. Sir 14,18], *cibum illum esse vitae aeternae* [Io 6,52.56] [f10]ad quem nos tantopere invitat[f10] [182]. Hoc scilicet[g10] autore, missa doctrina vivifica Moscheh, a carne ipsius[h10] vitam nobis expectabimus! Sed donemus ei tanta sibi arrogare, *quonam, quaeso, pacto poterit nobis hanc suam* vivificam *carnem dare edendam* [Io 6,53]? Qua ratione tandem hanc quam pollicetur vitam a carne eius percipiemus[e10]?

Christus autem qui [183]allegoriam suam satis aperuerat, vel eo quod dixerat: *credentem in se habere vitam aeternam* [Io 6,47], cum [184]videret istos videntes nolle videre [cf. Io 9,39][184] atque offendi eo quo minime oportebat, intendit allegoriam fortiusque affirmat quod dixerat, at[i10] illi insanum arbitrabantur. *Amen amen*, inquit, *dico vobis, si non comederitis carnem filii hominis* qui vobis adeo vilis est *et biberitis sanguinem eius, non habetis vitam in vobis.* Nam *qui edit meam carnem et bibit meum sanguinem*, quisquis vobis videor, *is* demum *habet vitam aeternam et eum resuscitabo ego in die novissimo* [Io 6,54–55].

⟨*Caro mea vere cibus*⟩ Ne videatur adeo absurdum vobis quod dico: *Caro mea vere est cibus et sanguis meus vere est potus* [Io 6,56] quia [185]his reficiuntur mei ut nunquam *esuriant* [cf. Io 6,35]. Ita sustentantur[j10] ut nullius boni desiderio unquam laborent[185]. Etenim *qui edit meam carnem*

[a10] *om.* B. – [b10–b10] panem esse B. – [c10] inter eos oriebatur AB. – [d10–d10] e coelo se A. – [e10–e10] pollicetur nobis daturum et carnem suam ad manducandum. Quid audimus hominem loquentem impossibilia? Quomodo poterit nobis iste dare carnem humanam ad edendum? A. –[f10–f10] *om.* B. – [g10] *om.* B. – [h10] eius B. – [i10] et AB. –[j10] sustentatur illis eorum fiducia AB. –

[181–181] Cf. supra ad n. (63). But "decertatio" in the sense of "opinionum dissensio" ap: ErP 1524 ad loc., LB 7, 549 (*i* here? but there no distinction between reprobate and elect).
[182–182] Ap: ErP 1524 ad loc., LB 7, 549 (*ipa*).
[183] Cf. *Lausberg* 1, par. 895. – Here adv: Brenz, *In Ioh.* 1528 ad loc., 112v. (there: metaphora – cf. *Lausberg* 1, par. 558 – ad: *panis* and *edere* only). Jesus' entire discourse considered figurative ap: Zwingli, *Commentarius*, CR 90, 776 (*i* but there no explicit mention of "allegoria").
[184–184] Ap: Augustine, *In Ioh.* tract. 26 ad loc., MPL 35, 1613, CCL 36, 267 (*ip*).
[185–185] Ap: Augustine, *In Ioh.* tract. 26 ad loc., MPL 35. 1614, CCL 36, 268 (*ipa*); Brenz, *In Ioh.* 1528 ad 6,57, 113v.–114r. (*ip*).

et bibit meum sanguinem, hoc est $^{k^{10}}$mei [186]communionem nactus fuerit, me etiam ut hominem in se viventem habuerit – certus se sacrificio carnis et sanguinis mei redemptum$^{k^{10}}$ [186] et cum Deo reconciliatum – *is in me manet*, pendens $^{l^{10}}$*a me totus*$^{l^{10}}$, *et ego in illo* [Io 6,57], totum $^{m^{10}}$illum meo Spiritu implens ac vivificans$^{m^{10}}$ [cf. Io 6,64]. Unde, *sicut vivens Pater me misit*, hoc est, hominem fieri iussit qui Deus sum, $^{n^{10}}$et *ego hinc vivo*, etsi$^{n^{10}}$ homo, aeterna vita *propter Patrem*, propter divinitatem, inquam, quam eandem habeo cum Pa[680]tre, *sic*$^{o^{10}}$ *vivet propter me*$^{p^{10}}$ et *is qui edit me* [Io 6,58]. Est enim *in me et ego in illo* [Io 6,57]. Unum facti sumus, sicut *ego homo et Pater unum sumus* [Io 10,30] et *ego in Patre sum et ille in me* [Io 10,38]. *Istiusmodi est panis ille qui de coelo descendit* $^{q^{10}}$quem credendo mihi sumens* [!] *sic pascit ille*$^{q^{10}}$ *ut aeternum vivat qui ex eo comederit* [Io 6,59]. *Alius cibus*$^{r^{10}}$ *est quam manna* quod iactatis *quod patres comederunt et mortui sunt. Qui enim hunc panem edit, vivet in aeternum* [Io 6,59]. *Haec Dominus in synagoga oppidi Capernaum docens*, palam$^{s^{10}}$ *disseruit* [Io 6,60]. [187]Publicum enim ille nunquam abhorruit et$^{t^{10}}$ operaepretium fuit ut, cum doceret summe salutaria, illic ea doceret, ubi a plurimis non tam audiri, quam etiam iudicari$^{u^{10}}$ possent[187].

Annotationes

$^{v^{10}}$ [188]*Quomodo potest hic dare nobis carnem edendam* [Io 6,53]? Haec [189]verba primo intuitu videntur obiecta ab adversariis ex hoc offensis quod

---

$^{k^{10}-k^{10}}$ 186–186vera fide agnoscit horum sacrificio se redemptum AB. – $^{l^{10}-l^{10}}$ totus a me AB. – $^{m^{10}-m^{10}}$ siquidem meo Spiritu eum implens A. illum meo Spiritu eum [!] implens ac vivificans B. – $^{n^{10}-n^{10}}$ ita vivo etiam A. et vivo huic ego etsi B. – $^{o^{10}}$ Hinc vero A. – $^{p^{10}}$ *add.* ut B. – $^{q^{10}-q^{10}}$ sic fide editur, sic pascit AB. – $^{r^{10}}$ *om.* AB. – $^{s^{10}}$ *om.* AB. – $^{t^{10}}$ *add.* sic AB. – $^{u^{10}}$ *add.* illa AB. – $^{v^{10}-v^{10}}$ 188*om.* A. –

[186–186] Ap: Brenz, *In Ioh.* 1528 ad loc., 113v.–114r. (*i*).

[187–187] Ap: Cyril, *In Ioh.* ad loc., MPG 73, 595–596; Chrysostom, *In Ioh.* hom. 47 ad loc., MPG 59, 264 (*i*). Here perhaps esp. adv: *Nikolsburg Art.*, Täuferakten 7, B1, 139 (there: Gospel to be preached privately).

[188–188] *Add.* (v^{10}–v^{10}) in B and its retention by C perhaps to be explained as follows: already in A ad Io 6,62–64 (cf. infra ad loc.) acc. Bucer neither Jews nor disciples had difficulty understanding allegorical mode of eating the flesh (cf. infra var. (c^{13}–c^{13}), (o^{13}–o^{13})). Their difficulty was understanding that he who offered his flesh to be eaten allegorically was in fact divine. Thus ad Io 6,64 in AB (cf. infra) ad loc. for Bucer *caro* = Christ's *humanity* of no avail; after: Cyril in *Ioh.* ad 6,64, MPG 73, 602–603; Augustine, *In Ioh.* tract. 27 ad 6,64, MPL 35, 1617–1618, CCL 36, 272; Zwingli, *Commentarius*, CR 90, 782; *Über Bekenntnis*, CR 93, 188–189; Oecolampadius, *De genuina*, K4v.–K5v. – adv: Luther, *Wider die himml. Propheten*, WA 18, 193; *Bekenntnis*, WA 26, 367 (there: *caro* = human flesh incapable of understanding things spiritual after: Chrysostom, *In Ioh.* hom. 47 ad 6,64, MPG 59, 265). Var. (v^{10}–v^{10}) thus emphasises the crucial function of Christ's divinity as distinct from humanity and gives Bucer firmer ground for agreement with Zwingli and Oecolampadius adv: Luther on symbolic nature of eucharist. Why then (v^{10}–v^{10}) retained in C where Bucer adopts Luther's exegesis of Io 6,64 adv: Zwingli and removes *ibid.* more

Dominus dixerat *se daturum suam carnem* edendam [Io 6,52][189]. Hominis enim carne vesci et quam ipse vorandus homo daret, horror erat audire. At si praecedentia ac sequentia ipsumque totius huius sermonis statum diligenter consideremus, [190]haudquaquam hinc Iudaeos istos offensos esse liquebit, utpote qui [191]allegoriam probe intelligerent, sed inde, quod tanta sibi Dominus et quidem carni suae – hoc est sibi mortali et homini*[w10]* caduco ut tum illis videbatur – tribueret[190]. Cumque haec non minus impia, quam ridicula ducerent, dissimulantes se verba eius intelligere*[x10]*, ea ex alio divexabant: *Quomodo, inquiebant, dabit nobis iste edendam carnem* [Io 6,53]? Sic et [192]muliercula illa Samaritis [cf. Io 4,7–29], cum satis intellexisset quid sibi Dominus vellet, quando dixerat: *Si scires donum Dei et quis sit qui dicit tibi: da mihi quod bibam, et*[y10] *petisses ab eo et dedisset tibi aquam vivam* [Io 4,10], illudens tamen dicebat: *Domine neque quo haurias habes* [Io 4,11] etc. Item postea, cum se Dominus magis exponeret *ac dare* se diceret *aquam, qua bibita, in aeternum* exempta *sitis sit* [Io 4,13], rursum irridens petebat *sibi hanc aquam dari ut non haberet* necesse *advenire* toties ad eum fontem, ubi tum erat, *ad hauriendum* [Io 4,15][192].

Non [193]insolentes adeo erant isti populo parabolae et allegoriae et peculiariter illa, qua, sub nominibus cibi et potus, verba fiebant de doctrina salvifica[193]. Certe cum initio dixisset Dominus: [194]*Operamini cibum*

[w10] *om.* B. – [x10] intellexisse B. – [y10] tu B. –

polemical passages conc. Christ's divinity? Answer: Bucer's agreement with Luther ad Io 6,64 infra not entire. Although there *caro* = "caro nostra", Bucer does not then take the step, taken by Luther, *Bekenntnis*, WA 26, 367, viz. that of stating that just because human flesh (cf. disciples) cannot understand the notion of spiritual eating, it does not follow that Christ's flesh, being spiritual, cannot be eaten, in the eucharist, carnally with faith. Instead for Bucer ad Io 6,64 infra human flesh of no avail = it cannot understand the Spirit Christ will give to the elect after ascension. Thus (v[10]–v[10]) retained in C by Bucer as means of distancing his own theology from that of Luther i.e. rejecting doctrine of ubiquity while accepting Luther's exegesis of Io 6,64. – Cf. infra esp. var. (o[13]–o[13]).

[189–189] Ap and adv: Augustine, *In Ioh.* tract. 26 ad loc., MPL 35, 1613, CCL 36, 267; tract. 27 ad 6,63, MPL 35, 1617, CCL 36, 272; Aquinas, *In Ioh.* ad loc., *Piana* 14:2, 41v. col. B; *Glossa ord.* [*marg.*]; ErP 1524 ad loc., LB 7, 549; Luther, *Wider die himml. Propheten*, WA 18, 193; *Bekenntnis*, WA 26, 367 (ad Io 6,62); Oecolampadius, *De genuina*, K5r.; Zwingli, *Über Bekenntnis*, CR 93, 188; Brenz, *In Ioh.* 1528 ad loc., 112v.

[190–190] Ap: Chrysostom, *In Ioh.* hom. 46 ad 6,41, MPG 59, 257–258, hom. 47 ad loc., *ibid.*, 261–263, hom. 47 ad 6,63, *ibid.*, 265 (*i* but there: no mention of allegory).

[191] Esp. adv: Brenz, *In Ioh.* 1528 ad loc., 112v. (Cf. supra ad n. (183) but here more particularly adv: Brenz's insistence on the Jews' inability to comprehend the "metaphora").

[192–192] Cf. supra *cap.* 4 ad nn. (28)–(28) [!], (47). Here ap and adv: Brenz, *In Ioh.* 1528 ad 4,11, 62r.–v. (there: emphasis on woman's increasing mockery but also on her *carnal* understanding).

[193–193] Ap: Lactantius, *Div. inst.* 4, 18, CSEL 19, 348 (*i*). Cf. *Vergleichung*, BDS 2, 362.

[194–194] Cf. supra ad nn. (56)–(56) – (59)–(59). Here ap: Aquinas, *In Ioh.* ad 6,27ff., *Piana* 14:2, 39r. col. A (*i*).

qui non perit, sed manet in vitam aeternam [Io 6,27], statim intellexerunt allegoriam: Dominum non de corporis, sed animae cibo, hoc est doctrina salutis quaerenda et amplectenda, loquutum[194]. Nam respondentes dicebant: *Quid faciemus ut operemur opera Dei* [Io 6,28]? Non: quis, quaeso, cibus maneat in vitam aeternam, nec unquam pereat? $^{z^{10}}$Aut: unde petemus nobis talem cibum$^{z^{10}}$?

Sic cum dixisset: *Ego sum panis vitae, qui venit ad me non esuriet et qui credit in me* [Io 6,35] utique idem quod hic dixerat. Si enim *ipse panis est*$^{a^{11}}$ [Io 6,35], certe $^{b^{11}}$*caro et sanguis* eius quod erat, cibum esse oportet et tum dixit *carnem* suam *edendam*$^{b^{11}}$ [Io 6,56.55]. Sed ut$^{c^{11}}$ simul id quomodo accipiendum esset, exposuit subiiciens: *Qui venit ad me non esuriet, qui credit in me non sitiet* [Io 6,35], ita Iudaei isti $^{d^{11}}$verba Domini$^{d^{11}}$ recte intellexerunt. Cum enim *murmurantes* [Io 6,41] hunc sermonem tanquam absurdum confutare vellent, non dicebant: [195]quid ille se panem esse dicit qui homo est? Aut: cum Ebraeis panis quemlibet cibum significet, ergo faciet nos [196]antropophagos? Vorabimus ipsum hominem[195]? Sed hoc [197]calumniabantur quod dixerat se *venisse e coelo* [Io 6,41] eoque esse Deum qui, reddendo in se credentes divinitatis participes [cf. Hbr 3,1], in vitam aeternam pasceret [cf. Io 6,40][197]. Inde dicebant: *Nunquid iste est Iesus, filius Ioseph, cuius nos patrem et matrem cognoscimus? Quomodo igitur dicit iste: descendi e coelo* [Io 6,42]? Non igitur quod se carnem$^{e^{11}}$ in cibum offerret – intelligebant enim allegoriam – sed quod tanta sibi, cum vere caro esse appareret, tribueret, illos offendebat. Id et ex eo cognosci potest quod infra legimus respondisse Dominum discipulis iis quibus tam pariter *sermo* eius *durus* [Io 6,61] vi[681]debatur, quo negaverat *quenquam vivere* posse, *nisi carnis suae esu potuque sanguinis sui*$^{f^{11}}$ [Io 6,54]. Indubie [198]enim ad id potissimum Dominus respondebat quod videbat illos praecipue turbare. Iam dicebat: *Hoc vos offendit* [Io 6,62]? *Cum igitur videbitis filium hominis ascendentem ubi erat prius* [Io 6,63] (subaudi: [199]quid tum dicetis)[198]? Modo intolerabile videtur quod dico *carnem meam vere cibum et sanguinem meum vere potum esse* [Io 6,56], hoc est me vere coelicum panem esse, *qui e coelo adveni* ut aeternam dem vitam omnibus qui se mihi

---

$^{z^{10}-z^{10}}$ *om.* B. – $^{a^{11}}$ *om.* B. – $^{b^{11}-b^{11}}$ *carnem* suam, *caro* enim *et sanguis* erat, tum quoque *edendam* dixit B. – $^{c^{11}}$ *corr. et* D. – $^{d^{11}-d^{11}}$ quoque B. – $^{e^{11}}$ *add.* licet B. – $^{f^{11}}$ *add.* is autem cui pastus contigisset, *vivere in aeternum* B. –

[195-195] Ap and adv: Albert, *In Ioh.* ad 6,53ff., *Opera* 24, 271 col. A–B (*ip*: there: those questions cited as subject of dissension).
[196] Cannibals. Cf. Pliny the Elder, *Nat.* 6,53.
[197-197] Cf. supra ad n. (86)–(86). Ap: Albert, *In Ioh.* ad 6,41ff., *Opera* 24, 265 col. B (*i*); Lactantius, *Div. inst.* 4,16, CSEL 19, 341 (*i*).
[198-198] Cf. infra, *sect.* 6, ad nn. (297)–(297) – (305)–(305).
[199] Ap: Aquinas, *In Ioh.* ad 6,63, *Piana* 14:2, 42r. col. A (*p*: same addition).

addixerint [cf. Io 6,51–52]. *Hoc offendit* [Io 6,62] adeo ut iam et vobis, discipulis meis, [200]*durus hic sermo* [Io 6,61] tanquam plus satis arrogans, existimetur? At *videbitis* me [g11]paulo post[g11], quamlibet *filium hominis,* quamlibet carne mortali amictum, in coelum *ascendere* [Io 6,63]. An et tum videbuntur vobis haec mea verba tam absurda tanque[h11] sortem meam excedentia[200]? Idem probat denique et Petri responsum, cum iam offensi hoc sermone *discipuli aliquot Dominum deseruissent* [Io 6,67] *et ipse rogasset duodecim an et ipsi vellent abire* [Io 6,68]. *Ad quem,* inquiebant[i11], *ibimus? Verba vitae aeternae habes* [Io 6,69] – tam abest ut nobis *durus,* vel *absurdus tuus sermo* [Io 6,61] haberetur. Quam autem subiicit huius rationem? *Et nos credidimus et cognovimus quod tu es Christus, Filius Dei vivi* [Mt 16,16; Io 6,70]. Hoc quid aliud erat quam: credidimus iam pridem te esse *panem vitae* [Io 6,48], *e coelo venisse* ut cibes tuos in vitam aeternam [cf. Io 6,50], etiam per hanc carnem tuam quam nostri caussa suscepisti?

Et [201]hinc iam, ut et ex superioribus, satis liquet hunc totius orationis praesentis scopum[j11] Domino fuisse ostendere se Christum esse, *unicum illum Mediatorem Dei et hominum* [1 Tim 2,5] qui *vitam aeternam* [Io 6,40] e coelis, a Patre, credentibus suis adferat et donet[201]. Dubium sane esse nequit [202]Petrum hac sua confessione testari voluisse se et suos collegas non esse verbis Domini, ut alii, offensos [cf. Io 6,62.67] sed habere eis fidem, et hinc nihil dubitare ipsum id esse quod se esse dixerat: *panem* scilicet coelestem et *vivificum* [Io 6,51][202]. Utque ostenderet ea verba se plane cognita habere, extulit illa apertius, remotis allegoriae involucris et dixit: *Tu es Christus, Filius Dei vivi* [Mt 16,16; Io 6,70]. Proinde omnino hoc id ipsum fuit quod Dominus – sed usus more suo allegoriis – de se toto illo sermone praedicarat. Idem igitur quoque fuit quod incredulos offendit. [203]Non igitur quod putarent Dominum velle suam carnem ita dare edendam ut bubula editur, sed quod se Christum esse et Deum, vitae scilicet aeternae largitorem, affirmaret hancque largiri se, carnem et sanguinem, *filium* scilicet *hominis* [Io 6,54] – et quod adhuc gravius sonabat:

[g11]–[g11] *om.* B. – [h11] tam B. – [i11] inquiebat B. – [j11] statum B. –

[200–200] Ap: Chrysostom, *In Ioh.* hom. 47 ad 6,62ff., MPG 59, 264 (in: Aquinas, *Catena* ad 6,62ff., *Guarienti* 2, 428; *In Ioh.* ad 6,62ff., *Piana* 14:2, 42r. col. A. There adv: Valentinus' doctrine of celestial flesh of Christ!) (*i*).

[201–201] Ap: Chrysostom, *In Ioh.* hom. 47 ad 6,62ff., MPG 59, 267 (*i*); *Vergleichung,* BDS 2, 337–338 (*r* but there: *caro* ad 6,64 = caro Christi).

[202–202] Ap: Chrysostom, *In Ioh.* hom. 47 ad 6,62ff., MPG 59, 266 (*i*: same contrast).

[203–203] Adv: Brenz, *In Ioh.* 1528 ad 6,53, 112v. Cf. supra ad nn. (183), (191). Also adv: Augustine, *In Ioh.* tract. 27 ad 6,64, MPL 35, 1617–1618, CCL 36, 272! (cf. supra n. (188)–(188)), cited also in: Aquinas, *In Ioh.* ad 6,64, *Piana* 14:2, 42r. col. A (but there: found admissible although Chrysostom preferred). Cf. *Vergleichung,* BDS 2, 382 (there: as long as there is faith in Christ as Saviour, God and man, and no belief in transsubstantiation, there can be no real divisions).

per carnem hanc suam tradendam in mortem [cf. Io 6,52][203] – id demum fuit quod illos turbavit[k11], offendit[l11] et a Domino abalienavit[m11] *murmurisque* [Io 6,41] eorum caussam dedit[n11]. [o11]Idem sensit [204]divus Chrysostomus, ut legis in homilia 46 in Ioannem[o11]. Ab [205]eo itaque quod intelligebant, sed[p11] insanum ducebant[q11], Iudaei[r11] sermonem vertebant[205] ad illudendum quod carnem suam cibum dixisset [cf. Io 6,53], sicut et [206]illa Samaritis, alio, irridens, sermonem Domini torserat [cf. Io 4,15] quam ad quod ipse fuerat locutus[v10] [188].

Nisi ederitis carnem filii hominis [Io 6,54]. Ita se hic nominavit ut fortius falsum illorum de se iudicium feriret. Quod enim homo et humilis apparebat, insanum putabant sibi eum tantum sumere. Agnovit ergo se *filium hominis*, vilem et abiectum hominem. Sed ut simul indicaret quid in se, contempto adeo et neglecto homine, latitet, [207]negavit *vitam* veram habere, hoc est vitae aeternae in totum expertem esse et fore, *qui non ederet[s11] carnem filii hominis et biberet[t11] eius sanguinem* [Io 6,54], hoc est: [u11]non haberet Christum in se viventem [cf. Gal 2,20], certus se per illius sacrificium redemptum[u11] et *filium Dei atque haeredem* [Rm 8,17] constitutum[207]. *Proposuit siquidem Deus* Christum Iesum *propitiatorem[v11] per fidem in sanguine eius, in ostensionem iustitiae eius* [Rm 3,25] ut scilicet credentes eius sanguine nostra peccata expiata [cf. Rm 5,9] esse et *Deum nobis propitium* [1 Mcc 2,21] factum, [w11]id ipsum in nobis re ipsa[w11] experiremur, donati verae iustitiae Spiritu qui, tandem omni expurgatos peccato, nos plene iustos redderet. De hac per mortem Christi facta redemptione [cf. Rm 5,11] et fide in illam qua sola aeternae vitae participes [cf. Rm 5,9] reddi[682]mur, multa insigniter expendenda commemorat passim in Epistolis suis Paulus, tum praecipue Roman. 5.

[x11]Simpliciter ait hoc Dominus: *Qui edit meam carnem, habet vitam aeternam* [Io 6,55]. [273]Nullam addit conditionem. Hinc scribit [274]divus Augustinus libro De civitate Dei 21, capite 25: re vera manducare Domi-

---

[k11] turbaverat B. – [l11] offendebat B. – [m11] abalienabat B. – [n11] dederat B. – [o11–o11] *om.* B. – [p11] et B. – [q11] *add.* nec ita aptum tamen erat irrisui B. – [r11] *om.* B. – [s11] ederit A. – [t11] biberit A. – [u11–u11] qui non crediderit per illorum sacrificium sese redemptum AB. – [v11] propitiatorium AB. – [w11–w11] ita AB. – [x11–x11] [208]AB: [135r. A; 48v. B] *Edens meam carnem et bibens meum sanguinem habet vitam aeternam* [Io 6,55]. Utinam vel hunc locum perpenderent [209]carnalis manducationis Christi adsertores! Si enim panis eucharistiae est vere, realiter et corporaliter corpus Christi, aut est in pane illo corpus Christi realiter et corporaliter, omnino consequens

---

[204] *In Ioh.* hom. 47 (= 46 in Latin ed. 1522) ad 6,62ff., MPG 59, 264–268.

[205–205] Perfidy of the audience ap: Chrysostom, *In Ioh.* hom. 47 ad Io 6,62ff., MPG 59, 266 (*i*).

[206] Cf. supra n. (192)–(192).

[207–207] Ap: *Vergleichung*, BDS 2, 360–361 (*ipa*).

[208] This excursus, *om.* after Wittenberg Concord, adv: Brenz, *In Ioh.* 1528 ad 6,54ff., 112v.–127v. – Cf. supra, *Praefatio ad Bernates* nn. (69) – (73)–(73) ad: *axioma quartum*.

[209] Adv: Brenz, *In Ioh.* 1528 ad 6,55, 113v.

est ut, qui edit panem eucharistiae, quisquis sit, pius vel impius, vere et realiter atque corporaliter edat corpus Christi bibatque eius sanguinem. Si iam hoc dederint, sequitur huiusmodi aeternam habere vitam et *in die novissimo resuscitandum* [Io 6,44] in beatam immortalitatem, a qua felicitate nemo nescit plurimos qui eucharistiae panem edunt esse alienissimos. [210]Neque efugient isti quod dicunt hic Dominum non de sacramentali, sed ea manducatione sui loqui quae per fidem fit[210]. Verum hoc quidem dicunt, sed non est alia carnis Christi quam quae fide fit, manducatio. Ideo sine aliqua adiectione ait: *Qui edit meam carnem et bibit meum sanguinem, habet vitam aeternam* [Io 6,55]. [*add.* B: [211]Non adiecit: per fidem, sicut nec in caena meminit sacramentalis, sed quamlibet cum symbolo panis corporis sui illic manducationem offerret, addidit tamen: [212]*Quod pro vobis traditur* [Lc 22,19][212] et ad calicem: *Novum testamentum* [Lc 22,20] ut aperte indicaret se non de alia, quam quae per fidem fit, sui manducatione se loqui, utcunque symbolis panis et vini uteretur[211]]. *Si igitur* [**Certe si B.] vere edunt Christi carnem et vere bibunt eius sanguinem qui edunt panem et bibunt calicem eucharistiae, oportebit aut illos habere *vitam aeternam* [Io 6,40], aut non edere re ipsa Christi carnem, sed symbolum eius.

⟨Corpus Christi non edunt nisi pii⟩ Sed [*add.* ut dixi B.] ipsa quoque verba caenae, cum corpus Domini iis edendum offerunt pro quibus traditum est [cf. Lc 22,19] et sanguinem bibendum pro quorum peccatis abluendis effusus est, nullam nisi fidei manducationem docent. [135v. A.] Discipulis sacer panis et calix offerebatur quibus cibus carnis et potus *sanguinis* Christi in constitutionem *novi* et aeterni *foederis*, hoc est *in remissionem peccatorum* [Mt 26,28] et certam *cum Deo* Patre *reconciliationem* [Rm 5,11], traditus est. [213]Ii et vere carnem Domini [*add.* ederunt hodieque B.] edunt sanguinemque bibunt quia, vere credentes iis sese redemptos [cf. Rm 3,25], animis reficiuntur ac ita *fide confortantur* [Rm 4,20] et satiantur ut nunquam *esurituri sint* [Io 6,35], sed *aeternam vitam* [Io 6,40] beate [beati B.] victuri[213].

Haec tam potens veritas est ut coegerit scribere [214]quosdam illorum et sane primarios 'os corporis accipere panem et vinum, os fidei accipere corpus et sanguinem'. [*add.* Haec sane primarius quidam inter eos his verbis scripsit B.] O si sustinerent isti se admonere, si non persuasissent sibi impossibile ut tanquam homines et ipsi hallucinentur! Quid, quaeso, os fidei sumit? Quae sunt alimenta quae illo percipiuntur? Certe nihil aliud, quam quod alit in vitam aeternam [cf. Io 6,52.55]. Id autem Christus ipse est [cf. Io 6,51], caro et sanguis eius sunt agnita et certa fide percepta ut indubitatum precium [49r. B] redemptionis nostrae [cf. 1 Pt 1,18–19]. Haec cibum dicunt [215]"interni et *spiritualis hominis* [1 Cor 2,15]" et recte dicunt, si iam unquam senserunt interni hominis refectionem ut sensisse non dubito – nam fratres in Domino illos credo, utcunque ipsi nos, occupati iam a φιλονιχίας spiritu, Satanae dedant – utinam expendant in quo senserint illam et qualem!

⟨*Fides vita iusti* [Rm 1,17], persuasio gratiae Dei, vitae huius alimonia⟩ Utique *iustus fide* sua *vivit* [Rm 1,17], hinc certe solum hic nobis bene est, hinc morti non cedimus, hinc *gaudio* vero *et pace* [Rm 14,17] fruimur, hinc sancte et officiose cum proximis vivimus quod *Spiritus Dei nostro testimonium perhibet nos esse Dei filios et haeredes* [Rm 8,16–17], quod [136r. A.] non dubitamus fore olim ut, *peccatis* omnibus *liberati et iustitia* consumata donati [Rm 6,18], *in aeternum* [Io 6,52] cum Deo beati vivamus. Haec vita illa nova [cf. Rm 6,4] sanctorum est.

[210–210] Ap and adv: Brenz, *In Ioh.* 1528 ad 6,55, 112v. (*ip*).

[211–211] Adv: Luther in: *Hedios Itinerar* 1529, BDS 4, 339 (there: emphasis on double manducation; physical and spiritual. Distinction between "os corporis" and "os fidei" already ap: Brenz, *In Ioh.* 1528 ad 6,64, 121r. Cf. infra ad n. (214)).

[212–212] Ap: Zwingli, *Amica exegesis*, CR 92, 620–621 (*ir*; there adv: Luther's "in isto pane est corpus meum" Zwingli argues that the body was fully human, hence cannot be eaten in the eucharist).

[213–213] Ap: Paschasius Radbertus, *Libellus* 1528 ed. Gast, D2r.–D3r. (*ipar*) = *Liber de corp. et sang.* 6, MPL 120, 1282–1283 (*i*).

[214] Brenz, *In Ioh.* 1528 ad 6,64, 121r.

[215] Brenz, *In Ioh.* 1528 ad 6,64ff., 120v.: Proinde in sacramento offertur per verbum interno et spirituali homini suum bonum, hoc est spirituale. Externo autem, suum: hoc est externum.

Dum ista contigit, *novus homo* natus est [Eph 4,24] et *spirituales* [1 Cor 2,15] esse coepimus. Iam quia de spiritualibus rebus translatis verbis loqui necessitas ipsa cogit, sicut Scriptura hanc fiduciam *vitam* [Io 6,40], ita id quo [*add.* ea B.] sustentatur, roboratur et vivida atque operosa redditur, vocat *cibum* [Io 6,56] eius [*om.* B] et alimoniam.

Agite ergo fratres. Explorate vosmetipsos. Consulite ipsam fidem vestram: unde ea tamen pascatur, quid vires illi sufficiat, quid ad opera valentem [cf. Iac 2,22], gnavam et lubentem reddat? [216]Fatebimini nequaquam id aliunde fieri, quam ab eo quod Dominus noster Iesus, *panis qui de caelo descendit* [Io 6,59], cordibus vestris persuadet *se nunquam* vos *abiecturum* [Io 6,37], sed a Patre veniam omnium peccatorum vobis impetraturum [cf. 1 Io 2,1–2], *Paracletum qui omnia doceat et in vobis perficiat* donaturum [Io 14,26], denique *in die novissimo vos resuscitaturum* [Io 6,44.55]. Horum vero omnium vobis fidem facit dum certos reddit quod propter vestra peccata *mortuus sit et, cum inimici essetis, Deo reconciliarit, eoque multo magis nunc per vitam suam vos salvaturus sit* [Rm 5,10], *se enim resurrexisse propter iustificationem nostram* [Rm 4,25][216]. Disperiam si unquam aliunde animi vestri aliti cibatique fuerint, si ex alia unquam re vel fides vestra firmior, vel charitas officiosior reddita sit.

⟨Solus Christus pascit mentem⟩ Si iam haec et nulla alia est animae refectio, si haec una est interni hominis alimonia, obsecro fratres date hanc gloriam [136v. A] *pani vivifico* [Io 6,51], Domino et Servatori nostro Iesu Christo, *qui e caelo descendit* solusque *dat vitam mundo* [Io 6,33], ut ab ipso solo cibum illum et refectionem interni hominis petatis et [217]non a quovis ecclesiae ministro, neque a verbis[217] quae ille saepe, absque ulla fide eoque non sine blasphemia Dei, super panem et vinum protulerit, non denique a pane ipso. Minister homo est, verba sonus ab eo aeditus, panis opus pistoris: omnia per se nihil nisi opera hominum. [218]Corpus eisdem alitur quibus compactum est, ita et internus homo, ut virtute Christi sola subsistit, igitur [ita B.] et virtute eius tantum alatur et perficiatur oportet. Unde toties non sine emphasi dixit: *Ego sum panis vitae* [Io 6,48], *ego sum panis qui de caelo descendit* [Io 6,51], *panis quem ego dabo* [Io 6,52]. *Pater trahit Spiritu suo ad Christum* [Io 6,44], id est dat agnoscere Christum. Idem Spiritus est et Christi eoque nos iustificat et salvat: *figmentum* [Rm 9,20] ipsius sumus[218].

⟨Quid minister efficiat⟩ [219]Minister dum evangelion annunciat – [220]quod pluris et vos facitis quam panem eucharistiae quia hic sine illo esse non potest[220] – Domino quidem cooperatur [cf. 1 Cor 3,9], sed ita ut, si separes quod eius est ab eo quod Domini, nihil ipsi relinquatur et iure quidem, cum *a se in his rebus nihil possit vel cogitare*, 2 Corinth. 3[5]. Recitet minister verba Christi, quemadmodum [*add.* ipse B.] *suis discipulis panem porrexit et dixit id esse corpus suum* [Mt 26,26]. Quid inde percipiet [*add.* is B.] cui defuerit Spiritus Christi [cf. 1 Cor 2,14][219]? [221]Si is [cui B.] vero illi [ille B.] adfuerit, is continuo cogitabit incomparabile beneficium Dei *qui Filium suum pro nobis dedit* [1 Io 4,9]. Considerabit dilectionem Christi qua *corpus suum* in mortem [137r. A] pro nobis *obtulit* [Hbr 10,10]. Et hinc tum [demum B.] sentiet corpus Christi hoc esse quod panis, nimirum verum et salvificum cibum – sed animae, sed spiritus, sed interni hominis, sicut panis est corporis, id quod et vos fatemini – hoc est: sentiet suam in Deo fiduciam cum omni studio *verae pietatis* [1 Tim 6,11] *incrementum* [1 Cor 3,6] sumere. Neque enim aliter fieri poterit dum animus eius fide expendit hoc tantum Domini nobis praestitum beneficium quod morte sua nos redemit [cf. Tit 2,14] in aeternam vitam[221].

[216–216] Ap: Zwingli, *Commentarius*, CR 90, 781 (*i*: there ad Io 6,56).

[217–217] Adv: Brenz, *In Ioh.* 1528 ad 6,64ff., 125r. (there: sacraments = "evangelii appendices"; therefore he who has the authority to preach, has also the authority to distribute them).

[218–218] Ap: Lambert, *De prophetia* tract. 4, cap. 1, 44r.–v. (*ipa*).

[219–219] Ap: Lambert, *De prophetia* tract. 5, cap. 3, 83r. (*i*); Zwingli, *Amica exegesis*, CR 92, 590–591 (*ip*). Adv: Brenz, *In Ioh.* 1528 ad 6,64ff., 120r. (there: distribution of body and blood through minister's words).

[220–220] Adv: Brenz, *In Ioh.* 1528 ad 6,64ff., 125r. (there: sacraments = "evangelii appendices").

[221–221] Ap: Zwingli, *Commentarius*, CR 90, 782 (*ip*).

Cui iam quaeso tribuemus hanc beneficii Christi fidelem gratamque considerationem, cui persuasionem, quod ille non dubitat et pro se corpus Christi datum? Ministro? At is *sive plantet sive riget, nihil est* [1 Cor 3,7]. Verbis ab illo prolatis? At sonus sunt hominis et praeterea nihil, nisi significationem eorum Dominus cordi obtulerit et Spiritu suo persuaserit [cf. Rm 8,16]. Pani? At idem opus hominis. Cui ergo tribuemus? Nemini, nisi qui hic dixit: *Panis quem ego dabo, caro mea est pro mundi vita* [Io 6,52]. Is est unus Salvator noster. Omnia salutis nostrae ipsi uni competunt [cf. Act 4,12]. Ipse dat Spiritum [cf. Io 14,16–17], docet, pascit, *vivificat* [Io 5,21] et *instaurat quaecunque in caelo sunt et in terra* [Eph 1,10]. Quid ergo: abiiciemus ministrum? Repudiabimus verba Domini? Mittemus ritum ab ipso institutum? Minime.

⟨Quomodo externa caenae habenda⟩ Ministros qui fideles sunt et in verbo diligenter laborant, duplici honore dignabimur, sed sic ut *eos nostros, nos non illorum sed Christi* esse agnoscamus, priore Corinth. tertio [22–23]. [222]Omnia Christi verba, sic et caenae, piis animis audiemus, sed ita ut omne *incrementum* [1 Cor 3,7] [137v. A], hoc est fructificam persuasionem, uni Christo acceptam feramus. Religiose [49v. B.] quoque *panem* Domini *edemus et calicem bibemus*, sed ut ipsius in communi memoriam celebremus, *ut mortem eius annunciemus donec veniat* [1 Cor 11,26][222]. [223]Eaque communi fidei nostrae professione atque pro tanto beneficio gratiarum actione [cf. 2 Cor 9,12–13] institutum ab ipso cum fratribus foedus innovemus et confirmemus, *unum corpus et unus panis futuri* quotquot *de uno pane participamur* [1 Cor 10,17], non autem ut corpus Domini et sanguinem in pane et vino realiter et corporaliter praesentia adoremus; multo minus ut edamus et bibamus[223]. Est *Spiritu* suo *vivifico* [Io 6,64] nobiscum *usque ad consummationem saeculi* [Mt 28,20] et peculiariter cum in nomine ipsius convenimus [cf. Mt 18,20], Matth. ultimo et decimo octavo: id satis nobis est. Neque plus nobis promissum esse ulla potest Scriptura probari.

⟨*Hoc est meum corpus* [Mt 26,26] tropice accipiunt et adversarii⟩ Si enim obiecerit quis: *Hoc est corpus meum*, ut mittam quod nusquam nobis est mandatum ut haec verba recitemus super panem, neque, si recitemus, promissum quod pani adferant corpus! Dum enim praedicatio evangelii mandata est, mandata est viva expositio *gratiae factae per Christum* [Io 1,17], non recitatio tantum eorum quae dixit Christus. Sed mitto haec, praesertim cum ipsi in his [224]adversarii nostri, licet paulo ante caelum et terram ruitura voce et libris per totum orbem clamaverint, si quis tropum inesse verbis caenae diceret[224], [225]nuper aedito libro ita nunc scribant: "omnino tamen tropo quodam opus erit, quando re ipsa videamus panem non mutari in corpus, nec vinum in sanguinem". [138r. A] Haec illi. Fatentur ergo iam ipsi verba haec: *Hoc est corpus meum* non esse accipienda simpliciter. Non igitur probabunt ex eis panem realiter esse corpus Christi, multo minus in pane eucharistiae esse corpus Christi realiter et corporaliter. [226]Neque enim dixit Dominus: in hoc pane est corpus meum, sed porrecto pane dixit: *Hoc est corpus meum*[226]. Iam ergo nobis cesserunt hanc dudum sacram ipsorum anchoram. Iam ergo est eis ex aliis locis sua probanda [227]synechdoche. Id [228]dum conantur, scribunt esse "hunc tropum in Scriptura et communi hominum consuetudine

[222–222] Ap: Zwingli, *Commentarius*, CR 90, 789 (*ipra*).

[223–223] Cf. supra *Praefatio ad Bernates*, nn. (69) – (73)–(73) ad: *quartum axioma*. Ap: Zwingli, *Commentarius*, CR 90, 801 (*ipr*); *Subsidium*, CR 91, 497–499 (*i*: community); *Amica exegesis*, CR 92, 637–638 (*i*: community. There adv: Luther on 1 Cor 10,16–17 in *Wider die himml. Propheten*, WA 18, 168). Cf. infra nn. (265)–(265), (266).

[224–224] Brenz, *Syngramma* 1526, BrFrSchr 1, 239, 244, 246ff. Cf. supra *Praefatio ad Bernates* ad: *quartum axioma*.

[225] Brenz, *In Ioh.* 1528 ad 6,64ff., 122r.

[226–226] Ap: Zwingli, *Amica exegesis*, CR 92, 675 (*p*). Cf. *ibid.* 702–703 adv: Luther, *Sermon* 1526, WA 19, 499.

[227] Brenz, *In Ioh.* 1528 ad 6,64ff., 122r.

[228–228] Brenz, *In Ioh.* 1528 ad 6,64ff., 122r.

familiarissimum"[228], quasi vero [229]allegoria et metonymia per quos tropos [230]alii haec verba exponunt, non sint item, et Scripturae et communi hominum consuetudini, familiarissimi[229]. [231]Circumcisio *foedus* [Gn 17,10f.] dicitur quod significabat; baptismus dicitur *regeneratio* [Tit 3,5] cuius admonet. Decem partes pallii scissi a propheta pro decem tribubus Iisraelis traduntur Hieroboam [cf. 3 Rg 11,30–31]. Figura Ierusalem et sanctuarii, in visione ostensa Iechezkeli, ipsa *Ierusalem* [Ez 8,3] et *sanctuarium* [Ez 8,6] dicuntur. Utque aliquid ex communi hominum consuetudine adferam, licet enim id iam ipsorum exemplo, quis nescit in omni lingua tritissimum ut signa earum rerum nominibus quas significant, nominentur? Quis non dicit de statua caesaris: hic caesar est[231]; de representantibus dignitatem et potestatem regiam: hoc regnum est, et similia infinita?

⟨*Confutantur rationes adversariorum*⟩ [**om. B.]. [232]Sed isti [138v. A] hunc tropum ideo non ferendum aiunt quod privet fidem bonis suis. Si enim dicatur panis corpus Christi significare, sequatur corpus abesse[232]. O fratres, si sustineretis colloquium, quam facile ostenderetur vobis somnia esse quae scribitis! Verbum per hominem prolatum de Deo nunquid Deum significat. Ergo oportebit Deum abesse et privabo fidem bonis suis, sic loquens? An non potius, quantum in me est, quod sensibus signa adfero rerum spiritualium, eo ipso mentibus illas ipsas spirituales res praesentes statuo? Vester [233]coriphaeus scribit verbum plus esse quam panem eucharistiae[233]. Si ergo pani dedero quod significet, quo plus verbum ab homine prolatum non potest – quia *plantans et rigans nihil est,* omne *incrementum Dei est* [1 Cor 3,7] – quid indignum, quaeso, sum de pane locutus? Certe, si verum dicere voletis, fatebimini panem verbo multo imperfectius significare.

Vos facitis ipsum [234·]instrumentum et medium quo vere et praesenter fidei nostrae corpus donatur et distribuitur'[234], sed nulla id Scriptura unquam probabitis. [235]*Indigne enim* et ad mortem *manducat* [1 Cor 11,29] qui manducat sine fide quae nulla esse potest, nisi vere possideat et praesens habeat ante, ut Christum, ita et corpus eius[235]. Quomodo igitur panis eucharistiae vere et praesenter donabit et distribuet fidei corpus quod illa ante habet? Memoria huius per panem, plenius tamen per verbum, refricari potest, donari ipsum et distribui non potest. Hoc Christi opus est.

⟨*Quibus probent adversarii suum commentum*⟩ [**om. B.] [139r. A.] Sed age videamus quibus probare hoc suum commentum conentur. Finxerunt sibi Deum [236·]communi lege dare Spiritum sanctum et alia sua dona non absque mediis et instrumentis'[236]. Haec vero fecerunt verbum externum et sacramenta quae dicunt [237·]"verbi appendices". Pro his adferunt illud [238]Gala. 3[2]: *Hoc solum cupio a vobis discere, num ex operibus Legis an auditu fidei Spiritum acceperitis*? Item: *Ex auditu est fides,* Rom. 10[17][238]. Paulus autem scripsit [239]Galatis de virtute illa patente Spiritus qua loquebantur variis linguis aliaque mira faciebant[239], ut super apostolos Spiritus sanctus in die Pentecostes [cf. Act 2,2–4] et postea super domum Cornelii, de quo Acto. 10[3ff.], venit. Id non [50r. B] animadvertisse illos mirum est, [240]cum hunc

---

[229-229] Ap: Zwingli, *Amica exegesis*, CR 92, 703 (*ip*, but there: "metonymia" only mentioned).

[230] Perhaps Zwingli, *Subsidium*, CR 91, 472 (there: *metaphorical* interpretation (= one thing representing another) of Mt 26,28. For close relationship between allegory and metaphor cf. *Lausberg* 1, par. 895).

[231-231] Ap: Zwingli, *Commentarius*, CR 90, 796–797, 801 (*iap*: but there: different Scriptural examples).

[232-232] Ap and adv: Brenz, *In Ioh.* 1528 ad 6,64ff., 121v. (*p*).

[233-233] Ap: Luther, *Sermon* 1526, WA 19, 500–501 (*pa*).

[234-234] Ap and adv: Brenz, *In Ioh.* 1528 ad 6,64, 118r. (*ep*).

[235-235] Ap: Zwingli, *Commentarius*, CR 90, 802 (*ir*). Cf supra ad n. (213)–(213).

[236-236] Ap and adv: Brenz, *In Ioh.* 1528 ad 6,64ff., 117r. (*ep*).

[237] Brenz, *In Ioh.* 1528 ad 6,64ff., 118v. 125r.

[238-238] Brenz, *In Ioh.* 1528 ad 6,64ff., 117v.

[239-239] Ap: Chrysostom, *In Gal.* ad 3,2, MPG 61, 649 (*i*).

[240-240] Ap and adv: Brenz, *In Ioh.* 1528 ad 6,64ff., 117v.–118r. (*r*: there Spirit linked to preaching after: Ionas, *In Acta* ad loc., E6r.–v.). Bucer's interpretation ap: Lyra ad loc. (*i*).

quoque locum Acto. 10[3ff.] pro se adduxerint[240]. Hic igitur Spiritus, hoc est apertior vis Spiritus, et Galatis contigerat cum evangelio crediderant. Ex *eo itaque* [**quo B.] virtutem fidei evangelicae operibus Legis multo praestare debuerant agnoscere, huius ergo eos Paulus admonet. Neque locutus [241]hic est de *Spiritu filiorum Dei* [Rm 8,15] sine quo *homo animalis est, neque divini aliquid potest percipere* [1 Cor 2,14]. Hic certe, si non adsit, verbum quod praedicatur nunquam intelligetur et sacramenta absque fructu percipientur. [242]Non igitur cum verbo hic Spiritus offertur, sed e supernis infunditur [cf. Io 8,23] ut verbum intelligatur. Illud vero: *Ex auditu est fides* [Rm 10,17] aliud nihil probat quam, si de Deo credi aliquid debeat, oportere ut id antea sit auditum[242]. Libenter igitur fatemur Deum [243]"communi lege" verbum externum adhibere [exhibere B.] ad docendum suos, sed quod propterea [244]"medium et instrumentum sit quo detur Spiritus [139v. A.] et alia Dei dona"[244], neque ex his locis neque ex aliis unquam probabitur.

In Actis 13 [23! B.] legitur: *Et crediderunt quotquot erant ordinati in vitam aeternam* [Act 13,48]. Hinc certe Spiritus datur quia, quos *praedefinivit Deus, hos et vocat* [Rm 8,30]. Hic Spiritus semen Dei est quo nunquam electi destituuntur. Ab *utero* siquidem *matris,* uti et Paulus, *segregantur* [Gal 1,15]. Hic Spiritus, haec vis favoris Dei non pariter semper prodit se, sed dum tempus advenit quod statuit Deus. [245]Neque latet in carne 'sicut ignis in calce'[245] sed imprimitur e supernis [cf. Io 8,23] in eos qui ad vitam electi sunt. Prodit se quidem ille in omni vita aliquantulum, plenius autem et clarius, nunc ante, nunc post perceptum evangelion. [246]Nam ex hoc Spiritu eleemosynas suas fecit et preces fudit, antequam de evangelio esset edoctus, Cornelius [cf. Act 10,1ff.]. Idem quoque compulit eunuchum Aethiopem Ierusalem petere ad orandum [cf. Act 8,27]. Ex eodem fuit quod Paulus Legis prae coetaneis suis studiosus erat [cf. Act 22,3; 26,5]. Eodem plenus etiam infans erat Iohannes [cf. Lc 1,64.80]. Quid? Nemo unquam orthodoxorum hunc Spiritum vel communi vel privata lege sic verbo addixit ut [247]"medium et instrumentum" illud faceret quo ille sanctis daretur[246]. Verbum praedicatur etiam reprobis et ut excaecentur magis, Iesch. sexto [10]. Cuius hic Spiritus [247]"instrumentum" verbum facient? Sophistarum est ista de [247]"instrumentis et mediis" Spiritus et gratiae Dei philosophia, non Christianorum. Illorum inventum est sacramenta esse causas gratiae instrumentales. E Scriptura nihil tale habetur, ut de verbo, ita multo minus de sacramentis. Vere dolendum igitur nunc valere tantum contentionem ut [140r. A] ad mateologos rursum istos faciat deficere qui paulo ante nobiscum omnibus Christianis fugiendos illos, et nominatim in hoc dogmate, docuerunt. Quid enim interest inter hoc quod illi docuerunt: sacramenta novae Legis dare gratiam, et quod isti? Etenim scribit [248]alpha horum Deum definivisse nulli hominum interna, hoc est Spiritum, fidem et alia dona, donare sine externis quae sunt verbum praedicationis et sacramenta: idque ea ratione et lege ut haec externa praecedere debeant et oporteat et postea sequi interna, Spiritum et fidem: idque per illa externa, verbum scilicet et sacramenta[248]. Haec ille verbotim. [249]Quidam tamen discipulorum eius ista mitigant addentes: "communi lege"[249]. De baptismo tamen sic scribunt: [250]'baptismus est vera et viva *regeneratio* [Tit 3,5], non quia solum regenerationem significat, sed quia est instrumentum et medium quo viva regeneratio nobis exhibetur'[250].

[241] i.e. Brenz.

[242–242] Adv: Brenz, cf. supra ad n. (238)–(238). Ap: Zwingli, *Amica exegesis,* CR 92, 590 (*ir*).

[243] Cf. supra ad n. (234)–(234).

[244–244] Cf. supra ad n. (236)–(236) (*e* here).

[245–245] Ap and adv: Brenz, *In Ioh.* 1528 ad 6,64ff., 117v. (*ep*).

[246–246] Disjunction between spoken word / sacraments and the Spirit ap: Lambert, *Farrago* cap. 2, C3r.–v., cap. 10, E6v. (*i*).

[247] Brenz, *In Ioh.* 1528 ad 6,64ff., 117r., 118r. Cf. supra ad nn. (234)–(234), (236)–(236), (244)–(244).

[248–248] Luther, *Wider die himml. Propheten,* WA 18, 136 (*p*). On significance of this for Luther and contrast with Bucer's point of view cf. Hazlett, *Zur Auslegung,* 80–81.

[249–249] Brenz, *In Ioh.* 1528 ad 6,64ff., 117r. (*ap*).

[250–250] Brenz, *In Ioh.* 1528 ad 6,64ff., 118v.–119r. (*ap*).

Quis autem non miretur hanc confidentem temeritatem? Ex qua, obsecro, Scriptura ista nobis proferuntur? Unde probantur? Hi tamen interim adorantur, horum omnia oracula sunt. Nemo adultus non in perniciem baptismum suscipiet, sicut et panem caenae, *si non* ante *renatus sit* [Io 3,3]. [251]Et quotquot in Scriptis apostolicis baptismata memorantur, collata fuere iis quos renatos apostoli non dubitarunt[251]. Sic Philippus eunucho non dedit baptismum, nisi ex corde se in Christum credere profitenti [cf. Act 8,35–38]. Sic Petrus Cornelii domum baptizavit non antequam audisset *linguis* illos *loqui et magnificare Deum* ex Spiritu sancto [cf. Act 10,46–48]. Sed et Paulum baptizavit Ananias, iam dudum Spiritu Dei donatum [cf. Act 9,17–18] *et [140r. A] tum* [**om.* B] fide praeditum. Quomodo audent igitur isti scribere nemini Spiritum et fidem dari, nisi per externa illa, verbum et sacramenta? Quam absurdum autem quod de circumcisione illi scribunt! [252]"Non dicitur", inquiunt, "solum signum foederis, sed etiam ipsum foedus et pactum propterea quod per circumcisionem, tanquam instrumentum, foedus Dei semini Abrahae exhibitum et donatum est". Nos vero legimus 1 Moscheh 12[!] Dominum id foederis cum Abraham pepigisse, cum iam pridem credidisset [cf. Gn 17,10f.] eoque in foedere Dei esset. Sic et quicunque de semine eius foederis huius participes unquam fuerunt, ii *ante condita saecula* fuere *electi* [Eph 1,4]; vocati autem et apertiore operatione Spiritus Dei donati [253]non cum circumcidebantur [cf. Rm 4,11–13], sed cum Domino placuit per eos suam gloriam illustrare. Plurimis etiam nunquam contigit in verum Dei foedus venire, licet externe essent populo Dei adnumerati[253]. Sed quid opus multis contra tam manifestum errorem et intolerabilem auribus Christianorum, si eum plane intelli[50v. B.]gant? Scimus multos enim qui dicunt et scribunt hunc se amplexos tanquam sanum dogma, quorum cor tamen illum nunquam agnovit. Mira res est amor et admiratio. Facit saepe ut laudet quis atque imitetur id cuius eum valde puderet, si ipsum in se et non in eo quem amat et suspicit, consideraret. Equidem novi multos hodie melius sentire in plerisque et credere, quam ipsi sciant aut animadvertant, occupati scilicet admiratione hominum qui errant. Id olim agnoscent.

Veritas [141r. A] vero sic habet. Tantum ad docendum et monendum cooperariis [cf. 1 Cor 3,9] nobis uti Deus voluit propter dilectionem et veram unionem inter nos tanto melius servandam, sed adeo nihil quae loquimur verba Dei, nedum sacramenta conferunt ut nihil esse nos Paulus recte affirmet [cf. 1 Cor 3,7]. Eant nunc illi novi [254]Thomistae et probent illa esse [247]"instrumenta et media" gratiae ac Spiritus Dei, sine quibus illa interna dona Dei nemini contingant[254]. Nos libenter verbum quod nos loquimur et sacramentum quod nos exhibemus, nihil nisi evanidum signum esse fatemur, si non cooperetur [cf. 1 Cor 3,7] Deus, id est animo persuadeat et donet quae nos ex ipsius verbis proponimus et sacramentis representamus. Si autem cooperetur [cf. 1 Cor 3,7] ut verbi a nobis praedicati et sacramentorum significatio efficax sit et cum fructu Dei bonitatis admoneant atque ad aemulandam incitent, iam non evanida sed vera et salutaria signa esse praedicamus. [*add.* B: [255]Novi istos, cum urgentur, huc confugere ut dicant: quae sacramentis et verbo tribuunt, illis se tribuere ut a Deo instituta sunt, non ut ab hominibus percipiuntur. In salutem enim illa instituta esse divinitus, etiamsi in perniciem saepe percipiantur ab hominibus[255]. Id, si plane faterentur semper ac his verbis scriberent ut nomen Dei rectius sanctificarent et ita rudibus non confirmarent eum errorem ut putarent id verbum quod ipsi audiant, ea sacramenta quae percipiunt, esse vehicula Spiritus sancti! Si illud modo [256]audierint et haec perceperint! Quid enim aliud cogitent aut discant, cum audiunt, ut ego audivi principem huius sectae loqui: [257]"in baptismo non est respiciendus minister, sed Deus is est qui iam per os loquitur

[251–251] Ap: Zwingli, *Von der Taufe*, CR 91, 224 (*ip*). Cf. ErP 1524 ad Act 11,2, LB 7, 712.
[252] Brenz, *In Ioh.* 1528 ad 6,64ff., 122v.
[253–253] Ap: Zwingli, *Subsidium*, CR 91, 499–500 (*ir*, there: explicit distinction between "foedus" and "signum foederis" ad Gn 17,1–2.7–11).
[254–254] i.e. Brenz. Here ap and adv: Aquinas, *S. Th.* 3a q. 60 a. 2, *Caramello* 3, 338 col. B (*i*).
[255–255] Ap and adv: Brenz, *In Ioh.* 1528 ad 6,64ff., 119r. (*ipa*).
[256] Lutheran theologians, not the "rudes".
[257–257] Ap: Luther in: *Hedios Itinerar* 1529, BDS 4, 341 (*ip*).

baptizantis et per manus eius baptizat. Totum est opus Dei, non hominis. Idem sentiendum de eucharistia'[257]? Vere cavendum erat ne recideremus in lutum e quo vix adeo emersimus, nempe ne Christo alios mediatores succenturiaremus.]

Cum ergo quivis videat hominum figmentum esse – quod tanquam ἀξίωμα illi praedicant – verbum a nobis praedicatum et sacramenta esse gratiae Dei [247]"instrumenta et media", non potest dubitari etiam deliramenta esse, ne quid dicam istis dogmatis dignius, quae illi superstruuntur, ut [258]synecdocha illa qua ista verba Domini: *Hoc est corpus meum* [Mt 26,26] volunt interpretari atque dicunt panem eucharistiae ita esse corpus Christi sicut [259]cantharus vino plenus dicitur vinum, cum dicimus novo hospiti: accipe, hoc est vinum quo te excipio[259]. Probandum erat ita in pane esse corpus Christi, ut in canthario vinum, tum et synecdocha et exemplum [141v. A.] quadrasset. Sed dum isti perpetuo [260]nos calumniantur loqui absque Scripturis[260], ipsi nullam prorsus – sicut nec possunt – pro inventis suis adducunt. Tantum e capite suo ponunt ἀξιώματα quaedam. Ex iis tum inferunt quaelibet. Qui tum contradixerint, eos dedunt Satanae. Sic nobis referunt apostolos.

Nos autem nostra omnibus timentibus Deum, perfacile et ex certis Scripturis, probamus. Primum dicimus pane repraesentari Christi corpus. Quis id neget? Deinde: id ita repraesentari ut mentibus sanctorum nequaquam absens sed praesentissimum [*add.* illud B.] sit, sed id illis exhibente ipso Christo, non ministro, nisi quantum fit significatione verborum et symbolorum, inefficaci tamen ea semper ubi non cooperatur [cf. 1 Cor 3,6] Spiritus Christi. Et hoc cum alias, tum in his quae hic praemisimus, piis abunde probatum est. Nam qui vel a [260a]limine Sacras literas salutavit, novit de symbolis dici quod illis non fit sed repraesentatur. De quo dixi nonnihil et supra [261]*fol. 72* [**capite 3 in illud: *Ex aqua et Spiritu* [Io 3,5] B]. [262]Satis autem abunde ad *aeternam vitam* [Io 6,47] pasci ab ipso Christo[262] dum [263]carnem suam mentibus donat cibum [cf. Io 6,56], hoc est persuadet illis, carnis suae immolatione, aeternam ipsis salutem partam[263] ut ne fingi quidem possit quid realis illa et corporalis corporis Christi in pane praesentia adiungere [*add.* praeterea B.] possit, vel quae in hoc capite Dominus Iudaeis locutus est clarissime testantur. Haec iam sunt quae nos docemus. Iudicent Christiani: utri, nos an illi adversarii nostri, Spiritum et Scripturas sequamur [sequantur B.]? Utri gloriae Christi studeant? Illos profecto, dum verbo et pane [142r. A] corporaliter et realiter dicunt adferri corpus Christi, oportebit aut dicere pasturam fidei (de qua in hoc capite agitur) sine carnali quam ipsi fingunt non satis esse ad vitam aeternam; aut certe ociosam esse hanc corporalem Christi praesentiam et manducationem. Utrunque autem gloriae Christi derogat quae neque potuit his quae hic docuit fallere, neque ociosum aliquid facere. [*add.* B: [264]Nam quod illi dicunt non ociosam esse hanc suam carnalem manducationem quod admoneat bonitatis divinae, qui ea nos sit dignatus[264], nullum adhuc usum eius proprium ostendunt. Nam haec admonitio per symbola et verba abunde fit. Deinde est [51r. B] carnis Christi non admonere favoris divini, sed praestare eum, pascere ipsam, non significare pasturam. Iam vera pastura tantum spiritalis est, quia mentis. Corpus eam tamen percipiet quando restituetur in vitam novam].

⟨*Panis quem frangimus*⟩ [**om. B.] Sed sic sunt hominum figmenta universa et quicquid sine Scriptura statuitur, uti hoc dogma statui, nemo poterit inficiari quando nulla omnino Scriptura possit evinci! Id cum de illo loco quem ubique contra nos iactant: *Hoc est corpus meum* [Mt 26,26] iam abunde pateat – neque enim sonat: in hoc est corpus meum – et ipsi

---

[258] Adv: Brenz, *In Ioh.* 1528 ad 6,64ff., 122r. Cf. supra ad nn. (224)–(224) – (230).

[259–259] Ap and adv: Brenz, *In Ioh.* 1528 ad 6,64ff., 122v. (*ep*).

[260–260] Adv: Brenz, *Syngramma* 1526, BrFrSchr 1, 244–256.

[260a] Seneca, *Ep.* 49,6.

[261] Cf. supra *cap.* 3, *sect.* 1 ad nn. (23) – (30)–(30).

[262–262] Ap and adv: Brenz, *In Ioh.* 1528 ad 6,64ff., 117r. (*ip*: there: pastura ... donum Dei ... in cibo).

[263–263] Ap: Zwingli, *Commentarius*, CR 90, 780–781 (*ipa*).

[264–264] Ap and adv: Luther in: *Hedios Itinerar* 1529, BDS 4, 339 (*ip*).

adversarii nobiscum fatentur panem non esse ipsum corpus, [265]confugiunt fere omnes ad illum: *Panis quem frangimus nunquid communicatio corporis Christi est* [1 Cor 10,16]? Sed unicuique consideranti eum locum propius facile videtur de eiusmodi Paulum loqui κοινω-νία, id est *communione et societate* [1 Cor 10,16], qualis et ea est quam illi opponit[265]. Opponit autem daemonum societatem in qua esse dicit qui participabant sacrificiis quae fiebant idolis. Ut ergo Paulus istos κοινωνοὺς *daemoniorum* [1 Cor 10,20] vocavit, non quod vocarent daemones in sacrificatis carnibus sed communicarent colentibus illos participantes *idolothytis* [1 Cor 8,7], ita erunt κοινωνοί et in κοινωνία corporis Christi, *frangentes* simul *panem* Domini et se eo testantes cum omnibus sanctis pariter redemptos, cum quibus una pro tanto beneficio gratias agunt *unumque se esse corpus et panem testantur* [1 Cor 10.16.17]. Neque [142v. A.] oportet ut propterea Christum realiter et corporaliter edant in pane. Neque dicitur panis ille et calix aliter *communio corporis et sanguinis Christi* [1 Cor 10,16], quam quod repraesentant illam, sicut baptismus dicitur *ablutio peccatorum* [Act 22,16] aut *regeneratio* [Tit 3,5] non alia ratione quam quod eam repraesentat.

⟨*Falsa interpretatio confutatur*⟩ [**om. B.] Quidam autem illorum interpretantur hunc locum in hunc modum: panis quem frangimus nunquid distributio est corporis Domini? Eo enim quod Paulus Rom. 15[26] et 2 Corin. 8[4] *collationem* quae per ecclesias fiebat pro sanctis Hierosolymis agentibus, κοινωνίαν vocat, putant κοινωνίαν recte per: distributionem reddi. Neque animadvertunt, cogitationum suarum plus aequo amantes, ideo Paulum colla-tionem illam vocasse κοινωνίαν, id est societatem, quod in communi, uti in qualibet societate fieri solet, contulerint quod sanctis mitterent. Sic enim ad Romanos scribit: *Placuit Macedoniae et Achaiae* κοινωνίαν *quandam facere in re inopes sanctorum* [Rm 15,26]. Quam vero quadraret hic legere: distributionem? Convenerat siquidem ut in commune conferrent, non ut distribuerent. Hierosolymis ea distribuebantur, in Macedonia et Achaia colligeban-tur. Sic ad [2] Cor. [8,4]: *Obsecrarunt nos ut beneficium et* κοινωνίαν *ministerii in sanctos susciperemus.* Et in his locis quid, quaeso, aliud significat κοινωνία quam: societatem quam in eo illi instituerant ut quisque in commune conferret quod sanctis Hierosolymis mitteretur? Sed quid opus tam multis, cum vera habeatur κοινωνία, id est societas corporis et sanguinis Christi per fidem, non per panem, de qua Iohannes in Epistola sua cap. 1 [1 Io 1,3]; Paulus, 1 Cor. 1[9]; Philip. 1[5], 2[1] et 3[10]? Ad Gala[143r. A]tas 2[9] scribit Paulus *Petrum, Iacobum et Iohannem dedisse sibi et Barnabae dexteras* κοινωνίας, id est *societatis*. Quam belle vero hic quadraret illorum: distributio? [add. B: [266]In Institutionibus iuris civilis, ut de societate, sic initio tituli scribitur: "societatem coire solemus, aut totorum bonorum quam Graeci specialiter κοινωνίαν appellent". Talem ergo κοινωνίαν cum Christiani inter se habeant et eam inde quod corpore et sanguine Domini communicant – id quod testantur communica-tione mensae Domini – quis dubitet et hoc Pauli loco κοινωνίαν pro: societate accipiendam?] Ex hoc igitur loco quo vel solo consistere invictum suum commentum [267]coriphaei illorum iactant, tantundem habent, quantum ex illo: *Hoc est corpus meum* [Mt 26,26]: ex utroque nihil.

Nihilo plus probant pro eis et illi: [268]*Qui manducat indigne, reus fit corporis* [1 Cor 11,27] etc. Et: *non diiudicans corpus Domini* [1 Cor 11,29]. Certum enim est illos *in corpus et sanguinem Christi* peccare [1 Cor 11,27] eaque non digne [indigne! B.] aestimare, hoc est *diiudicare* [1 Cor 11,29], qui solennem gratiarum actionem qua haec celebrantur pro nobis immolata, irreligiose adeunt et ita symbola illorum prophanant. Neque oportet ut sint illa simul realiter in pane et vino, quae indigne sumantur. Quis dubitat *reum sanguinis Christi fieri* [1 Cor 11,27] qui et baptismum suscipit irreligiose? Ob id tamen non oportet esse in aqua

---

[265-265] Cf. *Praefatio ad Bernates* nn. (69) – (73)–(73) ad: *quartum axioma* and supra ad n. (223)–(223). Κοινωνία = community ap: Augustine, *In Ioh.* tract. 26 ad 6,50–52, MPL 35, 1612–1613, CCL 36, 266–267. But here ap: Zwingli, *Subsidium,* CR 91, 497–498; *Amica exegesis,* CR 92, 640–641, 643 (*i*).

[266] *Inst.* 3, 25 but there: κοινοπραξία. Κοινωνία in: Accursius, *Glossa* ad loc.

[267] Luther, *Wider die himml. Propheten,* WA 18, 168; Brenz, *Syngramma,* BrFrSchr 1, 263.

[268] Esp. adv: Luther, *Wider die himml. Propheten,* WA 18, 170. Also adv: Brenz, *Syngram-ma,* BrFrSchr 1, 272, 274.

num 'esse manere in Domino et habere illum in se manentem idque
Dominum ipsum sequenti dicto: *Qui manducat carnem meam, manet in me
et ego in illo* [Io 6,57], declarasse'. Ad hunc certe modum et vulgo fere in
verbis: edere, manducare, vesci et similibus [275]intelligimus non modo cibi
sumptionem, sed etiam consequentem ex eo alimoniam vitaeque susten-
tationem[275]. Iam [276]sunt qui corpus Domini in sacra eucharistia sumunt,
nec tamen demittunt in ventrem animae, hoc est: [277]non reputant digne
fide sua beneficium tantum Domini[277]. Itaque cibum istum non conco-

realiter sanguinem Christi. Christum contemnit qui apostolum eius contemnit. Erit propterea
corporaliter in apostolo Christus? Sed satis de his. Scriptura, quae salutaria sunt non tam
docet quam inculcat. Hoc dogma de praesentia corporali Christi in eucharistia nullae
Scripturae docent ut iam vidimus. Noxium igitur hominum commentum et nequaquam Dei
est traditio: id quod et aliunde satis est ab aliis declaratum quique ostenderunt quibus etiam
Scripturis et fidei articulis pugnet. Nos *temporis angustia* [**institutum nostrum B.] iubet
pergere, quamquam piis qui a Christo solo pendent his, etiam quae [143v. A] hic scripsi
satisfacient. Paucula tamen in sequenti sectiuncula adiiciam. *Iudicent spirituales* [1 Cor 2,15].
 Caro mea vere est cibus [Io 6,56]. Id est: vere [269]mentem pascit atque ad omnem pietatis
functionem ac *aeternam vitam* [Io 6,40] vegetat. Quid enim non faciat et patiatur animus vere
persuasus Christi carnem pro se in mortem datam [cf. Io 6,52] ut ipse [inde B.] aeternum
vivat[269]?
 Qui edit carnem meam et bibit sanguinem meum, in me manet [Io 6,57]. Totum siquidem
rapi in Christum [51v. B] et transmutari oportet eum qui [270]sola fide agnoverit et perpenderit
quam immensa nos dilectione complexus sit, dum nostri causa mori sustinuit. In hoc vicissim
agit et *vivit Christus* [Gal 2,20], omnia in eo suo Spiritu perficiens [cf. 1 Cor 12,11] idque est
Christum manere in illo [Io 6,57][270].
 Sicut misit me vivens Pater [Io 6,58]. Id est: vivificans. Christum Pater misit cum *Verbum
suum carnem fieri* [Io 1,14] voluit. [271]Cum ergo *Verbum caro factum* [Io 1,14] sit, id est Deus
homo, facile liquet quod aeternam et divinam vitam vivere oporteat Christum etiam hominem: idque propter Patrem a cuius Verbo hic homo assumptus est [cf. Io 1,14]. Cum iam
igitur *edens eum* [Io 6,58], id *est credens in eum* [Io 6,47], *maneat in eo* [Io 6,57] sitque unum
cum eo, non est obscurum quomodo et hic *vivat propter Christum* [Io 6,58] cuius utique
Spiritu in omnibus agitur [cf. 1 Cor 12,11][271].
 De vita aeterna iam dictum est aliquoties paulo fusius [272]supra *fol. 88* [**om. B.].–

[269–269] Ap: Zwingli, *Commentarius*, CR 90, 780–781 (*ip*). Adv: Brenz, *In Ioh.* 1528 ad loc.,
113v. (there: "cibus spiritualis"; no mention of faith or Spirit).
[270–270] Ap: Zwingli, *Commentarius*, CR 90, 781 (*ip*). Adv: Brenz, *In Ioh.* 1528 ad loc., 113v.
(there: fides = comestio spiritualis).
[271–271] Ap: Zwingli, *Commentarius*, CR 90, 781 (*i* but there: no ref. to Spirit). Also ap and
adv: Brenz, *In Ioh.* 1528, 114r. (there *i*: Christ man and God but also emphasis on "communicatio bonorum" through Christ i.e. physical process).
[272] Cf. supra *cap.* 3, *sect.* 2 ad nn. (145)–(145).
[273] Cf. supra ad nn. (210)–(210), (211)–(211).
[274] *De civ. Dei* 21, 25, MPL 41, 742, CCL 48, 796 (*p*). Also ap: Augustine, *In Ioh.* tract.
26 ad 6,57, MPL 35, 1614, CCL 36, 268 (*p* here; cited in Aquinas, *Catena* ad Io 6,57, *Guarienti*
2, 427 col. A and ap: Brenz, *In Ioh.* 1528 ad 6,57, 113v. (there: *i* only)).
[275–275] Ap: Zwingli, *Commentarius*, CR 90, 781 (*i* but there no ref. to physical process!) –
cf. n. (271)–(271) supra but also n. (276)–(276)!
[276–276] Ap: ErP 1524 ad loc., LB 7, 550 (*p*); Zwingli, *Commentarius*, CR 90, 782 (*p!*);
Augustine, *De civ. Dei* 21, 25, MPL 41, 742, CCL 48, 796 (*i*: manducation by the unworthy,
cf. supra n. (274), infra n. (279)).
[277–277] Ap: Zwingli, *Commentarius*, CR 90, 781 (*ip*).

quunt, nec rite in membra sua digerunt, sed ceu quis cibum sumptum ore statim iterum abiiciat, nec in stomachum demittat[276], ita illi *corpus Domini* non *diiudicando* [1 Cor 11,29], quasi ab [278]ore animi rursus abiiciunt[278]. Proinde non proprie et simpliciter edere illud dicuntur [279]divo Augustino, sed: "sacramento tenus tantum". Proprie itaque et re vera manducare Dominum, ut hic et ipse de manducatione loquitur, est ipsum ut Deum et hominem, *ut caro et sanguis* [cf. Io 6,56] est, sive [280]verbo evangelii tantum, sive simul sacris symbolis eucharistiae sumere et amplecti fideique compressu intra nos tenere[280], ut eum a quo nobis omnia optata veniunt et iam donata sunt et prestantur [cf. 1 Io 3,22]. Talem qui credunt, sumunt, amplectuntur, tenent vera vivaque fide, talem utique experiuntur. Utque subiicit suis ipse verbis: vivunt eiusmodi in Domino vita ipsius et vivit ipse in illis vitam Patris [cf. Io 6,57–58], *vitam* sanctam, felicem et *aeternam* [Io 6,55], inde et ista dixit.

Quemadmodum me misit vivens Pater [Io 6,58]. Haec [281]ἀπόδειξις est eius quod Deus toto hoc sermone egit: *esse* scilicet *se panem* coelestem, *dare vitam mundo* [Io 6,33], *victurum aeternum eum qui sibi credit* [Io 6,40.47], *qui ad se venit* [Io 6,35]; *qui carnem suam edit et bibit sanguinem suum,* vivere *in ipso* et per ipsum et *ipsum* vivere *in iis qui suam carnem edunt* [Io 6,57] etc. [282]Utique *aeternum vivet* [Io 6,59] qui *vitae Dei* particeps sit. At *vitae Dei* [Eph 4,18] particeps est omnis qui Christum, ut vitae largitorem, fide complectitur et in se habet [cf. Io 6,57], hoc est qui edit eum. Ergo qui edit Christum, qui fide illum assumit et tenet ita ut sese offert verbo et sacramentis suis, is particeps est *vitae Dei. Vivet ergo aeternum* [Io 6,59][282]. Maior probatur: [283]Christus ita *vitae Dei* compos est ut eam credentibus sibi et assumentibus communicet. Nam *sicut misit* eum *vivens Pater* [Io 6,58], vivens vita sua [cf. Io 5,26] quae a nemine alio pendet, ita *vivit* ipse *propter Patrem* [Io 6,58], carne iuncta divinitati Patris[283]. Misit enim Christum Pater quia voluit eum carnem assumere, Verbum carnem fieri [cf. Io 1,14]; indeque *dedit* ei, etiam *filio* hominis, *vitam habere in semetipso,*

[278–278] Ap: Brenz, *In Ioh.* 1528 ad 6,64, 121r. (*ip,* there: os corporis/os fidei); Zwingli, *Commentarius,* CR 90, 782 (*ip!* there: ieiuna mens).

[279] *De civ. Dei* 21, 25, MPL 41, 742, CCL 48, 796 (cited in: Aquinas, *Catena* ad Io 6,57, Guarienti 2, 427 col. A; *In Ioh.* ad 6,57, Piana 14:2, 42r. col. B).

[280–280] Ap: Brenz, *In Ioh.* 1528 ad 6,64, (*ip*). Cf. supra ad nn. (217)–(217), (234)–(234) – (244)–(244), (247).

[281] Proof. Cf. *Lausberg* 1, par. 357, 372.

[282–282] Syllogism valid but has to be reformulated as follows: *Major:* omnis qui *vitae Dei particeps sit* [Io 6,57], *vivet aeternum* [Io 6,59]. *Minor:* omnis qui Christum fide complectitur (*edit eum* [Io 6,57]) *vitae Dei particeps est. Ergo:* omnis qui Christum fide complectitur (*edit eum*), *vivet aeternum.*

[283–283] Ap: Brenz, *In Ioh.* 1528 ad loc., 114r. (*ip*). Cf. supra ad n. (271)–(271).

ut supra capite 5 [26] Dominus ipse de se testatus est. [284]Vitae enim ipsi, id est divinae naturae coniuncta in una hypostasi caro, qui non natura vita Dei polleret[284]?

Hinc se Dominus vitam quoque vocavit; *ego sum*, inquiens, *via, veritas et vita* [Io 14,6]. Ergo, ut *vivit propter Patrem* [Io 6,58] et *vitam habet in se ipso* [Io 5,26] sicut Pater, ut vita ipsa est [cf. Io 14,6], ita vitam Dei percipit et in se habet, quisquis ipsum percipit et in se habet [cf. Io 6,58]. Percipiunt autem eum et in se habent, quicunque ipsum, ut se evangelio offert, et sacris symbolis assumunt et tenent vera fide quam ipsam tamen idem Dominus operetur [cf. Phil 2,13]. Nam reparat et instaurat nos per omnia [cf. Eph 1,10]. Vivet ergo propter Christum [cf. Io 6,58] qui edit eum. Est ergo ipse vere *panis qui e coelis descendit* [Io 6,59], quam totius sermonis conclusionem Dominus hoc loco infert et congerie quadam repetens et illud de *man quod, qui* solum *ederunt*, et non cum eo Christum simul, *mortui sunt*, cum *qui* ipsum *edit*, non‛ morietur, sed *vivat in aeter-* [683]*num* [Io 6,59]. Nam ita compos est *vitae Dei* [Eph 4,18] omnis qui Christum in se habet [Io 6,57] ut ea vita morte corporis non intercipiatur, corpori licet dum *in pulvere quiescit* [Iob 21,26] usque ad diem Domini subtracta [cf. 1 Cor 5,5]. Nam spiritus interim ea beatus fruitur cum Christo, securus de resurrectione corporis. [285]Et hanc perennitatem vitae Dei sibi donatam ita norunt et sentiunt hi qui Christum vere edunt ut ipsi quietem corporis, non mortem, subire sibi videantur cum vita hac defunguntur. *Vivunt in aeternum* [Io 6,59] et moriuntur nunquam, qui Dominum edunt [cf. Io 6,55.59]. Quam vitae Dei perfruitionem ii nequaquam habuerunt qui tantum *man in deserto* [Io 6,31.59] et non etiam ipsum Christum, *spiritualem cibum* [1 Cor 10,3], per man manducarunt[x11] [285].

Observationes

Observandum iterum [286]veritatem[y11] – quanquam impii quanto veritatem clarius [z11]fortiusque adsertam[z11] audiunt, tanto magis contra eam [a12]efferantur – tamen praedicandam esse[a12], uti et hic fecisse Dominum videmus. Neque praetereundum quod [b12]sermonem qui offenderat[b12] non remisit, sed intendit. Excaecandi enim erant reprobi [cf. 2 Cor 4,4] et

---

[y11] *om.* AB. – [z11–z11] *om.* AB. – [a12–a12] efferari, nihilominus tamen praedicanda illis est AB. – [b12–b12] obscuritatem sermonis A. –

[284–284] Ap: Brenz, *In Ioh.* 1528 ad loc., 114r. (*ip*). Adv: Zwingli, *Commentarius*, CR 90, 781; *Amica exegesis*, CR 92, 696ff. (there: emphasis on distinctness of two natures).
[285–285] Ap: Augustine, *In Ioh.* tract. 26 ad loc., MPL 35, 1615, CCL 36, 269 (*ip*).
[286–286] Ap: Zwingli, *Der Hirt*, CR 90, 32–33 (*ipa*); Cyril, *In Ioh.* ad 6,59, MPG 73, 595–596 (*i*: Jesus preached to the Jews to remove all excuses).

gloriae Dei quoque serviebat ut electi ad haec mysteria [cf. Mt 13,11] sic^{c12} magis excitarentur ^{d12}tantis Domini asseverationibus^{d12} [286]. Ex aliis innumeris indiciis videbant Dominum vere Filium Dei esse. ^{e12}Quae si voluissent perpendere, facile vidissent nihil illum supra quam erat, sibi arrogare^{e12}. ^{287}Qui utique vera illum fide receperant [cf. Io 1,12], etiamsi vel ^{f12}ad hunc vel alium sermonem eius nonnihil stuperent^{f12}, nihilominus tamen in fide eius perseverarunt, uti et Petrus cum iis ^{g12}quorum loco^{g12} dicebat infra: *Ad quem ibimus? Verba vitae aeternae habes* [Io 6,69]^{287}. Quos autem huius sermonis ^{h12}aucta asseveratio^{h12} a Domino disiunxit [cf. Io 6,67], ii neque unquam ei vere adhaeserant. ^{i12}Satis nanque ex iis quae postea Petrum et dixisse et egisse legimus, liquet nec ipsum plene adhuc percepisse quod hic confessus est. Adhuc tamen, tractus Patris Spiritu [cf. Io 6,44], sensit tam vera et confessus est quae audierat^{i12}.

ENARRATIO SECTIONIS VI [61–72]

Paraphrasis

Multi autem, his auditis, ex discipulis eius dixerunt: durus est hic sermo. Et quis potest eum audire [Io 6,61]? ^{288}Reproborum in hac synagoga obstinata arrogantia merebatur magis excaecari [cf. 2 Cor 4,4], electis autem nihil oberat, etiamsi quaedam ^{j12}nondum plane^{j12} assequerentur^{288}. Denique nondum advenerat tempus [cf. Io 7,6] ut *evangelion regni* clare omnibus annuntiaretur [Mt 24,14] ^{k12}et animis persuaderetur^{k12}. *Pati* enim priusquam glorificaretur, *Christum oportuit* [Lc 24,46]. ^{l12}Intendit igitur Dominus^{m12} quod Iudaeos offenderat, non explicat, aut apertius probat, sola affirmatione tertio repetita contentus, nisi quod hanc tamen rationem admiscuit: ut ipse Patrem in se habet^{n12} ac inde aeternam vitam possidet^{o12}, sic ^{p12}hanc vitam impartire eis qui sibi se addixissent^{p12} [cf. Io 6,57–58]. Turbati itaque sunt et ex discipulis aliqui atque dixerunt^{l12}: *Durus est sermo* [Io 6,61] quem loquitur: *non* posse quenquam^{q12} *vivere, nisi*^{r12} *edat* ^{s12}*eius carnem*^{s12} *et bibat sanguinem eius* [Io 6,54]; quique hoc fecerit, *eum victurum*

---

^{c12} *om.* A. – $^{d12–d12}$ in praesenti, quam ut plane omnia illis aperirentur. Venerandus siquidem Deus est et in iis quae non capimus. A. – $^{e12–e12}$ probare igitur eos isto obscuriore sermone conveniebat an vera fide illum ut Salvatorem recepissent. A. –$^{f12–f12}$ hunc *etc.* non possent assequi A. – $^{g12–g12}$ pro quibus AB. – $^{h12–h12}$ obscuritas A. – $^{i12–i12}$ *om.* A. – $^{j12–j12}$ non A. – $^{k12–k12}$ *om.* A. – $^{l12–l12}$ Plus igitur aenigmatice, quam antea, de fide in se fuit loquutus adeo ut ex discipulis, sed non synceris illis et electis, quidam offenderentur atque dicerent A. – ^{m12} *om.* B. – ^{n12} habeat B. – ^{o12} possideat B. – $^{p12–p12}$ facile quoque hanc ei impartire qui sibi se addixisset B. – ^{q12} *om.* A. – ^{r12} *add.* qui A. – $^{s12–s12}$ carnem eius A. –

$^{287–287}$ Ap: Rupert von Deutz, *In Ioh.* ad 6,60, MPL 170, 490, CCM 9, 369 (*ipr*). Perhaps adv: ErP 1524 ad 6,59–62 (there: emphasis on carnal interpretation of Jesus' words).
$^{288–288}$ Cf. nn. (286)–(286), (287)–(287).

in aeternum [Io 6,55]. *Quis haec* sustineat *audire* [Io 6,61]? *^{t12}Quid hoc aliud est^{u12}* quam ex carne mortali facere Deum immortalem [cf. 1 Tim 6,16]? ^{289}Quod se *panem coelestem* [Io 6,32.33] dixerat, hactenus forsan ferri poterat quod videri quiverat propter *doctrinam suam, quae eadem* Patris sit [Io 7,16] Dei, id sibi tribuisse. Nunc autem carni suae – quae quid aliud quam gramen est, ut omnis caro [cf. Sir 14,18]? – hoc tribuit: hic plus nimio videtur et^{v12} sibi sumere, et^{w12} detrahere Deo^{t12} ^{289}. Cum itaque huiusmodi *inter discipulos murmur coortum apud se*, quem nihil latebat, *sciret, dixit ad eos: hoc vos offendit* [Io 6,62] quod tanta mihi sumo, quod comesae carni meae tantum tribuo, quod *e coelo me panem vivum descendisse* [Io 6,51.59] affirmo? *Si igitur spectaveritis filium hominis* [684] *rursus ascendentem ubi prius erat* [Io 6,63], in *lucem inaccessam* [1 Tim 6,16], perfectum divinitatis consortium [cf. 2 Pt 1,4], quid tum de me sentietis? Certe qui huius spectatores fuerint aut alias hoc cognoverint, illis nequaquam videbuntur, quae modo dico, absurda aut impossibilia: omnia ista in me agnoscent, idque docti a Spiritu.

Spiritus enim, quem mittam, *vivificat* [Io 6,64]. Is cum venerit, testabitur de me docebitque meos omnia [cf. Io 14,26], veraque vita [cf. Io 6,64] per fidem frui dabit. ^{292}Caro ^{x12}nihil in his rebus percipit, stupet ad haec omnia [cf. Io 6,64]^{292}: *verba* enim *haec mea Spiritus sunt et vita* [Io 6,64]. De spirituali mei et vivifica manducatione quae constat fide in me, loquuntur. Id sentient quotquot mihi vere crediderint^{x12}. *Sed sunt ex vobis quidam qui non credunt. Ab initio enim noverat Iesus qui non crederent, quique esset ipsum traditurus* [Io 6,65]. Addidit igitur: *Propterea dixi neminem posse ad me venire, nisi a Patre* id acceperit [Io 6,66]. Nemo ergo ^{293}miretur quod quidam sermonibus meis etiam discipuli offenduntur: non est eis ut vere

---

$^{t12-t12}$ Quanta enim esset abominatio carnem edere hominis? Si autem aliud sibi istis sermonibus vult, ut videtur, cur id non aperte disserit, quid nobis illudit aenigmatis suis? A. – ^{u12} om. B. – ^{v12} ut B. – ^{w12} ita B. – $^{x12-x12}$ AB: *dum ita versatur in oculis vestris* [**haec mea etiamnum mortalis et adeo humilis, dum ita versatur in oculis vestris B.] nihil conducit. Vitam aeternam quam promisi, si ^{290}quis eam edat sic, non praestabit: *imolari* [1 Cor 5,7] eam oportet et inde glorificari [cf. Io 11,4] Filiique Dei caro [!] agnosci, sic *vitam* adferet *aeternam* [Io 6,55]^{290}. Proinde haec quae vobis locutus sum, nemo de huius carnis meae corporali manducatione intelligat. ^{291}*Verba mea Spiritus sunt et vita* [Io 6,64], de ea mei manducatione dicta [*add.* sunt B.] quae Spiritu fit et *vitam* adfert *aeternam* [Io 6,55]^{291}. Id sentient quotquot mihi vere crediderint. –

$^{289-289}$ Ap: Aquinas, *In Ioh.* ad loc., *Piana* 14:2, 42v. col. B (*ip*).

$^{290-290}$ Ap: Zwingli, *Commentarius*, CR 90, 780 (*ip*).

$^{291-291}$ Ap: Zwingli, *Commentarius*, CR 90, 782 (*ip*).

$^{292-292}$ For Bucer's change of exegetical position in C ad loc. cf. supra n. (188)–(188).

$^{293-293}$ Ap: Chrysostom, *In Ioh.* hom. 47 ad loc., MPG 59, 265–266 (*i*: there also: "adhuc"); Rupert von Deutz, *In Ioh.* ad loc., MPL 170, 496; CCM 9, 376 (*ip*); ErP 1524 ad loc., LB 7, 551 (*i*). Adv: Augustine, *In Ioh.* tract. 27 ad loc., MPL 35, 1618–1619, CCL 36, 273 (there: emphasis on *giving* as opposed to *Father*).

credant a Patre adhuc*y¹²* datum [cf. Io 6,66]²⁹³. *Illi ergo, quorum sane multi erant, desciverunt a Domino* [Io 6,67]. *Dixit* ergo *ad duodecim: Num et vos vultis abire* [Io 6,68] postquam desciscunt tam multi, *z¹²etiam discipuli nostrique sectatoresz¹²*, idque ob eos sermones quibus aeternam vitam exposui et obtuli omnibus electis? Ad haec ²⁹⁴*Petrus* qui admodum studio Domini ardebat, pro se et reliquis, non dubitans qua ipse flamma ardebat, ardere et illos²⁹⁴, *respondit: Ad quem*, inquit, *ibimus* [Io 6,69]? Quem tibi praeceptorem praeferemus? Utcunque offendantur alii tuis sermonibus, nos scimus *te habere* et loqui *sermones aeternae vitae* [Io 6,64] ut, qui illis fidem habeat, aeternam vitam certo percipiat. Id nemo alius magister discipulis suis unquam praestabit. *Nos credidimus et certo cognovimus quod tu Christus es*, ²⁹⁵*Salvator mundi*, ille *Filius Dei* [Io 6,70] *viventis* [Mt 16,16] et omnia vivificantis [cf. 2 Esr 9,6] per quem ius filiorum [cf. Rm 8,15] nobis et electis omnibus contingit²⁹⁵, *a¹³*atque ideo iure optimo tibi sumere quae de te praedicasti: te scilicet *esse panem* vere *coelestem qui in aeternam vitam* cibet, *quicunque eum esitarint* [Io 6,50.52.59], hoc est tibi crediderint*a¹³* [cf. Io 6,47]. Respondit Iesus: prompte et animose respondes pro te et collegis tuis Petre. Ego autem scio et ²⁹⁶inter vos quos prae aliis omnibus ad munus apostolicum elegi [cf. Io 6,71; Lc 6,13] – *b¹³*quique modo a me non disceditis*b¹³* – unum diabolum esse [cf. Io 6,71]²⁹⁶, hostem meum et adversarium veritatis, etiam si ille se desciscentibus a me [cf. Io 6,67] non adiungat et vobiscum adhuc haereat. His *Iudam Iscariotem, unum ex duodecim*, futurum proditorem suum, notavit [cf. Io 6,72].

Annotationes

c¹³Hoc vos offendit [Io 6,62]? Quid *hoc*? Indubie quod responsione sua Dominus ostendit nec tam absurdum aut impium vel impossibile videri debere, atque cum Iudaeis [cf. Io 6,41.53] isti discipuli putabant. Id vero

---

y¹² om. A. – *z¹²–z¹²* om. A. – *a¹³–a¹³* om. A. – *b¹³–b¹³* om. A. – *c¹³–c¹³* A: Concisis et brevibus dictis superbos, ut merebantur, repellit, electos probat atque in observatione sui et admiratione retinet, tametsi non possent omnia quae dicebat assequi. Subobscurum autem videtur quid praecipue etiam hos discipulos Domini offenderit [cf. Io 6,62]: an ²⁹⁷quod sibi tanta Dominus arrogaret, nempe se cibum vitae aeternae esse [cf. Io 6,59], hoc est eum *in aeternum victurum qui* ipsi *credat* [Io 6,47]²⁹⁷; vel quod ²⁹⁸necessarium ad vitam dixerat edi carnem suam [cf. Io

²⁹⁴⁻²⁹⁴ Ap and adv: ErP 1524 ad loc., LB 7, 552 (*ip* but there *add.*: totius ecclesiae personam gerens!).
²⁹⁵⁻²⁹⁵ Ap: ErP 1524 ad loc., LB 7, 552 (*ip*).
²⁹⁶⁻²⁹⁶ Ap: ErP 1524 ad loc., LB 7, 552 (*ip*).
²⁹⁷⁻²⁹⁷ Ap: Chrysostom, *In Ioh.* hom. 47 ad 6,60ff., MPG 59, 263–265 (*i*); Aquinas, *In Ioh.* ad loc. (*i*) – cf. supra ad n. (289)–(289).
²⁹⁸⁻²⁹⁸ Ap: Augustine, *In Ioh.* tract. 27 ad 6,60ff., MPL 35, 1616, CCL 36, 270–271 (*i*).

est quod dixerat se *venisse e coelo* [Io 6,59] eoque coelestem ac divinitatis esse compotem [cf. 2 Pt 1,4] eamque posse aliis impertire, quamvis homo, id est caro et sanguis [cf. Io 6,54.56]. Nam quum se denuntiat *filium hominis* coelos *ascensurum* [Io 6,63], quid ex eo docere aliud voluit quam tum manifestum fore se et e coelo advenisse, qui illud repeteret iuxta illud capitis 3: [304]*Nemo ascendit in coelum, nisi qui e coelo descendit, filius hominis qui est in coelo* [Io 3,13]? Offenderat igitur et discipulos hosce quod sibi, homini, arrogasset dare in *se credentibus vitam aeternam* [Io 6,47], eoque *panem esse vitae* [Io 6,48] et coelestem qui e[d13] *coelo advenisset* [Io 6,51], hoc est: Deus hominem adsumpsisset. Porro quod ascensum suum in coelum [cf. Io 6,63] indicavit verius quam aperte dixit, inde fecit quod

---

6,54][298], quandoquidem horror erat, cum omnibus, tum praecipue Iudaeis, vel tantum audire humanam carnem edendam esse. Videri quidem possit ex obiectione Iudaeorum: *Quomodo potest iste nobis dare carnem ad manducandum* [Io 6,53] quod hoc posterius caussa fuerit ut et hi discipuli offenderentur [cf. Io 6,62]. [299]Mihi autem videtur utrumque illos offendisse[299]: et quod tanta sibi arrogaret, quod solus scilicet ad vitam aeternam pasceret [cf. Io 6,52] et quod id tam absurda, ut illi putabant, ratione praestaturum diceret, nempe manducatione carnis suae [cf. Io 6,55]. Neque dubito quin satis intellexerint eum [300]allegoricôs loqui et aliud significare quam verba prae se ferrent. Sed dum eiusmodi essent quae sibi sumeret ut nequaquam posse ea competere illi arbitrarentur, offendebat eos [cf. Io 6,62] quod cum haec luculentis rationibus probare deberet, velut illudens eis, tantum aenigmata quaedam responderet.

Nam et quod Iudaei dixerunt: [301]*Quomodo potest iste nobis dare carnem ad manducandum* [Io 6,53], non crediderim dixisse ideo quod putarent illum velle suos humana carne pascere, sed obiecerunt illud ut ostenderent illum et nimium sibi arrogare et absurdis praeterea sermonibus idipsum proponere. Quasi dixissent: iste debebat probare his [Io 6,34.42] *se panem esse qui e caelo descendit*. Iam iterum affirmat *qui credat in eum habere vitam aeternam* [Io 6,47], *se esse panem vitae* [Io 6,48], *qui ipsum edat* eum semper victurum [Io 6,50]; neque verbum adfert quo huius nobis fidem faciat et – quasi his non satis illusum nobis sit – addit praeterea *carnem suam esse panem* illum *quem daturus sit* [Io 6,52]. Scilicet [302]ἀνθρωποφάγους nos faciet, si ei auscultaverimus. Quomodo, quaeso, dabit ad edendum carnem humanam? Quam est igitur hoc absurdum et impossibile, tam superba sunt ac non minus impossibilia et alia quae sibi arrogat: *panem scilicet se esse qui e coelo descenderit vitamque det mundo* [Io 6,33], quoniamquidem e Nazareth veniat nobis filius Ioseph et Mariae [cf. Io 6,42]. Quid audimus non tam impossibilia, quam stulta loquentem?

[303]Haec eadem igitur offendisse videntur et discipulos [cf. Io 6,62] hos quod scilicet plus nimio sibi Dominus tribuere videbatur et idipsum obscuris adeo sermonibus proponeret ut videretur auditorio illudere, praesertim cum auxisset obscuritatem, postquam offensos ea multos audisset. Dominus ergo commode respondit: *Hoc vos offendit* [Io 6,62]? Hoc inquam quod me maiorem quam decere putatis, facio[303]? Videor adeo superbus et arrogans? – [d13] *om.* B. –

[299–299] Perhaps adv: Brenz, *In Ioh.* 1528 ad 6,64ff., 126r. (there: only notion of eating flesh offensive).

[300] Adv: Brenz, *In Ioh.* 1528 ad 6,64ff., 126v. (there: literal understanding). Cf. supra ad nn. (183), (191).

[301] Cf. supra, *sect.* 5 ad nn. (181)–(181) – (184)–(184), (188)–(188).

[302] Cf. supra, *sect.* 5, ad n. (196).

[303–303] Cf. supra, *sect.* 5 ad nn. (197)–(197), (198)–(198).

[304] Ap: e.g. Augustine, *In Ioh.* tract. 27 ad loc., MPL 35, 1617, CCL 36, 271 (*r*).

nondum advenisset hora eius [cf. Io 2,4] ut gloriam suam palam profiteretur. Hinc interrogatione huiusmodi et oratione [305]elliptica usus fuit quae hunc sensum habet: *Hoc vos offendit* [Io 6,62]? Hoc, inquam, quod me maiorem quam decere putatis facio et aio e coelo me advenisse [cf. Io 6,51.59] eoque Deum esse, quamlibet infirma hac carne [cf. Mt 26,41] tectus? Videntur dura [cf. Io 6,61], adeo malletis dicere impia quae loquor[c13]? Cum[e13] igitur spectaveritis *filium hominis* – quem modo tam nihili esse putatis et Ioseph filium arbitramini [cf. Io 6,42] – *ascendentem ubi erat prius* [Io 6,63], in coelum unde venit [cf. Io 3,13], [685] in quo et Verbum Patris semper est [cf. Io 1,1], quid tum censebitis? Videbor etiam tum plura quam par sit mihi arrogasse? In illud igitur tempus volumus istam disputationem differre. Tum dabitur *Spiritus qui vivificat* et vera intelligentia donabit. *Caro*[f13] [309]quod vos estis[309], nihil valet, nihil in his rebus potest. Quae loquor *Spiritus et vita sunt* [Io 6,64], nec possunt nisi spiritu percipi.

⟨Coelum quid⟩ [g13]Quid coelum sit[g13], supra aliquoties indicatum est et in [310]Matth. fusius expositum in illud capitis tertii: Et *baptizatus* Iesus *ascendit* protinus ab *aqua* et *ecce aperti sunt illi coeli* [Mt 3,16]. [h13]Est enim[h13] coelum quod inhabitare dicitur Deus, unde Christus venit [cf. Io

---

[e13] Si AB. – [f13] *add.* AB: dum in [306]ista conditione apud vos versatur, nihil conducit, non efficit propter quod veni. Subduci igitur eam oportet ex oculis vestris [cf. Act 1,9] et *alium Paracletum* dari[306]. *Is suggeret* dabitque intelligere *quae dixi vobis* [Io 14,26], uti et sunt, *Spiritus et vita* [Io 6,64]. De iis siquidem loquuntur quae Spiritu et dantur et percipiuntur eoque vitam aeternam adferunt, quare nemo illa percipiet [cf. 1 Cor 2,14] nisi *Spiritum vivificantem* [Io 6,64] acceperit.

**om. B: *⟨*Si spectaveritis filium hominis ascendere* [Io 6,63]⟩ *Si* igitur *spectabitis filium hominis ascendentem* eo *ubi erat prius.* Reticentia est: completur sententia si subaudias: quid tum dicetis, aut quid simile. [307]Erasmus notavit et antithesin: descensus a caelo et ascensus in caelum. Quasi diceret Dominus: offendit vos [cf. Io 6,62] quod dixerim e caelo me descendisse [cf. Io 6,51]. Videbitis me paulo post in caelum ascendere [cf. Io 6,63] quod multo maius est.*

Calumniantur admodum dire [308]adsertores carnis Christi in pane nescire nos quid caelum sit, quid ascensus Christi in caelum, quid denique dextera Patris[308]. Audiant igitur Christiani: illi enim obfirmarunt aures [cf. Is 33,15] et mentes ne nos audiant. Nam de his toties iam fidem nostram testati sumus et Scripturas quibus ea nititur indicavimus ut, si legere nostra dignarentur, ista de nobis ne cogitarent quidem, ne dum scriptis in orbem invulgarent, nisi vellent aperte contra nos mentiri. – [g13]–[g13] *om.* AB. – [h13]–[h13] *per* AB. –

[305] Cf. supra, *sect.* 5 ad n. (199) and infra ad n. (307).

[306–306] Ap: Cyril, *In Ioh.* ad loc., MPG 73, 601–604; Augustine, *In Ioh.* tract. 27 ad loc., MPL 35, 1617–1618, CCL 36, 271–272 (*i*). Cf. supra n. (188)–(188).

[307] ErP 1524 ad Io 6,62, LB 7, 551.

[308–308] Adv: Brenz, *In Ioh.* 1528 ad loc., 123, 126r.–v. (there: last Supper before ascension; ascension does not stop Christ distributing body and blood through apostles). Cf. also Luther, *Sermon*, WA 19, 491–493; *Dass diese Wort*, WA 23, 133ff.

[309–309] Ap: Chrysostom, *In Ioh.* hom. 47 ad loc., MPG 59, 265 (*i*). Cf. supra n. (188)–(188).

[310] BEv 1527 ad Mt 3[16], 88r.–v. Here adv: Luther, *Dass diese Wort*, WA 23, 133, 135, 137 (there: heaven not a place, it is "allenthalben").

3,13; 6,59] et in quod ascendit [cf. Io 3,13; 6,63], ^{i13}*inaccessa lux* [1 Tim 6,16] atque gloria Dei invisibilis^{i13} – id quod nos Paulus docuit dum scripsit Deum *inhabitare lucem inaccessam*, 1 Timoth. 6^{j13} [16].

⟨Quid ascensus⟩ Iam de ascensu Christi in coelum. E coelo nobis Christus^{k13} advenit [cf. Io 3,13; 6,59] quia cum, ut Verbum [cf. Io 1,1] et virtus Dei, *lucem habitaret inaccessam* [1 Tim 6,16], factus homo est et ita in terra, in similitudine hominum, nobiscum egit [cf. Io 1,14] et specie habituque ut hominem sese exhibuit. Cum autem opus quod ei mandarat Pater perfecisset Patremque opere et sermone glorificasset [cf. Io 17,4], illi *obediens* factus *in mortem usque crucis* [Phil 2,8], dignum fuit ut Pater vicissim Filium glorificaret [cf. Phil 2,9]. Excitavit ergo eum a mortuis [cf. Eph 1,20] et in coelum assumpsit. ^{311}Non secundum divinitatem: sic enim semper fuit et est in coelo, idem enim substantia est quod Pater. Sed secundum humanitatem: illa ex mundo hoc in gloriam Dei invisibilem, in *lucem illam inaccessam* [1 Tim 6,16], in plenam divinitatis perfruitionem translata est$^{l13\ 311}$.

^{m13}Nunc de dextera Patris [cf. Mt 26,64]. Haec Deo ἀνθρωποπαθῶς tribuitur. Caeterum Scriptura per: sedere a dextris principibus intelligit: ^{316}proxima ab eis potestate fungi [cf. 3 Rg 2,19; Ps 109,1]^{316}. Id certe intelligebant ^{317}filii Zebedaei cum peterent Christo, *alter a dextris, alter a sinistris sedere* [Mt 20,21]. Iam Christo enim^{n13} homini dedit Pater *potes-*

$^{i13–i13}$ nos intelligere *inacessam lucem* [1 Tim 6,16] atque gloriam Dei invisibilem AB. – ^{j13} *add.* Habetis quid putemus caelum esse AB. – ^{k13} *om.* AB. – ^{l13} *add.* AB: ^{312}Porro cum verus homo nostri caussa factus est [cf. Io 1,14] vereque humanum et ideo loco addictum corpus assumpsit ipsumque adhuc habet, de quo ^{313}supra *fol. 77* [**om.* B.] quaedam dixi, agere eum secundum humanitatem in certo aliquo loco [*add.* in illud: *Nemo ascendit in caelum* [Io 3,13], cap. 3 B.] necesse est, sed in quo Dei – qui omnia implet [cf. Eph 1,10] et ubique est – revelata gloria et beata illa, *sed inacessa, luce* fruitur *in qua, habitans* [1 Tim 6,16] et regnans, Spiritu interim suo omnia apud suos perficit^{312}. Qui ^{314}*Paracletus* ille est *quem missurum* [Io 14,26] se promisit postquam abiisset^{314}. Haec de ascensu Christi sentimus [*add.* quod et divus ^{315}Augustinus adseruit propter veri, ut inquit, corporis modum B.] – ^{m13} *add.* □ Quid dextera AB. – ^{n13} etiam AB. –

$^{311–311}$ Ap: Aquinas, *In Ioh.* ad loc., *Piana* 14:2, 43r. col. A (*ipa*: there adv: Valentinus – celestial body of Christ). Here adv: Luther, *Dass diese Wort*, WA 23, 139, 147 (there: Christ's body divine and human while on earth; remains in heaven at the same time).

$^{312–312}$ Ap: Augustine, *In Ioh.* tract. 30 ad 17,19–20, MPL 35, 1632, CCL 36, 289 (cited in: Zwingli, *Amica exegesis*, CR 92, 655 (*ip*). Adv: Brenz, *Syngramma*, BrFrSchr 1, 275; *In Ioh.* 1528 ad 16,7ff., 278v. (there: Christ and Spirit inseparable therefore both ubiquitous).

^{313} Cf. supra *cap.* 3, *sect.* 2 ad nn. (66) – (72).

$^{314–314}$ Ap: Augustine, *In Ioh.* tract. 94 ad 16,7ff., MPL 35, 1869–1870, CCL 36, 564 (*i*: there: Spirit sent "pro illo" not "cum illo").

^{315} *In Ioh.* tract. 94 ad 16,7ff., MPL 35, 1869–1870, CCL 36, 564; tract. 98 ad 16,12, MPL 35, 1883, CCL 36, 579 (*p*).

$^{316–316}$ Ap: Aquinas, *In Mt.* ad 26,64, *Piana* 14:1, 83r. col. A (*i*: there: after Chrysostom). Adv: Luther, *Dass diese Wort*, WA 23, 147 (there: Christ omnipresent in both natures before and after ascension).

^{317} Cf. BEv 1527 ad Mt 20[21], 246r.

tatem omnis carnis ut *det aeternam vitam omnibus quos ei* Pater *dederit*, infra 17 [Io 17,2]. Et non solum hoc; verum extulit eum *super omnem* quoque *potestatem* angelicam, Ephes. 1 [21]. Hinc dicitur eum evexisse et *collocasse ad dexteram suam* [Eph 1,20]. Haec fides nostra est de dextera Dei.

⟨*Caro non prodest quicquam* [Io 6,64]⟩ *o¹³Spiritus est qui vivificat* [Io 6,64]. Hoc Dominus de Spiritu indubie dixit suo quo adflans suos [cf. Io 20,22], facit eos participes vitae divinae [cf. Hbr 3,1]. At quod subiicit:

---

o¹³–o¹³ AB: Videant nunc, qui Christi quam hominum studiosi esse malunt, quam digne et graviter Apollo adversariorum nostrorum cum suis musis ob haec in nos scurretur et debacchetur. Ex his, iam dum colligimus non posse corpus Domini realiter in pane esse – quia ipse a nobis [318]'abierit, caelos ascenderit, sedeat ad dexteram Dei, ad iudicium demum inde rediturus' – neque [319]'fidei vestrae o fratres imponimus, neque fungos vos existimamus'[319], sed ex ordine quem Deus rebus dedit et verbis eius quibus testatur eum ordinem in Christo servatum esse, id colligimus quod verum est et confutamus quod falsum confinxerunt homines. Christus ipse dixit se abiturum [cf. Io 16,7]. Abiit, id testantur oculati testes apostoli [cf. Act 1,9]. Non rediturum, nisi sicut abiit [cf. Io 16,7], testantur angeli [cf. Act 1,11]. Quis tam amens modo qui non hinc colligeret non posse eum includi in panem, aut panem in ipsum mutari corporaliter et realiter, quoties verbula aliquot essent murmurata super panem ita ut praesentem esse eum corporaliter et realiter oporteat ubicunque gentium ille panis habeatur? Si [320]nanque verus homo [cf. Io 1,14] est verumque habet corpus et abiit sedetque in invisibili gloria luceque Dei [cf. 1 Tim 6,16], neque est a resurrectione humana eius natura in divinam mutata, sed *glorificata* [Io 12,16][320], [321]non poterit esse in tot panibus corruptibilibus et simul in diversis locis[321]. [322]*Deo sunt omnia possibilia* [Mt 19,26] libenter fatemur, sed *Deus* simul *verax est* [Rm 3,4]. Is testatur nobis Filium suum verum hominem [cf. Io 1,14] fecisse, verum corpus illum assumpsisse et humanum corpus: idque tale etiam post resurrectionem a discipulis visum et palpatum est [cf. Io 20,27–29][322]. Iam si haec vera sunt ut vera esse oportet *transeunte caelo et terra* [Mt 5,18], nedum istorum tyrannide in verbum Dei et violentia in Scripturam Dei, [323]utique corpus Domini simul non erit nisi in uno loco. Cumque eum Pater illi assignarit gloriosum in caelo [cf. Mc 16,19], et in eo regnaturum donec ad iudicium redeat [cf. Act 10,40–42] tam clare testatus sit, credat vobis corpore corporaliter illum in panes vestros venire[323] quoties recitaveritis non iussa recitare verba, qui potest credere Deum mentiri et vos vera loqui [cf. Rm 3,4]!

His vero nihil aliud volumus probare, quam in vestris caenis non posse Christum corporaliter esse, ut falso praedicatis. [324]Si autem de prima illa caena quam Dominus ipse cum discipulis habuit quaeritis, dicimus: ideo non potuisse in pane illo esse corpus Christi quia verus homo non potuit nisi unum corpus habere[324]. Cum igitur Evangelistae testantur eum

[318] *Nicene Creed., Hahn* par. 143, 162.
[319–319] Ap and adv: Brenz, *In Ioh.* 1528 ad loc., 123r. (*ep*).
[320–320] Adv: Luther, *Sermon*, WA 19, 491–492. Cf. supra n. (312)–(312).
[321–321] Ap: Aquinas, *S. Th.* 3a q. 75 a. 1–2, *Caramello* 3, 446–448 (*i*). Adv: Luther, *Sermon*, WA 19, 484, 500 (question considered meaningless: there ap: Augustine, *Sermo* 28, 4 (ad Ps 104,3), MPL 38, 184; *Innocent* 3, *De mysterio* 4, 27, MPL 217, 875; Paltz, *De coelifodina* 4a pars, 5um confortativum, *Werke* 1, 282–283). Cf. Zwingli, *Amica exegesis*, CR 92, 661–662.
[322–322] Adv: Luther's "argumentum a posse ad esse" in: *Sermon*, WA 19, 488–499. Ap: Zwingli, *Amica exegesis*, CR 92, 671 (*ir*: there also adv: Luther, *Sermon*).
[323–323] Ap: Zwingli, *Amica exegesis*, CR 92, 671 (*ip*).
[324–324] Adv: Brenz, *In Ioh.* 1528 ad loc., 123r. (there: last supper before ascension; ascension argument does not remove Christ's presence from eucharist). Cf. ad n. (308)–(308) supra.

apud discipulos sedisse et cum eis fuisse locutum [cf. Mt 26,26–29], non potuit simul in duodecim particulis panis sedere. Ad haec, ut [325]supra aliquoties dictum est, non dixit Dominus: in hoc pane est corpus meum sed: *Accipite, hoc est corpus meum* [Mt 26,26] quo significavit se illis suum corpus dare quo ita mentes ipsorum pascerentur, sicut pane corpus. Idem voluit eis significare et his verbis, si quis ea rite intelligat. Sed id [ita B.] nemo potest nisi *doceatur a Paracleto* [Io 14,26]. Ille autem, inquit Dominus, non veniet, nisi submota haec mea caro ex oculis vestris fuerit [cf. Io 16,7; Act 1,9]. Ipsa enim ad haec ut electi me agnoscant, inde vivant ultra tempus a Patre statutum, adeo *nihil proderit* ut etiam impedimento esset et *Spiritum vivificantem* [Io 6,64] arceret, si diutius hinc relinqueretur.

⟨Iudaei bene intellexerunt, quod Dominus spiritualiter edi suam carnem voluerit [voluit B.]⟩ In his itaque declaravit Dominus quomodo manducari ipsius carnem oporteat et quonam pacto ea vivificet [cf. Io 6,58]. Imolari [cf. 1 Cor 5,7] oportuit illam, neque hoc solum sed et resurgere et ad caelos ascendere [cf. Io 6,63] ut videremus imolationem eius profuisse et peccata expiasse. Si enim in morte mansisset, quomodo potuisset credi esse satisfactum? Sic aparuit denique vere petendam ab illa vitam, in qua nimirum omnia vivificantem divinitatem habitare animadvertimus corporaliter. [326]Nulla igitur alia ratione hic *Dominus carnem* suam *inutilem* [Io 6,64] pronunciavit, quam ut usque in humili illa, qua tum erat, conditione relinqueretur[326]. Ut enim mihi dubium non est intellexisse et [327]Iudaeos et discipulos quod allegoricos dixisset carnem suam *vere* et *vivificum cibum* [Io 6,56.51] et ideo offensos quod sibi tam humili atque abiecto vivificatricem virtutem arrogaret *idque verbis adeo obscuris et aenigmaticis ut illudi sibi ab eo putarent* [**om. B.], ita non videtur ideo dixisse Dominum *suam carnem nihil prodesse* [Io 6,64] ut significaret nihil conducere [328]dentibus laniatam et corporaliter comesam, sed ut significaret fructum illum propter quem eam assumpsisset non posse, illa ita humiliter versante in terris, provenire. Ideo subvehendam esse in caelum [cf. Io 6,63] ut qualis caro esset, palam fieret et tum Spiritum vivificatorem mittendum [cf. Io 16,7] qui carni illi in cordibus electorum testimonium perhiberet [cf. Gal 4,6] eamque ita glorificaret ut universi electi agnoscerent vere eam cibum salutis et vitae esse [cf. Io 6,48] et non nisi per eam nos salvari posse[328], hoc est: fide in ipsum pro nobis crucifixum [cf. Rm 3,25]. Huic interpretationi consonant et quae infra 14 [26ff.] et 16 [7ff.] Dominus de abitu suo et *adventu Paracleti* disserit, sed et totus operum Dei ordo ac omnia quae de Christo Scripturae praedicant, idem docent.

[329]Quidam, ex solo contentionis spiritu, carnem hic pro carnali intellectu contendunt accipiendam[329], cum tamen ipsi [om. B.] [330]alibi – ubi docent, non pugnant [add. ipsi quoque B.] – locum hunc de Christi carne interpretantur[330]. [331]*Spiritus* utique Christi *est qui vivificat* [Io 6,64], quem carni opponit [opponunt B.] et tamen non dixit: Spiritus meus. Ita et *carnem* suam per *carnem* hic [Io 6,64] intellexit, etiamsi non addiderit: mea[331]. [332]Commentum enim illorum: ubicunque in Scripturis spiritui caro componitur, carnem significare carnalem intellectum[332] – quod non minus stupide, quam arroganter illi ecclesiis obtruserunt – inane somnium esse pridem sanctis innotuit, cum tot loca sint ubi caro spiritui composita Christi carnem significet, ut 1 Timoth. 5 [!]: Deus *manifestatus est in carne* et vivificatus in Spiritu [1 Tim 3,16] et alibi. Sic et cum Paulus *se carne absentem et spiritu praesentem* Corinthiis scribit *tradere Satanae* eum *qui patris* suae [!] *uxorem habuerat* [1 Cor 5,1–5], haud quadrabit ista horum graphotyrannorum regula. Sed mittendi Domino sunt qui docebit eos olim sapere modestius.

---

[325] Cf. supra ad n. (226)–(226).

[326–326] Ap: Augustine, *In Ioh.* tract. 27 ad loc., MPL 35, 1617–1618, CCL 36, 272–273 (*i*).

[327] Cf. supra nn. (300) – (303)–(303).

[328–328] Ap: Augustine, *In Ioh.* tract. 27 ad loc., MPL 35, 1617, CCL 36, 272 (*p*).

[329–329] Cf. supra n. (188)–(188).

[330–330] Luther, *Sermon auf Ioh.* 6 1524, WA 12, 582 (mentioned in: Zwingli, *Amica exegesis*, CR 92, 610).

[331–331] Ap: Zwingli, *Amica exegesis*, CR 92, 609 (*i*: there adv: Luther, *Wider die himml. Propheten*, WA 18, 192–193).

[332–332] Adv: Luther, *Dass diese Wort*, WA 23, 193, 195.

Caro non prodest quicquam [335]varie accipitur. Divus Chrysostomus intelligit de carne nostra quae *nequit percipere quae sunt Spiritus* [1 Cor 2,14] et de carnali auditione. Qui sensus admodum quadrat. Divus Cyrillus autem et divus Augustinus de carne Christi intelligunt, carnaliter, non vera fide et spiritualiter manducata. De ascensione sua Dominus hic loqui coepit. Consequebatur ergo ut de Spiritu suo subiiceret quo erat suos adflaturus [cf. Io 20,22] cum ascendisset, eique tum Spiritui commodum opponebatur inutilitas et ad percipienda verba Domini, quae sunt *Spiritus et vita* [Io 6,64], stupiditas carnis nostrae [cf. 2 Cor 1,12]. Hac de caussa Chrysostomi quam aliorum hic sententiam sequi visum est: utcunque in priore editione sententiam divi Augustini non sine stomacho defenderim[335]. Etenim dire adeo reiici et proscindi [336]Zvinglium et [337]Oecolampadium eosque omnes qui cum his facere videbantur, dolebat. Huic dolori cum indulgerem, coeperunt mihi improbanda videri quae probari tamen poterant. Dominus liberet nos ab omni contentione. Nec enim illis quibuscum decertabam caussa fuit damnandi adeo eam quae est sententia Augustini et Cyrilli; sed tum non considerabant illi eam sententiam esse divi Augustini et Cyrilli, sicut nec ego eam quam ipsi defendebant, esse Chry-

---

Quod autem mire [333]irrident ex hoc loco: *Caro non prodest quicquam* [Io 6,64] probare nos non posse in caenis haberi et edi corpus Christi corporaliter, more suo faciunt. Nam irridere argumenta quam solvere facilius est. Sed Christiane tu perpende an non firmiter ita colligamus: Christus dixit *carnem* suam *nihil prodesse* [Io 6,64] ut hic nobis relinqueretur, ideo subvehendam fuisse in caelum ut Spiritus vivificans adveniret [cf. Io 16,7] eamque, ut Christi carnem ac vitae aeternae cibum [cf. Io 6,35.50], nobis exhiberet [cf. Io 16,14]. Ergo non potest dari ea edenda corporaliter a ministro; neque cooperabitur [cf. 1 Cor 3,6] illi Dominus ut ipse eam daret corporaliter quia ad *Spiritum vivificantem* [Io 6,64] iussit nos respicere, qui mentibus, non corporibus, illam daturus sit in cibum *vivificum ut edentes eam aeternum vivant* [Io 6,51.52]. Quid, quaeso, certius; quid dilucidius quaeras? Christus dixit suam *carnem non prodesse* [Io 6,64], si corporaliter habeatur eoque oportere ut transferatur in caelum quo *vivificans Spiritus* [Io 6,64] det eam edendam per fidem, id est spiritualiter. Ergo non editur corporaliter in caenis: [334]nihil enim a se huius dabit minister. Iam Dominus ipse corporalem negavit et spiritualem carnis suae – eiusque iam in caelum exaltatae, non amplius hic corporaliter praesentis – manducationem promisit. Haec cui satis non est et requirit praeterea etiam carnalem quam nullis habet Scripturis promissam, ut supra satis probatum est, is recte nondum spiritualem hanc gustavit. Indubie enim si hanc vel semel vere gustasset, satiatus fuisset *ut* carnalem *nequaquam esuriret* [Io 6,35], sed pro spirituali solaque vivifica in caenis dominicis *edens panem et bibens calicem* Domini *gratias* quam religiosissime *ageret*, id quod Dominus ipse nos facere iussit [cf. Mt 26,27]. Iam tandem satis de manducatione Christi. *Sed sunt ex vobis qui non credunt* [Io 6,65]. Vide et ex hoc, non nisi fide, eoque tantum spiritualiter, posse Christum edi. –

[333] Luther, *Dass diese Wort*, WA 23, 197, 199.
[334] Cf. supra ad nn. (217)–(217), (219)–(219) – (221)–(221).
[335-335] Cf. supra ad n. (188)–(188) and var. (o[13]–o[13]).
[336] e.g. *Amica exegesis*, CR 92, 606–610 (but there: 609–610, also Chrysostom's interpretation of caro ad Io 6,64 = Christ's flesh!).
[337] e.g. *Ad Billicanum* in: *Apologetica*, G3v.

sostomi. Da Domine Iesu ut in tractandis tuis verbis [cf. 2 Tim 2,15] tuo semper ducamur Spiritu [cf. Gal 5,18]. Amen.

Retractatio

Induxi pleraque quae in proxima editione in duas has postremas sectiones scrip[686]seram contra eos qui videbantur iis verbis praesentiam et exhibitionem Domini in sacra coena explicare, quibus corpus Domini cum pane uniri naturaliter, aut includi in pane localiter, statueretur, atque nimium huius exhibitionis ministro, verbis et symbolis attribueretur. Cognovi enim [338]interim illos in quos stilum strinxeram, ut caetera, ita etiam in hoc articulo, orthodoxe sentire et docere. Nam [339]praesentiam et exhibitionem Domini veram, ac ideo realem et ipsius corporis et sanguinis Domini – non inanium tantum signorum corporis et sanguinis Domini – statuunt, citra commixtionem naturalem vel localem inclusionem[339]. Sic quoque [340]operam ministri, verba et signa, instrumenta Domini ad largienda dona spiritualia facerent ut omnem tamen virtutem salvificam penes unum Christum esse velint[340]. Iam ego – ut legere est in eadem rei huius tractatione quam proximae editioni inserueram – ab hac removi [341]praesentiam veram[341] et exhibitionem corporis et sanguinis Domini in coena diserte agnovi. Agnovi et illud: [342]ministros verbis et symbolis Domino cooperari [cf. 1 Cor 3,6–7][342], frustraneo licet metu [343]adhuc horrerem quasdam loquendi formas, ut quibus vererer statui aequo crassiorem Domini in coena praesentiam et ministro tribui plus quam par esset[343]. Ubi itaque Dominus dedit et quod illi probe docerent et quod ego frustra offenderer, officii mei putavi esse et confessionem meam de praesentia Domini in coena et dignitate ac vi sacri ministerii pleniorem edere et testimonium illis viris orthodoxae doctrinae reddere, abolitis notis quas contra illorum scripta – dum ea videbantur aliud statuere quam statuunt – meis Enarrationibus inserueram. Utrumque facere studui in [344]retractatione 26 capite Matthaei inserta. Eam legat qui hoc loco aliquid amplius in nobis desiderarit. Dominus mihi et omnibus condonet quicquid circa sacramenta eius humano vel errori, vel adfectui, indultum est. Nobis

---

[338] Cf. Pestalozzi, *Bullinger*, 183ff. and *Eells*, 106–204 for signing of first Helvetic confession 4 Feb. 1536 and of Wittenberg Concord 29 May 1536.

[339–339] Ap: *Wittenberg Concord* art. 1–2, CR 3, 75 (*ipa*).

[340–340] Cf. supra ad nn. (217)–(217) – (221)–(221), (334) for Bucer's earlier position on minister's function. Cf. BEv 1536, *Ad Foxum*, *3v.–*4r. (there: Luther's view).

[341–341] Ap: *Wittenberg Concord* art. 2, CR 3, 75 (*ip*).

[342–342] Ap: *Buceri declaratio* 1536, CR 3, 79 (*ip*).

[343–343] Account of discussions at the Wittenberg Conference in: Bucer, *Historia de concordia* 1536, *Scr. angl.* 1577, 651–652. Cf. BEv 1536, *Ad Foxum*, *4r.–*5r.

[344] Cf. BEv 1536 ad Mt 26[26], 483–492.

quoque impacta multa sunt quae minime agnoscimus et quae ex nostris scriptis nemo legit, formae quoque damnatae quibus, ut sancti Patres bene usi sunt, ita et nos orthodoxe uti potuimus. At quia omnino mihi fatendum est non fuisse mihi eam in omnibus religionem adhibitam – cum inquirendi quae Christi sunt et tractandi ea [cf. 2 Tim 2,15], tum autoritatem Christi in primis evangelii administris suspiciendi – quam adhibere oportebat, meum ego omnino peccatum Domino et ecclesie eius libenter confiteor veniamque oro et mihi et aliis. Quis enim explicet quantum mali in eo sit vel errore, vel praepostero zelo caussam dedisse vel fovisse tum ut ecclesiae Christi circa doctrinam et sacramenta eius turbentur. Dominus condonet nobis et omnibus quicquid huius quovis modo admissum est et servet porro ab isto et omnibus malis. Amen.

Annotationum continuatio

Sed sunt ex vobis qui non credunt [Io 6,65]. Ideo verba mea plerique vestrum non possunt intelligere. ³⁴⁵Si enim mihi ut magistro vitae fidem omnes haberetis, facile videretis meum *sermonem* non *durum esse* [Io 6,61], sed *vitae aeternae* ^{o13} [Io 6,69]³⁴⁵.

Domine ad quem ibimus [Io 6,69]? Etiam ex hac Petri responsióne ^{p13}aperte indicatur qui fuerit Domino ³⁴⁶totius suae orationis status: utique ostendere id quod hic Petrus confessus est: nempe ipsum Christum esse, hoc est *panem vitae* et *coelestem* [Io 6,51]. Idem igitur fuit quod et alios incredulos turbavit et a Domino alienavit^{p13} ^{q13} [cf. Io 6,67]³⁴⁶.

Et ex vobis unus diabolus est [Io 6,71]. Graeci coeperunt vocare ³⁴⁷diabolum, quem Ebraei satan. Per hoc ergo quod Iudam dixit diabolum esse, significavit adversarium et hostem suum esse, non discipulum, licet^{r13} esset cum aliis delectus ^{s13}in numerum discipulorum^{s13}, externo scilicet delectu, ageretque etiamnum inter illos. De his plura in Matth. 4 in illud: *Ut tentaretur a Diabolo* [Mt 4,1]³⁴⁷.

$^{p13-p13}$ videmus manducationem Christi aliud nihil esse quam fidem et certam eius, ut Christi et Salvatoris, cognitionem. Quam qui semel nacti sunt, ab eo divelli nequeunt, neque quicquam praeter eum esurire [cf. Io 6,35]. Ab ipso denique et nulla creatura omnem cibum animae, conscientiae consolationem fideique robur, petent. AB. – ^{q13} *add.* B: Hinc quoque *followed by* $^{p13-p13}$ *as in* C. – ^{r13} *add. in id* AB. – $^{s13-s13}$ *om.* AB. –

³⁴⁵⁻³⁴⁵ Ap: Aquinas, *In Ioh.* ad loc., *Piana* 14:2, 43r. col. B (*ap*). Adv: Brenz, *In Ioh.* 1528 ad loc., 126v.–127r. (there: Jesus' foreknowledge of betrayal only).
³⁴⁶⁻³⁴⁶ Ap: Cyril, *In Ioh.* ad loc., MPG 73, 623–624 (*i*).
³⁴⁷⁻³⁴⁷ Ap: BEv 1527 ad Mt 4[1], 90v.–91r. (*ip* etymology). Cf. Münster, *Dict. hebr.* 1523, 480; Reuchlin, *Rudimenta*, 516.

Observationes

Observandum primum quam rara res sit syncerus Christi discipulus et quam nullus [687] eius coetus sit in quo non sint hypocritae. Si enim Dominum isti (quibus adeo *durus* eius *sermo* [Io 6,61] visus est) ut Christum sequebantur, cur offendebantur quod sibi salvare in se credentes sumeret? Quidnam erat aliud Christum esse? Certe perfacile intelligebant hoc solum ipsum velle, nempe licet *filius hominis* esset et externa conversatione satis humilis, se tamen simul illum esse a quo *aeterna vita* [Io 6,54.55] omnibus petenda sit. Viderant sane tot iam miracula e quibus, si *nati ex Deo fuissent* [Io 1,13], nullo negotio ipsum homine maiorem potuerant agnoscere. Quae vero de ascensu suo in coelum [cf. Io 6,63] et *Spiritu vivificante* [Io 6,64] disseruit, moneant nos ut ab ipso ad dexteram Patris exaltato [cf. Mt 26,64] et per Spiritum eius, non per creaturas, nobis conferenda omnia petamus. Praesentem *ad finem usque seculi* ipse *adfuturum se nobis* [Mt 28,20] promisit nosque sibi similes redditurum: plane iustos et beatos [cf. Io 14,16–21; Ps 105,3]. Quid praeterea requiramus?

Quod praedicat Evangelista: novisse Dominum non credentes et proditorem etiam tum latentem [cf. Io 6,65], deterreat ab hypocrisi et consoletur, si quando et inter nos hypocritae deprehendantur, etiam inter verbi ministros. [348]Tantum cauti simus ne ut oves amplectamur qui [349]*lupi rapaces* [Mt 7,15] sunt. Siquidem ut in *timore*[t13], *tremore* [2 Cor 7,15] ac omni circunspectione versaremur, ita voluit Deus apud nos omnia esse permixta[348].

In Petro [cf. Io 6,69] notetur verae fidei ad confitendum ardor et quam certam Dei cognitionem esse oporteat ut solida sit. [u13]In eodem notanda charitas est, de omnibus quod optimum sit sibi pollicens. Nam quod sentiebat de Domino ipse, sentire et collegas nihil addubitabat, cum et pro ipsis, nulla ante facta apud eos huius inquisitione, respondit[u13].

In Iuda [cf. Io 6,72] quem nihil movit se Domino cognitum esse, solita impiorum indicatur obstinatio.

[t13] *add.* et A. – [u13–u13] *om.* A. –

[348–348] Necessity of there being mixture of good and bad ap: Augustine, *In Ioh.* tract. 27 ad 6,68, MPL 35, 1621, CCL 36, 276 (*i*).

[349] Cf. BEv 1527 ad Mt 7[15], 238r.–242r. (there adv: Anabaptists. Here perhaps warning to Capito adv: tolerance. Cf. further Heberle, *Capitos Verhältnis*, ZhistTh 1857, 285–310).

CAPUT 7

⟨Sectio 1 [1–9]⟩ *Versabatur Iesus posthaec in Galilaea, non enim volebat in Iudaea versari quia quaerebant eum Iudaei interficere. Erat autem in propinquo dies festus Iudaeorum scenopegia. Dixerunt igitur ad eum fratres eius: transi hinc et vade in Iudaeam ut et discipuli tui videant opera tua quae facis. Nemo quippe in occulto facit aliquid et quaerit ipse palam esse. Si haec facis, declara teipsum mundo. Nam ne fratres quidem eius credebant in eum. Dicit ergo eis Iesus: tempus meum nondum adest, tempus autem vestrum semper est paratum. Non potest mundus odisse vos; me autem odit quia ego testimonium fero de illo quod opera eius mala sint. Vos ascendite ad diem festum hunc. Ego nondum ascendo ad festum hoc quia meum tempus nondum impletum est. Haec autem cum dixisset illis, mansit in Galilaea.*

⟨Sectio 2 [10–18]⟩ *Ut autem ascenderunt fratres eius, tunc et ipse ascendit ad festum, non manifeste, sed velut in occulto. Iudaei ergo quaerebant eum in festo et dicebant: ubi est ille? Et murmur multum erat in turbis de eo. Quidam enim dicebant: bonus est. Alii autem dicebant: non, sed seducit turbam. Nemo tamen palam loquebatur de illo propter metum Iudaeorum. Cum autem iam dimidium festi peractum esset, ascendit Iesus in templum ac docebat. Et mirabantur Iudaei dicentes: quomodo hic literas scit, cum non didicerit? Respondit eis Iesus et dixit: mea doctrina non est mea, sed eius qui misit me. Si quis voluerit voluntati eius obtemperare, cognoscet de doctrina utrum ex Deo sit, an ego a me ipso loquar. Qui a semetipso loquitur, gloriam propriam quaerit. Qui [688] autem quaerit gloriam eius qui misit ipsum, hic verax est et iniustitia in illo non est.*

⟨Sectio 3 [19–24]⟩ *Nonne Moses dedit vobis Legem et tamen nemo ex vobis factis praestat Legem: quid me quaeritis interficere? Respondit turba et dixit: daemonium habes. Quis te quaerit interficere? Respondit Iesus et dixit eis: num opus feci et omnes miramini. Propterea Moses dedit vobis circuncisionem, non quia ex Mose sit, sed[1] ex patribus et tamen in sabbatho circunciditis hominem. Si circuncisionem accipit homo in sabbatho ut non solvatur Lex Mosi, mihi indignamini quod totum hominem sanum fecerim in sabbatho? Nolite iudicare secundum aspectum, sed iusto iudicio iudicate.*

⟨Sectio 4 [25–31]⟩ *Dicebant ergo quidam ex Hierosolymitanis: nonne hic est quem quaerunt interficere? Atqui ecce palam loquitur et nihil ei dicunt: num vere cognoverunt principes hunc esse vere Christum? Sed hunc novimus unde sit, Christus autem cum venerit nemo scit unde sit. Clamabat ergo Iesus*

---

[1] Er 1527 *add.* quia.

in templo docens ac dicens: et me nostis et unde sim nostis et a me ipso non veni, sed est verax qui misit me, quem vos non novistis. Ego vero novi eum quia ab ipso sum et ille me misit. Quaerebant ergo eum apprehendere et nemo misit in illum manus quia nondum venerat hora eius. De turba autem multi crediderunt in eum et dicebant: Christus cum venerit, num signa plura edet iis quae hic edidit?

⟨Sectio 5 [32–36]⟩ *Audierunt Pharisaei turbam murmurantem de illo haec et miserunt Pharisaei ac [2]principes[a] sacerdotum ministros ut apprehenderent eum. Dixit ergo eis Iesus: adhuc pusillum temporis vobiscum sum et abeo ad eum qui me misit. Quaeretis me, nec invenietis: et ubi ego sum, eo vos non potestis venire. Dixerunt ergo Iudaei inter [3]se: quo hic iturus est quod nos non inveniemus eum? Num in dispersionem gentium iturus est et docturus gentes? Quis est hic sermo quem dixit: quaeretis me et non invenietis et ubi ego sum, eo vos non potestis venire?*

⟨Sectio 6 [37–44]⟩ *In novissimo autem die magno festi stabat Iesus et clamabat, dicens: si quis sitit, veniat ad me et bibat. Qui credit in me, sicut dicit Scriptura, flumina de ventre eius fluent aquae vivae. Hoc autem dixit de Spiritu quem accepturi erant credentes in ipsum. Nondum enim erat Spiritus sanctus quia Iesus nondum erat glorificatus. Multi ergo de turba, cum audissent hunc sermonem, dicebant: hic est vere propheta. Alii dicebant: hic est Christus. Quidam autem dicebant: num a Galilaea veniet Christus? Nonne Scriptura dicit quod ex semine David et de Bethleem castello ubi erat David, veniet Christus? Dissensio itaque orta est in turba propter eum. Quidam autem ex ipsis volebant apprehendere eum, sed nemo coniecit in eum manus.*

⟨Sectio 7 [45–53]⟩ *Venerunt ergo ministri ad pontifices et Pharisaeos et dixerunt eis illi: quare non adduxistis illum? Responderunt ministri: nunquam sic locutus est homo, sicut hic homo. Responderunt ergo eis Pharisaei: num et vos seducti [689] estis? Nunquis ex principibus credidit in eum, aut ex Pharisaeis? Sed turba haec quae non novit Legem, execrabiles sunt. Dicit Nicodemus ad eos, is qui venerat ad eum nocte, qui unus erat de numero eorum: num Lex nostra iudicat hominem, nisi prius audierit ab ipso et cognoverit quid faciat? Responderunt et dixerunt ei: num et tu Galilaeus es? Scrutare et vide quod a Galilaea propheta non surrexerit. Et profectus est unusquisque in domum suam.*

---

[a] [2]princeps D. –

[2] No Greek or Latin singular variant.
[3] Er 1527 sese.

ENARRATIO SECTIONIS I [1–9]

Annotationes

Versabatur Iesus post haec in Galilaea [Io 7,1]. Apertiora sunt, quam ut opus sit paraphrasi. Supra quinto narravit Evangelista *ᵇIudaeos voluisse* Dominum *occidereᵇ* [Io 5,16] propter sabbatho sanatum illum qui *triginta octo annos* [Io 5,5] laboraverat et quod *se Patri fecisset aequalemᶜ* [Io 5,18]. Haec uno verbo hic repetit ut caussam indicet quare in Galilaea tum versaretur.

⟨⁴Mutatus historiae ordo⟩ Miraculum panum factum scribit Evangelista capite superiore cum *prope esset festum pascale* [Io 6,4], nec memoravit an ad illud ipsum festum Hierosolyma ascenderit. Hinc mihi coniectura fit factam ab Evangelista in historia μετάστασιν, id est transpositionem. Nam quae narrantur capite quinto accidisse *in festo Iudaeorum ad quod ascenderat* Dominus [Io 5,1], facta credo in festo Pentecostes, cum antea *appropinquante Pascate* [Io 6,4], in Galilaea, trans lacum Genesar – quod *mare Tiberiadis* Evangelista vocat [Io 6,1] – quinque millia pavisset. Certe cum in hoc 7 capite memorentur, quibus satisfecit pro facto quod quinto memoratum est et moverat *Iudaeos ut* Dominum *quaererent interficere* [Io 5,16.18], consentaneum est, quae in hoc capite narrantur in eoᵈ festo tabernaculorum [cf. Io 7,2] evenisse quod venerat proximum post illam Pentecosten, in qua existimo facta quae memorantur capite quinto. Mihi enim non fit verisimile, ut Iesus ullo festo Hierosolymis abfuerit in quo adesse ex Lege oportebat. Cum ergo hic caussa narratur cur in Galilaea ageret, quod *Iudaei quaererent eum occidere* [Io 7,2] idque – ut ex contentis in hoc 7 capite clare liquet – propter ea quae memorat caput quintum: violatum scilicet sabbathum [cf. Io 7,23], coniicitur quod *ab eo* festo, in quo illum morbidum sabbatho sanaverat [cf. Io 5,16], Dominus non apparuerit Hierosolymis. Si iam non licet dicere quod Legem praeterierit, fatendum est id festum, *ᵉin quo sanavit morbidumᵉ*, proximum fuisseᶠ ante festum tabernaculorumᵍ atque igitur festum Pentecostes. Alioqui aut dicendum esset quod Iesus toto anno non fuisset Ierusalem ac ita Legem bis praeteriisset; aut quod fuisset ibi, neque tamen fuisset aliquis propter eum motus factus ex accusatione violati sabbathi. Id nullam autem haberetʰ verisimilitudinem. Certe hocⁱ quod Hierosolymitani dicebant: *Nonne hic est, quem quaerunt interficere? Atqui ecce palam loquitur* etc. [Io 7,25–26] et quod nominatim de violato, ut Iudaeis videbatur, sabbatho

---

ᵇ⁻ᵇ quod AB. – ᶜ *add.* Iudaei quaesierint Dominum occidere AB. – ᵈ *om.* AB. – ᵉ⁻ᵉ *om.* A. – ᶠ *add.* quod AB. – ᵍ *add.* eveniebat AB. – ʰ habet A. – ⁱ *om.* AB. –

⁴ For full analysis and Bucer's relationship to the exegetical tradition here cf. Backus, *Chronologie* in: RThPh *Cahier* 8, 41–50.

Dominus hic satisfacit [cf. Io 7,23], coniecturam faciunt non adeo diu antequam acciderint quae hoc capite narrantur, accidisse quae in quinto memorata sunt. Transponi[j] autem in evangelicis historiis gesta nemo magnopere mirabitur qui scripta Evangelistarum consideraverit diligentius. Ut enim Christi virtutem exponerent, non ut quaeque suo ordine narrarent, studuerunt.

Erat autem prope festum Iudaeorum [Io 7,2]. Scenopegia [5]fixio tabernaculorum dicitur. Septem enim diebus in tabernaculis omnis Israel agebat ad memorandum quod patres eorum Deus fecisset habitare in tabernaculis quando eduxit eos de Aegypto, 3 Mosch. 23 [34][5]. De hac et aliis festivitatibus Iudaeorum dixi aliqua in [6]Matth. capite 12.

⟨Qui *fratres*⟩ *Dixerunt igitur ad eum fratres eius* [Io 7,3]. [7]Contribules, cognatos et affines Evangelista more Scripturae *fratres* Domini vocat[7]. Ii igitur, quia [8]non credebant eum esse quem se ipsum praedicabat [cf. Io 7,5], insultando ei monuerunt ut Hierosolymam ad diem festum ascenderet [cf. Io 7,3] ibique ubi totus Israël conveniebat, se quid esset palam faceret[8]. [9]Sciebant enim quod declinans Iudaeorum furorem ex sanatione eius, quem morbus *trigin*[690]*ta octo annis* [Io 5,5] tenuerat, contra ipsum motum, in Galilaea versaretur [cf. Io 7,1].

Si haec facis [Io 7,4]. Id est: quae de te [10]mira praedicant et vis inde Christus agnosci, *ostende te mundo*. Qui enim vult in παῤῥησίᾳ [!] esse – id est: ut libere et *palam* de eo omnes loquantur – quae magnifica facit, ea nequaquam *in occulto facit*[10].

Tempus meum nondum adest [Io 7,6]. Hoc est: mihi [11]nondum opportunum est. Pater qui omnia certis temporibus dispensat [cf. Eph 1,10], nondum vult ut ego ascendam [cf. Io 16,5]. Tum ascensurus sum, quando ex voluntate Patris fuerit, tum et ad gloriam ipsius illustrandam [cf. Io

---

[j] Transposita AB. –

[5-5] Ap: Münster, *Kalendarium*, 150r. (*ip*, there also: *r* Io 7).

[6] Cf. BEv 1527 ad Mt 12[11], 118r.–123v.

[7-7] Ap: Augustine, *In Ioh.* tract. 28 ad loc., MPL 35, 1623, CCL 36, 278; Aquinas, *In Ioh.* ad loc., *Piana* 14:2, 44r. col. A (*ip*).

[8-8] Ap: Chrysostom, *In Ioh.* hom. 48 ad loc., MPG 59, 270 (*i*); Albert, *In Ioh.* ad loc., *Opera* 24, 299 col. A (*ip*: there: also seeking of earthly glory given and rejected as alternative explanation); Aquinas, *In Ioh.* ad loc., *Piana* 14:2, 44 col. A (*i*). Adv: Augustine, *In Ioh.* tract. 28 ad loc., MPL 35, 1623, CCL 36, 278–279; ErP1524 ad loc., LB 7, 553 (there: seeking after earthly glory). Cf. Brenz, *In Ioh.* 1528 ad loc., 128v. (there: both explanations admitted).

[9] Ap: Ludulphus, *Vita* 1a pars, cap. 78, *Rigollot* 2, 243ff. (*i*: chronology: Io 5 *immediately* precedes Io 7). Cf. supra n. (4).

[10-10] Ap: Augustine, *In Ioh.* tract. 28 ad loc., MPL 35, 1623, CCL 36, 279 (*p*); ErP 1524 ad loc., LB 7, 553 (*i*).

[11-11] Ap: Albert, *In Ioh.* ad loc., *Opera* 24, 300 col. B (*ipa*); Brenz, *In Ioh.* 1528 ad loc., 129v. (*ip*). Adv: e.g. Chrysostom, *In Ioh.* hom. 48 ad loc., MPG 59, 271; Augustine, *In Ioh.* tract. 28 ad loc., MPL 35, 1623–1624, CCL 36, 279 (both: *tempus* = time of crucifixion and glory).

7,18] faciet meus ascensus[11]. Vobis autem qui neque ex praescripto Dei vivitis, neque rationem habetis quid gloriam Dei promoveat, aut secus, [12]quibus[k] denique cum *mundo* [Io 7,7] – id est hominibus *secundum carnem viventibus[l]* [Rm 8,8] – bene convenit, nullum [m] est metuendum[m] periculum. Ideo *tempus vestrum semper paratum est* [Io 7,6], vobis nunquam non opportunum est Ierusalem petere, quia *mundus non potest vos odisse* [Io 7,7] qui malis eius consentitis[12]. Ego autem [13]*arguo illum* [Io 16,8], ostendo mala esse quaecunque agit [cf. Io 7,7][13] eaque caussa ipsi intolerabilis sum. Proinde *vos ascendite ad hoc festum* [Io 7,8]. Ego, quia nondum definitum a Patre eoque mihi opportunum tempus advenit, id est completum est, nondum ascendam.

Illud: *Mala sunt opera eius* [Io 7,7] eodem modo accipiendum est quo, supra, illud[n] capite 3: *Qui male operatur, non venit ad lucem* [Io 3,20] *quia mala sunt opera eius* [Io 7,7]. [o]Idem utrunque valet[o], quod est: per omnia malum esse [cf. Gn 6,5], neque quicquam agere boni. Sic sane sunt qui *ex Spiritu non sunt renati* omnes[p] [Io 3,5].

Observationes

Secundo iam e Iudaea in Galilaeam secessisse Dominum ut vim Iudaeorum declinaret, Evangelista noster memorat. Prius supra, [14]initio capitis 4, legimus [cf. Io 4,1–4]. Circa id vero hic [15]observandum et nobis licere subinde fugere, modo Dei gloriam fugiendo non prodamus[15]. De quo in [16]Matth. fusius capite 4 in illud: *Cum audisset autem Iesus quod Ioannes traditus esset* [Mt 4,12]. Deinde animadvertendum circa id quod et fratres Domino molesti erant [cf. Io 7,3], ferendum nobis esse cum et[q] [17]domestici[r] nos insectantur [cf. Mt 10,36]. Item: non illico pium esse qui iuxta externa, hoc est carnem, Christo attinet. Quid enim profuit his [s]quos hic Evangelista *incredulos* fuisse memorat[s], quod *fratres* [Io 7,5] Domini fuere[17]? In Domino igitur nihil nisi [18]*nova valet creatura*, Gal. 6[15], non professio, aut

---

[k] *om.* A. – [l] *add.* vobis A. – [m–m] vos ab illis manet A. – [n] *om.* AB. – [o–o] nempe pro eo AB. – [p] universi AB. – [q] *om.* AB. – [r] *add.* quoque AB. – [s–s] *om.* AB. –

[12–12] Ap: Chrysostom, *In Ioh.* hom. 48 ad loc., MPG 59, 271 (*i*); Brenz, *In Ioh.* 1528 ad loc., 129v. (*ip*).

[13–13] Ap: Brenz, *In Ioh.* 1528 ad loc., 130r. (*i*: there also: emphasis on *all* worldly works).

[14] Cf. supra *cap.* 4, *sect.* 1 ad nn. (5)–(5), (32)–(32) – (35)–(35).

[15–15] Ap: Augustine, *In Ioh.* tract. 28 ad loc., MPL 35, 1622, CCL 36, 277 (*i*: example). Adv: Tertullian, *De fuga* 8, MPL 2, 111, CCL 2, 1145. Here directly ap: Brenz, *In Ioh.* 1528 ad loc., 128r. (*ip*: there also: example and glory of God).

[16] Cf. BEv 1527 ad Mt 4[12], 103r.–104v. (there: Tertullian considered too severe; probably why Augustine via Brenz here).

[17–17] Ap: Aquinas, *In Ioh.* ad loc., *Piana* 14:2, 44r. col. A (*i*); Chrysostom, *In Ioh.* hom. 48 ad loc., MPG 59, 270 (*ip* of 1522 ed., p. 123).

[18] Ap: Luther, *In Gal.* 1519 ad loc., WA 2, 614 (*i*).

cuculla monachorum, non consecratio episcopi, non denique eruditio, aut morum externa honestas. Solus internus homo, secundum Deum conditus [cf. Col 3,10], apud Deum aestimatur et certum *iustitiae fructum* [Phil 1,11] profert.

⟨Quid *mundum arguere* [Io 16,8]⟩ Quod hic horae suae, id est opportuni temporis, Dominus meminit [cf. Io 7,6], monet quam diligenter observandum nobis sit ut ex praescripto Dei et suo tempore omnia agamus [cf. Ecl 3,1]. Postremo notandum nos *mundi amicitiam* [Iac 4,4] non posse tueri, nisi *malis eius operibus* [Io 7,7] consentiamus. Si nanque Dei gloriam adserere atque *Deum[t] solum bonum* [Lc 18,19] esse testari, *mundum* vero *peccati arguere* [Io 16,8] voluerimus – id quod sane, si in nobis *agit Spiritus Dei* [Rm 8,14] semper *mundum arguens* et Deum magnificans, haudquaquam poterimus omittere – persequetur ille nos, ut et Christum persecutus est. *Arguere* autem *mundum* non est tantum crassiora illa peccata insectari (id enim mundus, ne videatur penitus deploratus, potest ferre) sed *testari quod opera eius mala sint* [Io 7,7], hoc est in totum omni iustitia et bonitate careat [cf. Io 16,8], neque possit, nisi per Christum, iustitiam veram assequi [cf. Rm 10,4]. De his infra [19]16 plura.

ENARRATIO SECTIONIS II [10–18]

Annotationes

Ut autem ascenderunt fratres eius, tunc et ipse ascendit [Io 7,10]. *Et murmur multum* [Io 7,12]. Omnium sermo erat de eo, at non in παῤῥησίᾳ [!], id est libertate. Id *murmur* [20]disputatio quaedam erat populi de Domino in qua aliqui pro Domino loquebantur. Id, quia[u] primores Iudaeorum non ferebant, *[v]nemo* audebat *de illo palam* bene *loqui[v]* [20]. Voluit[w] ita Dominus omnes sui desiderio [cf. Phil 1,23] et expectatione excitare ut – cum postea intrepide [691] se in medium hostium suorum ingereret et doceret libere [cf. Io 7,14], omni contempto periculo –[ ][21]electi et amantes eius tanto magis confortarentur [cf. Col 1,11], reprobi autem dum, quod maxime volebant, non possent illi vim inferre, plus confunderentur [cf. Phil 3,19] omnique ignorantiae praetextu nudarentur [cf. Io 15,22][21].

---

[t] ita ipsum AB. – [u] *om.* A. ut B. – [v–v] hinc erat quod *nemo palam* de Domino *loqueretur* A. ita audebat *nemo de illo palam* bene *loqui* B. – [w] *add.* aut[em?] AB. –

[19] Cf. infra *cap.* 16, *sect.* 2 ad nn. (39)–(39) – (58)–(58).

[20–20] Ap: Albert, *In Ioh.* ad loc., *Opera* 24, 301 col. B – 302 col. A (*ip*); Aquinas, *In Ioh.* ad loc., *Piana* 14:2, 44v. col. A (*i*: disagreement but there: secrecy not stressed).

[21–21] Ap: Augustine, *In Ioh.* tract. 28 ad loc., MPL 35, 1627–1628, CCL 36, 283–284 (*i*).

Ascendit Iesus in templum ac docebat [Io 7,14]. Haec [22]hora eius erat [cf. Io 7,6], hoc[x] tempus erat illustrandi gloriam Patris [cf. Io 7,18]. Omni ergo spreto periculo in primum locum, ubi Iudaeis minime tolerabilis erat, sese recepit docereque coepit cum medium festum ageretur, adessetque ideo populi [y]frequentia maxima[22]. Et[y] hic virtutem suam declaravit qui paulo ante fugiendo declaraverat humilitatem.

⟨Studium literarum nequaquam negligendum⟩ *Quomodo hic literas scit* [Io 7,15]. [23]Fabrum enim egerat, ut ex Mar.6[3] patet. Oportebat siquidem omnia in Domino esse summe admiranda[23]. Caeterum qui negligit, cum possit, discere literas, [z]eum ut[z] ingratum et ignavum[a1] Dominus nequaquam miraculo docebit. Et qui, in [24]adsciscendo eos[b1] qui ecclesiam doceant, ruditatem piae eruditioni praetulerit, Dei donum contemnit et nequaquam ex eo[c1] spiritu agit quo Paulus voluit mysterion evangelicum committi *hominibus ad docendum idoneis* [2 Tim 2,2]. Quoque Aquila et Priscilla[d1] Apollo, *hominem eloquentem atque in Scripturis potentem* [Act 18,24], ob haec praecipue dona *plenius viam Domini docebant* [Act 18,26] ut ad docendum alios esset instructior [cf. 2 Tim 2,2][24]. De his plura in [25]Matth. capite 4[18] in illud: *Vidit duos fratres, Simonem qui vocatur Petrus* etc.

[e1]*Mea doctrina non est mea* [Io 7,16]. [26]Hominis scilicet, sed mea Dei atque ita *eius qui misit me*, quocum natura et substantia unus[f1] sum [cf. Io 10,30][26]. Unde [27]non est mirandum, si absque eruditione hominum doctus sim et literas sciam. Hoc vestrum pauci credunt quia non quaerunt quae Dei sunt [cf. Io 7,18], non cupiunt Deo sese approbare [cf. Act 2,22]. *Qui* enim *vult voluntatem* Dei *facere* [Io 7,17], id est in quo est [28]studium

---

[x] tum A. – [y–y] maxima frequentia. En A. – [z–z] *om.* AB. – [a1] *add.* eum AB. – [b1] *om.* A. – [c1] *om.* AB. – [d1] *add.* qui A. – [e1] *add.* □ Paraphrasis verborum Domini A. – [f1] unum A. –

[22–22] Ap: Brenz, *In Ioh.* 1528 ad loc., 132r. (*p*).

[23–23] Ap: Aquinas, *In Ioh.* ad loc., Piana 14:2, 44v. col. B (*i*: admiration not hostile, due to knowledge of human Christ only); Albert, *In Ioh.* ad loc., *Opera* 24, 302 col. B – 303 col. A (*i*: all things in Christ admirable).

[24–24] Adv: ErP 1524 ad loc., LB 7, 555 (there: stress on Jesus' lack of human learning); ad Act 18,24–26, LB 7, 740–741 (there: Apollo given further instruction only because of *innate* piety); ad Mt 4,18, LB 7, 211 (there: Jesus expressly chose unlearned disciples for glory of Gospel); ad Mt 4,23, LB 7, 221 (there: Jesus surrounded by simple people only). Also adv: Anabaptists. Cf. *Nikolsburg art.* A6, Täuferakten 7, 139.

[25] Cf. BEv 1527 ad Mt 4[18], 111r.–115r.

[26–26] Ap: Augustine, *De Trinitate* 1, 11, MPL 42, 836, CCL 50, 61 in: Aquinas, *Catena* ad loc., *Guarienti* 2, 435 (*i*) and in: *In Ioh.* ad loc., Piana 14 : 2, 45 col. A (*i*; also *p* of Aquinas' own comment on Augustine). Adv: Brenz, *In Ioh.* 1528 ad loc., 132r.–v. (there: not invented by Christ the man, but transmitted by him as man in virtue of the office conferred on him by the Father).

[27] Ap: Aquinas, *In Ioh.* ad loc., Piana 14:2, 45 col. A (*p*).

[28–28] Ap: Augustine, *In Ioh.* tract. 29 ad loc., MPL 35, 1630–1631, CCL 36, 286–287 (*i*: there: *credere*); Albert, *In Ioh.* ad loc., *Opera* 24, 303 col. B (*ip*).

aliquod Dei, is eo Spiritu quo ad Dei voluntatem propendet, facile *agno-scet utrum ex Deo sit* mea *doctrina, an ex me ipso loquar* [Io 7,17] quod non sit doctrina Dei[28]. *Qui a se ipso loquitur* et docet, non ex Spiritu Dei, ut se ipsum aliis doctorem constituit [cf. 1 Cor 2,13], ita suam *ipsius gloriam quaerit. Qui autem quaerit gloriam eius qui misit ipsum*: Dei – id quod ego studeo – *is verax est* [Io 7,18] et omnibus audiendus, neque enim quicquam in eo poterit iniquitatis esse. Iam considerate, explorate, excutite: quae-cunque doceo, solam Patris me gloriam quaerere [cf. Io 7,18] deprehen-detis, quandoquidem nihil aliud in omni doctrina mea quaero, quam ut ipsius bonitatem electi omnes et probe agnoscant et gnaviter aemulentur [cf. Gal 4,18]. Proinde *verax* sum et nihil loquor quod ulla ratione queat culpari [cf. Io 7,18]. Dignumque erat ut pronis me animis audiretis, magis-trum coelestem, non persequeremini ut hostem Dei.

Observationes

Animadvertendum: sicut Christum Spiritus, cum maxime opportunum esset, Ierusalem adduxit, ita et nos commode ducturum acturumque ad quae Pater destinavit [cf. Io 16,13–15]. Tantum abnegatis [cf. Mt 16,24] affectibus ipsi nos contradamus. Obiicietur saepissime illustrandae gloriae Dei tam optata occasio ut stupeas tam praesentem vim Spiritus. Perpen-dendum et quae mundi sit iustitia apud sanctissimos [cf. 1 Cor 1,25], siquidem non licet *g'apud eosg'* vel loqui de *Christo, Dei sapientia* [1 Cor 1,24] et iustitia. Sed dum visum est Deo, coguntur hi ipsum palam docen-tem audire, qui putabant se effecisse ne quisquam de ipso tantum mus-saret. Idem eveniret*h'* et hodie Christi hostibus, si modo nos fortiter crederemus*i'*.

Probe notandum autem: *de doctrina Christi eos* demum posse *cognoscere qui cupiunt voluntatem* Dei *facere* [Io 7,17]. Nemo ergo miretur plurimos hodie patentissimam veritatem aversari. Non *sunt ex veritate* [Io 18,37], sed Diabolo nati [cf. Io 8,44], ideo *j'habent odioj'* quae Deus probat [cf. Eph 5,10]. Hinc*k'* odisse oportet illos omnem*l'* Dei doctrinam, neque sustinere ut de ea audiant tantum. [29]Qui autem ex Deo natus est, cui cordi pietas est, is sicut Spiritu Dei praeditus est, ita veritatem Dei in doctrina Christi nullo negotio agnoscit [cf. 1 Io 4,6][29].

[692] Postremo neque hoc praetereundum: sicut is *gloriam suam quaerit qui a se ipso loquitur* [Io 7,18], ita necesse est omnes illos sua *quaerere* qui a seipsis, hoc est quae a Patre non didicerunt, docent. Id facile vides in

---

g'–g' om. AB. – *h'* eveniet AB. – *i'* crediderimus AB. – *j'–j'* odiunt A. – *k'* quare AB. – *l' add.* quoque AB. –

[29–29] Ap: Brenz, *In Ioh.* 1528 ad 7,17, 133r. (*ip*).

omnibus qui humana commenta pro verbo Dei ecclesiis obtrudunt. Quid nanque factiosius mataeologis? Quid arrogantius Catabaptistis?*m¹* Quid magis nescium cedere Iudaeis? Quid iudicii dogmatum suorum intolerantius Mahometanis? Cum iis qui *ex Deo loquuntur* [2 Cor 2,17] nihil sit submissius, nihil blandius, nihil ad ferendum errantes paratius [cf. Hbr 5,2]! Exemplum sit Christus et Paulus, quanquam et hodie haud obscure in iis videatur qui hos, quam superciliosos scribas et Pharisaeos, malint imitari.

ENARRATIO SECTIONIS III [19–24]

Annotationes

Nonne Moses dedit vobis Legem [Io 7,19]. *n¹*Quicunque evangelicas historias aliquando pressius consideraruut, ³¹ii norunt illas continere miscellanea quaedam, quae Evangelistae sic congessisse satis habuere ut ex pauculis illis gestis ac sermonibus quos conscripserunt, Christus agnosceretur. Neque fuerunt anxii ut vel certo ordine singula, aut etiam sermones integros, ut a Domino habiti sunt, memorarent. Hinc videas nonnunquam commodum initium, nunc finem deesse³¹. Sic sane videri possit et praesens Domini oratio – qua de doctrina sua: ³²unde sit et quam deceat illi habere fidem [cf. Io 7,16–17], iis qui *stupebant* ipsum *scire literas* quas *non didicerat* [Io 7,15], respondit – non adeo commodo fine esse clausa. Ac mox nullo quoque commodo principio, et praerupte nimium, subiecta altera qua satisfacit de opere sanitatis in sabbatho³² perfecto [cf. Io 7,21–24]. Id vero eos qui solum *Christum discere* [Eph 4,20] cupiunt, qui*o¹* in his qualicunque demum ordine, aut ratione congestis narrationibus *p¹*mirifice tamen praedicatur*p¹*, minime offendet. Quosque offenderit, certum est eos neque Christum vere quaerere [cf. 1 Cor 1,22–23].

⟨Prima ratio qua depellit Iudaeos ab accusatione⟩ Quae ergo hic dixisse Dominum Evangelista narrat, sive aliquid praecessit, ut verisimile est, sive ita praerupte coepit, apologia sunt pro eo quod in sabbatho hominem –

---

m¹ add. Quid frontosius ³⁰artocreatistis? AB. – *n¹ add.* □ Miscellanea Evangelistae scripserunt A. – *o¹ add.* mirifice A. – *p¹-p¹* relucet A. –

³⁰ Luther and followers. From ἀρτόκρεας (= mixture of bread and meat): those who assert that the bread is Christ's flesh. Cf. BEv 1527 ad Mt 26[26], 332, r.–v. (there: term not used but foll. argument adv: Luther: ... ex hac sola orationis figura *panis est corpus Christi* haudquaquam concludi posse panem id realiter et corporaliter esse quod Christi corpus).

³¹⁻³¹ Ap: Eusebius – Rufinus, *Hist. eccl.* 3, 24, GCS 9 : 2 : 1, 244–249 (*i*); Ludulphus, *Vita*: prooemium, *Rigollot* 1, 10 (*i*).

³²⁻³² Ap: Chrysostom, *In Ioh.* hom. 49 ad loc., MPG 59, 275–276: in: Aquinas, *Catena* ad loc., *Guarienti* 2, 435 (*i*: transition but there: no value judgement on its abruptness or otherwise).

de quo supra$^{r^1}$ 5 [1–10] – sanaverat. Primum autem argumentum eiusmodi est ut eo $^{s^1}$non licere probet Iudaeis contra se ex Lege Moscheh agere, quando eam ipsi Legem minime servarent. ^{33}'Quod enim quisque iuris in alterum statuit, ipse eodem uti debet'. Aiebat igitur$^{s^1}$: *Moses$^{t^1}$ dedit vobis Legem et nemo vestrum* est qui *eam servet* [Io 7,19]. Qua ^{34}fronte igitur in me ita saevitis [cf. Io 7,20], qui, etsi videar eam vobis transgressus, solus eam in omnibus impleo [cf. Mt 5,18]? Lex sane ^{35}dilectionem Dei et proximi$^{u^1}$ in omnibus docet et requirit [cf. Mt 22,40]^{34}. Hac illi vacui erant, ideo *Legem non faciebant* [Io 7,19], id est: non observabant. Sed$^{v^1}$ ut suam velarent iniquitatem, transgredientes primora Legis in quibus solis sita pietas est [cf. Iac 2,8–9], Legis ^{36}zelatores se$^{w^1}$ simulabant in minutiis istis, rebus scilicet externis [cf. Mt 23,23], uti sabbathum erat et similia. Id quod illis Dominus ^{37}Matth. 15[3] et 23[23] opprobravit. Potissimum autem etiam hunc simulatum zelum suum contra alios exerebant, $^{x^1}$non in se ipsos$^{x^1}$. Quod et ipsum Dominus ^{38}Matth. 23 illis obiecit. *Importabilia* siquidem *onera colligabant* etc. [Mt 23,4]. Sic et hic contra Dominum saevientes, religionem ostentare volebant, magis quam exhibere.

Respondit turba [Io 7,20]. Forte ignara$^{y^1}$ eius quod contra Dominum primores fuerant machinati$^{z^1}$, ut in 5 capite memoratum est [cf. Io 5,18]. Cumque ipsi ^{39}nihil tale contra eum cogitarent, dicebant *daemonium eum habere* [Io 7,20] quod mortem intentari sibi quaereretur.

⟨Altera ratio quod sabbathum non violarit, argumento ducto ab exemplo eorum⟩ *Unum opus feci* [Io 7,21]. Altera ratio est qua probat se sabbathum minime violasse. Quaeque dixit in summa ita habent: equidem ^{40}semel, id est *unum opus* in sabbatho *feci*. Vos saepe de me tamen tanquam sabbathi violatore *admiramini* [Io 7,21], de vestris operibus non ita. Ita *sabbatho circunciditis hominem* [Io 7,22], nunquid id opus est^{40}? Iam

---

$^{r^1}$ *add.* cap. D. – $^{s^1–s^1}$ Iudaeos ab actione contra se deiiciat A.– $^{t^1}$ *add.* inquit A. – $^{u^1}$ *add.* solam A. – $^{v^1}$ *add.* ideo A. – $^{w^1}$ *add.* Legis [!] A. – $^{x^1–x^1}$ *om.* A. – $^{y^1}$ *add.* erat A. – $^{z^1}$ *om.* A. –

^{33} *Corpus iuris civilis: Digesta* 2,2, Mommsen 1,47, col. B, 20.

$^{34–34}$ Ap: Augustine, *In Ioh.* tract. 30 ad loc., MPL 35, 1632–1633, CCL 36, 289 in: Aquinas, *Catena* ad loc., Guarienti 2, 435 (*i*: end of Law is Christ i.e. the Gospel); Chrysostom, *In Ioh.* hom. 49 ad loc., MPG 59, 276 in: Aquinas, *Catena ibid.* (*i*: larger legal considerations sacrificed to pettiness). Cf. Aquinas, *In Ioh.* ad loc., Piana 14:2, 45r. col. B (cites Chrysostom and Augustine but points out they are contradictory. Combined by Bucer here!).

^{35} Cf. BEv 1527 ad Mt 23[35], 267r. and already *Das ym selbs* 1523, BDS 1, 61.

^{36} Ap: Brenz, *In Ioh.* 1528 ad loc., 134v. (*ip*).

^{37} Cf. BEv 1527 ad Mt 15[3], 162r.–165r.; ad Mt 23 [1ff.], 267r.–273r.

^{38} Cf. BEv 1527 ad Mt 23[1ff.], 272v.–273r.

^{39} Ap: Chrysostom, *In Ioh.* hom. 49 ad 7,12, MPG 59, 273–274 cited ad loc. ap: Carensis, *In Ioh.*, 303r. col. A (but there: *all* wanted Jesus' death also emphasised. Probably *i* here).

$^{40–40}$ Ap: Chrysostom, *In Ioh.* hom. 49 ad loc., MPG 59, 277 (*ip* of 1522 ed., p. 126).

circuncisionem[a2] *Moses* [b2]*a patribus* acceptam[b2] *vobis tradidit* [Io 7,22], non ipse eam primus praecepit, sicut observationem sabbathi. Si iam vobis non [41]violatur sabbathum qui, contra Legem Moscheh, opus in sabbatho facitis eo quod opus illud patribus divinitus traditum est, cur *mihi succensetis* qui *in sabbatho* opus feci quod aeque iussit Pater et est circuncisione multo [c2]antiquius et[c2] praestantius? Ego enim *totum hominem sanavi* [Io 7,23][41], cum vos cir[693]cuncisione nihil aliud praestetis, quam ut homo externe populo Dei accenseatur. *Ne igitur iudicetis secundum aspectum, sed iustum iudicium iudicate* [Io 7,24], hoc est: [42]factum ex se ipso et Lege Dei, non ex amore vel odio facientis, aestimate [cf. Iac 2,8–9]. Dum enim ego opus in sabbatho feci – et tale quod Deus maxime voluit – iudicatis me sabbathum violasse. Vos dum operamini sabbatho quod multo minoris momenti est, nihil tale censetis [cf. Io 7,23]. Hoc non est iustum iudicium et ex ipsa re sumptum, sed factum secundum personae respectum [cf. Dt 1,17; Iac 2,8–9][42]. Si iudicatis quovis opere sabbathum violari, [43]iudicare debueratis sabbathum et a vobis violari, cum infantes sabbathis circunciditis. Si autem eo illud non violatis[d2], neque me violasse illud iudicare debueratis, qui in sabbatho feci quod longe magis necessarium et utile fuit, quam sit circuncisio. De sabbathi religione [44]supra quaedam[e2], plura in Matth., capite 12. Certe benefactis violari non potuit, etiam multo minoribus[f2] quam erat hoc Domini, collatum illi qui iam diu morbo laboraverat[g2] [cf. Io 5,5].

ENARRATIO SECTIONIS IIII [25–31]

Annotationes

Dicebant ergo quidam ex Hierosolymitanis [Io 7,25]. Hi quia [45]Hierosolymitani et Christi adversarii (ut ex verbis eorum apparet) erant – tum forte etiam ex primoribus[45] – scire facile potuerunt quid contra Dominum principes Iudaeorum moliti fuerant utque ad mortem ipsum quaererent

---

[a2] *add.* a patribus acceptam AB. – [b2–b2] *om.* AB. – [c2–c2] *om.* AB. – [d2] *add.* ut sane non violatis AB. – [e2] *add.* fol. 116 A. –[f2] *om.* A. – [g2] *add.* minoribus A. –

[41–41] Augustine, *In Ioh.* tract. 30 ad loc., MPL 35, 1634, CCL 36, 291 ap: Brenz, *In Ioh.* 1528 ad loc., 135r. (*i*; *p* of Brenz here).
[42–42] Ap: Chrysostom, *In Ioh.* hom. 49 ad loc., MPG 59, 277 in: Aquinas, *Catena* ad loc., *Guarienti* 2, 436 (*i*); Brenz, *In Ioh.* 1528 ad loc., 135v.–136r. (*ip*: there as here: can be applied to Christ or to the Law – here: ambiguous – there: distinction explicit).
[43] Ap: Brenz, *In Ioh.* 1528 ad loc., 135v. (*i*).
[44] Cf. supra ad nn. (33)–(38) and BEv 1527 ad Mt 12[11], 115v.–120v.
[45–45] Ap: Chrysostom, *In Ioh.* hom. 50 ad loc., MPG 59, 277–278 (*i*: there also: those who have received the most signs).

[cf. Io 7,1]. [46]Mirantur ergo qui fiat ut illi quod contra eum cogitarant, non exequerentur, sed ferrent libere adeo et palam[h2] in templo docentem [cf. Io 7,26][46]. Dicebant igitur: *Num vere cognoverunt principes hunc esse Christum* [Io 7,26]? Neque enim huc [47]prolapsos credere poterant, neque patebat alia caussa cur illum in templo docentem ferrent. Id ergo eos male habebat, praesertim cum absurdum eis videretur vel suspicari de Domino eum Christum esse, idque propter conversationis – qua semper offendebantur – humilitatem [cf. Mt 11,29]. Christum siquidem expectabant tam gloriosum et magnificum[47] ut, *cum venisset, nemo scire posset unde nam esset* [Io 7,27], hoc est: unde ei tanta potentia, gloria et foelicitas adesset. Etenim [48]1 Mos. 49 [10], Iescha. 11 [1–6] ac alibi in Prophetis omni aestimatione maiora de potentia et successu eius praedicta sunt. [49]Cum ergo omnia Domini tam essent humilia et vulgaria ut nihil dignum admiratione videretur omnesque *scirent unde esset* [Io 7,27], hoc est unde sua haberet – signa enim et divinos sermones illi, ut excaecati, contemnebant [cf. Io 12,37.40] – omnibus tanquam manifestissimum videri volebant eum non posse Christum esse[49].

⟨*Nemo scit unde sit* [Io 7,27]⟩ Praecipue tamen videntur hanc de Christo opinionem: venturum eum ut *nemo sciret unde esset*, id est: unde sua tam magnifica haberet, ex vaticinio [50]Mica 5[2] accepisse. Is quidem nasciturum illum *Bethleem* praedixit, sed addidit: *egressum* eius, id est potentiam et opera, esse *ab initio* atque *a diebus seculi*, id est: *in principio* [Io 1,1] omnium rerum, sicut *per eum omnia condita sunt* [Col 1,16]. Hinc ergo expectabant *Christum* de quo *sciri non* posset *unde esset* [Io 7,27], utpote cuius *egressus*, potentia scilicet et opera, *a principio* [Mi 5,2] mundi fuissent. Cum igitur nihil tale in Domino Iesu videri vellent[i2], nihil minus quam Christum eum censendum vel ex hoc admodum celebrato testimonio iudicabant. Certe [j2]hoc ipsum oraculum[j2] [Mi 5,2] paulo infra iterum,

---

[h2] *add.* eum A. – [i2] volebant AB. – [j2–j2] id ipsum AB. –

[46–46] Ap: Augustine, *In Ioh.* tract. 31 ad loc., MPL 35, 1637, CCL 36, 294 (*i*); ErP 1524 ad loc., LB 7, 557 (*ip*).

[47–47] Ap: Lactantius, *Div. inst.* 4, 16, CSEL 19, 341 (*p*); Brenz, *In Ioh.* 1528 ad loc., 136r. (*i*).

[48] Ap: BiRab ad Gn 49,10; Is 11,1ff. (*i*); Galatinus, *De arc. cath. ver.* lib. 5, cap. 1, 157r.–v. (*ir*: there Is 11,1ff. only cited by Jews as objection to Christ = Messiah as his coming did not entail literal fulfilment of all those prophecies). Cf. also Lactantius, *Div. inst.* 4, 16, CSEL 19, 341; Lyra ad Gn 49,10; Is 11,1ff.

[49–49] Ap: ErP 1524 ad loc., LB 7, 557–558 (*pa*).

[50] Ap: Galatinus, *De arc. cath. ver.* lib. 4, cap. 13, 109v.–120v. (*i*: there: discussion of *older* Jewish interpretations all referring Mi 5,2 to coming of Messiah who has existed since *before* beginning of time). Here perhaps adv: chiliasm, e.g. Borrhaus, *De operibus*, 82r.–84v. but also adv: Augustine, *In Ioh.* tract. 31 ad loc., MPL 35, 1637, CCL 36, 294 and most exegetes. *R* Mi 5,2 ap: Aquinas, *In Ioh.* ad loc. (would have revealed Christ's human origin to the Jews).

sed priore sui parte, contra Dominum obiecerunt, ubi scilicet praedicit *Christum e Bethleem* [Io 7,42] proditurum. Haec certiora videntur, [51]quam si dicamus Iudaeos tanquam insanos contra seipsos locutos esse, [k2]utpote qui infra [Io 7,42] dixerint *Christum Bethleem* nasciturum, [P]hic vero: *non posse sciri unde* Messias *veniat[l2]* [Io 7,27][51]. Nam[k2] simul Mica praedixerat *egressus* [!] Christi esse *ab initio* [Mi 5,2]. Inde fama obtinuerat Christum ea cum potentia venturum et regnaturum ut nemo suspicari posset unde-nam esset [cf. Io 7,27], quia infinito maiorem maioribus suis gloriam habiturum eum persuasi erant. Et id quidem recte iudicassent[m2], si modo intellexissent simul mysterium humilitatis qua illa potentia et *gloria* usque *in* diem *revelationis eius* [1 Pt 4,13] tegenda erat.

[n2]Iudaei [52]recentiores interpretantur hunc Mica locum, ut quod habet: *E Bethleem egredietur mihi dux* [Mi 5,2] idem sit ac: e semine David Bethleemitae nascetur et illud: a [694] *primo tempore et a diebus seculi,* hoc est: *primis mundi temporibus egressus eius* idem atque: genus ducet ab antiquissimis patribus. Sic torquent quae adversa suo errori sentiunt. Sed ex eo quod responsum fuit a scribis Herodi, Matth. 2[5] et quod infra Iudaei obiecerunt de Bethleem [Io 7,42] [o2]cum vellent[o2] probare Dominum non esse Messiam, cum Nazarenus esset, ut ipsi putabant [cf. Mt 2,23]; ex his, inquam, satis liquet Iudaeos illo tempore [53]sanius oraculum Mica [5,2] intellexisse, sicut et multa alia de Christo. Eoque verisimile est, sicut non dubitarunt eo oraculo[p2] natalem Christi locum indicatum, nihil quoque addubitasse de adventu mirifico qui referret ipsum aeternum Verbum Patris esse. Attamen si quis certiorem huius opinionis de Christo rationem afferre possit, illi etiam gratias agam, tam abest ut praeferri meam velim[53]. Adducunt [54]quidam illud Iesa. 53[8]: *Generationem eius quis enarrabit.* Id autem a Vate de [55]numerosa Christi sobole et spirituali posteritate prae-dictum est[n2].

[k2–k2] quando dixerunt: *Christus cum venerit, nemo scit unde sit* [Io 7,27]. Ubi enim nasci Christum oporteret, ut manifestum omnibus iactarunt, indeque conabantur probare Domi-num non esse Christum eo quod Nazareth natum arbitrarentur. Sed quia A. – [P–P] *om.* B. – [m2] *om.* AB. – [n2–n2] *om.* A. – [o2–o2] unde volebant B. – [p2] *om.* B. –

[51–51] Adv: Chrysostom, *In Ioh.* hom. 51 ad 7,42, MPG 59, 285.
[52] Adv: e.g. David Kimhi ap: Galatinus, *De arc. cath. ver.* lib. 4, cap. 13, 120r.–v. (condemned as corruption of Jewish tradition there as here).
[53–53] Adv: Capito, *In Hoseam* ad 2,15, 54v. (there r Mi 5,2: Jews to learn of Christ's status and significance from us).
[54] Practically all commentators ad loc.
[55] Ap: Lyra ad Is 53,10 (*ip*); Galatinus, *De arc. cath. ver.* lib. 5, cap. 13, 159v.–170v. (*i*? there: spiritual offspring ad Is 53,10 adv: Jewish objection that Jesus could not be Messiah as he left no descendants).

[q²]Alii scribunt[q²] natam[r²] hanc de Christo opinionem[s²] ex [56]Iescha. 53[t²] [2–3] et Zacar. 9[9]. [u²]Sed in his[u²] locis praedictum est de [57]Domini humilitate in qua latuit. [v²]Et nihil[v²] Iudaeos aeque offendit atque nimia Domini humilitas eaque praecipue plebi probare eum nequaquam Christum esse conabantur. Hinc enim videri volebant, quae in Domino apparebant[w²] minime respondere iis quae de Christo praedicta erant tam[x²] magnifica. [58]Semper enim Iudaeis, ut et hodie, id potissimum obsistit ne Dominum nostrum Christum esse credant, quod non agnoscunt in eo praeclara illa quae de regno eius prophetae praedixerunt [cf. Lc 1,70]. Miseri autem non sustinent credere omnia ista primum in Spiritu fuisse inchoanda et percipienda fide [cf. Hbr 11,3]. Cum autem *venerit consummatio* [Mt 24,14] et dies gloriae Domini, tum omnia etiam externe et revelate in ipso apparitura [cf. Lc 17,24.30][58].

Clamabat ergo Iesus in templo docens [Io 7,28]. Ex eo quod Evangelista docuisse Dominum in templo testatur, videtur significare eum cum autoritate et ex loco docentium perpetuam ad plebem orationem habuisse; interim tamen cum apud se cognosceret quid de se in turba loquerentur, ad illa, cum res poscebat, respondisse. Hinc, cum *Hierosolymitani* illi *dicerent se* ipsum *nosse unde esset* [Io 7,25.27], volentes eo significare nihil nisi *filium Ioseph* [Io 6,42] esse et nullius pretii hominem, respondit eis per [59]ironiam qua [60]significabat[y²] eos falli, neque id *scire* quod iactabant: nimirum *unde ipse esset* [Io 7,27.28], quippe qui a Deo venisset vereque esset *ab initio egressus eius* [Mi 5,2][60]. *Clamabat* [Io 7,28] vero, hoc est elatiore voce ista dicebat, forte ideo quod aliquantulum ab ipso, ut verisimile est, [61]abfuerint illi calumniatores, vel certe ut ita pondus maius verbis suis adderet[61]. *Et me* inquit *nostis*, id est: me non nostis, neque unde sim nostis. Nam *a meipso non veni, sed* ab eo qui solus *verax est* et vera certaque omnia agit, *missus* sum. *Hunc vos non nostis* [Io 7,28], qui igitur

---

[q²-q²] Admodum autem inconsiderate ii scribunt qui AB. – [r²] add. scribunt B. – [s²] add. scribunt A. – [t²] 15 [!] A. – [u²-u²] in quibus AB. – [v²-v²] Nihil siquidem AB. – [w²] videbantur AB. – [x²] om. A. – [y²] significavit A. –

[56] Adv: Brenz, *In Ioh.* 1528 ad loc., 136r.–v.
[57] Ap: Lyra ad Is 53,2; Zach 9,9 (*i*). Cf. Galatinus, *De arc. cath. ver.* lib. 4, cap. 24, 148v.
[58-58] Ap: Galatinus, *De arc. cath. ver.* lib. 4, cap. 1, 101r.–102v. (*ipa*).
[59] Used here in the sense of: "contrarium ei quod dicitur intelligendum est", *Quint.* 9,2.44. Cf. *Lausberg* 1, par. 902, 449. – Cf. Melanchthon, *In Ioh.* ad loc. (Hagenau, Ioh. Secer ed., s.a) CR 14, 1113 adv: [Bucer's] use of "ironia" ad loc. – Here perhaps ap: Cyril, *In Ioh.* ad loc., Clichtove's supplement in 1524 ed., 91r. (there: Jews not knowing Christ's divine nature do not know him at all despite claims to contrary; *i* here?).
[60-60] Perhaps ap: Cyril/Clichtove – cf. supra n. (59) – (*i*). Adv: entire exegetical tradition ad loc. Cf. e.g. Augustine, *In Ioh.* tract. 31 ad loc., MPL 35, 1637, CCL 36, 295 (there: real knowledge of human, real ignorance of divine nature); Chrysostom, *In Ioh.* hom. 50 ad loc., MPG 59, 279 (there: real knowledge of human, wilful ignorance of divine nature).
[61-61] Ap: Ludulphus, *Vita* 1a pars, cap. 82, *Rigollot* 2, 278 col. B (*i*).

scire possetis unde sim? *Ego* autem *novi eum quia ab ipso sum. Ipse misit me* [Io 7,29], hoc est hominem fieri voluit, cum *apud ipsum essem Verbum eius* [Io 1,1] et verus Deus, substantia idem cum ipso. Quare et a me solo plene ille cognoscitur [cf. Io 1,18]. Attamen notum tandem, tam vobis quam electis meis, fiet vere me Dei Filium esse Deique negotium gessisse[z²].

Verus enim *est qui me misit* [Io 7,28], omnia complet [Eph 1,23] et absolvit, unde et apparere tandem oportebit id quoque quod *in me* et per me *operari* [Eph 1,20] coepit. Tum videbitur unde sim et quis me miserit [cf. Io 7,29].

Sed est verax qui misit me [Io 7,28]. Graece habetur [62]ἀληθηνὸς [!], id est *verus*, sed idem pollet cum illo quo Evangelista infra sequenti capite usus est, cum ait: *Sed qui misit me* ἀληθής, id est *verax, est* [Io 8,26]; item supra 3 ubi inducit Baptistam loquentem de Domino: *Qui recipit testimonium eius, obsignavit quod Deus verax est* [Io 3,33]. Porro ista quam Deo toties hic Evangelista tribuit veritas, soliditas, certitudo et plenitudo est operum eius [cf. Ps 110,7]. Unde quod ait: *Sed est verax qui misit*[a³] perinde est acsi dixisset: qui misit me, Pater, solidus, plenus, certus et perfectus est in operibus suis. Ille cum me miserit, id faciet tandem certis et solidis operibus suis abunde manifestum[62]. Opera eius non possunt, ut hominum *opera*[b³], *vana* [Is 41,29] esse, aut non perfici. Unde et me missum ab eo eiusque et [695] verba loqui et negotium gerere, omnibus palam faciet. [c³] [d³]Hinc sane in Psal.[d³] [e³] *omnis homo* [63]*mendax* [Ps 115,11] et *vanus* [Ps 61,10] esse dicitur quod nihil queat perficere, nihil absolvere, mutila sint omnia opera eius et frustranei conatus, [f³]saepeque fallatur[f³] [cf. Ecl 2,11]. Sic contra *Deus* solus *verax* [Rm 3,4][63] quod eius omnia verba certa et opera plena et perfecta esse oporteat.

Quaerebant ergo eum[g³] [Io 7,30]. Sic divinam in eo virtutem oportuit manifestari et *confundi impios* [Prv 13,5].

De turba autem multi [Io 7,31]. Vide: isti, cum [64]Dei semen haberent, videre in Domino potuerunt magnifica nempe signa quibus maiora fieri non poterant. Hinc et Christum ipsum agnoverunt, nihil offensi humilitate vel generis, vel conversationis. Reprobi autem illi nihil in eo, nisi humilia et quibus offenderentur, videre potuerunt[64].

[z²] *egisse* A. – [a³] *add.* me ABD. – [b³] *om.* AB. – [c³] *add.* □ Psal. 116 AB. – [d³]–[d³] *om.* A. – [e³] Psalmis D. – [f³]–[f³] *om.* A. – [g³] *add. apprehendere* A. –

[62–62] Ap: Er 1527 ad loc. (*t*). Synonymy *verus/verax* already ap: Aquinas, *In Ioh.* ad loc., Piana 14:2, 46r. col. A (there: ab eo qui promisit et promissum adimplevit). Also thus explained by: Brenz, *In Ioh.* 1528 ad loc., 137r. (there: translation *verax* without explanation).
[63–63] Ap: Brenz, *In Ioh.* 1528 ad loc., 137r. (*ir*: contrast: *Deus verax/homo mendax*).
[64–64] Ap: Augustine, *In Ioh.* tract. 31 ad loc., MPL 35, 1639, CCL 36, 297 (*i*: but there: opposition: pauperes/principes). Adv: Chrysostom, *In Ioh.* hom. 50 ad loc., MPG 59, 280; Aquinas, *In Ioh.* ad loc., Piana 14:2, 46v. col. A (there: faith from signs weak).

Observationes

Observandum nunquam deesse impiis quod contra veritatem praetexant, sed et Dominum qui *iusto iudicio* [Io 5,30] eos abiecit, dare quoque illis occasiones unde excaecentur [cf. Io 12,40]. Sic certe fuit Iudaeis Christi cum humilitas, tum alia fere omnia. Deinde notandum quoties Iudaei frustra Christo *iniicere manus* fuerint conati *quia nondum venerat hora eius* [Io 7,30]. Ita nos solum hoc studeamus ut [65]Dei gloriae inserviamus. Reliqua curabit ipse, neque accidet quicquam nobis, nisi cum nostra advenerit hora: tum vero saluti erunt quaecunque acciderint[65]. Postremo et hoc animadvertendum: [66]nunquam absque fructu aliquo verbum Dei annuntiari. Utcunque enim insanirent primores Iudaeorum, *e populo* tamen *plurimi* Christo *crediderunt* [Io 7,31][66].

ENARRATIO SECTIONIS V [32–36]

Annotationes

Audierunt Pharisaei turbam murmurantem [Io 7,32]. *Adhuc pusillum temporis* [Io 7,33]. Quasi diceret: sustinete [67]paulisper, intolerabilis vobis sum, sed non ero diu, *abibo* paulo post *ad eum qui me misit* [Io 7,33], in consortium divinae maiestatis[h3] [cf. Hbr 1,3] ad quod vos nunquam pervenietis. Sed erit cum me [i3]*quaeretis nec invenietis*[i3] [Io 7,34][67], quando vos [68]apprehendent mala illa quae vos manent, eo quod tam indignis modis oblatam vobis salutem respuitis[68]. Tum demum notum vobis Pater faciet quis ego sim.

Observationes

⟨Impii olim agnoscent Christum⟩ Notatur hic iterum: eos potissimum veritati adversari [cf. Tit 1,14] qui in mundo primi habentur veritatis cultores, uti apud Iudaeos Pharisaei erant atque sacerdotum principes. Deinde animadvertendum et [69]impios tandem cognituros Christum *ope-*

[h3] *add.* eius A. – [i3–i3] quaesituri sitis neque inventuri AB. –

[65–65] Ap: Brenz, *In Ioh.* 1528 ad loc., 137v. (*ipa*).
[66–66] Ap: Ludulphus, *Vita* 1a pars, cap. 82, 277 (*i*). Same contrast between *principes* and *turba* also ap: Augustine, *In Ioh.* tract. 31 ad loc., MPL 35, 1639, CCL 36, 297 (*ip*); Aquinas, *In Ioh.* ad loc., *Piana* 14:2, 46v. col. A (*i*).
[67–67] Ap: Brenz, *In Ioh.* 1528 ad loc., 138r. (*ipa*).
[68–68] Ap: Brenz, *In Ioh.* 1528 ad loc., 138r.–v. (*ia*).
[69–69] Ap and adv: Brenz, *In Ioh.* 1528 ad loc., 138v. (*i*: recognition too late but there related to previous refusal to have faith).

*raturos*que ab eo *salutem* [Phil 2,12], sed frustra: *ʲ³*tum, scilicet*ᵏ³* quando eos merita apprehenderit ultio[69]. Id Iudaeis usu venit cum per [70]Titum vastarentur: tum vel unum diem filii hominis videre et perlibenter amplecti Servatorem voluissent, sed sero nimis*ʲ³* [cf. Mt 23,37ff.][70].

ENARRATIO SECTIONIS VI [37–44]

Annotationes

In novissimo die illo magno festivitatis [Io 7,37]. Ultimus enim, hoc est [71]octavus, festi tabernaculorum *celeberrimus* [Lv 23,21] erat quo verisimile est maiorem populi frequentiam in templo*ᵖ³* ubi docebat, confluxisse[71].

Stabat Iesus et clamabat [Io 7,37]. Unde enim aeterna vita est, id omnibus optabat indicatum. A solo siquidem [72]Spiritu Dei est ut Deum cognoscamus [cf. Eph 1,17] et de eius erga nos bonitate certi reddamur [cf. 1 Io 4,13], tum referre ipsam erga proximos studeamus [cf. 1 Io 4,12][72]. Hunc autem Spiritum solus Christus donat suis. A fide igitur in eum omnia pendent [cf. 1 Io 5,1]; ad hanc ergo potissimum cum hic, tum alias Christus hortatur.

Illo vero: *Flumina de ventre eius fluent* [Io 7,38] significat [73]credentes sibi in aeternum absque siti bonorum fore [cf. Is 49,10], non minus quam illum siti laborare impossibile esset, qui fontem *flumina* facientem *in ventre* [Io 7,38] suo, in visceribus suis haberet. Simili allegoria et supra usus est 4 [14]: *Aqua quam ego dabo ei, fiet in eo fons aquae salientis in vitam aeternam.* Spiritum utique sanctum nacti, et ipsi certi de bonitate Dei erga se absque siti sunt, et aliis quoque solidam possunt consolationem, ex eodem Spiritu, praedicando eis eandem Dei bonitatem, adferre[73]. De amplo hoc et redundante Spiritu praedictum est [74]Iescha. 44 [3], Iechez. 36 [27], Iohel. 2 [28] et passim in Prophetis. Certe, quemadmodum exuberans fons largissime

---

ʲ³⁻ʲ³ *om.* A. – *ᵏ³* *om.* B. – *ᵖ³* *corr.* templum D. –

[70–70] On destruction of Jerusalem by Titus cf. e.g. Josephus, *De bello*, 6, 379–442, *Loeb* 3, 486–503. But no chronicler mentions Jewish repentance. Here perhaps ap: Aquinas, *In Ioh.* ad loc., *Piana* 14:2, 46v. col. B (*i*: here as there: physical presence!); ap: Brenz as in n. (68)–(68) supra (*i*) and ap: ErP 1524 ad Mt 23,37, LB 7, 123–124 (*i*: there: general mention of "Iudaicae gentis vastatio" and repentance coming too late).

[71–71] Ap: Chrysostom, *In Ioh.* hom. 51 ad loc., MPG 59, 283 (here *ipa* of Aquinas, *Catena* ad loc., *Guarienti* 2, 439).

[72–72] Ap: Ludulphus, *Vita* 1a pars, cap. 82 ad 7,37–38, *Rigollot* 2, 279 (*ipa*).

[73–73] Ap: Chrysostom, *In Ioh.* hom. 51 ad loc., MPG 59, 284 in: Aquinas, *Catena* ad loc., *Guarienti* 2, 439–440 (*ir*); Ludulphus, *Vita* 1a pars, cap. 82, *Rigollot* 2, 279 (*ip* not *r*).

[74] *R* Is 44 ap: Brenz, *In Ioh.* 1528 ad loc., 139v. *R* Is 44; Ez 35 [!i.e. 36] ap: Melanchthon, *In Ioh.* ad loc., CR 14, 1114.

vicina sibi omnia rigat, ita est Christianus: quĩbuscunque adest, iis verbo et opere infinita et vera commoda adfert.

⟨*Nondum erat Spiritus*⟩ *Nondum enim erat Spiritus sanctus* [Io 7,39]. Hoc est: manifestior ille Spiritus sancti afflatus [696] et efficacia quae post glorificatum Christum in credentibus apparuit [cf. Tit 3,5–6], nondum erat, idque quia *Christus nondum erat glorificatus* [Io 7,39]. [75]Ipsius enim iam regnantis erat eam vim Spiritus in suos effundere [cf. Io 20,22][75]. Cum ergo antea [76]*crucifigi* illum, quam regnare *oportebat* [Lc 24,7] ut[m3] orbis videret quid morte eius nobis apud Patrem impetratum esset [cf. Io 17,23], amplissima illa divini Spiritus virtus super semen, hoc est germanam sobolem, Iaacob, postquam Christus in coelum fuit subvectus, effundi primum debuit [cf. Is 44,3]. Caeterum, quicunque ab initio mundi Deo crediderunt, Spiritum Dei habuerunt, at non opulente adeo atque largiter [cf. Tit 3,5–6] tantaque efficacia[76]. De his et [77]supra [n3]observatione quarta, sectione 7 primi capitis[n3]. De Spiritu sancto et nominibus eius [o3]in annotatione quarta, sectione eadem[o3] [77].

Observationes

Observandum ut ubique Dominus [p3]fidei in se primas[p3] tribuat: ne igitur audiamus eos qui queruntur [q3]fidei nimium[q3] tribui. Etenim cui persuaseris ut Christum suum Salvatorem vere agnoscat [cf. 2 Pt 2,20], eum plane beasti et neque poterunt suo tempore *fructus iustitiae* [Phil 1,11] in eo desiderari. Cui hoc non persuaseris, nulla omnino alia doctrina bonum unquam reddes.

Mirari vero quis possit: cum audiret Dominus [78]offendi eo Iudaeos, quod Nazareth et non Bethleem natum ipsum putarent [cf. Io 7,42] quare non indicarit eis se editum in hanc lucem Bethleem, et non Nazareth? Indubie id fecisset, si hoc eis solum obstaculo fuisset. Sed *erant* nati *e Diabolo* [Io 8,44], neque potuerunt Christum amplecti; quare si non hoc, certe alio se offensos simulassent ut impietatem suam velassent[r3]. Offen-

---

[m3] utque A. – [n3–n3] fol. trigesimo nono A. – [o3–o3] 37 A. – [p3–p3] primas fidei in se A. – [q3–q3] nimium illi AB. – [r3] *corr.* velarent D. –

[75–75] Ap: Chrysostom, *In Ioh.* hom. 51 ad loc., MPG 59, 284 in: Aquinas, *Catena* ad loc., Guarienti 2, 440 (*ip*: there and in 1522 ed., p. 129: potestas). Adv: Augustine, *In Ioh.* tract. 32 ad loc., MPL 35, 1645, CCL 36, 303 (there: same Spirit, difference in "modus dationis").

[76–76] Ap: Chrysostom, *In Ioh.* hom. 51 ad loc., MPG 59, 284 (*ipa* of 1522 ed., p. 129–130) combined with Augustine, *In Ioh.* tract. 32 ad loc., MPL 35, 1645, CCL 36, 303 (*i*: glorificatio = resurrection; crucifixion ap: Chrysostom). Thus also ap: Brenz, *In Ioh.* 1528 ad loc., 140v.–141r. (probably direct *i* here).

[77–77] Cf. supra *cap.* 1, *sect.* 7 ad nn. (158)–(158) – (170)–(170), (177)–(180).

[78–78] Ap: Chrysostom, *In Ioh.* hom. 51 ad loc., MPG 59, 285 (*ip* of Aquinas, *Catena* ad loc., Guarienti 2, 441).

derat hic scrupus*s3*et Nathanaëlem [cf. Io 1,45f.], sed, quia veritatem querebat*t3*, nihilominus Dominum nullo adhuc signo viso adiit [cf. Io 1,46f.] auditurus quidnam doceret, aut promitteret. Isti autem tot viderant signa [cf. Io 11,37], audierant sermones plane divinos quibus, si *ex Deo fuissent* [1 Io 4,6], ita indubie fuissent Domino addicti ut de loco natali eius aut non cogitassent, aut certe de eo Dominum rogassent. Sed quaerebant tantum quibus veritatem a se propellerent, non ut eam discerent[78]. *Iusto* itaque Dei *iudicio* [Io 5,30], ubi natus Dominus esset eos latuit et occasio offendiculi*u3* fuit.

ENARRATIO SECTIONIS VII [45–53]

Annotationes

*v3Venerunt ergo ministri ad pontifices*v3 [Io 7,45]. [79]Vis divina in verbis Domini tanta exeruerat se ut ministri *non* potuerint *manus illi iniicere* [Io 7,44][79]. Sic [80]perfacile est Deo quodvis periculum avertere suis, etiam ubi nihil apparet praesidii.

⟨Ignorantes Legem *maledicti*⟩ *Sed turba haec* [Io 7,49]. [81]Quinto Moscheh 27 [26] scriptum est: *Maledictus, qui non statuerit omnia verba Legis huius ut ea faciat.* Iam cum vulgus non posset omnia Legis cognoscere, sicut erat onus importabile [cf. Act 15,10], *maledictos* illos Pharisaei iudicabant [cf. Io 7,49], non animadvertentes quod [82]ipsi gravius Legem transgrederentur, qui scientes quid *Lex in primis requirat*: Dei timorem et *proximi dilectionem* [Mt 22,37.39.40], adeo insane Filio Dei adversabantur, etiam in alios vacui misericordia et aequitate. Id quod vel iniquissimo hoc suo de plebe iudicio satis prodiderunt[82]. Non [83]aliter vero et hodie de laicis loquuntur nostri Pharisaei.

Dicit Nicodemus [Io 7,50]. Utcunque hic [84]non auderet aperte Domino patrocinari, factum est tamen eius interpellatione ut, in praesens, concilium hoc pestilens dissolveretur[84].

---

s3 vir pius [!] A. – *t3* quaerebant [!] BC. querebat AD. – *u3* add. eis A. – *v3–v3* Venerunt ergo pontifices ad ministros [!] A. –

[79–79] Ap: ErP 1524 ad loc., LB 7, 561 (*ip*).
[80] Ap: Brenz, *In Ioh.* 1528 ad loc., 141v. (*i*).
[81] Ap: Ludulphus, *Vita* 1a pars, cap. 82, *Rigollot* 2, 279 (*r*).
[82–82] Ap: Chrysostom, *In Ioh.* hom. 52 ad loc., MPG 59, 287–288 (*i*); Ludulphus, *Vita* 1a pars, cap. 82, *Rigollot* 2, 279 (*i*).
[83] Ap: Ludulphus, *Vita* 1a pars, cap. 82, *Rigollot* 2, 279 (*ip*); Brenz, *In Ioh.* 1528 ad loc., 142v. (*ia*).
[84–84] Ap: Chrysostom, *In Ioh.* hom. 52 ad loc., MPG 59, 288 (*i*).

Observationes

Primum probe perpendendum quam mirabiliter Christum suum Deus in medio hostium suorum – et tam atrocium, tamque sanguinis eius sitientium, ac toties manus illi iniicere tentantium [cf. Io 7,11.26.30.32.44] – servavit. Sic plane et nobis aderit ubi gloriae ipsius sedulo studuerimus.

In eo quod Pharisaei iactant *neminem principum credidisse* [Io 7,48] iterum notatur, quam invisa Deo sint quae maxime mundus miratur [cf. Lc 16,15]. Quis ergo sanus cupiat in mundo excellere? *w³Maledictos* vocant scribae *indoctos* [Io 7,49], in quo videndum quid efficiat ⁸⁵scientiae persuasio, si desit syncera pietas, quamque verum scripserit Paulus *scientiam inflare* [1 Cor 8,1], hoc est non tam Christianum, quam Christianismi contemptorem reddere. Id enim fere Paulo *inflari* est. Caeterum Legis divinae tantum quisque didicit, quantum vita expri[697]mit. Vitae enim non verborum doctrina est, quia *non est regnum Dei in sermone, sed virtute* [1 Cor 4,20] qua *nova Christi creatura* [Gal 6,15] opere sese profert^x³. Quod utinam animadvertant, ⁸⁶qui hodie summam sacrae disciplinae in disputationibus et adversariorum confutatione ponunt^w³!

⟨Semen Dei ubicunque est, fructificat⟩ In Nicodemo vides ut semen Dei suo tempore fructificet [cf. Mt 13,23]. Non volebat hic Christo ⁸⁷palam adhaerere, apud hostes eius sedebat, neque patrocinari ipsi aperte audebat, attamen in totum eum deserere non potuit. Credebat siquidem in eum, quanquam admodum infirme [cf. Rm 14,1]⁸⁷. At^y³ dum plus non auderet, ⁸⁸Legem obiecit quae *iustum iudicium facere* [Io 7,24] et neminem nisi convictum condemnare praecipit [cf. Io 7,51]. Eoque tantum effecit ne quid eo quidem concilio contra Dominum statuerent⁸⁸. Vides igitur et in hac periculosa conditione et ⁸⁹*infirma* sua *fide* [Rm 14,1] fructum tamen aliquem [cf. Mt 13,23] hunc Nicodemum attulisse⁸⁹.

Discamus^z³ hinc praeterea quam perniciosum sit commentum Catabaptistarum qui ⁹⁰negant Christianum posse fungi magistratu. In hoc impio et crudeli concilio unus duntaxat fuit Christianus, isque parum firmus.

---

w³–w³ *om.* A. – x³ *add.* situm B. – y³ *om.* AB. – z³ *add. et* AB. –

⁸⁵ Ap: Brenz, *In Ioh.* 1528 ad loc., 142v. (*pe* worldly wisdom); ErP 1524 ad loc., LB 7, 562 (*i*: contempt of Christianity).
⁸⁶ Reference to the Marburg colloquy. Ap: Bucer's epistle dedicatory to Marburg Academy, BEv 1530, A4v. (*ipa*).
⁸⁷–⁸⁷ Ap: Chrysostom, *In Ioh.* hom. 52, MPG 59, 288; Augustine, *In Ioh.* tract. 33, MPL 35, 1648, CCL 36, 306–308; Aquinas, *In Ioh.* ad loc., Piana 14:2, 48r. col. A (*i*).
⁸⁸–⁸⁸ Ap: Brenz, *In Ioh.* 1528 ad loc., 143r. (*p*).
⁸⁹–⁸⁹ Ap: Aquinas, *In Ioh.* ad loc., Piana 14:2, 48r. col. A (*i*: effectiveness combined with weak faith).
⁹⁰ *Schleith. Conf.* art. 6, SBVG 28, 15.

Quantum tamen malum per illum*a* Deus avertit? Idem [91]hodie multis in locis experimur ubi pauci nonnunquam Nicodemi et Iosephi, hostibus Christi non consentientes, plurima mala avertunt et Dei gloriam mire promovent. Quos qui iusserit abdicare *b*se magistratu*b*, is ultro vult accersere lanienam bonis, offendicula infirmis et materiam insaniendi contra Dominum malis, utique alio quam Paulus spiritu actus[91]. Quemadmodum*c* hic enim iubet orare *pro regibus et principibus ut placidam ac quietam vitam agamus cum omni pietate et honestate*, 1 Timoth. 2 [2], ita indubie nihil prius optavit quam, vel illos esse Christianos, vel Christianorum acquiescere consiliis. Nam ubi impii regnant, nihil minus quam placide et tranquille vivere possunt, qui volunt pie vivere et honeste. De his plura in [92]Matth. in 5 capite in illud: *Audistis quod dictum est*d* oculum pro oculo* [Mt 5,38].

---

a hunc AB. – *b*–*b* magistratum AB. – *c* Ut A. – *d* fuerit AB. –

[91–91] Ap: Zwingli, *Elenchus*, CR 93, 141 (*i*).
[92] Cf. BEv 1527 ad Mt 5[38], 171r.ff., esp. 174r.–178r.

CAPUT 8

⟨Sectio 1 [1–11]⟩ *Iesus autem perrexit in montem Olivarum et diluculo iterum venit in templum cunctusque populus venit ad eum, et sedens docebat eos. Adducunt autem ad eum scribae et Pharisaei mulierem in adulterio deprehensam et, cum statuissent eam in medio, dicunt ei: magister, haec mulier deprehensa est in^a* ¹*adulterio. In Lege autem Moses praecepit nobis ut huiusmodi lapidarentur. Tu ergo quid dicis? Hoc autem dicebant tentantes eum ut possent accusare eum. Iesus autem, inclinans se deorsum, digito scribebat in terra. Cum ergo perseverarent interrogare, erexit se et dixit eis: qui vestrum immunis est a peccato, primus in illam lapidem iaciat. Et iterum se inclinans scribebat in terra. Audientes autem haec, singulatim alius post alium exibant, initio facto a senioribus, et relictus est solus Iesus ac mulier in medio stans. Cum autem erexisset se Iesus et neminem videret praeter mulierem, dixit ei: mulier, ubi sunt illi tui accusatores? Nemo te condemnavit? Quae dixit: nemo Domine. Dixit autem Iesus: nec ego te condemno. Vade et posthac ne peccaveris.*

    ⟨Sectio 2 [12–20]⟩ *Iterum ergo Iesus locutus est eis, dicens: ego sum lux mundi. Qui sequitur me, non ambulabit in tenebris sed habebit lumen vitae. Dixerunt ergo ei Pharisaei: tu de teipso testificaris, testimonium tuum non est verum. Respondit Iesus et dixit eis: etsi ego testimonium perhibeam de me ipso, verum est testi[698]monium meum quia scio unde veni et quo vado. Vos autem nescitis unde venio et quo vado. Vos secundum carnem iudicatis, ego non iudico quenquam: porro etsi iudicem ego, iudicium meum verum est quia solus non sum, sed ego et qui misit me Pater. Quin et in Lege vestra scriptum est quod duorum hominum testimonium verum est. Ego sum qui testimonium fero de meipso et testimonium fert de me qui misit me Pater. Dicebant ergo ei: ubi est Pater tuus? Respondit Iesus: neque me nostis, neque Patrem meum. Si me novissetis et Patrem meum novissetis. Haec verba locutus est Iesus in gazophilacio, docens in templo. Et nemo apprehendit eum quia nondum venerat hora eius.*

    ⟨Sectio 3 [21–30]⟩ *Dixit ergo* ²*eis iterum*² *Iesus: ego vado et quaeretis me et in peccato vestro moriemini. Quo ego vado, vos non potestis venire. Dicebant ergo Iudaei: num interficiet semetipsum quia dicit: quo ego vado, vos non potestis venire? Et dicebat eis: vos ab infernis estis, ego de supernis*

---

^a Add. corr. ipso BD. –

¹ Er 1527: *add.* ipso.
²⁻² Er 1527: iterum eis.

sum. Vos de mundo hoc estis, ego non sum de hoc mundo. Dixi ergo vobis quod moriemini in peccatis vestris. Si enim non credideritis quod ego sum, moriemini in peccatis vestris. Dicebant ergo ei: tu qui es? Et dicit eis Iesus: in primis quod et loquor vobis. Multa habeo quae de vobis loquar ac iudicem, sed qui me misit verax est, et ego quae audivi ab eo, haec loquor in mundo. Non cognoverunt quod de Patre eis locutus esset. Dixit ergo eis Iesus: cum exaltaveritis filium hominis, tunc cognoscetis quod ego sum et quod ex meipso facio nihil, sed ita ut docuit me Pater haec loquor. Et qui me misit, mecum est. Non reliquit me solum Pater quia ego quae placita sunt ei facio semper. Haec illo loquente, multi crediderunt in eum.

⟨*Sectio 4 [31–44]*⟩ *Dicebat ergo Iesus ad eos qui crediderant ipsi Iudaeos: si vos manseritis in sermone meo, vere discipuli mei estis et cognoscetis veritatem et veritas liberos reddet vos. Responderunt ei: semen Abrahae sumus, neque cuiquam servivimus unquam; quomodo tu dicis: liberi red-demini? Respondit eis Iesus: amen amen dico vobis quod omnis qui facit peccatum, servus est peccati. Servus autem non manet in domo in aeternum, filius manet in aeternum. Si ergo vos filius liberos reddiderit, vere liberi estis. Scio quod semen Abrahae estis. Sed quaeritis me interficere quia sermo meus non habet locum in vobis. Et[3] quod vidi apud Patrem meum loquor et vos quod vidistis apud patrem vestrum facitis. Responderunt et dixerunt ei: pater noster Abraham est. Dicit eis Iesus: si filii Abrahae essetis, opera Abrahae faceretis. Nunc autem quaeritis me interficere, hominem qui veritatem vobis locutus sum, quam audivi a Deo. Hoc Abraham non fecit. Vos facitis opera patris vestri. Dixerunt itaque ei: nos e stupro non sumus nati. Unum Patrem habemus Deum. Dixit eis Iesus: si Deus Pater vester esset, diligeretis utique me. Ego enim ex Deo processi et veni. Neque enim a me ipso veni, sed ille me misit. Quare loquelam meam non agnoscitis? Quia non potestis audire sermonem meum. Vos ex patre Diabolo estis et desideriis patris vestri vultis obsequi. Ille homicida erat ab initio et in ve[699]ritate non stetit quia non est veritas in eo. Cum loquitur mendacium, ex propriis loquitur quia mendax est atque eius rei pater.*

⟨*Sectio 5 [45–59]*⟩ *Ego autem quia veritatem dico, non creditis mihi. Quis ex vobis arguit me de peccato? Porro si veritatem dico, quare vos non creditis mihi? Qui ex Deo est, verba Dei audit. Propterea vos non auditis quia ex Deo non estis. Responderunt ergo Iudaei et dixerunt ei: nonne bene dicimus nos quod Samaritanus es tu et daemonium habes? Respondit Iesus: ego dae-monium non habeo, sed cohonesto Patrem meum et vos ignominia affecistis me. Ego autem non quaero gloriam meam: est qui quaerat et iudicet. Amen amen dico vobis, si quis sermonem meum servaverit, mortem non videbit in aeternum. Dicerunt ergo illi Iudaei: nunc cognovimus quod daemonium*

---

[3] Er 1527: Ego.

habes. Abraham mortuus est et prophetae et tu dicis: si quis sermonem meum servaverit, non gustabit mortem in aeternum. Nunquid tu maior es patre nostro Abraham, qui mortuus est? Et prophetae mortui sunt. Quem teipsum tu facis? Respondit Iesus: si ego glorifico meipsum, gloria mea nihil est. Est Pater meus qui glorificat me, quem vos dicitis Deum vestrum esse et tamen non cognovistis eum. Ego autem novi eum. Et si dixero quod non noverim eum, ero similis vestri mendax. Sed novi eum et sermonem eius servo. Abraham pater vester exultavit ut videret diem meum et vidit atque gavisus est. Dixerunt ergo Iudaei ad eum: quinquaginta annos nondum habes et Abraham vidisti? Dixit ei Iesus: amen amen dico vobis, antequam Abraham nasceretur, ego sum. Tollebant ergo lapides ut iacerent in eum. Iesus autem abscondit se et exivit e[b] templo.

ENARRATIO SECTIONIS I [1–11]

Annotationes

Iesus autem perrexit in montem Olivarum [Io 8,1]. Agens [4]Hierosolymis Dominus frequenter in hunc montem secedebat oraturus, idque noctu fere. Die siquidem docebat in templo, populo gratiam Patris adnuntians[4]. Neque enim erat quod faceret [c]aut se dignius[c], aut hominibus utilius, cum cognitio Patris et ipsius[d] sit vita aeterna [cf. Io 12,45.50]. [5]De oratione et secessu ad orationem fuse dixi in Matt. 6 et 14[e].

⟨Historia haec non habetur in omnibus exemplaribus⟩ *Adducunt autem ad eum scribae* [Io 8,3]. Haec historia non est attacta a [6]Nonno qui perpetuam tamen Paraphrasim in Evangelion hoc Ioannis conscripsit, sed nec a Chrysostomo aut Vulgario qui idem perpetua Enarratione ipsum explicarunt. Id argumento est quod, illorum tempore, ecclesiae [f]hanc historiam nondum[f] agnoverint parem aliis historiis quae in hoc Evangelio

---

[b] de D. – [c–c] praestabilius A. – [d] sui A. – [e] 4. [!] D. – [f–f] eam non A. eam nondum B. –

[4–4] Ap: Aquinas, *In Ioh.* ad loc., *Piana* 14:2, 48r. col. B (*ip*); *Catena* ad loc., *Guarienti* 2, 444; *Glossa ord.* [*marg.*]; ErP 1524 ad loc., LB 7, 563 (*i*: but all specify that Jesus retired to Bethania, home of Martha and Mary).

[5] BEv 1527 ad Mt 6[6ff.], 189r.–194r.; ad Mt 14[23], 158v.–160v. Here ap: Cyril, *In Ioh.* 1524 add. Clichtove ad loc., 98r. (*i*: need for prayer in seclusion; *r* Mt 6).

[6–6] *Om.* Io 8,1–11: Nonnus, *Paraphrasis*, MPG 43, 813; Chrysostom, *In Ioh.* hom. 52, MPG 59, 289–290; Theophylactus, *In Ioh.*, MPG 124, 11. This explained ap: ErAn 1527 ad loc., LB 6, 373–374 (there: *om.* in several Greek exemplars, in Chrysostom, who however mentions the story in *In Ioh.* hom. 61 (60) – cf. infra n. (9)–(9), and in Theophylactus; no mention of Nonnus. But mentions inclusion in: Augustine, *In Ioh.* and testimony of Jerome and Eusebius – Rufinus [*Hist. eccl.* 3,39, GCS 9:1, 292–293] who takes Io 8,1–11 as late addition from Gospel acc. to Hebrews). – Cf. also Brenz, *In Ioh.* 1528 ad loc., 143v.–144r. (mentions Nonnus, Chrysostom and testimony of Eusebius – Rufinus).

legimus⁶. Attamen cum ⁷nihil habeat Christo indignum, cum fructu et ipsa legi poterit.

⁸Viderant Pharisaei mire facilem Dominum atque benignum in peccatores eoque sperabant contra Legem Moscheh absoluturum *hanc adulteram* [Io 8,3] atque daturum ita caussam ut ⁹iure in ipsum viderentur saevire, tanquam Legis Dei enervatorem [cf. Mt 5,17]. Magistrum salutant [cf. Io 8,4], sed eo animo quo et cum de censu rogarent [cf. Mt 22,17]⁹. Dominus igitur, ut tum, ita hic quoqueᵍ, digno eos responso elusit. Non iussit contra Moscheh absolvi adulteram, neque – cum externi iudicis officio non fungeretur – voluit pronuntiare lapidandam, sicut neque opus fuit. Nam Legem illi apertam habebant, neque rogabant ut verum iudicium discerent, sed ut venarentur quo *Dominumʰ accusarent* [Io 8,6], hoc est ut contra Legem responderet. Digni itaque erant, quos in dubio quid ipse sentiret relinqueret et suorum scelerum ita admoneret ut prae pudore non auderent consistere. Id effecit occulta efficacia Spiritus, cum dixisset: *Qui absque peccato est, primus in illam lapidem iniiciat* [Io 8,7]⁸. ⁱDe qua reⁱ in terram scripserit [Io 8,6.8] non est memoratum, [700] quanquam verisimile sit talem fuisse ut ad idem quod agebat, nempe ad ¹⁰incutiendum pudorem superbis istis hostibus misericordiae, momentum aliquod attulerit.

Observationes

Discendum hinc Dominum afflictis dare consolationem et superbos confundere [cf. 1 Cor 1,27]. Idem et nos studeamus. Nemo vero hinc colligat aut ¹¹non punienda adulteria, aut ¹²punire non posse alium, qui ipse peccato laboret. Non iudex externus scelerum sed praeco Dominus aderat misericordiae paternae, ideo ipsius non erat damnare adulteram,

---

ᵍ *om.* A. – ʰ ipsum AB. – ⁱ⁻ⁱ Quid enim AB. –

⁷ Ap: Brenz, *In Ioh.* 1528 ad loc., 144r. (*ia*).

⁸⁻⁸ This interpretation ap: omnes with some differences of nuance. Here esp. ap: Augustine, *In Ioh.* tract. 33 ad loc., MPL 35, 1648–1649, CCL 36, 307–308 (*i*) but cf. also n. (9)–(9) infra.

⁹⁻⁹ Ap: Chrysostom, *In Ioh.* hom. 61 ad 10,22ff. [MPG 59, 337] cited in: ErAn 1527 ad loc., LB 6, 373 (ed. 1522, 154: *t* there; *pi* – malevolent questions – here).

¹⁰ Ap: ErP 1524 ad Io 8,8, LB 7, 564 (*pa*). Adv: Brenz, *In Ioh.* 1528 ad loc., 146r. (there: allegory and literal meaning: to make Pharisees all the more insistent).

¹¹ Adv: *Schleith. Conf.* art. 6, SBVG 28, 14–15 (there: Io 8,1–11 used to show that carnal or legal judgement abolished by the Gospel).

¹²⁻¹² Here directly ap: Brenz, *In Ioh.* 1528 ad loc., 146v.–147r. (*ipa*). Also ap: Gratian, *Decretum* 2a pars, causa 3, quaest. 7, c. 3.7, *Friedberg* 1, 526–528 (*ri*: bad judges are to exercise judgement by virtue of office) and Rhenanus, *Gloss* ad loc. 158r.–v. (*ri*: there Gratian's point brought out more clearly). Adv: *Schleith. Conf.* art. 6, SBVG 28, 15 (there: all judgement pertains to the flesh, i.e. sin, therefore should not be exercised by Christians. Christ our example here).

sed ad resipiscendum provocare. Sed neque Pharisaeis respondendum erat quod sciebant et de quo non nisi dolo quaerebant. Cum autem Dominus testatus est se *non venisse ut Legem solveret^j, sed ut eam adimpleret^k* [Mt 5,17] – *^lhoc est ut^l* quicquid ad promovendam pietatem et honestatem fecerit, stabiliat^m – nemo putet ipsum voluisse abrogare ^nquae ex cuiusquam officio et e re sunt proximorum^n. Iam magistratus est tollere offendicula et malum e medio populi Dei submovere quia gladium gestat in vindictam malorum. Idque^o cum studet, Deus punit, non ipse; ^pet commoda publica plurimum promoventur^p. Neque si^q peccator ipse sit^r, legem ideo de puniendis malis licebit illi^s transgredi et peccatis peccatum addere[12]. Certe si nemo punire scelera debeat, *nisi qui ipse absque peccato sit* [Io 8,7], omnia mala impunita manebunt. Adulterium autem inter capitalia habendum Leges Dei [cf. Ex 20,14] et piorum [13]caesarum praecipiunt. Ideo qui ad illud connivent, ut Deum graviter offendunt, ita transgressionis suae patronum Christum nequaquam habebunt. Hic enim^t dolosos et arrogantes Pharisaeos confundere [cf. 1 Cor 1,27] et adflictam ac contritam peccatricem in spem resipiscentiae voluit erigere; Legem autem Patris, adeo necessariam et salutarem de puniendis adulteris [cf. Ex 20,14], refigere noluit.

ENARRATIO SECTIONIS II [12–20]

Annotationes

Iterum ergo Iesus locutus est eis [Io 8,12]. [14]Quia omnia pietatis et salutis ab eo pendent ut Dominum, Christum et unicum Salvatorem nostrum agnoscamus [cf. Act 4,12], ipse totus semper in eo omni doctrina sua fuit ut ad credendum sibi auditores provocaret atque persuaderet a se uno *vitam* et omnia petenda [Io 14,6]. Hinc se, supra, *panem qui vitam dat mundo* [Io 6,33], hic *lucem* vocat, *quam qui sequitur* non possit errare [Io 8,12][14]. Allegoriis enim ut et parabolis libenter propter vulgus, quibus sic proposita melius haerent [cf. Mc 4,33], usus est. ^uHinc et^u proximo capite invitavit ad se sitientes [cf. Io 7,37] et promisit *nullam unquam sitim* [Io 6,35!] sensurum, qui ad ipsum venisset, hoc est ipsum Salvatorem agnovisset [cf. Io 7,37].

⟨Quid potissime docuerit Dominus⟩ His omnibus docuit aeternam vitam et *Spiritum* sanctum in omnibus *ducentem* [Gal 5,18], *omnia docen-*

---

^j solvat AB. – ^k adimpleat AB. – ^l-l *om.* A. – ^m *om.* A. – ^n-n *om.* A. – ^o id A. – ^p-p *om.* A. – ^q ideo quod A. – ^r erit A. – ^s *om.* A. – ^t in praesenti A. – ^u-u Sic A. –

[13] *Corpus Iuris Civilis: Digesta* 48, 5, *Mommsen/Krueger*, 845–851.
[14-14] Ap: Brenz, *In Ioh.* 1528 ad loc., 150r.–v. (*ip*).

tem [Io 16,13], sanctificantem [cf. 1 Cor 6,11] pleneque demum perficientem [cf. Phil 2,13], accepturum, quicunque ipsum certa fide ut Christum receperit [cf. Col 2,6.7]. Hic [15]Spiritus *lumen* illud *vitae* est, *lucens* ad omnia salutaria ne quis ^vhoc in^v mundo impingat, neve *in tenebris* [Io 8,12; 1 Io 2,8–11] cupiditatum et iudicii rationis aberret. Quare qui Christo non credit, sicut is hoc ipsius Spiritu caret, ita necesse est in *tenebris eum ambulare* [Io 8,12], id est sequi rationem carnis [cf. Io 8,15] malarum cupiditatum servam [cf. Gal 5,17], unde nunquam non noxia sibi quaeret et sectabitur. Quid enim non noxium sit quod quaeras praeterito Deo[15]? At ubi hic deest Spiritus, *omnia Dei* tibi *stultitia sunt, nec potes ea capere,* 1 Corint. 2 [14].

Verum est testimonium meum [Io 8,14]. Hic vides per imitationem vel concessionem Dominum supra quinto dixisse: *Si ego testificor de me ipso, testimonium meum verum non est* [Io 5,31]. *Quoniam* enim *sciebat unde venisset et quo abiret* [Io 8,14], id est quod^w [16]Filius Dei esset qui, aeternum *Verbum* Patris existens, *hominem assumpsisset* [Io 1,14], sed quem in gloriam Patris [cf. Phil 2,11] paulo post subvecturus esset – haec cum sciret, hoc est Deus verus et homo Deo plenus esset – non potuit nisi verissima, hoc est divina, loqui. Eoque de se nihil quoque testari potuit^x quod non ita haberet[16]. Neutrum autem agnoscebant Iudaei, ideo *eius de se ipso testimonium verum* [Io 8,13] credere non potuerunt. Simile est, si quis legatus veniret a caesare magna nomine caesaris pollicens si iussa eius capesseremus, cumque fidem ei negaremus, diceret: *Ego scio unde veni et quo vado* [Io 8,14], ego certus sum me [701], caesaris [17]legatum, ad haec ipsa quae proposui ^yab ipso^y amandatum. Ad eundem et redibo rationem gesti negotii redditurus dignaque pro laboribus meis praemia accepturus [cf. Mt 10,10]. Proinde quae de mea legatione testificor, vera sunt. *Vos autem* qui *nescitis unde venerim et quo vadam* [Io 8,14], fidem habere mihi contamini.

⟨*Solus non sum* [Io 8,16]⟩ *Vos secundum carnem iudicatis* [Io 8,15]. Id est: aestimatis me [18]iuxta externam faciem qua *humilis* [Mt 11,29] et abiectus appareo. Non autem perpenditis quam magnificis *de me operibus Pater testimonium*^z *perhibeat* [Io 5,36–37]. [19]*Ego non iudico quenquam* [Io

---

^{v–v} in hoc A. – ^w *om.* A. – ^x *om.* AB. – ^{y–y} *om.* A. – ^z *add.* mihi A. –

[15–15] Ap: Cyril, *In Ioh.* ad loc., add. Clichtove, 1524 ed., 102r. (*i*: lumen = Spirit); Brenz, *In Ioh.* 1528 ad loc., 149r. (*p*: "ratio carnis").

[16–16] Ap and adv: Brenz, *In Ioh.* 1528 ad loc., 151r. (*p*: but there: stress on divine nature, here: on both). Stress on both ad loc. only ap: Cyril, *In Ioh.* add. Clichtove, 1524 ed., 102r.–v. (*i*).

[17] Cf. Brenz, *In Ioh.* 1528 ad 8,15, 152r.: ego enim Verbum Dei sum in humanitate legatum Patris agens. (*ip?*).

[18] Ap: Brenz, *In Ioh.* 1528 ad loc., 152r. (*ip*).

[19–19] Ap: Brenz, *In Ioh.* 1528 ad loc., 152r. (*ipa*).

8,15], ut vos me videtis, homo; quia non sum tantum homo, sed simul
Deus quo hic quem videtis homo ita plenus est *ut si quid iudicem* etiam ut
homo – quando nihil homo agere aut iudicare possum quod non ipsum[a1]
agat et iudicet in me et per me Deus [cf. Io 5,17] – *iudicium* tamen *meum
non potest*[b1] non *verum esse*[19]. *Solus non sum* [Io 8,16], hoc est non tantum
homo sum, sed *ego et Pater unum sumus* [Io 10,30] quia et Verbum Patris
et homo simul sum. Habetis ergo [20]*duorum testimonium* [Io 8,17]: Patris,
hoc est divinitatis et meum: hominis in quo tamen deitas habitat corporaliter. Si iam Lex *duorum* hominum *testimonium* [Dt 19,15] recipit,
quanto magis vos meum hominis divini et Patris Dei testimonium de me
recipere debebatis?

⟨Per Filium Pater recte cognoscitur⟩ *Neque me scitis, neque Patrem
meum* [Io 8,19]. Hoc est: Spiritu et doctrina Patris [cf. Io 7,17] cum vacetis
eoque me, in quo omnia divina sunt et per quem solum Deus cognosci
potest, non cognoscitis, frustra de Patre meo inquiritis. Cum etenim in
Domino omnia Patrem indicarent et referrent, non potuit ulla ratione
Pater certius et plenius, quam per ipsum [c1]et in ipso[c1] cognosci. Tantum
enim in operibus suis Deus et non in se cognosci potest. In Christo autem
illa luculentius, quam vel in supremis angelis relucebant [cf. Hbr 2,5; Io
10,38]. [21]Unde et Philippo dicebat: *Qui vidit me, vidit Patrem* meum
[Io 14,9]. Quanta enim Dei cognitio a nobis haberi potest, locupletissime
tum percipitur, cum quid Christus est datum nobis fuerit cognoscere. Qui
nimirum nihil aliud est, quam *Dei iustitia*[d1], *redemptio et sanctificatio*
[1 Cor 1,30].

Haec verba locutus est Iesus [Io 8,20]. Ut iterum indicaret Evangelista
quam mirabiliter Pater Dominum in suo negotio servarit, scribit quo in
loco, ubi certe minime tolerabile erat, hostibus suis haec de se testificatus
est atque *docuit*, hoc est: multo pluribus quam hic sunt annotata, disseruit,
[e1]ubi *nemo tamen manum iniicere ei ausus* [Io 8,20] fuit[e1], licet nihil prius
cuperent. Iustas utique[f1] ad populum Dominus orationes habuit[g1] quoties
eum docuisse [h1]Evangelistae memorant[h1], quanquam Evangelistae[i1] satis
sibi duxerint[j1] paucula ex illis – sed in quibus inesset Domini de se
testimonium plenius magisque observandum – narrasse. [22]Etenim praeconis testisque officio Evangelistae[k1] idque apud eos, qui iam Dominum

---

[a1] *om.* A. – [b1] *possit* AB. – [c1–c1] *om.* AB. – [d1] *add. sapientia* AB. – [e1–e1] *nec tamen quisquam
manum in eum miserit* [Io 7,30] A. – [f1] *add. videtur* A. – [g1] *habuisse* A. – [h1–h1] Evangelista
memorat A. – [i1] Evangelista A. – [j1] duxerit A. – [k1] Evangelista A. –

[20] Ap: Brenz, *In Ioh.* 1528 ad loc., 152v. (*ip*).
[21] Ap: Augustine, *In Ioh.* tract. 37 ad loc., MPL 35, 1672, CCL 36, 334 (*ir*).
[22–22] Ap: Eusebius – Rufinus, *Hist. eccl.* 3, 24, GCS 9:1, 244–245 (*pa*: but there: no
mention of the Gospels being intended for those who had faith already! Perhaps due to a
misreading of Rufinus' syntax).

fide receperunt [cf. Io 1,12], non oratoris apud eos, a quibus Dominus nondum ut Christus agnitus est, fungi voluerunt*l*. De Christo enim persuadere non hominum, sed Spiritus sancti est [cf. Rm 8,16][22].

Observationes

Observandum hic quod et in singulis Domini sermonibus *m*esse ab ipso*m* omnia petenda, quippe qui non homo tantum, sed et Deus sit. Deinde eum non posse cognosci, *nisi a renatis* [Io 3,3] Spirituque Dei praeditis [cf. Rm 8,11], id est iis quibus id dat Pater, quos intus per Spiritum suum docet [cf. Io 16,13] ac *ita ad Filium pertrahit* [Io 6,44].

ENARRATIO SECTIONIS III [21–30]

Annotationes

⟨Cur *in peccatis moriantur* qui respuunt Christum⟩ *Ego vado et quaeretis me* [Io 8,21]. Prioribus dixit quid esset suis: *lux* scilicet *vitae* [Io 8,12], quanque foeliciter agant qui ipsum sequantur, id est ut Christum agnoscant. In his vero indicat quid maneat eos qui ipsum repudiant, nempe *n*ut moriantur in peccatis suis*n*. Nam cum ipse unus sit qui *nos ab iniquitate in qua nati sumus* [Ps 50,7] *liberet* [Io 8,36], necesse est *eos mori in peccatis*, qui ipsum non recipiunt liberatorem. Dicit ergo: *Ego abeo* [Io 8,21] carne scilicet et gloriam recipiam etiam ut homo, quam ut Deus habui priusquam hic mundus fieret [cf. Io 1,1], neque unquam deposui. [23]Vos autem infinita mala pro eo quod me reiicitis, apprehendent. Tum optabitis Salvatorem, qui cum nemo praeter me esse possit, me quaeretis[23] etsi inscientes, quanquam tandem sitis me quoque [702] *visuri, eum qui sum* [Io 8,24], sed *sedentem a dextris virtutis Dei* [Lc 22,69] *et venientem in nubibus coeli* [Mt 24,30]. Tum sentietis quam infoeliciter sapueritis vobis, cum me repulistis in hac vos ad vitam humilitate vocantem. Tum enim optabitis, sed frustra, me experiri Salvatorem quem modo ut hostem Dei persequimini. Sed horum caussa est: *Ego e supernis sum*, hoc est [24]Deus et homo divinus et *non de terra, aut de hoc mundo* [Io 8,23]. Nihil in me carnale: omnia divina sunt. *Vos* autem ita *ab infernis et de mundo hoc estis* [Io 8,23]

---

l voluit A. – *m*–*m* ab ipso scilicet AB. – *n*–*n* quod *in peccatis suis moriantur* A. *mori eos in peccatis suis* B. –

[23–23] Cf. supra *cap.* 7 ad 34.36, *sect.* 5 ad nn. (67)–(67) – (69)–(69). Here also ap: Albert, *In Ioh.* ad loc., *Opera* 24, 343 col. B – 344 col. A (r Io 7,34 but there: different interpretation).
[24] Ap: Albert, *In Ioh.* ad loc., *Opera* 24, 346 col. A (*ipa*). Ap and adv: Brenz, *In Ioh.* 1528 ad loc., 155v.–156r. (*i*: but there: celestial nature emphasised).

ut omni [25]sensu et cognitione Dei careatis [cf. 1 Cor. 2,14]. Hinc est ergo quod *vestra* tantum *quaeritis et quae Dei* sunt agnoscere *non* potestis [Phil 2,21][25]. Quemadmodum igitur me unicum Servatorem respuitis, ita necesse est ut *in peccatis vestris moriamini* [Io 8,24].

⟨Nonni enarratio⟩ *In primis quod et loquor vobis* [Io 8,25]. [26]Subobscurus est hic locus, neque videtur expeditius enarrari posse, quam a [27]Nonno enarratus est qui ita habet: καὶ Χριστὸς ἀνίαχεν, ὅτι πέρ [!] ὑμῖν ἐξ ἀρχῆς ἀόριζον [!], ἔχων νηριθμα δικάσειν [!] καὶ καλέειν [!], id est: *et Christus respondit: quod quidem vobis ab initio dixi habens innumera iudicare et loqui* [Io 8,25–26]. Initio siquidem sermonis cum eis habiti – unde fere [28]omnes sequentes dimanarunt – qui supra quinto capite [Io 5,19–47] ab Evangelista conscriptus est, dixerat Dominus *sibi a Patre omne iudicium* demandatum [Io 5,22]. Unde [29]non inepte Nonnus intellexit respondisse Dominum se esse eum, qui *haberet multa quae iudicaret et loqueretur* [Io 8,26], hoc est *iudicem*, ut *omnium* [Hbr 12,23], ita et ipsorum – id quod initio eis dixisset, cum primum calumniam ei tanquam Dei blasphematori intentare coepissent[29], de quo supra quinto[o1] [cf. Io 5,22]. Et in praesenti quoque idipsum quadrabat responderi ad arrogantem adeo et superbam illorum interrogationem. Si cui autem hic sensus non tam perspicue haberi ex verbis Evangelistae videatur, is perpendat quod [p1]haec verba[p1] subobscura sunt, [q1]quorum forsan sensum nemo dabit[q1] undique planum.

[r1]Sed ipsa Evangelistae verba subiiciam. *Principio*, inquit, *quod et loquor vobis* [Io 8,25], *multa habeo quae de vobis loquar et iudicem* etc. [Io 8,26]. Dixerat se *non esse de hoc mundo sed e supernis* [Io 8,23] atque ideo *abiturum quo ipsi venire non possent* [Io 8,21]. Rogarunt [s1]illi vicissim[s1] eum *quis igitur esset* [Io 8,25], *si non esset de hoc mundo, sed e supernis* [Io 8,23]. Iam Dominus, et alibi, ex contemptu et dolo rogantibus quis esset, respondit se futurum ipsorum iudicem *quem visuri* essent *sedentem a dextris virtutis Dei* [Lc 22,69] et *venientem in nubibus caeli* [Mt 24,30], nimirum ut superbiam eorum retunderet. Sic ergo et hic conveniebat ut eorum ar-

---

[o1] *add.* capite D. – [p1–p1] *om.* AB. – [q1–q1] et forte nullum dabunt AB. – [r1] *add.* □ *Principio sum quod et loquor* A. – [s1–s1] ergo AB. –

[25-25] Ap: Chrysostom, *In Ioh.* hom. 53 ad loc., MPG 59, 293 in: Aquinas, *Catena* ad loc., Guarienti 2, 450 (but here *ip* Latin ed. 1522, p. 134); Brenz, *In Ioh.* 1528 ad loc., 155r.–v. (*i*).

[26] For summary of difficulties and criticism of Augustine's interpretation cf. ErAn 1527 ad loc., LB 6, 375–376.

[27] *Paraphrasis* ad loc., MPG 43, 817.

[28] This implied ap: Albert, *In Ioh.* ad 5,19, *Opera* 24, 211 col. B; ad 8,15ff. *ibid.*, 339; ad 8,19, *ibid.*, 341 col. B; ad 8,25, 348 col. A–B (*i*? there: Chrysostom ad 8,25 interpreted as: a principio praedicationis meae dixi vobis quis sum and Io 8,26 as stating Christ's prerogative of judgement over the reprobate).

[29-29] Adv: Brenz, *In Ioh.* 1528 ad loc., 156v.–157r. (there: Nonnus' exegesis considered but ErAn 1527 ad loc. [LB 6, 375] preferred).

rogantiam et tumorem reprimeret liberoque responso se illis et nequaquam illos sibi esse formidandos testaretur. Hoc ergo sensu responsum eius accipiendum puto: rogatis me *qui sim* [Io 8,25], qui quid sim [30]ex operibus meis pridem discere poteratis [cf. Io 5,36]. Respondebo tamen [31]ut videatis me et vobis, quamlibet invitis et minacibus auditoribus, audere tamen[t1] veritatem ingerere[31]. Id sum quod *principio*, id est iam [32]a principio hucusque, *vobis loquor* [Io 8,25] et praedico: nempe is Filius Dei cui *Pater omnium iudicium dedit* [Io 5,22], *potestatem* in omnia *tradidit* [Io 5,27]. Scitote igitur *me habere multa quae de vobis loquar*, quibus vestram impietatem arguam et *iudicem*. *Sed* Pater meus qui *me misit, verax est* [Io 8,26]. Opera eius certa et plena sunt [cf. Io 5,36]. Is [33]dabit igitur ut quem modo in hac humilitate contemnitis, alium[u1] *in maiestate* [Mt 24,30] ipsius, iudicem vestrum summo cum terrore sitis suspecturi[33]. Etenim [34]*quaecunque ab ipso audivi*, quae certus sum ipsius esse verba, *haec in mundo loquor* [Io 8,26]. Quare qui ea reiicit, Patrem ipsum reiicit *gravissimique se iudicii reum* [Mc 3,29] constituit[34].

Si quis autem illud τὴν ἀρχὴν durius sic ordinari putet et malit ipsum ab initio ponere, uti et ab Evangelista scriptum est, haec sic accipiat: [35]*principio* respondeo me esse id *quod* iam dudum *vobis loquor* et praedico [Io 8,25]: *eum cui Pater omnia dedit in manus* [Io 13,3], qui *omnia iudicabit* [Io 5,22]. Sic idem sensus quidem habetur responsionis Domini, sed desiderabitur quod respondeat illi *principio*[35]. Ordinem enim significat. Quasi diceret Dominus: primum hoc iam dico me esse iudicem vestrum. Huic iam conveniebat subiici quid secundo diceret se esse et tertio. Hinc ergo est quod dixi Nonni lectionem expeditiorem esse.

[t1] *om.* A. – [u1] olim A. –

[30] Ap: Albert, *In Ioh.* ad loc., *Opera* 24, 348 col. B (*ip*).

[31–31] Ap and adv: Chrysostom, *In Ioh.* hom. 53 ad loc., MPG 59, 293 (there: Jews unworthy of knowing who Christ is). Perhaps also adv: ErAn 1527 ad loc., LB 6, 375 (there ὅτι = *primum id sum quod etiam dico vobis*, glossed: Jews unworthy of explanation: Christ will begin by saying he is sent by the Father. – Thus also ap: Brenz, *In Ioh.* 1528 ad loc., 157r.).

[32] Τὴν ἀρχὴν in this sense also ap: Chrysostom, *In Ioh.* hom. 53 ad loc., MPG 59, 293; Theophylactus, *In Ioh.* ad loc., MPG 124, 19–20. This interpretation mentioned as alternative to Augustine's *principium* by: Aquinas, *In Ioh.* ad loc., *Piana* 14:2, 50v. col. B; *Catena* ad loc., *Guarienti* 2, 451; Albert, *In Ioh.* ad loc. *Opera* 24, 348; ErAn 1527 ad loc., LB 6, 375.

[33–33] Ap: Theophylactus, *In Ioh.* ad loc., MPG 124, 19–20 (*i*: there: alternative interpretation); Albert, *In Ioh.* ad loc., *Opera* 24, 348 (*i*); Brenz, *In Ioh.* 1528 ad loc., 157r. (*i*). Adv: Augustine, *In Ioh.* tract. 39 ad loc., MPL 35, 1685, CCL 36, 348–349 (there: refers *verax* to Christ's judgement in his divine nature, hence identity of substance with the Father); Chrysostom, *In Ioh.* hom. 53 ad loc., MPG 59, 293 (there: Christ would like to judge now, but the Father is truthful, so judgement deferred).

[34–34] Ap: Brenz, *In Ioh.* 1528 ad loc., 157r.–v. (*ip*).

[35–35] Ap and adv: ErAn 1527 ad loc., LB 6, 375–376; Brenz, *In Ioh.* 1528 ad loc., 156v.–157r.

⟨*Quando exaltaveritis* [Io 8,28]⟩ Utcunque autem istud τὴν ἀρχὴν accipiamus, satis ex praecedentibus et sequentibus pa[703]tet quod Dominus voluerit respondere se esse quem nequaquam deberent contemnere, sed potius summa reverentia excipere: futurum ipsorum iudicem [cf. Io 8,26]. ³⁶Unde, cum *non intellexissent quod de Patre suo fuisset locutus* [Io 8,27], quando dixit *veracem qui misit se et quae audisset ab eo se loqui* [Io 8,26], addidit³⁶: *Quando exaltaveritis filium hominis, tunc cognoscetis* ³⁷*qui*ᵛ¹ *ego sim* [Io 8,28]. Quid his aliud, quam suam ³⁸iudiciariam potestatem illis significavit et minatus est³⁸? ³⁹*Exaltaverunt* [Io 8,28] autem Iudaei Dominum, cum se summe deiecisse eum, affectum *morte crucis* [Phil 2,8] ignominiosissima, putarunt. Ea siquidem morte functioni eius servili et erumnosae finem imposuerunt ut sic *humiliatum* Filium [Phil 2,8] *Pater ad dexteram suam* [Eph 1,20] *exaltaret* [Phil 2,9]³⁹. De hac exaltatione et ⁴⁰supra 3 in illud: *Sicut Moses exaltavit serpentem* [Io 3,14].

Porro illa: *Et a meipso facio nihil* coniungunt ⁴¹quidam illi: *cognoscetis* [Io 8,28] etc. quasi Dominus dixerit, tum quando iam *exaltatus fuerit*, visuros eos quod *nihil a seipso fecerit*, quod non fuerit opus Patris, *sed quod* ea tantum *locutus sit quae a Patre didicerit* [Io 8,28] etc. Sed possunt etiam legi ut sint ⁴²superioris confirmatio, in hunc modum: olim *cum me exaltaveritis* per mortem, quaᵂ¹ putabitis me penitus extinctumˣ¹, *cognoscetis quid sim* [Io 8,28], primum potentissime adeo se Spiritu meo in credentibus mihi exerente [cf. Io 16,13] et omnes machinas vestras demoliente, deinde cum videbitis me *a dextris virtutis Dei* [Lc 22,69] vestrum iudicem. ⁴³Quia ʸ¹*nihil a meipso facio*ʸ¹ [Io 8,28], *nihil a me ipso loquor* [Io 12,49] quod non sit Patris et opus et verbum [cf. Io 8,28]⁴³. *Is me nunquam solum relinquit,*

ᵛ¹ quid AB. – ᵂ¹ *add.* vos AB. – ˣ¹ extinxisse AB. – ʸ¹⁻ʸ¹ *om.* [!] D. –

³⁶⁻³⁶ Ap: Augustine, *In Ioh.* tract. 40 ad loc., MPL 35, 1686, CCL 36, 350 (*ip*); *Glossa ord.* [*marg.*] (*ip* of Augustine).

³⁷"Ὅτι ἐγώ εἰμι thus paraphrased ap: ErP 1524 ad loc., LB 7, 568. Cf. also Chrysostom ad loc. ap: Aquinas, *In Ioh.* ad loc., *Piana* 14:2, 50v. col. B (there: qualis sim).

³⁸⁻³⁸ Ap: Chrysostom (*In Ioh.* hom. 53 ad loc., MPG 59, 293–294) as cited in: Aquinas, *In Ioh.* ad loc., *Piana* 14:2, 50v. col. B: cum exaltaveritis filium hominis scilicet in cruce, tunc cognoscetis, id est cognoscere poteritis, qualis sim; non solum per gloriam resurrectionis meae, sed etiam per poenam captivitatis et destructionis vestrae (*ipe*).

³⁹⁻³⁹ Ap: Augustine, *In Ioh.* tract. 40 ad loc., MPL 35, 1686–1687, CCL 36, 350–351 (*ir*).

⁴⁰ Cf. supra *cap.* 3 ad 14, *sect.* 2 ad nn. (129)–(129) – (135)–(135) *R* also ap: Albert, *In Ioh.* ad loc., Opera 24, 350 col. A.

⁴¹ Augustine, *In Ioh.* tract. 40 ad loc., MPL 35, 1687, CCL 36, 351 ap: Albert, *In Ioh.* ad loc., *Opera* 24, 350 col. A; Aquinas, *Catena* ad loc., *Guarienti* 2, 452 (there: Chrysostom also cited, cf. infra n. (42)); Lyra ad loc.; Brenz, *In Ioh.* 1528 ad loc., 158r.–v. (here *p* of Augustine).

⁴² Ap: Chrysostom, *In Ioh.* hom. 53 ad loc., MPG 59, 293–294; Theophylactus, *In Ioh.* ad loc., MPG 124, 21–22; Aquinas, *In Ioh.* ad loc., *Piana* 14:2, 50v. col. B (*i*); ErP 1524 ad loc., LB 7, 568 (*ip*).

⁴³⁻⁴³ Ap: ErP 1524 ad loc., LB 7, 568 (*i*).

semper *mecum est, quia quae ipsi placent, ea facio ego semper* [Io 8,29]. Imo ipse in me omnia agit [cf. Io 5,19] et loquitur. Quapropter grave vos manet iudicium, qui in me ita saevitis. Non contra me, vilem, ut putatis, hominem, sed contra Deum furitis. Alium igitur olim me sentietis, quam nunc credere sustinetis[z1].

Observationes

Observandum est quod – fere in omnibus sermonibus Domini – [a2]nisi ipse servet[a2], actum de omnibus esse. *Neque posse nos*, nisi per ipsum, in coelum *quo ipse abiit, pervenire* [Io 8,21]. *Ab infernis* [Io 8,23] enim sumus, hoc est caro sumus, unde ad terrena tantum propendemus [cf. Phil 3,19]. Dominus autem *e supernis* [Io 8,21] est, quia et Deus est et homo Spiritu Dei plenus nullique peccato obnoxius [cf. 1 Io 3,5]. *Hic igitur solus in coelum ascendit, quia* semper *est in coelo*, de quo [44]supra, 3[13]. Nobis vero tum dabitur eodem venire, cum ipse nos suo Spiritu innovarit [cf. Eph 4,23–24] et sibi ipsi ita inseruerit ut *unum cum ipso simus, sicut ipse* homo *cum Patre unum est*, quod ut suis infra 17[9] oravit, ita et dare solet. Deinde animadvertendum *Patrem* [45]*veracem* [Io 8,26], qui, quaecunque incepit, non potest non perficere [cf. Rm 4,21]. Id debet et nobis spem confirmare perfecturum eum et quae coepit in nobis. Praeterea non praetereundum id esse argumento nobiscum Deum esse, si *faciamus quae illi placita sunt* [Io 8,29]. Exemplum quoque in Domino est ut in omnibus spectemus quae sit bona Patris voluntas [cf. Io 9,31], neque dicamus aut faciamus [46]quod nostri nobis affectus sugesserint[46], sed quae didicerimus a Patre [cf. Io 8,28].

[b2]*Haec loquente Domino, crediderunt multi in eum* [Io 8,30]. Hic vides ut nunquam desint [47]apes quae ex floribus verbi Dei mel sugant, utcunque inde aranei[47] venenum hauriant[b2].

[z1] *add.* D: *Haec loquente Domino, crediderunt multi in eum* [Io 8,30]. Hic vides ut nunquam desint [47]apes quae ex floribus verbi Dei mel sugant, utcunque inde aranei[47] venenum hauriant. – [a2–a2] *sine ipso* A. – [b2–b2] *om.* D. –

[44] Cf. supra *cap.* 3 ad 13, *sect.* 2 ad nn. (61) – (75).
[45] Ap: Brenz, *In Ioh.* 1528 ad 5,26, 157r. (*i*).
[46–46] Ap: ErP 1524 ad 8,25, LB 7, 568 (*p*).
[47–47] Cf. Pliny, *Nat.* 11,19,21. (*i*: spiders hostile to bees).

ENARRATIO SECTIONIS IIII [31–44]

Annotationes

⟨Quomodo *veritas liberet* [Io 8,32]⟩ *Dicebat ergo Iesus ad eos qui crediderant ipsi* [Io 8,31]. Verisimile est et [48]hypocritas, ut fere fit, fuisse inter hos qui Domino videbantur credidisse. Ad notandum ergo hos et confirmandum eos qui vere crediderant[48] dixit Dominus: *Si manseritis in sermone meo*, hoc est totos vos doctrinae meae consecraveritis – [49]coepisse enim nihil proderit [cf. Phil 1,6] – *veri discipuli mei eritis* [Io 8,31], doctrinae meae vere capaces. Unde et *veritatem rite cognoscetis* [Io 8,32], ipsam utique sapientiam aeternae vitae [cf. 1 Cor 2,7], qua quae vere bona sunt [cf. Phil 4,8] et intelligetis et amabitis[c2]. Haec tum *veritas*, vera scilicet *scientia salutis* [Lc 1,77] [50]*liberos vos reddet* [Io 8,32]. Ut enim *Deum* recte per illam *cognoscetis* [Gal 4,9], ita nihil licebit[d2] quam *ipsi vivere* [Rm 6,10]. Quae [51]caro concupiscit, noxia plane agnoscetis[50], ab illis igitur abhorrebitis [cf. 1 Pt 1,4]. Neque iam trahent vos [52]affectus vestri, ut antea servos [cf. 2 Pt 2,19], sed ut liberi reprimetis illos vitamque coelo Deoque dignam [53]*meditabimini* [Ps 1,2].

[704] ⟨*Servus peccati qui peccat*⟩ *Amen amen dico vobis, qui facit peccatum* [Io 8,34]. Non[e2] [54]intellexerant illi de qua libertate fuisset locutus. Eoque[f2], *cum semen Abrahae essent*[g2] [Io 8,33], liberos sese arbitrabantur. [55]Explicabat ergo Dominus se de animorum libertate[55] locutum et dicebat: *Qui facit peccatum, servus est peccati* [Io 8,34]. Nemo enim [56]ultro quod malum est facit. Nisi igitur et iudicium depravatum et corrupti affectus praevalerent, homo nunquam peccatum faceret[56]. *Servus* igitur *peccati est*

[c2] add. nacti AB. – [d2] add. quoque AB. – [e2] add. enim A. – [f2] om. A. – [g2] add. ideo A. –

[48–48] Ap: Theophylactus, *In Ioh.* ad loc., MPG 124, 23–24.

[49] Ap: ErP 1524 ad loc., LB 7, 569 (*ir*). Cf. also Aquinas, *In Ioh.* ad loc., *Piana* 14:2, 51r. col. A (*i* but there *r* Sir 6,21–23); Brenz, *In Ioh.* 1528 ad loc., 158v. (*i*).

[50–50] Έλευθερώσει thus paraphrased esp. ap: Augustine, *In Ioh.* tract. 41 ad loc., MPL 35, 1693, CCL 36, 357–358; Aquinas, *In Ioh.* ad loc., *Piana* 14:2, 51r. col. B; *Catena* ad loc., *Guarienti* 2, 453 (Augustine); ErAn 1527 ad loc., LB 6, 376–377.

[51] Ap: Augustine, *De verbis Domini*, serm. 48 (134), MPL 38, 743 in: Aquinas, *In Ioh.* ad loc., *Piana* 14:,2, 51r. col. A; *Catena* ad loc., *Guarienti* 2, 453 (*i*).

[52] Cf. supra ad n. (46)–(46).

[53] Ap: Aquinas, *In Ioh.* ad loc., *Piana* 14:2, 51r. col. A (*ir*).

[54] Ap: Albert, *In Ioh.* ad 8,33, *Opera* 24, 354 col. A (*ipe*).

[55–55] Ap: Chrysostom, *In Ioh.* hom. 54 ad loc., MPG 59, 297 (*i*); Ludulphus, *Vita* 1a pars, cap. 84, *Rigollot* 2, 286; Aquinas, *In Ioh.* ad loc., *Piana* 14:2, 51r. col. B (*i*: explanation but there emphasis on nature of servitude not of liberty).

[56–56] Ap: Aquinas, *In Ioh.* ad loc., *Piana* 14:2, 51v. col. A; Lyra ad loc.; Albert, *In Ioh.* ad loc., *Opera* 24, 355 col. A (*i*). Ap and adv: Brenz, *In Ioh.* 1528 ad loc., 161r. (*i*: sin removing free will; original sin. But there: necessary connexion between Adam's sin and our nature).

– hoc est [57]pravae concupiscentiae quae naturae peccatum est[57] – *quisquis peccat* [Io 8,34]. Iam ut huic pestilenti iugo colla subducamus [cf. Gal 5,1], [58]unus nobis Christus praestat, [59]*libero* donatis *Spiritu* [2 Cor 3,17][59] qui, etsi in [60]praesenti non omnem peccati, hoc est depravati animi, tyrannidem extinguat, fortiter tamen eam reprimit. Neque cedit donec prorsus illam deiiciat et eliminet. Recte itaque dixit: *Si Filius vos liberos reddiderit, vere liberi eritis* [Io 8,36].

⟨*Ut Filius liberet* [Io 8,36]⟩ Utque ad ambiendam hanc a se libertatem illos magis incitaret, simile adiecit de *servo qui in domo non semper manet, cum filius semper maneat* [Io 8,35]; quo significavit nos omnes [61]*filios Dei* [Rm 8,16] fieri oportere. Id cum non nisi per ipsum Unigenitum consequi possimus [cf. 1 Io 4,9], recte intulit: *Si igitur vos Filius liberaverit, vere liberi estis* [Io 8,36]. Dat enim ille Spiritum quo liberi[h2] et pronis animis quae Dei sunt sectemur[61], quae sola vera libertas est [cf. 2 Cor 3,17]. Quid enim profuerit carne orbi imperare et animo esse servum mortis [cf. Mt 16,26]? Etenim dum in nos concupiscentia imperium obtinet, agit ut ad peccatum, ita et ad mortem [cf. 1 Cor 15,56]. *Stipendia siquidem peccati mors* [Rm 6,23] et, *si secundum carnem vixerimus, moriemur* [Rm 8,13]. De hac servitute peccati et libertate Christi lege plura [62]Rom. 8[3–18].

⟨*Quare Iudaei filii Diaboli* [Io 8,44; 1 Io 3,10]⟩ *Scio quod semen Abrahae estis* [Io 8,37]. Haec [63]praecipue[i2] ad hypocritas et hostes suos Iudaeos, non eos qui sibi vere crediderant [cf. Io 8,30], dixit[63], quanquam et his voluerit per haec indicare *carnis libertatem* [Gal 5,13] pro nihilo apud Deum haberi. Docuit[j2] ex [64]*operibus* [Io 8,39; Iac 2,21] aestimandam veram et libertatem et nobilitatem. Nihil referre *carne* ex Abraham *natum* esse, si non habeatur et *spiritus* Abrahae [Gal 4,29], unde et vita atque studium

---

[h2] libere A. – [i2] proprie A. – [j2] add. ergo A. –

[57–57] Ap: Aquinas, *S. Th.* 1a 2ae q. 81 a. 1–2, q. 82 a. 3, *Caramello* 1:2, 372–373, 377–378 (*ipe* q. 81 a. 1). Adv: Brenz, *In Ioh.* 1528 ad loc., 161r. (there: direct transmission); Zwingli, *De peccato originali*, CR 92, 376 (there *r* Io 8,34: original sin [= self-love] imitated).

[58] Ap: Chrysostom, *In Ioh.* hom. 54 ad loc., MPG 59, 298 (*i*: there: Deus); Albert, *In Ioh.* ad loc., *Opera* 24, 356 col. B; Lyra ad loc.; Brenz, *In Ioh.* 1528 ad loc., 163r.–v. (*ip*).

[59–59] Ap: Albert, *In Ioh.* ad loc., *Opera* 24, 356 col. B (*ip*).

[60] Clear distinction between present and future only ap: Cyril, *In Ioh.* ad loc., add. Clichtove, Latin ed. 1524, 107r.–v. (*i*). Cf. Cyril, *In Ioh.* ad loc., MPG 73, 867–870 where this distinction not made. Allusion to present and future ad loc. also ap: Carensis, *Postilla*, 310r. col. A (perhaps also *i* here).

[61–61] Ap: Albert as in n. (59)–(59) supra (*ir*).

[62] Cf. n. (61)–(61) supra and BRom 1536 (1562) ad 8,3ff., 375–394.

[63–63] Ap: Cyril, *In Ioh.* ad loc., add. Clichtove, Latin ed. 1524, 106v.–107r. (not ap: Cyril ad loc., MPG 73, 854–859, 867–870 (*i*).

[64–64] Ap: Chrysostom, *In Ioh.* hom. 54 ad 8,42–44, MPG 59, 300; Theophylactus, *In Ioh.* ad loc., MPG 124, 25–26; Augustine, *In Ioh.* tract. 42 ad 8,38, MPL 35, 1700–1701, CCL 36, 366; Ludulphus, *Vita* 1a pars, cap. 84 ad loc., *Rigollot* 2, 287; Lyra ad loc.; ErP 1524 ad loc., LB 7, 570 (*ip*).

Abrahae sequatur[k2][64]. Iam [65]*Abraham credidit Deo* [Rm 4,3] et studiose coluit nuntios Dei[65]. Isti autem *veritati Dei* per Christum [Io 8,40] adeo non potuerunt credere, adeo *sermo* [Io 8,43] Domini – qui nihil tamen *loquebatur* nisi *quod viderat apud Patrem* [Io 8,38], hoc est certo sciret *beneplacitum Patris* [Io 8,29] – locum apud illos nullum habebat, tamque aberat ut eum *sermonem*, Dei sermonem *agnoscerent* [Io 8,43] ut, propter eundem *qui ipsa* salvifica *veritas* erat, *interficere* Dominum *cuperent* [Io 8,40]. Hinc ergo iure intulit eos nequaquam *esse filios Abrahae* quorum nimirum[l2] *opera*, id est studia, studiis *Abrahae* essent tam dissimilia [Io 8,39.40]; multo minus *Dei* [1 Io 3,10], cuius Filium et [66]verbum per Filium praedicatum adeo non agnoscerent [cf. Io 8,43] – qui tamen *nequaquam a seipso venisset* [Io 8,42], hoc est non esset tantum homo, neque humana, sed omnia divina loqueretur [cf. Io 3,34]. Verum [m2]*filii essent*[m2] *Diaboli* [1 Io 3,10], quem nimirum *mendacii* et *homicidii autorem* et suasorem *odio veritatis* [Io 8,44] et persequutione adnuntiantis illam studiose et plene referebant[66].

Observationes

Observandum quae vera libertas et a quo petenda. Non trahi siquidem ad iniquitatem et *principali Spiritu* [Ps 50,14] praeditum esse ut libere *Deo vivas* [Gal 2,19]: ea vera demum libertas est. Eamque solus Christus qui donat *Spiritum* huius *libertatis* [2 Cor 3,17], confert. Animadvertendum deinde ingenium impiorum qui placent sibi [cf. Rm 15,1] semper in iis quibus nequaquam meliores redduntur: ut est a sanctis genus ducere, vel institutum accepisse, aut aliud quippiam externum vel a sanctis, vel cum sanctis commune possidere. [n2]Deum contra nos[n2] a vita, a studiis, ab animo[o2] aestimare. Caeterum de veris et germanis filiis Abrahae [p2]Roman. 4 [16], Galath. 3[p2] [9] et 4[28] plura. Neque praetereundum eos non posse Christum, simulatque praedicatus eis fuerit, non amplecti quicunque Deum Patrem habent, id est qui ex electis sunt [cf. Col 3,12], qui *seminis Dei* aliquid possident [1 Io 3,9]. Illico siquidem agnoscit *mens Dei sensu* praedita [1 Io 5,20] ubi Deus, ubi verbum eius. Contra, *qui ex patre Diabolo sunt*, id est reprobi, illi *iuxta desideria* Satanae ad men[705]da*cium* [Io 8,44] contra veritatem eiusque professores perpetuo aguntur. Nota etiam *Diabolum* (ebraice: satanam) *patrem* dici *mendacii* [Io 8,44] et omnis peccati quod omne mendacium et peccatum per ipsum in orbem venerit [cf. Sap 2,24].

[k2] sequantur B. – [l2] *om.* AB. – [m2-m2] filius esset [!] C. filii essent ABD. – [n2-n2] contra autem Deum AB. – [o2] *add.* nos AB. – [p2-p2] Rom. 4, Gal. 3 AB. –

[65-65] Ap: ErP 1524 ad loc., LB 7, 570 (*ip*).
[66-66] Ap: Brenz, *In Ioh.* 1528 ad loc., 164r. (*ip*).

ENARRATIO SECTIONIS V [45–59]

Annotationes

⟨Cur non crederent Iudaei⟩ *Ego autem quia veritatem dico, ideo non creditis mihi* [Io 8,45]. Probat hic Dominus Iudaeos non Dei, sed *Diaboli, patris mendacii, filios esse* [1 Io 3,10; Io 8,44] quia [67]non *alia caussa, quam quod* ipse *veritatem loqueretur, non crederent* [Io 8,45], id est non reciperent praeceptorem veritatis[67]. Nihil enim poterant aliud caussari, nullius culpae[q2] accusare [cf. Io 8,46]. Subiicit igitur [68]caussam cur sibi non sustinerent credere. *Qui ex Deo est*, inquit, id est: qui Dei Spiritum habet [cf. 1 Io 4,13], qui a Deo electus est [cf. Col 3,12], *is audit verba Dei* [Io 8,47] et fide recipit [cf. Rm 10,17]. *Haec* igitur et nulla alia *caussa est cur* vos, quae loquor Dei verba, *non auditis*, non recipitis, mihi non creditis. Haec enim omnia idem pollent quam: *quia non ex Deo*, sed Diabolo nati *estis* [Io 8,47][68].

Responderunt igitur Iudaei [Io 8,48]. Ita solet [69]convicta impietas: dum non habet quod respondeat veritati, convertit se ad convitia[69]. Convicti erant esse *filii Diaboli* [cf. 1 Io 3,10], regerunt ergo mera animi impotentia et nulla vel similitudine veri *Dominum habere daemonium et esse Samaritanum* [Io 8,48]. Quo voluerunt intellegi eum esse [70]Legis et caerimoniarum Dei transgressorem. De quo et [71]supra 4.

Ego demonium non habeo [Io 8,49]. Contentus fuit [72]simpliciter maledictum depulisse, nisi quod simul [73]admonuit eos iudicii quod ipsos maneret eo quod ait: *Sed honoro Patrem meum*[r2] [Io 8,49]. Ut vero[s2] suo more adsereret ad quid venisset, quidve ab ipso expectandum esset – nam erat

---

[q2] *add.* ipsum AB. – [r2] *add.* reiecit quod ipsum Samaritani nomine transgressorem Legis atque ita contemptorem Dei vocarant A. *add.* vocarant [!] B. – [s2] *add.* fortius AB. –

[67–67] Ap: Chrysostom, *In Ioh.* hom. 54 ad loc., MPG 59, 299–300; Theophylactus, *In Ioh.* ad loc., MPG 124, 31–32; Aquinas, *In Ioh.* ad loc., *Piana* 14:2, 53r. col. B; *Catena* ad loc. (Alcuin), *Guarienti* 2, 458; Brenz, *In Ioh.* 1528 ad loc., 168r. (*i*).

[68–68] Ap: Augustine, *In Ioh.* tract. 42 ad loc., MPL 35, 1706, CCL 36, 373 (*i*: there emphasis on predestination to damnation); Aquinas, *In Ioh.* ad loc., *Piana* 14:2, 53v. col. A (*i*).

[69–69] Ap: Chrysostom, *In Ioh.* hom. 55 ad loc., MPG 59, 301 (*i*); Ludulphus, *Vita*, 1a pars, cap. 84, *Rigollot* 2, 289 (*ipe*).

[70] Ap: Theophylactus, *In Ioh.* ad loc., MPG 124, 31–32 (cited in: Aquinas, *Catena* ad loc., *Guarienti* 2, 458); Ludulphus, *Vita* 1a pars, cap. 84, *Rigollot* 2, 290; Aquinas, *In Ioh.* ad loc., *Piana* 14:2, 53v. col. A (*i*: but in all only part of the explanation). Here adv: Augustine, *In Ioh.* tract. 43 ad loc., MPL 35, 1707, CCL 36, 374 (there: Samaritanus = custos).

[71] Cf. supra *cap.* 4, *sect.* 1 ad nn. (16) – (23).

[72] Same *i* ad loc. ap: Chrysostom, hom. 55, MPG 59, 301; Cyril, MPG 73, 111–112; Aquinas, *Piana* 14:2, 53v. col. B; Brenz 1528, 168v.

[73] Ap: Theophylactus, *In Ioh.* ad loc., MPG 124, 31–34 (cited in: Aquinas, *Catena* ad loc., *Guarienti* 2, 459); Brenz, *In Ioh.* 1528, 169r. (*i*: but conjunction of gentleness – cf. supra n. (72) – and impending judgement only ap: Brenz).

illis, nequid postea praetexerent ignorantiae [cf. Io 15,22], veritas apertissime indicanda – dicebat eis: *Amen amen dico vobis, si quis sermonem meum servaverit*, id est [74]receperit fide verumque agnoverit [cf. Rm 10,17], *non videbit mortem* [Io 8,51]. Nam istiusmodi$^{t^2}$ certa [75]expectatione beatae resurrectionis$^{u^2}$ corpus dum fatum urserit$^{v^2}$, somno verius quam morti cedunt, interim animis perpetua et beata in Domino vita [cf. Apc 14,13] perfruentes[75]. De quo [76]supra capitibus 3,5$^{w^2}$, 6 plura.

Abraham mortuus est [Io 8,52]. Argumentum Iudaeorum est [77]mortuos fuisse non solum qui Abrahae et prophetis crediderunt, verum etiam ipsos. $^{x^2}$Insanum ergo esse$^{x^2}$ dictum Domini tanquam se, absque ulla ratione, sanctissimis patribus et prophetis preferentis [cf. Io 8,53][77].

Si ego meipsum glorifico [Io 8,54]. Nimirum [78]homo et$^{y^2}$ sine testimonio divinitatis. Id autem cum non $^{z^2}$posset Dominus, dixit$^{z^2}$ haec per [79]imitationem vel concessionem, uti et [80]supra plura. Caeterum quod dixit [81]*se a Patre glorificari, quem ipsi dicerent Deum suum esse, nec tamen cognoscerent eum; se autem ipsum ita cognoscere ut, si id negaret, non minus mendax esset, quam ipsi dicentes se illum cognoscere, nam$^{a^3}$ verbum eius servaret* [Io 8,54–55], hoc est verum haberet essetque ei penitus addictus: haec omnia et responsio fuere ad illorum obiectionem – $^{b^3}$cum id obiecerunt$^{c^3}$ quod$^{b^3}$ se *Abrahamo maiorem* faceret [Io 8,53] – et praemunitio ad sequens dictum[81] quo adfirmavit *Abrahamum exultasse ut videret diem suum* [Io 8,56], hoc est revelationem $^{d^3}$sui factam, ipso iam in carne apud homines conversante [cf. Io 1,14]. Quam revelationem Abraham iam perceperat et inde gaudebat$^{d^3}$. In $^{e^3}$his sane$^{e^3}$ verbis Dominus se non solum *maiorem Abrahamo* [Io 8,53], sed et [82]salvatorem Abrahami confessus est.

$^{t^2}$ *om.* AB. – $^{u^2}$ *add.* istiusmodi AB. – $^{v^2}$ urget A. – $^{w^2}$ *add.* et AD. – $^{x^2-x^2}$ hinc insanum videri volebant A. – $^{y^2}$ *om.* AB. – $^{z^2-z^2}$ potuerit, dicta sunt AB. – $^{a^3}$ eo quod AB. – $^{b^3-b^3}$ an A. quod B. – $^{c^3}$ *om.* C [!]. *corr. after* D. – $^{d^3-d^3}$ quae facta est dum in carne apud homines conversatus est iamque vidisse eam et gavisum esse AB. – $^{e^3-e^3}$ quibus AB. –

[74] Ap: Brenz, *In Ioh.* 1528 ad loc., 169v. (*i*).

[75–75] Ap: Brenz, *In Ioh.* 1528 ad loc., 169v. (*ip*); Augustine, *In Ioh.* tract. 43 ad loc., MPL 35, 1710, CCL 36, 377 (*i*).

[76] Cf. supra *cap.* 3, *sect.* 2 ad nn. (70)–(70) – (75); *cap.* 5, *sect.* 2 ad n. (65)–(65); *cap.* 6, *sect.* 3 ad n. (79)–(79).

[77–77] Ap: Brenz, *In Ioh.* 1528 ad loc., 170r. (*ip*: but there: direct speech).

[78] Ap: Aquinas, *In Ioh.* ad loc., *Piana* 14:2, 54r. col. B (*ipe*). Here perhaps adv: Brenz, *In Ioh.* 1528 ad loc., 170r. (there: distinction between two natures obscured).

[79] Apparent concession of an argument to an opponent taking the form of repetition. Cf. *Lausberg* 1, par. 856 (there: concessio = simulatio after Quintilian). Thus paraphrased but without reference to rhetorical figures ap: ErP 1524 ad loc., LB 7, 573.

[80] Cf. supra e.g. *cap.* 5, *sect.* 3 ad n. (86); *cap.* 6, *sect.* 3 ad nn. (60), (77).

[81–81] Ap: Ludulphus, *Vita* 1a pars, cap. 84, *Rigollot* 2, 291 (*i*).

[82] Ap: Ludulphus, *Vita* 1a pars, cap. 84, *Rigollot* 2, 291 (*ip*); Aquinas, *In Ioh.* ad loc., *Piana* 14:2, 54v. col. A–B (*i*).

⟨Quae Abraham in sua promissione viderit⟩ Hic vide rursus ut longe plura semper sancti in promissionibus sibi factis, quam verba videantur indicare, intellexerint. Promiserat Abraham Deus [83]*semen eius^l3 multiplicaturum, sicut stellas coeli et illud portas inimicorum suorum possessurum, tum per semen eius benedicendas omnes nationes terrae* [Gn 22,17–18]. Quis ex his verbis aliud accipiat quam Deum voluisse posteritatem Abrahae numerosissimam et victoriosam reddere, tum ita felicem ut ex ea commoda accipiant cunctae^g3 quoque gentes orbis? [84]Quid hic proprie de Christo? Attamen hic de Christo et unico popu[706]lo eius, qui est ecclesia credentium, factam promissionem [85]Paulus Galatis affirmat [cf. Gal 3,16–22] et iure quidem. Quid enim ab Ebraeis ad gentes unquam pervenit quod benedictio vere possit dici, quam cognitio Dei [cf. 2 Pt 1,2] *doctrinaque pietatis* [1 Tim 6,3]? Neque sane benedictio fuit quod Iudei interdum gentes aliquot in servitute detinuerunt, ^h3multo minus quod plurimas penitus deleverunt^h3. Iam quando et per quem hanc benedictionem tandem gentes perceperunt? Utique^i3 per Christum qui, *diruto medio pariete* [Eph 2,14], ex utroque populo unum fecit [cf. Eph 2,16], qui apostolos suos ad gentes misit [cf. Mt 24,14], qui Spiritum suum gentibus aeque, imo amplius quam Ebraeis, donavit [cf. Act 10,45]. *Huius* ergo *diei*, huius *adventus Christi et revelationis* [1 Cor 1,7.8] cum [86]*Abraham* promissionem accepisset, certus^j3 factus se ista visurum, *exultavit* [Io 8,56], gaudio indicibili ob futuram hanc orbis redemptionem [cf. 1 Tim 2,6] perfusus. *Iam* vero^k3 Christo homine facto munusque suum obeunte, ^l3*viderat haec etiam bona ex parte facta^l3*, unde sciebat brevi et alia subsecutura *indeque* rursum *gavisus est* [Io 8,56] ^m3*et amplius^m3 86*.

⟨Sancti plura de Christo intellexerunt, quam cortex literae indicet⟩ Sic et alii sancti longe plus de Christo^n3 ex Scriptura intellexerunt, quam cortex videatur literae indicare. Inde certe fuit generalis illa atque vulgata Christi expectatio, iam non apud Iudaeos solum, verum etiam apud Samaritanos [cf. Io 4,25], nec dubium quin et apud gentes – id quod testantur [87]vaticinia Sibyllarum. Literam autem tectiorem esse Dominus

---

^l3 *add.* se AB. – ^g3 omnes A. – ^h3–h3 *om.* A. – ^i3 Nunquid A. – ^j3 certusque A. – ^k3 *add.* haec AB. – ^l3–l3 bona ex parte viderat facta AB. – ^m3–m3 *om.* AB. – ^n3 *add.* etiam AB. –

[83] Ap: Ludulphus, *Vita* 1a pars, cap. 84, *Rigollot* 2, 291 (*ir*); Brenz, *In Ioh.* 1528 ad loc., 170v. (*ir*). Same *i* different *r* ap: Augustine, Chrysostom, Aquinas ad loc.

[84] Ap: e.g. Zwingli, *In Gn.* ad 22,17, CR 100, 152 (*ir* Gal. 3,16) Adv: Luther, *In Gn.* 1527 ad 22,18ff., WA 24, 390–397 (there: emphasis on God's promise and Abraham's faith, not on election).

[85] Adv: Luther, *In Gn.* 1527 ad 22,18, WA 24, 392 (there *r* Gal 3,22: promise given not to the elect but to those who had faith).

[86-86] Ap: Eusebius – Rufinus, *Hist. eccl.* 1,4, GCS 9:1, 42–43 (*i*).

[87] Ap: Lactantius, *Inst. div.* 4,15–16, CSEL 19:2, 331–337; Sozomenes in: *Hist. trip.* 1,2, MPL 69, 885, CSEL 71, 11 (*i*).

voluit ut *videntes non viderent* [Mt 13,14] et *mensa* haec[o3] *in laqueum cederet* [Rm 11,9] reprobis. Hinc velum[p3] ob oculos Iudaeorum positum usque in hunc diem perseverat [cf. 2 Cor 3,14].

Amen amen dico vobis [Io 8,58]. Quia iterum dicturus erat quod Iudaeis [88]paradoxon erat, addit asseverationem suam. Dixit autem quod et alias: se non tantum hominem, sed et Deum esse qui semper fuerit [q3]et sit[q3] [cf. Ex 3,14][88]. Qua veritate [r3]ita Iudaeos offendit[r3] ut vellent eum lapidare [cf. Io 8,59]. Quod vero dixit[s3] id significat [89]quod: *In principio erat Verbum* [Io 1,1].

Observationes

Iterum notandum discrimen electorum et reproborum. Hi non possunt *Dei verba* [Io 3,34], hoc est veritatem *Christique doctrinam* [2 Io 9], audire, id est fide recipere [cf. Rm 10,17], etiam si nihil in ea queant culpare. Contra illi non possunt ei non accedere ac ita addicere se ut nullis ab ea cruciatibus divelli queant. Aeternam enim in illa vitam habent [cf. Io 6,69], *servant* igitur *eam*, id est fide perpetuo ei adhaerent ac ita *mortem nunquam vident* [Io 8,51], animis semper beati, etiamsi ad tempus [t3]crucietur aut[t3] dormiat corpus.

Hi cognoscunt quoque Deum et honorant [cf. Io 8,49]; reprobi neutrum possunt sed persequuntur Dei praecones et Deum blasphemant. Praecipue autem animadvertendum sanctos vivere videreque apud Dominum gloriae eius profectum atque inde gaudere [cf. 1 Pt 4,13], [u3]uti *Abraham vidit diem* Domini, id est tempus revelationis – imo ipsum revelatum in carne – et *gavisus est*[u3] [Io 8,56]. Denique notandum Christum et semper fuisse [v3]et esse[v3] eoque Deum esse [cf. Ex 3,14]; ac etiam semper fuisse [w3]et esse[w3] sanctorum gaudium [cf. Io 17,13] et salutem.

[o3] *om.* A. – [p3] *add.* certe A. – [q3]-[q3] *om.* AB. – [r3]-[r3] effecit AB. – [s3] *add. antequam Abraham nasceretur ego sum* [Io 8,58] D. – [t3]-[t3] *om.* A. – [u3]-[u3] *om.* AB. – [v3]-[v3] *om.* AB. – [w3]-[w3] *om.* AB. –

[88]–[88] Cf. *Lausberg* 1, par. 64:3. Same *i* but without use of term stressed ap: Gregory, *In Ev.* hom 18 in: Aquinas, *Catena* ad loc., *Guarienti* 2, 461; Aquinas, *In Ioh.* ad loc., *Piana* 14:2, 54v. col. B.

[89] Ap: Augustine, *In Ioh.* tract. 43 ad loc. MPL 35, 1713, CCL 36, 380 in: Aquinas, *Catena* ad loc., *Guarienti* 2, 461; *In Ioh.* ad loc., *Piana* 14:2, 54v. col. B (*ir*).

CAPUT 9

⟨Sectio 1 [1–7]⟩ *Et praeteriens Iesus vidit hominem caecum a nativitate et interrogaverunt eum discipuli eius, dicentes: rabbi, quis peccavit, hic, an parentes eius ut caecus nasceretur? Respondit Iesus: neque hic peccavit, neque parentes eius, sed ut manifestentur opera Dei in illo. Me oportet operari opera eius qui misit me donec dies est. Venit nox quando nemo potest operari. Quamdiu fuero in mundo, lux sum ¹mundoᵃ. Hoc cum dixisset, expuit in terram et fecit lutum ex sputo et illevit lutum su[707]per oculos caeci et dixit ei: vade lava in piscina Siloae quod, si interpreteris, sonat: missus. Abiit ergo et lavit et venit videns.*

⟨Sectio 2 [8–17]⟩ *Itaque vicini et qui viderant eum prius quod mendicus esset, dicebant: nonne hic est qui sedebat et mendicabat? Alii dicebant: hic est; alii rursus: similis est ei. Ille dicebat: ego sum. Dicebant ergo ei: quomodo aperti sunt tibi oculi? Respondit ille et dixit: ille homo qui dicitur Iesus lutum fecit et inunxit oculos meos et dixit mihi: vade ad piscinam Siloae et lava. Ut autem abii ac lavi, visum recepi. Dixerunt ergo ei: ubi est ille? Ait: nescio. Adducunt ad Pharisaeos eum qui dudum caecus fuerat. Erat autem sabbathum cum lutum faceret Iesus et aperiret oculos eius. Iterum ergo interrogabant eum et Pharisaei quomodo visum recepisset. Ille autem dixit eis: lutum ²mihiᵇ imposuit super oculosᶜ et lavi et video. Dicebant ergo ex Pharisaeis quidam: non est hic homo a Deo quia sabbathum non observat. Alii autem dicebant: quomodo potest homo peccator haec signa edere? Et dissensio erat inter eos. Dicunt caeco iterum: tu quid dicis de illo ³quiᵈ aperuit tibi oculos tuos? Ille autem dixit: propheta est.*

⟨Sectio 3 [18–23]⟩ *Non crediderunt ergo Iudaei de illo quod caecus fuisset et visum recepisset donec vocaverunt parentes eius qui visum receperat et interrogaverant eos, dicentes: hic est filius vester quem vos dicitis caecum natum esse? Quomodo ergo nunc videt? Responderunt eis parentes eius et dixerunt: scimus quod hic est filius noster et quod caecus natus est. Quomodo autem nunc videat nescimus, aut quis eius aperuit oculos nos nescimus. Ipse aetatem habet, ipsum interrogate, ipse de se loquetur. Haec dixerunt parentes eius quod timerent Iudaeos. Iam enim conspiraverant Iudaei ut, si quis*

ᵃ¹ mundi BD. – ᵇ² *om.* D. – ᶜ *add.* meos D. – ᵈ³ quia B. –

¹ Er 1527: mundi. Here probably a printing error.
² Er 1527: mihi imposuit. Cf. *Wordsworth & White* ad loc. for reading: oculos meos.
³ Er 1527: quia. Vg.: qui.

eum confiteretur esse Christum, e synagoga eiiceretur. Propterea parentes eius dixerunt: aetatem habet, ipsum interrogate.

⟨Sectio 4 [24–34]⟩ *Vocaverunt ergo rursum hominem qui fuerat caecus et dixerunt ei: da gloriam Deo. Nos scimus quod hic homo peccator est. Respondit ergo ille et dixit: an peccator sit nescio; unum scio, quod caecus cum fuerim, nunc videam. Dixerunt ergo illi iterum: quid fecit tibi? Quomodo aperuit tibi oculos? Respondit eis: dixi vobis iam, nec audistis, cur iterum vultis audire? Num et vos vultis discipuli eius fieri? Convitiati sunt ergo ei et dixerunt: tu discipulus illius esto, nos autem ⁴Mosiᵉ discipuli sumus. Nos scimus quod Mosi loquutus est Deus, hunc autem nescimus unde sit. Respondit ille homo et dixit eis: in hoc enim mirabile quiddam est quod vos nescitis unde sit et tamen aperuit meos oculos. Scimus autem quod peccatores Deus non audit, sed si quis Dei cultor est et voluntati eius obtemperat, hunc audit. A seculo non est auditum quod quis aperuerit oculos caeci nati. Nisi esset hic a Deo, non potuisset facere quicquam. Responderunt et dixerunt ei: in peccatis natus es totus et tu doces nos? Et eiecerunt eum foras.*

[708] ⟨Sectio 5 [35–41]⟩ *Audivit Iesus quod eiecissent eum foras cunque invenisset eum, dixit ei: tu credis in Filium Dei? Respondit ille et dixit: ⁵quisᶠ est Domine ut credam in eum? Et dixit ei Iesus: et vidisti eum et qui loquitur tecum ipse est. At ille ait: credo Domine et adoravit eum. Et dixit ei Iesus: in iudicium ego in hunc mundum veni ut qui non vident, videant et qui vident, caeci fiant. Et audierunt quidam ex Pharisaeis haec, qui cum ipso erant et dixerunt ei: num et nos caeci sumus? Dixit eis Iesus: si caeci essetis, non haberetis peccatum. Nunc vero dicitis: videmus, idcirco peccatum vestrum manet.*

ENARRATIO SECTIONIS I [1–7]

Annotationes

Et praeteriens vidit Iesus hominem caecum [Io 9,1]. Tempus erat ut apertius potentiam suam Dominus revelaret. Quam autem id saluti erat piis, tam erat perniciei impiis, sed hactenus ᵍimpiis quoqueᵍ gloria Domini detegenda fuit, verum sic ut magis ⁶excaecarentur [cf. Io 12,40]. Huc serviit quod Dominusʰ et huic caeco sabbathoⁱ visum donavit [cf. Io 9,14].

ᵉ⁴ Mosis D. – ᶠ⁵ ecquis D. – ᵍ et ipsis AB. – ʰ *om.* AB. – ⁱ *add.* Dominus AB. –

⁴ Er 1527: Mosi. Vg.: Mosi.
⁵ Er 1527: et quis. Vg.: quis. Cf. *Wordsworth & White* ad loc.
⁶ Ap and adv: Brenz, *In Ioh.* 1528 ad loc., 171v. (*i*: but there emphasis on Pharisees' increasing unawareness of their own blindness).

Neque hic peccavit etc. [Io 9,3]. Hoc est: potissima caussa ut hic caecus nasceretur fuit ut [7]gloriae Dei illustrandae esset occasio [cf. Io 9,4], non vel ipsius, vel parentum eius peccatum. Caeterum tamen solent morbi ob peccata immitti, ut docetur[j] supra[k] sexto [! cf. Io 5,14] et 1 Cor. 11[30], praeter ea quae 3 Moscheh 26[25] legimus[l]. [m]Caussa[n] ut rogarent discipuli cuius culpa ille ita natus esset [cf. Io 9,2] [o]erat quod non viderent caecum ipsum[o] peccare potuisse antequam esset natus, neque videbatur eis[p] dignum ut ob parentum peccata filius poenas daret [cf. Ez 18,20][7]. Significavit ergo Dominus etiam [8]mala immitti hominibus ut in eis gloria Dei illustris fiat. Vasa enim Dei sunt et [9]debent, quovis modo, gloriae inservire conditoris sui [cf. Rm 9,23][9]. Gloriam Dei vides hic pro salvatrice eius [10]potentia accipi[8]. Ea enim in hoc caeco fuit manifestata.

⟨De qua *nocte* hic Christus⟩ *Me oportet operari* [Io 9,4]. *Diem* vocat [11]tempus praesentiae[q] et iure quidem. Lucebat enim ipse tum *sol iustitiae* [Mal 4,2] radiis doctrinae et operum vitae aeternae [cf. Io 5,36]. [12]*Noctem* vocat tempus in quo ex decreto Patris vacaturus esset ab eiusmodi operibus et doctrina[12]. Ea nox Iudaeis venit[r] cum et ab ipso et apostolis eius deserti fuere [cf. Mt 23,38]. Ipse enim *lux mundi*, hoc est omnium hominum [cf. Io 1,9], est, [13]dum[s] *in mundo*[t] [Io 9,5] – idque non solum suo corpore, sed multo magis suo Spiritu et per evangelion[13]. Illud: *Nox venit cum nemo potest operari* [Io 9,4] de vita praesenti [14]quidam intellexerunt indeque collegerunt tantum in hac vita nos posse bona et Deo grata operari [cf. Io 6,28]. Sed si quis consideret ipsa Domini verba, manifeste videt noctem ab ipso vocari tempus suae absentiae. Et quod ait: *Venit nox in qua nemo potest operari* [Io 9,4] allusit more suo ad [15]noctem vulgarem in

---

[j] *om.* AB. – [k] *add.* capite D. – [l] *add.* docemur AB. – [m] *add.* Et haec AB. – [n] *add.* fuit AB. – [o-o] Non enim videbatur AB. – [p] *om.* AB. – [q] *add.* suae AB. – [r] *ingruit* AB. – [s] *add.* est AB. – [t] *add. corr.* est D. –

[7-7] Ap: Chrysostom, *In Ioh.* hom. 56 ad loc., MPG 59, 306 (*iar* Io 5,14; Ez 18,20); Ludulphus, *Vita* 1a pars, cap. 85, *Rigollot* 2, 294 (*i*); Brenz, *In Ioh.* 1528 ad loc., 172v.–173r. (*ipre*).
[8-8] Ap: Chrysostom, *In Ioh.* hom. 56 ad loc., MPG 59, 306 (*i*); Aquinas, *In Ioh.* ad loc., *Piana* 14:2, 55r. col. B (*i*? but there: stress on infirmities occurring *propter bonum*); Brenz, *In Ioh.* 1528 ad loc., 173r. (*p*).
[9-9] Ap: Brenz, *In Ioh.* 1528 ad loc., 173r. (*p*).
[10] Ap: ErP 1524 ad loc., LB 7, 575 (*e*).
[11] Ap: Chrysostom, *In Ioh.* hom. 56 ad loc., MPG 59, 306 (*i*); Lyra ad loc. (*ip*); Brenz, *In Ioh.* 1528 ad loc., 173v. (*ip*: but there alternative explanation referring to Christ's divine nature – therefore eternal presence – also given, after Augustine).
[12-12] Ap: Brenz, *In Ioh.* 1528 ad loc., 173v. (*i*).
[13-13] Ap: Brenz, *In Ioh.* 1528 ad loc., 173v. (*i*). Perhaps adv: Aquinas, *In Ioh.* ad loc., *Piana* 14:2, 55v. col. A (there: corporeal presence emphasised).
[14] Cyril, *In Ioh.* ad loc., MPG 73, 959–960 (also in Clichtove add. 1524 ed ad loc., 116v.); Theophylactus, *In Ioh.* ad loc., MPG 124, 45–46; ErP 1524 ad loc., LB 7, 575.
[15] Ap: ErP 1524 ad loc., LB 7, 575 (*ip*).

qua non possunt homines operari. Hinc allegoricôs [16]significavit instare[u] tempus in quo[v], a Iudaeis abiturus[w], nihil[x] esset apud eos operum salutis quae tum faciebat, operaturus [cf. Ps 73,12][16]. Hoc igitur tempus duplici nomine *nox* Iudaeis futurum erat, et quod abfuturus esset eis *sol iustitiae* [Mal 4,2] qui solus sua praesentia *diem* gratiae [cf. Io 9,4] facit, et quod idem, tanquam in nocte, nihil esset apud illos pro illorum salute facturus.

⟨Opera mystica⟩ *Expuit in terram* [Io 9,6]. Ex mysticis illis operibus hoc fuit, de quibus [17]supra [y]in[z] capite 3 in illud: *Sicut Moses exaltavit serpentem* [Io 3,14] circa finem eius annotationis[y] diximus. [18]Iis rebus usus est ad aperiendum huic caeco oculos, quibus nemo dubitare potuit huiusmodi virtutem nequaquam inesse, sed totum opus esse virtutis ipsius[18]. Hinc itaque monuit – non minus et in aliis quibuscunque operibus – omnia se solum sua virtute perficere; quodque adhibere, [19]tanquam *cooperantes* [3 Io 8], aliquas creaturas dignatur, nequaquam [a']id propter opus facere[a'] perficiendum, sed propter honorandum creaturas suas quas ita ad bonitatis suae ministerium et virtutis suae cooperationem, admittit [cf. 1 Cor 3,6][19]. Caeterum in [20]Matth. aliquoties indicavi quod Dominus quosdam solo verbo, quosdam vero conta[709]ctu corporis sui sanavit. Hoc[b'] eum indicasse [21]pretium carnis suae per quam salutem nostram operatus est; illo[c'], verbo se omnia posse perficere [cf. Hbr 1,3][21] – [d']etiam absente carne eius[d'] – ne displiceremus nobis quibus corporis sui praesentiam subduxit.

⟨Siloam⟩ [22]*Piscina Siloam* [Io 9,6] ἡ κολυμβῄ̔θρα erat, id est *natatorium*[22], sicut et illud [23]supra 5 [Io 5,2]. Hieronymus qui in ea regione habitavit et oculis[e'] omnia conspexit, ita scribit [24]in *f'*8 capite*f'* Iescha: *g'* [25]"Siloam autem fontem esse ad radices montis Sion qui non iugibus aquis, sed [26]incertis horis diebusque ebulliat et per terrarum concava et antra saxi durissimi cum magno sonitu veniat, dubitare non possumus,

---

[u] *add.* quoque AB. – [v] *add.* ipse ut AB. – [w] *add.* ita AB. – [x] *add.* quoque AB. – [y-y] in fine fol. 86 et fol. 87 A. – [z] *om.* D. – [a'-a'] *corr.* id facere propter opus D. – [b'] hocque B. – [c'] *add.* etiam absente carne sua B. – [d'-d'] *om.* AB. – [e'] *add.* suis A. – [f'-f'] caput 8 D. – [g'] *add.* □ Isaiae 8. a. a [!] D. –

[16-16] Ap: Brenz, *In Ioh.* 1528 ad loc., 173v.–174r. (*ia*).
[17] Cf. supra *cap.* 3, *sect.* 2 ad nn. (135)–(135) – (139).
[18-18] Ap: Chrysostom, *In Ioh.* hom. 56 ad loc., MPG 59, 311 (cited in: Aquinas, *Catena* ad loc., *Guarienti* 2, 465; *In Ioh.* ad loc., *Piana* 14:2, 55v. col. B) (*i*).
[19-19] Adv: Brenz, *In Ioh.* 1528 ad loc., 174v. (there: instrumenta).
[20] Cf. e.g. BEv 1527 ad Mt 9[5ff.], 48v.–49v., 57r.–v.
[21-21] Ap: Cyril, *In Ioh.* ad loc., MPG 73, 963–964 (*i*! but not in Clichtove add. 1524 ed ad loc.). Thus here ap: Aquinas, *In Ioh.* ad loc., *Piana* 14:2, 55v. col. B (*ip*).
[22-22] Synonymity emphasised ap: Ludulphus, *Vita* 1a pars, cap. 85, *Rigollot* 2, 294 (*ip*).
[23] Cf. supra *cap.* 5, *sect.* 1 ad nn. (10) – (26).
[24] Jerome, *In Is.* 3 ad 8,5–8, MPL 24, 116, CCL 73, 113.
[25] Most texts: Siloe b̔ut thus in: Jerome, *Opera 1524–26*, 3, 45 col. A (*t*).
[26] Jerome, *In Is.* ad loc., MPL 24, 116, CCL 73, 113; *Opera 1524–26*, 3, 45 col. A: in certis. But incertis ap: Ludulphus, *Vita* 1a pars, cap. 85, *Rigollot* 2, 294. (*t* here?).

nos praesertim qui in [27]hac regione habitamus"[27]. Haec ille. Ex hoc igitur
fonte, maxime cum interruptis vicibus manet et sit in [28]ea regione aquarum
penuria, facta erat [29]natatio quae et ipsa Schiloach dicebatur. Nam
[30]Nehemiah 3 [15] הַשֶּׁלַח בְּרֵכַת, id est piscina vel natatio Schiloah
legimus, quam etiam a Iescha notatam verisimile est cum opprobrans
populo quod, contempto regno Iudah, ad virtutem respexisset regum
Syriae et decem tribuum, per metaphoram regnum Iudah vocavit *aquas
Schiloah leniter euntes* [Is 8,6][30]. Id enim de [31]fonte, si magno cum sonitu
ut credendum Hieronymo videtur, veniat, non commode diceretur. Chaldaice dicitur [32] שִׁילוּחָא Schilucha, inde [33]Graeci pro שׁsuo σ usi, extrita
aspiratione ח et ad finem μ adiecto, fecerunt Siloam. Id vero [34]*missum*
significat, quod et Evangelista more suo *interpretatus est* [Io 9,6]. [35]Mys-
ticos intellectus[h1] requirant alii. Evangelistas scio dedisse operam ut quorum [36]ipsi monere vellent, ea aperte indicarent. Et hic satis didicero, si
Christum meum omnium habere potestatem et salvificam suorum [cf. Io
17,2] rite agnovero.

Observationes

Observandum primum omnia quae nobis accidunt gloriae Dei servire,
aequanimiter igitur illa feramus. *Figmentum* [Rm 9,20] Domini sumus et,
si ipsum agnoscimus, quocunque suam in nobis gloriam ipse illustrat,
eodem et nostram salutem promovet. Deinde [i1]ex eo quod *discipuli rogabant an peccasset ipse caecus, quod esset caecus natus* [Io 9,2], coniicere
dant [37]quam vulgaris fuerit illa de transitu animarum in multa corpora
opinio. Ubi enim caecus hic peccasset nondum natus *ut caecus nasceretur*
[Io 9,2], nisi anima eius in alio quopiam corpore deliquisset[37]? Ut autem

---

[h1] *add.* ne dicam confictos AB. – [i1–i1] *om.* A. –

[27–27] Jerome, *In Is.* 3 ad 8,5–8, MPL 24, 116, CCL 73, 113. *Opera 1524–26*, 3, 45 col. A:
in hac habitamus provincia. Here Bucer's own *p*?
[28] Here perhaps ap: Josephus, *De bello* 5, 410, *Loeb* 3, 328–329 (*i*).
[29] Description of that pool ap: Josephus, *De bello* 5, 140, *Loeb* 3, 240–241. Also mentioned
as pool by Ludulphus, *Vita* 1a pars, cap. 85, *Rigollot* 2, 297.
[30–30] 2 Esr 3,15. Ap: Reuchlin, *Rudimenta*, 520 (*r* only: there described as aqua Siloah).
[31] Adv: ErP 1524 ad loc., LB 7, 576 (there: Siloam called piscina but the spring, its source,
described as slow-flowing and silent).
[32] Ap: Münster, *Dict. chald.*, 404 (there: "… שִׁילוּחָא nomen fluvii prope Hierusalem").
[33] Cf. etymology of *Messias* supra, *cap.* 1, *sect.* 9 ad nn. (300) – (303).
[34] Cf. Münster, *Dict. chald.* 404; Reuchlin, *Rudimenta*, 520.
[35] Most commentators: Siloam = missus = Christ. Thus e.g. ap: Aquinas, *Catena* ad loc.,
Guarienti 2, 464–465 (Chrysostom, Augustine); Theophylactus, *In Ioh.* ad loc., MPG 124,
47–48; Lyra ad loc. Here perhaps esp. adv: ErP 1524 ad loc., LB 7, 576.
[36] Ap: Eusebius – Rufinus, *Hist. eccl.* 3, 24, GCS 9:1, 244–245 (*i*).
[37–37] Ap: Theophylactus, *In Ioh.* ad loc., MPG 124, 41–42 cited in: Aquinas, *Catena* ad
loc., *Guarienti* 2, 464 (*i*: but there disciples could *not* have believed in transmigration).

[38]stulta erat haec opinio, sic indignam habuit Dominus natam ex ea interrogationem cui responderet. Quanquam [39]nec de peccato parentum [cf. Io 9,3] quicquam dixit, eo quod magis e re discipulorum esset recta eos ducere ad cognoscendam primam caecitatis huius caussam[39]. Postremo[i1] observandum: si Christus *lux mundi* [Io 9,5] est, non esse mirum si ita mundus insaniat et horrende omnibus in rebus impingat, dum ille verbo et evangelio eoque et Spiritu suo ei abest [cf. 1 Io 4,2]. De his [j1]et in [40]1 capite et supra[j1] 8.

ENARRATIO SECTIONIS II [8–17]

O b s e r v a t i o n e s

Itaque vicini et qui viderant eum [Io 9,8]. Observandum ut omnia Deo inserviant. Etiam quod *mendicus* hic fuit, momentum ad gloriam Dei aliquod habuit. Hinc enim multis notus erat idque caussam tum dedit ut ad notitiam plurimorum hoc Domini factum perveniret. Ad idem serviit quod[k1] *sabbathum esset* [Io 9,14]: tum enim homines vacabant et templum – ante quod caecum istum *sedisse mendicantem* [Io 9,8] verisimile est – frequentabant. Denique quod et *ad Pharisaeos* ductus fuit [Io 9,13], ad idem contulit. [41]Videntur autem illi *vicini* [Io 9,8] et noti caecum nequaquam malo animo ad Pharisaeos duxisse, sed quod cuperent[l1] illis indicare[m1] Dominum quem ita persequebantur, nequaquam esse hominem malum, qui tantum scilicet fecisset miraculum. Sed notandum rursus ingenium impietatis. Tam inauditum divinae potentiae miraculum adeo nihil potuit movere illos ut mitius de Domino sentirent[n1], ut illico inde calumniae occasionem arriperent quod sabbatho illud fecisset [cf. Io 9,16][41].

[710] ⟨Iste *sabbathum non observat*⟩ Id vero quod dicebant: *Quia sabbathum non observat* [Io 9,16] significationem etiam habet[o1] prioris signi

---

[j1]–[j1] in 1 capite et supra capite 8 D. – [k1] *add. et* AB. – [l1] *cupiverint* A. – [m1] *indicatum* B. – [n1] *sentiret* [!] ABC. *corr.* sentirent D. – [o1] *add. et* AB. –

[38] General condemnation of transmigration ap: Origen, *Contra Celsum* 4.17, MPG 11, 1047–1048. Disciples' "simplicitas" condemned (but without mention of transmigration) ap: Ludulphus, *Vita* 1a pars, cap. 85, *Rigollot* 2, 294.
[39]–[39] Ap: Aquinas, *In Ioh.* ad loc., *Piana* 14:2, 55r. col. B; Ludulphus, *Vita* 1a pars, cap. 85, *Rigollot* 2, 294 (*ip*). Adv: Brenz, *In Ioh.* 1528 ad loc., 171v.–173r. (there: excursus on transmission of original sin).
[40] Cf. supra *cap.* 1, *sect.* 7 ad nn. (200)–(200) – (220); *cap.* 8, *sect.* 3 ad n. (23)–(23). Also ap: Melanchthon, *In Ioh.* 1523 ad loc., CR 14, 1131 (*i*).
[41]–[41] Ap: Brenz, *In Ioh.* 1528 ad loc., 175r.–v. (*i*). Bucer and Brenz adv: entire tradition (there: action of the *vicini* considered as malicious).

sabbatho editi, de quo [42]supra[p1] 5. Quasi dixissent: iste sabbathum pro nihilo habet, iam secundo illud violavit. Videntur enim mihi quae Evangelista [43]quinto capite narravit cum iis[q1] quae[r1] 7 et sequentibus[43], haud multum inter se distantibus temporibus, accidisse, neque multum antequam Dominus passus est. Sub tempus enim supplicii Dominus clarius divinitatem suam cum verbis, tum factis exeruit. Iam noster Evangelista ea [44]praecipue quibus Domini [s1]divinitas ostensa est[s1] apertius, sibi narranda desumpsit. Quare [45]quae gesta quosque Domini sermones memorat, maiore ex parte, ex iis quae – cum non procul abesset tempus immolationis [cf. 1 Cor 5,7] eius – facta dictaque ab ipso sunt, esse credidero[45]. Quod autem non tam [46]is qui fuerat caecus, quam et alii hoc facto Domini moti nequaquam eum pro *homine peccatore* Legisque Dei contemptore, uti eum Pharisaei criminabantur [Io 9,16], sed pro *propheta* [Io 9,17], id est divino homine, agnoverunt[46]: in eo [t1]vide Dominum[t1] – utcunque mali factis dictisque eius perpetuo offenderentur et peiores fierent [cf. Io 15,24] – electis tamen Salvatorem[u1] cum verbis, tum gestis suis fuisse[v1]. Sic et nos dum pro virili[w1] operibus Dei institerimus, quanquam semper id malo [x1]cessurum sit[x1] reprobis, frugem tamen bonam[y1] adferemus [cf. 2 Cor 9,10] electis.

ENARRATIO SECTIONIS III [18–23]

Observationes

Non crediderunt ergo Iudaei illo [Io 9,18]. Vide hic ut quaerat impietas quo pietatem calumnietur. Praeter spem sane sperabant hunc *non esse qui caecus fuisset* [Io 9,18]: ita agebat illos Satan. Ex eo quod *conspiraverant Iudaei eos eiiciendos synagoga qui confiterentur Dominum Christum esse* [Io 9,22] animadvertimus iam tum [z1]percrebuisse atque iactari coeptum fuisse eum esse Christum[z1]. Hinc etiam notandum [47]quam sit intolerans

---

[p1] *add.* cap. D. – [q1] his D. – [r1] *add.* cap. D. – [s1–s1] divinitatem ostendere posset A. divinitatem [! *corr.* divinitas D.] ostensa est BC. – [t1–t1] vides ut semper AB. – [u1] Salvator AB. – [v1] fuerit AB. – [w1] viribus AB. – [x1–x1] cedat A. – [y1] *add.* semper AB. – [z1–z1] eum esse Christum passim percrebuisse AB. –

[42] Cf. supra *cap.* 5, *sect.* 1 ad nn. (29) – (31)–(31), *sect.* 2 ad nn. (52) – (55)–(55).
[43–43] Cf. supra *cap.* 7, *sect.* 1 ad n. (4) and Backus, *Chronologie* in: RThPh *Cahier* 8, 41–50.
[44] Cf. supra *Prf.* ad *cap.* 1, ad n. (9)–(9).
[45–45] Ap and adv: Eusebius – Rufinus, *Hist. eccl.* 3, 24, GCS 9:1, 246–249 (*i*: there: John more concerned with Christ's divinity but related *both* beginning *and* end of Christ's ministry in greater detail than the Synoptics).
[46–46] Ap: Cyril, *In Ioh.* ad 9,30, MPG 73, 992–993 (here Clichtove add. 1524 ed., 119r.) (*i*).
[47] Ap: Brenz, *In Ioh.* 1528 ad loc., 176r. (*i* only: there: Pharisees' attempts to falsify miracle through the parents).

verae iustitiae mundus [cf. Io 15,19]. Quae unquam maior innocentia, quae maior modestia, quae maior in omnes officiositas visa erat, quam in Christo omnibus conspicabatur [cf. Col 3,12–13]? Hunc tamen tanto potuerunt odio persequi, qui in mundo erant optimi [cf. 1 Cor 1,20] ut eos etiam bona tantum de eo eaque verissima testantes, indignos sua communione haberent – idque praetextu iustitiae studiique Dei. Quid igitur turbet, cum et nos *mundus odio habet* [Io 17,14] $^{a^2}$suisque *synagogis*$^{a^2}$ *eiicit* [Io 9,22]?

ENARRATIO SECTIONIS IIII [24–34]

Annotationes

⟨*Scimus quia peccator est*⟩ *Vocaverunt ergo rursum hominem. Nos scimus quod hic homo peccator est* [Io 9,24]. Peccatoris nomine intellexerunt eum qui studio et citra pudorem peccaret, qualem nos [48]nebulonem, vel scelestum vocamus. Nam significare volebant Dominum data opera Legem Dei transgredi, unde quod hic dixerunt perinde est acsi dixissent germanice: uuir uuissen das der mensch ein$^{b^2}$ buob ist, id est: scimus hunc nebulonem et sceleratum esse[48]. Tales utique habebantur et qui [49]alias in evangelicis historiis peccatores cognominantur.

⟨Quid *audire*⟩ *Dixi vobis iam et non audivistis* [Io 9,27]. Hic vide verbo: audire Evangelistam pro: credere uti. Nam hoc: *Et non audivistis* [50]idem pollet acsi dixisset: et non credidistis, *quid* igitur *vultis* id *iterum audire*[50]? Ecce posterius: audire accepit simpliciter, prius autem pro: credere.

⟨*Nescimus unde sit*⟩ *Non scimus unde est* [Io 9,29]. Hoc est unde nobis missus et cuius spiritu instructus adveniat: quare hoc dictum, ut [51]absurdum, recte ille qui caecus fuerat, obiecto miraculo in se facto, reiecit [cf. Io 9,30]. [52]Illud enim satis testabatur unde Dominus esset – nimirum a Deo – quia, ut commodum subiecit, *Deus peccatores*, id est malis studiis intentos, *non audit* ut scilicet virtutem suam ad eorum precationem et ad hoc ut ipsi in pretio haberentur$^{c^2}$ sic declaret. *Sed* piis et *suae voluntatis studiosis* [Io 9,31] hunc in modum adesse solet. *Inauditum erat* [Io 9,32]

$^{a^2-a^2}$ extraque suas synagogas A. – $^{b^2}$ *add.* lecker und A. – $^{c^2}$ habeantur A. –

[48-48] Ap: ErP 1524 ad loc., LB 7, 578 (*ip*: there: homo scelerosus); Albert *In Ioh.* ad loc., *Opera* 24, 386 col. A (*i*: there: *r* Mt 11,19). Cf. BEv 1527 ad Mt 3[12], 81v.–83r.; ad Mt 9[10 ff.], 53v.

[49] Cf. Mt 11,19 and BEv 1527 ad Mt 9, [10 ff.], 53r.–v.

[50-50] Ap: ErP 1524 ad loc., LB 7, 578 (*i*).

[51] Ap: Cyril, *In Ioh.* ad loc., MPG 73, 992–993 (here Clichtove add. 1524 ed., 120r.) (*i*).

[52-52] Ap: Chrysostom, *In Ioh.* hom. 58 ad loc., MPG 59, 318–319 (*ie*).

quod fecerat Dominus signum, inde*d²* apertissime patebat ipsum a Deo [711] esse[52], id est divinitus missum et negocium Dei agere virtuteque divina esse instructum [cf. Act 10,38].

⟨Quid illud: *Scimus*, vel *nescimus unde sit* [Io 7,27; Io 9,29]⟩ Hinc etiam roboratur quod [53]supra 7 in sectione 4 diximus de eo: *Hunc scimus unde est. Christus autem cum venerit, nemo cognoscet unde est* [Io 7,27]. Ut nanque hoc suo dicto Iudaei significare volebant se scire *Iesum filium Ioseph esse* [Io 6,42], nec nisi *humana* et nihili *virtute* ac *sapientia* praeditum [1 Cor 2,5; 1,24!], Christum autem venturum ea virtute et sapientia ut nemo possit inire rationem*e²* unde tanta accipiat [cf. Is 53,8], quis tantis eum valere donet, sic eo quod hoc loci dixerunt: *Nescimus unde sit* [Io 9,29] dicere voluerunt se scire quod sua Moses a Deo acceperit, nescire autem unde Dominus sua, quae docebat et agebat[53]. Atque ita [54]impleverunt partim illud de Christo vaticinium, quod ipsi iactarunt: fore tam *admirabilem* [Is 9,6] Christum ut nemo posset cognoscere unde tanta *virtute et sapientia* [1 Cor 1,24] praeditus veniret [cf. Io 7,27; Is 53,8]. Ipsi siquidem hoc cognoscere non potuerunt[54]. Caecus autem hic et alii pii, [55]ex *signis* quae *faciebat*, cognoverunt quod a Deo esset [Io 7,31] et Deus ista omnia per ipsum operaretur [cf. Eph 1,10.20]. Plenam tamen et ipsi huius cognitionem habere non potuerunt[55] ut et in ipsis idem vaticinium impleretur, quia utique deitatem Christi plene non agnoverunt [cf. Is 53,8; Io 7,27]. At illam pernosse*f²* est plene demum *scire unde* Dominus *sit* [Io 7,27], hoc est quod a Deo et ipse Deus sit [cf. Io 1,1].

Non potest facere quicquam [Io 9,33]. Subaudi: [56]huiusmodi. Nullum enim tantum signum faciet qui *g²*id non*g²* acceperit a Deo [cf. Io 3,2][56].

In peccatis totus natus es [Io 9,34]. Id inde quod caecus fuerat colligebant, sed [57]falso. Nam non ideo ita caecus natus fuerat, quod vel *ipsius*, vel *parentum* in eo *peccata* punirentur, sed *ut Domini in eo manifestaretur gloria* [Io 9,3; 11,4].

---

d² unde AB. – *e²* *add. unde veniat* AB. – *f²* pernovisse AB. – *g²–g²* non id AB. –

[53-53] Ap: Albert, *In Ioh.* ad loc., *Opera* 24, 387 col. B (*ir*).

[54-54] Ap: Augustine, *In Ioh.* tract. 31 ad Io 7,27, MPL 35, 1637–1638, CCL 36, 294–295 cited in: Aquinas, *Catena* ad Io 7,27, Guarienti 2, 437 (*ir* Is 53,8).

[55-55] Ap and adv: Brenz, *In Ioh.* 1528 ad Io 9,37 (*i*: faith from signs incomplete but there emphasis on true faith from the word. Cf. infra n. (60)–(60)).

[56-56] Ap: Aquinas, *In Ioh.* ad loc., *Piana* 14:2, 57v. col. A (*ip*: there: talia opera); Augustine, *In Ioh.* tract. 44 ad loc., MPL 35, 1718, CCL 36, 387 (*i*: there: quidquam libere, constanter, veraciter, also in: Aquinas, *Catena* ad loc., Guarienti 2, 1468.); Albert, *In Ioh.* ad loc., *Opera* 24, 389 col. A (*ir* Io 3,2).

[57] Ap: Chrysostom *In Ioh.* hom. 58 ad loc., MPG 59, 319 cited in: Aquinas, *Catena* ad loc., Guarienti 2, 468; Theophylactus, *In Ioh.* ad loc., MPG 124, 59–60; Aquinas, *In Ioh.* ad loc., *Piana* 14:2, 57v. col. A (*i*). Here perhaps adv: Brenz, *In Ioh.* 1528 ad loc., 178r. (there: falsity of accusation not made explicit).

Observationes

Praeter furorem et ardens calumniandi studium in Pharisaeis, quod et in superiori sectiuncula graphice satis depictum est, observanda est constantia huius qui caecus fuerat. Sic sane solent [h2]constantissimi Christum confiteri[h2] [cf. 1 Io 4,15], quicunque *Christi cognitione* [2 Pt 1,8] vere donati sunt. [i2]Nec sinunt se ab ea confessione [58]eo absterreri quod vident se a primoribus mundi hominum consortio indignos iudicari et eiici[i2] [cf. 1 Cor 4,13][58].

ENARRATIO SECTIONIS V [35–41]

Annotationes

Audivit Iesus quod eiecissent eum foras. Tu credis in Filium Dei [Io 9,35]? Et hic vides *Filium Dei* vulgo Messiae cognomentum fuisse. [j2]Nam in Messia expectabant Dei imaginem perfectissime refulsuram[j2]. De hoc et [59]supra capite 1 in sectione 10.

Credo Domine [Io 9,38]. *Adoratione* hac Dominum ut Christum agnovit. Sic [60]citra moram *ad Filium perveniunt*, quos *Pater traxerit* [Io 6,44], id est: *qui audierint a Patre et didicerint* [Io 6,45][60].

In iudicium ego in hunc mundum veni [Io 9,39]. Iudicio res [61]mutari solent: ipse venerat [k2]res iudaicas[k2] penitus [62]inversurus, nempe *ut non videntes iam viderent et videntes caeci fierent* [Io 9,39]. [l2]Allusit autem ad id quod illi caeco dederat visum, quasi dixisset: ut ego te qui nihil videbas[m2], videntem reddidi[n2] corpore, ita et te et alios quos oculati illi et *sapientes mundi* [1 Cor 3,19] ut caecos in rebus Dei contemnunt – quique etiam nihil earum rerum videbatis, sed neque volebatis haberi illarum videntes –

[h2–h2] *om.* AB. – [i2–i2] quibus inde, ut huic quoque usu venit, expectandum est ut a primoribus mundi hominum consortio indigni iudicentur AB. – [j2–j2] quod utique in ipso Dei imaginem perfectissime refulsuram omnes expectarent AB. – [k2–k2] eas AB. – [l2] *add.* □ *Caeci vident, videntes caeci fiunt* A. – [m2] *om.* C [!] D. *corr. here after* AB. – [n2] *add.* videntem D. –

[58–58] Ap: Brenz, *In Ioh.* 1528 ad 9,34 (*i*).

[59] Cf. supra *cap.* 1, *sect.* 10 ad nn. (329) – (331) [!] and *cap.* 1, *sect.* 9 ad nn. (300) – (305)–(305). Here as there adv: Denck and Kautz? Cf. *Getrewe Warnung*, Art. 6, BDS 2, 248 (there adv: appellation "Jesus Christus von Nazareth" used by Anabaptists).

[60–60] Ap: Chrysostom, *In Ioh.* hom. 59 ad loc., MPG 59, 323 (*ip*). Adv: Brenz, *In Ioh.* 1528 ad loc., 178v. (there: fides ex verbo. Cf. supra n. (55)–(55)).

[61] Ap: Augustine, *In Ioh.* tract. 44 ad loc., MPL 35, 1719, CCL 36, 388 (in: Aquinas, *Catena* ad loc., *Guarienti* 2, 469); Albert, *In Ioh.* ad loc., *Opera* 24, 392 col. A; Aquinas, *In Ioh.* ad loc., *Piana* 14:2, 58r. col. A; Ludulphus, *Vita* 1a pars, cap. 85, *Rigollot* 2, 296 (*i*). Adv: Chrysostom, *In Ioh.* hom. 59 ad loc., MPG 59, 323. (But cf. infra ad n. (63)).

[62–62] Ap: ErP 1524 ad loc., LB 7, 579 (*ip*).

oculis dono Spiritus ut ista pervideatis [cf. Mt 13,15; Eph 1,18], ametis et possideatis, aeternum beati. Ita$^{o^2}$ oculatos illos sapientes, qui multa sane viderunt vulgo incognita et plura adhuc videre sese arbitrati sunt, fulgore veritatis quam doceo [cf. 2 Cor 4,6][62] – quoniam oculis Spiritus nati ex Diabolo [cf. Io 8,44] carent – omni cognitione veri nudo ut omnem sensum recti [cf. 1 Io 5,20] amittant planeque caeci contra me, *lapidem angularem* [Eph 2,20] immotum omnibus omnium viribus, [63]*irruant et confringantur.* $^{p^2}$Quos ego quoque tandem, et in eos decidens$^{p^2}$, totos *comminuam* [Mt 21,44].

An non *caeci* fuerunt hi *Pharisaei* [cf. Io 9,40] qui Christum nihil nisi [64]omnium salutem operantem [cf. 1 Tim 2,4] tanto furore persequebantur? Certe antequam hic sol oculis eorum illuxerat [cf. Mt 17,2!], antequam Dei virtutem in eo conspexerant, non ita insaniebant, nequaquam tam multa contra sensum communem faciebant. Sed tum visum est Satanae in eum furorem illos agere, cum a Domino labefactari videret suam tyrannidem. Sic hodie quoque, proh dolor, videmus minime paucos qui, paulo ante, satis prudentes, cordati [712] et humani habebantur. [65]Nunc autem evangelii lampade excaecati [cf. 2 Cor 4,4] et in furorem acti, quae maxime sibi prodessent etiam secundum carnem, respuunt eaque sectantur quibus sibiipsis certam, non animi solum, sed et corporis perniciem [cf. 2 Pt 2,12] adsciscunt. Dicunt et agunt ut, qui eos ante noverit, iuret ex admodum oculatis factos maxime caecos, imo insanos ac sensu communi destitutos. In istis vides hoc *iudicium*, ad quod se hic Dominus testatur *venisse in mundum* [Io 9,39].

Si caeci essetis, non haberetis peccatum [Io 9,41]. Vide clare hic [66]peccatum illud demum damnare quo cognita veritas reiicitur. Unde equidem non dubito cum Paulo veniam consecuturos, quotquot ex sola ignorantia peccant et veritatem vel negligunt, vel etiam persequuntur [cf. 1 Tim 1,13].

$^{o^2}$ Contra vero A. – $^{p^2-p^2}$ in quos ego tandem decidens A. in quos ego quoque tandem decidens B. –

[63] Ap: Chrysostom, *In Ioh.* hom. 59 ad loc., MPG 59, 323 (*i*: last judgement. But cf. supra ad n. (61)!).

[64] Ap: Albert, *In Ioh.* ad 9,39, *Opera* 24, 392 col. A (*ir*).

[65] Cf. BEv 1527 ad Mt 12[31], 132v.–133r. (there: explicit *r* to a "sacrificus Argentoratensis" (Pierre Wickgram? Cf. *Röhrich* 1, 128–130. But no record of Wickgram associating with Bucer 1523–25. Probably a Strasbourg priest who sympathised with the Reform until the abolition of the Mass, 6 may 1525).

[66-66] Ap: Cyril, *In Ioh.* ad loc., MPG 73, 1017–1018 (*i* here ap: Latin ed. 1524 [Clichtove], 123r. where given as alternative interpretation); Theophylactus, *In Ioh.* ad loc., MPG 124, 63–64 in: Aquinas, *Catena* ad loc., *Guarienti* 2, 469 (*i*); Aquinas, *In Ioh.* ad loc., *Piana* 14:2, 58r. col. B (*i*); Ludulphus, *Vita* 1a pars, cap. 85, *Rigollot* 2, 296 (*i*: alternative interpretation). Adv: Brenz, *In Ioh.* 1528 ad loc., 179r. (there: Augustinian interpretation: he who ignores his own infirmity is the illest; he who ignores his own sinfulness is furthest away from faith; [thus predestination removed]).

Reprobis tandem innotescet veritas [cf. Rm 1,28.32] ut ipsi *videntes se dicant* [Io 9,41] et sint adeo ut omnis ignorantiae praetextus eis auferatur [cf. Io 15,22], de qua re $^{q^2}$supra [!] ^{67}17$^{q^2}$ plura. Tales iam erant et isti Pharisaei: ea audierant a Domino et viderant in eo [cf. Io 9,41] ut animus eorum convictus esset esse illum$^{r^2}$ prophetam Dei [cf. Lc 7,16]. Adhuc agente eos vi Satanae, persequebantur eum odio exitiali. Ideo *peccatum eorum mansit* [Io 9,41], nulla prorsus$^{s^2}$ venia dignum quia *contra Spiritum sanctum* [Mt 12,32] erat, sese$^{t^2}$ tam scilicet aperte in Domini dictis et factis – quae non potuerunt nisi divina videri$^{u^2}$ – exerentem ut nullus omnino relinqueretur inficiandi locus[66]. De ^{68}his et in $^{v^2}$Matth. 12$^{v^2}$.

Observationes

⟨Discrimen electorum et reproborum⟩ Observandum ut ^{69}illico Christus excipiat quos mundus abiecerit [cf. Io 17,14][69], quibus, cum se mox plenius agnoscendum prebet, sic consolatur et beat ut ne pili faciant iacturam mundi [cf. 1 Cor 4,13]. In reliquis iterum notatur discrimen electorum et reproborum, quibus idem Christus $^{w^2}$adfert tam diversa$^{w^2}$, ut hi ad destinatam eis *perniciem* [2 Pt 2,12], illi ad paratam eis salutem [cf. Phil 1,28] eo accedant propius [cf. Hbr 7,25] quo plus Christum cognoverint. Ita se habuit semper et habebit Christus, non minus in suis, quam olim dum carne adesset.

$^{q^2-q^2}$ *corr.* infra, cap. 17 D. – $^{r^2}$ ipsum A. – $^{s^2}$ unquam A. – $^{t^2}$ *om.* A. – $^{u^2}$ *add.* sese A. – $^{v^2-v^2}$ Matthaeo cap. 12 D. – $^{w^2-w^2}$ diversa adeo adfert A. –

[67] Cf. infra *cap.* 17 ad nn. (45)–(45), (57)–(57) – (62)–(62), (69)–(69) but esp. *cap.* 15 ad nn. (55)–(55) – (59)–(59), (72)–(72) – (74).
[68] Cf. BEv 1527 ad Mt 12[31], 128v.–133r.
[69–69] Ap: Chrysostom, *In Ioh.* hom. 59 ad 9,35, MPG 59, 321 in: Aquinas, *Catena* ad loc., *Guarienti* 2, 468 (*i*); Brenz, *In Ioh.* 1528 ad loc., 178v. (*ip*).

CAPUT 10

⟨Sectio 1 [1–9]⟩ *Amen amen dico vobis qui non intrat per ostium in stabulum ovium, sed ascendit aliunde, ille fur est et latro. Qui autem intrat per ostium, pastor est ovium. Huic ostiarius aperit et oves vocem eius audiunt. Et proprias oves vocat nominatim et educit eas. Et cum proprias oves emiserit, ante eas vadit et oves illum sequuntur quia noverunt vocem eius. Alienum autem non sequentur, sed effugient[a] ab eo quia non noverunt vocem alienorum. Hoc proverbium dixit eis Iesus: illi autem non cognove-runt[b] quae loqueretur eis. Dixit ergo eis iterum Iesus: amen amen dico vobis, ego sum ostium ovium. Omnes quotquot ante me venerunt, fures sunt et latrones, sed non audierunt eos oves. Ego sum ostium, per me si quis introierit, servabitur et ingredietur et egredietur et pascua inveniet.*

⟨Sectio 2 [10–21]⟩ *Fur non venit, nisi ut furetur et mactet ac perdat. Ego veni ut vitam habeant et abundantius habeant. Ego sum pastor ille bonus. Bonus pastor animam suam dat pro ovibus. Mercenarius autem, et qui non est pastor, cuius non sunt oves propriae, videt lupum venientem ac deserit oves fugitque, et lupus rapit ac dispergit oves. Mercenarius autem fugit quia mercenarius est et oves non sunt illi curae. Ego sum pastor ille bonus et cognosco oves meas et cognoscor a meis. Sicut novit me Pater, ita et ego novi Patrem et animam meam pono pro ovibus. Et alias oves habeo quae non sunt ex hoc ovili. Illas [713] quoque oportet me adducere et vocem meam audient et fiet unum ovile, unus pastor. Propterea me Pater diligit, quia ego pono animam meam ut iterum sumam eam. Nemo tollit eam a me, sed ego pono eam a meipso. Potestatem habeo ponendi eam et potestatem habeo rursus sumendi eam. Hoc mandatum accepi a Patre meo. Dissentio igitur iterum facta est inter Iudaeos propter sermones hos. Dicebant autem multi ex ipsis: daemonium habet et insanit, quid eum auditis? Alii dicebant: haec verba non sunt daemonium habentis. Num daemonium potest caecorum oculos aperire?*

⟨Sectio 3 [22–31]⟩ *Facta sunt autem encaenia Hierosolymis et hyems erat et ambulabat Iesus in templo in porticu Salomonis. Circundederunt ergo eum Iudaei et dicebant ei: quousque animam nostram suspendis? Si tu es Christus, dic nobis ingenue. Respondit eis Iesus: dixi vobis, nec creditis. Opera quae ego facio[c] nomine Patris mei, haec testimonium reddunt de me. Sed vos non*

---

[a] 1 refugient D. – [b] 2 *add.* quae essent BD. – [c] *add.* in D. –

[1] Er 1527: effugient.
[2] Er 1527: *add.* quae essent.

creditis quia non estis ex ovibus meis, quemadmodum dicebam vobis. Oves meae vocem meam audiunt et ego cognosco eas et sequuntur me et ego vitam aeternam do eis. Nec peribunt in aeternum, neque rapiet eas quisquam de manu mea. Pater meus qui dedit mihi, maior omnibus est et nemo potest rapere de manu Patris mei. Ego et Pater unum sumus. Sustulerunt ergo rursum lapides Iudaei ut lapidarent eum.

⟨Sectio 4 [32–42]⟩ *Respondit eis Iesus: multa bona opera ostendi vobis ex Patre meo, propter quod eorum operum me lapidatis? Responderunt ei Iudaei, dicentes: ob bonum opus non lapidamus te, sed ob blasphemiam et quia tu, homo cum sis, facis teipsum deum. Respondit eis Iesus: nonne scriptum est in Lege vestra: ego dixi, dii estis? Si illos dixit deos ad quos sermo Dei factus est, et non potest solvi Scriptura,* ³*de eo*³ *quem Pater sanctificavit et misit in mundum vos dicitis me blasphemare quia dixerim: Filius Dei sum? Si non facio opera Patris mei, nolite credere mihi. Sin vero facio et si mihi non credatis, operibus credite ut cognoscatis et credatis quod Pater in me est et ego in eo. Quaerebant iterum eum apprehendere et exivit de manu eorum et abiit iterum trans Iordanem in eum locum ubi fuerat Ioannes baptizans primum mansitque illic. Et multi venerunt ad eum ac dicebant: Ioannes quidem signum edidit nullum. Omnia autem quaecunque dixit Ioannes de hoc*ᵈ, *vera erant et crediderunt multi illic in eum.*

ENARRATIO SECTIONIS I [1–9]

Annotationes

⟨Qui sunt *venientes aliunde* [Io 10,1]⟩ *Amen dico vobis qui non intrat per ostium* [Io 10,1]. Parabolam hanc ᵉprotulit [cf. Io 10,6] Dominusᵉ partim ⁴contra Pharisaeos qui non videntes [cf. Io 9,41] solum, sed et *duces* volebant esse lumenque *coecorum* [Mt 15,14], partim illos qui, ⁵ante ipsum, Christi se nomine populo obtruserant – qualis Gaulonites Iudas fuerat qui in diebus census seditionem excitarat, de quo Act. 5[37] et apud ⁶Iose-

---

ᵈ eo D. – ᵉ⁻ᵉ *om.* A. Dominus B. –

³⁻³ *Om.* Er 1527. Here and in D ap: ErAn 1527 ad loc., LB 6, 384–385 (*t*).
⁴ Ap: Chrysostom, *In Ioh.* hom. 59 ad loc., MPG 59, 323; Theophylactus, *In Ioh.* ad loc., MPG 124, 65–66; Augustine, *In Ioh.* tract. 45 ad loc., MPL 35, 1720, CCL 36, 389; *Glossa ord.* [*marg.*]; ErP 1524 ad loc., LB 7, 580 (*i*).
⁵ Ap: Chrysostom, *In Ioh.* hom. 59 ad loc., MPG 59, 323; Theophylactus, *In Ioh.* ad loc., MPG 124, 65–66 (*ir* Iudas – but there: also admitted that future impostors meant). Adv: Augustine, *In Ioh.* tract. 45 ad loc., MPL 35, 1720, CCL 36, 389 (there: pagan philosophers); Brenz, *In Ioh.* 1528 ad loc., 180r.–181v. (there: taken to refer to *all* human traditions incl. legal institutions).
⁶*De bello* 2, 118, *Loeb* 2, 366–369; 2, 433, *ibid.* 492–493. *Antiq. Iud.* 18,4–10, *Loeb* 9,4–9.

phum^f. Utrique enim *non* erant *ingressi per* iustum ^{7}*ostium in ovile* [Io 10,1], hoc est: ovibus Dei sese ingesserant, non succenturiati ab ipso. *Per ipsum* enim ut *Verbum* Dei, quemadmodum *facta sunt* [Io 1,1.3], ita^g et *instaurari* oportet *omnia* [Eph 1,10]. Ita ^{8}missi quoque sunt [cf. Io 17,18] et subdelegati, quicunque salutaria unquam docuerunt. *Quicunque* autem *ante ipsum venerunt*, non per ipsum, non ipsius instructi Spiritu [cf. Io 14,26], ii *fures* fuerunt *et latrones* [Io 10,8]^8. Tantum enim ad perniciem ovium [cf. Ier 23,1] venerunt omnisque doctrina eorum huc [714] instituta fuit ut ipsis lucrum [cf. 1 Pt 5,2], iis qui eam susciperent damnum et mortem adferret. Sed *oves*, hoc est ^{9}electi, *non audierunt^h* [Io 10,8], non sunt secuti illos dedentes se illis toto corde, ^{i}ita ut sese dedunt Christo et iis qui *Christi doctrinam* [2 Io 9] pure praedicant. ^{10}Hi ergo aversati sunt^i Pharisaeos suis traditionibus Legem Dei enervantes – quod^{j}his Dominus^j 15 Matth.^{k} opprobravit [cf. Mt 15,3] – ^{l}quod per^l seditiosos illos qui^m *carnalem* populo *libertatem* [Gal 5,13] et auxilia Dei [cf. 1 Mcc 12,15] pollicebantur^n, reddiderunt auscultantes sibi seditiosos et sicarios [cf. Act 21,38], uti narrat Iosephus ^{11}libro 18 Antiquitatum, capite 1 et ^{12} libro 2 De bello Iudaico, capite 7 et ^{13}alibi.

Porro illud quod ait: *Omnes quotquot venerunt ante me* [Io 10,8] videtur ^{14}proprie pertinere ad eos qui ante Domini praedicationem, tanquam liberatores, populo sese venditaverant^o ^{14}. Et sic ^{15}Chrysostomus hunc locum enarravit, quanquam equidem non dubitem ^{16}haec et ad scribas et Pharisaeos pertinere qui ^{17}*clavem scientiae rapuerant* [Lc 11,52] et humana

---

^{f} *add.* torsisse Dominus videtur A. dixisse videtur B. – ^{g} *om.* AB. – ^{h} *add.* illos A. – $^{i–i}$ sive AB. – $^{j–j}$ Dominus ipsis A. – ^{k} *add.* cap. D. – $^{l–l}$ sive AB. – ^{m} *add.* cum AB. – ^{n} pollicerentur AB. – ^{o} venditarunt A. –

^{7} *Ostium* = Christ ap: Augustine, *In Ioh.* tract. 45 ad loc., MPL 35, 1720, CCL 36, 389 (*i*); Brenz, *In Ioh.* 1528 ad loc., 180v. (*ip*).
$^{8–8}$ Ap and adv: Brenz, *In Ioh.* 1528 ad loc., 180v. (*ipa*: there: those coming before Christ with his Spirit taught doctrine of salvation but impostors = past, present and future *human* doctrines – cf. supra n. (5).
^{9} *Oves* = electi ap: Augustine, *In Ioh.* tract. 45 ad loc., MPL 35, 1725, CCL 36, 394–395 (*i*). Adv: Brenz, *In Ioh.* 1528 ad 10,1–9, 180r.–v. (there *oves* = fideles).
^{10} The elect. Thus ap: ErP 1524 ad 10,1.8, LB 7, 580, 581 (*i*). Adv: Brenz, *In Ioh.* 1528 ad 10,8, 181r. (there: freedom to believe or disbelieve false doctrine).
^{11} *Antiq. Iud.* 18,4–11, *Loeb* 9,6–9. Cf. Josephus – Rufinus, *Antiq. Iud.* lib. 18 cap. 1, *Opera*, 513–514.
^{12} *De bello* 2, 114–118, *Loeb* 2, 366–369. Cf. Josephus – Rufinus, *De bello* lib. 2 cap. 7, *Opera*, 664–665.
^{13} E.g. *De bello* 7, 253–263, *Loeb* 3, 576–579.
$^{14–14}$ Adv: Brenz, *In Ioh.* 1528 ad loc., 181r.–182r. (there: criticism of all human incl. legal institutions. Cf. supra nn. (5), (8)–(8).
^{15} *In Ioh.* hom. 59 ad loc., MPG 59, 325. But *ibid.* ad 10,1, MPG 59, 323 and ad 10,5, MPG 59, 324–325 also future impostors. Cf. supra n. (5); there as here adv: Brenz.
^{16} Ap: Brenz, *In Ioh.* 1528 ad loc., 180v.–181r. (*i*).
$^{17–17}$ Cf. Lambert, *In Lc.* ad 11,52, Y1v. (there: Pharisees = the reprobate).

sua figmenta pro Lege Dei docebant, suo *lucro* ubique *studentes* [1 Tim
3,8] – id quod [18]Matth. 15[3] et 23[13] obiectum illis a Domino legimus.
Utique et isti non per Dominum, verum *ostium*, fuere ingressi [cf. Io 10,7.8]
et non venerant nisi *ad perdendum oves* [Io 10,10][17]. Non sic autem
[19]prophetae et sancti patres: ii enim[p] per Dominum qui *est antequam
Abraham erat* [Io 8,58], non *aliunde, in ovile Dei ingressi sunt* [Io 10,1]
verique vocem pastoris [cf. Io 10,16] et ideo salutem ovibus attulere[19].

⟨Christus *ostium* ovium et pastorum⟩ *Ego sum ostium* [Io 10,9]. *Ostium*
se facit [20]et verorum pastorum et ovium. Pastores, id est veri [21]doctores
[cf. Eph 4,11], *per eum ingrediuntur* ad oves dum, ab ipso missi et eius
instructi tum verbo tum Spiritu [cf. Io 17,18; 14,26], veniunt [q]ut ea oves
doceant[q] quibus salventur[21]. Oves vero, id est [22]omnes electi, *per eum
ingrediuntur* [Io 10,9] cum omnem in ipsum [23]fiduciam suam collocant [cf.
Eph 3,12] omniaque ab ipso, ut Salvatore suo, expectant. Sic sane[r] ingressi
in ecclesiam salvabuntur[23]. Credentes enim in Dominum vitam habent
aeternam [cf. Io 11,26], *ingredientur et egredientur. Et pascua invenient* [Io
10,9], id est ambulabunt et vivent foeliciter, [24]nihil deficiente eos bonorum.
[25]*Non* enim possunt *esurire vel sitire, qui veniunt* ad Christum, id est
credunt in Christum [Io 6,35], hoc est *ingrediuntur* per Christum [Io 10,9][25].
[s]Nam omnibus[s] istis allegoriis idem significavit.

Observationes

Observandum quod et in omnibus Domini de seipso sermonibus: ipsum
unicum esse Salvatorem a quo et per quem venit quicquid salutare unquam electis contigit, aut contingere possit. Deinde: [26]ita datos ipsi a Patre
[cf. Io 6,37] electos ut nequeant diversa docentibus auscultare ita ut eos
penitus animo sequantur, etiamsi nonnunquam ad tempus illos suspiciant

---

[p] *om.* A. – [q–q] doctum illas A. ea doctum illas B. – [r] *om.* A. – [s–s] omnibus enim A. –

[18] Cf. BEv 1527 ad Mt 15[3], 161r.–165r.; ad Mt 23[13], 277r.–288r.
[19–19] Ap: Augustine, *In Ioh.* tract. 45 ad loc., MPL 35, 1722, CCL 36, 391–392 (*ipa*);
Chrysostom, *In Ioh.* hom. 59 ad loc., MPG 59, 325; Theophylactus, *In Ioh.* ad loc., MPG
124, 67–68; Brenz, *In Ioh.* 1528 ad loc., 180v. (*i*).
[20] Ap: Augustine, *In Ioh.* tract. 45 ad loc., MPL 35, 1726, CCL 36, 396 (*ip*); Brenz, *In Ioh.*
1528 ad 10,7, 180r.–v. (*i*). Adv: Eck, *De primatu* lib. 1, cap. 34, 54r. (there: cited in support
of papacy).
[21–21] Ap: Brenz, *In Ioh.* 1528 ad 10,7, 180r. (*ip*). Perhaps adv: Brenz, *In Ioh.* 1528 ad loc.,
182v. (there: way to *ostium* through faith only).
[22] Ap: Augustine as n. (9) supra.
[23–23] Ap: Augustine, *In Ioh.* tract. 45 ad loc., MPL 35, 1727, CCL 36, 397 (*ip*).
[24] Ap: Brenz, *In Ioh.* 1528 ad loc., 182v. (*ip*).
[25–25] Ap: Augustine, *In Ioh.* tract. 45 ad loc., MPL 35, 1727, CCL 36, 397 (*ipr*).
[26–26] Ap: Lambert, *De excaecatione* tract. 1, cap. 10, 17v.–18v. (*ia*).

et sic*t* errent[26]. Semper enim in eis dum errant, est quidam renisus, nec possunt, ita ut reprobi, sese*u* totos mendacio*v* dedere [cf. 2 Th 2,11]. Hic autem *audire* et *sequi* [Io 10,3.4] significat: sese penitus addicere, sive Christo ad salutem, sive impostoribus ad perniciem. *w*Nemo [27]siquidem est qui non saepe *alienorum vocem* [Io 10,5] audiat, cum omnes cupiditatibus et suggestionibus, tum et *x*apostolis Satanae*x*, errorum satoribus, identidem auscultemus. At *sequi alienos* [Io 10,5], hoc est: relicto penitus Christo prorsus se alienis tradere in discipulos et sectatores, id*y* non possunt quos Pater donavit Filio [cf. Io 6,37]. *Vocat enim tandem quos praedestinavit*w [Rm 8,30][27].

ENARRATIO SECTIONIS II [10–21]

Annotationes

⟨*Vitam abundantius* accipiunt⟩ *Fur non venit nisi ut furetur* [Io 10,10]. [28]Antithesin furis et pastoris [cf. Io 10,10–11], tum veri pastoris et mercenarii ponit [cf. Io 10,12–13] idque ut quid ipse suis ovibus sit, exponat. *Fur*, inquit, *venit ut furetur, mactet et perdat*; se autem *venisse ut* credentes sibi *vitam habeant et abundantius habeant* [Io 10,10]. Hoc est: [29]ut vitam aeternam fide percipiant quae per Spiritum eius semper incrementum accipiat [cf. Gal 3,14] donec plene perfecta beataque reddatur[29]. Hinc iam agnosci vult verus pastor ovium. Utque se magis commendet tanquam non proprium solum, sed et optimum pastorem, addit *se pro ovibus animam suam ponere* [Io 10,11], neque *deserere* eas in periculo, uti *mercenarius* [Io 10,12.13] solet. Denique et ex eo se verum bonumque pastorem probat quod *cognoscit*z *suas oves et cognoscatur ab [715] eis* [Io 10,14]. [30]Errant quidem, ut dixi, nonnunquam et oves, quod et infra indicat cum dicit *se habere adhuc oves alias quas oporteat se adducere*, sed quia tandem *audiunt vocem* [Io 10,16] pastoris et sequuntur in iustum ovile, non possunt in errore perseverare. Neque enim potest inanis esse electio Dei[30]. *Quos*

---

t om. A. – *u* om. AB. – *v* add. sese AB. – *w–w* om. A. – *x–x* huius apostolis B. – *y* om. B. corr. ii D. – *z* cognoscat AB. –

[27–27] Ap: Augustine, *In Ioh.* tract. 45 ad loc., MPL 35, 1725, CCL 36, 394–395 (*ipar* Rm 8,30).
[28] Ap: Brenz, *In Ioh.* 1528 ad loc., 182v. (but there: only between word of Gospel and impious teaching). Double antithesis as here (but without use of term) ap: Chrysostom, *In Ioh.* hom. 60 ad 10,14. MPG 59, 327–328 (*i*). Triple argument ap: ErP 1524 ad 10,12–14, LB 7, 582–583 (*ia*).
[29–29] Ap: Augustine, *In Ioh.* tract. 45 ad loc., MPL 35, 1727, CCL 36, 397 (*ip*).
[30–30] Ap: Augustine, *Serm.* 50 ad loc. in: Aquinas, *Catena* ad loc., *Guarienti* 2, 475 (*ip*).

[31]*praedestinavit, hos et* [a1]*vocabit*[b1] [Rm 8,30] *Filioque suo adducet tandem*[a1] [cf. Io 6,44].

Quemadmodum cognoscit me Pater [Io 10,15]. Nisi aliqua omissa hic sint ab Evangelista (qui, ut [32]aliquoties monui, non omnia verba Domini narrare instituit) citra distinctionem a superioribus ista legi debent et iungi eis in hunc sensum: [33]*Ego cognosco meas oves, ut me cognoscit Pater* et *cognoscor* ab illis, *ut Pater a me cognoscitur* [Io 10,14.15][33]. Iam Pater cognoscit sic Filium ut eum nunquam deserere possit, sed omnia in gloriam eius attemperet[c1] [cf. Io 3,35]. Sic iam *et* ipse *cognoscit* oves *suas* [Io 10,14] in quarum salutem omnia et facit et patitur. Filius vero cognoscit Patrem ut in omnibus gratiae eius studeat; sic pendebunt et oves eius tandem ab ipso. [34]Haec confirmat cum iterum dicit *se animam suam ponere pro ovibus* [Io 10,15]. Quae possit hac maior cura et dilectio fingi? Vere itaque *cognoscit suas* oves Christus, *ut ipsum Pater* [Io 10,14.15].

⟨Factum est *unum ovile* [Io 10,16] ex gentibus et Iudaeis⟩ *Et alias oves habeo* [Io 10,16]. De [35]electis ex gentibus loquitur quae non erant de ovili, [d1]*in quo*[d1] pridem [e1]*erant electi ex Ebraeis*[e1]. Et has igitur *adducturum* se ait *easque vocem suam audituras* [Io 10,16][35]; quod[f1] [36]apostolorum tempore comprobatum est factumque ita est *unum ovile* [Io 10,16], id est una ecclesia ex gentibus et Iudaeis congregata sub uno pastore, *capite* huius *ecclesiae*, Christo [Eph 1,22][36]. Frustra autem expectabunt [37]novi Origeniani ut omnium mortalium *unum ovile* [Io 10,16] fiat. Sunt enim multi *hoedi* qui non ad ovile pertinent atque ideo *separabuntur ab ovibus* [Mt 25,32] in die iudicii et detrudentur in hoedile, gehennam *ignis inextinguibilis* [Mt 25,41][37].

[a1]–[a1] *vocavit* A. – [b1] *corr. vocavit* D. – [c1] *attemperat* AB. – [d1]–[d1] *quod* A. – [e1]–[e1] *ex Ebraeis erat collectum* A. *ex Ebraeis erant collecti* B. – [f1] *add. verum* AB. –

[31] Ap: Augustine, *In Ioh*. tract. 45 ad 10,8, MPL 35, 1725, CCL 36, 394 (*ir*). Cf. supra ad n. (27)–(27).

[32] Cf. esp. supra [Prf.] *cap*. 1 ad nn. (9)–(9), (13); *cap*. 5, *sect*. 2 ad n. (48)–(48), (49)–(49); *cap*. 7, *sect*. 1 ad n. (4).

[33]–[33] Ap: Nonnus, *Metaphrasis* ad loc., MPG 43, 833–834 (*t*); Aquinas, *In Ioh*. ad loc., *Piana* 14:2, 60r. col. B. (*t*). Adv: Brenz, *In Ioh*. 1528 ad loc., 187v. (there: syllogism: Christ knows Father, sheep know Christ, sheep know Father; thus: minister as divine instrument).

[34] Ap: Nonnus, *Metaphrasis* ad loc., MPG 43, 833–834 (*i*); Aquinas, *In Ioh*. ad loc., *Piana* 14:2, 60r. col. B (*ip*); *Catena* ad loc., *Guarienti* 2, 475 (Gregory the Great) (*i*).

[35]–[35] Ap: Augustine, *In Ioh*. tract. 47 ad loc., MPL 35, 1736, CCL 36, 406–407 (*i*); Aquinas, *In Ioh*. ad loc., *Piana* 14:2, 60r. col. B – 60v. col. A (*i*); Lyra ad loc. (*i*); Brenz, *In Ioh*. 1528 ad loc., 188r. (*i*).

[36]–[36] Ap: Brenz, *In Ioh*. 1528 ad loc., 188r. (*ip*) Same *i* ap: Augustine, Aquinas, Lyra ad loc.

[37]–[37] Ap: Brenz, *In Ioh*. 1528 ad loc., 188r. (*ip*). Here adv: Denck. Cf. Keller, *Apostel*, 74 (one of passages used by Denck in support of universal salvation). Brenz perhaps also adv: Zwingli, *De peccato originali*, CR 92, 385? (there: all those born of Christian parents do not inherit original sin).

Propterea me Pater diligit [Io 10,17]. Digressio est qua declaravit[g1] quomodo *pro ovibus suis animam esset positurus* [Io 10,15]: nequaquam sane morti aliquid debens, sed ultro idque sic *ut resumpturus illam esset* [Io 10,17] sua ipsius virtute. Unde [h1]quod dicit, [38]hoc est[h1]: in eo declaratur Patris in me amor, ex hoc certum est *diligi me a Patre quod animam meam pono ut iterum assumam eam* [Io 10,17][38]. Divina utique haec virtus est. Ea igitur, cum in me conspicietur, quis inde non agnoscat summe *diligi me a Patre* qui me [39]hominem ita assumpsit per Verbum suum ut idem sim: et Verbum eius et verus homo [cf. Io 1,14], sed homo sanctus, homo divinus, cui vitam *auferre nemo queat quique* mea sponte *positam*, divina virtute *resumere*[i1] *valeam* [Io 10,18][39]? Cui, quaeso, obscurum esset unice me Patri charum? Si quis autem solum attendat quod Dominus de ponenda anima dixit, intelligi ista et hoc sensu possunt[j1]: [40]quandoquidem ex mandato Patris *animam* meam volens, morti nihil obnoxius, *pono pro ovibus meis, ideo Pater me diligit* [Io 10,17] et est me summe honoraturus[40].

Hoc mandatum accepi a Patre [Io 10,18]. Hoc est: in [41]hoc missus sum ut moriar *pro peccatis* ovium, id est electorum, et *resurgam propter iustificationem* eorum, Rom. 4[25].

Schisma igitur rursum factum est [Io 10,19]. Quo enim clarius divinitatem suam prodebat, eo magis et [42]electorum atque reproborum revelabatur discrimen.

Observationes

⟨Christus *unus pastor* [Io 10,16] est, nos eius servi⟩ Unus Christus [43]vere *bonus pastor* [Io 10,14] est quia unus *pascua* [Io 10,9] vitae eternae ovibus morte sua meruit et Spiritu suo administrat. *Cooperarii* [1 Cor 3,9] eius esse possumus quatenus et nos pastores dicimur. Sed quia *plantans et rigans nihil est* [1 Cor 3,6], nihil huius nos vel esse vel dici vere possumus,

---

[g1] declarat A. – [h1–h1] hoc est quod dicit D. – [i1] assumere A. – [j1] possent A. –

[38–38] Ap: Aquinas, *In Ioh.* ad loc., *Piana* 14:2, 60v. col. A (*i*, there: signum dilectionis).
[39–39] Ap: Aquinas, *In Ioh.* ad loc., *Piana* 14:2, 60v. col. A–B (*ipa*).
[40–40] Ap: Nonnus, *Metaphrasis* ad loc., MPG 43, 833–834; Augustine, *In Ioh.* tract. 47 ad loc., MPL 35, 1736, CCL 36, 407; Aquinas, *In Ioh.* ad loc., *Piana* 14:2, 60v. col. A (*i*); ErP 1524 ad loc., LB 7, 583–584 (*pa*); Brenz, *In Ioh.* 1528 ad loc., 188r.–v. (*i*).
[41] Ap: Chrysostom, *In Ioh.* hom. 60 ad loc. in: Aquinas, *Catena* ad loc., *Guarienti* 2, 476; Aquinas, *In Ioh.* ad loc., *Piana* 14:2, 60v. col. B (*i*).
[42] Ap: Augustine, *In Ioh.* tract. 47 ad loc., MPL 35, 1741, CCL 36, 412–413 (*i*: lux); Aquinas, *In Ioh.* ad loc., *Piana* 14:2, 60v. col. B (*i*: there: correct and incorrect understanding); Lyra ad loc. (*i*: there: the good and the wicked, also emphasises *iterum*).
[43–43] Ap: Augustine, *In Ioh.* tract. 47 ad loc., MPL 35, 1734–1735, CCL 36, 405–406 (*i*); cf. *Handel mit Treger*, BDS 2, 136 (*ipr*); *Vergleichung Luthers*, BDS 2, 369. Here adv: Brenz, *In Ioh.* 1528 ad 10,14, 185r. (there: pastoral office communicable from Christ to the faithful who become good pastors in turn).

nisi auditorum animis Spiritus Christi quae ex eodem instinctu[k1] nos loquuti fuerimus, persuadeat. Idem faciet pro ovibus invigilare ac nullo eas in periculo deserere [cf. Io 10,11] quia etsi *nostrae non sint oves propriae*, sunt tamen propriae eius, cuius nos Spiritus agit et cuius nos proprii sumus[43]. *Mercenarii*[l1] [Io 10,11] recte dicentur qui sua tantum quaerunt, non quae Iesu Christi: ii nullum propter oves periculum adibunt [cf. Io 10,13].

[716] Deinde observandum tandem electos omnes ad *unum* Christi *ovile* [Io 10,16] perducendos quod eos Christus cognoscat, sicut ipsum Pater [cf. Io 10,14–15]. Quare negligere eos [m1]tam non[m1] poterit, [n1]quam nequit illum derelinquere Pater[n1]. Hoc utinam rite perpendamus, nihil enim aeque *fidem* nostram *confirmabit* [Col 2,7] et augebit.

Animadvertendum denique unum Christum esse qui morti homo nihil debuit, ideo *tollere animam eius nemo potuit* [Io 10,18]. Quid iam[o1] de eo non speremus, qui ultro [44]pro nobis mori sustinuit nostraeque salutis caussa resurrexit [cf. Rm 4,25][44], indubie ut et nos resurrectionis beatae *participes* [Hbr 3,1] faceret? Coortum inter auditores schisma [cf. Io 10,19] iterum monet nunquam deesse pastoris voci suas oves [cf. Io 10,4].

ENARRATIO SECTIONIS III [22–31]

Annotationes

Facta autem sunt encaenia Hierosolymis [Io 10,22]. [45]Festum erat dedicationis [p1]altaris instaurati per Iudam Machabaeum post contaminationem factam per Antiochum, de qua legis 2 Mach. 2[20]. Ebraei הנכה illud vocant[45], hoc est [46]initiationis. Unde [47]pulchre quadrat nomen graecum ἐγκαινίων[47]. Celebrabatur vero hoc festum, ut et hodie[q1] apud Iudaeos, die[r1] [48]vigesimo quinto mensis cislet[s1] [48] qui nostro [49]decembri respondet[p1].

[k1] instructi A. – [l1] add. vero AB. – [m1–m1] nunquam A. – [n1–n1] om. A. – [o1] nam AB. – [p1–p1] reparati templi post reditum e Babylone A. – [q1] add. die B. – [r1] om. B. – [s1] corr. cisleu D. –

[44–44] Ap: *Nicene Creed, Hahn* no. 143, 162; *Quicunque vult, Hahn* no. 150, 177 (*ip*).
[45–45] Ap: Münster, *Kalendarium*, 150 (*pr*).
[46] Ap: Münster, *Dict. hebr.*, 138 ad: הנך dedicavit, initiavit etc. (*t*).
[47–47] Etymology of ἐγκαίνια already ap: Augustine, *In Ioh.* tract. 48 ad loc., MPL 35, 1741, CCL 36, 413 (*i*). Link between Hebrew and Greek ap: Ludulphus, *Vita*, 1a pars, cap. 87, *Rigollot* 2, 307 (*i*). But here more likely ap: Münster, *Kalendarium*, 150 (*i* but there: הנכה = dedicatio).
[48–48] Ap: Münster, *Kalendarium*, 150 (*ep*).
[49] Ap: Münster, *Dict. hebr.*, 202 (*p*). Adv: Brenz, *In Ioh.* 1528 ad loc., 189r. (there = november, interpreted allegorically hiems = Law i.e. the beginnings).

Dixi vobis et non creditis [Io 10,25]. Ubi enim se esse *panem vitae* [Io 6,35]
et *lucem mundi* [Io 8,12; 9,5] aliaque huiusmodi $^{t^1}$testatus est$^{t^1}$, se Christum
esse praedicavit$^{u^1}$. Iudaei autem nihil horum crediderunt. $^{v^1}$Dominus ergo
ad opera sua$^{v^1}$ *quae in nomine Patris*, hoc est ^{50}virtute Patris et ut a Patre
missus [cf. Io 9,4], *faciebat* [Io 10,25], $^{w^1}$ ^{51}more suo$^{w^1}$ provocabat. Ea
enim, cum omnem creaturae potentiam longe superarent, certum satis ^{52}de
divinitate ipsius *testimonium perhibebant* [Io 10,25], si modo agnoscendi
divina [cf. 1 Cor 2,14] Iudaeis facultas fuisset. Sed *non erant ex ovibus* [Io
10,26] Domini, hoc est *donatis Christo a Patre* [Io 17,11]. Non erant ex
electis ad vitam^{52}, ideo omni *Spiritu Dei* bono *carebant* ^{53}*animales* toti [Iud
19]. Neque potuerant Domino credere [cf. Io 10,26] aut ut Servatorem
ipsum amplecti.

⟨Non possunt perire electi⟩ *Oves meae vocem meam audiunt* [Io 10,27].
In his aperte docet omnia a divina electione pendere ^{54}eosque quibus semel
datum fuerit oves esse, perire nunquam posse$^{x^1}$. Hic nanque audimus$^{y^1}$ eos
tantum *vocem* Christi *audire*, id est fidem recipere, qui *oves* [Io 10,27] sint^{54}.
Iam unde erit ut alii oves, hoc est capaces *doctrinae Christi* [2 Io 9] sint,
alii minime? Indubie quod ^{55}bono illi Spiritu Dei afflati sunt, hi nequa-
quam$^{z^1}$. Nam ^{56}1 Cor. 2[13–14] Paulus aperte Spiritu praeditis cognitionem divinarum rerum tribuit; Spiritu carentibus, ut *animalibus* [1 Cor
2,14] adimit.

⟨Unde detur Spiritus⟩ Unde autem erit ut illi Spiritu donentur, hi secus?
Haud profecto aliunde quam quod illi ad vitam ordinati sunt, hi secus;

$^{t^1-t^1}$ praedicavit A. – $^{u^1}$ dixit A. – $^{v^1-v^1}$ ad opera ergo sua AB. – $^{w^1-w^1}$ om. A. – $^{x^1}$ add. ^{55} Hinc
discere debebant illi qui Spiritus Dei medium et instrumentum faciunt verbum externe
praedicatum et sacramenta unde nam Spiritus adveniat. AB. – $^{y^1}$ audiunt AB. – $^{z^1}$ minime
A. –

^{50} Ap: Albert, *In Ioh.* ad loc., *Opera* 24, 423 col. B (*i*); Aquinas, *In Ioh.* ad loc., *Piana* 14:2,
61r. col. B. (*i*).
^{51} Ap: Albert, *In Ioh.* ad loc., *Opera* 24, 423 col. B (*i*); Aquinas, *In Ioh.* ad loc., *Piana* 14:2,
61r. col. B (*i*).
$^{52-52}$ Ap: Aquinas, *In Ioh.* ad loc., *Piana* 14:2, 61r. col. B – 61v. col. A (*ip*). Adv: Brenz,
In Ioh. 1528 ad loc., 189v. (there: Jews lack "fides ex verbo"; not elected to damnation).
^{53} Ap: Albert, *In Ioh.* ad loc., *Opera* 24, 424 col. A (there: r 1 Cor 2,14. Perhaps also here
sense of 1 Cor 2,14 combined with wording of Iud 19?).
$^{54-54}$ Ap: Aquinas, *In Ioh.* ad loc., *Piana* 14:2, 61v. col. A (*ip*); Augustine, *In Ioh.* tract.
48 ad loc., MPL 35, 1742–1743, CCL 36, 415 (*i*); Lambert, *De prophetia* tract. 4 cap. 3,
45r.–v., cap. 24, 76v. (*i*: there: elect = oves Christi = will hear voice of Christ). Adv: Brenz,
In Ioh. 1528 ad loc., 189v.–190r. (there: oves: those who hear i.e. believe the word of Christ
i.e. the Gospel). Also adv: Eck *De primatu*, lib. 1, cap. 44, 69v. (there: audire = obey the
pastor instituted by Christ).
^{55} Adv: Brenz as in n. (54)–(54) supra. Perhaps also adv: Luther, *Von guten Hirten*, WA
12, 537, 540 (there: more apt to become true Christians through faith they get from listening
to the word).
^{56} Cf. supra nn. (52)–(52), (53). Here adv: Melanchthon, *Loci* 1521, CR 21, 160 (there: r
1 Cor 2,14: Spirit gives faith but no distinction between reprobate and elect).

quod illi Filio *salvandi donati sunt* [Io 17,11], hi nequaquam. Domino ergo demus hanc gloriam [57]ut ipse Spiritum det, nihil nostra opera adiutus[a²] [cf. 1 Cor 3,6]. Eum autem ubi [b²]dare instituit[b²], tum ad erudiendum et monendum cooperari ipsi possumus [cf. 1 Cor 3,9], si tamen ipse sermonem nostrum, eodem Spiritu, iis quibus loquimur donet recte percipere[57].

Unde hic Dominus subiicit: [58]*Et cognosco illas*, hoc est curae mihi sunt et hinc certe est ut ipsum *oves sequantur* vitamque vivant quae finem nescit [cf. Io 10,27–28]. *Ipsi* illas Pater *dedit* ut eis suppeditet vitam aeternam[58]. Tam igitur *non poterunt e manu eius*, quam *e Patris manu – qui maior et potentior omnibus est – eripi* [Io 10,28–29]. Unum siquidem *sunt ipse et Pater* [Io 10,30], eadem est utriusque virtus et potentia. Germanice: es ist ein ding der uatter und der sun. Quare, ut *de manu Patris nemo potest* electos *rapere*, ita *neque de manu Christi* [Io 10,29.28]. Dum igitur aeternum in manu salvatrice Christi oves perseverant, *perire* certe *nunquam* [Io 10,28] possunt necesseque est eas vitam habere aeternam, de qua supra plura. [59]*Primi* hi *sunt* ut *novissimi* [Mt 20,16] nunquam fiant[c²].

Observationes

Iterum observandum a sola Dei electione esse ut *oves* simus et *Christum sequamur* [Io 10,27], tum tales excidere nunquam posse quia *unum sunt Pater et Filius* [Io 10,30], eandem manum [cf. Io 10,28.29] habent, id est potentiam, de qua *nemo unquam rapiet* [Io 10,28] eos quos illa semel apprehenderit salvandos. Apprehensi autem sunt quibuscunque datum fuerit Chri[717]sti *vocem audire et sequi* [Io 10,27]. Id siquidem nulli possunt nisi oves sint [cf. Io 10,26]. Si iam oves, in manu Christi et Patris sunt [cf. Io 10,29] ut *nunquam pereant, sed habeant vitam aeternam* [Io 10,28].

[a²] *add.* et det absque instrumentis quae nos adhibeamus AB. – [b²-b²] dedit AB. – [c²] *add.*
[59]facessant igitur illi cum suo pernitioso dogmate, qui docent posse fieri apud Deum *novissimos* et omni *gratia excidere* [Gal 5,4], qui apud Deum fuerunt *primi* [Mt 20,16], id est vere credentes vereque *filiorum Spiritu* [Rm 8,15] praediti. AB. –

[57-57] Ap: Lambert, *De prophetia* tract. 5 cap. 7, 89r.–v. (*i*: all *oves Christi*, when prophets, have Christ's Spirit which makes them address the Spirit of the *oves Christi* in the congregation); tract. 5 cap. 10, 94v. (*i*: minister instructed solely by the Spirit); tract. 5, cap. 11, 96r. (*i* only: minister dependent on God).
[58-58] Ap: Aquinas, *In Ioh.* ad loc., *Piana* 14:2, 61v. col. A (*i*); Augustine, *In Ioh.* tract. 48 ad loc., MPL 35, 1743, CCL 36, 415 (*i*).
[59] Cf. BEv 1527 ad Mt 20,16, 241v.–244v. Here adv: Brenz, *In Ioh.* 1528 ad loc., 190r.–v. (there: faith only, no mention of election).

ENARRATIO SECTIONIS IIII [32–42]

Annotationes

⟨Quae *bona opera* Domini⟩ *Multa bona opera ostendi vobis ex Patre meo* [Io 10,32]. Hic [60]rursum vides quod: ostendere vel demonstrare (graece δεικνύειν) pro: exhibere et dare ab Evangelista accipitur. [61]Exhibuerat siquidem Dominus multa iam *bona opera* quibus nimirum salutem attulerat hominibus, quale fuerat illud supra, capite 5[5–9] et illud quod iam capite 9[4–7] memoratum est. Quae opera *ex Patre* [Io 10,32] demonstrata fuere[61], id est divina virtute praestita. Iis [62]iam Dominus*[d2]* indicarat quid a se expectandum esset, nimirum nihil nisi *[e2]*certam salutem et vitam aeternam*[e2]*. Id credere hortabatur Iudaeos [cf. Io 10,25] et declarabat sua omnia Patris esse ut certo ipsi fidere possent. Haec vero*[f2]* erant quae ita irritabant illos, nihil nisi *bona* et salvifica *opera*. Recte igitur rogabat[62] eos *propter quod suorum bonorum operum* vellent se*[g2]* *lapidare* [Io 10,32].

Quia tu homo cum sis, facis te Deum [Io 10,33]. *[h2]*Palam professus erat*[h2]* *se et Patrem unum esse* [Io 10,30], id est eandem sibi quae et Patri esse virtutem. Quo utique se Deum esse palam professus erat. In eo enim: *unum cum Patre esse* [Io 10,30] ut aeque *nemo de manu sua*[i2] *atque Patris rapere possit* [Io 10,28.29] est eundem ipsum cum Patre Deum esse. Hoc ergo *blasphemiam* [Io 10,33] et Dei contumeliam Iudaei interpretati fuere.

[j2]Nonne scriptum est in Lege vestra [Io 10,34], id est [63]Scriptura quae saepe vocatur Lex, id est [64]תורה, quod tamen non tam Legem, quam doctrinam significat. Iam Scriptura ubique docet, recte igitur tota Ebraeis Thorah, quod nos Legem interpretamur, dicitur[64]. *[k2]*Porro quod hic Dominus adduxit, [65]Psal. 82 [Ps 81,6] legitur, dictum*[l2]* ad [66]principes et iudices terrae eosque malos[66] qui inique iudicant [cf. Sap 6,2.5] et impiis deferunt, eo tamen quod *potestate* in alios *praediti* eiusmodi *sunt* [cf. Sap

---

[d2] om. AB. – *[e2–e2]* certa salus et vita aeterna A. – *[f2]* add. illa A. – *[g2]* eum AB. – *[h2–h2]* Intellexerant quod dixerat A. – *[i2]* ipsius AB. – *[j2]* add. □ Tota Scriptura Lex Dei dicitur A. – *[k2]* add. □ Unde principes et iudices dii A. – *[l2]* et dicitur A. –

[60] Cf. supra cap. 5, *sect.* 2 ad nn. (56), (57)–(57).
[61–61] Ap: ErP 1524 ad loc., LB 7, 586 (*pa*).
[62–62] Ap: ErP 1524 ad loc., LB 7, 586 (*ip*).
[63] Ap: Augustine, *In Ioh.* tract. 48 ad loc., MPL 35, 1744, CCL 36, 417; Theophylactus, *In Ioh.* ad loc., MPG 124, 81–82 (*i*).
[64–64] Ap: BiRab ad Ps 119 (118), 1 (*ip*); Reuchlin, *De rudimentis* lib. 1, 226 (*ip*).
[65] Ap: Augustine, *In Ioh.* tract. 48 ad loc., MPL 35, 1745, CCL 36, 417; Theophylactus, *In Ioh.* ad loc., MPG 124, 81–82; Aquinas, *In Ioh.* ad loc., *Piana* 14:2, 62r. col. A; ErP 1524 ad loc., LB 7, 586; Brenz, *In Ioh.* 1528 ad loc., 191r. (*r*).
[66–66] Ap: BiRab ad Ps 82 (81), 6 (*i*).

6,4] et [67]hactenus vicarii Dei – *cuius est omnis potestas* et *a quo*, ut [m²]Paulus inquit, omnes *potestates quae uspiam sunt, ordinatae sunt* [Rm 13,1] – *dii* et in hoc Psalmo [Ps 81,6] et [68]alias in Scripturis vocantur[67].

Quid enim aliud Deus est quam summa potestas? Iam principes et magistratus a Deo potestatem vitae necisque acceperunt. Hactenus igitur divinitatis participes sunt et *dii atque filii Altissimi* [Ps 81,6] iure vocantur. Sed quia [69]fiduciaria est haec illorum divinitas, spoliantur rursus ea dum male ea funguntur et *sicut* caeteri *homines*, quod idem Psalmus eis minatur, *moriuntur* [Ps 81,7][69].

⟨*Quem Pater sanctificavit*⟩ Argumentum ergo Domini huiusmodi est: [70]*Scriptura quae solvi* – id est falsa esse – *non potest, vocat deos ad quos verbum Dei factum est* [Io 10,35][70], id est quibus [71]commissa est potestas, demandatum munus aliis imperandi. (*Factum enim verbum Domini* ad aliquem ebraeo idiotismo significat aliquod illi a Domino datum negotium). Quanto [72]*rectius igitur*[n²] ego *me Deum et Filium Dei voco quem Pater sanctificavit*, hoc est selectum ex universis mortalibus divina et salvatrice omnium potestate donavit, *in mundum*[72] Salvatorem *misit* [Io 10,36] adorandumque *omnibus quae sunt in coelo et*[o²] *terra* [Col 1,17.16] proposuit?

[73]Minutula adeo divinae potentiae participatio principes inter homines, etiam malos, dignos facit vocabulo dei ut Scriptura quae blasphemare nescit, *deos* illos *vocet* [Io 10,35] *filiosque Altissimi* [Ps 81,6]. *Et me* in quo longe [p²]praeclarius divinitatem[p²] videtis, *dicitis blasphemare quod Filium me dixi Dei* [Io 10,36] *unumque esse cum Patre* [Io 10,30] et eadem potestate praeditum[73]? Si id *non opera* quae *facio* verum testantur, iure blasphemiae accusatis [cf. Io 10,37]. *Si autem opera Patris mei*, hoc est vere divina, *facio* [Io 10,37–38], ut facere me non potestis inficiari, divinam mihi virtutem

---

[m²] *add.* ☐ Rom. 13a. 1 D. –[n²] *om.* A. –[o²] *add.* in A B. –[p²–p²] aliam divinitatis participationem A. –

[67–67] Ap: Aquinas, *In Ioh.* ad loc., *Piana* 14:2, 62r. col. A (*i*); *In Rm.* ad 13,1, *Cai* 1, 189 (*i*: subjection to bad rulers by virtue of their office: there: *r* 1 Pt 2,18).

[68] Cf. e.g. BiRab ad Ex 7,1 (there: god = judge = magistrate = lord) and Aquinas, *In Ioh.* ad loc., *Piana* 14:2, 62r. col. A (there: *r* Ex 22,28).

[69–69] Ap: BiRab ad Ps 81 (82), 6 (*i*). Cf. BPs 1529 ad 81,6, 289r.–v.

[70–70] Ap: ErAn 1527 ad loc., LB 6, 384 (*ip*); ErP 1524 ad loc., LB 7, 586 (*i*).

[71] Cf. e.g. 3 Rg 18,1. Here perhaps also ap: BiRab ad Ps 81 (82), 6 (there: *i*: judges etc. = those given power combined here with: those given the word of God). Here adv: entire exegetical tradition (takes *verbum* = participation in the divinity through the Son) esp. adv: Brenz, *In Ioh.* 1528 ad loc., 191r. (there: *deus* as applied to civil rulers considered a blasphemy, *dii* = all believers). Cf. BPs 1529 ad loc., 289r.–v. (there *i* ap: Hostiensis, *Summa aurea: Prooemium*).

[72–72] Ap: ErAn 1527 ad loc., LB 6, 384 (*ip*).

[73–73] Ap: ErP 1524 ad loc., LB 7, 586 (*p* but *i* only partly; there: participation taken in traditional sense).

sumenti debebatis credere. Sed si mihi credere piget verbaque mea arro-
gantiora putatis, ipsis *operibus credite* [Io 10,38].

Certe verbo totum hominem qui grabbato affixus fuit annis 38 sanum
reddere [cf. Io 5,5–9], caeco nato dare visum [cf. Io 9,4–7], mortuos in
vitam hanc revocare [cf. Io 4,47–53] et id genus alia, nonnisi opera Dei
sunt. *Est* ergo *in me Pater* ista efficiens *et* sum *ego in illo* [Io 10,38], id est
etiam homo hic quem videtis et adeo contemnitis per illum vivo et ago
omnia, verius itaque quam quisquam alius unquam Filius Dei et Deus
vocor, etiam ut [74]homo. Taceo quod *Verbum* Patris sum *idemque* cum
Patre verus *Deus* [Io 1,1]. Id certe ut sublimi[718]us sit quam ut verum
agnoscere possitis, cum videatis tamen etiam in me homine Patrem agere
omnia et in illo me totum esse perque eum vivere et cuncta facere – neque
ignoretis in Scriptura deos et filios Dei vocari [cf. Io 10,34] in quibus
infinito minori virtute (praesertim si illam ei quae in me apparet conferatis)
Pater agit – [q²]nullam certe rationem habetis sic contra me furendi[q²] quod
Deum me, Filium Dei et *cum Patre unum* esse *praedico* [Io 10,30.33.36].

Exivit de manu eorum [Io 10,39]. Virtute [75]divina avertit furorem eorum
qui apprehendere ipsum cupiebant donec commodum se inde reciperet[75].

Ioannes nullum signum edidit [Io 10,41]. Debebatur siquidem haec gloria
Christo qui, et glorificatus, per suos plura quam antea per seipsum in carne
signa edidit [cf. Io 12,16]. Unde infra dicit *maiora facturos qui in ipsum
crederent*, quam *fecisset ipse* [Io 14,12].

Observationes

⟨Dum Christus homo rite cognoscitur, idem Deus verus esse non potest
ignorari⟩ Iterum observandum ut apertiore veritatis revelatione excitari
soleat furor impiorum non secus atque [76]ignis cum aqua aspergitur. Christi sane iusta[r²] praesentia Satanae tyrannidem, ita ut aqua ignem, extinguit. Unde ubi [s²]Satan Christi praesentiam[s²] sentit vel parum illucescere
[cf. 2 Cor 4,6], totus in rabiem concitatur[76]. Deinde observandum ut
Christus Iudaeos a minima divinitatis participatione quae in princibus et
magistratibus ac omnibus denique in quibus, vel per quos, Deus aliquid
insigne agit, apparet, subducere voluerit ad agnoscendum eam – qua ipse

---

[q²–q²] nulla certe ratione ita contra me furitis A. – [r²] *om.* A. – [s²–s²] illam AB. –

[74] Ap: Aquinas, *In Ioh.* ad loc., *Piana* 14:2, 61r. col. B – 61v. col. A (*i*); ErP 1524 ad loc.,
LB 7, 586 (*i*).
[75–75] Ap: Theophylactus, *In Ioh.* ad loc., MPG 124, 85–86; ErP 1524 ad loc., LB 7, 587
(*i*).
[76–76] Water/fire proverb ap: ErAdagia, chil. 4, cent. 4, no. 94, LB 2, 1023 (*p*). For Satan
cf. supra *Prf. Bern.* ad nn. (1)–(1) – (14).

etiam ut homo donatus erat – maiorem sane, quam in orbe unquam visa esset. [77]Eam enim si in homine Iesu agnovissent, iam non potuissent ignorare ipsum etiam natura Dei *Verbum* [Io 1,1] esse[t2] ipsumque Deum[77]. Sic enim per cognitionem Mediatoris in cognitionem Dei ascenditur [cf. 1 Tim 2,4.5] et *qui videt* Dominum Iesum, *Filium* Dei, *videt et Patrem* [Io 14,9].

⟨Ad quid signa⟩ Animadvertendum [78]quoque signa non esse certa verae sanctitatis indicia. *Ioannes* enim *nullum fecit* [Io 10,41]. Et fecerunt multa [79]quibus dicet olim Dominus: *Amen dico vobis nunquam novi vos*, Matth. 7[23]. Cum magnificentia enim debebat *evangelion* Christi *orbi* [Mt 24,14] initio commendari, sicut et Lex multis cum *portentis et signis* [Dt 29,3] populo [u2]commendata fuerat Ebraeorum[u2]. Donec igitur illud in orbe percrebresceret [cf. 2 Cor 4,4], signa plurima [80]per suos Christus operatus est [cf. Act 2,19] quibus ad audiendum illud homines excitavit. [81]Fidem autem ut haberent evangelio electi opus semper fuit Spiritus qui, cum et hodie electis non desit, non est ut signa requiramus[81]. Signa Iudaei multa viderunt [cf. Io 10,25], sed tam abfuit ut inde fierent meliores, ut magis agerentur in furorem contra Dominum et quoslibet veritatis testes.

Postremo notandum ut in desertis Iudaeae *multi credant* Domino [Io 10,42], cum Ierusalem primores illum vellent lapidare [cf. Io 10,31]. Sic humilia celsis praeferuntur [cf. Iac 4,6]. Insani igitur qui sublimia sectantur[v2] aut etiam appetunt.

[t2] *om.* A. – [u2–u2] Hebraeorum commendata fuerat D. – [v2] spectant AB. –

[77–77] Ap: Augustine, *In Ioh.* tract. 48 ad loc., MPL 35, 1745, CCL 36, 418 (*i*: lesser to greater).
[78] Ap: Brenz, *In Ioh.* 1528 ad loc., 192r. (*ip*). Cf. also Brenz, *Dritte Predigt* 1524, BrFrSchr 1, 30–31 (there: *r* Io 10,41–42: cult of miracles and saints leads to superstition, detracts from true worship of Christ).
[79] Ap: Brenz, *In Ioh.* 1528 ad loc., 192r. (*pr*).
[80] Ap: Brenz, *In Ioh.* 1528 ad loc., 192r. (*i* but there: emphasis on: aedificatio ecclesiae).
[81–81] Ap and adv: Brenz, *In Ioh.* 1528 ad loc., 192r. (*i* there also: faith = the sole necessary gift but not given by the *Spirit*).

CAPUT 11

⟨Sectio 1 [1–16]⟩ *Aegrotabat autem quidam nomine Lazarus Bethaniensis a castello Mariae et Marthae huius sororis. Maria autem erat ea quae unxit Dominum unguento et extersit pedes eius capillis suis, cuius frater Lazarus aegrotabat. Miserunt ergo sorores eius ad eum, dicentes: Domine ecce, quem amas, aegrotat. Audiens autem Iesus, dixit: infirmitas haec non est ad mortem, sed pro gloria Dei ut glorificetur Filius Dei per eam. Diligebat autem Iesus Martham et sororem eius et Lazarum. Ut ergo audivit quod aegrotaret, tum quidem temporis mansit in eodem loco duobus diebus. Deinde post hoc dicit discipulis: eamus in Iudaeam iterum. Dicunt ei discipuli: rabbi, modo quaerebant te Iudaei lapidare et iterum vadis illuc? Respondit Iesus: nonne duodecim sunt horae diei? Si quis ambulaverit in die, non offendit quia lucem huius mundi videt. Si quis autem [719] ambulaverit in nocte, offendit quia lux non est in eo. Haec ait et post haec dicit eis: Lazarus amicus noster dormit, sed vado ut a somno excitem eum. Dixerunt ergo discipuli eius: Domine, si dormit, salvus erit. Dixerat autem Iesus de morte eius, at illi putaverunt quod de dormitione somni diceret. Tunc ergo Iesus dixit eis manifeste: Lazarus mortuus est et gaudeo propter vos ut credatis quod non fuerim ibi. Sed eamus ad eum. Dixit ergo Thomas, qui dicitur Didymus, ad discipulos: eamus et nos ut moriamur cum eo.*

⟨Sectio 2 [17–27]⟩ *Venit itaque Iesus et invenit eum quatuor dies iam in monumento habentem. Erat autem Bethania iuxta Hierosolymam fere stadiis quindecim, multique ex Iudaeis venerunt[a] ad Martham ac Mariam ut consolarentur eas de fratre suo. Martha ergo, ut audivit quod Iesus venisset, occurrit illi. Maria vero domi desidebat. Dixit ergo Martha ad Iesum: Domine, si fuisses hic, frater meus non fuisset mortuus. Sed et nunc scio quod quaecunque poposceris a Deo, daturus tibi sit Deus. Dicit illi Iesus: resurget frater tuus. Dicit ei Martha: scio quod resurget in resurrectione in novissimo die. Dicit ei Iesus: ego sum resurrectio et vita. Qui credit in me, etiam si mortuus fuerit, vivet. Et omnis qui vivit et credit in me, non morietur in aeternum. Credis hoc? Ait illi: etiam Domine. Ego credo quod tu sis Christus ille Filius Dei qui in mundum venturus erat.*

⟨Sectio 3 [28–38]⟩ *Et cum haec dixisset, abiit et vocavit Mariam sororem suam clanculum, dicens: magister adest et vocat te. Illa, ut audivit, surgit*

---

[a] 1 venerant D. –

1 Er 1527: venerant.

cito et venit ad eum. Nondum autem venerat Iesus in castellum, sed erat in
eo loco ubi occurrerat ei Martha. Iudaei ergo qui erant cum ea in domo et
consolabantur eam, cum vidissent Mariam quod cito surrexisset et exisset,
sequuti sunt eam dicentes: vadit ad monumentum ut ploret ibi. Maria ergo,
cum venisset eo ubi erat Iesus, videns eum, accidit ad pedes eius et dicit ei:
Domine si fuisses hic, non esset mortuus frater meus. Iesus ergo, ut vidit eam
plorantem et Iudaeos qui venerant cum ea plorantes, infremuit spiritu et
turbavit seipsum et dixit: ubi posuistis eum? Dicunt ei: Domine veni et vide.
Lachrymatus est Iesus. Dixerunt ergo Iudaei: ecce quomodo amabat eum.
Quidam autem ex ipsis dixerunt: non poterat hic qui aperuit oculos caeci,
facere ut hic non moreretur? Iesus ergo, rursum fremens in semetipso, venit
ad monumentum. Erat autem spelunca et lapis impositus erat ei.

⟨Sectio 4 [39–46]⟩ Ait Iesus: tollite lapidem. Dicit ei Martha, soror eius
qui mortuus fuerat: Domine iam olet, quatriduanus est enim. Dicit ei Iesus:
nonne dixi tibi quod, si credideris, visura esses gloriam Dei? Sustulerunt ergo
lapidem a loco ubi is qui mortuus fuerat, erat positus. Iesus autem, attollens
sursum oculos, dixit: Pater, gratias ago tibi quoniam audisti me. Ego autem
sciebam quod semper me audis, sed propter turbam quae circunstat dixi ut
credant[b] quod tu me miseris. Atque haec cum dixisset, voce magna clamavit:
Lazare, veni foras. Et prodiit qui fuerat mortuus, manus et pedes habens
revinctos fasciis sepulchralibus et facies illius sudario e[720]rat obvincta.
Dicit eis Iesus: solvite eum et sinite abire. Multi ergo ex Iudaeis qui venerant
ad Mariam et viderant quae fecisset Iesus, crediderunt in eum. Quidam
autem ex ipsis abierunt ad Pharisaeos et dixerunt eis quae fecisset Iesus.

⟨Sectio 5 [47–57]⟩ Congregaverunt ergo pontifices et Pharisaei concilium
ac dicebant: quid facimus quia hic homo multa signa edit? Si permiserimus
eum sic, omnes credent ei, venientque Romani et tollent tum locum nostrum,
tum gentem. Unus autem ex ipsis, Caiaphas nomine, cum esset pontifex anni
illius, dixit eis: vos nescitis quicquam, nec perpenditis quod expedit nobis ut
unus homo moriatur pro populo ac non tota gens pereat. Hoc autem a
semetipso non dixit, sed, cum esset pontifex anni illius, vaticinatus est quod
Iesus moriturus esset pro gente et non tantum pro gente, sed ut filios Dei
qui erant dispersi, congregaret in unum. Ab illo ergo die consultabant invicem
ut interficerent eum. Iesus ergo iam non propalam ambulabat inter Iudaeos,
sed abiit [2]illinc in regionem iuxta desertum, in civitatem quae dicitur Eph-
raim et ibi versabatur cum discipulis suis. Instabat autem Pascha Iudaeorum
et ascenderunt multi Hierosolymam e regione, ante Pascha, ut purificarent
se. Quaerebant ergo Iesum et colloquebantur inter se in templo stantes: quid

---

[b] credat D. –

[2] Er 1522 [!]. Om. Er 1527.

*videtur vobis quod non venerit ad diem festum? Dederant autem pontifices
et Pharisaei praeceptum ut, si quis cognovisset ubi esset, indicaret, ut com-
prehenderent eum.*

ENARRATIO SECTIONIS I [1–16]

Annotationes

⟨Ordo miraculorum quae Iohannes narrat⟩ *Aegrotabat autem quidam
nomine Lazarus* [Io 11,1]. Sextum hoc signum est quod Evangelista hic
noster commemorat. [3]Pauca etenim ex miraculis Domini, sed ea [4]singulari
quodam delectu et gradatione, conscripsit[4]. Splendidius utique erat quinque millia ex quinque panibus et duobus pisciculis saturare [cf. Io 6,2–13]
quam fuerat aqua in nuptiis mutata in vinum [cf. Io 2,3–9]. Sic, quod eum
qui morbo detentus fuerat annis triginta octo sanitati restituit [cf. Io
5,5–9], clarius miraculum fuit quam quod sanum reddidit febricitantem
filium illius regii [cf. Io 4,50]. Utroque autem admirabilius erat dare visum
ei qui natus erat caecus [cf. Io 9,1–7]. Omnibus vero adhuc [5]maius quod
in vitam revocavit hunc Lazarum, *quartum iam diem agentem in sepulchro*
[Io 11,17]. Quo enim ad vesperam magis vergebat dies Domino praescripta
in qua munus suum in carne obire debuit, [6]eo clarius[c], cum verbis tum
factis, qui esset curque venisset, aperiebat[6].

Mihi certe historiam hanc Ioannis propius intuenti omnino verisimile
videtur quae a quinto capite narravit, omnia facta esse intra ultimum
praedicationis Domini annum et quidem [7]hoc ordine: in Galilaea sub
festum Paschatis pavit quinque millia [cf. Io 6,2–13]. In Pentecoste sequenti sanavit illum qui laboraverat triginta octo annis Hierosolymis [cf. Io
5,5–9]. In festo tabernaculorum sequenti docuit palam in templo, quod
septimo capite narratur [cf. Io 7,14ff.] et, ut videtur, dedit visum caeco [cf.

---

[c] *add.* quoque AB. –

[3] Ap: Augustine, *In Ioh.* prf. MPL 35, 1378, CCL 36, XIV (*i*); Eusebius – Rufinus, *Hist.
eccl.* 3,24, GCS 9:1, 248–249. Cf. also supra, *cap.* 1: [Prf.] ad nn. (5) – (15).

[4-4] Ap and adv: Augustine, *De consensu* 4,10, MPL 34, 1224–1226, CSEL 43, 407–413 (*i*:
there: ascending order of events in Gospel, but not of miracles!).

[5] Ap: Cyril, add. Clichtove, *In Ioh.* ad loc., ed. 1524, 132r.–v. (*i*: greatest miracle but there:
no attempt to establish hierarchy of the others); Lyra (Burgos) ad loc. (*i*: greatest of miracles;
there raising the dead more miraculous than healing).

[6-6] Ap: Augustine, *De consensu* 4,10, MPL 34, 1226–1227, CSEL 43, 413–415 (*i*). Here
adv: Brenz, *In Ioh.* 1528 ad 11,41 (there: no distinction between Christ's human and divine
nature, miracles serve sole purpose of confirming people in faith).

[7] This chronology ap: Ludulphus, *Vita* 1a pars, cap. 78, *Rigollot* 2, 243ff. (*i*). Cf. supra
cap. 7 ad nn. (4), (9) and Backus, *Chronologie* in: RThPh, *Cahier* 8,41–50.

Io 9,1–7]. In festo postea dedicationis interrogatus fuit quis esset, quod commemoratur capite 10[24ff.]. Sub Pascha iam ultimum suscitavit hunc Lazarum. In festivitatibus vero et Hierosolymis ista gerere Dominus ac se praedicare magnificentius voluit quo sic toti circuncisioni, cui peculiariter [cf. Act 13,24] eo quidem temporis missus erat, *d*sese commodius*d* et clarius insinuaret.

Maria autem erat ea [Io 11,2]. Haec unctio sequenti capite ab Evangelista narratur [cf. Io 12,3].

Miserunt ergo sorores [Io 11,3]. Sperabant enim, *si adesset, non moriturum fratrem* [Io 11,21.32]: id quod Domino postea, ut sequitur, utraque confessa fuit.

eNonne duodecim sunt horae [Io 11,9]. Sensus: ut *8*duodecim horae diei sunt in quibus ambulare et agere homines omnia oportet – nam *qui noctu* velit *ambulare* et negotia sua agere, facile impingeret, *cum die* ubi [721] *lumen mundi*, solem istum *videt* [Io 11,10.9], non impingat*8* – sic *9*habeo et ego diem meum qui suis certis horis finitur. In hoc ergo*f* *quae mihi* Pater *mandavit perficienda sunt* [Io 9,4]*9*. Hic dies iam inclinat, neque multum eius superest [cf. Io 9,4]: appropinquat hora quum ad Patrem e mundo mihi concedendum est [cf. Io 7,33]. Quare, utcunque contra me concitati Iudaei sint, mihi mea *opera dum dies* meus *est perficienda sunt* [Io 9,4] eoque Iudaea et Ierusalem mihi repetenda Patrisque gloria illustranda. Illi erit cura de nobis.

Simili allegoria usus Dominus est et *10*supra 9, sectione prima cum ait: *Me oportet operari opera eius qui me misit donec dies est* [Io 9,4] etc. Neque enim quadrat *11*quo sensu verba ista Domini iactari vulgo solent – quasi significare voluisset: cum *duodecim horae diei sint* [Io 11,9], *g*saepe etiam uno die homines animum mutare eoque fieri*g* potuisse ut hostes sui consilium mutassent, cum iam aliquot dies intercessissent. Aut: certe nunc non valituros illos quod antea*11*. Sequentia siquidem hic*h* quae cum illis*i* supra 9*j* eadem sunt, reclamant satisque aperte indicant significare Dominum

---

d–d commodius sese AB. – *e* add. □ *Duodecim horae diei* [Io 11,9] A. –*f* *om.* A. – *g–g* ut quis uno die saepe animum mutare possit, fieri *multo magis* [**etiam B] AB. – *h* *om.* A. – *i* iis quae A. – *j* *add.* dixit A. –

8–8 Ap: Brenz, *In Ioh.* 1528 ad loc., 194v. (*ip*).
9–9 Ap: ErAn 1527 ad loc., LB 6, 385–386 (*ip*). Also ap: Theophylactus, *In Ioh.* ad loc., MPG 124, 89–90 (*i*: there one of three interpretations: day = time before passion, night = time after passion) in: Aquinas, *Catena* ad loc., Guarienti 2, 483; *In Ioh.* ad loc., Piana 14:2, 63v. col. A; Brenz, *In Ioh.* 1528 ad loc., 194v.–195r. (*i*: there also: span of Jesus' ministry but explicitly related to safety! Cf. infra n. (13)).
10 Cf. supra *cap.* 9, *sect.* 1 ad nn (11) – (16)–(16).
11–11 Adv: Lyra ad loc. only [!].

voluisse se oportere tempore a Patre definito *opera* Patris *perficere* [Io 9,4], [12]non secus atque homines[12] die ambulare et negotia sua curare [cf. Io 11,9].

Unde neque firmum videtur quod [13]alii dicunt: his verbis significare voluisse Dominum absque periculo esse hanc suam in Iudaeam reditionem eo quod, sicut *dies* suas *duodecim horas* [Io 11,9], ita ipse et quilibet alius certum habeat cum officii sui, tum vitae, tempus intra quod perire nequeat. Neque enim securos periculi hic suos, sed [14]intentos magis iussioni Patris reddere voluit. Diligens lector perpendat quae supra[k] 9[4] Dominus dixit et quae hic, et videbit indubie Dominum voluisse dicere: quicquid molirentur Iudaei, se oportere tamen *operari opera* Patris *dum dies [l]esset* [Io 9,4], dum[m] tempus illis operibus a Patre deputatum[l]. Cumque iam[n] finis [o]eius temporis[o] accelararet [cf. Io 7,33], nihil sibi contandum esse omneque periculum voluntati Patris posthabendum.

⟨Mors quorumlibet *somnus* in Scriptura dicitur⟩ *Lazarus amicus noster dormit* [Io 11,11]. Hac allegoria significare voluit [15]se Lazarum[p] a morte revocaturum. Unde somnum, rectius quam mortem, obitum Lazari vocavit[15], quanquam Scriptura passim, sive ut rem tristem melioribus verbis per [16]ἀστεϊσμόν eloquatur, sive ut spem resurrectionis indicet, [17]mortem quorumlibet, non bonorum tantum[q], somnum et dormitionem vocare [18]soleat[17].

Et gaudeo propter vos [Io 11,15]. Nimirum: *Quod non fuerim* ibi, *ut* [19]*videntes me quadriduanum mortuum* in vitam revocare [cf. Io 11,39–44], tanto firmius *in me credatis* [Io 11,15][19]. Instat enim ut vestra in me fides periclitetur.

---

[k] *add.* cap. D. – [l–l] dum tempus illis operibus a Patre deputatum esset D. – [m] *om.* AB. – [n] *add.* eius AB. – [o–o] *om.* AB. – [p] hunc AB. – [q] *add.* [17-17] ut quidam inconsyderate scripserunt AB. –

[12-12] Adv: Augustine, *In Ioh.* tract. 49 ad loc., MPL 35, 1750–1751, CCL 36, 424 (there: day = Jesus). Also adv: Brenz, *In Ioh.* 1528 ad loc., 195v. (there: parallel between twelve hours and span of human life, but also *dies* = span of ministry).

[13] Here esp. adv: Brenz, *In Ioh.* 1528 ad loc., 195r. Cf. supra n. (9)–(9). Also adv: Chrysostom, *In Ioh.* hom. 72, MPG 59, 343; ErP 1524 ad loc., LB 7, 588 (but there: safety not linked to set time of ministry).

[14] Ap: ErAn 1527 ad loc., LB 6, 385–386 (*i*: there: emphasis on: tempus praescriptum but also mention of safety).

[15-15] Ap: Augustine, *In Ioh.* tract. 49 ad loc., MPL 35, 1751, CCL 36, 424 (*ipa*); Brenz, *In Ioh.* 1528 ad loc., 195v. (*i* but cf. infra n. (17)–(17)).

[16]Ἀστεϊσμός – a form of irony, understatement. Cf. *Lausberg* 1, par. 583.

[17-17] Ap: Augustine, *In Ioh.* tract. 49 ad loc., MPL 35, 1751, CCL 36, 424 (*ip*). Adv: Brenz, *In Ioh.* 1528 ad loc., 195v.–196r. (there: the impious also sleep but "gravissimis insomniis").

[18] "Scripturae consuetudo" also ap: ErP 1524 ad loc., LB 7, 588 (*i* ? but there: in context of resurrection only).

[19-19] Ap: Augustine, *In Ioh.* tract. 49 ad loc., MPL 35, 1752, CCL 36, 426 (*i*: but there: no implication of their faith diminishing subsequently).

Dixit ergo Thomas [Io 11,16]. [20]Didymus id graece quod Ebraeis תאם, unde Thomas derivatum est, significat: nempe gemellum[20]. Quae autem hic dixit, [21]non tam fiduciae quam desperationis verba videntur[21].

Observationes

Iterum observa ut omnia gloriae Dei serviant. Si iam huic, ut par est, studemus, aequis animis feramus quicquid inciderit. Indubie enim, ut caecitas *illius nati caeci* [Io 9,1] et mors Lazari huius, ita et quae nobis [22]adversa Deus immiserit ad illustrationem gloriae eius facient eoque, cum ipsius filii simus, ad nostram quoque salutem [cf. Rm 8,17]. Circa illud quod contempto periculo *dum dies erat* [Io 9,4] suum obire munus Dominus voluit [cf. Io 11,9] discamus et nos ante omnia spectare ad quae nos destinarit Deus, reliqua ipsius curae committentes [cf. 1 Pt 5,7].

'Cui nomen Lazarus [cf. Io 11,1]. Notandum hic ut nihil temere fit, ne nominis quidem impositio. [23]Lazarus enim, quod est עזריה, Hebraeis significat: cui auxilio est Deus[23]. Admirandam enim opem Dei erat hic Lazarus experturus ut *a morte quadriduanus* revocaretur voce Christi in vitam [cf. Io 11,39–44]: hoc ergo oportuit praenotari in nomine eius. Eadem ratio nominis apparet et in [24]illo Lazaro cuius animam *angeli deportarunt in sinum Abrahae* [Lc 16,22], qui hic vivens non poterat impetrare *micas cadentes de mensa divitis* [Lc 16,21] epulonis, in quem canes maiori misericordia usi[s] fuerant quam homines' [cf. Lc 16,21][24].

ENARRATIO SECTIONIS II [17–27]

Annotationes

Venit itaque Iesus et invenit eum quatuor dies. Erat autem Bethania [Io 11,17f.]. Stadium sexcentorum[t] pedum spatium est. Millium faciunt

---

[r–r] *om.* AB. – [s] *om.* C. *add.* D. – [t] sex centum AB. –

[20–20] Ap: Brenz, *In Ioh.* 1528 ad loc., 196r. (*p*). Here as there etymology adv: mediaeval tradition where Thomas = dubius. Cf. e.g. Albert, *In Ioh.*, ad loc., *Opera* 24, 444 col. B; Lyra ad loc.
[21–21] Ap: Theophylactus, *In Ioh.* ad loc., MPG 124, 93–94 (*ip* Oecolampadius); Chrysostom, *In Ioh.* hom. 72 ad loc., MPG 59, 344 (*i*). Adv: Nonnus, *Metaphrasis* ad loc., MPG 43, 841–842; Brenz, *In Ioh.* 1528 ad loc., 196v. Cf. Lyra ad loc. (there: both explanations).
[22] Ap: Brenz, *In Ioh.* 1528 ad 11,15, 196r. (*i*).
[23–23] Ap: Ludulphus, *Vita* 2a pars, cap. 17, *Rigollot* 3, 116 (*ip*).
[24–24] Link between Lazarus here and Lazarus ad Lc 16,21ff. ap: Augustine, *In Ioh.* tract. 49 ad 11,11, MPL 35, 1751, CCL 36, 425 (*i*, but there: no comment on significance of name).

stadiorum septem[u] vel [722] octo. Inde [25]duo millia a Ierusalem hic vicus abfuit.

Martha ergo ut audivit [Io 11,20]. Quam [26]observarit soror utraque Dominum et Luc. 10[38ff.] meminit[26].

Domine si fuisses hic [Io 11,21]. Nihil [27]non pollicebatur sibi a Domino quem amabat et a quo redamari se non dubitabat. Hoc vero ingenium est verae fidei.

⟨*Ego sum resurrectio et vita*⟩ *Ego sum resurrectio et vita* [Io 11,25]. Id est autor resurrectionis et vitae. [28]Resurrectionis, quia *credentes in me suscitabo in novissimo die* [Io 6,40] ad vitam beatam. [v]*Et qui mortui sunt, vivent per me* eo *quod credunt* [Io 11,25] mihi. Vitae vero autor sum quia Spiritum dono quo, in praesenti, gustum aliquem divinae bonitatis mihi credentes percipiunt [cf. Hbr 6,5]; indeque [w]ei sic inhaerent[w] ut, donec plene illa fruantur, avelli ab ea nulla vi possint. Sic *qui vivunt et credunt in me, non moriuntur* [Io 11,26]. De his supra[x] 3, 5 et 6 plura[28].

Ego credo [Io 11,27]. Graece πεπίστευκα, id est *credidi*, habetur. [29]Significare enim videtur se pridem credidisse, hoc est agnovisse quod Dominus Christus ille Filius Dei esset quem venturum in mundum ut *omnia instauraret* [Eph 1,10], expectaverant[29].

Observationes

Animadvertendum sorores has quod de obitu fratris dolerent, non esse a Domino increpitas, sed Dominum potius illis fuisse compassum atque condoluisse, ut in sequenti sectiuncula Evangelista memorat. Neque enim stupentem a nobis, sed vivam et ardentem, quae viscera [cf. Phil 1,8] exagitet totoque se corpore prodat, dilectionem Deus requirit. Neque alia fuerit vera hominum hic agentium dilectio.

---

[u] *add.* semis AB. – [v] *add.* sic AB. – [w–w] illi adducuntur AB. – [x] *add.* capitibus D. –

[25] Ap: Aquinas, *In Ioh.* ad loc., *Piana* 14:2, 64r. col. A (*p*). Cf. *von Alberti*, 45, 263, 490, 498.

[26–26] Ap: Aquinas, *In Ioh.* ad loc., *Piana* 14:2, 64r. col. A–B (*iar*). Here adv: Chrysostom, *In Ioh.* hom. 62 ad loc., MPG 59, 345 (there: Martha weaker); Brenz, *In Ioh.* 1528 ad loc., 197r.–v. (there: allegorical exegesis).

[27] Ap: Augustine, *In Ioh.*, tract. 49 ad loc., MPL 35, 1753, CCL 36, 427 in: Aquinas, *Catena* ad loc., *Guarienti* 2, 484 (*i*). Here adv: Chrysostom, *In Ioh.* hom. 62 ad loc., MPG 59, 345; Brenz, *In Ioh.* 1528 ad loc., 197v. (there: her faith deficient).

[28–28] Ap: Aquinas, *In Ioh.* ad loc., *Piana* 14:2, 64v. col. A (*iap*). – Cf. supra *cap.* 3, *sect.* 2 ad nn. (142) – (162)–(162); *cap.* 5, *sect.* 2 ad nn. (58)–(58) – (65)–(65); *cap.* 6, *sect.* 3 ad nn. (81), (84) – (85)–(85), *sect.* 4 ad nn. (90)–(90) – (95)–(95).

[29–29] Ap: Brenz, *In Ioh.* 1528 ad loc., 198v. (*ip*). *I* already ap: Augustine, *In Ioh.* tract. 49 ad loc., MPL 35, 1754, CCL 36, 428; Aquinas, *In Ioh.* ad loc., 64v. col. B. Adv: Chrysostom, *In Ioh.* hom. 62 ad loc., MPG 59, 346 (there: emphasis on her imperfect understanding of Christ's words).

⟨Christiana dilectio luget mortuos, sed modeste⟩ Haec iam non potest non[y] de morte et qualibet adversitate proximi quem amat [cf. Mt 22,39], indolere[z], quamlibet sciat electis omnia bono esse [cf. Rm 8,28]. Sic Paulus gratias agebat Domino quod epaphroditum a morte servasset *ne [a¹]dolor sibi[a¹] dolori fuisset adiunctus*, Philip. 2[27]. Est quidem mors ianua vitae credentibus [cf. Mt 7,14]. Unde et Spiritus consolatione percepta, dolorem in visceribus aestuantem mitigat [30]*ne doleant* sancti, sicut ethnici, *spe futurae et melioris vitae destituti*, [b¹]quod et Paulus Thessalon.[c¹] [1 Th 4,13] monet[30]. Indolentiam tamen [d¹]Spiritus Christi[d¹] nequaquam adfert, [31]dumque verus vivit in cordibus sanctorum amor fratrum [cf. Rm 12,10], non possunt non dolere et lugere mortuos, aut alios afflictos[31].

Nihil Christo fingi potest magis et spirituale et constans. Attamen, cum verus homo esset vereque homines diligeret, continere se non potuit quin, obortis lachrymis, [32]excidium Ierusalem deploraret [cf. Lc 13,34][32] quam sciebat tamen *iusto* Patris *iudicio* [Io 5,30] excindendam. [e¹]Nec enim[e¹] poterat aliter vera dilectio in homine vero. [33]Stoici igitur, magis quam Christiani, sunt nostri [34]Catabaptistae quidam, qui nullum luctum, nullas lachrymas pro mortuis[34] vel [35]alias afflictis fratribus ferunt. Sed non est mirum hic illos dilectionis iura ignorare qui in totum dilectionis nuntium [cf. Col 1,8] remiserunt.

Confessio Marthae probat id cuius [36]aliquoties monui: [37]Dominum id temporis passim pro Christo agnitum fuisse[f¹] idque ita furentes contra eum Pharisaeos et Iudaeorum primores reddidisse[37].

---

[y] *add.* indolere D. – [z] *om.* D. – [a¹–a¹] sibi dolor D. – [b¹] *add.* □ 1 Thess. 4c. 13 D. – [c¹] Thessalonicenses ABD. – [d¹–d¹] *om.* AB. – [e¹–e¹] Sed non AB. – [f¹] *om.* AB. –

[30–30] Excursus adv: immoderate mourning ap: Chrysostom, *In Ioh.* hom. 62 ad 11,27, MPG 59, 346–347 (*ir*).

[31–31] Adv: Karlstadt, *Ein Sermon vom Stand*, a2r.–v. (there: 1 Th 4,13ff. interpreted as forbidding *all* mourning. Raising of Lazarus interpreted as example that all mourning pointless – it is up to God to raise the dead when he sees fit).

[32–32] Ap: ErP 1524 ad Lc 13,34, LB 7, 399 (*p*).

[33] Criticism of Stoics as rejecting mourning ap: Aquinas, *In Ioh.* ad 11,33, 65r. col. B (*i*; there also *r* 1 Th 4,13); criticism of Stoic denial of value of all human emotions incl. grief ap: Lactantius, *Div. inst.* 6,13–14, CSEL 19, 535–539 (*i*).

[34–34] Adv: Westerburg, *Vom fegefeuer*, B1r., B2r.–v., C1r.; Karlstadt, *Ein Sermon vom Stand*, a2r.–b2v. Cf. Zwingli, *Elenchus,* CR 93, 188–189 (there: criticism of [Karlstadt's] idea that the dead are in fact asleep; but no discussion of interdiction of mourning that this idea entails).

[35] Adv: Westerburg, *Vom fegefeuer*, C1r.; Karlstadt, *Von der aller höchsten Tugent*, B2r.–v.; *Was gesagt ist: sich gelassen*, a2v. (there: Gelassenheit to God = separation from all human concerns incl. charity).

[36] Cf. supra *cap.* 5, *sect.* 2, nn. (48)–(48) – (51)–(51); *cap.* 7, *sect.* 2 ad nn. (20)–(20) – (21)–(21); *cap.* 9, *sect.* 3 ad n. (47).

[37–37] Ap: Lactantius, *Div. inst.* 4,16, CSEL 19, 341 (*ipa*).

ENARRATIO SECTIONIS III [28–38]

Annotationes

g1 h1Et cum haec dixisset, abiith1 [Io 11,28]. *Iudaei ergo qui erant* [Io 11,31]. Vide ut 38mirae occasiones singula fiebant quo quam plurimi ad sepulchrum convenirent virtutemque Domini conspicerent. Ad hunc vero modum ordinat Dei providentia singula. Quare, si quis modo animadvertat, semper videbit unde Dei bonitatem admiretur. *Martham vocare sororem* [Io 11,28], illam praepropere ad Dominum ire [cf. Io 11,29], *Iudaeos sequi* [Io 11,31], tum inter se de Domino disputare [cf. Io 11,36.37] oportuit ut tanto maiore cum admiratione exciperetur quod futurum erat miraculum38.

⟨*Infremuit*⟩ *Infremuit spiritu* [Io 11,33]. Ita movit eum praesentium fletus [cf. Io 11,33], sic condoluit dolentibus, seque et 39verum 40hominem et vera dilectione praeditum declaravit40. Prius nota contrai1 41Marcionitasj1, posterius contra 42Catabaptistas, contra quos iam in sectiuncula superiore. Cum nanque Dominusk1 plorantes omnes videret, commota viscera [cf. Col 3,12] eius fuere. Tum, ut 43viri solent constantioris animi, non sine fremitu dolorem animi testatus est43, mox fudit et ipse *lachrymas* [Io 11,35]. Quae 44omnia argumenta germani amoris et Iudaei agnoverunt [cf. Io 11,36]. Testatus siquidem et Evangelista est supra, 45sectione prima, *dilexisse* [723] Dominum *Martham, sororem eius et Lazarum* [Io 11,5]. Quod et ipsum veri hominis in eo indicium fuit. Nam unde dilexisse illos peculiariter scribitur, qui omnes diligebat, nisi quia peculiariter amoris affectum erga illos demonstravit singularique cum illis familiaritate vixit?

---

g1 add. □ Omnia occasiones fiunt gloriae Dei illustrandae A. – *h1–h1 om.* D. – *i1 add.* 41 novos AB. – *j1 add.* de quibus supra 3 AB. – *k1 om.* AB. –

38–38 Ap: Augustine, *In Ioh.* tract. 49 ad loc., MPL 35, 1754, CCL 36, 428 (*ip*) in: Aquinas, *Catena* ad loc., Guarienti 2, 485; *In Ioh.* ad loc., Piana 14:2, 65r. col. A. Same *i* ap: Brenz, *In Ioh.* 1528 ad loc., 199v.

39 Reality of Christ's human nature stressed ad loc. ap: Chrysostom, hom. 63, MPG 59, 349; Theophylactus, MPG 124, 99–100 (*i*).

40–40 Double reason i.e. reality of human nature and example of mourning ap: Aquinas, *In Ioh.* ad loc., Piana 14:2, 65r. col. B. (*ip* here; there example of mourning against the Stoics. – cf. supra ad n. (33)).

41 Here adv: Brenz, *In Ioh.* 1528 ad loc., 199v.–200r. (there: *divine* anger at all injustice after: Nonnus).

42 Cf. supra ad nn. (34)–(34), (35).

43–43 Ap: Chrysostom, *In Ioh.* hom. 63 ad loc., MPG 59, 350 (*i*).

44 Ap: Chrysostom, *In Ioh.* hom. 63 ad loc., MPG 59, 350 (*i*).

45 Cf. supra *sect.* 1, text [Io 11,5]. Not commented on ad loc! Here adv: Brenz, *In Ioh.* 1528 ad 11,33, 199v.–200r. (there Io 11,5 not commented on, either!).

O b s e r v a t i o n e s

Vehemens ista Domini erga Lazarum et sorores eius dilectio, sororum
sedulum erga Dominum studium, tum et Iudaeorum minime stupens
humanitas doceant nos quam humana, affectuosa et officiosa sit dilectio,
ubi syncera et germana fuerit.

ENARRATIO SECTIONIS IIII [39–46]

A n n o t a t i o n e s

[l]Erat autem spelunca et lapis impositus erat ei[l] [Io 11,38]. *Domine iam
foetet* [Io 11,39]. Etsi [46]crederet Dominum posse suscitare fratrem (dixerat
enim: *Sed nunc scio quod quaecunque petieris a Deo, dabit tibi Deus* [Io
11,22]) non sciebat tamen etiam hoc velle eum[46]. Nam quod dixerat:
Resurget frater tuus [Io 11,23], de *novissima resurrectione* [Io 11,24] dixisse
eum putaverat. Neque Dominus tum [47]eius opinionem aperte correxerat:
[48]licet enim in hoc dixisset *se resurrectionem esse et vitam* ut moneret, se
praesente, et *resurrectionem atque vitam* [Io 11,25] praesentem esse atque
in praesenti quoque fratris resurrectionem sperandam[48], [49]haec[m] tamen
verba eius Martha non intellexerat[n].

Pater gratias ago [Io 11,41]. Iam certus erat Patrem velle ad suam,
hominis, vocem Lazarum vitae reddere. Pro eo igitur [50]ut videretur omnia
virtute Patris facere[o] [cf. Io 5,19], gratias illi agebat[50]. Adiunxit autem:
Ego sciebam quod semper me audis [Io 11,41] quo indicavit [51]eandem sibi,
etiam homini[p], cum Patre voluntatem esse [cf. Io 6,38f.]; ut quicquid
homo petat, Pater audiat, hoc est divinitas perficiat[51]. Haec qui [52]cogno-

---

[l]–[l] *om.* D. – [m] *sic* AB. – [n] *add.* ut agnovisset velle eum in praesenti fratrem in vitam
revocare A. – [o] agere A. – [p] hominis [!] AB. –

[46–46] Cf. supra *sect.* 2 ad n. (27). There adv [!] here ap: Chrysostom, *In Ioh.* hom. 62 ad
11,22, MPG 59, 345 (*ip* Chrysostom in: Aquinas, *Catena* ad Io 11,22, Guarienti 2, 484).
[47] Ap: Chrysostom, *In Ioh.* hom. 62 ad 11,23, MPG 59, 345 (*i*).
[48–48] Ap: Chrysostom, *In Ioh.* hom. 62 ad 11,25, MPG 59, 345–346 (*ip* of 1522 ed., 158);
ErP 1524 ad 11,39, LB 7, 591–592 (*i*: present resurrection).
[49] Ap: Chrysostom, *In Ioh.* hom. 63 ad 11,39, MPG 59, 351 (*ip* of 1522 ed., 161 – but
Chrysostom in harmony with his own exegesis of Io 11,22ff.; Bucer here against it! – cf. supra
nn. (27), (29)–(29)).
[50–50] Ap: Chrysostom, *In Ioh.* hom. 64 ad loc., MPG 59, 357; Nonnus, *Metaphrasis* ad loc.,
MPG 43, 845–846; Aquinas, *In Ioh.* ad loc., *Piana* 14:2, 66r. col. A (*i*); ErP 1524 ad loc.,
LB 7, 592 (*ip*).
[51–51] Ap: Aquinas, *In Ioh.* ad loc., *Piana* 14:2, 66r. col. A (*ip*). Adv: Brenz, *In Ioh.* 1528
ad loc., 202v. (there: no distinction between natures).
[52–52] Ap: Aquinas, *In Ioh.* ad loc., *Piana* 14:2, 66r. col. A (*i*); ErP 1524 ad loc., LB 7, 592
(*ip*).

scebant, vere missum eum a Patre eoque et *apud Patrem* ante *fuisse*, hoc est *Deum esse* [Io 1,1] verum, facile potuerunt agnoscere[52]. Nam huc cognitionis, ut et*q1* [53]supra dixi, non aliter pervenitur quam dum homo Christus omnia divina agere cognoscitur. Ideo, *gratias Patri agendo, turbae praesenti testabatur* Patris se virtute omnia perficere *seseque a Patre semper audiri* [Io 11,42] eoque eandem se cum Patre voluntatem habere [cf. Io 6,38f.].

Voce magna clamavit [Io 11,43]. Nimirum [54]ut omnes audirent sola voce sua Lazarum redivivum reddere[54]. Quoque magis divinitatem suam indicaret, imperavit mortuo, ut et [55]alias. [56]Non notavit Patrem ut ille eum in vitam revocaret[56], Patris enim virtute ipse haec agebat, idem cum Patre Deus [cf. Io 10,30].

Et prodiit [Io 11,44]. Et hoc [57]miraculum fuit ut *prodiret qui manus et pedes* habebat *ligatos* [Io 11,44].

r1Solvites1 et sinite abire [Io 11,44]. Ut [58]nimirum omnes videant eum vere viventem*t1*. Nos hinc discamus Dominum *resurrectionem esse et vitam* [Io 11,23] idque ut testari hoc*u1* quoque libeat*v1*.

Multi ergo ex Iudaeis [Io 11,45]. Et apud sanctas has Dominique studiosissimas sorores mali cum bonis admixti fuerunt. Potuit enim*w1* id [60]ferre vera illarum sanctitas; falsa Catabaptistarum non tulisset[60].

Observationes

Observandum hic ut sancti miracula fecerint: indubie sic, ut hic vides fecisse Christum. Certi fuerunt, antea quam quicquam tentarent, ita

---

q1 om. D. – *r1* add. □ Contra ineptas allegorias AB. – *s1* add. eum AB. – *t1* add. [58] Mysticos intellectus fingant hic qui incertis delectantur. AB. – *u1* om. AB. – *v1* add. [59] Nugentur alii de virtute absolvendi quae velint; utinam autem non in ecclesia Christi cuius *pascua* [Io 10,9] sunt *verba vitae* [Io 6,69], indubitata verba Dei, non istiusmodi nugae ociosorum. AB. – *w1* om. A. –

[53] Cf. supra *cap.* 9, *sect.* 5 ad nn. (54)–(54) – (56)–(56).

[54–54] Ap: Lyra ad loc. (*i*). Adv: Brenz, *In Ioh.* 1528 ad loc., 202r. (there: allegorical interpretation: Christ's voice = the word of God heard by faith).

[55] Cf. e.g. Lc 7,14.

[56–56] Ap: Chrysostom, *In Ioh.* hom. 64 ad 11,43, MPG 59, 358 (*i*).

[57] Ap: Theophylactus, *In Ioh.* ad loc., MPG 124, 105–106 (*e*); Lyra ad loc.; Ludulphus, *Vita* 2a pars, cap. 17, *Rigollot* 3, 120; Aquinas, *In Ioh.* ad loc., *Piana* 14:2, 66r. col. B (*i*).

[58] Ap: Chrysostom, *In Ioh.* hom. 64 ad loc., MPG 59, 358; ErP 1524 ad loc., LB 7, 592 (*i*). Adv: Augustine, *In Ioh.* tract. 49 ad loc., MPL 35, 1757, CCL 36, 431 and esp. adv: Brenz, *In Ioh.* 1528 ad loc., 202v. (in both: allegorical interpretation: ligatio = remnants of sin; ap: Brenz: explicitly, original sin).

[59] Adv: Augustine and Brenz as n. (58) supra.

[60–60] Adv: *Schleith. Conf.* art. 4, SBVG 28, 12. Ap: Zwingli, *Elenchus* ad art. 4, CR 93, 123 (*i*).

Dominum velle. Inde ergo, acti Spiritu eius, *imperabant* morbis, *daemoniis* [Lc 4,36] et morti et succedebat, *x'Domino* suppeditante *virtutemx'*, id est reddente verba eorum efficacia [cf. Act 4,7.10]. Reliqua notata sunt.

ENARRATIO SECTIONIS V [47–57]

Annotationes

⟨Dementia hostium veritatis⟩ *y'Congregaverunt ergo pontificesy'*. *Si permiserimus eum sic* [Io 11,47.48]. Ecqui tolletis, o prudentes, verbo in vitam revocantem mortuos? Vide ut [61]demens sit impietas[61]. [62]Signa agnoscunt illum facere et eiusmodi ut nemo inficiari possit vitae et mortis esse penes eum arbitrium [cf. Act 10,42], neque cogitant nihil se contra eum profecturos[62].

z'Et venianta² Romani [Io 11,48]. Hoc in concilio, in [63]quo nequaquam omnes mali erant (sicut suprab² interfuisse legimus Nicodemum [cf. Io 7,50], in Act.c² 5[34] Gamalielem) d²metum Romanorumd² praetexebant, cum tamen nihil eos ita in necem Domini ageret, quam quod impii essent natique *ex Diabolo* [1 Io 3,8], eoque veram docentem pietatem ipsorumque impietatem detegen[724]tem ferre non possent. Sic et [64]hodie impii in conciliis ruinam reipublicae saepe, dum testes Domini [cf. 1 Pt 5,1] oppressos volunt, praetexunt, cum nequaquam eos huc agat amor reipublicae, sed furor impellat Satanae, a quo acti, non possunt (non etiam cum pernicie sui ipsorum, nedum reipublicae) veritatem et evangelion Christi execrari et persequi. [65]Verisimilitudinem autem habebat in hoc Iudaeorum concilio iste hostium Christi praetextus, quia iam multa a Romanis propter varias seditiones et rebelliones fuerant passi[65]. Videri igitur [66]volebant

---

x'–x' dante Domino voci eorum vocem virtutis A. – *y'–y'* om. D. – *z'* add. ☐ Falsus praetextus Iudaeorum A. – *a²* corr. venient D. – *b²* add. cap. 7 g. 50 D. – *c²* Actis AB. – *d²–d²* om. AB. –

[61-61] Ap: Chrysostom, *In Ioh.* hom. 64 ad loc., MPG 59, 358 (*i*: madness); Augustine, *In Ioh.* tract. 49 ad loc., MPL 35, 1757, CCL 36, 432 (*i*: reprobacy).

[62-62] Ap: Chrysostom, *In Ioh.* hom. 64 ad loc., MPG 59, 358; (*ip* of 1522 ed., 164); Theophylactus, *In Ioh.* ad loc., MPG 124, 105–106 (*i*).

[63] Only ap: Lyra (Burgos) ad loc. (*i*: there; adv: Lyra).

[64] Reference to the Bern Dispute. Cf. supra *Prf. Bern.* ad nn. (3) – (7). Here specifically reference to: letter, "acht Orte" to Bern, 18 Dec. 1527. Cf. *Steck/Tobler* 1, no. 1411, 543.

[65-65] Cf. e.g. Josephus, *Antiq. Iud.* 14, 77–79, 93–95, Loeb 7, 486–489, 496–499. Here adv: Chrysostom, *In Ioh.* hom. 64 ad loc., MPG 59, 359 (there: pretext totally absurd). Here perhaps ap: Carensis, *In Ioh.* ad loc., 325r. col. A (*i*: there: Roman oppression admitted as fact but no link between that and plausibility of pretext). Also ap and adv: Brenz, *In Ioh.* 1528 ad loc., 203v. (there: Roman oppression admitted but pretext considered absurd).

[66-66] Ap: Chrysostom, *In Ioh.* hom. 64 ad loc., MPG 59, 359 (*i*) in: Aquinas, *In Ioh.* ad loc., *Piana* 14:2, 66v. col. B (*ip*: there: preferred to Augustine ad loc.).

fore ut *omnis* populus *crederet* in Dominum, id est pro Christo reciperet regemque constitueret [cf. Io 6,15], tum *venturos Romanos et excisuros urbem populumque translaturos* [Io 11,48][66]. Sic semper invenit [67]impietas quo sua consilia, aliquo utilitatis fuco oblita, simplicioribus obtrudat.

Vos nescitis [Io 11,49]. [68]Indignabatur et stuporem interpretabatur quod in consultationem venire sinerent quid faciendum esset. Adeo putabat non latere, nihil prius curandum quam Dominum extinctum[68]. Nulli enim esse dubium existimabat conducere ut *unus homo* quo$^{e^2}$ iure, qua$^{f^2}$ iniuria *periret ne totus excinderetur populus* [Io 11,50].

⟨In sublimitate constitutos ad multa et mira saepe agit Spiritus Dei⟩ Id vero, ait Evangelista, *non dixit a semetipso, sed eo quod anni illius pontifex esset, prophetavit* [Io 11,51], hoc est instinctu Dei id locutus est, quanquam imprudens. Qui [69]nanque in magistratibus, praesertim sacris, constituti sunt, ut in hoc sunt a Deo electi ut multa et egregia per eos fiant[69], ita$^{g^2}$, cum omnium *corda in manu* sua *Deus* habeat, peculiariter tamen $^{h^2}$horum corda movere solet. Id quod$^{h^2}$ sacra [70]Proverbia de *regibus* praedicant [cf. Prv 21,1–2]. Hinc$^{i^2}$ saepenumero imprudentes faciunt et dicunt quae longe alio spectent atque aliud efficiant, atque ipsi unquam cogitarint.

Organa Dei omnes sumus ac praecipue qui aliis praefecti sunt. Multo igitur plura per illos quam alios Deus agit, unde et *dii* ipsi *filiique excelsi omnes* [Ps 81,6] dicuntur, de quo iam [71]capite superiore. Hoc itaque est quod Evangelista ait ideo *prophetasse*, hoc est ex Spiritu Dei [cf. 1 Io 4,2], *non ex seipso* Caiapham locutum, *quod pontifex esset anni illius* [Io 11,51]. Sicut autem [72]ipse suam prophetiam non intellexit, sic et alii reprobi per quos Deus sua mysteria promit, ea ipsa quae loquuntur haudquaquam pernoscunt, sed dant sine mente [cf. 1 Cor 14,14] sonum[72]; cum [73]sancti de iis quae vaticinantur tantum semper$^{j^2}$ intelligant quantum et ipsorum saluti et muneri quod gerunt rite obeundo satis est[73]. Caeterum de prophetia plura dixi in [74]Matth. 11.

$^{e^2}$ quove AB. – $^{f^2}$ quave AB. – $^{g^2}$ quare A. – $^{h^2-h^2}$ id A. – $^{i^2}$ ita A. – $^{j^2}$ om. AB. –

[67] Ap: Chrysostom, *In Ioh.* hom. 64 ad loc., MPG 59, 359 (*i*).

[68–68] Ap: Aquinas, *Catena* ad loc., *Guarienti* 2, 489 (Origen, *ip* here); ErP 1524 ad loc., LB 7, 593 (*ip*).

[69–69] Ap: Aquinas, *In Ioh.* ad loc., *Piana* 14:2, 67r. col. A (*i*). Adv: Brenz, *In Ioh.* 1528 ad loc., 204r. (there: Caiaphas taken as example of magistrates as "vasa irae Dei").

[70] Adv: Brenz, *In Ioh.* 1528 ad loc., 204r. (there: Os 13,11 and Iob 34,30 cited to support the view that magistrates are instruments of God's wrath).

[71] Cf. supra, *cap.* 10, *sect.* 4 ad nn. (63) – (74).

[72–72] Ap: Chrysostom, *In Ioh.* hom. 65 ad loc., MPG 59, 361 (*i*); Aquinas, *In Ioh.* ad loc., *Piana* 14:2, 67r. col. A (*ip*).

[73–73] Perhaps ap: Lambert, *De prophetia* tract. 5, cap. 40, 131v. (*i* : there linked to faith).

[74] Cf. BEv 1527 ad Mt 11[29–30], 108r.–111v.

Porro huius Caiaphae prophetia [75]summa est omnium prophetiarum: nimirum per mortem Christi *salutem* electis omnibus, non Iudaeis solum, verum etiam *gentibus* [Rm 11,11] parandam. [76]*Electi enim* ex his *filii Dei sunt* illi *dispersi* [Io 11,51] quos supra *oves* vocavit, *nondum ovili suo adductas*[k2] [Io 10,16]. Hos Spiritus Domini redigit tandem in unum corpus cum sanctis omnibus. Eum Spiritum Christus morte sua meruit [cf. Io 14,16]. Recte ergo dicitur *pro populo et dispersis*[l2] *Dei fuisse moriturus ut congregarentur in unum* [Io 11,52], unum agnoscentes Patrem, eodem viventes Spiritu, ab eodem pendentes Christo, eadem spe futurae vitae subnixi [cf. Eph 4,4–6][76].

Ab illo ergo die [Io 11,53]. Vicerat sententia Caiaphae, sed non quia dicta ab ipso, sed quia esset prophetia a Deo. Iamque non consultabant amplius quid de Domino statuerent, sed ut quam primum curarent interemptum. Unde *praeceptum dederunt ut quicunque resciret ubi esset, proderet eum quo ipsi eum caperent* [Io 11,57]. Sed *quia nondum hora Domini erat* [Io 7,8], [77]iterum declinavit furorem illorum, cumque e gloria Patris erat, ultro se conspectui eorum rursum ingessit liberiusque quam unquam in eos invectus est – idque impune – donec, iuxta Patris mandatum, sponte sua [cf. Io 10,18], sese in manus illorum traderet immolandum [cf. 1 Cor 5,7][77].

Observationes

Praeter pugnantem sibiipsi insaniam impiorum qui, dum odio contra veritatem incaluerint, nihil vident, nihil cogitant, omnia perturbatissime dicunt et agunt, observandum quanti Deo sint magistratus et ad quam magnifica utatur ille[m2] saepe pessimis. Hinc legimus per impiissimos[n2] reges praeclare interdum regna administrata, insignes victorias de hostibus relatas aliaque multa utiliter et gloriose gesta.

[725] ⟨Quatenus impiorum prophetis obtemperandum⟩ Non sunt autem ferendi qui [78]hinc volunt colligere, quicquid statuerit pontifex

---

[k2] adductos [!] A. – [l2] *add.* filiis AB. – [m2] *om.* AB. – [n2] impientissimos [!] A. –

[75] Ap: Lyra ad loc.; Ludulphus, *Vita*, 2a pars, cap. 18, *Rigollot* 2, 125; ErP 1524 ad loc., LB 7, 593 (*i*). Adv: Chrysostom, *In Ioh.* hom. 65 ad loc., MPG 59, 361; Augustine, *In Ioh.* tract. 49 ad loc., MPL 35, 1757–1758, CCL 36, 432–433 (there: vv. 50–52 considered as commentary by the Evangelist); Brenz, *In Ioh.* 1528 ad loc., 204v. (there: emphasis on disjunction between Caiaphas' and divine meaning of prophecy).
[76–76] Ap: Brenz, *In Ioh.* 1528 ad loc., 204v.–205r. (*ipr* Eph 4). Ap and adv: Augustine, *In Ioh.* tract. 49 ad loc., MPL 35, 1757–1758, CCL 36, 432–433 (there *r* Io 10,16 attributed to the Evangelist).
[77–77] Ap: Lyra ad loc.; Ludulphus, *Vita*, 2a pars, cap. 18, *Rigollot* 2, 126 (*i*). Adv: Augustine, *In Ioh.* tract. 49 ad loc., MPL 35, 1757–1758, CCL 36, 433; Brenz, *In Ioh.* 1528 ad loc. (there: emphasis on Christ's flight as example to us).
[78–78] Adv: e.g. Emser, *De disputatione*, CC 4,37.

Romanus et episcopi, id illico ut oraculum amplectendum[78]. Neque enim semper prophetant pontifices. Ad haec non est istorum ex instituto Dei dignitas, ut erat Caiaphae. Christus *dedit* ecclesiae suae *alios apostolos, alios evangelistas, alios prophetas, alios pastores et doctores*, Ephes. 4[11]. [79]Pontifices autem et principes sacerdotum non dedit. Neque tamen et hos nostros, dum in magnam adeo potestatem illos Deus evexit, negavero prophetare, sed sicut Caiapham: ut longe aliud dicant sibi et impiis, atque $^{o^2}$piis. Nam qui$^{o^2}$ verbis eorum ad [80]ipsorum intellectum et voluntatem obtemperarent$^{p^2}$, *homicidae* fierent$^{q^2}$ *et blasphemi* [2 Mcc 9,28] in Deum. Quales utique evaserunt qui, in hoc concilio, Caiaphae accesserunt$^{r^2}$, volenti Christum sublatum ut ipsi pro arbitrio tyrannidem in populum exercerent[80]. Cuius contrarium illis evenit.

Sic multi [81]iam pridem prophetarunt chalcographicam artem et cognitionem linguarum turbas daturam imperio sacerdotum. Haec vera non ex semetipsis locuti sunt, sed prophetarunt. Verum ad quid? $^{s^2}$Si illorum animum spectes$^{s^2}$: utique ut praeclara illa Dei dona e mundo$^{t^2}$ tollerentur. Qui iam ad nepharium hoc eorum propositum illis consensit, sacrilegium admisit. Qui autem ideo impensius promotas has artes et haec studia curavit, recte prophetiam intellexit. Prophetent igitur, id est *non ex semetipsis* [Io 11,51] sed Deo loquantur, quicunque in potestate constituti sunt. Ubi Dei veritatem agnoverimus, libenter illos sequemur, sed pro voluntate Dei, non arbitrio prophetantium. Dum autem ex seipsis [cf. Io 11,51] loquuntur, ipsis somnia sua relinquemus[81].

Postremo animadvertendum: [82]per vices Dominum fugisse et intrepide conspectui hostium sese ingessisse – easque incertas – ne quis hinc leges fugiendi et consistendi fingeret[82]. *Abnegare nosmetipsos* [Mt 16,24] et totos credere *Spiritui Dei qui filios Dei agit* in omnibus [Rm 8,14], oportet. Sic et nos in tempore et [83]fugiemus et stabimus ut inde gloria Dei incrementum accipiat [cf. 1 Cor 3,6].

$^{o^2–o^2}$ dicant piis quique A. piis ut qui B. – $^{p^2}$ obtemperent A. – $^{q^2}$ fiant AB. – $^{r^2}$ paruerunt A. – $^{s^2–s^2}$ *om.* AB. – $^{t^2}$ medio AB. –

[79] Adv: Eck, *De primatu* lib. 2,28, 32r. (there: Eph 4,11 used to prove that apostolate a special function established by Christ, then handed over to Peter). Cf. BEph 1527 ad 4,11, 84v.–85v.

[80–80] Ap: Brenz, *In Ioh.* 1528 ad loc., 203v., 204v. (*iep*).

[81–81] Adv: *Concilium Lateranense 5: Sessio 10: Super impressione librorum.* Cf. Jedin, *Decreta*, 608–609.

[82–82] Adv: Brenz, *In Ioh.* 1528, 205r.–v.

[83] Cf. e.g. Cicero, *Cael.* 28,67.

CAPUT 12

⟨Sectio 1 [1–8]⟩ *Iesus ergo ante sex dies Paschae venit Bethaniam, ubi Lazarus fuerat mortuus quem suscitavit a mortuis. Fecerunt autem ei coenam ibi et Martha ministrabat. Lazarus vero unus erat de numero discumbentium cum eo. Maria ergo accepit libram unguenti nardi pisticae pretiosae et unxit pedes Iesu et extersit pedes eius capillis suis. Domus autem impleta est ex odore unguenti. Dicit ergo unus ex discipulis eius, Iudas Simonis Iscariotes, qui erat eum proditurus: quare hoc unguentum non veniit trecentis denariis et datum est egenis? Dixit autem hoc, non quod pauperes illi curae essent, sed quia fur erat ac marsupium habebat eaque quae mittebantur, portabat. Dixit ergo Iesus: sine illam, in diem sepulturae meae servavit istud. Pauperes enim semper habetis vobiscum, me vero non semper habetis.*

⟨Sectio 2 [9–18]⟩ *Cognovit ergo turba multa ex Iudaeis quod illic esset et venerunt non propter Iesum tantum, sed ut Lazarum quoque viderent quem suscitaverat a mortuis. Consultabant autem principes sacerdotum ut et Lazarum interficerent quia multi propter illum abibant ex Iudaeis et credebant in Iesum. Postero die turba multa quae venerat ad diem festum, cum audissent quod veniret Iesus Hierosolymam, acceperunt ramos palmarum et processerunt obviam ei et clamabant: Hosanna, benedictus qui venit in nomine Domini rex Israël. [726]*

Nactus autem Iesus asellam[a], sedit super eam[b], sicut scriptum est: noli timere filia Sion, ecce rex tuus venit sedens super pullum asinae. Haec autem non cognoverunt discipuli eius primum, sed quando glorificatus est Iesus, tunc recordati sunt quod haec essent scripta de eo et quod haec fecissent ei. Testificabatur igitur turba quae erat cum eo, quando Lazarum vocavit de monumento et suscitavit eum a mortuis. Propterea et obviam venit ei turba quod audierant eum edidisse hoc signum.

⟨Sectio 3 [19–26]⟩ *Pharisaei ergo dixerunt inter se: videtis quod nihil proficitis? Ecce mundus post eum abiit. Erant autem quidam Graeci ex his qui ascenderant ut adorarent in festo. Hi ergo accesserunt ad Philippum qui erat a Bethsaida Galilaeae et rogabant eum, dicentes: Domine volumus Iesum videre. Venit Philippus et dicit Andreae. Andreas rursum et Philippus dicunt Iesu. Iesus autem respondit eis, dicens: venit hora ut glorificetur filius hominis. Amen amen dico vobis, nisi granum frumenti, deiectum in terram,*

---

[a] [1]asellum D. – [b] eum D. –

[1] Er 1527: asellam.

mortuum fuerit, ipsum solum manet. Si vero mortuum fuerit, multum fructum affert. Qui amat animam suam, perdet eam. Et qui odit animam suam in hoc mundo, in vitam aeternam custodiet eam. Si quis mihi ministrat, me sequatur. Et ubi sum ego, illic et minister meus erit. Si quis mihi ministraverit, cohonestabit eum Pater.

⟨Sectio 4 [27–36]⟩ *Nunc anima mea turbata est. Et quid dicam? Pater, servato me ex hora hac. Sed propterea veni in horam hanc. Pater illustra nomen tuum. Venit ergo vox de coelo dicens: et illustravi et rursus illustrabo. Turba ergo quae stabat et audierat, dicebat tonitruum esse factum. Alii dicebant: angelus ei locutus est. Respondit Iesus et dixit: non propter me haec vox venit, sed propter vos. Nunc iudicium est mundi huius. Nunc princeps mundi huius eiicietur foras. Et ego, si exaltatus fuero a terra, omnes traham ad meipsum. Hoc autem dicebat, significans qua morte esset moriturus. Respondit ei turba: nos audivimus ex Lege quod Christus manet in aeternum et quomodo tu dicis: oportet exaltari filium hominis? Quis est iste filius hominis? Dixit ergo eis Iesus: adhuc ad breve tempus lumen vobiscum est. Ambulate donec lucem habetis ne vos tenebrae occupent. Et qui ambulat in tenebris, nescit quo vadat. Dum lucem habetis, credite in lucem ut filii lucis sitis.*

⟨Sectio 5[36–41]⟩ *Haec locutus est Iesus ac, digressus, abscondit se ab eis. Cum autem tam multa signa fecisset coram eis, non credebant in eum ut sermo Esaiae Prophetae impleretur quem dixit: ^cDomine, quis credidit sermoni nostro et brachium Domini cui revelatum est? Propterea non poterant credere quia iterum dixit Esaias: ^dexcaecavit oculos eorum et induravit cor eorum ne videant oculis et ne intelligant corde et convertantur et sanem eos. Haec dixit Esaias quando vidit gloriam eius et locutus est de eo.*

⟨Sectio 6[42–50]⟩ *Veruntamen etiam ex principibus multi crediderunt in eum, sed propter Pharisaeos non confitebantur ne e synagoga eiicerentur. Dilexerunt enim gloriam hominum magis quam gloriam Dei. Iesus autem clama[727]vit et dixit: qui credit in me, non credit in me, sed in eum qui misit me. Et qui videt me, videt eum qui misit me. Ego lux in mundum veni ut omnis qui credit in me, in tenebris non maneat. Et si quis audierit verba mea et non crediderit, ego non iudico eum. Non enim veni ut iudicem mundum, sed ut servem mundum. Qui reiicit me, nec accipit verba mea, habet qui iudicet ipsum. Sermo quem locutus sum, ille iudicabit eum in extremo die. Quia ego ex meipso non sum locutus, sed qui misit me Pater, ipse mihi mandatum dedit quid dicam et quid loquar. Et scio quod mandatum eius vita aeterna est. Quae ergo ego loquor, sicut dixit mihi Pater, sic loquor.*

---

^c *add.* □. Esa. 53 BC. – ^d *add.* □ Esa. 6 BC. –

ENARRATIO SECTIONIS I [1-8]

Annotationes

Iesus ergo ante sex dies Paschae [Io 12,1]. Appropinquante hora suppli-cii, ad locum quoque supplicii Dominus accessit. Sic *ducit Spiritus* sanctus, in tempore summaque cum opportunitate et commoditate, *filios Dei* [Rm 8,14] ad ea ad quae divinitus ordinati sunt. Tantum huic duci com-mittamus.

⟨Eadem haec unctio est cum ea quam describunt Matth. et Mar.⟩ *Fecerunt ei coenam illic* [Io 12,2]. Hanc coenam et ²Matth. 26 [6ff.] et Mar. 14 [3ff.] describunt. Nam quod ³illi [!] *unctos pedes* [Io 12,3] Domini memorant, hic vero noster [!] *caput* [Mt 26,7; Mc 14,3], cum eadem un-ctione utrunque fieri potuerit, haec*e* non est tanta dissonantia ut evincat*f* diversam fuisse unctionem*g* quam illi narraverunt ab hac³ quam Ioannes memorat*h*. Sicut neque id quod Ioannes solum *Iudam* [Io 12,4], alii *dis-cipulos* scribunt *murmurasse* [Mt 26,8]. Nota enim est ⁴synecdoche qua tribuitur multis quod unus fecit⁴. Quemadmodum ⁵*duo latrones blasphe-masse* [Mt 27,44] Christum scribuntur, cum id unus tantum fecerit [cf. Lc 23,39]. Loci denique et temporis ⁶nulla*i* diversitas est, ut ⁷quibus-dam videtur. ⁸Matthaeus enim et Marcus nullum tempus exprimunt,

---

e om. AB. – *f* om. AB. – *g* om. AB. – *h* add. evincat AB. – *i* add. quoque AB. –

² Ap: Augustine, *De cons. Evang.* 2, 79, MPL 34, 1154, CSEL 43, 262 (*i*); *Glossa ord.* [*marg.*]; Lefèvre d'Etaples, *In Mt.* ad 26, 7, 109r.; *De Maria Magdalena disceptatio*, 12r.–13r.; *add.* Clichtove in: Cyril, *In Ioh.* ad loc., *Opera 1524*, 141v. (*i*). Adv: Origen, *In Mt.* hom. 35 ad 26,7, MPG 13, 1721 (there: three different women and events: 1) Mt. and Mc., 2) Lc., 3) Io); Jerome, *In Mt.* 4 ad 26,7, MPL 26, 199, CCL 77, 246 (there: woman who anointed feet cannot possibly be woman who anointed head).

³⁻³ Ap: Augustine, *De cons. Evang.* 2,79, MPL 34, 1155, CSEL 43, 262 (*i*); Lefèvre d'Eta-ples, *In Mt.* ad 26,7, 109v. *add.* Clichtove in: Cyril, *In Ioh.* ad loc., *Opera 1524*, 141v. (*i*).

⁴⁻⁴ Ap: Jerome, *In Mt.* 4 ad 26, 8–9, MPL 26, 199, CCL 77, 246–247 (*p*: but there: σύλληψις); Augustine, *De cons. Evang.* 2,79, MPL 34, 1155–1156, CSEL 43, 263 (*i*: there: no rhetorical description); *Glossa ord.* [*int.*] (there: synecdoche). Adv: Origen, *In Mt.* hom. 35 ad 26,7ff. MPG 13, 1722–1723. Cf. infra n. (10)–(10).

⁵ Ap: Augustine, *De cons. Evang.* 3,16, MPL 34, 1190–1191, CSEL 43, 339–341 (*i*).

⁶ Ap: Augustine, *De cons. Evang.* 2,78, MPL 34, 1152, CSEL 43, 257 (*i*: there: same event rhetorical description); *Glossa ord.* [*int.*] (there: synecdoche). Adv: Origen, *In Mt.* hom. 35 ad 26,7ff. MPG 13, 1722–1723. Cf. infra n. (10)–(10).

⁷ Here explicitly adv: Champier, *Symphonia Evangelistarum*, lib. 2, cap. 2, c2r. Also adv: Origen, *In Mt.* hom. 35 ad 26,7, MPG 13, 1722 (in: Aquinas, *Catena ad Mt 26,7, Guarienti* 1,378). Perhaps also adv: Clichtove, *Disceptationis defensio*, sect. 49, 74v. (there: defending Lefèvre adv: Grandval, Clichtove goes further than Lefèvre and, arguing for plurality of persons of Magdalen, cites Origen and esp. "Theophilus of Antioch" to show that synoptic and Johanine account different. "Theophilus" also cited by Lefèvre, *Disceptatio* 2,18r.). On the Magdalen controversy cf. *Hufstader*, 36ff.

⁸ In fact: place: Io 12,1: *Bethania* unless Bucer means exact location of the supper: Mt 26,6; Mc 14, 3: house of Simon the leper. Time: Mt 26,2; Mc 14, 1: two days before the Pascha;

Ioannes nullum locum [!]. Neque convincit in [9]domo Marthae hanc coenam habitam quod ipsa ministravit. Inter discipulos Domini arctissima utique fuit familiaritas et Martha in ministrando Domino tam fuit sedula ut mirum non sit eam et in Symonis domo, iam religione fratris, Domino ministrasse. Iam reliqua omnia conveniunt; ne quaeramus igitur [9a]nodum in scirpo.

Cui autem verisimile illi facient qui diversa sentiunt: [10]discipulos ausos fuisse factum reprehendere quod Dominus tam graviter ante paucos adeo dies defendisset et committere propter quod Iudas fuisset severe adeo increpitus[10]? Illi enim volunt hanc quam Ioannes conscripsit priorem factam, sexto scilicet ante Pascha die; illam autem quam alii narrant, pridie Paschae[j]. Caeterum, hanc [12]Mariam, sororem Lazari, aliam fuisse quam Mariam Magdalenam quae ex Galilaea cum Domino venerat [cf. Lc 8,2], item nulla Scriptura probari quod peccatrix illa mulier cuius Lucas meminit [cf. Lc 7,36–50], haec soror Lazari extiterit[12], in [13]Matth.[k] pluribus monui.

Libram unguenti [Io 12,3]. Nardinum unguentum quomodo conficiatur [14]Dioscorides libro 1, capite 27[l] [!] docet. Quam pretiosum vero hoc fuerit,

---

[j] *add.* AB: Scilicet credemus intra quinque dies discipulos fuisse oblitos quae Dominus contra Iudam tanta cum gravitate dixerat? Boni [11]illi viri sibi nimium placent, ideo inconsulto multa et damnant et probant quae secus habent. Scribunt certum esse hanc unctionem non esse quam Matthaeus et Marcus memorarunt. Cuius adeo nullas tamen habent rationes, id volui indicare. – [k] Mat. B. Matthaeo D. – [l] 72 AB. –

Io 12,1: six days before the Pascha. Adv: Origen, *In Mt.* hom. 35 ad 26, 7ff., MPG 13, 1722 and Champier, *Symphonia Evangelistarum,* lib. 2, cap. 2, c2r. (there: place: house of Simon the leper in Mt. and Mc.; Mary and Martha's house in Io. Time: six days before the Pascha in Io.; later i.e. two days before the Pascha in Mt. and Mc.; therefore two different suppers, two different anointings).

[9] Adv: Origen, *In Mt.* hom. 35 ad 26,7ff., MPG 13, 1722 (cf. supra n. (8)). Ap: Aquinas, *In Ioh.* ad loc., *Piana* 14:2, 68r. col. A (*i* ? but there: house belonged to Simon *and* Martha and Mary).

[9a] ErAdagia, chil. 2, cent. 4, no. 76, LB2, 546–547.

[10-10] Ap and adv: Origen, *In Mt.* hom. 35 ad 26,7ff., MPG 13, 1722–1723 (there: same problem: solution: in Mt. and Mc.: disciples' complaint well motivated; in Io: *only* Judas complains for nefarious reasons). Cf. supra n. (4)–(4).

[11] Ap: Lefèvre, *In Mt.* ad 26, 7ff., 109v.–110r. (*i*: there explicit criticism of Chrysostom [cf. *In Mt.* hom. 80 ad 26,7ff., MPG 58, 723] who separates Mt/Mc and Io and of Rabanus Maurus [only one Magdalen in Mt., Mc., Lc. and Io.] as having too much confidence in themselves as opposed to text of Gospel).

[12-12] Ap: Lefèvre, *De Maria Magdalena disceptatio,* 13r.–19r. (*ia*); *In Mt.* ad 26,7ff., 109v.–110r.; *In Lc.* ad 7,36ff., 216r.–v. (*i*). Adv: Augustine, *De cons. Evang.* 2, 79, MPL 34, 1154, CSEL 43, 260.

[13] Cf. esp. BEv 1527 ad Mt. 26,7ff., 322v.–324r. (account here *pa*; there explicit *r* to Lefèvre).

[14] *De materia medica* 1 72, 1–5.

Iudas expressit cum dixit potuisse *vendi trecentis denariis. Trecenti* enim *denarii* faciunt [15]solatos francicos triginta.

Unxit pedes [Io 12,3]. Sed [16]*postea, fracto alabastro, fudit* quicquid reliquum erat unguenti Domino *super caput* [Mc 14,3], ut Marcus habet[16].

Domus autem impleta est [Io 12,3]. Vehementissimae enim fragrantiae est hoc unguentum, ita ut vix ferri possit.

⟨Iudas autor murmuris contra Mariam⟩ *Dixit igitur unus ex discipulis* [Io 12,4]. [17]Matthaeus habet: *discipulos* [Mt 26,8], Marcus: *quosdam indignatos fuisse* cum haec vidissent[17] atque contra unctricem infremuisse [Mc 14,4]. Utcunque autem simul et alii fuerint hoc facto offensi, [18]autorem tamen huius indignationis fuisse Iudam non dubito, ut et ipsum dixisse: *Ad quid perditio haec* etc. [Mt 26,8]? Pauperes et delitiarum insueti erant discipuli, unde natura offendebantur luxu et delitiis lautiorum. Eoque mirum non fuit si Iudae sententiam probarent et simul cum eo contra mulierculam stomacharentur, praesertim cum ille *curam* praetexeret *pauperum* [Io 12,6][18].

[728] ⟨Quibus Dominus Mariam excusavit⟩ *Dixit igitur Iesus,* [19]*sinite eam* [Io 12,7]. Indubie Dominus[m] per se [20]hoc officii[n] haud magnopere probavit[20] quia severissimae semper continentiae fuit. Sed, ut doceret [21]nihil temere damnandum quod ex dilectione fieret [cf. Rm 13,10][21], tum et [22]rerum delicatarum aliquem usum esse, etiam sanctis – cum omnia dona Dei sint in usum hominum condita [cf. 1 Tim 4,4] – tam diligenter illud excusavit.

Opus bonum, inquit, ut Matthaeus [26,10–11] et Marcus [14,6–7] habent, *in me operata est, pauperes semper habetis* etc. Quasi diceret: mihi bene fecit [23]quem nunc habetis praesentem et corporeis officiis utentem, nolite

---

[m] *om.* AB. – [n] *add.* Dominus AB. –

[15] Denarius = unit of value. One mark (here = solatus francicus) should contain 10. Cf. Budelius, *De monetis* lib. 1, 96–97.

[16-16] Ap: Augustine, *De cons. Evang.* 2, 79, MPL 34, 1155, CSEL 43, 262 (there: alternative explanation; cited in: Aquinas, *Catena* ad Mt. 26,7 *Guarienti* 1, 378).

[17-17] Ap: Lefèvre, *De Maria Magdalena disceptatio,* 12v.–13r. (*p*).

[18-18] Ap: Augustine, *De cons. Evang.* 2, 79, MPL 34, 1155–1156, CSEL 43, 263 (*i*).

[19] Vg., Er 1527: sine. Here deliberate so as to show harmony between Mt., Mc. and Io. This brought out clearly ap: Lefèvre, *In Ioh.* ad loc., 351v. (*i*).

[20-20] Ap: ErP 1524 ad Mt. 26,10, LB7, 132 (*i*).

[21-21] Ap: Chrysostom, *In Mt.* hom. 80 ad 26,10, MPG 58, 726 (*i*: any good deed, even if not perfect, should be considered); Brenz, *In Ioh.* 1528 ad loc., 206v. (*i*: any deed good only in so far as it proceeds from faith).

[22] Adv: Karlstadt, *Was gesagt ist: Sich gelassen,* a4r.–b4r. (there: anything other than bare essentials forbidden).

[23-23] Ap: ErP 1524 ad Mt 26, 10, LB7, 132 (*ip*). Insistence on corporeal/human presence already ap: Augustine, *In Ioh.* tract. 50, ad loc., MPL 35, 1763, CCL 36, 438–439 (*i*). R Io 16,6 ap: Albert, *In Ioh.* ad loc., *Opera* 24, 473 col. A.

hoc graviter ferre. Instat hora ut a vobis corpore abeam [cf. Io 16,16], neque possitis *bonum opus in me operari,* id est me beneficiis vestris afficere. *Pauperes* autem *semper habetis* [Io 12,8] in quos bona opera vestra et omne genus officia possitis conferre [cf. Mc 14,7][23]. Sinite et me semel rebus huius vitae uti, permittite semel delitiari. Etiam unguenti huius esse bonus aliquis usus potest. [24]Si recte illo uterentur qui ipsum a nobis emerent, recte et nos illo utimur. Pauperes interim non pereunt et adhuc multa vobis semper materia erit illis, qui nunquam*o* vobis deerunt, benefaciendi[24].

Ne igitur ita indignamini huic mulierculae quae, cum summe me amet*p*, id isto voluit officio testari [cf. Mc 14,8]. Quantumlibet vero [25]gravi id vobis videtur reprehensione dignum, amen amen dico vobis: apud Deum tanti est[25] ut *ubicunque* posthac, *in toto orbe, hoc evangelion,* haec historia eorum quae in carne feci et passus sum pro salute electorum, *praedicabitur, praedicandum sit et hoc huius mulieris,* qualecunque vobis illud habeatur, *officium* [Mc 14,9]. Atque ita cum laude apud omnes sanctos illa celebrabitur ob hoc ipsum factum contra quod vos nunc infremitis*q*.

Si ista autem vobis non satisfaciunt, agite. Instat iam mors et sepelitio mea [cf. Io 12,7] et puto, si iam diem meum obiissem, ferretis me, more Iudaeorum, inungi mortuum. [26]Ferte igitur me*r* vivum *s*inungi *t*ab ea*s* cui non licebit me ungere mortuum*t* [cf. Io 20,13]. Huic mulieri me mortuum inungere non dabitur, *u*id licet anxie quaesiturae *u*. *In diem* igitur *sepulturae meae servavit illud* [Io 12,7], hoc est: in locum unctionis sepeliendo exhibendae iam me unxit. *Quod enim unguentum hoc misit super corpus meum, ad sepeliendum me fecit,* Matth. [26,12]. *Quod potuit fecit, praevenit ut ungeret meum corpus ad sepulturam,* Mar. [14,8][26].

Liquet ergo defensionem Mariae [27]tribus niti argumentis. [28]Primum: *Bonum opus fecit in me*v* [Mt 26,10], condonate illi quod mihi benefecit. Haudquaquam diu istiusmodi officiis usuro, cum *pauperes semper habituri sitis* [Io 12,8] quibus illa impendatis, si tantum volueritis [cf. Mc 14,7].

---

o add. certo A. – *p* amaret AB. – *q* infremuistis A – *r*et A. – *s–s* ab ea inungi B. – *t–t om.* A. – *u–u om.* A. cum id tamen anxie quaesitura B. – *v add.* si iam diligitis me AB. –

[24–24] Ap: Aquinas, *In Ioh.* ad loc., *Piana* 14:2, 68v. col. A; Lyra ad loc. (*i*).

[25–25] Ap: ErP 1524 ad Mt 26,10, LB7, 132; ad Mc 14,7, LB7, 259; Brenz, *In Ioh.* 1528, 206v. (*i*: disjunction between what is pleasing to God and what is pleasing to man).

[26–26] Ap: Lefèvre, *In Ioh.* ad 12,7, 351v. (*ipre*); Brenz, *In Ioh.* 1528 ad loc., 206v. (*i*); ErP 1524 ad Mc 14,7, LB7, 259 (*i*); Clichtove *add.* in: Cyril, *In Ioh.* ad loc., *Opera 1524,* 142v. (*i*).

[27] Three arguments also ap: Chrysostom, *In Mt.* hom. 80 ad 26, 10ff. (*i* but there: (1) anointing for Christ's death, (2) the poor are always present, (3) Mary's name will be glorified).

[28] Ap: Albert, *In Ioh.* ad loc., *Opera* 24, 473 col. A (*i*: there also given as argument). Cf. also n. (21)–(21) supra.

Bonum opus [Mt 26,10] siquidem pro [29]beneficio more Scripturae accepit. Germanice dixisset: Si hat mir guts gethan[29]. [30]Alterum: Deo hoc mulieris officium tam gratum est ut facturus sit *praedicari[w] in memoriam* et laudem *eius per totum orbem* [Mc 14,9]. Non est igitur vobis culpandum. [31]Tertium: ferretis me inungi mortuum; in locum ergo illius unctionis mortuo praestandae, hanc tolerate exhibitam vivo [cf. Io 12,7]. Paulo enim post sepeliar, tum me haec non poterit ungere [cf. Io 20,13]. Perinde igitur habetote quod fecit, ac si voluisset[x] *praevenire unctionem sepulchri* [Mc 14,8].

Observationes

⟨Quatenus uti liceat deliciis pretiosioribus⟩ Diligenter hic observandum quam non velit damnari usum ullius creaturae Deus [cf. 1 Tim 4,4]. Multae res delicatae ac pretiosae sunt, attamen bonus Deus hominibus illas in usum condidit. Quam ingens luxus videri possit tanta [32]florum, rosarum, violarum et liliorum aliarumque odoratarum herbarum et fragrantia et colorum varietas[32]? His tamen non tam iuvare nos, quam oblectare indulgentissimus Pater voluit. Deum ergo luxuriae accusabit qui usum harum rerum indignum Christianis censuerit. Neque etiam non licebit istis uti, nisi sit ante omnibus pauperibus provisum [cf. Io 12,5]. [33]Cui dubium, cum Christus tam *pretioso unguento* perfunderetur [cf. Io 12,3] ut *tota domus odore impleretur* [Io 12,3], multis pauperibus multa defuisse quorum inopia pretio illius unguenti sublevari potuisset[33]? Perfundi tamen [y]Dominus se sustinuit [cf. Io 12,7] isto unguento[y] qui nihil potuit admittere iniqui. Sic cum David, Schlomoh et reges alii sancti multis ad delicias tantum paratis rebus abundarent, quis dubitet fuisse quam plurimos necessariis etiam in[729]digentes? Splendorem tamen illorum et gloriam Scriptura non damnat.

[z]Orandum igitur est ut vere *diligamus proximos* [Rm 13,9]. Ea tum dilectio faciet ne quem uspiam praetereamus debito officio [cf. Rm 13,8]. Interim autem – quia Pater coelestis nos varie et non eodem gradu habere dignatur – quod cuique ex benedictione huius Patris nostri [cf. Eph 1,3]

---

[w] *add.* ipsum AB. – [x] voluerit A. – [y–y] illo se sustinuit AB. – [z–z] *om.* AB. –

[29–29] Adv: e.g. Herborn, *Enchiridion* cap. 6, CC12, 37, (there Io 12,7 cited in support of justification by good works). Perhaps also adv: Brenz, *In Ioh.* 1528, 206r.–207r. (there: discussion of good works incl. "opera media"; here: their relevance bypassed).

[30] Cf. n. (25)–(25) supra.

[31] Ap: Albert, *In Ioh.* ad loc., *Opera* 24, 473 col. A (*i*: there also given as argument). Cf. also n. (26)–(26).

[32–32] Cf. Aristotle, *Eth. Nich.* 3, 1117b28–1118a16 (there: objects of pleasure but not of licentious desire as opposed to perfume or smells of food).

[33–33] Exegesis adv e.g.: Albert, *In Ioh.* ad 12,6, 472 col. A (there: emphasis on poverty).

adest, utatur cum frugalitate et liberalitate in sibi proximos. Idque curet quod Pater noster certo efficit ne cui eorum *quorum ipsi cura* [1 Pt 5,7] incumbit, desint necessaria [cf. Iac 2,16] et ut maneat tamen vitae discrimen quod *Deus, qui personam non accipit* [Rm 2,11], *iusto suo iudicio* [Tb 3,2] statuit[z].

Sed quid dicemus? Si non libero hic nos ductui Spiritus [cf. 2 Cor 3,17] permiserimus et – quod [34]Paulus monet – *ex nostra copia inopiam aliorum sarcire* simpliciter *studuerimus* [2 Cor 8,14] et, si quis [35]*dives sit* opibus huius seculi ut quaerat *dives esse bonis operibus* [1 Tim 6,18], id est officiis erga inopes[35] – quod idem Paulus hortatur – sed ex indigentia pauperum voluerimus metiri usum rerum quas nobis vel aliis Deus concessit (ut nulla re non summe necessaria uti nobis licitum putemus nisi nemo apud nos necessarioribus egeat: cuius quidem indigentiam, detrahendo nobis quibus sine incommodo carere possumus, liceat sublevare) aliud certe nihil efficiemus, quam ut nostras et aliorum conscientias frustra perturbemus et excarnificemus[34]. Et siquid etiam a nobisipsis, vel aliis extorqueamus, [36]id absque animo simplici et lubenti fiat eoque ingratum sit Deo qui *hilarem datorem* postulat [2 Cor 9,7][36].

Quotus enim quisque est nostrum, etiam qui tenues sumus, qui sibi [37]non quotidie indulgeat quibus possit absque gravi incommodo carere et contra illis, si sibi ea detraheret, alios insigniter iuvare[37]? Bibis enim tu sanus et corpore vegeto vinum, qui posses aqua sitim restringere et vendito vino vestire aliquot, aut pascere qui inopia cibi et vestitus graviter laborant, rebus multo magis necessariis illis quam tibi vinum sit. Sic vides saepenumero qui [38]medica cura opus habeat; tu substernis corpori tuo molles plumas qui possis dormire in strato viliori et lectum tuum vendere ut curaretur frater[38]. Si autem tu tibi hic permittis uti non adeo necessariis, praeterita inopia fratrum in iis quae illis plurimum necessaria sunt, cur

[34–34] Ap: Rhegius, *Notwendige Warnung* in: *Deutsche Schriften* 4, 152 r. (r 2 Cor 8,14 *i*: giving should be practised but with prudence and not at the expense of the giver). Here chiefly adv: Hackfurt's project for improvement of care of the poor, 25 Dec. 1527. Cf. Winckelmann, *Fürsorgewesen* 2, no. 71, 115–117. Also adv: Karlstadt, *Anzeyg etlicher Hauptartikeln* in: *Hertzsch*, 94–95; *Bedtler* in: *Lietzmann*, 24–25. But incidentally also adv: Oecolampadius, *De non habendo pauperum delectu*, b2r.? (there: help to poor by the wealthy considered worthless; help if giver himself in need expressly advocated). Perhaps also adv: Bernese Anabaptists. Cf. *Müller*, 42–43 (there: Hans Seckler and Hans Dreier: individual ownership allowed if and only if the poor provided for first) and adv: Müntzer, *Hochverursachte Schutzrede* in: *Schriften*, 329.

[35–35] Ap: Lambert, *In Minoritarum regulam commentarii*, cap. 6, c8r.–v. (*ir*).

[36–36] Ap: Luther, *De libertate christiana*, WA7, 68–69 (*i*).

[37–37] Adv: Hackfurt. Cf. supra n. (34)–(34). Also perhaps adv: Karlstadt, *Was gesagt ist: Sich gelassen*, a4r.–v. (there: "blosse Notturft" emphasised in using all of God's gifts).

[38–38] Adv: Hackfurt. Cf. supra n. (34)–(34). There: Ez 18,8 cited to support the giving away of all profit to the poor; condemnation of luxury in the city as long as there are poor.

non et [39]holosericarum et*a1* pretiosarum vestium, auri, gemmarum, unguentorum, lautitiarum et id genus rerum non necessariarum usum permittis iis quibus illa suppeditavit optimus omnium dispensator Deus? Proinde legibus in his ne excarnificemus conscientias, neque metiamur usum nostrum ab aliorum inopia. Tot enim egent passim ut necesse sit et sanctissima saepe vasa Dei [cf. Mt 13,48] damnare, si nemini licere censeas rebus uti non summe necessariis, nisi nemo apud nos egeat vere necessariis[39]. Certe hic vides isto iudicio te damnare et Christum, neque hic solum, sed et dum vinum illud quod in nuptiis ex aqua fecerat optimum [cf. Io 2,9–11] patiebatur convivas bibere, quod utique vendi poterat et multorum eius pretio necessitas longe gravior, quam erat illorum convivarum, relevari.

⟨Vera ratio exigendi eleemosynam⟩ Ita igitur rationem horum ineamus. Domino nihil placet, nisi quod ex lubenti proficiscitur dilectione [cf. Eph 5,2]. Haec non meum, non tuum, sed Spiritus sancti opus est excitare eam verbo adhortationis. Si tamen cooperetur Deus [cf. 1 Cor 3,9], poteris id curare sedulo. Divites mone, ut Paulus iubet, ne fidant opibus, *ut divites studeant esse bonis operibus* [1 Tim 6,18], hortare *ut copia sua fratrum sarciant inopiam* [2 Cor 8,14]. Modum ne praescribas neque ab horum opibus neque ab aliorum indigentia. Liber Spiritus sine modum praescribat, qui solus potest *hilarem datorem* [2 Cor 9,7] efficere.

⟨Voluit Deus homines inaequaliter vivere⟩ Si interim impariter vivant fratres, ne hoc indignum adeo putes. Paulus, et in eo Christus, heros amplectitur qui fratres [40]servos habent, tantum hortatur ut eos tractent humaniter [cf. Col 4,1] et tu non feres lautius aliis vescentes et edentes[40]? Cui dubium [41]haudquaquam vulgares opes fuisse Marthae, Lazaro et Mariae[41]? Nam indubie quod unguentum Domino infudit, non fuit supra eorum facultates. Iam si illi quorumlibet tollere inopiam voluissent, tam opulenti haudquaquam fuissent. Sed [42]sicut alios liberos, alios vero servos [cf. 1 Cor 7, 20–22], sic alios vult Deus divites, alios inopes[42]. Hos ut ne negligas requirit [730] Deus. Ut autem pares tibi reddas tam non requirit, quam non exigit ut [43]servum manumittas [cf. Tit 2,9]. *Divitem* illum in Luca non legis reprehensum quod *purpura et bisso vestiretur* lauteque

---

a1 *add.* alias AB. –

[39–39] Adv: Hackfurt. Here perhaps also adv: Bernese Anabaptists and Karlstadt as in n. (34)–(34) supra.

[40–40] Adv: Karlstadt, *Bedtler* in: *Lietzmann*, 27r.

[41–41] Ap: Ludulphus, *Vita*, 2a pars, cap. 25, *Rigollot* 3, 166 (*ip*).

[42–42] Ap: Bugenhagen, *In Dt* ad 15, 9ff., 82 (*i*).

[43] Allusion adv: third article of the peasants' demands, 20 April 1525. Cf. *Virck* no. 205, 117 (demand for freedom).

viveret [Lc 16,19], sed [44]quod, in tanto luxu, Lazaro *ne micas* quidem *de mensa sua decidentes* [Lc 16,21] curasset[b1] exhibendas[44]. Ergo, ut ferventer se mutuo diligant Christiani hortatur constantissime. Ita, [45]si syncera viguerit dilectio [cf. Rm 12,9f.], modus eleemosynae iustus statuetur[45]. Si id minus obtinueris et tamen aliquid diris minis ab invitis extorseris, scito[c1], si ea in re tibi placeas, [46]Paulo [d1]te multum dissimilem esse[d1].

[e1]Denique, si non agnosces Christianos qui non [f1]quoslibet proximos pro virili sua[f1] iuverint, quot sunt omnino quos tu de pietate docere possis, cur iam non omittis omnia alia et abis domatim doctum qui Dei sunt rudiores? Dices forte te huc non vocari. At [g1]vocaris[g1] ut aliis officiis fratres demereare. [h1]Si minus, agnoscito[h1] et fratres tuos non vocari ad ea quae in illis desideras. Neque enim vulgare Dei donum est posse *foenerari Deo*, id quod faciunt qui largiter *administrant pauperibus* [Prv 19,17]. [i1 j1]Unde divus Paulus id inter dona Spiritus illa peculiaria memorat, Rom. 12[j1] [13]. Vocatione externae doctrinae huc omnes vocati sumus ut *Deum ex toto corde* [Dt 6,5], *proximum sicut nos ipsos diligamus* [Lv 19,18] eoque eum iuvemus quacunque omnino re licuerit [cf. Eph 4,2]. Verum, dum non [k1]valuerit vera in corde dilectio[k1] [cf. 1 Pt 1,22], nihil tale animo prono faciemus. Iam[i1] habet *quodlibet membrum suum actum* [Rm 12,4] et, nisi agnoscas Christianos in quibus imperfecta dilectio sit, nedum qui utuntur quibus alii in maiore necessitate iuvari possent – quod et Christus ipse[l1] fecit, cum perfectam tamen dilectionem habuerit – nullos profecto Christianos agnosces. Sed non licet hic quidem de his dicere plura. Si tamen quis quae dixi recte expendat, multum variabit iudicio a Catabaptistis qui, ex litera et rebus externis omnia metientes, multos damnant ipsis infinito meliores. De iis scribo qui haec committunt.

[47]Caeterum in Maria [cf. Io 12,3] exemplum est [48]seduli et ardentis amoris. In Iuda [cf. Io 12,4]: hypocritarum qui semper sancta pravis affec-

---

[b1] curaverit A. – [c1] *add.* te A. – [d1–d1] multum dissimilem AB. – [e1] *add.* □ Ad certa non omnia officia Deus suos vocat A. – [f1–f1] omnes quibus posse videntur proximos A. – [g1–g1] non est et vocatio Dei A. – [h1–h1] Agnoscito igitur A. – [i1–i1] *om.* A. – [j1–j1] *om.* B. – [k1–k1] et interna accesserint B. – [l1] *om.* A. –

[44–44] Ap: Chrysostom in: Aquinas, *Catena* ad Lc. 16, 19f., *Guarienti* 2, 227 (*ip*).

[45–45] Ap: Bugenhagen, *In Dt.* ad 15, 4, 82 (*i*: alms should proceed from faith and charity). But perhaps also adv: Bugenhagen, *Vom Christlichen Glauben* 1527. Cf. *Hering*, 246–249 (there: surplus of monastery-income to be used for care of the poor).

[46] Adv: Karlstadt, *Bedtler* in: *Lietzmann*, 27–28 (there: claims to be obeying Paul's precepts to the letter in implying that only the necessities of life should be retained, all surplus to be given to the poor).

[47–47] Adv: e.g. Ludulphus, *Vita*, 2a pars, cap. 25, *Rigollot* 3, 160ff. and generally adv: mediaeval tradition of mystical interpretations. Perhaps also adv: ErP 1524 ad Io 12,2, LB7, 595. Cf. infra n. (48).

[48] Ap: Chrysostom, *In Mt.* hom. 81 ad 26, 13ff., MPG 58, 726 (*i*); ErP 1524 ad Io 12,2, LB7, 595 (*i*: but there also = typus ecclesiae. Cf. supra n. (47)).

tibus suis praetexunt. In aliis discipulis [cf. Mt 26,8]: eorum qui illico offenduntur si alios se ditiores et lautiores conspiciant. In Domino denique: synceri iudicii et vere dilectionis, dum et quod ex dilectione proficiscebatur bonum agnovit [cf. Rm 13,10] et diligenter contra calumniatores defendit[47].

Quod autem Deus voluit hoc factum tam *celebre* fieri *per universum orbem* [Mc 14,9], partim inde factum puto ut in eo mirabile iudicium eius appareret, qui dedit [49]mulierculae huic tam ardenter Christum suum amare, optimos autem Iudaeorum ita abiecit ut nihil odirent peius [cf. Io 15,24][49]; partim ut nemo damnaret ullum creaturarum usum [cf. 1 Tim 4,4]. Vere enim observabile exemplum est iudicii Domini quod hic contra iudicium tam [50]discipulorum innocentium [cf. Mt 26,8], quam Iudae falso pauperum curam praetexentis [cf. Io 12,5][50] Christus fecit.

⟨Cur Iudae pecuniam Dominus crediderit⟩ Mirum postremo videri possit cur [m¹]Dominus Iudae furi[m¹] pecuniam crediderit [cf. Io 12,6], lupo ovem [cf. Io 10,12]. Sed ita suam [51]reprobis materiam *perditionis* Deus administrat, uti et electis materiam *salutis* [Phil 1,28]. Et conveniebat ut in iniquo ac non proprio mammona [cf. Mt 6,24] infidelem Iudas se ostenderet ut palam videretur eum veris et propriis bonis fuisse indignissimum. Reliqua annotavi in [52]Matth. 26.

ENARRATIO SECTIONIS II [9–18]

Annotationes

Cognovit ergo turba multa ex Iudaeis [Io 12,9]. [53]Appetebat tempus gloriae Christi [cf. Io 7,33], omnia igitur huc serviebant[53]: Lazarus non ignobilis, cum quartum diem in sepulchro egisset, redivivus [cf. Io 12,9]; urbis Ierusalem vicinitas; instans festum Pascae denique et flagrans principum contra Dominum odium [cf. Io 12,10].

[m¹-m¹] Iudae furi Christus AB. –

[49-49] This contrast ap: Lambert, *In Lc.* ad 7, 37ff., P6r. (*i*: although there: humble *sinner* admitted, Pharisees rejected. Lambert also follows Lefèvre's identification of the different Magdalens).

[50-50] Ap: ErP 1524 ad Io 12,6, LB7, 595 (*ip*: contrast between disciples' and Judas' motives). Distinction between divine and human judgement emphasised ap: Lambert, *In Lc.* ad 7, 37ff., P6r.–v. (*i*).

[51] Ap: Chrysostom, *In Ioh.* hom. 65 ad 12, 6, MPG 59, 363 in: Aquinas *Catena*, ad loc., *Guarienti* 2, 494 (*i*).

[52] Cf. BEv 1527 ad Mt 26 [13ff.], 324r.–325r.

[53-53] Ap: Augustine, *In Ioh.* tract. 51 ad loc., MPL 35, 1764, CCL 36, 439–440 (*i*).

⟨*Hos anna*⟩ *Postero die turba multa* [Io 12,12]. [54]Vide quam multi Dominum ut Christum agnoverint, id quod acclamatione illa: *Hos anna, benedictus qui venit in nomine Domini* ex [55]Psal. 118 mutuata, satis declararunt, praesertim [56]adiecto illo: *rex Israël* [Io 12,13]. Ea enim [57]antonomasia Christum significarunt. Psalmus iuxta veritatem ebraicam habet: [58]*Obsecro Domine salvum fac quaeso, obsecro Domine libera quaeso. Benedictus qui venit in nomine Domini* [Ps 117, 25–26]. Illa vero: *Hos anna* [59]ebraice ita leguntur: הוֹשִׁיעָה אָנָּא, id est ana hoschiah. [731] Porro *in nomine Domini* [Io 12,13] venit Christus quia [60]nihil nisi Domini verba attulit virtuteque Domini prae omnibus praeditus [cf. Act 10,38] venit, Servator omnium sibi credentium [cf. 1 Tim 4,10][60].

[n1]*Cum ramis palmarum iverunt* Domino *obviam* [Io 12,13] quo [61]victoriam ei ominarentur[61]. [62]*Alii vestimenta et ramos de arboribus eunti substernebant* [Mt 21,8] cupientes ita quam augustissimam facere pompam qua in urbem veheretur. In his specimen quoddam futuri regni sui ostendere Dominus voluit ut nihil omitteret quo Iudaeis [o1]esse se Christum[o1] probaret[62].

[n1] *add.* □ *Rami palmarum* A. – [o1]–[o1] Christum se esse D. –

[54] Ap: Chrysostom, *In Ioh.* hom. 66 ad loc., MPG 59, 365 (*i*).

[55] This *r* ad loc. with Hebrew etymology of Hosanna ap: Theophylactus, *In Ioh.* ad loc., MPG 124, 119–120 (*i*: there: mention of LXX translation of Ps 117, 25–26); Aquinas, *In Ioh.* ad loc., *Piana* 14:2, 69r. col. A. (*i*).

[56] This addition also noted ap: Aquinas, *In Ioh.* ad loc., *Piana* 14:2, 69r. col. A (*i*).

[57] Periphrasis of a proper name. Cf. *Lausberg* 1, par. 580.

[58] Cf. BPs 1529 ad 118, 25–26, 353v. (there: literal translation: Obsecro Autophyes fer nunc opem, obsecro Autophyes nunc da successum. Bene sit ei qui venit in nomine Autophyis).

[59] For explanation of corruption ad loc. cf. BPs 1529 ad 118, 25–26, 355r. – Ap: Münster, *Dict. hebr.* ad אָנָּא, 24–25 (there *r* Ps. 117 (118), 25–26). Here perhaps corr. of: Brenz, *In Ioh.* 1528 ad loc., 210v. (there: confusion between אָנָּא and אָן. Also adv: Augustine, *In Ioh.* tract. 51 ad loc., MPL 35, 1764, CCL 36, 440 (there: hosanna an interjection indicating strong feeling; no meaning). Cf. ErAn 1527 ad Mt 21, 9, LB6, 107–108.

[60]–[60] Ap and adv: Augustine, *In Ioh.* tract. 51 ad loc., MPL 35, 1765, CCL 36, 440 (*i*: in the name of the Father, but there also: in his own name). Also ap: Aquinas, *In Ioh.* ad loc., *Piana* 14:2, 69r. col. A (*i*: there: Augustine's interpretation: in the name of the Father, cited and preferred); Albert, *In Ioh.* ad loc., *Opera* 24, 475 col. B (*ip*, there: in notamine Domini quia ex operibus nota potentiae eius ostenditur, but not clear whether Dominus = Father or Son).

[61]–[61] Ap: Augustine, *In Ioh.* tract. 51 ad loc., MPL 35, 1764, CCL 36, 440 (*i*); Theophylactus, *In Ioh.* ad loc., MPG 124, 121–122 (*i*); Aquinas, *In Ioh.* ad loc., *Piana* 14:2, 69r. col. A (*i*: there: cites Augustine); Brenz, *In Ioh.* 1528 ad loc., 210r. (*ip*).

[62]–[62] Ap: Chrysostom, *In Ioh.* hom. 66 ad loc., MPG 59, 366 (*ir* but there: fulfilment of OT prophecy, Zach. 9,9 *and* prophecy of new kingdom). Here also ap: Chrysostom, *In Mt.* hom. 76 ad 21, 5ff., MPG 58, 627 (*i*: demonstration of future kingdom to Jews).

⟨Quid *asini pullus* [Io 12,15] adumbrarit⟩ *Nactus autem Iesus* [63]*asellam* [Io 12,14]. In [64]*infirmitate,* ut Paulino verbo [2 Cor 12,10] utar, hoc est in humilitate et abiectione, virtutem suam Christo[p1], dum hoc seculum est, ut in seipso [cf. Eph 1,21; Phil 2,8], ita et in suis declarare semper placuit. Id et in eo [65]adumbravit quod cum ut[q1] Christus excipi et salutari in hac pompa vellet, tam abiecto iumento insedit[65]. Ex mysticis autem factis et hoc esse arbitror. Nam [66]*pullus fuit,* ut Marcus habet, *super quem nemo sedit* [Mc 11,2][66]. Quo significatum accipio eos duntaxat qui [67]coram mundo abiecti [cf. 1 Cor 1,28] et ad crucem nati viderentur, quique neminem adhuc toto corde magistrum essent secuti, Christum sessorem et moderatorem accepturos[67]. Certe [68]*oves Christi* [Io 10,16] alienorum vocem pleno nunquam animo sequuntur [cf. Io 10,8] et in eo *pullus* sunt *super quem nemo hominum sedit* [Mc 11,2]. *Iugalis asina* [Mt 21,2] simul adducitur, ut Matthaeus habet, sed Dominus non sedet super eam. Haec typus eorum fuit qui [69]alieno iugo sese subdiderunt [cf. Mt 11,29], apud quos *princeps mundi* [Io 12,31] adhuc regnat. Ii, tametsi per evangelion *Domino adducantur* [Io 10,16], hoc est etsi videatur interdum illis veritas placere, Dominus tamen non sedet super eos: Christo vere non subduntur quare tandem resiliunt[69].

[r1]*Sicut scriptum est* [Io 12,14]. Zachariae 9 [9]. De hoc loco et reliquis in hac historia memoratis plura, si libet, lege in [70]Matthaeo[s1] 21.

Observationes

Observandum, ut in manu Christo fuerit glorioso esse cum vellet. Utque[t1] gloriae tamen sibi noluerit plus sumere, quam esset ex voluntate

---

[p1] Christus [!] A. – [q1] *om.* A. – [r1] *add.* □ Matth 21.a.5 D. – [s1] *add.* cap. D. – [t1] *om.* A. –

[63] Cf. supra ad n. (1) and ErAn 1527 ad loc., LB6, 390 (there: Greek diminutive neuter and can apply to animal of either sex).

[64] Ap: Aquinas, *In Ioh.* ad loc., *Piana* 14:2, 69r. col. B (*irp*).

[65–65] Ap: Chrysostom, *In Ioh.* hom. 66 ad loc., MPG 59, 366–367 (*i*); Aquinas, *In Ioh.* ad loc., *Piana* 14:2, 69r. col. B (*ip*).

[66–66] Ap: Augustine, *In Ioh.* tract 51 ad loc., MPL 35, 1765, CCL 36, 441 (*ipr*: but there = gentiles who were not bound by the Law).

[67–67] Ap: Chrysostom, *In Mt.* hom. 76 ad 21, 5ff., MPG 58, 627–628 (*i*: there: emphasis on impurity, new Church, only implicitly related to gentiles); Lambert, *In Lc.* ad 19, 28–44, Dd 8r.-Eelv. (*i*: there as here: distinction between elect and reprobate not equivalent to distinction between Jews and gentiles. But there: no use of ass as allegorical representation). – Here adv. e.g. Augustine, as supra n. (66)–(66); Aquinas, *In Ioh.* ad loc., *Piana* 14:2, 69r. col. B; Brenz, *In Ioh.* 1528 ad loc., 211r. (there: pullus = gentes = unskilled in the Law).

[68] R ad loc. ap: Augustine, *In Ioh.* tract. 51, MPL 35, 1765, CCL 36, 441.

[69–69] Ap: Lambert, *In Lc.* ad 19, 28–44, Dd8r.-Eelv. (*i*: reprobate not nec. Jews but there not linked to *asina*). Adv: entire exegetical tradition. Cf. e.g. Augustine, Aquinas, Brenz as in n. (67)–(67) supra, (there asina = Jews; Christ passes from them to the gentiles).

[70] Cf. BEv 1527 ad Mt 21, 5ff., 252r.–256r.

Patris et hominum salute, sic in solidam gloriam suam, antea in cruce humiliatus, introivit [cf. Phil 2,8–9]. Ita et [71]nobis placeant humilia quae ordinarit nobis Deus [cf. Mt 11,29]. In eo quod hic tam magnifice Christum plebs excepit et [72]post tam paucos dies [u1]postulavit ad crucem[u1] [cf. Io 19,15] videmus omnia in nobis bona opera esse *Spiritus* sancti[72]. Ubi ille *agit* [Rm 8,14] nos, ardemus; ubi minus, frigemus. *Nihil* enim boni vel *cogitare ex nobis possumus* [2 Cor 3,5]. Quod [73]*discipuli* post resurrectionem primum Scripturas et illis facta Domini collata *recte cognoverunt* [Io 12,16], observemus iterum omnia salutis dona Dei esse, tum et certo nobis ordine dispensari.

Turbas ad glorificandum Christum Lazari resuscitatione fuisse excitas [cf. Io 12,9] monet usum verorum [74]miraculorum esse gloriam illustrare Dei. Hinc facile videre licet quae imposturae sint Satanae[74].

ENARRATIO SECTIONIS III [19–26]

Annotationes

Pharisaei ergo dixerunt inter se [Io 12,19]. Quo magis Dei regnum sese [75]exerebat, eo necesse fuit magis furere Satanam in suis.

Erant autem quidam Graeci [Io 12,20]. Instabat ut in signum salutis eveheretur [cf. Io 3,14] per evangelion Dominus in [76]gentibus. Huic Graeci isti praeluserunt[76], unde cum desiderium eorum rescivisset, dicebat: *Venit hora ut filius hominis glorificetur* [Io 12,23], hoc est: ut Christus, quam late orbis patet, agnoscatur [v1]et celebretur[v1] [cf. Mt 24,14]. Sed quia ad hanc gloriam non nisi per mortem sibi veniendum esset [cf. Lc 9,22], addebat:

⟨Paraphrasis sermonis hic Domini⟩ *Amen amen dico vobis, nisi granum frumenti* etc. [Io 12,24]. Quasi diceret: advenit tandem tempus ut, qui hactenus ut filius hominis contemptus inter meos versatus sum, Christus mundi servator ab electis per universum orbem adorer [cf. Mt 24,14]. Sed

---

[u1–u1] passa fuit crucifigi AB. – [v1–v1] om. AB. –

[71] Ap: Chrysostom, *In Mt.* hom. 76 ad 21, 5ff., MPG 58, 628 (*i*).
[72–72] Ap and adv: Brenz, *In Ioh.* 1528 ad 12, 14, 210v. (*i*: but there: emphasis on vanity of worldly acclaim). Here ap: Lambert, *In Lc* ad 20, 9–19, Ee5r. (*ip*).
[73] Ap: Ludulphus, *Vita* 2a pars, cap. 27, *Rigollot* 3, 175 (*ip*); Chrysostom, *In Ioh.* hom. 66 ad loc., MPG 59, 366 in: Aquinas, *Catena* ad loc., *Guarienti* 2, 495 (*i*); Lambert, *In Lc.* ad 19, 11–27, Dd7r. (*i*: but different context).
[74–74] Ap: Lambert, *De excaecatione* tract. 5, cap. 12, 91r. (*i* but there no *r*).
[75] Ap: Theophylactus, *In Ioh.* ad loc., MPG 124, 123–124 in: Aquinas, *Catena* ad loc., *Guarienti* 2, 496 (*i* increase: but there no notion of necessity); Lambert, *De excaecatione* tract. 1, cap. 9, 17r.–v. (*i* necessity but no *r*).
[76–76] Ap: e.g. Chrysostom, *In Ioh.* hom. 66 ad loc., MPG 59, 367; Augustine, *In Ioh.* tract. 51 ad loc., MPL 35, 1766, CCL 36, 442 (*i*).

certo affirmo [77] id non posse fieri, nisi ante mortem obiero. Hinc est quod huius tempore appetente [cf. Io 7,33] videtis gloriam meam magis quam antea unquam illucescere [cf. Io 12,20]. Vidistis ut me magnifica pompa populus excepit Iudaicus. Nunc videtis mei studiosos adesse et Graecos [cf. Io 12,19]. Discite igitur et vobis, per mortem, vitam et salutem quaerendam esse[77]. *Sicut nanque granum frumenti, nisi decidens in terram, ante moriatur, solum manet* [Io 12,24–25] et nullum fructum adfert, ita si non morerer [732] ego, nullum fructum adferrem. Ubi autem mortuus fuero, in toto orbe fructum faciam, Patri adductis quam plurimis [cf. Io 12,32].

[w1]Tum certe[w1] *fructum feret* [Io 12,25] evangelion meum apud omnem creaturam [cf. Mc 16,15] quae sub coelo est. Sic cum vobis tum aliis et vestra mors fructifera erit. Igitur vitae huius ne sitis aequo amantiores, sed eam, exemplo meo, voluntati Patris libenter impendite. Ita enim comparatum est divinitus *ut qui amat* vitam suam hic et non vult eam[x1] pro Patris voluntate in discrimen[y1] adducere, *vere sit eam perditurus* [Io 12,25]. Dum nanque *vitae autorem* [Act 3,15] contemnit, qui non perderet quam ab ipso vitam accepit?

Et [78]*qui odit* vitam suam *in hoc mundo*, hoc est pro gloria Dei, tanquam *odiens* eius, in periculum adducit, *custodiat eam in vitam aeternam* [Io 12,25] quia in manum Dei, optimi Patris nostri qui eam dedit solusque servare potest, collocat [cf. 1 Pt 5,6][78]. Confidentes igitur me [79]sectamini, etiam in mortem usque dum ita Patri visum fuerit. Polliceor fore ut *qui mihi ministraverit*, annuntiando orbi [z1]factam per me ipsius redemptionem[z1] [cf. Mc 16,15] et intrepide in quodvis me discrimen [cf. Phil 1,29–30] *secutus fuerit,* indubitato eo perveniat, *ubi ipse ero* [Io 12,26], [a2]hoc est[a2]: *in gloriam Patris* [Mc 8,38][79]. Nam et [80]*Patrem honoraverit* [Io 5,23] *quisquis mihi ministraverit* [Io 12,26] et [b2]vitam suam[b2] secundum iussa mea[c2], nempe ut aliis verbo et factis me Christum esse testetur, instituerit [cf. 1 Io 1,2–3].

[w1]–[w1] *om.* A. – [x1] *om.* AB. – [y1] *add.* eam A. – [z1]–[z1]meam redemptionem A. – [a2]–[a2] indubie A. – [b2]–[b2] *om.* AB. – [c2] *add.* vitam AB. –

[77]–[77] Ap: Chrysostom, *In Ioh.* hom. 66 ad loc., MPG 59, 368–369; ErP 1524 ad loc., LB7, 597 (*i:* Christ's death and resurrection *and* resurrection generally).
[78]–[78] Ap: Chrysostom, *In Ioh.* hom. 67 ad loc., MPG 59, 369 (*ipa* of 1522 Latin ed., 170). *Anima* in the sense of life also insisted upon ap: Brenz, *in Ioh.* 1528 ad loc., 212r. (*i;* there: vis corporalis).
[79]–[79] Ap: Chrysostom, *In Ioh.* hom. 67 ad loc., MPG 59, 371 (*ipa* of 1522 Latin ed., 170).
[80] Ap: Aquinas, *In Ioh.* ad loc., *Piana* 14:2, 70r. col. B (*i:* will be honoured by *and* will honour the Father; there also *r* Io 5,23).

Observationes

Christus quo magis invisus huic mundo fiebat, eo magis glorificabatur a Patre [cf. Io 12,23]. Quoque propius ei praesentis vitae finis appropinquabat, eo magis illucescebat immortalitas. Idem et nobis usu veniet si ipsum sequamur. Animadvertenda quoque allegoria grani est [cf. Io 12,24]: ut enim primum a morte Christi apparuit qui fuerit [cf. Act 1,8], ita et nos post fata primum$^{d^2}$ solida gloria et foelicitas manet, si modo ministri eius fuerimus [cf. Io 12,25–26]. Id autem erimus, si in eo cui ipse incubuit operi sedulo incubuerimus, nempe ut Dei bonitas quamplurimis ita innotescat [cf. Eph 3,10] ut aemulari illam studeant. Huiusmodi *ministri erunt ubi ipse est* [Io 12,26]: *in gloria Patris* [Mc 8,38]. Id utinam et nobis eius Spiritus persuadeat.

ENARRATIO SECTIONIS IIII [27–36]

Annotationes

$^{e^2}$*Nunc anima mea turbata est* [Io 12,27]. Per allegoriam grani mortis suae meminerat [cf. Io 12,24–25]. Hinc *anima* eius, hoc est [81]vis sensibilis, ut [82]verus homo erat et affectibus tenerrimus[82], *commota fuerat. Patrem* igitur invocat *ut se salvet ex ea hora* quae tum appetebat, supplicii. *Sed propter hoc*, inquit, *veni in hanc horam* [Io 12,27], *Pater illustra nomen tuum* [Io 12,28]. Concisae sententiae et non sine reticentia quae perturbatis animis familiaris est dictae. Mihi videtur, cum dixit: *Sed propter hoc,* illustrationem nominis paterni quam continuo precatus fuit intellexisse. Ubi enim petierat ut *se Pater ex ea hora liberaret* [Io 12,27], hoc est [83]donaret supplicium imminens fortiter superare, [84]illico cogitavit de quo iam dixerat quod nimirum a morte sua gloria Patris esset quam clarissime

---

$^{d^2}$ *om.* AB. – e^2 *add.* □ *Propter hoc veni in hanc horam* A. –

[81] Cf. supra ad n. (78)–(78). Also explained in this sense ad loc. ap: Ludulphus, *Vita* 2a pars, cap. 31, *Rigollot* 3, 206; Aquinas, *In Ioh.* ad loc., *Piana* 14:2, 70v. col. A (*i*). – Here adv: Brenz, *In Ioh.* 1528 ad loc., 213v. (there: emphasis on Christ being tempted "iuxta similitudinem").

[82–82] Fear and sadness in Christ's human nature emphasised ad loc. ap: Ludulphus and Aquinas as supra n. (81). (*p*: but there: ex voluntate). Christ's humanity ad loc. stressed ap: Albert, *In Ioh*; *Opera* 24, 485, col. B; ErP 1524, LB7, 598 (*i*). Here adv: Brenz as supra n. (81).

[83] Ap: Albert, *In Ioh.* ad loc., *Opera* 24, 486 col. A (*i*). Adv: Chrysostom, *In Ioh.* hom. 67 ad loc., MPG 59, 371; Aquinas, *In Ioh.* ad loc., *Piana* 14:2, 70v. col. A (there: liberatio = wish to flee).

[84–84] Ap: Albert, *In Ioh.* ad loc., *Opera* 24, 486 col. A (*i*); ErP 1524 ad loc., LB7, 598 (*p* Christ rethinking but there: *libera* explained as expression of fear rather than prayer for courage?).

illustranda[84]. Subiecit igitur: [85]*Sed propter hoc* [Io 12,27] ut morte mea efficiam ut ubique *o Pater nomen tuum celebretur* [Io 12,28], *veni in hanc horam* [Io 12,27][85]. Hoc fac igitur eveniat, sicut tua bonitate omnino eventurum est. *Glorificari*, hoc est *celebrari nomen* Dei, est [86]passim ipsum Deum et Patrem esse predicari atque agnosci[86]. Id post mortem Domini, [87]misso Spiritu sancto, magnificentius quam unquam antea, fieri coepit [cf. Act 2,32–33][87]. Sic nanque apparere oportuit quid mundo mors Christi attulisset.

Venit vox e coelo [Io 12,28]. *Glorificaverat nomen* suum *Pater*, dum tam [88]insignia per Dominum agentem in carne bonitatis suae testimonia ediderat[88]. Rursum illud [89]*glorificaturus* [Io 12,28] erat, *misso Paracleto* [Io 15,26] qui *usque ad extremum terrae evangelion gratiae* [Act 1,8;20,24] erat invulgaturus et credere huic*f²* quam plurimis daturus[89]. Haec *vox* [90]*propterᵍ² turbam eʰ² coelo venerat* [Io 12,30.28] ut agnoscerent Dominum *cum Patre unum esse* [Io 10,30] ab eoque Servatorem mundo missum[90].

⟨*Iudicium est mundi*⟩ *Nunc iudicium est mundi* [Io 12,31]. In iudicio [91]mutari et corrigi res solent. In mundo tyrannidem suam quietus exercuerat Satan fortis ille armatus qui atrium suum diligenter custodiebat. Hic iam ex plurimorum cordibus qui, pulso illo, Christo nomen daturi erant, *eiiciendus* erat[91]. Recte igitur *iudicium mundi esse* [Io 12,31], id est iamiam faciendum, hic [733] Dominus testatus est.

⟨*Ego si exaltatus fuero*⟩ *Et ego si exaltatus fuero* [Io 12,32]. De [92]morte crucis hac quidem allegoria dixit, sed quia per hanc in gloriam suam ingressurus erat, [93]magis adeo hanc ipsam gloriam significavit. Id indicat quod adiecit: *Omnes traham ad meipsum* [Io 12,32]. Hoc utique tum fecit

---

f² hinc A. – *ᵍ²* *add.* adstantem AB. – *ʰ²* *om.* AB. –

[85–85] Ap: Albert, *In Ioh.* ad loc., *Opera* 24, 486 col. A (*i*); ErP 1524 ad loc., LB7, 598 (*ipa*).

[86–86] Ap: ErP 1524 ad loc., LB7, 598 (*ip*). Adv: Brenz, *In Ioh.* 1528 ad loc., 214v. (there: *illustra nomen* = trade me morti, fac ut crucifigar).

[87–87] Ap: ErP 1524 ad 12, 28, LB7, 598 (*ip*).

[88–88] Ap: Augustine, *In Ioh.* tract. 51 ad loc., MPL 35, 1771, CCL 36, 447 (*i*); ErP 1524 ad loc., LB7, 598 (*ip*).

[89–89] Ap: Augustine, *In Ioh.* tract. 51 ad loc., MPL 35, 1771, CCL 36, 447 (*i* spreading of glory over all the earth, but there: ascension and resurrection with no mention of Paraclete); ErP 1524 ad loc., LB7, 598 (*i*: there: Paraclete and apostles'mission but also: ascension and resurrection).

[90–90] Ap: ErP 1524 ad loc., LB7, 598 (*ip*).

[91–91] Ap: Augustine, *In Ioh.* tract. 51 ad loc., MPL 35, 1771, CCL 36, 448 (*ip*). Adv: Chrysostom, *In Ioh.* hom. 67 ad loc., MPG 59, 372 (there: iudicium = ultio).

[92] Ap and adv: Theophylactus, *In Ioh.* ad loc., MPG 124, 131–132; Augustine, *In Ioh.* tract. 52 ad loc., MPL 35, 1773, CCL 36, 450; esp. ErP 1524 ad loc., LB7, 599 (in all: crucifixion only; but ap: ErP: explicit reference to "figura mortis" picked up by Bucer here).

[93] Ap: Albert, *In Ioh.* ad loc., *Opera* 24, 488 col. A (*i*); Aquinas, *In Ioh.* ad loc., *Piana* 14:2, 71r. col. B (*i*); Brenz, *In Ioh.* 1528 ad loc., 215r. (*ip*: but all three emphasise crucifixion *and* glorification).

quum ad dexteram Patris fuit exaltatus unde Spiritum misit [Act 2,33].
Voluit ergo dicere: vos exaltabitis et in veram gloriam agetis cum sustuleritis in crucem [cf. Io 3,14]. Vos a terra [94]attolletis corpus ut summa cum ignominia moriatur atque sic non modo vos deiecturos me, sed penitus extincturos arbitramini. Id tam non efficietis ut, ea ipsa morte, me sitis vere *a terra exaltaturi* [Io 12,32] et *in coelum ad dexteram Patris* [Eph 1,20] transmissuri[94]. Unde, *misso Paracleto* [Io 15,26], id primum quod vos interimendo me conamini avertere efficiam: nempe ut totus mundus, hoc est [95]"omne genus hominum" me sequatur. *Traham siquidem omnes ad me* [Io 12,32], fide facta illis per Spiritum meum [cf. Io 15,26] quod Servator sum mundi. De hac exaltatione et supra [96]pauca, [i2]capite 3[i2].

⟨Christus aeternus⟩ *Nos audivimus ex Lege* [Io 12,34]. Id est Scriptura, Psal. 7 [!]: [97]*Erit nomen eius in aeternum* etc. [Ps 71/72,17] et Psal. 89: [98]*Et thronus eius sicut dies coeli* [Ps 88,30]. Idem passim vaticiniis Prophetarum legitur. Rogant igitur cur *dicat se a terra exaltandum* [Io 12,34] cum vellet Christus haberi. [99]Intellexerant siquidem allegoriam, sed non penitus[99]. *Quis est*, inquiunt, *ille filius hominis* [Io 12,34]? Si de teipso loqueris, cum Christum esse te praedices et nos id credidimus[j2], *quare dicis te exaltandum a terra* [Io 12,34]? Si regnum Christi vere aeternum Scripturae praedixerunt, oportet ut nobiscum semper maneas et timearis, *dum sol et luna lucebunt, in generatione generationum*, ut iam citatus [100]Psal. [71,5] habet. Neque enim intelligebant [101]ut aeternum regnaret, ideo opus esse ut corpus mortale immutaretur[101].

⟨Quomodo Christus *lux* nobis⟩ *Adhuc ad breve tempus* [Io 12,35]. Lumen [102]non corporis sui, sed evangelii praesentiam intellexit[102] quae *ad breve tempus* in Iudaea fulsura erat. Ex eo autem potuerunt discere quo

---

[i2]–[i2] fol. 86 A. – [j2] credimus AB. –

[94]–[94] Paradox emphasised ad loc. ap: Albert, *In Ioh.*, *Opera* 24, 488 col. B; Aquinas, *In Ioh*; *Piana* 14:2, 71r. col. B (*i* but there: different *r*).

[95] ErAn 1527 ad loc., LB6, 391. Cf. *ibid.* for discussion of πάντας/πάντα. – Bucer here follows interpretation: *omnes* as ap: Er and Chrysostom, *In Ioh.* hom. 67 ad loc., MPG 59, 373 but his exegesis closer to Augustine ad loc. Cf. infra n. (109)–(109).

[96] Cf. supra, *cap*. 3, *sect*. 2 ad nn. (45)–(45) – (47)–(47), (129)–(129).

[97] Cf. BPs 1529 ad 72, 17, 267v.–268r.

[98] Cf. BPs 1529 ad 89, 30, 301v.–302r.

[99]–[99] Ap: Albert, *In Ioh.* ad loc., *Opera* 24, 488 col. B – 489 col. A (*ip*). Ap and adv: Brenz, *In Ioh.* 1528 ad loc., 215v. (*i*: incomprehension but there: Christ = son of man by "extenuatio"). Adv e.g.: Chrysostom, *In Ioh.* hom. 68 ad loc., MPG 59, 373–374; Augustine, *In Ioh.* tract. 52 ad loc., MPL 35, 1774, CCL 36, 451 (there: question motivated by malice, not by incomprehension).

[100] Cf. BPs 1529 ad 72,5, 265v.–266r.

[101]–[101] Ap: Albert, *In Ioh.* ad loc., *Opera* 24, 489 col. A (*ip*). Here distinction between natures adv: Brenz, *In Ioh.* 1528 ad loc., 215v. Cf. supra n. (99)–(99).

[102]–[102] Ap: Brenz, *In Ioh.* 1528 ad loc., 215v.–216r. (*ipa*).

pacto esset abiturus, carne scilicet, quove pacto apud suos *usque ad consummationem seculi mansurus* [Mt 28,20]. Hortatur ergo eos ut [103]*ambulent* in luce *dum lucem habeant* [Io 12,35], eamque allegoriam mox ipse explicans dixit[k2]:

Credite in lucem[103] *ut filii lucis sitis* [Io 12,36]. Lux utique Christus est: is praesens exhibetur dum per [104]evangelion annuntiatur. Ei qui credunt, *filii lucis* [Io 12,36], id est verae lucis et veritatis participes, evadunt[104]. Dicuntur enim *filii lucis*, sicut [105]*filii vitae* [cf. Tit 3,7], *filii benedictionis* [cf. Tb 6,22], *filii mortis* [2 Sm 12,5], *filii perditionis* [Io 17,12], quos ita Scriptura vocat quod vitam et benedictionem habeant, quod morti et perditioni obnoxii sint.

Observationes

Quod *anima* Christi *turbata fuit* [Io 12,27] argumentum veri hominis fuit, quod observes [106]contra eos qui Marcionis dogma pestilentissimum postliminio revocant[l2]. Animadvertamus etiam non esse Christiani ut non doleat, sed ne dolore a recto disturbetur. Patrem Christus oravit ut liberaret eum a supplicio [cf. Io 12,27], non ne illud perferret, sed ut perferret fortiter. Hinc discamus, perturbati dum sumus, consolationem a Deo petere a quo, solo, certa veraque nobis veniet [cf. 2 Cor 1,3]. Observandum praeterea ibi [108]*eiectum Satanam* ubi Christus regnare coeperit [cf. Io 12,31]. Ideo qui Christum semel vere receperunt, [m2]ii eo[m2] nunquam excident, devictus enim est hostis eorum Satan et eiectus [cf. Apc 12,9–10]. Lacesset igitur sanctos quidem, devincet nunquam[108].

⟨Quae nova Dei beneficia mundus a morte Christi acceperit⟩ Circa id quod dixit Dominus *ad se omnes tracturum*[n2] *postquam esset exaltatus* [Io 12,32], observandum quid novum Christi litatio orbi attulerit. Etenim et [109]veteres sancti per Christum salvati sunt, utique quod ex gratia Patris

---

[k2] dicit AB. – [l2] add. [107]de quibus supra 3. AB. – [m2–m2] om. AB. – [n2] add. se A. –

[103–103] Ap: Brenz, *In Ioh.* 1528 ad loc., 216r. (*ip*).
[104–104] Ap: Brenz, *In Ioh.* 1528 ad loc., 216r. (*ip*).
[105] We have been unable to identify Bucer's source for this expression.
[106] Adv: Brenz, *In Ioh.* 1528 ad loc., 213 v. (there: Christ tempted "iuxta similitudinem"). Retained in C probably specifically adv: Hoffman. Cf. *Handlung*, BDS5, 54 (there: Hoffman identified with Valentinus), *ibid.* 106 (there: Hoffman identified with several heretics incl. Marcion).
[107] Cf. supra *cap.* 3, *sect.* 2 ad nn. (45)–(45), (67)–(67) – (75) (there: adv: Brenz and Hoffman).
[108–108] Ap: Aquinas, *In Ioh.* ad loc., *Piana* 14:2, ad 12, 32 (*i*: absolute separation between reign of Satan and Christ); Lambert, *De excaecatione* tract. 1, cap. 10, 17v.–18v. (*i*: the elect may slip but never fall).
[109–109] Ap: Augustine, *In Ioh.* tract. 52 ad 12,31, MPL 35, 1772, CCL 36, 449; *ibid.* ad loc., MPL 35, 1773, CCL 36, 450 (*i*). But also ap: Chrysostom, *In Ioh.* hom. 67 ad loc., MPG 59,

et ipsius futura satisfactione Spiritu sancto donati fuere ut divina cognoscerent et amarent atque sectarentur. Quid iam praeter haec sancti acceperunt, dum Dominus redemptionem ipsorum perfecit? Haec certe: *Traxit ad se omnes* [Io 12,32]. Quae Dei gratia tantum apud Iudaeos celebris erat, divulgata fuit in universum orbem [cf. Col 1,6] donato electis Spiritu, multo quam ante sancti habuerant ampliore quo, sicut in *vita Dei* [Eph 4,18] grandiores prudentioresque facti sunt[109], ita liberati quoque sunt a *paedagogia* caerimoniarum *Legis*, non secus atque a *prae*[734]*ceptore* [Gal 3,24–25] elementario liber fit, qui sublimiori doctrinae coepit esse idoneus.

⟨Quid Legis abrogatum⟩ Quicquid sane [110]externorum rituum praeceptum veteri populo fuit, ad hoc praeceptum fuit ut tanquam rudiores illis vel ad aliquod pietatis et honestatis studium formarentur, $^{o^2}$tum, a gentibus separati, in observantia verbi Dei servarentur$^{o^2}$ [110]. Ubi igitur [111]Spiritus donatus est quo multo perfectius ad omnem cum pietatem, tum vivendi honestatem simul et decentiam, quam ullis unquam institutionibus externis fieri potuerit, electi formantur et impelluntur[111], $^{p^2}$deinde, *sublato medio pariete* [Eph 2,14], unus factus est populus Dei ex Iudaeis et gentibus$^{p^2}$ [cf. Col 3,11], non est utique ratio ut *elementis* [Gal 4,3] illis, externis scilicet observatiunculis, etiamnum alligentur. Sicut profecto absurdum esset eius [112]manum qui iam scribendi artem egregie teneret ad pingendas literas ab alio duci, aut praeceptori elementario $^{q^2}$eum addici$^{q^2}$ qui iam loquendi scribendique perfectum usum esset consecutus, aut virum iam et viro dignis moribus ornatum ad$^{r^2}$ illas morum formulas quas pueris praescribimus, adstringi$^{s^2}$. *Cum venit quod perfectum est, evacuatur quod ex parte est* [1 Cor 13,10].

Unde [113]in futuro seculo, cum magister Spiritus omnia obtinuerit, cum Deum, sicuti est, cognoverimus, hoc est cum in *virum perfectum, plene*

$^{o^2-o^2}$ *om.* A. – $^{p^2-p^2}$ *om.* A. – $^{q^2-q^2}$ addicere A. – $^{r^2}$ et [!] C. ad ABD. – $^{s^2}$ adstringere A. –

373–374 in: ErAn 1527 ad loc., LB6, 391 (*i*: expansion to gentiles). Here adv: Borrhaus and Capito. Cf. e.g. *De operibus*, 83r.ff. (there: the elect fixed once and for all, no difference between those in OT and those in NT times, constitute one Israel that will eventually return to its "terra sancta"). Perhaps also adv: Karlstadt, *Von d. neuen u. alten Testament* in: *Walch*, 20, 382–385 (there: complete distinction between OT and NT postulated. OT external only; no question of difference of degree).

[110-110] Ap: Aquinas, *S. Th.* 1a 2ae q. 98 a.2, a.5, *Caramello* 1:2, 445, 447 (*i*). Adv: Capito, *In Hoseam* ad 8,13, 164r. (there: function of OT Law purely carnal and coercive). – Cf. also supra, *cap.* 1, *sect.* 7 ad nn. (228) – (234)–(234) (there: adv: Borrhaus, *De operibus*).

[111-111] Ap and adv: Capito, *In Hoseam* ad 14,1–10, 275r. (*ip*: but there: the NT purely internal/spiritual, independent of any external observances).

[112] Perhaps allusion to ErDepueris. Cf. esp. LB 1, 508–509.

[113-113] Ap: Aquinas, *In Ioh.* ad 3,5, *Piana* 14:2, 19v. col. B (*ir*); *S. Th.* 1a 2ae q. 103, a.4 (*i*) q. 106 a.4 (*ri*), *Caramello* 1:2, 497, 515–516. Cf. supra *cap.* 1, *sect.* 7 ad n. (253)–(253), and generally supra, *cap.* 3, *sect.* 2 ad nn. (89)–(89) – (124)–(124). Here adv: Capito, *In Hoseam*

adultae aetatis Christi [Eph 4,13] evaserimus, etiam ea facessent externa[113] quorum in Christianismo*[t2]* usus est, nimirum [114]usus externae doctrinae atque monitionis atque*[u2]* sacramentorum quibus *[v2]*homines initiantur et instaurantur*[v2]*, tum ordinis ministrorum quos propter docendi monendique officium hic habere nos Deus voluit [cf. Eph 4,11–12][114].

⟨Quae *elementa* [Gal 4,3] habeat ecclesia⟩ Sic certe cum ecclesiae tanto, quam veteribus, amplior Spiritus contigisset et *sancti ultra puerilem aetatem* [Eph 4,14] in adolescentiam quandam et iuventutem coelestis vitae essent evecti [cf. Phil 3,20], iure abolita fuit *paedagogia Legis* [Gal 3,24] quae tamen utilis fuerat dum populus Dei puer erat [cf. Gal 4,3], hoc est *Spiritu* nondum *libertatis* [2 Cor 3,17], sed *timoris* [2 Tim 1,7] tantum praeditus. Ut autem hunc [115]*libertatis Spiritum* [2 Cor 3,17] alii aliis opulentius, etiam in Christianismo, accipiunt [cf. 1 Cor 12, 6–11], ita aliis alii, iure, maiore*[w2]* libertate ab externis institutis fruuntur[115]. Aetate sane minoribus et Spiritu rudioribus utile est elementarias nonnunquam praeceptiones dare [cf. Gal 4,3], sed *quae ex fonte totius* sanctae *praeceptionis*, iis scilicet praeceptis: *Diliges Deum ex toto corde* etc. *et proximum sicut teipsum* [Mt 22,37.39–40] recta dimanent. Nullis autem in universum ecclesia gravanda est, nisi quas Dominus dedit *[x2]*et quae necessario ob eas quas dedit requiruntur*[x2]*. Qui solas dedit quas dixi: usum externi verbi, studium externae societatis propter commode percipiendum verbum, baptismum et eucharistiam quibus *[y2]*redemptio Christi* [Rm 3,24] efficacius exhibetur*[y2]*, denique ordinem ministrorum qui docendi, monendi et alia ecclesiae negotia curandi muneribus fungantur [cf. Eph 4,11]*[z2]*.

[t2] *add.* quoque AB. – *[u2]* *add.* inde cum AB. – *[v2–v2]* externa societas ecclesiae quo commodius doctrina exerceatur, initiatur et instauratur AB. – *[w2]* *add.* quoque AB. – *[x2–x2]* *om.* AB. – *[y2–y2]* commode istam societatem et auspicamur et servamus AB. – *[z2]* *add.* AB. □ *Elementa* ecclesiae [Ecclesiae *elementa* [Gal 4,3] B.] etiam observanda sunt* [*om.* B.] perfectioribus. *Then text:* His sane, quamvis elementaribus, si futuram ecclesiae libertatem et perfectionem spectes, observationibus, ii quoque dedere se debent qui eas videantur [videntur B.] Spiritus divitias consecuti ut ab [115]*elementis* [Gal 4,3] illis per parum fructus expectent; qui ea scientia Dei creduntur praediti ut ab ecclesiae ministris nihil queant doceri[115], sic ardentes Spiritu ut a nemine moneri opus habeant propter quae solam utique [116]externam

ad 14,1–10, 276v.–277r. (there: Church in NT times a purely spiritual body, needs no external ceremonies).

[114–114] Adv: Capito, *In Hoseam* ad 8,8, 155r.–v. (there: baptism and eucharist mere tokens or signs denoting the new, spiritual community); *ibid.* ad 14, 1–10, 274v.–276v. (there: baptism, eucharist and preached word merely signs of presence of the Spirit).

[115–115] Ap: Aquinas, *S. Th.* 1a 2ae q. 108, a.4, Caramello 1:2, 527 (*i*). Adv: Capito, *In Hoseam* ad 8, 13, 164r. (there: NT Church totally spiritual even though it may err; OT Fathers, even though sometimes better endowed with the Holy Spirit e.g. David, nonetheless carnal and bound by the Law).

[116–116] Adv: Capito as in n. (114)–(114) supra.

Haec quae[a3] disserui, cum omnis Scriptura, tum clarissime Paulus passim docet, peculiariter vero [118]Rom. 8[b3]; 1 Cor. 10,11,12[c3]; 2 Cor. 3; Gal. 3 et 4[d3]; Philip. 3; Coloss. 2 et 3[e3]; 1 Timoth. 1. Prophetae sparsim eadem habent et Dominus infra quoque [119]13[f3] et 14 et alibi ea in summa[g3] praecepit. Fusius ista explicare et exemplis illustrare [h3]non est[i3] instituti praesentis[h3]. In [120]Matth. tamen[j3] 5 et [121]Epistola[k3] Ephes. capite 2, sectione 5 pluribus ista tractavi. Commodius fortasse disseruissem de his infra [122]13, vel 14[l3]; dum tamen hic fuit occasio dicendi quomodo Christus *ad se omnia attraxerit* [Io 12,32], nimirum *effuso Spiritu* amplissimo *et in gentes* [Act 10,45], dicendum simul fuit quid hic Spiritus novi attulerit prae iis quae attulit et priscis sanctis. Ea ergo cum sint: amplior Dei cognitio atque inde studiosior bonitatis Dei aemulatio unde et *Legis* facta *libertas* [cf. Iac 2,12] est, de ea quoque fuit aliquid adiiciendum. Hinc etiam abunde liquet haec, super ea quae prioris foederis sancti habuerunt, [m3]nobis per Christi litationem allata esse[m3]: primum, Spiritum ampliorem, deinde, hunc gentibus cum Iudaeis communem [cf. Act 10,45], postremo, ut natura consentaneum erat, a legibus tot caerimoniarum et rituum libertatem [cf. Gal 4,31].

Christum *lucem* [Io 12,35] esse idque cum per *fidem evangelii* [Phil 1,27] habetur, unde omnem sapientiam praeter evangelion oportet meras tenebras esse [cf. 1 Cor 3,19; Io 3,19], id multis iam locis observandum venit.

---

ecclesiae societatem [cf. 1 Cor 1,9] et sacramentorum usum Dominus nobis commendavit[116]. Quo enim maior unitas perseveret inter fratres, sicut [117]sanctos in veteri Lege qui adultiorem habebant spiritum [cf. Eph 4,13] quam ut aliquid commodi a multis ritibus Legis perciperent, adhuc tamen propter alios quibus illi ritus utiles erant, oportuit eosdem ritus observare[117], sic oportet et hodie perfectiores quam ut utilitatem queant percipere a nostris *elementis* [Gal 4,3] quae dixi, id est abolendis olim institutis, illa studiose observare quo vel suo exemplo iis quibus necessaria [*add.* ea B.] sunt ea* [**om.* B.], commendent et unitatem ecclesiae conservent. Quod utinam sanabiles quidam quos Catabaptistae ab ecclesiae unione seduxerunt, animadverterent, publicos certe ecclesiae conventus sanctius colerent. *Sed novit Dominus suos* [2 Tim 2,19] quos tandem ab omni errore revocabit. – [a3] *om.* AB. – [b3] *add.* et D. – [c3] *add.* et D. – [d3] *add.* Ephes. 4 AB. – [e3] *add.* et D. – [f3] 23 [!] C. – [g3] *add.* quoque AB. – [h3]–[h3] angustia temporis in praesenti vetuit A. – [i3] *om.* B. – [j3] *add.* cap. D. – [k3] *add.* ad D. – [l3] *add.* capitibus D. – [m3]–[m3] Christi litationem nobis attulisse AB. –

[117]–[117] Ap and adv: Capito as in n. (115)–(115) supra.

[118] Perhaps adv: Capito, *In Hoseam* ad 8, 13, 164r. (there: Romans, Corinthians and Galatians cited as examples of people who, although constantly erring, are nonetheless fully spiritual).

[119] Cf. infra *cap.* 13 *sect.* 4 ad n. (88)–(88) and *cap.* 14, *sect.* 3, ad nn. (64)–(64) – (65)–(65).

[120] Cf. BEv 1527 ad Mt 5 [17ff.], 148r.–186r.

[121] Cf. BEph 1527 ad 2 [13], 58v.–65r.

[122] Cf. n. (119) supra.

ENARRATIO SECTIONIS V [36–41]

Annotationes

[735] *Haec locutus est Iesus ac digressus* [Io 12,36]. Ut [123]vicissim et humilitatem hominis et *virtutem Dei* [1 Cor 1,24] in se exhiberet, per vices et fugiendo Iudaeorum furorem declinavit et, animose ingerendo se illis, vim Satanae in eis occulta quadam virtute repressit[123].

Cum autem tam multa signa fecisset [Io 12,37]. More suo cum Evangelista ait, quasi loquens de omnibus: *Non credebant in eum* [Io 12,37], intellexit [124]perpaucos in eum credidisse. Hoc Ieschaiah praedixerat, ideo oportuit ita fieri et vaticinium Prophetae impleri [cf. Io 12,38]. Nam id ille non praedixisset, nisi sic futurum a Patre fuisset definitum. Vaticinium hoc legitur Iescha. 53 [1–2]: *Non forma, neque decor* qui Christum referret, in Domino *apparuit* [Is 53,2]. Ideo [125]nullius quoque fuit Iudaeis aestimatus, nisi quibus *brachium Domini* [Is 53,1; Io 12,38], id est divina in eo virtus, *revelata* fuit. Id autem datum fuit paucissimis. Eam ergo paucitatem futuram Vates significans[125], dixit: *Quis credet sermoni nostro? Cui revelabitur brachium Domini* [Is 53,1]?

Propterea non poterant credere [Io 12,39]. Quid quaeso potentius et apertius dici possit *[n3]pro Dei omnia ordinantis praedestinatione et contra id quod quidam libero arbitrio tribuunt, nempe* [126]homini*[o3] ex sua virtute Christo credere posse[n3]*? Reprobi hi fuerunt quibus in hoc verbum Dei praedicari debuit ut magis excaecarentur et impietatis suae modum implerent. Diximus aliquoties [127]supra: quo propius se Deus mentibus impiorum insinuat, eo magis illorum impietatem exagitari ut, blasphemantes conditorem suum, *peccatum in quo mori* et aeternum cruciari eos oportet *consumment* [Iac 1,15][127].

[n3]–[n3] contra liberum arbitrium et pro Dei omnia ordinantis praedestinatione? A. – *[o3] om.* B. –

[123–123] Ap: Chrysostom, *In Ioh.* hom. 68 ad loc., MPG 59, 375 (*i*).

[124] Ap: Lyra ad loc. (*i*). Also ap: Jerome, *In Is.* tract. 14 ad 53, 1ff., MPL 24, 505–506, CCL 73A, 588; Oecolampadius, *In Is.* ad 53, 1ff., 262v. (*i*).

[125–125] Ap: Jerome, *In Is.* tract. 14 ad 53, 1ff., MPL 24, 505–506, CCL 73A, 588 (*i*).

[126] Adv: ErAn 1527 ad Mt 13, 14, LB6, 71–72 (here: Hebraica veritas suggests God author of evil – should not be taken literally); ErP 1524 ad loc., LB7, 600. Perhaps also adv: Brenz, *In Ioh.* 1528 ad loc., 217r.–v. (there: predestination should not be speculated on). Necessary connexion between Isaiah's prophecy and their disbelief also ap: Augustine, *In Ioh.* tract. 53 ad loc., MPL 35, 1777, CCL 36, 454 (*i* ? but there: linked to prescience not predestination after LXX. Cf. ErAn as supra).

[127–127] Cf. supra *cap.* 1, *sect.* 2 ad nn. (42) – (44); *cap.* 3 *sect.* 2 ad nn. (49)–(49) – (52)–(52), (155)–(155) – (158)–(158); *cap.* 9, *sect.* 5 ad nn. (64) – (68). Here perhaps also ap: Lambert, *In Canticum* cap 5, 83r. (*i*: but there different paradox: reprobate take lie for truth, truth for lie). Also ap: Brenz, *In Ioh.* 1528 ad loc., 218v. (*i*: Solet enim illustrior splendor oculos imbecilles et caecutientes obscurare. But there: referred specifically to Jews).

⟨Locus Esa. 6 [9–10]⟩ Evangelista simpliciter quid Dominus fecerit [128]impiis praedixisse Prophetam memorat, quod nimirum *excaecaverit oculos eorum* etc. Vates autem non absque schemate haec scripsit. Introducit enim Deum dicentem sibi: *Vade dicesque populo huic, audiendo audite et non intelligetis, videndo videte et non cognoscetis. Fac crassum cor populi huius et aures eius aggrava et oculos eius contege ne videat oculis suis et auribus audiat et corde intelligat et conversus sanitatem accipiat* [Is 6,9–10; cf. Io 12,40]. Ex his Prophetae verbis significatum videmus evenire[p3] ut tum potissimum[q3] reprobi *excaecentur et* in perniciem *indurentur* [Io 12,40] cum veritas eis quam patentissime praedicatur[r3][128].

⟨Quomodo Christo competat hoc vaticinium⟩ Propheta ergo Christo praemissus et ex eius spiritu loquens, cum reprobis Iudaeis veritatem salutis praedicaret, tam non reddidit eo illos meliores ut blasphemare[s3] veritatem iam cognitam – ac ita in Spiritum sanctum peccare – efficeret. Unde [129]converti nunquam potuerunt et sanitatem recipere[129]. Idem, cum illis Christus ipse Patris doctrinam attulit, tanto clarius evenit quanto Christus[t3] revelatius[u3] et potentius illam, cum verbis tum signis, oculis reproborum intulit. Multo verius igitur hoc vaticinium ipse implevit. [130]Utique post Christi praedicationem ea Israëli caecitas accidit qua nulla antea maior. Hac in re igitur Ieschaeiah Christi typus fuit et quam ipse reprobis sua praedicatione excaecationem invexit, eius quae postea inflicta reiectis per Christum fuit, tantum umbra quaedam extitit. Et omnino id Vates intellexit eoque non tam de se ista, quam Christo, vaticinatus est[130]. Id Evangelista recte adserit dicens: *Haec dixit Esaias quando vidit gloriam eius et locutus est de eo* [Io 12,41].

⟨Quomodo Ieschaeiah viderit gloriam Christi⟩ Cuius autem *gloriam vidit, de quo locutus est* [Io 12,41]? *In anno quo mortuus fuit Vzijahu rex*[v3]

[p3] fore A. – [q3] *om.* B. – [r3] praedicaretur A. – [s3] *add.* eos A. – [t3] *om.* AB. – [u3] *add.* ipse AB. – [v3] regis [!] ABC. *corr.* rex D. –

[128–128] Same idea, that prophecy is for all time ap: Capito, *In Hbk.* ad 2, 4, 28r. (*i:* Praeterea quae a prophetis de impiis priscis scripta sunt omnium saeculorum impietati propriissime quadrant, nam in hoc ut posteritati inserviant scripta sunt). But here also adv: Capito. Cf. n. (129)–(129) infra. – On rabbinical polemic ad Is 6,10 concerning hardening of Israel cf. *Strack-Billerbeck* 1 ad Mt 13, 14, 662–663.

[129–129] Adv: Capito, *In Hoseam* ad 2, 23.24, 65v.–66r. (there: Jews only blinded temporarily; will eventually return to Israel together with such elect as there are among the gentiles. Cf. further Hobbs, *Monitio* in: *Horizons européens*, 83–84, 88–89 and supra *cap.* 3, *sect.* 2, n. (89)–(89).

[130–130] Two stages ap: Lyra ad Is 6, 1ff., 9–10. Emphasis on referring prophecy to Christ and to the ultimate devastation of Jerusalem by Vespasian and Titus ap: Jerome, *In Is.* tract. 3 ad 6, 9–10, MPL 24, 100–101, CCL 73, 94 (*i:* there: also emphasis on all nations becoming chosen people of God). This interpretation insisted on here prob. adv: Capito (cf. supra n. (129)–(129)) and adv: Borrhaus, *De operibus*, 93v.–94r. (there: OT prophecies to be referred to the millennium – cf. infra n. (148)–(148)).

scribit Vates *se vidisse Dominum sedentem super solium excelsum et elevatum et* [131]*fimbrias eius,* *w3*hoc est *extrema* tapetium*w3*, *replevisse templum.* Tum *seraphim stetisse* [132]*iuxta*[x3] *eum, et fuisse unicuique sex alas, duabus illos texisse faciem suam, duabus pedes et duabus volasse clamasseque alterum ad alterum: sanctus, sanctus*[y3] *Dominus exercituum, plena est omnis terra gloria eius* [Is, 6,1–3]. Hac visione specimen regni Christi ostensum Vati fuit, unde scribit Evangelista *vidisse eum gloriam* [Io 12,41] Christi. [z3]Christus enim qui[z3] *sedet super solium celsum* [Is 6,1], cui Pater omnem dedit potestatem *in coelo et in terra* [Eph 1,10], *fimbriae eius* [a4]*vel tapetes*[a4] *replent templum* [Is 6,1]; [b4]maiestate siquidem eius, etiam hominis, [133]omnia in ecclesia eius plena sunt virtusque regni eius pervenit ad omnes[b4] [cf. Mt 12,28][133]. *Astantes illi seraphim* [Is 6,2] repraesentarunt [134]*angelos* Domino *ministrantes* [Mt 4,11; cf. Io 1,51]. [736] *Ii* [135]*duabus alis faciem, duabus pedes* atque ita [136]*totum corpus contegebant*[135], *tum duabus volabant* [Is 6,2]. Eo significatum puto [137]diviniore et coelesti virtute undique illos amictos esse, tum eadem [c4]virtute omnia[c4] agere[137], attamen [138]Christo homini iure inservire, ut *omnium Domino* [Act 10,36][138]. Unde et seraphim, id est [139]ardentes utique illo igni qui Deus est[139], dicuntur. [140]Geminatio alarum plenitudinem divinitatis quae in illis et superna et inferna tegit, tum et opera efficacia reddit, adumbrasse videtur[140]. Sic et Ioseph *bis visum somnium* eiusdem rei significasse *interpretabatur* maiorem *certitudinem*

---

w3–w3 om. A. – *x3* [132]super A. – *y3 add. sanctus* ABD. *Printing error here?* – *z3–z3* Utique Christus AB. – *a4–a4 om.* A. – *b4–b4* cum omnium electorum corda per ecclesiam ab eo quod homo pro nobis mortuus est, vivunt et salvantur A. – *c4–c4* omnia quoque AB. –

[131] Cited in this sense already ap: Jerome, *In Is.* tract. 3 ad 6, 1–3, MPL 24, 92, CCL 73, 84 (*i*: there: contrasted with LXX, cf. infra n. (133)–(133)). Also ap: BiRab ad loc.

[132] Corrected to *iuxta* after: BiRab ad loc. (Kimhi, Abn Ezra). But LXX (= in circuitu eius) cited ap: Jerome, *In Is.* tract. 3 ad loc., MPL 24, 93, CCL 73, 85. There also mention of Hbr. text (= supra) which Jerome translates as: *supra illud.*

[133–133] LXX rendition of Is. 6,1. Cf. supra n. (131).

[134] Ap: Jerome, *In Is.* tract. 3, ad 6, 1, MPL 24, 92, 94, CCL 73, 84, 86 (*ir* Io 12,41).

[135–135] Ap: Kimhi, *In Is.* ad loc., and also ap: Ps.–Dionysius, *De eccles. hier.* 4, 8, MPG 3, 481–482; Lyra ad loc. (there: appeal to Hebrew) (*i*). Adv: Jerome, *In Is.* ad loc., MPL 24, 93, CCL 73, 85 (there: faciem et pedes Dei; ambiguity of Hebrew pointed out).

[136] Ap: Oecolampadius, *In Is.* ad loc., 57v. (*p*: but there: different explanation: so that full attention be directed to God); Lyra ad loc. (*i*: but there: for decency since they appear in human form).

[137–137] Ap: Ps.–Dionysius, *De eccles. hier.* 4, 7, MPG 3, 481–482 (*i*); Jerome, *In Is.* tract. 3 ad loc., MPL 24, 94, CCL 73, 85 (*i* but there: less explicit).

[138–138] Ap: Jerome, *In Is.* tract. 3 ad 6,6–7, MPL 24, 96, CCL 73, 88 (*i*).

[139–139] Ap: Ps.–Dionysius, *De coel. hier.* 5, MPG 3, 195–196 (*i*). Here perhaps adv: Oecolampadius, *In Is.* ad loc., 57v.–58r. (there: fire = ministering zeal).

[140–140] Ap: Ps.–Dionysius, *De eccles. hier.* 4, 7, MPG 3, 481–482 (*i*).

[Gn 41,32]. [d*]Coelesti natura alioqui Scriptura divinitatem significat. Inde fit ut [142]angelos fere alatos repraesentet figura animalis coelo vicinioris. Humanam tamen faciem eis semper affingit quo consortium quod [e*]nobis cum Deo[e*] est [cf. 2 Pt 1,4] indicat simulque monet *e terrenis nos coelestes* [1 Cor 15,48] reddendos[142]. Hi *adstiterunt Domino* [Is 6,2] quia semper ei ministrant: quod et mortali etiamnum praestiterunt *super*que eum[d*], quamlibet *filium hominis, descenderunt et ascenderunt* [Io 1,51]. De quo [143]supra 1.

Sanctum [144]trina, hoc est perpetua, confessione eum celebrant et צבאות יהוה, id est *dominum exercituum,* hoc est autorem et dominum omnis virtutis et ornatus qui vel in coelo est vel in terra [cf. Col 1,16], *cuius gloria omnis terra[f*] plena sit, praedicant* [Is 6,3] quia [145]ministerio angelorum – per quos sua Deus opera exercet [cf. Ps 90,11] – Christi divina maiestas – qua vere sanctus et adorandus omnibus existit – cum *efficaci sermone* [Hbr 4,12], *tum signis et prodigiis per apostolos* [Act 5,12] hominibus per universum orbem ostensa factaque est[g*] illustris et celebris[h*]. Hanc Domini Iesu gloriam in hac visione Propheta vidit et dum se dixit *missum ut* verbo veritatis *populum excaecaret* [Is 6,10; Io 12,40], de ipso Domino[i*] potissimum locutus fuit. Quem scilicet ut Dei veritatem et bonitatem apertius atque potentius praedicaturum Iudaeis intellexit, ita praesensit per eum plus quoque quam unquam antea illos *excaecandos et indurandos* [Io 12,40]. Quanquam et ipse Vates reprobis et[j*] inter Iudaeos qui ipsum audierunt[k*] occasio fuerit *ut excaecarentur* [Is 6,10] et perirent, sed non nisi quatenus Christi minister erat[l*] et[m*] Christi[n*] verbum illis annuntiabat [cf. Col 1,25].

[d*–d*] A:Hi [141]*super Dominum steterunt* [Is 6,2] quo adumbratum existimo quod brevi tempore, nempe quo egit hic in carne mortali, imminutus fuit a dignitate angelorum [cf. Hbr 2,9]. *Adstiterunt* tamen *Domino* [Is 6,2], licet in sublimiori loco quia semper ei ministraverunt et super eum. – [e*–e*] nobiscum B. – [f*] terrena [!] C. *corr. here after* ABD. – [g*] *om.* AB. – [h*] *add.* fuit AB. – [i*] *om.* AB. – [j*] *om.* AB. – [k*] *add.* etiam A. – [l*] *om.* AB. – [m*] *om.* AB. – [n*] *add.* item AB. –

[141] Cf. supra ad n. (132). Bucer here follows Hebrew text to the letter; hence necessity for this explanation. No longer needed after correction to *iuxta.*

[142–142] Ap: Lyra ad loc. (*i* ?: but there participation of *angels* in both divine and human world); Oecolampadius, *In Is.* ad loc., 57r. (*i:* our participation in angels' nature).

[143] Cf. supra *cap.* 1, *sect.* 10 ad nn. (334), (335). Here (and there) emphasis on human nature probably adv: Brenz, *In Ioh.* 1528 ad 1, 51, 27v. (there: emphasis on Christ as God after his ascension; he merely "induit hominem" while on earth). – Cf. also supra n. (134).

[144] Adv: entire exegetical tradition. Cf. e.g. Lyra ad loc; Oecolampadius, *In Is.* ad loc., 58r. (there: referred to Trinity as customary). Here ap: Kimhi, *In Is.* ad loc. cited (and admitted) ap: Oecolampadius *ibid.*

[145] Ap: Jerome, *In Is.* tract. 3 ad loc., MPL 24, 94, CCL 73, 86 (*i:* Christ's glory spread by the angels); Lyra ad loc. (*i:* Gospel preached throughout the world). Adv: Oecolampadius, *In Is.* ad loc., 58r.–v. (refers *eius* to God and not to Christ).

Observationes

Observandum ut tecte de Christo prophetae praedixerint: nondum enim erat tempus ut plane*o4* revelaretur. Spiritus autem filiis Dei omnia facile retegit [cf. Rm 8,16]; reprobi debent undique*p4* occasionem ut pereant accipere*q4*. Diligenter autem animadvertendum quod hic Evangelista ait 146Vatem de Christo locutum [cf. Io 12,38.40] cum*r4* Vatis verba testentur illum de seipso locutum [cf. Is 6,9–10]. Hinc confirmatur quod 147supra*s4* 3 de typis Christi dixi. 148Typus Christi et hic Propheta fuit eoque quae in Christo implenda erant, *t4*in ipso adumbrata sunt. In se ergo illa prae-dixit*t4*, dum tempus nimirum nondum esset de Christo palam loqui148. In eo autem quod Evangelista scribit: *Propterea non potuerunt credere* [Io 12,39] notanda praedestinationis certitudo est et liberi arbitrii *u4*ex se inanitas*u4*.

ENARRATIO SECTIONIS VI [42–50]

Annotationes

Veruntamen ex principibus [Io 12,42]. Quia de 149obstinatione Iudaeo-rum Evangelista dixerat quod *non potuerint. Domino credere* [Io 12,39], recte hoc subiecit quo ostendit non omnes ita fuisse reiectos, *sed etiam ex principibus multos in Dominum credidisse* [Io 12,42], quanquam *v4*et illi*v4* infirmiores adhuc [cf. Rm 5,6] et *gloriae huius mundi amantiores essent* [Io 12,43] quam *ut id* palam auderent *confiteri* [Io 12,42], quo pacto glo-riam nacti fuissent apud Deum [cf. Io 12,43]149.

⟨*Clamabat*⟩ Ut ergo hos Dominus 150animaret, *clamabat et dicebat: Qui credit in me* etc. [Io 12,44]. Volebat siquidem et 151exemplo suo, ita edita

---

o4 *om.* A. – *p4* *add.* habere A. – *q4* *om.* A. – *r4* *add.* ipsa AB. – *s4* *add.* capite D. – *t4–t4* in se tantum adumbranda sibi tribuit AB. – *u4–u4* vanitas A. ex se vanitas B. – *v4–v4* *om.* AB. –

146 Ambiguity pointed out already ap: Albert, *In Ioh.* ad loc., *Opera* 24, 493 col. B (*i*).
147 Cf. supra *cap.* 3, *sect.* 2 ad nn. (85)–(85) – (111).
148–148 Cf. supra ad nn. (128)–(128) – (130)–(130). Here generally also adv: Borrhaus, *De operibus*, 93v.–94r. (there: general injunction: all prophecies *not* to be referred to destruction of Jerusalem by Titus but to the millennium); adv: Oecolampadius, *In Is.* ad loc., 58v. (there: prophecy to be referred directly to Christ, no intermediate stage); and prob. also adv: ErAn 1527 ad loc., LB6, 392 (there: John cites Isaiah's words only approximately).
149–149 Ap: Clichtove *add.* in: Cyril, *In Ioh.* ad loc., *Opera 1524*, 149v. (*p*: there: *i* Augustine, *In Ioh.* tract. 54 ad loc., MPL 35, 1780, CCL 36, 458–459).
150 This motive ap: Chrysostom, *In Ioh.* hom. 69, MPG 59, 377 cited in: Aquinas, *Catena* ad loc., *Guarienti* 2, 500.
151 Ap: ErP 1524 ad loc., LB7, 600 (*i*). Here (as there) adv: exegetical tradition which refers to Christ's divine nature. Cf. e.g. Aquinas, *Catena* ad loc., *Guarienti* 2, 500–501.

voce de se praedicans – id^{w4} quo nihil molestius audiebant Pharisaei –
excitare illos^{x4} ut secum Pharisaeos prae Deo contemnerent. Tum addidit
rationem urgentissimam^{y4} sane, adserens *in Deum credere qui crederet in
ipsum* [Io 12,44] *quique ipsum videret* [Io 12,45], hoc est [152]rite cognosceret
et pervideret. De quo et supra. Ὁ θεωρῶν enim dixit, *Deum videre et
cognoscere quae* utique *aeterna vita* [Io 6,40] est.

Adiecit vero: *Ego lumen in mundum veni ut omnis qui credit in me, non
maneat in tenebris* [Io 12,46], hoc est, qui me Christum recipit, a [153]*peccatis*
et omni ignorantia libe[737]*retur* [Rm 6,18] ut plene tandem cognoscat
Deum indeque aeternum vivat[153]. His cum se Dominus palam Deum esse
et *cum Patre unum* praedicaret [Io 10,30], abunde satis principes istos
[154]provocavit ut susque deque habentes quid de ipsis Pharisaei statuerent,
palam se ipsi^{z4} dedissent, unico mundi Servatori. ^{a5}Sed erat hoc tempus
infirmitatis [cf. Rm 5,6] istorum. Nam Dominus antea pati [cf. Lc 17,25]
quam glorificari palam omnium confessione [cf. Io 12,16] debebat^{a5} [154].

Ego non iudico eum [Io 12,47], nimirum [155]homo tantum quem me esse
videtis. In hac siquidem conditione mortali *non veni* in mundum *ut iudicem*, hoc est condemnem *mundum* [Io 12,47][155]. Non est enim hoc [156]prop-
ter quod praecipue adveni, non hoc specto, licet multi nihil nisi condemnationem a me, sed sua culpa, accipiant[156]. De quo et [157]supra 9. Praecipua
caussa cur adveni est ut mundo, hoc est [158]omne genus hominibus, salutem
adferam [cf. 1 Tim 2,4], impetrato et donato eis Spiritu solidae iustitiae
[cf. Rm 14,17].

Sermo quem locutus sum [Io 12,48]. Hic *sermo* ipsa *veritas est* [Io 17,17]
et mittentis Patris de aeterna vita promissio [cf. Eph 1,13], [159]*evangelion*

---

^{w4} om. A. – ^{x4} eos A. – ^{y4} vehementissime AB. – ^{z4} Domino A. – ^{a5}–^{a5} 154–154om. AB. –

[152] Standard definition ad loc. E.g. ap: Aquinas, *Catena*, Guarienti 2, 501 (Chrysostom);
In Ioh. ad loc., Piana 14:2, 72 col. B., Clichtove *add.* in: Cyril, *In Ioh.* ad loc., *Opera 1524*,
150r. (*ip*).

[153]–[153] Ap: Chrysostom, *In Ioh.* hom. 69 ad loc., MPG 59, 378 (*i*: liberation); Augustine,
In Ioh. tract. 54 ad loc., MPL 35, 1782, CCL 36, 460–461 (*i*: leading to knowledge of God).
Both in: Aquinas, *Catena* ad loc., Guarienti 2, 501 (*ia* here?).

[154]–[154] Adv: Brenz, *In Ioh.* 1528 ad loc., 219r.–v. (there: most worldly powers incapable
of sincere confession of Gospel by definition). Bucer's statement here incomplete until C –
reason for the princes' hesitation not given in AB.

[155]–[155] Ap: Augustine, *De Trinitate* 1, 12, MPL 42, 839, CCL 50, 66–67 in: Aquinas,
Catena ad loc., Guarienti 2, 501 (*ip*); Brenz, *In Ioh.* 1528 ad loc., 220r. (*i*).

[156]–[156] Ap: Theophylactus, *In Ioh.* ad loc., MPG 124, 141–142 (*ip* Oecolampadius ed.,
144v.). – For reconciliation of predestination to damnation (cf. infra n. (160)–(160)) and
man's own fault cf. Lambert, *De excaecatione* tract. 2, cap. 13, 34v.–36v.

[157] Cf. supra, *cap.* 9, *sect.* 5 ad nn. (61), (69)–(69).

[158] Ap: Albert, *In Ioh.* ad loc., *Opera* 24, 495 col. B (*i* but there: omnes homines). For
"mundus" in the sense of "maior pars mundi" cf. supra *cap.* 1, *sect.* 3 ad nn. (58), (60), (61)
and *cap.* 6, *sect.* 3 ad n. (72)–(72).

[159] Ap: Brenz, *In Ioh.* 1528 ad loc., 220r.–v. (*ipa*).

regni [Mt 9,35]. Id ita [160]tandem reprobi agnoscent ut nihil possint con-
tradicere, etsi tamen[b⁵] nequeant sermonem veritatis et [c⁵]pietatis amplecti[c⁵],
nati scilicet *ex Diabolo* [1 Io 3,8]. Hinc autem cum (quibus nunc occupati
sunt) carnis oblectamenta [cf. 2 Pt 2,18] olim evanuerint, contra seipsos
pronuntiabunt qui ultro oblatam veritatem et sermonem aeternam vitam
adferentem [cf. Io 6,69] contempserint[160].

⟨Sermo Christi condemnabit impios⟩ Atque ita ipse *sermo* Christi, hoc
est ipsum [161]*evangelium gratiae* [Act 20,24], *damnabit* [Io 12,48] olim contemptores sui[161], dum clare demum illi agnoscent quantam Dei bonitatem
reiecerint indeque tum [d⁵]*se ipsi condemnabunt*[d⁵] [Io 12,48]. Sicut, si quis
[162]salubre amici consilium contemneret et diceret ille consilii sui contemp-
tori: contemnis modo quod tibi consilium dedi. Ob id ego nihil mali tibi
faciam, sed ipsum quod dedi tibi consilium, ubi id olim recte cognoveris,
cruciabit te et poenitere faciet[162] vecordiae qua illud, [e⁵]*modo demens*[e⁵],
reiicis. Ita fingi modo non potest quanta sit impiorum *in die novissimo*
[Io 12,48] carnificina futura, quanti eorum cruciatus [f⁵]*ex ipso evangelio*[f⁵],
quando apertissime videbunt eum Christi sermonem et evangelion quod
ipse[g⁵] orbi attulit – quod illi[h⁵] tanquam Dei blasphemiam [cf. Io 10,33]
totis viribus persecuti sunt – esse ipsum Dei sermonem et quo vitam
aeternam orbi obtulit.

Hoc vero est quod ait ideo *sermonem suum iudicaturum*[i⁵] *eos* [Io 12,48]
qui eum non susceperint, quia *ex seipso*, homine scilicet, *nihil locutus sit,
sed* sicut ipsi *Pater mandatum dedit* [Io 12,49], hoc est [163]loqui iussit, *seque
scire id*[j⁵] *vitam aeternam esse* [Io 12,50], hoc est [164]vitam aeternam adferre
credentibus. Idem est quod Paulus scripsit Romanis: *evangelion esse potentiam Dei ad salutem omni credenti* [Rm 1,16][164].

Observationes

Observandum iterum: sermonem Christi semper suos habere auditores,
eosque quovis ordine et vitae genere, et a nemine magis damnari quam ab
iis qui volunt videri sanctitati et veritati addictissimi. Tum: infirmos Domi-

---

[b⁵] *simul* AB. – [c⁵–c⁵] *amplecti pietatis* A. – [d⁵–d⁵] *condemnabunt semetipsos* AB. – [e⁵–e⁵] *iam* A. –
[f⁵–f⁵] *om.* AB. – [g⁵] *om.* A. – [h⁵] *ipsi* A. – [i⁵] *iudicaturus* AB. – [j⁵] *ad* AB. –

[160–160] Adv: Brenz, *In Ioh.* 1528 ad loc., 220v. (there: Gospel judges according to faith or
lack of faith only). Cf. supra *cap.* 1, *sect.* 3 ad n. (58) (*p* here). Basic *i* throughout ap:
Lambert, *De excaecatione* tract. 1, cap. 5, 13v.–14r.
[161–161] Ap and adv: Brenz, *In Ioh.* 1528 ad loc., 220v. (*i:* Gospel condemns but there: the
unbelievers).
[162–162] Ap: Theophylactus, *In Ioh.* ad loc., MPG 124, 143–144 (*i:* there: parents' ad-
monitions, not parents themselves, show boy to be disobedient).
[163] Ap: Theophylactus, *In Ioh.* ad loc., MPG 124, 143–144 (*i*).
[164–164] Ap: Brenz, *In Ioh.* 1528 ad loc., 221r. (*ipr*).

num nequaquam abiecisse [cf. Rm 14,1]. Vides enim hic et *principum multos credidisse* [Io 12,42], licet infirmi adeo essent *ut Dei gloriam humanae nondum possent praeferre* [Io 12,43] plurisque calculum Pharisaeorum, hostium Dei, quam Deum ipsum facerent. Neque tamen [165]abiecit illos Christus, sed, quantum licuit, cohortatione confirmare et provehere eos*k5* est conatus. Id*l5* nos curemus ne qua Dei vasa [cf. Mt 13,48], si non confringamus [cf. Ps 2,9], laedamus tamen. Quos enim [166]*misericordiae vasa* [Rm 9,23] esse Deus voluit, destinata ad usus honorificos, collidere*m5* homines inconsulti possunt, confringere non possunt[166]. Vae autem illi, dixit Dominus, qui *unum ex minimis eius offenderit* [Mt 25,45]. Postremo *n5*animadvertenda est*n5* Domini cum Patre aequalitas quum dicit *videre Patrem qui ipsum viderit* [Io 12,45]. Hinc enim certo colligitur eum ipsum Deum et *cum Patre unum esse* [Io 10,30]. Sed *videre* hic est, ut dixi, pervidere atque certa fide contemplari eum ut *quid sit* plane *pernoscas* [1 Cor 13,12].

---

k5 *om.* AB. – *l5add.* et AB. – *m5* exercere A. – *n5–n5* animadvertendum quoque A. animadvertenda quoque B. –

[165] Probably adv: *Schleith. Conf.* art. 2 (excommunication), SBVG 28, 11.
[166–166] Ap: Lambert, *De excaecatione* tract. 1, cap. 5, 14r. (*ipr*).

[738] CAPUT 13

⟨Sectio 1 [1–11]⟩ *Ante festum autem Paschae, sciens Iesus quod venisset hora ipsius ut transiret ex hoc mundo ad Patrem, cum dilexisset suos qui erant in mundo, usque ad finem dilexit eos. Et ᵃcoena factaᵃ, cum Diabolus iam immisisset in cor Iudae Simonis Iscariotae ut proderet eum, sciens Iesus quod omnia dedisset sibi Pater in manus et quod a Deo exisset et ad Deum iret, surgit ²eᵇ coena et ponit vestimenta et cum accepisset linteum, praecinxit se. Deinde misit aquam in pelvim et coepit lavare pedes discipulorum et extergere linteo quo erat praecinctus. Venit ergo ad Simonem Petrum et dicit ei Petrus: Domine, tu mihi lavas pedes? Respondit Iesus et ³dixitᶜ: quod ego facio, tu nescis nunc, scies autem postea. Dicit ei Petrus: non lavabis meos pedes in aeternum. Respondit ei Iesus: si non lavero te, non habes partem mecum. Dicit ei Simon Petrus: Domine non tantum pedes meos, sed et manus et caput. Dicit ei Iesus: qui lotus est, non opus habet nisi ut pedes lavet, sed est mundus totus. Et vos mundi estis, sed non omnes. Sciebat enim quisnam esset qui proderet ipsum. Propterea dixit: non estis mundi omnes.*

⟨Sectio 2 [12–17]⟩ *Postquam ergo lavisset pedes eorum, receptisque vestibus suis accubuisset, iterum dixit eis: scitis quid fecerim vobis? Vos vocatis me magistrum ac Dominum et bene dicitis; sum etenim. Si ergo ego lavi pedes vestros, Dominus et magister, vos quoque debetis invicem alii aliorum lavare pedes. Exemplum enim praebui vobis ut quemadmodum ego feci vobis, ita et vos faciatis. Amen amen dico vobis, non est servus maior domino suo, neque legatus maior est eo qui legavit ipsum. Si haec novistis, beati estis, si feceritis ea.*

⟨Sectio 3 [18–30]⟩ *Non de omnibus vobis loquor, ego scio quos elegerim, sed ut adimpleatur Scriptura: qui edit mecum panem, sustulit adversum me calcaneum suum. Nunc dico vobis priusquam fiat ut, cum factum fuerit, credatis quod ego sim. Amen amen dico vobis: qui recipit quemcunque misero, me recipit. Qui autem me recipit, recipit eum qui me misit. Cum haec dixisset Iesus, turbatus est spiritu et testificatus est dixitque: amen amen dico vobis quod unus ex vobis proditurus est me. Aspiciebant ergo se invicem discipuli haesitantes de quo diceret. Erat autem unus ex discipulis Iesu recumbens in sinu ipsius, nimirum is quem diligebat Iesus. Innuit ergo huic*

ᵃ⁻ᵃ ¹quum coena fieret D. – ᵇ ²a D. – ᶜ ³ *add.* ei BD. –

¹ Er 1527: coena facta.
² Er 1527: a.
³ Er 1527: *add.* ei.

Simon Petrus ut sciscitaretur quis esset de quo loqueretur. Itaque cum recubuisset ille super pectus Iesu, dicit ei: Domine, quis est? [4]*Respondet*[d] *Iesus: ille est cui ego intinctum panem porrexero. Et cum intinxisset panem, dedit Iudae Simonis Iscariotae. Et post offulam ingressus est in eum Satanas. Dicit igitur ei Iesus: quod facis fac citius. Hoc autem nemo intelligebat discumbentium ad quid dixisset ei. Quidam enim putabant, quia loculos habebat Iudas, quod dixisset ei Iesus: eme ea quae opus sunt nobis ad diem festum, aut egenis ut aliquid daret. Cum ergo accepisset ille offulam, exivit continuo. Erat autem nox.*

[739] ⟨Sectio 4 [31–38]⟩ *Cum ergo exisset, dixit Iesus: nunc glorificatus est filius hominis et Deus glorificatus est per* [5]*eum*[e]. *Si Deus glorificatus est per eum et Deus glorificabit eum per se et continuo glorificabit eum. Filioli, adhuc paulisper vobiscum sum. Quaeretis me et, sicut dixi Iudaeis: quo ego vado, vos non potestis venire, ita et vobis dico nunc. Praeceptum novum do vobis ut diligatis vos mutuo. Sicut dilexi vos, ut et vos diligatis vos mutuo. In hoc cognoscent omnes quod discipuli mei sitis, si charitatem habueritis inter vos mutuam. Dicit ei Simon Petrus: Domine quo vadis? Respondit ei Iesus: quo ego vado non potes me nunc sequi, sequeris* [6]*autem*[f] *postea. Dicit ei Petrus: Domine, quare non possum te sequi nunc? Animam meam pro te ponam. Respondit ei Iesus: animam tuam pro me pones? Amen amen dico tibi, non canet gallus donec ter me negaveris.*

ENARRATIO SECTIONIS I [1–11]

Annotationes

Ante festum autem Paschae [Io 13,1]. [g]Reliqui [7]Evangelistae hoc loco historiam sacrae coenae inserunt. At huius misterium omne in hoc institutum est ut *pane quem frangimus et calice quo gratias agimus, communi-*

---

[d] [4]Respondit D. – [e] [5]ipsum D. – [f] [6]*add.* me D. – [g-g] AB: ⟨Ordo historiae⟩ Quum fractione panis et calicis distributione, quam reliqui tres Evangelistae factam in hac novissima caena Christi conscripserunt, Dominus nihil aliud voluit quam discipulos suos certos reddere in eorum salutem paulo post corpus suum tradendum et sanguinem suum fundendum, tum dare ritum quo hoc tantum beneficium identidem memorarent, et hic Iohannes quomodo *caro* Domini vere *cibus* et *sanguis* eius *vere potus est* [Io 6,56] ad aeternam vitam, supra ex narrato sermone Domini quem Capernaum habuit, satis ostendit. Ad haec ritus ille eucharistiae cum scriberet. –

[4] Er 1527: respondet. Vg: respondit.
[5] Er 1527: eum.
[6] Er 1527: *om.* me.
[7-7] Ap: Augustine, *De cons. Evang.* 3,1, MPL 34, 1157–1158, CSEL 43, 269; Paul of Burgos adv: Lyra ad loc. (*ia*).

cationem percipiamus *corporis et sanguinis Domini* [1 Cor 10,16], quoque Dominus magis magisque vivat in nobis et nos in illo [cf. Io 6,57]. Cum itaque Ioannes sermonem Domini de vera communione eius memorarit supra 6, hic a narratione coenae supersedit[7]. Ritus enim eucharistiae[g] pridem omnibus Christianis coeperat[h] esse familiarissimus[i]. [8]Praetermissis ergo[j] quae ad eucharistiam attinent, memorat quae, ut mihi videtur, coena iam absoluta, a Domino facta sunt et dicta, quae scilicet alii Evangelistae praeterierant[8].

[k]*Ut transiret* [Io 13,1]. Hoc est: [9]transferret *in lucem inaccessam* [1 Tim 6,16] carnem suam, oculis hominum subductam [cf. Act 1,9][9]. Verus homo fuit, unde cum *ad Patrem ex mundo abiit* [Io 13,1], in mundo [10]iam [l]non est ea ratione qua abiit[l]. Quanquam enim Pater sit ubique et omnia impleat, non tamen ubique *inaccessam* suam beatam *lucem* revelat [m]quam nunc Dominus *inhabitat* [1 Tim 6,16]. Haec vero opponitur mundo[m].

⟨*Ad finem dilexit eos*⟩ *Ad finem dilexit eos* [Io 13,1]. Hoc est: [13]usque in finem nihil omisit erga eos quod dilectionis esset[13]. Paulo [14]ante, porrecto pane et poculo, [n]donavit eis suum[n] corpus et sanguinem mox[o] immolanda pro ipsorum salute, quo novum foedus Dei ipsis confirmaretur [cf. Mt

---

[h] coepisset AB. – [i] *add.* non duxit operae precium eundem hic repetere sed AB. – [j] *om.* AB. – [k] *add.* □ Pater est ubique ergo et Christus ut homo paralogismus A. – [l-l] ut abiit non est, tametsi sit Pater ubique AB. – [m-m] AB: Superiore capite dixit [11]Dominus ibi *fore et ministrum suum ubi esset futurus ipse* [Io 12,26]. Iam ipse ad Patrem abiit, eodem ergo pervenient omnes quoque ministri eius. Si iam probat ubique esse eum qui apud Patrem est omnibus rebus praesentem, sequetur et ministros Christi ubique fore. Id putare [sentire B.] quum apertus et gravis error esset[11], agnosce nihil aliud esse et quod *corpus Christi illi, de quibus supra 3 et 6, [12]hinc colligunt esse ubique* [**B: hinc adsertores praesentiae Christi carnalis in pane colligunt esse ubique corpus Christi] quod sit apud Patrem qui est ubique[12]. – [n-n] affirmavit se illis donare AB. – [o] suum AB. –

[8-8] Ap: Paul of Burgos adv: Lyra ad loc. (*ipa*); Augustine, *De cons. Evang.* 3,1, MPL 34, 1157–1158, CSEL 43, 269; Brenz, *In Ioh.* ad loc., 221v. (*i*: events omitted by other Evangelists). Cf. also BEv 1527 ad Mt 26,1ff., 319v.–322r.

[9-9] Ap: Lefèvre, *In Ioh.* ad loc., 358v. (*i*).

[10] Adv: e.g. Aquinas, *In Ioh.* ad loc., *Piana* 14:2, 73v. col. B. (there: change of nature but not of place) and more specifically adv: Brenz, *In Ioh.* 1528 ad 13,2, 221v.–222r. (there: Christ would leave his body for us as "testamentum").

[11-11] Ap: Zwingli, *Eine klare Unterrichtung*, CR 91, 839ff.; *Amica exegesis*, CR 92, 686, 697; *Antwort über Strauss*, CR 92, 514 (*ir*: there: adv: Luther and Strauss). Cf. Luther, *Bekenntnis*, WA 26, 347–348 for reply to Zwingli.

[12-12] Adv: Pirckheimer, *De Christi carne responsio secunda*, K1v.?; Brenz, *In Ioh.* 1528 ad 6, 53ff., 125v.? (both: the argument as here but only implicit allusion to Io 13,1 whereas ap: Brenz explicit *r* to Mt 26,64).

[13-13] Ap: Chrysostom, *In Ioh.* hom. 70 ad loc., MPG 59, 382 (*i*); Theophylactus, *In Ioh.* ad loc., MPG 124, 145–146 (*i*); Ludulphus, *Vita* pars 2, cap. 54, *Rigollot* 3, 330 (*i*: there: one of three interpretations); Brenz, *In Ioh.* 1528 ad loc., 221v. (*i*).

[14-14] Ap and adv: Brenz, *In Ioh.* 1528 ad loc., 221v.–222r. (*i*: there: eucharist given just before sign of love but Christ's body would be left on earth as testament).

26,26–28][14]. Modo volebat lavare illis pedes [cf. Io 13,5], ita et [15]exemplo suo ad summissionem et mutuam dilectionem [cf. Io 15,13.14] eos provocaturus[15]. Cui facto sermonem quoque subiecit, incredibiles dilectionis flammas ex se eiaculantem. Ob [16]haec ergo scribit Evangelista *dilexisse* Dominum *suos in finem* [Io 13,1].

⟨*Diabolus misit in cor*⟩ *Cum Diabolus iam* [Io 13,2]. Ut mendacii, ita omnis peccati autor et [17]suggestor Satan est [cf. Io 8,44]. Praeterea tam infandum scelus Iudae fuit ut non esset humanae menti tribuendum. Videtur autem [18]hoc in praesenti Evangelista ideo memorare ut Domini summissionem miramque lenitatem et in eo praedicaret quod tam scelesto proditori suo sustinuisset lavare pedes[18].

Sciens Iesus quod [Io 13,3]. Sensus: [19]quanquam sciret Dominus sibi *omnium potestatem traditam* [Mt 28,18] et vere Deum esse qui a Patre venisset homo factus [cf. Io 1,14] et nunc etiam homo divinam maiestatem [cf. Hbr 1,3] repeteret, attamen adeo se demisit tamque fuit servulorum suorum amans ut etc. Ut enim Domini dilectionem in suos Evangelista maximam fuisse ostenderet, haec de Domini divina celsitudine praemisit[19].

Surgit a coena [Io 13,4]. Memorabile factum hoc[p] Evangelista, more suo quam diligentissime singula persequens, memorat, utique ut diligenter quoque a nobis perpenderetur.

Venit ergo ad Simonem [Io 13,6]. Omnino [20]videtur ad hunc venisse cum iam aliis aliquot discipulis pedes lavisset[20]. Neque [21]mirum si Petrus reclamaverit cum alii lavari sibi pedes a Domino sustinuissent [cf. Io 13,5]. Indicant enim et alia, quaecunque fere de eo Evangelistae memorant, eum Domini amore et admiratione admodum arsisse[21].

---

[p] om. A. –

[15–15] Ap: Cyril, *In Ioh.* ad loc., MPG 74, 111–112 (*ir*).

[16] Adv: Augustine, *In Ioh.* tract. 55 ad loc., MPL 35, 1785–1786, CCL 36, 465 (there: his love for them brought about his death) cited ap: Ludulphus, *Vita* as n. (13)–(13) supra; Aquinas, *In Ioh.* ad loc., *Piana* 14:2, 74r. col. A (as alternative interpretation). But Augustine's interpretation ap: ErP 1524 ad loc., LB 7, 602.

[17] "Suggestio" emphasised ap: Augustine, *In Ioh.* tract. 55 ad loc., MPL 35, 1786, CCL 36, 465; Aquinas, *In Ioh.* ad loc., *Piana* 14:2, 74r. col. B; ErP 1524 ad loc., LB 7, 602 (*ip*).

[18–18] Ap: Chrysostom, *In Ioh.* hom. 70 ad loc., MPG 59, 382 (*i*).

[19–19] Ap: Chrysostom, *In Ioh.* hom. 70 ad loc., MPG 59, 382–383 (*ia*).

[20–20] Ap: Origen (*In Ioh.* ad loc.) cited in: Aquinas, *In Ioh.* ad loc., *Piana* 14:2, 74v. col. B and *Catena*, ad loc., *Guarienti* 2, 504 (*i*); Lyra ad loc. (*i*); ErAn 1527 ad loc., LB 6, 393 (*i*). Adv: Chrysostom, *In Ioh.* hom. 70 ad loc., MPG 59, 383 (there: first Judas *then* Peter); Augustine, *In Ioh.* tract. 56 ad loc., MPL 35, 1788, CCL 36, 467 (there: first Peter).

[21–21] Ap: Origen (*In Ioh.* ad loc.) cited in: Aquinas, *In Ioh.* ad loc., *Piana* 14:2, 74v. col. B and ErAn 1527 ad loc., LB 6, 393 (*i*); Chrysostom, *In Ioh.* hom. 70 ad loc., MPG 59, 383–384 (*i*). Adv: ErP 1524 ad loc., LB 7, 602; Brenz, *In Ioh.* 1528 ad loc., 223r. (there: statements of "sapientia carnalis").

Quod ego facio, tu nescis nunc [Io 13,7]. Neque enim ut discipuli mundos haberent pedes [740], sed ut discerent mutuam dilectionem [cf. Io 13,34] hanc lotionem Dominus instituerat. Id tum ignorabat Petrus, postea autem*q* a Domino audivit. Sed vere demum intellexit cum, accepto Paracleto, et reliqua Christi gesta verbaque cognovit penitius [cf. Io 14,26].

⟨*Mundus totus est qui lotus* [Io 13,10] semel⟩ *Si non lavero te* [Io 13,8]. [22]Rustice magis quam pie officium suum recusantem[22] Petrum deterruit Dominus, facta [23]anagoge ab externa ad internam lotionem. Neque enim cum Domino quisquam commune aliquid habere potest [cf. Io 13,8], nisi [24]*renatus*, hoc est Spiritu eius lotus [Io 3,5][24]. Hanc allegoriam, tametsi tum Petrus non intelligeret, quia [25]tamen audiebat *se non posse cum Domino partem habere nisi* ab ipso *lotus* [Io 13,8], illico *manus et caput* [Io 13,9] simul cum pedibus lavanda*r* obtulit[25].

Dominus autem altera usus [26]allegoria, desumpta ex communi hominum usu[26], respondit tantum opus ei esse ut lavet pedes [cf. Io 13,10]. Sicut nanque [27]loti solent tamen pedes quos contactu terrae continuo inquinant, vel etiam cum primum balneas egrediuntur abluere et mox et identidem; sic et ei cui *aqua* illa *munda* [Ez 36,25] de qua Iehezkel, *Spiritu* Dei lavari, hoc est *renasci* [Io 3,5], datum fuerit, *non est opus*, nisi *ut* pedes quibus terram contingit *lavet* [Io 13,10] (hoc est: *carnem* hanc *mortificando* [Rm 8,13] continuo affectus eius pravos expurget[27]). Caetera est *mundus totus* [Io 13,10], [28]*fide cor purificante* [Act 15,9]. Hinc *mundos* discipulos Dominus pronuntiavit [Io 13,10] quia hoc *filiorum Dei Spiritu* [Rm 8,15] (qui quos semel apprehenderit, nunquam – donec omni mundatos macula [cf. Eph 5,27] reddat undequaque puros – destituit*s*) donati erant.

---

q om. A. – *r add.* Domino A. ei B. – *s om.* [!] AB. –

[22–22] Ap: Cyril, *In Ioh.* ad loc., MPG 74, 117–118 (*i*); Aquinas, *In Ioh.* ad loc., Piana 14:2, 75r. col. A (*i*). Perhaps also ap: Brenz, *In Ioh.* 1528 ad loc., 224r. (*i* ? but there: stronger: "affectus carnalis" cf. n. (21)–(21) supra!). Adv: Chrysostom, *In Ioh.* hom. 70 ad loc., MPG 59, 383; Augustine, *In Ioh.* tract. 56 ad loc., MPL 35, 1788, CCL 36, 467 (there: piety sole motive).

[23] Concept emphasised ap: Origen, *In Ioh.* tom. 32 ad loc., MPG 14, 771–772 (*i*).

[24–24] Ap: Aquinas, *In Ioh.* ad loc., Piana 14:2, 75r. col. A (*ip*); Cyril, *In Ioh.* ad loc., MPG 74, 117–118 (*i*). Also ap and adv: Brenz, *In Ioh.* 1528 ad loc., 224v. (there: "fide purificati").

[25–25] Ap: ErP 1524 ad loc., LB 7, 603 (*p*); Cyril, *In Ioh.* ad loc., MPG 74, 117–118; Chrysostom, *In Ioh.* hom. 70 ad loc., MPG 59, 383 (*i*: lack of understanding and Peter's fear of losing the Lord); Augustine, *In Ioh.* tract. 56 ad loc., MPL 35, 1788, CCL 36, 467 in: Aquinas, *Catena* ad loc., Guarienti 2, 505 (*i*: Peter's fear of losing the Lord). On the present *habes* cf. Valla, *Adn.* ad loc., 21v. and ErAn 1527 ad loc., LB 6, 393–394.

[26–26] Ap: Cyril, *In Ioh.* ad loc., MPG 74, 119–120 (*ip* Latin ed. 1524, 152v.).

[27–27] Ap: Augustine, *In Ioh.* tract. 56 ad loc., MPL 35, 1788–1789, CCL 36, 468 in: Aquinas, *Catena* ad loc., Guarienti 2, 505 (*i*: but there: refers specifically to baptism); Aquinas, *In Ioh.* ad loc., Piana 14:2, 75r. col. A–B (*ip*: but there also baptism mentioned).

[28] Ap and adv: Brenz, *In Ioh.* 1528 ad loc., 224v.–225r. (there: purification through faith *not* preceded by purification through the Spirit).

ᵗIudam excepit quia ²⁹hunc illeᵘ Spiritum nunquam perceperat, reprobus et *Deo odio* [Sap 14,9] habitus cum adhuc in utero esset matris²⁹. Spiritum ³⁰quidem, id est virtutem, habuerat – ut verisimile est – pellendi daemones et virtutes alias faciendi [cf. Mt 10,1], sed ea animum eius non immutavit³⁰. Unde audivit a Domino quod illi de quibus ³¹Matth. 7[23]: *Amen dico tibi, non novi te.* Sic et ³²Schaul spiritum aliquandiu habuit ³³נדיבה, id est principalem, quo egregie regnum potuit administrare [cf. 1 Sm 11,6]. Spiritum autem quo vera imbutus fuisset pietate, non habuit³². Alioqui *filius Dei* [Rm 8,16] perseverasset. Sanctificantur enim tantum *qui vocati et praedestinati sunt* [Rm 8,30].

Observationes

Observanda ingens Domini et ardentissima dilectio qui adeo nihil in finem usque omisit quo plene iustos et beatos redderet suos, quemque non piguit ad quodvis se dimittere ministerium quo nobisᵛ *dilectionem* qua, ut *Lex completur* [Rm 13,10], ita homo Dei absolvitur, commendaret. Hinc discamus et quam tuto nos ipsi credamus et quam sedulo deceat in proximorum nos dilectione exercere [cf. Rm 13,9] quamlibet vel ipsi magni simus, vel illi humiles, adde etiam hostes. Nam Dominus *omnium* cum *esset Servator* [1 Tim 4,10], Iudae ³⁴tamen proditoris sui lavare pedesʷ (*discipulorum* enim pedes scribitur *lavisse* [Io 13,5] neque quisquam excipitur) nequaquam dedignatus est³⁴. Praedicata hic amplissima Domini et potestas et dignitas moneat ut totos nos illi dedamus et verbum eius rebus omnibus anteferamus.

Observandum item *non posse partem* cum *Domino habere nisi lotum* [Io 13,8] ab ipso et *lotum* prorsus *mundum esse*, tantum opus habere ut lavet pedes [Io 13,10]. Docemur his enim Spiritum iustificationis [cf. Rm 8,10] a solo Christo dari, tum datum nunquam auferri quia *lotum non opus est lavari, sed est mundus totus*ˣ [Io 13,10]. Externam tamen semper conversationem emendandam esse donec *membra quae super terram sunt* penitus

---

ᵗ *add.* □ Quid Spiritus Iudas habuerit A. – ᵘ *om.* A. – ᵛ nos [!] AB. – ʷ *add.* ut creditur AB. – ˣ *add.* denique AB. –

²⁹⁻²⁹ Judas eternally predestined to damnation ap: Lambert, *In Lc.* ad 22, 21.22, Gg2r. (*i*).
³⁰⁻³⁰ Ap and adv: Origen, *In Ioh.* tom. 32 ad 13,18, MPG 14, 777–778 (there: Judas did have true faith but only occasionally).
³¹ Ap and adv: Origen, *In Ioh.* tom. 32 ad 13,16, MPG 14, 775–776 (there: *r* Mt 7,25 but interpreted in the sense of prescience).
³²⁻³² Ap: Bugenhagen, *In Sm.* 1 ad 9,1, 208 (*ip*).
³³ Cf. e.g. Münster, *Dict. hebr.* 1523, 261 (does not occur in *Sm.*).
³⁴⁻³⁴ Ap: ErP 1524 ad loc., LB 7, 603 (*i*: pastoral emphasis).

mortificaverimus, Colossen. 3[5] et *carnem cum vitiis et concupiscentiis* prorsus *crucifixerimus*, Gala. 5[24].

Denique notandum usum Dominum allegoriis hic. Quae Petro, cum audiret, aenigmata fuerunt [cf. 1 Cor 13,12], sed postea intellectae, cum ipsi tum aliis, suum fructum nihilominus attulerunt [cf. Io 13,7]. ʸ³⁵Non igitur frustra praedicatur quicquid non statim per omnia intelligitur et saepe plus movent quae post ad mentem recurrentia a perscrutantibus percipiunturʸ ³⁵.

ENARRATIO SECTIONIS II [12–17]

Annotationes

Postquam ergo lavisset pedes eorum [Io 13,12]. Quod velut aenigma [cf. 1 Cor 13,12] Dominus hoc facto discipulis exhibuerat, nunc explicat, monens ut quandoquidem ipsum *magistrum et Dominum* recte *salutarent* [Io 13,13], nollent se *Domino, magistro* et ³⁶principiᶻ suo *servuli*, discipuli et legati ³⁷praeferre [Io 13,16], quodque vidissent ipsum *edere exemplum* [Io 13,15], vellent studiose imitari³⁷ ut nimirum *alii aliis invicem lavare pedes* [Io 13,14] nequaquam gravarentur quan[741]do ipse eorum pedes lavisset, eorum *magister et Dominus*.

⟨Quid sit *lavare pedes*⟩ In eo autem quod dixit: *Vos quoque debetis alii aliorum invicem pedes lavare* [Io 13,14] ³⁸nequaquam pedum tantum lotionem exegit³⁸ sed ³⁹verae dilectionis officia quaevis. ⁴⁰Synecdoche enim est ut ex eo quod servilissimum videtur omnia officia intelligas. Qui nanque eo demiserit se ut ex syncera dilectione, etiam ⁴¹hosti nedum fratri, lavet pedes⁴¹, quid ille ministerii, quid officii detrectet? Nihil minus igitur

---

ʸ⁻ʸ *om.* A. – ᶻ ³⁶leganti A. –

³⁵⁻³⁵ Ap: Bucer's treatise on practical exegesis addressed to Fortunatus Andronicus 1531–33 in: RHPR 26 (1946), 66 (there: essential to speak piously. The uninstructed, if they obey the word of God, will understand eventually).

³⁶ For interchangeability of: legatus/apostolus cf. ErAn 1527 ad loc., LB 6, 394.

³⁷⁻³⁷ Ap: Origen, *In Ioh.* tom. 32 ad loc., MPG 14, 773–774 (*i*: disciple must not be greater than the master, washing of feet not to be followed literally).

³⁸⁻³⁸ Ap: Origen, *In Ioh.* tom. 32 ad loc., MPG 14, 771–772 in: Aquinas, *Catena* ad loc., *Guarienti* 2, 506 (*i* ? there: question asked whether literally washing of feet could be meant; answer: no as custom too obscure! – cf. infra n. (42)–(42)).

³⁹ Ap: Lyra ad loc. (*ip*); Augustine, *In Ioh.* tract. 58 ad 13,15, MPL 35, 1794, CCL 36, 474 in: Aquinas, *Catena* ad loc., *Guarienti* 2, 507 (*i*).

⁴⁰ Ap: Lyra ad loc. (*i* only; there term not used). Here perhaps also an allusion (not removed after 1536) to debate with Brenz on synecdoche in rel. to eucharist? Cf. supra *cap.* 6, var. (x¹¹–x¹¹) ad nn. (224)–(224) – (244)–(244).

⁴¹⁻⁴¹ This insisted on ap: Chrysostom, *In Ioh.* hom. 71 ad loc., MPG 59, 388 (*i*).

quam Christum imitantur [42]episcopi et satrapae dum quotannis semel aliquot pauperum pedes, sed eos ante non lotos solum, sed[a1] et odorata simul aqua perfusos, abluunt et deosculantur[42]. Non fucis, sed veris Christum imitari oportet, nempe ut nemo, quamlibet eximius, indignum se ducat quibusvis et quamlibet humilibus et sordidis officiis, non modo fratres sed et inimicos, demereri [cf. Mt 5,44]. [b1]Cum Abigail diceret nuntiis David: *Ecce me famulam tuam, quae sim in ancillam ut lavem servis domini mei pedes* [1 Sm 25,41], nequaquam ad talem fucum qualem exhibent praeposteri isti Christi aemulatores sese obtulit, sed significavit se[c1] usque adeo [43]morigeram [d1]et subiectam[d1] fore[e1] Davidi ut ne quidem *lavare pedes servulorum eius* [1 Sm 25,41] detrectatura esset[43]. Sic et Paulus accepit [44]*lavare pedes* cum viduam requirit quae *laverit pedes sanctorum*, id est: quolibet ministerio illis inservierit, 1 Timoth. 5[10][44].

Si haec novistis [Io 13,17]. Hoc est: si haec recte intelligitis, ita ut libeat ea praestare, *beati estis* [Io 13,17]. Nam quo Deo evadimus similiores, eo sane et beatiores reddimur: iam nulla re [45]magis Deo similes evadere licet quam perpetua in omnes beneficentia[45]. Sic perfecti evadimus, ut ipse est qui tam *malis* quam *bonis benefacit*, Matth. 5[45.44], ac est bonitas ipsa qua omnia vivunt et foventur.

Observationes

Observemus diligenter quam deceat nos, servulos et discipulos, Dominum et magistrum aemulari. Cum igitur [46]ille pro nobis inimicis suis mortem etiam obiit [cf. Rm 5,10], nihil putemus esse quod non subire debeamus pro fratribus[46]. Hinc certe[f1] beati evademus: indubie miseri futuri, si vixerimus nobisipsis. [g1] *Beatius est dare quam accipere* [Act 20,35].

[a1] *om.* [!] A. – [b1] *add.* □ 1 Sam. 25 d 41 D. – [c1] *om.* AB. – [d1]–[d1] *om.* AB. – [e1] *add.* se A. –[f1] *add.* vere AB. – [g1] *add.* □ Acto. 20.g.35 D. –

[42-42] Adv: *Missale Romanum: feria quinta in coena Domini.* (Normally practised on Maundy Thursday after the Mass. On the custom generally cf. *Tuker-Malleson*, 2, 251–294).

[43-43] Perhaps indirectly adv: *Bugenhagen, In Sm.* ad loc., 271 (there: christological interpretation only).

[44-44] Ap: Augustine, *In Ioh.* tract. 58 ad 3, 15, MPL 35, 1794, CCL 36, 474 (*ipr*).

[45-45] Emphasis on doing ap: Chrysostom, *In Ioh.* hom. 71 ad loc., MPG 59, 387 (*i?*). Emphasis on doing that brings closer to Christ ap: Cyril, *In Ioh.* ad loc., MPG 74, 125–126 (*i*). Here perhaps also ap and adv: Brenz, *In Ioh.* 1528 ad loc., 226v.–227r. (there: we become like Christ by virtue of humbling ourselves not by virtue of "dilectio proximi". Christian charity, however, also mentioned separately).

[46-46] Ap: Chrysostom, *In Ioh.* hom. 71 ad loc., MPG 59, 386–387 (*ip* of 1522 ed., p. 177).

ENARRATIO SECTIONIS III [18–30]

Annotationes

Non de omnibus vobis loquor [Io 13,18]. Ne [47]plures se inter immundos numerari putarent, palam dixit unum esse duntaxat immundum[47], simul explicans quam immundus ille esset, nempe adeo ut ipsum magistrum et Servatorem suum proditurus esset et in manus impiorum traditurus. Ista vero ita questus, [48]ademit omnem scelerato proditori excusandi ansam [cf. Io 15,22][48] et ostendit quam nihil [49]possit profici erga eos qui, *Spiritu filiorum* [Rm 8,15] destituti, in *potestate* sunt *Satanae* [Act 26,18].

[h1]*Scio quos elegi* [Io 13,18]. Vide neque malos posse esse quos Christus[i1] elegit, neque bonos quos non elegit. Iudam enim [50]significat se non elegisse. Huic vero non pugnat quod supra[j1], 6 in fine dixit: *Nunquid ego vos duodecim elegi et unus ex vobis diabolus est* [Io 6,71]. De externa enim ibi electione in coetum apostolicum, hic autem de interna et aeterna in numerum *filiorum Dei* [Rm 8,16] locutus est[50].

⟨*Levare calcaneum* quid⟩ *Sed ut impleatur Scriptura* [Io 13,18]. Haec Psal. 41[10] legitur. [51]Ebraea sic habent: *Etiam amicus meus de quo confisus eram, qui vescebatur pane meo, sustulit calcem suum contra me* [Ps 40,10]. Haec de [52]quolibet sancto qui a domesticis suis adfligitur vere intelligas, uti David de se illa cecinit. Sed quia nemo hoc indignius unquam et gravius Christo pertulit, optime et in eum, imo in eum prae aliis, hoc dictum competit[52].

Hinc igitur dixit: *Ut impleretur Scriptura* [Io 13,18], id est in me quoque ac ideo plene vera ostenderetur. Caeterum Scriptura per [53]*magnificare supplantationem*, vel [54]*levare plantam*, vel [55]*calcaneum* [Ps 40,10; Io 13,18],

---

[h1] *add.* □ Vis electionis A. – [i1] *om.* AB. – [j1] *add.* cap. D. –

[47–47] Ap: Chrysostom, *In Ioh.* hom. 71 ad loc., MPG 59, 387 (*ip* of 1522 ed., p. 178).

[48–48] Ap: Chrysostom, *In Ioh.* hom. 71 ad loc., MPG 59, 387–388 (*ip* of 1522 ed., p. 178).

[49] Necessary existence of "admixtio mali" in any society already ap: Aquinas, *In Ioh.* ad loc., *Piana* 14:2, 76r. col. A (*i*).

[50–50] Ap: Augustine, *In Ioh.* tract. 59 ad loc., MPL 35, 1795, CCL 36, 476 (*ir*) in: Lyra ad loc. (*ipr* here); *Glossa ord.* [*marg.*]; Albert, *In Ioh.* ad loc., *Opera* 24, 510 col. A; Aquinas, *In Ioh.* ad loc., *Piana* 14:2, 76r. col. A; Aquinas, *Catena* ad loc., *Guarienti* 2, 507. – Adv: Cyril, *In Ioh.* ad loc., MPG 74, 127–130; Theophylactus, *In Ioh.* ad loc., MPG 124, 155–156; Origen, *In Ioh.* tom. 32, MPG 14, 777–778; ErP 1524 ad loc., LB 7, 604 (all propose solutions in favour of "liberum arbitrium"; Judas chosen first, rejected subsequently).

[51] Cf. BPs 1529 ad 41,10, 199r., 200v. (there: different translation. Translation here: BPs, PelPs 1527, FexPs and Bucer's own paraphrase different from BPs!).

[52–52] Cf. BPs 1529 ad 41, 10, 200v. This exegesis here as there probably adv: BugPs 1526 ad loc. and Lefèvre d'Etaples, *In Ioh.* ad loc., 360v. (both: purely christological interpretations).

[53] Ps 40,10: LXX. Cited already ap: Lyra ad Io 13,18; ErAn 1527 ad Io 13,18, LB 6, 394.

[54] Ps 40,10: Vg. Cited already ap: Lyra ad Io 13,18; ErAn 1527 ad Io 13,18, LB 6, 394.

[55] Er 1527 ad Io 13,18, LB 6, 394. Also PelPs ad 40,10 (gloss).

[56]oppressionem intelligit. Quem enim calcaneo truseris et supplantaveris, prorsus habes prostratum. Imperfecta autem est haec Domini oratio: *Sed ut Scriptura impleatur* etc. [Io 13,18]. Et impletur si subaudias: ideo ferendum est, aut quid eiusmodi. Similem sane fieri Dominum fratribus oportuit, *per omnia tentatum* [Hbr 4,15]. Cum igitur et hoc in fratrum tentationibus et eorum qui typum eius gesserunt[k1] fuisset [l]ut a domesticis quoque opprimerentur[l] [742] [cf. Ps 40,10], idem *pati* et Dominum *oportuit* [Lc 9,22] ac ita et in ipso *hanc Scripturam* Psalmi *impleri* [Io 13,18].

Nunc dico vobis [Io 13,19]. Utique cum viderent eum [57]omnia praescivisse et tamen pati ea voluisse, facile potuerunt agnoscere vere eum Christum et Deum esse[57], quanquam [58]haec omnia tum fuerint illis rite perpensa atque intellecta cum Spiritu ampliore fuerunt donati [cf. Io 12,16][58]. Adeo *praeter* doctrinam *Spiritus, nihil* horum potest *homo percipere* [1 Cor 2,14].

Amen amen dico vobis [Io 13,20]. Et haec oratio imperfecta est, sive omiserit aliquid Evangelista, sive Dominus ipse (ut solet fieri cum animus perturbatus est) aliquid reticuerit. In hoc enim videtur [59]apostolicam dignitatem hic Dominus extulisse ut significaret quantum Iudae honoris contulisset atque inde quam ingratus et scelestus ille esset qui in mortem posset tradere eum[m1] [59] qui se eo evexerat ut, *qui ipsum recepisset, Christum et Deum[n1] recepisset* [Io 13,20].

Unde[o1] *cum haec dixisset, turbatus fuit spiritu* [Io 13,21], utique [60]ob atrocitatem tanti sceleris. Quae perturbatio quoque eum compulit ut apertius de proditore loqueretur eumque solita sua adseveratione testaretur *unum esse[p1]* ex ipsis suis selectioribus discipulis atque apostolis *qui esset se proditurus* [Io 13,21]. Quasi diceret: videte in quantam vos duodecim dignitatem extulerim. Amen, amen siquidem dico vobis, tales ac tantos vos feci ut, qui *vos exceperit, me et Patrem meum exceperit* [Io 13,20]. Sed o scelus, o inauditam crudelitatem, [61]*unus ex vobis*, vobis

---

[k1] gesserant AB. – [l–l] a domesticis scilicet opprimi A. – [m1] om. A. – [n1] add. ipsum A. – [o1] om. D. – [p1] om. D. –

[56] This interpretation already ap: Origen, *In Ioh.* tom. 32 ad loc., MPG 14, 777–778 (*i*: but there: allegory: Judas himself = calx).

[57–57] Ap: Lyra ad loc. (*ip* but there: Deus et homo).

[58–58] Ap: Brenz, *In Ioh.* 1528 ad 13,27, 230r. (*ip*).

[59–59] Ap: Chrysostom, *In Ioh.* hom. 72 ad loc., MPG 59, 389; ErP 1524 ad loc., LB 7, 604 (*i*: but there reason for conturbatio = Jesus' sorrow that Judas, because of his evil deed, would be excluded from the honour).

[60] Ap: Cyril, *In Ioh.* ad loc., MPG 74, 135–136 (*i*); Lyra ad loc. (*i*: there also: fear of his own imminent passion). Emphasis on real worry also ap: Augustine, *In Ioh.* tract. 60 ad loc., MPL 35, 1799, CCL 36, 480 (*i*). Here same emphasis adv: Brenz, *In Ioh.* 1528 ad loc., 229r. (there: emphasis on Christ taking on human feelings of his own accord).

[61–61] Adv: Augustine, *In Ioh.* tract. 61 ad loc., MPL 35, 1799, CCL 36, 481 (there: apparently or physically one without really belonging). Ap: Origen, *In Ioh.* tom. 32 ad loc.,

inquam duodecim, vobis apostolis, *quos qui audierit, me et Patrem audivit* [Io 13,20], quibus qui benefecerit, mihi et Patri benefecit, *me tradet in mortem* [Io 13,21][61].

Ille est cui ego intinctum [Io 13,26]. Haec sane [62]videntur indicare Ioanni proditorem porrectione buccellae proditum. Sed cum sequitur *neminem discumbentium intellexisse ad quid* Dominus *dixerit* [Io 13,28] Iudae: *Quod facis fac citius* [Io 13,27], videtur verisimile [63]mentem Ioannis[q1] fuisse detentam ut, licet audisset a Domino eum esse proditorem *cui dedisset intinctum panem* [Io 13,26] ac mox vidisset Iudae panem porrigere, non tamen plane intellexerit Iudam illum proditorem esse[63]. Aut si intellexit, [64]non existimaverit tamen tum instare ut scelus suum ille perficeret[64]. Certe nihil tale dixit aut fecit Ioannes (quod quidem scriptum sit) unde coniectura esset eum proditorem ex hoc Domini dicto[r1] plane agnovisse.

Utcunque autem sit: sive plane agnoverit eum sive minus, [65]sic certe secretum hoc Dominus continuit ut adhuc quidem nihil tale a Iuda discipuli expectarent[65]. Quo certe, [66]super alia beneficia innumera et incomparabilia, bonitatem suam scelesto mirifice declaravit[66] satisque ostendit [67]sua illum culpa periisse.

Et post offulam [Io 13,27]. Satan [68]possedit mentem Iudae iam ab initio, sed vim suam nunc magis quam ante coepit exerere[68]. Hinc scribit Evangelista *ingressum in eum Satanam* [Io 13,27], cum et paulo ante scripsisset [s1]*Satanam immisisse*[s1] *in cor eius ut Dominum proderet* [Io 13,2].

Ut enim homines ad pietatem sancto aguntur Spiritu, ita ad impietatem malo qui est Satan. Et sicut *bonum Spiritum* [Ps 142,10] recipere sancti dicuntur quoties insignius eo afflantur, ita dicuntur et mali invadi a Satana quoties apertius ab illo impelluntur ad scelera [cf. Lc 22,3]. Apostoli tum

---

[q1] *add.* ita AB. – [r1] indicio AB. – [s1–s1] immisisse Satanam AB. –

MPG 14, 791–792 (*i*); Cyril, *In Ioh.* ad loc., MPG 74, 135–138 (*ip* Latin ed. 1524, 154v.). Also ap and adv: Aquinas, *In Ioh.* ad loc., *Piana* 14:2, 76v. col. B (*i*: one of the specially chosen but there: Augustine's interpretation also given!).

[62] Ap: Chrysostom, *In Ioh.* hom. 72 ad 13,28, MPG 59, 391 (*i*); Lyra ad loc. (*i*). Perhaps adv: ErP 1524 ad loc., LB 7, 604–605 (there: disciple not identified as John).

[63–63] Ap: Lyra ad loc. (*ip*).

[64–64] Perhaps ap: Chrysostom, *In Ioh.* hom. 72 ad 13,28, MPG 59, 391; ErP 1524 ad 13,29, LB 7, 605 (*i*: but there: moral issue: [John] did not believe a disciple capable of such a deed).

[65–65] Ap: Chrysostom, *In Ioh.* hom. 72 ad loc., MPG 59, 391 (*i*); ErP 1524 ad 13,28, LB 7, 605 (*i*: there: emphasis that only Judas fully aware of the import of Christ's words).

[66–66] Ap: Cyril, *In Ioh.* ad 13,27, MPG 74, 141–142 (*i*: there: emphasis on Christ's charity towards Judas generally). Here perhaps also ap: Chrysostom, *In Ioh.* hom. 72 ad loc., MPG 59, 391 (*i* ? : there charity implied: Christ kept the secret so that the other disciples would not harm Judas).

[67] Ap: Cyril, *In Ioh.* ad 13,27, MPG 74, 141–142 (*i*).

[68–68] Ap: Augustine, *In Ioh.* tract. 62 ad loc., MPL 35, 1802, CCL 36, 483–484 (*ipr*).

[69]certe Spiritu sancto donati fuerunt cum Christo crediderunt, attamen Spiritum sanctum et post resurrectionem, cum Domini adflatu [cf. Io 20,22][69], et post ascensionem, *in linguis igneis* [Act 2,3], leguntur iterum accepisse.

⟨Quid spiritus⟩ Significat enim spiritus vim arcanam et energiam qua aguntur mentes. Si ad sancta: Spiritus sanctus, Spiritus Christi et Dei. Si ad impia: spiritus malus, [70]ἄτη, diabolus et Satan.

Cum ergo accepisset ille offulam, exivit continuo [Io 13,30]. Hoc videtur Evangelista adiecisse ut indicaret perditi hominis iniustam[t1] omnibus officiis crudelitatem. Simul tamen cum Dominus, *porrigendo offulam* Iudae, diceret: *Quod facis fac citius* occasionem illi dedit continuo egrediendi ut sic ne Ioanni quidem constaret an ipse is esset quem Dominus voluisset, *porrigendo offulam*, indicare suum esse proditorem. Mihi quoque videtur *porrectu offulae* [Io 13,26.27], simul et Domini verbis, velut [71]vi quadam bonitatis, Iudam eiectum[u1] esse ut qui neque propositum posset mutare scelestum, neque ferre iam omnia superantem Christi lenitatem.

Observationes

Notandum primum mysterium electionis cum ait Dominus *se scire quos elegerit* [Io 13,18]. Inde: quomodo *Scripturae* in Christo *impleantur* adducto loco Psalm. 1[v1] [!] [Ps 40,10]. Tum per[743]pendenda est et Christi divinitas praescientis omnia futura dum de Iuda praedicit. Post haec apostolorum observanda dignitas dum testatur *se et Patrem recipi ab eo qui receperit* [72]*apostolum suum* [Io 13,20]. Veritas autem humanae naturae [w1]notatur in Christo cum *spiritu turbatur* [Io 13,21] ob scelus Iudae. Eadem prodidit se et in eo[w1] quod [73]familiarioris dilectionis affectum [x1]ostenderit erga Ioannem[x1] [cf. Io 13,23]. Unde ille *discipulus* cognominari coepit *quem diligebat Iesus* [Io 21,7.20ff.][73]. Incredibilis denique notatur Domini lenitas quod Iudam toties monere et nunquam[y1] prodere bonitateque tam mirabili cum impietate illius usque [z1]voluit certare[z1]. In Iuda autem in quem *post*

[t1] invictam AB. – [u1] reiectum B. – [v1] *om.* AB. *corr.* 41 c. 9 D. – [w1–w1] cum *spiritu turbatur* [Io 13,21] ob scelus Iudae eadem notatur in eo A. – [x1–x1] erga Iohannem ostenderit AB. – [y1] *add.* voluit A. – [z1–z1] certavit A. –

[69–69] Ap: Brenz, *In Ioh.* 1528 ad loc., 229v.–230r. (*ip:* same parallel but there no mention of Holy Spirit after ascension at Act 2,3).

[70] Cf. e.g. *Il.* 19,91.

[71] Ap: Origen, *In Ioh.* tom. 32 ad loc., MPG 14, 791–792 (*i:* impossible for Judas to stay but there: because of Satan in him); Brenz, *In Ioh.* 1528 ad loc., 230r.–v. (*i:* Judas condemned by Christ's goodness and charity).

[72] Link missus = apostolus ap: ErAn 1527 ad 13,16, LB 6, 394. Same link ad loc. ap: Origen, *In Ioh.* tom. 32, MPG 14, 785–786 (*t*).

[73–73] Ap: Origen, *In Ioh.* tom. 32 ad 13,23, MPG 14, 797–798 (*i:* there: *r* Io 21,20).

offulam totus *ingressus Satan fuit* [Io 13,27], notatur id quod aliquoties iam monuimus: reprobos tanto magis in furorem agi, quanto praesentius illis divina bonitas illuxerit. Id vides evenisse in [74]Pharisaeis [cf. Io 12,39], vides hic evenisse et in Iuda.

ENARRATIO SECTIONIS IIII [31–38]

Annotationes

⟨*Nunc filius hominis glorificatus est*⟩ *Cum ergo exisset, dixit Iesus* [Io 13,31]. *Nox erat* cum *egrederetur* [Io 13,30] Iudas eoque [75]proximum$^{a^2}$ ut ad supplicium Dominus raperetur. Inde dixit: *Nunc glorificatus est filius homnis* [Io 13,31][75], hoc est: advenit tandem tempus ut [76]morte finiam tempus humilitatis meae et auspicer tempus gloriae[76]. Hoc tam prope accessit ut nunc videar mihi *glorificatus*, nunc videar mihi [77]Christus per universum orbem adorari [cf. Ps 21,28]. Quo pacto et *Deus in me glorificabitur* [Io 13,31]. Tum enim recta$^{b^2}$ demum Dei gloria illustrabitur apud homines [78]cum $^{c^2}$electi Deum$^{c^2}$ ut patrem suum per me agnoverint, *consortes divinitatis facti* [2 Pt 1,4]. Sic ergo cum res habeat ut per me Patris gloria illustranda sit, necesse est ut ipse *me glorificet in seipso* [Io 13,32], hoc est: [79]esse me Deum declaret. Sic ipse in me, Deus in Deo sed homine facto in eaque natura ad *divinitatis consortium* [2 Pt 1,4] exaltato, [80]recte cognoscetur [cf. Io 17,3][79]. Hanc itaque gloriam mox mihi conferet. Haec de glorificatione sua Dominus disseruit ut [81]animos suorum confortaret quos sciebat suo supplicio mire consternandos[81]. Testatus igitur est $^{d^2}$supplicium ipsum$^{d^2}$ certam ad divinitatis gloriam viam esse.

$^{a^2}$ *add.* erat A. – $^{b^2}$ recte ABD. – $^{c^2-c^2}$ eum electi A. electi B. – $^{d^2-d^2}$ illud AB. –

[74] Cf. supra *cap.* 12, *sect.* 5 ad nn. (127)–(127) – (128)–(128).

[75-75] Ap: Lyra ad loc. (*i*).

[76-76] Ap: Lyra ad loc. (*i*). Ap and adv: Brenz, *In Ioh.* 1528 ad loc., 230v. (*i*: glory through death but there: paradox, instance of sharp distinction between OT and NT).

[77] Ap: ErP 1524 ad loc., LB 7, 606 (*i*); Aquinas, *In Ioh.* ad loc., *Piana* 14:2, 77v. col. B (*i*: but there: one of four types of glory Christ will have after crucifixion). Adv: Cyril, *In Ioh.* ad loc., MPG 74, 151–154; Theophylactus, *In Ioh.* ad loc., MPG 124, 163–164; esp. Brenz, *In Ioh.* 1528 ad loc., 230 v. (there: glory = passion itself – cf. supra n. (76)–(76)).

[78] Ap and adv: Brenz, *In Ioh.* 1528 ad loc., 231v. (*p* but there: *credentes* as opposed to *electi*; will recognise God as Father as opposed to God of vengeance in OT).

[79-79] Ap: Augustine, *In Ioh.* tract. 63 ad loc., MPL 35, 1805, CCL 36, 487 (*ip*); Aquinas, *In Ioh.* ad loc., *Piana* 14:2, 78r. col. B (*i*). Here: stress on human nature probably adv: Brenz, *In Ioh.* 1528 ad loc., 230v. (there: no mention of natures) and ad 13,35, 234v. (there: Son sent "sub specie carnis").

[80] Ap: Lyra ad loc. (*i*: there: emphasis on Christ bringing about greater knowledge of God).

[81-81] Ap: Chrysostom, *In Ioh.* hom. 72 ad 13,33, MPG 59, 393 (*i*).

⟨Cur dilectio signum Christianismi⟩ *Filioli adhuc paulisper* [Io 13,33].
[82]Blandientibus verbis abiturum se dicit quominus putarent illi se ab ipso
deserendos. *Dilectionem mutuam* [Io 13,35] eis – quando nequibant adhuc
sequi ipsum per supplicium in gloriam Patris [cf. Io 13,36] – diligenter
commendat, [83]germanum signum *quo agnosci queant ipsius discipuli*
[Io 13,35][83].

Nam ut veram pietatem Legisque solidam impletionem suos non tam
docet Christus quam etiam largitur, ita necesse est[e2] dilectio mutua quae
Legis scilicet impletio est [cf. Gal 5,14] – et ideo omnis pietatis colophon –
[f2]vigeat unice inter eos[f2] quicunque vere ipsum Magistrum audiunt et
observant.

Praeceptum novum [Io 13,34] vocat. Nova enim praecepta ab ipso, novo
Magistro et orbis instauratore [cf. Eph 1,10], expectabant, non quod per
se *novum* esset[g2], antea non auditum. Nihil siquidem aliud [84]omnis Lex
requirit quam ut quisque *proximum suum, perinde atque seipsum diligat.*
[85]*Impletur siquidem tota Lex in hoc uno verbo*, ut Paulus Gal.[h2] 5[14] scribit.
Vere autem *novum* hoc *praeceptum* [Io 13,34] et Christi peculiariter ideo
dicitur quod, ut Ioannes scribit in Epistola sua, capite 2, *in Christo verum
est* [1 Io 2,8][85]. Nemo enim illud [86]plenius unquam implevit quam cum
animam suam pro nobis posuerit [1 Io 3,16] [87]inimicis [cf. Rm 5,10]. Tum
ab ipso datur ut idem *verum sit et in nobis* [1 Io 2,8], hoc est: vigeat in nobis
minime fucata, sed solida et officiosa dilectio[86]. *Tenebrae nanque per* ipsum
abactae sunt, omnis nimirum sensus carnis [cf. Col 2,18] et proles huius,
amor nostri. *Verum iam lumen lucet* [1 Io 2,8], utique ipse Christi Spiritus
docens [cf. Io 14,26] nos nostra Patri in coelis committere et curare quae
sunt proximorum [cf. Mt 22,37–40].

Hactenus ergo dilectionis praeceptum *novum* Christi *praeceptum* [Io
13,34] dicitur quod Christus, ut in se perfectam dilectionem nobis exhibuit,
ita donat omnibus suis eandem synceram habere et amplam adeo ut illi

---

[e2] *add.* inter eos unice vigeat A. – [f2–f2] *om.* A. – [g2] *add.* et AB. *add.* aut D. – [h2] *add.* capite D. –

[82] Ap: Origen, *In Ioh.* tom. 32 ad loc., MPG 14, 821–822; Lyra ad loc.; Brenz, *In Ioh.* 1528
ad loc., 232r. (*i* but there linked with: Chrysostom as in n. (81)–(81) supra).

[83–83] Ap: ErP 1524 ad loc., LB 7, 606 (*pa*).

[84] This pointed out in *In Ioh.* ad loc. notably ap: Chrysostom hom. 72, MPG 59, 394; Cyril,
MPG 74, 161–162; Augustine tract. 65, MPL 35, 1808, CCL 36, 490–491; Lyra; Brenz,
233v.–234r. (*i*).

[85–85] Adv: Luther, *In Gal.* 1519 ad 5,14, WA 2, 575–576, 582 (there: "fulfilled" in the sense
of "abolished"); Brenz, *In Ioh.* 1528 ad loc., 234r. (there: disjunction between Law and
Gospel).

[86–86] Ap: Augustine, *In Ioh.* tract. 65 ad loc., MPL 35, 1808, CCL 36, 490–491 (*i*); Lyra
ad loc. (*ip*).

[87] Ap and adv: Brenz, *In Ioh.* 1528 ad loc., 234 v. (*p* but there: used in support of
disjunction between Law and Gospel).

omnium externarum rerum moderatio sit permissa atque remotum omne $^{i^2}$ onus tot caerimoniarum Legis quae antea erant piis observandae [cf. Act 15,10; Mt 23,4]. De qua liberatione [88]supra in $^{j^2}$capite 12, sectione 4$^{j^2}$. Caeterum si ipsam doctrinam et mandatum spectes dilectionis, *vetus* sane *praeceptum est*, ut et $^{k^2}$Ioannes illud$^{k^2}$ vocat [1 Io 2,7][88]. *Ab initio* [1 Io 3,11] enim conditi hominis id praecepti Deus dedit ac [744] etiam in cordibus omnium gentium, nedum in libris scriptum, semper ante omnia proposuit et exegit.

Dicit ei Petrus [Io 13,37]. Miro ardebat studio Christi sed, quia suas vires nondum habebat perspectas, in bonum suum cadere eum oportuit.

Observationes

Animadvertamus: sicut per mortem *Christus et in eo Deus glorificatus est* [Io 13,31], ita et in nobis non posse bonitatem Dei plene relucere, nisi *caro haec* in *qua nihil boni* [Rm 7,18] est, fuerit immutata. *Regnum* siquidem *Dei haereditare non potest* [1 Cor 15,50]. In primis autem observandum erat solam dilectionem germanam esse Christianismi notam. Hoc si$^{l^2}$ omnes nos pariter cognosceremus$^{m^2}$, nequaquam essent inter nos tam faciles offensae, non tam tenuia pauperum subsidia. In totum: longe ampliore nobis gloria regnum Christi fulgeret. In Petro inconsultae [89]audaciae $^{n^2}$discendum est$^{n^2}$ ut nihil nobis boni arrogemus, sed omnia a benignitate Patris expectemus[89].

$^{i^2}$ *om.* A. $-{}^{j^2-j^2}$ caput duodecimum, sectiuncula quarta A. $- {}^{k^2-k^2}$ ipsum Iohannes AB. $- {}^{l^2}$ *add.* AB: agnoscerent Catabaptistae, nequaquam ita pro elementis digladiarentur, si artocreatistae: haud temere ita fratres suos Satanae traderent, si. $- {}^{m^2}$ *om.* AB. $- {}^{n^2-n^2}$ exemplum est eoque inde discendum A. est eoque inde discendum [!] B. $-$

[88-88] Cf. supra *cap.* 12, *sect.* 4 *obs.* ad nn. (109)–(109) – (122). – General reference to *dilectio* in John's Epistles ad loc. ap: Ludulphus, *Vita* 2a pars, cap. 57, *Rigollot* 3, 357 (*i* here?).
[89-89] Ap: Chrysostom, *In Ioh.* hom. 73 ad 13,37, MPG 59, 395 (*i*).

CAPUT 14

⟨Sectio 1 [1–4]⟩ *Et ait discipulis suis: ne turbetur cor vestrum. Creditis in Deum et in me credite. In domo Patris mei mansiones multae sunt. Quod si secus esset, dixissem vobis. ¹Vado paraturus vobis locum. Et si abiero ad parandum vobis locum, iterum veniam et assumam vos ad meipsum ut ubi sum ego, et vos sitis et quo ego vado scitis et viam scitis.*

⟨Sectio 2 [5–12]⟩ *Dicit Thomas: Domine nescimus quo vadis et quomodo possumus viam scire? Dicit ei Iesus: ego sum via et veritas et vita. Nemo venit ad Patrem nisi per me. Si cognovissetis me, et Patrem meum utique cognovissetis. Et nunc cognoscitis eum et vidistis eum. Dicit ei Philippus: Domine, ostende nobis Patrem et sufficit nobis. Dicit ei Iesus: tanto tempore vobiscum sum et non cognovisti me? Philippe, qui vidit me, vidit Patrem. Et quomodo tu dicis: ostende nobis Patrem? Non credis quod ego in Patre sum et Pater in me? Verba quae ego loquor vobis a meipso non loquor. Pater autem, in me manens, ipse facit opera. Credite mihi quod ego in Patre sum et Pater in me. Alioqui propter ipsa facta credite mihi.*

⟨Sectio 3 [12–21]⟩ *Amen amen dico vobis, qui credit in me, opera quae ego facio et ipse faciet et maiora his faciet quia ego ad Patrem vado. Et quicquid petieritis nomine meo, hoc faciam ut glorificetur Pater per Filium. Si quid petieritis ªper nomen meumª, ego faciam. Si diligitis me, praecepta mea servate. Et ego rogabo Patrem et alium consolatorem dabit vobis ut maneat vobiscum in aeternum, Spiritum veritatis quem mundus non potest accipere quia non videt eum, nec novit eum. Vos autem cognoscitis eum quia apud vos manet et in vobis erit. Non relinquam vos orphanos, veniam ad vos. Adhuc pusillum et mundus me iam non videt, vos autem videtis me. Quia ego vivo et vos vivetis. In illo die vos cognoscetis quod ego sum in Patre meo et vos in me et ego in vobis. Qui habet praecepta mea et servat ea, ille est qui diligit me. Qui autem diligit me, diligetur a Patre meo et ego diligam eum et aperiam ei meipsum.*

⟨Sectio 4 [22–26]⟩ *Dicit ei Iudas, non ille Iscariotes: Domine, quid factum est quod manifestaturus es nobis teipsum et non mundo? Respondit Iesus et dixit eis: si quis [745] diligit me, sermonem meum servabit et Pater meus diliget eum et ad eum veniemus et mansionem apud eum faciemus. Qui non*

---

a–a ²in nomine meo D. –

¹ In C as in B and Er 1527 preceded by a comma. D: new sentence. Cf. infra *sect.* 1 ad n. (6)–(6).

² Er 1527: per nomen meum.

diligit me, sermones meos non servat, et sermo quem auditis non est meus,
sed eius qui misit me Patris. Haec locutus sum vobis apud vos manens.
Paracletus autem ille qui est Spiritus sanctus, quem Spiritum mittet Pater
nomine meo, ille vos docebit omnia et suggeret vobis omnia quaecunque dixi
vobis.

⟨Sectio 5 [27–31]⟩ *Pacem relinquo vobis, pacem meam do vobis. Non*
quomodo mundus dat, ego do vobis. Ne turbetur cor vestrum, neque formidet.
Audistis quod ego dixi vobis: vado et venio ad vos. Si diligeretis me,
gauderetis utique quod dixerim: vado ad Patrem quia Pater maior me est.
Et nunc dixi vobis prius quam fiat ut, cum factum fuerit, credatis. Posthac
non multa loquar vobiscum. Venit enim princeps mundi huius, et in me non
habet quicquam. Sed ut cognoscat mundus quod diligo Patrem et, sicut
mandatum dedit mihi Pater, sic facio. Surgite, eamus hinc.

ENARRATIO SECTIONIS I [1–4]

Paraphrasis

³Dixerat se Dominus paulisper futurum cum discipulis suis et *abiturum*
quo ipsi nondum possent venire [Io 13,33.36]. Inde – quod consequens erat
– illi admodum turbabantur*ᵇ* ut qui eximio Domini amore flagrarent.
Consolaturus igitur eos, dicebat: *Ne turbetur cor vestrum*³. Tantum, ⁴ut
coepistis, *mihi credite*⁴, siquidem *Deo ipsi creditis* [Io 14,1]. Vere enim
⁵Deus sum et vos salvos reddam⁵.

⟨*Mansiones multae*⟩ *In domo Patris mei mansiones multae sunt* ut omnibus vobis locus futurus sit, qui a me pendetis. ⁶*Quod si aliter esset,*

ᵇ erant perturbati A. –

³⁻³ Ap: Brenz, *In Ioh.* 1528 ad loc., 235v. (*p*). Also ap: Augustine, *In Ioh.* tract. 67 ad loc.,
MPL 35, 1812, CCL 36, 495 (*i* only: there: they feared death); Ludulphus, *Vita* 2a pars, cap.
57, *Rigollot* 3, 1353 (*i*: their love for him); Lyra ad loc. (*i* only?; there: propter praedicta).
Adv: Chrysostom, *In Ioh.* hom. 73 ad loc., MPG 59, 396; Cyril, *In Ioh.* ad loc., MPG 74,
177–178 (there: disturbed because of Peter's impending betrayal).
⁴⁻⁴ Ap: Chrysostom, *In Ioh.* hom. 73 ad loc., MPG 59, 396 (*i*) cited in: ErAn 1527 ad loc.,
LB 6, 395 (there: one of four ways of interpreting); Albert, *In Ioh.* ad loc., *Opera* 24, 527 col.
A; Brenz, *In Ioh.* 1528 ad loc., 236r. (*i*). Cf. also n. (5)–(5) infra.
⁵⁻⁵ Ap: Augustine, *In Ioh.* tract. 67 ad loc., MPL 35, 1812, CCL 36, 495 (*i*: Christ is God);
Albert, *In Ioh.* ad loc., *Opera* 24, 527 col. A. (*i*: Christ is God *and* emphasis on salvation);
ErP 1524 ad loc., LB 7, 607 (*i*); Brenz, *In Ioh.* 1528 ad loc., 236r. (*i*).
⁶⁻⁶ Ap: Chrysostom, *In Ioh.* hom. 73 ad loc., MPG 59, 396–397 in: Aquinas, *Catena* ad
loc., *Guarienti* 2, 516 and in: Albert, *In Ioh.* ad loc., *Opera* 24, 528 col. A. But here ap: Valla,
Adnotationes ad loc., 21r. and BiAld (*t*) adv: ErAn 1527 ad loc., LB 6, 396 (there: adv: Valla);
ErP 1524 ad loc., LB 7, 607. Also adv: Brenz, *In Ioh.* 1528 ad loc., 237v. (there: Cyril cited
as authority).

dixissem utique *vobis* qui fallere neminem possum[6]. Persuasum ergo habete *cvobis omnibusc apud Patrem* beatas *mansiones* [Io 14,2] *dparatas esse*[d]. Quas ut [7]olim adeatis, nunc morte mea efficiam. Tum, a Patre misso vobis Spiritu [cf. Io 14,16], idoneos vos illis mansionibus reddam[7]. Quod ergo abeo, in bonum vestrum *abeo*, nimirum *paratum vobis locum* [Io 14,3] in quo mecum beati olim acturi sitis [cf. Ps 83,5]. Indeque *reversurus sum ein gloria Patris* [Mt 16,27] et ad me vos, corpore quoque corpori meo glorioso conformatos[e], traducturus. Ut nanque dixi vos, [8]*meos ministros, esse oportet ubi ego sum* [Io 12,26], *fita eof* vos mea virtute perducam. Tantum *in me credite* [Io 14,1][8]. *Scitis* iam igitur et *quo vadam* [Io 14,4]: *ad Patrem* [Io 14,12] nimirum idque vestrae salutis. Ergo et *viam* qua me sequamini *scitis* [Io 14,4], nimirum [9]fidem in me. Mittite igitur omnem, propter abitum meum, ex animis vestris tristitiam. Bono vestro abeo.

Annotationes

Et ait discipulis suis: ne turbetur cor vestrum [Io 14,1]. [g]Dominus tota hac oratione hoc agit ut instruat apostolos ad munus suum. Ad id praecipue necessaria erat primum [10]fides certa in ipsum; hanc ergo illis confirmat consolans eos de suo carnali discessu. Deinde: summa in homines dilectio et hanc ergo eis multis commendat. Praeterea: malorum maxima tolerantia et ad hanc itaque durat eos. Postremo: amplissima res, Spiritus. Hunc pollicetur[10]. Et de his quatuor tota hac oratione disserit[g].

Quod si secus esset, dixissem vobis [Io 14,2]. Hic in [11]graecis perfectus punctus est, igitur et absoluta sententia qua confirmare Dominus voluit quod dixerat, *multas mansiones esse in domo Patris sui* [Io 14,2] atque ita significare apud Patrem et discipulis esse locum.

⟨*Abeo parare locum*⟩ Quod autem subiicit: *abeo hut* [12]*paremh vobis locum* [Io 14,2], eo significavit effecturum iam se suo abitu ut *illas in domo Patris mansiones* [Io 14,2] suo possent tempore adire. Id vero, impetrata *per*

---

c–c vos omnes AB. – *d–d* expectare AB. – *e–e* et ad me vos A. – *f–f* eo itaque A. – *g–g* om. AB. – *h–h* [12]*paraturus* D. –

[7–7] Ap: Brenz, *In Ioh.* 1528 ad loc., 238r.–v. (*i*).
[8–8] Ap: Albert, *In Ioh.* ad loc., *Opera* 24, 529 col. B (*r* only); Aquinas, *In Ioh.* ad loc., *Piana* 14:2, 79v. col. B (*ri*).
[9] Ap: Augustine, *In Ioh.* tract. 69 ad loc., MPL 35, 1816, CCL 36, 499–500 (*i*). Adv: Brenz, *In Ioh.* 1528 ad loc., 239v. (there: *via* = Christ himself).
[10–10] Ap: Aquinas, *In Ioh.* ad 14,3, 79v. col. B. (*i?* there: faith and Spirit one of five ways in which place prepared for them). Cf. also Bucer to Fortunatus Andronicus, *Instructio* ed. Wendel, RHPR 26 (1946), 48, 50.
[11] Cf. supra n. (6)–(6).
[12] Er 1527: paratus. ErAn 1527, LB 6, 396: ut parem.

[13]*mortem suam* plena *cum Patre reconciliatione* [Rm 5,10] et misso Spiritu qui illos plane reddidit[i] coelestes [cf. 1 Cor 15,48] apertaque denique immortalitatis ianua per resurrectionem suam, praestitit[13]. His certe *paravit ipsis* et [14]*electis omnibus in beatis illis mansionibus locum* [Io 14,2] in quibus[j] aeternum beati [cf. Ps 83,5] agant[14].

[746] *Et viam scitis* [Io 14,4]. Quia consolari voluit discipulos de abitu suo, de via convenit intelligamus hoc, [15]qua ipsum discipuli sequerentur[k] ad Patrem, non qua ipse ad Patrem ibat[15]. Id autem quod dicebat Dominus discipulos [16]*scire quo iret et viam scire* [Io 14,4] [l]quam Thomas tamen scire se[l] negabat [cf. Io 14,5][16], sicut et [m]quod paulo post dixit[m]: [17]*cognoscere et vidisse[n] Patrem* [Io 14,7], cui Philippus contradixit [cf. Io 14,8][17], [o] [18]utrumque hoc[o] de initio fidei quam, ut in ipsum ita et in Deum, habebant, intelligendum est. Utique credebant in Dominum ut Christum et Servatorem, iam igitur agnoscebant ipsum ut aeternam *sapientiam* [1 Cor 1,24], *iustitiam* [Phil 3,9] et *vitam* [Io 14,6]. Vere itaque et Deum in ipso *cognoscebant* et *viam* [Io 14,4] perveniendi ad Deum, sed imperfecte utrumque atque obscure adeo ut ipsi nescirent quod sciebant. Quid enim sint et habeant electi, non solum mundo, sed et ipsis, licet non in totum ut mundo, saepe incognitum est.

Observationes

Christi notanda humanitas est in eo quod tam diligenter suos consolatur, tum fidei in ipsum vis et praestantia. Ea enim *via* [Io 14,4] est ad Patrem et eadem Christi et Patris cognitio. Observandum quoque: licet ab aeterno *mansiones multae sint in domo Patris* [Io 14,2] pro multis electis, parari tamen illas, hoc est illis parari electos, per Christum oportere. Quod[p] praestat cum suo Spiritu illos[q] repurgat et prorsus divinos efficit. Atque, ut hoc curaret, Christus[r] abiit in gloriam Patris [cf. Mt 16,27; Io

---

[i] reddit A. reddet B. – [j] quo A. – [k] sequererentur [!] A. – [l-l] quod Thomas A. – [m-m] paulo post A. – [n] *add.* eos AB. – [o-o] *om.* AB. – [p] *add.* ille AB. – [q] electos A. – [r] hinc AB. –

[13-13] Cf. supra n. (7)–(7).
[14-14] Ap: Augustine, *In Ioh.* tract. 68 ad loc., MPL 35, 1814, CCL 36, 498 (*i*); Brenz, *In Ioh.* 1528 ad loc., 239r.–v. (*ip*).
[15-15] Ap: Cyril, *In Ioh.* ad loc., MPG 74, 185–186 (*i*). Here adv: Brenz, *In Ioh.* 1528 ad loc., 239v.–240r. (there: via = Christus: – Nihil igitur deest vobis, nisi, ut quod nostis, reveletur et confirmetur, id quod fiet si ego per crucem et mortem ingressus fuero regnum Patris mei ac Spiritum sanctum vobis misero).
[16-16] Ap: Brenz, *In Ioh.* 1528 ad 14,5, 240v.–241r. (*i*: faith incomplete without revelation of Spirit).
[17-17] Ap: Cyril, *In Ioh.* ad 14,8, MPG 74, 199–200; ErP 1524 ad 14,8, LB 7, 609 (*i*).
[18] Adv: Brenz, *In Ioh.* 1528 ad 14,5.8, 240v.–241r., 242r. (there: 14,5 = incomplete faith but 14,8 = necessary error of human reason).

14,12] ut apud eum pro nobis, summus noster pontifex [cf. Hbr 6,20], intercederet et *Spiritum* sanctificatorem *mitteret* [Io 14,26], hoc est *instauraret omnia* [Eph 1,10]. Neque praetereundum hoc[s]: sanctos plerunque plus scire Dei quam ipsi[t] agnoscant. Sensus utique Dei erat in apostolis quo ita Domino alligabantur [cf. 1 Cor 2,16]. Ipsi tamen id haudquaquam plane cognoscebant. Sic in multis saepe Dei cognitio [u]amplior viget quam non modo alii, sed et ipsi perspectum habent[u].

ENARRATIO SECTIONIS II [5–12]

P a r a p h r a s i s

[19]Rudes etiamnum spiritu discipuli nesciebant quod sciebant. In Domino Deum viderant et cognoverant. Ideo illum ut Servatorem sectabantur. Attamen cum haec Dei cognitio admodum obscura adhuc esset, non agnoscebant se habere quod habebant[19]. Hinc Thomas dicebat: *Domine, dicis nos scire et quo abeas et viam qua te sequamur. Nos vero neutrum scimus.* [20]*Nescimus quo abeas.* Inde consequens est ut *et viam ignoremus* [Io 14,5] *qua te sequamur*[20].

Respondit Dominus: iam dixi ut, *si in Deum crederetis, et in me crederetis* [Io 14,1]. Sic fore ut mecum locum omnes apud Patrem habeatis [cf. Io 14,2]. Meque [21]modo *abire ut* eum *vobis locum parem, reversurum tempore et vos eodem deducturum* [Io 14,3]. Quid igitur dicis Thoma: *vos et nescire quo abeam et qua via* [Io 14,5] me sequamini? *Credite* tantum *in me* [Io 14,1] et in via iam estis[21].

[v]*Ego* siquidem *sum via. Per me* solum *ad Patrem venire* vobis licebit. *Veritas sum* quoque et *vita* [Io 14,6]. [22]Unde, *qui in me credunt*, iam solidam pietatem et salutem veram nacti sunt iamque[w] *habent vitam aeternam* [Io 3,36][22]. [x][y]Toties professi estis habere vos mihi fidem certoque in me credere. Hoc si ita habet, non potestis viam ad Patrem ignorare. Si igitur vere mihi – qui in ipsa via iam consistitis, hoc est in certa vivitis expectatione beatae immortalitatis [cf. Sap 3,4] – creditis, per me ne dubitate

---

[s] *denique* AB. – [t] *add. saepe* AB. – [u-u] viget quod non modo aliis, sed et ipsis parum perspectum habetur A. – [v] *add.* □ Dominus *via* AB. – [w] iam AB. – [x] *add.* Iam B. – [y-y] A: Quomodo igitur viam ad Patrem istiusmodi ignorarent qui in ipsa via iam consistunt, hoc est in certa vivunt expectatione beatae immortalitatis? Iam tales vos estis, creditis enim mihi, per me itaque ne dubitate ad Patrem pervenietis, neque enim alia ad Patrem via est. –

[19-19] Ap: ErP 1524 ad loc., LB 7, 608 (*ip*); Brenz, *In Ioh.* 1528 ad loc., 240v. (*i*).
[20-20] Ap: ErP 1524 ad loc., LB 7, 608 (*i*: consequence).
[21-21] Ap: ErP 1524 ad loc., LB 7, 608 (*ipr* but there also: Christ also example).
[22-22] Ap: Cyril, *In Ioh.* ad loc., MPG 74, 189–190 (*i*).

ad Patrem pervenietis [cf. Io 14,7]. Ipse haec *via sum* [Io 14,6], neque est ad Patrem alia[y]. Nemo nisi per me ad illum perveniet, id est [z]nemo nisi meo Spiritu[z] iustus et salvus evadet.

Certe, [23]*si me* recte *cognovissetis, qui aeterna* sum [24]*sapientia* [1 Cor 1,24], *iustitia* [Phil 3,9] et *vita* [Io 14,6], *utique et Patrem* Deum scilicet ipsum *cognovissetis* [Io 14,7], qui nihil aliud est quam quod in me videre licet[23]. Sed bono animo estote: [25]*nunc cognoscitis eum et vidistis eum* [Io 14,7] dum qualicunque me fide estis amplexi. Nisi enim Patrem Deum in me agnovissetis, non ita mihi adhaereretis[25]. Hactenus ergo vidistis Deum et in ipsa ad illum via statis. Manentque vos beatae *in domo eius mansiones* in quibus[a1] nunc *abeo paratum vobis locum* [Io 14,2]. *Ne* igitur *turbetur cor vestrum* [Io 14,1]. Cum autem ne sic quidem caperent quae Dominus loquebatur, dicebat Philippus: Domine, dicis nos cognoscere et vidisse Patrem. Id nos non agnoscimus; fac *ostendas* eum *nobis* et [b1]*satis* [Io 14,8] foelices nos arbitrabimur. Tum simul et[b1] quo abeas et viam qua te [747] sequamur sciemus.

Huic[c1] ergo Dominus respondit: *tanto* iam *tempore vobiscum sum* [Io 14,9], et nihil nisi *Patris* et *verba* et *opera* [Io 14,10] vobis exhibeo *et nondum cognovisti me* [Io 14,9] ut agnovisses et *me in Patre et Patrem in me esse* [Io 14,10] *meque viso, Patrem te vidisse* et cognovisse? *Philippe, qui vidit me* et cognovit qui sim, *Patrem vidit*, quandoquidem omnia in me Patris sunt. *Quomodo* igitur *tu dicis: ostende nobis Patrem* [Io 14,9]? *Non credis quod ego in Patre et Pater in me est* [Io 14,10], hoc est [26]quod[d1] ego totus a Patre pendeo et ille in me agit omnia [cf. Io 5,19]? Considera quaeso et quae dixi et[e1] quae gessi inter vos. Certe a me homine nihil locutus sum, nihil feci. Pater, ipse Deus, in me omnia et locutus est et fecit [cf. Io 14,10][26]. *Credite* igitur *mihi quod ego in Patre sim et Pater in me* [Io 14,11], hoc est: quod Christus et indubitatus sim Servator mundi. Id testantur de me opera mea: vel iis ergo fidem habete [cf. Io 14,12] si mihi diffiditis.

[z–z] *om.* A. – [a1] *corr.* quas D. – [b1–b1] *satis erit. Tum et* A. – [c1] *Hinc* A. – [d1] *om.* A. – [e1] *om.* AB. –

[23–23] Ap: Chrysostom, *In Ioh.* hom. 73 ad loc., MPG 59, 398 (*i:* knowledge of substance; *there:* emphasis ad loc. on their incomplete knowledge of Christ at 14,4. Hence no contradiction between Christ's words ad loc. and at 14,4).

[24] Ap and adv: Cyril, *In Ioh.* ad loc., MPG 74, 189–190 (there: why only *via, veritas, vita* here when other names used elsewhere in Scripture: there: considered of special significance. Here: considered by Bucer as equivalent to the other names). Cf. infra ad n. (28)–(28).

[25–25] Ap: ErP 1524 ad loc., LB 7, 608 (*i:* exhortation; already *some* knowledge of the Father, but there: due to miracles). Adv: e.g. Brenz, *In Ioh.* 1528 ad loc., 242r. (there: statement: if they know Christ then they necessarily know the Father).

[26–26] Referred to Christ's *function* as opposed to unity of nature only ap: Brenz, *In Ioh.* 1528 ad 14,11, 243v. (*ipa:* there as here: adv: entire exegetical tradition).

Annotationes

⟨Digressio sed instituto serviens⟩ *Dicit ei Thomas: Domine nescimus* [Io 14,5]. [27]Digressio quaedam est quod Thomae et Philippo Dominus respondit, sed instituto accommoda. Probare enim Dominus instituerat discipulis *se* in bonum eorum *ad Patrem abire* [Io 14,12] ut ita aequo animo suum abitum ferrent [cf. Io 14,1f.]. Hoc iam confirmavit id quod se *viam* ad Patrem et ipsam tum *veritatem*, tum *vitam* [Io 14,6], denique *f¹Patrem in sef¹ et se in Patre esse* [Io 14,10.11] adfirmavit. Idemque per dicta factaque sua, certissimos testes, comprobavit [cf. Io 14,10.12].

⟨*Ego sum via, veritas*g¹⟩ *Ego sum via* [Io 14,6]. His verbis [28]idem de se praedicavit quod ubique: nempe se Christum Deum et unicum esse omnium Servatorem [cf. 1 Tim 2,4–5][28]. [29]Neque aliud est quod hic dixit, quam quae supra, cum se^h¹ nunc *panem vitae* [Io 6,35.48], nunc *lucem mundi* [Io 8,12], nunc *ostium in ovile* [Io 10,7.1] Dei, nunc *bonum pastorem* [Io 10,11], nunc *resurrectionem et vitam* [Io 11,25] et id genus alia esse^i¹ testatus est[29]. [30]*Via* utique ad Patrem est quia *per eum solum ad Patrem pervenire* [Io 14,6], hoc est iustitiam et salutem consequi, possumus[30]. *Veritas* est [31]quia per ipsum, ut supra primo^j¹, *veritas facta est* [Io 1,17], id est vera iustitia omnibus contingit[31]. *Vita* est quia [32]solus vivificat [cf. Io 5,21] ut aeternum et beate vivamus[32].

Qui vidit me, vidit Patrem [Io 14,9]. Neque enim, nisi in Filio, Pater videri potest. Quantum igitur unquam Dei mundus vidit, utique apostoli in Domino viderant, [33]nec tamen agnoscebant se Deum vidisse propter cognitionis huiusce tenuitatem et spiritus adhuc ruditatem[33].

---

f¹–f¹ *in Patre se* [!] AB. – g¹ *add. et vita* D. – h¹ *om.* AB. – i¹ *add.* se AB. – j¹ *add.* capite D. –

[27] Ap: Albert, *In Ioh.* ad 14,15. *Opera* 24, 538 col. B (*i*).

[28–28] Adv: Cyril – cf. supra n. (24). Ap: Brenz, *In Ioh.* 1528 ad loc., 241r. (*i*).

[29–29] Ap: only Brenz, *In Ioh.* 1528 ad loc., 241v. (*ip*; there: similia supra saepe habuisti: ego sum lux mundi, ego sum resurrectio et vita, ego sum fons et panis vivus).

[30–30] Ap: only Brenz, *In Ioh.* 1528 ad loc., 241r. (*ipa*; there also: emphasis on: verbum fide comprehensum).

[31–31] Ap and adv: Brenz, *In Ioh.* 1528 ad loc., 241r. (*i*: there: emphasis on truth as opposed to the mendacity of anything worldly; here: emphasis on possibility of truth being granted to the world. *Both* interpretations ap: Augustine, *In Ioh.* tract. 69 ad loc., MPL 35, 1817, CCL 36, 501 (*ei* in both Brenz and Bucer!)).

[32–32] Ap: Brenz, *In Ioh.* 1528 ad loc., 241r.–v. (*i*: but there also: life in the sense of creating life).

[33–33] Cf. supra ad nn. (16)–(16) – (18).

Observationes

⟨Unde divinitas Domini cognoscitur⟩ Praeter [34]Domini divinitatem qui *cum Patre unum est* [Io 10,30], quem ut basim totius salutis ubique praedicat[34], observandum unde ipsa cognosci queat. Indubie enim qui *Spiritu Dei*[k1] [Rm 8,14] non destituti sunt et verba gestaque Domini recte considerant, Deum ipsum esse haudquaquam dubitare possunt.

ENARRATIO SECTIONIS III [12–21]

Paraphrasis

⟨*Maiora* Domino *facient* [Io 14,12] post abitum eius⟩ Ut redeam ad consolandum vos et ostendendum bono vestro me abiturum [cf. Io 14,3], amen amen dico vobis, si tantum credideritis mihi ad quod et semper et nunc vos hortatus sum, videbitis me, a discessu meo, vobis multo plura quam praesentem[l1] carne praestare[m1]. Modo admonui vos operum meorum ex quibus certo cognoscere potestis me Deum esse. Iam haec ipsa et *maiora* illis[n1] dabo et vobis *facere* [Io 14,12]. Ego, [35]*minister circuncisionis* [Rm 15,8], Iudaeis tantum praedicavi evangelion regni. Vos illud *ad fines* usque *orbis* [Rm 10,18] proferetis[35]. [36]Sanavi aegrotos multos, mortuos aliquot in vitam revocavi. Vos plures sanabitis et in vitam revocabitis [cf. Act 5,16][36]. Haec profecto [37]per me poterunt qui in me credunt *quia ego vado ad Patrem* [Io 14,12], [o1]in gloriam meam in qua plura per vos efficiam, quam per ipsum me in hac humilitate degentem effecerim[o1] [37].

Quam [38]angusta enim sint adhuc pomeria regni Dei videtis [cf. Mt 7,14]. Quam obscura adhuc sit et in vobis Patris cognitio ipsi sentitis[38]. At tempus est ut *ego in Patre et Pater in me* [Io 14,10] undique cognoscatur et adoretur. Ad hoc vos mihi servietis. Igitur *maiora* [Io 14,12] per vos quam per meipsum, in hac mortalitate[p1] versantem [cf. Io 1,14], efficiam. Nihil prorsus est *quod in nomine meo petieritis*, quod ego non *sim facturus* [Io 14,14]. Sive morbidis bonam valetudinem, sive mortuis vitam, sive ignorantibus denique cognitionem vitae aeternae petieritis [cf. Act

---

[k1] *om.* [!] D. – [l1] praesens [!] AB. – [m1] praestaturum A. – [n1] *om.* A. – [o1–o1] *om.* A. – [p1] humilitate A. –

[34–34] This taken as central meaning of passage by entire exegetical tradition. Cf. e.g. Aquinas, *Catena* ad Io 14,1–10, *Guarienti* 2, 515–519 and ErP 1524 ad Io 14,1ff., LB 7, 608–609.

[35–35] Ap: only Brenz, *In Ioh.* 1528 ad loc., 245r., 244r. (*epr*).

[36–36] Ap: only Brenz, *In Ioh.* 1528 ad loc., 244r. (*ipa*).

[37–37] Ap: only Brenz, *In Ioh.* 1528 ad loc., 245v. (*ip*).

[38–38] Ap: only Brenz, *In Ioh.* 1528 ad loc., 245r.–v. (*i*).

5,14–16], omnia ego efficiam *ut in* me *Filio Pater glorificetur* [Io 14,13] dum me suum Servatorem [748] homines, ex dictis et factis per vos illis exhibitis, agnoverint.

Si igitur *diligitis me* [Io 14,15] indeque, ut par est, [39]gloriae meae favetis, mittite istam de abitu meo animi vestri molestiam et *in me* [40]*credite* [Io 14,1]. Me Christum agnoscite ac ita sedulo iis quae vobis mandavi incumbite [cf. Io 14,15][40]. Sic verius vos mei amantes comprobabitis quam vano *q'*isto propter meum abitum dolore[39], cum non tam meo quam vestro etiam bono abeam. Certe quo ego regnabo augustior, eo potentius vestram quoque foelicitatem promovebo qui mihi estis vita mea chariores*q'* [cf. Io 15,13].

⟨*Paracletum alium* et aeternum accipient⟩ *Rogabo* enim *Patrem et alium dabit vobis Paracletum* [Io 14,16], alium doctorem et [41]patronum in cuius fide tutissimi sitis. Is [42]nunquam a vobis discedet ut ego nunc carne a vobis migrabo [cf. Io 14,12][42], sed *manebit apud vos in aeternum.* Is *Spiritus* est *veritatis* [Io 14,16–17] qui in omnem vos veritatem inducet [cf. Io 14,26], vere pios et beatos reddet, tam certe eximius ut *mundus*, id est [43]homines nondum renati [cf. Io 3,3], *eum nequaquam possint accipere quia neque videre* quicquam eius aut *cognoscere* [Io 14,17] valent.

Vos autem quis*r'* sit hic Spiritus *cognoscitis*, [44]utcunque nondum videamini id *s'*in vobisipsis*s'* agnoscere[44]. *Apud vos enim manet et in vobis est* [Io 14,17]. Mihique ita vos*t'* [45]adglutinat ut [46]divelli a me haud possitis. Ne igitur ita animos deiicite [cf. Io 14,1] quia dixi *me abiturum* illo*u'* *quo in*

---

q'–q' isto dolore propter meum abitum qui vobis utique profuerit A. – *r'* qui [!] ABC. *corr.* quis D. – *s'–s'* *om.* AB. – *t'* *om.* AB. – *u'* *om.* A. –

[39–39] Ap: Chrysostom, *In Ioh.* hom. 75 ad loc., MPG 59, 403 in: Aquinas, *Catena* ad loc., *Guarienti* 2, 520; Aquinas, *In Ioh.* ad loc., *Piana* 14:2, 81v. col. A (*i*).

[40-40] Ap: Brenz, *In Ioh.* 1528 ad loc., 246v. (*ipa*).

[41] Word used ap: ErP 1524 ad 14,16, LB 7, 610 (ad: Christ), ad 14,17 *ibid.* (ad: Spirit in negative sense) (*t*).

[42–42] Ap: Chrysostom, *In Ioh.* hom. 75 ad loc., MPG 59, 405 in: Aquinas, *Catena* ad loc., *Guarienti* 2, 521 (*i*); ErP 1524 ad loc., LB 7, 610 (*ip*).

[43] Ap: Augustine, *In Ioh.* tract. 74 ad loc., MPL 35, 1828, CCL 36, 515 in: Aquinas, *Catena* ad loc., *Guarienti* 2, 521; Aquinas, *In Ioh.* ad loc., *Piana* 14:2, 82r. col. A; ErP 1524 ad loc., LB 7, 610 (*i*). Here perhaps combined with theme of spiritual rebirth ap: Brenz, *In Ioh.* 1528 ad 14,16, 247r.–v. (*i* but there *mundus* ad 14,17, 248r. = expressly: rich and powerful of this world).

[44–44] Ap: ErP 1524 ad loc., LB 7, 610 (*i*: there: they see "veluti per somnium ac nebulam").

[45] "Conglutinare" used ap: ErP 1524 ad loc., LB 7, 610 (ad: Holy Spirit to *their* spirit); "adglutinare" ad 14,20, LB 7, 611 (ad: Jesus to them) (*t*).

[46] Ap and adv: ErP 1524 ad 14,20, LB 7, 611 (*it*: there: "divellere" in the sense of: Son cannot be torn away from the Father but disciples can be torn away from Christ due to their own fault).

praesenti vos non possitis me sequi [Io 13,36]. Abibo quidem, sed sic ⁴⁷ut
^{v¹}meliore ratione^{v¹} vobis affuturus sim. Carnem subducam oculis corporis,
sed adero interim ^{w¹}vobis ratione divina⁴⁷ *aliumque* ⁴⁸*Paracletum* spiritum
dabo vobis [Io 14,16]. Ita efficiam^{w¹} ut longe alii sitis futuri aliaque facturi
quam hactenus.

⟨Post resurrectionem redibit⟩ *Neque* enim ita abeo ut *vos relinquam
orphanos* [Io 14,18]. Etiam carne ⁴⁹*redibo ad vos post paululum* [Io
14,18.19], sed tum *mundus me non videbit*. *Vos autem me videbitis quia* ita
vivo [Io 14,19] ut mors quam subiturus sum vitam meam haudquaquam
sit extincta. ⁵⁰Vitam Dei vivo, ea intercipi nequit. Unde, etiam sepultus,
resurgam in immortalem et beatam vitam. Huius vos, dum mihi creditis,
facti participes estis [cf. Hbr 6,4; 2 Pt 1,4]⁵⁰. Me igitur non videbitis
tantum, sed ita quoque ⁵¹contemplabimini ut *in illo die sitis plane cognituri
me in Patre* – id est *cum Patre unum* [Io 10,30] – *et vos in me et me in vobis
esse* [Io 14,20] ut et vos mecum unum sitis [cf. Io 17,11]: toti nimirum a
me pendentes et meo Spiritu viventes. Quae omnia nunc subobscure
cognoscitis.

⟨Epilogus⟩ Sic igitur cum res habeat – ut post abitum meum longe
melius quam nunc ^{x¹}vestrae res habiturae sint vosque mihi in negotio
gloriae Patris illustrandae [cf. Io 14,13] successuri ^{y¹}sitis et^{x¹ y¹} *maiora quam
ipse fecerim*, mea virtute, *opera* [Io 14,12] patraturi, *omnia per nomen meum
impetraturi* [Io 14,13], atque haec ideo quod *a Patre alium Paracletum* [Io
14,16], Spiritum qui omnem veritatem doceat [cf. Io 14,17], sitis accepturi,
quo freti, cum ⁵²redivivum *me videbitis* [Io 14,19], vere simul *cognoscetis
me* totum *in Patre esse* totumque ab eius voluntate pendere, omnia eius
virtute perficere [cf. Io 14,10]; tum *et vos in me* [Io 14,20] esse, ⁵³assumptos

---

^{y¹–y¹} melius A. – ^{w¹–w¹} mentibus vestris per Paracletum spiritum AB. – ^{x¹–x¹} habituri sitis mihi
in opere gloriae Patris illustrandae successuri A. – ^{y¹–y¹} *om.* B. –

^{47–47} Ap: Aquinas, *In Ioh.* ad 14,18, *Piana* 14:2, 82r. col. B (*i*: there: tertius aditus Christi);
Brenz, *In Ioh.* 1528 ad 14,18, 248v. (*i*: improvement and compensation for physical departure).

⁴⁸ Ap: Vg. (*t*). For Bucer's definition of the Paraclete cf. infra *cap.* 15, *sect.* 3 ad nn.
(77) – (84)–(84). Here and there adv: ErAn 1527 ad 14,16, LB 6, 397.

⁴⁹ Ap: Aquinas, *In Ioh.* ad loc., *Piana* 14:2, 82r. col. B (*i*: there: secundus aditus Christi);
Brenz, *In Ioh.* 1528 ad loc., 248v. (*i*: there as here: emphasis on two comings: physical after
the resurrection, then spiritual). For Bucer's text cf. infra *ann.* ad loc., ad nn. (78) – (81)–(81).

^{50–50} Ap: Aquinas, *In Ioh.* ad loc., *Piana* 14:2, 82v. col. A (*i*: life after resurrection); ErP
1524 ad loc., LB 7, 611 (*ip*: not only will live after resurrection but will give them life); Brenz,
In Ioh. 1528 ad loc., 249r. (*i*: their life dependent on their faith).

⁵¹ Word used ap: ErP 1524 ad 14,18, LB 7, 610 (same context) (*t*).

⁵² Word used ap: ErP 1524 ad 14,19, LB 7, 610 (same context) (*t*).

⁵³ Distinction between modes of Son being in the Father and disciples being in the Son
thus maintained. Insisted on ad loc. in patristic and medieval exegesis. Cf. e.g. Theophylactus, *In Ioh.* ad loc., MPG 124, 183–184; Aquinas, *Catena* ad loc., *Guarienti* 2, 522; and Hilary
ap: Aquinas, *In Ioh.* ad loc., *Piana* 14:2, 82v. col. B (*t*: there also: assumpti!).

nimirum a me ut olim mihi similes evadatis [cf. 1 Io 3,2] et in quibus meus Spiritus vivat [cf. Gal 4,6] et cuncta administret – *z¹*sic, inquam, cum res habeat, non est caussa ut illum moerorem mei discessus caussa admittatis [cf. Io 14,1] qui *nihil minus quam orphani a me relinquemini* [Io 14,18]. Si ergo me diligitis [cf. Io 14,21], alia in re id declarare vos oportet quam lugendo propter meum abitum. *Qui habet mandata mea*, meam doctrinam, et huic ut vivat dat operam, *is est qui me* vere *diligit. Et eum* vicissim *diliget Pater meus et ego diligam eum et* ⁵⁴*manifestabo ei meipsum* [Io 14,21]. In me tum is et *Patrem cognoscet* [Io 14,7] atque vitam habebit aeternam. ⁵⁵Haec igitur, misso vano isto moerore, studete quae praecepi vobis⁵⁵: ut ⁵⁶*mihi credatis* [Io 14,11] et *vos invicem* synceriter *diligatis* [Io 13,34]⁵⁶. Ea totis viribus curate, iis vos addicite. Sic experiemini infinito praestare vobis ut carne a vobis nunc abeam quo plenius adveniam vobis Spiritu meo, quam ut illam vestris sensibus relinquam*a²*.

Annotationes

⟨Qui status huius orationis⟩ *Qui credit in me, opera* [Io 14,12]. Satis constat statum huius *b²*praesentis particulae huius orationis dominicae*b²* ad discipulos esse: non *c²*esse illis dolendum*c²* de discessu eius qui bono ipsis futurus esset, sed magis dandam operam ut muneri evangelico fortiter et diligenter obeundo sese accingerent. Liquere ergo puto quae hic *d²*Dominus credentibus sibi*d²* pollicitus est: *maiora* scilicet *facturos*e² quam ipse *fecerit* [Io 14,12], potissimum [749] ⁵⁷discipulis suis pollicitum esse qui utique maiora quam Dominus ipse praestiterunt, sed Domini Spiritu⁵⁷.

⟨Quomodo *maiora* Domino fecerint discipuli⟩ Praeter enim *prodigia et signa* [Act 5,12] in quibus supra Dominum claruerunt, etiam evangelion latius propagarunt [cf. Mc 16,15]. ⁵⁸Natura etenim maiora facere non

---

z¹ add. □ In quo vere diligere se Dominum declarent A. – *a²* relinquerem AB. – *b²–b²* orationis Domini AB. – *c²–c²* dolendum eis A. – *d²–d²* credenti sibi Dominus A. credentibus sibi Dominus B. – *e²* facturum A. –

⁵⁴ Ap: Vg. (*t*). Here adv: Er and ErAn 1527 ad loc., LB 6, 397.
⁵⁵⁻⁵⁵ Ap: Theophylactus, *In Ioh.* ad 14,21, MPG 174, 183–184 in: Aquinas, *Catena* ad loc., *Guarienti* 2, 523 (*i*); ErP 1524 ad loc., LB 7, 611 (*ip*).
⁵⁶⁻⁵⁶ Ap: Brenz, *In Ioh.* 1528 ad loc., 249v. (*ip*). Adv: ErP 1524 ad loc., LB 7, 611 (there: a list of moral precepts given).
⁵⁷⁻⁵⁷ Ap: Chrysostom, *In Ioh.* hom. 74 ad loc., MPG 59, 402 (*i*); Brenz, *In Ioh.* 1528 ad loc., 244r. (*i*: but there as here – cf. infra ad nn. (64)–(64), (65)–(65) – also mention of "alii credentes"). Adv: Augustine, *In Ioh.* tract. 71 ad loc., MPL 35, 1822, CCL 36, 506–507; Albert, *In Ioh.* ad loc., *Opera* 24, 536; Schatzgeyer, *Scrutinium* con. 2, CC 5, 43 (there: *all* believers).
⁵⁸⁻⁵⁸ This distinction ap: Augustine, *In Ioh.* tract. 72 ad loc., MPL 35, 1822–1823, CCL 36, 507–508 (*i*); Albert, *In Ioh.* ad loc., *Opera* 24, 537 col. A (*ip*).

potuerunt. Quid enim maius fecissent quam sit verbo *pellere* morbos et *daemones* [Mc 16,17–18] et mortuos revocare in vitam? Numero autem et efficacia maiora fecerunt[58] idque ideo quod *abierat* iam Dominus *ad Patrem* [Io 14,12], hoc est gloriosus regnabat. Qui, [59]antequam crucifigeretur, non debuerat adeo inclarescere et glorificari [cf. Io 12,23–24][59]. Unde tantam ipse in sua carne mortali potentiam, quantam postea in discipulis, exerere non debuerat. Ut itaque gloria Christi per illos erat illustranda et nomen eius per universum orbem celebrandum [cf. Mt 24,14], ac ita, quod coeperat ipse in corpore mortali, per illos opus perficiendum – nimirum ut undique Dei bonitas cognosceretur – necesse fuit ut maiorem virtutem et potentiam in apostolis suis exereret, quam exeruisset in seipso adhuc mortali. Nam quemadmodum Iudaeis Legem, ita *toti orbi evangelion* [Mt 24,14] cum *signis et prodigiis* [Act 5,12] [60]initio voluit commendare divina providentia. Quae, postquam illa Iudaeis et hoc omnibus gentibus satis innotuit, non tam frequentia apparuerunt[60]. Ob id tamen ovibus Christi [cf. Io 10,15] nihil quod ad salutem ipsorum *f²*faciat unquam defuerit*f²* [cf. Rm 8,28]. Neque enim miracula fidem dare possunt, id quod in Pharisaeis, Christi hostibus, satis declaratum est. De qua re pluribus in [61]Matth. capite septimo, in illud: *Multi dicent mihi in illo die* [Mt 7,22].

Quod igitur hic [62]Dominus dixit *credentem in se maiora se facturum* [Io 14,12], accipiendum est ut illud Marci ultimo: *Signa vero eos qui crediderint haec sequentur* [Mc 16,17] – utrunque de credentibus seculo apostolorum, in quo *signis et portentis* [Hbr 2,4] gloria Christi illustrari debuit et non de credentibus quibuslibet[62]. Hic [63]consolari de suo abitu voluit apostolos. Ergo, quae praestantiora ab ipso carne absente essent accepturi quam a praesente accepissent, commodum praedixit. Sic, Marci ultimo, aman-

---

f²–f² faceret, defuit A. –

[59–59] Ap: Albert, *In Ioh.* ad loc., *Opera* 24, 537 col. B (*i*).

[60–60] Ap and adv: Gregory, *Hom.* lib. 2, no. 29 ad Mc 16,14–20, MPL 76, 1215 (*i*: miracles necessary at beginning, but there: so that faith could increase). Here more expressly adv: Schatzgeyer, *Scrutinium* con. 2, CC 5, 43.

[61] Cf. BEv 1527 ad Mt 7,22, 244r.–248r.

[62–62] Ap and adv: Albert, *In Ioh.* ad loc., *Opera* 24, 536 col. A–B (*i*: there: *r* Mt 7,22; Mc 16,17: true miracles only performed in faith; but there: Christ's words apply primarily, not exclusively, to early Church). Ap: Chrysostom as in n. (57)–(57) (*i*: Christ's words apply to apostles). Adv: Gregory, *Hom.* lib. 2, no. 29 ad Mc 16,14–20, MPL 76, 1215–1216 (there: *r* Mt 7,22.23: corporeal i.e. apostolic miracles replaced by spiritual miracles performed by the Church); also adv: Schatzgeyer, *Scrutinium* con. 2, CC 5, 43 (there: all believers at any time should pray for greater faith that will enable them to perform miracles – *r* Io 14,12).

[63–63] Ap: Chrysostom, *In Ioh.* hom. 74 ad loc., MPG 59, 402 (*i*: greater power given as consolation); Brenz, *In Ioh.* 1528 ad loc., 244r. (*i*: spreading of Gospel). Cf. supra *Paraphrasis* ad nn. (35)–(35) – (38)–(38).

dabat eos *in universum orbem evangelion praedicatum* [Mc 16,15][63]. Recte igitur de glorioso successu quem experturi et virtute qua iniunctum munus essent obituri, eos praemonuit.

Reliqui credentes, usque in finem mundi, in Domino vitam aeternam habent [cf. Rm 6,22]. Facitque et quaecunque ipsi *in nomine eius petierint* [Io 14,13] ut [64]omnia oporteat ipsis ad salutem cooperari [cf. Rm 8,28][64]. [g2]Hi autem, ut et primi illi, nihil petunt nisi quae *Spiritus profundorum Dei scrutator* [1 Cor 2,10] petenda ideo dictaverit quia factura ad Dei gloriam agnoverit. [65]*Signa et portenta* [Hbr 2,4] suo tempore prolatando regno Dei idonea erant. Ea igitur tum sancti et orabant et exorabant. Post illud tempus petunt et impetrant alia quae non minus *ad sanctificandum Dei nomen* [Mt 6,9] accommoda sunt[g2 65].

⟨Prima ratio qua consolatur⟩ [h2]*Et quicquid petieritis* [Io 14,13]. [66]Ratio[i2] est eius quod dixerat: *credentes in se maiora se facturos* [Io 14,12] quod scilicet, ut monuimus, [67]discipulis praesentibus tum praecipue promisit. Sensus ergo est: nolite putare incredibile quod vobis pollicitus sum. Etenim *quaecunque* demum *petieritis in nomine meo*, ego *efficiam* [Io 14,13–14] quia [68]*glorificari Patrem* Deum *in me Filio* [Io 14,13] oportet idque per vos. Quare, quicquid demum fuerit *quod* invocato *meo nomine petieritis*, ego praestabo [Io 14,14].

Intellexit autem de iis operibus et miraculis quibus *Pater in Filio glorificaretur* [Io 14,13], hoc est per quae ipse Servator orbis, ex Patris bonitate donatus, agnosceretur – ne quis hanc promissionem trahat ad quidvis[68]. Gloria Dei salus sanctorum est [cf. Tit 2,13]. Ideo ante omnia [69]*sanctificari nomen Dei et advenire regnum eius* [Mt 6,9–10] precantur. Neque quicquam precantur nisi ad quod eos [70]Spiritus Patris qui novit quid gloriam eius promoveat, impulerit. Perfacile igitur est agnoscere Christum *quaecunque petierint* sui *praestare* [Io 14,13–14], etiam hodie cum perpauci miracula orant[j2] quia ad ea oranda Spiritus non impellit[70]. Id vero fit[k2] quia modo gloriam Dei non promoverent miracula[l2].

[g2–g2] *om.* A. – [h2] *add.* □ *Quicquid petieritis* A. – [i2] [66]Prosapodosis AB. – [j2] orent AB. – [k2] *om.* AB. – [l2] *om.* AB. –

[64–64] Ap: Augustine, *In Ioh.* tract. 72 ad loc., MPL 35, 1823, CCL 36, 509 (*p*: but there: greater emphasis on believer working out his own salvation with Christ in him).

[65–65] Ap and adv: Albert, *In Ioh.* ad loc., *Opera* 24, 536, col. B – 537 col. A (*r* Hbr 2,4 *i*: miracles performed by the Spirit through the faithful but: there: Spirit can also operate through the Church). Also adv: Schatzgeyer as in n. (62)–(62) supra.

[66] Ap: Albert, *In Ioh.* ad loc., *Opera* 24, 537 col. B. (*p*). For prosapodosis cf. *Lausberg* 1, par. 864 (in the sense of: ratio).

[67] Ap: Chrysostom as in n. (57)–(57) but cf. also supra ad n. (62)–(62) [!].

[68–68] Ap: Augustine, *In Ioh.* tract. 73 ad loc., MPL 35, 1825–1826, CCL 36, 511–512 (*ie*). Adv: Schatzgeyer as in n. (62)–(62) supra.

[69] Ap: Augustine, *In Ioh.* tract. 73 ad loc., MPL 35, 1826, CCL 36, 511 (*ir*).

[70–70] Ap: Lambert, *De excaecatione* tract. 5, cap. 12, 92r. (*ip*).

⟨Quae Christi mandata⟩ *Si diligitis me* [Io 14,15]. Ex eo quod plurimum Dominum diligerent, de abitu eius dolebant. Monet ergo, in quo potius argumentum dare amoris erga se debeant, nempe ut studiose observent quae ipsis mandaverat, hoc est ut [71]sibi fortiter fidant[m2] [cf. 2 Cor 1,9], mun[750]dum contemnant[n2] [cf. 1 Io 2,15], se animose coram mundo Christum confiteantur[o2] [cf. Mt 28,19], mutuam inter seipsos dilectionem habeant[p2] [cf. Io 13,34], et reliqua quae in his tamen continentur[71].

⟨Secunda ratio⟩ *Et ego rogabo* [Io 14,16]. [72]Secunda ratio est qua probare discipulis Dominus voluit ipsis[q2] profuturum quod carne abiret: quia pro carne accepturi essent *Spiritum*[72], omnis *veritatis* [Io 14,17] doctorem, patronum et defensorem certissimum eumque aeternum possessuri [cf. Io 14,26.17]. Id quod certe optabilius illis erat quam habere Dominum carne usque praesentem. De [73]Paracleti nomine in sequenti capite, sectione tertia. [74]*Rogaturum* autem se *Patrem* [Io 14,16] pro hoc Spiritu dicit quia, ut homo, mediator [cf. 1 Tim 2,5] noster et pontifex [cf. Hbr 6,20] est apud Patrem[74].

Quem mundus non potest accipere [Io 14,17]. Ut [75]magis consolaretur discipulos, praestantiam huius Spiritus indicat atque simul incomparabilem Patris erga ipsos dignationem[75], ut qui eis daturus esset *Spiritum quem* totus *nequiret mundus capere* [Io 14,17].

Vos cognoscitis eum [Io 14,17]. Cognoscebant [r2]Spiritum sanctum[r2], ut [76]paulo supra diximus, obscure. Attamen cum [s2]eo [77]adeo praediti essent[s2] ut nequirent a Domino avelli – quem Iudaei, eo Spiritu destituti, exitiali odio persequebantur et Iudas erat proditurus – certe aliquatenus ipsum cognoscebant quem in se agentem tam potenter sentiebant[77].

[m2] fiderent A. – [n2] contemnerent A. – [o2] confiterentur A. – [p2] haberent A. – [q2] eis A. – [r2–r2] eum AB. – [s2–s2] ab hoc Spiritu esset AB. –

[71–71] Cf. supra *Paraphrasis* ad nn. (40)–(40). Here adv: Schatzgeyer, *De vita Christiana* in: *Opera*, 146r. (there: Io 14,15 referred to necessity for good works).

[72–72] Ap: Albert, *In Ioh.* ad loc., *Opera* 24, 539 col. B (*i*: there: reason but not "second reason"). Here emphasis on physical presence adv: Brenz, *In Ioh.* 1528 ad loc., 246v.–247v. (there: emphasis on Holy Spirit given as result of faith in Christ; all questions of physical presence avoided).

[73] Cf. infra *cap.* 15, *sect.* 3 ad nn. (77) – (84)–(84) and supra: *Paraphrasis* n. (48).

[74–74] Question raised ap: Chrysostom, *In Ioh.* hom. 75 ad loc., MPG 59, 404 (there: to show that Christ's sacrifice necessary for Holy Spirit to come). Here ap: Theophylactus, *In Ioh.* ad loc., MPG 124, 179–180 (*ip*: there also: pontifex); Aquinas, *In Ioh.* ad loc., *Piana* 14:2, 81v. col. B (*ip*: there also: mediator and r 1 Tim 2,5; Hbr 6,20). Adv: Brenz, *In Ioh.* 1528 ad loc., 246v. (there: rogare interpreted as: impetrare).

[75–75] Thus explained ap: Chrysostom, *In Ioh.* hom. 75 ad loc., MPG 59, 405; Theophylactus, *In Ioh.* ad loc., MPG 124, 181–182 (*i*).

[76] Cf. supra *sect.* 1 ad nn. (16)–(16) – (18), *sect.* 2 ad nn. (19)–(19) – (20)–(20).

[77–77] Standard definition of the elect ap: Lambert [e.g.] *De prophetia* tract. 4, cap. 3, 45r.–v. (*i*). Here also ap and adv: Brenz, *In Ioh.* 1528 ad loc., 247v.–248r. (*i: increased* knowledge of Holy Spirit after resurrection but there: linked to faith, not predestination).

Venio ad vos [Io 14,18]. [78]Quaedam exemplaria haec ita ordinata habent:
Non relinquam vos orphanos, sed *venio ad vos adhuc pusillum*, id est *post
pusillum. Mundus amplius me non videbit, vos autem videtis me* [Io 14,18–19]
etc. Ut intelligas dixisse venturum se iterum ad eos a resurrectione a qua
utique discipuli eum viderunt[t2], mundus nequaquam. Sic, quod hic Dominus dixit cum eo conveniet quod infra 16 habetur: [79]*Et rursum pusillum*
[Io 16,16] etc. [80]Plurima tamen exemplaria illud ἔτι [!] μιχρόν, id est *adhuc
pusillum*, cum sequentibus ordinant sic: *Adhuc pusillum*, id est *post pusillum
mundus me non videt* etc. [81]Nonnus sic legit ut videatur ἔτι μιχρον [!], id
est *adhuc pusillum*, ad praecedentia et sequentia retulisse. Sic enim habet:
ταχινὸς δὲ πρὸς ὑμέας αὖθις ἱκάνω. Βαιὸς ἔτι χρόνος ἐστὶν, ἐμὴν ὅτε
θέσπιδα μορφὴν, οὐκέτι κόσμος ἄπιστος ἐσόψεται, id est: "celer vero ad
vos rursum venio. Breve adhuc tempus est quando divinam meam formam
mundus incredulus haudquaquam amplius videbit"[81]. Quod enim celerem
se venturum [cf. Io 14,18–19] ad discipulos dixisse Dominum facit, videtur
istud ἔτι μιχρὸν cum ἔρχομαι quoque coniunxisse.

⟨Tertia ratio⟩ Utcunque autem ista ordinemus et legamus, [82]promisisse
hic Dominus videtur discipulis a resurrectione se illis redivivum osten-
surum, non autem mundo[82]. Atque ita [83]tertia ratio est qua eximere illis
de suo abitu moestitiam voluit [cf. Io 14,1]. Minutulum hoc quod
[84]praesentibus his[u2] verbis pro futuris abusus est: *venio* pro veniam, *videt*
et *videtis* pro: videbit et videbitis. [v2]Ebraeis sane hoc solenne est temporibus praesenti, praeterito et futuro, invicem commutatis, uti[v2].

Quia ego vivo [Io 14,19]. Id est: [85]vitam habeo perpetem quam Iudaei
non auferent. *Vivo semper*[85]. Ut idem sit atque illud supra: *Priusquam
Abraham erat ego sum* [Io 8,58]. Utique voluit his probare se ad discipulos

---

[t2] viderent D. – [u2] hic A. – [v2–v2] *om.* A. –

[78] BiAld 1518 ad loc. – Cf. *Tischendorf* ad loc.
[79] Adv: Brenz, *In Ioh.* 1528 ad 14,18–19, 248v. (there: interpreted first and foremost in
sense of spiritual presence) and ad 16,16, 283r. (there: interpreted in the sense of resurrection
on the third day). Cf. infra *cap.* 16, *sect.* 3 ad n. (64)–(64).
[80] Thus e.g. Vg., Er 1527 and most others. Cf. *Tischendorf* ad loc. and infra n. (82)–(82).
[81–81] Ad loc., MPG 43, 869. Here: Bucer's own translation.
[82–82] This exegesis (but with the more usual reading) already ap: Chrysostom, *In Ioh.* hom.
75 ad loc., MPG 59, 406; Theophylactus, *In Ioh.* ad loc., MPG 124, 181–182; Albert, *In Ioh.*
ad loc., *Opera* 24, 534 col. A; Aquinas, *In Ioh.* ad loc., *Piana* 14:2, 82r. col. B – 82v. col.
A; ErP 1524 ad loc., LB 7, 610 (*i*). Cf. also supra *Paraphr.* ad nn. (49)–(51). Adv: Brenz, *In
Ioh.* 1528 ad loc., 248v. – cf. supra n. (79).
[83] Ap: Albert, *In Ioh.* ad loc., *Opera* 24, 542 col. B, 543 col. A (*i*: there simply: alia
consolatio).
[84] Question raised ap: Valla, *Adn.* ad Io 14,16–17, 21v.; ErAn 1527 ad 14,18, LB 6, 397.
Raised here as Bucer's exegesis weakened if θεωρεῖτέ really in the present.
[85–85] Ap: Theophylactus, *In Ioh.* ad loc., MPG 124, 181–182; Albert, *In Ioh.* ad loc., *Opera*
24, 543 col. B; Aquinas, *In Ioh.,* *Piana* 14:2, 82v. col. A; ErP 1524 ad loc., LB 7, 611 (*i*).

rediturum. Igitur cum mortem iam adiret, commodum significavit eis se eam vitam vivere quae nulla posset morte extingui.

Et vos vivetis [Io 14,19]. Hic a vita corporali ad [86]spiritualem et aeternam anagogen fecit. Nisi enim spirituali – eoque et aeterna – discipuli vita donati fuissent, tam non potuissent videre Dominum redivivum quam mundus [cf. Rm 8,10–11]. Etenim, ut Petrus inquit, *non manifestavit* ille se *toti populo, sed*[w2] *testibus* ad hoc divinitus *praeordinatis,* Act.[x2] 10[41].

⟨Quarta ratio⟩ *In illo die cognoscetis* [Io 14,20]. A [87]resurrectione enim Dominum Christum et Deum esse vere cognoverunt. *In Patre* enim *esse* [Io 14,20] est Patris [88]nutu et spiritu vivere et agere omnia. Sic sancti vivunt nutu et spiritu Christi, toti ab ipso pendentes[88]. In his itaque est quarta ratio qua Dominus utilem discipulis suum abitum probavit quia post resurrectionem suam essent rite demum et perfecte ipsum visuri et cognituri.

[y2]*Qui habet praecepta* [Io 14,21]. [89]Redit Dominus ad monitionem ut discipuli, misso moerore [cf. Io 14,1], potius curarent se mandatis ipsius accommodare [cf. Io 14,15][89] sic probaturi germana se er[751]ga ipsum dilectione flagrare. Sic quoque fore ut *a Patre et ipso*[z2] vicissim *diligantur,* et ipse *se* plene *eis manifestet* [Io 14,21]. Quo utique Patrem simul essent cognituri [cf. Io 14,20] atque inde aeterna et beata vita perfruituri.

Observationes

Primum observandum potentiam Christi primum post mortem eius plene exertam ut libeat et nobis pro voluntate Dei mortem oppetere. Deinde: quanti credentes sibi Christus habeat. In iis enim[a3] suam virtutem magnificentius quam in sua propria carne voluit declarare. Praeterea: ea nos debere petere in nomine Christi eaque nos impetraturos quibus *in ipso Deus glorificetur* [Io 14,13], hoc est: Dei per ipsum bonitas elucescat. Notandum quoque ut dilectionem, ita et fidem [cf. 1 Tim 1,14] in Dominum – idem siquidem est in Christum credere, hoc est: pro Christo ipsum amplecti atque: eum diligere – nos nulla re alia posse testari quam si

---

[w2] *add.* sibi et suis collegis tantum A. – [x2] Acto. D. – [y2] *add.* □ Monitio ad discipulos A. – [z2] *corr.* ipsi [!] D. – [a3] utique A. –

[86] Ap and adv: Brenz, *In Ioh.* 1528 ad loc., 249r. (*i*: Christ imparts spiritual as well as eternal life but there: to the *faithful* – no mention of predestination).

[87] Ap: Chrysostom, *In Ioh.* hom. 75 ad loc., MPG 59, 406; Theophylactus, *In Ioh.* ad loc., MPG 124, 183–184; Albert, *In Ioh.* ad loc., *Opera* 24, 543 col. B; Aquinas, *In Ioh.* ad loc., *Piana* 14:2, 82v. col. A (there: alternative exegesis). Adv: Brenz, *In Ioh.* 1528 ad loc., 249r. (there: illo die = Pentecostes).

[88–88] Ap: Aquinas, *In Ioh.* ad loc., *Piana* 14:2, 82v. col. A–B (*i*: but there: alternative exegesis).

[89–89] Ap: Chrysostom, *In Ioh.* hom. 75 ad loc., MPG 59, 406 (*i*).

mandatis eius, id est doctrinae eius, ex animo nos addixerimus [cf. Io 14,21]. Eius autem doctrinae summa est ut credamus ipsi et diligamus proximos [cf. Mt 22,37–40].

Animadvertendum et discrimen electorum atque reproborum in eo indicatum quod *Spiritum* sanctum *mundus non potest videre.* Sancti autem vident eum quia habent eum perpetuo *apud ipsos manentem.* Hic *Spiritus veritatis* [Io 14,17] est: in quo notatur vanum esse quicquid non ab hoc Spiritu fuerit profectum. Observandum denique Christum a [90]resurrectione vere demum cognitum quia tum demum debuit glorificari et Dominus omnium lingua praedicari [cf. Rm 14,11]. Reliqua ex dictis pia mens ipsa observabit, plurima sane, nec minus salutifera.

ENARRATIO SECTIONIS IIII [22–26]

Paraphrasis

Quia [91]*Spiritum veritatis* [Io 14,17] discipuli nondum acceperant, parum intelligebant quae Dominus dicebat omnia[91]. Unde non magis apposite hic Iudas [cf. Io 14,22] quam, supra, Thomas et Philippus [cf. Io 14,5.8], interrogavit. Dominus ostenderat illis suum abitum magis quam praesentiam carnalem profuturum. Ideo non esse admittendum moerorem [cf. Io 14,1], sed potius dandam operam *ut praecepta* ipsius studiose *observarent* [Io 14,21]. Iam *Iudas,* velut nihil horum audisset, *dicebat: Domine, cur te nobis et non mundo es manifestaturus* [Io 14,22]? De quo tantum obiter dixerat ut ostenderet quam charos illos haberet quos toti mundo esset praelaturus.

⟨Qualis Iudae interrogatio⟩ Ut igitur [92]intempestiva erat Iudae interrogatio, ita Dominus ab ea ad id quod unice referebat discipulos revocare magis quam ad eam respondere voluit[92]; quanquam [93]simul ex iis quae dixit et ad Iudae interrogationem colligi responsio possit.

Si quis diligit me, inquit, *sermonem meum servabit* [Io 14,23]. Huc intendere, o discipuli mei, animos debueratis, in his salus vestra sita est. Vultis siquidem videri mei discipuli meique longe amantissimi. Vestrum ergo erit, omnibus omissis, hoc dare operam ut *sermones mei a vobis*

---

[90] Cf. supra n. (87).

[91–91] Ap: Cyril, *In Ioh.* ad loc., MPG 74, 289–290 (*i*); Chrysostom, *In Ioh.* hom. 75 ad loc., MPG 59, 406; ErP 1524 ad loc., LB 7, 611 (*i*: both also interpret: Judas thought Jesus would appear as spectre).

[92–92] Ap: ErP 1524 ad loc., LB 7, 611 (*ip*).

[93] Ap: Cyril, *In Ioh.* ad loc., MPG 74, 289–290 (*i*?: there: emphasis on clarity and precision of Jesus' answer).

serventur [Io 14,23], id est [94]fide syncera percipiantur ut vivere illis totis viribus studeatis. Qui enim sic comparatus est, *eum Pater quoque diliget.* Et non solum non discedo ego ab eiusmodi, sed *cum Patre meo ad eum venio et apud eum habitamus* aeternum [Io 14,23]. Videtis quo pacto [95]non solum me, sed et Patrem retinere apud vos possitis, ratione profecto, multo quam vobis modo adsum, optatiore[95].

Mihi ergo fortiter credite et verbis meis vos addicite. Nam *qui sermones meos non observat, is neque diligit me.* Iam quos vobis *sermones* tradidi, [96]praecepta quae dedi *haudquaquam a me* homine – quod saepe dixi – profecta sunt, sed *a Patre* Deo *qui me misit* [Io 14,24] et in os meum sua verba posuit[96]. Hinc iam licebit [97]colligere et quare *me mundo non sim manifestaturus* [Io 14,22]. *Is me non diligit* quia *sermones meos servare non potest* [Io 14,24].

Haec locutus sum apud vos manens [Io 14,25]. Haec summa est omnium quae vos docui, nimirum ut meum sermonem tanquam Dei amplecteremini et missum ab ipso ne dubitaretis. Sed [98]tardi nimium estis ad haec percipienda. [99]*Paracletus autem, Spiritus* ille *sanctus* vereque divinus *quem mittet* vobis *Pater in nomine meo* – id est: per et propter me – *is* tandem *docebit vos omnia* quae scire referat. *Et suggeret* [Io 14,26], hoc est intelligere faciet quaecunque dixi vobis, quae vobis multis praecepi, vos autem ob inopiam huius Spiritus non potuistis hactenus plane percipere[99].

[752] A n n o t a t i o n e s

Si quis diligit me [Io 14,23]. [100]Credere in Christum et diligere Christum, hoc est ex animo ut praeceptorem amplecti, idem est, ut paulo ante dixi[100]. Hinc iam facile intelligitur [101]non posse non *servare Domini sermones,* id est doctrinam, *qui* ipsum *dilexerit* [Io 14,23] [b3]eoque crediderit ei[b3] et

---

[b3]–[b3] qui ei crediderit A. –

[94] Thus explained ap: Brenz, *In Ioh.* 1528 ad loc., 251r. (*i*). But cf. also infra n. (100)–(100).
[95]–[95] Ap: Brenz, *In Ioh.* 1528 ad loc., 251r. (*i*).
[96]–[96] This emphasised ap: Chrysostom, *In Ioh.* hom. 75 ad loc., MPG 59, 407 (*i*); ErP 1524 ad loc., LB 7, 612 (*ip*).
[97] Ap: ErP 1524 ad 14,22, LB 7, 611 (*i*: there: figures as immediate reply to Judas' question even though stated that Jesus does not answer – cf. supra nn. (92)–(92), (93)). Thus Bucer here and ad nn. (92)–(92), (93) perhaps corrects Erasmus as being inconsistent?
[98] Word ap: ErP 1524 ad loc., LB 7, 612.
[99]–[99] Ap: Chrysostom, *In Ioh.* hom. 75 ad loc., MPG 59, 407 (*i*); ErP 1524 ad loc., LB 7, 612 (*ip*).
[100]–[100] Cf. supra n. (94). Here perhaps also ap: Augustine, *In Ioh.* tract. 76 ad loc., MPL 35, 1831, CCL 36, 518 (*i*).
[101]–[101] Problem raised ap: Brenz, *In Ioh.* 1528 ad loc., 251v. (there: depends on Christ loving us first adv: ErDelibarb, LB 9, 1227 where Io 14,23 used in defence of free-will – *i* here?).

Christum agnoverit. Si enim hoc habet $^{c^3}$ut vere credat Domino$^{c^3}$, certo cum Petro novit verba eius esse *verba vitae aeternae* [Io 6,69][101]. Quis iam non addiceret se *verbis vitae aeternae*? Quis non studeret totis viribus ei doctrinae quae aeternum reddit beatum?

⟨Quid *servare sermonem Domini*⟩ Nam *servare sermonem Domini* [Io 14,23] hic nihil aliud est, quam credere verum et salvificum eique *toto corde* [Mt 22,37] studere. Id certe et alias in Scripturis servare et custodire mandata Dei significat quod vel ex illo 5 Moscheh 5[1] intelligas: [102]*Audi Iisrael statuta et iudicia quae ego in auribus vestris hodie propono ut discatis ea*[102] et [103]*servetis* vel custodiatis *ad faciendum ea* [Dt 5,1][103]. *Servare* enim Dei *mandata*, si pro: implere accipias, nemo illa servabit. At si pro: studere illis ut impleas, servant illa omnes pii. Neque $^{d^3}$poterit enim$^{d^3}$ verbis Dei se non addicere servandis qui ea Dei vere esse plane noverit.

⟨Quae *mansio* Dei⟩ *Mansionem apud eum* [Io 14,23]. *Mansio* Patris et Christi apud sanctos est certa utriusque [104]cognitio quae non potest non esse perpetua, ut saepe dictum. Hanc enim qui nacti fuerint, hi perpetuo et bonitate Patris et Christi redemptione perfruuntur ut aeternum et beate vivant.

Haec locutus sum [Io 14,25]. Haec, si cum sequentibus recte perpendas, non potes non agnoscere per haec quae locutum *se manentem apud discipulos* [Io 14,25] Dominus testatur, omnia ea intellexisse quae eos [105]in carne agens cum eis docuerat. Quorum summam iam ante exposuerat: nimirum ut agnoscamus$^{e^3}$ ipsum Christum et dilectione proximorum [cf. Mt 22,37–39] aemulari eum studeamus$^{f^3}$. Sed, cum Spiritu nondum essent opulente satis donati discipuli, non potuerunt haec plane cognoscere. Promittit ergo iterum *Spiritum sanctum* qui *omnia eos sit* [106]*docturus* quae scilicet saluti ipsis esse possent *et suggesturus* – id est ad mentem ac intelligentiam revocaturus – ut omnia plane intelligerent[106] quaecunque ab ipso audivissent [Io 14,26], nec tamen capere hactenus potuissent.

⟨Quid *doceat et suggerat Spiritus*⟩ Cum autem dicit: [107]*Quaecunque dixi vobis* [Io 14,26] non est intelligendum quod singula verba Christi eis Spiritus sanctus suggesserit, sed *omnium* verum *intellectum* [2 Tim 2,7] qui

---

$^{c^3-c^3}$ *om.* AB. – $^{d^3-d^3}$ enim poterit D. – $^{e^3}$ agnosceremus A. – $^{f^3}$ studeremus A. –

[102–102] Vg. and Bucer (*t*).
[103–103] Bucer acc. Interp. chald. (*t*).
[104] Thus interpreted ap: Augustine, *In Ioh.* tract. 76 ad loc., MPL 35, 1831, CCL 36, 518 (*i*).
[105] Ap: Augustine, *In Ioh.* tract. 77 ad loc., MPL 35, 1833, CCL 36, 520; Aquinas, *In Ioh.* ad loc., *Piana* 14:2, 83v. col. A. (*i*). Adv: Brenz, *In Ioh.* 1528 ad loc., 253r. (there: not referred explicitly to human nature; temporary presence (among us) of the eternal Word emphasised).
[106–106] Cf. supra ad n. (99)–(99). Interpreted in this sense also ap: Aquinas, *In Ioh.* ad loc., *Piana* 14:2, 83v. col. B (*i*: there: emphasis that all true teaching from the Holy Spirit).
[107–107] Ap: Aquinas as in n. (106)–(106) supra.

situs in eo est quod Christus ipse vere agnoscitur. Unde continuo sequitur et studium aemulandi eius[107]. Haec qui probe intellexerit, is *quaecunque Christus unquam docuit* [Io 14,26], intellexit.

[108]Vanius est quam ut refutari debeat quorundam commentum qui dicere audent *Spiritum sanctum suggessisse* [Io 14,26] discipulis plerasque ceremonias quas tradiderit Dominus, quanquam nullam earum Evangelistae fecerint mentionem, et eas postea illos ecclesiis tradidisse[108]. Toties Dominus dixerat *vitam aeternam habere sibi credentem* [Io 6,40.41] et omnibus praeteritis dandam operam ut aliis prosimus [cf. Mt 22,39]. Haec discipuli non satis perceperant, sicut neque nos[g3] ea sine doctrina et suggestione Spiritus sancti [cf. Io 14,26] percipimus. Ideo promisit *Spiritum qui* ea illos penitus *doceret suggereretque* [Io 14,26] ut plane intelligerent et vita studiose exprimerent.

⟨[h3] [i3]Contra eos qui allegoriis, anagogiis et mysteriis ex Scripturis eruendis intenti sunt, necessaria admonitio[i3]⟩ Tenet hodie minime paucos haud levis error qui mirificam quandam multarum reconditarum rerum scientiam, revelato plenius evangelio, expectant revelandam. Putantque arcana quaedam mysteria singulis Scripturae apiculis contineri quae sint sanctis adhuc aperienda. Eamque volunt esse *sapientiam* illam quam divus Paulus loquebatur *inter perfectos* [1 Cor 2,6] quamque Servator discipulis tradiderit quando eis Scripturas de se interpretabatur [cf. Lc 24,44–45]. Hi velim diligenter consyderarent quidnam sit illud Pauli: *Non existimavi dignum ut quicquam scirem apud vos, nisi Iesum Christum et hunc crucifixum* [1 Cor 2,2]. Quae illa ipsa[i3] quoque *sapientia* erat quam loquebatur *inter perfectos* [1 Cor 2,6]. Aliis enim haec [109]*stultitia* est eo quod *abscondita* sit [1 Cor 2,14.7] omnibus quos non afflarit *Spiritus, divinorum perscrutator* [1 Cor 2,10][109]. Tum perpenderent et illud Legem et Prophetas esse: facere aliis quod quisque fieri optat sibi [cf. Mt 7,12; Tb 4,16] et in una hac re, *dilectione proximi, Legem omnem impleri* [Gal 5,14]. Denique excuterent quid sibi velint quae [k3]Scripturae habent[k3] de virtute Spiritus quam et sapientiae et eloquentiae, quae quidem mortalibus aestimantur, identidem opponunt[l3] [cf. 1 Cor 2,10–11]. Huc nanque omnia quae in Scripturis Deus nobis proposuit eunt atque in hoc tradita sunt ut Dei in nobis imago [753] rursus [cf. Col 3,10] obtineat, nempe ut per Deum securi [cf. 2 Par 20,20] omnium in hoc unum incumbamus quo plurimis Deum quendam, cum morum utique decentia, tum officiositate quisque praestet. Proinde omne

---

[g3] *add.* probe AB. – [h3–h3] *om.* A. – [i3–i3] *om.* B. – [j3] *om.* B. – [k3–k3] *om.* B. – [l3] opponit B. –

[108–108] Same criticism ap: Brenz, *In Ioh.* 1528 ad loc., 253v. (*i*). Adv: e.g. Schatzgeyer, *De missa* in: *Opera*, 183r. Cf. also Murner, *Hie würt angezeigt*, CC 22, 71.

[109–109] Cf. Bucer, to Fortunatus Andronicus, *Instructio*, RHPR 26 (1946), 48 and supra our Introduction ad *cap.* 14, pp. XXVIIff.

illud scire et sapere ^{m3}quod huc non promoveat, nihil est, quantalibet specie effulgeat^{m3}. Vera theologia ^{110}non theoretica vel speculativa, sed activa et practica est^{110}. Finis siquidem eius agere est, hoc est ^{111}vitam vivere deiformem. Hinc divus Paulus virtutis toties meminit *inque virtute, non in sermone, regnum Dei* [1 Cor 4,20] situm esse praedicat.

Haudquaquam igitur expectandum ut multa nobis Deus arcana sive de Scripturis suis, sive aliis de rebus revelet ante eum diem quo, ut *videndum seipsum uti est* [1 Io 3,2], dabit, ita faciet nobis pleraque sua consilia, quae Scriptura sua, vel re ipsa, nobis indicarat, plenius pervidere. Hoc autem a coelesti Patre orandum nobis erat ut vel ea quae omnibus Christianis quamlibet rudibus perpetuo in ore sunt – Deum esse Patrem nostrum, redemptorem Christum [cf. Eph 1,7], non esse vitam aliam^{n3} quam quae ex ipsius Spiritu vivitur [cf. Rm 8,2], ab ipso cuncta optime administrari [cf. Col 1,18] et huiusmodi – per Spiritum suum animis nostris ipse solide persuadeat ac vivam eorum in nobis operosamque cognitionem reddat [cf. Gal 4,6–9] quae mores omnemque vitam immutet atque ad voluntatem ipsius transformet [cf. 2 Cor 3,18].

Haec si exoraverimus, *sapientia* illa arcana et coelestis quam *inter perfectos* [1 Cor 2,6] Paulus loquebatur, nobis contigit. Omnemque rite Scripturam intelligimus^{o3} quia Legem implebimus atque Prophetas, recte *spiritalia spiritalibus conferemus* [1 Cor 2,13], hoc est verbis ab ipso Spiritu formatis de rebus sacris disseremus.

Ut autem nihil nos in divinis Literis lateat, ut de futuris eventibus, aut etiam de praesentibus, vel praeteritis Dei operibus quae illa continent, mirifica quaedam (quae hactenus latuerint) cognoscamus, ut valeamus ex singulis voculis nescio quae mysteria eruere ac quovis in loco anagogas et allegorias texere, neque per se optandum nobis est, neque, ut mea quidem fert opinio, unquam sanctis continget.

Non optandum, inquam, quia id cogitationibus haud perinde frugiferis atque curiosam mentem titillantibus^{p3} detentos ab eo nos avocaret ad quod conditi sumus: ut scilicet ^{q3}tota nostra^{q3} vita Deum quendam quisque proximis praestet [cf. Mt 22,37–39]. Deinde quemadmodum expectamus ut omnis haec *ex parte cognitio* [1 Cor 13,9] quae in hac vita contingere potest, aboleatur, sic quocuique Spiritus Dei^{r3} opulentius contingit, eo recedit is a cognitione quae est vitae huius ad eam quae est futurae [cf. 1 Tim 4,8], longius.

$^{m3-m3}$ nihil est quod huc non promoveat B. – ^{n3} *om.* B. – ^{o3} intelligemus B. – ^{p3} illae titillant B. – $^{q3-q3}$ *om.* B. – ^{r3} *om.* B. –

$^{110-110}$ Cf. *ibid.*, 52.
^{111} Cf. *ibid.*, 62.

Unde experiuntur hoc sanctiores homines se – dum maxime divina sapientia, sacra legentes, donantur et Spiritu afflantur [cf. Io 20,22] potentius – a verbis Scripturae in diviniorem quandam operum voluntatisque Dei, quae Scripturae commendant, contemplationem rapi [cf. 2 Cor 4,18]. Qua etiam mox, quicquid in illis est, ad vitam deiformem mirifice incenditur.

Scripturae in aliud non sunt datae quam ut de Dei in nos voluntate, *s³de redemptione nostri facta per Christum*s³ [cf. Eph 1,7] deque vere beatae vitae officiis nobis testificentur. Id quod inefficax tamen et plane mortua res est donec eadem *Spiritus Patris in cordibus nostris* [Gal 4,6] loquatur et persuadeat [cf. Eph 1,17–18]. Iam, cum illa tam multis in locis haec patentissime atque luculentissime, tam praeceptis quam exemplis, tam minis quam promissis – demittens scilicet se ad fastidiosum et nimis stupentem*t³* [!] animorum nostrorum palatum – tradat, doceat, oculis opponat, infigat, inculcet, praeposterum sane, ne dicam impium est haec, antequam in cordibus nostris vivant, transilire et vestigare curiosius quid sibi recondita aliqua et perplexa loca velint quae ut eadem doceant, docent tamen eo quod plane intelligi nequeant, obscure et incerto: aut, certe, dum historia omnia quae ad salutem sciri possunt planissime offert, ea transmissa in anagogis – argutis quidem, sed vere tanto ad docendam pietatem ineptioribus ac inefficatioribus quanto plus in se habent curae ingenii humani*u³* – anxie philosophari.

Quid enim hoc aliud est quam, sub praetextu vestigandae scientiae sacrae, illam declinare et fugere, facere quod laborantes ex stomacho solent: commode alentes cibos fastidire et perquirere qui plus obsunt quam prosint? Dici enim non potest ut faveat inventis suis ingenium humanum. Fitque plusquam saepe ut invenisse reconditum aliquid in Scripturis sic delectet ut non solum eo [754] ad utendum rectius non impellamur, sed in execrandam maximeque noxiam nostri complacentiam incidamus. Quae statim ex se fastidium, ne dicam odium gignit omnium qui nostris inventis parum applaudunt. Hoc ubi obtinuerit, dat *v³praeter sectas et factiones*v³, non tam impias quam atroces et cruentas pugnas bellaque exitialia, has poenas merito exigente a contemptoribus sui veritate divina quae ultro in amplexus nostros patentibus suis clarisque locis ruens, tamen non excipitur, *w³negligitur, fastiditur. Hinc*w³ Paulus, cum cuperet quae apud Corinthios orta erant dissidia [cf. 1 Cor 1,11] tollere, multa contra intempestivam hanc in sacris sapientiam disseruit, extollens eam qua unum hoc scimus, sed vere, sed solide, sed vive: *Iesum Christum et hunc*

---

s³–s³ *om.* B. – t³ stupens D. – u³ humanae [!] BC. *corr.* humani D. – v³–v³ cum sectis et factionibus B. – w³–w³ Certe B. –

crucifixum [1 Cor 2,2] *nostram salutem, iustitiam et sapientiam esse* [1 Cor 1,30].

Proinde magno redimendum esset ut exemplum apostolorum simpliciter et iuxta historiam Scripturas tractantium, quam cultorum illorum quos [112]Philo scribit patrum leges in allegoricam intelligentiam deducere solitos fuisse[x3], in legendis atque enarrandis Scripturis sequi liberet. Sic fieret ut Scriptura quantum satis esset, ubique nota et familiaris haberetur. Indeque ex quovis loco in certam statim et ad omnem pietatem efficacem contemplationem raperemur. Nihil esset studiorum et factionum, plurimum autem verae dilectionis vitaeque sanctioris. Sic, sive Abrahae, sive aliorum patrum exempla nobis ex iis quae omnibus facile patere possunt consyderata, ut certius, ita et efficacius, Dei potentiam, providentiam, bonitatem, *Mediatoremque illum unicum* [1 Tim 2,5] per quem solum haec semper sese protulerunt hominibus, cum nobisipsis, tum iis qui docendi monendive nobis sunt, commendarent.

Cum, quando in aperta haec animos figere negligimus et singulas voculas ad mysteria rapimus ac, ex quovis facto, Christum non tam ostendimus quam extorquemus, inani tantum delectatiuncula ex argutiore commento animum titillabimus. Cumque nobis *spiritualia spiritualibus* egregie *contulisse* [1 Cor 2,13], nihil et nisi oracula Spiritus disseruisse videbimur, sentiemus nos prorsus omni spiritu, virtute illa recte vivendi vacuos, si non etiam in ea mala philautiae de quibus modo memini, prolabamur. Vere satis superque est patentium historiarum praeceptorumque Dei, si modo rite ea perciperemus. Ut prorsus non sit opus, sic argutando, quaerere quod si etiam invenerimus, non tamen possit[y3] quicquam aedificationis adiicere iis quae offerunt historiae illae manifestiores! Simus grati Spiritui sancto quod palam adeo divina nobis tradidit et perspecta historiae, quantum fieri potest, veritate. In ea pia curiositate Deum et Christum nostrum consyderemus, huc animis toti intenti ut quamprimum vita nostra illum referat et studiose aemuletur [cf. Rm 8,29]. Equidem non dubito id nos apostolos voluisse docere cum, in citandis Scripturis, summam sententiae satis habuerunt retulisse, securi adeo verborum.

Quin hinc quoque esse ausim affirmare quod tam multa sint passim in Scripturis loca quorum certus sensus erui nequeat. Quae tamen quoscunque videantur sensus[z3] innuere, si summam historiae spectes, pietati aedificandae [cf. 2 Pt 1,3] momentum aliquod adferant. Nec, ut dixi, expecto ut unquam ista certa nobis planeque cognita fiant, sed potius ut, relicta in totum litera, Spiritu solo doceamur [cf. 2 Cor 3,6], id tamen non in hoc

---

[x3] *add.* exemplum B *transf. by C to beg. of sent.* – [y3] posset B. – [z3] *om.* B. –

[112] *Legum allegoriae* 3, 147–150.

corpore, sed dum contigerit regeneratio [cf. Mt 19,28]. Voluit itaque Dominus offusa tot locis nobis haudquaquam superabili caligine, velut re ipsa, monere ne minutias sectaremur daremusque potius operam quae facile et primo obiectu percipimus introspicere penitius atque infigere cordi studiosius quam vestigare quae latent et eruere recondita. Tum et illud cuius adeo nullum extat apud Apostolos – multo minus apud Prophetas – exemplum – ex quibusvis locis anagogas et allegorias comminisci, cum abunde doceat historia – quid aliud est quam, [113]praesenti urso, vestigia *a⁴*eius sectari*a⁴*? Animi id profecto est divina non digne suspicientis. Alioqui ultro occurrentibus atque sese ostentantibus sic afficeretur et addiceretur ut incertiores illas conquirere subductiones atque allegorias nequaquam vacaret. Incertiores, dico*b⁴*, magis nostris cogitationibus adscitas, quam ex *c⁴*ipsa historia*c⁴* natas.

Supra enim capite tertio ipse fassus sum vere piis anagogen ad Christum aliqua [755] ratione subministrare quicquid uspiam est, quia, quod non sit per ipsum factum, nihil est, nedum quae ipse sibi in sanctis suis praelusit. Ita placet in Iitzaak destinato immolationi [cf. Gn 22,2ff.] cogitare Christum. At*d⁴* in eodem ab uxore falso [cf. Gn 27,5ff.], nolim quis se torqueat, quomodo Christum ostendat repraesentatum. Sic Iona 3 die ereptus e ventre ceti [cf. Ion 2,1.11], recte in Christum subducit: idem detrectans iussum Dei conatusque effugere [cf. Ion 1,3], non ita. Nec aliusmodi sunt quae de se Christus discipulis e Scripturis produxit. Sed de his in [114]Matthaeum sub finem et supra in illud: *Et sicut Moses exaltavit serpentem* [Io 3,14].

Ut itaque*e⁴* tempestivas et suo loco adhibitas allegorias probo, ita nulli volo author esse Scripturas vel legendi vel enarrandi negligentius. Tantum praeposteram et inutilem damno curiositatem. Caeterum ut germane ac proprie (quoad eius fieri queat) singula Scripturae loca accipiantur, sobrium ac pium studium adhiberi etiam inhortor*h³*.

Observationes

Observandum iterum nos absque doctrina Spiritus [cf. Io 14,26] nihil salutare posse capere. Tum: quae nobis quaerenda sit Dei et Christi praesentia, utique quae per fidem et Spiritum est et in quo illa appareat, nimirum si verbis Dei toto pectore studuerimus.

---

a⁴–a⁴ quaerere B. – *b⁴ add.* historias B. – *c⁴–c⁴* ea B. – *d⁴ om.* B. – *e⁴* vero B. –

[113] ErAdagia chil. 1, cent. 10, no. 34, LB 2, 377.
[114] Cf. BEv 1530 ad Mt 28[18–20], 202r.–204r. and supra *cap.* 3, *sect.* 2 ad nn. (76) – (143)–(143).

ENARRATIO SECTIONIS V [27–31]

Paraphrasis

Ut redeam vero ad consolandum vos charissimi discipuli – moverat enim Iudae non satis apposita interrogatio [cf. Io 14,22] – ut quid potissimum quaerendum vobis sit, magis infigere animis vestris operaeprecium duxerim. [115]*Pacem relinquo vobis*, veram salutem et prosperitatem[115], etsi corpore a vobis sim abiturus. *Pacem*, inquam, meam *do vobis*, hoc est [116]solidam ac aeternam felicitatem, *non qualem mundus dat*, evanidam et fallacem[116]. *Ne* igitur *turbetur cor vestrum, nihil formidet* [Io 14,27]. Audistis enim quod dixi me [117]quidem abiturum, sed iterum ad vos rediturum[117]. Certe, *si me* [118]vere *diligeretis*, quod videri vultis et non potius vestra in me spectaretis[118], *gaudere* sane debueratis cum me dixi [119]*abiturum ad Patrem*, in gloriam divinitatis [cf. Mt 16,27]. [120]*Pater* siquidem Deus *me* homine infinito et modis omnibus *maior est* [Io 14,28][120].

Apud eum igitur *in luce inaccessa* [1 Tim 6,16] me beatum regnare et vestram salutem multo quam in carne praesens possim potentius operari[119], optare debebatis et vel propter me *gaudere* [cf. Io 14,28] quod haec tandem hora advenisset. Sed haec est [121]infirmitas vestra. Volui tamen ista quae vobis a meo discessu futura sunt, longe quam attulerit vobis carnis meae praesentia [122]praestantiora, *praedicere ut cum evenerint*, tanto firmius *credatis* [Io 14,29] me esse Christum, orbis Salvatorem [cf. Io 4,42][122]. *Iam non* licebit *multa vobiscum loqui. Accedit enim princeps mundi huius* [Io

---

[115–115] Ap: Brenz, *In Ioh.* 1528 ad loc., 25r. (*i*: there: abiturus sum, valete igitur from שלום).

[116–116] Ap: Chrysostom, *In Ioh.* hom. 75 ad loc., MPG 59, 407 (*i*); ErP 1524 ad loc., LB 7, 612 (*ip*).

[117–117] Ap: ErP 1524 ad loc., LB 7, 612 (*p*). Text thus construed also ap: ErAn 1527 ad loc., LB 6, 400.

[118–118] Ap: Cyril, *In Ioh.* ad loc., MPG 74, 307–310 (*i*: there: Jesus is showing them what true charity is).

[119–119] Ap: ErP 1524 ad loc., LB 7, 612–613 (*i*: Father greater than Son; Christ will perform greater things when with the Father). Ap and adv: Brenz, *In Ioh.* 1528 ad loc. 255v.–256r. (*i*: Christ entering into the Father's glory; will perform greater things, but there: Father's greatness only due to Christ's deliberate "dissimulatio").

[120–120] Ap: Chrysostom, *In Ioh.* hom. 75 ad loc., MPG 59, 408 (*i*? there: only implicit); Albert, *In Ioh.* ad loc., *Opera* 24, 550 col. B (*ip*); Lyra ad loc. (*i*); Aquinas, *In Ioh.* ad loc., *Piana* 14:2, 84r. col. B (*i*). Here adv: Brenz, *In Ioh.* 1528 ad loc., 255v.–256r. as n. (119)–(119) supra.

[121] Emphasised ap: Chrysostom, *In Ioh.* hom. 75 ad loc., MPG 59, 408 (*ip* 1522 ed., 188). Same *i* ap: ErP 1524 ad loc., LB 7, 613.

[122–122] *I* of strengthened faith already ap: Cyril, *In Ioh.* ad loc., MPG 74, 325–326; Augustine, *In Ioh.* tract. 79 ad loc., MPL 35, 1838, CCL 36, 526. Here ap and adv: Brenz, *In Ioh.* 1528 ad loc., 256v. (*p* but there: linked with *i* of necessity of first hearing the word).

14,30] qui imperium habet in [123]reprobos [cf. Eph 2,2] et mox me [124]quo-que*[f⁴] potestate sua urgebit, immissis satellitibus suis qui me ad necem rapient[124]. Id vero patiar, *non* quod *ille* iuris *quicquam in me habeat* [Io 14,30]: nihil enim unquam peccavi [cf. 2 Cor 5,21]. [125]Sed in eo declarabo orbi quam *Patrem* Deum *diligam* [Io 14,31] in gratiam cuius immeritam mortem obibo. *Surgite* igitur, [126]*eamus* [Io 14,31] illi obviam: iam enim *hora* mea *advenit* [Io 13,1][126].

Annotationes

⟨Quid *pax* Christi⟩ *Pacem relinquo* [Io 14,27]. Pacis nomine Scriptura prosperitatem intelligit et felicitatem. Significat ergo hic Dominus se non caducam, non fluxam et vanam mundi, sed suam, id est certam et divinam felicitatem, relinquere atque dare, non frustraneis tantum verbis precari, ut homines solent. Ea vero sita est in [127]fide solida quam suppeditat [128]*spiritus Paracletus quem suis erat missurus* [Io 14,26]. Haec pax amplior est quam agnoscere queat mens hominum, Philip.*[g⁴]* 4[7][128].

Quoniam Pater maior me est [Io 14,28]. Hoc cum emphasi legendum est. Voluit enim significare Patrem Deum se [129]homine infinito maiorem eoque summa felicitate apud eum se futurum, *[h⁴]*cum hic egisset misere et cala-mitose. Hancque felicitatem*[h⁴]* discipuli sibi gratulari debuerant, non inde turbari [cf. Io 14,28.1].

Et nunc dixi vobis [Io 14,29]. Quid dixit? Omnia profecto quae dixerat de Paracleto [cf. Io 14,16.26] et vera – quam [130]per hunc habituri erant – felicitate incredibilique virtute qua *maiora facturi erant, quam* Dominus *ipse fecerat* [Io 14,12][130]. Haec ubi omnia evenerunt, in fide erga Dominum eos confirmarunt. Hoc est quod ait: *Ut cum factum fuerit, credatis* [Io 14,29].

[f⁴] om. A. – *[g⁴]* Philippensibus B. – *[h⁴]–[h⁴]* quam A. –

[123] This not specified in any commentary ad loc. Cf. BEph 1527 ad 2[2], 47v.–49r. where this elaborated. Here and there probably ap: Lambert, *De excaecatione* tract. 2, cap. 16, 39v.–41v. (*i*).

[124–124] Ap: ErP 1524 ad loc., LB 7, 613 (*p*).

[125] For punctuation here cf. infra ad nn. (132) – (134)–(134).

[126–126] Ap: Brenz, *In Ioh.* 1528 ad loc., 257v. (*p*).

[127] Ap: Brenz, *In Ioh.* 1528 ad loc., 255r. (*i* faith, but there: no mention of Spirit).

[128–128] Ap: Cyril, *In Ioh.* ad loc., MPG 74, 303–306 (*ir* but there: Spirit provides piety rather than faith).

[129] Cf. supra ad nn. (119)–(119) – (120)–(120).

[130–130] Ap: Cyril, *In Ioh.* ad loc., MPG 74, 325–326 (*i*).

Et in me non habet quicquam [Io 14,30]. [131]Ius est Satanae in obnoxios peccato, *agit enim in incredulis*, Eph. 2[2]. Cum ergo Dominus omnis peccati purus esset [cf. 2 Cor 5,21], nihil habuit in eum iuris Satan[131].

[756] *Ut cognoscat mundus* [Io 14,31]. Vel [132]subaudiendum est: ideo cedam potestati Satanae *traditurus* ipse me *in manus peccatorum* [Mt 26,45]; aut [133]certe coniungendum est cum eo quod praecessit, nempe: *Venit princeps mundi* [Io 14,30] ut intelligas: ideo venit, ideo datum est illi ut mihi mortem per suos inferat quod *mandatum* volo *facere Patris* [Io 14,31], non quod ius aliquod in me habeat[133]. Posset et iungi *i*ei quod sequitur*i*: *Surgite eamus* [Io 14,31] ut sensus esset: [134]*Venit princeps mundi, cum tamen nihil contra me habeat, sed ut totus mundus videat quod Patrem diligo et facio ut mandatum dedit, surgite*j* eamus* [Io 14,30–31] obviam satellitibus eius[134]. Utcunque autem legas, intelligi Dominus voluit se [135]in gratiam Patris et ob nullum suum peccatum sese iam traditurum [cf. 2 Cor 5,21][135] *principi mundi* [Io 14,30] ac *potestati tenebrarum* [Lc 22,53].

Observationes

Observandum quae vera pax et felicitas *k*quisque eius largitor. Diversa sane est a pace et felicitate quam dat mundus, non solum quod solida et aeterna est, sed etiam quod viget vereque habetur in mediis etiam persecutionibus. Animi enim est de bonitate erga se Dei persuasi eoque non dubitantis in salutem sibi cuncta eum*l* operari [cf. Rm 8,28]. Nec praetereundum illud: tum demum consummata nos felicitate fruituros cum per *Mediatorem Christum* [1 Tim 2,5] pervenerimus ad Patrem, hoc est cum *Deus fuerit omnia in omnibus* [1 Cor 15,28]. Hucque cum morte accedatur, non esse Christiano illam abhorrendam, sed cogitandum: *Pater maior est* [Io 14,28] et omnia praecellit. Igitur gaudendum, non dolendum cum eundum sit, ut ad Maximum, ita et ad Optimum.

Post haec observandum*k* tum nos a potestate *principis mundi* [Io 14,30] liberos fore cum peccatis liberi erimus. Quam libertatem solus Filius

---

i–*i* his id quod postremo dixit AB. – *j* add. et A. – *k*–*k* deinde A. – *l* eo [!] B. –

[131]–[131] Ap: ErP 1524 ad loc., 613 (*p*) and cf. supra n. (123).
[132] Ap: ErP 1524 ad loc., LB 7, 613 (*i*).
[133]–[133] Ap: Chrysostom, *In Ioh.* hom. 75 ad loc., MPG 59, 408 (*i*) cited already in: Albert, *In Ioh.* ad loc., *Opera* 24, 552 col. A–B; Aquinas, *In Ioh.* ad loc., *Piana* 14:2, 84v. col. A (Albert prefers Augustine's reading; Aquinas cites both alternatives, states no preference).
[134]–[134] Ap: Augustine, *In Ioh.* tract. 79 ad loc., MPL 35, 1838, CCL 36, 527 cited in: Albert and Aquinas as n. (133)–(133) supra (*i*). Also ap: Brenz, *In Ioh.* 1528 ad loc., 257r.–v. (*i*).
[135]–[135] This emphasised ap: ErP 1524 ad loc., LB 7, 613 (*i*).

largitur, de quo supra [136]octavo [cf. Io 8,36]. ^{m4}Hac enim ex causa erat quod Satan *nihil haberet* iuris *in Christum*^{m4} [Io 14,30]. Denique animadvertendum^{n4}: mundum, id est omnes non renatos [cf. Io 3,3], malos esse, ut in quos imperium habeat Satan [cf. Eph 2,2]. Postremo discamus a Christo vitam et omnia gratiae Patris posthabere.

$^{m4\text{–}m4}$ *om.* A. – ^{n4} *om.* A. –

[136] Cf. supra *cap.* 8, *sect.* 4 ad nn. (55)–(55) – (62).

CAPUT 15

⟨Sectio 1 [1–8]⟩ *Ego sum vitis vera et Pater meus agricola est. Omnem palmitem in me non ferentem fructum tollit et omnem qui fert fructum purgat ut fructum copiosiorem afferat. Iam vos mundi estis propter sermonem quem locutus sum vobis. Manete in me et ego in vobis. Sicut palmes non potest ferre fructum a semetipso nisi manserit in vite, sic nec vos nisi in me manseritis. Ego sum vitis, vos palmites. Qui manet in me et ego in eo, hic fert fructum multum quia sine me nihil potestis facere. Si quis in me non manserit, eiectus est foras sicut palmes et exaruit et colligunt eos et in ignem coniiciunt et ardent. Si manseritis in me et verba mea in vobis manserint, quicquid volueritis, petetis et fiet vobis. In hoc glorificatus est Pater meus ut fructum copiosum afferatis et efficiamini mei discipuli.*

⟨Sectio 2 [9–17]⟩ *Sicut dilexit me Pater, ita et ego dilexi vos. Manete in dilectione mea. Si praecepta mea servaveritis, manebitis in dilectione mea, sicut et ego Patris mei praecepta servavi et maneo in eius dilectione. Haec locutus sum vobis ut gaudium meum in vobis maneat et gaudium vestrum impleatur. Hoc est praeceptum meum ut diligatis vos invicem, sicut dilexi vos. Maiorem hac dilectionem nemo habet, ut quis animam suam ponat pro amicis suis. Vos amici mei estis, si feceritis quaecunque ego praecipio vobis. Non posthac vos dico servos quia servus nescit quid faciat [757] Dominus eius. Vos autem dixi amicos quia omnia quae audivi a Patre meo, nota feci vobis. Non vos me elegistis sed ego elegi vos et constitui vos ut eatis et fructum afferatis et fructus vester maneat, ut quicquid petieritis Patrem nomine meo, det vobis. Haec praecipio vobis ut diligatis vos mutuo.*

⟨Sectio 3 [18–27]⟩ *Si mundus vos odit, scitis quod me prius quam vos odio habuerit. Si de mundo fuissetis, mundus quod suum est, diligeret. Quia vero de mundo non estis, sed ego selegi vos de mundo, propterea odit vos mundus. Mementote sermonis quem ego dixi vobis. Non est servus maior domino suo. Si me persecuti sunt et vos persequentur. Si sermonem meum servaverunt, et vestrum servabunt. Sed haec omnia facient vobis propter nomen meum quia non noverunt eum qui misit me. Si non venissem et loquutus fuissem eis, peccatum non haberent. Nunc autem non habent quod praetexant peccato suo. Qui me odit, is et Patrem meum odit. Si opera non fecissem inter eos quae nemo alius fecit, peccatum non haberent. Nunc autem et viderunt et oderunt non solum me, verumetiam Patrem meum. Sed hoc accidit ut compleatur sermo qui in Lege eorum scriptus est: odio habuerunt me gratis. Cum autem venerit Paracletus quem ego mittam vobis a Patre, Spiritus veritatis qui e Patre procedit, ille testimonium perhibebit de me. Quin et vos testes estis* ¹*quiᵃ ab initio mecum estis.*

ENARRATIO SECTIONIS I [1–8]

Paraphrasis

Ardentissime amabat suos Dominus. Eoque, cum omnis eorum salus penderet ab eo ut ipsi essent quamaddictissimi, omnia ab ipso expectarent, ipsius iussa summo studio capesserent, huc ᵇvoluit illosᵇ et cum iam hostibus suis iret obviam [cf. Io 14,31] hortari longe diligentissimeᶜ, sicut et accumbens feceratᵈ: ²praecipue autem ut proferendo evangelio regni suiᵉ studiosissime, ad quod peculiariter delecti erant [cf. Mt 24,14], sese dederent.

⟨Allegoria *vitis et palmitum*⟩ Eleganti ergo usus allegoria quam et clare explicuit, dicebat illis: *Ego sum vera vitis,* omnino ita me habeo ad coelestia veraque bona, uti se habet vitis ad suum fructum. *Agricola* vero *meus Pater est* [Io 15,1] ³a quo nimirum sum quantus sum³. Is *omnem* in me *infrugiferum palmitem,* id est ⁴omnes qui nulla mihi fide se adiungunt, *tollit* [Io 15,2] et abiicit⁴. Qui autem, ⁵electi ad hoc, ⁶certa mihi fide insiti sunt eoque *frugiferi palmites,* hos *purgat* suo donatos Spiritu [cf. 1 Cor 2,12; 1 Io 4,13] ut plus *fructus adferant* [Io 15,2]⁶.

Iam vos mundi et purgati *estis* [Io 15,3] quod et paulo ante vobis dixi [cf. Io 13,10]. *Sermonem enim quem vobis dixi* [Io 15,3], ⁷doctrinam quam

---

ᵃ *corr.* ¹quia D. – ᵇ⁻ᵇ igitur A. – ᶜ *add.* illos A. – ᵈ *add.* voluit A. – ᵉ *om.* AB. –

¹ Er 1527: quia. Here and in B perhaps ap: ErP 1524 ad loc., LB 7, 618 (*i*) or simply a printing error.

² Addressed specifically to disciples ap: Cyril, *In Ioh.* ad 15,3, MPG 74, 359–360 (*ip* ed. 1524, 179v.); Augustine, *In Ioh.* tract. 80 ad loc., MPL 35, 1839–1840, CCL 36, 528 (*i*). Adv: e.g. ErP 1524 ad loc., LB 7, 614; Brenz, *In Ioh.* 1528 ad loc., 258r. (there: the faithful in general).

³⁻³ Ap: ErP 1524 ad loc., LB 7, 614 (*p*).

⁴⁻⁴ Ap: Cyril, *In Ioh.* ad loc., MPG 74, 333–334 (*i*); Chrysostom, *In Ioh.* hom. 76 ad loc., MPG 59, 411 (*i*: but there also necessity for good works!). Ap and adv: Brenz, *In Ioh.* 1528 ad loc., 258v.–260r. (*i* faith but there: attack on election; faith has to result in good works and can be taken away through man's own fault). Also ap and adv: ErP 1524 ad loc., LB 7, 614 (*p* but there: *i*: contrary: Father rejects those who *profess* faith but do no good works).

⁵ Ap and adv: Brenz, *In Ioh.* 1528 ad 15,1, 258r. (*i*: there: vinea = electi); ad loc., 258v.–260r. (there: attack on election as "occulta praedestinatio" independent of works). Adv: ErP 1524 ad loc., LB 7, 614 (there: *i* as in n. (4)–(4) supra).

⁶⁻⁶ Ap: Cyril, *In Ioh.* ad 15,1, MPG 74, 333–334 (*ipe* ed. 1524, 177r.; but *e* here chosen tendentiously: there also importance of good works stressed ad 15,2!).

⁷ Thus interpreted ap: Cyril, *In Ioh.* ad loc., MPG 74, 355–356 (*ip* ed. 1524, 179r.); ErP 1524 ad loc., LB 7, 614 (*i*).

tradidi, [8]vera fide vobis datum est amplecti[8]. Ut igitur *frugiferi palmites*
[Io 15,2] mihi insiti estis [cf. Io 15,4], *verae viti* [Io 15,1], ita *in me manete,
mihi forti fide inhaerete[f] et ego manebo in vobis* [Io 15,4], [9]succum suffec-
turus vobis unde uvas[g] coelestes [cf. Mt 7,16], doctrinam salutis, hominibus afferatis.

Quemadmodum enim *palmes a seipso nequit fructum ferre, sed* oportet
ut *maneat in vite* si frugifer esse debeat, *ita, nisi vos in me manseritis* [Io
15,4] toti a me [10]pendentes et meo Spiritu viventes[10], [11]nullum adferetis
fructum, nihil salutare praestabitis, nemini frugi eritis. *Ego* siquidem vobis
sum id quod *vitis* palmitibus, *vos* mihi quod *palmites* [Io 15,5] viti. Per vos
vitae succus ad electos[h] pervenire debet: id autem tum erit cum *in me
manseritis*, toti a me pendentes, et *ego in vobis* [Io 15,4], omnia meo Spiritu
perficiens. Sic *fructum multum adferetis* [Io 15,5] cum verbo tum opere, ad
regnum Dei quamplurimos adducturi [cf. Mt 7,16].

Nam *sine me*, sine meo Spiritu et virtute, vos *nihil* prorsus boni *praestare
poteritis* [Io 15,5][11]. Proinde, *qui in me non* solida fide *perstiterit* – sunt enim
qui mihi accedunt et ac[758]cessuri sunt[i] citra veram in me fidem, unde in
me nequaquam perseverabunt, [j]eiicientur tandem e meo [12]grege[j] [cf. 1 Pt
5,2; Io 10,16; Mt 25,41] – [13]*sicut* defractus *abiici* solet *palmes qui* illico
arescit [Io 15,6] sitque fomentum ignis: sic et isti hypocritae arescent.
Fictus ille vigor evanescet demumque *abiicientur in* gehennam *ignis inextinguibilis* [Mt 25,41][13]. *Vos* igitur *manete in me* [Io 15,4], mihi firmiter
credite, a me omnia expectate et *fructum plurimum adferetis* [Io 15,8]
maioraque[k], ut antea promisi, quam ipse fecerim, *opera facietis* [Io 14,12].
[14]*Si* quidem *in me manseritis et verba mea in vobis manserint* ut illis fidem
certam habeatis[14], *quicquid omnino volueritis, id petetis et accipietis* [Io
15,7], quod [l]et antea[l] vobis pollicitus sum [cf. Io 14,13].

---

[f] adhaerete AB. – [g] botros AB. – [h] add. meos A. – [i] sint A. –[j-j] is eiicietur tandem e meo grege
A. eiicietur tandem e meo grege D. – [k] maiora A. – [l-l] et ipsum antea quoque AB. –

[8-8] Ap: Cyril, *In Ioh.* ad loc., MPG 74 355–356 (*i*: but there: no mention of *datum*). Adv:
Augustine, *In Ioh.* tract. 81 ad loc., MPL 35, 1841, CCL 36, 530 (there referred to baptism);
Brenz, *In Ioh.* 1528 ad loc., 261r. (there referred to: Father, faith, baptism, the word, Holy
Spirit).
[9] Word ap: ErP 1524 ad loc., LB 7, 614 (*t*; also same *i*).
[10-10] Ap: ErP 1524 ad 15,4.5, LB 7, 614 (*ep*).
[11-11] Ap: Augustine, *In Ioh.* tract. 81 ad loc., MPL 35, 1841–1842, CCL 36, 530–531 (*i*);
ErP 1524 ad loc., LB 7, 614 (*ip*).
[12] Sheep in this context ap: Nonnus, *Paraphrasis* ad loc., MPG 43, 873–874 (*pi*).
[13-13] Ap: ErP 1524 ad loc., LB 7, 614 (*pr*).
[14-14] Ap: ErP 1524 ad loc., LB 7, 615 (*p* but there: good works also emphasised). Lasting
faith emphasised ad loc. ap: Augustine, *In Ioh.* tract. 81, MPL 35, 1842, CCL 36, 531–532
(*i*).

Quod vel ex eo futurum credere poteritis, [15]*Pater meus in eo* demum *glorificatus fuerit*, si vos *plurimum fructus attuleritis* [Io 15,8] et multos regno meo adduxeritis in eo declaraturi vos germanos meos esse discipulos [cf. Io 15,8][15], cum redemptionem orbis a me praedicari coeptam *ad fines* usque *orbis* [Rm 10,18; Mt 24,14] proferetis. Ut ergo Pater gloriae suae illustrandae, quando modo tempus huius instat, deesse non potest, ita certo fient quaecunque vobis polliceor.

Annotationes

[m]*Ego sum vitis vera* [Io 15,1]. Hoc est: [16]in veris et coelestibus bonis id sum quod vitis in suo genere[16]. Neque enim, nisi per [17]metaphoram Dominus, eoque ob similitudinem, se vitem vocavit[n]. Quandoquidem *Christus* ut *homo*, quia *Mediator Dei et hominum* [1 Tim 2,5] est, is *per quem gratia et veritas* omnibus electis *fit* [Io 1,17], de *cuius plenitudine omnes accipiunt* [Io 1,16], viti recte assimilatur [21]quam *agricola Pater* [Io 15,1] plantavit dum ipsum Verbum suum carnem fecit [cf. Io 1,14] ut idem esset Deus verus et verus homo[21]. Huic certe qui insitus est ut vivit vitam Dei, ita pro sua vocatione *fructum afferat* [Io 15,2] necesse est, et salutarem.

Omnem palmitem in me [Io 15,2]. Quomodo est in Christo qui *non fert fructum* [Io 15,2]? Sicut zizania in regno Dei [cf. Mt 13,25ff.] et putres pisces in reti evangelico [cf. Mt 13,47ff.]: carens veste nuptiali in nuptiis [cf. Mt 22,11ff.] Christi. [22]Nominetenus scilicet et secundum externa tantum, non etiam vera fide! Quare tolluntur isti tandem et, velut resecti arefactique palmites [cf. Io 15,6], gehennae addicuntur [cf. Mt 25,41][22].

---

[m] *add.* □ Christus metaphoricos, non simpliciter vitis dicitur AB. – [n] *add.* AB: Vitis, si simpliciter accipias, arbor est vivifera, non Christus, Deus et homo. Nihil enim est quod dicunt [18]artocreatistae Dominum se vitem vocasse non quod se viti similem, sed quod esse [19]*vitem veram*, verum [sed B.] spiritualem voluerit significare. Quid, quaeso, est vitis spiritualis? Nunquid res spiritualis id in suo genere quod est in suo vitis corporalis? [20]Logodaedali fiunt isti ex theologis.–

[15-15] Ap: ErP 1524 ad loc., LB 7, 615 (*p*: but here greater emphasis on disciples spreading the Gospel; thus ap: Cyril, *In Ioh.* ad 15,3, MPG 74, 359–360 (*i*) – cf. supra n. (2)).

[16-16] Ap: Zwingli, *Commentarius*, CR 90, 797 (*p*).

[17] Ap: Augustine, *In Ioh.* tract. 80 ad loc., MPL 35, 1839, CCL 36, 528 (*ip*). This sense insisted on ap: Zwingli, e.g. *Commentarius*, CR 90, 795–797, 811–812; *Ad epistolam Bugenhagii*, CR 91, 558–559.

[18] I.e. Lutherans. Cf. supra *cap.* 7, *sect.* 2, n. (30) for full explanation.

[19] Adv: Brenz, *In Ioh.* 1528 ad loc., 257v.–258v. Cf. also Luther, *Bekenntnis*, WA 26, 269.

[20] I.e. artificers of (new) words.

[21-21] Ap: Augustine, *In Ioh.* tract. 80 ad loc., MPL 35, 1839, CCL 36, 528 (*ipe*); Aquinas, *In Ioh.* ad loc. *Piana* 14:2, 84v. col. B. (*i*).

[22-22] Ap: Lyra ad Io 15,6 (*p*).

⟨Quomodo *mundi* purgantur⟩ *Vos mundi estis propter sermonem meum* [Io 15,3]. Id est[o]: [23]perceptam doctrinam meam. Ea enim renati estis, et in eam recepti sortem ut prorsus mundi olim, continuis auctibus Spiritus quos Pater donat, evadatis. [24]Mundi itaque sunt qui evangelio credunt et *purgantur tamen ut fructum copiosiorem adferant* [Io 15,2] quia in fide qua *filii Dei* [Rm 8,16] facti sunt, dono Patris, proficiunt[24]. In qua, quanto plus profecerint, tanto magis ut Deo similes [cf. 1 Io 3,2], ita et frugiferi redduntur aliis. De hac munditie et supra, capite [25]23 [!] in sectiuncula prima. [p]Verum ad hanc [26]munditiem non nisi purgatione, hoc est recisione inutilium pampinorum, pervenitur[q]. Continuo enim naturae desyderia recidi oportet[26] ut succus Spiritus Dei suum fructum extrudat[p].

[r]*Quia sine me nihil potestis* [Io 15,5]. Hac gnome, fateor, probare Christus voluit discipulos [27]nullum per evangelicam praedicationem *fructum allaturos* [Io 15,8], nisi in ipso per certam fidem manerent, quia ideo palmitibus eos similes fecit [cf. Io 15,5] quod per eos succus vitae, doctrina salutis, perferri ad multos deberet. Sed quia *non manentem in Christo palmitem* Pater *tollit et arefactum in ignem abiicit* [Io 15,6] gehennae [cf. Mt 25,41], ut hic simul testatus est, quis non videt sine Christo neminem quicquam boni [cf. Rm 7,18] posse[27]? Si autem hoc dederis, ubi [28]manebit liberum arbitrium, [s]ex seipso ad bonum enitens[s], qualemcunque denique conatum illi des, aut cooperationem[28]? Quae enim libertas [t] [u]et facultas recte vivendi[u] per se nihil posse boni efficere [cf. Rm 7,18], etiam si demus in homine esse aliquem conatum[t]? Tantum ergo per Christum et vera libertas [cf. 2 Cor 3,17] et boni facultas nobis contingit.

Et colligunt eos [Io 15,6]. Idem de [29]paleis Matth. 3[12] et zizaniis 13[25ff.] dicitur[29].

---

[o] *add.* propter D. – [p-p] *om.* A. – [q] *add.* qui tamen e palmite enascuntur in sua viti B. – [r] *add.* ☐ *Sine me nihil potestis* A. – [s-s] *om.* A. – [t-t] per se nihil posse boni? A. – [u-u] *om.* B. –

[23] Cf. supra nn. (7), (8)–(8).

[24-24] Ap: ErP 1524 ad loc., LB 7, 614 (*ip* but here: increase in faith emphasised more than there).

[25] Cf. supra *cap.* 13, *sect.* 1 ad nn. (22)–(22) – (28).

[26-26] Ap: Albert, *In Ioh.* ad 15,2, *Opera* 24, 558 col. A (*pa*). Also ap: Chrysostom, *In Ioh.* hom. 76 ad loc., MPG 59, 413–414 (*i*?: there: excursus on mortification of the flesh).

[27-27] Ap: Augustine, *In Ioh.* tract. 80 ad 15,1, MPL 35, 1839–1840, CCL 36, 528–529 combined with *ibid.* tract. 81 ad loc., MPL 35, 1841–1842, CCL 36, 530–531 (*iep*). – *R* Mt 25,41 ad loc. ap: Aquinas, *In Ioh., Piana* 14:2, 85r. col. B.

[28-28] Ap: Augustine, *In Ioh.* tract. 81 ad loc., MPL 35, 1841, CCL 36, 530 (*ip*). Ap and adv: Brenz, *In Ioh.* 1528 ad loc., 261v. (there: against: liberum arbitrium but admits man can turn away from God of his own accord – cf. supra n. (4)–(4)).

[29-29] *R* Mt 3,12 in this sense ap: Cyril, *In Ioh.* ad 15,2, MPG 74, 359–360; *R* Mt 13,25ff. ad loc. ap: Lyra and Aquinas, *In Ioh.*, *Piana* 14:2, 85r. col. B.

⟨Quid *manere in Christo*⟩ *Si manseritis in me et verba mea*ᵛ [Io 15,7]. Hic Dominus ipse explicavit quid sit in ipso manere: certa utique verbis eius fide adhaerere. Haec fides ubi est, aeterna est. Et Spiritum Dei semper praesentem habet qui docet et velle et petere quibus gloria Dei promoveatur [cf. Phil 2,13], quare omnia quoque impetrat. Caeterum hic ³⁰rationem reddidit eius quod dixerat *fructus facturos qui in ipso manerent* [Io 15,4], hoc est: multis evangelion persuasuros [cf. Mt 24,14]. Si enim ³¹erant omnia quae vellent impetraturi [cf. Io 15,7], facile potuerunt evan[759]gelio efficere quidvis³¹. Omnia autem exoraturos eo probavit quod subiecit:

In hoc glorificatus est, id est fuerit, *Pater meus ut fructum copiosum afferatis* ʷ*et efficiamini mei discipuli*ʷ [Io 15,8], hoc est: ³²opus quod coepi proferatis et regno Patris quamplurimos adducatis³². Iamˣ Pater deesse gloriae suae, quando iam *advenerat hora illustrandi* [Io 12,23] eam apud homines, ʸnon poterit. Dabit ergo vobis *quaecunque petieritis* [Io 15,7] ad profectum evangeliiʸ.

Observationes

Observandum omnium Christianorum esse *ut fructum adferant* [Io 15,8] id est: aliis ad salutemᶻ inserviant. Id autem tum poterunt, cum Christo fide syncera fuerint addicti. In quo, si non haereant, quicquid sint et videantur, olim e sanctorum consortio abiicientur in gehennam [cf. Mt 25,41]. ᵃ¹Inhaerebunt autem Dominoᵇ¹ dum in ipsorum animis haerebunt verba eius ad quae in omnibus respiciantᵃ¹.

ENARRATIO SECTIONIS II [9–17]

Paraphrasis

Ostendi unde accepturi sitis ut *fructum adferatis* [Io 15,8] ad quod delecti estis: nimirum a me solo cui solida fide vos adhaerere oportet. Nunc hortor ut libeat vel meo exemplo *fructum adferre* et proximis servire. ³³*Pater me*

ᵛ *add. manserint in vobis* B. – ʷ⁻ʷ etc. D. – ˣ *Neque enim poterat* AB. – ʸ⁻ʸ *om.* AB. – ᶻ *add. prosint et* AB. – ᵃ¹⁻ᵃ¹ *om.* A. – ᵇ¹ *om.* B. –

³⁰ Bucer here combines ErP 1524 and Augustine ad loc. Cf. foll. note.
³¹⁻³¹ Ap: Augustine, *In Ioh.* tract. 81 ad loc., MPL 35, 1842, CCL 36, 531 (*i*: he who believes in Christ necessarily does his will); ErP 1524 ad loc., LB 7, 615 (same *i*: less strongly expressed but referred specifically to disciples).
³²⁻³² Ap: Theophylactus, *In Ioh.* ad loc., MPG 124, 197–198 (*i*).
³³⁻³³ Ap: Aquinas, *In Ioh.* ad loc., *Piana* 14:2, 85v. col. B (*ip*).

dilexit [Io 15,9]; ideo vicissim dilexi et diligo eum idque declaro dum mandatis ipsius studiosissime obtempero [cf. Io 15,10].

Manete igitur et vos *in dilectione mei* [Io 15,9] idque studio*c¹* mandatorum meorum demonstrate [cf. Io 15,10][33]. *Haec vobis locutus sum* et hoc*d¹* vos [34]hortor *ut gaudium meum in vobis maneat* [Io 15,11], quandoquidem *e¹*de meo abitu tantopere*e¹* conturbamini [cf. Io 14,27][34]. Si enim ita mandatis meis studendo, dilectionem mei declaraveritis vos habere synceram, praedixi *Patrem et me mansionem apud vos facturosᶠ* [Io 14,23] neque unquam deserturos. [35]Hinc erit ut de me longe melius et salubrius vobis praesente gaudeatis quam si carne apud vos subsisterem[35].

Quod igitur vobis haec de [36]dilectione mei et studio mandatorum meorum loquor, vestri causa facio[36]. Sic sane *gaudium vestrum complebitur* [Io 15,11], [37]iustum et solidum erit quia verum et de me vere vobis praesente futurum est[37]. Ne autem dubitetis quae [38]mea mandata sint – quanquam id et antea vobis exposui – omnia in hoc uno verbo summata sunt[38]: *Ut diligatis vos invicem, sicut ego vos dilexi* [Io 15,12]. Quos sane [39]ita dilexi ut *maiorem dilectionem nemo praestiterit.* Ita dilexi siquidem vos *ut animam* meam pro vobis *ponam* [Io 15,13]. Quis maiorem amicis suis dilectionem exhibeat[39]? Agnoscite igitur me *vos vere amicos* habere. Tantum *studete iis quae vobis mando* [Io 15,14].

⟨[40]Argumenta dilectionis Christi⟩ Etenim – quod certum germanae amicitiae argumentum est – *quaecunque a Patre audivi* [41]*quorum cognitio vita aeterna est, ea nota vobis feci.* Recte igitur *vos amicos* meos *vocavi, non servos,* quandoquidem servis indicare sua arcana heri haud soleant [Io 15,15][41]. Sed et [42]hinc videtis quam amicos vos habeam: *non vos me, sed*

---

c¹ add. quoque AB. – *d¹* hinc A. huc B. – *e¹–e¹* adeo de meo abitu A. – *f* habituros A. –

[34–34] Ap: Chrysostom, *In Ioh.* hom. 77 ad loc., MPG 59, 414 (*i*).

[35–35] Ap: *Glossa ord.* [*marg.*] (*i*: begins with faith); Albert, *In Ioh.* ad loc., *Opera* 24, 563 col. A (*i*: faith: there one of several interpretations: = ut ubique fides praedicetur quia tunc erit gaudium plenum).

[36–36] Ap: Aquinas, *In Ioh.* ad loc., *Piana* 14:2, 85v. col. B (*ip*).

[37–37] Ap: Cyril, *In Ioh.* ad loc., MPG 74, 379–380 (*i*: but there: gaudium due also to good works).

[38–38] Emphasis on all precepts being reduced to one ap: Aquinas, *In Ioh.* ad loc., *Piana* 14:2, 86r. col. A (*ip*).

[39–39] Ap: Aquinas, *In Ioh.* ad loc., *Piana* 14:2, 86r. col. A (*ip*).

[40] The same three (but there: the third implied only) ap: Chrysostom, *In Ioh.* hom. 77 ad loc., MPG 59, 415 (*i*). For interpretation *elegi vos ... ut quicquid petieritis* cf. infra ad n. (52)–(52).

[41–41] Ap: Chrysostom as in n. (40) supra (*p* ed. 1522, 191); ErP 1524 ad loc., LB 7, 616 (*p*: heri only; there: *i* different).

[42–42] Ap: Chrysostom as supra (*i*) combined with: Aquinas, *In Ioh.* ad loc., *Piana* 14:2, 86v. col. B (*ip*; there as here: emphasis on their function, on spreading of Gospel throughout the world, identification of *fructus* with Gospel that will remain among gentiles) and with: ErP 1524 ad loc., LB 7, 616 (*p*).

ego elegi vos et ad munus sane divinissimum. *Constitui* siquidem *vos* ut *abeatis* in universum orbem *et fructum*, adducendo quamplurimos regno Dei, *adferatis* [cf. Col 1,6], *fructusque* ille *maneat* futuris usque ad finem mundi, qui in doctrina quam vos spargetis, permaneant[42]. [43]Denique huc evexi vos, utique in summam dignitatem, *ut quicquid* omnino *Patrem petieritis*, id sitis ab eo accepturi [Io 15,16][43]. Id quod tertio iam, quia maximum est, vobis polliceor [cf. Io 14,13; 15,7].

Quid quaeso amplius potuissem vobis praestare? Quid praeterii quod non vel summo*g¹* vos inter amicos meos haberi loco*h¹* probet? Certe proximos mihi dignitate vos feci et, quotquot antea fuere, sanctis regibus et prophetis longe praetuli [cf. Mt 19,28–29]. Mysteria Patris salvifica nemo unquam apertius vobis audivit, nemo unquam maiorem orbi salutem attulit atque vos adferetis [cf. Mt 24,14]. [44]Nemo unquam maiora Dei opera et miracula quam vos aedetis, ne a me quidem, vidit [cf. Io 14,12]. Haec tanta tamque divina vobis prae universis coelitibus et terrigenis morte mea comparabo [cf. Col 1,20][44]. Quod quaeso amoris summi argumentum praeterea quaeratis?

Diligite igitur vicissim et me *atque mandatis* meis ex animo *studete* [Io 15,9–10] [45]quae nihil aliud a vobis requirunt quam ut *vos* ipsos *invicem diligatis* [Io 15,17], ut vobis ipsis invicem benefacere studeatis et quisque proximum suum regno Dei adducere laboretis[45]. Nam sic demum, si vera [760] obtinuerit apud vos proximorum dilectio, munus vestrum *i¹*digne obibitis*i¹* ad quod vos delegi: ut, velut palmites e succo vitis uvas [cf. Io 15,2], ita vos ex meo Spiritu doctrinam [46]evangelicam, uvas coelesti et salvifico vino plenas, orbi adferatis*j¹* [46].

Annotationes

⟨Quae *a Patre audita* discipulis praedicarit⟩ *Omnia quae audivi a Patre* [Io 15,15]. Haec sunt: [47]quod ipse Christus esset *Servator mundi* [1 Io 4,14]

---

g¹ add. loco D. – *h¹* om. D. – *i¹–i¹* om. AB. – *j¹* add. diligenter et studiose obibitis AB. –

[43-43] Ap: Chrysostom as supra (*i*).

[44-44] Ap: Chrysostom as supra (*i*) combined with: Cyril, *In Ioh.* ad 15,10, MPG 74, 375–376 (*ir* Io 14,12).

[45-45] This emphasised ap: Aquinas, *In Ioh.* ad loc., *Piana* 14:2, 86v. col. B (*i*).

[46-46] Ap: Cyril, *In Ioh.* ad loc., MPG 74, 391–392 (*ip* Latin ed. 1524, 183r.) combined with: ErP 1524 ad loc., LB 7, 616 (*p*).

[47-47] Ap: Chrysostom – cf. n. (40), (41)–(41) supra (*i*) – combined with: ErP 1524 ad loc., LB 7, 616 (*i*: but there: more general, examples not given). Adv: Augustine, *In Ioh.* tract. 86 ad loc., MPL 35, 1851, CCL 36, 541–542 (there: addressed more generally than to disciples, refers to resurrection); Brenz, *In Ioh.* 1528 ad loc., 267r. (there: addressed to all saints; *omnia* = Gospel of salvation). – *I*: disciples saw more than OT prophets ap: Cyril, *In Ioh.* ad loc., MPG 74, 387–388.

et iudex omnium, quod morte sua redempturus esset sanctos [cf. Act 10,42–43], quod ad gentes quoque salus pervenire debebat [cf. Act 26,17–18] et Iudaei excaecari [cf. Rm 11,10–11]; quod per ipsos apostolos ipsius*k1* et Patris gloria mire esset revelanda, et id genus alia *regni Dei mysteria* [Mt 13,11] quae sane reges et prophetae optaverant videre et audire, nec tamen viderunt vel*l* audierunt[47].

Ego elegi vos [Io 15,16]. [48]Apostolos elegerat Christus ut summo beneficio orbem afficerent et dii aliis hominibus essent [cf. Io 10,34], dum evangelion vitae [cf. 2 Tim 1,10] fecit per eos invulgari[48]. Recte igitur [49]huius eos admonuit dum volebat ad redamandum se illos excitare[49]. Certe minimus eorum *maior Ioanne* factus erat *qui* tamen omnes retro prophetas, imo *quicunque e mulieribus nati erant*, excelluerat [Mt 11,11]. Haec [50]etsi parum tum cum ea audirent perpenderent, postea tamen, ubi Spiritu ampliore donati fuere, mirifice eos accenderunt ut vocationi suae summa cum diligentia summoque cum studio [cf. Eph 4,1], hoc est, ut Paulus loqui solet: *cum timore et tremore* [1 Cor 2,3] incumberent[50]. Eodem certe argumento *ad ambulandum digne Deo* Paulus suos ubique hortatus est, ut testantur eius Epistolae [e.g. Col 1,10]. *m1*Et hinc sane est quod Apostolus de virtute et successu apostolatus sui in omnibus gentibus tam multis gloriatur*m1* [cf. e.g. Rm 15,16].

⟨*Fructus* apostolorum *mansit*⟩ *Et fructus vester maneat* [Io 15,16]. [51]Mansit certe hactenus et manebit *usque ad consummationem seculi* [Mt 28,20] quia semper electi erunt qui *in doctrina apostolorum vivent* [Act 2,42][51]. Multis – proh dolor – in nationibus fructus apostolorum diu admodum obscuratus fuit atque etiamnum est, nequaquam tamen extinctus.

Ut quicquid petieritis [Io 15,16]. Et hoc cum verbo [52]*elegi vos* coniungendum est. Quia enim in hoc *delecti* fuerant apostoli [Io 15,16] ut primi *orbi evangelion annunciarent* [Mt 24,14], oportuit ut plurima et maxima miracu-

---

k1 sua A. – *l* et AB. – *m1–m1 om.* AB. –

[48–48] Cf. supra n. (42)–(42). Here adv: Augustine, *In Ioh.* tract. 86 ad loc., MPL 35, 1851, CCL 36, 542 (there: addressed not solely to the apostles); Brenz, *In Ioh.* 1528 ad loc., 267r. (there: refers to both: election of apostles and election of all saints).

[49–49] Ap: Cyril, *In Ioh.* ad loc., MPG 74, 389–391 (*i*).

[50–50] Ap and adv: ErP 1524 ad loc., LB 7, 616 (there: *quicquid petieritis* answer to their complaint about trials they would have to endure).

[51–51] Cf. supra n. (42)–(42) but ap: Aquinas: the faithful. Here probably also ap: Cyril, *In Ioh.* ad 15,17, MPG 74, 391–394 (*i*: emphasis on doctrine of the apostles; stronger in 1524 ed., but there: augments piety; no reference to election). Election ad 15,16 ap: Augustine, *In Ioh.* tract. 86, MPL 35, 1851, CCL 36, 542–543 (but there: no mention of the apostles' teaching as sign of election).

[52–52] Thus interpreted ap: Cyril, *In Ioh.* ad loc., MPG 74, 389–390 (*i*); Aquinas, *In Ioh.* ad loc., *Piana* 14:2, 86v. col. B (*i*). Adv: Brenz, *In Ioh.* 1528 ad loc., 268r. (there: referred to: appeal to God's mercy by any believer, after: Augustine).

la aederent et exorarent quicquid orassent. Idem et aliis sanctis pro sua vocatione datum quidem est. Hic autem praecipue *n'*iis de*n'* miris operibus Dominus loquitur ad quae patranda apostoli fuerant delecti[52]. Id totus hic ad eos habitus sermo testatur.

Observationes

Observandum: sicut*o'* nostri erga Deum dilectionis certum argumentum est, si mandatis eius, id est dilectioni proximorum [cf. Gal 5,14], ex animo fuerimus dediti, spectantes *p'*quisque ut*p'* proximis pro sua facultate inserviat, ita Dei erga nos amoris manifestum indicium esse, si nobis sua mysteria revelet [cf. Mt 13,11] et in hoc constituat ut plurimos regno suo adducamus. Debet siquidem omne omnium Christianorum studium esse ut aliis sic inserviant ut illi Dei bonitatem agnoscant eaque syncera fide perfruantur [cf. Rm 15,2].

ENARRATIO SECTIONIS III [18–27]

Paraphrasis

Hortatus sum ut, ante omnia, dilectioni studeatis proximorum quae impellet utique ut gnaviter munus ad quod vos elegi, ut evangelium salutis ubique praedicetis [cf. Mt 24,14], obeatis. Sed scio mundus id non minus graviter feret a vobis quam a me tulit. Vos igitur, cum *mundus* pro tanto beneficio quod illi adferetis, *vobis* exitiali *odio* respondebit, *consyderate quod me* quoque qui [53]*princeps vester sum* et vobis multo praestantior, *odio habuit* [Io 15,18]. *De mundo vos selegi* [Io 15,19] et [54]ereptos tyrannidi Satanae cui mundus subiectus servit [cf. Io 14,30], regno coelorum donavi. Ideo contra vos tanquam defectores et transfugas ille ita insaniet [cf. Io 15,19][54]. Quid autem [55]non ferre ab illo debeatis potius quam cum illo Satanae servire cum aeterna vestri pernicie [cf. Mt 25,46][55]?

---

n'–n' de iis AB. – *o'* ut A. – *p'–p'* ut quisque D. –

[53] Ap and adv: ErAn ad loc., LB 6, 402 (there: πρῶτον translated as both "chief" and "first" but latter preferred). "First" ap: ErP 1524 ad loc., LB 7, 616 but Bucer's interpretation given *ibid.* ad 15,20, LB 7, 617 (*ip!*).

[54–54] Ap: Brenz, *In Ioh.* 1528 ad loc., 269v. (*ip* but there: emphasis on removal from the world "per fidem").

[55–55] The two necessarily mutually exclusive ap: Cyril, *In Ioh.* ad loc., MPG 74, 399–400; Augustine, *In Ioh.* tract. 87 ad loc., MPL 35, 1853, CCL 36, 544 (*i*).

Mementote sermonis quem vobis dixi: non esse servum praestantiorem domino suo. Cum [56]igitur meum illi [57]servi Satanae sermonem contempserunt *meque* – ob salutem quam eis obtuli – dire *persecuti sunt*, idem ab illis et vos expectate [Io 15,20]. Id autem interim consoletur quod *propter nomen meum* vos illi persequentur[56]. Me enim [761] in vobis odiunt, me petunt eo quod *nec* Deum *noscant qui me misit* [Io 15,21]. *Ex Diabolo* nati *sunt*, ideo veritatem et iustitiam non possunt non oppugnare [1 Io 3,8.10]. Quam optabile autem vobis *pro iustitia* Dei *persecutionem* ab illis *ferre* [Mt 5,10], quamque perniciosum et exitiale illis, sic contra illam furere! Nam praecipui hostes a quibus vos pati oportebit, [58]Iudaei, nequaquam ex ignorantia quae excusari posset, vos persequentur. *Ea* enim *locutus illis sum* [Io 15,22], *ea opera* ostendi, quibus maiora ante mundus non viderat, ut aperte satis *in me Deum agnoverint* [Io 15,24][58]. Quare *nullam* prorsus [59]*excusationem* poterunt *praetexere*, praetexturi sane ut nullum ob repulsam mei peccatum illis imputaretur, si non venissem et *locutus illis fuissem* [Io 15,22] operaque Patris exhibuissem [cf. Io 15,24][59].

Nunc [60]ita in *me Patris* verba et opera *agnoverunt ut* vere non tantum *me* hominem, *sed*, in me, *Patrem* quoque Deum *odio insectati sint* [Io 15,24][60] *ut verum sit factum illud Scripturae* eorum: *Absque caussa me odio habuerunt* [Io 15,25]. Nam nihil vel dixi vel feci illis quod non, si sustinuissent id recipere, salutare eis fuisset. Sed [61]ferendum hoc mihi fuit. Vos igitur, cum eadem inciderint et vobis, illa aequis animis ferenda ducite [cf. Io 15,20]. Ut namque mihi, ita et vobis omnia tandem bono cedent [cf. Rm 8,28] cum apparuerit qui simus[61]. Odio illorum et persecutioni hactenus obnoxius fui, sed *cum advenerit vobis Paracletus*, verus sanctorum [62]patronus et adhortator, regnique Dei legitimus moderator[62], *Spiritus veritatis* qui veram et solidam iustitiam suppeditabit meis – *quem mittam a Patre* [Io 15,26], ex *luce inaccessa* [1 Tim 6,16], ex abdito divinitatis [cf. Io 1,18] cum illo iam me recepero – hic inquam [63]Spiritus *cum advenerit, testimonium perhibebit de me* [Io 15,26] cum[q1] faciet ut per universum mundum

---

[q1] dum A. –

[56–56] Same implication ap: Chrysostom, *In Ioh.* hom. 77 ad loc., MPG 59, 416 (*i*); Brenz, *In Ioh.* 1528 ad loc., 269v. (*p*).

[57] *Mundus* = the reprobate ad loc. ap: Augustine, *In Ioh.* tract. 87, MPL 35, 1853, CCL 36, 545 (*i*).

[58–58] Ap: Augustine, *In Ioh.* tract. 89 ad 15,22, MPL 35, 1856–1857, CCL 36, 548–549 (*i*); Cyril, *In Ioh.* ad loc., MPG 74, 203–204 (*i*).

[59–59] Vg: excusatio; Er: praetexant. Here ap: ErAn 1527 ad loc., LB 6, 402 (*ip*).

[60–60] Ap: ErP 1524 ad loc., LB 7, 618 (*ip*).

[61–61] Ap: Augustine, *In Ioh.* tract. 92 ad loc., MPL 35, 1862–1863, CCL 36, 555–556 (*i*).

[62–62] For Bucer's definition of *Spiritus sanctus* cf. infra, *ann.* ad nn. (76)–(76) – (84)–(84). ErP 1524 ad loc., LB 7, 618: "Spiritus suggestor ac doctor omnis veritatis".

[63–63] Ap: Augustine, *In Ioh.* tract. 92 ad loc., MPL 35, 1863, CCL 36, 556 (*ip*).

electi me Salvatorem agnoscant et adorent [cf. Mt 24,14], quem, ut Dei blasphematorem [cf. Io 10,36], illi cruci suffigent[63]. [64]Tum *et vos*, illo instincti, mihi idem *testificabimini*, idque eo certius *quod ab initio* praedicati a me evangelii – a quo tempore coepi Christum me profiteri – *mecum conversati estis* [Io 15,27][64].

Annotationes

[r1]*Scitis quod me prius quam vos* [Io 15,18]. Graeca habent: γινώσκετε ὅτι ἐμὲ πρῶτον ὑμῶν μεμίσηκεν, quod sic legi potest: *Scitote* (id est perpendite) *quia me primum vestrum*, hoc est [65]principem, *odio habuerit*. Haec mihi interpretatio magis arridet eo quod sic hoc dictum conveniat cum eo quod sequitur: *Non est servus maior domino suo* [Io 15,20]. Sic quoque πρῶτος, et in testimonio Iohannis cum dicebat de Domino: *Ante me factus est quia* [66]πρῶτός μου ἦν, id est *primus* meus *est* [Io 1,15] pro: primo vel: principe accipiendum puto. Id quod [67]supra[s1] 1, sectione 5 indicavi[r1].

⟨Ut *mundus suos diligat*⟩ *Mundus quod suum esset diligeret* [Io 15,19]. Licet [68]mundi homines nunquam *se invicem* vere *diligant* [1 Io 4,12] quia *omnes* tantum *sua quaerunt* [Phil 2,21], attamen nihil prorsus adeo detestantur et intolerabile sibi ducunt atque syncerum studium Dei[68]. Huc agit eos princeps eorum Satanas, hostis vetus Dei [cf. Apc 12,9]. Unde, [69]si apostoli non fuissent *e mundo selecti* [Io 15,19] et donati Spiritu qui *mundo* et *principi eius* [Io 14,30] semper adversatur [cf. Gal 5,17], etsi non magnopere dilecti fuissent ab *hominibus seculi* [Lc 20,34], tolerati tamen fuissent et dilecti ab aliquibus[69]. Sic autem, dum gloriae Dei studuerunt, contra se concitarunt totum mundum – id est: quicquid Dei bono Spiritu non erat donatum [cf. Rm 8,14] – quia principem eorum deturbare tyrannide sua conabantur. *Mundum* hic Dominus praecipue pro [70]mundanis Iudaeis accepit, id quod sequentia satis testantur. His enim ipse locutus

---

[r1–r1] *Preceded by annotatio ad Io 15,19 in* ABC [!]. *Here corr. after* D. – [s1] *add.* cap. D. –

[64–64] Ap: Augustine, *In Ioh.* tract. 92 ad loc., MPL 35, 1863, CCL 36, 556 (*ip*); ErP 1524 ad loc., LB 7, 618 (*i*).
[65] Ap and adv: ErAn 1527 ad loc., LB 6, 402 (there: "first" preferred – cf. supra n. (53)).
[66] Ap and adv: ErAn 1527 ad Io 1,15, LB 6, 341 (there: both chronology and greatness admitted).
[67] Cf. supra, *cap.* 1, *sect.* 5 ad nn. (89) – (94).
[68–68] Ap: Augustine, *In Ioh.* tract. 87 ad 15,19, MPL 35, 1853–1854, CCL 36, 545 (*i*).
[69–69] Cf. supra n. (55)–(55).
[70] Ap: Augustine, *In Ioh.* tract. 87 ad 15,22, MPL 35, 1856, CCL 36, 548–549 (*i*); ErP 1524 ad loc., LB 7, 617 (*i*). Here adv: Brenz, *In Ioh.* 1528 ad loc., 269v.–270r. (there = worldly powers).

erat et absque caussa odium eorum pertulit. Neque ab [71]aliis et discipuli plura perpessi sunt.

Quia non noverunt eum [Io 15,21]. Id est: [72]non pernoverunt ita ut amare possent[72]. Alioqui audierunt isti ea verba, viderunt ea opera Patris in Domino ut *nihil sit* illis relictum *quod peccato suo praetexerent* [Io 15,22], utique quia satis vim divinam in ipso perspexerant. De hac cognitione Dei quae quidem omnem ignorantiae praetextum tollit, nec tamen animum immutat Deique studio inflammat, diximus iam saepe[t1], [73]supra 1 capite[u1]. Diligenter autem notandum quod Dominus hic ait Iudaeos *non habituros* [762] *fuisse peccatum, si non venisset et fuisset eis locutus fecissetque* ea *coram illis opera quae nemo fecerat alius* [Io 15,22.24]. Neminem ergo damnabit Deus, qui ex sola ignorantia peccat [cf. Nm 15,26]. Quique abiecti sunt, eos oportebit tandem ita veritatem cognoscere ut iam non sint ignorantes, sed *Spiritus* Dei *blasphematores* et scientes hostes Dei ut *in Spiritum sanctum* [Mt 12,31.32] peccent peccatum irremissibile. De his et in [74]fine noni capitis.

Ut impleretur[v1] [Io 15,25]. Quod in Psal. 35 [Ps 34,19] scriptum est, in Lege scriptum dicit quia [75]Legis nomine totam Scripturam sacram intellexit[75] ut et [76]supra[w1], 10. Undique enim illa docet et erudit ad salutem. Quare תורה recte dicitur quod – cum Graeci νόμον, Latini: Legem verterunt – forte melius: doctrina verteretur[76].

⟨*Paracletus patronus*⟩ *Cum autem venerit Paracletus* [Io 15,26]. Cum hoc nomen ducatur a verbo [77]παρακαλω [!] quod: advoco et adhortor magis quam: consolor significat – hoc enim Graecis fere παραμυθοῦμαι dicitur – quem graece παράκλητον hic Dominus vocavit, advocatum vel patronum aut etiam [78]adhortatorem dicere mallem quam: consolatorem. Angustius siquidem est hoc nomen quam ut spiritui Paracleto conveniat cui Dominus scilicet multo plura quam consolari tribuit[78]. Ut enim vel solus sit adflictarum mentium verus consolator, dum *spiritui nostro testi-*

[t1] *add.* fusius AB. – [u1] *add.* fol. 17 A. – [v1] *compleatur* D. – [w1] *add.* cap. D. –

[71] Ap: Augustine, *In Ioh.* tract. 89 ad 15,22, MPL 35, 1856, CCL 36, 548–549 (*i*).
[72–72] Ap: Augustine, *In Ioh.* tract. 89 ad loc., MPL 35, 1856, CCL 36, 548 (*i*). Adv: Brenz, *In Ioh.* 1528 ad loc., 270r.–v. (there: = did not listen to or believe in the word).
[73] Cf. e.g. supra *cap.* 1, *sect.* 2 ad nn. (42) – (44).
[74] Cf. supra *cap.* 9, *sect.* 5 ad nn. (59) – (69)–(69).
[75–75] Ap: Theophylactus, *In Ioh.* ad loc., MPG 124, 203–206; Aquinas, *In Ioh.* ad loc., *Piana* 14:2, 88r. col. A; Augustine, *De Trinitate* 15,17, MPL 42, 1081, CCL 50A, 504–505 in: Aquinas, *Catena* ad loc., *Guarienti* 2, 534 (*i*).
[76–76] Cf. supra *cap.* 10, *sect.* 4 ad nn. (63) – (68).
[77] Ap: Budé, *Commentarii,* ad Παρακαλῶ, *Opera* 4, 1124 (*p*); *Ann. rel. in Pandectas* cap. *Moris, Opera* 3, 338 (*i*).
[78–78] Adv: Origen, Περὶ ἀρχῶν 2,7, MPG 11, 218 (there: principal fuction of the Spirit = consolator; to be distinguished from *Paraclete* at 1 Io 2,1 whose principal function = advocate).

monium infallibile *perhibet nos filios et haeredes esse Dei* [Rm 8,16–17], attamen cum Dominus [79]supra, 14, sectione 3 dixerit: *Rogabo Patrem et alium Paracletum dabit qui maneat apud vos* [Io 14,16], talem utique videtur promisisse qui omnia discipulis praestaret quae ipse antea in carne eis praesens praestiterat, et quidem perfectius.

Iam non solum [80]moestos discipulos Dominus consolatione erexit[80], sed magis in omnibus ad salutem erudiit et ad grata Patri opera excitavit impulitque. Defendit eos, fuitque eis doctor et patronus cuius, dum clientes fuere, nihil prorsus eis defuit, nihil eos laesit. Cum [81]itaque haec omnia melius et efficacius praestare debuerit hic Paracletus, quia Spiritus Domini est et Patris – virtutem siquidem suam Dominus post mortem gloriosius exerere voluit – patronum rectius et ducem atque doctorem et adhortatorem dicemus[81], quam consolatorem. [x1]*Spiritus* siquidem *est veritatis* [Io 15,26] qui in sanctis omnia iusta et vera efficit, glorificat Christum dum solus animose confiteri eum Salvatorem donat [cf. 1 Io 4,14], *docet omnia et, quaecunque* Christus *dixit, suggerit* [Io 14,26] ut intelligantur. *Ducit* denique *in omnem veritatem* [Io 16,13]. Ob haec utique patronus melius quam consolator noster vocabitur, [y1]idque haudquaquam praeter rationem sermonis graecanici [z1]apud quos vulgo [82]advocatum atque patronum παράϰλητον vocant[z1] [82]. Vide [83]Annotationem Budaei in capite Moris, titulo: De poenis. [a2]Hinc [84]divus Iohannes in Epistola sua, capite 2 scribit: *Si peccaverimus,* παράϰλητον *habemus apud Deum,* id est *advocatum, Iesum Christum*[y1] [a2] [1 Io 2,1][84].

[b2]*Quem ego mittam a Patre* [Io 15,26]. A *Patre missurum* se hunc *Spiritum* Dominus promittit et addit *eum a Patre proficisci* [Io 15,26]. Eo vero nihil aliud significavit quam cum et de se dixit *missum se a Patre* [Io 5,36] et *venisse a Patre* [Io 5,43], nempe [85]quod hic Paracletus vere Dei Spiritus sit, neque docturus nisi divina[85], sicut et ipse vere Dei Filius et praeco nihil nisi divina vereque Patris et verba praedicavit et opera fecit.

[x1] *add.* □ Et vulgo Graeci παράϰλητον pro patrono et advocato accipiunt AB. – [y1–y1] *om.* A. – [z1–z1] Quem enim nos advocatum atque patronum, eum Graeci παράϰλητον vocant B. – [a2–a2] *om.* B. – [b2] *add.* □ Paracletus *a Patre* AB. –

[79] Cf. supra *cap.* 14, *sect.* 3 ad nn. (41) – (42)–(42), (72)–(72) – (73).
[80–80] Ap and adv: Brenz, *In Ioh.* ad 16,1, 272v. (*p*: but there: alternative interpretation of Holy Spirit also implied!). – Spiritus = consolator ad loc. also notably ap: Origen as n. (78)–(78) supra; Lyra; Aquinas, *In Ioh., Piana* 14:2, 88r. col. B; *Catena, Guarienti* 2, 534 (Didymus); ErP 1524, LB 7, 618 (but there also: doctor veritatis).
[81–81] Ap: Budé, *Commentarii,* ad Παραϰαλῶ, *Opera* 4, 1124–1125 (*i*: there also: Origen's interpretation in Περὶ ἀρχῶν criticised).
[82–82] Ap: Budé, *Commentarii,* ad Παραϰαλῶ, *Opera* 4, 1124 (*p*).
[83] Budé, *Ann. rel. in Pandectas* cap. *Moris, Opera* 3, 338.
[84–84] Adv: Origen, Περὶ ἀρχῶν 2,7, MPG 11, 218. Cf. n. (78)–(78) supra.
[85–85] Interpreted thus ap: Theophylactus, *In Ioh.* ad loc., MPG 124, 205–206 (*i*).

Ille testimonium perhibebit de me [Io 15,26]. Id factum est cum hoc [86]Spiritu afflati [cf. Io 20,22][86] apostoli animose evangelion Christi praedicarunt et mirificis signis confirmarunt [cf. Act 2,43]. Tum siquidem et ipsi Domino testimonium perhibuerunt et spiritus Paracletus: ipsi ut ministri, spiritus Paracletus ut autor et impulsor. [87]Neque enim ipsi vel loquebantur, vel *prodigia* edebant [Act 2,43], sed loquens in eis et agens omnia hic spiritus Patris Paracletus[87], id est patronus ille sanctorum qui Christo in carne praesenti successit. Quo denique ipse Christus – virtus enim eius est et arcana potentia – perfectius et divinius suis adest, quam cum carne adesset. De hoc Spiritu et [88]supra primo.

Observationes

Observandum: [c²]nos mundo[c²], si vere Dei sumus et negotium eius[d²] agimus, non posse non haberi odio [cf. 1 Io 3,13] et esse intolerabiles, quando ille nulli unquam magis infensus fuerit, quam Christo Domino omnium optimo. Deinde: Christum non nisi [763] Spiritu Dei ipsi *testimonium perhibente* [Io 15,26], posse cognosci. Praeterea[e²]: eos non habere *peccatum* – quod scilicet *maneat* [Io 9,41] et condemnet – qui peccant sola ignorantia [cf. Nm 15,26], sed tales[f²] cum Paulo veniam tandem consequi[g²]. [h²]Postremo: omnes qui volunt doctrinae apostolicae sectatores et praedicatores esse, nihil aliud quam Christo, quod is sit et praestet omnia [cf. 1 Tim 6,17], testimonium reddere debere; nihil de se aut ullis aliis creaturis polliceri[h²].

[c²–c²] mundo nos AB. – [d²] *om.* AB. – [e²] Postremo A. – [f²] *om.* AB. – [g²] *add.* aut ostensa satis veritate peccare in Spiritum sanctum [cf. Mt 12,31–32] iam scientes AB. – [h²–h²] *om.* A. –

[86–86] Ap: ErP 1524 ad loc., LB 7, 618 (*t*).
[87–87] Ap: Cyril, *In Ioh.* ad loc., MPG 74, 419–420 (*i*). Adv: Brenz, *In Ioh.* 1528 ad 15,27, 272v. (there: the Paraclete *imparts* special dignity to the apostles).
[88] Cf. supra *cap.* 1, *sect.* 7 ad nn. (159)–(159) – (170)–(170).

CAPUT 16

⟨Sectio 1 [1–7]⟩ *Haec locutus sum vobis ut ne quid offendamini. Alienos a synagogis facient vos. Sed veniet tempus ut quisquis* [1]*interficiat*[a] *vos, videatur cultum praestare Deo. Et haec facient vobis quia non noverunt Patrem, neque me. Sed haec locutus sum vobis ut, cum venerit tempus illud, reminiscamini eorum quod ego dixerim vobis. Haec autem vobis ab initio non dixi quia vobiscum eram. Nunc autem vado ad eum qui misit me et nemo ex vobis interrogat me quo vadam. Sed quia haec locutus sum vobis, moestitudo implevit cor vestrum. Sed ego veritatem dico vobis, expedit vobis ut ego vadam. Si enim non abiero, consolator ille non veniet ad vos. Sin autem abiero, mittam eum ad vos.*

⟨Sectio 2 [8–15]⟩ *Et cum venerit ille, arguet mundum de peccato et de iustitia et de iudicio. De peccato quidem quia non credunt in me. De iustitia vero quia ad Patrem vado et posthac non videtis me. De iudicio autem quia princeps huius mundi iam iudicatus est.* [2]*Ad haec*[b] *multa habeo quae vobis dicam, sed non potestis portare nunc. Cum autem venerit ille qui est Spiritus veritatis, ducet vos in omnem veritatem. Non enim loquetur a semetipso, sed quaecunque audierit loquetur, et quae futura sunt annuntiabit vobis. Ille me glorificabit quia de meo accipiet et annuntiabit vobis. Omnia quaecunque habet Pater, mea sunt. Propterea dixi*[c] *quod de meo accipiet et annuntiabit vobis.*

⟨Sectio 3 [16–24]⟩ *Pusillum et non videtis me et iterum pusillum et videbitis me quia ego vado ad Patrem. Dixerunt ergo quidam ex discipulis eius inter se: quid est hoc quod dicit nobis: pusillum et non videtis me et rursus pusillum et videbitis me et: quia ego vado ad Patrem? Dicebant ergo: quid est hoc quod dicit pusillum? Nescimus quid loquatur. Cognovit* [3]*ergo*[d] *Iesus quod vellent ipsum interrogare et dixit eis: de hoc quaeritis inter vos quod dixi: pusillum et non videtis me et iterum pusillum et videbitis me. Amen amen dico vobis, plorabitis et lamentabimini vos; mundus contra gaudebit. Vos autem moerore afficiemini, sed moeror vester vertetur in gaudium. Mulier cum parit, dolorem habet quia venit hora eius. Cum autem pepererit puerum, iam non meminit anxietatis propterea quod gaudeat hominem esse natum in mundo. Et vos igitur nunc quidem moerorem habetis, sed iterum*

---

[a] [1]interficiet D. – [b] [2]Adhuc D. – [c] *add.* vobis D. – [d] [3]autem D. –

[1] Er 1527: interficiet. Vg: interficit. Here and in B a stylistic variant?

[2] Er 1527: ad haec. Vg: adhuc.

[3] Er 1527: autem. Vg: autem. Here and in B: a stylistic variant.

videbo vos et gaudebit cor vestrum et gaudium vestrum nemo [4]*tollet*[e] *a vobis. Et in illo die me non interrogabitis quicquam. Amen amen dico vobis: quaecunque petieritis Patrem in nomine meo, dabit vobis. Hactenus non petistis quicquam in nomine meo. Petite et accipietis ut gaudium vestrum sit perfectum.*

[764] ⟨Sectio 4 [25–33]⟩ *Haec per proverbia locutus sum vobis. Veniet tempus, cum iam non per proverbia loquar vobis, sed palam de Patre meo* [5]*annuntiabo*[f]. *In illo die in nomine meo petetis. Et non dico vobis quod ego rogaturus sim Patrem pro vobis. Ipse enim Pater amat vos quia vos me amastis et credidistis quod a Deo exiverim. Exivi a Patre et veni in mundum, iterum relinquo mundum et vado ad Patrem. Dicunt ei discipuli eius: ecce nunc aperte loqueris, nec proverbium ullum dicis. Nunc scimus quod scis omnia, nec opus est tibi ut quis te interroget. Per hoc credimus quod a Deo existi. Respondit eis Iesus: nunc creditis. Ecce instat tempus et iam venit ut dispergamini unusquisque in sua, meque solum relinquatis. Et tamen non sum solus quia Pater mecum est. Haec locutus sum vobis ut in me pacem habeatis. In mundo afflictionem habetis, sed bono animo sitis: ego vici mundum.*

ENARRATIO SECTIONIS I [1–7]

Paraphrasis

Haec vobis ideo *praedicere* [Io 16,1] volui, amantissimi dicipuli – a mundo vos[g], cum illi evangelium salutis annuntiaveritis [cf. Mt 24,14], relaturos[h] odium eius [cf. Io 17,14] et persecutionem atrocissimam – [6]*ne offendamini* [Io 16,1] cum ita evenerit, neve indigna vos pati arbitremini[6]. Futurum siquidem est ut e consortio suo [7]homines seculi [cf. Lc 20,34] vos eiiciant atque ita devoveant ut, qui vos interemerit, [8]putet se Deo admodum esse gratificatum [cf. Io 16,2][8]. Id ita *facient quod*, ut dixi, [9]*neque me, neque Patrem* cuius vos verbum illis adferetis, vere *agnoscant* [Io 16,3].

---

[e] [4]tollit D. – [f] [5]*add.* vobis BD. – [g] *om.* A. – [h] *add.* vos A. –

[4] Er 1527: tollit. Vg: tollit. For *tollit/tollet* interchange cf. ErAn 1527 ad loc., LB 6, 404.
[5] Er 1527: *add.* vobis. Vg: *add.* vobis. Here a stylistic variant or, more likely, a simple omission.
[6–6] Ap: ErP 1524 ad loc., LB 7, 618 (*p*). Same *i* already ap: Chrysostom, *In Ioh.* hom. 77 ad loc., MPG 59, 417; Cyril, *In Ioh.* ad loc., MPG 74, 421–422.
[7] Here also used in the sense of: Jews. Cf. supra, *cap.* 15, *sect.* 3 ad nn. (68)–(68) – (71).
[8–8] Ap: ErP 1524 ad loc., LB 7, 619 combined with ErAn 1527 ad loc., LB 6, 403 (*ip*).
[9–9] Link between the world's ignorance of Father and Son and the disciples dying for their sake emphasised ap: ErP 1524 ad loc., LB 7, 619 (*i*).

Volui ergo de his vos praemonere ut, cum acciderint, *memores sitis* [10]*ea me vobis praedixisse* [Io 16,4] atque ita fieri oportere, sed indubie ut ad gloriam Patris[9], ita et vestram salutem[10]. Denique, inde quod ista vobis praedixi, [11]Christum me esse agnoscatis[i]. *Ab initio* cum vos mihi discipulos adlegi [cf. Io 15,16], *ista vobis non dixi* [Io 16,5]. [12]Eram enim carne apud vos [cf. Io 1,14] et, tanquam infirmiores, ita fovi [cf. Rm 15,1] ut nihil horum[j] experiremini. Nunc autem *abeo* carne a vobis[12] *ad eum qui misit me* [Io 16,5], in gloriam divinitatis [cf. Lc 24,26].

Inde *mittam vobis Paracletum* [Io 15,26], quo instructi, *testimonium* mihi coram universo orbe [cf. Mt 24,14] *perhibere vos* [Io 15,27] oportebit. Tum quae iam praedixi experiemini: iam igitur de eis potissimum praemonere tempestivum duxi. Vos autem adeo stupetis ad haec ut *non interrogetis quo abeam* [Io 16,5], de [13]qua re praecipue rogandum vobis erat ut, cognita gloria et potentia quae me apud Patrem manet, tanto firmioribus atque laetioribus animis ista exciperetis[13]. Tantum hoc consideratis quod dixi me abiturum et vos a mundo persecutionem passuros, atque *hinc corda vestra tristitia exanimat* [Io 16,6]. Sed utcunque vos afficiamini et ista exceperitis, [14]vere e re vestra est ut carne a vobis abeam *eo quod ille Paracletus*, alius et melior quam sit haec mea caro, patronus[14], *non sit vobis adventurus si non abiero* [Io 16,7]: certo autem venturus et *semper apud vos mansurus* [Io 14,16] *si abiero* [Io 16,7].

Annotationes

Haec autem vobis ab initio [Io 16,5]. Quanto enim propius accedebat ut apostoli suum munus obirent, tanto apertius muneris eius rationem illis Dominus exposuit. Cum enim primum amandavit eos ad Iisraelitas tantum – de qua amandatione Matth. 10[5] et Luc. 9[2] atque 10[1] – specimen tantum eis exhibuit futuri apostolatus. [15]Dumque carne cum eis egit, nihil eos adfligi passus est. Ut sponsus enim illis aderat [cf. Mc 2,19] [k]eoque non[k] conveniebat ut adversa adhuc experirentur[15]. Mihi quoque dubium non est quae de persecutione praedixisse discipulis Dominum in Math.

---

[i] agnoscetis A. – [j] *add.* adhuc AB. – [k–k] neque AB. –

[10–10] Ap: Cyril, *In Ioh.* ad loc., MPG 74, 427–428 (*i*: truth of prediction increases their faith in their salvation) combined with: ErP 1524 ad loc., LB 7, 619 (*i*: glory of the Father).
[11] Ap: Aquinas, *In Ioh.* ad loc., *Piana* 14:2, 89r. col. A (*i*).
[12–12] Ap: ErP 1524 ad loc., LB 7, 619 (*p*).
[13–13] Ap and adv: ErP 1524 ad loc., LB 7, 619–620 (*i*: they should rejoice but there: emphasis on Jesus' spiritual presence rather than his glory).
[14–14] Ap and adv: ErP 1524 ad loc., LB 7, 620 (*i*: emphasis on carnal presence and absence but there: carnal absence = disciples' becoming spiritual; Spiritus = consolator).
[15–15] Ap: Chrysostom, *In Ioh.* hom. 78 ad loc., MPG 59, 421 (*i*); Brenz, *In Ioh.* 1528 ad loc., 275v. (*ipr*).

10[16] legimus, [16]neque ab initio vocationis illorum, neque cum primum amandaret eos praedicatum, eis praedixisse[16], sed [17]cum iam instaret ut ea experirentur. Neque enim, ut [18]saepe dictum est, eo ordine Evangelistae omnia memorarunt quo dicta sunt et facta[18]. Confirmant vero haec*l* quae Luc. 22[36] illis dicebat: instare *ut etiam vendita tunica gladium emerent*, cum antea nihil eis defuisset quando *absque sacculo et pera* [Mt 10,10] amandati fuerant ad praedicandum. De quo [19]inferius et [20]in Matt. 10 in illud: *Ne possideatis aurum neque argentum* [Mt 10,9].

Et nemo vestrum rogat quo abis [Io 16,5]. Id est: quod de regno meo et futura gloria praedico, nihil vos movet. Nihil de eo estis soliciti, nihil rogatis, unum id consideratis [765] quod sum [21]vos carne deserturus, mundus vero etiam persecuturus, indeque *corda vestra*[m] *tristitia opplentur* [Io 16,6]. Quae contra consolarentur atque erigerentur, *si* potius *rogaretis quonam abiturus sim* [Io 16,5]: de [22]gloria scilicet et potentia quam ad Patrem concedens accepturus sum[22] eaque vestram et omnium electorum salutem perfecturus [cf. Act 5,31]. Ut ergo eos a consideratione discessus sui ad cogitandam indicibilem foelicitatem instantis regni Spiritus revocaret, adiecit: *Sed veritatem dico vobis* [Io 16,7] etc[21].

Si enim non abiero [Io 16,7]. [n]Multum est de hoc abitu Domini e mundo digladiatum in disputatione de eucharistia. Simplex veritas sic habet:

---

l *add.* et AB. – *m* nostra [!] C. *corr. after* ABD. – *n–n* AB: Toties Dominus dixit *se abiturum* [Io 16,7]. Quis tam impius ut neget eum abiisse? Marcionis vero est, non Christiani, dicere eum [23]non vere abiisse sed tantum se reddidisse invisibilem[23]. Invisibiliter enim adesse non est abire. Etenim cum Deus ipse qui nusquam tamen abesse potest, in Scripturis nusquam abire dicatur, nisi unde se certo aliquo et perceptibili suo opere avertit, ut secundum id operis neque visibiliter neque invisibiliter adsit [cf. Ier 23,39], [24]quomodo vere e mundo abiisse Dominum et non nisi [25]ad iudicium rediturum verum hominem verumque corpus habentem dicemus, si corpore perpetuo sit in mundo[24], vel adveniat unicuique, cum velit, sacrificulo ubi quinque super panem verba murmurarit?

[16–16] Adv: Chrysostom, *In Ioh.* hom. 78 ad loc., MPG 59, 421; Augustine, *In Ioh.* tract. 94 ad loc., MPL 35, 1868, CCL 36, 562; Brenz, *In Ioh.* 1528 ad loc., 275v.–276r. (there: Chrysostom's interpretation: Jesus *had* foretold tribulation but not death).

[17] Perhaps ap: Lyra ad loc. (*i*?: there: Augustine's interpretation, i.e. Mt 10,16 tribulation foretold; here consolation (Holy Spirit) added, but Lyra does not consider Mt 10,16ff. as earlier).

[18–18] Cf. supra e.g. *cap.* 7, *sect.* 1 ad nn. (4) ff.

[19] Cf. infra *cap.* 18–19, *sect.* 1 ad nn. (28)–(28) – (30)–(30).

[20] Cf. BEv 1527 ad Mt 10,9, 70v.–74v.

[21–21] Ap: Augustine, *In Ioh.* tract. 94 ad loc., MPL 35, 1869, CCL 36, 563 in: Aquinas, *Catena* ad loc., *Guarienti* 2, 537–538 (*i*).

[22–22] Ap: Brenz, *In Ioh.* 1528 ad loc., 276r. (*ip*).

[23–23] Adv: Brenz, *In Ioh.* 1528 ad loc., 277v. (there: ut Christi abitus nihil aliud sit quam quod sese e corporali conspectu subduxerit).

[24–24] Ap: Zwingli, *Amica exegesis*, CR 92, 689–690 (*ir*).

[25] *Nicene Creed* in: *Hahn* par. 143, 162.

mundi huius vitam Dominus coelesti commutaturum dixit quando se ex mundo *ad Patrem abiturum* [Io 14,28] dixit. Mundum enim coelo componit, coelestis autem vita Christi *omnem sensum* hominis *superat* [Phil 4,7]. Ex verbo autem eius discimus [37]eam sic esse ut inde ille nos vivificet et salvet, ut promisit nobis Math. ultimo, *praesentissimus usque ad consum-*

---

[26]Sua virtute salvifica, id est Paracleto spiritu [cf. Io 14,16] *adest suis usque ad consummationem saeculi* [Mt 28,20][26]. Cuius [27]et carne atque sanguine pascuntur sancti dum, [28]docti a Spiritu [cf. Io 16,13], credunt illorum se imolatione [cf. 1 Cor 5,7] redemptos. Ipse autem interim corpore non est nisi in caelis, immortalis[27]; non latitat commestibilis in pane. [*add.* B: In locum sui Paracletum promisit [cf. Io 14,16; 15,26], non panem aut se in pane. Quicquid igitur Christi in verbo inque sacramentis habetur, hinc habetur quod quae illa significant, Paracletus operetur in cordibus]. Dum haec ita, ut res habet, docemus, artocreatistae desiderant in nobis [29]"candorem" et se interim candidos videri volunt, cum nobis falsissime impingunt nos [30]Christum ipsum, haec docentes, sanctis aufferre[30].

Quem et nos praedicamus [31]ideo corpore abiisse ut melius suis adesset[31]: nimirum per Spiritum suum vivificantem. Nostra calumniantur imposturas esse quae ipso Dei irrefragabili verbo nituntur, cum ipsi toti orbi perniciose imponere laborent infausto illo suo dogmate et Dei gloriae nimirum [nimium B.] deroganti: [32]distribui [*add.* scilicet B.] in caena corpus et sanguinem Domini in cruce imolata [cf. 1 Cor 5,7][32]. Diximus [33]supra eum mortem a coena dominica referre [cf. 1 Cor 11,29] qui non, antequam illam adeat, probans seipsum deprehenderit possidere iam se corpus et sanguinem Domini, id est credere se illis redemptum. Admonere nos verbis invicem et sacramentis possumus, idque sine fructu tamen, si non eadem Spiritus exhibeat credenda mentibus. [34]Distribuere autem dona spiritualia tam non possumus, quam non esse Deus ipse [cf. Iac 1,17][34]. [35]*Plantans et rigans nihil est. Qui incrementum dat, Deus est* [1 Cor 3,7], o artocreatistae. Sed de his supra [36]6 plura.–

[26–26] Ap: Zwingli, *Amica exegesis*, CR 92, 695 (*ir*: there adv: Luther, *Sermon*, WA 19, 508).

[27–27] Ap: Zwingli, *Amica exegesis*, CR 92, 693, 707 (*i*: faith = manducation), 697 (*i*: Christ's body present locally). Ap and adv: Brenz, *In Ioh.* 1528 ad loc., 278v. (there: Proinde, cum quis in coena quaerit carnem et sanguinem idque spiritu fidei, quid aliud quaerit quam vitam et remissionem peccatorum?).

[28] Ap and adv: Brenz, *In Ioh.* 1528 ad loc., 277v.–278r. (there: same phrase to prove: Christ as man is celestial).

[29] Ap and adv: Brenz, *In Ioh.* 1528 ad loc., 277r. (there: Iam vide quo candore hi qui in coena dominica negant veri corporis et veri sanguinis Christi distributionem fieri, hunc locum pro suo commento probando citent...).

[30–30] Ap and adv: Brenz, *In Ioh.* 1528 ad loc., 278r. (there: Neque Spiritus sanctus propterea missus est ut a nobis auferat corporale Christi verbum, corporalem eius humanitatem, corpus et sanguinem eius).

[31–31] Ap and adv: Brenz, *In Ioh.* 1528 ad loc., 277v. (there: abit ut praesentius nobis adesse possit una cum omnibus suis bonis).

[32–32] Ap and adv: Brenz, *In Ioh.* 1528 ad loc., 277r. Cf. n. (29) supra for text.

[33] Cf. supra, *cap.* 6, *var.* $(x^{11}–x^{11})$ ad n. (268).

[34–34] Cf. supra, *cap.* 6, *var.* $(x^{11}–x^{11})$ ad nn. (219) – (223)–(223).

[35] Ap: Zwingli, *Amica exegesis*, CR 92, 712 (*r*). Here also ap and adv: Brenz, *In Ioh.* 1528 ad loc., 278r. (same *r* in support of spiritual manducation).

[36] Cf. supra, *cap.* 6, esp. *var.* $(x^{11}–x^{11})$ ad nn. (208) – (272).

[37–37] Ap: Augustine, *In Ioh.* tract. 94 ad loc., MPL 35, 1869, CCL 36, 563 (*i*: spiritual presence) combined with: Luther, *Sermon*, WA 19, 508 (*ri* spiritual presence but there stated expressly: he strengthens our faith through the sacrament). Perhaps also ap: Aquinas, *Catena* ad loc., *Guarienti* 2, 538 (Augustine, Gregory the Great).

mationem totius seculi [Mt 28,20], sed ratione diviniore quam ut nostra eam possit ratio consequi[n 37].

Sin autem abiero [Io 16,7]. Quia Paracletus spiritus *glorificaturus Christum erat* [Io 16,14], non potuit advenire, nisi Domino ante mortuo et ita in gloriam Patris exaltato [cf. Phil 2,9].

Observationes

Observandum: sic a Patre esse comparatum ut, cum propter ipsius gloriam patimur, mundus existimet se nos tanquam hostes Dei in gratiam ipsius mactare. Sic et Christus ipse, non *ut Dei* Filius sed ut hostis, fuit cruci suffixus. Deinde: *nobis eam Domini presentiam vere salutarem esse qua illum fide *in celesti gloria* [2 Tim 2,10] complectimur et inde Paracleto spiritu donamur*.

ENARRATIO SECTIONIS II [8–15]

Paraphrasis

⟨Spiritus *mundum arguit de peccato et iustitia etc.*⟩ Quo autem tolerabilius, o discipuli, feratis ut corpore a vobis migrem, *cum, ubi* migravero, spiritus *Paracletus* certo *vobis adventurus sit* [Io 16,8.7], volo huius vobis Spiritus virtutem latius exponere, quanquam et antea satis eam indicarim cum testatus sum vobis *eum vos omnia docturum et omnium quae vobis dixi* intelligentiam suppeditaturum [Io 14,26] esseque *Spiritum veritatis*, tum *de me testificaturum* [Io 15,26].

Istis hoc addo: *cum advenerit hic* Spiritus vosque adflarit [cf. Io 20,22], [39]efficiet ut mundum nequaquam amplius timeatis, sed ut indies[q] eum *arguatis* [Io 16,8] perditumque[r] esse demonstretis[39]. *In* [40]*peccato* enim detineri totum et nescire cum quae sit vera *iustitia*, tum cuius sit *iudicium*

[o–o] *om.* A. – [p–p] AB: quam vere Dominus dixerit supra [38]*carnem* suam *nihil prodesse* [Io 6,64] quando, si ea nobis, ita ut aderat, relicta fuisset, *spiritus* nobis *Paracletus non advenisset* [Io 16,7] [38]. Denique colligitur hinc eos *alium Paracletum, Spiritum sanctum* [Io 14,16.26] scilicet, nondum recte agnovisse qui Christum volunt habere corpore praesentem. – [q] *add.* eius [!] A. – [r] et perditum A. –

[38–38] Ap: Zwingli, *Amica exegesis*, CR 92, 706 (*ipr*). Adv: Brenz, *In Ioh.* 1528 ad loc., 278v.–279r. (there: presence of *both* possible).

[39–39] Ap: Augustine, *In Ioh.* tract. 95 ad loc., MPL 35, 1871, CCL 36, 565 in: Aquinas, *Catena* ad loc., Guarienti 2, 538; Aquinas, *In Ioh.* ad loc., Piana 14:2, 89v. col. A (*i*).

[40–40] Lack of faith chief sin ap: Augustine, *In Ioh.* tract. 95 ad loc., MPL 35, 1871, CCL 36, 565 in: Aquinas, *Catena* ad loc., Guarienti 2, 538 (*i*).

et omnium potestas [cf. Io 5,27] *s*convincetis [Io 16,9–11]. Dum enim evangelion predicabitis *in quo* nimirum solo *iustitia Dei revelatur* [Rm 1,17] et exhibetur agnosciturque Dei potentia et virtus [cf. Eph 1,19], patefiet maxime eos nihil quam peccare posse *qui in me non credunt* [Io 16,9][40].

[41]At qui credunt, solos vera iustitia pollere quam nunc plurimis ubique gentium impertiam [cf. Rm 3,22] de coelis quia ad Patrem concedo [cf. Io 16,10], in gloriam meam, ubi declarem me Servatorem Dominumque penes quem sit omne iudicium [cf. Io 5,27][41] supremaque *omnium quae sunt in coelo et terra potestas* [Eph 1,10; Mt 28,18], *iudicato* iam [42]condemnatoque *principe mundi*[s] [Io 16,11] ut *eiiciatur ex* [Io 12,31] plurimorum, quam late orbis patet, cordibus[42]. In quibus ita *t*vicissim ego*t* regnabo ut omnem illis cedere oporteat potentiam mundi. Ne morte siquidem illi a me divelli poterunt, quare ridebunt cunctam vim Satanae a me illos avellere conaturi.

De his autem mysteriis: quod *u*necesse est [43]hos omne genus peccatis, flagitiis et sceleribus perire, *qui*[u] *mihi non credunt* [Io 16,9]: quod contra omnis iustitia et salus inde solum veniat*v* [cf. Io 16,10; Rm 3,22]: quod denique *mihi omnis potestas data sit in coelo et terra* [Mt 28,18] – quam et mirifice contra Satanam declaraturus sum ut paulopost ubique mea trophaea sitis, eliminata omni tyrannide Satanae, erecturi [cf. Is 59,17] – *multa sane haberem quae vobis dicerem, sed nondum valetis ea*[w] *capere* [Io 16,12][43].

Differam igitur *donec* patronus vester ille *advenerit, Spiritus veritatis. Is in omnem vos* [44]*veritatem inducet*[44]. Nam [45]*ut* et ego feci [cf. Io 8,26], *a se nihil, sed* tantum *quae audierit, loquetur* [Io 16,13]. *Quicquid suggeret*

---

s–s AB: detecto eo *peccato* quod solum condemnat, ostensa *iustitia* quae vere et Deo iudice iustitia existit, demonstrato denique vero in omnes *iuditio* [Io 16,8] quod penes me est, convincetis. *Peccatum* vero quod mundo indicabitis aliud non est, quam *quod in me* omnes homines saeculi [cf. Lc 20,34] quibus non est datus hic Innovator spiritus, *non credunt* [Io 16,9]. Sic necesse est eos in quibus nati sunt peccatis, etiam mori [cf. Io 8,24]. *Iustitiam* autem veram quae in eo sita est ut mihi electi credant, palam facietis quia *vado ad Patrem* [Io 16,10], *in gloriam meam* [Lc 24,26]. Nec videbitis me in hac humilitate deinceps. Tempus igitur est ut vera demum *iustitia* quae fide in me constat, reveletur. *Iuditium* [Io 16,10.11] quoque indicabitis cui Pater dederit [cf. Io 5,22] et penes quem sit rerum summa quia *princeps mundi iam iudicatus* et condemnatus est [Io 16,11].– *t–t om.* A. – *u–u* reprobi solo eo perituri sint quod AB. – *v add.* quod mihi fides habetur AB. – *w* ista AB. –

[41–41] Ap: Augustine, *In Ioh.* tract. 95 ad loc., MPL 35, 1871–1872, CCL 36, 566–567 (*i*).
[42–42] Ap: Aquinas, *In Ioh.* ad loc., *Piana* 14:2, 89v. col. B (*ip*).
[43–43] Ap: Brenz, *In Ioh.* 1528 ad loc., 282r.–v. (there same general *i*: things which have just been said should be elaborated; but: different examples). Cf. infra *ann.* ad n. (60)–(60).
[44–44] Textual variants *docebit/deducit* discussed ap: Augustine, *In Ioh.* tract. 96 ad loc., MPL 35, 1876, CCL 36, 571 (*it*).
[45–45] Ap: ErP 1524 ad loc., LB 7, 622 (*p*).

[Io 14,26], meum et Patris verbum erit⁴⁵. *Ventura* ⁴⁶denique de antichristo et eius destructione deque altera nominis mei illustratione sub finem mundi, de Iudaicae gentis conversione et*ˣ* vita seculi futuri⁴⁶, *vobis annuntiabit* [Io 16,13].

Hic demum *me* ⁴⁷*glorificabit* ⁴⁸Christumque et Deum esse palam faciet⁴⁸. *De meo* nanque *accipiet* [Io 16,14], meam sapientiam vobis impartiet, meum verbum adferet. *Quaecunque enim Pater habet, mea sunt* [Io 16,15]. Dominus et instaurator omnium a Patre constitutus sum [cf. Eph. 1,10]. Quare a me accipi oportet quicquid sapientiae aut iustitiae cuicunque [766] contigerit [cf. 1 Cor 1,30]. *Ideo dixi de meo accepturum* Paracletum *et vobis annunciaturum* [Io 16,15] quia meum demum erit quicquid ille vobis attulerit. *Condita sunt per me omnia* [Col 1,16]. Igitur *et instaurari per me cuncta* [Eph 1,10] oportet.

A n n o t a t i o n e s

Arguet mundum [Io 16,8]. Id est: ⁴⁹palam *ʸ*convincet. Est enim ἐλέγξει*ʸ*. *Arguet* autem eum *de peccato* [Io 16,8.9]. *ᶻ*Palam enim ⁵⁰faciet *revelari iram Dei de coelo in omnem* carnem, in cunctos mortales qui religionem licet maxima ex parte simularent, prorsus tamen *in omni impietate et iniustitia detinebant veritatem* eis revelatam⁵⁰, ut Apostolus Rom. 1[18] gravissime disserit. ⁵¹Luce solis infundente se terris, iam nihil sordium latere potest quod extat⁵¹. Ita lux evangelii [cf. 2 Cor 4,4] ⁵²detexit perversitatem atque impietatem hoc amplius quo veram iustitiam mundo intulit pleniorem*ᶻ* ⁵².

*De iustitia arguit*ᵃ¹ *mundum* [Io 16,8–10]. *ᵇ¹*Id est: convincet eum iustitia*ᵇ¹*. *Iustitiam* enim par est ut pro vera iustitia accipiamus, sicut et

---

ˣ add. extrema denique resurrectione et AB. – *ʸ⁻ʸ* praedicari faciet quam perditus sit AB. – *ᶻ⁻ᶻ* et eo quidem quod aeternam adfert perniciem. Id [*add.* vero B] est Christo non credere qui solus peccato liberat AB. – *ᵃ¹* arguet AB. – *ᵇ¹⁻ᵇ¹* utique quod ea careat AB. –

⁴⁶⁻⁴⁶ Ap: Brenz, *In Ioh.* 1528 ad loc., 283r. (there: same general *i*: victory of Christ, but no examples).

⁴⁷ Δοξάσει discussed ap: Augustine, *In Ioh.* tract. 100 ad loc., MPL 35, 1891, CCL 36, 588 (*it*).

⁴⁸⁻⁴⁸ Ap: Augustine, *In Ioh.* tract 100 ad loc., MPL 35, 1890–1891, CCL 36, 588; Aquinas, *In Ioh.* ad loc., *Piana* 14:2, 90r. col. B (*i*).

⁴⁹ Ap: Chrysostom, *In Ioh.* hom. 78 ad loc., MPG 59, 422 (*i*); Augustine, *In Ioh.* tract 95 ad loc., MPL 35, 1871–1872, CCL 36, 566 (*i*: but there: less emphasis on *open* conviction); Brenz, *In Ioh.* 1528 ad loc., 279r. (*i*).

⁵⁰⁻⁵⁰ Ap: Brenz, *In Ioh.* 1528 ad loc. (*iustitia*), 280v. (*i*).

⁵¹⁻⁵¹ Light/darkness contrast (*r* Eph 5,13) ad loc. ap: Augustine, *In Ioh.* tract. 95, MPL 35, 1871–1872, CCL 36, 566 (*i*?). Baptism/sordes contrast ad loc. ap: ErP 1524, LB 7, 621 (*i*?).

⁵²⁻⁵² Ap: Brenz, *In Ioh.* 1528 ad loc. (*iustitia*), 280v. (*ip* but there: no mention of: lux evangelii).

peccatum hic pro: vero peccato et *iuditium* pro: vero iuditio accipitur. Utique quam [53]nudus sit mundus vera iustitia, tum demum plane apparuit quando vera iustitia Dei per evangelion ubique revelata fuit[53]: *iustitia de qua Lex testata est et Prophetae, iustitia quae per fidem Iesu Christi* pervenit *in omnes credentes,* Ro. 3[21–22].

Totus siquidem mundus iustitiam inquisierat, [54]studiosissime autem, sub adventum Domini, Iudaei per Legem, gentes per philosophiam [cf. 1 Cor 1,22][54]. Verum volente Domino demonstrare [55]non esse nisi per Christum iustitiam[55], [56]utrosque et Iudaeos et gentes, quanto plus videbantur studere iustitiae, tanto in graviora prolabi permiserat*[c1]* iniustitiae dedecora[56] ut postea, tam eximia et vere Dei atque coelesti iustitia florentibus iis qui Christo nomen dedissent, totus orbis agnosceret [cf. Rm 10,18] non esse nisi [57]*per fidem Christi iustitiam* [Rm 3,22] petendam.

⟨*De iustitia quia vado ad Patrem* [Io 16,10]⟩ Haec ergo vera solidaque iustitia – quae a fide Christi contingit [cf. Rm 3,22] ut homo totus Deo et proximo [cf. Mt 22,37–39] in admiranda sanctitate vivat – tum demum coepit revelari cum ad Patrem Dominus abiisset et iam a discipulis non videretur [cf. Io 16,17]. Unde et Paulus Rom. 4[25] scribit eum *propter iustificationem nostram resurrexisse*[57]. Ideo tum Paracletus in apostolis *de iustitia mundum arguit* [Io 16,8.10], id est palam iustitia nudum*[d1]* esse convicit, cum fulgeret in credentibus [cf. 2 Cor 4,4] vere solida et divina iustitia. *De iudicio* etiam*[e1] arguit mundum* [Io 16,8.11] quia [58]tum demum apparuit Filio *omne iudicium datum esse* [Io 5,22][58], ubique verbo eius cedente Satana, quod item mundus ignorabat.

⟨*Multa* haec *quae non poterant portare* non sunt caerimoniae⟩ *Adhuc multa habeo* [Io 16,12]. Haec *multa* [59]caerimonias esse*[f1]* quae in ecclesias irrepserunt, ii intelligendas contendunt quibus illae lucro sunt[59]. Sed quid possit dici stultius? Scilicet *non potuerunt portare*, id est capere, *discipuli* [Io 16,12] praecepta de caerimoniis quibus assueverant a puero, et opus fuit doctore alio quam esset Christus ipse in carne mortali ut illae traderen-

---

[c1] sinebat A. – *[d1]* mundum [!] A. – *[e1] add.* tum A. – *[f1] om.* AB. –

[53–53] This emphasised ap: Brenz, *In Ioh.* 1528 ad loc., 280v. (*ipa*); ErP 1524 ad loc., LB 7, 621 (*i*).

[54–54] Ap: Eusebius-Rufinus, *Hist. eccl.* 1,2.22–23, GCS 9:1, 24–25 (*i*).

[55–55] Ap: ErP 1524 ad loc., LB 7, 621 (*ip*); Brenz, *In Ioh.* 1528 ad loc., 281r. (*i*).

[56–56] Ap and adv: ErP 1524 ad loc., LB 7, 621 (there: Jews and legal ceremonies *only* mentioned as example of carnal justice).

[57–57] Ap: Brenz, *In Ioh.* 1528 ad loc., 281r.–v. (*ipr* Rm 4,25).

[58–58] Ap: Augustine, *In Ioh.* tract. 99 ad 16,13, MPL 35, 1885, CCL 36, 582 (*r*) combined with: ErP 1524 ad loc., LB 7, 621 (*i* only).

[59–59] Ap: Brenz, *In Ioh.* 1528 ad loc., 282r.–v. (*i*). There as here adv. e.g.: Schatzgeyer, *Scrutinium* con. 6, CC 5, 88–89; Clichtove, *Antilutherus* lib. 1, cap. 13, 26r.–v. Cf. infra n. (62)–(62).

tur quarum tam multas Moscheh tradiderat, Christo longe inferior? Denique *g1*pauculae caerimoniae eaeque fere mutuatae*g1* ab ethnicis erunt, si
Christo placet, *omnis veritas in quam inducit spiritus Paracletus* [Io 16,13].
Sed sic sapere debent veritatis hostes. Haec *multa* [Io 16,12] igitur sunt
[60]quibus explicatur vis peccati, discrimen electorum et reproborum, vera
Christi iustitia et aeterna potestas[60]. Ea sunt quae Paulus orabat Ephesiis
cum scribit: *Huius rei gratia flecto genua mea ad Patrem* etc. Lege Ephes.
3[14]. Quae et Collossensibus ac suis omnibus precari solitus fuit [cf. Col
1,1–8], ut in exponendis illis multus semper fuit. Ista siquidem plene
novisse est vita aeterna [cf. 1 Io 5,11].

h1Cum venerit vero Spiritus ille [Io 16,13]. Ineffabile est quod cum [61]antea
pauci adeo adflarentur Spiritu Dei [cf. Io 20,22], statim ab illa solenni
effusione Spiritus sancti [cf. Act 2,1ff.] ille adflavit tam innumeros per
universum orbem [cf. Rm 10,18] et *in unum corpus* [Eph 4,4] Christi
coadunavit[61]. Proinde [62]merito Dominus de hoc Spiritu, suae carnis quasi
vicario – nam dicit: *alium Paracletum mittam vobis* [Io 14,16] – tam
magnifica praedicat. Omnino enim per eum Dominus regnum suum administrat suumque patrocinium credentibus exhibet[62] quod ante, carnali
conversatione praesens, exhibebat*h1*. Reliqua in [63]Paraphrasi satis explicui.

[767] O b s e r v a t i o n e s

Observa quid sit *mundum arguere* [Io 16,8]: nimirum omni eum *iustitia*
et cognitione veri nudum ostendere *peccatoque* exitiali esse oppressum, id
quod nemo faciet, nisi spiritus Paracletus. Deinde: hunc quoque solum
docere [cf. Io 16,12] quid Christus sit et possit. *i1*Animadvertendum quoque sanctos non quovis tempore quaelibet posse capere eoque nihil mirandum si quos, bonos plerunque et Spiritu Dei non vulgari praeditos,
videamus ad aliqua, quae tamen indubitato Dei sunt, stupere*i1*.

---

g1-g1 pauculas cerimonias easque fere mutuatas [!] A. – *h1-h1 om.* AB. – *i1-i1 om.* A. –

[60-60] Ap: Brenz, *In Ioh.* 1528 ad loc., 282v. (general *i* same as here but there: spiritual
kingdom, sin, justice, spreading of Gospel to Gentiles). Cf. also *Paraphrasis* supra ad n.
(43)–(43).
[61-61] Ap: Augustine, *In Ioh.* tract. 100 ad loc., MPL 35, 1890–1891, CCL 36, 588 (*i*).
[62-62] Adv e.g.: Schatzgeyer, *Scrutinium* con. 7 ind. 10, CC 5, 105 (there *r* Io 16,13: Holy
Spirit teaches all truth = dictates all the ceremonies – cf. supra ad n. (59)–(59)).
[63] Cf. supra *Paraphrasis* ad nn. (44)–(44) – (48)–(48).

ENARRATIO SECTIONIS III [16–24]

Paraphrasis

De [64]Paracleto spiritu vel ideo verba vobis libenter facio, a quo nimirum posthac *doceri vos* [Io 16,13] omnia oportet quod *per pusillum temporis* [Io 16,16] sit quo vobis carne adero[64]. Iam iam enim [65]rapiar ad mortem a qua quidem iterum, ut dixi, videbo vos [cf. Io 14,19], sed id quoque exiguo tempore[65] quia [66]tempus advenit ut *ad Patrem,* in gloriam divinitatis [cf. Lc 24,26], *concedam* [Io 16,16][66].

Haec discipuli non intelligentes, [67]volebant eum interrogare [j']quidnam eo sibi vellet quod dixerat: *Pusillum videbitis me[j']* [Io 16,17]. Sed *praevenit eos* [Io 16,19] et quid vellet apertius indicabat[67], dicens: *Amen amen dico vobis, plorabitis et lamentabimini vos et* [68]*mundus gaudebit,* me scilicet interempto. Sed *brevi moeror vester in gaudium vertetur* [Io 16,20] cum scilicet redivivum me vobis exhibuero[68].

Sicut enim *mulieris parturientis dolor* omnis evanescit *cum* videt *se peperisse hominem* [Io 16,21], ita *vobis* iste [69]*moeror quo nunc,* propter abitum meum, gravati estis et magis gravabimini cum videbitis neci me dedi, omnis evanescet cum *iterum videbo vos.*

⟨Unde verum gaudium⟩ *Tum gaudio corda vestra perfundentur*[69] quod [70]*nemo a vobis tollet* [Io 16,22]. *In illo die nihil me interrogabitis* [Io 16,23][70], adeo [71]*omnia* clarissime *docebit vos spiritus Paracletus* [Io 14,26] quem penes vos habebitis [cf. Io 14,16][71]. Sic agetis quoque feliciter ut, *quicquid omnino Patrem petieritis, sit* vobis *daturus* [Io 16,23], quod iam [72]quarto

---

j'–j' om. A. –

[64-64] This link between v. 16 and Christ's preceding words implied ap: Augustine, *In Ioh.* tract. 95 ad 16,10, MPL 35, 1872, CCL 36, 566–567 (*i*). Mention of Holy Spirit ad loc. only ap: Albert, *In Ioh., Opera* 24, 591 col. A–B (*i*? but there: emphasis that Holy Spirit *could not have been fully given while Christ physically present*).

[65-65] Ap: Augustine, *In Ioh.* tract. 101 ad loc., MPL 35, 1893, CCL 36, 591; Cyril, *In Ioh.* ad loc., MPG 74, 455–456; ErP 1524 ad loc., LB 7, 622 (*i*).

[66-66] Ap: ErP 1524 ad loc., LB 7, 622 (*p* but there: emphasis on the necessity of Christ going away physically).

[67-67] Ap: ErP 1524 ad loc., LB 7, 622 (*p*).

[68-68] Ap and adv: ErP 1524 ad loc., LB 7, 623 (*i*: there: same parallelism: death = world's joy = disciples' sorrow; ressurrection = world's sorrow = disciples' joy. But there: world = expressly the Jews. Perhaps also here implicitly? Cf. supra *cap.* 15, *sect.* 3 ad n. (70).

[69-69] Ap: ErP 1524 ad loc., LB 7, 623 (*ip*: present sadness increased but will eventually lead to joy at his resurrection).

[70-70] Link: joy such that no need for asking only ap: ErP 1524 ad loc., LB 7, 623 (*i*).

[71-71] Emphasis on Holy Spirit ap: Cyril, *In Ioh.* ad loc., MPG 74, 459–460; Theophylactus, *In Ioh.* ad loc., MPG 124, 219–220; Brenz, *In Ioh.* 1528 ad loc., 286r. (*i*). Here adv: ErP 1524 ad loc., LB 7, 623 (there: no mention of Holy Spirit).

[72] Cf. Io 14,13; 15,7.16.

vobis polliceor. *Hactenus nihil in nomine meo petivistis*, [73]contenti ea vitae commoditate qua mecum estis fruiti[73]. Iam autem futurum est ut petatis, [74]ad diviniora scilicet mentes vestras spiritu Paracleto accendente[74]. [k1] [75]*Petite* igitur *et petite*[k1] confidenter[75]. Omnia *accipietis et implebitur* ac *perficietur gaudium vestrum* [Io 16,24] cum me et Patrem plene [76]cognoveritis [cf. 1 Io 5,20]. Haec credite futura et inde consolamini, [l1]huncque praeposterum de meo abitu moerorem missum facite[l1].

Annotationes

In illo die me non interrogabitis [Io 16,23]. Significat[m1] fore ut omnia [77]abunde adeo a Spiritu docerentur et a Patre acciperent, postquam per ipsum, hoc est *in nomine* ipsius [Io 16,24], ab illo petiissent[77]; quod in [78]nulla re essent haesitaturi nulliusque boni inopia laboraturi. [n1]Nulla itaque tum interrogandi Dominum caussa futura erat[n1] [78].

Hactenus non petiistis [Io 16,24]. Ut enim [79]spiritualia parum intelligebant, ita neque petere ea poterant[79].

Observationes

Observandum unde sit verum ac solidum gaudium: utique a sola cognitione Christi. Inde est quod ipsum Paulus ubique fidei fructum [cf. Phil 1,11] facit. Deinde: fideles per Christum impetrare a Patre omnia [cf. Io 16,23].

[k1–k1] Tum petite tantum A. – [l1–l1] dum praeposterus iste de meo abitu moeror corda vestra occupat AB. – [m1] Hoc significavit AB. – [n1–n1] atque ita nulla interrogandi ipsum caussa futura AB. –

[73–73] Ap: Aquinas, *In Ioh.* ad loc., *Piana* 14:2, 91v. col. B (*i*: there: they were content to ask for "corporalia"); ErP 1524 ad loc., LB 7, 623 (*i*: there: "humanus affectus" due to Christ's corporal presence stopped them asking for things spiritual).

[74–74] Ap: Aquinas, *In Ioh.* ad loc., *Piana* 14:2, 91v. col. B; Brenz, *In Ioh.* 1528 ad loc., 287r.–v. (*i*).

[75–75] Emphasis on urging or encouragement to *petitio* ad loc. ap: Cyril, *In Ioh.*, MPG 74, 459–460 (*i*); Aquinas, *In Ioh.*, *Piana* 14:2, 91v. col. B (*i*: but there: in an alternative interpretation).

[76] Emphasis on *knowledge* ap: Cyril, *In Ioh.* ad 16,25, MPG 74, 461–462 (*i*). Perhaps here also ap: ErP 1524 ad 16,25, LB 7, 623 (there: Tandem et per Spiritum meum certo renuntiabo vobis quid velit Pater meus). Cf. infra *sect.* 4, *Paraphrasis* ad n. (81)–(81).

[77–77] Ap: Chrysostom, *In Ioh.* hom. 79 ad loc., MPG 59, 428 in: Aquinas, *Catena* ad loc., Guarienti 2, 543; *In Ioh.* ad loc., *Piana* 14:2, 91v. col. A (*i*).

[78–78] Ap: ErP 1524 ad loc., LB 7, 623 (*i*).

[79–79] Cf. supra *Paraphrasis* ad nn. (73)–(73), (74)–(74).

ENARRATIO SECTIONIS IIII [25–33]

Paraphrasis

[80]Hactenus quum vobis non adfuit, o discipuli, amplior vis Spiritus, instar paroemiarum, quae fere obscuritatis aliquid habent, vobis sermones mei fuerunt, tecti scilicet[80]. Sed confidite, *instat* modo *tempus cum apertius vobis de Patre* meo *annuntiabo* [Io 16,25], [81]nimirum per Paracletum quem vobis toties pollicitus sum [cf. Io 14,16.26; 15,26; 16,13]. Tum petenda per nomen meum et cognoscetis[81] *et, cum petieritis, accipietis* [Io 16,24].

Chari estis Patri, ideo ista omnia quae promisi futura ne dubitetis. Adeo sane ille *vos amat* [Io 16,27] ut non sit opus quod mea illum vobis inter[768]-cessione propitium reddam. Iam enim vobis ille summe [82]favet quia vobis datum est me diligere atque *credere quod a Patre exivi*[82], hoc est: verus Deus *in* hunc *mundum* et Servator omnium [cf. 1 Tim 2,4] *veni,* homo factus. In hac tantum fide persistite et omnia optime habebunt. Vere enim *a Patre egressus in* hunc *mundum veni* [Io 16,28], cum aeternum *Verbum* Patris sum *caro*[o1] *factum* [Io 1,14]. [83]*Iterum* modo *mundum relinquo* hac carne quam assumpsi *et ad Patrem vado* [Io 16,28][83], in immortalem gloriam eandem subducturus [cf. Lc 24,26].

Per haec vero [84]excitati *discipuli* et admiratione quadam rapti – nam haec ultima verba sua Dominus ingenti spiritu dicebat – *respondebant* Domino: *Ecce nunc aperte et citra paroemiarum* involucrum *loqueris* [Io 16,29]. *Nunc scimus te nosse omnia, neque etiam opus esse ut te quisquam interroget*[84], quando ipse iam palam omnia loqueris. Hinc iam *credimus quod a Deo egressus es* [Io 16,30], verus orbis Servator. Haec vero magis ex [85]stupore quodam quam certa scientia discipuli dicebant. Neque enim ita plane omnia verba Christi intellexerant[85].

[o1] certo [!] A. –

[80–80] Ap: Brenz, *In Ioh.* 1528 ad loc., 288r. (*p*).

[81–81] Cf. supra ad n. (76). Here ap: ErP 1524 ad loc., LB 7, 623.

[82–82] Ap: ErP 1524 ad loc., LB 7, 624 (*ip*).

[83–83] Ap: ErP 1524 ad loc., LB 7, 624 (*ip*). Emphasis on corporal absence already ap: Augustine, *In Ioh.* tract. 102 ad loc., MPL 35, 1899, CCL 36, 597 (*i*).

[84–84] Ap and adv: ErP 1524 ad loc., LB 7, 624 (*ip* but there also: emphasis on their arrogance; missing here).

[85–85] Ap: Augustine, *In Ioh.* tract. 103 ad loc., MPL 35, 1899, CCL 36, 598 (*i*) cited in: Aquinas, *In Ioh.* ad loc., *Piana* 14:2, 92v. col. A. Here adv: ErP 1524 ad loc., LB 7, 624 (there: emphasis on arrogance – cf. n. (84)–(84) supra).

$^{p^1}$Erat etiamnum$^{p^1}$ sermo ^{86}quem eis dixerat proverbialis$^{q^1}$, neque ita aperte et plane de Patre$^{r^1}$ edocti erant. Nam id per Paracletum$^{s^1}$ Dominus futurum promiserat [cf. Io 14,26]^{86}. Voluit igitur illos ^{87}infirmitatis suae Dominus admonere et dicebat: *Nunc creditis*, nunc me ut Christum agnoscitis, sed o quam nondum egit satis radices [cf. Mt 13,21] haec fides vestra^{87}. *Iam* enim *instat hora ut, me deserto, quisque vestrum ad sua se conferat*. Sed ob id *non ero solus, Patre Deo mihi usquam praesente* [Io 16,32]. Volui autem, priusquam a vobis migrarem, *haec vos monere ut*, credentes mihi, veram *pacem haberetis. In mundo enim afflictionem sentietis. Sed confidite: ego vici mundum* [Io 16,33], ^{88}unde et vos illum vincetis [cf. 1 Io 5,4]^{88}.

Annotationes

Haec per proverbia [Io 16,25]. Id est: tanquam proverbia quae ^{89}fere rem manifestam obscuritate tegunt, $^{t^1}$Dominus dixerat$^{t^1}$. Nam hic ^{90}nullis alioqui proverbiis$^{u^1}$ usus est. Est enim paroemia, definitore ^{91}Erasmo: "celebre dictum scita quapiam novitate insigne."

Et non dico vobis quod rogaturus sim [Io 16,26]. Semper quidem ^{92}intercedit pro sanctis Christus donec plene consummentur. Hic autem dixit non esse opus ut Patrem pro eis roget, ut nimirum iam primum eis favorem Patris impetret, qui iam tum eximie illis favebat, ut Christo suo credentibus$^{v^1}$ ^{92}.

Dicunt ei discipuli [Io 16,29]. Quia quod Dominus dixit *venire horam qua esset aperte* discipulis *de Patre annuntiaturus* [Io 16,25], satis liquet de tempore resurrectionis et adventus Paracleti eum dixisse, obscurum quoque esse non potest haec discipulos ^{93}ex pia quadam admiratione respondisse, magis quam certa scientia. Cum enim summum erga ipsos Dominus amorem iam multis testatus esset, coeperant et ipsi vicissim eius amore

---

$^{p^1-p^1}$ Certe AB. – $^{q^1}$ ipsis adhuc proverbialis fuerat AB. – $^{r^1}$ *add.* adhuc A. – $^{s^1}$ *add.* primum AB. – $^{t^1-t^1}$ *om.* A. – $^{u^1}$ *add.* Dominus A. – $^{v^1}$ credentes [!] A. –

$^{86-86}$ Ap: Aquinas, *In Ioh.* ad loc., *Piana* 14:2, 92v. col. A (*i*).
$^{87-87}$ Ap: Aquinas, *In Ioh.* ad loc., *Piana* 14:2, 92v. col. A (*ip* there emphasis on: tarditas eorum fidei).
$^{88-88}$ Ap: Augustine, *In Ioh.* tract. 103 ad loc., MPL 35, 1901, CCL 36, 600; ErP 1524 ad loc., LB 7, 624 (*i*).
^{89} Anonymous definition of *proverbium* ap: ErAdagia, chil. 1, prol., LB 2,1 (there: proverbium est sermo rem manifestam obscuritate tegens).
^{90} Double meaning of *proverbium* already raised ap: Aquinas, *In Ioh.* ad loc., *Piana* 14:2, 91v. col. B (there as here: used ad loc. in sense of "obscure" not "common" saying – *i*?).
^{91} ErAdagia, chil. 1, prol., LB 2,1–2.
$^{92-92}$ Ap: Cyril, *In Ioh.* ad loc., MPG 74, 463–464 (*i*).
$^{93-93}$ Ap: Augustine, *In Ioh.* tract. 103 ad loc., MPL 35, 1899, CCL 36, 598 (*i*).

ardere[93], atque ex eo, ut fieri solet, [94]videbantur sibi plura capere ac promittebant etiam plura[w1] quam adhuc poterant vel capere vel praestare[x1] [94].

Nunc creditis [Io 16,31]. Dum scilicet extra periculum estis, aliud declaraturi cum periculo accesseritis propius. Huius [95]infirmitatis suae monendi erant quo agnoscerent omnia Domini dona esse [cf. Iac 1,17][95]. Fidem tamen, cum Dominum deseruerunt, [96]haudquaquam amiserunt. Exercita illa quidem fuit et adflicta, sed nequaquam oppressa et extincta[96].

Ut in me pacem habeatis [Io 16,33]. In Christo [y1]sancti Patris bonitatem[y1] agnoscunt et vitam aeternam inde percipiunt [cf. 1 Tim 1,16], unde semper dum mentis oculos in ipsum coniiciunt, gaudent et laetantur. [97]In *mundo* autem, dum illum perpetuo *arguere* [Io 16,8] et confundere solumque Deum in Christo praedicare et glorificare student, nunquam ab impiis non affliguntur quos contra *regnum Christi* [Eph 5,5] semper Satan armat. Sed hoc interim consolatur eos: sciunt Christum *mundum vicisse* [Io 16,33] ita ut sanctis non possit ulla in re obesse, sed oporteat in omnibus illis servire ad salutem[97].

Observationes

Iterum et[z1] ubique monemur omnia in amore fideque Christi sita esse. Tum: eum[a2] *de Patre nobis*[b2] *annuntiare* [Io 16,25] ut vere discere liceat. Praeterea: conducere saepe sanctis ut tententur et labantur quo se et gratiam Dei melius agnoscant, alio[779 [!] = 769]qui dilectissimos suos discipulos Dominus haudquaquam ita labi passus fuisset. Deinde: ut cum Christo in supplicio Pater fuit [cf. Io 16,32], etsi [c2]ipse sibi iuxta sensum naturae videretur nimium derelictus[c2] [cf. Mt 27,46], sic et nobis Patrem sub cruce nostra, etsi nihil minus sentiat caro, nunquam defuturum. Post haec: in uno Christo esse verum gaudium et solatium, in mundo nihil expectandum, nisi adflictionem [cf. 1 Io 5,19]. Postremo: *mundum* ita a Domino *victum* [Io 16,33] ut prodesse tantum nobis possit, laedere non possit.

[w1] se plura habere A. – [x1] habere A. – [y1–y1] Patris bonitatem sancti D. – [z1] ut AB. – [a2] *add.* solum AB. – [b2] vobis [!] C. *corr. here after* ABD. – [c2–c2] natura eius videretur sibi nimium derelicta A. –

[94–94] Ap and adv: ErP 1524 ad loc., LB 7, 624 – cf. supra n. (84)–(84) – (*p*: their excessive confidence in their own capacities but there: no mention of love as motive).

[95–95] Ap: Aquinas as n. (87)–(87) supra (*i*). Here also ap: ErP 1524 ad loc., LB 7, 624 (*ip*: all things in the hands of the Lord (there = God the Father).

[96–96] Ap: Aquinas as n. (87)–(87) (*i*: faith imperfect) combined with: Lambert, *De excaecatione* tract. 1, cap. 10, 17v.–18r. (*i*: the elect may waver but they never *lose* faith). Here adv: Augustine, *In Ioh.* tract. 103 ad loc., MPL 35, 1901, CCL 36, 600; Brenz, *In Ioh.* 1528 ad loc., 289v. (there: they abandoned their faith altogether).

[97–97] Ap: Lambert, *De excaecatione* tract. 4, cap. 2, 62r.–v. (*ip*). Also perhaps ap and adv: Brenz, *In Ioh.* 1528 ad loc., 290r. (*i* but there: impii = the powerful of this world, also: no mention of predestination).

CAPUT 17

⟨Sectio 1 [1–11]⟩ *Haec locutus est Iesus et sublatis oculis in coelum dixit: Pater, venit hora, glorifica Filium tuum ut et Filius tuus glorificet te. Sicut dedisti ei potestatem omnis carnis ut, quotquot dedisti ei, det eis vitam aeternam. Haec est autem vita aeterna ut cognoscant te solum Deum verum et quem misisti Iesum Christum. Ego te glorificavi super terram, opus consummavi quod dedisti mihi ut facerem. Et nunc glorifica me tu Pater apud temetipsum gloria quam habui priusquam hic mundus esset, apud te. Manifestavi nomen tuum hominibus quos dedisti mihi de mundo. Tui erant et mihi eos dedisti et sermonem tuum servaverunt. Nunc cognoverunt quod omnia quaecunque dedisti mihi, abs te sunt. Quia verba quae dedisti mihi, dedi eis, et ipsi acceperunt et cognoverunt vere quod a te exivi et crediderunt quod tu me misisti. Ego pro eis rogo. Non pro mundo rogo, sed pro* [1]*iis quos dedisti mihi quia tui sunt. Et mea omnia tua sunt et tua mea sunt et glorificatus sum in eis. Et iam non sum in mundo et hi in mundo sunt et ego ad te venio.*

⟨Sectio 2 [11–19]⟩ *Pater sancte, serva eos per nomen tuum quos dedisti mihi ut sint unum sicut et nos. Cum essem cum eis in mundo, ego servabam eos nomine tuo. Quos dedisti mihi, ego custodivi et nemo ex eis periit, nisi filius ille perditus ut Scriptura* [2]*impleretur*[a]*. Nunc autem ad te venio et haec loquor in mundo ut habeant gaudium meum impletum in semetipsis. Ego tradidi eis sermonem tuum et mundus eos odio habuit quia non sunt de mundo, sicut et ego non sum de mundo. Non rogo ut tollas eos e mundo, sed ut serves eos a malo. De mundo non sunt, sicut et ego non sum de mundo. Sanctifica eos per veritatem tuam. Sermo tuus veritas est. Sicut tu me misisti in mundum, ita et ego misi eos in mundum et pro eis ego sanctifico meipsum ut sint et ipsi sanctificati per veritatem.*

⟨Sectio 3 [20–26]⟩ *No pro eis autem rogo tantum, sed et pro iis qui credituri sunt per sermonem eorum in me. Ut omnes unum sint, sicut tu Pater in me et ego in te ut et ipsi in nobis unum sint, ut credat mundus quod tu me miseris. Et ego gloriam quam dedisti mihi, dedi eis ut sint unum, sicut et nos unum sumus. Ego in eis et tu in me ut sint consummati in unum et ut cognoscat mundus quod tu me misisti et dilexisti eos, sicut et me dilexisti. Pater quos dedisti mihi, volo ut ubi sum ego et illi sint mecum, ut videant gloriam meam quam dedisti mihi quia dilexisti me ante conditum mundum,*

---

[a] [2]compleretur D. –

[1] Er 1527: his. Vg: eis.
[2] Er 1527: compleretur. Vg: impleatur.

Pater iuste, et mundus te non cognovit. Ego autem te cognovi et [3]*ii co-gnoverunt quod tu me miseris. Et notum feci eis nomen tuum et notum faciam ut dilectio qua dilexisti me, in ipsis sit et ego in ipsis.*

[770] ENARRATIO SECTIONIS I [1–11]

Paraphrasis

Cum haec quae praemisimus Dominus dixisset [cf. Io 17,1], ut totus ardebat et amore suorum et desiderio gloriae Patris illustrandae, quo magis suos [4]*corroboraret, elatis in coelum oculis*, corpore ita mentis ardorem referente[4], oravit ad Patrem in hunc modum. *Pater*, inquit, *advenit* tandem *hora, glorifica tuum Filium* [5]immortalitate et omnium imperio donatum [cf. Col 1,16–17][5] *ut* vicissim *ipse te glorificet* [Io 17,1] [6]conversis hominum cordibus per Paracletum[6] ut te Deum et Patrem suum agnoscant et adorent, quorum nunc orbis paucissimos habet.

⟨*Potestas omnis carnis*⟩ *Dedisti* enim *illi potestatem in omnem carnem*, [7]non Iudaeos solum[7], ut [8]ex omni hominum genere aliquot salvet et aeternae vitae participes [cf. Hbr 3,1] reddat, *quos tu* nimirum *illi dedisti* [Io 17,2] *ante conditum mundum* in hoc electos [Eph 1,4][8]. Iam *vita aeterna* et plena [9]electorum salus nihil aliud *est* quam *ut* certo *cognoscant te solum verum Deum et, quem misisti Iesum Christum* [Io 17,3], *unicum Mediatorem* [1 Tim 2,5][9] et Salvatorem [cf. 1 Tim 4,10]. Quem ideo hominem fieri voluisti ut per eum in agnitionem tui orbis veniat. Fac igitur – cum multi filii tui, per universum orbem dispersi, [10]alios deos et mediatores erga te[b] colunt[10] [c]eo misere errantes[c] – ut haec nostri cognitio ubique terrarum

---

[b] *add.* misere errantes AB. – [c-c] *om.* AB. –

[3] Er 1527: hi. Vg: hi.

[4-4] Ap: Chrysostom, *In Ioh.* hom. 80 ad loc., MPG 59, 432–433 in: Aquinas, *Catena* ad loc., *Guarienti* 2, 546 (*i*); ErP 1524 ad loc., LB 7, 625 (*ip*).

[5-5] Ap: Hilary, cf. infra n. (22)–(22), in: Aquinas, *In Ioh.* ad 17,5, *Piana* 14:2, 93v. col. A (*ip*). Adv: ErP 1524 ad loc., LB 7, 625 (there: glorifica Filium tuum apud homines morte et resurrectione).

[6-6] Mention of Holy Spirit ad loc. only ap: Cyril, *In Ioh.*, MPG 74, 479–482 (*i*).

[7-7] Thus interpreted ap: Chrysostom, *In Ioh.* hom. 80 ad loc., MPG 59, 433; ErP 1524 ad loc., LB 7, 625 (but there: not only Jews but the whole world; no mention of election).

[8-8] Ap: Lambert, *De excaecatione* tract. 1, cap. 2, 8v. (*ipr* Eph 1,4); Zwingli, *Elenchus*, CR 93, 181 (*ipr* Eph 1,4]. Here adv: universal salvation as in n. (7)–(7) supra. Also perhaps adv: Brenz, *In Ioh.* 1528 ad loc., 292v. (there = autor vitae aeternae omnibus hominibus in ipsum credentibus).

[9-9] Ap and adv: Brenz, *In Ioh.* 1528 ad loc., 293r. (*p* but there: emphasis on faith not election) combined with: Augustine, *In Ioh.* tract. 105 ad 17,5, MPL 35, 1907, CCL 36, 607; Aquinas, *In Ioh.* ad 17,8, *Piana* 14:2, 94r. col. A (*r* 1 Tim 2,5).

[10-10] This definition of *verus Deus* ad 17,3 ap: Cyril, *In Ioh.*, MPG 74, 483–486 (*i*).

effulgeat et sentiat mundus me sibi Servatorem advenisse. Equidem hoc quod tu statuisti tempore, [11]*glorificavi te in terra* [Io 17,4] *et nomen tuum* iis quos ad hoc ordinasti, *manifestavi* [Io 17,6] [d]tum doctrina tum miraculis[d], atque ita[e] *opus* quod mandaveras *perfeci* [Io 17,4][11].

⟨Gloriam ab aeterno habeam⟩ Restat igitur iam ut ea nunc *apud te gloria dones me,* [12]hominem quoque, *quam* ut Verbum tuum [cf. Io 1,1f.], Deus ab aeterno, *antequam* hic *apud te mundus esset,* [f]*possideo* [Io 17,5][12], quaeque mihi, [13]homini quoque, ante iacta mundi fundamenta [cf. Eph 1,4] apud te [g]reposita est[f g] [13]. Iis quidem *quos mihi* erudiendos et salvandos *dedisti cum tui erant* – a te scilicet [14]conditi et in hoc ut salutem consequerentur[h] selecti [cf. 2 Th 2,13][14] – *nomen tuum notum feci,* bonitatem tuam cognitam reddidi. *Sermonem* enim meum fide receptum *servarunt* [Io 17,6] *cognoveruntque quaecunque in me* viderunt, *abs te* utique profecta, vere abs te et divina *esse* [Io 17,7].

Nam *quae mihi verba dedisti, iis* illi fidem habuerunt *vereque cognoverunt quod a te exivi et missus sum* [Io 17,8], [15]Verbum tuum [cf. Io 1,1f.], verus Deus et Salvator mundi [cf. 1 Tim 4,10] quem omnes audire debeant[15]. Hi iam proferre quod coepi evangelion debent, quamque in Iudaeae angulo [cf. Rm 15,8] lucem accendi, *in universum mundum* [Col 1,6] differre. *Pro his* igitur, *non pro mundo, te rogo. Tui sunt et dedisti eos mihi,* sicut *omnia mea tua sunt et tua mea* [Io 17,9–10]: *unum* siquidem *sumus* [Io 10,30; 17,11]. *Glorificatus* iam *sum in eis* [Io 17,10] quia me Christum esse agnoverunt, [16]sed ipsorum erit ut ad id cooperentur [cf. 1 Cor 3,9], quo[i] et in aliis electis per orbem dispersis glorificer[16]. *Cum* itaque ego *non amplius in mundo futurus sum* – iam enim e mundo egressus sum *quia* modo *vado ad te* – *illi* autem *in mundo* mansuri *sunt* [Io 17,11] ut meam bonitatem

---

[d-d] *om.* A. – [e] *om.* A. –[f-f] habui, immortali scilicet beataque vita ac salvifico in omnes imperio quo tua gloria per apostolos meos undique propagetur A. –[g- g] reposita fuit *then add.* quantumque ad te attinet cui et futura praesentia sunt, ab eo etiam habui immortali scilicet beataque vita ac salvifico in omnes imperio quo tua gloria per apostolos meos undique propagetur B. – [h] consequantur A. – [i] ut A. –

[11-11] Ap and adv: ErP 1524 ad loc., LB 7, 625 (*p* but there: no mention of election).
[12-12] Cf. supra n. (5)–(5).
[13-13] Emphasis on Christ as man predestined ap: Augustine, *In Ioh.* tract. 105 ad loc., MPL 35, 1907, CCL 36, 607 (*i*).
[14-14] Ap and adv: ErP 1524 ad loc., LB 7, 625–626 (*p*: but there: faith not election); Brenz, *In Ioh.* 1528 ad loc., 294r. (*i* but there: election = faith).
[15-15] Hilary ap: Aquinas, *In Ioh.* ad loc., *Piana* 14:2, 94r. col. A (*i*: exire = aeterna generatio, mitti = incarnatio. Cf. Augustine [*In Ioh.* tract. 106 ad loc., MPL 35, 1911, CCL 36, 612] who relates both to humanity).
[16-16] Ap: ErP 1524 ad loc., LB 7, 626 (*i*). Adv: Brenz, *In Ioh.* 1528 ad loc., 295r. (there = glorificatus = glorificabor: rel. solely to the future).

ubique praedicent tuumque in me nomen glorificent, *oro pro eis* [Io 17,9]
[17]ut illis, tam difficile munus obituris, paterne adsis[17].

Annotationes

Glorifica Filium tuum [Io 17,1]. *Filius Patrem* [18]*glorificavit* dum potentiam et bonitatem eius manifestavit[18]. Pater Filium dum, *exaltatum ad
dextram suam, Dominum et Servatorem* [Act 5,31] omnium et constituit et
agnosci quoque per praedicationem evangelii fecit [cf. Mt 24,14]. Id Dominus ipse satis declaravit cum subiecit: *Quemadmodum dedisti ei potestatem
omnis carnis ut det vitam aeternam* omnibus *quos ei dedisti* [Io 17,2], et mox
definit vitam aeternam esse Patris et sui cognitionem [cf. Io 17,7]. Haec
tum mundo, id est electis e toto mundo, contigit cum a Patre Paracletum
suis misit [cf. Act 2,4ff.]. Tum Christus donator vitae aeternae agnitus est,
ideo et vere glorificatus.

[j]Quomodo autem cognitio Patris et Christi vita aeterna sit quae nimirum
sola aeternam salutem, iustitiam et gaudium [cf. Rm 14,17] adfert iis qui
eius participes facti sunt [cf. Hbr 3,1], haudquaquam potest esse obscurum. Ubi enim vere Deus ut omnis boni fons et autor agnoscitur,
dumque per Christum certi sumus illum nobis favere atque in hoc nos de
mundo elegisse ut sibi nos per Spiritum suum similes reddat [cf. 1 Io 3,2],
plene iustos et beatos, ea certe fiducia et spe in Deum corda nostra vivunt
ut huic[k] collatum quicquid orbis habet, [18a]fumus et um[771]bra sit [cf. Sap
5,15], eo Dei amore perfunduntur ut nihil non molestum sit quod nescias
te cum gratia ipsius habere [cf. Iac 1,17].

Haec iam fidutia confundi non potest [cf. Phil 1,20], hic amor nunquam
excidere [cf. 1 Cor 13,8]. *Deus* enim *verax est* [Io 3,33] et opera eius
perfecta. Unde dum per [19]*Spiritum Dei* quo donati sancti sunt, indubitato
se *filios Dei* sciunt [Rm 8,14.16], futurae et beatae vitae [cf. 1 Tim 4,8], ut
arram [cf. Eph 1,14], ita et gustum aliquem habent[19] – tenuem quidem
illum, si plenae beatitudini quae nos manet, conferas – sed tantum tamen
ut prae eo leve sit omnia vitae praesentis, et ipsam quoque, morte et
quibusvis cruciatibus commutare.

---

[j] *add.* □ Quae vita aeterna A. – [k] *add.* vitae AB. –

[17–17] Ap: Brenz, *In Ioh.* 1528 ad loc., 295r. (*ip*).
[18–18] Ap: Augustine, *In Ioh.* tract. 105 ad loc., MPL 35, 1904, CCL 36, 603 (*i*); Brenz, *In
Ioh.* 1528 ad loc., 292r. (*p* glorification of Father by Son).
[18a] Cf. ErAdagia chil. 2, cent. 4, no. 2, LB 2, 523.
[19–19] Ap: Cyril, *In Ioh.* ad loc., MPG 74, 487–488 (*ip* 1524 ed., 193r.) here combined with:
Lambert, *De excaecatione* tract. 1, cap. 2, 8v. (*i* election). Perhaps adv: Brenz, *In Ioh.* 1528
ad 17,6 (there: no means of knowing who is elect, therefore election = faith in Christ).

Haec quidem vita Dei, dum *in corpore* hoc *a Domino peregrinamur* [2 Cor 5,6], imperfecta est. Ut enim nondum plene Dei bonitas cognoscitur, ita neque plene amatur [cf. 1 Cor 13,9]. Hinc[l] fit ut placeant subinde quae Deus non probat et peccetur. Nihilominus tamen, sicut non possumus non amare Deum et bene de ipso sperare quem datum est nobis cognoscere, ita nequit frustra esse hic amor et non potest haec in Deum spes confundere [cf. Phil 1,20], indeque necesse est ut tandem perficiat hanc quam dedit vitam Deus. Hinc ergo liquet quod *aeterna* [Io 17,2] iure dicitur quae omnino perficienda est et finem accipere nequit. De his [20]supra 3.5.6 plura.

Opus consummavi [Io 17,4]. [21]*Ministerium* utique *circuncisionis* [Rm 15,8]. Suo enim tempore et suis auditoribus regnum Dei annuntiaverat[21].

⟨Quomodo[m] gloria Domino Iesu collata⟩ *Gloria quam habui* [Io 17,5]. [22]Verus Deus et homo erat *Verbum* Patris [Io 1,1ff.] *per quod omnia condita sunt* [Col, 1,16]. Inde eam gloriam ut per ipsum gubernarentur et salvarentur omnia [cf. Col 1,16.17], habuit semper: [n]ut Deus re ipsa, ut homo, destinatione Patris cui factum est quod adhuc fiet. Nunc autem eam orat sibi, quoque homini, re ipsa conferri[n] [22]. In [23]ipso enim *placuit* Deo *omnem plenitudinem inhabitare* [Col 1,19] *et primogenitum eum esse omnis craeaturae* [!] [Col 1,15], id est Dominum omnium, sicut *primogenitus* ex Lege, *fratrum suorum* [Rm 8,29] dominus erat. *In omnibus ipsum primas tenere* [Col 1,18] oportuit quia *per eum instauranda sunt quaecunque in coelo sunt et in terra* [Eph 1,10]. In hanc dignitatem *semen Abrahae* Deus *assumpsit et non angelos* [Hbr 2,16]. Ideo et eos huic filio hominis subiecit [cf. Hbr 2,5], *sicut omnia* [1 Cor 15,28]. De his plura 1 Corinth. 15[28], Ephes. 1[10–20], Colos. 1[15–19], 1 Timoth. 6[15], Hebre. 1[3] et passim in Scripturis, praecipue autem apostolicis[23].

Tui erant [Io 17,6]. Deus [24]electos condidit et Christo, Mediatori, dedit salvandos et perficiendos[24].

---

[l] *add.* tum AB. – [m] Quae A. – [n–n] nunc autem eam orat sibi quoque homini A. –

[20] Cf. supra *cap.* 3, *sect.* 2 ad nn. (163)–(163) – (168); *cap.* 5, *sect.* 2 ad nn. (58)–(58) – (65)–(65); *cap.* 6, *sect.* 3 ad nn. (44)–(44) – (45)–(45), (74)–(74), (79)–(79), (83)–(83) – (85)–(85).

[21–21] Cf. supra n. (11)–(11). Here also ap: Brenz, *In Ioh.* 1528 ad loc., 293r.–v. (*i*).

[22–22] Ap: Hilary, *De Trinitate* 3,16, MPL 10, 85, CCL 72, 87–88 (*iper*) in: Aquinas, *In Ioh.* ad loc., *Piana* 14:2, 93v. col. A; *Catena* ad loc., *Guarienti* 2, 548 combined with: Augustine, *In Ioh.* tract. 105 ad loc., MPL 35, 1907, CCL 36, 607 (*i*: Christ as man predestined) in: Aquinas, *Catena* ad loc., *Guarienti* 2, 548. – "Locus communis" De vita aeterna, fol. 238 r. in A.

[23–23] Exegesis as in n. (22)–(22) supra and the Scriptural references to Christ's humanity probably adv: Brenz, *In Ioh.* 1528 ad loc., 293v. (there: emphasis on Christ's "exinanitio" in human nature: therefore here prays for nothing *new* but to be restored to former glory).

[24–24] Ap and adv: Chrysostom, *In Ioh.* hom. 81 ad loc., MPG 59, 438 (*i*: certain men given to the Son to believe in him but there: no mention of election); Brenz, *In Ioh.* 1528 ad loc., 294r. (*i*: elect i.e. believers – cf. supra n. (19)–(19) – given to the Son). *I* that the elect given

Sermonem tuum servaverunt [Io 17,6]. Hic vide quid sit *servare sermonem* Dei, utique [25]illum fide recipere. Nam certe discipuli nondum eo pervenerant ut opere °sermonem Domini° implevissent[25].

Quia verba quae dedisti mihi [Io 17,8]. Hic vide ordinem salutis. [26]Electis primum evangelion annuntiatur. Tum datur eis illi habere fidem. Deinde in illo et per illud Deus cognoscitur [cf. Rm 1,17]. Hinc[p] continuo fidutia in eum et amor eius nascuntur. Ex iis mox sequitur studium sanctitatis et officiositas in fratres[26].

Ego pro eis rogo [Io 17,9]. Utique id [27]discipulis oravit quod in sequentibus magis explicat, nimirum ut munus suum foeliciter obirent[27].

[q]*Et mea omnia* [Io 17,10]. [28]Commune sibi Mediatoris et Dei regnum esse significat, quanquam proprie regnum Christi dicatur dum pugna viget contra peccatum [cf. 1 Cor 15,25–27]. Hoc penitus extincto, regnum proprie Dei erit qui tum futurus est *omnia in omnibus*, 1 Corinth. 15[28][28]. Nunc per [29]hominem Christum super omnia exaltatum [cf. Phil 2,9] *cuncta* reguntur et *instaurantur* [Eph 1,10], sed non nisi quia hic homo a Verbo assumptus est et idem Christus, hoc est Deus simul et homo, est. Quare quia et homo Christus regnat *cunctaque instaurat* [Eph 1,10], *Dei virtus est* [1 Cor 1,24][29]. Quanquam videtur hic peculiariter de electis Dominus loqui, hi ita communes Patri et Christo sunt, [r]ut Christus[r] non assumat salvandos nisi quos Deus in hoc elegit. Et quoscunque Deus elegit, eos suae fidei concreditos Christus habeat atque salvos reddat [cf. Eph 1,5.11–12].

Observationes

Observandum ut se [30]vera habeat precatio. Id solum [s]de quo[s] per Spiritum certa mens est, [t]id Deo probare[t] cupit et orat, id est avidam eius se testatur[30].

°–° eum AB. – [p] inde A. – [q] add. ☐ *Omnia mea tua* A. – [r–r] quod ut hic AB. – [s–s] cuius AB. – [t–t] quod Deo probetur AB. –

by God to the Son, as here, ap: Lambert, *De excaecatione* tract. 1, cap. 2, 8v.–9r. (but there: no *r* Io 17,6).

[25–25] Ap: Chrysostom, *In Ioh.* hom. 81 ad loc., MPG 59, 438 (*i* faith, Christ speaking to disciples). Adv: Brenz, *In Ioh.* 1528 ad loc., 294r. (there also: faith, but words apply to all the elect not just disciples).

[26–26] Ap: Brenz, *In Ioh.* 1528 ad loc., 294v. (*p*).

[27–27] Ap: Brenz, *In Ioh.* 1528 ad loc., 294v. (*ipa*).

[28–28] Ap: Aquinas, *In 1 Cor.* ad loc., n. 940, 944, 949, 950, *Cai* 1, 414–416 (*i*). Perhaps adv: Borrhaus, *De operibus*, 78r. ff. (there: ultimate kingdom, i.e. return of Israel, is Christ's).

[29–29] Ap: Lyra ad loc. (*i*). Adv: Brenz, *In Ioh.* 1528 ad loc., 295r. (there: no mention of two natures).

[30–30] Ap: Lambert, *De excaecatione* tract. 1, cap. 2, 9r. (*ip*).

[772] Sic videmus bene moratos filios *ea demum cupere et orare a Patre quae illi agnoverint grata*, ne quidem optaturi quae* sciant Patri displicere. Certe nihil bonum, ideo neque optabile fuerit, quod non placuerit Deo. In reliquis observandum: amplitudo regni Dei et vis electionis ac fidei. De quibus et supra multa dicta sunt.

ENARRATIO SECTIONIS II [11–19]

Paraphrasis

Pater sancte, quando *tui sunt* [Io 17,11.9] et ad tuam illustrandam gloriam [cf. Io 17,4] a [31]me paulo post *in universum orbem* extrudendi [Mt 24,14], in provinciam perdifficilem[31], *servare eos per nomen tuum*, per [32]virtutem tuam, dignare. *Ut sint unum* nobiscum et inter se, [33]uno scilicet nostro Spiritu viventes et *evangelion regni* [Mt 24,14] tui praedicantes[33], *sicut nos* [Io 17,11] unum sumus: [34]ut sicut ego nihil nisi quae tibi grata sunt et *dico et facio*, ita et illi in omnibus* [35]a nobis pendeant[35] et nostrae se in omnibus voluntati attemperent. Sic certe poterunt foeliciter sua legatione fungi [cf. 2 Cor 5,20][34].

Hactenus *custodivi eos* tum [36]corpore, tum animo. *Neque periit ex eis quisquam, nisi perditioni* devotus *ille* meus proditor quem [37]perire necesse fuit *ut Scriptura impleretur* [Io 17,12][37] qua praedictum est [38]*meum domesticum contra me calcaneum suum levaturum* [Ps 40,10; Io 13,18] eoque excidendum[38] et loco in quo erat movendum.

Instat ut ad te vadam. Quare haec pro illorum consolatione, *dum* adhuc *in mundo sum et* ipsi me audiunt, dico et precor, *quo gaudium quod de me habent,* [39]aucta eis mei cognitione, *plenum fiat* [Io 17,13][39]. In mundo siquidem, ut eis praedixi, afflictionem habebunt [cf. Io 17,14], eamque

---

u–u tum demum cupere et orare a Patre studiorum relaxationem et ludos cum id illi agnoverint gratum A. – *v* si AB. – *w–w* dixi et feci AB. – *x add.* quoque AB. –

[31–31] This emphasised ap: Brenz, *In Ioh.* 1528 ad loc., 295r. (*ip*).
[32] Cf. infra *ann.* ad loc., n. (47)–(47).
[33–33] Union of charity ap: Cyril, *In Ioh.* ad loc., MPG 74, 515–516 (*i*).
[34–34] This definition of *unum sumus* ap: ErP 1524 ad loc., LB 7, 626 (*ipa*).
[35–35] Expression as here ap: ErP 1524 ad 17,14, LB 7, 627 (*t*).
[36] Physical care emphasised ap: ErP 1524 ad loc., LB 7, 626.
[37–37] Ap: Augustine, *In Ioh.* tract. 107 ad loc., MPL 35, 1914, CCL 36, 615 (same *i* – there: "perditioni praedestinatus secundum Scripturam" – but different *r*). Adv: ErP 1524 ad loc., LB 7, 626 (there: Scripture *foretold* his damnation).
[38–38] Ap: ErP 1524 ad loc., LB 7, 626 (*pr*).
[39–39] Ap: Lyra ad loc. (*i*); ErP 1524 ad loc., LB 7, 627 (*ia*).

[40]*ideo quod sermonem* meum [Io 17,14], *evangelion regni* [Mt 24,14], *illis dedi* [Io 17,14] ut et ipsi[y] ei fidem habeant et illud undique praedicent [cf. Mc 16,15][40]. Hac illos caussa *mundus* letali *odio insectabitur* [Io 17,14].

Non oro ut eos e mundo tollas [Io 17,15.16] [41]ne affligantur. Volo eos in mundo esse et a mundo persecutionem ferre [cf. 1 Cor 4,12][41]. Hoc *oro: ut eos a* [42]*malo* [Io 17,15] illo *mundi principe* [Io 14,30] Satana liberes ne, dum adflictiones et cruciatus immiserit, detorqueat eos a meis iussis, ab illustrando tuo nomine[42]. *Non sunt e mundo sicut et ego* [Io 17,16]. Alius in eis, nempe noster, Spiritus agit [cf. Rm 8,14], ideo mundo intolerabiles erunt. [43]*Sanctifica* tu igitur *illos* et obsigna *veritate, tuo* scilicet *verbo* [Io 17,17], ut immoti [44]stent contra omnem tentationem et fortiter *veritati testimonium perhibeant* [Io 18,37][44].

Nam *sicut tu me misisti, ita ego[z] illos mitto in mundum* [Io 17,18] ut *testentur* [45]*opera illius mala esse* [Io 7,7], te vero solum bonum ubique praedicent [cf. Mc 16,15][45]. Scis quanto illis spiritu, quanta virtute ad tam duram provinciam opus sit. Equidem hac caussa ut illi *per veritatem sanctificati sint, sermone tuo* [Io 17,19.17] ita imbuti ut, cum mundo, tum sibiipsis valedicant et [46]toti tuo nomini illustrando inserviant, *meipsum* modo *sanctificabo* [Io 17,19], tibi in cruce immolatum [cf. 1 Cor 5,7][46]. Quare, obsecro Pater, habeas eos tibi commendatos et a malo illo veteri humani generis hoste [cf. Apc 12,9] sic serves ne quid illis imponat, neve in legatione sua remoretur.

Annotationes

In nomine tuo [Io 17,12]. Petit ut *Pater* apostolos *suo nomine servet* et dicit *se illos* quoque *ipsius nomine servasse* [Io 17,11.12]. Eandem ergo

---

[y] *om.* A. – [z] *om.* AB. –

[40–40] Ap: Brenz, *In Ioh.* 1528 ad loc., 298v. (*p*: Praedicavi eis evangelion quod et ipsi toti orbi adnunciaturi sunt ac propterea persecutionem patientur a mundo) combined with: ErP 1524 ad loc., LB 7, 627 (*i*: faith in and practice of Christ's doctrine).
[41–41] Ap: Brenz, *In Ioh.* 1528 ad loc., 299v. (*ipa*). Adv: Lyra ad loc.; ErP 1524 ad loc., LB 7, 628 (there: emphasis on Christ wishing them to stay in the world so as to accomplish their duty, i.e. not die before Gospel transmitted).
[42–42] Ap: Cyril, *In Ioh.* ad loc., MPG 74, 535–536 (*i*: temptation sent *by Satan*). Adv: ErP 1524 ad loc., LB 7 ad 17,15–16 (there: emphasis on the worldly wisdom and vices into which men are prone to fall).
[43] *Sanctifica* = confirma ap: Lyra ad loc. (*i*). Adv: ErP 1524 ad loc., LB 7, 628 (there: *sanctifica* = puros serva).
[44–44] Ap: Lyra ad loc. (*p*).
[45–45] Ap: ErP 1524 ad loc., LB 7, 628 (*ipa*).
[46–46] Ap: ErP 1524 ad loc., LB 7, 628 (*ip*).

vides Patris et Filii esse virtutem. Quod enim dicit: [47]in *nomine tuo* [Io 17,12] perinde est atque: tua virtute, tua potentia[47].

⟨Quomodo in perditione Iudae *Scriptura impleta* est⟩ *Ut Scriptura impleatur* [Io 17,12]. Perire utique debuit qui, post tanta beneficia, post doctrinam vitae et admirandi Spiritus participationem [cf. Hbr 6,4], post incomparabilem dignitatem apostolici muneris, in mortem vendere potuit [48]magistrum et Dominum[48] suum quem adeo innocentem et sanctum esse ipse expertus erat.

Quemadmodum igitur, sicut supra [49]13, sectione 3 ostendi, in Dominum, caput sanctorum, competit quicquid de afflictionibus sanctorum scriptum est, imo in ipso completur; ita consequens est ut non quadret tantum, sed et impleatur in hostibus Christi quicquid uspiam scriptum est de hostibus sanctorum. Hinc [50]Petrus Acto. 1[20] ex[a1] Psalm. 69: *Sit palatium eorum desertum* [Ps 68,26] et ex 109: *Episcopatum,* vel [51]praefecturam eius, *accipiat alter* [Ps 108,8], tanquam de Iuda dictum adduxit[50]. Peculiater quidem isti [52]duo Psalmi de supplicio Domini et hostibus eius canunt. Attamen quae canunt, [53]primum in Davide ut Christi typo, et hostibus eius qui hostium Christi typi fuerunt, praecesserunt, sed adumbrata. Et in Domino demum et eius hostibus vere completa sunt[53].

[773] Hinc mihi videtur Dominus praecipue de his quae Psal. [54]69 scripta de hostibus Domini sunt, [b1]in praesenti[b1] intellexisse, his[c1] nempe: *Da iniquitatem super iniquitatem eorum et ne ingrediantur in iustitiam tuam, deleantur de libro viventium* [Ps 68,28–29] etc[54]. Haec, tametsi ad omnes Christi obstinatiores hostes pertineant, sicut tamen inter hos malitia et crudelitate Iudas excelluit, ita peculiariter in eum competunt. Reliqua in Paraphrasi satis explicata sunt.

[a1] *om.* CD *corr. here after* AB. – [b1–b1] *om.* A. – [c1] Illis A. –

[47–47] Ap: *Glossa ord.* [*int.*] (*it:* there: potentia); Brenz, *In Ioh.* 1528 ad loc., 295v. (*it,* there: verbum, potentia, misericordia, salus).

[48–48] This expression ap: ErP 1524 ad loc., LB 7, 626 (*t*).

[49] Cf. supra *cap.* 13, *sect.* 3, *ann.* ad nn. (51) – (54).

[50–50] R Ps 68,26; 108,8; Io 13 ap: Lyra ad loc. R Ps 68,26 ap: Albert, *In Ioh.* ad loc., *Opera* 24, 614 col. A. R Ps 108,8 ap: Augustine, *In Ioh.* tract. 107 ad loc., MPL 35, 1914, CCL 36, 615 in: Aquinas, *Catena* ad loc., *Guarienti* 2, 551.

[51] For this explanation of *episcopatus* cf. BPs 1529 ad 109,8, 339v.

[52] Ap and adv: Augustine, *In Ps.* ad 68,27; 108,6–15, MPL 36, 861, 1439, CCL 39, 925, CCL 40, 1593. Cf. BPs 1529 ad 69,26–27, 261r.–v., 262r.; ad 109,8, 338r., 339v.

[53–53] This "progressive" significance of types ap: e.g. Galatinus, *De arc. cath. ver.* lib. 3, cap. 24, 92v. (general *i* only). Cf. supra *cap.* 3, *sect.* 2 ad nn. (107)–(107) – (110)–(110).

[54–54] Here perhaps ap: Augustine, *In Ps.* ad 68,27, MPL 36, 861, CCL 39, 925 (*i*?: there Judas mentioned explicitly but different context). Cf. supra n. (50)–(50) and BPs 1529 ad 69,28–29, 261v. (there: Judas not mentioned!).

Observationes

Observandum: ante omnia orandum esse*[d]* ut unum simus sicut Christus et Pater [cf. Io 17,11], ut nimirum eius Spiritu pariter vivamus et gloriam Dei unanimiter*[e]* propagemus. Item: sola Dei nos virtute servari, etiam ubi Dei ministri nos tueri videntur, sicut tum nomen Patris servavit discipulos [cf. Io 17,11], cum Dominus *[f]*eos servavit*[f]*. Hoc dicto nihil videtur planius, attamen quotusquisque est qui id fide intelligat, qui vere Dei esse omnem virtutem qua vivit et servatur, agnoscat? Post haec monemur iterum *[g]*solo evangelio*[g]* mundum contra nos concitari*[h]* ubi ipsum vere fuerimus amplexi.

Praeterea observandum: non esse orandum ut e mundo nos adfligente liberemur, sed *ut a malo* [Io 17,15] *mundi principe* [Io 14,30] ne nos suis afflictionibus a recto detorqueat, *servemur* [Io 17,15]. Hoc est: *[i]*non esse precandum*[i]* ne tentemur, sed *ne in tentationem inducamur* [Mt 26,41] et liberemur a malo illo tentatore ne uspiam ab officio nos deducat.

Postremo notandum ut sanctificemur et divini reddamur, nimirum dum probe sermonem Domini et, ex eo, cognitionem eius fuerimus consecuti. Quanto enim plus Dei cognoverimus, tanto ardentius amabimus eum et ad aemulandum quoque rapiemur. Haec vero agit omnia in nobis Spiritus Dei quem Dominus suis donat [cf. Rm 8,14] virtute Patris, uti eum, *sanctificando semetipsum* [Io 17,19] pro nobis in cruce, meruit.

ENARRATIO SECTIONIS III [20–26]

Paraphrasis

Primum oravi te Pater pro iis quos apostolos in orbem ex tua voluntate ablegabo. Qui, [55]cum *lux mundi et sal terrae* [Mt 5,13.14] esse debeant, recte precatus sum *ut illos* a Satana *servares* [Io 17,15] et praecipue cognitione evangelii tui *sanctificares* [Io 17,19], *unumque esse nobiscum* [Io 17,11] donares, quo nimirum divinissimo huic muneri satisfacere possint[55].

Iam precor et *pro iis* ad quos illos apostolos amandabo. *Qui* electi in hoc abs te sunt ut, audito evangelio ab illis, *in me credant* [Io 17,20]. Et his ergo dona tuum Spiritum *ut omnes, ipsi* et apostoli, *in nobis unum sint* atque, *sicut tu in me es et ego in te*, ita simus tu et ego in illis *et ipsi in nobis* [Io

---

[d] om. A. – *[e]* om. A. – *[f]–[f]* visus est eos servare AB. – *[g]–[g]* solum evangelion A. – *[h]* concitare A. – *[i]–[i]* precandum esse non A. –

[55-55] Ap: Albert, *In Ioh.* ad loc., *Opera* 24, 618 col. B (*i*); Brenz, *In Ioh.* 1528 ad loc., 301r. (*ip*).

17,21], ita ut [56]totos illos agat Spiritus noster [cf. Rm 8,14] et toti ipsi a nobis in omnibus pendeant, vigeatque hoc pacto in eis vera iustitia et pietas [cf. 1 Tim 6,11][56].

Ex quo tum [57]*mundus* sentiat et *credat* [Io 17,21] me quem illi Servatorem et Dominum suum confitebuntur et praedicabunt, indubitatum Christum esse, missum a te ut *iudicium et iustitiam* [Io 16,8] in terra faciam[57]. Ad hoc certe [58]*gloriam quam mihi dedisti* [Io 17,22], omnifariam potentiam Spiritus tui, in sermone et operibus illis contuli ut ita in *unum corpus* [Rm 12,5] universi coalescant[58], id est vere *unum* evadant *sicut nos unum sumus* [Io 17,22].

Hinc manifestum erit quod [59]ego in illis sim, vivam, loquar atque perficiam omnia, sicut tu in me es, vivis, loqueris et perficis omnia [cf. Io 17,23]. Sic demum perfecti erunt in unum *ut omnes unum corpus sint et singuli aliorum membra* [Rm 12,5][59]. *Videbitque mundus in eis*, sic omnifariam iustitia et virtute florentibus, me quem illi sectabuntur atque de quo Magistro et Redemptore gloriabuntur, vere Christum esse, [60]*a te* in hoc *missum* [Io 17,23] ut tibi similes homines reddam [cf. 1 Io 3,2][60]. Sic apparebit quod, *sicut me* vere *dilexisti* et id tam potenti et mirifico quem donasti Spiritu declarasti, *sic* etiam vere *diligas istos* [Io 17,24.26] quos eodem Spiritu praeditos esse donabis [cf. Rm 8,14].

Denique, *Pater, volo* ac peto *ut* – cum perfuncti fuerint quisque suis muneribus, cum pensum suum quisque iuxta tuam constitutionem[j1] persolverit ad [61]instaurationem ecclesiae nostrae[k1] [61] – sint in [62]ea foelicitatis conditione in qua ipse ero et ita plane demum *videant gloriam meam* [Io 17,24][62].

Dilexisti siquidem me, [63]etiam hominem, *antequam mundus hic conditus esset* [Io 17,24]. Igitur dilexisti et [64]meos *quos ante iacta mundi fundamenta*

[j1] ordinationem AB. – [k1] *add.* opera sua fideliter impensa AB. –

[56-56] Ap: ErP 1524 ad loc., LB 7, 628 (*i*: total dependence on the Lord; Holy Spirit); Albert, *In Ioh.* ad loc., *Opera* 24, 618 col. B (*i*: Holy Spirit, unity based on faith and love). Here also perhaps ap: Lyra ad loc. (there: unity of the Church, no schisms).
[57-57] Ap: Lyra ad loc. (*i*: but there: *opera miraculorum* rather than preaching); Brenz, *In Ioh.* 1528 ad loc., 302r. (there: question of preaching and miracles left open).
[58-58] Thus interpreted ap: Chrysostom, *In Ioh.* hom. 82 ad loc., MPG 59, 444 (*i*); ErP 1524 ad loc., LB 7, 628 (*i*); Brenz, *In Ioh.* 1528 ad loc., 302r. (*i*).
[59-59] Ap: ErP 1524 ad loc., LB 7, 629 (*ipar*).
[60-60] Ap: Cyril, *In Ioh.* ad loc., MPG 74, 557–558 (*i*).
[61-61] Emphasis on ecclesia = corpus ap: Cyril, *In Ioh.* ad 17,21, MPG 74, 559–560 (*i* here?).
[62-62] Ap: Aquinas, *In Ioh.* ad loc., *Piana* 14:2, 95v. col. B – 96r. col. A (*i*: there: also refers to Christ's human nature but as alternative interpretation).
[63] Ap: Augustine, *In Ioh.* tract. 110 ad loc., MPL 35, 1923, CCL 36, 626 (*ip*); Aquinas, *In Ioh.* ad loc., *Piana* 14:2, 96r. col. A (*i*: there: alternative interpretation).
[64-64] Ap: Augustine, *In Ioh.* tract. 110 ad loc., MPL 35, 1923, CCL 36, 625 (*ip*); ErP 1524 ad loc., LB 7, 629 (*ip* but there: no mention of Christ's human nature, therefore question of election left ambiguous!).

[Eph 1,4] ut huius gloriae participes [cf. 2 Pt 1,4] fierent[64], dele[774]gisti. Dabis igitur quod peto, nempe ut hanc gloriam, cum nomen tuum satis in terra illustraverint, beati adeant [cf. Io 17,24]. Ipsis haec gloria[l] debetur, *mundus* enim *te non agnoscit*, ideo nihil huius ad eum attinet. *Isti autem te cognoscunt*, uti *et ego te cognosco* [65]quia agnoverunt iam *quod me miseris* [Io 17,25], quod Christus sum. Unde et te hactenus cognoscunt in me, cuius sum quantus sum, et qui in me omnia agis [cf. Io 1,3][65]. Cum igitur [66]*iustus sis Pater* [Io 17,25], istis te cognoscentibus, iuxta tuam promissionem dabis ut mecum beata immortalitatis gloria fruantur[66].

Notum feci eis nomen tuum. Id amplius *faciam quo* praesentius *dilectionem* tuam *erga se sentiant quam in me declarasti* et [67]sic dedant se penitus mihi *ut in eis vivam* [Io 17,26] et agam omnia[67]. Quare conveniet ut et olim mecum beati agant qui modo in me permanserint et in quibus ego permanebo[m1] [cf. Io 6,57], cuncta meo in illis Spiritu instituens et efficiens.

Annotationes

Ut omnes unum sint [Io 17,21]. Haec unitas graphice a Paulo depicta est, [n1]Rom. 12[n1] [4], 2 Cor. 12 [!=1 Cor 12,12] et Ephes. 4[4]: in eo utique sita ut idem [68]Spiritus omnes huc agat ut quisque pro sua portione [cf. Rm 12,6f.] et virili Dei gloriam in electis promoveat, *donec omnes perveniant in unitatem fidei et agnitionis Filii Dei, in virum perfectum* [Eph 4,13] etc.[68].

Ut credat mundus [Io 17,21]. Ubi namque [69]discipuli Domini ita vivunt ut redemptos a tyrannide peccati et vere iustificatos eos esse omnes videant, conspicitur utique in eis *regnum Christi* [Eph 5,5] et ipse Dominus indubitatus Christus agnoscitur[69].

Et ego gloriam [Io 17,22]. Haec ampla illa [70]potentia fuit Spiritus qua[o1] maiora, quam Dominus ipse, primi credentes patrarunt [cf. Io 14,12].

Ut sint consummati in unum [Io 17,23]. Id tum fit [71]*cum perveniunt omnes in virum perfectum et mensuram aetatis plene adultae Christi*, Ephes. 4[13]. [p1]Hoc est: cum omni abolito peccato, in iustitia fuerint consummati ac in eo Christi vera iamque pura membra[71] evaserint[p1] [cf. Rm 12,5].

---

[l] *om.* AB. – [m1] permansero AB. – [n1–n1] *om.* A. – [o1] *add.* etiam A. – [p1–p1] *om.* A. –

[65–65] Ap: ErP 1524 ad loc., LB 7, 629 (*ip*).
[66–66] Ap: Augustine, *In Ioh.* tract. 111 ad loc., MPL 35, 1929, CCL 36, 632 (*i*).
[67–67] Ap: Chrysostom, *In Ioh.* hom. 82 ad loc., MPG 59, 445 (*i*).
[68–68] Cf. supra n. (56)–(56). But here more likely ap: Cyril, *In Ioh.* ad loc., MPG 74, 557–560 (same *i*: giving of the Spirit *beginning* of our participation in Christ – but there: different *r*).
[69–69] Ap: ErP 1524 ad 17,21–22, LB 7, 628 (*i*).
[70] Cf. supra n. (58)–(58).
[71–71] Ap: Augustine, *In Ioh.* tract. 110 ad loc., MPL 35, 1922, CCL 36, 624 in: Aquinas, *Catena* ad loc., Guarienti 2, 554 (*i*).

Et dilexisti eos [Io 17,23]. Id declaratum est [72]cum eos tam potenti Spiritu donavit[72].

Pater iuste [Io 17,25]. Notavit hic [73]discrimen electorum et reproborum, unde venit ut alii Deum discant, alii discere nequeant. Unde illi apud Christum olim divinitatis gloria perfruentur [cf. 2 Pt 1,4], isti minime[73].

Et notum faciam [Io 17,26]. Nam in [74]cognitione Dei hic continuo *crescendum* [Col 1,10] est[74].

Ut dilectio [Io 17,26]. Dum etenim [75]absolute pii sumus, vere demum apparebit quod Deo chari sumus[75].

O b s e r v a t i o n e s

Observandum: Christi intercessione[q1] omnia sanctis impetrari[r1], quanquam plura oporteat his orare quibus maiora negotia regni Dei committuntur. Tum: sicut hoc praecipue suis Christus oravit *ut unum sint* [Io 17,21], ita dandam operam ante omnia ut in *unum corpus* [Rm 12,5] electi coalescant. [76]Ut vitemus qui peccant, non ita nobis Dominus vel oravit vel commendavit[76].

[s1]Impostura igitur est veteris hostis [cf. Apc 12,9] quod quidam nulla in re pietatem suam commendare melius sibi videntur, quam si secedant ab iis quos peccatores habent, nec tamen unquam ad resipiscentiam hortati sunt [cf. Lc 17,3]. Excusant postea se, quia [77]non cum ipsis baptismum denuo susceperunt, non esse eos fratres[77], ideo non esse ipsorum partes ut eos moneant.

O dolum, o insidias Satanae! Ultimum et anceps quoque remedium est quod laborantibus fratribus adhibeamus, seclusio, et nos scilicet[t1] illa primum utemur[u1], similes [78]medicis qui medicinas dubias ac periculo plenas initio morbi adhibent[78], et [79]gubernatori qui, simul atque asperior ventus flare coeperit, continuo eiicere in mare merces et commeatum cogitat[79].

[q1] intercessionem D. – [r1] impetrare D. – [s1] *add.* □ Excommunicationem praepostere quidam urgent A. – [t1] *om.* AB. – [u1] utimur AB. –

[72-72] Ap: Albert, *In Ioh.* ad loc., *Opera* 24, 621 col. A (*p*).

[73-73] Ap: Augustine as in n. (66)–(66) supra.

[74-74] Ap: Albert, *In Ioh.* ad loc., *Opera* 24, 623 col. B (*i*).

[75-75] Ap: Chrysostom, *In Ioh.* hom. 82 ad loc., MPG 59, 445 in: Aquinas, *Catena* ad loc., *Guarienti* 2, 555 (*i*).

[76-76] Adv: *Schleith. Conf.* art 2–4, SBVG 28, 11–14. Cf. BEv 1527 ad Mt 18[15], 213v.–215v.

[77-77] Ap and adv: Hubmaier, *Von der brüderl. Strafe*, Täuferakten 9, 346 (*p*).

[78-78] Ap: Augustine, *Contra epist. Parm.* 3,2, MPL 43, 87.93, CSEL 51, 106.116 (*i*: medical metaphor partly based on Mt 9,12: no exaggerated remedies).

[79-79] Ap: Augustine, *Contra epist. Parm.* 3,2, MPL 43, 93, CSEL 51, 116 (*i*: no exaggerated remedies – cf. supra n. (78)–(78) but there: different examples).

Quin, si tenet vos ardor Christi, sive fratres, sive amici, si ecclesiae illius sanctitati et puritati serio[v1] studetis, monetis in primis fratres quos Christum auditis confiteri et vitam tamen videtis eos Christo indignam vivere? Et monetis non primum [80]suscipiendi baptismi, renuendi iurisiurandi[80] et istiusmodi dogmatum in quibus non est sita pietas, sed resipiscentiae, [w1]verae vivaeque in Christum fidei[w1], idque exemplo Ioannis, Christi et apostolorum?

Nunc, cum ministros ecclesiarum in primis traducitis et, quos potestis, alienare ab illis laboratis – dum totos dies querimini nullos uspiam esse Christianos quales tamen nec vos praestatis dum adeo parum dilectioni studetis – ecclesiam misere secatis, non purgatis. In [81]fiduciam sui stultos homines erigitis[81], nequaquam sanctiores [775] redditis.

Alia ratione Christus et[x1] Paulus puritatem ecclesiae quaerere docuerunt: ut nimirum qui [82]spiritualiores [cf. Gal 6,1] sunt, in omnia sese vertant[82], *omnibus omnia fiant* [1 Cor 9,22], *dies noctesque* [1 Th 2,9] quicunque admoneri se modo tulerint, moneant, hortentur et obtestentur – idque *in spiritu lenitatis* [Gal 6,1] et dilectionis flagrantissimae.[y1] – ut *digne sua vocatione* [Eph 4,1] vivant, [z1]ut pravas in se cupiditates extinguant[z1]. Cumque [83]frustra fecerint omnia, tum demum consortio cotidiano excludant [cf. 2 Th 3,14], sed *ut ne [a2]sic ceu inimicos[a2] habeant*[83], *verum* nihilominus, dum esse occasio possit, *ut fratres admoneant* [2 Th 3,15].

Ubi huiusmodi, quaeso, spiritum Catabaptistae et qui illis favent, prae se ferunt? Ubi ita studio monendi, ut secedendi et excludendi ardent? Certe quoscunque neglexeris, neque monitione tua dignos duxeris, eos necesse est tanquam deploratos habeas. Quam autem iniquum et impium illos omnes facere *filios Diaboli* [1 Io 3,10] quos hodie nostri Catabaptistae vitandos pronuntiant!

In reliquis observandum: a cognitione Dei omnia pendere eamque unum Christum suppeditare.

[v1] *om.* A. – [w1–w1] potius AB. – [x1] alia A. – [y1] flagrantiss. A. flagrantissimi [!] B. – [z1–z1] *om.* AB. – [a2–a2] sicut inimicos eos A. –

[80–80] Adv: *Schleith. Conf.* art. 1 and 7, SBVG 24, 10–11, 16–17.
[81–81] Ap: Augustine, *Contra epist. Parm.* 3,2, MPL 43, 93, CSEL 51, 117 (*i*).
[82–82] Ap: Augustine, *Contra epist. Parm.* 3,2, MPL 43, 86, CSEL 51, 105 (*ir*).
[83–83] Ap: Augustine, *Contra epist. Parm.* 3,1, MPL 43, 84–85, CSEL 51, 102 (*ipr*).

CAPUT 18

1 Haec cum dixisset Iesus, egressus est cum discipulis suis trans torrentem Cedron ubi erat hortus in quem introivit ipse et discipuli eius.

2 Noverat autem et Iudas qui prodebat eum, locum, quia frequenter Iesus convenerat illuc cum discipulis suis.

3 Iudas ergo, cum accepisset cohortem et a pontificibus ac Pharisaeis ministros, venit illuc cum laternis ac facibus et armis.

4 Iesus itaque, sciens omnia quae ventura erant super se, processit ac dixit eis: quem quaeritis?

5 Responderunt ei: Iesum Nazaraenum. Dicit eis Iesus: ego sum. Stabat autem et Iudas qui prodebat eum cum ipsis.

6 Ut ergo dixit eis: ego sum, abierunt retrorsum et ceciderunt in terram.

7 Iterum ergo interrogavit eos: quem quaeritis? Illi autem dixerunt: Iesum Nazaraenum.

8 Respondit Iesus: dixi vobis quod ego sum. Si ergo me quaeritis, sinite hos abire.

9 Ut compleretur sermo quem dixerat: ex iis quos dedisti mihi, non perdidi quenquam.

10 Simon ergo Petrus, cum haberet gladium, eduxit eum et percussit pontificis servum et abscidit auriculam eius dextram. Erat autem nomen servo Malchus.

11 Dicit ergo Iesus Petro: immitte gladium tuum in vaginam. An non bibam poculum quod dedit mihi Pater?

12 Cohors igitur et tribunus ac ministri Iudaeorum comprehenderunt Iesum et ligaverunt eum.

13 Et [1]abduxerunt[a] eum ad Annam primum. Erat enim socer Caiaphae qui erat pontifex anni illius.

14 Erat autem Caiaphas is qui consilium dederat Iudaeis quod expediret unum hominem mori pro populo.

15 Sequebatur autem Iesum Simon Petrus et alius discipulus. Discipulus autem ille erat notus pontifici et introivit cum Iesu in atrium pontificis.

16 Petrus autem stabat ad ostium foris. Exivit ergo discipulus ille alter qui erat notus pontifici et dixit ostiariae et introduxit Petrum.

17 Dixit ergo Petro ancilla ostiaria: num et tu ex discipulis es hominis istius? Dicit ille: non sum.

---

[a] [1]adduxerunt D. –

[1] Er 1527: abduxerunt: Vg. and ErAn 1527: adduxerunt.

18 *Stabant autem servi et ministri qui prunas congesserant quia frigus erat et calefaciebant se. Erat autem cum eis et Petrus stans et calefaciens se.*

19 *Pontifex ergo interrogavit Iesum de discipulis suis et de doctrina ipsius.*

20 *Respondit ei Iesus: ego palam locutus sum mundo. [776] Ego semper docui in synagoga et in templo quo omnes Iudaei conveniunt et in occulto locutus sum nihil.*

21 *Quid me interrogas? Interroga eos qui audierunt quid locutus sim ipsis. Ecce hi sciunt quae dixerim ego.*

22 *Haec autem cum dixisset, unus assistens ministrorum dedit alapam Iesu, dicens: siccine respondes pontifici?*

23 *Respondit ei Iesus: si male locutus sum, testificare de malo, sin bene, cur me caedis?*

24 *Et misit eum Annas vinctum ad Caiapham pontificem.*

25 *Stabat autem Simon Petrus et calefaciebat se. Dixerunt ergo ei: num et tu ex discipulis eius es? Negavit ille et dixit: non sum.*

26 *Dicit ei unus ex servis pontificis, cognatus eius cuius absciderat Petrus auriculam: nonne ego te vidi in horto cum illo?*

27 *Iterum ergo negavit Petrus et statim gallus cecinit.*

28 *Ducunt ergo Iesum a Caiapha in praetorium. Erat autem mane et ipsi non introierunt in praetorium ne contaminarentur, sed ut ederent Pascha.*

29 *Exivit ergo Pilatus ad eos foras et dixit: quam accusationem affertis adversus hominem hunc?*

30 *Responderunt et dixerunt ei: si non esset hic nocens, haudquaquam tibi tradidissemus eum.*

31 *Dicit ergo eis Pilatus: accipite vos et secundum Legem vestram iudicate eum. Dixerunt ergo ei Iudaei: nobis non licet interficere quenquam.*

32 *Ut sermo Iesu impleretur quem dixit significans qua morte esset moriturus.*

33 *Introivit ergo iterum in praetorium Pilatus et vocavit Iesum et dixit ei: tu es ille rex Iudaeorum?*

34 [2]*Respondit*[b] *Iesus: a temetipso tu hoc dicis, an alii dixerunt tibi de me?*

35 *Respondit Pilatus: num ego Iudaeus sum? Gens tua et pontifices tradiderunt te mihi. Quid fecisti?*

36 *Respondit Iesus: regnum meum non est ex hoc mundo. Si ex hoc mundo esset regnum meum, ministri mei utique decertarent ne traderer Iudaeis. Nunc autem regnum meum non est hinc.*

37 *Dixit itaque ei Pilatus: ergo rex es tu? Respondit Iesus: tu dicis quod rex sum ego. Ego in hoc natus sum et ad hoc veni in mundum ut testimonium feram veritati. Omnis qui est ex veritate, audit vocem meam.*

---

[b] *add.* [2]ei D. –

[2] Er 1527: *om.* ei. Cf. *Wordsworth and White* ad loc. for *add.* ei as variant.

38 ³*Dicit^c Pilatus: quid est veritas? Et cum hoc dixisset, iterum prodiit ad Iudaeos et dicit eis: ego nullam invenio in eo caussam.*

39 *Est autem consuetudo vobis ut unum dimittam vobis in Pascha. Vultisne ergo dimittam vobis illum regem Iudaeorum?*

40 *Clamaverunt rursum omnes, dicentes: non hunc sed Barrabam. Erat autem Barrabas latro.*

CAPUT 19

1 *Tunc ergo apprehendit Pilatus Iesum et flagellavit.*

2 *Et milites plectentes coronam de spinis, imposuerunt capiti eius et veste purpurea circundederunt eum.*

3 *Ac dicebant: ave rex Iudaeorum. Et dabant ei alapas.*

4 *Exivit iterum Pilatus foras et dicit eis: ecce adduco vobis eum foras ut cognoscatis quod nullam in eo caussam invenio.*

5 *Exivit ergo Iesus foras, gestans spineam coronam et purpureum pallium et dicit eis: ecce homo.*

6 *Cum ergo vidissent eum pontifices et ministri, clamabant dicentes: crucifige, crucifige. Dicit eis Pilatus: accipite eum vos [777] et crucifigite. Ego enim non invenio in eo causam.*

7 *Responderunt ei Iudaei: nos Legem habemus et secundum Legem nostram debet mori quia filium Dei se fecit.*

8 *Cum ergo audisset Pilatus hunc sermonem, magis timuit.*

9 *Et ingressus est praetorium iterum et dicit ad Iesum: unde es tu? Iesus autem responsum non dedit ei.*

10 *Dicit ergo ei Pilatus: mihi non loqueris? Nescis quod potestatem habeam crucifigendi te et potestatem habeam absolvendi te?*

11 *Respondit Iesus: non haberes potestatem adversum me ullam, nisi tibi datum esset e supernis. Propterea qui me tradidit tibi, maius peccatum habet.*

12 *Et ex eo quaerebat Pilatus absolvere eum. Iudaei autem clamabant, dicentes: si hunc absolveris, non es amicus caesaris. Quicunque se regem facit, contradicit caesari.*

13 *Pilatus autem cum audisset hunc sermonem, produxit foras Iesum seditque pro tribunali in loco qui dicitur Lithostrotos, hebraice autem Gabbatha.*

14 *Erat autem parasceve Paschae, hora ferme sexta; et dicit Iudaeis: ecce rex vester.*

---

^c *add.* ³ei D. –

³ Er 1527 and Vg: *add.* ei.

15 Illi autem clamabant: tolle, tolle, crucifige eum. Dicit eis Pilatus: regem vestrum crucifigam? Responderunt pontifices: non habemus regem nisi caesarem.

16 Tunc ergo tradidit eum illis ut crucifigeretur, acceperunt autem Iesum et abduxerunt.

17 Atque is, baiulans crucem suam, exivit in eum qui dicitur Calvaria locum: hebraice autem Golgotha.

18 Ubi crucifixerunt eum et cum eo alios duos hinc et hinc, medium autem Iesum.

19 Scripsit autem et titulum Pilatus et posuit super crucem. Erat autem scriptum: Iesus Nazaraenus rex Iudaeorum.

20 Hunc ergo titulum multi Iudaeorum legerunt quia prope civitatem erat locus ubi crucifixus est Iesus. Et erat scriptum hebraice et graece et latine.

21 Dicebant ergo Pilato pontifices Iudaeorum: noli scribere: rex Iudaeorum sed, quod ille dixerit, rex sum Iudaeorum.

22 Respondit Pilatus: quod scripsi, scripsi.

23 Milites ergo, cum crucifixissent Iesum, acceperunt vestimenta eius – et fecerunt quatuor partes, unicuique militi partem – et tunicam. Erat autem tunica inconsutilis a summo contexta per totum.

24 Dixerunt ergo inter se: ne scindamus eam, sed sortiamur de illa cuius sit. Ut Scriptura impleretur dicens: partiti sunt vestimenta mea sibi et in vestem meam miserunt sortem. Et milites quidem haec fecerunt.

25 Stabant autem iuxta crucem Iesu mater eius et soror matris eius Maria, [4]uxor[d] Cleophae et Maria Magdalene.

26 Cum vidisset ergo Iesus matrem ac discipulum astantem quem diligebat, dicit matri suae: mulier, ecce filius tuus.

27 Deinde dicit discipulo: ecce mater tua. Et ex illa hora accepit eam discipulus in [5]suam[e].

28 Postea, sciens Iesus quod omnia iam consummata essent, ut consummaretur Scriptura, dicit: sitio.

29 Vas igitur erat positum aceto plenum. Illi vero impleverunt spongiam aceto et hysopo et impositam admoverunt ori eius.

30 Cum ergo accepisset Iesus acetum, dixit: consummatum est et inclinato capite tradidit spiritum.

---

[d] [4]*om.* D. – [e] [5]sua BD. –

[4] Er 1527: *om.* uxor (not a variant!). Cf. ErP 1524 ad loc., LB 7, 640 (there: Cleophae filia). Uxor Cleophae ap: Bugenhagen, *Passio*, 425 (*t*).

[5] Er 1527: *sua*. But: *suam* in ErAn 1527, LB 6, 413. Cf. *Wordsworth and White* ad loc.

31 Iudaei ergo, ᶠquoniam parasceve erat, ut non remanerent in cruce cor[778]pora sabbathoᶠ – erat enim magnus dies ille sabbathi – rogaverunt Pilatum ut frangerentur eorum crura ac tollerentur.

32 Venerunt ergo milites et primi quidem fregerunt crura et alterius qui crucifixus est cum eo.

33 Ad Iesum autem cum venissent, ut viderunt eum iam mortuum, non fregerunt eius crura.

34 Sed unus militum lancea latus eius fodit et continuo exivit sanguis et aqua.

35 Et qui vidit, testimonium perhibuit et verum est testimonium eius. Et ille scit quod ⁷vereᵍ dicit ut et vos credatis.

36 Facta sunt enim haec ut Scriptura impleretur: os non comminuetis ex eo.

37 Et rursum alia Scriptura dicit: videbunt in quem pupugerunt.

38 Post haec autem rogavit Pilatum Ioseph Arimathiensis qui erat discipulus Iesu, sed occultus propter metum Iudaeorum, ut tolleret corpus Iesu. Idque permisit Pilatusʰ.

39 Venit autem et Nicodemus qui venerat ad Iesum nocte primum, ferens mixturam myrrhae et aloës ad libras ferme centum.

40 Acceperunt ergo corpus Iesu et obvinxerunt illud linteis cum aromatibus, sicut mos est Iudaeis sepelire.

41 Erat autem in eo loco ubi crucifixus est, hortus et in horto monumentum novum in quo nondum quisquam positus ⁹eratⁱ.

42 Ibi ergo propter parasceven Iudaeorum, quod in propinquo esset monumentum, posuerunt Iesum.

HISTORIA SUPLICII DOMINI IESU [Io 18–19]

Haec cum dixisset Iesus, egressus est [Io 18,1]. Operaepretium duxi totam ʲeorum quae passus est Dominus, simul et resurrectionis atque apparitionum eius historiamʲ, ex omnibus quatuor Evangelistis collectam, continua paraphrasi contexere. Dabo operam ne quid praeteream, tum ut suo ordine, quoad fieri potest, singula memorem. Fratres de omnibus iudicium liberum faciant. Nam alium in quibusdam ordinem, quam non-

---

ᶠ⁻ᶠ ⁶*ut non remanerent in cruce corpora sabbatho, quoniam parasceve erat* D. – ᵍ⁷vera D. – ʰ *add.* ⁸*Venit ergo et tulit corpus Iesu* D. – ⁱ ⁹fuerat D. – ʲ⁻ʲ supplicii simul et resurrectionis atque aparitionum Domini hystoriam A. –

⁶ Er 1527: as BC.
⁷ Er 1527: vera.
⁸ Er 1527: as BC. Vg: *add.* as D.
⁹ Er 1527: erat.

nulli idem ante me conati, sequar[k]. Ut autem lector videat quae cuiusque Evangelistae sint, iis quae a Matthaeo desumpta sunt Matth. subiicietur; iis quae ex Marco, Marcus; iis quae ex Luca, Lucas; iis denique quae ex Ioanne, Ioannes.

Sectio 1 ea quae in itinere ad montem Olivarum cum discipulis Dominus locutus est, commemorans

[10]Cum finem itaque precandi fecisset Dominus, *egressus est cum discipulis trans torrentem Cedron*, Ioan. [18,1] *in montem Olivarum* [Mc 14,26] quo cum alias, tum illis praecipue diebus, noctu egredi ad precandum fuerat solitus, Matth. [26,30ff.], Mar. [14,26ff.], Lu. [22,39ff.][10].

Inter eundum vero, cum discipuli toties iam audissent Dominum *a se* migraturum, coeperunt *disputare quis*nam *inter eos* deberet *maior esse* [Lc 22,24] et [11]velut Domino in magisterio succedere[11]. [12]Neque enim adhuc intelligebant ad quid muneris essent destinati[12]. Cum ita[m] [13]ambitionis aliquid in hac illorum disputatione se proderet, ad summissionem eos, ut et antea aliquoties, Dominus hortatus est. *Reges gentium*, inquit, *dominantur eis et qui potestatem super eas habent*, [14]honoris caussa *benefici vocantur* [Lc 22,25], ut vere dii sunt [cf. Ps 81,6] et omnium beneficentissimi, qui potestate recte utuntur[14].

⟨*Maior sit minor*⟩ Sed [15]vos ad nihil tale electi estis [cf. Lc 22,26] quare nullus in alios dominium et potestatem quaerat[15]. Sed *qui maior* [16]*spiritu et virtute fuerit, is* exhibeat se *ministerio erga alios tanquam minorem* [Mt 23,11; Lc 22,26][16]. Debet nanque pluribus commodare qui plura [n]*in hoc ipsum a Deo accepit*[n o]. Libeat ergo vos discipulos me, magistrum vestrum,

---

[k] dabo A. – [l-l] ab eis A. – [m] itaque AB. – [n-n] a Deo accoeperit A. – [o] acceperit B. –

[10-10] Order ap and adv: Bugenhagen, *Passio*, 391–395 (there: Lc 22,24–30 follows immediately Io 13,30. Then Io 13,31–38 interposed with parallel to Lc 22,31–33. Then Lc 22,35–38. Then Io 18,1; Mt 26,30; Mc 14,26; then Mt 26,31; Mc 14,27. Then Peter's repeated assertion, seconded by the others, Mt 26,35; Mc 14,31). Also ap and adv: Augustine, *De cons. Evang.* 3,2, MPL 34, 1163–1164, CSEL 43, 279–280 (there: Lc 22,24–38 followed by Mt 26,30–35; then Io 18,1 = garden of Gethsemane). For Bucer's order of Mt 26,32; Lc 22,31–33 cf. infra ad n. (22).
[11-11] Ap: Aquinas, *Catena* ad Lc 22,24 (Graecus), Guarienti 2, 288; Lyra ad loc. (*p*); ErP 1524 ad loc., LB 7, 451 (*i*).
[12-12] Ap: Lefèvre, *In Lc.* ad loc., 268v. (*ip*); ErP 1524 ad Lc 22,24, LB 7, 451 (*i*).
[13] Ap: Lefèvre, *In Lc.* ad loc., 268v. (*ip*); ErP 1524 ad Lc 22,25, LB 7, 451 (*ip*).
[14-14] Ap: Lefèvre, *In Lc.* ad loc., 268v. (*i*). Adv: notably ErP 1524 ad loc., LB 7, 451 (there: lay rulers = tyrants – no question of correct use of power).
[15-15] Ap: Lefèvre, *In Lc.* ad loc., 268v. (*ip*: there as here: description rather than judgement).
[16-16] Ap: Lambert, *In Lc.* ad loc., Gg 3r. (*i* spirit, there: *r* Is 61,1) combined with: ErP 1524 ad loc., LB 7, 451 (*i*: he who is greater will serve – as against this cf. Lefèvre, *In Lc.* ad loc., 268v.: he who is the most humble is the greatest).

imitari. Qui, cum [17]sim non vestrum tantum, sed et omnium maximus, omnium me minimum feci quia omnibus electis usque adeo me servum addixi[17] ut *sim pro ipsis animam meam positurus* [cf. Mt 20,28]. Longum igitur valere dicite cupiditati regni et praecellentiae in terris, alio vocati estis. *Perdurastis hactenus mecum in* tam variis ac difficilibus *tentationibus* [Lc 22,28] [18]quibus a Iu[779]daeis exercitus sum.

⟨Apostolorum dignitas⟩ Ideo manet vos, ut et antea dixi, ea apud Patrem foelicitatis gloria quae me manet. Quo loco [19]principibus sunt quos mensa sua dignantur et in conciliis ac iudiciis proximos sedere faciunt, eo loco eritis mihi in regno coelesti[19]. *Ut enim mihi Pater disposuit, ita vobis dispono ut edatis et bibatis super mensam meam et sedeatis super thronos*, principes et *iudices duodecim tribuum Iisraël* [Lc 22,29–30]. [20]Coelestibus sane et aeternis bonis et hic prae omnibus sanctis qui unquam fuerunt, perfruimini[p] [20] et ea [21]potestate praeterea in ecclesia sanctorum [cf. 1 Cor 14,33] pollebitis ut a condito mundo nulli sancti polluerint maiore[21], Luc. *Vos [q]filii illi[q] estis qui pro patribus* populo Dei eritis, quos habebit ille *principes in universa terra*, Psalm. 45 [Ps 44,17].

⟨Scandalum apostolorum⟩ Quanquam autem in tantam vos evexerim dignitatem de qua multa iam vobis dixi, *omnes* tamen hac nocte [r]grave in me, iam in manibus hostium constituto, [22]*offendiculum patiemini* [Mt 26,31]. Id unum sic offendet et repellet a me ut, obliti omnium quae dixi et gessi inter vos, Dei Filium esse me abunde testantia, tanquam nihil minus essem planeque vobis imposuissem, *me* inter hostes *relicto*, universi *diffugituri sitis* [Mt 26,56], cuius et ante monui[r]. Sed ita visum Patri est. Sic experiemini quam nihil virium ad bonum habeatis [cf. Rm 7,18], nisi a me. Ad haec et me decet etiam[s] ab [23]omni hominum genere, etiam amicis et domesticis [cf. Io 13,18], adflictionem sentire qui, pro salute mundi, me Patri hostiam[t] constitui [cf. Rm 3,25].

Id [u]vero erit[u] quod Zacharia[v] [cf. Za 13,7] praedixit: *percutiendum pastorem et[w] oves dispergendas* [Mt 26,31; Mc 14,27]. Sed ob hunc casum

---

[p] perfruemini AB. – [q–q] illi filii A. – [r–r] graviter in me offendemini, cuius et ante monui, etenim tanquam nihil unquam in me Dei experti essetis, a me fugietis A. – [s] ita AB. – [t] sacrificium A. – [u–u] est A. – [v] Zacariah A. – [w] *add.* tum A. –

[17–17] Ap: Aquinas, *Catena* ad loc., (Chrysostom), *Guarienti* 2, 288 (*i*).
[18] "Tentationes" thus interpreted ap: Bede, *In Lc.* ad loc., MPL 92, 600, CCL 120, 382; Lefèvre, *In Lc.* ad loc., 268v. (*i*).
[19–19] Ap and adv: ErP 1524 ad loc., LB 7, 452 (*i*: "regni consortium" but there: contrast with earthly princes).
[20–20] Ap: Lefèvre, *In Lc.* ad loc., 268v.–269r. (*ip*).
[21–21] Ap: Lambert, *In Lc.* ad loc., Gg 3v. (*i*).
[22] Mt 26,30ff. combined with Lc 22,31–33 ap: Chrysostom, *In Mt.* hom. 83 ad 26,30, MPG 58, 741 (*i*: order here. – cf. supra n. (10)–(10)).
[23–23] Ap: Chrysostom, *In Mt.* hom. 83 ad 26,31, MPG 58, 740 in: Aquinas, *Catena* ad loc., *Guarienti* 1, 387 (*ip*).

vestrum animos ne desponderitis [cf. Io 14,27], erigam iterum vos[23]. *Et cum resurrexero, in Galilaea vos* rursum congregabo et *vobis*, ut pastorem decet ovibus suis, *praeibo* [Mt 26,32; Mc 14,28] ducemque me iterum exhibebo, Matth., Mar.

Sed vere interim exercebit vos Satanas et gravissime tentabit. Nam[x] *Simon, Simon, Satanas expetivit vos ut cribraret, sicuti* cribrari solet *triticum. Ego autem rogavi* pro omnibus quidem vobis – quod ipsi audivistis – sed peculiariter *pro te* Simon, qui et prae aliis cades, *ne deficiat fides tua* quam pro omnibus collegis tuis aliquoties confessus es. *Conversus* igitur, cum in viam redieris, *confortare*[y] *fratres tuos stude*, memor casus proprii[z].

⟨Petri confidentia⟩ Ad haec Petrus: *Paratus sum*, inquiebat, *Domine tecum in carcerem et mortem ire*, Luc. [22,31–33]. Unde si omnes alii tuo offensi periculo a te defecerint, ego non deficiam. Sentiebat enim [24]quam amaret Dominum, non autem agnoscebat id donum Patris esse, non carnis et sanguinis [cf. 2 Cor 3,5][24], quod [a1]tamen ei adeo diserte Dominus[a1] post magnificam illam confessionem testatus fuerat. Dominus itaque [25]peculiariter Petro dicebat, nempe qui fugae adiecturus erat[b1] trinam negationem[25]: Petre[c1], [26]*amen dico tibi, hac ipsa nocte in qua iam sumus, tu ante ter me negaturus es quam* [d1]*gallus bis cecinerit*[d1] [Mc 14,30]. Petrus autem [27]nimium sibi confisus, iterum maiore cum asseveratione dicebat: *Si etiam simul moriendum sit, te non negabo. Idem dicebant et alii* [Mt 26,35; Mc 14,31]: nam adhuc extra periculum erant, Mattheus, Marcus.

⟨Synecdoche qua per necessitatem gladii atrocitatem intelligit tentationis, Lucae 22⟩ Dominus igitur, licet ante eis illud satis praedixisset, iterum tamen de eo verba faciebat. *Quando misi vos*, inquit, *sine sacculo, sine pera et calceamentis, nunquid defuit vobis? Illi respondebant: nihil. Dicebat ergo:* nunc aliter res habebit. Ne ipse quidem qui vobis tum omnia suppeditavi et tutos reddidi, modo tutus ero. Sic [28]sevire in me impios videbitis[28] ut tam necessarius videri possit gladius ut *si quis sacculum habeat et peram, tollenda sibi existimet*, neque ea quidem victus caussa, sed

---

[x] Profecto AB. – [y] *add.* et AB. – [z] tui A. – [a1]–[a1] Dominus ei AB. – [b1] *add.* et AB. – [c1] *add.* inquit A. – [d1]–[d1] bis cecinerit gallus AB. *om.* gallus [!] C. *Syntax here after corr. in.* D. –

[24–24] Ap: ErP 1524 ad loc., LB 7, 452 (*p*).

[25–25] Ap: Chrysostom, *In Mt.* hom. 83 ad loc., MPG 58, 741 (*i*: words addressed esp. to Peter to show his fall would be worse than the others'); Lefèvre, *In Lc.* ad loc., 269r. (*p*: Peter not only fled but denied Christ thrice).

[26] Ap: Augustine, *De cons. Evang.* 3,2 ad Mc 14,30, MPL 34, 1161, CSEL 43, 276–277 in: Aquinas, *Catena* ad Mc 14,30, Guarienti 1, 544 (*i*: only Mark explains the triple denial clearly – thus paraphrased in *all* ErP //s).

[27] Excessive confidence stressed ap: Chrysostom, *In Mt.* hom. 83 ad loc., MPG 58, 741 (*i*).

[28–28] Ap: ErP 1524 ad loc., LB 7, 453 (*p*).

magis *ut* sibi, [e1]illis distractis, *gladium comparet*[e1]. Tanta siquidem modo
nobis vis imminet ut [29]non solum *sacculus* cum pecunia, *pera* cum commeatu, sed et vestimentum – neque extimum quidem quo quis [f]possit
facile[f] carere, sed *tunica* plane, interius scilicet[g1], magis necessarium vestimentum[29] – *gladio commutandum* [Lc 22,33–36] videri queat. *Dico nan-*
que vobis implenda tandem esse quae de me scripta sunt. Eoque *cum iniquis*
iam deputabor et, ut hostis Dei, ad necem rapiar. *Advenit* enim *tandem finis*
[Lc 22,37] eius quod in hac humilitate gerendum negotium Pater dedit.

Illi autem [30]adhuc de viribus suis nihil diffidentes et gladiis amoliri posse
periculum arbitrantes, ex magna sane ruditate[30] *dicebant: Domine ecce duo*
gladii[h1] [Lc 22,38], putas satis fore ad instantem pugnam? Quibus Dominus: *satis est,* fru[780]stra scilicet[i1] ratus eis pluribus exponere instantem
tempestatem, praesertim fuga, non gladiis pugnaturis. Ad haec hora erat
ut se ultro in mortem daret – quanquam Petrus altero gladio ad gloriam
Dei fuerit usus [cf. Io 18,10], sed insciens, Luc. [j]Qua de caussa Dominus
illis duos istos gladios permisit[j1].

Sectio 2 continens precationem in horto

[31]Dum vero haec cum discipulis colloqueretur[k1], *venerunt in villam quae*
dicitur Getsemane, Math. [26,36], Mar. [14,32]. *Ibi erat hortus in quem*
Dominus cum discipulis introivit, Iohan. [18,1][31].

⟨*Moestus* fuit *usque ad mortem*⟩ Iussisque discipulis reliquis in certo
loco *sedere donec* procederet paulum et *oraret, assumpsit Petrum sibi atque*
duos filios Zebedaei [Mt 26,36–37] [32]quos et ad alia secretiora admiserat
et gloriam suam in monte videre permiserat[n] [cf. Mt 17,1–2][32]. Coram [33]his
coepit admodum perturbari, angi et moestus esse, dicebatque: *Moesta est*
anima mea usque in mortem [Mt 26,38]. Ita volebat testari[m1] se [34]verum
hominem esse[n1] et tentationibus per omnia fratribus assimulari [cf. Hbr
4,15]. Gravem noxam, nimirum totius mundi, voluit eluere [cf. Rm 3,25].
[o1] [35]*Non igitur*[o1] corpore tantum – quid enim est corporis cruciatus, si mens

---

[e1]–[e1] gladium comparent [!] A. gladium comparet B. – [f1]–[f1] posset AB. – [g1] add. et AB. – [h1] add.
hic D. – [i1] add. fore AB. – [j1]–[j1] om. AB. – [k1] commentaretur A. – [l1] promiserat A. – [m1] om.
AB. – [n1] prodere AB. – [o1]–[o1] graviter igitur cruciari ipsum non A. –

[29–29] Ap: ErP 1524 ad loc., LB 7, 453 (*p*).
[30–30] Ap: Lambert, *In Lc.* ad loc., Gg 5r.–v.; ErP 1524 ad loc., LB 7, 454 (*ip*).
[31–31] Order ap: Ludulphus, *Vita* 2a pars, cap. 59, *Rigollot* 4, 12–21.
[32–32] Ap: Ludulphus, *Vita* 2a pars, cap. 59, *Rigollot* 4,12 (*p*).
[33] Ap: Theophylactus, *In Mc.* ad 14,32, MPG 123, 653–654 (*ip* Oecolampadius' translation, 54v.); ErP 1524, ad Mt 26,37, LB 7, 135 (*i*).
[34] Ap: Theophylactus, *In Mc.* ad 14,32, MPG 123, 653–654; Lyra ad Mt 26,38; *Ludulphus,*
Vita 2a pars, cap. 59, *Rigollot* 4,13; ErP 1524 ad Mt 26,38, LB 7, 135 (*i*).
[35–35] Ap: ErP 1524 ad Mt 26,38, LB 7, 135 (*p*).

non sentiat – sed animo et totis viribus *p*¹graviter cruciari*p*¹ oportuit[35]. Cum itaque summe adflicto animo esset, ita ³⁶ut morti proximus esset – *in mortem* enim *usque* [Mt 26,38] tristabatur – ³⁷more suo et sanctorum omnium ad Patrem confugit[37]. Quem, ³⁸quo attentius et liberiore spiritu invocaret, etiam ab his tribus selectioribus discipulis *pusillum progressus*³⁸, quantum forte iactus est lapidis, *procidit in terram oravitque. Pater mi,* inquit, *si fieri potest, transfer hunc calicem a me,* attamen *non mea, sed tua voluntas* [Mt 26,39.42] fiat.

⟨Querulatio magis fuit quam precatio, quod Dominus oravit⟩ Querulabatur enim magis apud Patrem quam supplicium deprecabatur. ³⁹Volens siquidem in hanc horam venerat sed animo indicibiliter anxio atque trepidanti ob instans supplicium. Hinc relevatio aliqua erat quod Patri suum aestum naturaeque sensum ita testaretur, admonitusque inde praesentius sic voluntatem Patris esse *q*¹ [cf. Mt 26,42], confortaretur[39].

Cum itaque orasset id quod dictum est, hoc est aestus animi horrore *usque in mortem* [Mt 26,38] perculsi in sinum Patris multis indubie lachrymis et singultibus ac flagrantissimis cogitationibus effudisset, probeque firmata consideratione ⁴⁰sic esse voluntatem Patris [cf. Mt 26,42] et salutem mundi requirere⁴⁰, resumpto nonnihil animo*r*¹, ad discipulos rediit, ut ii sane qui adeo perturbatis sunt animis haud diu uno in loco consistere possunt. *Offendit* autem *illos dormientes* [cf. Mt 26,40].

Ut ergo ⁴¹Petrus aliis confidentius ei responderat, ita hunc nominatim obiurgavit*s*¹ [41]: *Simon, ne una,* inquit, *hora potuisti mecum vigilare* [Mc 14,37]? Ubi, queso, animus ille *mecum in mortem iturus* [Lc 22,33]? *Vigilate et orate ne intretis in tentationem* quae gravissima vobis imminet. *Spiritus* satis *promptus,* at *caro infirmior* [Mt 26,41] est ⁴²quam ut sitis perduraturi. Orandum igitur vobis erat, non dormiendum, si saperetis⁴².

Sed erant suo casu docendi quam non infirma solum [cf. Mt 26,41], sed prorsus ⁴³ad omne bonum impotens caro sit [cf. Rm 7,18], et omne robur a Deo⁴³. Inde tum quidem ⁴⁴surda aure Domini obiurgationem*t*¹ et moni-

---

*p*¹–*p*¹ *om.* A. – *q*¹ *add.* etiam AB. – *r*¹ spiritu A. – *s*¹ increpavit A. – *t*¹ increpationem A. –

³⁶ Ap: Lyra ad loc. (*i*: there: one of two interpretations).

³⁷–³⁷ Ap: Ludulphus, *Vita* 2a pars, cap. 59, *Rigollot* 4,14; Bugenhagen, *Passio* ad Mt 26,38, 398; ErP 1524 ad loc., LB 7, 135 (*i*: but there: prescriptive, here: descriptive).

³⁸–³⁸ Ap: Ludulphus, *Vita* 2a pars, cap. 59, *Rigollot* 4,14 (*i*).

³⁹–³⁹ Ap: Ludulphus, *Vita* 2a pars, cap. 59, *Rigollot* 4,15 (*ip*).

⁴⁰–⁴⁰ Ap: Ludulphus, *Vita, ibid.* (*p*).

⁴¹–⁴¹ Ap: Chrysostom, *In Mt.* hom. 83 ad 26,40–41, MPG 58, 746 (*i*); Ludulphus, *Vita* 2a pars, cap. 59, *Rigollot* 4,16 (*i*); ErP 1524 ad Mt 26,40, LB 7, 135 (*p*).

⁴²–⁴² Ap: Theophylactus, *In Mc.* ad 14,32–42, MPG 123, 653–656 (*i*); Ludulphus, *Vita* 2a pars, cap. 59, *Rigollot* 4,17 (*ip*).

⁴³–⁴³ Ap: Chrysostom, *In Mt.* hom. 83 ad 26,41, MPG 58, 747 (*i*).

⁴⁴–⁴⁴ Ap: Chrysostom, *In Mt.* hom. 83, ad 26,40–41, MPG 58, 745 (*i*: but there: not explicitly linked to necessity). – For expression "surda aure" cf. e.g. Livy 24,32.6.

tionem transmiserunt. *Rediit* ergo ad *orationem* [Mt 26,42] quando et in selectissimis viderat quod sibi dolorem augebat, nihil quod consolaretur[44]. Oportuit enim eum adfligi undique [cf. Lc 9,22]. Iterum vero [45]oravit quod antea [cf. Mt 26,42], hoc est: animi perturbationem cum voluntate Patris – eius consolationem precatus – contulit[45]. Indeque *iterum* invisit *discipulos* quos *iterum* quoque *reperit dormientes, gravati enim erant oculi* [Mt 26,43] eorum, *neque poterant*, Domino obiurgati[u1], quicquam *respondere* [Mc 14,40]. Sic rursum afflictionem accepit a quibus debuerat accipere consolationem. *Tertio* itaque ad precem sese contulit et [46]oravit [Mt 26,44] *prolixius* [Lc 22,43]. Totus enim angore conficiebatur, unde *sudor eius guttis sanguineis in terram decurrebat* [Lc 22,44][46].

⟨Angelus consolatus est⟩ Cum itaque [47]angor et perturbatio animi maior esset quam ut[v1] ferre amplius posset, *apparuit illi angelus et consolatus est eum* [Lc 22,43][47], indubie cum efficacia, menti eius ingentem salutem quam supplicio suo esset perfecturus, simul et gloriam Patris quae inde plurimum illustranda erat, proponens [w1]et solide intueri faciens[w1]. Hac itaque consolatione percepta, surrexit et *ad discipulos* rediit. Cumque adhuc dormirent, *dixit* eis per [48]obiurgatricem[x1] ironiam: *Dormite iam et quiescite* [Mt 26,45], scilicet ea est rerum tranquillitas nobis et pax ut vobis dormire libeat[y1]. Quam stupetis ad omnia quae vobis de instante tempestate praedixi. *Surgite tandem*, satis superque [781] somno indulsistis. En *appropinquavit hora* de qua dixi: iam *filius hominis in manus peccatorum tradetur. Surgite, eamus* illis obviam, *adest[z1] qui me tradit* [Mt 26,45–46], Matt., Mar., Luc.

Sectio 3 ea quae dum caperetur acciderunt complectens

[49]*Noverat* siquidem *Iudas* hanc precandi stationem, eo[a2] *quod* crebro in eum locum *Dominus cum discipulis* suis secessisset. *Accepta* igitur *cohorte*

[u1] increpati A. – [v1] *om.* AB. – [w1–w1] *om.* AB. – [x1] *om.* A. – [y1] liceat AB. – [z1] appropinquavit A. – [a2] *om.* AB. –

[45–45] Ap: Theophylactus, *In Mt.* ad 26,41ff., MPG 123, 449–450 (*i*).

[46–46] Ap: Chrysostom, *In Mt.* hom. 83 ad 26,40ff., MPG 58, 745–746 (*i*: Christ prays more intensely, hence beads of sweat [Lc 22,44] but there: not expressly related to third prayer. – This sequence, however, ap: Ludulphus, *Vita* 2a pars, cap. 59, *Rigollot* 4,17,19). – Beads of sweat = expression of human fear ap: Chrysostom, *ibid.,* Ludulphus, *ibid.,* Lyra ad loc. (*i*).

[47–47] Emphasis that angel consoles *human* fear ap: Ludulphus, *Vita* 2a pars, cap. 59, *Rigollot* 4,17 (*i*: but there: archangel Michael). Here ap: Lefèvre, *In Lc.* ad loc., 270v. (*i*). Cf. infra ad n. (185).

[48] Thus interpreted ap: Theophylactus, *In Mt.* ad 26,45, MPG 123, 451–452; *In Mc.* ad 14,32–42, *ibid.,* 655–656; Bugenhagen, *Passio,* 399 (*i*). This interpretation criticised already by Augustine, *De cons. Evang.* 3,4, MPL 34, 1165, CSEL 43, 282–283.

[49] Order of this section practically literally ap: Augustine, *De cons. Evang.* 3,5, MPL 34, 1166, CSEL 43, 286–287, 289. For very minor departures cf. infra nn. (58)–(58), (61),

praetoria[b2], assumptis *et ministris pontificum*, scribarum, *Pharisaeorum* et *seniorum, venit illo cum laternis, facibus et armis*, Ioan. [18,2–3].

Aderatque, Domino *adhuc* [50]*cum discipulis loquente* [Mt 26,47]. *Dederat* autem hoc[c2] *signum iis* quos secum adducebat: *quem osculatus fuisset, eum esse* Dominum. Monuitque ut *comprehensum* caute *ducerent* [Mc 14,44], veritus scilicet ne si – ut antea aliquoties factum viderat – divina virtute elaberetur, [51]ipse non satisfecisse videretur sponsioni suae et periclitaretur de pretio proditionis[51]. Vide quo caeca ruat impietas, quanque audeat quae novit haudquaquam suarum virium esse! *Cum* ergo *advenisset* – [52]antecedebat enim turbam[52] – illico *accessit* Dominoque *dixit: Ave* [53]*rabbi*, rabbi et *osculatus est eum* [Mt 26,49; Mc 14,45]. Ad quem Dominus: *Amice ad quid ades* [Mt 26,50]? *Iuda, osculo filium hominis prodis* [Lc 22,48]? *Matth., Marcus, Lucas.*

Iesus itaque sciens omnia quae super se ventura erant iamque horam esse ut illa perferret, *processit* obviam iis qui ad capiendum se venerant *dicitque eis: quem quaeritis?* Quibus *respondentibus se Iesum quaerere Nazaraenum, dixit: ego sum.* Quod cum audissent, *astante illis Iuda proditore, abierunt retrorsum et ceciderunt in terram* [Io 18,4–6]. Quo utique Iudae, cohorti, Iudaeorumque ministris et discipulis abunde satis [54]Domini divinitas declarata fuit, si animi fuissent qui [d2]potuissent agnoscere[d2] quod sentiebant et videbant[54]. Hoc igitur emisso divinitatis suae fulgore quo luculentissime declaravit *se* ultro *suam animam ponere* neque quenquam posse *eam sibi eripere* [Io 10,17–18], Dominus[e2] rursum *interrogavit* capturos se *quem quaererent. Quibus* iterum *dicentibus se Iesum quaerere Nazaraenum*, rursum *respondit eis: dixi vobis quod ego sum. Si ergo me quaeritis, sinite hos* [55]meos discipulos *abire* [Io 18,7–8]. Idque quod dixit, ab hostibus suis impetravit, sed sua virtute magis quam illorum voluntate. Sicque verum fecit sermonem suum, quem antea [cf. Io 17,12] ad Patrem dixerat: *Ex iis quos dedisti mihi non perdidi quenquam* [Io 18,9][55]. Nam et corpore suos servare voluit, Ioan.

[b2] *add.* tum AB. – [c2] *om.* A. – [d2–d2] ei potuissent animum advertere A. – [e2] *om.* AB. –

(63)–(63). Adv: Ludulphus, *Vita* 2a pars, cap. 59, *Rigollot* 4,22–28 and Bugenhagen, *Passio*, 400 (there: Judas kisses Christ only after the initial exchange about their search for Jesus of Nazareth).

[50] Ap: Augustine, *De cons. Evang.* 3,5, MPL 34, 1166, CSEL 43, 286 (*ip*).
[51–51] Ap: ErP 1524 ad Mc 14,45, LB 7, 262 (*i*).
[52–52] Ap: Ludulphus, *Vita* 2a pars, cap. 59, *Rigollot* 4,22 (*pe*).
[53] For repetition cf. ErAn 1527 ad loc., LB 6, 207.
[54–54] Ap: Ludulphus, *Vita* 2a pars, cap. 59, *Rigollot* 4,23 (*ia*).
[55–55] Ap: Augustine, *In Ioh.* tract. 112 ad loc., MPL 35, 1931, CCL 36, 635 in: Ludulphus, *Vita* 2a pars, cap. 59, *Rigollot* 4,24 (*i* here combined with *p* of Ludulphus *ibid.*).

*Videntes autem ii qui cum Domino erant quod futurum erat, dicebant ei:
Domine, percutiemusne gladio* [Lc 22,49]? Quod enim [56]antea Dominus per
id quod dicebat tam necessarium fore gladium ut omnis *pecunia, com-
meatus* et adeo *tunica* quoque *gladio commutanda esset* [Lc 22,36], magnam
hostium vim et violentam adfore manum significare voluerat, illi, ut adhuc
carnales erant, *[f²]ex eo[f²]* collegerant [g²]se debere gladio uti ad ipsius defensionem[g²] [56]. Quare et tum dixerant: *Domine, ecce duo gladii hic* [Lc 22,38].

Dominus autem nihil tale voluerat. Id tamen antequam responderet hic
eis, *Simon Petrus* qui studio Domini plurimum ardebat, *habens* alterum
*gladium, eduxit eum atque servo pontificis, nomine Malcho, amputavit
dexteram auriculam* [Io 18,10]. Continuo igitur Dominus: *Sinite,* inquit,
huc usque [Lc 22,51]: *remitte in vaginam gladium* [Io 18,11] Petre. Nescis
quod proverbium ex Lege mutuatum [cf. Gn 9,6] iactari soleat: *Gladio
debere perire quicunque gladio fuerint usi[h²]* [Mt 26,52] [57]absque mandato
Dei? Si non ultro me supplicio offerrem, dubitas in manu mihi esse ut *a
Patre* impetrem mihi [58]*duodecim legiones angelorum* [Mt 26,53]? Non vis
tu ut *bibam poculum quod* miscuit *Pater* [Io 18,11], ut[i²] feram quae ille mihi
ferenda decrevit? *Quomodo ergo implerentur Scripturae* quae praedixerunt
[59]me ista passurum [Mt 26,54][58]? Matth., Mar., Luc., Ioan.

[j²]His dictis Dominus auriculam mutilati *restituit[j²]* [Lc 22,51], eo cum
[60]divinitatem suam rursum potenter et clare exerens, tum praebens *benefaciendi hostibus* [Mt 5,44] egregium exemplum[60], Luc.

[61]Conversus autem ad turbam hostium inter quos *et principes sacerdotum, magistratus templi et seniores* erant, dicebat: *tanquam ad latronem
existis cum gladiis ac fustibus* [Lc 22,52] *ad comprehendendum me.* Non
opus erat tam valida manu. *Cotidie in templo* palam videntibus et audien-
tibus vobis *sedi et docui* [Mt 26,55]. Cur non tum manus mihi iniecistis?
Certe saepe voluistis [cf. Lc 19,47], quis[k²] vos continuit? [62]Agnoscite igitur
me mea sponte, *ut Scripturae impleantur* [Mt 26,56], in manus vestras
venire. Alioqui possem hic tam tutus a vobis esse quam fui in templo. *Sed*

[f²–f²] inde A. – [g²–g²] uti se gladio debere A. – [h²] *add.* utique A. – [i²] *om.* AB. – [j²–j²] Mox attacta
auricula mutilati, restituit eam [*add.* illi B.] AB. – [k²] *add.* igitur AB. –

[56–56] Ap: Lambert, *In Lc.* ad 22,49.50, Gg8v.–Hh1r. (*ipr* Lc 22,36).
[57] Ap: Ludulphus, *Vita* 2a pars, cap. 59, *Rigollot* 4,27 (*ip*).
[58–58] Here order adv: Augustine, *De cons. Evang.* 3,5, MPL 35, 1167, CSEL 43, 287 (there:
Mt 26,53; Mt 26,54; Io 18,11); Ludulphus, *Vita* 2a pars, cap. 59, *Rigollot* 4,27 (there: as
Augustine). But ap: Bugenhagen, *Passio,* 401.
[59] Cf. ErAn 1527 ad loc., LB 6, 137 (there: words could be referred to Christ *or* to the
Evangelist).
[60–60] Both emphasised ap: Lambert, *In Lc.* ad loc., Hh1r.–v. (*i*).
[61] This omitted by Augustine, *De cons. Evang.* 3,5. But ap: Ludulphus, *Vita* 2a pars, cap.
59, *Rigollot* 4,27 and Bugenhagen, *Passio,* 401.
[62–62] Ap: Ludulphus, *Vita* 2a pars, cap. 59, *Rigollot* 4,27–28 (*p*).

haec est hora illa vestra et potestas tenebrarum [Lc 22,53]. Nunc visum Patri est ut[^l2] *principi tenebrarum qui vos agit et vobis, illius satellitibus, me tradat*[62]. Huius mandatum ultro et lubens [782] subeo ut orbis videat quam vere ipsum diligam et *Scripturae impleantur. Tunc discipuli omnes, relicto eo, fugerunt* [Mt 26,56], Matth., Marcus, Luc.

[63]*Cohors igitur et tribunus ac ministri Iudaeorum comprehenderunt Iesum et ligaverunt eum et abduxerunt*[m2] *ad Annam primum. Erat enim socer Caiaphae qui erat pontifex anni illius. Erat autem Caiaphas is qui consilium dederat Iudaeis: expedit unum hominem mori pro populo*, Ioh. [18,12–14].

Quispiam *autem adolescens sequebatur* Dominum, *sindone amictus super nudum*[63]. *Eum* adolescentuli qui aderant, *comprehenderant, sed ille, relicta sindone, nudus ab illis aufugit* [Mc 14,51–52]. Adeo enim solus tum voluit pati pro suis Dominus ut non tantum[n2] non passus sit ex discipulis quemquam simul capi [cf. Io 18,9], sed etiam effecerit ne hic adolescens – [64]quisquis fuit – cum ipsum sequeretur, in hostium manibus haereret, Marcus.

Sectio 4 continens quae apud pontificem contigerunt et Petri negationes

Cum ergo [65]Caiaphas pontificatu fungeretur, ad eum Annas ita vinctum Dominum misit [cf. Io 18,13–14], Ioan[65].

Interea, resumptis animis, [66]*Petrus et alius quidam discipulus* eminus [cf. Lc 22,54] *Dominum sequebantur. Alter autem ille discipulus notus pontifici erat*, eo confisus *introivit cum Iesu in atrium pontificis, Petro foris ad hostium* [!] manente. [o2]*Is discipulus, statim regressus*[o2], *egit cum ostiaria ut*

[^l2] *add.* me [!] AB. – [m2] *add.* eum D. – [n2] solum A. – [o2–o2] Egressus igitur rursum ille alter AB. –

[63–63] This order only ap: ErP 1524 ad Mc 14,52, LB 7, 263. Adv: Augustine, *De cons. Evang.* 3,5, MPL 34, 1168, CSEL 43, 289–290 (there: flight of disciples → except for that young man → capture).

[64] Cf. infra n. (194)–(194) for criticism of Gregory the Great's identification. Conjectures as to possible identity also ap: e.g. Theophylactus, *In Mc.* ad 14,52, MPG 123, 657–658; Lyra ad loc. ErP 1524 ad loc., LB 7, 263 considers him one of the twelve.

[65–65] Ap: Cyril, *In Ioh.* ad 18,12–14, MPG 74, 593–596 (*t*) cited in: ErAn 1527, LB 6, 408, 409. There also: discussion of disagreement over chronology: Cyril's text ad loc. makes plain that all three denials took place at Caiaphas' house. Moreover, Io 18,24 = *a Caiapha in praetorium*. Thus all four Gospels agree. This adv: Augustine, *De cons. Evang.* 3,6, MPL 34, 1168–1170, CSEL 43, 292–295 (there: all three denials while Jesus with Annas); Ludulphus, *Vita* 2a pars, cap. 61, *Rigollot* 4,46 (there: first denial in Annas' house, the other two in Caiaphas'; also discussion of different opinions: Augustinian interpretation and "the Greek" interpretation admitted). – Order as here also ap: Bugenhagen, *Passio*, 402–404 (but there: Io 18,24 considered a repetition) and, implicitly, ap: Brenz, *In Ioh.* 1528 ad 18,12ff., 308r.–310v.

[66–66] This order ap: Ludulphus, *Vita* 2a pars, cap. 61, *Rigollot* 4,45–46; Bugenhagen, *Passio*, 402 (*p*). Adv: Augustine, *De cons. Evang.* 3,6, MPL 34, 1170, CSEL 43, 294 (there: discrepancy between accounts emphasised).

liceret[p2] *Petrum introducere* [Io 18,15–16]. Illa [q2]*ostiaria paulo post*[q2] *vidit sedentem ad lumen* Petrum. *Accenderant* enim servi et ministri inferius *in medio* aulae sive *atrii* sibi[r2] *ignem. Et consedentes una* [Lc 22,55] atque *circumstantes calefaciebant se: erat* siquidem *frigus.* [s2]*Eratque Petrus*[s2] *cum illis calefaciens*[t2] [Io 18,18] *eo quod* cuperet *videre finem* [Mt 26,58]. [u2]*Haec* ergo ostiaria, cum Petrum fixis in eum oculis contemplaretur [cf. Mc 14,67], *dixit Petro*[u2]*: num et tu ex discipulis es hominis istius* [Io 18,17]? *Et tu cum Iesu Galilaeo eras* [Mt 26,69]. Continuo respondit ille: *Non sum* [Io 18,17], non novi eum, *nescio quid dicas* [Mt 26,70], Matth., Mar., Luc., Ioan.

Et exivit foras in vestibulum et gallus cecinit, Mar. [14,68][66].

Sed id nihil adhuc eum movit. [67]Quin cum rursum *vidisset eum altera ancilla atque dixisset* praesentibus: *et hic cum Iesu Nazaraeno erat, iterum negavit,* idque *cum iureiurando,* Matthaeus [26,71–72], Marcus [14,70–72][67].

Adeo [68]evanuerat ille animus paratus simul cum Domino mori [cf. Lc 22,31–33]. Sicque labi conveniebat qui suis viribus plusquam Christi verbis fisus erat[68] quique [v2]fratribus sese adeo praetulerat constantiae nomine[v2].

Interea [69]pontifex [70]Caiaphas[w2] *Iesum interrogabat de discipulis eius*[x2] et *doctrina*: cur scilicet ausus fuisset sibi discipulos congregare, quam doctrinam illis tradidisset novam, quid esset his molitus. *Cui* Dominus *respondit: ego palam locutus sum mundo.* Quae docui, *in synagogis ac templo ubi omnes Iudaei conveniunt, docui.* [71]Unde te non potest latere quam tradiderim meis doctrinam: nequaquam certe, ut tu cupis videri, seditiosam et Legi Dei derogantem. *Cito* testes[71] non unum et alterum, sed *quotquot me audierunt*[y2]*. En hi sciunt quae dixerim* et docuerim. [72]Mihi enim de meipso testificanti scio nullam habebis fidem [cf. Io 8,13][72]. *Haec*

[p2] *add.* et AB. – [q2–q2] autem [*add.* ostiaria B] ubi AB. – [r2] *om.* AB. – [s2–s2] et Petrus erat A. – [t2] *add.* se AB. – [u2–u2] fixis itaque [*om.* B] in eum oculis ostiaria [*om.* B] dicebat ei AB. – [v2–v2] omnibus fuerat confidentior A. – [w2] *om.* A. – [x2] suis AB. – [y2] *add.* *illos roga qui audierunt* [***om.* B] quae ipsis sim locutus AB. –

[67–67] Sequence thus developed ap: Ludulphus, *Vita* 2a pars, cap. 61, *Rigollot* 4,45 (*i*). Here perhaps adv: Bugenhagen, *Passio*, 405 (there: interrogation Io 18,19ff. after the cry of the cockerel, Mc 14,68 – but cf. infra n. (69)–(69)). Discussed also by Augustine, *De cons. Evang.* 3,6, MPL 34, 1170, CSEL 43, 295.

[68–68] Ap: Augustine, *In Ioh.* tract. 113 ad 18,13ff., MPL 35, 1933, CCL 36, 637 (*ir*); Brenz, *In Ioh.* 1528 ad 18,17, 309r. (*ie*). General point about excessive trust in one's own strength also ap: Bugenhagen, *Passio* ad loc., 406 (*i*).

[69–69] Sequence here perhaps clarification of: Bugenhagen, *Passio*, 405 (there: interrogation inserted after *r* Mc 14,68 but not clear where exactly in the narrative Peter's answer to "alia ancilla" should be placed – could be before or after the interrogation).

[70] Cf. supra n. (65)–(65).

[71–71] Ap: Brenz, *In Ioh.* 1528 ad loc., 309v. (*ip*).

[72–72] Ap: Chrysostom, *In Ioh.* hom. 83 ad loc., MPG 59, 450 (*i* there also *r* Io 5,31).

cum Servator^{z²} *dixisset*, utique summa cum modestia, attamen *assidens^{a³} unus ministrorum* et volens gratificari suo domino, *dedit alapam ei^{b³}, dicens: siccine respondes pontifici? Cui* Dominus *respondit: si male locutus sum, testificare de malo, sin bene, cur me cedis?* Ioan. [18,19–23]⁶⁹.

Sed quia ⁷³hora erat ut Dominus suo supplicio et indicibilibus cruciatibus electos sanctificaret, nihil ei veritas, nihil summa innocentia et modestia profuit⁷³. Ita concitarat Satan omnes ut, velut rabidi canes, universi contra eum irruerent et quanto quisque atrociore iniuria et contumelia afficere eum posset, tanto se pluris habendum duceret. ⁷⁴Hinc qui tenebant eum viri, omnes ei illudebant, *expuebant in faciem^{c³}, caedebant colaphis. Alii depalmabant^{d³}* cumque circumtexissent *^{e³}faciem, caedebant^{e³}* et interrogabant dicentes: *Vaticinare*, quando prophetam te facis, *quis est qui te percussit* [Mt 26,67–68]⁷⁴? Et alia multa conviciantes dicebant in eum. Tum certe in medio erat *canum, taurorum, leonum et unicornium*, de quibus^{f³} canit Psal. vigesimus secundus [Ps 21,21–22]. Tum *audivit vituperationem multorum* [Ps 30,14], ut canit Psal. 31^{g³}. *Multiplicatos super capillos capitis hostes suos* [Ps 68,5] sensit, ut canit Psalm. 69.

^{h³}Petrus autem ⁷⁵*post pusillum* ad ignem reversus est, nam a prima negatione *fuerat in vestibulum* [783] *egressus* [Mc 14,70.68] inibique^{i³} negaverat secundo, non animadverso galli cantu⁷⁵. *Stabat ergo^{j³} iterum^{h³} et calefaciebat se* cum iis qui illic aderant. ⁷⁶*Illi vero^{k³} dicebant ei: num et tu ex discipulis eius es* [Io 18,25]? ^{l³}*Unus vero ex^{l³}* illis *dicebat ei: et tu de illis es*. *Petrus* autem negabat et *dicebat: homo, non sum* [Lc 22,58], Luc., Ioan.

Et intervallo interiecto *fere horae unius* [Lc 22,59], *accesserunt qui astabant et dicebant ei: profecto tu ex illis es, loquela tua te prodit* [Mt 26,73], *Galilaeus siquidem es* [Mc 14,70]. Et *unus ex servis pontificis, cognatus eius cuius absciderat Petrus auriculam, dicebat ei: nonne ego te vidi in horto cum illo* [Io 18,26]? *Tunc coepit Petrus^{m³} se devovere et deiurare, quod non nosset*

---

^{z²} Dominus A. – ^{a³} assistens AB. – ^{b³} Iesu A. – ^{c³} add. et A. – ^{d³} autem *palmas* in faciem eius dabant A. – ^{e³–e³} eum, *percutiebant faciem* eius A. – ^{f³} quo AB. – ^{g³} 32 [!] A. – ^{h³–h³} Petrus autem, cum post primam negationem in vestibulum egressus fuerat et in vestibulo rursum negasset, non animadverso galli canu, ad ignem post pusillum reversus, rursum stabat A. – ^{i³} inibi B. – ^{j³} om B. – ^{k³} ergo AB. – ^{l³–l³} Et unus ex A. – ^{m³} om. AB. –

^{73–73} Ap: Chrysostom, *In Mt.* hom. 85 ad 26,67f., MPG 58, 757 (*i*).

^{74–74} This sequence – cf. supra n. (65)–(65) – implied ap: Bugenhagen, *Passio*, 404 but there: Io 18,24 → Peter's denial Mt 26,71–72 → Peter's denial Lc 22,58; Io 18,26f.; Mt 26,73f. → Mt 26,64–68. Here perhaps ap: ErP 1524 ad Lc 22,58ff., LB 7, 456 (*i*: Christ interrogated and mistreated during Peter's denial).

^{75–75} This sequence ap: Ludulphus, *Vita*, 2a pars, cap. 61, *Rigollot* 4,45–46. Adv: Augustine, *De cons. Evang.* 3,6, MPL 34, 1171, CSEL 43, 297 (there: Peter's second denial inside).

^{76–76} Ap: Ludulphus, *Vita* 2a pars, cap. 61, *Rigollot* 4,46 (*p*). One hour's interval between Io 18,25 / Lc 22,58 and Io 18,26 / Lc 22,59 also ap: ErP 1524 ad Lc 22,58–59, LB 7, 456.

hominem [Mt 26,74] *et continuo adhuc illo loquente, gallus secundo cantavit* [Lc 22,60], Matth., Mar., Luc., Ioan.[76].

Et [77]*conversus Dominus* qui scilicet a ministris illic detinebatur et continuis contumeliis ac verberibus vexabatur, *intuitus est Petrum*, Luc. [22,61][77].

Hinc *Petrus*[n3], *recordatus verbi quod Dominus dixerat* ipsi: *antequam bis gallus cecinerit ter me negabis* [Mc 14,72], indeque, ut par erat, ingenti pudore perfusus ac indicibili poenitudine correptus est[o3], quod Dominum suum et Servatorem cum quo in mortem usque ire tam graviter erat pollicitus [cf. Lc 22,33] sancteque iuraverat, toties iam negasset et quidem audientem et videntem. [78]*Egressus ergo*[p3] *est foras et flevit amare* [Lc 22,62], Matth., Mar., Luc.

Tum sensit quam temere et impia confidentia sibi arrogasset quod Dominus [q3]ei negaverat[q3]. Ex hoc utique casu in omnem usque vitam et de se sensit modestius et fratrum lapsus tulit humanius [cf. Rm 15,1].

Sectio 5 complectens quae in Iudaeorum concilio gesta sunt et exitium Iudae

[79]Cum vero illuxisset, *convenerunt seniores plebis, principes sacerdotum et scribae* in domo pontificis et *duxerunt* Dominum *in concilium suum* [Lc 22,66]. [80]*Principes autem sacerdotum*, seniores *et totum concilium quaerebant falsum testimonium contra Iesum ut morti eum traderent* [Mt 26,59]. *Nec inveniebant* [Mc 14,55] quae vel ipsi esse momenti alicuius iudicare potuissent, tam nullam etiam mali speciem in omni doctrina et vita sua Dominus admiserat. *Novissime* demum, post multam inquisitionem [cf. Mc 14,56], *duo falsi testes* prodierunt qui *dicebant* se a Domino audisse *quod dixisset: possum destruere templum Dei et in triduo reaedificare illud* [Mt 26,60–61]. Cum autem, ut aliorum, ita et *horum testimonia non* satis *idonea viderentur* [Mc 14,56.59], *surgebat* in medium *princeps sacerdotum*[80] et [81]cupiens Dominum in suis ipsius verbis illa-

---

[n3] *om.* AB. – [o3] *om.* AB. – [p3] *om.* AB. – [q3]–[q3] ipse negabat A. ipse negasset B. –

[77–77] Saw Peter literally ap: Bugenhagen, *Passio*, 406 (*i:* there also follows Io 18,26 / Mt 26,74 / Lc 22,60 but no hourly interval between Io 18,25 / Lc 22,58 and Io 18,26 / Lc 22,59); ErP 1524 ad Lc 22,61, LB 7, 456 (*p*). Adv: Augustine, *De cons. Evang.* 3,6, MPL 34, 1172–1173, CSEL 43, 299–300; Ludulphus, *Vita*, 2a pars, cap. 61, *Rigollot* 4,47 (there: Jesus saw Peter acc. divine nature only).

[78] This sequence ap: Bugenhagen, *Passio*, 406 (*i*).

[79–79] This order, i.e. only one council and same council at Lc 22,66 *and* at Mt 27,1 ap: Augustine, *De cons. Evang.* 3,7, MPL 34, 1173, CSEL 43, 301 (*i*).

[80–80] This sequence ap: Bugenhagen, *Passio*, 407 (*ipt*).

[81–81] Ap: Chrysostom, *In Mt.* hom. 84 ad loc., MPG 58, 754; Theophylactus, *In Mc.* ad 14,55–61, MPG 123, 659–660; Jerome, *In Mt.* 4 ad loc., MPL 26, 202, CCL 77, 260 (*i*).

queare[81], *dicebat ei: nihil respondes ad ista quae contra te hi testificantur* [Mt 26,62]. Putas frustra esse quae dicunt contra te testimonia? *Iesus autem tacebat.* [82]Quid enim diceret ad *testimonia quae nec* tantis suis hostibus *idonea videbantur* [Mc 14,56.59][82]? Rursum igitur [83]*dicebat pontifex: adiuro te per Deum viventem ut dicas nobis an tu sis Christus* ille, *Filius Dei* [Mt 26,63] *benedicti* [Mc 14,61], Matth., Marcus, Lucas.

Tum, ne videretur Dominus aut [84]parum revereri Patrem per quem adiuratus erat[84], aut certe illos metuere et non audere coram ipsis quoque profiteri [r3]veritatem iam vinctus, quam[r3] ante liber saepe professus fuerat, respondit eis: *Si vobis dixero* quod verum est, *non credetis et si quid vos interrogavero, non respondebitis mihi, neque dimittetis* me, Lucas [22,67–68][83].

Eoque satis caussae esset ut, sicut coepi, perpetuo coram vobis tacerem. Sed ut videatis me et Patrem honorare – per cuius me nomen adiurastis – et nequaquam [s3]vos formidabiles adeo mihi esse[s3] ut, quod [85]verum est, vobis fateri non ausim, respondeo et fateor [t3]sic esse ut tu pontifex dixisti. [u3]At vos[t3u3] nunc nihil minus credere sustinetis. *Videbitis* autem me quem modo ut *filium hominis* contemnitis et neci dare meditamini, *sedentem a dextris* Dei, proxima a Deo potestate omnibus imperantem, demumque[v3] *in nubibus coeli venientem*[w3] [Mt 26,64] ad *iudicandum vivos et mortuos* [Act 10,42][85]. Hanc mox gloriam apud Patrem accipiam simulatque vos me neci dedideritis.

⟨*Amodo videbitis*⟩ [86]*Amodo* certe, post hunc unum diem, aliter *me* non *videbitis* quam *ad dexteram Dei* [Mt 26,64] omnium potestate pollentem [cf. Mt 28,18], quod et antea vobis praedixi [cf. Mt 22,44]. *Tum omnes dicebant: tu ergo es ille Filius Dei?* Respondit Dominus: *vos dicitis me esse et sum* [Lc 22,70]. *Tunc pontifex discidit vestimenta sua, dicens*: prolocutus est *blasphemiam. Quid insuper egemus testibus? Ecce nunc* ipsi *audistis blasphemiam. Quid vobis videtur*, quid iudicatis? *At illi* omnes *respondentes,* [784] *dixerunt: reus est mortis* [Mt 26,65–66][86], Matthaeus, Marcus, Lucas.

Haec itaque in *concilio suo, quod mane inierant omnes principes sacerdotum et seniores adversum Iesum, ut eum morti traderent* [Mt 27,1], acta

---

[r3–r3] iam vinctus quod AB. – [s3–s3] timere vos A. – [t3–t3] vobis quod tu pontifex id dixisti quod res est A. – [u3–u3] om. B. – [v3] tandemque AB. – [w3] venturum A. –

[82–82] Ap: Augustine in: Lyra ad loc. (*i*); Ludulphus, *Vita* 2a pars, cap. 60, *Rigollot* 4,38–39 (*ipa*).

[83–83] This sequence ap: Theophylactus, *In Mc.* ad 14,61, MPG 123, 659–660.

[84–84] This given as reason for his breaking the silence ap: Ludulphus, *Vita* 2a pars, cap. 60, *Rigollot* 4,39 (*i*).

[85–85] Ap: Chrysostom, *In Mt.* hom. 84 ad 26,64, MPG 58, 754 (*ip*: there also: the Creed [Act 10,42] formula).

[86–86] Sequence here Bucer's own but *i* already ap: Augustine, *De cons. Evang.* 3,7, MPL 34, 1173–1174, CSEL 43, 302–303 (there: this sequence suggested but details not given).

sunt[79]. Et sic se illi ad accusandum eum apud praesidem instruxerunt [cf. Mt 27,11], Matthaeus, Marcus.

⟨[87]Iudae exitus⟩ Porro cum operaepretium videatur et quem exitum Iudas ille proditor accepit narrare, libet eam historiam hic interponere. *Cum vidisset* hic *quod damnatus* Dominus *esset*, tum [x3]*eum poenitentia*[x3] invasit compulitque *triginta* illos *argenteos* pro quibus Dominum[y3] vendiderat, *referre ad principes sacerdotum et seniores ac dicere: peccavi tradens sanguinem* [88]innoxium. Qui responderunt ei: *quid ad nos? Tu videris.* Adeo nihil existimabant referre quod ipsi innoxium sanguinem emissent et in mortem tradidissent. Haec [89]hypocritarum sanctitas et iustitia est.

Iudas autem, *proiectis argenteis, abiit et laqueo sese suspendit* [Mt 27,2–5]. [90]*Crepuitque medius et diffusa sunt omnia viscera eius innotuitque istuc omnibus habitantibus Hierosolymis* [Act 1,18–19].

Principes autem sacerdotum, acceptis argenteis, dicebant: non licet eos mittere in corbonam – [91]chaldaei קורבנא *kurbana* – id est in [z3]*repositorium donorum et oblationum*[z3] *quia pretium sanguinis est* [Mt 27,6]. Mira vero religio: [92]non vereri innoxium sanguinem fundere, non autem audere pretium sanguinis donis et oblationibus Dei apponere! Sic *culicem excolant* hypocritae et *deglutiunt camelum* [Mt 23,24][92]. Illi ergo praepostere religiosi, *inito consilio, emerunt* argenteis *illis agrum figuli in sepulturam peregrinorum.* Unde vulgo *ager ille vocatus est* vernacula illis linguaחקלדמא id est, *Chakaldema* quod *agrum sanguinis* significat. *Tunc impletum est quod* vates Domini [93]Zacariah qui et *Iirmeiah* vocatus fuit[93], *praedixit:* nempe quod *triginta argenteos pretium aestimati quem aestimatum emerunt a filiis Iisraël,* hoc est a selecto ex multis Israëlitis Iudah, *daturi essent pro agro figuli, sicut id Dominus ordinaverat* [Mt 27,7–10].

Insigne certe fuit ut a discipulo tam charo Dominus venderetur et non carebat mysterio quod [94]eodem pretio quo Dominus venditus erat, eme-

---

[x3–x3] primum *poenitentia* eum AB. – [y3] eum A. illum B. – [z3–z3] donum vel oblationem A. –

[87] This sequence also ap: Augustine, *De cons. Evang.* 3,7, MPL 34, 1174, CSEL 43, 303–304.

[88] This word ap: ErP 1524 ad loc., LB 7, 138.

[89] Expression: "hypocritarum iustitia" ap: Bugenhagen, *Passio*, 410 but there: ad Mt 27,6.

[90] R ad loc. ap: Ludulphus, *Vita* 2a pars, cap. 61, *Rigollot* 4,53; Bugenhagen, *Passio*, 410; ErP 1524 ad loc., LB 7, 139.

[91] Cf. Münster, *Dict. hebr.* 1523, 425.

[92–92] Ap: Jerome, *In Mt.* 4 ad 27,6, MPL 26, 204–205, CCL 77, 264 in: Ludulphus, *Vita* 2a pars, cap. 61, *Rigollot* 4,53–54 (*tp*). Adv: Chrysostom, *In Mt.* hom. 85 ad 27,1ff., MPG 58, 760 (there: priests' refusal to put money into offertory sign of their remorse).

[93–93] Ap: ErAn 1527 ad loc., LB 6, 140 (*ia*: there also all the other interpretations discussed). Also admitted as possibility ap: Bugenhagen, *Passio*, 410 (*i*).

[94–94] Ap: Ludulphus, *Vita* 2a pars, cap. 61, *Rigollot* 4,54 (*i*: there: Jerome, Augustine, Gloss).

retur *ager pro sepultura peregrinorum* [Mt 27,7], quia vere quies morte Christi comparata est iis qui hic peregrinantur a Domino [cf. 2 Cor 5,6], ius civitatis supernae Ierusalem [cf. Hbr 12,22] consecuti. Ideo dignum hoc fuit ut nominatim a Propheta praediceretur[94], Matth. Nunc prosequenda est historia supplicii dominici.

Sectio 6 quae Domino in prima inquisitione apud Pilatum, et mox apud Herodem quoque, acciderunt, memorans

[95]Postquam igitur Iudaei ad accusationem Domini satis instructos se putarunt, *surrexit* e concilio *universa eorum multitudo et praesentarunt ipsum Pilato*, Lucas [23,1].

Nolebant autem *ingredi praetorium ne se profanarent*, postridie *Pesach* suum sancte celebraturi. [96]*Ita religiosa est impietas*[96]. *Egresso ergo ad ipsos Pilato* et roganti *cuius* Dominum *accusarent, responderunt: si non esset hic nocens, nequaquam tibi eum tradidissemus*. [97]Qua responsione superba satis Pilatus nonnihil, ut videtur, offensus, iussit illos *secundum suam Legem eum iudicare*[97]. Qui *negarunt sibi licere occidere quenquam* quod [98]ita divinitus ordinatum esset ut a gentibus Dominus crucifigeretur, id quod ipse suis etiam praedixerat, Ioan. [18,28–32][98].

Coeperunt ergo Dominum *accusare* trium: quod *gentem evertisset*, doctrina scilicet quam videri execrabilem volebant: quod *vetasset dare tributa caesari* et demum: quod *Christum se regem fecisset*, quo sperabant illum reum maiestatis se peracturos, Lucas [23,2].

⟨Interrogatus de regno⟩ *Stantem* ergo *coram se praeses rogavit* num *esset rex Iudaeorum* [Mt 27,11]. [99]Hoc enim sua referre putabat. De doctrina nimirum, quatenus caesareae potestati nihil derogabat, non erat solicitus[99], Matthaeus, Marcus, Lucas, Ioan. [18,33].

Dominus ergo interrogabat unde id de eo quaereret: *an a seipso, vel* si audisset *ab aliis*. Volebat enim Dominus, ut iure debuerat, [100]alienus adeo videri ab affectione regni terreni quod absurdum esset huius aliquid de se

---

[95] Order of events *within* this section ap: Ludulphus, *Vita* 2a pars, cap. 61, *Rigollot* 4,55–63 (*i*: but there: description of Mary's grief intervenes between Judas' death and this section). Transition as here between sections 5 and 6 ap: Bugenhagen, *Passio*, 411 (but there: second council); Augustine, *De cons. Evang.* 3,8, MPL 34, 1176–1181, CSEL 43, 308ff. (there: one and the same council but different order of events *within* this section).

[96–96] Ap: Chrysostom, *In Ioh.* hom. 83 ad 18,28ff., MPG 59, 451; Ludulphus, *Vita* 2a pars, cap. 61, *Rigollot* 4,55 (*i*).

[97–97] Ap: Ludulphus, *Vita* 2a pars, cap. 61, *Rigollot* 4,55 (*ipa*).

[98–98] Ap: Ludulphus, *Vita* 2a pars, cap. 61, *Rigollot* 4,56 (*ip*).

[99–99] Ap: ErP 1524 ad Io 18,33, LB 7, 634 (*ipa*); Ludulphus, *Vita* 2a pars, cap. 61, *Rigollot* 4,58 (*i*: there ad Lc 23,4).

[100–100] Ap: Brenz, *In Ioh.* 1528 ad loc., 313v. (*i*).

vel suspicari[100]. *a*Hinc *dicebat Pilatus*a, [101]significans nihil tale se quidem suspicarib: *num ego Iudaeus sum*? Equidem Romanus, rerum vestrarum ignarus sum, nescioc qua ratione Christus vester venturus sit. Mihi quidem nihil videris prae te ferre regium. *Gens* autem *tua et pontifices tradiderunt te mihi* et hi te huius accusant. *Quid* ergo *fecisti*? [785] *Respondit* ergo *Iesus: regnum meum non est de hoc mundo*, alioqui *haberem meos ministros qui defendere me* conarentur. Atque ita [102]Christum coelorum regem se esse confitebatur et simul tamen significabat Pilato a se nihil esse periculi metuendum ei regno cui ipse ministrabat[102], cuius scilicet *d*a Iudaeis accusabaturd, Ioan. [18,34–36].

Hinc [103]itaque colligens Pilatus ipsum nihilominus regem esse[103], dicebat: *ergo rex es tu*? Cui Dominus *respondit: tu dixisti*, Matth. [27,11], Mar., Luc., Ioan. [18,37].

Addit autem [104]caussam cur hoc fateretur, nempee quod *esset in hoc natus et huius* gratiaf *venisset in mundum ut testimonium veritati perhiberet*, utique huicg potissimum quod unus omnium electorum rex et Salvator esset. Sed quia id [105]electi tantum credunt, addebat: *Omnis qui ex veritate est, audit vocem meam*, Ioan. [18,37][105].

Videns [106]itaque Pilatus alienum eum a crimine imminutae maiestatis cui ipse quidem merebat, *prodiit ad Iudaeos, iterum* affirmans *nullam se in* Dominoh necis *caussam invenire*, Luc. [23,4], Ioan. [18,38][106].

⟨Adductus Herodi⟩ *Continuo* ergo *principes sacerdotum invalescebant, accusantes* Dominum *quod commovisset*i *populum, docens per universam Iudaeam, exorsus a Galilaea.* Pilatus igitur, *audita* mentione *Galilaeae, an Galilaeus esset interrogavit. Atque cognito quod ad* ditionem *Herodis* pertineret, *remisit ipsum ad Herodem qui* eo tempore *Hierosolymis erat.* Unde *Herodes*, non parum *gavisus quod* pridem *videndi eius cupidus fuisset, interrogavit ipsum multis. Sed* Dominus *illi nihil respondit*, quamvis *adstarent principes sacerdotum et scribae*, acriter *ipsum*j *accusantes.* Cum igitur [107]Dominus Herodi, tanquam cani et porco [cf. Mt 7,6], nihil res-

---

a-a Unde et Pilatus velut A. Unde et Pilatus B. – b *add.* dicebat AB. – c nesciens AB. – d-d Iudaei ipsum accusaverant A. – e *om.* A. – f caussa A. – g hinc A. – h ipso AB. – i *commoverit* A. – j eum A. –

[101] Ap: ErP 1524 ad loc., LB 7, 634; Brenz, *In Ioh.* 1528 ad loc., 313v. (*i*).
[102-102] Ap: Chrysostom, *In Ioh.* hom. 83 ad loc., MPG 59, 453 (*i*).
[103-103] Ap: ErP 1524 ad loc., LB 7, 634 (*ipa*).
[104] Ap: ErP 1524 ad loc., LB 7, 634 (*i*).
[105-105] Ap: Augustine, *In Ioh.* tract. 115 ad loc., MPL 35, 1940–1941, CCL 36, 645–646 (*i*) also in: Ludulphus, *Vita* 2a pars, cap. 61, *Rigollot* 4,58 (but there emphasis more on "credentes" than ap: Augustine). Here perhaps more overtly adv: Brenz, *In Ioh.* 1528 ad loc., 315v.–316r. (there: believers, i.e. those convinced by the word).
[106-106] Ap: Ludulphus, *Vita* 2a pars, cap. 61, *Rigollot* 4,58 (*i*)
[107-107] Ap: Theophylactus, *In Lc.* ad loc., MPG 123, 1093–1094 (*ir*).

pondere dignaretur[107], fortasse quia etiam nihil ad gloriam Dei facturum rogaret, *Herodes ipsum cum satellitio suo sprevit. Cui et induto albam vestem illuserunt atque* inde *ad Pilatum remiserunt. Hinc* vero [108]reintegrata *inter Herodem et Pilatum amicitia* fuit *quae* nonnihil scissa fuerat, Luc. [23,5–12]. Sic *convenerunt reges terrae contra Dominum et Christum eius*, Psal. 2[2].

[109]Sectio 7 continens alteram praesidis inquisitionem, consilia dimittendi Dominum et flagellationem eius[109]

[110]*Pilatus* vero, cum sibi Dominus reductus esset, *convocatis principibus sacerdotum et magistratibus ac plebe, dixit neque se, neque Herodem caussam* necis *in eo* deprehendere *potuisse, eoque* velle *se emendatum*[k⁴] *dimittere,* Luc. [23,13–16].

Accusabant autem Dominum *summi sacerdotes* de *multis.* Ipse autem *nihil* ad ea *respondit,* sed *neque Pilato* poscenti suam ad illorum accusationes responsionem, *adeo ut miraretur,* Matth. [27,12–14], Mar. [15,3.5].

Cum ergo *in festo solitum* esset populo *donari unum ex vinctis* [Mc 15,6] et *haberet* praeses in *vinculis insignem latronem Barrabam* [Mt 27,16], *captum cum* autoribus *seditionis,* [111]*qui et in seditione* caedem patraverat [Mc 15,7][111], hunc, [112]tanquam insignite populo invisum, cum Domino composuit[112]. Cumque *plebs more suo* donari sibi unum ex vinctis postulasset, *rogavit* [Mc 15, 8–9] eos utrum *vellent sibi dimitti Barrabam, an Iesum* [Mt 27,17], *regem* illum *Iudaeorum* [Io 18,39] *qui dicitur Christus* [Mt 27,17], Matth., Mar., Luc. [23,17–19], Ioan. [18,39–40].

Sciebat enim quod propter invidiam tradidissent eum[110]. [113]*Principes autem sacerdotum et seniores persuaserunt turbis ut peterent Barrabam,* Matth. [27,18.20], Mar. [15,10–11].

[k⁴] *add.* ipsum A. –

[108] Ap: Ludulphus, *Vita* 2a pars, cap. 61, *Rigollot* 4,63 (*ir* Lc 13,1ff.).

[109–109] Transition between sections according to sequence ap: Ludulphus, *Vita* 2a pars, cap. 62, *Rigollot* 4,65; Bugenhagen, *Passio,* 414–415.

[110–110] This sequence ap: Ludulphus, *Vita* 2a pars, cap. 62, *Rigollot* 4,65–66.

[111–111] Ap: ErP 1524 ad Mc 15,7, LB 7, 266 (*p*).

[112–112] Ap: Ludulphus, *Vita* 2a pars, cap. 62, *Rigollot* 4,66 (*i*). *Ibid.* and ap: ErP 1524 ad Mc 15,5–7, LB 7, 266 explicitly stated what is only implied here: that Pilate tried every gambit to save Jesus' life.

[113] Incident of Pilate's wife inserted here ap: Ludulphus, *Vita* 2a pars, cap. 62, *Rigollot* 4,66; Bugenhagen, *Passio,* 416 – cf. foll. section ad n. (129). – Crowd's mind turned by priests etc. immediately after incident of Pilate's wife ap: Bugenhagen, *Passio, ibid.*

[114]Rogata ergo plebs utrum dimitti vellet, *exclamavit simul universa turba: dimitte nobis Barrabam* [Lc 23,18]! Matth. [27,21], Mar. [15,11], Luc., Ioan. [Io 18,40]. *[*Tanta erat [115]potestas tenebrarum ut populo [116]quoque omnis adeo humanitas erga Dominum excideret[*]. Rogante rursum praeside *quid ergo vellent fieri* ei qui diceretur *rex Iudaeorum, iterum clamaverunt: crucifige eum! Quibus Pilatus: quid enim mali fecit? At illi* vehementius *clamabant: crucifige eum!* Matth. [27,22–23], Mar. [15,12–13].

⟨Flagellatur et coronatus spinis illuditur⟩ Videns igitur hoc [117]consilium non successisse, convertitur ad aliud, cuius et ante meminerat [cf. Lc 23,15–16]. *Nullum, inquit, crimen* capitale *comperio in eo. Castigatum ergo dimittam[m*]*, Luc. [23,22][114].

Et [118]*apprehensum Iesum* fecit *flagellari* [Io 19,1]. Tum *milites praesidis duxerunt eum intro in atrium praetorii atque totam cohortem congregaverunt* [Mc 15,16; Mt 27,27] ad eum. *Exutumque* suis vestibus, *amiciverunt chlamyde coccina et plectentes coronam de spinis, imposuerunt capiti eius, arundinemque* dederunt *in dexteram[n*]*. Tum *genu flexo* in speciem adorantium, *illudebant ei,* salutantes: *ave rex Iudaeorum* [Mt 27,28–29] *et dabant ei alapas* [Io 19,3]. *Cum expuissent in eum, acceperunt arundinem et percutiebant caput eius* [Mt 27,30], Matth., Mar. et Ioan.

Flagellatum itaque [119]Dominum, spinis coronatum, consputum, caesum et illusum, *eduxit Pilatus foras* ad Iudaeos, sperans[o*] vel miserabili eo spectaculo[p*] il[786]lorum se odium erga Dominum nonnihil emolliturum[119]. *Ecce adduco eum vobis,* inquiebat, *foras, ut cognoscatis quod nullam in eo caussam invenio.*

Exivit ergo Iesus foras, gestans spineam coronam et purpureum pallium. Et dicit eis Pilatus: *ecce homo. Pontifices autem et ministri, viso illo, clamabant: crucifige* eum, *crucifige eum!* Quibus praeses: *accipite eum vos et crucifigite. Ego enim nullam in eo* supplicii *caussam invenio.*

Contra *Iudaei: nos Legem habemus et secundum Legem* nostram *debet mori quia Filium Dei se fecit. Cum* hoc *audisset Pilatus, magis timuit,*

---

[*]–[*] *om.* AB. Potestas tenebrarum... excideret [!] C. *Corr. here after* D. – [m*] *add.* illum A. – [n*] *add.* eius A. – [o*] *om.* AB. – [p*] *add.* sperans AB. –

[114–114] Sequence only ap: Bugenhagen, *Passio,* 416–417 (but there: Lc 23,23 follows immediately).

[115] Ap: Ludulphus, *Vita* 2a pars, cap. 62, *Rigollot* 4,67 (*i*).

[116] Distinction between people and high priests explicit ap: ErP 1524 ad Mc 15,10–11, LB 7, 266 (perhaps *i* here).

[117] Ap: ErP 1524 ad Lc 23,22, LB 7, 460 (*i*). Cf. also n. (112)–(112) supra.

[118–118] Sequence ap: Bugenhagen, *Passio,* 417–419 except for Lc 23,23 – cf. supra n. (114)–(114).

[119–119] Ap: ErP ad Io 19,5–6, LB 7, 636 (*p*). Same *i* already ap: Augustine, *In Ioh.* tract. 116 ad loc., MPL 35, 1942, CCL 36, 647.

[120]nimirum Iesu caussa, ne forte tale aliquid prae se tulisset et non posset ideo a se absolvi[120]. Unde *praetorium iterum ingressus, dicit ad Iesum: unde es tu? Sed Iesus nihil ei respondebat.* [121]Satis enim antea veritati testimonium tulerat, professus se quidem Christum regem esse, sed cuius regnum non esset huius seculi [cf. Io 18,36–37]. Unde nihil erat quod Pilatus potestati caesaris sui timeret, aut caussam haberet contra eum pronuntiandi[121].

Pilatus ergo offensus quod sibi non loqueretur, dicebat ei: cur *mihi non loqueris, nescis mihi potestatem esse crucifigendi te et absolvendi te?* Eo autem, cum plus [122]aequo sibi arrogasset quodque^{q4} in contemptum Dei vergeret^{r4} – a quo, definito consilio, potestati tenebrarum in praesens permissus fuerat, nemine alioqui quicquam contra ipsum potente[122] – castigat dictum praesidis. *Non haberes potestatem*, inquit, *adversus me ullam, nisi tibi data^{s4} esset e supernis.* Nunc [123]cum magistratu fungeris, accepta divinitus in me potestate, *minus* sane *peccas quam* [124]*ii qui tibi me tradiderunt*, ex solo mei odio contra me furentes[124] et nulla publica functione huc^{t4} adacti[123]. *Ex eo quaerebat Pilatus absolvere eum. Iudaei autem clamabant, dicentes: si hunc absolveris, non es amicus caesaris. Quicunque enim se regem facit, contradicit caesari*, Ioan. [19,4–12]. *Instabant* itaque *vocibus magnis, postulantes ut crucifigeretur et invalescebant voces eorum ac summorum sacerdotum*, Lucas [23,23][118].

[125]Sectio 8 continens condemnationem Domini, eductionem et crucifixionem[125]

Pilatus itaque, *cum audisset hunc sermonem, produxit Iesum foras seditque pro tribunali in loco qui dicitur Lithostrotos, hebraice autem Gabbatha,* id quod [126]locum editiorem significat. *Erat autem parasceve Paschae,*

---

^{q4} quod A. – ^{r4} vergebat A. – ^{s4} datum A. – ^{t4} ad hoc A. –

120–120 Ap: Brenz, *In Ioh.* 1528 ad loc., 319v. (*ia*).
121–121 Ap: Brenz, *In Ioh.* 1528 ad loc., 320r. (*ipe*).
122–122 Ap: Brenz, *In Ioh.* 1528 ad loc., 321r. (*ipe*).
123–123 Power divinely conferred already ap: Augustine, *In Ioh.* tract. 116 ad loc., MPL 35, 1942–1943, CCL 36, 648. Here ap and adv: Brenz, *In Ioh.* 1528 ad loc., 320v. (*i*: there: power of magistrates divinely conferred), 321v. (there: Pilate as civil magistrate persecutes Christ because preoccupied with the good of the republic). Also ap: Zwingli, *Elenchus*, CR 93, 139–141 (*i* only, no *r*).
124–124 Referred to the high priests ap: Aquinas, *In Ioh.* ad loc., *Piana* 14:2, 100v. col. A (*i*?: there: alternative interpretation). Referred to the Jews generally ap: ErP 1524 ad loc., LB 7, 637 (*i*). Here perhaps adv: Brenz, *In Ioh.* 1528 ad loc. (there: referred to Judas).
125–125 Order of this section, with exception of incident of Pilate's wife, ap: Bugenhagen, *Passio*, 419–424.
126 Thus translated ap: ErP 1524 ad loc., LB 7, 638 (*t*). Cf. ErAn 1527 ad loc., LB 6, 411–412. *I* already ap: Ludulphus, *Vita* 2a pars, cap. 62, *Rigollot* 4,82.

[127]dies qui proxime Paschae diem antecedebat quo [u⁴]sanctificabant se et[u⁴] parabant quae ad festum requirebantur[127]. Et *hora ferme sexta* [Io 19,13–14], id est [128]circa finem secundae portionis diei quae a tertia diei hora incipiebat. [v⁴]Nam totum illud tempus quod a tertia usque sextam horam decurrebat[v⁴], tertia hora vocabatur. Unde Marcus [15,25] *hora tertia* crucifixum Dominum memorat: hac eadem scilicet secunda diei parte quae iam ferme ad finem venerat[128], Ioan. [19,13–14].

[129]*Sedente autem Pilato pro tribunali, misit ad eum uxor eius dicens: nihil tibi cum iusto illo. Multa enim passa sum hodie* [130]*in somnis propter eum.* Sic curavit Deus Pilatum officii sui admoneri, Matth. [27,19].

Ille autem *dicebat Iudaeis: ecce rex vester* quasi diceret: [131]vos contenditis hunc se regem vestrum fecisse. Videte eum, ut nihil tale prae se ferat[131]. *Illi autem clamant[w⁴]: tolle tolle, crucifige eum! Dicit eis Pilatus: regem vestrum crucifigam?* – irridens scilicet eos. Isti contra: *non habemus regem nisi caesarem.* Huc [132]eos furor agebat ut in totum regnum Christi quod cuncta gens avidissime expectabat, abnegarent, Ioan. [19,14–15][132].

⟨Vincitur Pilatus improbitate Iudaeorum⟩ *Videns* igitur *Pilatus quod nihil proficeret, sed magis tumultus fieret, abluit manus coram populo, dicens: innocens ego sum a sanguine huius iusti, vos videritis. Et respondens, universus populus dixit: sanguis eius super nos et super filios nostros,* Matth. [27,24–25].

Tunc adiudicavit Pilatus ut fieret quod illi postulabant [Lc 23,24] ac *dimisit eis Barrabam. Iesum* autem *tradidit* [133]*arbitrio eorum* [cf. Lc 23,25] *ut crucifigeretur* [Mt 27,26]. *Quem* rursus *exuentes chlamyde, induerunt vestimentis suis et abduxerunt ut crucifigerent,* Matth. [27,31], Mar. [15,15.20], Luc. [23,24–25], Ioan. [19,16].

⟨Educitur ad supplicium⟩ *Dominus* igitur, adiudicatus neci, [134]*exibat, baiulans suam crucem, in eum locum qui Calvaria dicebatur, hebraice* autem

---

[u⁴–u⁴] *om.* AB. – [v⁴–v⁴] ita tota usque sextam A. totum usque sextam horam tempus B. – [w⁴] clamabant AB. –

[127–127] Ap: Ludulphus, *Vita* 2a pars, cap. 62, *Rigollot* 4,82 (*i*: purification) combined with: Lyra ad loc. (*i*: preparation of food).

[128–128] Discrepancy between Mc 15,26 and Io 19,14 thus resolved only ap: Bugenhagen, *Passio* ad loc., 420–421 (*iper*). There as here adv: Augustine, *De cons. Evang.* 3,13, MPL 34, 1183–1189, CSEL 43, 326–338 (there: Mc recapitulates: third hour = hour of crucifixion).

[129] This incident inserted here ap: Augustine, *De cons. Evang.* 3,13, MPL 34, 1185, CSEL 43, 328–329 (there: this order intended by Mt. so as to show why Pilate refused to hand Jesus over to the last). – Cf. supra ad n. (113).

[130] Ap: Er and ErAn 1527 ad loc., LB 6, 141 (*t*); ErP 1524 ad loc., LB 7, 140 (*p*).

[131–131] Ap: Ludulphus, *Vita* 2a pars, cap. 62, *Rigollot* 4,83 (*ip*); Lyra ad loc. (*i*).

[132–132] Ap: ErP 1524 ad loc., LB 7, 638 (*p*).

[133] Expression ad loc. ap: Bugenhagen, *Passio*, 421 (*t*).

[134–134] This sequence already ap: Augustine, *De cons. Evang.* 3,10, MPL 34, 1182, CSEL 43, 322. But here more likely ap: Bugenhagen, *Passio*, 422 (*i*).

– id est lingua qua tum Hebraei vulgariter utebantur, quae chaldaismum resipiebat – גלגלתא, hoc est: *Golgoltha*, Ioan. [19,17].

Inter eundum autem *apprehenderunt Simonem quendam Cyrenensem*[134], *patrem Alexandri et Rufi, venientem* ex agro [Mc 15,21]. *Et illi imposuerunt crucem ut portaret post Iesum* [Lc 23,26]. Id forte fecerunt[x⁴] quod Iesus [135]debilior iam esset quam ut ligni molem portare posset, Matth. [27,32], Mar., Luc.

Sequebatur [787] *autem Dominum multa turba populi et mulierum quae plangebant et lamentabantur.* [136]Neque enim omnibus amor et observantia eius exciderat[136]. *Ad has conversus Dominus*[y⁴] *dixit: filiae Ierusalem, nolite flere super me, sed super vosmetipsas et super filios vestros flete. Venient enim dies in quibus dicetur: beatae steriles, et ventres qui non genuerunt et ubera quae non lactarunt. Tunc incipient montibus dicere: cadite super nos, et collibus: operite nos.* His [137]futurae obsidionis et excidii calamitatem illis praedicebat[137] in qua experti fuerunt quid [z⁴]hic sibi precati sunt[z⁴], cum dixerunt[a⁵]: *sanguis eius super nos et filios nostros* [Mt 27,25]. Addebat autem: *quia si in humido ligno hoc faciunt, in arido quid fiet?* Quo significavit: si [138]divina voluntate ita in se saeviretur innocentem et *ligno humido* atque fructifero similem, multo durius saeviendum esse[b⁵] in gentem Iudaicam, *ligno arido* et sterili similem[138]. *Ducebantur autem et alii duo facinorosi cum eo ut interficerentur*, Luc. [23,27–32].

Et postquam venerunt in locum qui dicitur Calvaria [Mt 27,33], *dederunt Domino bibere myrrhatum* [Mc 15,23]. Id [139]*acetum erat cum felle mixtum, sed ille cum gustasset*, non sumpsit[139], Matth. [27,34], Mar.

Ibique crucifixerunt eum *et duos latrones cum eo, unum a dextris, alterum a sinistris eius*, quo [c⁵]vaticinium Iesch. 53[12] fuit impletum[c⁵]: *Et cum sceleratis deputatus est* [Mc 15,27–28], Matth. [27,38], Mar.[d⁵], Ioan. [19,17].

Iesus autem dicebat: Pater remitte illis, nesciunt enim quid faciant, Luc. [23,34].

[x⁴] *om.* AB. – [y⁴] ille AB. – [z⁴–z⁴] sibi fuissent precati AB. – [a⁵] dixerant AB. – [b⁵] *om.* AB. – [c⁵–c⁵] impletum vaticinium Iesch. 53 fuit A. – [d⁵] *add.* Luc. [23,33] A. –

[135] This given as reason ap: Ludulphus, *Vita* 2a pars, cap. 62, *Rigollot* 4,89 (*ip*).

[136–136] Ap: Ludulphus, *Vita* 2a pars, cap. 62, *Rigollot* 4,87 (*i*).

[137–137] Ap: Ludulphus, *Vita* 2a pars, cap. 62, *Rigollot* 4,89 (*ip*); Bugenhagen, *Passio*, 422–423 (*i*).

[138–138] Ap: Ludulphus, *Vita* 2a pars, cap. 62, *Rigollot* 4,89 (*ip*); Bugenhagen, *Passio*, 422–423 (*i?* there: Christ = lignum humidum but no //Jews = lignum aridum and no intensifying link between the two).

[139–139] Ap: Bugenhagen, *Passio*, 423 (*p*). *I* already ap: Augustine, *De cons. Evang.* 3,11, MPL 34, 1182, CSEL 43, 322; Ludulphus, *Vita* 2a pars, cap. 63, *Rigollot* 4,95.

Imposuit vero Pilatus titulum cruci Domini, haec *hebraice, graece et latine* continentem: *Iesus Nazarenus rex Iudaeorum,* Matth. [27,37], Mar. [15,26], Luc. [23,38], Ioan. [19,19.20].

Iudaei autem, *cum hanc inscriptionem legissent, ut erat locus hic prope* Ierusalem, petebant a *Pilato pontifices ut scriberet Iesum dixisse: ego sum rex Iudaeorum, non* simpliciter: *rex Iudaeorum.* Verum ille [140]scripturam, divina utique ordinatione adductus, immutare noluit[140]. Quae sane [141]verum evangelion Christi continebat, qua scilicet praedicabatur verus ille esse et indubitatus Meschiah, rex Iudaeis missus[141]. Ita in media morte coepit Dominus[e5] ad gloriam exaltari et regnum suum auspicari, Ioan. [19,20–22].

[142]Sectio 9 memorans quae, pendente Domino in cruce, acciderunt[142]

[143]*Milites* autem, *cum crucifixissent Iesum, acceperunt vestimenta eius feceruntque quatuor ex illis partes ut unicuique militi pars* una cederet. De *tunica* vero *inconsutili et per totum contexta,* quia *scindi* commode *non* potuit, *sortiti fuerunt ut impleretur* illud Psal. [21,19]: *partiti sunt vestimenta mea sibi et super vestem meam miserunt sortem. Et milites quidem haec fecerunt* [Io 19,23–24] *sedentesque servabant Dominum* ibi [Mt 27,36], Matth. [27,35–36], Mar. [15,24], Luc. [23,34], Ioan.[143]

[144]*Stabat autem iuxta crucem* Iesu *mater eius et soror matris eius et Maria Magdalene. Cum* ergo *vidisset Iesus matrem ac discipulum astantem quem diligebat, dicit matri suae: mulier ecce filius tuus. Deinde dicit discipulo: ecce mater tua. Et ex ea hora accepit eam* in curam *suam*[144]. [145]Mulierem vocavit more suo quod maior multo esset quam ipsa eum genuisset. Filii tamen officium noluit posthabere. Hinc[f5] morituri discant suis prospicere, Ioan. [19,25–27][145].

⟨Blasphematur et irridetur⟩ [146]*Stabat vero populus spectans* [Lc 23,35] et *praetereuntes* convitia iaciebant in Dominum, *moventes capita sua et*

[e5] *om.* AB. – [f5] Unde A. –

[140-140] Ap: Augustine, *In Ioh.* tract. 117 ad loc., MPL 35, 1946, CCL 36, 653–654 (*i*).
[141-141] Ap: Chrysostom, *In Ioh.* hom. 85 ad loc., MPG 59, 460 (*i*); ErP 1524 ad loc., LB 7, 639 (*p*).
[142-142] This section, with some slight divergencies noted below (… indicates identical text), practically *verbatim* ap: Bugenhagen, *Passio,* 424–430 (*pt*).
[143-143] Ap: Bugenhagen, *Passio,* 424–425 (*p*: there also *add.* after ibi: Et milites quidem haec fecerunt).
[144-144] Ap: Bugenhagen, *Passio,* 425 (*p*: there: stabant, *add.* Maria uxor Cleophae *after* matris eius, vidisset ergo, discipulus in sua *instead of*: in curam suam but *marg. expl.* = ut haberet eius curam).
[145-145] Ap: Brenz, *In Ioh.* 1528 ad loc., 327v. (*ip*).
[146-146] Ap: Bugenhagen, *Passio,* 425–426 (*pa*: there: Qui autem praeteribant, convitia iaciebant in eum… Vae qui demoliris templum et in tribus diebus extruis… summi sacerdotes

dicentes: tu ille qui destruebas templum et in triduo aedificabas? Serva temetipsum. Si Filius Dei es, descende de cruce. Similiter et principes *sacerdotum, illudentes cum scribis et senioribus, dicebant* inter se: *alios servavit, seipsum non potest servare. Si rex Israël est, descendat nunc de cruce et credimus*[g5] *ei. Confidit in Deo, liberet eum nunc, si vult eum. Dixit enim: Filius Dei sum* [Mt 27,39–43][146]. Sic ad crudelissimum supplicium etiam execrari et irrideri Christum suum Pater voluit. Unde et [147]Psal. 22 haec fere convitia omnia praedicta sunt [cf. Ps 21,8ff.]. [148]*Illudebant autem ei et milites* [Lc 23,36], Matth., Luc.

[149]Quin et [150]*unus de his qui erant suspensi* facinorosorum, idipsum ei exprobrabat. *Si tu es Christus, inquiebat, serva teipsum et nos.* Adeo ab omni genere hominum blasphemari ipsum oportebat. *Respondens autem, alter increpabat eum dicens: ne tu quidem times Deum, quum in eadem damnatione sis? Et nos quidem iuste, nam digna factis recipimus; hic vero nihil mali gessit. Et dicebat ad Iesum: Domine memento mei, cum veneris in regnum tuum. Et dixit illi Iesus: amen* amen *dico tibi, hodie mecum eris in paradiso*, particeps gloriae meae, Luc. [23,39–43][149].

⟨Clamabat se derelictum⟩ Dum vero haec fierent, appetiit hora sexta [cf. Lc 23,44], tertia diei pars quae et [151]ipsa solebat tota, [h5]*a sexta*[h5] usque ad horam [788] nonam, sexta hora vocari. Diem enim habebant finitum horis duodecim, totidem et noctem, et utramque per partes quatuor distinctam[151]. Noctis partes [152]vigilias vocabant. [153]*Facta ergo iam sexta hora, tenebrae ortae sunt*[i5] *super totam terram usque ad horam nonam. Et circa horam nonam clamavit Iesus voce magna, dicens: Eli Eli lama sabachtani, hoc est: Deus meus, Deus meus, cur deseruisti me? Quidam autem illic stantium, cum audissent, dicebant: Heliam vocavit iste*[153]. *Caeteri vero*

[g5] credemus AB. – [h5–h5] *om.* AB. – [i5] fuerunt AB. –

illudentes inter sese... et populo dicebant... servare non potest... Si hic ille Christus, rex Israel, ille Dei electus servet seipsum descendatque nunc de cruce ut videamus et credamus ei).

[147] Ap: Bugenhagen, *Passio*, 426 (*r* in marg.).

[148] *A* of Bugenhagen, *Passio*, 426 (there: mention of thieves on cross imm. after: Filius Dei sum folld. by mockery of soldiers but there: milites acetum afferentes).

[149–149] Ap: Bugenhagen, *Passio*, 426–427 (there: autem de his qui pendebant... convitia dicebat in eum, *om.*: Adeo... oportebat, *om.*: particeps gloriae meae).

[150] Here ap: Augustine, *De cons. Evang.* 3,16, MPL 34, 1190, CSEL 43, 339–340 (*i*: there: synechdoche: Mt and Mc use plural for singular) adv: Bugenhagen, *Passio*, 426 (there: two distinct events – cf. n. (148) supra).

[151–151] Ap: Bugenhagen, *Passio*, 420–421. (*i*) Cf. n. (128)–(128) supra. Also ap: Münster, *Kalendarium*, 49 (*i*?).

[152] Cf. e.g. Mt 14,25.

[153–153] Ap: Bugenhagen, *Passio*, 427–428 (*p*: looser than preceding passages).

[154]*dicebant: sine, videamus an veniat Helias liberaturus eum*, Matth.
[27,45–47.49], Mar. [15,33–36][154].

⟨Psal. 69 [68,22]⟩ [155]*Postea, sciens Iesus quod omnia iam consummata
essent, ut consummaretur Scriptura*, [156]nimirum in omnibus quae de supplicio ipsius[j5] praedixit, *dicit: sitio. Vas igitur erat positum aceto plenum*,
Ioan. [19,28–29].

Inde[k5] *impleverunt spongiam aceto* [Mt 27,48] *et hysopo* [Io 19,29] *et
impositam harundini* [Mt 27,48], *admoverunt ori eius* [Io 19,29], Matt., Mar.
[15,36], Ioan.[155].

Cum ergo accepisset Iesus acetum, dixit: consummatum est. Iam enim
[156]ad finem pertulerat quae praedicta erant omnia, Ioan. [19,30].

[157]*Et cum clamasset voce magna Iesus*, ait: *Pater in manus tuas commendo
spiritum meum*, Luc. [23,46].

⟨Prodigia a morte Christi⟩ Et haec cum dixisset, *inclinato capite* [Io
19,30] *emisit spiritum* [Mt 27,50]. *Et ecce velum templi scissum est in duas
partes a summo usque ad imum*, Matth. [27,51], Mar. [15,37–38], Luc.
[23,45].

*Et terra mota est et petrae scissae sunt et monumenta aperta sunt et multa
corpora sanctorum qui dormierant, surrexerunt. Et egressi e monumentis
post resurrectionem eius, venerunt in sanctam civitatem et apparuerunt
multis*, Matth. [27,51–53].

Centurio vero *qui adstabat ex adverso* [Mc 15,39] illi *et qui cum eo erant,
custodientes Iesum* [Mt 27,54], *cum vidissent quod sic* emisso *clamore
expirasset* [Mc 15,39] *visoque terrae motu et his quae acciderant, timuerunt
valde* [Mt 27,54] *et glorificabant Deum* [Lc 23,47] *dicentes: vere Filius Dei
erat iste* [Mt 27,54], Matth., Mar., Luc.

*Et omnes turbae eorum qui simul accesserant ad spectaculum istud et
viderant* quae contigerant, *percutientes pectora sua, revertebantur*, Luc.
[23,48].

*Stabant autem omnes noti eius procul et mulieres quae secutae eum erant
a Galilaea* [Lc 23,49], *ministrantes ei. Inter quas erat Maria Magdalene et
Maria Iacobi parvi* et Iesu mater et *Salome* [Mc 15,40], *mater filiorum
Zebedaei* [Mt 27,56], *aliaeque complures quae ascenderant cum eo Hierosolymam* [Mc 15,41][157], Matth., Mar., Luc.

[j5] suo A. – [k5] Illi vero A. –

[154–154] Adv: Bugenhagen, *Passio*, 428 (there: videamus an veniat Helias **after** the offering
of vinegar; words attributed to the one holding the sponge). Bucer's order ap: Ludulphus,
Vita 2a pars, cap. 63, *Rigollot* 4,124 (*i*); Biel, *Monotesseron* in: *Sermo de hist. passionis*, 223v.
(*p*).
[155–155] Ap: Bugenhagen, *Passio*, 428 (*p*: looser than preceding passages – cf. n. (156) infra).
[156] Ap: Bugenhagen, *Passio*, 428 (*i* of marg. note there).
[157–157] Ap: Bugenhagen, *Passio*, 428–430 (*p*).

[158]Sectio 10 de sepelitione Domini[158]

Iudaei autem, *quoniam parasceve erat sabbathi magni,* nempe quo Pascha erant celebraturi, [159]indignum rati *ut corpora* punitorum *magno illo sabbatho in cruce remanerent*[159], *rogaverunt Pilatum ut, fractis cruribus ipsorum, tollerentur. Milites* igitur utriusque latronis *crura quidem fregerunt. Ad Dominum autem ubi venissent, iam mortuus erat. Crura* itaque *eius non fregerunt, sed unus militum lancea latus eius fodit et continuo exivit sanguis et aqua.* Id *visum a* sese testatur [160]Ioannes *verum*que affirmat *ut et nos credamus. Facta* ait praeterea *haec ut Scriptura impleretur: os non comminuetis ex eo. Et rursus alia Scriptura: videbunt in quem pupugerunt* [Io 19,31–37]. Post haec, *vespera facta,* nempe post horam nonam, [161]*venit vir quidam dives* [Mt 27,57] et honestus *senator, nomine Ioseph, vir bonus et iustus* qui *consilio et facto* Iudaeorum *non consenserat,* oriundus *ex civitate Iudaeorum Arimathaea*[161]. *Qui* [162]*ipse expectabat regnum Dei* [Lc 23,50–51] eratque *discipulus Iesu, sed occultus propter metum Iudaeorum* [Io 19,38]. Hic, sumpta fiducia, *accessit ad Pilatum ac postulavit corpus Iesu* [Mc 15,43], Matth., Mar., Luc. Ioan.[162].

Pilatus autem admiratus si iam [163]mortuus *esset, accersivit ad se centurionem* et*[l5] interrogavit illum, an iam* dudum *mortuus fuisset. Utque* rem *cognovit ex centurione, donavit corpus Iosepho,* Mar. [15,44–45].

[164]*Venit autem et Nicodemus qui venerat ad Iesum nocte primum, ferens mixturam myrrhae et aloes ad libras ferme centum,* Ioan. [19,39].

Acceperunt ergo corpus Iesu [Io 19,40][164] et *involverunt* [165]*sindone munda* [Mt 27,59] *cum aromatibus, sicut mos est Iudaeis sepelire* [Io 19,40]. *Erat autem in eo loco ubi crucifixus fuit, hortus, et in horto monumentum novum* [Io 19,41] *quod* [166]*sibi Iosephus e petra exciderat* [Mt 27,60][166], *in quo*

[l5] *om.* AB. –

[158–158] Order in this section ap: Bugenhagen, *Passio,* 430–434 (*ip*). Same order also ap: Biel, *Monotesseron* in: *Sermo de hist. passionis,* 224r.–v. (*i*?) Cf. foll. nn.

[159–159] Ap: ErP 1524 ad loc., LB 7, 640 (*ip*).

[160] Ap: Chrysostom, *In Ioh.* hom. 65 ad loc., MPG 59, 463 (*i*). Adv: ErP 1524 ad loc., LB 7, 641; ErAn 1527 ad loc., LB 6, 414 (there: ambiguous: knowledge of truth could refer to either Christ or John). – Left ambiguous ap: Bugenhagen, *Passio,* 431.

[161–161] Ap: Bugenhagen, *Passio,* 431 (*t*: there: different order and *om.* honestus). Decurio = senator ap: ErAn 1527 ad Lc 23,50, LB 6, 327.

[162–162] Ap: Bugenhagen, *Passio,* 431–432 (*p*: there: sumpta audacia). Problem raised already ap: Augustine, *De cons. Evang.* 3,22, MPL 34, 1195, CSEL 43, 349 (there: how could Joseph seek body as an "occultus discipulus"? Solution as ap: Bugenhagen and here).

[163] Same expression ap: Bugenhagen, *Passio,* 432 (*t*).

[164–164] Joseph *and* Nicodemus. This made plain ap: Augustine, *De cons. Evang.* 3,23, MPL 34, 1195–1196, CSEL 43, 350 (*i*). Thus also ap: Bugenhagen, *Passio,* 432 (*t*).

[165] Ap: Augustine, *De cons. Evang.* 3,23, MPL 34, 1196, CSEL 43, 351 (*i: una sindo* could consist of several *linteae*). Adv: Bugenhagen, *Passio,* 432 (there: *sindo* and *linteae* mentioned).

[166–166] Ap: Bugenhagen, *Passio,* 432 (*p*).

nondum quisquam positus erat [Io 19,41]. *Ibi ergo propter parasceven Iudaeorum, quod* [167]*in propinquo esset monumentum, posuerunt Iesum* [Io 19,42] *et advolverunt lapidem ad ostium monumenti* [Mc 15,46], Matth., Mar., Luc., Ioan.

Ita [168]gloriose sepultus est [cf. Is 11,10] qui mortuus erat ignominiose. Iam enim incipiebat glorificari[168]. *Et dies erat parasceve, et sabbathum illucescebat* [Lc 23,54]. [169]Appropinquabat enim finis horae nonae[169] vel, si mavis, undecimae: ultimae scilicet portionis diei quae sexta apud nos pomeridiana fuisset. *Subsecutae autem mulieres quae* [789] *cum eo venerant de Galilaea, viderunt monumentum et quemadmodum positum erat corpus eius*, Matth. [!], Mar. [!], Luc. [23,55].

Reversae vero *paraverunt aromata et unguenta ac sabbatho quidem quieverunt secundum praeceptum*, Luc. [23,56].

Postridie autem parasceves, sabbatho nimirum magno, *convenerunt principes sacerdotum et Pharisaei ad Pilatum, memorantes* Dominum – quem ipsi [170]*impostorem* vocabant – *dixisse se tertio die resurrecturum.* Eoque petebant ut *iuberet sepulchrum muniri usque in tertium diem, ne discipuli,* [171]*suffurato eius corpore, dicerent plebi surrexisse eum a mortuis et fieret error posterior peior priore.* Quibus Pilatus [172]*custodiam* permisit ut munirent sepulchrum *sicut scirent.* Qui *sepulchrum munierunt obsignato lapide et adhibitis custodibus*, Matth. 27[62–66][172].

Finis historiae supplicii dominici.

Annotationes   et   Observationes   promiscuae
in   totam   dominici   supplicii   historiam
Sectio   1

Plurima sane observanda in hac historia occurrunt et explicanda quoque nonnulla. [m5]Ex his indicabo paucula, nam pleraque et in Matthaeo annotata sunt[m5]. Reliqua studiosis Christianis[n5] animis animadvertenda re-

---

[m5-m5] pauculis ut scilicet temporis cogit angustia indicatis A. pauculis, nam pleraque et in Matthaeo annotata sunt, indicatis B. – [n5] Christi A. –

[167] This emphasised ap: Ludulphus, *Vita* 2a pars, cap. 66, *Rigollot* 4,148; Bugenhagen, *Passio*, 433 (*t*).
[168-168] Ap: Lyra ad Io 19,42 (*pr*); ErP 1524 ad Io 19,42, LB 7, 641 (*ipa*).
[169-169] Ap: Chrysostom, *In Ioh.* hom. 65 ad 19,42, MPG 59, 464 (*i*: ninth hour mentioned but there: conventional system of counting hours – cf. supra nn. (128)–(128), (151)–(151).
[170] Er 1527. Cf. ErP 1524 ad Mt 27,63, LB 7, 143; ErAn 1527 ad Mt 27,63, LB 6, 145. Also ap: Bugenhagen, *Passio*, 433 (*t*).
[171] Word ap: ErP 1524 ad Mt 27,64, LB 7, 143 (there: suffurentur).
[172-172] Ap: Bugenhagen, *Passio*, 434 (*tp*: there: munite sicut scitis, adhibitis custodibus. But a'is c'bus = Er 1527. Cf. ErAn 1527 ad loc., LB 6, 146).

linquam. Quanquam ex iis quae dicemus et diximus, istis quoque quae relinquemus nonnihil lucis accessurum sit.

Quod usque [173]rudes adeo erant apostoli et terreni regni dignitatem atque foelicitatem continuo somniabant [cf. Lc 22,24ff.][173], licet tam multis ad cogitanda coelestia erigere illos Dominus fuisset conatus, monet eius quod saepe iam notatum est: [174]sine Spiritu in corde docente [cf. 2 Cor 1,22], auribus corporeis frustra omnia ingeri. Tum: hunc $^{o^5}$Spiritum tantum definito a Patre tempore$^{o^5}$ dari[174].

⟨Quid sedere *in mensa* Christi *et super thronos*⟩ Quod vero apostolis Dominus promisit in *sua mensa* locum et *iudices* fore *duodecim tribuum Israël* [Lc 22,30], voluit$^{p^5}$ [175]futurae vitae supremam dignitatem[175] $^{q^5}$per ea$^{q^5}$ exprimere [176]quibus, $^{r^5}$in praesenti, dignitas summa agnoscitur$^{r^5}$. Qui enim in eadem mensa cum caesare edunt et proxime ei$^{s^5}$ sedent in conciliis et iudiciis, ut sunt principes electores, ii sane dignitate reliquos omnes antecellunt[176]. Tales iam sunt Christo apostoli per quos universo hominum generi salutem attulit [cf. Act 13,47]. Maior siquidem apud Deum [cf. Lc 22,26] habetur qui ei similior est, id est plures pluribus beneficiis iuverit.

$^{t^5}$Illud e Zacariah Propheta adductum [cf. Mt 26,31; Mc 14,27] habetur $^{u^5}$apud eum Prophetam$^{u^5}$ capite 13, ebraice non sine figura ut idem tamen sensus sit. In hunc enim$^{v^5}$ modum legitur: *Gladie, excitare super pastorem meum et* $^{w^5}$*contra popularem meum*$^{w^5}$, *dixit Dominus exercituum. Percute pastorem et dispergetur grex et reducam manum meam contra*$^{x^5}$ *parvulos* [Za 13,7] etc. $^{y^5}$Est in [177]Matthaeo explicatum$^{y^5}$. *In Galilaea iterum praecessit* apostolos cum *visendum se plusquam quingentis fratribus* [1 Cor 15,6] exhibuit *atque* inter eos, velut *pastor* inter oves suas $^{z^5}$e dispersione rursum collectas$^{z^5}$, versatus est [Mt 26,31–32; Mc 14,27–28].

Pro Petri fide dixit se orasse Dominus [cf. Lc 22,32], non quod non et pro aliorum fide oraverit – [178]nam pro omnibus apostolis *ac etiam*

$^{o^5-o^5}$ definito a Patre tempore tantum AB. – $^{p^5}$ *om.* A. per ea voluit B. – $^{q^5-q^5}$ per ea voluit A. *om.* B. – $^{r^5-r^5}$ in hac vita summa dignitas constat A. – $^{s^5}$ eum AB. – $^{t^5}$ *add.* ☐ Locus Zaca. A. – $^{u^5-u^5}$ *om.* AB. – $^{v^5}$ *om.* AB. – $^{w^5-w^5}$ et virum cognatum meum A. – $^{x^5}$ super A. – $^{y^5-y^5}$ *om.* A. in Matthaeo explicatum est B. – $^{z^5-z^5}$ rursum e dispersione collectas D. –

[173–173] Cf. supra n. (12)–(12).
[174–174] Ap: Lambert, *De prophetia* tract. 4, cap. 24, 75v. (*i*). Adv: Brenz, *In Ioh.* 1528 ad 6,64 (there: Spirit received *through* the word).
[175–175] Ap: Aquinas, *Catena* ad loc., *Guarienti* 2, 289 (Bede, Cyril) (*i*); ErP 1524 ad loc., LB 7, 452 (*i*). Here perhaps adv: e.g. Gratian, *Decretum* 1a pars, dist. 21, c.1, *Friedberg* 1, 67 (there: Christ establishes ecclesiastical hierarchy).
[176–176] Ap: Theophylactus, *In Lc.* ad loc., MPG 123, 1073–1074 (*i*); Aquinas, *Catena* ad loc., *Guarienti* 2, 289 (Cyril) (*p*).
[177] Cf. BEv 1527 ad Mt 26[31], 340v.–341r.
[178–178] This emphasised already ap: Chrysostom, *In Mt.* hom. 82, MPG 58, 741–742 in: Carensis, *Postilla* ad loc., 238r. col. A; Leo I, *Sermo* 4,3, MPL 54, 151 (*ir*; but both link with special prayer for Peter).

credituris per verbum eorum oraverat[178], ut supra habuimus [cf. Io 17,20] – sed[a6] [179]prae aliis [b6]casuro voluit hoc dicto[b6], etiam prae aliis[c6], praedicere fore quoque ut resurgeret[179]. Qui ideo [180]pro fide Petri Dominum orasse volunt, quod esset reliquis caput constitutum, idque dignitatis ad successores suos ab eo transmissum, somniis delectantur[180]. [d6]Quid enim fidei in Christum reliquum tot tam seculis apud pontifices Romanos? Nam *qui credit* vere *in Christum*, vivit Christum [cf. Gal 2,20]. *Habet* enim *vitam aeternam* [Io 3,36] quae est solius Christi[d6].

Circa id quod per gladii necessitatem [cf. Lc 22,36] figurate Dominus imminentis periculi magnitudinem significavit, vide quam insanum sit et perniciosum omnia verba Domini et Scripturae [181]iuxta literam et simpliciter accipere. Ex hoc enim loco, si permittas literam simpliciter accipiendam et tropum reiiciendum, convincetur Dominum voluisse suos pugnare gladio[181], quo nihil magis cum omni doctrina eius pugnat.

Sectio   2

⟨[182]De angore Domini⟩ Trepidatio illa et mira anxietas Domini quae ei *sanguineum sudorem* [Lc 22,44] excussit, humanae naturae, et quidem compositionis insigniter[e6] nobilis, argumentum fuit. Tum indicavit quam undique tentari illum Pater voluerit. Certe nemo verus homo tantos crucia[790]tus et adeo dira tormenta, tum mortis genus ignominiosissimum imminere sibi considerabit qui non summe animo consternetur et exanimetur, nisi vel natura stupeat, vel divinitus alio mens avocetur. Cum igitur Dominus verus esset homo, tum praesentissimo omnia animo perspiceret, esset denique sensibus totaque naturae et corpusculi compositura tenerrimus ac subtilissimus, [183]sic afflicta, sic anxia anima eius reddita fuit ut, nisi mentem alio Pater – nempe in considerationem bonae suae voluntatis et perficiendae ab ipso omnium salutis [cf. 1 Tim 2,4] – avocasset, indubie prorsus exanimatus concidisset[183].

[a6] *add.* quia A. – [b6–b6] casurus erat, hoc dicto voluit A. – [c6] *add.* ei A. – [d6–d6] *om.* AB. – [e6] insignitae AB. –

[179–179] Ap: ErP 1524 ad loc., LB 7, 453 (*ipa*).
[180–180] A commonplace of Roman Catholic exegesis. Here adv: e.g. Gratian, *Decretum* 1a pars, dist. 21, c. 1, *Friedberg* 1,67; Eck, *Enchiridion*, cap. 3, CC 34, 51 (there: tradition cited).
[181–181] Ap: ErAn 1527 ad loc., LB 6, 317–321 (*ai*). For full discussion of passage cf. BEv 1527 ad 10[51], 70v.–72r. Here perhaps also adv: Anabaptists. Ap: Zwingli, *Elenchus*, CR 93, 69–75 (*i*: here allusion to Anabaptist literal exegesis of e.g. 1 Cor 10,1–12 which leads to refutation of infant baptism. If same principle applied to Lc 22,36 then literal use of sword recommended which Anabaptists oppose – cf. *Elenchus*, CR 93, 129–134).
[182] This commented on more extensively in BEv 1527 ad Mt 26[38ff.], 342r.–343v.
[183–183] Ap: Lefèvre d'Etaples, *In Lc.* ad 22,43ff., 270v. (*ip*).

Nequaquam autem totum*f⁶* a contemplatione instantis supplicii avo-
cavit – alioqui omni moerore et anxietate *g⁶*eum liberasset*g⁶* – sed hactenus
tantum ne moerore penitus conficeretur. Hinc vides in oratione eius utriusque: supplicii et paternae voluntatis, quasi quandam librationem. *Transferri* siquidem *calicem* et non transferri orabat. Nam addebat: *Non mea
sed tua voluntas fiat* [Mt 26,39.42]. Unde quod orabat fere huiusmodi erat:
[184]vide Pater ut tantum cogitatio imminentis supplicii me excruciet*h⁶*. Si
possibile esset, quam vellem me ab istis tormentis servari! At non est neque
possibile, neque bonum. Unde *non mea sed tua*, Pater, *voluntas fiat* [Mt
26,42][184]. Sed quid faciam? Iam exanimor. Supra vires est quod patior,
Pater. O acerbam horam! O intolerabile tormentum! Querulatio nanque
magis quam precatio erat, ut dixi.

Hinc procidebat nunc in faciem [Mt 26,39] et istiusmodi apud Patrem
querebatur, nunc invisebat discipulos [cf. Mt 26,40]. Nusquam potuit
consistere prae cruciatuum quos sentiebat incredibili atrocitate, [185]donec
per angelum consolaretur [Lc 22,43]. Quanquam autem ingens fuit [186]mira-
culum *sudor ille sanguineus* [Lc 22,44] et cum inenarrabilis doloris tum
sensus praesentissimi indicium[186], haud tamen adeo mirum fuisset, si isto
dolore fuisset plane enectus, quando [187]Homerum ferant dolore absump-
tum tantum quod, in insula, quaestionem a piscatoribus propositam non
potuisset solvere[187]. Item [188]Diodorum dialecticum lusoria quaestione non
protinus ad interrogationes Stilbonis dissoluta. Gaudio vero Sophoclem
et Dionysium, Siciliae tyrannum, utrunque accepto tragicae victoriae
nuntio. Item matrem pugna illa Cannensi, filio incolumi viso, contra
falsum nuntium[188].

Sectio   3

[189]Bis divinitatis suae Dominus certissimum argumentum exhibuit.
Prius: prostratis verbo Iudaeis [cf. Io 18,6], alterum: sanata Malchi auricu-

---

f⁶ totam AB. – *g⁶-g⁶* ea cum laborasset A. – *h⁶* afficiat A. –

[184–184] Ap: Chrysostom, *In Mt.* hom. 83 ad 26,38ff., MPG 58, 745–746 (*i*); Lambert, *In
Lc.* ad 22,43ff., Gg7r. (*p*; but there also emphasised that Christ's will according to divine
nature is also the Father's).
[185] Cf. supra ad n. (47)–(47). Emphasis on angel sent to restore Jesus' flagging strength
ap: Lefèvre d'Etaples, *In Lc.* ad loc., 270v. (*i*).
[186–186] Ap: Chrysostom, *In Mt.* hom. 83 ad 26,38ff., MPG 58, 745–746; Lambert, *In Lc.*
ad loc., Gg 7v. (*i*: drops of blood sign of real suffering). Also ap and adv: e.g. Bede, *In Lc.*
ad loc., MPL 92, 603, CCL 120, 386 in: Aquinas, *Catena* ad loc., *Guarienti* 2, 293 (there:
drops of blood a miracle, therefore not a sign of real suffering). Cf. also ErAn 1527 ad loc.,
LB 6, 322 (there adv: Jerome and Hilary who consider Lc 22,43–44 textually dubious and
thus diminish Christ's humanity).
[187–187] Ap: Valerius Maximus 9,12 ext. 3 (*p*).
[188–188] Ap: Plin. *Nat.* 7,54, 1ff. (*tp*).
[189–189] Ap: Lambert, *In Lc.* ad loc., Hh1v. (*pa*). Cf. also ad n. (62)–(62) supra.

la [cf. Lc 22,51]. Sed quia hora erat ut pateretur et potestas tenebrarum superiores habere videretur, servos Satanae nihil ista moverunt[189]. Hinc videas quid sit esse Satanae servum.

Sectio 4

[190]*Ad Annam duxerunt* Dominum *primum* [Io 18,13]. Is vero vinctum misit ad generum suum qui pontificatu tum fungebatur [cf. Io 18,13–14]. Et is Dominum *interrogavit de discipulis eius*[i6] *et doctrina* [Io 18,19]. In eius quoque domo Petrus negavit, licet Ioannes ita videatur haec narrare, quasi Annas Dominum interrogasset et primum in eius aedibus Petrus negasset [cf. Io 18,17]. Sed qui [191]animadvertit quod Ioannes pontificem tantum Caiapham vocat [cf. Io 18,13][191], is facile videt nihil ab eo narratum quod in domo Annae actum sit, sed tantum quae apud Caiapham. Quodque post memoratam et Petri negationem et pontificis erga Dominum interrogationem subiecit: *Misit eum Annas vinctum ad Caiapham pontificem* [Io 18,24], perinde esse [192]ac si scripsisset: miserat enim[192] Annas etc. Transpositio enim est: posterius narravit quod gestum erat prius. Cum siquidem[i6] narrare de Petro coepisset, *ut* Dominum *fuisset secutus*, consequenter memoravit [193]quo esset eum secutus: nempe usque *in atrium pontificis* [Io 18,15][193]. Ex hac tum occasione memoravit quae illic et Petro et Domino acciderunt. Cum igitur nondum narrasset quomodo Dominus ad pontificem venisset, postea id historiae inseruit: ab *Anna eum vinctum ad Caiapham* fuisse *missum* [Io 18,24]. Ex quo significavit nihil apud Annam Domino accidisse memoratu dignum[190].

Discipulum illum notum pontifici [Io 18,15] [194]quidam Ioannem intelligi volunt, sed non est verisimile; multo minus quod *adolescens ille fuerit, sindone amictus super nudum* [Mc 14,51]. *Discipulum enim quem diligebat Iesus* [Io 13,23; 19,26; 20,2; 21,7.20] se vocare solet. Tum quomodo Galilaeo piscatori notitia fuisset Hierosolymis apud pontificem? Et, si fuisset, quomodo id illi non in praesenti nocuisset, quando ex intimis fuerit Domini discipulis aeque ac Petrus[194]? [791] [k6]Quare verisimile est aliquem

---

[i6] suis AB. – [j6] enim A. – [k6]–[k6] *om.* AB. –

[190]–[190] Cf. supra n. (65)–(65).

[191]–[191] Ap: Bugenhagen, *Passio*, 404, marg. note (*p*).

[192]–[192] Ap: Bugenhagen, *Passio*, 404, marg. note (*pt*).

[193]–[193] Ap: Bugenhagen, *Passio*, 404, marg. note (*i*).

[194]–[194] Disciple at Io 18,15 ap: Lyra ad loc. (*ip*). Adv: e.g. Augustine, *In Ioh.* tract. 113 ad loc., MPL 35, 1932, CCL 36, 636 (there: not certain but very probable); Brenz, *In Ioh.* 1528 ad loc., 308v.; Lefèvre d'Etaples, *In Ioh.* ad loc., 388v. – Young man at Mc 14,51 not John ap: Lefèvre d'Etaples, *In Mc.* ad loc., 172r. (*i*). Adv: e.g. Gregory, *Moralia* 14,26 in: Aquinas, *Catena* ad Mc 14,51, *Guarienti* 2,547. Cf. ErAn 1527 ad Mc 14,51, 207–208 (there: Gregory mentioned only, not criticised). Cf. also supra n. (64).

fuisse [195]Hierosolymitanum et ideo alio nomine notum fuisse pontifici, quam quod discipulus Iesu esset*k6* [195].

Sectio   5

⟨*Amodo videbitis*⟩ Illud: *Amodo videbitis filium hominis sedentem a dextris* etc. perinde est ac si dixisset: posthac non videbitis eum, nisi *sedentem a dextris virtutis* [Mt 26,64] Dei. Ab eo enim tempore, mundo se Dominus*l6* subduxit, de quo [196]supra. [197]Unde, praeter eum diem, illis non est visus nisi *in gloria Patris* [Mt 16,27][197].

⟨Qui Zacariah, idem Iirmeiah⟩ [198]Testimonium de triginta argenteis, cum apud [199]Zacariah clare legatur [cf. Mt 27,9–10], verisimilior mihi eorum sententia videtur qui putant Zacariah binominem fuisse et etiam Iirmeiah vocatum. Sic certe Matthaeus Barachiam nominavit quem Scriptura Ioiada. *m6*Unde binominem fuisse docti recte colligunt*m6* [199].

Sectio   6

⟨Hostes veritatis iudicium fugiunt⟩ Quod Iudaei gravatim ad accusationem descenderunt [cf. Io 18,28–32], ingenium retulerunt omnium eorum qui cum veritate bellum gerunt. Ii enim nihil aeque refugiunt, quam ut caussam suam manifesto iudicio approbent. Sic [200]hodie hostes evangelii videas eo perduci non posse ut, vel ipsi suam caussam palam et cum ratione tueantur, aut nobis ad tuendam nostram facultatem faciant[200]. Unum hoc urgent: ut Pilatus Christum, indicta caussa, tantum ad ipsorum praeiudicium condemnet.

A gentibus, tum rerum apud Iudaeos potientibus, voluit Dominus morti adiudicari et occidi [cf. Io 18,31] ut, tanquam iure occisus, moreretur ignominiosissime.

⟨Imminutae maiestatis accusantur omnes praecones veritatis⟩ [201]Laesae maiestatis accusatus fuit [cf. Lc 23,2]; ita et Paulus et omnes semper adsertores veritatis[201]. Nam eiusmodi defectionem docent a *principe mundi* [Io 14,30], et Deo conantur homines adducere. Caeterum autem, alieni

---

l6 om. AB. – *m6–m6* vocat, quem ita binominem fuisse doctiores censent A. vocat et hunc enim binominem fuisse doctiores censent B. –

[195–195] This conjecture not ap: Lyra ad loc. Bucer's own?
[196] Cf. supra ad n. (86)–(86).
[197–197] Ap: Lefèvre d'Etaples, *In Mt.* ad loc., 118v. (*ip*).
[198] Cf. supra n. (93)–(93).
[199–199] Ap: ErAn 1527 ad loc., LB 6, 140 (*p*).
[200–200] Reference to the Berne disputation. Cf. supra *Prf. Bern.* ad nn. (9)–(9) – (12).
[201–201] Ap: ErP 1524 ad loc., LB 7, 458 (*p*).

adeo agunt ab omni affectatione terreni regni atque magistratus contemptu ut absurdissimum sit quicquam huius de illis vel suspicari. Sed qui agit in incredulis, deus huius mundi [cf. Io 14,30], ut sentit eos totos in hoc incumbere ut sua tyrannis solvatur, ita quo eos opprimat, semper id agit ut adversarii externae illi potestati – quam nemo magis illis observat – videantur.

⟨*Regnum* Christi⟩ *Regnum* Christi *non est de hoc mundo* [Io 18,36], id est [202]situm in externo dominatu. Unde et gloria, divitiis et potentia externa usque destituitur, ut in capite Christo, ita et membris [cf. Eph 5,23.30][202]. Ergo hic [203]reiectamenta mundi [cf. 1 Cor 1,28] nos esse oportet, in regeneratione demum cum Christo regnaturos [cf. Apc 22,5].

⟨*Quae prima veritas*⟩ *In hoc natus* Christus *fuit* ut *testimonium veritati perhiberet* [Io 18,37] et praecipue huius[203] quod verum regnum sit, vita et felicitas, sibi ut regi et Servatori syncera fide addici. Hanc ergo unam et summam veritatem: [204]se Christum et Salvatorem esse electorum fateri et testari eum oportuit. Quam fateri et praedicare *evangelion regni* [Mt 24,14] et vitae est[204].

⟨*Qui ex veritate*⟩ *Qui ex veritate est,* nempe [205]electus ad vitam, *is audit vocem* [Io 18,37] eius, hoc est fide recipit[205]. Unde Pilatus [206]et si rogasset *quid veritas esset* [Io 18,38], non sustinuit tamen responsionem percipere. Non enim *ex veritate erat* [Io 18,37], *non ex Deo* [Io 8,47] natus[206] – quae Ioannes pro eodem accipit. Ideo sermo Christi, praesertim de *evangelio regni* [Mt 24,14], haudquaquam potuit illi magni haberi.

⟨*Omnia adversa Christo*⟩ Ab Herode quoque sperni et ignominia affici Dominum oportuit [cf. Lc 23,5–12] ut nihil apud Iudaeos sublime esset a quo non aliquid pateretur. Ita [207]quicquid mundi est, sanctis adversatur[207]. Ad haec [208]vaticinium secundi Psal.: *Quare tumultuatae sunt gentes, populi meditantur inania? Astiterunt reges terrae, et principes* secretarii *convenerunt in unum* [Ps 2,1–2], ita impleri oportuit uti impletum in hoc et apostoli intellexerunt, Acto. 4[25–26].

[202–202] Ap: Brenz, *In Ioh.* 1528 ad loc., 314v.–315r. (*i*).
[203–203] Ap: Bugenhagen, *Passio* ad Io 18,37, 412 (*i*).
[204–204] Ap and adv: Brenz, *In Ioh.* 1528 ad loc., 315r. (there: veritas = Gospel but for the salvation of believers, not of the elect).
[205–205] Ap: Augustine, *In Ioh.* tract. 115 ad 18,37, MPL 35, 1940, CCL 36, 646 (*ip*).
[206–206] Ap: Lefèvre d'Etaples, *In Ioh.* ad loc., 393v. (*i*: Pilate not interested in truth but there: not explicitly linked to election). Parallel Io 18,37; 8,47 ap: Bugenhagen, *Passio* ad loc., 412 (*i*: but there not related specifically to Pilate).
[207–207] Ap: Lambert, *In Lc.* ad loc., Hh6r. (*ia*).
[208] Ap: Bugenhagen, *Passio* ad loc., 414 (*ir* Ps 2,2 only).

Sectio   7

⟨Populi inconstantia⟩ Populus persuaderi potuit ut Barrabam, *insignem latronem* [Mt 27,16; Io 18,40], Domino praeferret [cf. Mt 27,20]. Ita Satanae et ministris eius obnoxium est, quicquid non est ad bonum confirmatum virtute ex alto! Paulo ante his benedictus Christus erat, nunc ad crucem poscitur prae deploratissimo *latrone et seditioso* [Io 18,40; Mc 15,7]. Expendat pectus Christianum quanta haec fuerit Christi Servatoris nostri, nostrae salutis caussa suscepta, humilitas! Cur ei non omnia credimus? Cur cum ipso non libet mori et crucifigi mundo [cf. Rm 6,6.8]? [n6]Seditiosos homicidas [cf. Mc 15,7] natura homines execrantur, innocentes et beneficos natura homines diligunt atque venerantur. [209]Barrabas hic inter seditiosos atque homicidas singulariter detestabilis fuit. Domino nostro Iesu nihil in orbe unquam apparuit innocentius et in homines beneficentius verbis et factis. Dominum tamen populus quoque sustinuit prae Barraba ad crucem postulare[209]. Vide quid in homine sit, ubi in eo Spiritus Christi non est[n6]! Flagellatus et spinis coronatus [792] misereque illusus et consputus, ad misericordiam tamen Iudaeorum pectora movere non potuit. Ea erat vis Satanae qui, quos detinet, omni etiam humanitatis sensu exuit.

Sectio   8

Pilatus multis modis conatus fuit Christum liberare, partim [210]manifesta innocentia eius, partim [211]odio in Iudaeos quo flagrabat, impulsus. Sed revera id [212]Domini opus fuit quo obstinata Iudaeorum impietas magis proderetur[o6] [212].

Admonitus fuit per [213]uxorem [cf. Mt 27,19] ne quid et circa ipsum divina bonitas negligeret[213]. [p6]Christus usque tacuit ad Iudaeorum accusationes [cf. Mc 15,5] quia [214]sciebat horam advenisse ut moreretur[214]; tum erant [215]falsa adeo quorum accusabatur ut per se praeses videret sola

---

[n6-n6] *om.* AB. – [o6] proferetur A. – [p6] *add.* □ Cur tacuit AB. –

[209-209] Ap: Ludulphus, *Vita* 2a pars, cap. 62, *Rigollot* 4,67 (*ip*).

[210] Ap: Ludulphus, *Vita* 2a pars, cap. 62, *Rigollot* 4,65; Aquinas, *In Mt.* ad 27,18, *Piana* 14:1, 84v. col. B (*i*).

[211] Ap: e.g. Josephus, *Antiq. Iud.* 18,54–66, *Loeb* 9,42–51 (there: Pilate's cruelty to Jews but no mention of him doing everything to save Jesus).

[212-212] Adv: mediaeval tradition, e.g. Ludulphus, *Vita* 2a pars, cap. 62, *Rigollot* 4,67 (there: Pilate instrument of the devil in trying to save Jesus and thus preventing our redemption). Here perhaps ap: ErP 1524 ad Mt 27,19, LB 7, 140 (*i*). Cf. foll. note.

[213-213] Ap: ErP 1524 ad Mt 27,19, LB 7, 140 (*i*?: there: warning divinely ordained so that largest possible number of testimonies of Jesus' innocence available).

[214-214] Ap: Aquinas, *In Mt.* ad 27,18, *Piana* 14:1, 84v. col. A (*i*).

[215-215] Ap: Ludulphus, *Vita* 2a pars, cap. 62, *Rigollot* 4,65 (*i*).

invidia ipsum premi [cf. Mt 27,18]. Non igitur erat quod praesidi suam innocentiam approbaret, alias abunde eam cognoscenti[215], si tuendi eam animum quoque habuisset.

Iudaei reiecerunt imperium Christi, praelata ei caesaris tyrannide [cf. Io 19,14–15], et *sanguinem* Christi *super se et filios suos* venire optarunt [Mt 27,25]. Hinc ablatum ab [216]ipsis regnum Dei est*q⁶* et sanguinis Christi per Romanos incredibili atrocitate sumpta ultio[216].

Aegyptio nempe *Cyrenensi* imposita fuit *crux* [Lc 23,26] Christi. Quo significatum accipio [217]crucem Christi salvificam gentibus dehinc imponendam fuisse*r⁶* [217], Iudaeis satis dira quidem cruce imposita, sed non Christi, hoc est: quae esset saluti. Et hic quidem [218]*Cyrenensis, cum pater a Marco praedicetur Alexandri et Rufi* [Mc 15,21], videtur etiam ipse in suam domum Christum postea recepisse[218].

Sectio   9

s⁶Dederunt Domino, cum ad locum supplicii ventum esset, *vinum myrrhatum* [Mc 15,23] bibere, ut Marcus habet. Alii habent *acetum felle mixtum* [Mt 27,34] quod [219]idem sit oportet. *Acetum* igitur, quia corruptum vinum est, vinum a Marco est vocatum. [220]Amarum simul erat ex mixtione fellis et myrrhae, inde *vinum myrrhatum* [Mc 15,23] dixit[220]. Annotavit [221]Erasmus, ex Plutarcho, haustum acetum vulneratis mortem accelerare. Ea forte caussa *aderatᵗ⁶ vas positum aceto plenum,* cuius Ioannes meminit [Io 19,29], unde damnatis bibere daretur quo citius transfixi manus et pedes morerentur. Dominus tamen primum oblatum noluit bibere [cf. Mt 27,34], volens statutum a Patre tempus pati, quem ille tamen citius latronibus supplicio eripuit. Mortuus enim erat cum latronibus oporteret frangere crura [cf. Io 19,33], unde et [222]Pilatus celeritatem mortis eius mirabatur, ut in historia ex Ioanne [!] adductum est[222]. Postea autem, cum alioqui iam *spiritum traditurus* esset, [223]*accepit acetum,* ut Ioannes

---

q⁶ fuit AB. – *r⁶* om. AB. – *s⁶* add. □ *Vinum myrrhatum* AB. – *t⁶* add. et AB. –

[216–216] Ap: Eusebius–Rufinus, *Hist. eccl.* 2,6, GCS 9:1, 120–123 (*i*).

[217–217] Ap: Jerome, *In Mt.* tract. 4 ad 27,32, MPL 26, 209, CCL 77, 270 (*i*); Aquinas, *In Mt.* ad 27,32, *Piana* 14:1, 85v. col. A (*ip*); ErP 1524 ad loc., LB 7, 461 (*i*).

[218–218] Ap: Theophylactus, *In Mc.* ad loc., MPG 123, 665–666 in: Aquinas, *Catena* ad loc., *Guarienti* 2, 554 (*i*: Simon lived and told afterwards).

[219] Ap: ErAn 1527 ad loc., LB 6, 142 (*i*) but here used as criticism of Erasmus. Cf. infra ad nn. (221) – (223)–(223).

[220–220] Ap: Augustine, *De cons. Evang.* 3,11, MPL 34, 1182, CSEL 43, 322 (*p*).

[221] ErAn 1527 ad Mt 27,48, LB 6, 144. But here also adv: ErAn ad Mt 27,34, LB 6, 142 (there: potion ad Mt 27,33 not the same as at Mt 27,48 *etc.*).

[222–222] [!] Mc 15,44. Ap: Chrysostom, *In Mt.* hom. 88, MPG 58, 776 (*ir*).

[223–223] Ap and adv: ErAn 1527 ad Mt 27,34, LB 6, 142 (there: Io 19,30 and Ps 68,22 used to show that potion ad Mt 27,33 different to potion given to Christ on the Cross).

narrat [Io 19,30]. Impleri enim Scripturam voluit: *Potaverunt me aceto* etc., Psal. 86 [! = 68,22][223].

[u6]In latrone Christum tam [224]egregie agnoscente et praedicante [cf. Lc 23,42], ubi iam *noti omnes procul stabant* [Lc 23,49], ubi silebant ora apostolorum, cum obmutuisset vox illa: *Benedictus qui venit in nomine Domini* [Ps 117,26; Mt 21,9], immensa Dei bonitas mirum in modum illuxit. Unde plane discendum ne de quoquam – nisi oppugnante salutis doctrinam iam cognitam sibi – desperemus[224], postquam tot *primis*, hic omnium *novissimus* [Mt 19,30] latro praepositus fuit paradisique promissionem, ante omnes mortales, percepit [cf. Lc 23,43]. *Paradisum* vero, ut et Paulus 2 Cor. 12[4], vocat locum [v6]aut [225]vitae statum[v6] diviniorem in quo apertior Dei gloria refulget divinitatisque perfruitio donatur.

[w6]*Tenebrae factae sunt super totam terram* [Mt 27,45], [226]Iudaeorum scilicet. Id praesagium fuit illos, postquam Dominum *solem iustitiae* [Mal 4,2] a se reiecerant et morte affecerant, horrendis tenebris ignorantiae et impietatis adobruendos[226].

[x6]Id vero: *Eli, Eli* [Mt 27,46] etc. [227]initium est Psal. 22 [Ps 21,2] et verbum שבקתני , id est schebaktani, chaldaeum est[y6] pro ebraeo עזבתני , id est azabtani, positum[227]. Haec[z6] autem [228]simpliciter dicta a Domino accipio, sicut et quae in monte Olivarum oravit. Questus fuit his se in manibus impiorum ad omnem ipsorum libidinem a Patre derelictum, quanquam volens spiritu omnia perferret[228]; sicut in horto de atrocitate supplicii querebatur [cf. Mt 26,42] quod tamen ultro volebat subire[a7].

[u6] add. □ *Paradysus latroni* AB. – [v6–v6] om. AB. – [w6] add. □ *Tenebrae* AB. – [x6] add. □ *Eli Eli* AB. – [y6] om. ABD. – [z6] Hoc [!] C. *Corr. here after* ABD. – [a7] add. De desperatione eius nolim quicquam affirmare praeter Scripturam. Scripturam sequi, quam nostras cogitationes, tutius est. Verus homo fuit, veri hominis affectus et habuit et prodidit, gloriae tamen Patris omnes devinctos. De his [229] supra ubi conflictatio Domini in monte Olivarum tractata est AB. –

[224–224] Ap: Ludulphus, *Vita* 2a pars, cap. 63, *Rigollot* 4,109 (*ir* circumstances) combined with: Aquinas, *In Mt.* ad loc., *Piana* 14:1, 86r. col. A (*i*: divine goodness illustrated by last-minute conversion).

[225] Ap: ErAn 1527 ad Lc 23,43, LB 6, 326 (*i*).

[226–226] Ap: ErAn 1527 ad loc., LB 6, 144; ErP 1524 ad loc., LB 7, 142 (*ip*).

[227–227] Ap: ErAn 1527 ad loc., LB 6, 144 (*ipr*). Adv: e.g. Lefèvre d'Etaples, *In Mt.* ad loc., 176r.–v. (there: words here a corruption of Hebrew in Ps 21,2).

[228–228] Ap: Theophylactus, *In Mt.* ad 27,46, MPG 123, 469–470 (*i*). Here adv: Brenz, *In Ioh.* 1528 ad 18,1f., 303v.–304v., ad 19,28ff., 327v.–328v. (there: figurative interpretation of Christ's words: abandoned by God = abandoned by (his own) divine nature).

[229] Cf. supra ad nn. (182) – (188)–(188).

$^{b^7}$De descensu Domini ad inferna ^{230}multi multa disputarunt, sed per-
pauca ad rem quia praeter Scripturam fere omnia^{230}. Unde ^{231}blasphemi
quidam, visi sibi habere articulum fidei nullo Scripturae loco firmatum,
concludere volunt esse credenda quaecunque ecclesia, id est pontifices et
theologi cum monachis praescribunt, etiamsi nullam ex Scripturis affe-
rant$^{c^7}$ rationem. Sed si recte accipias hanc vocem: infernus, ibi memorant
Evangelistae Christum ad infernum descendisse, ubi narrant mortuum et
sepultum. ^{232}שְׁאוֹל [793] enim pro quo in Scripturis nos fere *infernus*
legimus, sepulchrum significat^{232} quod nunquam saturatur et semper
quodammodo petit, iuxta illud Proverb. 30[15–16]. Unde Petrus ^{233}Acto.
2[27] et Paulus 13[35] probaturi Dominum a mortuis resurrexisse, adducunt illud Psal. 15[10]: *Non relinques animam meam in inferno, nec sines
ut sanctus tuus videat corruptionem.* Ubi pro eodem ponitur *animam non
relinqui in inferno* et *sanctum non videre* foveam *corruptionis,* hoc est
sepulchrum, nempe pro eo quod est: non relinqui in morte. Unde Petrus,
cum dixisset: *Quem Deus suscitavit,* eum$^{d^7}$ *solutis doloribus* mortis,
quatenus impossibile erat teneri illum ab [Act 2,24] ea, hoc ipsum proba-
turus, locum $^{e^7}$hunc Psalmi 15$^{e^7}$ adduxit [cf. Act 2,27]^{233}.

In huiusmodi ^{234}*infernum* dicebat se Iacob cum dolore *ad filium*$^{f^7}$ Ioseph
descensurum cum discerptum a bestia putaret, 1 Moscheh 37[35]. $^{g^7}$Et ubi
timebat Beniamin, alteri filio ex Rachel, dicebat$^{h^7}$ filiis suis qui abducere
illum in Aegyptum volebant, eos, si illi aliquid accideret, ^{235}*canos* suos *cum
dolore ad infernos depulsuros* [Gn 42,38]. Quid hic aliud: ad infernum
descendere quam: recondi corpus sub terra? Sic cum terra vivos absor-
buisset Korach et coniuratos suos, dicebantur *vivi descendisse ad infernum,*
id est in sepulchrum sub terram, ad mortuos, 4 Moscheh 16[33]. Hinc
subinde in ^{236}Psalmis gloriantur sancti se ereptos ex inferno^{236}, exaltatos
ab inferno, ut Psal. 30$^{i^7}$ [Ps 29,4] et aliis. Nec aliter Scriptura uspiam de

---

$^{b^7}$ *add.* □ De descensu ad inferna AB. – $^{c^7}$ habeant AB. – $^{d^7}$ *om.* AD. – $^{e^7-e^7}$ illum Psalmi A. –
$^{f^7}$ *add.* suum A. – $^{g^7}$ *add.* □ Genes. 42,38 D. – $^{h^7}$ *add.* aliis A. – $^{i^7}$ *add.* 49[48,16] AB. –

$^{230-230}$ For general account cf. Vogelsang, *Weltbild* in: *ARG* 38 (1941), 90–100. – "Locus
communis" De descensu Christi ad inferos, fol. 264r.–265r. in A.
^{231} Adv.: e.g. Eck, Cochlaeus, Usingen. Cf. Eck, *Enchiridion*, cap. 4, *De scripturis*, CC 34,
76–77.
$^{232-232}$ Ap: Rufinus, *In Symb. apost.* 18, MPL 21, 356; *Handlung: 7. Schlussrede* (Zwingli),
237v. (*i*).
$^{233-233}$ Ap: ErP 1524 ad Act. 2,24.27; 13,35, LB 7, 670–671, 721 (*i*: but there infernum =
mors rather than *sepulchrum* – here combined with Zwingli as in n. (232)–(232). Adv: Luther,
Der Prophet Jona, WA 19, 225 (there same refs. with "die hellen" interpreted as "Todes
Schmerzen"); *Operationes* ad Ps 15,10, WA 5, 462–464 (there same refs.; infernus = sensus
mortis; distinction between *fovea* (for the body) and *infernus* (for the soul)).
^{234} For fuller discussion of Hebrew terminology cf. BPs 1529 ad 16,10, 92v.–94r.
^{235} Ap: Berne Disputation, *Handlung: 7. Schlussrede* (Zwingli), 237v. (*ir*).
$^{236-236}$ Ap: *ibid.* (*ir*; there: Psalms in general).

²³⁷ʲinferno loquitur quam ut sit communis omnibus, tam sanctis quam impiis²³⁷. Gehenna autem solis impiis attribuiturʲ⁷.

Ad hunc ergo modum descendit et נֶפֶשׁ, id est vita vel animatum corpus Domini in infernum, hoc est: ²³⁸vere mortuum repositum fuit in sepulchrum. Sed *quia* a morte *detineri autorem vitae* [Act 3,15] *impossibile erat*, ut Petrus inquit [Act 2,24], ideo *non* potuit in sepulchro et inter mortuos *relinqui*, aut *permitti ut sanctus* Domini *videret* foveam *corruptionis* [Act 2,27], id est corrumperetur sicut sepulti alii. Caeterum spiritus Christi, ubi corpus reliquit, in paradisum concessit, ubi secum futurum et latronem illi promiserat [cf. Lc 23,43]²³⁸.

Ad hoc enim ut ²³⁹sanctos qui in inferno erant, id est dormiebant corpore in pulvere [cf. Iob 21,26] terrae, sicut et^{k⁷} electos universos a morte in aeternam vitam transferret, nulla Scriptura quicquam aliud praedixit a Domino perficiendum, quam ut moreretur pro suis²³⁹. Somnia igitur sunt, quaecunque theologi superioris seculi de ²⁴⁰limbo patrum et reali descensu illo Christi quo^{l⁷} etiam ad locum damnatorum et purgatorium accesserit, disputarunt^{m⁷}. Scriptura, ²⁴²post hanc vitam, sanctis quietam vitam cum Christo et *regnum* Patris [cf. Mt 25,34], impiis gehennam *et ignem aeternum paratum Diabolo* [Mt 25,41] promittit, non infernum²⁴². Veteres patres memorat *ad infernum descendisse* [Ps 113,17], sed quo descendit omne quod genitum est. Nihil de limbo, nihil de purgatorio, nihil de descensu spiritus Christi ad loca quaedam obscura! Mittenda igitur haec sunt ut inventa hominum et gratiae agendae magis Domino qui Filium suum pro nobis et electis omnibus in infernum protrusit, id est vere mori voluit, ^{n⁷}corpusque eius sociari reliquis corporibus sanctorum sepultura et in terram recondita: spiritum vero spiritibus sanctorum qui, a corpore separati, *in sinu Abrahe* [Lc 16,23] quiescebant. Quid enim fingamus istos passos mali, cum Dominus ipse dicit tales fuisse *ab angelis in sinum Abrahae translatos* [Lc 16,22] ut ibi recreentur? Quis enim ambigat

---

ʲ⁷ *add.* ²³⁷⁻²³⁷ Quare facere ex inferno desperationem, cogitatio humana est et non debebat tanta cum authoritate ecclesiis proponi. AB. – ^{k⁷} *om.* D. – ^{l⁷} quomodo A. – ^{m⁷} *add.* Neque firma quidem existunt et quae recentes ²⁴¹quidam commentiti sunt: infernum esse desperationem AB. – ^{n⁷⁻n⁷} ut per mortem eius a morte nos liberaremur et revocato illo rursus a mortuis, nihil dubitaremus et nos ad beatam immortalitatem revocandos. AB. –

²³⁷⁻²³⁷ Ap: *ibid.* 237r. (*ip*). Adv: Luther as in n. (233)–(233) supra. Christ could not be held by death ap: Rufinus, *In Symb. apost.* 29, MPL 21, 366 (*i*).

²³⁸⁻²³⁸ Christ could not be held by death ap: Rufinus, *In Symb. apost.* 29, MPL 21, 366 (*i*). Christ's soul in paradise ap: Pico Mirandola, *Apologia*, quaest. 1 *De descensu* in: *Opera 1498*, G4v. (*irp*).

²³⁹⁻²³⁹ Ap: *Handlung: 7. Schlussrede* (Zwingli), 237v. (*i*).

²⁴⁰ Cf. Vogelsang, *Weltbild* in: *ARG* 38 (1941), 90–100.

²⁴¹ Adv: Luther – cf. n. (233)–(233) supra.

²⁴²⁻²⁴² Ap and adv: Zwingli, *Antibolon*, CR 90, 284 (*i* but there ad Lc 16,22 and word *inferi* used in context of the reprobate).

ita certe habitos, quemadmodum habitus fuit Lazarus ille de quo Dominus*o7* [cf. Lc 16,20ff.]? [243]Si qua autem sit conditio spirituum a corpore separatorum in qua, qui hinc decesserunt impuriores, urgentur, id cum nulla Scriptura affirmat, nec vobis*p7* affirmandum est. In ecclesia siquidem Dei sermonem loqui fas est. Scriptura solet de sanctis loqui secundum corporum rationem. Inde quia corpus in *q7*inferna, in*q7* terram reconditur, dicit ipsos descendere in inferna. Eo tamen non inficior commigrationem spirituum ad spiritus defunctorum hac ipsa appellatione significari, quare hanc commigrationem et Domino recte tribuimus ex hoc ipso articulo: "descendit ad inferna". At quod infernam istam spirituum conditionem aliter definire quidam ausi sunt quam Scriptura definit, id vero reiicimus[243]. Dicit Dominus ipse [244]latroni: *Hodie mecum eris in paradiso* [Lc 23,43], ibi ergo fuit anima Christi*n7*. [794] Haec confirmat quod hunc articulum "descendit ad inferna" non fuisse [245]nec in Symbolo Romano, nec in Symbolo orientalium ecclesiarum, Cyprianus [!] testatur[245]. Et apud [246]Tertullianum non recensetur. Quare adiectum tanquam explicationem superioris, sicut et illum: "[247]communionem sanctorum" nihil ambigendum est.

Caeterum quod *velum scissum fuit cum Christus tradidisset spiritum* [Mt 27,51.50], significatum accipio: tum fuisse [248]abrogatas caerimonias Legis et irritum factum testamentum vetus, cum iam novum morte eius esset confirmatum [cf. Hbr 9,15–17]. De quo in Matth. 26[248].

Terra mota et petrae scissae [Mt 27,51] videntur significasse [249]orbem commovendum evangelio et saxea pectora scindenda per poenitentiam[249]. De his canunt Psal. 97, 98 et 99 [Ps 96–98].

---

o7 *add.* Luc. 16. f. 25 D. – *p7* nobis D. – *q7-q7* infernam D. –

[243-243] Adv: Crautwald, Cf. Crautwald to Capito, 29 June 1528 in: Täuferakten 7, no. 141, 171 (there: *inferna* can apply not only to sepulchres but also to the places where the souls of the dead congregate).

[244] Ap: Pico Mirandola as in n. (238)–(238) supra. Here adv: Crautwald – cf. n. (243)–(243).

[245-245] [!] Rufinus, *In Symb. apost.* 18, MPL 21, 356 (*p*). Cf. supra ad n. (232)–(232), (238)–(238).

[246] Cf. *Hahn* para. 44,54–55.

[247] Not ap: Rufinus. But interpreted as referring to the Church triumphant ap: Ps – Augustine, *Sermo* 240, 241, MPL 39, 2189, 2191 (*i*).

[248-248] Ap: ErP 1524 ad Mt 27,51, LB 7, 142 (*i*). – cf. BEv 1527 ad Mt 26,28ff., 334r.–335v.

[249-249] Ap: Theophylactus, *In Mt.* ad loc., MPG 123, 473–474 (*i*: world moved *and* hearts of gentiles divided but there in the sense of: becoming susceptible to receiving the Gospel); Jerome, *In Mt.* tract. 4, ad loc., MPL 26, 213, CCL 77, 275 (*i*: breaking of rocks = softening of stony hearts as believers recognise the Lord).

*Monumenta aperta e qui*bus [250]post resurrectionem Domini *sanctorum corpora egressa sunt* [Mt 27,52], [251]virtutem mortis Christi testata sunt qua scilicet ad vitam electi revocantur[251].

Quod *centurio* et alii Dominum *Filium Dei* agnoverunt et *praedicarunt* [Mt 27,54], specimen fuit fructus qui a morte eius expectandus erat, nimirum: ut [252]iam plurimi, praecipue autem gentium, ipsum Christum et, per eum, Patrem agnoscerent [cf. Io 12,45], ita vitam aeternam percepturi[252].

S e c t i o   10

Eo autem quod *sanguis et aqua de latere* Domini *exivit* [Io 19,34], indicatum est a morte Christi esse omnium [253]peccatorum expiationem expectandam quam sanguine fieri oportuit, tum *Spiritum sanctum, aquas vivas* [Io 7,38–39] illas, quibus in totum electi mundantur et ad omnem pietatem foecundantur[253]. De quibus Iechezkel 37 [! = Ez 36,25ff.], Iohan. 7[38–39] et alibi.

[r7]Iosephum et Nicodemum [254]ausos mortuo Christo ministrare, qui vivi *occulti* tantum *discipuli erant propter metum Iudaeorum* [Io 19,38–39], praeter immensam Domini facilitatem – qui usque infirmos adeo tulit – virtutem mortis eius quoque testatur et fructum. Unde scilicet fortior ac vere *filiorum Dei Spiritus* [Rm 8,15.16] electis contingit, sicut istis usu venit[254]. Notatur quoque quam ferax salutis sit [s7]Christo, vel infirmo, adhaerere[s7] [cf. Mt 25,36].

Ad cuius mortis pretium magis commendandum et pretiosa illa sepultura fecit [cf. Io 19,39–40]. Ita et nos tum vere honorabimur et cum Deo regnabimus [cf. Apc 20,6], ubi cum ipso quoque antea mortui et in nihilum redacti fuerimus. [255]*Iudaeis* autem *mos fuit* pretiose *sepeliri cum aromatibus*

[r7] *add.* □ Mortuo Christo, Iosephus et Nicodemus fortiores A. – [s7–s7] vel infirmo adhaerere Christo D. –

[250] This emphasised ap: Jerome, *In Mt.* tract. 4 ad loc., MPL 26, 213, CCL 77, 276 (*i*: there specified: ut esset primogenitus resurrectionis ex mortuis); ErP 1524 ad Mt 27,52, LB 7, 142 (*p*).

[251–251] Ap: Aquinas, *In Mt.* ad loc., *Piana* 14:1, 87r. col. A (*i*: but there: not confined to the elect).

[252–252] Ap: Chrysostom, *In Mt.* hom. 88 ad loc., MPG 58, 777 (*i*: many); Aquinas, *In Mt.* ad loc., *Piana* 14:1, 87r. col. A (*i*: centurion stands for the gentiles generally).

[253–253] Ap: Aquinas, *In Ioh.* ad loc., *Piana* 14:2, 102v. col. A (*ir* Ez 36,25ff.: but there: related more explicitly to baptism).

[254–254] Ap: Aquinas, *In Ioh.* ad loc., *Piana* 14:2, 102v. col. A (*i*); Lyra ad loc. (*i* but there: applied to Joseph only); Lambert, *In Lc.* ad 23,50ff. Ii 4r. (*i*: Joseph and those with him elect; but there: different exegesis).

[255–255] Ap: Ludulphus, *Vita* 2a pars, cap. 65, *Rigollot* 4,142 (*i*: there: linked specifically to Nicodemus' incomplete understanding of nature of Christ's resurrection). Ap and adv:

[Io 19,40] ad testandam spem resurrectionis. Nos, omnia contemnendo et animam nostram pro Domino perdendo, hanc spem profiteri debemus, et sumptus facere in pauperes[255].

[256]Sepulchrum Christi Iudaei voluerunt munitum [cf. Mt 27,64.66]. Ita ad gloriam resurrectionis Christi inviti servierunt[256]. Neque aliter evenit impiis omnibus erga pios. Quibus enim laedere eos volunt, iis promovent *t'*ipsorum salutem. Hinc simul observandum ut Iudaei *magnum* istud *sabbathum* [Io 19,31] sanctum habuerunt*t'*.

Innumera insunt praeterea huic historiae quae, non sine magno pietatis fructu, ab electis perpendi possunt. Sed quibus *u'*fuerit sancta illa curiositas eorum quae Dominus nobis dixit, fecit et pertulit*u'*, iis per se illa occurrent: in propatulo enim posita sunt. In his ergo inquirendis et excutiendis studiosi simus, missis blasphemis nugis quas somniorum praedicatores sanctissimae huic historiae hactenus assuerunt, quasi vero non supra quam satis ad summum supplicium fuissent, quae Evangelistae conscripserunt. Sed [257]hi putarunt tum demum cum fructu se hanc historiam recitasse cum mulierculis, Domini caussa, lachrymas extudissent, cum magis ad lachrymandum super seipsis, iuxta verbum Christi [cf. Lc 23,28], auditores provocare debuissent*v'* [257]. Certe supplicium Domini in hoc perpendendum est ut non dubitemus nos iam eo a morte in aeternam vitam adsertos, quo hinc etiam exultemus, *gratias agentes Patri* [Col 1,12] qui Filium suum pro nobis in mortem tradidit, et Filio qui tam crudele et infame supplicium pertulit. Tum: ut peccatum detestemur*w'* quod tam invisum Deo est ut non nisi morte Filii sui potuerit expiari. Denique: ut ita in mortem usque fratrum saluti et nos consecremus. Sic demum cum fructu historiam supplicii Domini nostri perpenderimus. Ipse huiusmodi mentem nobis donet. *x'*Prima editione seorsim haec edita fuerant, unde pleraque hic leguntur, annotata [258]antea et*y'* in Matthaeum. Ea studiosis non oberunt etiam bis lecta, ideo *z'*noluimus rescindere ea*x' z'*.

---

t'-t' salutem ipsorum A. ipsorum salutem B. – *u'-u'* sancta eorum quae Dominus nobis dixit, fecit et pertulit, curiositas fuerit AB. – *v'* debuerant A. – *w'* odiamus A. – *x'-x'* *om.* A. – *y'* *om.* D. – *z'-z'* non fuimus rescindere ea soliciti B. noluimus ea rescindere D. –

Brenz, *In Ioh.* 1528 ad loc., 334v. (there: Joseph and Nicodemus seek life in Christ by preserving his body, thus giving us an example of faith).
[256-256] Ap: Jerome, *In Mt.* ad 27,64, MPL 26, 215, CCL 77, 279; ErP 1524 ad Mt 27,66, LB 7, 143 (*i*).
[257-257] Adv: late mediaeval lives of Christ. Cf. *Febvre*, 61–65.
[258] Cf. esp. BEv 1527 ad Mt 27,1ff., 350v.–363v.

[795] CAPUT 20

1 Primo vero die sabbathorum Maria Magdalene venit mane, cum adhuc tenebrae essent, ad monumentum videtque lapidem sublatum a monumento.

2 Currit ergo et venit ad Simonem Petrum et ad alterum illum discipulum quem amabat Iesus et dicit illis: sustulerunt Dominum e monumento et nescimus ubi posuerint eum.

3 Exiit ergo Petrus et ille alius discipulus et venerunt ad monumentum.

4 Currebant autem duo simul et ille alius discipulus praecucurrit citius Petro venitque prior ad monumentum.

5 Et cum se inclinasset, vidit posita linteamina, non tamen introivit.

6 Venit ergo Simon Petrus sequens eum et introivit in monumentum. Et videt linteamina posita

7 Et sudarium quod fuerat super caput eius, non cum linteaminibus positum, sed separatim involutum in unum locum.

8 Tunc ergo introivit et ille alius discipulus qui venerat prior ad monumentum, viditque et credidit.

9 Nondum enim noverant Scripturam quod oportuisset eum a mortuis resurgere.

10 Abierunt ergo rursus discipuli ad semetipsos.

11 Maria autem stabat ad monumentum foris plorans. Dum ergo fleret, inclinavit se in monumentum.

12 Et videt duos angelos amictos albis sedentes, unum ad caput et alterum ad pedes, illic ubi posuerant corpus Iesu.

13 Dicunt ei illi: mulier, quid ploras? Dicit eis: sustulerunt Dominum meum, nec scio ubi posuerunt eum.

14 Haec cum dixisset, conversa est retrorsum et ¹vidit^a Iesum stantem, nec sciebat quod Iesus esset.

15 Dicit ei Iesus: mulier quid ploras? Quem quaeris? Illa existimans quod hortulanus esset, dicit ei: domine, si tu asportasti eum, dicito mihi ubi posueris eum et ego eum tollam.

16 Dicit ei Iesus: Maria. Conversa illa, dicit ei: rabboni quod dicitur: magister.

17 Dicit ei Iesus: noli me tangere. Nondum enim ascendi ad Patrem meum. Sed vade ad fratres meos et dic eis: ascendo ad Patrem meum et Patrem vestrum et Deum meum et Deum vestrum.

---

^a ¹videt D. –

¹ Er 1527: videt. Vg: vidit.

18 Venit Maria Magdalene, annuntians discipulis quod vidisset Dominum et ea dixisset sibi.

19 Cum ergo vespera esset die illo qui erat unus sabbathorum et fores essent clausae, ubi erant discipuli congregati propter metum Iudaeorum, venit Iesus stetitque in medio et dicit eis: pax vobis.

20 Et cum haec dixisset, ostendit eis manus ac latus suum. Gavisi sunt ergo discipuli viso Domino.

21 Dixit[b] eis iterum: pax vobis. Sicut misit me Pater, ita et ego mitto vos.

22 Haec cum dixisset, flavit in eos et dicit eis: accipite Spiritum sanctum.

23 Quorumcunque remiseritis peccata, remittuntur eis. Quorumcunque retinueritis, retenta sunt.

24 Thomas autem unus ex duodecim, qui dicitur Didymus, non erat cum eis quando venit Iesus.

25 Dixerunt ergo ei alii discipuli: vidimus Dominum. Ille autem dixit eis: nisi videro in manibus eius vestigium clavorum et mittam digitum meum in vestigium clavorum et mittam manum meam in latus eius, non credam.

26 Et post dies octo iterum erant discipuli eius intus et Thomas cum eis. Venit Iesus ianuis clausis et stetit in medio et dixit: pax [796] vobis.

27 Deinde dicit Thomae: infer digitum tuum huc et vide manus meas et admove manum tuam et immitte in latus meum et noli esse incredulus, sed credens.

28 Respondit Thomas et dixit ei: Dominus meus et Deus meus.

29 Dicit ei Iesus: quia vidisti me Thoma, credidisti. Beati qui non viderunt et crediderunt.

30 Multa quidem et alia signa fecit Iesus in conspectu discipulorum suorum quae non sunt scripta in libro hoc.

31 Haec autem scripta sunt ut credatis quod Iesus est Christus ille Filius Dei et ut credentes vitam habeatis per nomen eius.

CAPUT 21

1 Postea manifestavit se iterum Iesus ad mare Tyberiadis, manifestavit autem sic.

2 Erant simul Simon Petrus et Thomas qui dicitur Didymus et Nathanaël qui erat a Cana Galilaeae et filii Zebedaei, aliique ex discipulis eius duo.

3 Dicit eis Simon Petrus: vado piscatum. Dicunt ei: venimus et nos tecum. Exierunt et ascenderunt in navim statim et illa nocte nihil ceperunt.

---

[b]add. [2]ergo D. –

[2] Er 1527 and Vg: add. ergo.

4 Mane autem iam facto stetit Iesus in litore. Non tamen cognoverunt discipuli quod Iesus esset.

5 Dicit eis Iesus: pueri, num quid obsonii habetis? Responderunt ei: non.

6 At ille dicit eis: mittite in dexteram navigii partem rete et invenietis. Miserunt ergo et iam non valebant illud trahere prae multitudine piscium.

7 Dicit ergo discipulus ille quem diligebat Iesus Petro: Dominus est. Simon ergo Petrus, cum audisset quod Dominus esset, tunica succinxit se (erat enim nudus) et misit se in mare.

8 Alii autem discipuli navigiolo venerunt (non enim longe aberant a terra, sed circiter cubitis ducentis) trahentes rete piscium.

9 Ut ergo descenderunt in terram, viderunt prunas positas et piscem superpositum et panem.

10 Dicit eis Iesus: afferte de piscibus quos prendidistis nunc.

11 Ascendit Simon Petrus et traxit rete in terram plenum magnis piscibus centum quinquaginta tribus. Et cum tot essent, non est scissum rete.

12 Dicit eis Iesus: venite, prandete. Et nemo discipulorum audebat interrogare eum, dicens: tu quis es, cum scirent quod Dominus esset.

13 Venit itaque Iesus et ³accepitᶜ panem et dat eis et piscem similiter.

14 Hac iam tertia vice manifestatus est Iesus discipulis suis cum resurrexisset a mortuis.

15 Cum ergo prandissent, dicit Simoni Petro Iesus: Simon Ioannis, diligis me plus ⁴his? Dicit ei: etiam Domine, tu scis quod amem te. Dicit ei: pasce agnos meos.

16 Dicit ei rursus iterum: Simon Ioannis diligis me? Ait illi: etiam Domine, tu scis quod amem te. Dicit ei: pasce oves meas.

17 Dicit ei tertio: Simon Ioannis amas me? Indoluit Petrus quod dixisset sibi tertio: amas me, dixitque ei: Domine, tu omnia nosti, tu scis quod amem te. Dicit ei Iesus: pasce oves meas.

18 Amen amen dico tibi, cum esses iunior, cingebas te et ambulabas quo volebas. Cum autem senueris, extendes manus tuas et alius te cinget et ducet quo non vis.

19 Hoc autem dixit, significans qua morte glorificaturus esset Deum. Et cum hoc dixisset, dicit ei: sequere me.

20 ⁵Conversusᵈ Petrus, videt illum [797] discipulum quem diligebat Iesus, sequentem qui et recubuit in coena super pectus eius et dixit: Domine, quis est ille qui ⁶traditᵉ?

ᶜ³accipit D. – ᵈadd. ⁵autem D. – ᵉ⁶add. te D. –

³ Er 1527: accipit. Vg: accepit. Cf. ErAn 1527 ad loc., LB 6, 418.
⁴ Er 1527: quam hi Vg: his.
⁵ Er 1527 and Vg: *om.* autem.
⁶ Er 1527 and Vg: *add.* te.

21 Hunc ergo cum vidisset Petrus, dicit Iesu: Domine, hic autem quid?

22 Dicit ei Iesus: si eum velim manere donec veniam, quid ad te? Tu me sequere.

23 Exiit ergo sermo iste inter fratres quod discipulus ille non moreretur. Et non dixerat ei Iesus: non moritur, sed: si eum velim manere donec veniam, quid at te?

24 Hic est discipulus ille qui testimonium perhibet de his et scripsit haec. Et scimus quod verum est testimonium eius.

25 Sunt autem et alia multa quae fecit Iesus quae, si scribantur per singula, nec ipse, opinor, mundus caperet eos qui scriberentur libros.

ENARRATIO CAPITUM 20 et 21

ᶠHanc historiam resurrectionis et apparitionum Domini a Ioanne hisce duobus ultimis capitibus expositam, paraphrasi et annotationibus suis explanavi ad finem divi Matthaei. Illinc ea repete. Adiicere tamen illis haec

---

ᶠ⁻ᶠA [266v.–276r.] B [99v.–103r.]: H i s t o r i a   r e s u r r e c t i o n i s   e t   a p p a r i t i o - n u m   D o m i n i, *caput 20 et 21.*

[7]Quanquam colophon et consummatio sit evangelicae historiae Christum a mortuis resurrexisse – quo credito plena demum fides et cognitio Christi est – vix tamen quicquam Christi aliud visi sunt Evangelistae magis varie memorare, quod ad exercendam nostram cum fidem, tum diligentiam ita fieri a Domino placuit; quare neque nobis displicere debet. Dare autem operam nos [*om.* B] convenit ut certus nobis historiae huius ordo constet sitque in promptu quod calumniatoribus vel pro confirmatione infirmorum [cf. Rm 15,1] respon-deamus. Proinde conabor hanc historiam ordinare ut sibi omnia apud quatuor hos nostros [267r.] Evangeliographos consonent, sed ipsorum verba secutus. Iudicent Christiani.

⟨Sectio 1⟩ Venerant cum Domino nostro [8]e Galilaea mulieres aliquot. Lucae octavo [2–3] nominantur: *Maria Magdalene de qua septem exierant daemonia, Ioanna* uxor Cusae procura-toris Herodis, *et Susanna.* Lucae 24[10] additur *Maria Iacobi,* cuius et Matthaeus meminit, vocans *matrem Iacobi et Iose* [Mt 27,56]. [9]Quibusdam videtur hanc illam fuisse *matris* Domini *sororem* quam Iohannes 19[25] uxorem *Cleophae* vocat[9]. In Matthaeo praeterea, [10]*mater filiorum Zebedaei* [Mt 27,56] additur quam putant Salomem illam fuisse[10] cuius meminit Marcus [15,40; 16,1]; quod, perpensa locorum consonantia, non videtur dissimile vero[8].

Hae ergo mulieres *cum multis aliis ascenderant a Galilaea, cum Iesu, Hierosolymam* [Mc 15,41] *et ministraverant ei de facultatibus suis,* ut testantur Luc. 8[2–3] et Matth. 27[55]. Quae

---

[7] Text from here down to: Neque sane vulgaris fuit et Thomae exhibita (p. 540) ap: BEv 1527 ad Mt 28,1ff., 363v.–370r.

[8-8] Thus explained ap: Bugenhagen, *Resurrectio,* 436 (*i:* there: Maria Magdalene, Maria Iacobi, Salome, Ioanna et caeterae); Lefèvre d'Etaples, *De Magdalena disceptatio secunda,* 20v.–21r. (*i*).

[9-9] Ap: Jerome, *Contra Helvidium* in: Aquinas, *Catena* ad Mt 27,55–58, *Guarienti* 1, 415 (*p*); Lefèvre d'Etaples, *De Magdalena discepatio secunda,* 20v.–21r. (*i*). Adv: ErP 1524 ad Io 19,25, LB 7, 640 (there: Cleophae filia).

[10-10] Ap: Lefèvre d'Etaples, *De Maria Magdalena,* 65r. (*i:* there: Origen, *In Mt.* hom. 35 and Chrysostom, *In Mt.* hom. 27 cited in support).

ergo viventem et beneficia omnibus impendentem secutae fuerant, [11]abesse rapto ad supplicium et cruciatus perferenti, non sustinuerunt. Hinc, cruci affixo astabant [cf. Io 19,25] et, dum sepeliretur, sequebantur *visurae ubi poneretur* [Mc 15,47] ut etiam in mortuum officiosae essent[11]. Haec memorant Matt. [27,56.61], Marc., Luc. [23,55] et Iohan. [12]Sepulto autem Domino, cum *parasceve* esset magni *sabbathi*, *quod iam vespera facta instabat* [**quod instanti iam vespera incipiebat B.], abierunt *paratum aromata* antequam sabbathum illucesceret. *Sabbatho vero, secundum Legem, quieverunt*[12], observantiam Legis divinae iure [om. B], suo erga Dominum amori hac in re [add. mente B] praeferentes, Luc. [23,56].

[13]⟨Sectio 2 *Ut Dominus resurrexit*⟩ [**om. B]. In [14]*vespera igitur*, Matth. [28,1] – hoc est nocte sed quae prope finem [267v.] erat acceptura, nempe illucescente iam die [cf. Mt 28,1] *ortoque sole*, Marc [16,2], sed profundo adhuc crepusculo, Marc. [16,2], Luc. [24,1], ut *tenebrae* etiamnum *ad monumentum essent*, Iohan. [20,1][14]– *venerunt mulieres illae*, et nonnullae cum illis, *ad monumentum portantes aromata quae paraverant ad ungendum* [Mc 16,1] Dominum, Marc., Luc., Iohan. [15]Sed, antequam ad illud venissent, Dominus surrexerat, facto terraemotu magno. *Angelus enim Domini descenderat de caelo et lapidem* ab ostio monumenti *removerat sedebatque super eum. Cuius aspectus sicut fulgur et vestimenta ut nix erant. Unde timore concussi custodes erant similes mortuis* [Mt 28,1–4][15]. Ex his postea *quidam principibus sacerdotum, quae facta erant, renunciaverunt. Qui, habito cum senioribus consilio, copiosa pecunia a custodibus* hoc mendacium pacti sunt ut invulgarent *noctu discipulos, ipsis dormientibus, corpus Iesu furatos esse*, promittentes simul *securos illos se reddituros a praeside.* Id mendacii, cum hi custodes sparsissent, ita *recoeptum est a Iudaeis* ut ne *hodie* quidem aliter credant, Matth. [28,11–15].

Mulierculis autem quo [16]desiderio dominici corporis videndi et ungendi tenebantur, nihil in mentem venerat de grandi *illo lapide qui ostio monumenti fuerat admotus*, donec iam in itinere essent[16]. *Dum autem respicerent, viderunt revolutum*, Mar. [16,3–4]. *Ingressae* ergo [add. sunt B] monumentum [add. sed B] *corpus Iesu non invenerunt.* *Sed ubi* [**Hinc vero B] [17]*mente consternatae*, Luc. [24,3–4] [add. cum B] respexissent, [18]*viderunt adolescentem sedentem a dextris, amictum stola candida, et expaverunt. Is* ergo iube[268r.]bat eas bono animo esse *neque expavescere*; scire se quod *quaererent Iesum Nazarenum, eum surrexisse*, et ostendebat *eis locum in quem* Dominum *posuerant.* Iubebatque *abire ac discipulis et Petro quod Dominus esset eos praecessurus in Galilaeam ubi ipsum essent visuri, sicut eis dixisset*,

[11-11] Ap: Bede ad Mc 15,43ff. in: Aquinas, *Catena, Guarienti* 1, 559 (*i*: watching out so that they could perform last rites) combined with: Chrysostom, *In Mt.* hom. 88 ad 27,55, MPG 58, 777 (*i*: the women's devotion to him in his lifetime).

[12-12] This chronology ap: Lefèvre d'Etaples, *De Maria Magdalena*, 41v.–42r. (but there without explicit *r* to Lc 23,55 – cf. foll. note) and ap: ErP 1524 ad Lc 23,56, LB 7, 465.

[13] Chronology of sections 2–4 ap and adv: Augustine, *De cons. Evang.* 3,24, MPL 34, 1197–1198, CSEL 43, 353–358 in: Aquinas, *Catena* ad Mt 28,6–9, *Guarienti* 1, 421 (*i*: women saw one angel on first approach but there: angel the same in Mt and Mc); Lefèvre d'Etaples, *In Mt* ad 28,1ff., 126v.; *In Ioh.* ad 20,1ff., 400r.–401r.; *De Maria Magdalena disceptatio 2*, 8r., 26r.; Bugenhagen, *Resurrectio*, 436–444 (there: women saw two angels on *first* approaching the sepulchre; *one* angel on their second approach). Cf. also infra for minor divergencies.

[14-14] Ap: Ludulphus, *Vita* 2a pars, cap. 71, *Rigollot* 4,182; Bugenhagen, *Resurrectio*, 436–437 (*i*). Here adv: Lefèvre d'Etaples, *In Mc* ad 16,2, 179v. (there: *orto sole*: refers to their second approach to the sepulchre).

[15-15] Ap: Ludulphus, *Vita* 2a pars, cap. 71, *Rigollot* 4,184; Bugenhagen, *Resurrectio*, 437 (*i*); Lefèvre, *In Mc* ad 16,2, 179v.; *In Mt* ad 28,1ff., 126v. (*i*). Adv: ErP 1524 ad Mt 28,1ff., 143 (there: earthquake etc. when women actually there).

[16-16] Ap: Ludulphus, *Vita* 2a pars, cap. 71, *Rigollot* 4,184 (*ia*).

[17] Ap and adv: Bugenhagen, *Resurrectio*, 438 (*t*: there: introduced at this point but prefaces the women seeing two angels).

[18-18] Cf. supra n. (13). This chronology suggested perhaps by: ErP 1524 ad Mc 16,9, LB 7, 270 (there: emphasis that women fled because Jesus had not yet appeared to anyone; he appeared first to Mary Magdalen subsequently to events at Mc 16,9).

renunciare. At illae, ut perterritae erant, horum nihil recte perceperunt. Unde abeuntes, cito *fugerunt a monumento, habebat enim eas terror et stupor. Neque cuiquam quicquam dicebant* [dixerunt B], *timebant*[18] enim, Marc. [16,5–8].

⟨Sectio 3⟩ [19] Maria Magdalene tamen, ubi ad se rediisset, resumpto nonnihil animo, sola Petrum et Iohannem adiit questum de sublato corpore Domini [19]. *Tulerunt*, inquiebat, *Dominum de monumento et nescimus ubi posuerint eum*. Hac voce exciti, *hi duo discipuli* evestigio *sepulchrum adierunt*, nec dubium quin comitante Maria. Qui, cum sepulchrum vacuum invenissent, seorsim *positis sudario* et *linteaminibus*, [20]Iohannes *credidit nimirum sublatum corpus Iesu. Nam Scripturam quod oportuisset ipsum a mortuis surgere nondum noverant* [Io 20,2–9] eoque verba Christi quae de resurrectione illis saepius praedixerat, haudquaquam recte intellexerant[20]* [**B: quidem [21]*credidit* Dominum resurrexisse, de quo hactenus dubitaverat eo quod *discipuli* nondum *Scripturam de resurrectione eius* testantem *intellexissent* [Io 20,9][21]; quare verba Christi quae de sua resurrectione illis saepius praedixerat, haudquaquam recte perceperant].

⟨Prima Domini apparitio⟩ *His* itaque *discipulis ad sua reversis, Maria* apud sepulchrum *haeserat plorans. Dum ergo fleret, inclinavit se in monumentum et videt duos angelos amictos albis, unum ad caput et alterum ad pedes,* illic *ubi posuerant corpus Iesu*. Hi rogabant eam *quid ploraret*. Quibus illa: *Sustulerunt Dominum meum, nec scio ubi posuerunt eum*. Illico *conversa retrorsum*, [22]*ut* anxia erat in quaerendo corpus Domini [268v.] continuoque respectabat[22], *vidit Iesum adstantem, sed putabat hortulanum esse*. Eoque rogabat eum, *si ipse sustulisset Dominum, ut sibi indicaret ubi eum posuisset, quo eum tolleret*. Cui Dominus: *Maria*. Ad quam vocem *conversa*, agnovit eum. [22]Queribunda enim, continuo vertebat se et respectabat sicubi videret corpus Domini[22]. *Dicebat ergo illi: raboni* et volebat ipsum fortasse amplecti prae nimio scilicet amore eius et gaudio quod rursum carne praesentem vidisset.

Verum Dominus, cum videret eam carnalem sui [23]praesentiam plus aequo admirari, animum eius ad caelestia amplexusque fidei erigere volebat[23], eoque a tactu sui eam repellebat, dicens: *Noli me tangere, nondum enim ascendi ad Patrem* [Io 20,10–17]. Quasi diceret: ne putes quod carne praesentem vides, in hoc omnia te consecutam. [24]*Dixi antea discipulis meis quod expediret eis ut abirem* ad Patrem [Io 16,7]. Ad quem, ubi ascendero, *mittam spiritum Paracletum* [Io 15,26] vobis et omnia perficiam[24].

Haec debetis expectare et carnalem meam praesentiam tanti non facere. *Nolo igitur ut tu me modo tangas*, ne carnali praesentia nimis addicaris. Discere debes [25]fide post hac me regnantem in caelestibus amplecti[25]. Quare *abi* potius et *nuncia fratribus meis* – qui et ipsi carnale usque regnum expectarunt – *me ad Patrem meum et vestrum, ad Deum meum et vestrum ascensurum* [Io 20,17]. Unde vobis Spiritu meo adero [cf. Io 15,26] et ad foelicitatem vestram omnia attemperabo, ne putent me [26]corpore hic porro acturum et carnaliter regnum Iisraelis restituturum [cf. Act 1,6–7][26]. Consoletur autem vos et ad optimam spem erigat quod *Pater et Deus meus* [269r.] *vester quoque Pater et Deus* [Io 20,17] esse dignatur, apud quem utique impetrabo vobis omnia [cf. Io 14,13–14].

[19–19] Ap and adv: Lefèvre d'Etaples, *In Ioh*. ad 20,1ff., 400v.; Bugenhagen, *Resurrectio*, 438–439 (*ip*: but there: after she and the other women had seen *two* angels).

[20–20] Ap: Augustine, *In Ioh*. tract. 120 ad loc., MPL 35, 1955, CCL 36, 664 (*i*); Lefèvre, *Disceptatio 2*, 8v. (*i*: there compared with Chrysostom's exegesis – cf. n. (21)–(21) infra – and found preferable).

[21–21] Ap: Chrysostom, *In Ioh*., hom. 85 ad loc., MPG 59, 465 (*i*); ErP 1524 ad loc., LB 7, 642–643 (*pa*). Here adv: Lefèvre as in n. (20)–(20) supra; Bugenhagen, *Resurrectio*, 439.

[22–22] Mary turning and re-turning *physically* ap: Chrysostom, *In Ioh*., hom. 86 ad loc., MPG 59, 468–469 in: Aquinas, *Catena* ad loc., Guarienti 2, 580–581. Adv: Augustine, *In Ioh*., tract. 121 ad 20,11ff., MPL 35, 1957, CCL 36, 665 (there: *rabboni* shows that Mary turned in spiritual sense i.e. believed).

[23–23] Ap: Chrysostom, *In Ioh*. hom. 86 ad 20,17, MPG 59, 469 (*i*).

[24–24] Ap: Chrysostom, *In Ioh*., hom. 86 ad loc., MPG 59, 469 (*ir*); ErP 1524 ad loc., LB 7, 643 (*ir*).

[25–25] Ap: Brenz, *In Ioh*. 1528 ad loc., 339v.–340r. (*p*).

[26–26] Perhaps here esp. adv: Borrhaus, *De operibus*, 80v.–87v. (but there: no *r* to Io).

Abiit itaque haec *ad discipulos et nunciavit* illis *quod Dominum vidisset et quae sibi dixerat* [dixisset B]. Haec Iohan. [20,1–18] quibus [27]consonat Marcus ita scribens: *Cum surrexisset autem Iesus mane, primo* die *sabbathi, apparuit primum Mariae Magdalenae de qua eiecerat septem daemonia. Illa profecta nunciabat iis qui cum illo fuerant, lugentibus et flentibus.* Sed *illi, licet audissent Dominum vivere* et ab *hac visum esse, non crediderunt* [Mc 16,9–11]. Lucas [24,12] etiam meminit *Petrum sepulchrum invisisse.*

⟨Sectio 4⟩   A l t e r a   a p p a r i t i o   D o m i n i
Interea autem et [28]reliquae mulieres quae cum Maria Magdalenae primum adfuerant et perterrefactae una fugerant nihil cuiquam dicentes, animos resumpserunt et reversae ad monumentum[28], cupientes nimirum certiores de re tam stupenda reddi, venerunt. Ubi ergo adhuc abesse corpus Iesu vidissent, [29]*mente consternabantur.* Mox autem [30]viderunt *duos viros adstantes in vestibus fulgurantibus* [Lc 24,3–4]. Matthaeus [28,5] unius tantum meminit quia *unus* duntaxat *mulieribus loquebatur*[30]. Hic igitur [31]*pavefactis et vultus in terram declinantibus* mulieribus, *dicebat* [Lc 24,5]: *nolite timere vos. Scio enim quod Iesum qui crucifixus est, quaeritis. Non est hic, surrexit enim sicut dixit. Venite, videte locum ubi positus erat Dominus,* Matth. [28,5–6].

Quid quaeritis viventem cum mortuis? Non est hic, surrexit [Lc 24,5–6]. Quare, dum et paulo ante adfuistis, vidistis sepulchrum vacuum, audistis a me *surrexisse Dominum* atque vivere, *et vos praecessurum in Galilaeam* [Mc 16,6.7]. *Quid* igitur rursum adestis et *viven*[269v.]*tem inter mortuos* usque *quaeritis? Non est hic,* iterum dicimus, *surrexit* enim. *Recordamini* tamen *eorum quae ipse vobis praedixit cum adhuc in Galilaea esset,* nempe *quod oportuerit filium hominis tradi in manus peccatorum et crucifigi et resurgere die tertio,* Luc. [24,5–7]. *Cito* igitur *euntes, dicite discipulis eius* quod et antea mandaveram: *surrexisse* Dominum *a mortuis et praecessurum vos in Galilaeam. Ibi eum videbitis; ecce, dixi vobis* [Mt 28,7]. Habete tandem fidem [add. cum illius tum nostris B] verbis.

Recordatae igitur *verborum* Domini, Luc. [24,8], *digressae sunt a monumento* [add. ac B] *celeriter, cum timore et gaudio magno currebant ut renuntiarent discipulis eius,* Matt. [28,8], *illis undecim et caeteris omnibus,* Luc. [24,9][31]. *Cum autem issent ad renunciandum discipulis, ecce Iesus occurrit illis, dicens: avete. Illae autem accesserunt et tenuerunt pedes eius et adoraverunt eum. Quibus ille: Nolite timere, ite et renunciate fratribus meis ut eant in Galilaeam* [Mt 28,9–10]. *Ibi me videbunt, ut illis pollicitus sum.* *Iterum vocat fratres suos qui se paulo ante negaverant. Sic autem blandiens ad spem regni sui erigere illos volebat* [**om. B].

[32]Tangi vero se ab his Dominus passus fuit quo certiores resurrectionis suae testes ad discipulos essent[32]. [33]Mariam autem Magdalenam, nimium ob praesentiam suam carnalem exultantem, voluerat ad caelestia magis miranda provocare eoque tangere se prohibuerat [cf. Io 20,17][33]. At vero, ut [34]nondum habebant Spiritu illustrata pectora apostoli, ubi omnia a mulieribus audivissent, *visa fuerunt eis verba* mulierum *deliramenta, neque crediderunt illis,* Luc. [24,11][34] [add. etsi Iohannes ut praemissum iam fidei aliquid concepisset B].

---

[27] This emphasised ad loc. ap: Bugenhagen, *Resurrectio,* 441–442 (*it*).

[28–28] Mary's absence on second visit emphasised ap: Lefèvre, *Disceptatio 2,* 10v.–11r. (*i*). But her presence ap: Bugenhagen, *Resurrectio,* 441.

[29] Adv: Lefèvre, *Disceptatio 2,* 10v. (there: Lc 24,3 cited to show women frightened during *that first* visit).

[30–30] Ap and adv: Lefèvre, *In Mt.* ad 28,1, 126v. (*i*: discrepancy between Mt and Lc resolved in the same way but there: counted as first visit).

[31–31] This harmonisation of Mt and Lc here only.

[32–32] Ap: Chrysostom, *In Mt.* hom. 89 ad loc., MPG 58, 784 (*i*).

[33–33] Ap: Chrysostom, *In Ioh.* hom. 86 ad loc., MPG 59, 469 (*i*) – Exegesis here and ad n. (32)–(32) supra esp adv: Brenz, *In Ioh.* 1528 ad loc., 339v.–340r. (there: touch by faith emphasised, corporeal touch after resurrection denied: this also Augustine's exegesis: *In Ioh.* tract. 121 ad loc., MPL 35, 1957, CCL 36, 666). Also adv: Bugenhagen, *Resurrectio,* 441.

[34–34] Ap: Carensis, *In Lc.* ad loc., 249r. col. B (*i*). Adv: Lefèvre, *In Lc.* ad loc., 279r. (there: their lack of belief suggests first visit).

[270r.] ⟨Sectio 5⟩ [35]Apparitio Domini 3. Apparitio 4. Apparitio 5. Apparitio 6

[36]Eodem die videndum sese *Dominus exhibuit et duobus* discipulis *petentibus Emauntem* [Lc 24,13]. Qui mox *reversi* ad discipulos *Hierosolymis congregatos, undecim* apostolos *et qui cum illis erant, *narraverunt eis quae viderant.* Quibus *illi vicissim narrabant** [**a quibus audierunt statim B] *Dominum vere resurrexisse et apparuisse* [37]*Simoni* [Lc 24,33–35] [*add.* B: etsi multi inter eos his adeo nullam haberent fidem ut ne hisce duobus discipulis narrantibus se Dominum vidisse, fidem haberent].

*Dum *autem haec** [**inter sese B] *loquerentur* [Lc 24,36] *et fores clausae essent* [Io 20,19], *stetit Iesus* ipse *in medio eorum*[36] [ipsorum B] et [38]*pacem* precatus, *consternatis* [consternatis-que B] adhuc [*add.* illorum B] animis, *ostendit manus et pedes contrectareque se et videre iubebat. Expavefacti enim putabant se spiritum videre.* Denique *comedit cum eis* [Lc 24,36–43] *vel ut** [**ut vel B] sic resurrexisse se illis persuaderet. Postea *donavit eis Spiritum sanctum* [Io 20,22], constituit apostolos *donavitque mentem* eis [*om.* B] *ut Scripturas intelligerent* [38] agnoscerentque [39]*sic scriptum esse eoque* et [*om.* B] *sic fieri oportuisse ut Christus pateretur et resurgeret a mortuis tertio die et praedicari* [praedicaretur B] *in nomine eius poenitentiam* [poenitentia B] *et remissionem* [remissio B] *peccatorum in omnes gentes, initio facto a Hiero-solymis* etc. [Lc 24,45–47][39]. Haec Luc. et Iohann. habent. Marcus [16,12] quoque [etiam B] *duorum* meminit quibus Dominus in via visus erat [est B].

[40]*Post octo* vero *dies *Thomae caussa, ut videtur, rursum congregatis discipulis *apparuit, stans in medio ipsorum cum fores clausae essent*[40]* [**B: rursum congregatis discipulis *cum fores essent clausae, apparuit* iterum, *stans in medio ipsorum* Thomae causa, ut videtur] tangendumque se Thomae exhibuit et resurrectionem suam persuasit, Iohan. [20,26–29].

---

[35] Exact number of Christ's appearances = 10 ap: Augustine, *De cons. Evang.* 3,25, MPL 34, 1214, CSEL 43, 388; Petrus Comestor, *Hist. schol. In Act.* 1, MPL 198, 1645 (not identified in the same way). Bucer like Bugenhagen, *Resurrectio*, 443ff., casual about exact number – in fact ten appearances identified but not enumerated – (although both follow Comestor's identification rather than Augustine's) but this already ap: Theophylactus, *In Mt* ad 28,16–20, MPG 123, 481–484 (*i*: exact number of Christ's appearances during the 40 days undetermined).

[36-36] This order of events ap: Comestor, *Hist. schol. In Evang.* 191–192, MPL 198, 1639–1640; Bugenhagen, *Resurrectio*, 443–446.

[37] This according to Bucer's (and Comestor's) identification should constitute third appearance. Thus identified ap: Augustine, *De cons. Evang.* 3,25, MPL 34, 1214, CSEL 43, 388; Comestor, *Hist. schol. In Act.* 1, MPL 198, 1645 (perhaps *i* here as there specified that that appearance not made explicit by the Gospel).

[38-38] Ap and adv: Comestor, *Hist. schol. In Evang.* 192–193, MPL 198, 1640–1641 (there: stood in their midst → preached peace → they were perturbed → thought him a ghost → showed them his wounds → (they then believed) ate with them → gave them understanding of Scripture → apostolic mission → Holy Spirit). Also ap and adv: Bugenhagen, *Resurrectio*, 446–449 (there: stood in their midst → preached peace → rebuked their unbelief, cf. infra n. (42)–(42) → they were perturbed → thought him a ghost → showed them his wounds → apostolic mission → Holy Spirit → (as they still didn't believe) he ate with them → gave understanding of Scripture).

[39-39] Ap: Bugenhagen, *Resurrectio*, 448–449 (*p*).

[40-40] Thomas' absence on first occasion and this sequence ap: Augustine, *De cons. Evang.* 3,25, MPL 34, 1214, CSEL 43, 388; Comestor, *Hist. schol. In Act.* 1, MPL 198, 1645; Bugenhagen, *Resurrectio*, 449–450.

⟨Sectio 6⟩   A p p a r i t i o 7. A p p a r i t i o 8
[41]*Undecim autem discipuli* post haec *abierunt in Galilaeam, in montem ubi constituerat illis Iesus.* Cumque *vidissent eum, adoraverunt eum.* [42]*Quidam autem dubitaverunt* [Mt 28,16–17] quam postea *incredulitatem eis exprobravit*, ut Marcus [270v.] memorat [Mc 16,14][42]. Haec Domini apparitio illa [43]insignis videtur fuisse qua *plusquam quingentis fratribus simul app-aruit*, cuius meminit Paulus, 1 Corin. 15[6][43].

Antea tamen, cum in Galilaeam venissent discipuli et *in mari Tyberiadis*, hoc est [44]lacu Genesar, piscarentur, *apparuit Simoni Petro, Thomae, Nathanaeli et filiis Zebedaei.* Quam [45]historiam Iohan. [21,1ff.] conscripsit, addens ea *tertia* iam vice *discipulis Dominum appa-ruisse* [Io 21,14] nimirum congregatis, ipso die scilicet resurrectionis semel [cf. Io 20,19], *post octo dies* iterum [Io 20,26], et hac tertia vice: in piscatione [cf. Io 21,1ff.][45].

Post haec [46]*reversi Ierusalem sunt* ubi *iussit* eos Dominus *sedere donec virtute induerentur ex alto* [Lc 24,52.49], donati promisso Spiritu[46].

⟨Sectio 7⟩ Cum itaque *per quadraginta dies*, identidem *conspectus discipulis et locutus de regno Dei* fuisset – Lucas in Acto. [1,3] – [47]volens tandem Patris dexteram petere, testatus sibi [48]*omnem potestatem datam in caelo et in terra*, Matth. [28,18], iussit eos *in universum mundum abire et praedicare evangelion omni creaturae*, Mar. [16,15] et *docere omnes gentes, baptizantes eos in nomine Patris et Filii et Spiritus sancti, docentes eos servare quaecunque ipse praecepisset.* Quo vero animaret ut, quamlibet repugnante mundo, fortiter *haec mandata* [**hoc legationis munus B] obirent. Adiecit: *Ecce ego vobiscum sum omnibus usque ad consummationem saeculi*, Matth. [28,19–20]. Ut autem simul ostenderet quanti sua doctrina et evangelion habendum sit, affirmabat *quicunque evangelio credidissent et suscepto baptismo id fuissent confessi, eos fore salvos. Qui* autem *praedicato evangelio non credidissent*, esse *condemnan*[271r.]*dos.* Tum simul magnam signorum vim apud eos qui credidissent secuturam promisit [Mc 16,16–18][48].

Post haec [49]*eduxit eos foras Bethaniam et, sublatis in altum manibus suis, benedixit eis. Et factum est, dum benediceret eis, recessit ab eis ac ferebatur in caelum*, Luc. [24,50–51] *nubesque subduxit illum ab oculis eorum* [Act 1,9]. *Et ipsi, adorato eo, regressi sunt Hierosolymam cum*

---

[41] Bucer's sequence here: appearance to seven disciples → appearance in Galilee quite standard. Thus ap: Augustine, Comestor, Bugenhagen as in n. (40)–(40) supra.

[42-42] Thus harmonised only ap: Comestor, *Hist. schol. In Evang.* 197, MPL 198, 1643 (*i*). Here perhaps specifically adv: Bugenhagen, *Resurrectio*, 446–449, 454 (there: rebuke in-troduced with Jesus' appearance at Lc 24,36 / Io 20,19; cf. supra n. (38)–(38)).

[43-43] Ap: Bugenhagen, *Resurrectio*, 454 (*p*). Problem of 1 Cor 15,6 and its reconciliation with Jesus' appearances in the Gospels raised ap: Augustine, *De cons. Evang.* 3,25, MPL 34, 1205, CSEL 43, 370.

[44] Cf. supra ad Io 6,1, *sect.* 1, nn. (12)–(12) – (14)–(14).

[45-45] Ap: Augustine, *De cons. Evang.* 3,25, MPL 34, 1207, 1208, 1211, CSEL 43, 374–375, 376, 381–382 (*i*).

[46-46] I.e. after his appearance to the fifty. This chronology implied ap: Ambrose in: Aquinas, *Catena* ad Lc 24,49.52, Guarienti 2, 318–319 (*i*: there: Spirit given to the eleven at Io 20,22; the others asked to wait in Jerusalem).

[47] Bucer implies here two appearances on Ascension day. Thus also ap: Comestor, *Hist. schol. In Act.* 1, MPL 198, 1645. Cf. Augustine, *De cons. Evang.* 3,25, MPL 34, 1214, CSEL 43, 388 (there: appearance ad Mc 16,14–18 day before Ascension; appearance at Lc 24,50ff. on Ascension day). Here adv: Bugenhagen, *Resurrectio*, 454–456 (there: only one appearance on Ascension day; Mt 28,18ff.; Mc 16,16ff. after appearance at Mt 28,16 but injunction to stay in Jerusalem and appearance before Jacob intervene between Mt 28,16ff. and Ascen-sion).

[48-48] Order of propositions here ap: Comestor, *Hist. schol. In Evang.* 197, MPL 198, 1643–1644 (but there: *om.* Mt 28,19–20).

[49-49] Sequence within this section closest to: Bugenhagen, *Resurrectio*, 456–458 (*pe* but there: notably Act 1,10; omitted here).

gaudio magno et erant semper in templo laudantes et benedicentes Deum, Luc. [24,52–53]. Postea, *accepto Spiritu sancto in linguis igneis*, Act. 2[4.3], *egressi praedicaverunt, ubique Domino cooperante et sermonem confirmante per signa subsequentia* [Mt 28,20][49]. Finis.

Annotationes

⟨Quid *vespera*⟩ Ad hunc modum ordinanda mihi quidem haec historia visa est. Ecclesiae iudicent, sed diligenter inter se Evangelistarum narrationibus collatis et perpensis. Illud quidem quod [50]Matthaeus [28,1] *vespera* monumentum mulieres adiisse adserit, reliqui Evangelistae *mane* [Mc 16,2; Io 20,1; cf. Lc 24,1], facile conciliatur cum constet noctem vesperam in Scripturis dici ut: *Factum est vespera et mane dies unus* [Gn 1,5]. Ut igitur in nocte recte dicitur factum quod factum est in termino noctis, ita quod mane nondum die plene orto, hoc est in fine vesperae, factum est, recte factum dicitur in vespera. *Ortum diei* [Mc 16,2] videtur Matthaeus eo significasse quod adiecit: *Quae lucescit in* unam, id est *primam sabbathorum* [Mt 28,1], hoc est primum diem septimanae[50].

[51]Mulierum sedulitas et fervor, ut et apostolae ad apostolos fuerint factae [cf. Mt 28,8], monet admirandae gratiae Dei quae continuo delectatur *ex novissimis primos* [Mt 19,30] facere[51]. Nota[271v.]tur etiam quam mire Deus suis prospiciat, qui Filio suo ab his mulierculis voluerit necessaria vitae ministrari.

⟨Resurrexit cum *terraemotu*⟩ [52]Resurrexit Dominus cum *terraemotu* [Mt 28,2], ut et mortuus erat [cf. Mt 27,51][52] ac, paulo post, Spiritum sanctum misit [cf. Act 4,31]. Morte enim et resurrectione eius, virtute Spiritus sancti praedicatis, commovendus erat universus orbis. Angeli primi resurrectionis [53]praecones extiterunt [cf. Io 20,12]: adeo superat fides omnem captum rationis[53]. [54]*Vestibus fulgurantibus* [Lc 24,4] apparuerunt in quo immortalitatis gloria repraesentata est[54].

⟨Ratio cur [55]bis adfuisse mulieres credendum sit⟩ In historia bis mulieres ad sepulchrum venisse posui. Caussa est quod Marcus [16,8] scribit: cum primum adfuissent, *fugisse a monumento perterritas neque cuiquam quicquam dixisse*. Matth. [28,8] autem et Luc. [24,9] scribunt: audito angelo, *cum timore et gaudio magno cucurrisse*, etiam *ut renunciarent discipulis* [Mt 28,8]. Bis igitur adfuerunt: [56]primum *fugerunt territae et nemini quicquam dixerunt* [Mc 16,8]; secundo *cum timore quidem, sed simul gaudio, abierunt celerrime nunciatum discipulis* [Mt 28,8] quae audierant. Id quod usu venisse mulierculis adeo Domini amore flagrantibus ac simul propter incredulitatem trepidantibus sane verisimile est[56].

Fraude pontificum aversa fuit veritas resurrectionis Domini nostri a gente Iudaica quia [57]excaecandi [cf. Io 12,40] et reiiciendi erant. Ut igitur veritatis dilectionem respuerunt, ita

---

[50–50] Ap: Bugenhagen, *Resurrectio*, 436–437 (*pr*). There as here based on: Augustine, *De cons. Evang.* 3,24, MPL 34, 1197–1199, CSEL 43, 354–356.

[51–51] Ap: Aquinas, *Catena* ad Lc 24,5–12, Guarienti 2, 311 (Cyril *p*); Theophylactus, *In Mt.* ad loc., MPG 123, 479 (*i*).

[52–52] Ap: Aquinas, *Catena* ad Mt 28,2, Guarienti 1, 419 (Bede: *i*: there: earthquake on crucifixion and resurrection only). Perhaps combined with: Aquinas, *In Mt* ad loc., *Piana* 14:1, 87v. col. B (there: *r* Ps 59,4 but not clear whether context is last judgement or spreading of Gospel on earth).

[53–53] Not clear whose faith. If the women's, perhaps ap: Aquinas, *Catena* ad Lc 24,4, Guarienti 2, 310 (Cyril: women deserved angelic vision because of their love for Christ); if our faith as leading to perception of things divine, ap: Brenz, *In Ioh.* 1528 ad 20,11ff., 338v.–339r. (*i*).

[54–54] Ap: Theophylactus, *In Lc.* ad loc., MPG 123, 1111; Aquinas, *Catena* ad Lc 24,4, Guarienti 2, 310 (Eusebius); ad Mt 28,3, Guarienti 1, 420 (Jerome) (*i*).

[55] Cf. supra ad nn. (16)–(16) – (34)–(34).

[56–56] Here ap and adv: esp. Lefèvre d'Etaples, *Disceptatio 2*, 10v. (there: same *i* but: Lc → Mt / Mc).

[57] This emphasised ap: Lefèvre, *In Mt.* ad 28,11.13, 127r. (*ip*).

missa illis fuit efficax erroris operatio, licet hoc commentum pontificum per se [58]plusquam inane esset. [59]Si enim *dormierunt* ministri *custodes*, qui viderant *discipulos suffurari corpus Domini* [Mt 28,11.13][59]? [*add.* Aut si alio indicante id resciverunt cum evigilassent, cur non ab eodem didicerunt quo illud discipuli abstulerant? B.] [272r.] Per totam vero hanc historiam videmus Domini [60]bonitatem cum suorum incredulitate mirifice certasse. Etenim cum ne angeli quidem persuadere illis resurrectionem suam poterant, exhibuit ipse se vivum illis [cf. Mc 16,11–12]. *Multis argumentis*, ut Lucas in Actis [1,3] testatur, *alloquutus eos fuit.* Videndum [cf. Mc 16,11–12] et tangendum [cf. Io 20,27] sese praebuit, comedit una [cf. Io 21,13], adhibuit testes mulieres [cf. Mt 28,8] et discipulos quosdam [cf. Mc 16,13], quos – ut et aliis veritatem attestarentur – certos de sua resurrectione [*add.* antea B.] reddidit. Adeoque nihil omisit quo illam creditam suis efficeret, idque necessario sane[60].

⟨Quam necessaria fides resurrectionis⟩ Nam in fide resurrectionis Domini sita est salus nostra tota. *Mortuus* siquidem *est propter peccata nostra, resurrexit autem propter iustificationem nostram*, Rom. 4[25]. Satisfieri pro peccatis nostris oportebat, ideo mortuus est [cf. Rm 5,8]. Ut autem iustificemur, opus Spiritus est [cf. Rm 8,11] qui gratiam Dei per Christum factam nobis persuadeat [cf. Rm 8,16] et *fide* syncera ita instruat ut efficaciter illa *sese per dilectionem exerat* [Gal 5,6].

Hic iam Spiritus regnantis Christi donum est. Neque potuit locuplete adeo orbi contingere nisi postquam, [61]devicta morte et peccato [cf. 1 Cor 15,54–57; 2 Tim 1,10], regnum sanctorum ipse inivisset. Et quae demum fidutia in eum ut Servatorem esse potuisset, si *mortuus pro peccatis nostris* [1 Cor 15,3] in morte haesisset? Quis satisfactum credere sustinuisset illo adhuc in carcere mortis detento, qui dissolutum debitum nostrum sese receperat? Mori ergo oportuit eum ut indignatio Dei a nobis submoveretur, interiretque et in nobis peccatum [cf. Rm 6,6]; resurgere vero, ut per Spiritum eius *ad imaginem* ipsius *continuo reformaremur* [2 Cor 3,18], hoc est iustificaremur.

[272v.] Quisquis igitur resurrexisse a mortuis Dominum credit et satisfactum pro se, et ad beatam vitam *Spiritu* eius sese *renovandum* [Eph 4,23] dubitare non potest. Fidutia in Deum certa et efficaci vivet, nihil sibi a peccato vel morte timens. Peccatum autem quottidie mortificabit ut, cum Christo suo *peccato et ipse mortuus, Deo vivat* [Rm 6,11]. Hinc Petrus constare *foedus bonae conscientiae erga Deum per resurrectionem Iesu Christi qui est ad dexteram Patris* [1 Pt 3,21–22], affirmat. De gratia siquidem Dei non nisi per fidem in Christum certi esse possumus [cf. Rm 5,2], iam ut dixi. Si non victorem mortis [cf. 1 Cor 15,54] *regnare eum ad dexteram Patris*, omnibus praelatum [Eph 1,20–21], credamus, eo niti fides nostra haud poterit[61]. Non ergo ab re fuit tam diligenter fidem resurrectionis suae astruere. Neque mirum si natura hominis difficile ad eam pervenire potuerit et hodie possit, cum in illa [ea B.] *nihil boni* [Rm 7,18] sit. Neque segniter certe hanc remorari et Satanas soleat ut in qua noverit salutem hominum totam esse sitam. Singularis autem erga [62]Petrum Domini gratia declarata est, cui, licet se negasset, peculiariter et annunciari suam resurrectionem et etiam ipse apparere voluerit, uti ex Luc. [24,34] et 1 Corinth. 15[5] liquet. Neque sane vulgaris fuit et Thomae exhibita [cf. Io 20,26–29][62]. –

---

[58] This pointed out, but various reasons given, by Jerome and Augustine. All reasons grouped ap: Aquinas, *In Mt.* ad loc., 88v. col. B.

[59–59] Ap: Aquinas, *In Mt.* ad loc., 88v. col. B (Augustine); Remigius in: *Catena* ad loc., *Guarienti* 1, 422; Lefèvre, *In Mt.* ad 28,11.13, 127r. (*ip*).

[60–60] Ap: Lambert, *In Lc.* ad 24,1–10, Ii4v.–Ii5r. (*ip*).

[61–61] Ap: Brenz, *In Ioh.* 1528 ad 20,1ff., 335r.–336r. (*i*).

[62–62] Ap: Aquinas, *In Ioh.* ad loc., 105v. col. B (*i*: but there: Thomas only); Albert, *In Ioh.* ad loc., *Opera* 24, 689 (*i*: Thomas and Peter but idea of grace less strongly emphasised).

paucula visum est*f*. *g*In [63]Mattheo interpretatus sum illud quod de se Ioannes meminit: *credidisse* [Io 20,8] se, ubi vacuum sepulchrum et *positum seorsim a linteaminibus sudarium* [Io 20,7] vidisset, quasi crediderit tantum corpus Iesu fuisse sublatum – quod scilicet Maria nuntiaverat [cf. Io 20,2] – non etiam resurrexisse propterea quod nondum *Scripturas* discipuli *intellexissent* [Io 20,9]. Sed hoc loco diligentius perpenso, videtur is de fide resurrectionis intelligendus ad quam provocatus fuerat hic discipulus, quod non solum vacuum sepulchrum, sed posita simul *linteamina et seorsim convolutum* iacere *sudarium* [Io 20,7] vidisset. Eoque id quod sequitur: *Nondum enim intellexerant Scripturam* [Io 20,9] etc. ut ratio eius quod ante hac resurrecturum Dominum non crediderat una cum aliis accipiendum est. De Petro sane scribit Lucas [24,12] quod [64]*abierit mirans*.

Nominatim *fratribus suis* iussit resurrectionem suam *annuntiare* Mariam, ut meminit Ioannes [20,17], et postea alias quoque mulieres quae *pedes ipsi tenuerunt*, ut testatur Matthaeus [28,9]. Hos puto [65]cognatos Domini fuisse qui et alias fratres eius dicebantur. Apud quos verisimile quoque est hasce mulieres, cum Galilaeae essent, fuisse diversatas eoque quam primum ad illos tum ituras. Fieri quoque potest ut fide aliis infirmiores fuerint; nam Ioannes legitur: *Nec fratres eius credebant in eum* [Io 7,5], quod ut in hos dictum non sit, haud indignum tamen Domino fuit iis peculiariter resurrectionis suae gaudium offerre quos, ut proximos, peculiari debebat dilectione complecti[65]. [66]Alii putant discipulos *h*promiscue hic fratres*h* vocatos, forsan quod Lucas [24,9] meminit mulieres*i adnuntiasse* Domini resurrectionem *illis undecim jselectioribus* discipulis qui apostolatu destinati erant *et caeteris omnibus*[66]. At*j* quod angeli *discipulis* [Mt 28,7; Mc 16,7] iusserunt*k* nuntiare, id*l* Marcus de Maria *m*memorans, ita scripsit*m*: *Illa profecta renuntiavit iis qui cum illo fuerant, lugentibus ac flentibus* [Mc 16,10]. Hinc vero videtur*n* fratres hosce *o*Domini, quia*o* Domino adhaeserunt*p*, et discipulorum nomine vocatos esse, etsi peculiare fratrum Domini quoque nomen habuerint. Hos ergo Lucas [24,9] sub:

g–g om. A. – *h–h* sic B. – *i* istas B. – *j–j*et caeteris omnibus. Item B. – *k* iusserint B. – *l om.* B. – *m–m* scribit B. – *n add.* et B. – *o–o* ut B. – *p add.* ita B. –

[63] Cf. supra ad nn. (20)–(20) – (21)–(21) and BEv 1527 ad Mt 28[1ff.], 365r. (text there same as in A here).

[64] I.e. what could have happened to Christ's body? Thus ap: Aquinas, *Catena* ad loc., Guarienti 2, 311 (Theophylactus, Augustine); ErP 1524 ad loc., LB 7, 467 (*i*).

[65–65] *Fratres* thus interpreted ap: Jerome, *Contra Helvidium* 14;15, MPL 23, 207–209 (*i* there generally: Iesu fratres = fratres cognatione). Augustine, *De cons. Evang.* 4,10 (ad Io 7,5), MPL 34, 1225, CSEL 43, 410 but ad loc. only here. Perhaps adv: Brenz, *In Ioh.* 1528 ad loc., 341r. (there *fratres* = those participating in Christ's resurrection, i.e. the faithful).

[66–66] Thus ap: Comestor, *Hist. schol. In Evang.* 190, MPL 198, 1639. Here more explicitly adv: Lefèvre, *De Maria Magdalena*, 74r.–v., 84r.–v. (there: Jerome's interpretation admitted but fratres = apostoli *ad loc.*).

caeteris illis quibus *mulieres resurrexisse* Dominum *adnuntiarunt*, Marcus [16,10] sub: *lugentibus et flentibus* qui cum Domino fuerant, angeli sub: *discipulis* [Mt 28,7; Mc 16,7] comprehenderunt. Dominus autem loquens primum Mariae et deinde aliis mulieribus, *q*maiuit ec s proprio nomine vocare *fratres suos*[g] *q* [r].

*s*Videri possint pugnare quae Lucas memorat de discipulis cum ad eos venissent duo illi qui ierant Emauntem [cf. Lc 24,33ff.] – vel, ut Marcus [16,12] habet, *rus* – cum iis quae Marcus narrat[t]. Nam scribit Lucas *u*discipulos illos qui Hierosolymis manserant*u*, hisce duobus ab Emaunte reversis, antequam quae ipsis acciderant exposuissent, dixisse: *Surrexit Dominus vere et apparuit Simoni* [Lc 24,34]. Marcus autem narrat eos *ne his* quidem *v*qui Dominum Emaunti cognoverant*v*, *renuntiantibus* quae viderant, *credidisse* [Mc 16,13]. Sed hoc [69]quod Marcus scribit, ad discipulorum coetum referendum est in quo, cum pauci adhuc resurrexisse Dominum plane crederent, dicebantur omnes id non credere; illud vero Lucae ad paucos illos quibus iam Domini resurrectio persuasa erat[69]. [798] Qui enim vel paululum in Scripturis versati sunt, norunt societati tribui, quod et pauci et multi ex ea fecerint. Non itaque nullos credidisse Marcus dicere voluit, sed non omnes. Quare statim subiicit ut Dominus *illis undecim exprobrarit incredulitatem et duritiem cordis quod iis qui ipsum viderant resurrexisse, non credidissent* [Mc 16,14]. Id quod ad Petrum sane nequaquam attinebat cui ipse Dominus apparuerat [cf. Lc 24,33], sed neque ad Ioannem qui, *visis*[w] *sepulchro et seorsim* [x]*iacentibus linteaminibus sudariis*[x], *crediderat* [Io 20,7–8]. Neque igitur ad eos *y*referendum est*y* qui reversis e rure dicebant: *Surrexit Dominus vere et apparuit Simoni* [Lc 24,33], quod scripsit Lucas[s] [z].

---

q–q magis proprio nomine, vocans fratres suos, appellavit. B. – [r] *add.* AB: [67]In historia vero quam Lucas de duobus discipulis qui *Emauntem* petierant et *Domino adiungente se illis* et tandem etiam se illis revelante [Lc 24,13–31], primum observandum [68]quam utile sit de rebus Christi loqui. Isti enim, etsi nulla fere fide in Dominum reliqua, de gestis tamen eius loque[273r.]rentur [cf. Lc 24,14], adiunxit se illis et plenius de se edocuit ac mox aperte se illis redivivum agnoscendum exhibuit [cf. Lc 24,31]. Ita non poterit Christi cognitio non plena tandem contingere illis qui avide de ipso et cum amore eius cogitant et loquuntur[68]. – *s–s om.* A. – [t] *om.* B. – *u–u* illos B. – *v–v om.* B. – [w] viso B. – *x–x iacentia linteamina et sudarium* [!] B. – *y–y om.* B. – [z] *add.* AB: *Deinde exposuit eis Scripturas exorsus a Mose et omnibus prophetis* [Lc 24,27]. Siquidem quicquid uspiam in Scripturis de misericordia, bonitate et sapientia Dei, tum de expiatione et purgatione peccatorum scribitur, proprie Christo competit. Sic et postea, ubi congregatis omnibus aderat, *mentem dedit eis ut Scripturas intelligerent* [Lc 24,45]

[67] In A: text from here down to: Huic sit gloria in saecula (p. 547) with few *adds* and *oms* in BEv 1527 ad Mt 28,1ff., 370r.–373r.

[68–68] Ap: Bugenhagen, *Resurrectio* ad loc., 445 (*i*). Here perhaps adv: Denck and Kautz. Cf. *Getrewe Warnung* 1. Art, BDS 2, 238–240 (there: no external word of any value unless accompanied by the Spirit).

[69–69] Ap: Augustine, *De cons. Evang.* 3,25, MPL 34, 1207, CSEL 43, 373 (*i*).

quas in ipso oportuit impleri. [70]Multa autem apertissima oracula in Mose, Prophetis et Psalmis de Christo scripta sunt quae singula enumerare et enarrare proprium librum requirerent, quare mihi transmittenda hic sunt *et quod liber hic alioqui supra quam institueram, creverit et quod angustia temporis excludor ne vel mediocrem illorum numerum liceat adducere[70]. Qui Prophetas hodie enarrant: Lutherus, Oecolampadius et [71]Capito noster ista diligenter indubie ostendent et explicabunt. Siquid et mihi datum fuerit vel in Psalmis aliquando fratribus depromam*. [**B: In [72]Matthaeum circa hunc eundem locum quaedam de his dixi quibus hoc adiicere volui: [73]mortem et resurrectionem Domini in omnibus iis praedicatam esse quibus quid sancti periclitati sunt, quidve malorum ope Domini evaserint, memoratur. Membra Christi huiusmodi fuerunt [cf. 1 Cor 12,27] ut, quam vixit in eis Christus, ita etiam adflictus atque ab adflictione liberatus est. Cumque in his semper legamus sanctos malis quaecunque incidissent, superiores fuisse, mortis per Christum extinctionem atque ideo cum ipsius, tum membrorum eius resurrectionem in eis adumbratam, debemus agnoscere[73].

Quia igitur nemo sanctorum non variis calamitatibus exercitatus est, sicut et ipsa [74]Iisraelis ecclesia, etiam cum nullis singularibus transgressionibus Dominum provocaret, suam tamen crucem, suam tentationem pertulit; in eo praemonstratum fuit *oportere Christum pati* [Lc 24,46] et pati ab impiis[74], nec, nisi omnimoda naturae huius immutatione, regnum Dei plene in electis restituturum [cf. Act 1,6].

Quod autem omnia quae vel populus vel privati Dei unquam adversi passi sunt, optatos et gloriosos exitus sortiti sunt, resurrectionem eius a morte et immortale regnum significarunt. Eiusdem specimen quoddam exhibuerunt et sacrificia. Ut enim [75]hostiis mactatis et igni crematis veterum cultus repraesentatus fuit, ita, nisi moriamur nobis [cf. Rm 7,6] et caelesti igni, hoc est Spiritu Dei [cf. Act 2,3–4], in aerem, hoc est naturam caelestem, vertamur, Deo per omnia placere nequimus. In hoc igitur preire suis oportuit Christum, sanctorum primogenitum [cf. Rm 8,29] ac sui holocausto efficere ut et alii gratae Deo hostiae fierent [cf. Hbr 9,14]. Atque hoc est quod sacrificiis repraesentatum est[75]. Ideo et in iis quae de sacrificiis Scriptura memorat, de morte et resurrectione Domini predictum est, sed quod intelligant spirituales quibus id etiam solis frugiferum est. Illius enim temporis ratio fuit ut adumbrari in eo Christum suum Deus voluerit revelandum planius, cum iam homo factus mortem morte [cf. 1 Cor 15,54] sua vicisset].

Diligenter autem hic notandum Christum suis *dedisse mentem ut Scripturas intelligerent* [Lc 24,45]. Cui enim ipse hanc non donaverit, obsignatus illi liber erit Scripturarum, quicquid acuminis vel peritiae habuerit. Denique non praetereundum quod, [76]cognito Domino, ilico hi duo regressi ad discipulos fuerunt [cf. Lc 24,33] quamlibet vespera esset [cf. Lc 24,29]. Neque enim po[273v.]test Christum non praedicare ardentissime qui vere eum agnoverit[76].

Illa vero quae Iohannes memorat: *amandatos discipulos ad praedicandum, donatum Spiritum sanctum signo flatus datamque facultatem peccata remittendi* [Io 20,21–23], explicata

---

[70-70] Cf. supra *cap.* 3, *sect.* 2 ad nn. (107)–(107) – (111).

[71] Capito's *In Hoseam 1528* turned out to be a disappointment as he postulated a distinction between OT and NT. Hence suppression of this passage in B. Cf. infra n. (72)ff.

[72] Cf. BEv 1530 ad Mt 28[19], 202v.–203v.

[73-73] Ap: Zwingli, *Auslegen und Gründe*, 3. Artikel, CR 89, 30–31 (general *i* only). Here specifically adv: Capito, *In Hoseam* ad 8,7ff., 149v.–157r. (there: disjunction between OT and NT; beginning of Christ's reign in us; OT saints bound by the Law).

[74-74] Adv: Borrhaus, *De operibus*, 59r.–60v. (there: distinction between *carnal* tribulations undergone by "external" Israel and *spiritual* tribulations undergone by "internal" Israel i.e. the elect).

[75-75] On sacrifices cf. supra, *cap.* 3, *sect.* 2 ad nn. (116)–(116) – (121)–(121). Here ap and adv: Capito, *In Hoseam* ad 6,7, 123r.–124r. (*p*: there also sacrifices prefigure our own mortification and Christ's sacrifice but only "as a shadow"; replaced by charity with Christ's coming). Perhaps also adv: ErP 1524 ad Lc 24,27, LB 7, 471 (there: sacrifices a mere shadow of Christ's sacrifice).

[76-76] Ap: Lambert, *In Lc* ad loc., Ii7r.–v. (*p*).

Ioannes praeterea memorat tertio Dominum Petrum rogasse si se plus aliis amaret [cf. Io 21,15–19] $^{a^1}$et, appellante illo Domini$^{b^1}$ conscientiam$^{a^1}$, commendasse Dominum$^{c^1}$ ei curam ovium suarum. His videtur et$^{d^1}$ hoc voluisse dicere: tu vero Simon prae te fers magnum mei amorem et vis videri prae his fratribus tuis me diligere. Si ita est, fac id in eo declares ut fideliter *pascas oves meas* [Io 20,17]. $^{e^1}$His te impendendo, declarabis si me vere diligas. Eo autem significavit Dominus Petrum omnino praecipuum ovium suarum pastorem fore. Neque enim refutavit professionem illius de singulari in ipsum amore. Iam cum [84]vere Dominum amaret, non potuit

---

sunt fusius in [77]Matth. 16[19] in illud: *Et dabo tibi claves regni caelorum*. Utique nihil [78]aliud est *remittere peccata* apostolis quidem commissum, quam in ecclesiam Christi recipere, peccata retinere, ecclesia arcere. Hoc igitur ut rite curarent, donavit eis *Spiritum sanctum*, signo *flatus* [Io 20,22] adhibito, sicut panem[78] et vinum adhibuit cum donaret suis suum corpus et sanguinem [cf. Mt 26,26ff.]. De vi huius Spiritus in veris apostolis *lege quae Paulus scripsit, 2 Cor. 3[8ff.]* [**B: legis praeclara, quaeque qualisnam sit planissime explicant apud divum Paulum, 2 Corinth. 3]. Porro, cum *flatu* suo Dominus *Spiritum sanctum dedit* [Io 20,22] ut significaret vere eum et suum Spiritum esse.

Id etiam notandum quod Iohannes memorat Dominum venisse ad discipulos suos τῶν θυρῶν κεκλεισμένων, id est: *cum fores essent clausae* [Io 20,19], non autem διὰ θυρῶν κεκλεισμένων, id est: 'per clausas ianuas'. Unde [79]artocreatistae hinc non probabunt duo corpora simul in eodem loco fuisse, tum ex eo Christi corpus esse ubique. Ut enim invisibilem se totum facere potuit, ita potuit et per invisibiliter apertas fores ingredi. Neque oportuit duo corpora esse simul in eodem loco, multo minus idem corpus simul in diversis locis. Nihil igitur potuerunt isti excogitare pro tuendo suo dogmate expeditius quam Christum non esse verum hominem, hoc est non assumpsisse [274r.] corpus nostrae naturae, si [*add.* modo B] id non adeo impium esset, totiusque fidei nostrae subversio.

In Galilaea voluit potissimum Dominus se visendum suis exhibere immortalem [cf. Mt 28,7.10] in qua regione et antea lucem evangelii potissimum effulgere placuerat [cf. Mt 4,23ff.]. *Visum enim [80]Deo fuit ut ita gloriosa haec redderetur diebus postremis, quae prioribus contempta fuerat [cf. Is 9,1][80], de quo [81]in Matth. capite 4[14ff.], fol. 105*. [**B: Humilia nanque illi semper placuerant [cf. Iac 4,6]]. [82]Ad Iudaeam autem et Hierosolymam redire ipsos voluit [cf. Lc 24,47ff.] quia *ex Tzion Lex et de Ierusalem verbum* evangelii *egredi* debuit, Iesa. 2[3], Mich. 4[2][82]. Tum ibi decebat glorificari Christum, quod per praedicationem evangelii factum est ubi *ad mortem usque fuerat humiliatus* [Phil 2,8]. Unde et caelos inde voluit petere unde petierat supplicium, nempe e [83]monte Olivarum cui Bethania adiacet [cf. Lc 24,50; Act 1,12]. – $^{a^1-a^1}$eoque deferente id ad ipsius cognitionem A. – $^{b^1}$ipsius B. – $^{c^1}$ *om.* AB. – $^{d^1}$ *om.* AB. – $^{e^1-e^1}$ AB: [84]Omnino enim illum praecipuum *apostolum in circum-*

---

[77] Cf. BEv 1527 ad Mt 16[19], 180v.–183v. Here as there adv: e.g. Eck, *De primatu* lib. 1, cap. 3, 5r.

[78–78] Ap and adv: Brenz, *In Ioh.* 1528 ad loc., 342r.–345r. (*pa*: but there: real presence of Holy Spirit in the breath analogous to real presence of Christ's body in the eucharist; here a *sign* in both cases).

[79] Adv: *Syngramma*, BrFrSchr 1, 263. Interpretation *per ianuas clausas* already ap: Augustine, in: Aquinas, *Catena* ad Io 20,19, Guarienti 2, 583–584.

[80–80] Ap: ErP 1524 ad Lc 24,27, LB 7, 478 (*ir*).

[81] Cf. BEv 1527 ad Mt 4[14ff.], 105r.–v.

[82–82] Ap: Bugenhagen, *Resurrectio* ad loc., 449; ErP 1524 ad Act 1,8, LB 7, 662 (*ir*).

[83] Ap: ErAn in Act 1,12, LB 6, 437 (*i*: geography only); ErP 1524 ad Act 1,12, LB 7, 663 (*ip*).

[84–84] Ap: Luther, *Resolutio super propositione 13*, WA 2, 195–196 (*ipra*).

amorem suum non in eo declarare in quo Dominus eum declarari poscebat, cura videlicet et pastu fideli ovium suarum. Omnino ergo prae aliis divus Petrus ovium Christi pastor fuit at earum potissimum quae tum in nomine censuque ovium habebantur, quae erant a domo Israël. Hinc de apostolatu Petri praecipuo ad circuncisionem Paulus quoque testatur, scribens Galatis$^{f^1}$. Gloriatur Dominum ita in se efficacem fuisse *apostolatu ad gentes ut in Petro efficax esset ad circuncisionem. Petrus tum etiam gentibus evangelizavit, at in his Paulus$^{g^1}$ laboravit* [Gal 2,7–8] et id non frustra, $^{h^1}$plus omnibus$^{h^1}$. Sed de eo quicquid sit, qui volunt esse Petri successores, diligant Dominum prae aliis et pascendis ovibus eius verbo Dei plus aliis laborent, et Petri honorem duplicem, si ita illis libeat, ipsis deferemus$^{e^1}$ [84].

Caeterum in eadem historia, quia [85]Ioannes ipse sermonem fratrum qui putabant ipsum non moriturum$^{i^1}$ correxit negavitque Dominum dixisse: *Non moritur*, sed: *Si velim eum manere* etc. [Io 21,23], non dubito et ipsum mortuum fuisse. Et Dominum eo quod dixit: *Si velim* etc. tantum Petrum voluisse a supervacanea de fratre cura revocare[85].

Quod autem Ioannes testatur plura Dominum *signa $^{j^1}$fecisse* [Io 20,30] *aliaque gessisse$^{j^1}$* quam [86]*scripta sint$^{k^1}$*, aut etiam scribi potuerint [Io 21,25], nequaquam fenestram aperuit fingendi et statuendi quidvis, ut quidam haec verba divexant[86], quia adiecit: [87]*Quae scripta sunt, in hoc scripta esse ut credamus quod Iesus est ille Christus*, ille *Filius Dei* indeque *vitam habeamus* [Io 20,31] aeternam. Si enim huc sufficiunt quae scripta sunt, nihil est quod praeterea desideremus[87]. Nam si [88]singula conscripta essent, nihilo plus docere possent. Quod autem adiecit *mundum non potuisse capere libros, si* ad unum *omnia* Christi *facinora$^{l^1}$ fuissent$^{m^1}$ conscripta* [Io 21,25], nota [89]hyperbole est. Et certe, cum infinita $^{n^1}$fere fuerint$^{n^1}$ – nam nihil omnino dixit aut fecit quod non divinum fuerit et Christum egregie retulerit – quis singula cum fructu memorasset aut perpendisset? Ad quid

---

cisione constitutum vel id probat Pauli Gal. 2[7–8] ubi ita sibi creditum *evangelion praeputii* [*add.* sic B] gloriatur, *sicut Petro circuncisionis* etc. Qui ergo Petri volunt esse successores, verbo Dei diligenter pascant Christi oves[84]. – f^1 *add.* ubi D. – g^1 *add.* plus omnibus D. – h^1–h^1 *om.* D. – i^1 mortuum [!] A. – j^1–j^1 et alia fecisse A. – k^1 sunt A. – l^1 *om.* A. – m^1 essent D. – n^1–n^1 fuerint fere D. –

[85-85] Emphasis on unnecessary worry and curiosity already ap: Chrysostom, *In Ioh.* hom. 88 ad loc., MPG 59, 480. But here ap: Lefèvre d'Etaples, *In Ioh.* ad loc., 409v. (*i*: there also contemporary controversy adv: George of Trebizond outlined).

[86-86] Adv: e.g. Cochlaeus, *De authoritate eccl.* cap. 8, E2r. (there: Io 21,25 used in support of church authority).

[87-87] Io 20,31 and Io 21,25 combined ap: Ludulphus, *Vita* 2a pars, cap. 83, *Rigollot* 4,260 (*ir*).

[88] Ap: Chrysostom, *In Ioh.* hom. 88 ad loc., MPG 59, 481 (*i*).

[89] Ap: Cyril, *In Ioh.* ad loc., MPG 74, 755–756 (*t*).

igitur fuissent conscripta? Negligi enim ea a nobis indignum fuisset. $^{o^1}$Conscripta ^{90}itaque sunt quae rite perpensa ad colendam pietatem abunde satisfaciunt^{90}. Utinam excuterentur tam ad perficiendum studium pietatis quam divexantur ad contentionis et rixarum materiam$^{o^1\ p^1}$!

Iudicent fratres et iudicent cum omnia *ad analogiam fidei* [Rm 12,6] diligenter exegerint. Quae probaverint, accepta referant Deo, quae minus, mihi, sed de iis moneant amice.

$^{o^1-o^1}$ *om.* A. – $^{p^1}$ *add.* AB: Amandaturus [Amandans B] autem ad praedicationem evangelii, *dicebat discipulis* [**discipulos, dicebat B]: ^{91}*Data est mihi omnis potestas in caelo et in terra* [Mt 28,18] *quam quidem apostoli diligenter ubique praedicarunt, memorantes *illum cunctis principatibus et potestatibus praefectum omniaque subiecta esse pedibus eius* [Eph 1,21.22]. Huius ergo discipulos admonuit* [**om.* B] quo alacrius evangeli[275r.]on praedicandum susciperent cum eius se ^{92}legatos agnoscerent qui *omnium potestatem* [Mt 28,18] haberet^{91}. Quem dubitare non possent se nunquam deserturum aut passurum mali aliquid accidere, quamlibet contra mundus saeviret. Ad idem et ^{93}illud adiecit: *Ecce ego vobiscum sum usque ad consummationem saeculi* [Mt 28,20].

Quid enim desit boni aut adsit mali ei qui continuo praesentem secum habeat eum, cui *data est omnis potestas in caelo et in terra* [Mt 28,18]? ^{94}Etenim in hoc mundum carne reliquit et *dexteram Patris*, id est invisibilem Dei *maiestatem* [Hbr 1,3], petiit *ut* Spiritu suo *adimpleret omnia* [Eph 1,23] iuxta illud Ephes. 1[20–23]: *Suscitavit eum ex mortuis et sedere fecit ad dexteram suam^{94} in caelestibus, supra omnem principatum et potestatem et virtutem et dominium et omne nomen quod nominatur, non solum in saeculo hoc, verum etiam in futuro. Et omnia subiecit sub pedes illius et eum dedit caput super omnia ipsi ecclesiae quae est corpus illius, complementum eius, qui omnia in omnibus implet.* O utinam hanc Domini nostri praesentiam vere omnes agnosceremus, et indubie nemo pro carnali eius praesentia digladiaretur!

Porro iam iam in caelum ascensurus, *sublatis manibus benedixit suis* [Lc 24,50] ut signo eo benedictionis verba – quibus indubie ea ipsis precatus fuit quae promiserat – penitius discipulorum cordibus insiderent [faceret insidere B]. De ascensione vero Domini ad caelos ^{95}superius, 6 capite, *fol. 147* [**om.* B.] diximus. De ^{96}caelo vero latius in Matth., capite 3.

Sublato itaque in caelum Domino, discipuli *cum ingenti* [375v.] *gaudio reversi sunt Ierusalem* [Lc 24,52], experti demum [*add.* verum esse B] quod Dominus verum [*om.* B] dixerat: *expedire ipsis ut* carne *abiret* [Io 16,7]. Dum enim carne eis aderat, *carnales usque erant* et *carnalia sapiebant* [1 Cor 3,1–2; Rm 8,5]. Ubi carne eis se subduxit et Spiritu adesse coepit, gaudio solido affecti, summa cum alacritate toti *in praedicando et extollendo Deo* erant – et quidem [*add.* in B] loco celeberrimo, nempe *in templo* [Lc 24,53] – donec, potentiori et insigniori virtute Spiritus Dei instructi, *abirent praedicatum ubique, Domino cooperante et sermonem ipsorum sequentibus signis* [Mc 16,20] *magnifice confirmante* [**confirmante magnifice B].

Ita solida pietas synceraque fides tum demum et nobis aderit quando Dominum nostrum, Iesum Christum pro peccatis nostris mortuum, ad *dexteram Patris in coelestibus* omnibus

$^{90-90}$ Ap: Cyril *ibid.*; Ludulphus, *Vita* 2a pars, cap. 83, *Rigollot* 4,260 (*i*).

$^{91-91}$ Adv: Eck, *Leipzig Disp.*, WA 2, 261 (there *r* used to argue that Christ's reign eternal in the sense of independent of papal election).

^{92} Adv: Eck, *De primatu* lib. 1, cap. 33, 53r.; cap. 38, 59v. (there: disciples constituted *pastores* only through the authority of Peter).

^{93} Adv: Schatzgeyer, *Scrutinium*, con. VI, CC 5, 95 (there *r* used in support of real presence); con X, CC 5, 131 (there *r* used in support of authority of the Church).

$^{94-94}$ Link between Mt 28,18 and *sessio ad dextram* ap: Bugenhagen, *Resurrectio*, 463. Cf. also BEph 1527 ad loc., 43r.–45v.

^{95} Cf. supra *cap.* 6, *sect.* 6 ad nn. (304) – (317).

^{96} Cf. BEv 1527 ad Mt 3[16], 88r.–89r.

imperantem [Eph 1,20.21] et salutem nostram foelicissime perficientem, adoraverimus, agnoscentes ipsi a *Patre omnium potestatem* traditam [Mt 28,18], ipsi nos curae esse, nostrae denique salutis caussa ita regnare et regnaturum donec *omnia subiecta pedibus* [Eph 1,22] eius fuerint et, expurgato in electis omni peccato devictaque morte [cf. 1 Cor 15,55], hoste ultimo, *Deus fuerit omnia in omnibus* [1 Cor 12,6]: cum ipse scilicet regnum suum intercedendi pro nobis peccantibus, a peccatis nos purgandi, contra Satanam defendendi et a morte liberandi Deo et Patri tradet, quando nimirum nihil peccati reliquum in electis omnibus fuerit pro quo intercederet, quo purgaret, aut cuius caussa Satanae vel morti contra nos aliquid permitti posset. Hoc beatum et gloriosum Christi, Filii sui, regnum donet nobis optimus et clementissimus [276r.] Pater plene agnoscere, et ei salvandos nos penitus offerre atque consecrare ut superna tantum quaeramus [cf. Phil 3,14] et curemus – ubi Christus, rex noster et Servator, est *ad dexteram Patris* [Hbr 1,3] sedens – non terrestria [cf. 1 Cor 15,40], nempe ut huc toti incumbamus ut *coeleste* hoc et solum felix *regnum* [2 Tim 4,18] quam plurimis innotescat, quam latissime propagetur communeque fiat omnibus gentibus, ut [*add.* ubique mortales B] valedicant rebus huius saeculi in quibus etiam externi hominis foelicitas frustra quaeritur ut bis insanum sit quicquam ab illis *interno homini* [Eph 3,16] expectare. Uni vero Domino nostro Iesu Christo sese dedant et per omnia consecrent!

In eo siquidem uno *Patri complacitum est universam plenitudinem inhabitare et per eum reconciliare cuncta erga se, pacificatis per sanguinem crucis eius, per eundem, sive quae in terra sunt, sive quae in coelis*, Coloss. 1[19–20]. *Huic* sit *gloria in saecula. Amen* [Rm 11,36].

ORIGINAL INDEX

1528

The original indexes to the editions of 1528, 1530 and 1536 have been included as providing an interesting insight into 16th century indexing techniques. They are to be considered as a complement to the editor's indexes and can be consulted with the aid of the page synopsis on pp. LII–LXIII of the Introduction.

INDEX IN
IOHAN. M. BVCERI.

Braham quæ in sua promissione viderit 170. d.
Abrogatio legis 198. b.
Allegoriæ quomodo tractandæ 80. d. & 81. d.

Apostolorum dignitas 209. b. 235. d.
Ascensus Christi quis sit 147. d.
A sini pullus quid adumbrarit 194. b.

B
Aptismatis significatio 40. b.
Baptizarunt infantes Apostoli 42. d.
Bona opera Domini quæ 180. d.

C
Æci uident & uidentes cæcifiunt 175. d. b.
Caro quid in scripturis significet 22. d. et 77. b.
Cephas dictus Petrus 56. b.
Cerimoniarum formator Mosche 49. b.
Christianum posse fungi magistratu 101. d.
Christus cur Verbū dicatur 13. d. Christ. Deū esse 171. d.
Christi & Mosche collatio 27. d.
Christus ille adorandus יהוה 14. d.
Christo etiam ut homini, Dei uocabuli competit 181. b.
Christi incarnatio quæ attulerit orbi 35. d. b.

Christus

Chrisus primogenitus omnis creaturæ 13. b.
Cætum quid 76. b. 60. d. 147. d.
Cognoscunt Deum & impij 17. d.
Corpus Christi tantum pij edunt 135. d.
Creaturas cur Deus operibus suis adhibeat 172. d.
Credere in Cristum idem quod carnem eius edere 133. d.

D
Electijs quatenus utiliceat 191. b. & 192. d.
Deus hominis inæqualiter uiuere noluit 193. d.
Deus solus mentes nostras faciat 132. b.
Dextera Dei quid 147. d. Dij cur dicti sint iudices 181. d.
Dilectio Christiana mortuos luget 185. d.
Dilectio erga Deum in quo declaretur 215. b.
Dilectio mundi qualis 228. d.
Dilectio insigne Christianorum 210. b.
Discrimen electorum & reproborum 175. d. 170. b.
Diuinitas Domini unde cognoscatur 214. d.

E
Cclesia quæ elementa habeat 199. d.
Ecclesia regnum cælorum dicitur 40. d.
Electionis us 207. b.
Electi quibus potissimum peccatis sint obnoxij 104. d.
Error Marcionitarum confutatur 77. d. b. & 78. d. b.
Errores occasionem dant doctrinæ sanæ 15. d.
Euangelion quid sit proprie 9. d.
Exaltatio Christi morte 155. b.
Excommunicatio quomodo exercenda 243. d. b.

INDEX.

F

Fides duplex 08. b.
Fides quid & cur opus nocetur 126. 4.
Fidei uis 91. b. Fides uita iusti 136. 4. & 135. b.
Fugam docebit spiritus 99. 4.

G

Audium ueriundes 235. 4. Gloria dei quid 171. b.
Gloria Domino Iesu collata que sit 239 4.
Gratia posterior 27. 4. Gratia prior 26. 4. b.
Gratia quid sit 22. b.

H

Ypocrisis etiam inter discipulos Domini 150. b.
Horaciuq; sua à patre definita est 153. b.
Hes Anna quid 194. b.
Hostes Euangelij qui sint potißimum 99. 4.
Humana commenta reddant turgidos 154. b.

I

Esus quare unctus dicatur 50. 4.
Ignorantiæ peccatum non imputat Deus 218. b.
Impijs Dominus exsecationis occasionis obijcit 158. b.
Iohan. cur dictus filius tonitrui, & dilectus Christo 10. 4.
Iudæi cur Moscke Christum non discant 121. 4. b.
Iudæi cur credere nequeant 168. 4. & 169. 4.
Iudicium mundi 197. 4.

K

Κοινωνια quid significet 142. b.

L

Auare pedes quid sit 207. 4.
Leuare plantam quid 209. 4.
Lex per Christum data 13. b.
Liberum arbitrium confutatur 200. b.
Libertas spiritus 163. 4.
Loca ab Apostolis citata quomodo per anagogen intelligenda trigesimo primo b.
Locus Iescháiah 6. explicatur 220. b.

M

Aior sit minor 244. b.
Mandata Christique sint 217. 4. b.
Mandata Dei seruare quid 220. b.
Mansio Dei que sit 220. 4.
Mendax cur omnis homo dicatur 158. b.
Merces quid in scripturis 107.
Metrea quid 62. 4. b.
Miraculorum uerorum usus 185. b.
Miscellanea Euangelista scripserunt 135. 4.
Misus quis sit 94. 4.
Mosche de Christo scripsit 120. b. 115. b.
Mors quorumlibet somnus in scriptura dicitur 184. 4.
Mundi quomodo purgantur 224. 4.
Mundus quid 20. 4. b. 127. 4. 228. 4.
Mystica facta cur sepe à iuris Dei adhibita 87. 4.

N

Asci ex aqua quid 72. b.
Natura cognitionis Christi 103. b.

INDEX.

Nemo Deum uidit unquam. 18. b.
Noua quae spiritus Dei orbi attulerit 200. a.

O

Efficia unicuiq; certa Deus destinauit 193. b.
Omnia in figura illis contigerunt explicatur 4. b.
Oracula de Christo quomodo eruenda 31. b.
Oratio uera ut se habeat 239. b.
Ordinati ad uitam, tantum credunt 139. b.
Ordo miraculorum quae Iohannes narrat 183. a.
Ordo operti Dei 67. a. Ordo salutis 239. a.
Oues quae sunt perire nequeunt 179. a. Ouile unu 178. a.

P

Ordo baptismi utilitas 44. a.
Panis quem frangimus explicatur 142. a. b.
Panis uiuens 131. a.
Parabolis cur Christus delectatus sit 106. b.
Parate uiam Domini quomodo intelligendum 32. a.
παρρησια quid 152. a. Paracletus quid 215. a. 239. a.
Pax Christi quae sit 222. a.
Perseuerantia piorum praedicanda 128. b.
Philosophi Euangelio homines praepararunt 106. a. b.
πληροφορια 108. a. Precatio uera ut se habeat 239. b.
Praecepta purificationum 84. a.
Praecepta quomodo tractanda, & quam uaria sint 83. b.
Propheta quis 104. a.
Prophetant & reprobi se dignorantes 188. a.

Q

Quicquid

INDEX. 279

Vicquid petieritis quomodo intelligatur 217. a.
Quid inter sanctos ueteris & noui testa. intersit
Quomodo externa caenae habeda 137. a. b. (39. a.
Quomodo maiora quam Dominus fecerint discipuli 216. a.

R

Atio semper noxia quaerit 163. a.
Regnum caelorum Ecclesia 40. a.
Regni Dei in quo situ 39. a. Reg. Dei uidere 71. a.
Resurgent omnes uoce Christi 213. b.

S

Abbathium cur Dominus sanctificauit 116. a.
Sabbathum quomodo uioletur 116. b.
Sacrificia quorum nos admonent 84. b.
Samaritanus transgressor dicitur 98. a.
Sanctos, quibin c disc esserunt uiuere 171.
Salus ex Iudaeis 101. b. Satan bona uertit in malu 95. a. b.
Satan in quos ius habeat 222. a.
Scandali Apostolorum 245. a. Schiloah quid 171. a.
Scopus ac status historiae Iohannis 116. b.
Scriptura lex Dei dicitur 181. a.
Scriptura quibus de Christo testatur 119. b.
Scripturae quid potissimum doceat 85. b.
Scriptura quomodo in ditione Iudae implete sint 241. a.
Semen Dei, ubi ubi fuerit tandem fructificat 101. a.
Sermo Christi condemnabit impios 203. a.
Seruitus peccati 108. a. Spiritus sancti nomina 37. a.
Spiritus Domini datur absq; instrumetis 179. b. et 180. a.

Spiritus

Spiritus filiorum Dei ab utero datur 139. b.
Spiritus filiorum hic imperfectus 39. b.
Spiritus libertatis 27. a.
Spiritus mundum arguit de peccato et iustitia &c. 232. b.
Spiritum recipere quid? 209. a.   (& 233. a
Spiritus quid docet & suggerat 220. b.
Spiritus timoris 26. a. b.
Spiritus ubi uult spirat quomodo intelligendum 153. b.
Studium literarum haud negligendum 153. b.
Symbola cur à Christo data 40. a.
Symbolis tribuuntur quae per illa significantur 72. a.

T

Tenebrae quid? 80. b.
Tentatio nobis non est deprecanda 242. b.
Testimonium Iohannis 114. b.
Testimonium scripturae de Christo 119. b.
Tractus patris qualis 130. b. Triplex aetas pop. dei 49. b.
Typorum interpretationes 83. a. b.
Typorum non omnia rebus ipsis aptanda 84. b.

V

Aticinium Iesschaiah explicatur fol. 31. a.
Venire ad Iesum 127. a. Vere esse quid sit 15. b.
Verbum externe praedicatum non est uehiculum spiri=
   tus 179. & 180. a.
Veritas quid? 23. a. b.
Veritas quomodo nos liberet 107. b.
Veterum exempla quatenus imitanda 47. b.
                                         Vnitas

Vnitas Christianorum in quo sita 242. b.

Z

Zelus domus tuae &c. quomodo intelligatur 50. a.

ERRATA.

Folio 3. a. huic. fol. 3. a. tollendum. eodem b. immittit.
20. b. leg. tam. 21. b. haec ab Euang. pericope. 23. a. le-
inaequitia. 24. a. prolapsa. 24. b. deificatione. 29. a. sa
lutifera. 31. a. omnibus. 32. b. id uero m. 33. b. existima
tus. 35. a. in gratiam. 36. b. plenus. 40. b. quibus. 40.
in Moschen. 47. b. admonitioneq; 49. a. inuenti. 50. a.
immensum. 50. a. electi. 68. a. eos. 74. b. regnum est.
78. a. mortale. 90. a. homo. 96. a. usq; ad Iohannem. 98.
a. institui. 17. a. sedandam. 110. κολυμβήθρα. 111. de
tentus. 112. asseueratione. 114. b. morer. 121. b. quod Mo
sche nō credant. 132. a. sinus. 136. b. sine illo esse non po=
test. 141. b. expunge, re. 146. a. nobis. 153. a. auté. 154.
b. factio sus. 158. b. fere. 100. a. scripsus. 201. b. bis. 213.
a. in uia. 216. b. amandabat. 218. b. ipsi. 218. b. libeat:
233. b. in iniustitia. 234. a. asueuerant. 234. a. pauculae
cerimoniae. 23. b. sum caro factus. 244. a. in quibusdā=
352. a. traderent.

ARGENTORATI APVD IOANNEM
HERVAGIVM MENSE APRILI.
ANNO M.D.XXVIII.

ORIGINAL INDEX

1530

Vocationis Dei uis 38. *a*

Vocatio piorum in communi 91. *b*

Vocatio prædicandi 101. *d*

Vocatio sua cuiq; curanda 135. *a*

Vocatio duplex 159. *a*

Vocati multi, electi pauci eodem *d*

Cur uocem Domini audire Iisrael nequiuerit centesi-
mo quadragesimo primo *d*

Vocum diligens obseruatio quàm sit necessaria 1. *d*

Voluntatem Patris facere 79. *a*

Voluntas Dei bona 218. *b*

Voluntas Dei in primis spectanda 221. *c*

Vota quæ sint seruanda 129. *d*

Vota monastica contra Deum eodem *d*

Vota peregrinationum 130. *a*

Vouete & reddite eodem *a*

Vsura quatenus licita 59. *d*

De usuris Lex Iustiniani eodem *d*

Vulpes foueas habent 92. *d*

Z

Zacharias & Elizabet 213. *d*

Zachariæ filij Barachiæ mors 174. *a*

Zachæi conuersio 161. *a*

Zachæi domus filia Abrahæ eodem *b*

FINIS INDICIS SVPER MAT-
theum, Marcum atq; Lucam.

INDEX

IN ANNOTATIONES MAR.

Buceri super Iohannem.

A

Abijciendum esse neminem temere 35. *d*

Quæ Abraham in promißione sibi facta uiderit 61. *a*

Adam typus Christi 26. *d*

Adiuuandi potißimum qui maiore necessitate premuntur 38. *a*

Admiratio Christi quæ ex eius miraculis erat, quid fecerit 23. *d*

Admonendi libertas 30. *b*

Adoratio in montibus 34. *b*

Adorationis nomen eodem *b*

Adulteria capitalia esse 59. *a*

Affectus carnis in rebus Dei ablegandi 21. *c*

Agnus Dei 11. *d*

Contra Allegorias 21. *c* 81. *b c* 28. *d*

Cur allegorijs Christus libenter usus sit 35. *d*

Contra Anabaptistas 7. *c* & 90. *b*

Anagoge quid sit 27. *d*

Angeli ministrantes 19. *d*

Angeli ascendentes & descendentes super Christum
eodem *d*

Angelos nostros esse ministros 38. *a*

Angor Christi ante paßionem suam 90. *c*

Animorum innouatio 25. *b*

Animis prius quã corporibus consulendum. 36. *d*

Apostolorum Christi dignitas 77. *d* 92. *b*

Ab aqua ad spiritum anagoge 33. *c*

Aqua spiritus sancti sitim extinguit in æternum eod. *c*

De aquis spiritus 57. *a*

Arca Noah typus Ecclesiæ 26. *d*

Arguere mundum quid sit 87. *a*

Ascensus Christi in cœlum 52. *b*

Asini pullus quid adumbrarit 72. *a*

Auditorum non multitudine sed syncera fide oblectan-
dum 23. *b*

B

Baptismata Ebræorum 12. *c*

Quid baptizari spiritu eodem *d*

Baptismus ad quid institutus sit 13. *a* 14. *c*

Baptismi usus apud Iudæos 13. *c*

Baptismi usus ex Mose eodem *c*

Baptizati soli in Ecclesiam Dei admittuntur eodem *c*

Baptismi significatio eodem *c*

Baptizari in mortem Christi eodem *d* 24. *d*

Baptismo aquæ in externam, & baptismo spiritus in internam Ecclesiam adscribimur eodem *d*

Cur non baptizarit aqua Christus per se 14. *a* 33. *d*

Baptismus per Iohannem cœpit 14. *a*

Baptismus paruulorum reijci ex eo quòd contingat hæ-
dos baptizari, non potest eodem *b*

Baptizarunt infantes & Apostoli eodem *a*

Baptismi puerorum utilitas eodem *c*

Baptismi puerorum hostes quales sint eodem *c*

Baptismus & circumcisio similes sunt significatione et
usu 16. *b*

Circa Baptismum infantium quid fiat 17. *b*

Baptizarunt Apostoli quoslibet eodem *d*

Baptizatos pueros nusquã in scriptura negatur eod. *d*

Baptismi puerorum contẽptus quæ mala dederit 18. *a*

Baptismus aquæ ad salutem per se necessarius non est
uicesimo quinto *d*

Baptismus aquæ non temere negligendus eodem *a*

Beneficijs Dei cum gratiarum actione utendũ 42. *d*

Quæ beneficia Dei noua mundus à morte Christi acceperit 73. *a*

Bethania 68. *a*

C

Caiaphæ Prophetia 69. *a*

Calcaneum leuare quid 76. *c*

Carnis Christi ueritas 26. *b*

Carnis Christi noui negatores eodem *b*

Caro pro homine in scripturis ponitur eodem *b*

Ex carne & oßibus Christi electi sunt eodem *c*

Quomodo carnem suam Christus det in cibum 47. *a*

Carne humana uesci horror est 48. *a*

Carnis Christi non est alia manducatio, quàm quæ fide fit eodem *d*

C Car

Carnalem Christi manducationem nullius esse usus quinquagesimo d

Quomodo caro Christi nihil prosit 52. d

Catabaptistarum errores 14. d

Catabaptistarum argumenta eodem d

Cæci uidentes 6. d

Cæci nascimur omnes eodem d

Cœlum quid 26. a 52. b

E cœlo Christus uenit 26. a

In cœlo Christus semper est eodem a

Cœli sunt sedes Dei 19. d

Cœlos aperiri quid sit eodem d

Celsitudo mundi multos reddit Christo infensos 24. a

Cænæ dominicæ externa quomodo habenda 49. b

Cephas dictus est Petrus 18. d

De ceremonijs recte consulitur Mose 16. b

Ceremoniæ ueterum non tantum significatione futuro rum fuere utiles eodem c

Ceremonias Legis omnes seruare non fuerit utile ib. d

Ceremonias gentium suscipere, uel proprias inuenire, non est populi Dei 22. d

Ceremonijs & superstitionibus natura addicti su mus 28. c

Quare tot Ceremoniæ ueteribus præscriptæ eod. c

Ceremoniæ omnes reiectæ 34. c

Cur ceremoniæ legis Iudæis datæ sint eodem d

Certitudo fidei 36. b

Christus uerbum 5. a

Christus splendor gloriæ & imago Dei eodem a

Christus primogenitus omnis creaturæ eodem a

Christus sapientia Dei eodem a

Per Christum lex data eodem b

Christus ille adorandus יהוה eodem b

Christus frater noster 6. b 26. c

Christus uita & lux eodem b

Sine Christo factum est nihil eodem b

Christus & Mose conferuntur 9. d

Sine Christo nihil probatur Deo 10. b

Christus unus ueritatis doctor eodem b

De Christo quomodo sint eruenda oracula 11. a

Christus unus magister 18. b

Christus quare unctus dictus sit 18. c

Christus uerus homo 26. b

Christus homo Dauidis & Mariæ filius eodem b

Christus Adam cœlestis eodem c

Christus uere mortuus eodem c

Christus uerus Sacerdos eodem d

Christus uiuificat 38. c

Christus dominus omnium eodem c

Christus à se uiuit eodem d

Christus omnia iudicat eodem d

Quod Christo resisti non poterat, diuinam uirtutem ostendebat 22. b

Christus quomodo sit exaltatus per crucem 29. a

Christus traxit ad se omnia eodem a 22. b

Christus quomodo uenerit & quomodo non uenerit in iudicium in hunc mundum eodem d

Christus unus à morte liberat eodem c

Christus unigenitus Dei eodem c

Christum respuentes perditißimi sunt 29. d

Christum ignorantes in tenebris sunt 30. a

Christum recipere non sustinens malus sit necesse est eodem a

Christus mala uertit in bonum 31. d

Christum sequentibus nihil deeße potest 42. d

Christum ut hominem amplecti 44. d

Christus solus pascit mentem 49. b

Christum quomodo miserit Pater 51. c

Christum secundum humanitatem esse in certo quodā loco necesse est 52. b

Christum suum Deus mirabiliter seruauit 57. b

Quid Christus potißimum docuerit 59. a

Christus ostium ouium & pastorum 64. d

Christus sanctificatus à Patre 66. a

Christus quomodo uenerit in nomine domini 71. d

Christus æternus 72. d

Christus suos dilexit in finem 75. c

Christus, locum suis paraturus abijt 78. a

Christiani non ex sanguinibus 7. d

Christianorum dignitas non ex officijs sed fide metien da est 20.

Christum qui adumbrent 27. c

Sine Christo nihil poßumus 83. c

Christus quomodo abierit 86. a

Christus potestatem habet omnis carnis 88. b

Cibus Christi quid sit 35. b

Circumcisio symbolum mortificationis 14. d

Circumcisio cordis 25. b

In cognitionem Dei quomodo rite perueniatur 5. d

Cognitio Dei ex creaturis 6. c

Quatenus cognoscant impij Deum eodem c

Cognitio Christi 19. a

Cognitionis Christi natura 34. d

Collatio sanctorum in usus pauperum 51. b

Columbæ species 12. b

Communicatio corporis Christi 51. a

Confeßio uera 36. b

Consecrare in gregem Christi 24. d

Consummatio Christianorum 90. a

Cur cooperarios suos nos eße uelit Deus 19. b

Cooperarij Dei sumus ad monendum & docendum 50. c

Corpus Christi quomodo ab eo templum eße dictum sit 22. c

Corpus Christi non edunt nisi pij 48. d

Corpus Christi esse ubiq; non posse 75. c

Corporalia rerum spiritualium umbram quandam ha bent 22. c

Creaturarum usus 29. d

Credere in nomine Iesu 7. b

Cre-

Credere ad tempus 23· a

Credere Christo 43· d

Credere in crucifixum 46· d

credere non possunt qui ex Deo non sunt sexagesi=
mo d

cultus Dei corporalis umbram habet spiritalis 22· c

cur cultus Dei externus ueteribus præceptus sit eo=
dem c

Sub cultus Dei prætextu nostra quærere, quâ sit Deo
inuisum eodem d

cultus sanctorum præposterus 34· a

cupiditas proprij commodi multos Euangelio attraxit·
23· a

D

DElitijs quatenus liceat uti 71· a
Non damnanda statim sunt, quæ non intelligi=
mus 20· d

Deus quid sit 46· c

Deus est spiritus, & in spiritu adorandus 34· c

Dextera Dei quid 52· c

A dextra sedere eodem c

Dilectio Christi in suos quâ fuerit ingens 76· a

Dilectio signum christianismi 77· b

Dispensat Deus omnia certis temporibus 22· d

Disputatio Bern· 1· b

Ad diuina stupent etiam doctißimi 25· b

Diuinitas Christi unde agnoscatur 78· d

Docendum nihil quod non sit nobis certißimum 30· c

Qui doctrinam Christi præ alijs magis damnet 74· c

Docere recte non potest, nisi diuinitus mißus trigesi=
mo primo b

Doctrinæ Dei nomine oblatum non temere reijcien=
dum 20· a

Doctrinam Christi capere qui possint. 55· c

Dogmata hodie multa insana fingi, ad uigilandum non
ad desperandum, excitare nos debet 6· a

E

ELecti quibus peccatis potißimum obnoxij sint
35· a

Electorum & reproborum discrimen 61· b

Electi perire non possunt 65· c

Eleemosinæ Cornelij ex spiritu Dei 50· a

Eleemosinas exigendi ratio 71· b

Elementa mundi 16· c

Elementa Ecclesiæ 73· b

Elementa Ecclesiæ etiam perfectioribus seruanda eo=
dem b

Erasmi Rot. commendatio 8· a

Errores libere confutandi 17· d

Error omnium sæculorum communis 43· a

Euangelium quid 3· b

Vt Euangelio Bernæ Satan restiterit 1· a

Euangelizatio per homines non contemnenda 10· a

Euangelion summa diligentia annunciandum 36· a

Euangelij luce hodie quidam prorsus excæcantur sexa
gesimo tertio c

Exaltatio Christi per Euangelium 29· a

Excæcatio 37· d

Excommunicatio ultimum remedium est 90· a

Exempla ueterum quatenus sint nobis imitabilia deci=
mo quinto c

Externa Legis Mosaicæ quatenus & quæ sint aboli=
ta 16· b

In externis ueteribus fere pares sumus eodem b

F

FIdes duplex 23· a
Fidei aspectus 29· a

Fidem Christus quâ magnifice prædicat 30· d

Fides quid & cur opus Dei 43· d

Fide pueri quidam sunt 30· a

Fides in sanguine Christi 48· d

Fides unde pascatur 49· a

Fides uita iusti eodem a

Fidei quantum Christus tribuat 57· a

Fideles unum sunt in Domino 23· b

Quomodo in figura contigerint ueteribus omnia 15· b

Figuræ Legis quomodo sint in Christum adaptan 26· d

Filius Dei 19· c

Filij Dei sunt omnes sancti eodem c

Filius Dei idem quod Deus eodem d

Filius hominis 26· b

Per filium Pater recte cognoscitur 59· b

Filius quomodo liberet 60· c

Filij lucis, uitæ &c. 72· d

Fratres Christi 54· a

Fructum adferre omnium christianorum est 83· a

Fructus Apostolorum mansit 84· a

Fugere quando liceat 33· d

G

GAudium uerum unde sit 87· a
Gloria unigeniti 8· b

Quæ gloria Dei maior apud nos sit 31· d

Gloriæ Dei omnia seruiunt 62· c

Gloriam Christi uidit Esaias 74· a

Grani mortificandi allegoria 72· c

Gratia quid 8· b

Gratia pro gratia 9· a

H

HAgar umbram Legis habet 27· a
Hercules gallicus 45· b

Hilaritas moderata non damnanda 21· b

Hypocrisis cauenda 23· b

Hoc est corpus meum, tropice acipiunt & aduersa=
rij 49· c

Christum ut hominem amplecti 44· d

Hominis filius 26· b

Verus homo Christus est eodem b

Quid sit in homine nouit Christus 23·

C 2 Hoc

Homines non plus aequo admirandi 31· d
Ante horam à Deo nobis praefixam, nihil poterunt in nos aduersarij 56· d
Humilitas Christi Iudaeos offendit 56· b

I

Ieiunium Deo probatum 35· b
Ignorantia Dei qualis in impijs 6· c
Ignorari quaedam ad tempus citra salutis iacturam possunt 22· d
Ignorantes legem maledicti sunt 57· b
Inmortalitas unde speranda 26· c
Imaginem Dei Christus plane obtinuit 29· c
Impiorum una pernities eodem d
Impiorum mala opera 30· a
Cur impij Christum aduersentur eodem a
Impij olim agnoscent Christum 56· d
Impietas conuicta quid soleat 60· d
Impiorum ingenium 60· d
Incarnatio Christi quid attulerit orbi 12· a
Inaequaliter uiuere homines Deus uoluit 71· c
Infantes qui moriuntur, saluantur 14· b
Infantes sunt de corpore Christi 15· d
Innouari nos totos oportet 24· c
De innouatione nostri aliquot scripturae loci
Quā inuentis suis faueat ingenium humanum 81· b
Ioannis historia Euangelij nomine digna 3· b
Iohannes filius tonitrui eodem b
Qua caussa Iohannes Euangelium suum scripserit eodem c
Iohannes baptista clarißime Euangelion praedicauit· 32· d
Ismael typus reproborum 27· a
Israelita uerus 19· c
Israel Ecclesiae Christi umbram habet 27· d
Iutzhac typus Christi & electorum 27· a d
Cur Iudaei Christo credere non potuerunt 39· b
Iudicare pro condemnare 29· d
Iustitia Dei & ciuilis quomodo differant 45· d
Iustitiae uerae quā sit mundus intolerans 63· a
In iudicium Christus uenit in hunc mundum 63· b
Iudicium mundi 72· d
Cur Iudaei filij diaboli 60· c
Iustitia uera quae 86· d
Iustificatio per fidem 45· d
Iusti quando simus eodem d

L

Laborantes in seminando 35· c
Lauare pedes quid sit 76· b
Lauacrum externum non mundat 24· d
Leges bonae ex malis moribus ueniunt 6· a
Lex erudit ad pietatem 9· d
Lex semper condemnat eodem d
Lex Christi quae 15· a
Legis populus instar pueri 28·a Leg·iudiciariae eo·b
Leges sacrificandi eod· b Quid leg·abrogatū·73· a

Lex umbram habet futurorum bonorum eodem b
Lex sine spiritu seruos gignit 27· a d
Lex uitae non uerborum doctrina est 57· c
Liberum arbitrium nihil est 30· c
Liberum arb·quatenus adsit homini 45· b
Sine libero arbitrio non peccatur eodem b
Liberi sumus ad mala eodem c
De opinione eorum, qui homini liberum arbitrium in rebus suis tribuunt, negant autem in diuinis eo· d
Liberi arbitrij ex se uanitas 74· b
Quid de libero arbitrio senserit Augustinus 46· d
Libertas uera quae, & à quo petenda 60· d
Literarum studium non negligendum 55· b
Lotus semel, mundus quomodo sit totus 75· d
Lucerna ardens 40· b
Lucis filij sancti sunt 26· d
Lucis aliquid donatum esse omnibus 46· b
Lux mundi Christus· 62· b

M

Magister unus Christus 18· b
De magistratu error Anabaptistarum 57· c
Magistratus Dij sunt 65· d
Magnum esse in mundo obstaculum est ad regnum Christi 24· d
Maior sit minor 92· a
Mala uertit Christus in bonum 31· d
Mala nonnunquàm propter gloriam Dei illustrandam immittuntur 62· b
Malkizedeck typus Christi 26· d
Man typus Christi 27· c
Manna comederunt patres 44· d
Manducans indigne reus est corporis & sanguinis Domini 51· b
Manere in Christo quid sit 83· c
Mansiones in domo Patris multae sunt 78· a
Mansio Patris & Christi apud sanctos 80· c
Mare Tyberiadis 42· c
Cur matrem suam Christus mulierem appellarit 21·d
In mensa Christi sedere 96· b
Mendacij pater Diabolus 60· d
Mercedis nomen 36· a
Mercennarij qui 65· b
Meschiah 18· c
Messis quid 35· c
Metreta & cadus eadem mensura 21· a
Minister quid efficiat 49· b
Miracula uera electis prosunt 21· c
Miracula falsa seducunt eodem c
De mysticis factis 29· b
Miracula fidem dare non possunt 79· c
Morbos ob peccata immitti 62· b 37· d
More utendum publico 22· d
Mors quorumlibet somnus in scripturis dicitur 67·d
Mortificatio opus est spiritus Dei, non tinctionis aquaticae· 14· d

Mor

Mortuos luget Christiana dilectio sed modeste 68. b
Super mortuo Lazaro infremuit & lachrymatus est Christus eodem b
Quomodo Moses accusaturus sit Iudæos 39. b
Mosen scripsit de Christo 40.
Cur ex Mose Iudæi Christum non discant 41. a
Mulier peccatrix 35. b
Mundus quid 7. c 44. a
Mundum arguere, mundi amicitiam perdit 55. a
Mundum arguere quid sit eodem a
Mundus suos diligit 84. c
Cur mundos discipulos suos Christus dixerit 75. d
Murmur Iudæ contra Mariam propter effusum unguentum 70. d

N

Nasci ex aqua quid sit 24. d
Natus ex spiritu 25. b
Naturæ in Christo utriq; suum tribuendum 26. b
Nathanael fuit doctus Legem & Prophetas 19. b
Nicodemus studium Dei habuit 24. a
Nicodemus uenit ad Christum nocte eodem a
Noah typus Christi 26. b
Nomen Dei glorificari quid sit 72. c
Nostri iuxta qui uocationem nostram quousq; non deserendi fol. 22. d
Nouum hominem requirit Paulus in Christianis fol. 24. c
Noua sanctorum uita 49. a
Nuptiæ honestæ, & modesta hilaritas Domino placet fol. 21. b

O

Offensio reproborum non fugienda 23. a
Operum Dei ordo 22. d
In operum Dei historijs quid obseruandum 27. c
Opera nostra per se nil efficiunt 29. b
Operatur omnia solus Deus eodem b
Secundum opera iudicamur 40. b
Quæ opera bona Christus Iudæis fecerit 65. d
Opera impiorum mala 30. a
Opera mystica 62. b
Operandus cibus uitæ æternæ 43. a
Opus Dei eodem a
Oratio uera quomodo se habeat 89. a
Ouile unum 65. a

P

Panis de cœlo 43. b
Panis uiuens 46. d
Panis cænæ dominicæ uerbo multo imperfectius significat 49. d
Parare uiam Domino 11 a
Paracletus patronus & aduocatus est 84. d
Quomodo paracletus testimonium perhibeat de Christo 85. a
Quomodo pascamur Christo 47. b
Pastoris ueri & furis antithesis 64. d

Pastor unus est, nos eius serui 65. b
Quæ pater semper operetur 38. c
Pater filio omnia demonstrat 39. d
Pax Christi 82. a
Peccata non remittunt sancti, sed remissa esse credentibus in Christum, testantur 13. a
Peccata remittere spiritus S. solus potest eodem a
Quomodo peccata Christus tollat eodem a
Peccata remittendi potestas eodem a
Peccata non nisi credenti in Christum remittuntur fol. 24. d
Peccatum non natura, sed morbus est 26. b
Cur in peccatis moriantur qui respiciunt Christum fol. 59 c
Quomodo peccatorem Christum Iudæi dixerūt 63. a
Peccatum solum & uere damnat 63. c
Pecunias habuit Christus 33. d
Cur pecuniam Dominus Iudæ dispensandam crediderit 71. d
Perditionis caput & substantia 29. d
Perditionis materiam Deus reprobis administrat 71. d
Periculis ingruentibus non despondendus animus 43. a
Cur permixta esse apud nos omnia uoluerit Deus 53. c
Personam respicere quam noceat 36. c
Petrus præ alijs fidei robore ornatus 19. a
Pharisæi miraculis Christi magis atq; magis excæcabantur 63. d
Philosophi Euangelio homines præpararunt 35. d
Piscina probatica 37. c
Populi Dei triplex ætas 16. b
Populus etiam promiscuus docendus exemplo Christi fol. 44. a
Præcepta Dei, etiam minuta non negligenda 22. a
Præcepta Dei duplicia sunt 27. c
Quomodo præcepta tractanda sint 28. b
Præcepta Dei quam uaria sint eodem b
Præcepta ad quid data 46. b
Prædestinationis certitudinem prædicare quam sit utile fol. 44. c
De prædestinatione 73. d
Non prædicantur frustra, etiam quæ non statim intelliguntur 76. a
Quando à principis mundi potestate liberi simus 82. b
Probationis ordo 30. b
Prophetia Dan. 9. de reædificanda Ierusalem & templo post capt. Babyl. 22. b
Prophetijs impiorum quatenus obtemperandum 69. b
Purificationum ritus 28. b

Q

Væstionem quæstione repulit Christus 22. b
Quæ sunt in templo eiecit Christus 21. d

R

Rabbi 18. b
Ratio in reprobis miraculis Christi quomodo sit uicta 23. a

Regnum Christi in quo situm. 13. a
Regni Christi ciuis eodem b
Regnum cœlorū quid sit in Euangelicis literis eod. b
Regnum cœlorum pueris assignatum 14. b
In regno cœlorum zizania eodem b
Regnum Dauid Iudæis utile nobis imitabile 16. d
Regnum Christi post ascensionem eius stupendo porten
to creuit 22. b
Regnum Dei quid 24. c
Regnum Dei ingredi & discipulum Christi esse, idem
est eodem c
Regnum Dei regnum iustitiæ 28. b
Cur Regū corda Deus præcipue dirigere dicatur 69. a
Reiectio impiorū quando & in quo appareat 30. a
Religionem cordis Deus à ueteribus exigebat 16. a
Renascentia ad salutem omnibus necessaria 24. a
Renasci ex aqua & spiritu eodem b
Reprobi sequuntur in cognitione Christi quæ sibi con=
ducunt 23. a
Reprobos nō in Adā s:d in Diabolo mortuos esse 46. d
Reprobi beneficijs magis indurantur 77. a
Respondendi uerbum, quomodo in scripturis accipia=
tur 22. a
Resurrectio Christi argumentum diuinæ uirtutis est
eodem b
Resurrectione Christi fides in ipsum roborata est
eodem b
Resurrecturam hanc carnem nostram spes est à simili=
tudine carnis Christi 28. b
Resurrectio & uita Christus est 68. a
Ruditas discipulorum Christi 22. d

S

Sabbatum Christus non uiolauit 38. b
Cur Sabbatum Iudæis præceptum 39. c
Sabbatum quibus operibus uioletur eodem d
Sacerdotum auaritia tempore Christi 31. d
Sacrificijs omnibus unicum Christi significatū est 28. c
Sacramenta non esse causæ gratiæ instrumentales
fol. 50. b
Salus pro fidei portione in electis est 29. c
Salus ex Iudæis 34. b
Samaritarum ortus 33. b
Samaritarum & Iudæorum dissidium unde fuerit
eodem b
Sancti Veteris & Noui Testamenti in quo differant
fol. 13. b
Sancti plura de Christo intellexerunt, quam cortex lite
ræ indicet 61. b
Quam sapientiam Paulus loquutus sit inter perfectos
fol. 8. d
Sarah Ecclesia libertorum spiritus, & superna Ierusa=
lem fol. 27. a
Satan bona uertit in malum 31. d
Satan omnis peccati auctor & suggestor est 75. c
Saul Propheta 25. b

Quem Saul spiritum Dei bonum habuerit 25. d
Scenopegia 54. d
Schlomoh typus Christi 27. b
Scientiæ persuasio quid faciat 57. c
Scientiam Dei subuestigandæ eius prætextu, declinare
fol. 81. b
Scriptura habet historias, uaticinia & præcepta 27. c
In scripturis quæ sint potiss. spectanda 28. d
Scripturæ ad quid datæ. 81. a
Scripturæ multa esse loca quorum sensus erui nequeat
eodem c
Sectarum auctores ex sanctis fieri procliue est 31. d
Sedere à dextra 52. c
Semen Dei, spiritus Dei est 50. d
Semen Dei, ubicunq; est fructificat 57. c
Septimi diei benedictio 39. c
Sequuti sunt Christum uarij, & uariis de causis 43. c
Sermo Christi condemnabit impios 74. c
Sermonem Christi seruare 80. c
Seruus peccati, qui peccat 60. c
Serpentis ænei allegoria 28. d 29. a
Sichima Metropolis Samaritarum 33. d
Sichar eadem quæ Sichima eodem a
Signa Domini tantum quinq; ante resurrectionem eius
facta Iohannes enarrat 3. d
Signum querere 22. a
Signum Ionæ eodem b
Signum resurrectionis Christi eodem b
Signum salutis 29. a
Signa non sunt certa ueræ sanctitatis indicia 66. b
Siloam fons 62. c
Symbola cur sint instituta 13. c
Symbola Christianæ societatis tantum duo sunt
eodem c
De symbolis ueris loquuntur Apostoli 24. d
Symbolis scriptura tribuit ea quæ symbolis repræsen=
tantur eodem d
Similitudo in omni translatione spectanda est 22. c
Solutio peccatorum Ecclesiæ promissa 24. d
Spe salui sunt electi 29. c
Spiritus S. quid 12. c
Spiritus timoris 13. b
Spiritus filiorum hic imperfectus. eodem b
Spiritum dari ex mensura quid sit 31. c
Quomodo spiritu Dei agantur electi 46. c
Spiritus unde detur 65. c
Spiritus quid doceat & suggerat 80. c
Spiritus S. arguit mundum de peccato 86. a
Spiritualis carnalibus admirattoni est
Stadium 68. a
In sublimitate constitutos ad mira sæpe agit spiritus Dei
fol. 69. a

T

Tenebræ quid 30. a
Vt non tentemur orandum non est 89. c

Terra

Terra kenaan typum habet regni cœlorum 27· c

Testimonia de Christo 39· a

Testimonium patris de Christo eodem a

Testimonium Iohan..is de Christo eodem a

Testimonium scr pturæ de Christo eodem b

Theologia uera, non speculatiua sed actiua & practica est 81· a

Thomistæ nouit 30· c

Tyberias urbs 42· c

Ex typis populi ueteris uaticinari quid in regno Chri=sti futurum sit incertum est 22· c

In typorum explanationibus imitandi sunt Apostoli fol. 27· c

De typicis uaticiniorum interpretationibus 28· a

Typorum non omnia rebus ipsis adaptanda eodem c

Cur typus tam raro Apostoli in prædicando Christo usi sint eodem d

Typi religiose tractandi eodem d

Typis Paulus rarißime usus est eodem d

Ex typo non est primum colligendum, quod rei ipsi tri=buatur eodem d

Tractus patris qualis sit 45· a

V

Vaticinium de Christo Esa. 11· 29· a

Vaticinium Esa. 6· quomodo Christo competat fol. 73· d

Venire ad Christum 44· d

Venire nomine suo 40· d

Venientes aliunde fures sunt & latrones 64· c

Verbo Dei omnia facta 5· a

Verbum & spiritus oris Dei idem eodem a

Verbum Dei ab humanis mentibus non comprehendi=tur 6· a

Verbum illuminat omnem hominem 7· b

Verbum inter quos habitarit 8· d

Qui uerbi gloriam ad salutem uiderint 9· a

Verbi reuelatio quibus modis facta sit 7· a

Verbi diuinitis 35· b

Verbum externum non esse medium, instrumentum, uel uehiculum spiritus 50· b

Verbum caro ueracißime factum est 26· b

Verbum Dei sol est inuisibilis eodem d

Verbum, per quod condita sunt, omnia aliquo modo re=ferunt eodem d

Verax Deus 31· c

Veritas quid 8· b

Veritas adserenda etiam coram reprobis 11· c

Veritas reprobis nunquam satis probari potest 22· d

Qui ueritati præ alijs aduersentur fortius 56· d

Veritas quomodo liberet 60· b

Veteres eundem nobiscum Deum, Christum, & spiri=tum habuerunt 12· b

Videre Deum 9· d

Videre regnum Dei 24· c

Videre filium 44· b

Viri Dei reprobis stupori sunt 24· b

Virtutem Dei præsentem negligere quid faciat 34· a

Vi is & palmitum allegoria 83· a

Vngebantur olim reges, sacerdotes & prophetæ 18· d

Vnguentum Nardinum 70· d

Vnigenitus Dei 29· c

Vnitas Christianorum 89· d

Vnitati studendum præ omnibus 90· a

Dum uocationi suæ inseruit Christus, inclarescit 23· b

De uocatione ad prædicandum contra Anabaptistas fol. 31· b

Vocatio uera ad prædicandum quæ sit eodem b

Vocat Deus contemptiora 33· d

Voluntatem cæcam esse in homine dixerunt philosophi fol. 45· b

Veritas hominis comparatur horologio 46· b

Vox clamantis in deserto 10· c

Voce Christi omnes excitabuntur 38· d

Vrbibus in magnis multum docuere Prophetæ, Chri=stus & Apostoli 21· d

Per uulgatiora ueniendum ad abstrusiora 26· d

Z

Zelus domus Domini 21· d

Zelantem pro Domino multa pati oportet eod. d

Pius zeli habet qui spiritus 22· c

Zelum Dei spiritus Dei moderatur eodem d

Zelanti pro gloria Dei cedere oportet omnia eodem d

Loci

FINIS.

ORIGINAL INDEX

1536

This edition does not contain a separate index of the Commentary on *John*. Entries concerning *John* are those indicated by page references 561–798 in this Original Index.

INDEX ENARRATIONVM
M. Buceri in sacra quatuor
Euangelia.

A

Abeo parare locum, quomodo intelli gendum 745 b

Abnegationis necessitas, & quid Abnegare 561.c.d.

Abnegatio nostri commendatur 102.d.105.b.

Sine Abnegatione omnia opera damnosa 557.b.

Abominatio desolationis dicitur excidium Iu dæorum 458.c.d.461.a.

Abraham exultauit, ut uideret diem Christi. 705.b.c.

Abraham quæ uiderit in sua promissione ibi dem.

Abrahæ promissa Ecclesiæ benedictio.706.c

Abrahæ benedictio,cognitio Dei ibidem

Abrahæ filia, domus zachæi 417.a.

Abrahæ fides 220.c.d

Abrahæ Christus præcipue promissus 5.a.

Abrahæ promissio facta de Christo .Ibidem.

Abrahæ germani filij qui 59.a.

Abrahæ filiorum allegoria 617.b

Abrahæ tentatio. 167.a.

Abraham,ab euentu appellatus 12.d.

Abrahæ sinus quid. 216.c.559.a.

Abrahæ & Saræ nominū immutatio quid si gnificet 100.d

Absolutio Ecclesiæ quæ 55.a.

Absolutio priuata per se nihil efficit.ibidē.b,

Absolutio generalis quæ 560.c.

Abstinentia hypocritarū perstringitur 38.c.

Abyssus pro inferno 236.d.

Achar filius,typus Christi 14.c

Achar incredulus noluit petere signū 13.b.

Adam fide tentatus est 77.b

Adæ filius Christus 6.d.c

Adam typus Christi 627.a

Acta apostolorum cur sic inscripta 5.b

Adorationis uocabuli explicatio prægnans. 24.c.d.breuis 52.d.

Adorationis species tres 24.c.25.a.

Adorati reges & principes 24.c.

Adorare imagines Sanctorū ethnicum , ibi dem.d.

Adoratio spiritus ibidem.

Adoratio corporalis ridicula ibidem.

Adorationis uocabuli origo ibidem.

Adoran dus quomodo solus Deus 25,a.

Adorare Latinis quid proprie . ibidem. & 208.d.

Adoratio Duliæ qualis 25.a.

Adoratio propriæ iustitiæ 94.d.113.b

Adoratio in montibus 646,c

Adoratio pro toto Dei cultu ibidem.d

Adoratio Papæ notatur 13.b

Adulteræ historia non in omnibus exempla ribus;699.b

Adultera quando repudianda 697.b

Adulterij pœna 594.d

Adulterij pœnam Christus non reuocauit ibi

Adulterium capitale esse magnopere præsta/ ret 595.a

Adulterium inter flagitia capitalia 700.c

Aduentus Christi diem nō lōge abesse.465.a

Aduersa pleraque,opera esse satanæ 235.b.c 254.d

Aduentus regni Dei quid 482.c

Aduentus Christi in carnem, ad quid 225.b & 246.d 294.c

Aduentus Christi per Euangelion.364 d

In Aduersis potissi , cœlestia percipi mus 54.d

Aduersa æquanimiter ferenda 709.a

Aduersa plus erudiūt quàm prospera.668.c

Aduersa cur immittantur à Deo 336.d

Adulterorum fructus qui 550.c

Adulterium corde æstimatur 152.d

Adultera uxor non toleranda 12.c

In Aëre Dæmones agunt 236.d

Aegroto pio quid agendum 249.d.c

Ex Aegypto uocaui fil. uaticinium genera le populo Israëlitico 17.b

Aegyptius pseudopropheta 454.c

Aeneæ paralitico sanitatem contulit fides a/ liena 241.b

Actas populi Dei triplex 601.b

Affectibus ne Christi quidē uita caruit.254.d

Afflicti beati 103.b

Afflictiones Christianorū grauiores , quàm olim Iudæorum 130.d

Afflicti non omnes beati 105.a

non esse orandum ut à mundo affligente li beremur , sed à satana mundi principe 773.a

Agar allegoria 627.b

Agnus tollens peccata 590.c.592.d

Abasia rex prætermissus in genealogia Chri sti.7.a

Allegoriæ quomodo tractandæ.726 . & inde 644.c

Allegoria intempestiua Hieronymi 628.d

Allegorijs nimium quidam indulserunt.ibi.

Allegoriæ Origenis obscuræ 629.a

Allegoriarum licentia multos reddit nugato res,632.d

Allegorias anagogas & mysteria è scriptu/ ris non temere esse eruenda 752,d

Allegoria uitis & palmitum 757.b

Allegoria per se nihil probat 323.b

ab Allegorijs uanis temperandum 25.b 184.c.25.b

contra Allegorias 333.b.384.c. 471.b 613.b

Allegorizantium argumenta quæ 634.c

Allegorijs Christus delectatus. 650.d 700.d

Allegoria grani significat nisi commortui

fuerimus Christo ;non uicturos 732.k

Alienigenæ in genealogia Christi 6.d

Alma quid sit Hebræis 15.a

Amazia rex prætermissus in genealogia Christi.7.a

Amici facti ex iniquo mammona, recipi ent nos in cælum 558.a

Amici cur non inuitandi 556.d

Amoris illiciti fructus qui 550.c.d

Anabaptistarum error de salute Dæmonū 513.a

Anabaptistarum error de pœnis impiorū finiendis 483.k

Anabaptistæ usum medicinæ damnant. 250.c

Anabaptistarum error de Christo Legis latore 225.b

Anabaptistarum error de magistratu,& non iurando 81.a

Anabaptistarum indolentia 712.d

Anabaptistarum error de baptismo infan tum 523.a

Anabaptistarum error de iudicijs 147.b De mutato,& usura 148 d

Contra Anabaptistas perpetuo uagantes 240.c

Anabaptistarum error de iuramento ab/ surdiss. 136.c

Anabaptistarum fons errorum, quibus impliciti 137.b

Anabaptistarū error de excommunicatiō ne 387 a

Anabaptistæ nō docti ad regnū cœlorum

Anabaptistæ impudentiores 526.c Sadducæis 432.d

Contra Catabapt. de uocatione ad præ dicandum 639.a.

Anabaptistæ uetant patrem appellare ge nitorem 440.d.

Anabaptistæ pseudomartyres 223.b.

Anabaptistarū dogmata,errores,ingeni um 47.b.c.

Anabaptistarum uita qualis 48.c.

Anabaptistæ sacra anchora 49.b

Anabaptistæ quomodo scripturā sa.diuer tunt

Anabapti. à quibus fructi (xant 198.d bus deprehendēdi. 198 d

Anabapti. friuolæ cōtentiones pro exte/ nis 195.b

Anabapti. error de magistratu 140.c

Anabapti.de proximo diligendo. ibidem

Anabapti. tetrici & superciliosi 612.d

Anabaptistæ error de magistratu .413.a. 697.a

Anabaptistarum fermentū,& rigor 550.a

Anabaptismi grauis tentatio ibidem

Anabaptistarū seueritas pharisaica 248.a

Anagoge à cibo corporali ad cœlestem 670.C.

Anagoge quid & quomodo tractanda, ui de allegoria 619.c.b.

Anagoge ab aqua ad spiritum 644.c.

Andreas & Petrus primitie discipulorum 83.4. 88.c.

Angelus Christum solatur 780.d

Angelorum ministeria, tam bonorũ quàm malorum 656.c.

Angeli pœnitẽtibus cõgratulãtur 383.a.b.

Angelorum conspectus terret 531.b.

Angeli boni & mali 233.b.

Angelorum creatio incerta, lapsus item, 1/ bidẽ. Per Angelos bonos bona, mala per malos 234.d.

Animarũ remigratio Iudæis credita 351.b

Angeli ministrantes Christo 610.c.

Angelorum ministerium Christo & fide/ libus commune 611.4.

Angelorum figuræ ratio 736.

Angelorum similitudo promittitur nobis in resurrectione 432.d.

Angelorum custodia 26.c.50.d.80.c.

Anima perdenda. 362.d. & sequ.

Anima pro Affectu, & ui sensibili 433.4.

Anima, pro uentre 185.d.

Aïa, dicitur uita corporalis.173.a. 174.d.

Animarum remigrationem Iudæi credide runt 329.a.709.b.

Animarum medicus Christus 228.d.

Animarum index certiß. oratio 313.b.

Anima quæ inuenitur perditur 275.4.

Anna Phan, Christum annuntiat, perturr/ batis alijs 27.c.

Antichristi regnum & hodie regno Chri/ sti præferunt 20.c.

Antichristos recipiunt, qui Christum reijci unt 453.b.

Alij Antichristi alij pseudochristi 464.c.

Apathia Stoicorum Deo nõ probatur 255. a.251.a.

Apostoli quid potiß. in scripturis specta/ rint 21.b.In enumerandis uerbis haud anxij.ibid.

Apostolorum obiurgationes seueræ 57.4.

Apostoli non illico erant, sed multa erudit/ one fecit eos piscatores hominum Chri stus 92.d.

Apopletici, qui & syderati 96.c:

Apostoli organa spiritus 21.b.5.b.

Apostoli dicti, sal terræ 109 b.110 c.d. Lux mundi 111.4.

Apostoli fugerunt in persecutione 51.b

Apostolorũ uocatio prima qñ 83.a. 88.c.

Apostoli cur duodecim 99.b.c.

Apostoli comites Christi perpetui. Ibidem & .91.4.

Apostoli noui principes Gentis Iudaicæ 100.c.

Apostoli 12. adolescentes, gemmæ, ibidem Inter duodecim, unus diabolus ibid.d.

Ante Apostolorum electionem orauit Chri stus 101.d.

Apostolus quare & Iudas electus 102.c.

Apostolorum ieiunia .175.d.

Apostoli iudices futuri, & piorum & impiorum 407.a.b.

Apostolus circuncisionis Christus. 344.c. 547.4.

Apostoli quõ sua reliquerũt 127.b.244.c.d

Apostoli quare magnis præcipue urbibus Euangelium annuntiarint 83.c.

Apostolorum duodecim delectus 98.d.

Apostolorum emissio secunda periculosa 266.c.d.

Apostolorum dignitas 779.4.

Apostolorum autoritas & ministerium 413.b.

Apostoli sua non reiecerunt, alienis utẽtes 744.d.

Apostoli manibus laborarunt, & Chri/ stus 244.d.

Apostolus circuncisionis Christus 240.c.

Apostolo non est semper uagandum, con/ tra Anabaptistas. ibid.

Apostolis concessa potestas miraculorum 258.d.

Apostoli etiam carnales 229.b.

Apostoli omnes æquales 358.c.

Apostolorum citationes quomodo per ana gogen intelligendæ 587.b.

Apostoli unde de Christo persuaserũt 520.c

Apostolorum timor in transfiguratine 567.4.

Apostolorum priuilegia & delectus 253. a.b.366.c.

Apostoli nõ credunt mulierculis 516.d.

Apostolorum contentio de primatu 195.a.

Apostoli uulgatã quare secuti editionem 9.b.12.d.21.b.

Aquæ nomine baptismus intelligitur 621. 4.Quid nasci ex aqua 622.d.

Aqua uiua quomodo dicatur spiritus san/ ctus 644.c.d.

Aquæ nomine spiritus sanctus 42. d:61. a.b.

Aquæ salutares, opus angelorũ 656.c.

Arabia felix, saba dicta 18.c.

Araneo fel, quod api mel 242.d:

Arboris similitudo 60.d.

Arbori securis ultionis adposita ibid.c.

Arbor sterilis excindenda 424.c.

Area quid 64.d.

Arma ferenda pro proximo 140.d.

Ascensionis Domini historia 517.4

De Ascensu Christi in cœlum 623.4.

Ascendere in cœlum 637.4.

Ascensus Christi quis sit 685.4

A sino cur ingredi urbem uoluerit Chri/

stus 418.c.d.

Asinæ pulli allegoria ibid.Sedit Christus super solum pullum ibid.

Asinæ pullus quid adumbrarit 731.4.

Atriũ unde fortis armatus eijciendus est cor nostrum significatur 732.a.d

Auaricia uerbum dei enecat 321.b.

Auari omnes mortales 261.4.

Auaricia Gadarenorum stupida 237.b.

Auari ut Euangelion repellant ibid.b.c.

Audius uerbi Dei ante omnia necessarius

Audire, pro credere 710.d. (433.b:

Aureolati monachi 400.d

Austri regina saba 315.4

B

Babylonici exilij cur mentio fiat in genealogia Christi 7.b:

Babylonica captiuitas summæ mi sericordiæ fuit ibid.

Baptismus quid 39.a.b.

Baptisantur Christiani in nomen ptis & fil.& Spiritus S.ibid.b:

Baptismus ad quid institutus.39.b.& sequ

Baptismum per se non adferre salutem, nec diluere peccata 414.b:

Lauacro mundatam ecclesiam, quomodo accipiendum ibidem.

Baptismi sãctificatiõis symbolũ 42. c. 66

De Baptismi ui ac natura recentiorũ(. d/ quorundam sententia 43.4:

Baptismus per quem sit institutus 45.4:

Baptismus Ioannis & Christi, unus bap tismus ibidem.

Baptismus duplex, aquæ & spiritus.ibi/ dem a.b,60.d.

Baptismus Ioannis & Christi siue eccle/ siæ, quatenus differant .47.a.61.d:

D.Baptismo paruulorum, contra anaba/ tistas. 48.49.d:

Baptismus circuncisioni successit. 49.4:

Baptismi in Iordane mysterium.ibid.

Baptisati recipiũt spiritum sanctum 69.4:

Baptismus, aquæ nomine uelligitur.621.4:

Baptismus externus, sine spiritu dei ua/ nus.ibidem.

De Baptismo quõ apostoli locuti.ibid.a.b

In Baptismo quomodo peccata remittan/ tur 611.a.b.

Baptisati induunt Christum. 417.b.

Baptismus ad qd institutus ĩ ecclesia 593.4 594.c.

Baptismi usum ã Iudæis & Gẽtibus mutuã tum esse 594.c.

Baptismatis significatio ibid. c.d:

Baptisati in mortem Christi, quid.ibidem:

Baptismo aquæ in externam dei Ecclesiã, recipimur baptismo spiritus in inter/ nam 595.4:

Baptismus quid Ibidem.

Baptismus per Ioannem cœpit ibid.

Baptizarunt infantes Apoſtoli ibid.
Baptiſmi paruuloru defeſio ibid. copioſe.
Pædobaptiſmi cötemptus quæ mala dede
rit 605.a.
Baptiſmus aquæ per ſe nö neceſſarius ad
ſalutem 621.a.622.d.
Baptizatos quö deus ducat 72.c.
Baptizari ſpiritu quid 591.b.c.
Baptiſmum non eſſe muneris apoſtolici o／
pus 403.b.
Baptiſmo in externä Eccleſiä recipimur.
242.c.
Baptizantur pueri fide parentum ibid.
Baptiſma crucis 412.d.
Baptiſmi & circüciſionis collatio 337.b.
Baptizati à malis, nö rebaptizandi ibid.
Baptiſmi humilitas nö cötemnenda 263.a.
Baptiſmus mortis 274.d.
Bathſchaba mater Salomonis dicta 7.a.
Bathſchabeæ nomen cur nö ponatur ibid,
Beatus qui nö fuerit ſcädalizatus in Chri
ſto 279.a.
Beatitudines Euägelicæ,paradoxa 101.d.
Beelzebub quid 271.b.
An belligerädum Chriſtianis 141.
b.a.497.b.
Bella pro opibus Chriſtiani nequaquam
gerant ibid.
Bello impiorum reſiſtendum,exemplo E／
zechiæ 141.b.142.
Bello imminéte quod officiü pÿ magiſtra
tus 142.c.d.
Bellum impÿ hoſtis,quo animo pius prin／
ceps & populus excipiet 142.d.
Bella principum quorundam plus quàm
ethnica 143.a.
Benedicere quid 334.c.
Benedictio Abrahæ promiſſa que 706.c.
Beneficentiam erga proximum docet pa／
rabola talentorum 472.c.
Beneficentia imaginem Dei reſtituit 433.
a.434.c.
Ad beneficentiä prouocat Chriſtus 473.a
Beneficia corporalia præſtanda,ÿs qui re
ſpuunt ſpritualia 251.d.
Beneficÿs inimico potiſſimü uträdü ibid.c.
Bñfacere proximo uera dei imago ibid. d
In beneficos etiam furit mundus 656.d,
Benefacere quid in ſcriptura 115.a.b.
Beneficia carnalia caro tätü agnoſcit 95.b
Beneficia dei publica,& priuata, pœnæ
item 448.c.
Beneficia dei non agnoſcit ſtupiditas hu／
mana. 336.d.
Beneficia dei inculcanda 114.d.
Beneficentia imaginem dei reſtituit in ho
mine 433.a.434.c.
Ben Cuziba pſeudochriſtus 462.d.663.a.
Bethania à Ieruſalem abfuit duob.millia／
rib. 711.b.c.
Bethaniæ ſitus 421.d.
Bethleë quomö minima dicta, & non mini

ma 21.a.b.olim dicta Euphrata ibid.
Bethſaida,domus piſcatoris 655.a.
Bethſeda, piſcina natatoria 654.d.uarie
interpretatur ibidem
Blaſphemia i ſpiritum ſanctum qd 307.a.
qui blaſphement hodie filium höm. & qui
ſpiri.s. ibid.
Blaſphemia in ſpiritum ſanctum irremiſſi
ſibilis 306.c
Blaſphemantes in ſpiritum ſanctum pha
riſæi ibid.
Blaſphemia in filium hominis ibid.
Boanerges Zebedæi filÿ dicti 101.a.
Bona in malum uertit Satan, Chriſtus in
bonum 630.c.
Bona externa ab ſe abÿcere,non eſt Chri
ſtianum 245.a.
Boni pauci 153.a.
Boni quomodo iudicabunt malos 315.b.
Bonum utile dicitur 115.a.
Bonus item niſi ſolus deus 405.a.
Burgenſis ſupputatio de tranſlatione Neo
meniæ & paſchæ 478.c.d.

C

Cadus quid 612.d.
Cæcitas impiorum unde 376.d.
Cæci omnes homines de 377.a.
Cæci mittendi 344.c.
Cæci uident,uidentes cæci fiunt 711.b.
Cæcitas & furor Phariſæorum 303.b.
Cæcitatis reproborum exemplum 617.a.
Cærimöiæ Moſaicæ nö oës abolitæ 601.a
De Cærimonÿs conſulere Moſen, non ab／
ſurdum ibid.b.
Cærimoniæ ueterum nö tantum ſignifica
tione futurorum fuere utiles 602.c.d.
Cærimoniarum plauſtra quomodo in Ec
cleſias adiecta 75.a.
Cærimonÿs carere non poteſt carö 616.d.
Cærimoniæ Antichriſti receptæ ſunt,tan
quam à deo inſtitutæ 381.a.
In cærimonÿs defendendis quid prætex／
unt molliores Chriſtiani ibid.
Cærimoniæ teſtes religionis ſunt ibid.b.
Cærimoniæ Chriſto aduerſæ,à Chriſtia
nis ferri non poſſunt ibi.
Cerimonias Antichriſtianas ferétes,Chri
ſtum tandem excludunt 381.c.
Cærimonias legis nö reqrit deus 126.c.d.
Cærimoniæ ueterum quatenus obſeruan／
dæ 160.d.599.b.
De Cærimonÿs, & libertate rerum exter
narum copioſe 379.& inde.
Cærimoniæ ob proximi commodum ob
ſeruari poſſunt. 141.d.
Cerimoniæ ad qd iſtitutæä Eccleſia.593.a
Cerimoniarum legis obſeruatio non neceſ
ſaria 380.c.
Quare tot cærimoniæ præſcriptæ ueteri
bus 631.
Cærimoniæ pontificiæ,& monaſticæ innu
merabiles ibidem.

Cærimoniæ onus inportabile ibidem
Cærimoniæ folia fici execratæ 422.d.
Cærimoniæ omnes reiectæ 647.a.b.c.
Cærimoniæ cur datæ ibidem.b.
Cærimonias exigere in nouo teſtamento,
eſt deum tentare 438.d.
Cærimonÿs quid uulgus tribuat 43.a.b.
Cærimoniarum uſus 119.b.
Cærimoniæ non pertinent ad legem dei
120.t.d.
Cærimoniæ Iudæoru temporariæ 121.b.
Cærimoniæ Chriſtianorum duæ ibidem,
Cærimoniarum abuſus 197.a.
Cærimonias male intelligi per Chriſti di
ctum multa quæ non poteſtis portarè
nunc 766.d.
Cærimonÿs plus nimió tribuitur. 117.a.
Cærimoniæ inter præcepta temporaria
629.a.
Cærimoniarum umbræ mittendæ.648.d
Cærimoniæ dei non contemnendæ 68.d.
Cærimonÿs fidem teſtari 431.b.
Cærimonÿs & legibus pÿ quomodo utä
tur 121.c.d.
Cærimoniaru quas Chriſtus inſtituit,utri
litas 215.d.
Cæſareæ Philippi ſitus 351.b.
Caiphæ prophetia à deo 724.c.d.
Calamus quaſſatus,afflicti 303.b.
Calicis metaphora frequési ſcriptu. 411.d
Calcaneum leuare quid 791.b . Calicem
quomodo Chriſtus transferri & non
transferri orarit 790
Cameli perſarum 306.
Canaan typus regni cœlorum 629.a.
Canes dicti olim Gentiles 345.a
Canones Eccleſiaſtici in ſynodis conditi
359.a
Cantädü quö Chriſtiano cü fructu 157.b
Capernaum ciuitas Chriſti 240.c
Capernaitarum igratitudo quö ult uibid.
Capernaü quö ad cœlum exaltata 285.a
Capernaum ſitus 87.b
Captiuitatis Babylonicæ tur métio fiat in
genealogia Chriſti 7.b
Captiuitas Satanica 22.c
Caput Eccleſiæ Chriſtus 362.d
Carceris ſimilitudo,nö de purgatorio 118
Carceris purgatorÿ figmentum confuta
tur 132.c
Carnem & ſanguinem cöſulere qd 352.c
Carne peccatrice grauatieriä ſancti 200.c
Carnis fiduciam aufert Iudæis Ioannes
59.ab.
Carnis iudicium prauum 652.d
Carnis Chriſti pretium & utilitas 211.a
Carnis præſentia nö uſq; neceſſaria ibidé
Carnis opera mala 635.b
Carnalibus præcepta dei difficilia 196.d
Carnis pugna perpetua ibidem
Caro noſtra caroChriſti 625.b.c
Caro pro homine i ſcripturis 628.c.580.c

Caro carnalē Chriſtū uſq̃; requirit 463.a
Carnales etiam Apoſtoli 229.b
Caro non prodeſt quicquam , uarie acci/
pitur 685.b
Catabaptiſtarum iudiciū temerariū 191.b
Catabaptiſtarū dogmata abſurda 597.a.
uide Anabapt
Cathedra Moyſi quæ 437.b
Cephas,ridicule interpretatum 562.d
Cephas dictus Petrus 607.a
Cētuplū in hac uita percipere,quid 190.d
Centurionis fides 217.b.220.c
Centuriones qui 227.a
Centurio Ethnici pietatis exemplū 217.a
Cerinthi hæreici error 569.a.b.
Charitatem prox. ſacrificijs præfert deus
295.a
Charitatisnomine quid 224.c
Charitatis ordo 494.c
Charitas ſumme neceſſaria 223.b.
Charitas legem moderatur 11.b
Charitatem ubiq̃; cōmēdat Chriſtus 129.d
Charitatis officia,opera ucre bona 155,a
Charitas dei erga nos icōparabilis448.d
Charitatē omnē cum fide interijſſe 246.d.
Charitas erga proximum , ſcopus omnis
ſcripturæ 195.a.223.b
Charitatis regula cōſummatiſſima ibid.b
Chriſtiani re nobiles, opinione ignobiles
17.b.c
Chriſtianum eſſe,quid ſit 52.d
Chriſtianorum communis teſſera baptiſ/
mus 66,d
Chriſtianū poſſe fungi magiſtratu 697.a
Chriſtiani quare adſtiguntur 130.d
Chriſtianus non peccat,ꝓ tamen habet
peccatum 200.c
Chriſtiano an liceat ſe acrius defendere
497.b
Chriſtianus fonti aſſimulatur 695.b.
Chriſtianorum fiducia 205.a.
Chriſto quæ in cruce acciderunt 787.b.
Chriſtus blaſphematus ꝗ irriſus ibidem
Chriſtus clamat ſe derelictum 788.c
Chriſtus omnium iudex futurus 64.d
Chriſtum literis uacaſſe, haud ueriſimile
66.c
Chriſtus uſque 30. annum laborauit mani
bus ibidem ꝗ 327.b
Criſtus cur baptiſatus ꝗcircunciſus 66.d
Chriſtus per omnia ſimilis fratribus ex/
cepto peccato ibidem. ꝗSequ.68. d
per Chriſtū omnia creata 571 . d
Chriſtus cur uerbum dicaturibid. ſplen/
dor gloriæ ꝗ imago dei ibid.primo/
genitus omnis cretauræ ibid.ſapientia
dei 573.a
Chriſtus ille adorandus יהוה 573.a
Chriſtum ardentiſſimo deſiderio expecta

runt patres 6.c.8.e
Chriſtus græce,Meſſias hebraice , unctus
latine 8.d. 606.d
Chriſti nomen apud Danielē 9.a
In nomine Chriſti,mira cōſolatio ibidē
Chriſtus caput ſanctorum 520.c.d
Chriſtum omnia referunt 520.521
De Chriſto ūde perſuaſerūt Apoſtoli 520.c
Demonſtratio de Chriſto ex quibus con/
ſtet ibid.ſcripturæ ꝗ prophetiæ de
Chriſto,quàm pie tractādæ 519.520
Chriſt9 quō in ſcripturis prædicatur 521 a
unde ſit, quod multa de Chriſto inter/
pretantur.quæ mēbrorū ſunt ibid.b
Chriſti uarietas in ſanando 351.a
Chriſtus cur non contactu quoſdam cu/
rarit,quoſdam ſolo uerbo 211.a.516.d
Chriſtus cur ſua beneficia taceri alijs,ali/
is prædicare præceperit ibid.ꝗ 253.a
Ghriſtus habet gloriam ab æterno 770 c
Chriſto quō gloria collata 771.a
Chriſti regnū dū pugna uiget contra pec/
catum,extincto pecccato Dei proprie
regnum erit 771.b
Chriſti bonitas ꝗ inſeruiendi nobis ſtudi
um 93.a
Chriſti munus proprium prædicare Euā
gelium,non dare leges ibidē
Chriſt i regnum æternum 5.b.93.b
Chriſtus qñ Buangeliō regni prædicarit
ibidem
Chriſti officium, ꝗ deſcriptio regni eius
501.a.b
Chriſti humilitas ꝗ manſuetudo ibidem
De Chriſto uariæ opiniones 304.c
Chriſti unius diſcipulos eſſe oportet in ſci
entia pietatis 275.c
Chriſtus uarijs modis tentatur à phariſæ/
is 659.b
Chriſtus non uenerat iudicare peccatores
700.c
Chriſtus quid potiſſ.docuerit ibidem .d
Chriſti bona opera quæ 717.a
Chriſtū deum eſſe, ꝗ gaudium ſanctorū
706.d.
Chriſtus gratiam patris meruit omnibus
Chriſti benignitas 249.a. (electis 177.a
Chriſti potentia 249.b.228.c
Chriſti aduētus in carnem ad quid.225.b.
246.d
Chriſtus nō eſt legiſlator 215.a
Chriſtus non ſemper miracula operatus
78.d
Chriſtus non tentatur Ieroſolymis 79.a
Chriſti ſenſim in nobis formatur 114. d
Chriſtus ſemper beneficus 333.a.254,c d
Chriſtū ſequētib.nihil defore 333.b.334.d
346.d 667. b
Chriſti exemplum cōtra eos qui nolunt ꝺ

uulgo eſſe 674.
Chriſtum ſolū Euāgeliſtæ docent 15.b
Chriſti cœleſtis magiſtri,autoritas 205.b
Chriſtus fugit in perſecutione 83.b
Chriſtus per Chriſtum ſolū uenit in cœ/
lum 703.a
Chriſti ſectatores mundi gratiam amittūt
416.d
Chriſtus maiorDauide,eoꝗ; ſpiritalis rex
435.a
Charitatis officia, opera uerebona 115.a b
Chriſti poteſtas iudiciaria 563.a
Chriſtum agnitū uſq̃; prædicāt fideles 521
c. Exemplo diſcipulorum
Chriſti aduentus ad quid 369.b
Chriſtum fruſtra dæmones nouerūt 236.c
Chriſtus quare Immamel dictus 13.a
Chriſtum ab hominib.nō poſſe diſci 353.b
Chriſtus crebro in deſertis 347.a
Chriſto nato Herodes turbatur 19.b
Chriſtus mala uertit in bonum 630.c
Chriſtus uolens paſſus eſt 496.d
Chriſtus deriſus 225.c
Chriſtus noctu orabat ī mōte oliuarū 421.d
Chriſtus induunt baptiſati 417.b
Chriſtus fide tentatus eſt 77.b
Chriſti mos à turbis ſecedendi 117 b.219.a
Chriſtus apoſtolus circuncisionis 140.c.
344.c 397.a
Chriſtus miraculoſe legit ſcript. 317.b
Chriſtus diſcipulis quæ prædicarit laudē
ta à Patre 760 c.
Chriſtus quare nō baptiſauerit 643.a
Chriſtianos eſſe,operum teſtimonium de
clarat 279.a
Chriſtus quib.præcipue contingat 6.d
Chriſtus mortē ſuā horruit ꝗ doluit 261.b
Chriſtus Nazaræus 31.a
Chriſtus quomodo innenitur 13.a
Chriſtus uoluit occidi à gentibus 506.d
Chriſtus ſubindeſe ceſſit ad prædicandū
98.d Ad orandum ibidem
Chriſti humilitas multos offendit 179.a.b
Chriſti mos docendi bona opera 114.c
Chriſto etiam ut homini Dei uocabulum
competit 717.b.c
Chriſtus quō unigenitus dei dictus 634.a
Chriſtus medicus 246.c.228.d.95.b
Chriſtū pati oportuit ante gloriam 361.a
per Chriſtum oīa innouada 116.d
Chriſtus ſpiritale ſuū regnū inſtituit 133.b
Chriſtum olim agnoſcent impij 695.b
Chriſtiani cur omnibus odio 269.a.b
Chriſtū exaltatū à terra quid 733.a. Chri
ſtus æternus ibidem
Chriſti uictoria contra ſatanā 504.d
Chriſtus Dominus mortis ibidem d.253.a
Chri.ꝗ Moſche collatio 584.c.d.ꝗſequ.
Chriſti prædicationis ordo 720.d.

De Chriſto

De Chriſto opinio uaria unde 351.d
Chriſtus in ſumma humilitate, ſummam gloriam demonſtrauit 417.a.b
Chriſti omnem morbum curantis diuinitas 95.b
Chriſtus quò deſcendit ad inferna 511,a b
Chriſtū ſequi arduū 110.c.& ſalutare 96.c
Chriſtus repulſus à Gadarenis auaris 237 b.c
Chriſtum quò uere edimus 670.d
Chriſti bonitatis exemplum 218.c
Chriſti reiectio,cauſſa condemnationis impiorum 615.a
Chriſtus filius Dauid 344.d.254.c
Chriſti humilitate Iudæi offenſi 693.a
Chriſtus un�9 paſtor eſt,nos eis ſerui 715 b
Chriſtus rex Sion,quomodo 418.c
Chriſtus cur inuitat magis,quàm præcipiat 109:a
Chriſti regis autoritas ibidem
Chriſti autoritas in aſſeuerando 119.a
Chriſtus qua lingua ſit uſus ibid.b
Chriſtus quò reſurrectio & uita 722.c
Chriſtus oſtium ouium & paſtorum 714.c
quid de Chriſto ſentiendum 636.d
Chriſtus filius hominis, Deᵒ &bᵒ 625.a,c
Chriſtus prædicari noluit 360.d.3 67.b
Chriſtum reijcientes,antichriſtos recipiūt 453.b
Chriſti regnum in quibus conſpiciatur. 774.c
Chriſtus,lux Gentium,ſol iuſtitiæ 113.a
Chriſti ſignum ſalutis 632.d
Chriſtus unus uitæ magiſter 605.b,c
Chriſti amor erga Iudæos ardentiß.448:d
Chriſtus natus ablato ſceptro 542.c
Chriſti ortus è cœlo,nõ Galilæa 32.c
Chriſtus quò dæmonia eijcit, quomodo impoſtores 305.a
Chriſti crucem tulit à puero 29.b.28.d
Chriſti autoritas 368.d
Chriſt�9 ſacerdos unic�9 et perpetuus 450d
Chriſtus ad qd trãsformatus 366.c.
Chriſti paupertas 229.b
Chriſtus ſolus paſcit mentem 678.d
De Chriſto Moſes ſcripſit 663.b.659.b
Chriſto omnia tradita ſunt,nil ergo aliun de petendum 286.c
Chriſtum,& eius opera fantaſtica fuiſſe Marcionis error 79.a
Chriſti regnum æternum, & temporariū 522.d
Chriſtus cur Abrahæ & Dauidis filius uocatus pag. 5.a
Chriſtus uulgo filius Dauid cognominatus ibidem
Chriſtus certiſſima diuinitatis ſui ſigna cū

caperetur oſtendit 781.a
Chriſtus cur humidum lignum 787.a
Chriſtus à diabolo tentatus 72.d.&ſequ.
Chriſtus magiſter unus,per ſe docet, & per alios 440.c
Chriſtus quõ & cur Ioanni incognitus 68 c. & præcedenti
Chriſti mutatio in quo ſita 74.c
Oracula de Chriſto quomodo è ſcripturis reuenda 587.b
Chriſtus inuenitur, ubi caro minime putat 544.c
Chriſtus ſignum regni dei 546.d
Chriſti beneficia corporalia ſpiritaliū fiduciam confirmant 228:d
Chriſtus quare tacuit corã præſide 507.b
Chriſtus lux mundi 708.d.709. b.627.a
Chriſt uita à puero plena periculis 26. d
Chriſti infantiæ miracula fabuloſa ibid.
Chriſtum nõ ſignari per nubẽ leuẽ ibidem
Chriſti diuinitas colligitur 657.a.b
Chriſtus Dominus omniū,uiuificat mortuos ibidem
Omnia iudicat quia filius hominis 658.c
de Chriſto ſancti plura intellexerūt. quàm cortex literæ idicet 705.b.c
Chriſti expectatio etiã apud Gentes 706.c
Sine Chriſto nihil Deo gratū 584.d.585,b
Chriſtus unus doctor ueritatis 585.b
Chriſtus ut obuertit maxillã alterã 499.b
Chriſti ſumma innocentia ibidem
Chriſtus cur primum tacuerit, & poſtea reſponderit 500.c
Chriſtus ſeſe aperte confeſſus eſt ibidem
Chriſtus condoluit dolentibus, infremuit 722.c.d
Chriſtum quare non credant Iudæi eſſe Meſſiam 694.c
Chriſtus territos erigit 367.b
Chriſti longaminitas erga tardiores diſcipulos ibid. & 372.c
Chriſti cognitio quibus contingat 518.d
De Chriſto loqui, quàm utile ibidem
Chriſti cognitio homini incomprehenſibilis 519.a
Chriſtus ad falſa teſtimonia non reſpondit quòd quiuis ea eſſe falſa facile agnoſceret 783.b
Chriſtus non ſine affectibus 254.d.&ſeq.
Chriſtus comedit poſt reſurrectionem 516. d.482.c
Chriſtus natus in Bethleem 17.b
Chriſtus natus,ablato ſceptro à iuda ibid.
Chriſtus ſe regem iudæorũ inſinuat ibid.b
Chriſti mortis fructus 512.c
Chriſto mortuo,Ioſeph & Nicodem. fortiores ibidem.d
Chriſti ſepultura pretioſa ibid.788.d
de Chriſto perſuadere ſpiritus ſan-

ĕt, eſt non hominum 706.b
Chriſtus iuſtas ad populum orationes habuit ibidem.
à Chriſto omnia petenda ibidem
Chriſtum ſoli renati agnoſcunt ibidem
Chriſtum reſpuentes cur in peccatis moriantur ibidẽ
Chriſtus princeps Iſraël 22.c.
Chriſtus confortatus ab Angelo 495.a
Chriſti ſupplicium quomodo percipiendū ibidem.b.& 513.a
Chriſtus quomodo queſtus ſit ſe derelictā fuiſſe 511.a.
Chriſtus uerus homo 235.a.
Chriſtus Patrem laudat, quòd quoſdam excæcet ibidem b.
Chriſtus ſuper oia diligendus 91.a.274.d. pro Chriſto quomodo omnia deſerenda ibidem
Chriſtus ut ſua libertate uſus 573.b
Chriſtus parum pecunioſus ibidẽ
Chriſtum alij admirabãtur,alij calumniabantur 326.d
Chriſti modeſtia admirabilis ibidẽ
Chriſtus natus in hoc,ut ueritatem teſtaretur 507.a
Chriſtum audit qui ex ueritate eſt ibidẽ
Chriſtus quomodo omnem impleuit iuſtitiam 68.d
Chriſtus quomodo dilectus 69.b
Chriſtum quomodo ſcripturæ prædicent 661.d
ad Chriſtum uenire quid 671.b
Chriſtus legem impleuit 113.a.117.a
Chriſtus legem publicam diligenter obſeruat 212.d
Chriſti icarnatio quæ attulerit orbi 590.c
Chriſtus filius Adæ 6.c
Chriſtum uiam eſſe & ueritatem quid ſignificet 717.a
Cuthæi,à chuta flumine 843.b
Cibus Domini quis 649.b
Ciborum religio unde nata 339.b
Circumciſionis ueterum uſus 39.a.45.a
Circumciſionẽ nihil ualere,quõ 41.a
Ciceronis Theologia 650.d
Ciceronis libri legendi 291.b
Cineret,uel Cineroth,mare ſiue lacᵤ987 b
Circūciſio ad nos quoq; pertinet 261.d.qd nucleus in circunciſione ibidem
Cinere ſparguntur pœnitentes 274.b
Claues Eccleſiæ cui datæ 386.d.387.b
Ciuitatis ſimilitudo paſſim in ſcripturis 112.c
Ciuitati in alto poſitæ cõparatur iuſti 112 d
Ciuitatib. celebriorib. prædicarūt Chriſtus & prophetæ 913.b.c.
Claues regni cœlorū 353.b
Clauis metaphora unde 354.d
Clauis ſcientiæ ibidem

A ʒ Claues

lorum pharif.   441.b
Cœlibatũ lex Mosaica ignorat   10.d
De cœlibatu consilium Pauli   ibid.
Cœlibatũ inconsulto deligentes Dominũ tentant   81.a
Cœlibat9 monastic9 cõtra deũ 540.c.331a
In cœlum per solũ Chriſtũ uenit 703.a
Cœlorum nomen quid in scripturis 70.c 625.b,636.a. 671.a.6.58.a
Cœlum dicuntur sancti   166.a
Cœlum thronus Dei   135.b.523.d609.
Cœli enarrant gloriam Dei, per prosopo/ pœiam   70.d
Cœlorum apertio quid 69.b.70.c.610.c
Cœlum tertium Pauli quale   70.c
De cœlorũ tranſit in scriptura paucis 117.b
Cœli noui quõ accit iẽdi, apud Eſa.ibid.
Cœlibẽ uitã ũde diſcipuli probabũt.599.b
Cœlibatus in quo cõiugio præſtat 400.c
Cœlibatus propter regnũ cœlorum ibid:
Cœlibem uitam duxit Paulus   ibidem
Cœlibatus monaſticus impius   ibidẽ d.
Cœlibatum non omnibus bonũ eſſe 401.a
Cœlibatu præferendæ nuptiæ ijs quibus datũ non eſt   ibidẽ.b
Pro Cœlibatu nõ eſt omnibus orãdũ ibid.
Cui datum fuerit uiuere cœlibi, is secus non poterit   401.c
Cœlibatus non temere eligendus   11.a
Cœlebs cur Chriſlus   ibidem
Cœnobitæ non sequuntur Chriſtum 91.b
Cœnobitarum orationes Phariſaicæ 118.c
Cœnobitarum paupertas   230.d
Cœnobitæ ueteres meliores   445.a
A cœna Chriſti arcendi mali   586.c
De præſtia Dñi in cœna   483.b et ide
Cœnæ dominicæ usus   487.b.492.c
Cœnæ cur adhibita symbola panis & ui/ ni   487.b.c
Quid dederit Dñs ĩ cœna   488.d.
Ad cœnã compellendi ratio   428.d
Cognatione carnis excluditscriptura 59.a
Cognatio externa nihil prodeſt   690.d
Gognati Chriſti qui   316.d.& sequ.
Cognitio Dei, benedictio Abrahæ promiſ/ sa   706.c
Cognitio Dei duplex, perfecta & imperfe/ cta   636.c.d
Cognitio Chriſti homini incomprehenſibi lis,& quibus cõtingat .518.d.& sequ.
Cõnitio dei, ex prædicatiõe Euãgelij 126.c
Cognitio Dei paruulis reuelata   286.c
Cognitio Dei solida beatitudo   552.c
In cognitiõe Dei quõ rite peruenietmus. 674.d
Cognitio Dei certa ratione & ordine re uelatur   253.a.b.521.a.366.c.
Cognoscunt deum & impij   576.d
Cognitio dei è creaturts   767
Columbæ species quid indicarit   591.a
Columbæ ſimplicitas   266.d
Columbarum natura   70.d

Columba Noe pacifera   ibidem
Commune quid in scripturis   338.d
Concordia sacrificijs anteponenda   131.a
Concupiſcẽtiæ malum quomodo in nobis augetur   124.d.125.b
Concupiscentia praua prohibetur   133.a.
Condemnare quid   189.b
Confiteri quid in scriptura sacra   285.b
De cõfeſsiõe secretaria error exploſ9211.d
Confeſsio peccatorum triplex   51.a
Cõfeſsio quæ hominibus fit   ibidem b.
Confeſsionis erga homines exẽpla 52.c.d
Confeſsio à quibus olim requisita   ibid.d
Confeſsio priuata   53.a.b
Confeſsio pro consolatiõe   ibidẽ b.
Confeſsio proximo offenso   ibid.
Contra confeſsionem auricularẽ 359.b.c
Confeſsio peccat.detestatio peccati eſt, nõ enarratio   ibidem
Cõfeſsiõe peccat. regri ad solutionẽ ibid
Cõira cõfeſsiõe secretariã   54.c
An soli sacerdoti confitẽdum   55.a
Ad confeſsionem ueram quẽ modo homi/ nes mouendi   56.
Congius quid   612.d
Consilium de dimittendo domino & eius flagellatione   785.b
Consuetudines Ecclesiæ publica non con temnendæ   616.d
Contemptiora uocare solet deus   645.a
Contemptus Ioannis.Chriſlus item 368.a
Contritio Euangelica quid   87.a
Conutia quæ à Chriſto damnata 130.d & sequ. De conuiuijs Chriſti
Conuitia impiorum   705.a
Conuiuiorum fructus qui   330.d
Conuiuiũ sanguine miscuit Herodes.ibid.
Conuiuia honesta non damnanda   613.a
Conuiuijs interfuit Chriſtus   556.d
Corban quid   339.a
Cordis pietas Deo placet 106.c.445.a
Cornelius spiritus S.accepit ante baptiſ/ ma   39.b
Corpus pro tota uita   182.d
Corpus Chriſti quõ in cœna   484.d
Corpus Chriſti impij nõ edunt   485.b
Corp9 Domini quõ uere sumatur ĩ eucha riſtia 682.c. Et qui sacramentotenus tantum edant ibidem
Correctiones seueræ in Apoſlolis & pro/ phetis   57.a
Correptio fraterna, serĩũ Chriſti præcep tum   386.c
Coruorum pulli miraculo pascũtur 186.d
Creator ex creaturis quõ agnoscitur 576 c.d.
Creaturas cur deus operib9 suis adhibeat 708/d
Credendum ut deus loquitur,nõ ut Roma ni,aut ueteres   259.a
Non credunt,non electi   672.c.671.b
Qui credi.loquitur   607.b

Claues quibus propria   357.b.
Claue scientiæ sublata claudũt regnũ cœ
Credere in nomen Iesu   578.a
Credere in deum & Chriſlũ,quid 225.a.ĩ tem credere in hominem   ibid.
Credere deo,& in deum,male diſlinguũ tur   ibidem
Crucifixio,Chriſti exaltatio   655.a
Crudelitas impiorum uano metu sæpe differtur   411.c
Crucem tulit Chriſtus à puero   29.b
In cruce summa gloria, exemplo Chri ſti,& Pauli   417.a.b
Crucis ſlg.um in cœlo appariturum, se cundum aliquos   466.d
Crux sequitur Chriſti confeſsionẽ 274.d
Quæ cuique sua crux   275.a
Crux gloriam præcedit   361.a
Crucem tollere quid   362.d
Crux Chriſti ad Gentes   510.d
Cruce multi scandalisantur   179.b
Cultores Dei germani   106.c
Cultum qualem exigat deus 24.c.122.c
Cultus diuorum externus uanus ibidem
Colendus proximus   ibid.d
Cultum Dei ex proprijs affectibus metien tes   212.c
Cultus Dei uer9 nõ ĩ cærimonijs 647.a.b
Curiofis Dominus respondit utilia 453.a
Crux,typus Chriſti   587.b c

D

Dæmonũ natura, & quatenus de dæmonibus ueſtigandum 233,a
Dæmones boni & mali ibidem b
Dæmones quando conditi incertum ibidẽ
Dæmonum nomina,& unde   234.c
Dæmoniaci qui   ibidem
Dæmones cupidiſsimi nocendi homini/ bus   233.b.235.a
Dæmonum ministerio utitur Deus 234.d
Dæmoniacus idem qui & lunaticus ibid.
Dæmonia ĩ solẽtiores morbi ibid.& sequ.
Dæmonum miniſtræ maleficæ   235.a
Dæmonum impotentia   ibidem
De casu Dæmonum nihil certi ibidem b.
Dæmonis inimici uirtus   ibidem
Dæmonum malitiam Dei bonitas mode ratur   236.c
Dæmones mira ĩtelligendi facultate præ diti   ibidem
Dæmones unde dicti ibid.& 234.c
Dæmonum testimonia cur chriſlus noluer rit   236.c
Dæmones certis locis addicti   ibid.c
Dæmonum opera peſtes omnes   237.a
Dæmones petunt porcos   ibidem
Dæmones deprecantur ire ĩ abyſsũ ibid.
Dæmonia quomõ eijcit chriſlus, quomo do impoſtores   305.a
Dæmones quõ apud diuos paſsim pellã tur   ibidem.b
Dæmoniũ magis ſauit uiso chriſlo 370.c.

Dæmonium quare discipuli non potuerunt eijcere   ibidem d. & seq.

Dæmones in desertis   315.b

Damnati an cuiquam bene uelint 559.c

Danielis uaticinium de Christo 459.a

Dauidis tentatio   170.d

Dauid typus Christi   519.b

Dauid comedit panes sacrificij 294.d

Dauid & Abrahā cur coniunctim in exordio posuerit Matth   5.a

Dauid cur priorem nominat ibidem

Dauidis filius Christus uulgo appellatus ibidem

Dauidi facta promissio de Christo contra Iudæos   ibidem d

Dalmanutha, regio Galilæ 347.a

Decalogi præcepta exponuntur 335.a.b

Decima quando persoluendæ 443.b

ex Decimis pauperes alendi, & qui serūt spiritualia   444.c

Decimarum exactores, & impugnatores perstringuntur   ibidem, & seq.

Delitijs uti & pij possunt   420.c

Delitijs pretiosis quatenꝰ uti liceat 723.d

Dementia hostium ueritatis 718.c

Demens impietas   723.b

Demonstrare pro dare 660.d.717.a

Denarius drachmam ualebat 411.b

Denarius, drachma est   431.b

Denarium operariorū quid signet 410.d

in Deserto sicutæ dominū turbæ 333.b

Desertum dicitur mundus   ibidē

Desertum quale Ioannes inhabitarit 35 a

Desertum, populus Iudaicus 36.c

Desertum quale Christus incoluerit.72.d

in Desertis crebro Christus 347.a

in Desertis dæmones agunt 236.d

Desperandū nulli, exemplo latron. 510.d

Deum nemo uidit unquam 584.d & seq.

Deum uidit Moses, Iacob, quomodo ibid.

Deum quatenus impij cognoscunt 376.d

Dei cura pro pijs   26.c.31.a

De Deo, quantum ex creaturis cognoscitur ibidem

Deus inducit in tētationē bonos & malos 167. b. tradit in sensum reprobū ibid.

Deus, & qui uerbum Dei docent, quemodo indurant malos   ibidem

Deus si indurat, quare punit peccata, pag.   168.c.d

Dei iudicia in futuro seculo recte cognoscentur   ibidem

Deum scire quosdam indurare, ad quid conducat   ibidem

Deus solus omnia operatur 633 b

Deus operatur omnia omnibus 234.d

Deus ministerio dæmonum utitur ibidē

Deus contemtiora uocat 645.a

Deus ulciscitur maiores in minoribus.

Deum non esse iniustum ibid. (447.b

Dei uocabulum Christo etiam ut Homini competit   717.b.c

Deus solus bonus   405.a

Deus excæcat   285.b

Deus incomprehensibilis 236.c

Deus in tempore succurrit 696.d

Deo mille anni, uelut unus dies 465.a

Deum ignorat, qui admittit sibi gloriam pag.   440.c

Deus neminem iudicat, nisi ueritatē antè satis edoctum   193.a

Deus autor tentationis 170.c

Deus quando nobiscum 703.b

Deo omnia uiuunt   452.c

Dei clementia erga peccatores reuertentes   588.c.d.383.b.c

Dij cur dicti iudices 717.a.724.c

Diuitiæ ses pharisaicæ 135.a.138.c

Dextera Dei quid   685.a

ad dextram sedere quid, & quorum 412.d

Diabolus malus dicitur 171.a

Diabolus quid Græcis   72.d

Diaboli spolia per Christum recuperata pag.   504.d

Diaboli filij, Iudæi   704.d

Diabolus quid   254.c

Diabolus tortor noster, & tentator.170.d

Diabolus dicitur Iudas 653.d

Dicendi asperitas quæ probanda. 57.b

Diem Domini omni momento expectandum.   465.a

Diem aduentus Christi non longe abesse, ibidem

Diem quid uocat Christus 703.d

Dies rogationum quò natæ 75.b

Dies extremus soli patri notus 467.b.c

Dies Domini sicut diluuium ueniet, & ultio Sodomorum   468.c.d

Dies à cuiusque incipitur à Iudæis 477.a & 478.c

Dierum religio unde orta 339.b

Digitus dei, spiritus sanctus 65.a

Dignitas Christianorum ex fide, non officijs metienda   611.a

De dilectione proximi, cauillum Anabaptistarum   140.c

Diligendus proximus secundum Deum, ibidem d.

Charitatis opus, punire malos 141.a

Dilectio proximi facillima. 196.c

Dilectionis Christi argumenta. 755.b

Dilectio Christiana mortuos luget 722.c

Dilectionis exemplum 228.c

Dilectionis præceptū comendatur, 65.a & seq.

Dilectio ergo defunctos unde 311.b

Dilectionis remissio prædicta 457.a

Dilectio quid in scripturis. 224.c

Dilectionis ueræ ingenium. 723.a

Dilectionem Christianismi esse signum, pag.   753.b

Dilectio proximi, summa legis. 150.c.d

Diligere proximum quare deus præceperit.   151.a

Dilectio uera erga inimicos officiosior, ibidem b.c

Dilectio manca.   152.d

Discendum semper.   358.c

Discipulorum incredulitas. 518.c

Discipuli rogant curiosa, Dominus respondit utilia.   453.a

Discipulos Christo maiora fecisse 749.b

Discipuli perpetui Christi comites 91.a

Discipulorum stupor 347.a, 669.a

Discipulorum Ioannis studium præposterum.   650.c

Inter discip. Christi nemo maior 377.a

Discipulos esse oportet unius Christi in scientia pietatis   270.c

Discipuli habuerunt cc.denarios 333.b

Discipuli quomodo Domino maiora fecerint   749.a

Discipulos tardos tulit Christ.567.b.372

Discipulorum misericordia & liberalitas pag.   334.c

Discipulorum ministerio quare apposuit panes Christus   ibid.

Discipuli confusi.   669.a

Discipuli iure tarditatis arguti. 343.a

Discipulus Christi syncerus, rara auis, pag.   686.d

Discipuli durè increpantur à Domino, 249.b

Non reijciuntur.   350.c

Discipulos non credidisse Dominum resurrexisse, quomodo intelligendum, pag.   797.b

Disputandum quomodo cum Iudæis.15.a

Disputationes quando necessariæ 561.b

Diuites iniqui erga pauperes. 406.c

Diues omnis aut iniquus, aut hæres iniqui.   ibidem

Diuitijs confidentes impossibile est regnū dei ingredi   ibidem

De diuitibus non est desperandū ibid.d

Diuinitas uera sita in beneficentia 440.c & 441.a

Diuitiæ fallaces.   558.b

Diuitiæ cœlestes, opera misericordiæ, pag.   180.d

Diuitias per se abijcere, non est Christianum.   245.a

Diuitum infelicitas.   105.a

Diuites non omnes infelices. ibidem

Diuortij causæ multæ. 395.b.c

Diuortium Ecclesiasticorum, commentū satanæ   397.b

Docendi bona opera nos Christi 114.c

Docenda certissima.   636.d

Doctor Euangelij qualis esse debeat, pag.   325.b.c

Doctores pios & sedulos donat deus.101.a
Doctor ueritatis unus Christus   585.b
Doctrina Dei per homines non contem
    nenda   ibidem
Doctrina Apostolica qualis   189.a
Doctrina quid à prophetia differat.290.c
Doctrinæ Euangelicæ summa   259.b
contra eruditionis contemptores, qui suæ
    inscitiæ & ignauiæ prætexüt rudes disci
    pulos d Domino uocatos   88.b
Eruditioni nemo fidat   ibidem b.c
Docendi muneri quales præficiēdi. 90.c
Non docebit Deus per miraculum igna/
    uos   ibidem
Doctrina predicatorum non persecutione
    sed spir.tu Christi probanda   240.c
Doctrinam Christi qui possint cognosce/
    re   691.b
Doctrina uerbi ad quid instituta in Ecle
    sia   493.a.b
Doctrina Christi non temere reijcienda,
    etiã si prima facie pugnare uideatur cum
    scriptura   610.d
Dolo carere, Christo proprium   609.a
Domus negociationis templum   421.b.c
Domus Dei quomodo facta spelunca la
    tronum   422.c
Domus patris, domus mercatus   614.c
Domus uiduarum uorare   ¦442.c
Domus purgatæ allegoria   319.c
Domestici primum curandi   84.c
Dominici diei obseruatio Christianis dig
    na   300.c
Dominicus dies quõodo seriandus ibi.d
Contra abusus diei Dominici   501.a
Donec non dicit consequentiam   16.c
Donorũ Dei contēptores taxãtur. 89.a.b
Duodenarij numeri mysterium   100.c
Dulia quid   25.a
Drachma & denarius idē ualent   411.b
Bion negat Christum filium Dei.
    569.a.b
Ecclesiæ mores publicè non teme
    re contemnendæ   616.d
Ecclesiæ fundamentum Christus, non Pe
    trus   355.a
Ecclesia quõ remittat peccata   593.a
Ecclesiæ caput Christus   562.d
Ecclesiæ ministerio quomodo peccata re
    mittantur in baptismo   621.b.c
Ecclesia nunquam sine labe   161.b
Ecclesiæ typus, populus Israël   629.b
Ecclesia quæ habeat fundamenta.734.d
Ecclesiæ regnum cœlorũ dicitur   594.c
Ecclesiæ ueteris forma in Episcopis eli
    gendis   595.a
Ecclesiast.tyrãnis portētosa notatur ibi.
Antecclesiasticorum tyrannis aduersus li
    bertatem Christianam   380.d
Ecclesiæ ministerium magnum   212.d

Ecclesiæ consensus , haud parui momēti.
    pag.   16.c
Ecclesiæ cui ligandi & soluendi potestas
    data 386.d   (353.a
Ecclesiam mundatam lauacro, quomodo
    accipiendum   41.a.b
Ecclesiæ regnum   93.a
Ecclesia una ex gentib. & Iudæis   715.a
Ecclesia monarcha unus Christus.354.c
Ecclesiasticæ potestates etiã à deo. 146,c
Ecclesiasticorum imperitandi libido per/
    stringitur. ibidem d.& 145.a
Electi seduci non possunt   463.a
Electi ante omnia secula, fideles,& quan
    do huius certi fiant   579.b
Electi quomodo liberentur   540.d
Electi qb9 potiss.pctũs sint obnoxij.648.d
Electi ab æterno domini sunt   203.b
Electorum & reproborũ discrimen.706.d
    710.c. 712.c.715.b
Electi ex Gentib. & Iudæis, unum ouile,
    pag.   715.a
Electio dei gratuita. 474.c. firma.672.c
ab Electione pendent omnia   411.b
Electi semper peccãt ex ignorãtia 508.d
in Electis semper seminaria pietatis.91.a
Electi perire non possunt   716.d
de Eleemosyna locus Lucæ:Verũtamen
    quod superest, Date in eleemosi. expo/
    nitur   445.b.c
Eleemosyna quid   155.a
Eleemosynæ exigendi ratio   729.b
Elementis scripturæ solis non inhæren/
    dum   81.a
Elephantia morbus qualis   214.d
Elias uenit.   568.c
Elias Thesbites Ioannis typus   ibidem
Elisabet quid significat   551.a
Encænia, festũ dedicationis, reparati tem
    pli, post reditum à Babylone   716.c
Επαγγελια κ Ευαγγελια differunt   2.d
Episcopo non est semper uagandũ, contra
    anabaptistas   240.c
Episcoporum & Vicariorum Christi offi
    cium   93.a
Episcopi uiciniores olim Episcopum con
    secrabant   359.a
Episcopi eligebantur ex plebe & presby
    teris   ibidem
Episcopi Rom. prærogatiua unde ibidē,
    & 357.b
Episcopi non euangelizantes notantur,
    pag.   277.b
Erasmi Rot.laus   580.c
Errant nonnunquam electi   714.d
Errantes adducendi   715.a
Errores liberè confutandi   604.c
Errores occasionem dant doctrinæ sanæ
    574.d. & seq

Errores fœdissimos parũt uerbi dei cont
    temptus   327.a
Errorum fons impietas   329.a.b
Errores absurdi & insani impiorum.
    pag.   443.a
Esaiæ locus cap. 9. de regno Christi ex/
    ponitur   20.c
Esaiæ uaticinium:Ecce uirgo concip.la/
    tè exponitur   13.& inde
Esseni unde dicti   128.d
Ester ieiunium triduum   174.d
Esurientes & sitientes iustitiã qui 104.c
Ethnici iudicabunt Iudæos   515.a
Ethnicorum libri legendi   291.b
Ethnicorum insania in luctu mortuorũ.
    pag.   251.b
Euangelicæ historiæ ordo   53.a
Euangelici prædicatoris munus, & onita/
    tem Dei inculcare tardiorib.   14.d
Euangelion prædicandum bonis & ma/
    lis   373.a
Euangelicam ueritatem deserentes, no/
    tantur   472.d
Euangelium auari repellũt, exemplo Ca
    darenorum   237.b.c
Euangelij auditorum genera 4.   321.b
Euangelion in scripturis sacris quid 2.d
    3.a.598.c
Euangelia cur Euãgelistæ suas historias
    uocauerunt   3.a
Ibi. Cur historiæ peculiariter Euangelia
    dicta
Euãgelij gratia nuptijs assimilatur 417.a
Euangelij ueritas etiam reprol is annun/
    ciandum   589.a
Euãgelion reprobis quoq, prædic. 322.d
Euangelij thesaurus non nisi uioletis con
    tingit   ibidem.b
Euangelij prædicatio capturæ pisciũ assi
    milatur   ibidem. & 88.c
Euangelij & prædicationis disrimen,
    pag.2. d
Euangelio emergenti quomodo satan re/
    stitit   561.b
Euangelion pacis adferentes persecutio
    manet   106.d
Euangelij negotiũ quanta grauitate ge/
    rendum   656.c
Euangelizantium merces   651.a
Euangelio suo quare dominus primores
    ferè urbes inuisit   84.c
Euangelio homines præpararunt etiam
    philosophi   650.c.d
Euangelium quomodo prædicatur in te/
    stimonium   458.c
Euangelij nominis abusio.   2.d
ab Euangelio recepto descedere, qualis
    aduersitas.   456.d
Euangelij hostes qui potiß.   645.a

                              Euangelij

Euangelij thesaurus non nisi uiolentis contingit 282.c

Euangelij maiestas commendatur 550.d

Euangelij prædicatio quibus committenda ibidem

Euangelij res quando præcipitetur 381.a

Euangelio ingrati eadem expectent, quæ acciderunt Iudæis. 462.d

Euangeliõ orbi miraculis commendatum 95.a

Euangelij hostes nihil agunt manifesto iu dicio 506.c

Euangelion publicitus annunti andum, mundo quamlibet inuito 272.c

Euangelion qui non audiuerunt, non te merè iudicandi 49.b

Euangelium semper sui simile 457.b

Euangelicæ historiæ autore spü ſ. 3.b

Euangelici nuperi taxantur 178.d

Euangelion prædicatum in toto mundo tempore Pauli 457.b

Euangelium Christi, quod Ioannes præ dicauit 60 d.& sequ.

Euang.post passionem euulgatũ 361.a

Sine Euangelio omnia tenebræ 85.a

Euangelizatio per homines non contemnenda 585.b

Euangeliõ usque prædicandum, uocatio deo relinquenda 608.c

Euangelion quanti habendum 225.b.c

E uangelium primum erat Iudæis prædi candum 253.a.258.d

Εὐαγγέλια quid Græcis 2.c

Euãgelio unde accedãt carnales,& ab eo recedant. 309.a.b.Cum exemplis

Euangelium qui audierunt, nec respiscunt,Sodomis deteriores 284.d

Euangelion tacite,ac breui tempore fruc tificat 524.c.d.

Euangelion certo ordine reuelari homi nibus. ibid. & 321.a,253.a.b.

Euangelicæ historiæ scopus b294.c

Euangelion regni prædicabat C risus pag. 93 a.b.
Et quando

Euangelistæ solũ Christũ predicant 15.b

Euangelistæ quomodo intelligẽdi,canon pag. 188 d.

Euangelistæ cur uulgata editione usi. pag. 9.b.12.d.21.b.

Euangelistarum mos in citandis testimo nijs. 30.d

Euãgelista fit ex publicano Matthæus 3 b

Euangelistæ organa spiritus ſ.3.b.21.b.

Euangelistæ quod officium 94.c

Euangelista miscellanea scripserãt 692.c 294.c.188.d.133.a

Euangelistæ Christi præcones, non Ma rix. 16.c

Euangelistarũ scopus in describẽda Chri sti historia 29.b.253.a.449 a.709 a

Euangelistæ diuersis scripserunt 529.a

Euangelistarum breuitas 182.d

In Eucharistia quomodo uere sumatur corpus Domini, & qui sacramentote nus tantum edant 681.c

Eucharistia quid,& cur instituta 59.a

Eucharistia sacrificijs successit ibidem

Eucharistia quibus danda,et quibus non pag. ibid.

Per Eucharistiam exercenda communi catio 387.a

Eunuchi uarij 400.c

Excommunicatus quare stuprator Corin thus 245.b.c

Exaltatio Christi,crucifixio 703.a 635.a

Ob excæcationem quorundam laudat pa trem Christus 285.b

Excæcationis tam multorum seculorum causæ 541.b.c

De excõmunicatione Ecclesiastica 386.d Et inde.

Excommunicatio circa Eucharistiam potiß.exercenda 387.a

De excommunicattone, error Anabapti starum 598.c

Excelsa quare scriptura reprehendit pag. 646.c

Exemplum haud imitabile,ieiuniũ Chri sti quadragenarium 74.c

Exempla ueterum quatenus imitabilia pag. 599.b.6

Exempla patrum non semper sufficien da 649.a

Exhortationis Apostolicæ quæ ratio pag. 189.a

Externa legis non requirit Deus 116.c

Externa non uocantur propriè lex Dei, aut Moysi 117.a

Externa omnia propter hominem 295.b

Externarum rerum libertas 338.d

Externa legis quatenus seruanda 213.b

Externa omnia charitas moderatur 210d

Externa curare,internis neglectis,quan ta cæcitas 445.b

Externa non continentur legis nomine pag. 110.c

A nulla re externa iustitia, uel iniustitia pag. 542.a

Externis Deum non delectari 341.a

Externa & impijs communia 647 a.b

Externa Dei non contemnenda 68.d

Externa nõ cõmendant apud Deũ 59.b c

Externæ legis ob proximi commodum obseruari possunt 141.a

Externa Mosaica non omnia abolita pag. 601.a

Ezechielis dormitio super latus in agina ria 79.a

Ezechiæ expeditio contra Sanherib. pag. 141.b.c

Fabulæ de miraculosa Christi infantia 26.d.

Fames tempore desolationis Hie rosolymorum 461.b

Fames Christi mira 422.d

Feriæ ueterum quæ 289.d

Feriæ ueterum quas memorias habuerunt ibidem

Feriæ apud Christianos omnes liberæ pag. 298.a

Feriandus quomodo dies Dominicus pag. 300.c.d

Contra abusus diei Dominici, & con tra alias ferias Christianorum 301.a.b

Præstiterat Iudæorum ferias quàm no stras habere 301.c

Feriarum multitudo abolenda,exemplo Apostolorum ibidem.d

Fermentum bonum & malum 524.c 350.d

Fermenti uim quandam inesse credentibus 524.d

Festorum religio unde nata 75.b

Festorum translatio apud Iudæos 477 b

Fici arbor execrata 422.d

Ficus sterilis,populus Iudaicus ibidem

Fides facit filios Dei 617.b

Fides duplex ibid

Fides sine radice ibidem

Fidem crux manet ibidem

Fidei nomen apd Ebræos & Græc.218.d

Fides quid Latinis ibidem

Fidẽ quod uulgo uocamus exprimit per suasio 119 a

Fidei uocabulo aliter Theologi utuntur, aliter Latini ibidem.b

Fidei ueræ natura, exemplo Cẽturionis & Abrahæ 220.c

Fides non nisi ex auditu ibidem

Fides,opus spiritus sancti ibidem

Ex Fide sua uiuet iustus ibidem.d

Fidei finitio 221.a

Fides sola iustificat ibidem.b

Fides ante opera 222.c

Fides quid Sophistis ibidem

Fides Sophistarũ,fidei simulach.est ibi.

Fides informis, & acquisita , utrumque figmentum fidei 223.a

Fides sine operibus mortua 224.c

Quid in deum & Christũ credere 225.a

Item credere in hominem ibidem

Fides etiam hosti seruanda 552.c.d

Fidem etiam modicam non contemnit Christus 652.a

Fides aliena quid possit 241.a.b

Fidei omnia possibilia ibidem.a

Fidei alienæ omnia possibilia ibidem.b

Fide aliena quidam saluantur ibidem

Saluus esse nemo nisi sua fide potest.ibi.

Fide parentum baptisantur pueri 242

Fides

Fidem & charitatem omnia dei præ-
cepta præ se ferunt   261.d. & seq.
Fides & charitas pietatis ratio uniuersa-
lis.   ibidem
Fidei exemplum insigne.
Fidei ante oïa satanas insidiatur.   350.d
Fidei omnia possibilia.   336.d.241.a.b
Fide sola paramur in occursu spōso472.c
Fides nititur meritis Christi, nō operibus
bonis.   ibidem
Fidei fructus, opera bona.   200.d
Ad fidem nemo cogendus.   428.d
Fidei & religionis negotium pertinere ad
magisterium.   428.d. & seq.
Fidei ueræ uis, & quomodo omnia impe-
trat.   227.a.241.a.254.c
Fides substantia totius pietatis.   227.a
Fides grano sinapis comparata.   371.a
Fidei fructus.   370.c
Fides sola omnia potest.   ibid.d
Fides quid, & cur opus dei.   679.c
Fidei donum secundum mensuram, exem-
plo Centurionis & Iairi.   249.a
Fidei natura.   612.c
Fidei, bonorumq; operum ratio.637.a.b
Fides uita iusti.   ibidem
Fide sola nos iustificari.   ibidem
Fidem in primis curandam, operum fon-
tem.   94.c
Fidem cærimonijs testari.   431.b
Fidei ueræ ingenium.   722.c
Fidei natura, exemplo Chananææ.345.b
Fide iustificamur, operibus & dictis iusti
declaramur.   314.c
An Fide seruetur infantes.   404.c,d
Fides primum exigitur passim.   254.c
Fide infirmos non reijciendos.   737.c
Fides omnis iustitiæ fundamentū.   350.c
Fides, uice salis.   109.b.210.d
Fides probatur tentationibus.   250.d
Fidei mysteria ignorantes, nō statim abij-
ciendi.   636.c.d
Fides à satana subuerti non potest.   353.a
Fidē omnē ac charitatē interijsse.   246.d
Fiducia patrum, sanctorū, uana.59.a.b.c
Fiducia Christianorum solida,   205.a
Fiducia sui in apostolis.   493.b
Figura nihil probat.   632,c
Figuræ in scripturis sanctis quomodo ac-
cipiendæ   626.copiose
Figuris & tropis usus Christi.136.d.&
139.b.&155.b
Filij Abrahæ qui.   59.a
Filij regni erant Iudæi.   225.b
Filius Dei, id est Deus   609.b
Filius hominis, id est, homo. ibidem, &
625.b.c.
Filij Dei omnes sancti.   609.b
Filij luunt poenam parentum.   447.b
Filij Dei facile agnoscunt suos.   551.d
Fimbrias magnificare.   459.b

Flagella Domini etiam sancti experiun-
tur.   228.c
Fletus & stridor dentium quid.   226.c
Foedus Dei nouum quid doceat.   438.c
Foelicitas regni dei, & mundi diuersa.
pag.   102.d
Fonti similis Christianus.   695.b
Fratres Iesu, cognati eius dicuntur.327.b
& 689.b.&797
Fratrum falsorum hypocrysis prædicta.
pag.   457.a
Fraternæ beneuolentiæ exemplū.   91.a
Fructus Apostolorum quomodo moneat.
pag.   760.c
Fructus centesimus, sexa.&c.   312.c
Fugere subinde licere.   690.c
Fugiendum ne Christiano in persequuti-
one.   83.b
Fuga discipulorū, capto Domino. 497.b
Fugam docebit spiritus.   645.a.725.a
Fugit Christus per uices.   725.a
Fundamentum sanctorum unus Christus.
pag.   592.d
Furor Iudæorum contra Dominū. 656.d
Fures & latrones cōmenta hominum lo-
qui.   639.a
Furor impiorum aduersus fideles.   22.c
Furti poena.   595.a
De Futuris scriptura paucis.   118,c
Futura prædicere, pars prophetiæ.289.b
Futura nosse prodest.   462,c

G

Gadaræ situs.   238.c
Gadareni qui.   237.a
Gadarenorum auaricia & ingra-
titudo.   ibidem
Gadaram quō deseruit Christus. ibid.d
Gadarenos ingratos nō in totum deseruit
Dominus.   240.d
Galilæa natio contempta.   66.c
humilis.   93.a
Galilæa gloriosa, olim obscura.   522.d
Galilæa humilis regio.   51.b
Gallinæ similitudo.   448.d
Garasin mons Samariæ.   643.b.c
Gaudium sanctorum Christus.   706.d
Gaudium uerum unde.   767.a
Gazophilaciū Christianorū regni.450.d
Gehenna solis impijs attribuitur. Infer-
nus omnibus.   511.b
Gehennæ filios facere duplicius, quomo-
do accipiendum.   442.d
Gehēna quid, & unde dicta.226.c.129.b c
in ea filios immolabant.   ibidem
Gehennam Christus pro futuro supplicio
posuit.   130.c
Genealogia Christi peccatores habet &
alienigenas.   6.d.8.c
In Genealogia Christi cur præteriti qui-
dam.   7.a
Genealogiæ Christi apud Matthæumq

Lucam concordia.   7.b
Genealogia mulierum, olim non scribe-
batur.   8.c
In genealogia Christi quid consideran-
dum,   8.c
Genezar regioni unde nomen.   337.a
Genesareth stagno unde nomen.   87.b
Generis fiducia tollitur.   59.a
Generatio pro ætate hominum.   467.b
Generatio Christi humilis.   4.c
Gentes uocandæ præsignatæ, per Sama-
ritanos. 651. b.per Magos, & Centu-
rionē. ibidem.per pusu ajnæ.412.d
Gentibus uerbum Dei concreditū. 414.d
Gentibus etiā expectatus Christus.706.c
Gentium uocatio prædicta.   225.b
Gladij necessitas periculum significat.
pag.   779.b.789.b
Gladio qui male utantur.   497.a
Gladius emendus, persequutionē signat.
pag.   261.b.c
Gladij usu hodie non minus quàm olim
opus est.   137.a
Gloriam Deo sine Christo nō dari. 543.b
Gloriæ Dei omnia inseruiunt   709.b
& 721.b.& 722,d
Gloriæ Dei ordo præscribitur.   255.a
Gloriam Christi Iesebaeah quomodo ui-
derit.   735.b
Gloriæ suæ futuræ specimen exhibuit
Christus ingrediendo Hierusalem,
419.a.417.a
Gloria Domini impijs quoq; reuelanda.
pag.   708.c
Gloria Dei quid.   ibidē
Gloria Dei omnes caremus.   221.b
Ante gloriam humiliari oportuit Christū
pag.   361.a
Glor.sibi admittens, Deū ignorat. 440.c
Gloria Domini in nube.   367.a
Glor.Dei, scopus oïum piorū.   245.a
Græca editio receptior ætate Apostolo-
rum.   9.b.12.d.11.b
Græca Syrophoenissa quare dic. 344.d
Gratia Dei nullo pcto impediri.   7.a
Gratiam oblatam contemnere, quanta ob-
stinatio.   262.c
Gratia duplex, prior & posterior 585.b.c
Gratiani oscitantia in Decretis.   175.b
Grat.mūdi amittūt Christū sequēt. 416.d
Gratia saluamur, & per fidem, non ope-
ribus.   181.a.b
Gratia iustificamur, nō ex lege. 125.a.b
Gratiarum agendarū mos apud Iudæos
discumbentes.   457.b.431.b
Gratia Dei potiss.prædicanda in nouo te-
stamento.   438.c
Gratia oblata oppugnare.   425.a
Gratia Dei humilia eligit.   17.b
Gratiæ prædicatio opus Christiano di-
uisæ

guiſſimum 276.d

Gregory error notatur 552.c

Gregorius VII.taxatus 75.b

Quadrageſimam ieiunandā præcepit ibi

H

Hæreditatū ſuceſſio legitima 432
Hebdomades annorū:459.a (.c
Hebraicorū nominū uſus uari 99
Herculis Gallici ſimiluudo 674 . c .(b.c
Herodis regnū crudelitas , ſ mors 30.d
Herodes nato Chriſto turbatur 19.b
Herodis regnum ſ hodie regno Chriſti
præferunt 20.c
Herodi Chriſtus adductus 785.a
Herodes uulpes 449.b
Herodis impij ueſania 20.d
Hieronymi allegoria intempeſtiua 618.d
Hieronymus notatur 234. d,ſ 322.c
Hierony.reprehenditur , quòd minus di
ligenter de ieiunijs diſſeruit 176.c
Hilaritatē moderatā nō damnandā.613.a
Hiſtoriæ Euangelicæ ordo. 83.a
Hiſtoriæ operū dei quid doceant.620.a.b
Hiſtoriæ ordo non ubique ſeruatur in
Euangeliſtis. 133.a
Hiſtoriæ ordo mutatus. 689.a.b
Hædi,reprobi. 473.b
Homo externus animæ nomine dicitur
173.a
Homo homini Deus 115.b. 171.b
Hominis filius quid,ſ cur dictus 229.b
Homines ſumus hic,non angeli. 494.d
Honorare parentes quid, · 338.d
Horæ canonicæ unde ortæ 75.b
Horæ diei duodeci,uarie exponitur721.a
Horreum quid in Euāgelio 64.d.ſ 255.a
Hoſpitalitatis exemplum Martha 554. a
Hoſtium Chriſti Syncretiſmus. 431.a
Hoſtes Euangelij qui ſint potiſs. 645.a
Humana ſapere,eſt agere ſatanam. 362.c
Humana commenta loquātur fures ſ la
trones. 639.a
Humana commenta reddunt turgidos.
692.c
Humilitas generationis Chriſti. 4.c
Humilitas ſemper Deo placuit 17.b 21.a
Humiliari Chriſtum oportuit ante glori
am. · 371.a
Humilitas Chriſti multos offendit.279.a b
In ſumma humilitate , ſummam gloriam
Chriſtus demonſtrauit 417.a.b
Hyperbole in uerbis Chriſti. 139.b. 155.b
Hypocriſim uanam pariunt opera legis.
113.b
Hypocriſis fugienda. 205.a
Hypocriſis etiam ūter diſcipulos Domini.
687.a.
· Hypocritæ faciunt bona opera,ſ non fa
ciunt. 439 a.
Hypocritæ noſtri ſeculi iudices acerrimi

191.b

Hypocritæ obtrectatores tumidi. 245.a
Hypocritis nihil cum Chriſto commune.
Hypocriſios ultio ſtupenda. 342.c. 201.b
Hypocritarum uanitas. 204.d
Hypocritatum tyrannis. 341.d
Hypocritæ nō ſentiunt peccati onus 286.d
Hypocriſim phariſaicā Chriſtus ubique
accuſat.116.d
Hypocritarum religio præpoſtera 645.b
Hypocritæ ſeper erūt i Eccleſia 102.c.118d
Hypocritæ ſerendi 323.b
Hypocritæ inuiſi Deo 173.a
Hypocritæ noſtri ſeculi monachi 2.7.b.
Hypocritarum ſimulata abſtinētiā taxa-
tur 38.c
Hypocritæ etiā prophetentia 292.c.255.b.
Hypocritæ omnes mercenarij. 410 c
Hypocritæ tūū externa quærunt ſ reci
piunt 411.a.
Hypocritæ craſſe quomodo ieiunant 176.c
Iacobi dictum: Deus neminem tentat,
quomodo intelligatur 170.c
Iacob epiſtolæ autoritas parua 260.d
Iacob ut Ioſephum luxerit 251.a
Idololatræ noſtri ſeculi 197.b
Idola mendacium ibidem
Idololatria,cultus Diuorum 24.c
Idola, opera manuum noſtrarum 113.b
94.d 350.
Iechoniæ duo, pater ſ filius 10.a
Iechonias pater,dictus ſ Ioiakim ibidē
Iechonias iunior, uocatus Io.achin ibidē
Ieiunium non præcepit Chriſtus 162.d fi
et 176.d
Ieiunium quid in ſcripturis ſignificet 183
a.
Ieiunia,ſantorum priſcorū ſ recētiorum
hypocritarum longe differunt, ibid.b
qua ratio ieiunandi apud priſcos 174 c
Ieiunerum quod auxilius indictum ibidē
Ieiunantium ueterum ſymbola ibidem
Ieiunium ſantificare quid ibidem d
Ieiunātes priſci ab omni cibo abſtinuerūt
ibidem
Ieiunium biduum , ſ triduum ibidem
Ieiunia ueterū hypocritatū aānata ibid.
Ieiunia ſantorum noui teſtamenti 175 a
Ieiunia Eccleſiæ ſuperioris ſ purioris,
qua ratione ſuſcepta ibidem b
Ieiunia priuata haud infrequentia pri
ſcis Chriſtianis ibidem
Ieiuniorum quatuor temporum origo
ibidem
Ieiunia uulgo religioſorum , nihil minus
quàm ieiunia 176 c copioſe.
Ieiunium quid æquinati, ſ alijs ſcripto
bus recentioribus ibidem
Ieiunium Deo acceptum 649 b
Ieiuniorum hypocriticorum impietates

multæ. ibidem d

Ieiunium præcipere nō poteſt homo ibi a
ſ 248 d
Ieiunandi magna nobis neceſſitas 176 d
Ieiunij falſa hodie miſſa facunt , ueræ
non amplectuntur 178 c
Quo pacto uere ieiunandi facultas obti
nenda ibidem d
Ieiuniorū quis proprius uſus ib.ſ 177.a
Ieiun a Chriſtianorum temporaria 199 a
Ieiunia iuſta quomodo poſſunt reſtitui
Ieiunij ueri quis modus ibidem b
Ieiunium quadraginta dierum Moyſi,
Eliæ, ſ Chriſti. 73.a
Ieiunium quadrageſimale inconſulto pre
ceptum ibidem b. uide quadrageſima
Ieiunium Chriſti quadragenarium exem
plum haud imitab le 74. c
Quo fides docetur, non ieiunandum ibidē
Ieiunandum ſemper 74.c d
Ieiuniorum Leges à Montano heretico.
74.d.175 b
Ieiunij obſerua.o olim diuerſſima 75.a
Ieiuniorum libertas apud ueteres .ibidem
Ieiunarunt ueteres uſque ad ueſperā ibi.
b ſ 174.d
Ad ieiunium uerum hortatio 76.c
Ieiunijs ac precibus miſericordia præfer
tur 247.b
Ieiunium Luctus quidam eſt ibidem
Ieiunium ſ preces opera ſunt ſpiritus
ſepte male uouit 330.d (ibid.242.d
Ieruſalem prima factanouiſſima , quid
moneat 450.c
Ieruſalem propheticida 445.b
Ieroſolymitarū excidium,abominatio de
ſolationis dicitur 458. c.d 461.a
Ieſus quare unctus dicatur 606 d
Ieſus quō ſuos ſaluos faciat 12.d
In nomine Ieſu mira conſolatio 13.a
Ieſus nomē ab euentu impoſitū 12.d
Ieſus Hebraice, Latine ſaluator ibidem
Ignis opera hominū probat 116.d.512 d
Ignis Euangelij 274.d
Ignis æterni cruciatus 130.c
Ignis ſpiritus ſancti 62.c
Ignis inextinguibilis 64.d
Ignorantiam fateri melius,quàm incerta
aſſerere 99.a
Ignorantes myſteria dei non ſtatim abijc
endi exemplo Nicodemi 636 c d.Item
ſamaritanæ 648. d
Ignorantes Legem maledicti 696.d
Ignorari poſſunt quædā ad tēpus,citra iā
cturam ſalutis 616.d
Imago dei quō Chriſtus 572.d
Imagocœleſtis i homine quæ 433 a.434.c
Imago dei uera,bñ facere proximo152.c.d
Imagines adorare, uetitum 24 c
Imitatio Chriſti in quo ſita 74 c

INDEX.

Imitatio præpostera quã perniciosa 58.c
Immanuel Christus dicitur 13.a 33 b
Immanuel exponitur nobiscũ Deus 14.d
Immundum cur tetigerit Christus 210.d
Impij secum pugnant 348.d
Impij olim agnoscunt Christum 695 b
Impios quomodo Christi sermo cõdemnet 737.c
Impiorum potentatus breuis, exemplo Herodis 50 d
Impijs etiã gloriã domini reuelãda 705 c
Impij inexcusabiles 298 c
Impij Deum quoque cognoscunt 576 d
Impij cæci uidentes ibidem
Impiorum demens conatus aduersus eí lectos 20.d
Impij ante conditum mundũ reiecti 635.a
Impiorum condemnationis causa, reie ctio Christi ibidem
Impij secum pugnant 330.d
Impij uano metu sæpe differuntur 422 c c.425 b
Impietas diuina amare non potest 329.a
Impietas fons errorum ibidem.a.b
Impœnitentia Iudæorum multis rationi bus arguitur 279. b 282.c
Impœnitentiam insignem oprobrat Iesus ciuitatibus Israeliticis 284. c.d
In pro.per. more Hæbreorum 575 b
Incarnatio Christi quæ attulerit orbi 590 c.d
Incredulitas causa confusionis 569 a
Incredulitas miraculis obsistit ibidem
Incredulitatem seuere increpat Christus ibidem.b
Miraculis obsistit incredulitas 369.a
Cum incredulitate discipulorum certauit Christi bonitas 518.c
Increpationes Prophetarum & Apostolo rum seueræ 57 a
Incredulitatis obstinatæ exemplũ Nazaí reni 326 d.327.b
Incredulitatem discipulorum dure incre pat Iesus 349.b
Increpatio Petri confutatur 361.b
Incredulit. fructus obstinatio. &c. 370 c
Incurui gradiebanuur pœnitentes 174.c
Indurat malos Deus, & excæcat 167 b.c
De salute infantium. an fide seruentur
Infãtes Christo apportati 402.c(404.c d
Infernus quid 511.a.b
Descendere ad infernum quid ibidem
Infernus cõmunis omnibus ibidem.b
Somnia Theologorum de Inferno 512 c
Infantes Deum celebrant 420,d
Infernus, pro geenna ignis 559 b
Infirmari quid 379 b
Infirmiorum ratio inconsulte prætexitur 381.a
Infirmorũ ratio quomodo habenda 382 c
Infirmi & tardi quòd tolerandi 114.d

Inimici diligendi 151.152
Inimicus eo quòd inimicus, poximus est. 151.b
Inimico beneficijs potissimum medendũ. ibidem & sequ.
Iuimici dilectione Theologastri perperã docuerunt 152 c
Ingratitudo Gadarĉorũ in Chri. 297 b.c
Ingratis quoq; benefacit Iesus 238. c 240 d
Ingratitudo Capernaitarũ quõ ulta 240 c
Ingratitudo Iudæorum arguitur 417 a
Iniuria iniuriam parit 190 d
Iniuriã propriã ulcisci nunq; licuit. 133 c
Iniuriæ memoriã omnẽ & Mos.uetuit ib.
Iniuriarũ memoria penitus abolẽda 388 d
Innocentes contempti. 710.c
Inuocatio sãctorũ superflau. & superstiti osa 160.c.d. De origine eius 161.a
Inuocandus solus Christus 161 b
Christus est intercessor efficax 160.d
Iutercessiones Diuorũ uendere, qualis im postura 464.d
Intercessor efficax Christus 160.d 286.d
Intercessio Christi quãdo finem accipiet 322 d & sequ.
Ioas rex in genealogia Christi prætermissus 7 a
Ioas Abasiæ filius Legalis 7.a.b
Ioachim dictus & Iechonias 10 a
Alius fuit Ioiachin, alius Ioiacim ibidẽ
Ioiacim filius Iosiæ ibidem
Iohannes intepretatur gratiosut 607.b
Ioan. bapt. maior, minimus in regno cœlorum 281 b
Ioannes qua ratione negauerit se esse Heliam, & prophetam esse 586.d
Ioannis bapt seuera obiurgatio 57 a
Ioannis discipulorũ studiũ præposterũ 650 c
Ioan, Baptista clariss Euangelion prædi cauit.630.d
Ioannes Christũ non ignorauit 67 a b
Et unde ipsum agnouerit ibidem
Ioã.quomodo,& cur Iesu incognitus 68 c
Ioannes nõ sine mysterio in Iordane bap tizauit 50 d
Ioan. quomodo se prophetã negarit 281 a & 290 d
Ioannes Elias dãus 281 a.282 d
Ioannes quando in uincula cõiectus 83 a
Ioã.prophetis omnibus præstantior 280 c c 291 a
De Ioan.opinones uariæ 329 a
Causa necis Ioannis ibidem b
Ioan. uicissim Christus testimoniũ perhi buit 279.b
Ioan.nihil minus quàm arundo, & mol lis aulicus ibidem
Ioan.baptismis qualis fuerit 45 46
Ioannes primus baptismi minister ibidem
Ioã.quomodo Christus fuerit incognitus

591 a
Ioan,cibus & uestis qualis 67
Ioannes quid significat 532.d
Ioan.mortificidæ carnis exemplũ 184 e
Ioan.præ lege & prophetis audiendus. 282.d & sequ.
Ioan.predicator pænitentiæ 33.b
Ioan. Elias uocatus,ibidem
Ioã.ortus,& uita miraculis insignis 34. c
Ioã. quo anno prædicare incepit ibidẽ d
Ioan. quale desertum inhabitauit 35.a
Ioannis studium, ut Christus ab omnibus agnosceretur 552.c.d
Ioan.Euan.an sponsus 612 e
Iohannes à diuinitate Christi suum Euan gelion anspicatus 4.d
Ioan.cur apertius diuinitatem Christi in dicarit ibidem
De Ioane Euangelista opinio uana 365 4
Ioan. non interrogat ignorans, sed disci pulorum causa 278.c.d
Ioan.Euangelio de Christo 60,d.& sequ.
Ioan.bistor.a Euangelij nomine præ alijs digna 568.d
Ioan.Euangelio ad uertũ ediscencũ ibid
Ioan cur dictus fil.tonitrui.ibid. & 608.c
Cur dilectus discipulus 568.d
Quare suum Euangeliõ scripserit 569 ab
Cur miracula pauca narrat.ibidem
Ioan.Euãgelij quis scopus & status ibi b
Ioan. cur citra procœmium & simpliciter narrat 570.c
Ionæ signum 314.d
Iordanis miracula 50.d
Ioram cur nõ posuerit Matthæus in gene alogia Christi 7.a
Ioseph filius Heli secundum legem 7.b
Ioseph caro fuit 11.b
Ioseph iustitia & æquitas ibidem
Ioseph generatio, non Mariæ ponitur d Matthæo 8.c
Iosua,pro Iehosua 12.d
Iræ gradus, pœnarum item 129.a
Irasci nec cum causa licet ibidem
Ira quæ damnetur à Christo,quæuē cõ uicia 130.d.& sequ. item. 129.a
Iratus Christus 151 a
Iracundi secum pugnant 508.a
Isaac typus Christi quatenus 629.b
Isaac electi, Ismaël reperti 627.b
Israelis nomen quare immutatum 100.d
Iudas quare in Apostolũ electus 101.c
Iudam proditorem nemini indicauit Chri stus 483.a
Iudas Gaulonites seditiosus 574. c 713.b
Iudas Galilæus inter psendoChristos 454.c
Iudas diabolus dictus 686.d
Iudæ exitus 78 c
Iudas prædicauit, & miracula secit 202.
Iud. missi prophetæ,sapiẽtes,&c. 447.a
Iudæi citati

Iudæi etiã impij.scripturas callent 20.d
Iudæi olim conuertendi 270.d
Iudæorum affictio magna 461.b
Iudæi quare aridi 787
Iudæi humilitate Christi offens. 693.a 695.a
Iudaicarũ calumniarũ dilutio 13.b.15.a
Iudæi moueri non potuerunt ad miseri/ cordiam 507.b
Iudæi παλιγγενεσίαν crediderunt & μι τιμψύχωσιν 290.d.529.a.700.b
A Iudæis ad Gentes dimanasse philoso/ phiam 650.c
Iudæis primum erat prædicandũ Euan/ gelium 253.a.258.d
Iudæorum impœnitentia notatur 423.b
Iudæi quare nõ credunt Iesum esse Chri/ stum 694.c.716.c
Iudæi literam nõ intelligentes 706.c
Iudæorum bellici tumultus uarij & hor rendi 454.d
Iudæorum obstinatio 281.a
Iudæi quomodo Christo lucrificiẽdi 15.a
Iudæi quare filij Diaboli 704.d
Cur credere nequeant ibidem
Iudæorum obstinata impietas 421.c
Iudæi ficus sterilis execrata ibidem
Iudæorum sectæ quatuor 56.c.128.c
Iudæorum discumbentium mos 487.b 481.b
Iudæis carnis fiduciam aufert Ioannes 59.a.b
Iudæorum furor contra dominũ 656.d
Iudæ pecuniam cur dominus crediderit 730.d
Iudæorum falsus prætextus 723.b.c
Iudæi obstinati ab Ethnic.iudicẽtur 315.a
Iudæorum arrogantia 218.c
Iudæi ingrati nato Christo perturbantur 26.d
Iudæi filij regni 225.b.258.d
ex Iudæis salus 646.c
Iudæi legem non seruant 692.d.696.d
Iudicabunt boni malos, Ethnicis Iudæos 515.a.b
Iudex omnium futurus Christus 64.d
Iudicare secundum carnem, quàm pesti/ lens res sit 326.d
Contra eos qui hodie, licet Euangelici, secundum faciem iudicant 327.a
Iudicat Christus omnia, quia filius homi/ nis 65.c
Iudicium idem Christi & patris ibidem
Iudicium omnem Christo datum 363.a
Iudicium extremum quomodo secundum opera futurum 363.b
Deus neminem iudicat, nisi ueritatem an/ te satis edoctum 193.a
Iudicanda omnia 203.b

Iudicare pro condemnare 634.d
Iudicare in regeneratione Israëlem quid 407.a.b
Iudicare quid in scripturis ibid.b
Iudicia domini in futuro seculo recte co/ gnoscentur 168.c
Iudicium prauum quæ cohibent ibid.a
de Iudicio temerario 189.a.b
Iudicare quid ibi.b
Iudicare, pro damnare ibidem
In iudicando charitatis regula obseruan da 190.c
Iudicium charitatis quod ibid.d
Iudicium excõmunicationis 191.a
Iudicium hypocritarum nostri seculi ib.b
Iudiciorum formæ ex lege Dei potiss. pe/ tendæ 630.d
Iudicium Dei ineffabile 314.c.315.b
Iudicium Christi, ad quod uenit in mun dum 711.b.c
Iudicia dei iusta,semperq; laudãda.285.b
Iudices & principes unde Dij 717.a
Iudicij extremi dies omnibus incertus,& semper expectatus 465.a
Iudicium Dei horrendũ in Iudæos 26.d
Ius ciuile Moysi non contemnẽdum 122.c 141.a
Iure agere an liceat Christiano 146.d
In sua caussa nemo Christianus litigabit ibi. pro proximo secus ibidem
Iudicia qualia hodie uulgo 147.a
Iudicio accusare peccantes in R.P.& Dei gloriã,Christianus nõ grauabitur ib.
Iudicium adibunt Christiani,etiã in pro/ pria caussa ibidem
Iudicia quæ damnarit Apostolus 147.b
Iudicum libri censura 51.b
Iugum Antichristi & hodie malunt quàm Christi 20.c
Iugum Christi bonum & amabile 287.b
Iuramenta quæ seruanda,quæ nõ 330.d
Iuramentum non excusat Herodis homi/ cidium ibidem
Iuramentum Herodis & stultum & im/ pium ibidem
Iusiurandũ etiam hosti seruandũ 332.c.d
Iuramenta falsa illicita 135.a
Non iurandum omnino ibidem
Iurandum pro gloria Dei ibid.b
Iuramentum Christi,& Pauli 136.c
de Iuramento,error Anabaptistarum im/ pijssimus ibidem
Iuramenta Deus præcepit ibid.& 137.a
Iuramenta quæ probibita 136.d
Iuramentũ iure exigit Magistratus 137.a
Iurandum cum reuerentia Dei ibidem
Iurarunt & sancti sæpe ibid.b
Iuramentorum formulæ ecliptica 349.a
Iusti nunquam desuturi 275.a

Iusti non erant uocandi 246.d
Iustus nemo in terra ibidem
Iusti ueri per fidem iusificantur ibi.
Iustificatio fidei attribuitur 211.b
Iustificationis ordo 224.d.247.b
Iustificationis ordo in Zachæo ibidem
Iustificata est sapientia &c. ibidem
Iustitia quid in scripturis 65.d
Iustitiam Dei statuentes, suspicioni legis destruendæ obnoxij 116.d
Iustitia pharisaica damnatur 423.b
Iustitiæ fucatæ ingenium 338.d
Iustitiæ Zelus,alius sanctis, alius hypo/ critis 12.c
Iustitiæ humanæ ingenium , omnia præ se damnare 245.a.443.b
Iustitiæ humanæ æstimatio 269.b
Iustitia duplex,uera & pharisaica 102.d
Iustitiæ esuries quæ 104.d
Iustitia nostra Christus ibidem
Iusti ueri neminem contemnunt 441.b
Iusti,non egentes pœnitentia qui 382.c.d
Iustitia duplex,interna & externa 116.d
Iustum esse, & uitam Dei uiuere, idem sunt 637.a
Iustitia humana quàm abominabilis co/ ram Deo 648.d
Iustitia Dei per Christum reuelata 650.d
Iustitia non ex lege 124.d
Iustitia à Christo petenda 125.a
Iustitia pharisaica quæ 128.c
Iustitiæ fucatæ ingenium 294.d
Iustus ex fide uiuit 220.d
Iustitia propriæ adoratio 94.d.113.b
Iustificare quid in scripturis 363.b.284.e
Iustificationis ordo 364.c
Iustificari ex dictis & operibus quomodo accipiendum 314.c
Iusto non est lex posita 124.c.126.d contra legis cærimonias exigentes.

L

Laborandum fidelibus, citra solici/ tudinem 185.b.c
Ad Laborẽ prima & generalis o/ mnium uocatio 90.d
Laborarunt manu Christus & Apostoli 244.d
Labor Apostolicus magnus 650.c
Laborem manuum declinantes, Dominũ tentant 80.d
Labor manuum cõmendatur 327.b.66.c
Laborantes & oneratos ad se Christus uocat 286.d
Lacus Lucernen.hospite Dæmone agita/ tur 257.a
Laicorum ignorantiam & Pharisæi no/ stri damnant 696.d
Lapides clamabũt,quo sensu dictũ 420.d
in lapidẽ impingere, & à lapide impin/ gi quid ibidem

Lapis angularis Chriſtus   425.a
Latronis bona opera, & fides   661.b
Latroni paradiſus promittitur   511.a
Latronū ſpelunca è templo facta   442.c
Latrociniū ſub prætextu pietatis ibidem
Latrones monachi & ſacrifici   ibidem
Lauatio pedū quid ſignif. 739.b.740.c
Lazarus quid ſignificat   721.b
Lex & opera quō prædicāda   94.c.d
Lex & Euangelion ſignis & prodigijs, or
   bi inuecta & commendata   95.a
Lex uitæ doctrina, non uerborū   697.a
Lex Dei ſabbathis prælegebatur   437.b
Lex Dei onus graue   584.d
Lex data per Moſen   584.c
Lex erudit, & condemnat   ibid.d
Lex charitate moderatur, exemplo Io/
   ſeph   11.b
Lex pædagogia   285.a.299.a
Lex Dei dicitur tota ſcriptura   717.a
Lex & Prophetæ uſq; ad Ioan.   630.d
Legem ignorantes maledicti   696.d
Lex quid potiſſ. requirat   ibi.& 692.d
Lege & promiſſione ſcriptura cōſtat 2.d
Legis onus importabile   113.b.696.d
Legis opera hypocriſim pariunt   ibid.
Legis quid abrogatum   734.a
Legem publicam Chriſtus diligenter ob/
   ſeruat   212.d
Legem Dei quomodo irritā fecerint pha
   riſæi   339.a
Legis deſtruendæ ſuſpicio unde in Chri/
   ſtum 116.d
Legis & prophetarū ſumma   115.b
Legis & Prophetarum nomine, ſcriptura
   ſacra intelligitur   194.d
Legis externa quatenus ſeruanda 213.b
Legis omnia , & ſuo tempore, utilia fue/
   re 602.d
Leges Dei ciuiles potiſſimum ſequendæ
   630.d
Legib.nūc æque opus atq; olim   137.a
Legibus etiā deſides urgendi   114.d
Legibus ciuilibus quomodo utantur pij
   112.c.d
Leges Moyſi ciuiles Magiſtratui Chriſtia
   no etiam obſeruandæ   ibid.& 141.a
Lex quæ non ſoluitur   123.a
Lex Dei uarijs mandatis explicata ibi.b
Sub lege quatenus nō ſint credētes 124.c
Lex iuſto non eſt poſita   ibid.& 126.c.d
Lex non iuſtificat   124.d.125.d
Lex peccatū auget, iram operatur. 124.d
Sine lege peccatum mortuum   125.a
Lex uirtus peccati   ibidem
Lex occidit   ibidem
Legem augere peccatum & iram, quare
   Paulus docuerit   ibid.b
Legis uſus quis   125.b.c
Lex propter trāſgreſſiones data ibi.124.d

Lex quid requirit   126.c
Contra irreligioſe de lege Moyſi loquen/
   tes ibid.d
Legem quomodo Chriſtus implet 114.a
   115.a
Legem diſſoluere , abrogare eſt, ſoluere,
   tranſgredi   ibidem
Lex & à nobis implenda   117.b.123.a
de Legis abrogatione   118.d & ſequ.
An lex Moſaica omnis abrogata ibidem
Lex mandatorum in decretis   ibidem
De nomine legis, & quid lex   119.a
Legis nomine Prophetæ   ibidem
Lex tria requirit   ibid.b
Legum ciuilium uſus   120.c
Legis nomine nō continetur externa ibi.
   127.c
Lex noua , & teſtamentum nouum pro/
   miſſa   120.c.d
Lex cognitionis Dei præcipua   121.b
Ex lege quid remiſſum   122.c
Leo rugiens, diabolus   77.b
Lepræ iudicium quid adumbret 212.c.d
Leproſum cur tetigerit Chriſtus   210.d
   215.a
Leproſi an publico excludendi   213.b
Leproſos publico ſemouere, charitatis eſt
   ibidem
An leproſo miniſtrandum à coniuge &
   liberis   214.c
Leproſus coniugio ineptus   ibid.d
Lepra raro curabilis   ibidem
Lepra ab elephantiaſ differt   ibidem
De leproſorū coniugio reſcriptū R. Pont.
   ordini charitatis aduerſum   215.b
Leproſum Deus coniugio eximit   216.a
Ob nullum alium morbū ita ut ob leprā
   proximus uitandus   ibidem
Libertate Chriſtiana quando utendum in
   rebus externis , quādo nō 379.380.d
Libertas ſpiritus quæ   704.c.d
Libertatem ueram ex operibus æſtiman/
   dam ibidem
Libertas non cedenda, ut mali confirmen
   tur   380.d
Libertas Chriſtiana in traditionibus hu/
   manis   295.a
Libertas rerum externarum   338.d
Libertate ſua Chriſtus quō uſus   373.b
Liberum arbitrium quatenus homini
   674.copioſe
Liberum arb. quomodo ſancti patres ad/
   ſerunt   677.a
Liberi arb. æſtimatio   269.b
cōtra librū arbiriū 361.c.636.d.72.c
Libidinis fructus q, exēplo Herod.330.c.d
Libri Cic. & aliorum Ethnicorū legend.
   291.b
Linguarum mirabili myſterium   150.d
De limbo patrum, ſomnia Theolo. 512.c

De linguis & arte Chalcographicp/ora
   phetiæ   725.a
Literis ſcripturæ ſolis inhærere, quanta
   impietas   81.a
Litera Iudæis uelata   706.c
Literæ ſtudium præpoſterum   663.a
Litera ſine ſpiritu, inutilis   21.a
Literarū ſtudium nō contemnendū 327.b
Locuſtarum uſus in cibo   37.b
Loqui ad cor   36.c
Loqui non poſſunt mali niſi mala   313.b
Locutiones Chriſti figuratæ 136.d.139.b
   155.b
Lot uxor reſpiciens, ſalutē amiſit 469.a
Lucas quo cōſilio ſcripſerit de ortu Chri
   ſti 29.b
Lucas quid in genealogia Chriſti ſpecta/
   rit 6.c
Lucas cur Euagelion ſcripſerit   529.b
Luctus & pœnitentiæ ſymbola ueterum
   174.c
Lugentes qui   104.c
Lumbaris abſconſio ad Euphratem ima/
   ginaria   79.a
Lunatici qui   96.c
Lunaticus & Dæmoniacus idem   369.a
Lunaticus idem Dæmoniacus   234.d
Lupi qui homines   267.a
Lutheri de uſu & ui ſacramentorum ſen
   tentia   43.44.a
Lucem odiſſe quid   635.b
Lumen uitæ, ſpiritus Dei   700.d
Lumen mundi, Apoſtoli   171.a
Lux, fidem ſignat & pietatem   ibidem
Lucerna accenſa, iuſti   ibid.b.111.c.d
Lux mundi Chriſtus   708.d.709.b
Lux pietatem ſignat in ſcripturis, & pro/
   ſperitatem   183.a
Lucidi toti quomodo   ibidem
Lux gentium Chriſtus   113.a
Lux, ſpiritus, radij lucis, opera bona ibid.
   & de filijs lucis   ibidem
De caſu Luciferi nibil certi   235.b

M

MAgdalenas tres fuiſſe ueriſimile
   479.b
Magiſter unus Chriſtus   585.b
Magiſtrum non niſi Chriſtum agnoſcere,
   quàm neceſſarium   440.c
Magiſterium cœleſte   19.d
Magiſtrum ſolum Chriſtum iactantes per
   ſtringuntur   630.d
Magiſtratus orbi neceſſarius 65.a.137.a
ad Magiſtratum religionis curam perti/
   nere   428.c
Magiſtratus & principes Dij uocātur ibi.
Magiſtratus pij officium   429.a.b
Magiſtratus pius ſeruit , non dominatur
   413.b
Magiſtratus quanti Deo ſint   724.c.d
                        Magiſtra/

I N D E X.

Magiſtratum Chriſtiani impijs hoſtibus non cedunt. 141.b

Magiſtrat.officiũ,imminẽte bello.142.c.d ſubditorum item.

Magiſtratũ ambiens,indignus illo 145.b

Ad Magiſtratum quales aſſumendi 375.a

Magiſtratus particeps diuinitatis 717.b

Magiſtratus iuramentũ iure exigit 137.a

Magiſtratus eſt, iniuriam ſuorum uindi‐ care 138.c

Magiſtratui parẽdũ exẽplo Chriſti 372.d

Magiſtratus omnis à Deo 374.c

Magiſtratui quæ cedenda,quæ nõ ib.c.d

Contra magiſtratum malum nihil tentan dum, ſed inuocãdus contra eum Deus ibidem d

Magiſtratus quid ſpectare debeat ibid.

Magiſtratu poſſe fingi Chriſtianũ 697.a

Magiſtratus pius legẽ Moyſi ciuilem non contemnat 122.c.d.141.a

Magnus in regno cœlorum 377.a

Maior ſit minor,quomodo intelligendum 778.b

Magis ſtella in oriente tantũ uiſa 22.d

Magi baud fruſtra quærunt de nato rege 23.a

Magi ex Perſide,non Saba ibidem

Magi non fuerunt reges 18.d.28.d

Magi Perſarum ſacerdotes ibidem

Magorum fidei probatio 26.c.21.d

Magi quando uenerint Bethleem 28.d & ſequen.

Magos clam uocat Tyrannus 22.c

Magorum fides,& cogitatio ibidem

Magi quanto temporis ,ſpatio ex Perſide Hieroſolymam peruenerint 30 c

Magorum ſtella noua 19.b

Mahometica inſania perſtringitur 464.d

Maleficarũ miniſterio utitur diabol.235.a

Mali quomodo uitandi 551.b

Mali etiã ſigna faciũt, & prophetãt.202.c

Malorum corporaliũ deprecatio 170.d

Malorum fructus ibidem

à Malo liberari,id eſt,diabo.171.a.494.c

dolendum ſi quis inter nos Malus 482.d

Mali offendicula ſunt 322.d & ſequu.

Maia oĩa ſatanæ miniſterio fieri 494.c

Mala uertit in bonum Chriſtus, Satan in malum 630.c

Mali bonis numero longe plures 137.a

Mali natura omnes homines 194.c

Malum non ulciſcendum 147.b

Malo non reſiſtendum , quomodo intelli‐ gatur 139.a

Malo reſiſtit Deus per magiſtratũ 141.a

Malos punire,opus charitatis 141.a

Malis ſemper boni admixti 323.b.325.b

Malum difficulter à bonis diſcerni 323.b

Mammon ſyriace diuitiæ 181.c

Mammon iniuſtum 558.a.b

Mammonæ cultores antecleſiaſtici ibi.c

Man non fuit uere panis cœleſtis 671.a

Man, panis cœlorum , nubium, angelo‐ rum 617.a

Manna typus Chriſti 629.a

Mandata Dei,onera grauia 437.b.584.d

Mandata Dei omnibus affectibus car‐ nis præponenda 549.a

Manere in Chriſto quid 752.c.758.d

Manuũ impoſitio in prima eccleſia 62.c

In manibus portare quid 80.c 113.b.596.d

Manſuetudo Chriſti inſignis 245.b.303.b 304.c

Marcionis Chriſtus phantaſticus 79.a

Marcio.hereſiarchæ error 569.b.626.d

Mare Galileæ,lacus Geneſar 87.b

Mare Galileæ, Tiberiadis 88.c.667.a

Margaritum ſcripturarum, uenditis om‐ nibus comparandum 89.b.325.a

Maria plorat apud ſepulchrum 515.a

Maria dominum prohibita tangere ibi.b 515.c (ſus 515.b

Mariæ Magdalenæ primum apparuit Ie

Maria exemplum ardentis fidei 554.a

Mariam cœnobita noſtri infœliciter imi tantur ibidem

Maria deſponſa, matrimonij ſanctimoniã commendat 10.d

Mariæ cultores blaſphemi 554.c

Mariæ compaßio quomodo ueneranda 547.a

Maria noſtri cauſſa uirgò ſeruata 11.a.b

Mariæ genealogiam quare non ponat Matthæus 8.c

Maria cognata & ſponſa Ioſeph ibid.c

Maria cur deſponſata 10.d

Mariæ modeſtia 11.b

Mariam , uirginem & matrem ſcriptura prædicat 15.b.c

de Mariæ filijs,impia curioſitas ibidem

Mariæ cognitio quatenus neceſſaria 16.c

Maria quomodo ueneranda & prædican da 317.a.b

Mariam nõ matrem,ſed mulierem cur ap pellat Ieſus ibid.b

Mariæ cultus præpoſterus notatur ibid.

Martha exemplum hoſpitalitatis 554.a

Martyres plures quare in nouo teſtamen to,quàm olim 130.d

Matrimonij dignitas mira 399.a

Matrimonij ſanctimoniam cõmendat Ma ria deſponſata 10.d

Matrimonij & diuortij cauſſæ ad magi‐ ſtratum pertinent , non Eccleſiaſticos 392.d

de Matrimonio leges ciuiles dignæ reuo‐ cari ibidem

de Matrimonio contrahendo male præ‐

cipientes Romaniſtæ perſtringuntur 393.a.b

Matrimonia quæ inceſta & illicita 394.c

Matrimonium diſſoluentia 315.b.c

Matrimonium commune uiuendi genus 10.b.615.b

Matthæus quo conſilio ſcripſerit de in‐ fantia Chriſti 29.b

Matthæus notarius ſpiritus ſancti 3.b

Matthæi publicani uocatio ibid.244.c

Matth.quomodo reliquit omnia ibidem

Matthæus qua ratione ſuum Euangelion auſpicatus 4.c

Matthæus quoqʒ diuinitatem Chriſti ex‐ preſſit 4.d.6.c

Matthiæ electio religioſa 101.b

Media naturæ conſueta, haud negligẽda 22.d.27.a.80.c.d

Mediandi finis quando 522.d

Medici animarum , prædicatores Euan‐ gelij 265.b

Medicus uerus Chriſtus 95.b.246.c

Medicina non damnanda 249.b.c

Medici non præferendi Deo ibidem

Medicinæ commendatio ibidem

Medicus fuit Salomon ibidem

Melancholia opus diaboli 234.d

Melchiſedec typus Chriſti 617.b

Mendax cur omnis homo dicatur 695.a

Menſa Chriſti quæ 226.c

in Menſa Chriſti ſedere quid 789.a

Mens humana tenebræ 576.c.577.a

Mente immerſa curis mundi,perit omnis cognitio ueritatis 182.d

Meritum omne Chriſti eſt 221.b

contra Merita humana 172.c

contra Merita monachorũ &c. 400.d

Merita & interceßiones ſanctorum uen‐ dere,qualis impoſtura 464.d

Meritis ſanctorum non fidendum 364.c

Meritum humanum nihil 384.c

Merita diuorum Chriſto propoſita 160.c

Meritis humanis peccatorũ expiationem tribuere,impietas immaniß. 161.a

Meritis Chriſti nititur fides, nõ operibus bonis 472.c

Meritum hominis nullum 108.c

Merita ieiuniorum notantur 177.a

contra Meritum humanum 410.c.411.a

Merces in ſcriptura pro dono gratuito 108.c.d

Mercedis nomen quid Ebræis ibidem

Merces operis comes 155.b

Mercenarij qui 715.c

Mercenarij omnes hypocritæ 410.c

Mercedẽ Prophetæ accipere quid 257.b

Merces iuſtorum Chriſtus ibidem

Merces quid in ſcripturis 651.a

Meſchiah hebraice,Chriſtus græc.606.d

Meßis, multitudo populorum 255.a

B 2   Meßis

Meßis Euangelica quid 649.b.c

in Messem suam operarios extrudere, patris est 255.a

Metempsychosin Iudæi crediderūt 329.d 709.b

Metreta quid 612.d

Milites Christiani esse possunt 65.a.227.a

Ministrorum Ecclesiæ autoritas 43.a b

Ministeriū Ecclesiæ magnificiendū 212.d

Ministrorum tenuitas non cōtemnenda 68 d & sequ.

Ministri Ecclesiæ magna religione eligendi 101.b

Ministri Ecclesiæ, cooperarij Dei ibid.a

Ministros indignos Ecclesiæ præficientes taxantur ibid.b

Ministrorum Dei contemptus 630.d

Ministri uerbi non temere iudicandi contemnemdiue 327.a.b

Ministrorum uerbi consolatio 343.c

Ministrorum Ecclesiæ ordo & gradus 253.a.b.36e.c

Ministri Ecclesiæ publici constituendi 354.c

Miracu'a falsa quo abducant 613.b

de Miraculis sanctorum dilutio 305.b

Miracula, & externa omnia quid ualeāt sine spiritu Dei 350.c.347.a

Miracula faciunt etiam mali 202.c.d

Miraculorum frequētia unde initio legis & Euangelij ibidem

Miracula quare cessarint, ibid.d.&291.d 62.d

Miracula non semper ornant Ecclesiam ibidem b.c

Miraculorum raritas haud arguit uerum Euangelium nonũum exortum ibid.

Miraculorum quæ Ioannes narrat, ordo 720.d

Miraculorum uerorum usus & natura 653.a.613.b.132.d.244.c

Miraculis suis cur Deus adhibeat creaturas 708.d

in Miraculis edendis Christi uarietas ib.

Miracula pauca quare Ioan. Euangel. conscripserit 569.a

Miraculorum potestas Apostolis concessa 258.d

Miracu'is lex & Euangelium orbi commendata 95 b

Miracula rarissima habuerūt Iudæi, post Mosen ibidem

Miracula quando cessarint in Ecclef.ibi.

Miracula incassa, si non doceat spiritus sanctus ibid.b

Miracula initio Euangelij uice classici 211.a

Miracula fecerunt etiam mali ab initio 552.d (61.c

Miracula tanta cur Deus olim operatus

Miracula nō ediderit Christ.titatus 78.d

contra Miracula frustranea ibidem

Miracula Dei homines terrent 539.b

Miraculorū uerorum usus & natura 232.d 244.c.346.d.613.b.653.a.712.d

Mirac.manifestari noluit Christus 346.c

Miraculorum diuinorum ratio 22.d

Miscellanea scripserunt Euangelistæ 188.d 294.c.692.c

Misericordes beati 106.c

Misericordia Dei in summis afflictionibus 7.b

Misericordia commendatur præ sacrificijs ieiunijs ac precibus 247.a.b

Misericordia qud Hebræis ibidem a

Misericordiæ uiscera 541.b

Misericordia præpostera dānatur 140.d

Misericor.sacrificijs præfert Deus 295.a

Misericor.opera,thesaurus in cœlo 180.d

Misericordia Dei erga peccatores reuertentes 383.b.c.388.c.d

Misericordiā consequuntur miseric.ibid.

Misericordes pauci ibidem

Missæ & Canonis religio unde nata 75.b

Missæ inter bona opera primas tenuerūt 116 c

Missarum institutiones parui meriti 339.a

Missis quidam plus fidunt quam morti Christi ibidem b

Missæ pseudoprophet.impostura 464.d

Missa blasphemia,non sacrificium 595.a

Mysteria Dei ignorantes non statim abijciendi 636.c

Mysteria sacra occultabat uetus Ecclesia 326.c

Mystica facta cur sæpe à uiris Dei adhibita 633.a

Missus quis sit 639.a contra catabapt.

Nemo nisi diuinitus missus recte docebit 638.d

Mites qui 104.c

Monachi & sacrif.latrones quales 422.c

Monachi hypocritæ, ostri seculi 247.b

Monachi uorant domus uiduarū 442.c

Monachi aureolati 400.d

contra cœlibatū Monasticū ibi.& 410.d

Monachi hodierni dissimiles pr.scis cœnobitis 443.a

Monach.hypocr.sis & arrogantia 410.d

Monachi opera bona uendunt, quæ non habent 116.c

Monachi nequicq; Christū sequūtur 91.b

Monachi nostri, & prisci cœnobitæ longe differunt ibidem

Monachorum esse,nō Apostolorum, alijs cere propria & uti alienis 244.d

Monarchia nō semper probatur 144.c.d

Monarchiæ status optimus,si quis Deo similis monarcha posset haberi ibid d

Monarcha unus Ecclesiæ Christus 354.c

Monendi peccatores libere 246.c.275.b

Monendi uera ratio, exemplo Ioannis ba

ptist.In Montibus sæpe orauit Christus 646.c

Montes transferre quid 371.a

per Mosen lex data 584.c

Moysi & Christi collatio ibid.& sequ.

Moysi ius ciuile pius magistratus ne contemnat 142.c.141.a

Moses scripsit de Christo 663.b.659.b

ex Mose cur Iudæi Chr.stum non discunt 663.b.c

Moysi cathedra quæ 437.b

Moses qua ratione docuerit rudem populum 114.d

Mosis posteriora Dei uidit 585.a

Moysi lex an omnis abrogata 118.d & sequ.copiose.

Moses quomodo intelligendus 126.d

Mose nihil ad nos,dictum impium 127.a

Mors ianua uitæ beatæ 480.c

Mortis Christi fructus 590.c.d

Mortuorum suffragia uana 252.c

Mortuos quomodo lugebunt & sepeliunt Christiani ibidem

Mors somnus uocatur ibidem

Mortis dominus Christus ibi.d.253.a

Morbi insolentiores sere dæmonia 234.d & sequent.

Mortuorum luget dilectio Christiana 712.c

Mortui sancti cum Christo sunt & uiuunt 651.c

à Mortuis nihil quærendum 555.c

si quis à Mortuis rediret, cogitatio impia ibidem

Mortui quomodo lugendi 250.d &seq.

Mortis malum 251.a

Mortuos dolere non est peccatum ibid.b

Mortuos uiuificat Christus 657.b

Mortuorum status post hanc uitam 310.d & sequ.copiose ex August.

Mortuorum suffragia unde nata in Ecclesia 311.b.c

Mors quorumlibet somnus dicitur 721.b

Morbi ob peccata immittūtur 95.b.242.d

Mors fidelium quomodo cogitāda 671.b

Mors æterna incredulorū 654.d & sequ.

Mulierum officia erga Christū 514.d

Mulierum sedulitas dum sepeliretur Dominus ibid.& 517.b

Mulieres Apostolæ ad Apostolos factæ 515.a

Mulieres tenent pedes Iesu 516.c

Mulierem cur matrē suā appellarit Christus 612.c

Multitudo non curanda 618.c

Mundum non posse capere libros factorū Christi 758.d (765.b

Mundum arguetur de peccato & iustitia

Mundus quæ noua beneficia à morte Christi acceperit 733.b

Mundus ut suos diligat 761.b

Mundi corde beati 106.c

Mundi

Mundi quomodo purgentur 758.d
Mundus quid 579.a.671.a
Mundus cõtra eos concitatur, qui Euan/
geliũ uere amplectuntur 773.a
Mundus etiam in beneficos furit 656.d
Mundus, pro genere humano 274.c
Mundus dicitur desertum 333.b
Mundi gratiam amittunt sectatores Chri/
sti 415.d
Mundus ꝗ intolerãs uerae iustitiae 710.c
Mundũ arguere peccati quid 690.d
Mundi opera mala sunt ibid.c.d.635.b
Munerum offerendorum ratio 18.c
Murmurasse quomodo dicantur discipuli
727.a

N

Nasci ex aqua quid 612.d
Natalem diem celebrare infau/
stum 330.d
Natiuitas duplex, carnalis & coele.579.a
Nathanaël uere Israëlita, scripturarũ stu
diosus 608.d & sequ.
Nathanaël cur non in numerum duode/
cim ascitus 611.a
Naturae media consueta, haud negligen/
da 22.d 27.a.80.c.d
Naues Tharsis unde dictae 18.d & inde
Nazaraeus dicitur Christus, quare 31.a
Nazaraeus dictus Samson ibid.
Nazareth locus educationis ibid.
Nazareth oppidum obscurum ibidem
Nazarenorũ obstinata impietas 326.d
327.d
Nazareorum religio 532.d
Negotiatores eiectos à Christo, magnum
miraculum 421.b
Neemiae ieiunium biduum 174.d
Neomeniae translatio legitima & illegi/
tima apud Iudaeos 477.b.c
Nicodemi fides infirma fructific. 697.a
Noah typus Christi 627.b
Nobiles uere Christiani, opinione igno/
biles 17.b.c
Nobilit.uera ex operib.aestimãda 704.c
Noctem, uesperam dici in sciupturis 517.b
Noctis nomine quid 709.d
Nomina ex euentu indi. 12.d
de nominibus rerũ Galeni dictũ 219.b
Nomine Christi prophetare, quid 201.b
per Nomen Dei, ipsum Deũ intellig.ibi.d
Nominũ immutatio perfacilis 19.a
Nomina pueris Christianorum medentur
superstitiosa 539.a
Nominum propriorum mutatio quid sī
gnificet 100.d
Nominũ hebraicorũ usus uarius 9.b.c
Nominum impositiones non temere fieri
721.b
per Noua & uetera, Euangelion & le/
gem, male intelligi 326.c

Nihil temere innouandum 302.d
in Nube gloria Domini 367.a
Numeri duodenarij sacramentum 100.c
Numeri 40. mysterium 73.a
Nuptiae coelibatui praeferedae quib.401.b
Nuptijs Christiano nunquam posse inter/
dici 134.d
Nuptiae secundae quibus licitae ibidem
Nuptijs interfuit Christus 612.d

O

Obedientia monastica contra Deũ
331.a.340.c (331.b
Oblationis spontaneae ueterum
Obstinatio fructus incredulitatis 370.c
Obtrectatores maleuoli hypocr. 245.a
Oculus pro mente & intentione 182.d
Oculus malus 411.a.183.b
per Oculum abijciendum, quid intelliga/
tur 133.b
Oculi discipulorum unde beati 321.a
Odium parentum, liberorum & c. quale
274.d
Odiũ quo Christiani laborãt, unde 269.b
Odium in prophetas & praedicatores un
de 107.b.c
Odio fratris nihil pestilentius 152.c
Odisse inimicum nusquam Iudaeis per/
missum 150.c
Offendere quid 327.b
Offensi in Christo qui 279.b.617.a
Offendiculũ res nocentißima 110.c
Offendicula mali sunt 322.d
Offendeb.itur mali in Christo, nihil pror
sus offendente 343.a
Oleum, spiritus sancti 8.d
per Oleum male intelliguntur bona ope/
ra 472.c
Oleum laetitiae quid 607.a (421.a
in Oliueto noctu Christus orabat 699.b
Omnis, non semper distribuit totũ 578.d
Omnes, id est, plurimi 169.a
Onus peccati graue 286.d
Onus pro doctrina 287.a
Operum bonorum ratio 194.d
non Operibus sed meritis Christi fides ni
titur 472.c
Operibus ac dictis iustificari, quomodo
accipiendum 314.c
qui sine bonis Operibus, neꝗ Christi est
199.b
Opera bona quae 115.a.474.c
Opera bona faciunt, & non faciunt hy/
pocrytae 439.a
Opera quatenus exigenda 94.c
Operum fontem, fidem im primis curan/
dum ibidem
ad Opera nostra quàm facilis à Christo
lapsus ibid.d
Operũ bonorũ, fideiꝗ ratio 637.a.b
Operantes iniquitatem, quid 203.b.c

Operarius dignus cibo 281.a
Opera Ecclesiasticorũ repudiatã 116.c
Opusculis humanis coelum posse prome/
reri, quanta caecitas 341.c
de Operarijs, praepostere ad opera hor/
tantibus 113.b
Operarij quomodo seducantur ibidem
Opera legis hypocrisim pariunt ibidem
Opera manuum nostrarũ, Idola ibidem
ad Opera quod Christius prouocet 114.c
Opera qua ratione urgenda ibid.d
Opera bona quae i scriptura 115.a.b.116.c
Opera bona Domini quae 717.a
Opera testimonia sunt electionis & bene/
dictionis patris 473.b
Operarij, messores, uiri apostolici 255.a
Opera nec iustificant nec dãnant 363.b
Opera bona à corde aestimanda 480.c
Operũ manuũ nostrarũ idololatria 350.d
Operibus bonis sedulo incubendũ 364.c
Operibus alienis non fidendum ibidem
Opera mundi mala sunt 690.c.d.635.b
Opera uere bona, charitatis officia 155.a
Operũ testimon. Christianos declar.279 a
Opera bona, fidei fructus 480.c
Operarij, Euangeliomastiges ibidem
Opera misericordiae, diuitiae coelest.180.d
Opera bona, bonum fundamentũ 181.a
Operari nos dicimur, quae agit in nobis
Deus ibidem b
ex Operibus non constare salutem ibid.
ad Opera bona conditi sumus ibid.
Orabat Dominus noctu in monte oliuarũ
699.b.421.a
Orandum ac uigilandum 463.d
Orandum sedulo, ardenter, & perseue/
ranter 194.d
Orandum quid 194.c
Orandũ pro remissione peccatorũ 166.c
Orationis Christi explicatio 773.a
Orationes audiũtur à Deo, cum nobis pri
dem reiectae uidentur 532.d
Oration.nõ potest ꝓcipere homo 248.d
de secessu ad Orandum 335.a.b
Oratio inter praecipua relig.opera 156.c
Orationis uitia duo ibidem
in Oratione uitetur multiloquium ibid.
Orare in conclaui quid ibid.d
Orare in cõuentu Ecclesiae mos haud no/
uus ibidem
Oratio quid ibidem & 157.b
Orat. locus idoneus, secessus 156.a & seq.
Orare sine mente, quantũ piaculũ 156.d
Orationi tempus aptũ, nocturnũ 157.a
Orationis dictator, ipse animus ibid.b
uerba quatenus ad Orationem ibidem
Orantes in publico uerba adhibent ibid.
Orationes publicae & psalmi cur in Ec/
clesia 158.c
Oratio quomodo prouocanda ibidem

B 3 Orandũ

Orandi tempus locum & modum statue/ re necessarium, superstitio grauis ibi.

Orandum crebro,& cur ibid.d

Oratiões propiæ dicũtur statæ preces ib.

Orandum cum abstinentia & ieiunijs ibi:

Orandi torpor malum præsagiũ 159.a

Oratio rara apud Christianos ibidem

Orationis nomina uaria ibidem

Orandus quis ibid.b

Orandum fide ibidem

Orandum pro fratribus ibidem

Orandi an sint Diui ibidem

Oratur pro defunctis sine fide 160.c

de Oratione 209.210

quomodo externa Oranda 209.a

Orationis autor spiritus ibid.b

Orantes pie quatuor habebunt 210.c

Orationis Dominicæ epilogus 171.a

Orationis Dominicæ expositio 162.c

in Oratione Domini non uerba, sed sensa spectanda ibidem

qua fiducia & fratrum dilectione Oran/ dum ibid.194.c

Orationis Dominicæ summa 163.a

quare Orandũ,ut Dei uoluntas fiat 164.d

Orationis uis 345.b

Orationes cœnobitarũ Pharisaicæ 218.c

Orare die & nocte, quomodo intelligen/ dum 547.b

Ordo charitatis 494.c

Ordo gestorum non obseruat se in Euan gelistis 133.a

Ordo Dei in electis suis 72.c

Ordo in reuelanda cognitione Dei 255.a. b.321.a

Ordo probationis diuinæ 636.c

Origeniani noui 715.a

Origenis allegoriæ obscuræ 629.a

Osanna quid significet 419.b

Ostědere,p dare usurpatur 660.d.717.a

Ostium ouium & pastorũ Christus 714.c

Ouibus similes Christiani 266.d

Oues quæ sunt,perire nequeunt 716.d

Oues,iusti 473.b

Ouile unum,ex Gentibus & Iudæis 715.a

Oues perditæ,electi ex Iudæis 159.a

P

PAleæ reprobi 64.d

παλιγγενεσίαν Iudæi crediderunt 586.c.290.d.329.a.351.b

Panis uiuens quo pacto Christus dicatur 677.Item quomodo edatur 678.d

Panis quotidianus quid 195.b

Panis pro omni cibo 670.c

Panis angelorum dicitur Manna 671.a

Panis cœlestis qui 669.a

Papalis ordo perstringitur 203.a

Papæ adoratio 23.b

Paradoxis quare usus Christus 109.b

Paradoxa,beatitudinis Euãgelicæ 102.c

Paradisus quid 216.c

Paradisus latroni promittitur 511.a

Parabolæ quomodo accipiendæ 557.d

Parabolis cur Christus delectatus 650.d 700.d

Paracletus dicitur spiritus s. 63.a.762.c

Paralytico sanitatem impetrauit fides a/ liena 241.a.b

Paralytici qui 96.c

Parare uiam Domini 37.a.588.c

Parati simus semper, ut hinc migremus 465.a

Parentes quatenus odio habendi 274.d contra desertores suorum ibidem

Maiores ut beneficia, ita & mala acci/ piunt in minoribus 447.b

Parentum quando filij luant pœnã ibid.

Parentes honorare quid 338.d

Parentes quomodo deserendi præ con/ iuge 599.b

de Paschatis obseruatione 477.478

Pascha quãdo celebrauit Christus 477.a a.Quando Iudæi ibidem b

Paschæ translatio illegitima 478.c

Passio Christi quomodo meditãda 495.b 513.a

Patiendum quid Christiano 106.c

Passionis suæ Christus cur toties admo/ nuerit discipulos 372.c

Pastor uncus est Christ.nos eius serui 715 b

Pater per filiũ recte cognoscitur 701.a

Patris de filio testimonium triplex 662.d 658.d

Pater. quomodo in terris non uocandus 440.d

Patrem appellare genitorem, peccatum Anabaptistis 440.d

Patrum desideriũ,noster torpor 321.a

Patris cognitionẽ solus filius donat 286.c

Patrum placita non cõtemnenda 253.b

Patrum fiducia stulta 59.a

Patrum exempla non semper suspicienda 649.a

Parentes Christi humiles 17.b

Patris & filij præcepta secum non pu/ gnant 136.d.138.c.141.a

Patrum desiderium de aduentu Christi in carnem 6.c

Patientia uera quæ 495.b

Patriarchæ Ecclesiarũ primi 559.a

Paulus nõ minor duodecim Apost.407.b

Paulus fugit in persecutione 83.b

Pauli sancta astutia 267.b

Paulus cœlibem uitam duxit 400.c

Paulus δ̑ύλος 25.a

Paulus quare Petrum arguerit 580.c

Paulus ut fratris mortem doluit 251.a

Paupertas Christi 229.b

Pauperes spiritu qui 103.a

Paupertas monastica pugnat cum Deo 340.c.351.a

Pauperes Christi parentes 17.

Pauperes alendi Christiani,& qui Eccle siæ ministrant 450.d.444.e

Pauperes quanti Domino 450.d

Paupertas Christi quõ imitanda 230.d

Paupertas cœnobitarum ibidem

Pauper.& minimi quãti Do.473.b.450 d

Pauperum delectus 155.b

Pauperes gazophilaciũ Christian. 450.d

Pauperibus subueniendum 148.c

& quatenus omni petenti dandũ ibi.

Pax à solo Christo 521.c

Pax Dei qualis 287.a.755.a

Pacem reuerti quid 265.b

Pacis Euangelion adferentes persecutio manet 106.d

Pacifici qui,& quæ pax uera ibidem

Pacis legati Apostoli 107.a

Pacis umbella ibidem

Patrem in Christo sancti quomodo ha/ beant 768.d

Pax Christi non terrena 273.a

Pacem non esse impijs ibid.b.c

Peccatum ratio humana à pœna æstimat 554.d

Peccati mundum arguere quid 690.d

Vitia aliena insectari,suis neglectis ibid.

Peccata remittere,& uerbo restituere sa nitatem,per.nde esse ibid.b

Peccata aliter remittit Christus , aliter sancti ibidem

Peccatori non desperandum 244.c

Peccatum in spiritum sanctum solum da/ mnat 310.d

Peccatorũ remißio an in futuro ibid.d

Peccatũ æternũ,ergo & pœna 515.a

ob Peccata morbos immitti 242.c

non Peccat Christianus, & tamen habet peccatum 200.c

Peccatores non contemnendi, exemplo Christi 67.a

Pecc.nostra,iusta Dei ultiõe puniri 168.d

in Peccatis cur moriantur, qui respuunt Christum 701.b

Peccata sentire,laborantiũ est 286.d

Peccati sensum amiserũt hypocritæ ibid.

nemo non Peccator 166.a

Peccatorũ satisfactio impoßibilis 166.c

Peccatorũ condonatio ab uno Deo potest impetrari ibidem d

Peccatũ cõdonare,potestatis Eccle.354.c

Peccata quõ Ecclesia remittat 621.b.c

Peccatũ nõnunq̃ cedere in bonũ 630.c

Pec.respiscenti cõgratulãur ang 353.a.b

Peccatũ electorũ,ex ignorantia 308.d

Peccatores,pro sceleratis 310.d

Peccatũ in spiritum sanctũ 306.& sequ.

Peccatũ in filiũ hominis 306.d

Peccatum ad mortem 307.b

Peccatorum occasio fugienda 133.b

Peccatum

Peccatū non naturæ,sed morbi est.625.b

Peccata aliena hoïes uident,ad sua cæci, 189.a.191.b

Peccatum pœnitenti remittitur. 588.c

Peccatores monēdi libere 245.b.c.330.c

Peccatores quatenus uitandi. 245.b.c

cum peccatoribus congredi,per se nā ma lum ibidem

Peccatoribus quô conuiuendum 246.c

Peccatorum medicus Christus ibidem

Peccatores qui. 247.a

aliter peccant electi aliter reprobi. 222.d

Peccatum in electis unde ibidem

in Peccata fœdiora labi suos quare sinit deus. 648.d

Peccatores qui Euangelistis ibidem

Peccatores quomodo uitandi. 551.b

Peccata solus deus remittit 41.b.245.a

à Peccatis quomodo absoluant ministri, ibidem, & 43.b

Peccata quô tollit Christus,quomodo san cti 592.d.&seq.

de Peccatoribus non facile desperandū. pag. 384.d

Peccatores in genealogia Christi. 6.d

Peccatum nō impedit gratiã dei 7.a

ob Peccata morbi accidunt 655.b

Peccatores esse uitandos dominis non co mendauit 774.a

Peccant non nisi uolentes 674.b

Pœna futuri seculi animorum est 265.a

Pœnarum beneficiorumq́; Dei eadem ra tio 448.c

Pœnitentia Euangelicæ prædicationis summa 259.b

Pœnitentia Euangelica &legalis 86.d & sequentia

Pœnitentiæ fructus uitæ renouatio pro fert 280.c

Pœnitentiæ partes tres recentiorum 86.d

Pœnitentiæ iusti qui nō indigeant 382.c.d

Pœnitentibus congratulātur Angeli ibi.

Pœnitere quid 85.b.c

Pœnitentiæ legalis comunis bonis & ma lis 87.a

Pœnitentiæ exemplum insigne zacheus pag. 416.d

Pœnitenti remittitur peccatum ibid.

Pœnitentiæ uer.e uis 551.c

Pœnitentiæ fructus. 58.d

Pœnitentiæ symbola ueterum. 174.c

Perfectio nostri summa quæ 220.d

Persia regio orientalis. 18.c.d

è Perside uenerunt Magi Ierusalē ibidē

Persæ uicini Sabæis 18.d

Perseuerantia sanctorū probatur 353.d

Pestes omnes opera satanæ. 237.a

Petri negationes quid moneant 498.d

Petri inconstantia quare saxi nomen me ruerit. 603.c

Petri pusillanimitas. 336.c

Petrus & Ioan.inuisunt sepulchrū. 515.a

Petri nomen quare immutatum. 100.d

Petri confidentia. 779.a

Petri uotum stultum. 367.a

Petri negationes 782.c.783.a

Petri cognomentū d firmitate.fidei 352.d

Petrus cæteris feruentior 351.b.493.b

Pharaonis induratio. 169.a

Pharisæi uiperarum genimina 447.a

Pharisæorum dolus 569.a.588.d

Pharisæi unde dicti. 588.c

Pharisæorū cæcitas &furor 711.b.306.d

Pharisæorū φιλαντία insana 396.d

Pharisæi & Saducæi consentiunt contra Christum. 548.d

Pharis. quô irritā fecerūt legē dei. 339.a

Pharisæi hostes ueritatis præcipui.696.d

Pharisæorū phylacteria,&ambitio 439.b

Pharisæi hostes Euangelij potiss. 645.a

Pharisæorum dolus 396.d

Pharisæi & publ.parab.explic. 441.a

Pharisæorum secta. 56.c

Pharisæorū rapina & intemper. 445.a

Pharisæi prisci,&nostri seculi 151.b

Pharisaica iustitia quæ. 128.c

Pharisæi unde dicti ibidem

Pharis.obscurius loquitur Christus 242.d

Pharisæi nostri peiores priscis ibi.& seq

Pharisaicam disciplinam Christus ubiq; accusat 116.d

Pharisæi peccarunt in spiritū s. 306.d

I bilautiæ insania. 296.d

Philosophia externa non cōmendat apud deum 59.b.c

Philosophiam à Iudæis ad Gentes dima nasse 650.c

Philosophi etiã homines Euangelio præ pararunt ibidem.c.d

Pietas absoluta in sacris lit.tradita 540.c

Pietas nō sita in præceptis humanis ibi.d

Pietatis impietatisq; cadē sedes. 342.d

Pietas simplex. 26.c

Pietas in nouo testamento potiss. prædi canda. 438.c

Pietas cur tam multis inuisa. 267.b.c

Pietatis exemplū Centurio 217.a

Pietas solius dei donum ibidem

Pietas in electis tempestiue relucet 218.c

Pietas solida unde. 523.b

Pietatis contemptus errores parit fœdiss. pag. 329.a.b

Pietatis studijs perpetuo incumbendū 469

in Pietatis scientia unius s bristi discipu/ los esse oportet . 278.

Pietas ex fide,non, non efficijs metiēda, pag. 611.a

Pietatis tota ratio in duabus parabolis tradita 472.d

Pietatem solidam statuentes, suspicioni le gis destruendæ obnoxij 116.d. &seq.

Fij semen solius Christi 522.d

Pij quantū Deo sint ibidem

Pij cur inuisi malis 269.b

Fij nisi alio d Deo uocentur laborent ma nibus 90.d

Pietatis seminar in electis 19.a

Pisces citius suppeditabunt quàm egeant Pij 374.c

Piscatio hominum Euangelij prædicatio ss. c. & 325.b

Piscandi studium, id est , lucrandi quàm plurimos commendatur 92.d

Piscatores hominū nō illico erāt Apostoli sed multa eruditione fecit Christus ibi.

Placere licet hominib.in bono 108.d

Plantare quid in scripturis 343.b

omnis Plantatio & cæt.nō de dogmatis, sed hominib.non plantatis ibidem

Poëtæ etiam ueritatē tradiderunt 996.d

Pontificiæ leges cū lege Dei pugnāt 396

Pontifici Rom. quatenus obtemperandū pag. 725.a

Populi Dei ætas triplex 601.b

Populus diuersissima sequitur 423.a

Populus in ueritate nō perseuerat 507.a

Populus Israël,typus Ecclesiæ 619.b

Porcos petiunt Dæmones 237.a

Porcos cur Christus perdiderit ibidem

Portæ inferi quæ 553.a

Portæ infero.nihil contra Ecclesiam & f.dem ibidem

In portis olim iudicabatur ibid.b

Potestas spiritalis quæ 205.b

Potestas Apostolica hodie cara 206.c

Autoritas predicatorib. quàm necessa ria & unde petenda ibid

Potestas omnis obseruanda 374.c

Potestati quantū Christiāus debeat 143a

Potestates à Deo ordinatæ,non potestas, contra Monarchias 144.c.d

Potestati inferiori,an liceat suos defen dere contra superiorem, præsertim in causa religionis 143.144

Potestatū discrimē notabile 134.d.&seq.

Potestates Ecclesiasticæ quæ sint 353.b.c

Potestas Ecclesiastica penes quem sit pag. 354.c

De potestate Rom. pontificis commenta pag. 355.a

Prædestinatio piorum prædicāda 672.d

Prædicatio Apostolorum 259.b

Prædicationis Euangelicæ summa ibid.

Prædicatores regni inepti, terrena spe ctantes 229.b Exemplo scribæ

Prædicatio Euangelij ad iustificationis ordinem pertinet 224.d

B 4 Prædicatio

prædicatio Euãgelij quãti habẽda 225.b.c
prædicatio Euangelij capturæ piscium aſ
ſimilatur 88.c.325.b
Nemo prædicet niſi miſſus 255.b.254.c
230.d
prædicator quõ tẽperabit increpationes
57.b. cõtra quorundam procacitatem
prædicationis aſperitas quæ probanda
57.b
prædicatores mittere,Dei Patris eſt 255.4
prædicãdi officiũ cui ambiendũ.ibid.b.c
potentiori ſpiritu,is qui minus poteſt, ce
det 256.d
prædicatores non temere mutent uocatio/
nes ibidem & ſequ.
prophetant etiam hypocritæ 255.b.202.c
Contra prædicatores intempeſtiuos , &
non miſſos 211.b
prædicatores fidi ſint ac ſeduli 267.b
Cõtra ignauos cõcionatores ibid & 269.a
prædicatores tentari quàm utile ſit 71.d
prædicatoris Euangelici munus , fidem
& delectionem commendare 65.a
prædicationis regni cœlorum nibil præ/
ſtantius 85.b
prædicandum Euangeliõ bonis & malis
273.a
prædicatori non ſemper uagandum, con/
tra Anabaptiſtas 240.c
prædicationis doctrina non exilio, ſed ſpi
ritu Chriſti probanda ibidem
Ad prædicandum dominus ſubinde ſeceſ
ſit. 98.d
predicator fugiat fauorẽ popularẽ 107.b
prædicatorũ uerbi ignauia taxatur 92.d
prædicatorum neceſſitas ibid.& ſequ.
prædicantibus deberi uictum 265.b
Nõ illico de fructu prædicationis deſperã
dum 258.c
prædicantibus deberi uictum 265.b
prædicatores Euang.medici animarũ ib.
predican.Euangelion etiã reprobis 683.a
prædicatores Euãg. pauci & multi.206.c
prædicatoribus quàm neceſſaria autori/
tas & unde petenda ibidem
prædicator,exemplo Moſi.beneficiorum
dei admoneat rudiores 114.d
prædicatorum Euangelij officium 178.c
prædicatorum morbi, plebis item ibidem
prædicatorum culpa 179.b
præcepta Chriſti quædã tẽporaria 262.c
Canon certiſſ.intelligendi præcepta, cer/
tis hominibus data ibid.d
præcepta Dei omnia ad nos aliquatenus
pertinent 263.d
præcepta humana,diuinis ſemper pluris
habentur 76.d
Cur inuitet magis quàm præcipiat Chri/
ſtus 109.a

præceptis uarijs lex dei explicata 123.b
Præcepta minima quæ ibidem
præceptorum caput timor dei 405.b
præcep.ſeruaſſe ſe falſo putauit princeps
ibidem b.c
præcepta Dei alia temporaria , alia per/
petua 629.a.Et quõ tractãda ſint630.d
præcepta in fronte ferunt Indi, Perſæ.
Phariſæi 439.b
præcepta patris & filij ſecum non.pug/
nant 136.d.138.c.141.d
præcepta ad quid homini data 676.c
præcepta dei quatenus facilia & diffici
lia 196.c.d
præcepta dei obliterata traditionibus ho/
minum 340.c
Singula hominum mandata, ſingula dei
euertunt ibidem
præceptorum decalogi epilogus 385.a.b
præcepta dei difficilia 457.b
Cur deus hominibus præceperit impoſſi
bilia ibidem & ſequ.
Iubemur, quæ tamen non niſi Dei dono
poſſumus facere 181.a.b
prælatis Eccleſiarum in primis uigilan/
dum 470.c
præſentia nõ diligenda, exemplo uxoris
Lot 469.a
Presbiteri noſtri,& legis ſacerdotis diffe
runt 212.d
primogenitus omnis creaturæ , Chriſtus
572.d
primogenitus eſt , antequam nullus alius
16.c
principis pij officium tempore belli 142,c
d.uide bellum
principes cur potiſſ. ſæuiant tn Chriſtia/
nos 267.b.c
principes & iudices unde t ij 717.a
principes dij dicti 428.d
principatus cupiditas homini innata.
439.b
probatica quid 654.d
probationis diuinæ ordo 636.c
prodigia à morte Chriſti 788.c
promiſſiones patrum plus in receſſu ha/
bent quam fronte 705.b.c
promiſſio Abrahæ facta de Chriſto,expo/
nitur ibidem
promiſſio facta Abrahæ &Dauid de Chri
ſto 5.a.b
promiſſiones de Chriſto,Iud.uelatæ 5.a.b
promiſſiões aliæ Moyſi,aliæ Chriſti 110.d
promiſſiones Chriſti etiã tẽporariæ ibidẽ
promiſſio & Euangelion differunt 2.d
propheta minimus in regno Dei,maior Io
anne bapt. 281.b
propheta quis 649.a
prophetia de Chriſto, quõ accipiẽdæ 146

Proph.eta quis dicatur in ſcripturis 288.c
Prophetarum filij qui ibi. Prophetes Iu/
dæi ſemper habuere,Prophetarũ genera,
Prophetare ut uarie accipiatur, Prophe/
tia,Prophetiæ pars,præaictio fuuroru
Prophetas multos habuit Iſraël, & Eccle
ſia prima,Prophetæ munus præcipuũ,do
cere pietatem,Prophetæ quid differant à
doctor.bus , & Prophetia cur tam rara
288.& ſequentibus.
prophetare in nomine Chriſti,quid.201. b
prophetia pro doctrina 202.c
prophetant etiam mali ibidem & 255.b
ppophetiæ de Chriſto & eccleſia quomo
do tractandæ 630.c.d
propheta non petit niſi Ieruſalem 449.b
prophetia quando obſignata 459.b
prophetant & reprobi , ſed ignorantes
724.c. Exemplo Caiaphæ
prophetiæ de Chriſto,quomodo é ſcriptu
ris eruendæ 587.b
propinquitatem ſanguinis nõ reſpicit Eu
angelium 690.d
prouidentia dei omnia diſpenſat 272,d
Nibil ſit temere 294.c.296.d
proſeliti qui 442.d
proximus quid ſignificet 150.d
prox. diligere cur de9præceperit 151.a
proximos quàm uarie Deus nobis facit i/
bidem
proximi hoſtes quoq; uocantur ibid.a.b
proximi uocabulum , phariſæi priſci &
recentes inuerterunt 151.b
De proximo diligendo , anabaptiſtarum
cauillum 140.c
pro proximo arma ferenda ibidem.d
proximus ſecũdum Deũ diligendus ibidẽ
prudentia ſerpentina opus Chriſtianis
266.d.& ſequ.
prudentibus uerbi diſpenſatio committen/
da. 267.a
pſalmus 109.de Chriſto Dño & rege pa/
raphraſticos explanatus 435.a,b
pſalmorum uſus 157.a
pſalmi cur in Eccleſia dicantur 158.c
pſalmi 88.locus,ſemel iuraui &c.de Chri
ſto ſonat 6.b
pſalmi 72.locus : Reges Tharſis excuſſus
18.d & inde
pſalmi 110.uerſus,4.explicatur 164.d
pſeudochriſti qui.& qualesante excidium
Iudæis uenerint 453.b.464.c
Alij pſeudochriſti,alij Antibchriſti 464.c
pſeuoprophetas futuros prædicit Chri/
ſtus 457.a
pſeudoproph.etiã futura prædicũt289.b
pſeudopropbetæ qui 194.a
pſeudoproph.multi uigente ueritate ibid.
pſeudoproph. et uãij & magiſtri ſatanæ
ibid.

publicani & meretrices præcedunt in re
gnum Dei,principes sacerdotū 423.b
publicanus Mattheus,sit Euang.   3.b
publicanorū benignitas imperfecta.151.d
publicani & milites , possunt Christiani
esse   65.a
publicani nomē cur passim infame ibi.b
publicani qui   ibid.
pueri qua fide baptizentur   242.c
pueri baptismo in externam Ecclesiam
recipiuntur   ibidem
pueri unice observandi   582.d
pueri an baptisandi   47.48.49
pueri quanti Domino   377.b.582.d
pueri quomodo credunt in Christum ibi.
pueris in quo similes esse debemus, in
quo dissimiles   378
pueri bonæ conditiones   ibidem
pueri in Ecclesiam recipiendi 402.d.&
inde   595.b.c
pueri ab Apostolis baptizati   595.b
paruulorū baptismi defensio.contra Ana
baptistas   ibi.copiose
puerorū Christianorū Deum etiam esse
saluatorem   596.d
pueri Christo adducti   402.c
puerorū quoque esse regnū cœlorū ibi.d
pueri quare in tempore hinc rapiantur.
pag.   403.d
pueri per baptismum in Ecclesiam reci
piendi   ibid.d
puerilis ætas plures dat regni Dei ciues,
quàm alia quæuis   ibidem
pueri absque fide Deo placent 404.c.d
puluere, siue cinere,spargebantur pœni
tentes   174.c
puluerem excutimus, nihil recipientes
pag.   264.d
puritas summa quæ   210.d
purificationum usus   119.b
purificationū ritus mystice.630.d et seq.
purgatorij carceris commentū refutatur
pag.   532.c
purgatorij commentū stupendū   542.c
De purgatorio, &limbo patrum,somnia
Theologorum   512.c
De purgatorio,& suffragijs mortuorum
copiose   310.d.&sequ.
De purgatorio Augustinus incerta scrip
sit   512.d
purgatorij cōmenta fugiēda   225.d
purgatorium nescit scriptura   ibidem
purgatorium sacerdotibus lucrosum ibi.
purgatoriū nō probat locus.1.Cor,3. ibi.
posse esse statum post hanc uitam profici
endi   ibidem.&.313.a

Q Vadragenariꝰ numerꝰ præpa
rationis & expurgationis 73.b
Quadragesimale ieiuniū in cō
sulto præceptum   ibidem

Quadragenariū Christi ieiunium, exem/
plum haud imitabile   74.c
Quadragesimæ institutio superstitiosa
pag.   ibid.d
Quadragesimæ obseruatio ueterū   75.a
Quadragesimæ religio quomodo irrepse
rit   ibid.b
Quadragenarij ieiunij solutio lætifera
pag.   76.c
Quadragesimæ obseruātia, ut à ueterum
consensu degenerarit 76,d.   et sequ.
Quadrans quid   132.d
Qualis uir talis oratio   313.b
Quæstum in sacrificijs facere intolerabi
le Domino   421.b
Quæstiones curiosæ &impiæ   15. b.c
Querulatio,non præcatio fuit,quod ora/
uit Dominꝰ,pater mi,&c.   494.d
Quæstum facere ex pietate. quàm inuisa
res Deo   617.a

R Abbi quid Hebræis   605.b
Rachab cur in genealogia Chri/
sti memorata   6.d
Rachab hospita exploratorum officiosa
pag.   ibidem
Rachab fides eximia   ibidem
Rachel pro Bethleem usurpatur   30.c
Rapina & intēperantia pharisæorū445.a
Rationis humanæ æstimatio 271.b.269.b
Contra Rationis iudicium   562.c
Recōciliatio omnibus sacrificijs Deo gra
tior   131.a
De reconciliatione fraterna similitudo ex
plicata   ibidem b & sequenti
Redemptionis nostræ quæ ratio   11.d
Regnum cœlorum.populus Dei 118.c.d
                           281.b.353.b
Regnum Dei.doctrina & lex Dei 414.c
Regnum dei ad Gentes translatum ibidē
Regnum ecclesiæ.Christi   93.a.b
Regni cœlorū prædicatione nihil præsta
tius   85.b
Regni Dei.& mundi discrimen   102.d
Regnum cœlorum puerorum est   402.d
Regni cælorū capacitas in quo sita 403.a
Regnū Dei nō carnale,sed spirituale 465.b
Regnum Dei qui hodie sibi & alijs clau
dant   441.b
Regnandi libido Eccclesiasticorum perstri
gitur   145.a.146.d
Regnum suum spirituale instituit Christus
158.d
Regnum Dei quando cum uirtute aduenit
364.d.& sequ.
Regnum Christi temporarium.& æternū
522.d
Regnum Christi regno patris cedit ibidē
Regnum Christi idem quod sacerdotium
eius   523.a
Regnum Dei quærere,quid   185.b

Regno Dei ineptus qui   441.a
Regnum Christi,quomodo regnum spiri/
tus   603.a.b.
Regnum dei ui in patitur   630.d.281.c
Regnum cœlorum quid   35.a.163. b.c
De regno Christi uaticinium Esa. insigne
ibidem
Regnum Christi quale   20.c.5.b
Regnum antichristi,& hodie regno Chri
sti præferunt   ibidem
Regnum Christi non nisi fide percipitur
694.c
Regnum cœlorum Ecclesia   594.c
Regnum Christi non est de hoc mundo
507.a
Regnum Dei in quo situm   620.
Regnū Dei uidere,& ingredi ibid.& 622.d
Regnū dei ut hereditas, nō ut merces da
bitur electis.   473.a.
Regni Dei aduentus quid   482.c
Regnū Dei quomodolibet promouentes.
non prohibēdi   553.a
Regni Christi specimen, ingressus eius in
Ierusalem   417.a.419.a
Regnum Christi commendatur   419.b
Regnum christi spirituale   435.a
Regnādi appetitio homini innata   439.b
Regem Iudæorū se Christus insinuat 17.b
Regenerationis status qualis   406.d
Religionis negotium pertinere ad magi/
stratum   428.d. & sequ.
Sub religionis prætextu sua quærere,
quàm inuisa res deo   617a
Religio hypocritarum præpostera 645.b
Religio præpostera notatur in sacerdoti/
bus   503.b
Religiosa impietas   504.c
Religio uera à Iudæis orta   646.c
De Religione nihil temere iudicandū 254.
Religionis externæ opera inflant 247.a
Remittenda fratri noxa cito   132.c
Remittendum septuagies septies   388.c
Reproborum status post hanc uitam 226 c
Reproborum ingeniū cum uerbo Dei ten
tantur   285
Reprobi omnes tandem in spiritum.S.pec
cant   507
Reprobi secum pugnant   508.c
Reprobiquatenus ueritatē agnoscunt ib.d
Peprobi soli peccant in spiritū sanctū ibi.
Reprobis omnia noxia   242.d
Repudium quare olim permissum   390.d
Repudiū Magistratus admittere debet ob/
duriciam cordis   ibid,
Homo ne separet,nō est contra Magistratū
dictum   391.a.b
Qui repudiatam duxerit, quomodo acci/
piendum   ibidem.b
Repudiata uxor citra adulterium duci po/
test   ibid.b.c

Repudium quale uetat Christus   215.b
de Repudio lex Theodosij & Valenti/
    niani   395.b
Repudij causæ uariæ   ibid.b.c
Repudianda quando adultera   397.b
de iure repudij siue diuortij   134.d
Repudium quãdo illicitũ Christiano ibi.
Requiem solius Christus præstat   257.b
Respiscere quid   85.b.c
Respondere quid in sacris literis   614.d
Resurgent omnes uoce Christi   658.c
Resurrectio quô Christus,& uita   722.c
Resurrectionis, &apparitionũ Domini hi
    storia ordinatur   514.& inde.
Comedit Dominus post resurrect.onẽ 516.
    d.& 482.c
Resurgentè Magdalena prima uidit 515.b
Nesurrexit dominus cũ terræmotu 517.b
Resurrectionis primi præcones Ang,ibid.
Resurrectionis fides quã necessaria 518.c
à fide Resurrectionis nouitas uitæ ibi.d
Resurrectionè difficile credit homo ibid.
in Resur.ang.similitudo promittitur 432 d
Rete Euangelicum   88.c.325.b
Reuelationes diuinæ quibus, & quando
    exhibeantur   26.c
Romam Petri fidem habere, nõdum pro/
    batum   494.c
Romana sanctimonia perstringitur 450.6
Romani pontif.taxantur   355.& inde.
nihil ad Rom.pont.quæ data Petro 355.b
Romani pont.qui habendi   357.b
Rom.Episcopi prærogatiua ibid.a 358.d
Rom.pont non sunt propriæ claues 357.b
Romanæ iposturæ perstringũtur 464.d
Rudiores ferendi   367.b.372.c
à Rudibus Christi, non requirenda illic
    summa 247.b.c   (ijciendi 616.c.d
Rudiores in mysterijs fidei non statim ab/
Ruth unde auia domini esse meruerit 6.d
S Aba, foelix Arabia est   18.c.315.a
    Saba, Iudææ ad meridiem   18.c
    Sabbatho licere benefacere   196.d
Sabbathum magnum   477.b
Sabb.uetus ad nos quoq; pertinet 263.a
quid spirituale in Sabbatho   ibid.
Sabbathi religio   294.c
Sabbathum secundo primum quid ibid.
Sabb.non quodlibet opus prohibitũ ibi.b
Sabbathi opus proprium   655.b.c
Sabb. legebatur in tẽplo scriptura 325.d
Sabbathorum obseruatio cur adeo seue/
    re exacta   299.a
Sabbathum sanctificare quid   ibid.
Sabb.lex & Prophe.legebãtur ibi.437.b
Sabbathum cuius figura   ibidem
in præcepto Sabbathi quies domini cur
    memoraretur   ibid.
Sabb.uiolati apologia Christi   692.d
Sabbathum à Iudæis uiolari   ibidem
Sabbathi dominus filius hominis 295.a

Sabbathum propter hominem   ibid.b
Sabbathi causæ multæ   ibidem
Sabbthum cur & quando dominus san/
    ctificauit   659.b
sabb.quô sanctificetur,& uioletur 660.c
Sacculus quomodo tollendus   262.c
Saccus habitus luctuosus   174.c
Sacerdotes leges,& presbyteri hodierni
    differunt   212.d
Sacerdotes superstitiosi taxantur   503.b
Sacerdotiũ Christianorũ spirituale 450.d
Sacerd.unicus & perpetuus Christus ibi.
Sacerdotium Christi, idem quod regnum
    eius   323.a
Sacramenta Christianorũ duo 35.b.39.a
    593.a.594.c
    Quare à Deo instituta   40.c.d
Sacramentorum efficacia qualis ibid.d
de Sacramentorum ui & natura, recen/
    tiorum quorundã sententia   43.a
in Sacramentis quid conferat ministro/
    rum opera   43.b.c
Sacramenta quomodo gratiæ Dei instru
    menta   43.44.633.b.686.c
Sacram.ex se non conferre gratiã 485.b
in Sacramento Christus sumitur   45.c
Sacramentorum mysteria celabat profa/
    nos Ecclesia uetus   326.c
Sacrificium Christianorũ spirituale 450.d
in Sacrificijs quæstum facere, intolerabi
    le domino   421.b
Sacrificia Iudæorum uaria, quorum nos
    admoneant   631.a
Sacrificijs reconciliatio fraterna præfe/
    renda   131.a
Sacrificium Christianorum   ibidem
Saduæi ignorant scripturam & uirtu/
    tem Dei   432.c
Sadducæi unde dicti   128.d
Sadducæorum secta   56.c
Sal est bonum   557.b
Salis similitudo explicata   109.b.c
Sal in sacrificijs, mystice   110.d
Sal terræ, Apost.109.b.c. Et oẽs fid.110.d
Salom.typus Christi 609.b.628.d.630.c
Salomonis iudicium de meretricibus al/
    legoricũ   628.d
Saltatio is fructus qui   330.d
Saluari uult cũctos deus, exponitur 169 a
Salutatio interdicitur hyperbolicũs 264.c
Salus non annuntiatur, nisi ad hoc ordi/
    natis   259.a
Salus unde speranda   435.b
Salus ex Dei electione &c.   259.b
Salus ex Iudæis   646.d
Salus per fidem constat nõ operib. 181.b
Salus omnis in uno Christo   279.a
Samar.cur nõ receperint Christã 553.b c
inter Iudæ.& Samar.unde dissidiũ 645 b
Samaritani Gentes erant   258.d
Samar.& Sichimitæ dicebãtur   644.c

Samar.transgressor dicitur   ibidem
Sancti quare flagellantur à Do.   228.c
Sancti cum Christo sunt & uiuunt   651.a
Sancti ueri auidißime solent sibi inuicem
    coniungi   536.d
Sancti imitandi   161.b
Sancti quare tentãtur à Domino 231.b.c
Sancti quæ uiderint in promißionibus si/
    bi factis   705.b.c
Sanctificationis symbolũ bapt.42.c.66.b
Sanctitas alia externa, alia interna 246.d
inter Sanctos ueteris testamenti,& noui,
    quid intersit   590.d.593.a.b
Sanctos, qui hinc discesserũt, uiuere 706 d
Sanctorũ gaudium & salus Christus ibid.
Sanctorũ cultus præposterus   645.b.c
Sancti imitandi   ibid.
Sanctorũ status post hanc uitam   ibid.
Sanctorum intercessionem non probat lo
    cus de muliere Chananæa   345.a
Sanct.intercessiones uendere, qualis im/
    postura   464.d
Sanct.ac patrũ fiducia stulta 59.a.b.60 c
Sanctorũ meritis non fidendũ   364.c
Sanctorum ueneratio uana   14.c.115.b
Sanct.imagines adorare ethnicũ ibid.d
Sanctum quid   193.a
Sanguis Zachariæ iusti   448.c
Sanguis iustorum quomodo requiratur
    à posteris   447.a.b
Sanguis Christi super Iudæos   507.b
Sanguis & aqua de latere Christi quid
    adumbret   512.d
Sapientia Dei, Christus   573.c
Sapientia sapientum quô perijt 341.b.c
Sapiẽtiæ humanæ æstimatio 271.b.269.b
Sapientiæ Dei contemptores in absurdos
    errores prolabuntur   443.a
Saræ nomen quare immutatum   100.d
Saræ allegoria   628.c
Saræ quare tentator appellatur   77.a
Satan fidem potißimum petit ibid.94.d
Satan, Leo rugiens   77.b
Satan quid   234.c
Satan quo rapiat   576.d
Satan princeps mundi esse conatur 306.c
Satan dicitur diabolus   72.d
Satan bona in malũ uertit   169.a
Satan hostis Christi irrecõciliabilis 169 a
Satan quomodo Petrus dicatur 361.b.c
Satan tortor   170.d
Satanæ inimici uirtus   255.b.& ante
Satanæ graues tentationes   167.b
Satanæ in homines potestas, à peccato
    est 95.b
Satanæ pollicitationes impiæ   82.c
Satanæ conatus circa opera bona 115.a
Satanas expetiuit Apostolos   494.c
Satanæ ministerio mala oĩa fieri   ibid.
Satanæ tradere, qualis Ecclesiæ potestas
    553.b.c

Satisfactio pro peccatis Christus 256.d
Satisfactiõe Christi nemo nõ idiget 637.b
Satum quid 314.d
Saul inter Prophetas 288.c.d
Saulis dementia 20.d
Scandali nomina 378.c
Scandalizare, & scandalum quid 133.b.c 378.b.545.a
Scandala malis sunt, Christus & omnia bona 378.b
Scandala necessario ueniunt 379.a
Scandalorum plenus orbis ibidem
Scandala diligenter uitanda ibidem
Scandalon duplex ibidem b
contra quæ Scandala Paulus Roman. 14.& 1.Cor.8.ibidem
Scandali rationem docet uocatio Zachæi 417.a
Scandala quæ nobis negligenda 344.a
Scandalũ q̃ anxie uitarit Christus 298.c
Scandalum Apostolorum 77.a
Scandalum deficientium fratrum prædicitur 456.d
Scenopeia quid 689.b
Scientia salutis 541.b
Scientiam inflare 696.d
Scien.uitæ solis electis cõmunicetur 320 d
Scriba doctus ad regnum 315.b.c
Scribæ qui apud Iudæos 128.c.326.d
Scribæ clauem scientiæ abstulerãt ibid.
Scriba terrena spectabat 229.b
Scribæ inflati maledictos uocant indoctos 696.d
Scriptura, lex Dei dicitur 717.a
Scriptura sa.non diuexanda 598.d
Scriptura secum nõ pugnat 136.c.158.d
Scriptura sa.obuelata Iudæis 5.b.c
Scriptura in legem & Euangelion diuiditur 2.d
Scriptura sa.legis & Prophetarum nomine intelligitur 194.d
Scripturæ datæ solis pijs in salutẽ 168.c
Scripturæ scientiam ignauis haud donat miraculose Deus 80.d & sequu.
Scripturæ scientiam sperare sine summo studio, tentare Dominũ est ibidem
Scriptu.elementis solis nõ hærendũ 81.a
Script.de Christo q̃ pie tractãdæ 520.d
Scripturæ non intelliguntur sine mente Christi 519.520.
Scriptura habet historias, uaticinia, præcepta 619.a
Script.quid potiss.doceant 632.c
ad Scripturas remittit Christus 425.a
Script.utilitas, exẽplo Nathanaëlis 610.d
Scripturam siue prophetiam impleri, intelligimus bifariam 17.a.84.d
Scripturæ sacræ bonos 203.a
Script.sa.figuræ & tropi obseruãdi 156.d
Script.lectioni usq̃ incumbendũ 89.b.c

Script.impletio, pro allusione 84.d
Script.sabbatho legebatur in tẽplo 326.d
in Scripturis citandis mos Apost. 21.b
Scriptura genealogias per uiros tantum recenset 5.c
Scripturæ scopus quis 195.a
Script. quõ de Christo testificetur 661.d
sedere ad dextrã patris qd 500.c.522.d
sedere à dextris Christi & sinistris, quid & quibus datum 412.d
Seditiones, mera latrocinia 574.c
Seduci non possunt electi 463.a
Semen Christi, pij sunt 322.d
Semen Dei ubi ubi fuerit, tandẽ fructificat 697.a
per Semen quid in scripturis 519.a
in Semine tuo benedicentur, uni Christo competere ibid.a.b
contra Sepulchrorum immodicas impensiones 252.c (511.d
Sepulchra Christianorũ honesta sint ibi.
Sepulturæ Christi pretiosa 511.d
Sepeliendi mos Iudæ.ibi.& 480.d.728.c
ad Sepulchrũ Christi quæ mulieres & quando uenerint 514.c
Et earum sedulitas ibid.d
Sepulchrum Domini inuisunt Petrus & Ioan. 515.d
Sepulchris similes 446.c
Sequenti Christũ quõ oĩa deserẽda 91.a
Sequũtur Christũ cænobitæ neqcq̃ ibi.b
Sequi Christũ, quàm salutare 96.c
Sequi Christum, res ardua 110.c
Sequi Christum quid 230.d.247.c
Sceuti Dominum uarij, & uarijs de causis 669.b
Sequentib.Christum nihil de fore 333.b. 334.d.346.d.667.b
Sectatores Christi consolantur 361.d
Serpentis astutia 266.d
Serpentis ænei allegoria explicata 632.d
Seruus Dei quilibet est, ut cõmodet alijs 469.b
Serui Dei, typi Christi 619.b
Serui quomodo tractandi, exemplo Centurionis 217.b
Serui sumus inutiles 560.a
Seruitus peccati 704.c
Scruire quid 183.b
Seueritas Christi in corripiendo 313.b
Sibyllarũ uaticinia de Christo 706.c
Siclus quid 373.a
Sichia alias Sichẽ dicta, & Sychar 643.c
Sichinitæ ijdem qui samaritam 644.c
Sidoni cur non prædicatum 284.c
Sidus gladio simile 455.b
Signum regni Dei Christus 546.d
Signum Achar fusius enarratũ 13.b.14
Signũ Ionæ, signum resurrectionis 314.d 615.a.b

Signum Achar petere noluit præ incredulitate 13.b
Signum filij hominis in cœlo 466.d
Signa Christianorum pauca 647.a
Signa à Deo petierunt etiã sancti 347.d
quid tentare signũ petendo ibidem
Signa magna de cœlo 455.b
Signa sacramẽtalia non esse inania 43.b
Signa cur Deus sanctis dederit sensibilia 40.c.d
Signa Christi nõ oĩa literis mãdata 618.c
Signis sæpe adscribi, qd signati est 41.c
Simon magis pseudopropheta 454.d
Simon Cyrenensis 709.a
Siloam siue Schiloah quid 709.a
Simplex semper est pietas 26.c
Sinapis, Euangelij prædicatio 324.c
Sinapis fides 271.a
Sobrietas apud Cristianos perpetua, ieiunia non item 179.a
Sodomis quare non prædicatũ 284.c
Sodomis deteriores, qui Euangelium audierunt, nec respiscunt ibid.d
Sodomorũ exẽplũ quõ accipiendũ 265.a
Sol iustitiæ, Christus 113.a
Sol typus Christi 617.a
Solicitudo quid 184.d
præ Solicitudine fides in Deũ cadit ibid.
Solicitudo non quæuis, sed diffidens prohibita 268
Solicitudinis natura 185.a
Somnus mors quorumlibet 721.b
Somniorum diuinorum uis 15.b
Spiritus s.noĩa 61. & inde 591.b.595.a
Spiritus s.cur aqua 61.42.d
Spiritus s.quomodo ignis 61.c
Spiritus s.missio duplex ibidem
Spiritus s.quare uocetur spiritus ibid.d
Spiritus sanctus unctio ibidem
Spiritus s.paracletus 63.a.Digitus Dei ib.
Spiritus sanctus quid operetur ibid.b
Spiritus sancti uaria dona ibid.
Spiritus sanctus Deus ibidem
Spiritus s.à patre & filio procedit 64.c
Spiritus sanctus in specie columbæ cur
Spiritus quid 741.d (uisus 70.d
Spiritus s.magisteriũ in credẽtibus 124.c
Spiritus Domini unde detur 716.d
Spiritus timoris in ueteri testamento, adoptionis in nouo 593.a
Spiritus filiorum hic imperfectus ibid.b
Spiritus quid doceat & suggerat 752.d
Spiritus Christi salutem hominum quærit 553.c
Spiritus sanctus quid 591.b
Spiritu baptizari quid ibid.b.c
Spiritus s. oleum & unguentum 8.d
Spiritus timoris, & libertatis 583.b.c
Spiritus sancti descẽsus in baptismo Christi, quid admoneat 69.a

Spiritus

spiritus sanctus quomodo dicatur aqua
uiua   644.c.d
spiritus ubi uult spirat, uarie exponitur
spiritalis hominis natura ibid.   (623.a
spiritu Dei fideles aguntur , non suo arbitrio   72.c
spiritu colendus Deus   647.a
spir.nō litera cōuincēdi increduli 189.a
spiritū Deus non dat ad mensurā 639.b
spiritui sancto conuiciari quid   806.d
in spir.s.oēs reprobi tandē peccāt 307.b
spirium Christi habuerunt etiam sancti
ueteres   35.b.696.c
spirital.beneficia caro nō agnoscit 95.b
spir.tanq̃ corporalia describūtur 559.b
spiritalib.mandata Dei facilia 196.d
spinæ in finibus Pharisæorum 439.b
spolium diaboli per Christū recuperatū
stella magis noua condita 19.b (304.a
stella Magis in oriente tantū uisa   22.d
stolati obambulare soliti Pharisæi 439.b
studiū literarū haud negligendū 691.a
sudor Christi sanguineus   495.a
supplicium malorum æternum,ut regnū
beatorum   474.c
supplicationes indicere, magistri esse di-
uinioris   176.d
supplicationis,& ieiunij ueri quis modus
179.b
supplicationes seriæ ecclesiæ superioris,
qua ratione susceptæ   175.b
superstitiōes uulgi in cærimonijs 43.a.b
symeon iust.Christum annuntiat,pertur-
batis alijs   20.c
symbola externa sine sp.dei uana 621.a
symbolis tribuuntur,quæ per illa significantur   ibid.b
symbola cur à Christo data   594.c
synecdoche frequēs in scripturis 479.a
457.b.480.c.489.b.20.d
synodorū erat leges cōdere Eccle. 559.a
syriaca lingua usi Hebræi   129.b

Tanq̃,non semper similitud.495.a
Talentorum parabola docet bene-
ficentiā erga proximū 471.c
Testa plana in Iudæa   461.b.123.b
Telones Matthæus   3.b
Tempestates opera satanæ   371.a
Temperātia apud Chr.stianos perpetua,
ieiunia non item   179.a
Tēpla nostra ipsijs lucris pstituta 421.b.c
Templum domus negotiationis ibidem
Templum carnale erexerunt sacerdotes
carnales   450.d
Tēpli substructiones ostendūtur Do.451.d
Templorū structura parui meriti 339.d
Templū quō sanctificat aurum 443.a
in Templo habitabat olim Deus, quia ibi
coli uolebat   443.b
Templum Salomonis nihil ad nostra de-
lubra ibidem

Templum,corpus Christi   615.a
Templum quomodo ædificatum XLIX.
annis,& XLVI.concordatur   615.b
Temporalia à Deo orare, non indignum
165.a
Tenebræ in passione Christi quid signēt
511.a
Tenebræ omnia sine Euangelio   85.a
Tenebræ quid   635.a.b
Tenebris lucem præferre   ibidem
Tenebræ externæ hic incipiunt   226.c
Teneb.meræ,hominū mētes 576.c.577.a
Tenebræ dicuntur affectus humani 183.a
Tentat suos Dominus   231.b.c
Tentationis natura graphice depicta ib.
Tentare Dominū quid 80.c.d.347.d
Tentant Dominum , qui manuū laborem
declinant   ibid.d
Tentant Dominum , qui sine summo stu-
dio,scripturæ scientiam sperant ibid.
Tentant Dominum,cœlibatum inconsul-
to deligentes   81.a
Tentari suos cur permittat Deus   336.d
Tentatio quæ deprecanda,quæ nō 169.b
167.a
Tentatio utilis   ibid.& 72.d.77.a b
Tentatio credentib.nō timēda   169.b
Tentatio duplex   166.d
Tentat suos uarie Deus   167.a
in Tentationē Deus inducit ibid.b.&seq.
Tentationes satanæ graues   ibid.
Tentatio Christi in deserto peracta non
Ierosolymis   79.a
Tentatio Christi imaginaria   ibid.81.b
Tentatio quid   77.a
Tentator satan cur appellatur   ibidem
Tentationes Christi quomodo accipien-
dæ 77.a.b
Tentati fide Moyses,Aaron.Adam ibid.
contra Tentationem de uictu   78.c
Tentatio timenda quæ   170.c
Tentationis autor Deus   ibidem
Tentator satan dicitur   ibidem d
Tentatio parentum Iesu   27.a
Tentationum ratio , & quibus fides pro-
batur   250.d
Terra noua, quomodo accipienda, apud
Esa.   118.c
Terrenis corde addici,summū malū 182.c
ad Terrena non respiciendum exemplo
uxoris Lot   469.a
Terram possidebunt lugentes   104.c
Terræmotus in passione Christi   512.c
Terrena spectantes,inepti comites Christi
229.b   (129.c.d
Testamentū nouū , & lex noua promissa
inter Testam.uetus & nouū discrimē ib.b
Testamenti utriusq̃ collatio apud Aposto-
lum quomodo accipienda   111.b
Testamentum nouū, gratiam Dei potiss.
cōmendat 458.c

Testimonium immundorū hominū Deo
inuisum   256.c
Testimonium pro lege   219.a
Testim. & lex pro eodem   453.c
Testim.de Christo uaria   658.d.662.d
Tetragrāmaton nomē quid signif. 573.b
Tharsis regio,Cilicia est 18.d & inde
Tharsis naues unde dictæ   ibid.
Tharsus Ciliciæ metropolis   ibidem
Theologia uera quid   549.a.b
Theudas inter pseudochristos   454.a
Thesaurum recondere in terra, aut cœ-
lo,quid   180.c
Thesaurus in cœlo,opera miseric. ibid.
Timorē Dei lex potiss.requirit   696.d
Timidi infideles   19.b
Titi circunciso   580.d
Tolerantia Apost.necessaria 138.d & seq.
Tolerantia animi præcipitur   139.b
Tophet geenna   129.b.c
Tractus patris qualis   670.d.673.b.c
Trahit sua quenq̃, uoluptas   673.b
Traditionib.boūm colentib. se fecit Deus
stupenda,immissis palpabilibus tene-
bris 341.b.c
Traditionum humanarum Dominus est
fidelis   295.a
Traditiones Pharisaicæ quomodo legem
Dei irritam fecerint   339.a
Traditionū humanarū uanitas   ibidem
Traditiones humanæ quæ   ibid.b
Tradition.ho.quædā diuinæ sunt   ibid.
Traditiones ho.quō cū pietate pugnēt ib.
Traditionū humani autor satanas   ibid.
Traditiones diui Pauli nō sunt præcepta
hominum   ibidem d
Traditionum humanarū fructus   ibid.
Traditionum huma.patroni ueritatis ho-
stes nocentissimi   ibid.b
Traditionib.ho.frustra colitur Deus ib.b
Trāsfiguratio Christi qualis fuerit 366.c
Tropi in literis Euangelicis 65.a.269.a
Tuba qua electi conuocabuntur   466.c
Typorum explicandorum ratio 615.b.c
617.& sequ.copiose
in Typis exponēdis Apost.imitandi 619.a
in Typis non omnia Christo competere,
& Ecclesiæ   ibidem b.c
Typisperparce usi Prophe.& Apost.631.b
Typicos intellect.Euāg. literæ doc.632.c

V

Vacca rufa in sacrificijs quid ad-
umbrat   651.a
Velamen,Iud.cordib. indu a.6.c
Velum Iudæorum   706.a
Venire ad Christum quid   671.b
Venter,animæ nomine significatur 185.a
Ventilabrū uerbi Dei   64.d
Verbo Dei creditur solo spiritu   665.b
Verbum Dei Gentibus missum   424.d
Verbū

Verbi dispensatio prudentibus committenda 267.a
Verbum prædicatur alijs in salutem, alijs in perniciem 167.b.c
Verbo Dei quomodo mali inducātur ibi.
Verbum Dei non illico plene intelligitur 337.c.d
Verbū Dei non frustra prædicatur, si etiā non intelligantur illico omnia ibid.
Verbo Dei carere miserrimum 255.a
Verbi contemptorū pœna 264.d.266.c 417.a
Verbū uere caro factū 625.b.c.579.b.c
Quod omnia aliquo modo uerbum per quod condita sunt, referunt 627.a
De uerbi Dei pretio 192.d & sequ.
Verbum Dei non prophanandum 192.d
Verbum ad contestationem coram obstinatis etiam promendum ibidem
Verbum quomodo prædicandum 193.a
Verbum otiosum iudicatur 313.b.c
Verbi Dei contemptus, errores parit fœdiss. 327.a
Verbo Dei alimur 346.d
Verbi Dei digne prædicatiuis 649.a 703.b.208.c
Verbum pro re gesta 574.a
Verbum Dei quanti synceritate tractandum 529.b.c
Verbum inter quos habitauit 582.c
Verbi gloriā qui ad salutē uiderit ib.d
Verbum Dei audiant & faciunt Christiani uiri 205.a
Verbi externæ prædicati uis & natura 43.44.
Verbum Dei audire, est uoluntatem patris facere 317.a
Verbum Dei enecat auaritia 311.b
Verbum Dei non possunt audire reprobi 706.d
Verbū cur Christus appelletur 572.d
Verbum, & spiritus oris Dei, idem ibid.
Verbum cur apud Deum 571.b
Verbum illuminat omnem hominē, quomodo accipiēdū, cōtra Anabap.578.d
Verbum Dei factum ad aliquem, quid sit 7.7.b
Verbū uitæ quibus cōmunicetur 320.d
Verbo Dei reprobi magis excæcātur ib.
in verbo suo coli uult Deus 24.c
Verbi ministrorum contemptus quid pariat 206.c.d
Verbo Dei indigni qui 32.c
à Verbo Dei cur & hodie multi reijciantur ibidem
Verbi prædicatio in aduersis potissimum locum habet 34.d
Verax Deus 659.b
Veracē esse Deum, quid sit 694.d.703.b
Veritas certa ratione & ordine reuelatur

253.a.b.321.a.365.c
Ver. nō celāda bonis propter mal.390.c
Veritas etiā reprobis prædicanda 322.d 589.a.681.a
Ver.tas annunti ata non temere reijcienda, etiamsi prima facie pugnare uideatur cum scriptura 610.d
Veritas in scripturis quid 219.a
Ver.tas & misericordia siue bonitas, con iungi solent ibidem
Veritas hostes qui potiss. 695.b.696.d
Veritatis uigente, multi pseudopro. 197.a
Veritas, quæ significet 581.a
Verit.agnoscere, donū spir.t. Dei 617.a
Veritas quomodo nos liberet 703.b
Ver.oppugnat electi ex ignorātia 308.d
Veritatis comes crux 309.a
Veritati unde accedant carnales, & ab ea recedant ibidem
Veritatem cognitā blasphemare, peccatū in spiritum sanctum 307.a.712.c
Veritatis calūniatores relinquēdi 344.c
Veritatis hostium dementia 718.c.723.b
Veritatem cognoscere qui possunt 691.b
Veritatem etiam à philosophis & poëtis traditam 650.d
Veritatis hostes manifestum iudicium iugiunt 506.d
Veritatis adsertores læsæ maiestatis accusantur omnes ibidem
Veritas non à loci splendore metienda, uel personæ 450.c
Ver.hostiū falsus prætextus 724.c
qui ex Veritate est, audit Christū 570.a
in Veritate non perseuerat populus ibid.
Ver. Dei repuentis, mēd.c.credit 453.b
Veritati nunquā deerūt hostes 569.b
Vespera dicitur nox 517.b
Vestium scissio in luctu 174.c
Vestis nuptialis, fidei synceritas 417.a
Vetera exēpla quatenus imitāda 599.b.c
Via pacis 541.b
Via ad uitam gloriamq; 361.a
Victoria Christi contra satanam 304.d
Viderunt Deū Moj. & iac. quomodo ibi.
Videre, pro habere uel accipere 660.d
Vid. facie Dei nullus potest 584.d & seq.
Videre, pro cognoscere 106.c.d
Viduarum domus uorare 442.c
Vigilandū in primis Eccl. prælat.470.c
Vigilandum & orandum 468.d
Vindictā propriā ulcisci, nunq; licuit 138.c
Vindictæ cupiditatē & Mos uetuit ibidem
Vindictā Christiani.nō exquirat 497.b
Vinū myrrhatū, & acetū, idē 506.c.510.d
Vinū nouū nō mittēdū in utres uet.248.c
Vinum & siceram non bibet 532.c
Violentia cœlū rapit 282.c
Viperarum natura 55.c
Viperarum genimina pharisæi 447.a

Viæ rectæ quando in deserto 36.6
Via Domini quæ ibidem
Virorum uocatio generalis 10.d
Virtutū operatio quæ apud Apost. 354.c
Virtus in infirmitate potentior 496.d
Visitare quid 540.c
Vitæ Dei compotes qui 682.d & seq.
Vitæ renouatio sola dignos fert pœnitentiæ fructus 280.c
Vita æterna quid 770.c
Vita æterna hic incipit 226.c
Vita iusti, fides 637.a.b
Vitā Dei uiuere, & iustū esse, idē sunt ibi.
Vita æterna unde sit 695.b
Vita æterna in Iesu 13.d
Vita æterna nō cōparatur operib. 181.a
Vita Christi plena erumnis à puero 26.d
Vitā æternā nō cōstare operib.222.c.151.b
Vitam æternam quomodo habeant credentes 634.c
Vltio Dei in posteris 447.b
Vltio non optanda 147.b
Vnctio Christi spiritualis 8.d
Vnctus Christus, uncti Christiani ibidem
Vnctio spiritus sancti 8.d.61.d
Vnctio Apostolorum qualis 160.c.d
contra extremam Vnctionem ibidem
Vnctiones ueterū, quo accipiēdæ ibidem
Vnctus sanctu sanctorum quando 459.b
Vnctus quare dictus Iesus 606.d
per Vnctionem capitis, ieiunij dissimulatio significatur 173.a
Vnigenitus Dei Christus 634.d
Vocatio Matthæi 3.b
Vocare solet Deus contemptiora 645.a
Vocatio uirorū ac mulierū generalis 10.d
Vocatio prima & gener. ad laborē 90.d
quo cognoscas ad qd te Deus Vocarit ib.
item de uocatione ministrorū uerbi ibid.
Vocationes nō temere mutandæ 256.d
Vocatio Domini æquanimiter expectanda ijs, qui Euangeliū prædicāt 608.c
Vocationi suæ quisq; pareat 231.a.344.d
Voca.diuinæ parendū 610.c.616.d.618.c
Vocationi Dei posthabēda omnia, etiam optima 362.c
Vocati soli ueniūt ī uineā do.410.c.411.b
Vocati multi, electi pauci ibid.
de Vocatione & electione 411.b
Vocatio duplex ibidem
Volūtas Dei spectā.pio prin.144.c.146.c
Voluntas cæca 674.d
Volunt.patris facere quid 20c.c
Voluntati patris ante omnia student, qui Christi sunt ibid.
Voluntatem patris faciunt, audientes uercum Dei 317.a
Voluntas Dei bona erga nos prædicatur 545.b
Voluntas Dei in omnib. spectanda 703.b

Vocum

INDEX.

Vocum diligens obseruatio quàm necessaria. 2.d

In Vocibus declarandis Buceri institutũ. ibidem.

Vocum ignorantia quid pariat. 25.a

Vota quæ seruanda,quæ non.. 330.d

Votum Iephthe temerarium. ibidem

Vota monastica pugnant cum Deo. 331.a & 340.c

Vota peregrinationum stulta. ibidẽ b

Vouete & reddite,exponitur. ibidem

Votum Petri stultum. 367.a

De usura,male quidam sentiunt. 248.d

Vsura quæ prohibita. 149.a

Vsura quatenus licita. ibidem

De Vsuris lex Iustiniani. ibid.b

Vrbanitas abesse debet à Christian.314.d

Vrbes ferè insigniores quare Dominus uerbo suo inuisit. 84.c

Vulpem uocauit Christus Herodẽ. 449.b

Vulgi stupenda inconstantia. 423.a

Vxor propriè quid. 397.c

Vxor adultera quãdo repudianda.ibid.b

Vxor aliunde grauida nõ ferẽda. 12.c

Z

Zacharias quomodo repletus spiritu. 540.c

Zacharias quid significat. 531.a

Zacharias binominis. 504.5

Zachariæ sanguis quõ ultus. 448.c

Zachæi domus,filia Abrahæ. 417.a

Zachæi conuersio & pœnitentia. 416.d

Zelus domus tuæ &c.quomodo in Christo completum. 614.d

Zelus absq; spiritu Dei, nihil rectè agit. pag. 617.a

Zizania sectæ sunt. 321.d

Inter zizania &triticũ similitudo.323.b.c

Zonarum luxus apud Gentiles. 37.b

FINIS.

LOCI QVOS INTER RELEGENDVM OPEREPRAE
cium est uisum annotare, qui tamen in plerisq; exemplaribus
aut rectè habent,aut calamo sunt restituti.

pag.	uersu.	lege.
2	7	בשורה
4	4	טפר
4	5	גיליון
6	39	fecerat præcepto filijs &c.
6	46	Iosua
8	33	משיח
14	21	inde pro uda.
14	22	peteret pro diceret.
14	3 à fine	deumq; pro deniq;
15	1	בתולת
18	33	Magos alterum redundat
21	22	ΒιβλίϚμ Ἰσραήλ
24	4	חשתחות
24	11	חשתחות
24	9	adoratione
45	13	exhibitus remißio
177	12	pro grati gratiam
477 in annot.marg.pro legitur legitima		
494 in annot.marg.pro interpretatione,lege precatione		
576	5	cupidißimus.
578	6	ר pro ת
575	3 à fine	כ pro ב
581		ך pro ך finali
161	23	pro idc.lege idcirco
679	33	illos pro illo
679	9	filius pro filium
715	20	pro muti,lege multi.
718	13	pro apertione, apertiore
686	17	offenderet
650	9	primis

Si quæ sunt alia,tibi ipsi candide lector,facile licet obseruare.

EDITOR'S INDEXES

These concern the text of the Commentary only. Material in the
Introduction and footnotes has not been included.

INDEX OF SCRIPTURAL PASSAGES

Genesis
1, 5:   539
1, 27:   28
2, 2-3:   206
2, 2:   206, 213
2, 3:   212, 213
2, 15:   213
2, 18:   115
2, 24:   115
4, 2:   234
6, 4:   106
6, 5:   135, 291
8, 21:   48, 66, 72, 136,
    204, 246
9, 6:   497
12[!]:   269
15, 5:   50
16, 6-16:   144
17, 2:   93
17, 10-11:   92, 267, 269
17, 12:   74, 76, 81
18, 3:   42
20[!]:   52
22, 2 ff.:   436
22, 17-18:   325
22, 18:   221
24, 48:   43
24, 49:   43
27, 1 ff.:   148
27, 5 ff.:   436
27, 37:   148
32, 30:   50
33, 18:   176
37, 35:   525
41, 32:   393
42, 38:   525
48, 22:   176
49, 1-28:   221
49, 8-9:   221
49, 10:   221, 298

Exodus
3, 12:   183
3, 14:   221, 326
4, 30:   118
12, 35:   231
12, 37:   232, 234
13, 18.21:   83

Exodus
14, 16:   156
16, 4:   83, 232
16, 31:   232
16, 35:   232, 234, 236
17, 6:   83, 156, 157
17, 7:   83
19, 5:   38, 148, 202
19, 10:   71
20, 10-11:   212, 213
20, 10:   206, 213
20, 11:   212
20, 14:   312
20, 15:   147
20, 18:   52
25, 8:   202
29, 4:   71
32, 4:   83
32, 34:   83
33, 11:   50, 51
33, 13:   42
33, 14:   221
33, 19:   214
33, 20:   50, 51
33, 23:   51, 221
34, 15-16:   83
34, 27:   183, 184
40, 12:   71

Leviticus
7, 34:   82, 90
12, 3:   85
13, 6:   71
15, 6:   71
15, 31:   91, 151
16, 24:   71
19, 18:   377
23, 21:   303
23, 34:   290
26, 1:   147
26, 25:   329
26, 45:   144, 145

Numeri
8, 7:   66
12, 7-8:   50
12, 8:   50, 51
14, 37:   83

Numeri
15, 26:   453, 455
15, 32-36:   206
16, 33:   525
19, 2:   152
20, 8:   179
20, 11:   179
21, 4-9:   154
21, 4-5:   154
21, 6:   154
21, 9:   137, 154, 156, 157
25, 1:   83
32, 5:   42

Deuteronomium
1, 17:   297
3, 17:   227
4, 6:   89
4, 8:   89
5, 1:   431
5, 14:   90
5, 17:   247
5, 19:   247
5, 21:   247
5, 24:   50
6, 1-2:   153
6, 1:   120
6, 5:   92, 377
7, 6:   35, 39, 136
9, 10:   66
11, 29:   183
12[!]:   63
12, 1-7:   187
12, 5:   183
12, 30:   121
14, 24-25:   115
14, 29:   113
16, 5-7:   115
16, 10-11:   113
18, 18:   221
19, 15:   314
21, 23:   63
27, 26:   305
29, 3:   352
30, 6:   135
34, 10:   50

Iudices
  6, 17:   42

1 Samuel
  10, 10:   134
  11, 6:   403
  20, 29:   42
  21, 8:   27
  25, 41:   405

2 Samuel
  5, 3:   100
  7, 12:   149, 150
  7, 14:   105
  7, 16:   150
  12, 5:   386
  15, 25:   42
  21, 1:   171

3 Regum
  1, 45:   100
  2, 19:   280
  3, 16:   146
  3, 26:   146
  11, 30-31:   267
  17, 21:   156

4 Regum
  2, 1:   54
  5, 14:   156
  17, 24:   177
  17, 25:   177, 184
  17, 33:   177, 184
  23, 5:   183

1 Paralipomenon
  17, 11:   149
  17, 13:   105, 150

1 Ezras
  4, 5:   119
  6, 15-16:   119
  6, 16:   119

2 Ezras
  3, 15:   331
  9, 6:   28, 277
  13, 28:   177

Tobias
  4, 16:   432
  6, 22:   386

Iob
  21, 26:   274, 526
  34, 15:   136

Psalmi
  1[!]:   409
  1, 2:   108, 186, 320
  2, 1-2:   521
  2, 2:   506
  2, 7:   105
  2, 9:   397
  5, 3:   130
  8, 4:   183
  11, 2:   105
  13, 1:   32
  15, 10:   525
  21, 2:   524
  21, 8 ff.:   512
  21, 19:   511
  21, 21-22:   500
  21, 28:   410
  29, 4:   525
  29, 5:   105
  30, 14:   500
  31, 2:   104
  32, 6:   24, 31
  33, 8:   109, 204
  33, 10:   114
  34, 19:   453
  35, 10:   208, 215
  39, 7-11:   44
  40, 10:   406, 407, 409, 477
  44, 5:   42
  44, 8:   100, 231, 235
  44, 17:   491
  50, 7:   315
  50, 12:   136
  50, 14:   322
  61, 10:   43, 301
  64, 3:   41
  68, 5:   500
  68, 8-9:   116
  68, 10:   116
  68, 22:   513, 524
  68, 26:   479
  68, 28-29:   479
  71, 5:   385
  71, 17:   385
  73, 12:   330
  77, 24-25:   232
  77, 25:   237
  81, 6:   349, 350, 365, 490
  81, 7:   350
  83, 5:   415, 416
  86[!]:   524
  88, 25:   42
  88, 27-28:   105
  88, 30:   385
  90, 11:   109, 393

Psalmi
  90, 12:   204
  96-98:   527
  103, 29-30:   31
  105, 3:   255, 286
  108, 8:   479
  109, 1:   280
  109, 4:   100
  110, 7:   301
  111, 7:   180
  113, 17:   526
  115, 11:   301
  117, 25-26:   379
  117, 26:   524
  142, 10:   408

Proverbia
  8, 14-16:   25
  8, 22-26:   25
  8, 23-29:   48
  12, 14:   194
  13, 5:   301
  19, 17:   377
  21, 1-2:   365
  30, 15-16:   525
  31, 30:   42

Ecclesiastes
  1, 2:   105
  2, 11:   301
  3, 1:   98, 292
  8, 6:   114

Canticum Canticorum
  1, 3:   234

Sapientia
  2, 24:   322
  3, 4:   417
  5, 15:   474
  6, 2.5:   349
  6, 4:   207, 349-350
  7, 24-26:   105
  7, 26:   167
  11, 21:   134
  14, 9:   403
  16, 13:   215

Sirach seu Ecclesiasticus
  14, 18:   258, 276
  44, 25:   148
  49, 5:   12

Isaias
  1, 20-31:   92
  2, 3:   184, 544

Isaias
  6, 1-3: 392
  6, 1: 392
  6, 2: 392, 393
  6, 3: 393
  6, 9-10: 391, 394
  6, 10: 268, 393
  8, 6: 331
  8, 14: 135
  9, 1-2: 176
  9, 1: 544
  9, 2: 34
  9, 6: 335
  11, 1-6: 298
  11, 3-4: 146
  11, 10: 155, 515
  12, 3: 114
  14, 10: 117
  16, 5: 42
  32, 14-15: 136
  33, 15: 279
  33, 22: 236
  36[!]: 43
  37, 29: 204
  38, 3: 43
  39, 2: 27
  39, 8: 43
  39, 9: 55
  40, 1: 55
  40, 1-6: 55
  40, 2: 55
  40, 3: 53, 54, 55, 56, 57,
    150
  40, 4: 55, 57
  40, 5: 57, 190, 205
  41, 29: 301
  44, 3: 303, 304
  45, 1: 55
  45, 8: 193
  45, 23: 207
  49, 10: 303
  49, 15: 146
  51, 2: 145
  53, 1-2: 390
  53, 1: 390
  53, 2-3: 300
  53, 2: 390
  53, 3: 137
  53, 7: 61
  53, 8: 299, 335
  53, 9: 105
  53, 11-12: 61
  53, 12: 510
  54, 8: 68
  54, 13: 241, 244
  56-60: 57

Isaias
  56, 7: 116
  59, 17: 462
  61, 1: 64, 100
  62, 2: 26
  62, 11: 55

Hieremias
  17, 5: 29
  23, 1: 341
  23, 16: 168
  23, 21: 168
  23, 27: 168
  23, 39: 459
  31, 31: 144
  31, 33: 78, 144, 244
  32, 19: 106
  32, 39: 135

Hiezecihel
  8, 3: 267
  8, 6: 267
  11, 19: 135, 244
  18, 20: 329
  20, 43: 28
  36, 9: 50
  36, 25 ff.: 528
  36, 25: 402
  36, 26: 135-136
  36, 27: 303
  37[!]: 528
  37, 28: 68

Danihel
  5, 23: 220-221
  6, 3: 66, 186
  7, 14: 215
  9, 25-26: 100
  9, 25: 119
  12, 2: 209

Osee
  11, 1: 105

Iohel
  2, 22: 119
  2, 28: 303

Ionas
  1, 3: 436
  2, 1.11: 436

Micha
  3, 8: 171
  4, 2: 544

Micha
  5, 2: 103, 107, 298, 299,
    300

Abacuc
  2, 4: 6

Zaccharias
  9, 9: 55, 300, 380
  13, 7: 491, 516

Malachi
  3, 6: 240
  4, 2: 329, 330, 524

1 Macchabaeorum
  2, 21: 253, 263
  2, 58: 106
  12, 15: 341

2 Macchabaeorum
  2, 20: 346
  6, 12: 230
  7, 28: 24, 217, 250
  9, 28: 367

Matthaeus
  1[!]: 252
  1, 1: 105
  1, 20: 140
  1, 21: 19, 26
  2, 5: 299
  2, 9: 59
  2, 11: 183, 195
  2, 23: 299
  3, 2: 71
  3, 3: 56
  3, 5: 218
  3, 7: 58, 59
  3, 11: 47, 48, 58, 65, 72,
    74, 218
  3, 12: 191, 445
  3, 13: 61
  3, 14: 64
  3, 16-17: 107
  3, 16: 106, 279
  3, 17: 218
  4, 1: 285
  4, 11: 392
  4, 12: 291
  4, 13: 115
  4, 14 ff.: 544
  4, 16: 176
  4, 18: 99, 293

Matthaeus
4, 23 ff.: 544
5, 8: 29
5, 10: 451
5, 13.14: 480
5, 17: 76, 311, 312
5, 18: 90, 121, 281, 296
5, 20: 58
5, 38: 307
5, 44: 405, 497
5, 45.44: 405
6, 9-10: 425
6, 9: 425
6, 20: 7
6, 24: 378
6, 33: 135
7, 6: 60, 98, 102, 505
7, 12: 432
7, 14: 360, 420
7, 15: 286
7, 16: 443
7, 22: 424
7, 23: 352, 403
8, 5 ff.: 195
8, 7: 198
8, 8: 198, 211
8, 10: 198
9, 6: 106
9, 12: 127, 159
9, 15: 113
9, 35: 395-396
9, 37: 169
10, 1: 403
10, 5: 81, 195, 458
10, 9-10: 181
10, 9: 459
10, 10: 313, 459
10, 16: 458-459
10, 20: 194
10, 22: 37
10, 29: 249
10, 36: 291
11, 9: 54, 100
11, 11: 449
11, 12: 193
11, 13: 54, 172
11, 18: 58, 210, 218
11, 19: 34
11, 27: 25, 51, 161, 218, 252
11, 28: 155
11, 29-30: 80, 365
11, 29: 298, 313, 380, 381
12, 8: 203
12, 23: 140

Matthaeus
12, 28: 392
12, 31.32: 453
12, 32: 338
12, 39: 118, 119
12, 42: 148
13, 11: 162, 275, 449, 450
13, 12: 160, 162-163
13, 14: 326
13, 15: 337
13, 21: 469
13, 23: 306
13, 25 ff.: 444, 445
13, 25-30: 75
13, 25: 71
13, 29: 38
13, 47 ff.: 444
13, 47-48: 92
13, 47: 75
13, 48: 376, 397
13, 55: 61, 118, 197, 212
13, 57: 196
14, 2: 54
14, 13-21: 227
14, 17.20.21: 156
14, 22: 229
14, 23: 182, 183
14, 28-31: 229
14, 32: 229
15, 3: 296, 341, 342
15, 13: 122
15, 14: 340
15, 24: 195
15, 30-31: 123
16, 9: 229
16, 14: 54, 538
16, 16: 262, 277
16, 17: 101, 424
16, 24: 130, 211, 294, 367
16, 26: 321
16, 27: 415, 416, 437, 520
17, 1-9: 41, 45
17, 1-2: 493
17, 2: 107, 143, 337
17, 5: 218
17, 9: 118
18, 11: 180
18, 15: 181
18, 20: 266
19, 1-15: 115
19, 6: 115
19, 9: 115
19, 13-14: 93

Matthaeus
19, 13: 74
19, 14: 74, 75, 81, 87, 89, 92
19, 26: 281
19, 28-29: 448
19, 28: 436
19, 29: 37
19, 30: 181, 524, 539
20, 16: 7, 179, 348
20, 21: 280
20, 28: 491
21, 2: 380
21, 5-8.12: 116
21, 8: 379
21, 9: 524
21, 12: 116
21, 23: 118
21, 24-25: 118
21, 31-32: 189
21, 44: 337
22, 2-10: 92, 95
22, 11 ff.: 444
22, 11-13: 76
22, 17: 311
22, 37-40: 411, 429
22, 37.39.40: 305, 388
22, 37.39: 250, 431, 433, 464
22, 37: 164, 186, 431
22, 39: 164, 360, 432
22, 40: 296
22, 44: 502
22, 46: 118
23, 4: 296, 412
23, 10: 98, 162
23, 11: 490
23, 13: 342
23, 23: 296
23, 24: 503
23, 37 ff.: 303
23, 38: 329
24, 14-15: 119
24, 14: 166, 275, 300, 325, 352, 381, 424, 442, 444, 446, 448, 449, 450, 452, 457, 458, 474, 477, 478, 521
24, 22: 140
24, 30: 315, 316, 317
24, 37: 143
24, 41: 166
25, 32: 7, 72, 82, 95, 344
25, 33: 76
25, 34: 526
25, 36: 528

Matthaeus
25, 41: 344, 443, 444, 445, 446, 526
25, 45: 397
25, 46: 124, 164, 450
26, 6 ff.: 370
26, 7: 370
26, 8: 370, 372, 378
26, 10-11: 372
26, 10: 373, 374
26, 12: 373
26, 26-29: 282
26, 26-28: 400-401
26, 26: 10, 14, 257, 265, 266, 270, 271, 282, 544
26, 27: 283
26, 28: 68, 74, 264
26, 30 ff.: 490
26, 31-32: 516
26, 31: 491, 516
26, 32: 492
26, 35: 492
26, 36-37: 493
26, 36: 493
26, 38: 493, 494
26, 39.42: 494; 518
26, 39: 518
26, 40: 494, 518
26, 41: 279, 480, 494
26, 42: 494, 495, 518, 524
26, 43: 495
26, 44: 495
26, 45-46: 495
26, 45: 439, 495
26, 47: 496
26, 49: 496
26, 50: 496
26, 52: 497
26, 53: 497
26, 54: 497
26, 55: 497
26, 56: 491, 497, 498
26, 58: 499
26, 59: 501
26, 60-61: 501
26, 62: 502
26, 63: 502
26, 64: 118, 208, 280, 286, 502, 520
26, 65-66: 502
26, 67-68: 500
26, 69: 499
26, 70: 499
26, 71-72: 499
26, 73: 500

Matthaeus
26, 74: 500-501
27, 1: 502
27, 2-5: 503
27, 6: 503
27, 7-10: 503
27, 7: 504
27, 9-10: 520
27, 11: 503, 504, 505
27, 12-14: 506
27, 16: 506, 522
27, 17: 506
27, 18.20: 506
27, 18: 522-523
27, 19: 509, 522
27, 20: 522
27, 21: 507
27, 22-23: 507
27, 24-25: 509
27, 25: 510, 523
27, 26: 509
27, 27: 507
27, 28-29: 507
27, 30: 507
27, 31: 509
27, 32: 510
27, 33: 510
27, 34: 510, 523
27, 35-36: 511
27, 36: 511
27, 37: 511
27, 38: 510
27, 39-43: 511-512
27, 44: 370
27, 45-47.49: 512-513
27, 45: 524
27, 46: 470, 524
27, 48: 513
27, 50: 513
27, 51-53: 513
27, 51.50: 527
27, 51: 513, 527, 539
27, 52-53: 208
27, 52: 528
27, 54: 513, 528
27, 55: 533
27, 56.61: 534
27, 56: 513, 533
27, 57: 514
27, 59: 514
27, 60: 514
27, 62-66: 515
27, 64.66: 529
28, 1-4: 534
28, 1: 534, 539
28, 2: 539

Matthaeus
28, 5-6: 536
28, 5: 536
28, 7.10: 544
28, 7: 536, 541, 542
28, 8: 539, 540
28, 9-10: 536
28, 9: 541
28, 11-15: 534
28, 11.13: 540
28, 16-17: 538
28, 18: 117, 208–209, 401, 462, 502, 538, 546, 547
28, 19-20: 538
28, 19: 80, 426
28, 20: 266, 286, 386, 449, 460-461, 539, 546

Marcus
1, 3: 56
1, 16: 99
2, 19: 458
3, 17: 17, 102
3, 29: 317
4, 33: 312
5[!]: 112
6, 3: 212, 217, 293
6, 4: 196
6, 13: 157
6, 30-44: 227
6, 31: 227
6, 37: 227
6, 45: 229
6, 51: 229
6, 52: 229
7, 3: 71, 112
8, 38: 382, 383
9, 1-8: 41
9, 6: 164
10, 16: 75, 85, 86, 87
10, 17: 138
11, 2: 380
11, 10: 82, 90
11, 15: 116
11, 27: 118
12, 33: 49
14, 3 ff.: 370
14, 3: 370, 372
14, 4: 372
14, 6-7: 372
14, 7: 373
14, 8: 373, 374
14, 9: 373, 374, 378
14, 26 ff.: 490
14, 26: 490

Marcus
14, 27-28:   516
14, 27:   491, 516
14, 28:   492
14, 30:   492
14, 31:   492
14, 32:   493
14, 37:   494
14, 40:   495
14, 45:   496
14, 51-52:   498
14, 51:   519
14, 55:   501
14, 56.59:   501, 502
14, 56:   501
14, 61:   502
14, 67:   499
14, 68:   499
14, 70-72:   499
14, 70.68:   500
14, 70:   500
14, 72:   501
15, 3.5:   506
15, 5:   522
15, 6:   506
15, 7:   506, 522
15, 8-9:   506
15, 10-11:   506
15, 11:   507
15, 12-13:   507
15, 15.20:   509
15, 16:   507
15, 21:   510, 523
15, 23:   510, 523
15, 24:   511
15, 25:   509
15, 26:   511
15, 27-28:   510
15, 33-36:   512-513
15, 36:   513
15, 37-38:   513
15, 39:   513
15, 40:   513, 533
15, 41:   513
15, 43:   514
15, 44-45:   514
15, 46:   515
15, 47:   534
16, 1:   533
16, 2:   534, 539
16, 3-4:   534
16, 5-8:   534-535
16, 6.7:   536
16, 7:   541, 542
16, 8:   539
16, 9-11:   536

Marcus
16, 10:   541, 542
16, 11-12:   540
16, 12:   537, 542
16, 13:   540, 542
16, 14:   542
16, 15-16:   95-96
16, 15:   36,   63,   80-81,
    172, 382, 423, 425, 478,
    538
16, 16-18:   538
16, 16:   133
16, 17-18:   424
16, 19:   140, 155, 281
16, 20:   546

Lucas
1, 28:   140
1, 32:   141
1, 70:   300
1, 77:   320
2, 34:   137
2, 38:   256
3, 3-6:   56
3, 7:   59, 218
3, 15:   34, 59
3, 16:   58
4, 18:   100
4, 22:   197
4, 24:   196
4, 28-29:   197
4, 31:   115
4, 36:   364
5, 2-3:   202
5, 11:   190
6, 13:   277
7, 14:   215
7, 16:   338
7, 36-50:   371
7, 39:   189
8, 2-3:   533
8, 2:   371
8, 6.13:   123
8, 11:   127
8, 13:   123
8, 24:   98
8, 41-56:   215
9, 2:   458
9, 9:   227
9, 10-17:   227
9, 22:   381, 407, 495
9, 28-36:   41
9, 53:   176
10, 1:   458
10, 38 ff.:   359
11, 52:   59, 341

Lucas
13, 16:   182
13, 34:   360
14, 3:   117
14, 12-13:   113
15, 1 ff.:   189
15, 1:   189, 193
16, 15:   48, 306
16, 19:   377
16, 20 ff.:   527
16, 21:   358, 377
16, 22:   358, 526
16, 23:   526
17, 3:   483
17, 24.30:   300
17, 25:   395
18, 15-16:   85
18, 15:   86
18, 17:   86
18, 19:   292
19, 8:   132
19, 45:   116
19, 47:   497
20, 2:   118
20, 18:   137
20, 34:   452, 457, 462
22, 3:   408
22, 19:   264
22, 20:   264
22, 24:   490, 516
22, 25:   490
22, 26:   490, 516
22, 28:   491
22, 29-30:   491
22, 30:   516
22, 31-33:   492, 499
22, 32:   516
22, 33-36:   492-493
22, 33:   494, 501
22, 36:   459, 497, 517
22, 37:   493
22, 38:   493, 497
22, 39 ff.:   490
22, 43:   495, 518
22, 44:   495, 517, 518
22, 48:   496
22, 49:   497
22, 51:   497, 518-519
22, 52:   497
22, 53:   439, 497-498
22, 54:   498
22, 55:   499
22, 58:   500
22, 59:   500
22, 60:   501
22, 61:   501

Lucas

22, 62: 501
22, 66: 501
22, 67-68: 502
22, 69: 315, 316, 318
22, 70: 502
23, 1: 504
23, 2: 504, 520
23, 4: 505
23, 5-12: 505-506, 521
23, 13-16: 506
23, 15-16: 507
23, 17-19: 506
23, 18: 507
23, 22: 507
23, 23: 508
23, 24-25: 509
23, 24: 509
23, 25: 509
23, 26: 510, 523
23, 27-32: 510
23, 28: 529
23, 34: 510, 511
23, 35: 511
23, 36: 512
23, 38: 511
23, 39-43: 512
23, 39: 370
23, 40-43: 216
23, 42: 524
23, 43: 524, 526, 527
23, 44: 512
23, 45: 513
23, 46: 513
23, 47: 513
23, 48: 513
23, 49: 513, 524
23, 50-51: 514
23, 54: 515
23, 55: 515, 534
23, 56: 515, 534
24, 1: 534, 539
24, 3-4: 534, 536
24, 4: 539
24, 5-7: 536
24, 5-6: 536
24, 5: 536
24, 7: 304
24, 8: 536
24, 9: 536, 539, 541, 542
24, 10: 533
24, 11: 536
24, 13-31: 542
24, 12: 536, 541
24, 13: 104, 537
24, 14: 542

Lucas

24, 26: 458, 462, 466, 468
24, 27: 157, 542
24, 29: 543
24, 31: 542
24, 33 ff.: 542
24, 33-35: 537
24, 33: 542, 543
24, 34: 540, 542
24, 35: 157
24, 36-43: 537
24, 36: 537
24, 44-45: 432
24, 45-47: 537
24, 45: 542, 543
24, 46: 121, 275, 543
24, 47 ff.: 544
24, 49: 65
24, 50-51: 538
24, 50: 544, 546
24, 52-53: 538-539
24, 52.49: 538
24, 52: 546
24, 53: 546

Iohannes

1 (text): 21-22
1, 1-3: 29
1, 1.3: 341
1, 1: 23, 26, 27, 30, 34, 35, 47, 60, 161, 166, 207, 216, 279, 280, 301, 315, 326, 335, 351, 352, 363, 473, 475
1, 3-18: 25
1, 3: 25, 29, 30, 31, 34, 47, 62, 142, 166, 207, 482
1, 4: 30, 31
1, 4.5: 30
1, 5: 24, 30, 31, 32, 33, 34, 143, 250
1, 6: 34, 41, 97
1, 7: 34, 39, 98
1, 8: 34, 97, 138
1, 9-10: 137
1, 9: 34, 36, 37, 46, 62, 143, 329
1, 10-11: 39, 40
1, 10: 35, 37, 38
1, 11: 35, 37, 38, 39, 40, 136, 139
1, 12: 35, 36, 37, 38, 39, 40, 105, 123, 130, 158,

Iohannes

275, 315
1, 13: 37, 38, 39, 128, 138, 286
1, 14: 36, 40, 41, 42, 43, 44, 45, 48, 62, 80, 139, 140, 169, 208, 209, 215, 254, 256, 272, 273, 280, 281, 313, 324, 345, 401, 420, 444, 458, 468
1, 15-23: 57
1, 15: 36, 45, 46, 47, 170, 452
1, 16: 46, 47, 48, 52, 158, 444
1, 17: 46, 49, 50, 52, 266, 419, 444
1, 18: 25, 28, 46, 50, 51, 52, 105, 137, 138, 139, 217-218, 235, 241, 252, 301, 451
1, 19: 53, 58, 218
1, 20: 53, 59
1, 21: 53, 54, 59
1, 23: 53, 54, 56, 57, 59
1, 25: 53
1, 26: 53, 58
1, 27: 53, 58, 107
1, 28: 53, 58
1, 29: 60, 61, 68, 97
1, 30: 60
1, 31: 61, 64, 69
1, 32: 61, 64, 98
1, 33-34: 58
1, 33: 53, 61, 65, 66, 67
1, 34: 61
1, 35: 97
1, 36: 97
1, 37-38: 97
1, 38: 98
1, 39: 97, 98
1, 40.42: 99
1, 40: 99, 108
1, 41-42: 102
1, 41: 99
1, 42: 4, 99, 100, 101, 102
1, 43-44: 103
1, 43: 103, 107
1, 44: 107, 202
1, 45: 103, 104, 106, 107, 108, 258, 305
1, 46: 103, 107, 108, 305
1, 47: 103, 104, 105, 107
1, 48: 101, 103
1, 49: 104, 105, 106, 159

Iohannes
1, 50-51: 104
1, 51: 106, 109, 392, 393
2 (text): 110
2, 1-10: 18
2, 1: 111, 167
2, 3-9: 114, 355
2, 3: 111, 113
2, 4: 111, 114, 196, 197, 279
2, 5: 111
2, 6: 112
2, 7-10: 112
2, 7: 112
2, 9-11: 376
2, 9.19: 126
2, 11: 112, 114
2, 12: 115, 121
2, 13: 115, 121, 165, 167
2, 14: 115, 121
2, 15: 115, 116
2, 16: 116
2, 17: 116, 117, 121
2, 18: 117
2, 19: 118
2, 20: 118, 119, 122
2, 21: 120
2, 22: 116, 119, 121, 122, 124
2, 23: 122, 123, 124
2, 24: 123, 124
2, 25: 124
3 (text): 125-126
3, 1 ff.: 206
3, 1: 126, 127
3, 2: 126, 127, 335
3, 3: 12, 66, 72, 129, 136, 214, 246, 269, 315, 421, 440
3, 4: 127, 130
3, 5: 32, 65, 72, 127, 128, 129, 130, 133, 134, 135, 136, 138, 139, 161, 270, 291, 402
3, 6: 128, 133, 134, 136
3, 7: 128, 134
3, 8: 81, 128, 129, 130, 134
3, 9: 135
3, 10: 135, 136, 162
3, 11: 136, 138, 139, 163
3, 12: 136, 139, 166
3, 13: 136, 139, 163, 237, 278, 279, 280, 319
3, 14: 28, 91, 104, 137, 142, 148, 152, 154, 155,

Iohannes
156, 219, 318, 330, 381, 385, 436
3, 15: 155, 158, 181
3, 16-18: 164
3, 16: 137, 158, 163, 164, 238
3, 17: 137, 159
3, 18: 137, 164
3, 19: 138, 159, 160, 161, 389
3, 20: 161, 291
3, 21: 161
3, 22: 165, 167, 170
3, 23: 165, 170
3, 24: 165
3, 25: 165
3, 26: 165, 170, 171
3, 27: 165, 168, 169
3, 28: 165
3, 29: 166, 169
3, 30: 166, 175
3, 31: 129, 166, 169
3, 32: 163, 166, 169
3, 33: 167, 169, 301, 474
3, 34: 48, 105, 167, 169, 322, 326
3, 35: 48, 167, 170, 171, 187, 344
3, 36: 162, 167, 170, 171, 417
4 (text): 173-174
4, 1-4: 291
4, 1: 175, 180
4, 2: 175
4, 3: 176, 180
4, 4: 176, 180
4, 5-6: 182
4, 5: 176, 180
4, 6: 177, 180
4, 7 ff.: 206
4, 7-29: 260
4, 7: 177
4, 8: 177, 181
4, 9: 177, 178, 181
4, 10: 178, 253, 260
4, 11: 260
4, 12: 179, 181
4, 13: 179, 260
4, 14: 45, 47, 178, 303
4, 15: 182, 188, 232, 260, 263
4, 16: 182
4, 18: 188, 195
4, 19: 182, 189
4, 20: 176, 182, 189

Iohannes
4, 21: 182, 183, 185, 187
4, 22: 183, 184, 185
4, 23: 184, 185, 186, 187
4, 24: 186
4, 25: 98, 187, 189, 190, 325
4, 26: 190
4, 27: 187, 188
4, 28-29: 187, 195
4, 29: 188, 195
4, 30: 190
4, 31: 190
4, 32: 190
4, 34: 190, 193
4, 35: 191
4, 36: 191, 194, 250
4, 37: 191
4, 38: 191, 192
4, 39: 195
4, 40: 195, 196
4, 42: 162, 196, 437
4, 43: 196
4, 44: 196, 197
4, 45: 197
4, 46: 197
4, 47-53: 351
4, 47-51: 19
4, 48: 198
4, 49: 198
4, 50: 198, 355
5 (text): 199-201
5, 1-10: 296
5, 1: 201, 289
5, 2: 201, 202, 330
5, 3: 203
5, 4: 202, 204, 205, 214
5, 5-9: 18, 349, 351, 355
5, 5: 205, 206, 210-211, 213, 289, 290, 297
5, 6: 203
5, 8: 203, 213
5, 9: 203, 213
5, 11: 203, 206
5, 13: 203, 204, 206
5, 14: 121, 203, 329
5, 16.18: 289
5, 16: 205, 212, 289
5, 17-47: 117
5, 17: 190, 205, 206, 207, 210, 212, 213, 214, 314
5, 18: 204, 206, 207, 209, 210, 212, 214, 217, 289, 296
5, 19-47: 316
5, 19-21: 217

Iohannes
5, 19: 207, 214, 222, 233, 319, 362, 418
5, 20: 207, 214, 217
5, 21-22: 222
5, 21: 206, 207, 208, 214, 215, 266, 419
5, 22: 207, 215, 316, 317, 462, 464
5, 23: 207, 208, 215, 222, 382
5, 24: 159, 208, 215
5, 25: 208, 209, 215, 217
5, 26-27: 217
5, 26: 208, 215, 273, 274
5, 27: 118, 208, 215, 317, 462
5, 28: 209, 216
5, 29: 208, 209, 222
5, 30: 209, 214, 217, 302, 305, 360
5, 31: 210, 217, 218, 313
5, 32: 210, 217, 218
5, 33: 210, 218
5, 34: 210, 218
5, 35: 59, 210, 211, 218, 223
5, 36-37: 313
5, 36: 210, 211, 218, 317, 329, 454
5, 37: 211, 219
5, 38: 211, 219, 223
5, 39: 157, 211, 219, 220, 223
5, 40: 211
5, 41: 211
5, 42: 211, 220, 223
5, 43: 211, 220, 454
5, 44: 212, 221, 223
5, 45: 212
5, 46: 49, 157, 212, 221, 222
5, 47: 212, 223
6 (text): 224-226
6[!]: 329
6, 1-15: 123, 228
6, 1: 227, 289
6, 2-13: 355
6, 2: 227, 234
6, 4: 289
6, 7: 227
6, 8: 227
6, 9-14: 18
6, 9-12: 231, 232
6, 10-14: 257
6, 10: 228

Iohannes
6, 11: 228
6, 14: 236
6, 15: 228, 236, 243, 365
6, 16: 228, 229
6, 17: 229
6, 18: 229
6, 19: 229
6, 21: 229
6, 22: 229, 230
6, 23: 230
6, 24: 229, 230
6, 25: 230
6, 26: 230, 231, 234, 238
6, 27: 231, 234, 235, 236, 261
6, 28.30: 239
6, 28.27: 235
6, 28: 231, 235, 236, 261, 329
6, 29: 231, 236
6, 30: 232, 236, 240
6, 31.59: 274
6, 31: 147, 234, 236, 237, 252
6, 32.33: 276
6, 32: 51, 232, 233, 237, 242
6, 33.50.51.59: 256
6, 33: 232, 238, 253, 265, 273, 278, 312
6, 34.42: 278
6, 34: 232
6, 35.50: 283
6, 35.47.52: 257
6, 35.48: 419
6, 35.40: 234, 241, 253
6, 35: 147, 231, 233, 237, 238, 242, 256, 257, 258, 261, 264, 273, 283, 285, 312, 342, 347
6, 36-37: 240
6, 36: 233, 238, 239
6, 37: 233, 238, 240, 242, 265, 342, 343
6, 38.39: 233
6, 38: 239, 362, 363
6, 39.40: 233
6, 39: 214, 238, 239
6, 40.47: 273
6, 40.41: 432
6, 40: 239, 241, 242, 254, 261, 262, 264, 265, 272, 359, 395
6, 41.53: 277
6, 41: 240, 241, 242, 243,

Iohannes
254, 258, 261, 263
6, 42: 107, 212, 235, 241, 242, 243, 254, 258, 261, 278, 279, 300, 335
6, 43: 241
6, 44.55: 265
6, 44: 102, 114, 119, 137, 154, 192, 218, 233, 236, 241, 242, 243, 244, 245, 249, 264, 265, 275, 315, 336, 344
6, 45-46: 52, 252
6, 45: 241, 242, 243, 244, 245, 252, 336
6, 46: 241, 252
6, 47: 242, 244, 245, 256, 258, 270, 272, 277, 278
6, 48.51: 254
6, 48: 242, 244, 252, 255, 262, 278, 282
6, 49: 242, 252
6, 50.52.59: 277
6, 50: 237, 241, 242, 252, 253, 262, 278
6, 51.59: 276, 279
6, 51-52: 237, 254, 262, 283
6, 51: 242, 252, 254, 258, 262, 264, 265, 278, 279, 285
6, 52.56: 258
6, 52.55: 264
6, 52: 10, 232, 233, 242, 243, 253, 254, 255, 256, 257, 260, 263, 264, 265, 266, 272, 278
6, 53: 243, 257, 258, 259, 260, 263, 278
6, 54-55: 258, 286
6, 54: 242, 243, 257, 261, 262, 263, 275, 278
6, 55.59: 274
6, 55: 10, 235, 257, 263, 264, 273, 275-276, 277f.
6, 56.55: 261
6, 56.54: 254
6, 56.51: 282
6, 56: 254, 258, 261, 265, 270, 272, 273, 278, 399
6, 57-58: 273, 275
6, 57: 235, 259, 272, 273, 274, 400, 482
6, 58: 259, 272, 273, 274, 282
6, 59: 257, 259, 265, 273,

Iohannes
    274, 277, 278, 280
6, 60:   259
6, 61:   235, 261, 262, 275,
    276, 279, 285, 286
6, 62.67:   262
6, 62:   261, 262, 276, 277,
    278, 279
6, 63:   261, 262, 276, 278,
    279, 280, 282, 286
6, 64:   122, 131, 259, 266,
    276, 277, 279, 281, 282,
    283, 286, 461
6, 65:   276, 283, 285, 286
6, 66:   276, 277
6, 67:   235, 262, 275, 277,
    285
6, 68:   262, 277
6, 69:   162, 262, 275, 277,
    285, 286, 326, 363, 396,
    431
6, 70:   262, 277
6, 71:   277, 285, 406
6, 72:   277, 286
7 (text):   287-288
7, 1:   289, 290, 298
7, 2:   289, 290
7, 3:   290, 291
7, 4:   290
7, 5:   290, 291
7, 6:   275, 290, 291, 292
7, 7:   238, 291, 292, 478
7, 8:   291, 366
7, 10:   292
7, 11.26.30.32.44:   306
7, 12:   292
7, 14:   292, 293, 355
7, 15:   293, 295
7, 16-17:   295
7, 16:   276, 293
7, 17:   236, 293, 294, 314
7, 18:   290-291, 293, 294
7, 19:   295, 296
7, 20:   296
7, 21-24:   295
7, 21:   296
7, 22:   296, 297
7, 23:   290, 297
7, 24:   297, 306
7, 25.27:   300
7, 25-26:   289
7, 25:   297
7, 26:   298
7, 27.28:   300
7, 27:   298, 299, 335
7, 28:   300, 301

Iohannes
7, 29:   301
7, 30:   301, 302, 314
7, 31:   301, 302, 335
7, 32:   302
7, 33:   302, 356, 378, 382
7, 34:   302
7, 37:   303, 312
7, 38-39:   528
7, 38:   179, 303
7, 39:   121, 167, 176, 186,
    195, 244, 304
7, 42:   105-106, 299, 304
7, 44:   305
7, 45:   305
7, 48:   306
7, 49:   305, 306
7, 50-51:   129
7, 50:   305, 364
7, 51:   306
8 (text):   308-310
8, 1:   310
8, 3:   310, 311
8, 4:   311
8, 6:   311
8, 6.8:   311
8, 7:   311, 312
8, 12:   34, 138, 143, 312,
    313, 315, 347, 419
8, 13:   210, 313, 499
8, 14:   313
8, 15:   313, 314
8, 16:   217, 313, 314
8, 17:   314
8, 19:   314
8, 20:   314
8, 21:   315, 316, 319
8, 23:   268, 315, 316, 319
8, 24:   315, 316, 462
8, 25-26:   316
8, 25:   316, 317
8, 26:   301, 316, 317, 318,
    319, 462
8, 27:   318
8, 28:   169, 318, 319
8, 29:   319, 322
8, 30:   319, 321
8, 31:   320
8, 32:   320
8, 33:   320
8, 34:   320, 321
8, 35:   144, 145, 321
8, 36:   137, 315, 321, 440
8, 37:   321
8, 38:   322
8, 39:   321, 322

Iohannes
8, 40:   322
8, 42:   322
8, 43:   322
8, 44:   3, 19, 20, 66, 122,
    137, 204, 252, 294, 304,
    321, 322, 323, 337, 401
8, 45:   323
8, 46:   323
8, 47:   323, 521
8, 48:   178, 323
8, 49:   323, 326
8, 51:   324, 326
8, 52:   324
8, 53:   324
8, 54-55:   324
8, 54:   324
8, 56:   324, 325, 326
8, 58:   326, 342, 427
8, 59:   326
9 (text):   327-328
9, 1-7:   355, 356
9, 1:   328, 358
9, 2:   329, 331
9, 3:   329, 332, 335
9, 4-7:   349, 351
9, 4:   329, 330, 347, 356,
    357, 358
9, 5:   329, 332, 347
9, 6:   330, 331
9, 8:   332
9, 11:   156
9, 13:   332
9, 14:   328, 332
9, 16:   332, 333
9, 17:   333
9, 18:   333
9, 22:   333, 334
9, 24:   334
9, 27:   334
9, 29:   50, 334, 335
9, 30:   334
9, 31:   319, 334
9, 32:   334-335
9, 33:   335
9, 34:   335
9, 35:   336
9, 38:   336
9, 39-41:   33
9, 39:   122, 159; 258, 336,
    337
9, 40:   337
9, 41:   337, 338, 340, 455
10 (text):   339-340
10, 1:   340, 341, 342
10, 3.4:   343

Iohannes
10, 4: 346
10, 5: 343
10, 6: 340
10, 7.8: 342
10, 7.1: 419
10, 8: 168, 341, 380
10, 9: 342, 345, 363
10, 10-11: 343
10, 10: 168, 342, 343
10, 11: 343, 346, 419
10, 12-13: 343
10, 12: 378
10, 13: 346
10, 14.15: 344, 346
10, 14: 343, 344, 345
10, 15: 344, 345, 424
10, 16: 342, 343, 344,
    345, 346, 366, 380, 443
10, 17-18: 496
10, 17: 345
10, 18: 345, 346, 366
10, 19: 345, 346
10, 22: 346
10, 24 ff.: 356
10, 25: 347, 349, 352
10, 26: 347, 348
10, 27-28: 348
10, 27: 20, 347, 348
10, 28-29: 348, 349
10, 28: 132, 239, 348
10, 29.28: 348
10, 29: 348
10, 30.33.36: 351
10, 30: 65, 207, 208, 209,
    213, 214, 217, 239, 255,
    259, 293, 314, 348, 349,
    350, 363, 384, 395, 397,
    420, 473
10, 31: 352
10, 32: 349
10, 33: 349, 396
10, 34: 44, 139, 349, 351,
    449
10, 35: 350
10, 36: 350, 452
10, 37-38: 350
10, 37: 350
10, 38: 169, 190, 209,
    259, 314, 351
10, 39: 351
10, 41: 351, 352
10, 42: 352
11 (text): 353-355
11, 1-44: 18
11, 1: 355, 358

Iohannes
11, 2: 356
11, 3: 356
11, 4: 276, 335
11, 5: 361
11, 9: 356, 357, 358
11, 10.9: 356
11, 11: 357
11, 15: 357
11, 16: 358
11, 17 f.: 358
11, 17: 355
11, 20: 359
11, 21.32: 356
11, 21: 359
11, 22: 362
11, 23: 362, 363
11, 24: 362
11, 25: 239, 243, 359,
    362, 419
11, 26: 359
11, 27: 359
11, 28: 361
11, 29: 361
11, 31: 361
11, 33: 361
11, 35: 361
11, 36.37: 361
11, 36: 361
11, 37: 305
11, 38: 362
11, 39-44: 357, 358
11, 39-43: 208
11, 39: 362
11, 41: 362
11, 42: 363
11, 43: 215, 363
11, 44: 363
11, 45: 363
11, 47.48: 364
11, 48: 364, 365
11, 49: 365
11, 50: 365
11, 51: 169, 365, 366,
    367
11, 52: 62, 366
11, 53: 366
11, 57: 366
12 (text): 368-369
12, 1: 370
12, 2: 370
12, 3: 356, 370, 371, 372,
    374, 377
12, 4: 370, 372, 377
12, 5: 374, 378
12, 6: 372, 378

Iohannes
12, 7: 372, 373, 374
12, 8: 373
12, 9: 378, 381
12, 10: 378
12, 12: 379
12, 13: 379
12, 14: 380
12, 15: 380
12, 16: 281, 351, 381,
    395, 407
12, 19: 381, 382
12, 20: 381, 382
12, 23-24: 424
12, 23: 381, 383, 446
12, 24-25: 382, 383
12, 24: 381, 383
12, 25-26: 383
12, 25: 382
12, 26: 382, 383, 400,
    415
12, 27: 383, 384, 386
12, 28: 383, 384
12, 30.28: 384
12, 31: 240, 380, 384,
    386, 462
12, 32: 155, 382, 384,
    385, 386, 387, 389
12, 34: 385
12, 35: 385, 386
12, 36: 33, 386, 390
12, 37.40: 298
12, 37: 390
12, 38.40: 394
12, 38: 390
12, 39: 390, 394, 410
12, 40: 122, 181, 302,
    328, 391, 393, 539
12, 41: 391, 392
12, 42: 394, 397
12, 43: 394, 397
12, 44: 394, 395
12, 45.50: 310
12, 45: 395, 397, 528
12, 46: 395
12, 47: 159, 395
12, 48: 395, 396
12, 49: 318, 396
12, 50: 396
13 (text): 398-399
13, 1: 399, 400, 401, 438
13, 2: 401, 408
13, 3: 317, 401
13, 4: 401
13, 5: 401, 403
13, 6: 401

Iohannes
13, 7:   402, 404
13, 8:   402, 403
13, 9:   402
13, 10:   402, 403, 442
13, 12:   404
13, 13:   404
13, 14:   404
13, 15:   404
13, 16:   404
13, 17:   405
13, 18:   406, 407, 409,
   477, 491
13, 19:   407
13, 20:   407, 408, 409
13, 21:   407, 408, 409
13, 23:   409, 519
13, 26.27:   409
13, 26:   408
13, 27:   408, 410
13, 28:   408
13, 30:   409, 410
13, 31:   410, 412
13, 32:   410
13, 33.36:   414
13, 33:   411
13, 34:   402, 411, 423,
   426
13, 35:   411
13, 36:   411, 421-422
13, 37:   102, 412
14 (text):   413-414
14, 1:   414, 415, 417, 418,
   419, 421, 423, 427, 428,
   429
14, 2:   415, 416, 417, 418
14, 3:   415, 417, 420
14, 4:   415, 416
14, 5.8:   429
14, 5:   416, 417, 419
14, 6:   86, 274, 312, 416,
   417, 418, 419
14, 7:   416, 418, 423
14, 8:   416, 418
14, 9:   314, 352, 418, 419
14, 10.12:   419
14, 10.11:   419
14, 10:   207, 418, 420,
   422
14, 11:   418, 423
14, 12:   351, 415, 416-
   417, 418, 419, 420, 421,
   422, 423, 424, 425, 438,
   443, 448, 482
14, 13-14:   425, 535
14, 13:   421, 422, 425,

Iohannes
   428, 443, 448
14, 14:   420, 425
14, 15:   421, 426, 428
14, 16-21:   286
14, 16.26:   438, 461, 468
14, 16-17:   266, 421
14, 16:   65, 366, 415, 421,
   422, 426, 454, 458, 460,
   465, 466
14, 17:   421, 422, 426,
   429
14, 18.19:   422, 427
14, 18:   422, 423, 427
14, 19:   422, 427, 428,
   466
14, 20:   422, 428
14, 21:   423, 428, 429
14, 22:   429, 430, 437
14, 23:   429, 430, 431,
   447
14, 24:   430
14, 25:   430, 431
14, 26.17:   426
14, 26:   62, 122, 136, 169,
   235, 244, 249, 250, 251,
   252, 254, 256, 276, 279,
   280, 282, 341, 342, 402,
   411, 417, 421, 430, 431,
   432, 436, 438, 454, 461,
   462-463, 466, 469
14, 27:   437, 438, 447,
   492
14, 28.1:   438
14, 28:   437, 438, 439,
   460
14, 29:   437, 438
14, 30-31:   439
14, 30:   437-438, 439,
   440, 450, 452, 478, 480,
   520, 521
14, 31:   438, 439, 442
15 (text):   441-442
15, 1:   442, 443, 444
15, 2:   442, 443, 444, 445,
   448
15, 3:   442, 445
15, 4:   443, 446
15, 5:   443, 445
15, 6:   443, 444, 445
15, 7:   443, 446, 448
15, 8:   443, 444, 445, 446
15, 9-10:   448
15, 9:   446-447
15, 10:   447
15, 11:   447

Iohannes
15, 12:   447
15, 13.14:   401
15, 13:   421, 447
15, 14:   447
15, 15-16:   17
15, 15:   447, 448
15, 16:   194, 448, 449,
   458
15, 17:   448
15, 18:   450, 452
15, 19:   38, 205, 334, 450,
   452
15, 20:   451, 452
15, 21:   451, 453
15, 22.24:   453
15, 22:   60, 114, 206, 207,
   211, 222, 233, 239, 292,
   324, 338, 406, 451, 453
15, 24:   333, 378, 451
15, 25:   451, 453
15, 26:   384, 385, 451,
   453, 454, 455, 458, 460,
   461, 468, 535
15, 27:   20, 452, 458
16 (text):   456-457
16, 1:   457
16, 2:   457
16, 3:   457
16, 4:   458
16, 5:   290, 458, 459
16, 6:   458, 459
16, 7:   121, 281, 282, 283,
   458, 459, 461, 535, 546
16, 8.11:   464
16, 8-10:   463, 464
16, 8.9:   463
16, 8.7:   461
16, 8:   291, 292, 461, 462,
   463, 465, 470, 481
16, 9-11:   462
16, 9:   462
16, 10.11:   462
16, 10:   462, 464
16, 11:   462
16, 12:   462, 464, 465
16, 13-15:   294
16, 13:   7, 312-313, 315,
   318, 454, 460, 462, 463,
   465, 466, 468
16, 14:   283, 461, 463
16, 15:   463
16, 16:   427, 466
16, 17:   464, 466
16, 19:   466
16, 20:   466

Iohannes
16, 21: 466
16, 22: 466
16, 23: 466, 467
16, 24: 467, 468
16, 25: 468, 469, 470
16, 26: 469
16, 27: 468
16, 28: 468
16, 29: 468
16, 30: 468
16, 31: 470
16, 32: 469, 470
16, 33: 469, 470
17 (text): 471-472
17, 1: 167, 472, 474
17, 2: 281, 331, 472, 474, 475
17, 3: 52, 158, 410
17, 4: 280, 473, 475
17, 5: 473, 475
17, 6: 473, 475, 476
17, 7: 473, 474
17, 8: 473, 476
17, 9-10: 473
17, 9: 238, 474, 476
17, 10: 473, 476
17, 11.12: 478
17, 11.9: 477
17, 11: 347, 348, 422, 473, 477, 480
17, 12: 386, 477, 478, 479, 496
17, 13: 326, 477
17, 14: 20, 128, 334, 338, 457, 477, 478
17, 15.16: 478
17, 15: 478, 480
17, 16: 478
17, 17: 395, 478
17, 18: 341, 342, 478
17, 19.17: 478
17, 19: 478, 480
17, 20: 480, 517
17, 21: 480-481, 482, 483
17, 22: 481, 482
17, 23: 304, 481, 482, 483
17, 24.26: 481
17, 24: 481, 482
17, 25: 482, 483
17, 26: 482, 483
18 (text): 485-487
18, 1: 489, 490, 493
18, 2-3: 495-496

Iohannes
18, 4-6: 496
18, 6: 518
18, 7-8: 496
18, 9: 496, 498
18, 10: 493, 497
18, 11: 497
18, 12-14: 498
18, 13-14: 498, 519
18, 13: 519
18, 15-16: 498-499
18, 15: 519
18, 17: 102, 499, 519
18, 18: 499
18, 19-23: 499-500
18, 19: 519
18, 24: 519
18, 25: 500
18, 26: 500
18, 28-32: 504, 520
18, 31: 520
18, 33: 504
18, 34-36: 504-505
18, 36-37: 508
18, 36: 521
18, 37: 294, 478, 505, 521
18, 38: 505, 521
18, 39-40: 506
18, 39: 506
18, 40: 507, 522
19 (text): 487-489
19, 1: 507
19, 3: 507
19, 4-12: 507-508
19, 13-14: 508-509
19, 14-15: 509, 523
19, 15: 381
19, 16: 509
19, 17: 509-510
19, 19.20: 511
19, 20-22: 511
19, 23-24: 511
19, 25-27: 511
19, 25: 533, 534
19, 26: 111, 519
19, 28-29: 513
19, 29: 513, 523
19, 30: 513, 523-524
19, 31-37: 514
19, 31: 529
19, 33: 523
19, 38-39: 528
19, 39-40: 528
19, 39: 514
19, 40: 514, 528-529

Iohannes
19, 41: 514, 515
19, 42: 515
20 (text): 530-531
20, 1-18: 536
20, 1: 534, 539
20, 2-9: 535
20, 2: 541
20, 7-8: 542
20, 7: 541
20, 8: 541
20, 9: 535, 541
20, 10-17: 535
20, 12: 539
20, 13: 373, 374
20, 17: 535, 536, 541, 544
20, 19: 537, 538, 544
20, 21-23: 543
20, 22: 248, 250, 251, 252, 281, 283, 304, 409, 434, 455, 461, 465, 537, 544
20, 26-29: 537, 540
20, 26: 538
20, 27-29: 281
20, 27: 540
20, 30: 545
20, 31: 545
21 (text): 531-533
21, 1 ff.: 538
21, 7.20 ff.: 409, 519
21, 13: 540
21, 15-19: 544
21, 15: 101
21, 23: 545
21, 25: 545
23[!]: 445

Actus Apostolorum
1, 3: 538, 540
1, 4-5: 67
1, 4: 65
1, 6-7: 535
1, 6: 543
1, 8: 20, 66, 383, 384
1, 9: 279, 281, 282, 400, 538·
1, 11: 281
1, 12: 544
1, 18-19: 503
1, 20: 479
2, 1 ff.: 465
2, 2-4: 267
2, 3-4: 543
2, 3: 65, 409

Actus Apostolorum
2, 4 ff.:   474
2, 4.3:   539
2, 4:   162
2, 19:   352
2, 22:   293
2, 24:   525, 526
2, 27:   525, 526
2, 32-33:   384
2, 33:   385
2, 37:   132
2, 41:   96
2, 42:   178, 449
2, 43:   455
3, 15:   382, 526
4, 7.10:   364
4, 12:   266, 312
4, 25-26:   521
4, 31:   539
5, 12:   393, 423, 424
5, 14-16:   420-421
5, 16:   420
5, 31:   459, 474
5, 34:   364
5, 37:   340
8, 5:   195
8, 12:   96
8, 16:   165
8, 18:   176
8, 27:   268
8, 35-38:   269
9, 1-9:   33
9, 6:   131, 132
9, 17-18:   269
9, 31:   179
10, 1 ff.:   268
10, 3 ff.:   267, 268
10, 36:   207, 392
10, 38:   27, 100, 335, 379
10, 40-42:   281
10, 41:   428
10, 42-43:   449
10, 42:   146, 364, 502
10, 45:   325, 389
10, 46-48:   269
13, 2:   9
13, 23-25:   57
13, 24:   356
13, 35:   525
13, 47:   516
13, 48:   268
15, 1:   7
15, 2:   2
15, 7:   193
15, 9:   402
15, 10:   50, 153, 305, 412

Actus Apostolorum
16, 15.32-33:   74, 96
17, 11:   247
17, 27:   31
17, 28:   31
18, 24:   293
18, 26:   293
19, 4:   69
20, 24:   384, 396
20, 35:   405
21, 38:   341
22, 3:   268
22, 16:   131, 132, 133, 271
23[!]:   268
23, 3:   95
23, 8:   58
26, 5:   268
26, 17-18:   449
26, 18:   406

Ad Romanos
1-2:   192
1, 4:   27
1, 16:   115, 396
1, 17:   124, 248, 264, 462, 476
1, 18:   463
1, 20:   30, 126
1, 21:   32
1, 28.32:   338
2, 7:   216
2, 15:   192, 246
2, 29:   89, 135, 220
3, 4:   42, 104, 105, 281, 301
3, 9:   192
3, 20:   248
3, 21-22:   464
3, 22:   192, 193, 462, 464
3, 24:   388
3, 25:   158, 263, 264, 282, 491, 493
3, 28:   164, 248
3, 29:   192
4, 3:   322
4, 11-13:   269
4, 16:   322
4, 20:   264
4, 21:   319
4, 25:   255, 265, 345, 346, 464, 540
5:   263
5, 2:   540
5, 5:   63, 92

Ad Romanos
5, 6:   394, 395
5, 7:   180
5, 8:   62, 67, 256, 540
5, 9:   76, 263
5, 10:   265, 405, 411, 416
5, 11:   63, 263, 264
5, 15:   65
6, 3-4:   72, 86
6, 3:   130
6, 4:   12, 72, 80, 264
6, 6.8:   522
6, 6:   540
6, 8:   194
6, 10-13:   131
6, 10-11:   72
6, 10:   320
6, 11:   248, 250, 255, 540
6, 13:   159
6, 18:   137, 395
6, 22:   159, 425
6, 23:   321
7, 6:   220, 543
7, 14:   249
7, 15:   246
7, 18:   42, 43, 50, 104, 137, 139, 161, 246, 412, 445, 491, 494, 540
7, 23:   247, 252
8:   389
8, 2:   50, 63, 159, 433
8, 3-18:   321
8, 5:   128, 136, 546
8, 8:   291
8, 9:   9
8, 10:   403
8, 10-11:   428
8, 11-13:   81
8, 11:   315, 540
8, 12:   87 f.
8, 13:   321, 402
8, 14.16:   474
8, 14:   3, 7, 12, 60, 70, 77, 109, 122, 123, 136, 240, 249, 250, 251, 292, 367, 370, 381, 420, 452, 478, 480, 481
8, 15-16:   39, 70, 528
8, 15:   9, 48, 49, 70, 121, 179, 186, 248, 250, 268, 277, 348, 406
8, 16-17:   264, 454
8, 16:   45, 70, 131, 158, 163, 178, 222, 236, 245, 266, 315, 321, 394, 403, 406, 445, 540

Ad Romanos
8, 17: 35, 39, 74, 105, 144, 158, 263, 358
8, 19: 136
8, 24: 158, 239
8, 28: 69, 147, 203, 205, 360, 424, 425, 439, 451
8, 29: 72, 73, 139, 188, 435, 475, 543
8, 30: 39, 190, 238, 240, 268, 343, 344, 403
8, 33: 159
8, 39: 179
9, 3: 67
9, 4: 90
9, 5: 184
9, 16: 81
9, 18: 215
9, 20: 265, 331
9, 22: 12, 252
9, 23: 329
10, 2: 1, 94, 97, 116, 126
10, 3: 248
10, 4: 44, 292
10, 6: 248
10, 15: 168
10, 17: 267, 268, 323, 324, 326
10, 18: 158, 420, 444, 465
11, 9: 326
11, 10-11: 449
11, 11: 366
11, 17-19: 248
11, 22: 147
11, 25: 222
11, 29-30: 102
11, 29: 102-103
11, 36: 547
12, 4: 377, 482
12, 5: 71, 73, 481, 482, 483
12, 6: 145, 146, 158, 482, 546
12, 9 f.: 377
12, 10: 360
12, 13: 377
13, 1: 350
13, 8-10: 249
13, 8: 6, 248, 374
13, 9: 374, 403
13, 10: 63, 90, 129, 147, 153, 248, 372, 378, 403
13, 14: 60, 63
14, 1: 135, 306, 397
14, 8: 124

Ad Romanos
14, 10: 222
14, 11: 429
14, 17: 66, 69, 130, 133, 158, 236, 248, 264, 395, 474
15, 1: 2, 127, 135, 153, 322, 458, 501, 533
15, 2-3: 44
15, 2: 44, 70, 450
15, 8: 176, 195, 420, 473, 475
15, 16: 449
15, 26: 10, 271

1 ad Corinthios
1, 1: 92
1, 4-8: 45
1, 7.8: 325
1, 8: 228
1, 9: 271, 389
1, 11: 434
1, 16: 96
1, 18.24: 27
1, 20: 334
1, 21: 35
1, 22-23: 295
1, 22: 122, 464
1, 24: 25, 26, 50, 294, 335, 390, 416, 418, 476
1, 25: 56, 294
1, 27: 93, 197, 311, 312
1, 28: 180, 181, 196, 380, 521
1, 30: 171, 212, 314, 435, 463
2, 2: 28, 253, 432, 434-435
2, 3: 449
2, 5: 82, 335
2, 6: 432, 433
2, 7-10: 45
2, 7: 320
2, 10-11: 432
2, 10: 221, 252, 425, 432
2, 11: 8
2, 12: 442
2, 13-14: 347
2, 13: 60, 294, 433, 435
2, 14.7: 432
2, 14: 20, 32, 56, 128, 133-134, 139, 169, 219, 246, 248, 249, 251, 265, 268, 279, 283, 313, 316, 347, 407

ad Corinthios
2, 15: 153, 264, 265, 272
2, 16: 211, 417
3, 1-2: 546
3, 1: 165
3, 3: 171
3, 6-7: 249, 284
3, 6: 4, 213, 265, 270, 283, 330, 345, 348, 367
3, 7: 5, 20, 53, 72, 73, 168, 266, 267, 269, 460
3, 8: 194, 209
3, 9: 52, 70, 85, 93, 156, 265, 269, 345, 348, 376, 473
3, 10: 67
3, 11-12: 67
3, 12: 67, 68
3, 14: 67
3, 15: 67
3, 16: 251
3, 19: 336, 389
3, 21-22: 171
3, 22-23: 266
3, 22: 5
3, 23: 5
4, 1: 5
4, 12: 478
4, 13: 336, 338
4, 15: 11
4, 20: 69, 306, 433
5[!]: 5
5, 1-5: 282
5, 5: 274
5, 7: 253, 254, 255, 276, 282, 333, 366, 460, 478
6, 11: 313
6, 15: 74, 163
7, 14: 96
7, 20-22: 376
7, 25 ff.: 9
8, 1: 306
8, 7: 271
9, 13-16: 89
9, 16: 194
9, 17: 194
9, 22: 484
10, 11, 12: 389
10, 1-3: 237
10, 3-4: 232
10, 3: 237, 274
10, 4.11: 153
10, 5: 83
10, 6.11: 82
10, 6: 82, 84, 87, 89
10, 7-8: 83

1 ad Corinthios
  10, 7:   83, 89
  10, 8:   83
  10, 9:   83, 155
  10, 10:   83, 154
  10, 11:   82, 83, 87, 145,
    146, 147, 148, 149, 157,
    239
  10, 16.17:   271
  10, 16:   10, 14, 84, 271,
    400
  10, 17:   266
  10, 20:   10, 271
  10, 31:   186, 187, 249
  11, 26:   266
  11, 27:   271
  11, 29:   267, 271, 273,
    460
  11, 30:   203, 329
  12, 6-11:   388
  12, 6:   106, 117, 156, 248,
    251, 547
  12, 11:   9, 272
  12, 12:   482
  12, 13:   73, 85
  12, 20:   122
  12, 27:   543
  13, 8:   474
  13, 9-12:   91
  13, 9:   433, 475
  13, 10-12:   88
  13, 10:   88, 153, 387
  13, 11:   88, 149, 186
  13, 12:   88, 153, 397, 404
  14, 14:   365
  14, 20:   86
  14, 33:   491
  15, 3-4:   141, 142
  15, 3:   255, 540
  15, 5:   540
  15, 6:   516, 538
  15, 9:   195
  15, 12:   141
  15, 14:   141
  15, 20:   142, 239
  15, 25-27:   476
  15, 28:   255, 439, 475,
    476
  15, 40:   547
  15, 44:   247
  15, 45-47:   141
  15, 45.47.49:   238
  15, 45:   141, 143
  15, 47:   143
  15, 48:   141, 393, 416
  15, 49:   141

1 ad Corinthios
  15, 50:   128, 133, 158,
    219, 412
  15, 53:   141
  15, 54-57:   540
  15, 54:   540, 543
  15, 55:   547
  15, 56:   321

2 ad Corinthios
  1, 3:   386
  1, 9:   426
  1, 12:   114, 283
  1, 20:   169
  1, 22:   158, 516
  2, 16:   60
  2, 17:   295
  3:   389
  3, 5:   168, 265, 381, 492
  3, 6-7:   50
  3, 6:   20, 92, 130, 220,
    435
  3, 7:   50
  3, 8 ff.:   544
  3, 14:   326
  3, 17:   46, 49, 70, 84, 85,
    144, 145, 246, 321, 322,
    388, 445
  3, 18:   131, 433, 540
  4, 4:   114, 274, 275, 337,
    352, 463, 464
  4, 6:   236, 337, 351
  4, 10:   28
  4, 16:   130
  4, 18:   434
  5, 6:   475, 504
  5, 15:   72, 74
  5, 17:   130, 133, 187
  5, 18:   130
  5, 20:   477
  5, 21:   438, 439
  6, 4:   113
  6, 5:   192
  7, 15:   122, 286
  8, 4:   271
  8, 14:   375, 376
  9, 7:   375, 376
  9, 10:   333
  9, 12-13:   266
  11, 13:   153
  12[!]:   482
  12, 4:   524
  12, 10:   380

Ad Galatas
  1, 15:   268
  2, 7-8:   544-545
  2, 9:   271
  2, 11-14:   95
  2, 16:   164, 216
  2, 19:   322
  2, 20:   124, 251, 253, 255,
    263, 272, 517
  3 & 4:   389
  3, 1-4:   153
  3, 2:   267
  3, 9:   322
  3, 13-14:   63
  3, 14:   63, 116, 343
  3, 16-22:   325
  3, 19:   25
  3, 23:   49
  3, 24-25:   63, 387
  3, 24:   46, 388
  3, 25-26:   49
  3, 25:   70, 84
  3, 27:   130
  3, 28:   85
  4, 3-5:   91
  4, 3:   48, 63, 70, 81, 89,
    149, 153, 186, 387, 388,
    389
  4, 6-9:   433
  4, 6:   48, 218, 236, 282,
    423, 434
  4, 9:   71, 84, 127, 133,
    320
  4, 18:   294
  4, 22-24:   144
  4, 22:   144
  4, 23:   144
  4, 24-25:   145
  4, 24:   144, 145, 147,
    149
  4, 25:   145
  4, 28:   148, 322
  4, 29:   145, 321
  4, 31:   170, 184, 389
  5, 1:   321
  5, 4:   348
  5, 5:   216
  5, 6:   540
  5, 13:   321, 341
  5, 14:   411, 432, 450
  5, 16-17:   128
  5, 17:   313, 452
  5, 18:   170, 284, 312
  5, 22:   70, 91
  5, 24:   404
  6, 1:   484

Ad Galatas
6, 14: 242
6, 15: 28, 85, 128, 130, 291, 306

Ad Ephesios
1, 3: 374
1, 4-5: 134
1, 4: 7, 19, 35, 39, 160, 256, 269, 472, 473, 481-482
1, 5.11-12: 476
1, 7: 433, 434
1, 9-10: 209
1, 9: 145
1, 10-20: 475
1, 10.20: 335
1, 10: 142, 158, 161, 187, 215, 235, 266, 274, 280, 290, 341, 359, 392, 411, 417, 462, 463, 475, 476
1, 11: 35
1, 13: 20, 395
1, 14: 66, 474
1, 17-18: 434
1, 17: 303
1, 18: 337
1, 19: 462
1, 20-23: 546
1, 20-21: 540, 546-547
1, 20: 280, 281, 301, 318, 385
1, 21.22: 546
1, 21: 106, 281, 380
1, 22: 5, 73, 106, 117, 122, 344, 547
1, 23: 5, 24, 25, 73, 157, 194, 207, 301, 546
2, 2: 438, 439, 440
2, 3: 72, 170, 195
2, 7: 93
2, 8-10: 164
2, 8: 155
2, 12: 158, 211, 212
2, 13: 166
2, 14: 196, 325, 387
2, 15: 130
2, 16: 325
2, 19: 66, 69, 72, 73, 74, 116, 126, 128, 130, 133, 136, 165
2, 20: 337
3[!]: 188
3, 6: 127, 132, 133
3, 10: 95, 149, 383
3, 12: 342

Ad Ephesios
3, 14: 465
3, 16: 128, 158, 547
4: 389
4, 1: 72, 449, 484
4, 2: 377
4, 4-6: 366
4, 4: 465, 482
4, 11-15: 73
4, 11: 5, 73, 342, 367, 388
4, 13-15: 88
4, 13: 88, 388, 389, 482
4, 14: 88, 388
4, 15: 158
4, 18: 30, 246, 256, 273, 274, 387
4, 20: 295
4, 22-23: 188
4, 22: 72
4, 23-24: 28, 319
4, 23: 29, 33, 56, 145, 188, 540
4, 24: 12, 72, 73, 124, 128, 130, 161, 265
4, 30: 239
5, 2: 44, 152, 183, 376
5, 5: 7, 470, 482
5, 9: 31
5, 10: 294
5, 18: 113
5, 23.30: 521
5, 23-25: 61
5, 23: 5, 9
5, 25: 149, 166, 169
5, 26: 130, 131, 133
5, 27: 402
5, 30: 43, 44, 140, 142, 166, 255

Ad Philippenses
1, 5: 271
1, 6: 13, 320
1, 8: 359
1, 11: 292, 304, 467
1, 12: 2
1, 15-19: 168
1, 18: 168
1, 19-20: 236
1, 20: 123, 474, 475
1, 23: 292
1, 27: 389
1, 28: 338, 378
1, 29-30: 382
2, 1: 271
2, 7: 41

Ad Philippenses
2, 8-11: 215
2, 8-9: 209, 381
2, 8: 155, 280, 318, 380, 544
2, 9: 280, 318, 461, 476
2, 10-11: 207
2, 11: 313
2, 12: 302-303
2, 13: 156, 157, 161, 194, 216, 251, 274, 313, 446
2, 15: 143
2, 16: 197
2, 21: 316, 452
2, 27: 360
3: 389
3, 9: 188, 416, 418
3, 10: 255, 271
3, 12-14: 70
3, 14: 124, 547
3, 19: 231, 292, 319
3, 20: 388
4, 7: 438, 460
4, 8: 8, 49, 320

Ad Colossenses
1, 1-8: 465
1, 6: 387, 448, 473
1, 8: 360
1, 10: 449, 483
1, 11: 292
1, 12: 529
1, 13: 1
1, 15-19: 475
1, 15-17: 24
1, 15: 24, 105, 158, 215, 475
1, 16-17: 27, 207, 213, 221, 251, 472, 475
1, 16: 26, 65, 142, 170, 206, 235, 298, 393, 463, 475
1, 17.16: 350
1, 17: 24, 26, 31, 44, 170
1, 18: 5, 221, 433, 475
1, 19-20: 547
1, 19: 475
1, 20: 448
1, 24: 149
1, 25: 393
2-3: 389
2, 2: 196
2, 6.7: 313
2, 7: 346
2, 8: 95
2, 17: 87, 90

Ad Colossenses
2, 18:	411
3, 5:	404
3, 10:	130, 292, 432
3, 11:	387
3, 12-13:	334
3, 12:	322, 323, 361
3, 16:	71
3, 17:	249
4, 1:	376

1 ad Thessalonicenses
2, 9:	484
4, 13:	360
4, 17:	134
5, 5:	143
5, 14:	95

2 ad Thessalonicenses
2, 11:	343
2, 13:	473
3, 14:	484
3, 15:	81, 484

1 ad Timotheum
1:	389
1, 13:	195, 337
1, 14:	428
1, 15:	180
1, 16:	470
1, 17:	140, 141
2, 2:	185, 307
2, 4.5:	352, 419
2, 4:	337, 395, 468, 517
2, 5:	68, 158, 234, 242,
	254, 262, 426, 435, 439,
	444, 472
2, 6:	61, 256, 325
2, 15:	108
3, 8:	342
3, 9:	162
3, 16:	282
4, 1-3:	9
4, 1:	121
4, 4:	116, 213, 372, 374,
	378
4, 8:	433, 474
4, 10:	75, 138, 235, 379,
	403, 472, 473
5[!]:	282
5, 10:	216, 405
6, 2:	156, 203, 206
6, 3:	148, 325
6, 11:	265, 481
6, 15:	100, 475

1 ad Timotheum
6, 16:	51, 139, 140, 276,
	280, 281, 400, 437, 451
6, 17:	455
6, 18:	375, 376
6, 19:	164

2 ad Timotheum
1, 7:	46, 48, 69, 388
1, 10:	449, 540
1, 13:	187
2, 2:	293
2, 7:	431
2, 10:	461
2, 15:	284, 285
2, 19:	66, 73, 389
2, 26:	33, 59, 246
3, 5:	181
3, 7:	138
3, 15-16:	220
4, 18:	100, 137, 547

Ad Titum
1, 1:	192, 193
1, 14:	302
2, 9:	376
2, 13:	425
2, 14:	265
3, 3-5:	188
3, 3:	195
3, 5-6:	1, 304
3, 5:	9, 81, 131, 132, 133,
	157, 216, 267, 268, 271
3, 6:	81
3, 7:	158, 386
3, 8:	216

Ad Hebraeos
1[!]:	215
1, 1-3:	27
1, 2-3:	65
1, 2:	25, 137
1, 3:	24, 25, 68, 105, 251,
	302, 330, 401, 475, 546,
	547
1, 4:	43
1, 6:	235
1, 9:	235
2, 4:	192, 424, 425
2, 5:	314, 475
2, 9:	393
2, 16:	140, 142, 215, 475
2, 17:	142
3, 1:	19, 142, 208, 261,
	281, 346, 472, 474
3, 14:	145

Ad Hebraeos
4, 7:	148
4, 12:	393
4, 14:	68
4, 15:	158, 407, 493
5, 2:	295
5, 4:	148
5, 9:	155
5, 13-14:	192
6, 4:	239, 422, 479
6, 5:	359
6, 19:	142
6, 20:	417, 426
7, 1:	143, 144
7, 2:	143
7, 11-12:	82, 90
7, 12:	187
7, 15:	143
7, 25:	338
7, 27:	143
8-10:	151
8, 23:	151
8, 27:	151
9, 4:	152
9, 5:	152
9, 7:	152
9, 8:	152
9, 11.5:	151
9, 12:	62, 84
9, 14:	100, 151, 543
9, 15-17:	527
9, 23-24:	120
10, 1:	90, 120, 151, 152,
	251
10, 10:	265
10, 20:	164
11, 1:	111
11, 3:	300
12, 22:	504
12, 23:	316
12, 24:	152
13, 4:	113

Iacobi
1, 12:	230
1, 15:	390
1, 17:	460, 470, 474
2, 5:	239
2, 8-9:	296, 297
2, 12:	389
2, 16:	205, 375
2, 18:	216
2, 21:	321
2, 22:	236, 265
4, 4:	292

Iacobi
4, 6:   352, 544
4, 10-11:   181

1 Petri
1, 3:   188
1, 4:   320
1, 18-19:   264
1, 20:   73
1, 22:   377
1, 23:   128, 193
2, 8:   20
2, 22:   140, 141
2, 24:   86, 89
3, 13:   189
3, 18:   88
3, 20:   143
3, 21-22:   540
3, 21:   131, 133
4, 13:   299, 326
5, 1:   364
5, 2:   131, 133, 341, 443
5, 6:   382
5, 7:   213, 358, 375

2 Petri
1, 2:   130, 325
1, 3:   435
1, 4:   37, 76, 128, 163,
    241, 257, 276, 278, 393,
    410, 422, 482, 483
1, 8:   336
2, 12:   337, 338
2, 18:   396
2, 19:   320

2 Petri
2, 20:   304
3, 18:   163, 164

1 Iohannis
1, 1-2:   23, 265
1, 2-3:   382
1, 3:   271
2, 1:   454
2, 2:   68
2, 5:   248, 250
2, 7:   412
2, 8-11:   313
2, 8:   411
2, 15:   73, 426
2, 18:   19
2, 20:   73
2, 27:   66
3, 2:   423, 433, 445, 474,
    481
3, 5:   319
3, 7:   248
3, 8.10:   451
3, 8:   364, 396
3, 9:   159, 322
3, 10:   73, 321, 322, 323,
    484
3, 11:   412
3, 13:   455
3, 16:   411
3, 22:   273
3, 24:   190
4, 2:   332, 365
4, 6:   294, 305
4, 9:   265, 321

1 Iohannis
4, 11:   164
4, 12:   303, 452
4, 13:   303, 323, 442
4, 14:   207, 448, 454
4, 15:   336
4, 18:   49
5, 1:   303
5, 4:   469
5, 11:   465
5, 12:   143, 163
5, 19:   470
5, 20:   52, 169, 322, 337,
    467

2 Iohannis
9:   326, 341, 347

3 Iohannis
8:   156, 330

Iudae
19:   211, 347

Apocalypsis
12, 9-10:   386
12, 9:   154, 246, 452, 478,
    483
14, 12:   68
14, 13:   324
20, 6:   528
22, 5:   521

INDEX OF PROPER NAMES*

Abraham   321 f., 324 f.
Adam (as prototype of Christ)   143
Alcoran   7
Alexander the Great   176, 177
Althamer, Andreas   10
Antiochus Epiphanes   346
Apollo   281
Apostles' Creed   527
Appenzell   79
Aristotle   89, 151
Artaxerxes   119
"Artocreatistae" (*v.* also Lutherans)   295,
    412, 444, 460, 544
Asia   77
Augsburg Confession   15
Augustine   13, 185, 237, 243, 252, 263,
    273, 280, 283

Baden, disputation of   3, 11
Bar Cochba   220
Barrabas   522
Basel, Bishop of   2
Ben Cuziba *v.* Bar Cochba
Bern[e] (Bernese)   1-15, 79
Bethaeder   202
Bethesda   201 ff.
Bethsaida   202
Bohemian Brethren   6
Borrhaus, Martin   82 ff., 96
Brenz, Iohannes   13, 264, 266, 267, 268,
    281
Bucer's Commentary on *Ephesians*   149-
    150, 389
Bucer's Commentary on the *Psalms*   42,
    543
Bucer's Commentary on *Romans*   219
Bucer's Commentary on the *Synoptic Gos-
pels*   14, 15, 16, 57, 58, 64, 65, 99, 100,
    106, 115, 116, 117, 119, 169, 176, 189,
    198, 204, 228, 230, 279, 284, 290, 291,
    293, 296, 297, 307, 310, 330, 338, 365,
    371, 378, 380, 389, 424, 436, 459, 515,
    516, 527, 529, 533-540, 541, 542-547
Buchstab, Iohannes   9
Budé, Guillaume   112, 227, 454
Burgauer, Benedictus   10

Caiaphas   498-501
Cannae, battle of   518
Capito, Wolfgang   5, 6, 8, 11-12, 543
Capnion *v.* Reuchlin, Iohannes

Carpocrates   18
"Catabaptistae" *v.* subject index s.v. Ana-
    baptism
Cephas   100-101 (etymology)
Cerinthus   18, 19, 29
Charles 5   2
Chrysostom, John   13, 130, 139, 218, 263,
    283-284, 310, 341
Cicero   151, 192 f.
Cinnereth   227
Cochlaeus, Iohannes   2, 11
Commentaries on the *Sentences* of Peter
    Lombard   171
Constanz, Bishop of   2
Cyprian   527
Cyril of Alexandria   283
Cyro, Peter   4

Darius   177
December   346
Didymus (etymology)   358
Diodorus of Iasos   518
Dionysius of Syracuse   518
Dioscorides   371
Draco   151

Ebion   18, 19, 29
Eck, Iohannes   11
Egypt, Egyptian   220
Epicureans   32
Erasmus, Des. Roterodamus   13, 40, 279,
    469, 523
Eusebius-Rufinus (*Hist. eccl.*)   17

Fabri, Iohannes   11
Fisher, John (Roffensis)   11
Frankfurt a/M   154
Fribourg, Council of   5

Galilee   107 (description), 289, 291
Gamaliel   364
Garden of Gethsemane   493-495
Gennesaret   202, 227, 289
Gentiles   62, 63, 181, 192, 195, 325, 344,
    381, 464
Gospels   27 (original language), 107, 295,
    314 f., 344, 459, 545 f. (completeness of
    account)
Grat, Alexius   4, 9, 12
Greece, Greeks   77, 192, 381, 382

* Biblical names have been included only in cases where they constitute the object of an extended discussion.

Hadrian 220
Haller, Berthold 4, 11
Helvetic Confederation 2
Hercules Gallicus 245
Herod 197, 227, 505 f.
Hertwig, Georg 4
Hofmann, Melchior 80
Holy Spirit (v. also: Paraclete) 65 ff. (definition), 127 ff., 134, 169 f., 178, 179, 267 ff. (and the eucharist), 303 ff., 347 f., 384, 408 f., 421, 422, 431 f., 535
Homer 146, 518
Huter, Theobald 5, 9

Iaddus 177
Institutiones iuris civilis 271
Iona 101-102 (etymology)
Isacha 177

Jerome 146, 202, 330 f.
Jews 34, 35, 38, 39, 45, 54, 56, 58, 59, 60, 62, 71, 76, 118 ff., 122, 136, 177 ff. (and Samaritans), 180 f., 184, 191 ff., 196, 197 f., 202 f., 205, 206, 212 ff., 220, 222 f., 240 f., 254, 282, 289, 290, 291, 293, 295 ff., 302, 311 f., 316 f., 321, 325, 326, 330, 332 ff., 344, 346, 347, 362, 364, 366, 382, 394, 464
John the Baptist 34, 36, 37, 47 ff., 52, 53 ff., 64, 97 f., 165 ff., 170 f., 172, 175, 210, 218
John the Evangelist 18 ff., 36 (motives for writing the Gospel), 47 (method), 102 (status), 177 (method), 204, 205, 228, 314, 344, 349, 355 f., 400, 408, 409, 519, 545
Josephus 176, 177, 178, 179, 220, 340 f.
Judas the Galilean 340 f.
Judas Iscariot 403, 406, 407 ff., 429, 477, 479, 495 ff., 503 f.
Judas Maccabaeus 346
Judaea (shortage of water in) 165

Lausanne, Bishop of (Sebastian de Montfaucon) 2, 3
Lazarus (etymology) 358
"Logodaedali" 444
Lucerne, Council of 5-6
Luther, Martin 6, 15, 257, 267, 268, 543
Lutherans 140 f., 248, 257, 444

Mahometans 7, 77, 295
Manasses 177 f.
Marburg 15
Marcion, Marcionites 19, 142, 361, 386, 459

Mare magnum 8
Mary Magdalene 371, 535, 536
Mary, sister of Lazarus 371, 373 f.
Melanchthon, Philip 13
Messiah 99 f. (etymology), 104, 187, 336
Monks 113, 292
Moses 49-50 (compared with Christ), 212 (will accuse the Jews), 221 f. (prototype of Christ)
Mount Garizim 176, 177, 184
Mount Thabor 41
Münster i.W. 80
Münzer, Thomas 79
Murer, Gilg 9
Murner, Thomas 5-6, 8

Nathanael 103 ff., 108, 305
"New Jerusalem" (i.e. Münster i.W.) 80
New Thomists 269
Neüwe Zeitung 4, 8
Nicene Creed 281
Nicodemus 126 ff., 205 f., 305, 306, 307, 364
Noah (as prototype of Christ) 143
Nonnus of Panopolis 30, 37, 53, 129, 197, 310, 316, 317, 427

Oecolampadius, Iohannes 10, 11, 14, 283, 543
Origen 74, 146, 147

Paraclete (v. also: Holy Spirit) 426, 430, 451 f., 453 ff., 458, 460, 461, 462 f., 465, 466
Persius Flaccus 186
Peter 102 f. (etymology), 492, 494, 497, 498-501 (denial of Christ), 516 f., 519, 540, 544 f.
Pharisees (v. also: Jews) 58
Philip 103 ff.
Philo 435
Plato 151
Pliny the Elder 202
Plutarch 193, 523
Pontius Pilate 504-511, 522 f.
Pythagoras 54

Reuchlin, Iohannes 58
Roman bishops 367
Romans 364, 365, 523
Rümlang, Eberhard von 4
Rufinus of Aquileia 146

Sadducees (v. also: Jews) 58
St. Gallen 79
Samaritan woman 178-190, 206, 260

Samaritans 177 ff.
Satan 1, 2, 3, 7, 13, 29, 32, 33, 59, 94, 114, 115, 138, 170 f., 204, 205, 246, 248, 250, 251, 322, 333, 337, 338, 351, 364, 381, 401, 408 f., 438, 439, 450, 462, 519, 521, 522
Shiloah 331
Schöni, Georg 4
Schugger, Thomas 79
Sebastian de Montfaucon v. Lausanne
Senabalath 177 f.
Sibylline oracles 325
Sichem (Samaria) 176, 178
Solon 151
Son of God (v. also subject index s.v.: Incarnation) 111, 126
Sophocles 518

Stilpon 518
Strasbourg 112
Syria 77, 331

Tertullian 142, 527
Theophylactus 310
Tiberius 227
Titus 303
Treger, Conrad 5-6, 7, 8, 12
Turcs 77

Vadian, Joachim 4
Vergil 146, 243
Vulgarius v. Theophylactus

Zwingli, Ulrich 10, 11, 14, 283

SUBJECT INDEX

Absolution 363
Adultery 311 f.
Adversity (v. also: persecution) 230, 291, 306, 331, 358, 367, 543
Allegory 114 f., 118, 120, 145 ff., 178, 179, 190, 191, 193, 238, 256, 258, 260 f., 262, 267, 278, 312, 330, 331, 342, 356, 363, 383, 384, 385, 386, 402, 404, 432-436, 442
Alms 376, 377
Anabaptism, Anabaptists 37, 77-97, 113, 121, 168 f., 240, 295, 306, 360, 361, 363, 377, 389, 412, 484
Anagogy (v. also: allegory) 120, 148, 149 f., 154, 178, 190, 191, 231, 234, 402, 428, 432, 433, 434, 436
Anapódoton 252
Angels (v. also: seraphim) 58, 68, 106, 109, 196, 204 f., 393, 495, 539, 541
Anointing 356, 370 f., 372, 373 f.
Antithesis 196 f., 252, 279, 343
Antonomasia 100, 379
Ἄνωθεν (meaning of) 129
Apódeixis 273
Apostolic mission 448, 449 f., 458 f., 461 f., 466 f., 469, 473, 477 f., 480 ff., 490 ff., 516, 544, 546
Apotheosis 44
Aramaic v. "Chaldaean"
Archè (Io 8,25) 316 ff.
Arrogance 316 f.

Ascension (of Christ) 41, 262, 276, 278 f., 281, 282, 283, 319, 385, 400, 415, 459 ff., 466, 474, 546
Asteïsmós 357
Authenticity of Io 8,3 ff. 310
Axíoma 270

Babylonian captivity 54 ff.
Baptism, infant baptism 15, 58, 61 (of John), 64 (of Christ by John), 66 (pre-Christian and of the Holy Spirit), 67 ff., 71 f. (pre-Christian), 72 ff., 74 f. (of John and apostolic), 75-97 (infant), 127 ff., 130 ff., 133, 157, 165, 167, 170 f., 175 f., 186, 267, 268 f., 269 f., 271, 388
Baptismal service 93
Bees 319
Birth (carnal and spiritual) 38
Blind man (Io 9,1 ff.) 328 ff.
Bread (earthly and heavenly) 231 ff., 234, 235, 237, 241 ff., 252 ff., 259, 261, 262, 265, 273, 276, 277, 278, 285, 312
Brothers of Jesus 290, 291, 541 f.
Burial (of Christ) 373 f., 514 f., 528 f.

"Cadus" 112
Cannibalism 260, 261, 262, 278
Celibacy 9
Ceremonies (OT) 62, 84, 87, 88, 89-90, 92, 121, 152 f., 178, 184, 185 ff.

Ceremonies (NT) 69, 84-85, 87, 88, 91, 157, 184 f., 185 ff., 464 f.
"Chaldaean" (i.e. Aramaic) 201 ff.
"Children in spirit" 86 f.
Chiliasm 78
Chronology of Io 5-7 289 f., 333
Chronology of Io 5-10 355 f.
Church 61 ff., 67, 69, 71-72 (mixed body), 73, 74, 79 (exclusive community), 82 (exclusive community), 84, 85, 89, 91 f., 95 (exclusive community), 144, 149, 166, 176, 344, 388, 389, 481, 484 (purity of)
Circumcision 74, 76, 81 f., 84-85, 87, 88, 89, 90, 91, 176, 267, 269, 296 f.
Civil justice 247, 248
Clock 250
"Congius" 112
Consolation 311, 386, 437
Conviviality 113, 376
Council of the Jews 501-503
Councils (ecclesiastical) 6, 8
Covenant 77, 81 f., 84 f., 92, 144, 264, 269, 400
Creation 24, 26, 27, 29, 30, 31, 32, 206, 212, 213, 217, 250
Crucifixion 35, 137, 155, 253, 255, 318, 381, 384, 385, 461, 508 ff., 523 ff.
Curiosity 230 f., 435, 529

Day 329, 356 f., 509, 512
Death 239, 274, 324, 326, 357, 360, 382, 383 f. (Christ's fear of), 493-495 (Christ's fear of), 517 f. (Christ's fear of), 518 (due to great emotion), 520 (of Christ), 545 (of John the Evangelist)
Descent into Hell 525-527
Destruction of Jerusalem 302, 303, 315, 510, 523
Devil(s) 285, 322
Digression 419
Disciples of Jesus 277, 278, 286, 404, 407 f., 409, 414, 415, 416, 417 ff., 420 ff., 442 ff., 457 ff., 466 ff., 472, 473 f., 477, 490 ff., 496, 540, 541 f.
Dispute 243, 257 f. (Io 6,53), 292 (Io 7,12), 306, 345, 346 (Io 10,19)
Divine justice 137 f., 161, 248
Divine providence 361
Dove 64
Drawing by the Father (Io 6,44) 243 ff., 249, 336
Dreams 392

Earthquake 539
Ecclesiastical authority 8, 69

Education of children 387
Election, elect (v. also: reprobation) 7, 29, 33, 34, 35, 36, 37, 39, 44, 56, 60, 61 f., 63, 66, 70, 73, 81 f., 83, 95, 100, 107, 114, 121, 129, 134, 135, 136, 137, 143, 144, 159, 160, 166, 169, 182, 188 f., 193, 214, 222, 233, 240, 241, 244, 250, 251 f., 268, 269, 275, 277, 282, 292, 301, 322, 323, 326, 333, 338, 341, 342 f., 343 f., 344, 345, 346, 347, 348, 360, 366, 378, 380, 394, 406, 409, 416, 429, 443, 462, 472, 474, 475, 476, 481 f., 483, 521
Ellipsis 261, 279
Embassy 313
Encaenia 346
Envy 378
Episcopal consecration 292
Eschatology 70 f.
Eucharist 10, 13 ff., 71, 84, 88, 91, 140, 157, 186, 255, 256, 257, 258 ff., 264 ff., 273, 281 f., 284 f., 388, 400, 459 ff.
Eucharistic quarrel 67 f., 95, 140, 256, 257, 264 ff., 279, 281 ff., 284 f., 347, 459 ff.
"Evangelion" (definition) 16 ff.
Evening (meaning in Scripture) 539
Excommunication 80, 81, 483 f.

Faith, faithful 15, 35, 36, 39, 40, 57, 67, 68 f., 73, 104 f., 105, 107, 108, 111, 113, 119, 123 f. (perfect and imperfect), 131, 133 (and baptism), 137, 158, 159, 161, 162, 164 f., 185, 186, 187, 196, 211 f., 214, 220 f., 222, 231, 233, 234, 236, 238, 239, 248, 253, 254 f., 262, 264 ff., 270, 273, 286, 303, 304, 326, 334, 342, 359, 390, 394 f., 417 f., 421, 424, 425, 428, 429 ff., 438, 442, 445, 446, 463, 464, 470, 474, 476, 540, 541
False teaching 294 f.
Fasting 9, 190
Feast-days 84, 204, 356
Feast of the tabernacles 289, 290, 303
Fickleness 522
Fire 351
Flesh (as opposed to spirit) 60, 63, 70, 79, 82, 87, 88, 121 f., 128, 133, 135, 136, 158, 188, 197, 235, 249, 279, 281, 282, 283 f., 313, 315 f., 319, 320, 321 f., 412, 494, 535 f., 546
Flesh (use of the term in Scripture) 140, 254
Flesh of Christ 254 ff., 258, 259 ff., 276, 281 ff., 459, 460, 461, 544
Flight 175, 180, 367, 390
Flogging of Jesus 507

Followers of Jesus 234
Freedom 320, 322, 412, 439 f.
Free will 163, 244-252, 390, 394, 445

Glorification (of Christ) 167, 197, 275,
    282 f., 378, 381 f., 384, 395, 410, 412,
    424, 429, 461, 462, 468, 473, 475, 511
Godparents 93
Gods 349 f., 351, 365
Good and evil 246, 249-252
(Good) works 9, 138, 161, 164 f., 194,
    216, 231, 234, 235, 236, 249, 296 f.,
    347 ff., 372 f., 373 f., 381, 405
Gospel 61 ff., 77, 98, 136, 155, 172 (and
    John the Baptist), 191, 195, 196, 206
    (and the Jews), 463
Grace 42, 46, 48-49, 84, 387, 440
Grief 386, 421 ff.

Harmony of Io 12,1 ff. and Mt 26,6 ff., Mc
    14,3 ff. 370 f., 371 ff.
Harmony of Lc 24,33 ff. and Mc 16,13 ff.
    542
Harmony of the Passion accounts 489-
    529
Harmony of the Resurrection accounts
    533-547
Heaven 106, 139, 183, 237, 279 f., 460,
    546
"Hebrew idiom" 30, 31, 39, 117, 129 f.,
    140, 201, 350, 379, 406 f., 427
Hell 344, 526
Heresy 29 (usefulness of), 94
Holy Spirit as "light of nature" 78
Humility, the humble 352, 380 f.
Hyperbole 545
Hypocrites, hypocrisy 58, 59, 124, 181,
    185, 286, 321, 377 f., 503

Idolatry 77, 83, 89, 177, 184, 472
Images 79
Imitation of Christ 404 f., 490 f.
Immortality 127
Incarnation 14, 15, 17 f., 19 f., 23, 25,
    31 f., 34, 35, 36, 39 ff., 43-45, 47 f., 56,
    61 ff., 80 (Hofmann's doctrine), 126,
    136 f., 139-142, 158 f., 163, 166, 169,
    180, 207 ff., 214, 215, 217, 241, 242 f.,
    256, 262, 265, 272, 273 f., 275, 278 f.,
    280, 286, 301, 313 f., 315, 316 f., 319,
    334 f., 345, 349, 350, 351 f., 359, 361,
    362 f., 383, 386, 393, 409, 410, 415, 430,
    438, 444, 458, 459, 461, 468, 472 ff., 475,
    481, 517 f., 524
Incest 79
Ineffable name 25 f.

Instruction (v. also: preaching) 162, 163,
    181, 193, 207, 342 f.
Irony 182, 300, 495

Jesus' capture 495-498
Journey to the Mount of Olives 490-493
Judgement (by Christ) 159 f., 207, 208 f.,
    234 f., 313 f., 316, 317, 318, 336, 384,
    395, 396, 462, 464
Justice 461 ff., 464 f.

Kingdom of Christ and of God 476, 482,
    521, 547
Kings 366
Knowledge of God and of Christ 28, 30,
    32, 35, 38, 46, 50-52, 85, 92, 127, 133,
    137, 153, 157, 160, 164, 169, 187, 190,
    191, 192 f., 195, 196, 222 (and the Jews),
    223, 241 f., 244, 252, 302 f., 314, 315,
    316, 318, 336 f., 338, 344, 416 ff., 420,
    426, 431, 433, 453, 457, 467, 468, 469,
    472, 474, 475, 476, 480, 483, 542
Koinonía 271
"Kurbana" 503

Languages 367
Last Judgement 209 f., 214, 216, 238,
    239, 264, 265, 281, 300, 317, 318, 443,
    463
Last Supper 281 f., 399 f.
Law (OT) 25, 35, 36, 44, 48-50, 58, 62 f.,
    63 (fulfilment of), 70, 71, 89-91, 94, 96,
    115, 121, 144 f., 147, 150 ff., 172, 177,
    184, 186, 187, 212, 220, 246, 247, 248,
    249 f., 289 f., 296 ff., 305, 306, 311 f.,
    323, 334, 349, 387, 388, 389, 411 f., 431,
    453, 464, 527
Law (NT) 81, 268, 388, 411 f., 426, 447
Learning 52, 292, 293, 306
Life (in the Son and the Father) 208, 215,
    255, 274, 427, 428, 433, 439
Limbo 526
Literacy 387
Lives of Christ 529
Love as fulfilment of the Law 63, 403
Love of God (and of Christ) for man
    137, 145, 163 f., 257, 265, 272, 401, 403,
    404, 423, 428, 447 f., 450, 468
Love of neighbour 20, 44, 70, 81, 129,
    164, 185, 196, 198, 205, 228, 248, 249,
    250, 256 f., 265, 286, 312, 361 f., 374 ff.,
    377 f., 402, 403, 404, 405, 411 f., 423,
    431, 446, 448, 450, 476, 497
Luxury 372, 373, 374, 376 f.

Magistrate 79, 94, 306 f., 312, 350, 351, 365, 366, 508, 520 f.
Manducation 272 f., 274, 283, 285
Manducation by the unworthy 257, 264, 267, 271 f.
Marriage 115
Mass (sacrifice of) 10-11
"Mateologia", "mateologi" 268, 295
Mediator, mediatorship (of Christ) 25, 28, 51 f., 148, 234 f., 242, 262
"Mendax" v. "verax"
Merchants in the Temple 115 ff.
Metalepsis 57
Metaphor 444
Metástasis 289
Metonymy 267
"Metreta" 112
Mile 358 f.
Mimesis 217, 236, 239, 324
Ministry 9, 52, 70 f., 73 (plural), 85, 92, 93, 108, 131 ff., 156, 171 f., 175 f., 195 (of Jesus), 204, 265 f., 267, 268, 269, 283, 284 f., 326, 330, 341 f. (false), 342, 343, 345 f., 367, 382, 383, 388, 400, 415, 475 (of Christ)
Miracles (v. also: signs of Christ's divinity) 18, 111 f., 114 f., 155 ff., 198, 203, 204 f., 210 f., 227, 228, 229, 230, 233, 234, 236, 289, 305, 306, 330, 332, 347, 351, 355, 363 f., 381, 420 f., 423 ff.
Money 181, 378
Morality 292
Mountains 183
Mourning 359 f., 361
"Mouth of faith" 255, 264
Murmuring 241 f., 243, 258, 261 (Io 6,41), 292 (Io 7,12)

Nard 371 f.
New Testament, authority of 77
Night 329 f., 509, 512
Nudism 79

Oath 79
"Ohm" 112
Origenism 344
Original sin 14, 15, 44, 78 (Christ, author of), 105 (Christ free from), 246, 252
Origins of Christ 298 ff., 305, 334, 335
"Ostendere" (meaning of) 349

Papacy 4,7, 366 f., 517
Papal bulls 8
Parable 193, 260 f., 312
Paradise 524
Paradox 326

Paresía 290
"Paroemiae" 468, 469
Pascha 289
Passion 275, 333, 489-529
Peace 437, 438, 439
Peasants' war 123 f.
Pentecost 289
Persecution 451, 452, 457, 458 f., 461, 477 f.
Persuasion 245
"Philonicia" 257, 264
Philosophy (prophane) 191 ff., 245, 464
"Plaustrum" 112
Pleonasm 30, 48, 53
Polygamy 80
Pool 201 ff. (Io 5,2), 330 ff. (Io 9,6)
Poverty, the poor 372, 373, 374 ff.
Prayer(s) 9, 60, 111, 113, 183, 198, 310, 374 f., 425, 428, 467, 468, 472, 476, 477, 480, 483, 494-495, 524
Preaching, preached word 35, 52, 59 f., 74, 85, 98, 102, 115, 163, 168 f., 181, 187, 194, 195, 197, 233, 239 f., 259, 265 ff., 274, 302, 388, 404, 442, 445, 446, 455, 478, 546
Precepts v. law
Predestination (v. also: election) 238, 240, 390, 394
Priesthood (OT) 82, 90
Printing 367
Promise (divine) 132, 169, 221
Prophets, prophecy (OT and general, v. also: types) 35, 36, 54, 55 ff., 104, 134, 149 f., 155, 168 f., 172, 189, 190, 197, 219, 244, 298 f., 335, 365, 366, 367, 385, 390, 391 ff., 394, 406 f., 543
"Propositio" 20
Prosapodosis 133, 425
Prosopopoeia 57
Proverbs v. "paroemiae"
Purgatory 526 f.
Purification v. also: renewal

Real presence (v. also: eucharist) 256, 257, 263-272, 279, 281 f., 283, 284 f., 400
Reason 248
Rebirth v. renewal
Redemption 16 f., 26, 44, 56, 57, 59, 61, 73, 170, 256
Relics 182
Renegades 337
Renewal (spiritual) 28 f., 32, 33, 44, 66, 72, 73, 81, 85, 124, 127 ff., 132, 133, 134, 135, 136, 138, 139, 161, 164, 188, 240, 246, 255, 264 f., 269, 291 f., 306, 315, 319, 402, 403 f., 445

Repentance 136, 311, 312
Reprobation, reprobate 20, 32-33, 37, 38, 59 f., 66, 70, 72, 75, 95, 107, 114, 118, 119, 122, 137 f., 144, 159 ff., 207, 212, 218 f., 223, 233, 239, 240, 241 f., 244, 251, 252, 268, 274 f., 286, 291, 292, 294, 301, 302 f., 304, 322, 323, 326, 333, 337 f., 343, 345, 347, 351, 364, 365, 378, 390, 391, 393, 394, 396, 403, 406, 409 f., 429, 443, 446, 451, 453, 462, 470, 483, 539 f.
"Respondere" 117 (meaning in Hebrew)
Resurrection 58, 141 f., 208, 209, 214, 215, 216, 274, 324, 346, 357, 359, 362, 363
Resurrection of Christ 41, 119, 121, 122, 255 f., 265, 281, 345, 346, 416, 422, 427, 428, 429, 492, 533-547 passim, 535 f. (first appearance), 536 (second appearance), 537 (third, fourth, fifth and sixth appearance), 538 (seventh and eighth appearance)
Revelation 92
Right hand of God 279, 280 f., 286, 317, 318, 385, 520
Roman Catholicism 6, 171 (its limitations), 432 (tradition), 464 f., 545 (tradition)
Rulers (Io 7,26) 297 f.

Sabbath 82, 90, 203, 204, 206, 209 f., 212 ff., 217, 289, 295, 296 f., 332 f.
Sacraments (v. also individually) 14, 15, 70, 71, 88, 92, 132 f., 157, 178, 186, 237, 268, 269, 274, 285, 347, 388
Sacrifice of Christ 62 ff., 65, 67, 100, 152, 183, 242 f., 253, 254, 256, 259, 262 f., 282, 333, 345, 366, 382, 410, 460, 478, 529, 543
Sacrifices (OT) 84, 89, 91, 151 f., 256, 543
Saints (v. also: election) 68 f., 69 (OT and NT), 105, 117, 129, 132 f., 164, 181 f. (worship of), 189, 325 f., 365, 386, 425, 465, 470
Salvation, Saviour 9, 37 (universal), 57, 61, 76, 100, 115, 137 f., 158, 162 f., 180 f., 187, 205, 215, 220 f., 233, 234, 238 f., 312, 344 (universal), 348, 349, 350, 366, 381, 385, 395, 415 f., 420, 437, 459, 480, 481
Schism 28, 67 f., 94, 171 f., 434, 520
"Scopus" 19 f., 262
Scripture 78 (for the impious only), 107 f., 142-157 (interpretation), 350, 434 (object of), 435 f., 543

Separatism 168
Seraphim 392 f.
"Sermo" v. "Verbum"
Serpent of brass (Io 3,14) 154 ff.
"Sextarius" 112
Sheep market (Io 5,2) 201 ff.
Sickness, the sick 138, 203 f., 205, 246, 289, 329, 375, 434
Signs of Christ's divinity (v. also: miracles) 118 f., 122, 123, 124, 127, 232, 238, 240 f., 347-351, 352, 355, 362 f., 364, 420
Sin (v. also: original sin) 33, 50, 57, 61, 62 (remission), 68 f. (remission and satisfaction), 74 (remission), 78 (ephemeral), 79 (man free from), 104, 131 f. (remission), 133 (and baptism), 137, 138, 170, 180 f., 188 ff. (and the elect), 203 f., 245, 250 f., 312, 315, 316, 320 f., 329, 331 f., 334, 335, 337 f., 390, 391, 453, 455, 462, 463, 529
Sleep 357
Social inequality 376 f.
"Solatus francicus" 372
Sophistry, sophists 268
Spiders 319
"Spirit of fear" 46, 48, 69, 70, 388
"Spirit of freedom" 46, 49, 70, 84-85, 145, 321, 388
Spiritual perfection 387 ff., 482
Spiritual vine Io 15,1 444
"Stadium" 358
State 364 f.
"Status" 19 f.
Stoicism, stoics 360
Substance (divine) 23, 214
Sun 142-143, 329, 337, 463
Supernatural powers 403
Sword 79, 492 f., 497, 517
Symbols 131, 270 (in Scripture)
Synecdoche 266 f., 270, 370, 404, 492

Teaching of Jesus and John 136, 166 f.
Teaching of Jesus 293 f., 300
Temple 119 (rebuilding), 293
Testimonies of Jesus' divinity 210-212, 218-219
Testimony 313 f.
Θεωρῶν (meaning) 239
Theology 433
Three ages of the people of God 88
Torah (translation of) 349, 453
Tradition 9, 71 (OT), 432
Transfiguration 41, 45, 107, 493
"Translatio" 231
Transmigration of souls 54, 331, 332

Trinity 15, 23, 26, 27, 207 f., 209 f., 213 f., 217, 233, 235, 280, 293 f., 348, 349, 350, 351, 362 f., 395, 410, 418, 420, 477, 478 f.
Tropes 266, 267, 517
Truth 42 f., 46, 107, 108, 192 f., 313, 317, 320, 338, 521
Types (OT, v. also: prophecy) 56 f., 63, 69, 71, 73, 74, 76, 81, 82 ff., 91, 92, 120 f. (also in Nature), 128, 142-157, 219, 221 f., 231, 256, 325, 380, 386 f., 391 ff., 394, 406 f., 435, 436, 479, 543

Ubiquity 400

Vengeance (divine) 83
"Verax / mendax" 301, 317, 319
"Verbum" (second person of the Trinity) 17, 23 ff., 26, 28 f., 31, 35, 37, 39 f., 44-45, 47 f., 215, 341
"Verbum" / "sermo" as translation of λόγος 26 ff.

Vinegar 523 f.
Visions 78
Vocation 102, 107, 121, 124, 190, 196, 358, 377

Washing 246
Washing of feet 401, 402, 403, 405
Water 178 f., 351
Weak in faith 135, 165, 198, 306, 396 f.
Will (of the Son and the Father) 233
Wind (as interpretation of Io 3,8) 134
Wine 375
Wine mixed with myrrh 523
Wisdom 432, 433
Women who accompanied Christ 533 ff., 539, 541
World 137, 238, 291, 292, 294, 332, 400, 427, 440, 450, 452, 455, 457, 460, 463, 464, 465, 470, 478, 481, 521
Worldly dignity 135, 180, 197, 311, 334, 336, 349 f., 351, 352, 365, 491, 516, 521
Worship 182 ff., 186 ff.